Landesrecht
Hessen

Öffentliches Recht in Hessen

Kommunalrecht
Polizei- und Ordnungsrecht
Öffentliches Baurecht

von

Prof. Dr. iur. Dr. h.c. mult. Gilbert Gornig
Philipps-Universität Marburg

Prof. Dr. iur. Dr. h.c. Hans-Detlef Horn
Philipps-Universität Marburg

Prof. Dr. iur. Dr. phil. Martin Will, M.A., LL.M. (Cambr.)
EBS Universität für Wirtschaft und Recht Wiesbaden

2. Auflage 2022

C.H.BECK

Zitiervorschlag:
Gornig, in: Gornig/Horn/Will, ÖffR in Hessen, 2. Aufl. 2022, 1. Teil, Rn. 1

www.beck.de

ISBN 978 3 406 79460 5
ISBN eBook 978 3 406 79461 2

Wilhelmstraße 9, 80801 München
Druck: Druckerei C. H. Beck, Nördlingen

Satz: λογοθέτης Aquae Mattiacorum
Umschlaggestaltung: Druckerei C. H. Beck Nördlingen

CO_2 neutral
chbeck.de/nachhaltig

Gedruckt auf säurefreiem, alterungsbeständigem Papier
(hergestellt aus chlorfrei gebleichtem Zellstoff)

Vorwort

Die freundliche Nachfrage und der Fortgang der Rechtsentwicklung haben eine Neuauflage des Buches nötig gemacht. Die umfangreiche neue Gesetzgebung wurde ebenso eingearbeitet wie neuere Rechtsprechung und Literatur. Mehrere Ergänzungen widmen sich zudem aktuell besonders prüfungsrelevanten Aspekten. Die Grundkonzeption ist dabei unverändert geblieben:

Das in der ersten und zweiten juristischen Staatsprüfung relevante öffentliche Recht ist in hohem Maße landesrechtlich geprägt. Länderübergreifende Darstellungen zum Kommunalrecht, zum Polizei- und Ordnungsrecht und zum Öffentlichen Baurecht können jedoch den landesrechtlichen Besonderheiten oft nicht vollumfänglich gerecht werden. Das vorliegende Buch behandelt diese drei Hauptgebiete des besonderen Verwaltungsrechts nach hessischer Rechtslage und richtet sich daher vornehmlich an Studierende sowie Rechtsreferendare und Rechtsreferendarinnen in Hessen.

Es will dabei nicht nur Anfängern den Zugang zum hessischen Landesrecht erleichtern, sondern auch all denjenigen als Grundlage dienen, die z.B. zur Vorbereitung auf das Examen vorhandenes Wissen effizient wiederholen, aktualisieren und vertiefen wollen. Die Darstellung schließt daher auch die Bezüge des materiellen Rechts zum Verwaltungsprozessrecht und zum Staatshaftungsrecht ein. Zahlreiche Schaubilder, Merksätze, Prüfungsschemata und Beispielsfälle dienen nicht nur dem Wissenserwerb und besseren Verständnis, sondern auch dazu, das erworbene Wissen in der Fallbearbeitung strukturiert anzuwenden.

Die Verfasser danken den Herren *Ref. iur. Benjamin Ehlert, M.A., LL.B., Ref. iur. Dennis Dietrich, M.A., LL.B., Ref. iur. Zubair Reha, M.A., LL.B.* und Frau *Cand. iur. Caroline Abdul-Malak, LL.B.* (EBS Law School Wiesbaden) für das gründliche Korrekturlesen verschiedener Abschnitte des baurechtlichen Teils. Für die freundliche Begleitung auch der zweiten Auflage schulden sie Herrn *Dr. Johannes Wasmuth* vom Beck-Verlag großen Dank.

Hinweise und Anregungen aus dem Leserkreis sind uns stets hoch willkommen. Sie können maßgeblich dazu beitragen, das Buch weiter zu verbessern. Am schnellsten erreichen uns Ihre Hinweise unter *gornig@jura.uni-marburg.de* (Kommunalrecht), *hans-detlef.horn@jura.uni-marburg.de* (Polizei- und Ordnungsrecht) und *martin.will@ebs.edu* (Öffentliches Baurecht).

Marburg und Wiesbaden, im Mai 2022

Gilbert Gornig
Hans-Detlef Horn
Martin Will

Inhaltsübersicht

1. Teil: Kommunalrecht *(Gilbert Gornig)*

2. Teil: Polizei- und Ordnungsrecht *(Hans-Detlef Horn)*

3. Teil: Öffentliches Baurecht *(Martin Will)*

Inhaltsverzeichnis

1. Teil: Kommunalrecht *(Gilbert Gornig)*

§ 1. Überblick über die Geschichte des Kommunalrechts

§ 2. Verfassungsrechtliche Vorgaben

§ 3. Äußere Organisation

§ 4. Kommunalverfassungsrecht

§ 7. Rechtsschutz und Haftung der Gemeinde

§ 8. Kommunale Einrichtungen und Unternehmen

§ 9. Finanzen und Haushalt

§ 10. Aufsicht

§ 11. Überkommunale Einrichtungen

2. Teil: Polizei- und Ordnungsrecht *(Hans-Detlef Horn)*

§ 1. Einführung und Grundlagen

§ 2. Organisation und Zuständigkeiten

§ 3. Dogmatische Grundstrukturen

§ 5. Befugnisse

§ 6. Zwang

§ 3. Sicherung der Bauleitplanung

§ 6. Materielles Bauordnungsrecht

Verzeichnis der Übersichten

1. Teil: Kommunalrecht

2. Teil: Polizei- und Ordnungsrecht

3. Teil: Öffentliches Baurecht

Abkürzungsverzeichnis

a. A. . . . . anderer Ansicht
aaO, a. a. O. . . . . am angegebenen Ort
Abb. . . . . Abbildung
AbfG . . . . Abfallgesetz
ABl. EG . . . . Amtsblatt der Europäischen Gemeinschaften
ABl. EU . . . . Amtsblatt der Europäischen Union
Abs. . . . . Absatz
a. E. . . . . am Ende
AEG . . . . Allgemeines Eisenbahngesetz
AEUV . . . . Vertrag über die Arbeitsweise der Europäischen Union
a. F. . . . . alte Fassung
AFK . . . . Archiv für Kommunalwissenschaften
AG . . . . Amtsgericht, Aktiengesellschaft
AGVwGO . . . . Ausführungsgesetz zur Verwaltungsgerichtsordnung
AllgVerwR . . . . Allgemeines Verwaltungsrecht
Alt. . . . . Alternative
a. M. . . . . am Main
Anm. . . . . Anmerkung
AöR . . . . Archiv für öffentliches Recht
Art. . . . . Artikel
AS . . . . Amtliche Sammlung
AsylG . . . . Asylgesetz
AsylVfG . . . . Asylverfahrensgesetz
ATDG . . . . Antiterrordateigesetz
AufenthG . . . . Aufenthaltsgesetz
Aufl. . . . . Auflage
Az. . . . . Aktenzeichen
Bad.-Württ. . . . . Baden-Württemberg
BauGB . . . . Baugesetzbuch
BauNVO . . . . Baunutzungsverordnung
BauO . . . . Bauordnung
BauPrüfVO . . . . Bauprüfungsverordnung
BauR . . . . Zeitschrift für das gesamte öffentliche und zivile Baurecht
BauROG . . . . Bau- und Raumordnungsgesetz (1998)
BaWüVGH . . . . Verwaltungsgerichtshof Baden-Württemberg
BayBO . . . . Bayerische Bauordnung
BayGO . . . . Bayerische Gemeindeordnung
BayObLG . . . . Bayerisches Oberstes Landesgericht
BayVBl. . . . . Bayerische Verwaltungsblätter
BayVerfGH . . . . Bayerischer Verfassungsgerichtshof
BayVGH . . . . Bayerischer Verwaltungsgerichtshof
BBauG . . . . Bundesbaugesetz
BBG . . . . Bundesbeamtengesetz
BbgOVG . . . . Oberverwaltungsgericht Berlin-Brandenburg
BBodSchG . . . . Bundesbodenschutzgesetz
Bd. . . . . Band
BeckOK . . . . Beck'scher Online-Kommentar

BeckRS	Beck-online Rechtsprechung (Entscheidungsdatenbank in beck-online)
ber.	berichtigt
Beschl.	Beschluss
BesVerwR	Besonderes Verwaltungsrecht
BGB	Bürgerliches Gesetzbuch
BGBl.	Bundesgesetzblatt
BGH	Bundesgerichtshof
BGHZ	Entscheidungssammlung des Bundesgerichtshofs in Zivilsachen
BImSchG	Bundes-Immissionsschutzgesetz
BImSchV	Verordnung zur Durchführung des Bundes-Immissionsschutzgesetzes
BKAG	Bundeskriminalamtsgesetz
BMWK	Bundesministerium für Wirtschaft und Klimaschutz
BNatSchG	Bundesnaturschutzgesetz
B-Plan	Bebauungsplan
BPolG	Bundespolizeigesetz
BremOVG	Oberverwaltungsgericht Bremen
BremPolG	Bremisches Polizeigesetz
BRS	Baurechtssammlung
Bsp.	Beispiel
Bspe.	Beispiele
bspw.	beispielsweise
BT-Drs.	Bundestagsdrucksache
BVerfG	Bundesverfassungsgericht
BVerfGE	Entscheidungssammlung des Bundesverfassungsgerichts
BVerfGG	Bundesverfassungsgerichtsgesetz
BVerfG-K	Bundesverfassungsgericht – Kammerentscheidung
BVErl	Bauvorlagenerlass
BVerwG	Bundesverwaltungsgericht
BVerwGE	Entscheidungssammlung des Bundesverwaltungsgerichts
BW	Baden-Württemberg
bzgl.	bezüglich
bzw.	beziehungsweise
ca.	circa
CDU	Christlich Demokratische Union Deutschlands
ders.	derselbe
DGO	Deutsche Gemeindeordnung
d. h.	das heißt
Diss.	Dissertation
DJT	Deutscher Juristentag
DM	Deutsche Mark
DÖV	Die Öffentliche Verwaltung
DRiG	Deutsches Richtergesetz
Drs.	Drucksache
DSchG	Denkmalschutzgesetz
DS-GVO	Datenschutzgrundverordnung
DV	Deutsche Verwaltung
DVBl.	Deutsches Verwaltungsblatt
DVO-BauGB	Verordnung zur Durchführung des Baugesetzbuchs
DVP	Deutsche Verwaltungspraxis
EAG Bau	Europarechtsanpassungsgesetz Bau
ebd./ebda.	ebenda
ECLI	European Case Law Identifier, Rechtsprechungsidentifikator

EG . . . . Europäische Gemeinschaft(en)
EGB . . . . Eigenbetriebsgesetz
EGBGB . . . . Einführungsgesetz zum Bürgerlichen Gesetzbuch
EGMR . . . . Europäischer Gerichtshof für Menschenrechte
EGStGB . . . . Einführungsgesetz zum Strafgesetzbuch
EGV . . . . Vertrag zur Gründung der Europäischen Gemeinschaft
EMRK . . . . Europäische Menschenrechtskonvention
EnWG . . . . Energiewirtschaftsgesetz
erforderl. . . . . erforderlich
ESVGH . . . . Entscheidungen des Hessischen Verwaltungsgerichtshofs und des Verwaltungsgerichtshofs Baden-Württemberg mit Entscheidungen der Staatsgerichtshöfe der beiden Länder
etc. . . . . et cetera
EU . . . . Europäische Union
EuGH . . . . Europäischer Gerichtshof
EUV . . . . Vertrag über die Europäische Union
EuZW . . . . Europäische Zeitschrift für Wirtschaftsrecht
e. V. . . . . eingetragener Verein
EWG . . . . Europäische Wirtschaftsgemeinschaft
EZBK . . . . Ernst/Zinkahn/Bielenberg/Krautzberger, Baugesetzbuch, Kommentar, Lsbl.
f. . . . . folgende
FDP . . . . Freie Demokratische Partei
ff. . . . . folgende, folgende/fortfolgende
FFH-Richtlinie . . . . . . Flora-Fauna-Habitat-Richtlinie
FG . . . . Festgabe
FlurbG . . . . Flurbereinigungsgesetz
Fn. . . . . Fußnote
FS . . . . Festschrift
FStrG . . . . Fernstraßengesetz
G . . . . Gesetz
gem. . . . . gemäß
GewArch . . . . Gewerbearchiv
GewO . . . . Gewerbeordnung
GG . . . . Grundgesetz
ggf. . . . . gegebenenfalls
GmbH . . . . Gesellschaft mit beschränkter Haftung
Gms-OBG . . . . Gemeinsamer Senat der obersten Gerichtshöfe des Bundes
GO . . . . Gemeindeordnung
GoA . . . . Geschäftsführung ohne Auftrag
GO-LT . . . . Geschäftsordnung des Landtags
GrCh . . . . Charta der Grundrechte der Europäischen Union
grds. . . . . grundsätzlich
GS . . . . Gedächtnisschrift
GSZ . . . . Zeitschrift für das Gesamte Sicherheitsrecht
GVBl. . . . . Gesetz- und Verordnungsblatt
GVG . . . . Gerichtsverfassungsgesetz
ha . . . . Hektar
HAGBNatSchG . . . . . Hessisches Ausführungsgesetz zum Bundesnaturschutzgesetz
HAGGKrWG . . . . Hessisches Ausführungsgesetz zum KrWG
HAG/SGB XII . . . . . . Hessisches Ausführungsgesetz zum Zwölften Buch Sozialgesetzbuch
HAGVwGO . . . . Hessisches Gesetz zur Ausführung der VwGO
Hbg. . . . . Hamburg/hamburgisch
HBG . . . . Hessisches Beamtengesetz

HbgOVG .... Hamburgisches Oberverwaltungsgericht
HbgSOG .... Hamburger Gesetz zum Schutz der öffentlichen Sicherheit und Ordnung
HBKG .... Hessisches Gesetz über den Brandschutz, die Allgemeine Hilfe und den Katastrophenschutz
HBO .... Hessische Bauordnung
HBrsHG .... Hessisches Brandschutzhilfeleistungsgesetz
HdbStR .... Handbuch des Staatsrechts
HDSchG .... Hessisches Denkmalschutzgesetz
HDSG .... Hessisches Datenschutzgesetz
HDSIG .... Hessisches Datenschutz- und Informationsfreiheitsgesetz
HeNatG .... Hessisches Naturschutzgesetz
Hess. .... Hessische(r)
HessAGVwGO ..... Hessisches Ausführungsgesetz zur Verwaltungsgerichtsordnung
Hess. DVO-BauGB ... Hessische Verordnung zur Durchführung des BauGB v. 17.4.2007 (GVBl. I S. 259), zul. geänd. durch VO v. 23.3.2017 (GVBl. S. 36)
HessVGH .... Hessischer Verwaltungsgerichtshof
HessVGRspr. .... Rechtsprechung der Hessischen Verwaltungsgerichte (Beilage zum Staatsanzeiger des Landes Hessen)
HFEG .... Hessisches Gesetz über die Entziehung der Freiheit geisteskranker, geistesschwacher, rauschgift- und alkoholsüchtiger Personen
HFischG .... Hessisches Fischereigesetz
HFPG .... Hessisches Freiwilligen-Polizeidienst-Gesetz
Hg. .... Herausgeber
HGastG .... Hessisches Gaststättengesetz
HGO .... Hessische Gemeindeordnung
HGZ .... Hessische Städte- und Gemeinde-Zeitung
HHG .... Hessisches Hochschulgesetz
HJagdG .... Hessisches Jagdgesetz
HKJGB .... Hessisches Kinder- und Jugendhilfegesetzbuch
HKO .... Hessische Landkreisordnung
HKWG .... Hessisches Kommunalwahlgesetz
HLPG .... Hessisches Landesplanungsgesetz
h. M. .... herrschende Meinung
HMG .... Hessisches Meldegesetz
HNRSG .... Hessisches Nichtraucherschutzgesetz
HochhVO .... Hochhausverordnung
HPrG .... Hessisches Pressegesetz
HRDG .... Hessisches Rettungsdienstgesetz
Hrsg. .... Herausgeber
HS/Hs. .... Halbsatz
HSGZ .... Hessische Städte- und Gemeinde-Zeitung
HSOG .... Hessisches Gesetz über die öffentliche Sicherheit und Ordnung
HSOG-DVO .... Verordnung zur Durchführung des HSOG und des HFPG
HStGHG .... Hessisches Gesetz über den Staatsgerichtshof
HStR .... Handbuch des Staatsrechts der Bundesrepublik Deutschland, hrsgg. von J. Isensee/P. Kirchhof
HStrG .... Hessisches Straßengesetz
HSÜVG .... Hessisches Sicherheitsüberprüfungs- und Verschlusssachengesetz
HundeVO .... Gefahrenabwehrverordnung über das Halten und Führen von Hunden
HV .... Verfassung des Landes Hessen
HVwKostG .... Hessisches Verwaltungskostengesetz
HVwVfG .... Hessisches Verwaltungsverfahrensgesetz

HVwVG .... Hessisches Verwaltungsvollstreckungsgesetz
HWG .... Hessisches Wassergesetz
i. d. F. .... in der Fassung
i.d.F.d.B.v. .... in der Fassung der Bekanntmachung vom
i. E. .... im Einzelnen/im Ergebnis
i. e. S. .... im engeren/eigentlichen Sinne
IfSG .... Infektionsschutzgesetz
inkl. .... inklusive
insbes. .... insbesondere
i.S. .... im Sinne
i. S. d. .... im Sinne des(r)/dieser
i. S. v. .... im Sinne von
i. Ü. .... im Übrigen
i. V. m. .... in Verbindung mit
i. w. S. .... im weiteren Sinne
JA .... Juristische Arbeitsblätter
JAG .... Juristenausbildungsgesetz
jew. .... jeweils
JhbUTR .... Jahrbuch für Umwelt- und Technikrecht
JI-Richtlinie .... Richtlinie (EU) für den Bereich Justiz und Inneres (Polizei)
JK .... Jura-Kartei
JMBl.. .... Justizministerialblatt
JöR .... Jahrbuch des öffentlichen Rechts
JR .... Juristische Rundschau
Jura .... Juristische Ausbildung (Zeitschrift)
JuS .... Juristische Schulung
JustG .... Justizgesetz
JZ .... Juristenzeitung
K .... Kammerentscheidung
KAG .... Kommunalabgabengesetz
Kap. .... Kapitel
Kfz .... Kraftfahrzeug
Komm. .... Kommentar
KostenO .... Kostenordnung
krit. .... kritisch
KrO .... Kreisordnung
KrWG .... Kreislaufwirtschaftsgesetz
KUG .... Kunsturhebergesetz
LAbfG .... Landesabfallgesetz
LAufnG .... Landesaufnahmegesetz
Lfg. .... Lieferung
LG .... Landgericht; Landschaftsgesetz
LImschG .... Landes-Immissionsschutzgesetz
lit. .... littera
Lit. .... Literatur
LKRZ .... Zeitschrift für Landes- und Kommunalrecht Hessen/Rheinland-Pfalz/Saarland
LKV .... Landes- und Kommunalverwaltung (Zeitschrift)
Lkw .... Lastkraftwagen
LOG .... Landesorganisationsgesetz
LPlG .... Landesplanungsgesetz
LReg .... Landesregierung
LS .... Leitsatz
LSA .... Land Sachsen-Anhalt

LSA.SOG .... Gesetz über die öffentliche Sicherheit und Ordnung des Landes Sachsen-Anhalt
Lsbl. .... Loseblattsammlung
LT .... Landtag
LT-Drs. .... Drucksachen des Landtags
LuftVG .... Luftverkehrsgesetz
LV .... Landesverfassung
LVerbO .... Landschaftsverbandsordnung
m. .... mit
max. .... maximal
MG .... Mittelstufengesetz
Mrd. .... Milliarden
MV .... Mecklenburg-Vorpommern
MVOVG .... Oberverwaltungsgericht Mecklenburg-Vorpommern
MVVerfGH .... Landesverfassungsgericht Mecklenburg-Vorpommern
m.w.N. .... mit weiteren Nachweisen
m.W.v. .... mit Wirkung vom
NachbG .... Nachbarrechtsgesetz
NdsOVG .... Niedersächsisches Oberverwaltungsgericht
NdsVBl. .... Niedersächsisches Verwaltungsblatt
n. F. .... neue Fassung
NGO .... Non-Governmental Organization
NJ .... Neue Justiz
NJOZ .... Neue Juristische Online Zeitschrift
NJW .... Neue Juristische Wochenschrift
NJW-RR .... Neue Juristische Wochenschrift-Rechtsprechungsreport
NN .... Normalnull
NordÖR .... Zeitschrift für öffentliches Recht in Norddeutschland
Nr. .... Nummer
NRW .... Nordrhein-Westfalen
NSDAP .... Nationalsozialistische Deutsche Arbeiterpartei
NuR .... Natur und Recht (Zeitschrift)
NVwZ .... Neue Zeitschrift für Verwaltungsrecht
NVwZ-RR .... Neue Zeitschrift für Verwaltungsrecht-Rechtsprechungsreport
NW .... Nordrhein-Westfalen
NWOVG .... Oberverwaltungsgericht Nordrhein-Westfalen
NWVBl. .... Nordrhein-westfälische Verwaltungsblätter
NWVerf. .... Verfassung für das Land Nordrhein-Westfalen
NWVerfGH .... Verfassungsgerichtshof für das Land Nordrhein-Westfalen
NZBau .... Neue Zeitschrift für Baurecht und Vergaberecht
NZV .... Neue Zeitschrift für Verkehrsrecht
ÖffBauR .... Öffentliches Baurecht
ÖPNV .... Öffentlicher Personennahverkehr
o. g. .... oben genannt
OLG .... Oberlandesgericht
OVG .... Oberverwaltungsgericht
OVGE .... Entscheidungen der Oberverwaltungsgerichte für das Land Nordrhein-Westfalen in Münster sowie für die Länder Niedersachsen und Schleswig-Holstein in Lüneburg
OWiG .... Ordnungswidrigkeitengesetz
Oz. .... Ordnungsziffer
PBefG .... Personenbeförderungsgesetz
PlanZV .... Planzeichenverordnung
PrOVGE .... Entscheidungssammlung des preußischen Oberverwaltungsgerichts

PStG . . . . Personenstandsgesetz
qm . . . . Quadratmeter
qual. . . . . qualifiziert(er)
RdE . . . . Recht der Energiewirtschaft
RGZ . . . . Entscheidungen des Reichsgerichts in Zivilsachen
Rh.-Pf. . . . . Rheinland-Pfalz
RL . . . . Richtlinie
Rn. . . . . Randnummer
ROG . . . . Raumordnungsgesetz
RPOVG . . . . Oberverwaltungsgericht Rheinland-Pfalz
Rs. . . . . Rechtssache
Rspr. . . . . Rechtsprechung
s. . . . . siehe
S. . . . . Satz; Seite
SaarlOVG . . . . Oberverwaltungsgericht des Saarlandes
Sachsen-Anh. . . . . Sachsen-Anhalt
Sächs. . . . . Sächsische(r)
SächsOVG . . . . Sächsisches Oberverwaltungsgericht
SächsVBl. . . . . Sächsische Verwaltungsblätter
SächsVerfGH . . . . Verfassungsgerichtshof des Freistaates Sachsen
SchulG . . . . Schulgesetz
scil. . . . . scilicet (nämlich)
SGB . . . . Sozialgesetzbuch
SHOVG . . . . Schleswig-Holsteinisches Oberverwaltungsgericht
Slg. . . . . Sammlung der Rechtsprechung des EuGH
sog. . . . . sogenannt(e/en/er/es)
SperrVO . . . . Verordnung über die Sperrzeit
st. . . . . ständig(e)
StAnz . . . . Staatsanzeiger
StBauFöG . . . . Städtebauförderungsgesetz
Sten.-Ber. . . . . Stenographische Berichte
StGB . . . . Strafgesetzbuch
StGH . . . . Staatsgerichtshof
StPO . . . . Strafprozessordnung
str. . . . . streitig
st. Rspr. . . . . ständige Rechtsprechung
StrWG . . . . Straßen- und Wegegesetz
StVG . . . . Straßenverkehrsgesetz
StVO . . . . Straßenverkehrsordnung
sub . . . . unten; unter
TA Lärm . . . . Technische Anleitung zum Schutz gegen Lärm
Thür. . . . . Thüringer, thüringisch
ThürOBG . . . . Thüringer Ordnungsbehördengesetz
ThürOVG . . . . Thüringisches Oberverwaltungsgericht
TKG . . . . Telekommunikationsgesetz
u. a. . . . . unter anderem
UAbs. . . . . Unterabsatz
u. ä. . . . . und ähnliches
umstr. . . . . umstritten
UmwRG . . . . Gesetz über ergänzende Vorschriften zu Rechtsbehelfen in Umweltangelegenheiten nach der EG-Richtlinie 2003/35/EG
UPR . . . . Umwelt- und Planungsrecht (Zeitschrift)
Urt. . . . . Urteil
u. U. . . . . unter Umständen

UVP . . . . Umweltverträglichkeitsprüfung
UVPG . . . . Gesetz über die Umweltverträglichkeitsprüfung
UVP-Richtlinie . . . . . . Umweltverträglichkeitsprüfungs-Richtlinie
UWG . . . . Gesetz gegen den unlauteren Wettbewerb
v. . . . . von; vom
v. a. . . . . vor allem
VA . . . . Verwaltungsakt
Var. . . . . Variante
VBlBW . . . . Verwaltungsblätter für Baden-Württemberg
VereinsG . . . . Vereinsgesetz
Verf. . . . . Verfasser/Verfassung
VerfGH . . . . Verfassungsgerichtshof
VersG . . . . Versammlungsgesetz
VerwArch . . . . Verwaltungsarchiv
VerwProzR . . . . Verwaltungsprozessrecht
VG . . . . Verwaltungsgericht
VGH . . . . Verwaltungsgerichtshof
vgl. . . . . vergleiche
VgV . . . . Vergabeverordnung
VO . . . . Verordnung
VOB/A . . . . Verdingungsordnung für Bauleistungen, Teil A
VOF . . . . Verdingungsordnung für freiberufliche Leistungen
VOL/A . . . . Verdingungsordnung für Leistungen, Teil A
Vorb. . . . . Vorbemerkung(en)
VR . . . . Verwaltungsrundschau (Zeitschrift)
VVDStRL . . . . Veröffentlichungen der Vereinigung der Deutschen Staatsrechtslehrer
VVHSOG . . . . Verwaltungsvorschrift zur Ausführung des HSOG
VwGO . . . . Verwaltungsgerichtsordnung
VwVfG . . . . Verwaltungsverfahrensgesetz
VwVG . . . . Verwaltungsvollstreckungsgesetz
VwZG . . . . Verwaltungszustellungsgesetz
WaffG . . . . Waffengesetz
WaStrG . . . . Bundeswasserstraßengesetz
WHG . . . . Wasserhaushaltsgesetz
WiVerw . . . . Wirtschaft und Verwaltung (Zeitschrift)
WRV . . . . Weimarer Reichsverfassung
z. B. . . . . zum Beispiel
ZfBR . . . . Zeitschrift für deutsches und internationales Bau- und Vergaberecht
ZG . . . . Zeitschrift für Gesetzgebung
ZHR . . . . Zeitschrift für das gesamte Handels- und Wirtschaftsrecht
ZJS . . . . Zeitschrift für das Juristische Studium
ZPO . . . . Zivilprozessordnung
ZRP . . . . Zeitschrift für Rechtspolitik
z.T. . . . . zum Teil
zul. geänd. . . . . zuletzt geändert
ZUR . . . . Zeitschrift für Umweltrecht

Verzeichnis der abgekürzt zitierten Literatur

BK	Berliner Kommentar zum Baugesetzbuch (hrsgg. v. Schlichter/Stich/Driehaus/Paetow), Lsbl. (Stand: Oktober 2021) (zit.: BK/*Verfasser)*
BKL	Battis/Krautzberger/Löhr (Begr.): Baugesetzbuch – Kommentar, 15. Aufl. 2022 (zit.: BKL/*Verfasser)*
Brügelmann	Baugesetzbuch, Kommentar, Lsbl. (Stand: Juli 2021) (zit.: Brügelmann/*Verfasser)*
EZBK	Ernst/Zinkahn/ Bielenberg/Krautzberger: Baugesetzbuch, Kommentar, Lsbl. (Stand: 1. Mai 2021) (zit.: EZBK/*Verfasser*)
Fischer/Leggereit/ Sommer ...	Fischer/Leggereit/Sommer: Polizei- und Ordnungsrecht Hessen, 6. Aufl. 2021
FOK	Finkelnburg/Ortloff/Kment: Öffentliches Baurecht – Bd. I: Bauplanungsrecht, 7. Aufl. 2017
Fredrich	Fredrich: Hessisches Gesetz über die öffentliche Sicherheit und Ordnung, 13. Aufl. 2021
Götz/Geis	Götz/Geis: Allgemeines Polizei- und Ordnungsrecht, 16. Aufl. 2017
Gusy	Polizeirecht, 10. Aufl. 2017
Hermes	Hermes: Bau- und Planungsrecht, in: Hermes/Reimer (Hrsg.), Landesrecht Hessen, 10. Aufl. 2022, S. 283 ff.
Hornmann	Hornmann: Hessisches Gesetz über die öffentliche Sicherheit und Ordnung (HSOG) – Kommentar, 2. Aufl. 2008
Hornmann, HBO ...	Hornmann: Hessische Bauordnung (HBO) – Kommentar, 3. Aufl. 2018
JD	Jäde/Dirnberger, BauGB, BauNVO, 9. Aufl. 2018 (zit.: JD/*Verfasser*)
JK	Jarass/Kment: Baugesetzbuch, 3. Aufl. 2022
KH	Koch/Hendler: Baurecht, Raumordnungs- und Landesplanungsrecht, 6. Aufl. 2015 (zit.: KH/*Verfasser*)
Kingreen/Poscher ...	Kingreen/Poscher: Polizei- und Ordnungsrecht, 11. Aufl. 2020
Kramer	Kramer: Hessisches Polizei- und Ordnungsrecht, 3. Aufl. 2021
Lisken/Denninger ...	Lisken/Denninger (Hrsg.), Handbuch des Polizeirechts, 7. Aufl. 2021
MO	Muckel/Ogorek: Öffentliches Baurecht, 4. Aufl. 2020
Reimer	Reimer: Polizeirecht, in: Hermes/Reimer (Hrsg.), Landesrecht Hessen, 10. Aufl. 2022, S. 195 ff.
Schenke	Schenke: Polizei- und Ordnungsrecht, 11. Aufl. 2021
Schoch	Schoch: Polizei- und Ordnungsrecht, in: Schoch, Besonderes Verwaltungsrecht, 2018.
Schrödter	Schrödter (Hrsg.), Baugesetzbuch, 9. Aufl. 2019, zit.: Schrödter/*Verfasser*

Wehr	Wehr: Examens-Repetitorium Polizeirecht, Allgemeines Gefahrenabwehrrecht, 4. Aufl. 2019
Würtenberger/Heckmann/Tanneberger .	Würtenberger/Heckmann/Tanneberger: Polizeirecht in Baden-Württemberg, 7. Aufl. 2017

Im Übrigen wird auf die Literaturübersichten vor den einzelnen Teilen verwiesen.

1. Teil: Kommunalrecht

Literatur:

Allgemeine kommunalrechtliche Literatur: *Burgi, Martin*, Kommunalrecht, 6. Aufl. 2019; *Engels, Andreas/Krausnick, Daniel*, Kommunalrecht, 2015; *Geis, Max-Emanuel*, Kommunalrecht, 5. Aufl. 2020; *Gern, Alfons/Brüning, Christoph*, Deutsches Kommunalrecht, 4. Aufl. 2018; *Schmidt, Thorsten Ingo*, Kommunalrecht, 2. Aufl. 2014; *Schwind, Hans D./Hauptmann, Peter H.*, Kommunalrecht leicht gemacht. Das Recht der Städte, Gemeinden und Landkreise, 3. Aufl. 2015.

Kommunalrecht in Hessen: *Bennemann, Gerhard/Daneke, Uwe/Meiß, Ernst/Simon, Arnulf/Steiß, Alexander/Teschke, Sven/Unger, Walter/Zabel, Lorenz/Zahradnik, Stefan*, Kommunalverfassungsrecht. Hessen. Hessische Gemeindeordnung etc., Kommentar, Lsbl. (Stand Dez. 2021); *Birkenfeld, Daniela*, Kommunalrecht Hessen, 7. Aufl. 2020; *Borchmann, Michael/Breithaupt, Dankwart/Kaiser, Gerrit,* Kommunalrecht in Hessen, 3. Aufl. 2006; *Deeßler, Ulrich/ Adrian, Ulrike,* Hessische Kommunalverfassung, 23. Aufl. 2021; *Dietlein, Johannes/Ogorek, Markus*, Kommunalrecht Hessen, 2021; *Hilligardt, Jan/Ruder, Tim*, Hessische Landkreisordnung. Kommentar, 2. Aufl. 2021; *Rauber, David/Rupp, Matthias/Stein, Katrin* u. a., Hessische Gemeindeordnung (HGO). Kommentar, 4. Aufl. 2021; *Schmidt, Fritz W./Kneip, Hans-Otto,* Hessische Gemeindeordnung (HGO), 2. Aufl. 2008; *Schöndorf-Haubold, Bettina,* Kommunalrecht, in: Hermes, Georg/Reimer, Franz (Hrsg.), Landesrecht Hessen, 10. Aufl. 2022, S. 114 ff.; *Vetzberger, Klaus,* Kommunalrecht in Hessen: Die Gemeinde als Ort rechtlicher Vielfalt, 3. Aufl. 2019 (fallorientierte Darstellung).

§ 1. Überblick über die Geschichte des Kommunalrechts

A. Bis zum Ende des Kaiserreichs

Die ersten auf dem Gebiet des späteren Heiligen Römischen Reiches Deutscher Nation 1
gegründeten **Städte** gehen zum Teil auf frühere **Kastelle und Legionslager** der Römer zurück, Städte entwickelten sich aber auch im Schutz von Burgen und Klöstern. In den **Dörfern** unterstanden die Bewohner größtenteils Landesherren oder Gutsherrn und befanden sich zu diesen in persönlicher Abhängigkeit bis hin zur Leibeigenschaft. Erst im 11. Jahrhundert entstanden die ersten Städte mit eigener Stadtverfassung und Marktprivilegien, Steuerhoheit und eigener Gerichtsbarkeit. Auch hatten sie das örtliche Rechtsetzungsprivileg und die Schutz- und Wehrhoheit.

Der Rechtssatz **„Stadtluft macht frei"** stammt aus dem 12. Jahrhundert und bringt 2
zum Ausdruck, dass in der Stadt freie Bürger lebten. Es setzten sich immer mehr Leibeigene in die Städte ab, wo sie für ihre Grundherren zumeist unauffindbar waren. Wenn ein in einer Stadt wohnender Unfreier nach Jahr und Tag nicht mehr von seinem Diensttherrn zurückgefordert wurde, wurde er auch Stadtbewohner und war frei. Wenn der Dienstherr aber mit sieben Zeugen beweisen konnte, dass der Leibeigene sein Eigentum sei, musste er ihm wieder dienen.

Allerdings waren nicht alle Bürger der Stadt mit gleichen Rechten ausgestattet. Das 3
passive Wahlrecht stand nur den Patriziern, also den Grundbesitzern, und den in Gil-

den organisierten Kaufleuten zu, während die in Zünften zusammengeschlossenen Handwerker nicht Ratsherren werden durften. Erst im 14. und 15. Jahrhundert konnten die Zünfte eigene Vertreter in den Stadtrat entsenden. Das Amt des **Ratsherrn** war ein unbezahltes Ehrenamt. Zu seinen Aufgaben gehörte die Verwaltung der öffentlichen Einrichtungen sowie der kirchlichen Einrichtungen, deren Unterhalt aber von der Kirche bestritten wurde. Der Rat sorgte weiterhin für die Wahrung der öffentlichen Sicherheit und Ordnung.

4 Die **Reichsstädte** hatten eine besondere Stellung und schuldeten dem König Huldigung, Heerfahrt und Steuern. Sie waren verpflichtet den König und seinen Hof aufzunehmen. Dafür standen ihnen die Gesetzgebungshoheit, die Verteidigungshoheit, das Bündnis- und Fehderecht sowie Einnahmen bringende Hoheitsrechte zu. Die **freien Reichsstädte** waren von diesen Verpflichtungen hingegen weitgehend freigestellt.

5 Im Zeitalter des **Absolutismus** versuchten die Landesherren ihre verlorene Macht wieder an sich zu reißen. Für die Städte galten unterschiedliche Regelungen. Soweit es keine speziellen Regelungen für bestimmte Städte gab, galt ab 1794 das **preußische Allgemeine Landrecht,** mit dem erstmalig für ganz Preußen ein einheitliches Städterecht geschaffen wurde. Das Stadtrecht konnte von niemanden als dem Oberhaupte des Staats erteilt werden (§ 87 ALR). Dem Staat war es möglich unmittelbar die Verwaltung der Gemeinden einzugreifen. Auf diese Weise wurde die Stadtverwaltung das unterste Organ der Stadtverwaltung.

6 Nach der Niederlage Preußens gegen Napoleon im Jahre 1806 wurde vom **Reichsfreiherrn Carl vom und zum Stein** am 19. November 1808 eine neue Städteordnung geschaffen, die als Ausgangspunkt der modernen kommunalen Selbstverwaltung gilt. Nach der Städteordnung erhielten die preußischen Städte die Magistratsverfassung, mit der sie von der Bevormundung des Staates befreit wurden und die Verwaltung ihrer Angelegenheiten wieder in eigener Zuständigkeit erledigt werden konnte. Die Bürger wählten die **Stadtverordnetenversammlung,** die wiederum den **Magistrat** als ausführendes Organ bestellte. Der Magistrat setzte sich je zur Hälfte aus ehrenamtlichen und hauptamtlichen Magistratsmitgliedern zusammen und hatte die Beschlüsse der Stadtverordnetenversammlung auszuführen. Stadtverordnete durften nicht dem Magistrat angehören.

7 Infolge der Revolution von 1848 wurde im März 1850 **für das gesamte preußische Staatsgebiet eine einheitliche Gemeindeordnung** erlassen, die den bis dahin geltenden Unterschied zwischen Städten und Landgemeinden beseitigte. Aber bereits 1852, nach der Niederschlagung der Revolution, wurde diese Gemeindeordnung jedoch wieder außer Kraft gesetzt und es traten an ihre Stelle viele Städte und Gemeindeordnungen. Durch das Wachstum der Städte gab es eine Fülle neuer Aufgaben für die Kommunen wie die Bereitstellung von Wasser und Energie sowie die Abwasserentsorgung und die Beseitigung des Mülls. Die Kommunale Selbstverwaltung blieb jedoch im Prinzip erhalten.

8 In **Hessen** gab es unterschiedliche Entwicklungen in Frankfurt am Main, in der Provinz Hessen-Nassau und im Großherzogtum Hessen. In **Frankfurt** wurden die Leitungskompetenzen unter der parlamentarisch beschließenden Stadtverordnetenversammlung und dem ausführenden Magistrat aufgeteilt. In **Hessen-Nassau** wurde 1897 eine echte Magistratsverfassung eingeführt, wobei der Bürgermeister und seine Stellvertreter von der Stadtverordnetenversammlung und den unbesoldeten Magistratsmitgliedern gewählt wurden. Im **Großherzogtum Hessen** wurde der Bürgermeister von der Stadtverordnetenversammlung gewählt und war deren Vorsitzender und Leiter der Stadtverwaltung (Bürgermeisterverfassung).

B. Zeit ab der Weimarer Republik

9 In der **Weimarer Republik** wurde den Gemeinden und Gemeindeverbänden das Recht der Selbstverwaltung innerhalb der Schranken der Gesetze nach Art. 127 Weimarer Reichsverfassung gewährleistet. Allerdings gewährleistete die institutionelle Selbstverwaltungsgarantie nicht den Bestand der einzelnen Gemeinde noch gab es einen Rechtsschutz der Gemeinde gegen Eingriffe in den Kern der Selbstverwaltung. Die Gestaltung des Kommunalverfassungsrechts war jetzt aber Sache der Länder.

10 In der Zeit des **Nationalsozialismus** erließ die nationalsozialistische Regierung am 30. Januar 1935 die deutsche Gemeindeordnung[1], die ein einheitliches Recht für alle Städte und Gemeinden im ganzen Reich enthielt, mit *vorläufiger* Ausnahme der Hauptstadt Berlin und der Hansestädte Hamburg, Bremen und Lübeck. Das **Führerprinzip** wurde auch auf die gemeindliche Ebene übertragen. Die Organe der kommunalen Selbstverwaltung wurden zu Befehlsempfängern der NSDAP.

11 **Nach dem Ende des Zweiten Weltkriegs** waren die Besatzungsmächte verantwortlich für die jeweilige Gemeindeordnung. Da die Besatzungsmächte unterschiedliche Vorstellungen über die Strukturen einer kommunalen Selbstverwaltung hatten, erfolgten in den Besatzungszonen auch unterschiedliche Systeme.

12 In der **US-amerikanischen Besatzungszone** wurde erst 1945 das Land Hessen in seiner heutigen Form von der US-amerikanischen Besatzungsmacht aus den ehemaligen preußischen Provinzen Kurhessen und Nassau und dem Volksstaat Hessen, vormals Großherzogtum Hessen (Darmstadt), geschaffen. Am 21. Dezember 1945 verabschiedete der Gesetzgeber zunächst die Großhessische Gemeindeordnung.

13 Am 25. Februar 1952 wurde schließlich die **Hessische Gemeindeordnung** verabschiedet, die als unechte Magistratsverfassung ausgestaltet wurde. Für die Landkreise galt vom 24. Januar 1946 ab eine provisorische Kreisordnung. Grundstrukturen der hessischen Gemeindeordnung und der hessischen Landkreisordnung sind bis zum heutigen Tag erhalten geblieben, allerdings erfolgte eine Stärkung plebiszitärer Elemente durch die Möglichkeit der Durchführung von Bürgerbegehren und Bürgerentscheiden auf kommunaler Ebene sowie eine Direktwahl von Bürgermeistern und Landräten durch das **Gesetz zur Stärkung der Bürgerbeteiligung und kommunalen Selbstverwaltung**[2]. Die Einführung des Kumulierens und Panaschierens verbesserte den Einfluss der Wahlberechtigten auf die kommunale Politik. Erst durch das **Gesetz zur Kommunalisierung des Landrats sowie des Oberbürgermeisters als Behörden der Landesverwaltung**[3] vom 21. März 2005 löste der Gesetzgeber den Landrat sowie den Oberbürgermeister als Behörde der Landesverwaltung ab. Aufgaben und Personal wurden weitgehend auf die Landkreise und kreisfreien Städte überführt.

§ 2. Verfassungsrechtliche Vorgaben

A. Allgemein

14 Die Kommunen besitzen gemäß Art. 28, 104 a ff. GG einen bundesverfassungsrechtlichen Status und nach Art. 137, 138 HV einen landesverfassungsrechtlichen Status.

[1] http://www.verfassungen.de/de/de33-45/verf33-i2.htm.
[2] GVBl. 2001 I, S. 2.
[3] GVBl. 2005 I, S. 230.

Art. 93 Abs. 1 Nr. 4 b GG, aber auch §§ 19 Abs. 2 Nr. 10, 46 HStGHG gewähren den Kommunen die verfassungsrechtliche **Möglichkeit der Normenkontrolle zum Schutz ihres Selbstverwaltungsrechts** nach dem Grundgesetz bzw. nach der Hessischen Verfassung. Dabei können allerdings nur Verstöße durch Gesetze geltend gemacht werden. Verstöße durch andere Rechtsakte können von den Kommunen nur in fachgerichtlichen Verfahren verfolgt werden.

B. Grundgesetz

I. Allgemein

15 In Art. 28 Abs. 2 Satz 1 GG erkennt die Verfassung die **Gemeinde als selbstständigen Träger eigener Aufgaben** an. Bei staatlichen oder vom Staat delegierten Aufgaben genießen die Gemeinden hingegen keinen verfassungsrechtlichen Schutz.

16 Nach der Selbstverwaltungsgarantie können die Gemeinden **alle Angelegenheiten der örtlichen Gemeinschaft in eigener Verantwortung regeln.** Das Recht der Gemeinde, sich aller Angelegenheiten der örtlichen Gemeinschaft anzunehmen, ohne dass ein besonderer Kompetenztitel notwendig wäre,[4] wird vom Bundesverfassungsgericht als „identitätsbestimmendes Merkmal der gemeindlichen Selbstverwaltung“[5] bezeichnet.

17 Gemäß Art. 28 Abs. 1 Satz 2 GG muss das Volk in den Gemeinden eine **Vertretung** haben, insbesondere wegen der verfassungsunmittelbaren Zuweisung öffentlicher und prinzipiell unbegrenzter Aufgaben.[6]

18 Die **aktive und passive Wahlberechtigung** genießen neben den Staatsangehörigen gemäß Art. 28 Abs. 1 Satz 3 GG auch Personen, die die Staatsangehörigkeit eines Mitgliedstaates der Europäischen Union besitzen, nach Maßgabe des Rechts der Europäischen Union. Die Volksvertretung in den Gemeinden hat einen Einfluss auf die Willensbildung der Gemeinde. Diesem Erfordernis trägt § 50 HGO Rechnung, der die Gemeindevertretung prinzipiell allzuständig macht.

19 Art. 28 Abs. 2 Satz 1 GG verdeutlicht, dass es **Gemeinden als Rechtssubjekte** geben muss. Die Gemeinden besitzen also eigene Rechtsfähigkeit. Dies bedeutet jedoch keine verfassungsrechtliche Absicherung der Existenz jeder einzelnen Gemeinde, da Art. 28 Abs. 2 Satz 2 GG lediglich die Gemeinde als solche, also die Institution, schützt.

II. Selbstverwaltungsgarantie

1. Gemeinde

a) Schutzbereich

aa) Selbstverwaltung

20 Art. 28 Abs. 2 GG garantiert die **kommunale Selbstverwaltung.** Dies bedeutet, dass der Staat den Gemeinden einen Bereich zu überlassen hat, in dem diese eigenständig, lediglich einer Rechtskontrolle unterworfen, agieren können. Man bezeichnet diesen Bereich als **eigenen Wirkungskreis**[7], der sich auf die örtlichen Angelegenheiten bezieht.

---

[4] BVerfGE 83, 37 (54).
[5] BVerfGE 79, 127 (146, 147).
[6] Vgl. BVerfGE 83, 37 (54, 55).
[7] Vgl. unten Rn. 25, 430 ff.

Jede Gemeinde hat ein **subjektives Recht auf Selbstverwaltung**, also ein subjektives Recht, die örtlichen Angelegenheiten selbstverantwortlich zu regeln. Es handelt sich dabei nicht um ein Grundrecht, sondern um ein einem Grundrecht ähnliches Recht. Dieses grundrechtsähnliche Recht eröffnet nicht die Möglichkeit der Einlegung einer Verfassungsbeschwerde nach Art. 93 Abs. 1 Nr. 4a GG, jedoch besteht die Möglichkeit, Rechtsschutz über die Kommunalverfassungsbeschwerde nach Art. 93 Abs. 1 Nr. 4b GG zu suchen. 21

bb) Angelegenheiten der örtlichen Gemeinschaft

Im Bereich der örtlichen Angelegenheiten spricht die **Vermutung für die Zuständigkeit der Gemeinde.** Daraus folgt, dass die Gemeinden zuständig sind, wenn keine entgegenstehenden gesetzlichen Bestimmungen vorliegen. Die Gemeinden haben damit auch das **Recht,** in ihrem örtlichen Bereich **Aufgaben an sich zu ziehen.**[8] Man kann dieses Recht, Aufgaben an sich zu ziehen, auch als „Aufgabenerfindungsrecht" bezeichnen. 22

Der **Begriff der Angelegenheit der örtlichen Gemeinschaft** ist unbestimmt. Das Bundesverfassungsgericht definiert die „Angelegenheiten der örtlichen Gemeinschaft" als „diejenigen Bedürfnisse und Interessen, die in der örtlichen Gemeinschaft wurzeln oder auf sie einen spezifischen Bezug haben, die also den Gemeindeeinwohnern gerade als solchen gemeinsam sind, indem sie das Zusammenleben und -wohnen der Menschen in der (politischen) Gemeinde betreffen"[9]. Das Bundesverfassungsgericht stellt also darauf ab, ob bei der Wahrnehmung einer Aufgabe ein **Bezug zur örtlichen Gemeinschaft** gegeben ist. 23

Als Indiz für eine Angelegenheit, die in der örtlichen Gemeinschaft wurzelt, kann herangezogen werden, welche Aufgabe historisch den Gemeinden zugewiesen war. Weitere Gesichtspunkte sind die Größe und Struktur der Gemeinde. Schließlich lassen sich auch der Gemeindeordnung Hinweise entnehmen. Das Selbstverwaltungsrecht der Gemeinde umfasst auch die wirtschaftliche Betätigung der Gemeinden.[10] Auf die Verwaltungskraft der Gemeinde kommt es nicht an.[11] 24

Soweit eine Angelegenheit der örtlichen Gemeinschaft, also **des eigenen Wirkungskreises,** vorliegt, ist die **Verbandskompetenz** der Gemeinde gegeben. Besteht eine Verbandszuständigkeit der Gemeinde, ist eine Abgrenzung zur Zuständigkeit anderer Gebietskörperschaften erfolgt. Daneben ist die Verbandskompetenz des Staates zu beachten. 25

Es ist zu unterscheiden, ob sich die Gemeinde nur zu bestimmten Fragen äußert, dann handelt es sich um eine **Befassungskompetenz**, oder ob sie die Aufgaben auch selbst erledigt, dann handelt es sich um eine **Erledigungskompetenz.** 26

Beispiele:
- Eine Inanspruchnahme der **Befassungskompetenz** liegt beispielsweise vor, wenn die Gemeinde sich zu atomwaffenfreien Zonen äußert.[12] Den Gemeinden steht eine Befassungskompetenz auch dann zu, wenn im selben Bereich eine staatliche Kompetenz besteht.

---

[8] BVerfGE 79, 127 (146 f.).
[9] BVerfGE 79, 127 (151); 8, 122 (134); 50, 195 (201); 52, 95 (120).
[10] BVerfGE 4, 7; 50, 290 (338).
[11] BVerfGE 79, 127 (151, 152).
[12] BVerwGE 87, 228.

- Soweit es um die **Erledigungskompetenz** geht, schließt eine staatliche Kompetenz die gemeindliche aus. Die Erklärung einer Gemeinde, das Gemeindegebiet sei eine atomwaffenfreie Zone, fällt somit nicht in den Kompetenzbereich der Gemeinde.

27 Wenn man den gesamten Bereich des eigenen Wirkungskreises einer Gemeinde, der vom Schutzbereich der Selbstverwaltungsgarantie umfasst ist, konkretisiert, lassen sich folgende **Tätigkeitsfelder der Gemeinde** unterscheiden: Die **Finanzhoheit** gibt den Gemeinden die Befugnis, über die Einnahmen und Ausgaben der Gemeinde zu entscheiden, wobei natürlich die Grundsätze eines geordneten Haushaltswesens zu beachten sind. Die **Organisationshoheit** umfasst die eigenen Einrichtungen, die Untergliederung der eigenen Organe, die gemeindlichen Betriebe sowie die Regelung der jeweiligen Geschäftsordnungen[13]. Unter die **Personalhoheit** fällt die Kompetenz der Gemeinde, darüber selbst zu entscheiden, welche Personen als Gemeindebedienstete eingestellt werden. Die Besoldung ist indes eine Landesangelegenheit. Die **Planungshoheit** umfasst die Kompetenz der Gemeinde, die weitere Entwicklung des Gemeindegebiets zu gestalten, etwa durch Erlass eines Flächennutzungsplans oder eines Bebauungsplans. Unter **Rechtsetzungshoheit** versteht man den Erlass von Satzungen[14] zur Regelung der eigenen Angelegenheiten.

28 Es darf eine Gemeinde **mit anderen Gemeinden zusammenarbeiten**, so dass sich das gemeindliche Handeln in seinen Auswirkungen nicht immer auf das Gemeindegebiet beschränken muss. So ist es auch zulässig, dass Gemeinden mit ausländischen Gemeinden – oder früher mit Gemeinden der DDR – Partnerschaftsabkommen schließen, obwohl grundsätzlich dem Bund bzw. den Ländern nach Art. 32 GG die Kompetenz zum Handeln nach außen zusteht. Voraussetzung für die Zulässigkeit eines solchen Städtepartnerschaftsabkommens ist allerdings, dass sich das Abkommen auf die örtlichen Angelegenheiten bezieht, wie auf die Förderung der Kultur und nicht etwa auf die Anerkennung von Grenzen.

Beispielsfall 1 – Kompetenzüberschreitung: Die hessische Gemeinde G pflegt schon seit längerer Zeit freundschaftliche Beziehungen zur palästinensischen Stadt S, so dass ein Städtepartnerschaftsabkommen zwischen G und S vereinbart wird. Darin verabreden die Partnergemeinden einen regelmäßigen kulturellen Austausch, die deutsche Gemeinde kommt aber auch dem drängend vorgetragenen Wunsch der Stadt S entgegen und erkennt Palästina als Staat an. Die Bundesregierung rügt die Gemeinde und die beschließende Gemeindevertretung und erklärt, dass das Abkommen rechtswidrig sei.

I. Formelle Rechtmäßigkeit

Gemäß § 2 Satz 1 HGO i. V. m. Art. 28 Abs. 2 GG, Art. 137 Abs. 1, III HV gilt der Grundsatz der Allgemeinzuständigkeit der Gemeinde auf den Gebieten der ihr zustehenden Selbstverwaltung. Hierzu gehören nach Art. 28 Abs. 2 Satz 1 GG alle Angelegenheiten, die in der örtlichen Gemeinschaft wurzeln oder einen spezifischen Bezug zu ihr haben. Fraglich ist daher, ob mit der Vereinbarung der Städtepartnerschaft mit S der örtliche Wirkungskreis der Gemeinde G überschritten wurde. Zu den Aufgaben der örtlichen Gemeinschaft zählen kommunale Statusangelegenheiten sowie kulturelle Belange. Die Zusammenarbeit einer Gemeinde mit anderen Gemeinden führt allein nicht zu einer Überörtlichkeit der Angelegenheit. Der Zuständigkeit der Gemeinde G steht nicht Art. 32 Abs. 1 GG entgegen, da ausländische Gemeinden und Städte nicht selbst am Völkerrechtsverkehr teilnehmen. Städtepartnerschaften gelten somit nicht als völkerrechtliche Verträge i.S.v. Art. 32 Abs. 1 GG. Da eine Angelegenheit der örtlichen Gemeinschaft, also des eigenen Wirkungskreises,

[13] Vgl. unten Rn. 164 f., 478.
[14] Vgl. zur Satzung unten Rn. 448 ff.

vorliegt, ist die Verbandskompetenz der Gemeinde gegeben. Die Gemeindevertretung beschließt nach § 50 Abs. 1 Satz 1 1. HS. HGO über alle Angelegenheiten der Gemeinde selbst und hat somit auch die erforderliche Organkompetenz zum Erlass eines solchen Beschlusses. Hinsichtlich des Verfahrens und der Form bestehen keine rechtlichen Bedenken.

II. Materielle Rechtmäßigkeit

Das Städtepartnerschaftsabkommen enthält zwar auch Vereinbarungen zu kulturellen Austauschbeziehungen, primär soll aber die Anerkennung Palästinas als Staat erfolgen. Diese Anerkennung als Staat steht aber der Gemeinde nicht zu, sondern wäre eine Angelegenheit des Bundes nach Art. 32 Abs. 1 GG. Die Anerkennung steht zudem im Widerspruch zur Außenpolitik des Bundes, im Übrigen liegen die Voraussetzungen für eine Anerkennung als Staat wegen des Fehlens einer effektiven Staatsgewalt nicht vor.

III. Ergebnis

Der Beschluss über die Städtepartnerschaft zwischen G und L ist zwar formell rechtmäßig zustande gekommen, aber materiell rechtswidrig, soweit es um die Anerkennung Palästinas als Staat geht.

cc) In eigener Verantwortung regeln

Die örtlichen Angelegenheiten dürfen die Gemeinden **in eigener Verantwortung** regeln, d. h. frei von staatlicher Anweisung. Die Landesgesetzgeber haben das Selbstverwaltungsrecht der Gemeinden in den Landesverfassungen und in den Gemeindeordnungen[15] in der Weise ausgeformt, dass die Gemeinden „in ihrem Gebiet" die ausschließlichen und eigenverantwortlichen Träger der öffentlichen Verwaltung sind, soweit die Gesetze nicht etwas anderes bestimmen. 29

Aus dieser Selbstverwaltungsgarantie folgt konsequenterweise lediglich eine **Rechtmäßigkeitskontrolle** des gemeindlichen Handelns durch die Aufsichtsbehörde, **nicht** aber eine **Zweckmäßigkeitskontrolle.** Es gibt also lediglich Rechtsaufsicht, nicht aber Fachaufsicht.[16] 30

Es wird allerdings „eine **ordnungsgemäße Aufgabenerfüllung**"[17] gefordert, die zur Differenzierung je nach Gemeindegröße führen kann.[18] 31

b) Gesetzesvorbehalt

aa) Allgemein

Der Gesetzgeber hat nach Art. 28 Abs. 2 Satz 1 GG die Möglichkeit, den Inhalt der Selbstverwaltungsgarantie näher zu umschreiben, da alle genannten Kompetenzen der Gemeinde **„im Rahmen der Gesetze"** gewährleistet werden. Reglementiert werden kann die Selbstverwaltungsgarantie durch Gesetz oder aufgrund eines Gesetzes. 32

Zu den **Eingriffen in die Selbstverwaltungsgarantie** zählen Statusänderungen sowie Änderungen im Gebiet oder im Bestand von Gemeinden, ferner Aufgabenübertragungen und Aufgabenentzug. 33

---

[15] Vgl. Art. 137 Abs. 1 und 3 Hessische Verfassung und § 2 HGO.
[16] Vgl. zur Rechtsaufsicht unten Rn. 592 ff.
[17] BVerfGE 79, 127 (153 f. sub. b).
[18] BVerfGE 79, 127 (153 f. sub. b).

Beispiele:

- So sind vor allem die **Eingliederung von kreisfreien Gemeinden in einen Landkreis,** und damit der Verlust des Status als kreisfreie Stadt, ein Eingriff in die Selbstverwaltungsgarantie. Bei einer Eingliederung einer Gemeinde in einen anderen Landkreis wird die Selbstverwaltungsgarantie der Gemeinde nicht betroffen, da die rechtliche Stellung der Gemeinde unverändert bleibt.[19]
- Ein Eingriff in die Selbstverwaltungsgarantie ist ferner bei **Aufgabenübertragung und Aufgabenentzug** gegeben.[20]

bb) Kernbereich des Selbstverwaltungsrechts

34 Eine **Grenze für Eingriffe** setzt nach der Rechtsprechung der **Kernbereich (Wesensgehalt)** des Selbstverwaltungsrechts, dessen Bestimmung aber, wie auch die Bestimmung des Kernbereichs der Grundrechte, Schwierigkeiten bereitet. Nach Entscheidungen des Bundesverfassungsgerichts ist bei der Bestimmung des Kernbereichs besonders der geschichtlichen Entwicklung und den verschiedenen Erscheinungsformen der Selbstverwaltung Rechnung zu tragen.[21]

35 **Zum Kernbereich gehören** die Funktionsfähigkeit gemeindlicher Organe[22], die eigenständige organisatorische Gestaltungsfähigkeit[23], die Rechtsetzungshoheit und die finanzielle Mindestausstattung.[24] Ob allerdings die wirtschaftliche Betätigung der Gemeinden zum Kernbereich oder zur Randzone gehört, ist fraglich. Man wird jedenfalls von den Verletzungen des Kernbereichs des gemeindlichen Selbstverwaltungsrechts so lange nicht sprechen können, so lange den Gemeinden ein Minimum an wirtschaftlicher Betätigungsfreiheit verbleibt.

cc) Verhältnismäßigkeitsprinzip

36 Die Möglichkeiten des Eingriffs in die gemeindliche Selbstverwaltung außerhalb des Kernbereichs richten sich nach dem **Verhältnismäßigkeitsprinzip**. Danach ist der Eingriff zulässig, wenn die Gründe für einen Eingriff schwerer wiegen als die in Art. 28 Abs. 2 Satz 1 GG vorgenommene Aufgabenverteilung zugunsten der Gemeinde.[25]

37 **Übersicht 1: Prüfschema der Rechtmäßigkeit eines Eingriffs in die Selbstverwaltungsgarantie**

Ein **Eingriff in die Selbstverwaltungsgarantie** der Gemeinde im Einzelfall, also durch Verwaltungsakt, hat formellen und materiellen Voraussetzungen zu genügen.

Zu den **formellen Voraussetzungen** gehören:

1. die Zuständigkeit der eingreifenden Behörde,
2. die Anhörung der Gemeinde und
3. die Respektierung der Formvorschriften.

---

[19] Vgl. hierzu BayVGH, BayVBl. 1977, 433.

[20] Vgl. BVerfGE 79, 127 (158).

[21] BVerfGE 59, 216 (226); 76, 107 (118); 79, 127 (146).

[22] BayVerfGH, BayVBl. 2000, 460.

[23] BVerfGE 91, 228 (238).

[24] Vgl. dazu BVerfGE 83, 363 (386), wo jedoch insoweit keine eindeutige Stellungnahme abgegeben wird

[25] Vgl. BVerfGE 79, 127 (154).

Zum Vorliegen der **materiellen Rechtmäßigkeit** gehören:
1. Eine gesetzliche Grundlage des Eingriffs
2. Gründe des Gemeininteresses, die sich auf verfassungsrechtliche Rechtsgüter stützen können.
3. Gesetzgeber darf nicht in den Kernbereich, d. h. in die institutionelle Garantie der Selbstverwaltung eingreifen.
4. Abwägung im Rahmen des Verhältnismäßigkeitsgrundsatzes.

2. Gemeindeverbände

Auch **Gemeindeverbände genießen das Selbstverwaltungsrecht** im Sinne des Art. 28 Abs. 2 Satz 2 GG wie das Wort „auch" belegt. Auch sie haben damit das Recht der eigenverantwortlichen Erledigung eigener Aufgaben. Die Tatsache, dass Art. 28 Abs. 2 Satz 2 die Gemeindeverbände erwähnt, lässt erkennen, dass der Gesetzgeber diesen so viel an Aufgaben zuweisen muss, dass sie lebensfähig sind. 38

Unter den **Begriff des Gemeindeverbandes** fällt eine Gebietskörperschaft, in der Gemeinden zusammengeschlossen sind. Es werden daher alle Gebietskörperschaften zwischen Gemeinde und Land, die nicht nur Einzelaufgaben verfolgen[26], in den Schutzbereich einbezogen. Jedenfalls zählen die **Landkreise** dazu[27], wohl auch die **Bezirke, nicht** aber die **Zweckverbände.**[28] 39

Gemeindeverbände genießen das Selbstverwaltungsrecht **„nach Maßgabe der Gesetze"** und nicht wie die Gemeinden „im Rahmen der Gesetze". 40

Art. 28 Abs. 2 Satz 2 GG sichert also den Gemeindeverbänden – und damit den Kreisen – anders als Art. 28 Abs. 2 Satz 1 GG den Gemeinden gerade keinen bestimmten Aufgabenbereich.[29] Es handelt sich somit um eine gegenüber Art. 28 Abs. 2 Satz 1 GG reduzierte Garantie.[30]

Art. 28 Abs. 2 GG **unterscheidet nicht zwischen örtlichen und überörtlichen Aufgaben**, also zwischen Gemeinde- und Kreisaufgaben. Allerdings wird man den Gesetzgeber für verpflichtet halten, eine Aufgabe, die den örtlichen Charakter für die kreisangehörige Gemeinde verloren hat, auf den Kreis zu übertragen und nicht auf das Land, wenn sie der Kreis als kreisörtliche Aufgabe erfüllen kann. 41

III. Landesverfassung

1. Gemeinde

Der **Status der Kommunen** im Bundesland Hessen ergibt sich im Wesentlichen aus Art. 137 HV. Weitere Aspekte sind in Art. 138 und Art. 62 HV geregelt. 42

Nach Art. 137 Abs. 1 Satz 1 HV sind die Gemeinden in ihrem Gebiet unter eigener Verantwortung **die ausschließlichen Träger der gesamten örtlichen öffentlichen Verwal-** 43

[26] Also Ämter, Samtgemeinden, Verbandsgemeinden, Kreise und Landschaftsverbände.
[27] So BVerfGE 83, 363 (383).
[28] Vgl. BVerfGE 52, 95 (111 f.).
[29] BVerfGE 79, 127 (150); 21, 117 (128 f.); 23, 353 (365).
[30] BVerfGE 83, 263 (383).

tung. Sie können jede öffentliche Aufgabe übernehmen, soweit diese nicht durch ausdrückliche gesetzliche Vorschrift anderen Stellen im dringenden öffentlichen Interesse ausschließlich zugewiesen ist (Art. 137 Abs. 1 Satz 2 HV).

44 Nach Art. 137 Abs. 3 HV wird den **Gemeinden und Gemeindeverbänden das Recht der Selbstverwaltung** ihrer Angelegenheiten vom Staat gewährleistet. Die Aufsicht des Staates beschränkt sich in diesen Fällen darauf, dass ihre Verwaltung im Einklang mit den Gesetzen geführt wird (Art. 137 Abs. 3 Satz 2 HV). Die staatliche Aufsicht umfasst damit nur die Rechtsaufsicht und nicht die Fachaufsicht.

45 Art. 137 Abs. 4 HV sieht vor, dass Gemeinden und Gemeindeverbänden oder ihren Vorständen durch Gesetz oder Verordnung **staatliche Aufgaben zur Erfüllung nach Anweisung übertragen** werden können. Es handelt sich hierbei um den so genannten übertragenen Wirkungskreis.

46 Gemäß Art. 137 Abs. 5 HV hat der Staat den Gemeinden und Gemeindeverbänden die zur Durchführung ihrer eigenen und übertragenen Aufgaben erforderlichen **Geldmittel im Wege des Lasten- und Finanzausgleichs** zu sichern. Werden die Gemeinden oder Gemeindeverbände durch Landesgesetz oder Landesrechtsverordnungen zur Erfüllung staatlicher Aufgaben verpflichtet, so sind Regelungen über die Kostenfolgen zu treffen (Art. 137 Abs. 6 Satz 1 sowie Satz 2 und 3 HV).

47 Die Landesverfassung bindet die Landesstaatsgewalt ebenso wie die Bundesverfassung mit der Folge, dass es zu einer **mehrfachen Verbürgung von Rechten** kommen kann. So entspricht die in Art. 137 HV enthaltene Selbstverwaltungsgarantie für Gemeinden inhaltlich Art. 28 Abs. 2 Satz 1 GG. Die Konsequenz ist, dass die Ausführungen zu Art. 28 Abs. 2 Satz 1 GG auch für Art. 137 Abs. 3 HV gelten.

2. Gemeindeverbände

48 Gemeindeverbände können im Rahmen ihrer gesetzlichen Zuständigkeit die gleiche Stellung haben wie die Gemeinden. Der Art. 137 Abs. 2 HV bezieht sich damit auf Art. 137 Abs. 1 HV mit der Folge, dass die Gemeindeverbände in ihrem Gebiet unter eigener Verantwortung **die ausschließlichen Träger der gesamten örtlichen öffentlichen Verwaltung** sind. Auch sie können jede öffentliche Aufgabe übernehmen, soweit sie nicht durch ausdrückliche gesetzliche Vorschrift anderen Stellen „im dringenden öffentlichen Interesse ausschließlich zugewiesen sind“ (Art. 137 Abs. 2 i.V.m. Abs. 1 HV). Der Unterschied ist aber, dass die Gemeindeverbände lediglich „im Rahmen ihrer gesetzlichen Zuständigkeit“ die gleiche Stellung haben, während gegenüber den Gemeinden eine umfassende verfassungsrechtliche Zuständigkeitszuweisung erfolgt.

IV. Gerichtlicher Rechtsschutz der Gemeinden

49 Erfolgt ein Eingriff durch ein Gesetz im formellen und materiellen Sinn und soll dieses Gesetz angegriffen werden, kommen lediglich verfassungsgerichtliche Rechtsbehelfe in Betracht. Gemeinden oder Gemeindeverbände können gemäß Art. 93 Abs. 1 Nr. 4b GG die **kommunale Verfassungsbeschwerde** erheben. Rechtsschutz nach Landesrecht ergibt sich vor dem Staatsgerichtshof aus §§ 19 Abs. 2 Nr. 10, 46 HStGHG. Die Verfassungsbeschwerde zum Bundesverfassungsgericht ist nach § 91 Satz 2 BVerfGG ausgeschlossen, soweit eine **Beschwerde beim Landesverfassungsgerichtshof** wegen Verletzung des Rechtes auf Selbstverwaltung nach dem Recht des Landes erhoben werden kann. Die Kommunalverfassungsbeschwerde ist damit gegenüber der Beschwerde zum Hessischen Staatsgerichtshof **subsidiär.**

Übersicht 2: Prüfschema einer Kommunalverfassungsbeschwerde 50

Kommunalverfassungsbeschwerde

1. Zuständigkeit des BVerfG: Art. 93 I Nr. 4b GG; § 13 Nr. 8a, § 91 BVerfGG.
2. Beschwerdefähigkeit: Gemeinde und Gemeindeverbände (Landkreise), nicht kommunale Zweckverbände.
3. Beschwerdegegenstand: Gesetze im formellen und materiellen Sinn, die möglicherweise das Selbstverwaltungsrecht der Gemeinden beeinträchtigen.
4. Beschwerdebefugnis: Möglichkeit, selbst, gegenwärtig und unmittelbar im Selbstverwaltungsrecht verletzt zu sein (wie bei der Rechtssatzverfassungsbeschwerde). Prüfungsmaßstab ist also die Selbstverwaltungsgarantie. Das Bundesverfassungsgericht hat aber den Prüfungsmaßstab über Art. 28 Abs. 2 GG hinaus auf alle Vorschriften des Grundgesetzes ausgedehnt, soweit sie das „verfassungsrechtliche Bild der Selbstverwaltung mitzubestimmen" geeignet sind (BVerfGE 1, 167 ([181 ff. in st. Rspr.]; 119, 331 [357]).
5. Frist: Es gilt die Fristvorschrift des § 93 Abs. 3 BVerfGG. Danach ist die kommunale Verfassungsbeschwerde innerhalb eines Jahres nach Inkrafttreten der Norm einzulegen (wie bei der Rechtssatzverfassungsbeschwerde).
6. Subsidiarität: Die kommunale Verfassungsbeschwerde ist nach § 93 Abs. 1 Nr. 4b GG, § 91 Satz 2 BVerfGG subsidiär gegenüber einer Beschwerde zum Landesverfassungsgericht.

Erfolgt eine Eingriffsmaßnahme in Form einer Rechtsverordnung, kann eine **Normenkontrolle** nach § 47 VwGO zum Hessischen Verwaltungsgerichtshof erhoben werden. Die erforderliche mögliche Rechtsverletzung kann mit der Verletzung des Selbstverwaltungsrechts begründet werden. 51

Schließlich kann gegen sonstige Eingriffsakte vor dem zuständigen Verwaltungsgericht im Wege einer **Anfechtungsklage** nach § 42 Abs. 1 1. Alt. VwGO oder im Wege der **Leistungsklage**, eventuell in Form der Unterlassungsklage, vorgegangen werden. Ein ordnungsgemäßes Widerspruchsverfahren ist vor der Anfechtungsklage erfolglos durchzuführen. 52

Beispielsfall 2 – Zulässigkeit einer Kommunalverfassungsbeschwerde: Der Bundesumweltminister hat eine die Abfallentsorgung betreffende Rechtsverordnung erlassen. Die Gemeinde G muss nun die öffentlich-rechtlichen Benutzungsverhältnisse und insbesondere die dazu ergangene gemeindliche Satzung der Verordnung anpassen. Die Gemeinde G sieht hierin einen unzulässigen Eingriff in ihre Selbstverwaltungsgarantie. Eine Feststellungsklage blieb erfolglos. Wäre eine Kommunalverfassungsbeschwerde der G zulässig?

A. Zulässigkeit der Kommunalverfassungsbeschwerde

Die Zulässigkeit der Kommunalverfassungsbeschwerde ergibt sich aus Art. 93 Abs. 1 Nr. 4b GG i. V. m. §§ 13 Nr. 8a, 91 BVerfGG.

I. Beschwerdeberechtigung

Die Gemeinde G ist als politische Gemeinde beschwerdeberechtigt (parteifähig) nach § 91 Satz 1 BVerfGG.

II. Beschwerdegegenstand

Beschwerdegegenstand der Verfassungsbeschwerde nach § 91 BVerfGG ist ein Gesetz des Bundes oder des Landes. Fraglich ist, ob unter den Begriff „Gesetz" auch Rechtsverordnungen zu subsumieren sind. Als „Gesetz" im Sinne dieser Vorschriften gelten jedenfalls alle vom Staat erlassenen formellen Rechtsnormen, die Außenwirkung gegenüber einer Kommune entfalten, weil andernfalls eine mit der Rechtsschutzfunktion der Kommunalverfassungsbeschwerde unvereinbare Lücke entstünde (vgl. BVerfGE 26, S. 228, 236). Unter Gesetz im Sinne des § 91 BVerfGG versteht man aber auch ein Gesetz im materiellen Sinn, also auch die Verordnung des Bundesministers (dies ist für Rechtsverordnungen bereits in den Entscheidungen BVerfGE 26, S. 228, 236; 56, S. 298, 309 [= DVBl. 1981, 535]; 71, S. 25, 34, ausdrücklich ausgesprochen worden).

III. Beschwerdebefugnis

1. Verletzung der Selbstverwaltungsgarantie

Die Beschwerdebefugnis der G könnte sich aus der möglichen Verletzung der Selbstverwaltungsgarantie aus Art. 28 Abs. 2 GG ergeben. Die Satzung müsste also eine Angelegenheit der örtlichen Gemeinschaft betreffen. „Angelegenheiten der örtlichen Gemeinschaft" sind nach der Rechtsprechung des Bundesverfassungsgerichts „diejenigen Bedürfnisse und Interessen, die in der örtlichen Gemeinschaft wurzeln oder auf sie einen spezifischen Bezug haben, die also den Gemeindeeinwohnern gerade als solchen gemeinsam sind, indem sie das Zusammenleben und -wohnen der Menschen in der (politischen) Gemeinde betreffen" (BVerfGE 79, 127 (151); 8, 122 (134); 50, 195 (201); 52, 95 (120). Das Bundesverfassungsgericht stellt mit dieser Definition auf die örtliche Radizierung der Aufgabenerfüllung ab, also darauf, ob bei der Wahrnehmung einer Aufgabe ein Bezug zur örtlichen Gemeinschaft gegeben ist. Zu den Fällen gemeindlicher Angelegenheiten gehört insbesondere die Abfallentsorgung. Aufgrund der durch die Rechtsverordnung des Bundeswirtschaftsministers notwendig gewordenen Anpassung der Ortssatzung durch die G kann zumindest nicht offensichtlich ausgeschlossen werden, dass eine Verletzung von Art. 28 Abs. 2 GG gegeben ist.

2. Selbst, gegenwärtig und unmittelbar betroffen

Die Gemeinde ist selbst und gegenwärtig durch das Gesetz betroffen. Auch das Erfordernis des unmittelbaren Betroffenseins gilt grundsätzlich für Kommunalverfassungsbeschwerden. Das Unmittelbarkeitserfordernis bedeutet, dass es der Kommune verwehrt ist, ein Gesetz anzugreifen, das noch der Konkretisierung bedarf, um vollziehbar zu sein (vgl. BVerfGE 71, 36). Hier wird jedoch eine Rechtsverordnung, die keiner Konkretisierung mehr bedarf, angegriffen, so dass ein unmittelbares Betroffensein zu bejahen ist.

IV. Rechtswegerschöpfung

Das Erfordernis der Rechtswegerschöpfung gemäß § 90 Abs. 2 Satz 1 BVerfGG gilt auch für die kommunale Verfassungsbeschwerde (BVerfG, DVBl. 1988, S. 41, 42). Ein Rechtsweg kann bei im Rang unter den Landesgesetzen stehenden Rechtsvorschriften durch § 47 Abs. 1 Nr. 2 VwGO eröffnet sein. Die Beschwerde der G richtet sich hier aber gegen eine Rechtsverordnung des Bundes, so dass § 47 Abs. 1 VwGO als vorheriger Rechtsbehelf nicht in Betracht kommt.

V. Subsidiarität

1. Allgemein

Die Gemeinde G müsste aber vorrangig mit Hilfe einer Feststellungsklage gemäß § 43 VwGO feststellen lassen, dass sie zu einer Anpassung der Gemeindesatzung nicht verpflichtet ist. Obwohl ein insoweit ergehendes Urteil nicht zu einer Nichtigkeit der Rechtsverordnung führen würde, ist dieser Rechtsschutz effektiv und zumutbar und als vorrangig anzusehen. Eine solche Feststellungsklage wurde erfolglos durchgeführt.

2. Subsidiarität nach § 91 Satz 2 BVerfGG

Die Verfassungsbeschwerde nach § 91 BVerfGG hat auch gegenüber entsprechenden Rechtsbehelfen des Landesverfassungsgerichts subsidiären Charakter. Das könnte bedeuten, dass grundsätzlich der Hessische Staatsgerichtshof bei der Geltendmachung einer Verletzung von Art. 28 Abs. 2 GG nach § 46 HStGHG zuständig ist. Die sich aus § 91 Satz 2 BVerfGG ergebende Subsidiaritätsklausel bezieht sich jedoch lediglich auf Landesgesetze als Gegenstand des Verfahrens. Der Staatsgerichtshof ist somit nicht zuständig.

VI. Zwischenergebnis

Die Kommunalverfassungsbeschwerde der Gemeinde G ist zulässig.

B. Begründetheit

I. Eingriff in den Schutzbereich des Art. 28 Abs. 2 GG

Der Schutzbereich des Art. 28 Abs. 2 Satz 1 GG gewährleistet den Gemeinden das Recht, alle Angelegenheiten der örtlichen Gemeinschaft im Rahmen der Gesetze in eigener Verantwortung zu regeln. Die Abfallentsorgung gehört zu den von Art. 28 Abs. 2 GG umfassten örtlichen Angelegenheiten. Wegen der Rechtsverordnung des Bundesministers muss die Gemeinde G ihre bereits bestehende Ortssatzung anpassen. Darin ist ein Eingriff zu sehen.

II. Schranke „im Rahmen der Gesetze“

Art. 28 Abs. 2 GG gewährt die Selbstverwaltung „im Rahmen der Gesetze“, die wiederum formell und materiell verfassungsmäßig sein müssen. Auch Rechtsverordnungen, soweit sie auf einer mit den Anforderungen des Art. 80 Abs. 1 Satz 1 bis 3 GG in Einklang stehenden gesetzlichen Ermächtigung beruhen, können taugliche Grundlage einer legalen Einschränkung sein.

1. Formelle Verfassungsmäßigkeit der Rechtsverordnung

Die formelle Verfassungsmäßigkeit der Rechtsverordnung ist gegeben.

2. Materielle Verfassungsmäßigkeit der Rechtsverordnung

a) Wahrung des Kernbereichs

Die Rechtsverordnung des Bundesministers darf nicht zu einem Eingriff in den Kernbereich der gemeindlichen Selbstverwaltungsgarantie führen. Dies ist der Fall, wenn es zu einer Aushöhlung des Wesensgehalts der gemeindlichen Selbstverwaltung kommt. Zum Wesensgehalt der gemeindlichen Selbstverwaltung gehört kein gegenständlich bestimmter oder nach feststehenden Merkmalen bestimmbarer Aufgabenkatalog, wohl aber die Befugnis, sich aller Angelegenheiten der örtlichen Gemeinschaft, die nicht durch Gesetz bereits anderen Trägern öffentlicher Verwaltung übertragen sind, ohne besonderen Kompetenztitel anzunehmen (BVerfGE 79, 127 ff. [Rastede]).

Bei der Abfallentsorgung handelt es sich grundsätzlich um eine Angelegenheit des Gemeinwohls und mithin der örtlichen Verwaltung. Zu beachten ist hier, dass dieser aus dem Selbstverwaltungsrecht stammende Bereich durch den Gesetzgeber nur außerhalb des Kernbereichs näher ausgestaltet werden kann. Es ist anzunehmen, dass der Gemeinde G immer noch ein ausreichender Gestaltungsspielraum sowie nennenswerte organisatorische Befugnisse verbleiben. Der Gesetzgeber hat durch die Rechtsverordnung demnach nicht den Kernbereich der Selbstverwaltungsgarantie in Form der Satzungshoheit verletzt.

b) Verhältnismäßigkeit

Die außerhalb des Kernbereichs liegenden Angelegenheiten der Selbstverwaltung dürfen von dem Gesetzgeber jedoch nur unter Berücksichtigung der grundgesetzlichen Ordnung ausgestaltet werden. Die Rechtsverordnung des Bundesministers müsste folglich verhältnismäßig sein. Für eine Anwendung dieses Grundsatzes zwischen Hoheitsträgern spricht, dass der verfassungsmäßige Schutz der Gemeinden andernfalls nur auf die Gewährleistung des Kernbereichs der Selbstverwaltung beschränkt und damit reduziert wäre. Auch die Selbstverwaltungsgarantie führt zu einer Ausstattung der Gemeinden mit eigenen subjektiv-öffentlichen Rechten. Damit die Rechtsverordnung verhältnismäßig ist, müssten die öffentlichen Interessen gegenüber dem Selbstverwaltungsrecht der Gemeinde nach Prüfung der Geeignetheit, der Erforderlichkeit und der Mittel-Zweck-Relation vorrangig sein. Mangels entgegenstehender Angaben muss davon ausgegangen werden, dass die Rechtsverordnung verhältnismäßig ist. Der Eingriff in die Selbstverwaltungsgarantie ist somit verfassungsmäßig.

C. Ergebnis

Die Kommunalverfassungsbeschwerde ist unbegründet.

§ 3. Äußere Organisation

A. Gebiet und Stand

I. Gemeindegebiet

1. Allgemein

53 Die territorialen Grenzen der Städte und Gemeinden in Deutschland sind das **Ergebnis einer jahrhundertelangen Entwicklung**. Der Landesgesetzgeber hat in der Regel das Gemeindegebiet, so wie er es vorgefunden hat, akzeptiert. Innerhalb ihres Gemeindegebiets haben die Gemeinden die **Gebietshoheit**, also das Recht, öffentlichrechtliche Regelungen mit unmittelbarer Wirkung für das Gemeindegebiet und für die sich dort aufhaltenden Personen zu treffen. Die Gebietshoheit umfasst jedoch **nicht die Verfügungsgewalt über ihr Gemeindegebiet**. Dadurch unterscheiden sich die Gemeinden von souveränen Staaten. Veränderungen des Gemeindegebiets sind nur durch das Land zulässig. Die Gebietshoheit der Gemeinden ist nicht mit deren privatrechtlichem Grundstückseigentum deckungsgleich.

54 Das **Gebiet der Gemeinde** wird aus den Grundstücken gebildet, die nach geltendem Recht zur Gemeinde gehören (Gemarkung) (§ 15 Abs. 1 Satz 1 HGO). Grundsätzlich muss jedes Grundstück zu einer Gemeinde gehören (§ 15 Abs. 2 Satz 1 HGO). Damit ist in der Regel[31] die Summe aller Gemeindegebiete in Hessen identisch mit dem Gebiet des Landes Hessen. Die Gemeinden sind in ihrem Gebiet ausschließliche und eigenverantwortliche Träger der öffentlichen Verwaltung (§ 2 Satz 1 HGO). Das Gebiet entspricht dem räumlichen Wirkungskreis der Gemeinde.

55 Gemeinden sind gemäß § 1 Abs. 2 HGO **Gebietskörperschaften**. Sie sind rechtsfähig, d. h. Träger von Rechten und Pflichten und insofern eigenständige Rechtspersönlichkeiten, also juristische Personen.

2. Unterscheidungen

a) Gemeinde und Stadt

56 Die hessische Gemeindeordnung verwendet den Begriff **Gemeinde als Oberbegriff** (§ 13 HGO). Die Bezeichnung **Stadt** führen die Gemeinden, denen diese Bezeichnung nach

[31] Zu den gemeindefreien Gebieten vgl. unten Rn. 62 f.

dem bisherigen Recht zusteht (§ 13 Abs. 1 Satz 1 HGO). Die Landesregierung kann die Bezeichnung Stadt an Gemeinden verleihen, die nach Einwohnerzahl, Siedlungsform und Wirtschaftsverhältnissen städtisches Gepräge aufweisen[32] (§ 13 Abs. 1 Satz 2 HGO). Insgesamt hat Hessen 422 kreisangehörige Gemeinden und Städte sowie 21 Landkreise. 191 Gemeinden dürfen die Bezeichnung **„Stadt"** führen.[33] In rechtlicher Hinsicht wirkt sich die Unterscheidung zwischen Gemeinde und Stadt nur in formeller Hinsicht aus: Die Gemeindevertretung heißt Stadtverordnetenversammlung und der Gemeindevorstand nennt sich Magistrat.

Wenn eine Gemeinde in einem besonderen Maße mit einem geschichtlichen Ereignis 57
verknüpft ist oder eine geschichtliche Rolle gespielt hat, kann der Gemeinde **eine auf der geschichtlichen Vergangenheit der Gemeinde beruhende Bezeichnung verliehen** werden, um die Erinnerung an diese Tatsache wachzuhalten.[34] Es muss aber heute noch ein Interesse daran bestehen. Ein solcher Verleihungsantrag wird in der Regel nur dann Erfolg haben, wenn die antragstellende Gemeinde eine befürwortende Stellungnahme des Hessischen Landesarchivs mit vorlegt. Eine historische Bezeichnung, die die Gemeinde nach § 13 Abs. 1 Satz 1 HGO weiterführen darf, ist ferner der Begriff **„Marktflecken"**. Die am häufigsten geführte Sonderbezeichnung ist der dem Gemeindenamen vorangestellte Titel **„Bad"**. Grundlage für eine solche Verleihung ist eine Stellungnahme des vom Hessischen Wirtschaftsminister eingerichteten Fachausschusses für Kurorte, Erholungsorte und Heilbrunnen. So können für Orte oder Ortsteile als in sich geschlossene Teilbereiche eines Ortes sowie für Anlagen und Betriebsstätten, die der Gewinnung, Abfüllung und Abgabe natürlicher Heilwässer dienen, folgende Prädikate verliehen werden: Heilbad, Kneippheilbad, Kneipp-, Heilklimatischer Kurort, Luftkurort, Erholungsort, Heilbrunnen-Betrieb, Heilquellen-Kurbetrieb.[35] Von den Sitzgemeinden der Kreisverwaltungen kann die Bezeichnung **„Kreisstadt"** beantragt werden.[36] Von den 21 Verwaltungsstandorten der Landkreise führen derzeit 13 diese Bezeichnung. Städten, die Sitz einer Universität oder Hochschule sind, kann

---

[32] Insgesamt haben 60 Gemeinden mit Erfolg die Verleihung der Bezeichnung „Stadt" durch die Hessische Landesregierung beantragt.

[33] Die relativ hohe Zahl der Städte unter den hessischen Gemeinden (45 %) ist damit zu erklären, dass das Bundesland Hessen bei seiner Entstehung allen Gemeinden, denen diese Bezeichnung nach dem bisherigen Recht zustand, erlaubte, sich weiterhin „Stadt" zu nennen (§ 13 Abs. 1 Satz 1 HGO), vgl. auch innen.hessen.de/kommunales/kommunen/gemeinden-und-landkreise (2.3.2021). Vor der kommunalen Gebietsreform waren auch die Städte Fulda, Hanau und Marburg sowie zeitweilig das Kunstgebilde Lahn kreisfrei. Die Stadt Lahn wurde im Rahmen des Gesetzes zur Neugliederung des Lahn-Dill-Gebietes wieder aufgeteilt, die Städte Fulda, Hanau und Marburg wurden, weil sie weniger als 100.000 Einwohner hatten, im Zuge der Gebietsreform in die Landkreise integriert. Da keine der betroffenen Städte den Oberbürgermeister als Stadtoberhaupt verlieren sollte, wurde die heute noch geltende Fassung des § 45 Abs. 1 HGO geschaffen, wonach für die Bezeichnung Oberbürgermeister nicht mehr auf den Status der Kreisfreiheit und der damit verbundenen zusätzlichen Aufgaben, sondern auf die Zahl der Einwohner abgestellt wird.

[34] Zum Beispiel „Barbarossastadt" Gelnhausen. Barbarossastadt ist der Beiname von fünf deutschen Städten wegen kürzerer oder längerer Aufenthalte des Stauferkaisers Friedrich I. Barbarossa in oder bei diesen Städten. Andere Bundesländer wie etwa Bayern haben mittlerweile die Bestimmung in ihrer Gemeindeordnung über die Führung einer Sonderbezeichnung neben dem Gemeindenamen ersatzlos gestrichen oder auf die Bezeichnung „Bad" beschränkt.

[35] Vgl. Nr. 3 der Richtlinien des Hessischen Wirtschaftsministeriums vom 30.7.2014 über die Anerkennung von Kurorten, Erholungsorten und Heilbrunnen in Hessen, in: StAnz. 2014, 694 Nr. 644.

[36] Von den 21 Verwaltungsstandorten der Landkreise führen derzeit 13 diese Bezeichnung.

auf Antrag die Bezeichnung **„Universitätsstadt“** oder **„Hochschulstadt“** verliehen werden.[37] Wiesbaden erhielt die Bezeichnung **„Landeshauptstadt“**. Bei der Verleihung werden **strenge Kriterien** angelegt. Einige Gemeinden sind befugt, ihrem eigentlichen Gemeindenamen ein **Unterscheidungsmerkmal** beizufügen, um einer Verwechslung mit gleichnamigen anderen Gemeinden im Bundesgebiet zu vermeiden.[38] Auch über die Beifügung von solchen Namenszusätzen entscheidet der **Hessische Innenminister** als oberste Aufsichtsbehörde (§ 12 Satz 3 HGO).

b) Kreisfreie und kreisangehörige Gemeinden

58 Es wird unterschieden zwischen **kreisfreien und kreisangehörigen Städten**. Insgesamt gibt es in Hessen fünf kreisfreie Städte: Die Städte Darmstadt, Frankfurt am Main, Kassel, Offenbach am Main und Wiesbaden sind gemäß § 4a Abs. 1 Satz 2 HGO kreisfrei. Sie gehören also, im Gegensatz zu allen anderen Gemeinden, keinem Landkreis an.[39] Kreisfreie Städte erfüllen in ihrem Gebiet neben ihren Aufgaben als Gemeinden alle Aufgaben, die den Landkreisen obliegen (§ 4a Abs. 1 Satz 1 HGO). Weitere Städte mit mehr als 100.000 Einwohnern können auf Antrag gemäß § 4a Abs. 1 Satz 3 HGO durch Gesetz zur kreisfreien Stadt erklärt werden.

c) Sonderstatusstädte

59 **Sonderstatus-Städte** erfüllen neben ihren Aufgaben als Gemeinden zusätzlich einzelne, ihnen durch Gesetz oder Rechtsverordnung **übertragene Aufgaben der Landkreise**. Bad Homburg v. d. Höhe, Fulda, Gießen, Hanau, Marburg, Rüsselsheim am Main und Wetzlar sind kreisangehörige Sonderstatus-Städte. Weitere Städte mit mehr als 50.000 Einwohnern können auf Antrag durch Beschluss der Landesregierung zur Sonderstatus-Stadt erklärt werden (§ 4a Abs. 2 Satz 3 und 4 HGO). **Sonderstatus-Städte** unterstehen trotz ihrer Kreisangehörigkeit (wie die kreisfreien Städte) unmittelbar der **Rechtsaufsicht der drei Regierungspräsidien**. Bei den Finanzleistungen des Landes an die Kommunen (**Finanzausgleich**) und der von den Landkreisen erhobenen Kreisumlage genießen die Städte mit mehr als 50.000 Einwohnern im Vergleich zu den sonstigen kreisangehörigen Gemeinden eine Sonderstellung (§ 50 Abs. 2 Finanzausgleichsgesetz).

d) Bezeichnung des Stadtoberhaupts

60 In kreisfreien und Sonderstatus-Städten führt der Bürgermeister die Amtsbezeichnung **Oberbürgermeister**, der Erste Beigeordnete die Amtsbezeichnung **Bürgermeister** (§ 45 Abs. 1 Satz 1 HGO). Wird der Sonderstatus aberkannt, führen Oberbürgermeister und Bürgermeister ihre Amtsbezeichnungen weiter, im Falle ihrer erneuten Berufung in dasselbe Amt vor oder unmittelbar nach Ablauf der Amtszeit auch für die Dauer dieser weiteren Amtszeiten (§ 45 Abs. 1 Satz 2 HGO).

---

[37] Die Städte Marburg und Gießen tragen als Sitz alter Hochschulen diesen Titel. Die Städte Geisenheim und Idstein führen den Zusatz „Hochschulstadt“. Voraussetzung für die Verleihung dieser Zusatzbezeichnung ist aber, dass die Hochschule in der betreffenden Stadt ihren Hauptsitz hat.

[38] Etwa ein Hinweis auf die geografische Lage wie „am Main“ oder „a. d. Lahn". Vgl. etwa Liederbach „(Taunus)“ am 28.9.1987 (StAnz. S. 2091); Langen „(Hessen)“ am 4.11.1994 (StAnz. S. 3439); Weimar „(Lahn)“ am 17.1.2002 (StAnz. S. 447); Rüsselsheim „am Main“ am 23.7. 2015 (StAnz. S. 831); Münster „(Hessen)“ am 6.3.2017; (StAnz. S. 381); Heuchelheim „a. d. Lahn“ am 17.3.2019 (StAnz. S. 318).

[39] Vgl. auch § 2 Abs. 2 und Abs. 4 des Gesetzes über die Regierungspräsidien und Regierungsbezirke des Landes Hessen vom 16.9.2011, GVBl. I S. 420.

3. Ortsbezirke und gemeindefreie Gebiete

In den Gemeinden können durch Beschluss der Gemeindevertretung **Ortsbezirke** gebil- 61
det werden. Dabei sollen bestehende örtliche Gemeinschaften Berücksichtigung finden (§ 81 Abs. Satz 1 HGO).

Die Ausnahme vom Grundsatz, wonach das gesamte Staatsgebiet Gemeinden zuge- 62
wiesen ist, bilden die **gemeindefreien Gebiete**. Ihre Besonderheit liegt darin, dass es sich um Gebiete handelt, die Teile des Staatsgebietes sind, keiner Gemeinde, aber einem Kreis angehören. In Hessen gibt es noch vier gemeindefreie Gebiete:

- die dem Land gehörenden Gutsbezirke Kaufunger Wald[40],
- Reinhardswald[41]
- Spessart[42] sowie
- das gemeindefreie Gebiet Michelbuch, das im Eigentum einer zur badischen Landeskirche gehörenden Organisation steht.

Die **gemeindefreien Gebiete** haben keine ständigen Einwohner. Der Minister des Inne- 63
ren kann nur bei Vorliegen besonderer Gründe Grundstücke außerhalb einer Gemeinde zulassen (§ 15 Abs. 2 Satz 2 HGO). Neue gemeindefreie Grundstücke dürfen nur aus Gründen des öffentlichen Wohls gebildet werden (§ 15 Abs. 2 Satz 3 HGO). Die **Neubildung gemeindefreier Grundstücke** ist nur zulässig, wenn sie von den beteiligten Gemeinden beantragt wird (§ 16 Abs. 1 Satz 3 HGO). Der Minister des Innern regelt die Verwaltung der gemeindefreien Grundstücke durch Verordnung (§ 15 Abs. 2 Satz 4 HGO). Eine Bauleitplanung ist in gemeindefreien Gebieten nicht möglich, da die Planungshoheit der Gemeinden bundesrechtlich auf das Gemeindegebiet beschränkt ist.

II. Bestands- und Gebietsänderungen

1. Materiell-rechtliche Voraussetzungen

Der Begriff der **Grenzänderung** in § 16 HGO umfasst mehrere Sachverhalte, bei denen 64
sich der Gebietsstand der Gemeinden verändert, wie die Eingliederung, die Eingemeindung, die Ausgliederung, die Zusammenlegung und den Zusammenschluss sowie die Auflösung. Bei der **Eingliederung** einzelner bisher gemeindefreier oder zu einer anderen Gemeinde gehörenden Gebiete in eine Gemeinde bleiben sowohl die aufnehmende als auch die abgebende Gemeinde als Selbstverwaltungskörperschaften bestehen, verändern jedoch ihren Gebietsbestand. Um eine Eingliederung handelt es sich auch im Falle der Überführung des gesamten Gemeindegebiets einer Gemeinde in eine andere Gemeinde. Eine solche Grenzänderung wird aber in der Regel als **Eingemeindung** verstanden. Das Gegenstück zur Eingliederung ist bei der abgebenden Gemeinde die **Ausgliederung** der betreffenden Grundstücke. Eine **Zusammenlegung** ist gegeben, wenn mehrere Gemeinden zu einer neuen Gemeinde fusioniert werden.[43]

---

[40] Es handelt sich um ein Schichtkammergebirge aus Buntsandstein und ist Teil des Werraberglandes.

[41] Der Reinhardswald ist ein über 200 km² großes und bis 472,2 m hohes Mittelgebirge des Weserberglands im Landkreis Kassel. Davon sind 183 km² Teil des gemeindefreien Gebiets Gutsbezirk Reinhardswald.

[42] Gebirge zwischen Main und seinen Nebenflüssen Sinn und Kinzig.

[43] Bei freiwilligen kommunalen Zusammenschlüssen wird den hauptamtlichen Wahlbeamten ein Anspruch eingeräumt, für den Rest ihrer Amtszeit als hauptamtlicher Beigeordneter in der auf-

Beispiele:

- **Schwalmstadt** im Schwalm-Eder-Kreis in Nordhessen entstand erst 1970, als die beiden Städte Treysa und Ziegenhain mit den umliegenden Dörfern zur Stadt Schwalmstadt zusammengefasst wurden. Schwalmstadt hat damit zwei Stadtkerne: Treysa mit seiner Altstadt an der Mündung der Wiera in die Schwalm und Ziegenhain etwa 4,5 km östlich davon.
- **Lahn** war eine Stadt in Hessen, die von 1977 bis 1979 bestand. Zur Unterscheidung vom Fluss Lahn, wurde sie auch als Stadt Lahn bezeichnet. Die Stadt Lahn hatte 1977 etwa 156.600 Einwohner. Die Stadt wurde zum 1. Januar 1977 im Zuge der Gebietsreform in Hessen als kreisfreie Stadt gebildet. Die Stadt umfasste die frühere kreisfreie Stadt Gießen, die Stadt Wetzlar sowie umliegende Gemeinden. Nach Bürgerprotesten löste man die Großgemeinde mit Wirkung vom 1. August 1979 wieder auf. Bleibendes Resultat war für Gießen der Verlust der Kreisfreiheit.

Grundsätzlich erfolgt die Zusammenlegung zur Schaffung von leistungsfähigen Verwaltungseinheiten. Bei einer einvernehmlichen Zusammenlegung wird auch der Begriff **Zusammenschluss** gebraucht. Die vollständige Eingliederung von Gemeinden in eine andere Gemeinde wie auch die Zusammenlegung von Gemeinden führt zur **Auflösung** der bisherigen Gemeinden.

65 Um die Leistungsfähigkeit der Gemeinden zu stärken, ist in Hessen in der ersten Hälfte der siebziger Jahre eine **kommunale Gebietsreform** durchgeführt worden, die zu einer radikalen Reduzierung der Zahl der Gemeinden führte. So gab es vor der kommunalen Gebietsreform über 2.226 Städte und Gemeinden. Ziel der kommunalen Gebietsreform war die Schaffung gleichwertiger Lebensbedingungen im gesamten Land.

66 Die Einteilung des Landes Hessen in Gemeinden ist historisch überkommen. Es kann allerdings Gründe geben, diese **Einteilung zu ändern**. Die Änderung der Gemeindegrenzen, die Auflösung von Gemeinden, die Neubildung von Gemeinden sowie die Erklärung von Gemeindeteilen zu gemeindefreien Grundstücken kann **aus Gründen des öffentlichen Wohls** erfolgen (§ 16 Abs. 1 Satz 1 HGO). Bei dem Begriff des öffentlichen Wohls handelt es sich um einen unbestimmten Rechtsbegriff, der gerichtlich nachprüfbar ist. Die Gründe des öffentlichen Wohls müssen sich nicht nur auf das „Ob“, sondern auch auf das „Wie“ der Umgliederungsmaßnahmen erstrecken.

67 Eine Bestands- und Gebietsänderung hat die **örtliche Verbundenheit der Einwohner mit ihren Kommunen** zu respektieren, aber auch die Leistungsfähigkeit der Gemeinden aufrechtzuerhalten und zu sichern. Als Grund des öffentlichen Wohls kommt die Steigerung der Wirtschaftlichkeit des Verwaltungshandelns in Betracht. Bürgernähe und Funktionsfähigkeit sind mithin die Grundsätze, die bei einer Bestands- und Gebietsänderung zu berücksichtigen sind, Grundsätze, die durchaus in einem gewissen Gegensatz zueinander stehen können.

68 Werden durch die **Änderung von Gemeindegrenzen** die Grenzen von Landkreisen berührt, so bewirkt die Änderung der Gemeindegrenzen auch die Änderung der Kreisgrenzen (§ 16 Abs. 2 HGO).

69 Da durch eine Gebietsänderung in der Regel eine verfassungsrechtlich geschützte Position der Gemeinden berührt wird, ist der **Verhältnismäßigkeitsgrundsatz** zu beachten. In diesem Zusammenhang ist zu berücksichtigen, dass die Zusammenlegung oder die Auflösung einer Gemeinde einen schwerer wiegenden Eingriff darstellt als die Eingliederung einer Gemeinde in einen Gemeindeverband. Man muss voraussetzen, dass die für die Änderung sprechenden Gründe diejenigen für die Erhaltung überwiegen.

---

nehmenden oder neu gebildeten Gemeinde tätig zu werden. Sie behalten für diese Zeit den Anspruch auf ihre bisherige Besoldung (§ 16 Abs. 3 HGO).

Aus Gründen der Rechtsklarheit ist es erforderlich, den **Zeitpunkt der Grenzänderungen festzulegen**, damit mit der Grenzänderung die Hoheitsrechte der ausübenden Gemeinde für das betreffende Gebiet unmittelbar auf die aufnehmende Gemeinde übergehen. 70

2. Formell-rechtliche Voraussetzungen

a) Allgemeine Voraussetzungen

Bei einer Grenzänderung sind die beteiligten **Gemeinden und Landkreise vorher zu hören** (§ 16 Abs. 1 Satz 2 HGO), auch dann, wenn die beteiligten Gemeinden und Landkreise mit einer Grenzänderung einverstanden sind oder sie sogar einvernehmlich verlangen. 71

b) Freiwillige Grenzänderung durch Vereinbarung

Gemeindegrenzen können **freiwillig durch Vereinbarung (Grenzänderungsvertrag)** der beteiligten Gemeinden mit Genehmigung der zuständigen Aufsichtsbehörde geändert werden. Die Vereinbarung muss von den Gemeindevertretungen der beteiligten Gemeinden mit der Mehrheit der gesetzlichen Zahl der Gemeindevertreter beschlossen werden(§ 16 Abs. 3 Satz 1, 2 HGO). Die Änderung der Gemeindegrenzen ist eine wichtige Angelegenheit im Sinne des § 51 Nr. 4 HGO und kann nicht auf den Gemeindevorstand übertragen werden. 72

Vor der Beschlussfassung sind die **Bürger zu hören**, die in dem unmittelbar betroffenen Gebiet wohnen (§ 16 Abs. 3 Satz 3 HGO). Das gilt nicht in Fällen von geringer Bedeutung (§§ 16 Abs. 3 Satz 3, 17 Abs. 2 Satz 3 HGO). Der Beschluss der Gemeindevertretung und die Anhörung der Bürger nach Satz 2 und 3 sind nicht erforderlich, wenn über die Eingliederung einer Gemeinde in eine andere Gemeinde oder die Neubildung einer Gemeinde durch Vereinigung von Gemeinden ein **Bürgerentscheid** (§ 8b HGO) durchgeführt wird . Ein Bürgerentscheid findet auch statt, wenn dies die Gemeindevertretung mit einer Mehrheit von mindestens zwei Dritteln der gesetzlichen Zahl der Gemeindevertreter beschließt (§ 16 Abs. 3 Satz 4,5 HGO). 73

Grenzänderungsverträge sind **öffentlichrechtliche Verträge** im Sinne des § 54 HVwVfG. Vertragspartner sind nur die durch die Grenzänderung unmittelbar betroffenen Gemeinden. Grenzänderungsverträge beruhen auf dem Selbstverwaltungsrecht der Gemeinden und können daher nur Angelegenheiten regeln, für die die Vertrag schließenden Gemeinden auch zuständig sind. So ist etwa die Bestimmung des Ortsnamens der neu zu schaffenden Gemeinden nach § 12 Satz 2 HGO Angelegenheit der obersten Aufsichtsbehörde und nicht der Gemeinde. 74

Die von einer Grenzänderung betroffenen Gemeinden können **Vereinbarungen über** die aus Anlass der Grenzänderung zu regelnden **Einzelfragen** treffen (dazu § 17 Abs. 1 Satz 1, 2 und 3 sowie Abs. 3 HGO). 75

Der Grenzänderungsvertrag bedarf der **Genehmigung der oberen Aufsichtsbehörde,** die in § 136 HGO bestimmt ist. In Fällen von geringer Bedeutung genehmigt die Aufsichtsbehörde die Vereinbarung über die Grenzänderung (§ 17 Abs. 2 HGO). Die Genehmigung des Grenzänderungsvertrags und die Entscheidung der Aufsichtsbehörde über die Auseinandersetzung begründen Rechte und Pflichten der Beteiligten. Sie bewirken den Übergang, die Beschränkung oder Aufhebung von dinglichen Rechten. 76

Ein **Anspruch der beteiligten Gemeinden und Landkreise** auf Genehmigung des Grenzänderungsvertrags **existiert nicht.** Es steht dem Land damit ein Ermessen zu. Die zulässigen Ermessenserwägungen ergeben sich aus § 16 Abs. 1 HGO. 77

78 Grenzänderungsverträge werden durch die obere Aufsichtsbehörde im **Staatsanzeiger** für das Land Hessen und durch die beteiligten Gemeinden nach den für ihre **Satzungen** geltenden Vorschriften **öffentlich bekannt gemacht** (Art. 17 Abs. 2 Satz 2 und Satz 5 HGO).

c) Grenzänderungen gegen den Willen der Gemeinden

79 **Gegen den Willen der beteiligten Gemeinden** können Gemeindegrenzen nur **durch Gesetz** geändert werden. Auch bei Neubildung einer Gemeinde aus Teilen einer oder mehrerer Gemeinden ist ein Gesetz erforderlich (§ 16 Abs. 4 HGO).

80 Bei einer Änderung der Gemeindegrenzen durch Gesetz werden die **Rechtsfolgen und die Auseinandersetzung im Gesetz oder durch Verordnung** geregelt. Das Gesetz kann dies auch der Regelung durch eine Vereinbarung überlassen, die der Genehmigung der zuständigen Aufsichtsbehörde bedarf (§ 17 Abs. 4 HGO).

3. Rechtsfolgen

a) Allgemein

81 Die aufnehmende oder neu gebildete Gemeinde tritt im Wege der **Gesamtrechtsnachfolge** in alle öffentlichrechtlichen und privatrechtlichen Rechtsbeziehungen der untergegangenen Gemeinde ein. Im Falle der **Umgliederung** einzelner Gemeindeteile tritt die aufnehmende Gemeinde für das umgegliederte Gebiet in alle Rechtsverhältnisse der die Gebietshoheit abgebenden Gemeinde ein. Bei einer solchen Umgliederung kommt vor allem die Übertragung des Eigentums an Grundstücken und von sonstigen Vermögensgegenständen in Betracht, die für die Verwaltung des umgegliederten Teils benötigt werden. Das privatrechtliche Eigentum der abgebenden Gemeinde in dem umgegliederten Gebiet bleibt dagegen von der Grenzänderung unberührt; die Gemeinde bleibt also Eigentümerin der dort gelegenen Waldflächen oder von Wohnhäusern, die in ihrem Eigentum stehen. Im Falle der **Auflösung** einer Gemeinde muss im Rahmen der Auseinandersetzung geregelt werden, welche Gemeinde für welche Vermögensgegenstände Rechtsnachfolger der untergegangenen Gemeinde wird.

b) Ortsrecht

82 Bei einer **Umgliederung gilt** das in den jeweiligen Gemeindeteilen vor der Umgliederung **geltende Ortsrecht weiter**, bis es von der jetzt zuständigen Gemeinde aufgehoben oder abgeändert wird.[44] Für die Einführung des Ortsrechts einer aufnehmenden Gemeinde genügt in der Regel eine sogenannte **Erstreckungssatzung**, in der die Satzungen[45] aufgezählt werden, die zukünftig auch in den neuen Gemeindeteilen gelten sollen, sowie deren öffentliche Bekanntmachung in dem Gebiet, in dem sie Gültigkeit erlangen sollen.

83 Im Fall eines **Zusammenschlusses** wird die neue Gemeinde zwar Rechtsnachfolgerin der untergegangenen Gemeinden. Da sie aber bei ihrer Entstehung noch nicht über eigenes Ortsrecht verfügt, das in einzelnen Gemeindeteilen automatisch in Kraft treten könnte, gilt das alte Ortsrecht zunächst weiter.

84 Die rechtskräftigen **Flächennutzungspläne** der abgebenden oder aufgelösten Gemeinde bleiben für die neu gegliederten Gemeindeteile grundsätzlich in Kraft. Etwas anderes

---

[44] HessVGH, HessVGRspr 1981, 68 f.

[45] Dazu gehören nach § 10 Abs. 1 BauGB auch die Bebauungspläne.

gilt lediglich dann, wenn sie unter den durch die Gebietsänderung veränderten Umständen nicht mehr brauchbar oder aus Interessenabwägung nicht mehr vertretbar sind.[46]

c) Wahlen

85 Da die Gemeindevertretung der neu gestalteten Gemeinde aus Wahlen hervorgegangen ist, an denen die Bürger des eingegliederten Gemeindeteils nicht beteiligt waren, findet nach § 32 Abs. 1 Nr. 3 HKWG eine **Nachwahl** statt, wenn dies aus Anlass von Gebietsänderungen erforderlich ist. Nach § 32 Abs. 2 HKWG sind die Nachwahlen innerhalb von sechs Monaten nach der Rechtswirksamkeit der Grenzänderungen abzuhalten. Von einer Nachwahl kann abgesehen werden, wenn sie innerhalb eines Jahres vor Ablauf der allgemeinen Wahlzeit vorzunehmen wäre.

4. Rechtsschutz

a) Allgemein

86 Die aufgelöste Gemeinde ist bei der Geltendmachung von Verpflichtungen aus Eingemeindungsverträgen ebenso **als fortbestehend anzusehen**, wie bei der Anfechtung des Auflösungsaktes selbst.[47] Die Fiktion des Fortbestands bei der Anfechtung von Neugliederungsmaßnahmen ist durchaus interessengerecht, weil der gerichtliche Rechtsschutz sonst leerlaufen würde.[48] Beteiligtenfähig ist auch die Fraktion einer aufgelösten Gemeinde, wenn sie die Verletzung eigener Rechte geltend macht.[49]

b) Grenzänderung durch Gesetz

87 Eine **durch Gesetz ausgesprochene Grenzänderung** kann nur von Verfassungsgerichten für rechtswidrig erklärt werden. Nach Art. 132 HV ist für die Entscheidung über die Verfassungswidrigkeit eines hessischen **Gesetzes** ausschließlich der Hessische Staatsgerichtshof zuständig, wobei als Verfahrensart die **abstrakte Normenkontrolle** nach Art. 131 Abs. 1 HV in Verbindung mit § 39 Abs. 1, Abs. 2 i.V.m. § 19 Abs. 2 Nr. 1 bis 7 HStGHG in Betracht kommt.

88 Stellt sich vor einem anderen Gericht die Frage der Verfassungsmäßigkeit eines grenzändernden Gesetzes und hält das Gericht es für verfassungswidrig, so muss das Gericht nach Art. 133 HV i.V.m. § 41 HStGHG eine **konkrete Normenkontrolle** beim Hessischen Staatsgerichtshof beantragen. Die von einer Gebietsänderung betroffenen Gemeinden sind für ein Normenkontrollverfahren nicht antragsberechtigt.

89 Gemäß §§ 19 Abs. 2 Nr. 10, 46 HStGHG ist ferner eine **Grundrechtsbeschwerde** nach Art. 131 Abs. 1 HV in Verbindung mit § 43 HStGHG statthaft, wenn die betroffenen Gemeinden behaupten, möglicherweise in ihrem Selbstverwaltungsrechts betroffen zu sein.

III. Grenzstreitigkeiten

90 Im Falle von Meinungsverschiedenheiten zwischen zwei Gemeinden (**Grenzstreitigkeiten**) entscheidet die **gemeinsame Aufsichtsbehörde** der am Grenzstreit Beteiligten gemäß § 15 Abs. 1 Satz 2 HGO. Das ist bei Grenzstreitigkeiten zwischen zwei kreisangehörigen Gemeinden unter 50.000 Einwohner desselben Landkreises der Landrat (§ 136

[46] BVerwG, NJW 1974, 1010.
[47] BaWüVGH, DÖV 1979, 605.
[48] HessStGH, ESVGH, Bd. 22, 215 ff.
[49] BaWüVGH, ESVGH, Bd. 23, 203 (205).

Abs. 3 HGO), im Übrigen das Regierungspräsidium (§ 136 Abs. 2 Satz 1 HGO) oder bei Beteiligungen von Gemeinden aus verschiedenen Regierungsbezirken oder einer unmittelbaren obersten Aufsichtsbehörde unterstellten Gemeinde das Innenministerium. Die Aufsichtsbehörde kann nur auf Antrag eines der Beteiligten tätig werden. Die Entscheidung der Aufsichtsbehörde ist ein feststellender **Verwaltungsakt** im Sinne des § 35 Satz 2 HVwVfG in Form einer Allgemeinverfügung, da sie der Regelung eines öffentlichrechtlichen Sachverhalts mit unmittelbarer Außenwirkungsintention dient.

B. Name, Bezeichnung und Hoheitszeichen

91 Die Gemeinden führen ihren **traditionellen Namen.** Dabei kann die oberste Aufsichtsbehörde auf Antrag oder nach Anhörung der Gemeinde die Gemeindenamen ändern. Sie bestimmt ferner auch den Namen einer neu gebildeten Gemeinde (§ 12 Satz 1 und Satz 2 HGO).

92 Die Aufsichtsbehörde entscheidet zudem über die Änderung der **Schreibweise** und die Beifügung von Unterscheidungsmerkmalen (§ 12 Satz 3 HGO). Die Gemeinde hingegen entscheidet über die besondere Benennung von Gemeindeteilen selbst (§ 12 Satz 4 HGO).

93 Die Gemeindeordnung erlaubt den Gemeinden auch **Bezeichnungen** weiterzuführen, die auf der geschichtlichen Vergangenheit, der Eigenart oder der Bedeutung der Gemeinde beruhen. Der Minister des Innern kann nach Anhörung der Gemeinde derartige Bezeichnungen verleihen oder ändern (§ 13 Abs. 2 HGO).[50]

94 Die Gemeinden führen ihre **traditionellen Wappen und Flaggen.** Sie sind berechtigt diese zu ändern oder neue Wappen und Flaggen anzunehmen (§ 14 Abs. 1 HGO). Die Gemeinden haben ferner ein **Dienstsiegel** (§ 14 Abs. 2 Satz 1 HGO).

C. Einwohner und Bürger

I. Wohnsitz

95 **Einwohner** einer Gemeinde ist, wer in der Gemeinde seinen Wohnsitz hat (§ 8 Abs. 1 HGO). **Bürger** der Gemeinde ist hingegen nur der wahlberechtigte Einwohner (§ 8 Abs. 2 HGO). Um Bürger einer Gemeinde zu sein, muss man also auch Einwohner sein. Da Bürger auch Einwohner sind, gelten für sie grundsätzlich auch alle Pflichten der Einwohner.

96 Welche Anforderungen an den **Wohnsitz** zu stellen sind, ist in der hessischen Gemeindeordnung nicht geregelt. Nach § 15 Satz 1 HMG ist Wohnung im Sinne des Hessischen Meldegesetzes[51] jeder umschlossene Raum, der zum Wohnen und Schlafen benutzt wird. An die Räumlichkeiten werden keine Anforderungen gestellt.

Beispiele:

- Wohnsitz ist auch in einem Altenheim oder in einem Pflegeheim gegeben. Als Wohnung gilt ferner die die Unterkunft an Bord eines Schiffes der Bundeswehr (§ 15 Satz 2 HMG).
- Keine Wohnung liegt vor bei einem Aufenthalt in einem Hotel, in einem Krankenhaus, in einer Justizvollzuganstalt oder bei Ableistung des Wehrdienstes in einer Kaserne.[52]

---

[50] Vgl. hierzu: Bad „…"; dazu bereits oben Rn. 57.
[51] Text: Fuhr/Pfeil, Nr. 42.
[52] Vgl. auch § 24 Nr. 1 a HMG.

Unerheblich ist, ob jemand daneben auch noch andere Wohnsitze hat. Das hat zur Folge, dass eine Person Einwohner mehrerer Gemeinden sein kann. Es gilt nicht der subjektive Wohnsitzbegriff des § 7 BGB und des § 12 Abs. 1 Satz 2 des Melderechtsrahmengesetzes von 1994, sondern der objektive Wohnsitzbegriff des § 16 Abs. 2 HMG. Hauptwohnung ist insbesondere die vorwiegend benutzte Wohnung (§ 16 Abs. 2 Satz 1 HMG). **Studierende** wohnen in der Regel sowohl in der Universitätsstadt als auch in der Heimatgemeinde. Auf die Berechtigung der Aufenthaltsgenehmigung in der Bundesrepublik Deutschland kommt es nicht an, so dass auch **Ausländer** ohne Aufenthaltsrecht Einwohner sind, aber nicht Bürger.

II. Rechte und Pflichten

1. Rechte

Die **Rechte der Bürger** sind weiter gehend als die der Einwohner. Den Bürgern steht 97
nach § 29 HGO das Wahlrecht für die Wahlen der Gemeindevertretung und des Bürgermeisters zu. Das **aktive Wahlrecht** richtet sich nach § 30 HGO, das **passive Wahlrecht** nach § 32 HGO. Weitere Einzelheiten sind im Kommunalen Wahlgesetz geregelt. Während die Einwohner zur Bürgerversammlung[53] nach § 8a Abs. 2 Satz 3 HGO lediglich zugelassen werden können, sind die Bürger zu Bürgerversammlungen einzuberufen. Die Bürger einer Gemeinde können nach § 8b Abs. 1 HGO ein Bürgerbegehren einleiten und über seine Annahme oder Ablehnung entscheiden.

2. Pflichten

Die Einwohner einer Gemeinde können auch zur **Erfüllung von Pflichten** herangezogen 98
werden. Dies geschieht teilweise direkt durch die Hessische Gemeindeordnung, teilweise durch gesonderte Beschlüsse der kommunalen Vertretungskörperschaft, wenn diese von entsprechenden Ermächtigungsgrundlagen Gebrauch macht. So kann in einer Satzung (§ 5 HGO) den Einwohnern oder bestimmten Gruppen von Einwohnern ein Tun oder Unterlassen vorgeschrieben werden.

Beispiele:
- Beispiele sind Regelungen über den Anschluss und Benutzungszwang bei der Abwasser- oder der Abfallbeseitigung.[54]
- Nach § 20 Abs. 1 HGO sind die Einwohner verpflichtet, die Lasten der Gemeinden zu tragen, nach § 22 HGO persönliche Dienste und andere Leistungen im Rahmen des Herkömmlichen zu erbringen.[55]

III. Insbesondere: Kinder und Jugendliche

Kindern und Jugendlichen[56] können in ihrer Funktion als Vertreter von Kinder- und Ju- 99
gendinitiativen in den Organen der Gemeinde und in ihren Ausschüssen sowie deren Ortsbeiräten **Anhörungs-, Vorschlags- und Redemöglichkeiten** eingeräumt werden (§ 8c

[53] Vgl. unten Rn. 402 ff.
[54] Vgl. dazu unten Rn. 531 ff.
[55] Vgl. dazu unten Rn. 142 ff.
[56] Für den Begriff der Kinder und Jugendlichen können die entsprechenden Definitionen des Sozialgesetzbuches VIII übernommen werden. Nach § 7 Abs. 1 SGB VIII ist Jugendlicher, wer mindestens 14 ist, aber das 18. Lebensjahr noch nicht vollendet hat, Kind, wer das 14. Lebensjahr noch nicht vollendet hat.

Abs. 1 Satz 1 HGO). Entsprechendes gilt für Vertreter von Beiräten und Kommissionen sowie für Sachverständige. Die zuständigen Organe der Gemeinde können hierzu entsprechende Regelungen festlegen (§ 8c Abs. 1 Satz 2 und 3 HGO). Ziel der Regelung ist es, der Politikverdrossenheit unter den Kindern und Jugendlichen entgegen zu wirken.

IV. Ehrenbürgerrecht und Ehrenbezeichnung

100 Die Vorschriften des § 28 HGO regeln zwei besonders hervorgehobene Fälle von Ehrungen, sie stellen somit **keine abschließende Regelung** dar.

101 Nur auf Gemeindeebene existiert das **Ehrenbürgerrecht.** Dieses kann die Gemeindevertretung (§ 51 Nr. 3 HGO) an Personen, die sich um die Gemeinde besonders verdient gemacht haben, durch Verwaltungsakt verleihen (§ 28 Abs. 1 HGO).

In Betracht kommen alle Arten von Verdiensten, also auf wissenschaftlichem, künstlerischem, wirtschaftlichem, sozialem oder sonstigem kommunalpolitischem Gebiet. Es genügt die einfache Mehrheit, jedoch sollte versucht werden, einen breiten Konsens über die Verleihung des Ehrenbürgerrechts herzustellen, um die Ehrung nicht zu entwerten. Da das Ehrenbürgerrecht ein höchstpersönliches Recht ist, erlischt es mit dem Tod des Ehrenbürgers. Das Ehrenbürgerrecht ist also weder übertragbar noch vererblich.

102 Die Gemeinde kann ferner Bürgern, die als Gemeindevertreter, Ehrenbeamte, hauptamtliche Wahlbeamte oder als Mitglieder eines Ortsbeirats[57] insgesamt mindestens 20 Jahre ihr Mandat oder Amt ausgeübt haben, eine **Ehrenbezeichnung** verleihen.

Die Ehrenbezeichnung ist Ausdruck einer besonderen persönlichen Beziehung zwischen dem Geehrten und der ihn ehrenden Gemeinde. Sie erlischt mit dem Tod des Geehrten und mit dem Untergang der ehrenden Gemeinde. Die Ehrenbezeichnung geht aber nicht durch das Wegziehen von der Gemeinde verloren. Als Ehrenbezeichnungen sind für langjährige Mitglieder der Gemeindevertretung die Bezeichnung Stadtältester bzw. Gemeindeältester üblich, für Mitglieder des Gemeindevorstands Ehrenbürgermeister, Ehrenstadtrat bzw. Ehrengemeindevorstand. Bei anderen Personen wird üblicherweise die Bezeichnung für die ausgeübte Funktion mit dem Zusatz „Ehren-“ verliehen.

103 Ehrenbürgerrecht und Ehrenbezeichnung können von der Gemeinde **wegen unwürdigen Verhaltens entzogen** werden. Bei der Entscheidung über die Aberkennung des Ehrenbürgerrechts können alle Umstände gewürdigt werden, die das Ansehen des Ehrenbürgers in der Öffentlichkeit beeinträchtigen.

V. Ehrenamtliche Tätigkeiten und Ehrenamt

1. Allgemein

104 Die hessische Gemeindeordnung verwendet den Begriff **ehrenamtliche Tätigkeit** in der Regel unterschiedslos für alle Formen unentgeltlicher Mitwirkung an der Erfüllung gemeindlicher Aufgaben, die grundsätzlich nur vorübergehend wahrgenommen werden. **Ehrenbeamte** im Sinne des § 26 HGO sind hingegen alle ehrenamtlich Tätigen, die aus-

[57] Eine Ehrenbezeichnung darf nur an Bürger im Sinne des § 8 HGO verliehen werden; im Falle des Ausländerbeirats kann die Ehrenbezeichnung an für dieses Gremium wahlberechtigte Einwohner verliehen werden.

drücklich in ein Beamtenverhältnis berufen worden sind. Voraussetzung ist eine formgültige Ernennung.

2. Ehrenamtliche Tätigkeiten

a) Allgemein

Gegenstand der in §§ 21 ff. HGO geregelten ehrenamtlichen Tätigkeit können allein Aufgaben der Gemeinde sein. Dabei ist es unerheblich, ob es sich um Aufgaben des eigenen Wirkungskreises oder um Weisungsaufgaben handelt. 105

Viele ehrenamtliche Stellen werden im sozialen Sektor besetzt. Hier wird Tätigkeiten nachgegangen, welche jenen von Sozial- und Jugendarbeitern gleichen.

Mit der ehrenamtlichen Tätigkeit versucht man zu erreichen, dass die Bürger einer Ge- 106
meinde ein **Zusammengehörigkeitsgefühl** entwickeln und eine **Gemeinschaft** bilden, von der jeder seinen Vorteil hat und zu der jeder nach seinen Kräften und Fähigkeiten einen Beitrag leisten soll. Zudem möchte man mit der ehrenamtlichen Tätigkeit die Identifikation der Bürger mit ihrer Gemeinde fördern. Das ehrenamtliche Engagement hat heute abgenommen, da in vielen Fällen eine emotionale Bindung zur Wohnsitzgemeinde fehlt.

b) Übernahmeverpflichtung

Der Bürger ist entsprechend deutscher kommunalrechtlicher Tradition **verpflichtet**, eine 107
ehrenamtliche Tätigkeit für die Gemeinde zu übernehmen und auszuüben, wobei das nicht für das Amt des Bürgermeisters, des Beigeordneten und des Kassenverwalters gilt (§ 21 Abs. 1 Satz 2 HGO). Eine solche ehrenamtliche Tätigkeit für die Gemeinde soll allerdings nur Bürgern übertragen werden, die sich in der Gemeinde allgemeinen Ansehens erfreuen und das Vertrauen ihrer Mitbürger genießen (§ 21 Abs. 1, 1. Halbsatz HGO). § 21 Abs. 1 HGO ist zwar nur als Sollvorschrift ausgestaltet. Gleichwohl wird man annehmen müssen, dass ehrenamtliche Tätigkeiten jedenfalls grundsätzlich den Bürgern der Gemeinde vorbehalten sind, insbesondere dann, wenn es sich um Mitwirkungsbefugnisse bei der politischen Willensbildung handelt.

Der Bürger kann die **Übernahme** einer ehrenamtlichen Tätigkeit **ablehnen** oder sein 108
Ausscheiden verlangen, wenn ein wichtiger Grund vorliegt (§ 23 Abs. 1 Satz 1 HGO). Ob ein wichtiger Grund vorliegt, entscheidet die für die Berufung zuständige Stelle (§ 23 Abs. 1 Satz 2 HGO), also in der Regel der Gemeindevorstand.

Beispiele: Als **wichtiger Grund** gilt insbesondere, wenn der Bürger bereits mehrere ehrenamtliche Tätigkeiten für die Gemeinde ausübt, mindestens acht Jahre der Gemeindevertretung als Mitglied angehört hat oder sonst ehrenamtlich für die Gemeinde tätig war, ein geistliches Amt verwaltet, ein öffentliches Amt verwaltet oder die Einstellungsbehörde feststellt, dass die ehrenamtliche Tätigkeit mit seinen Dienstpflichten nicht vereinbar ist, durch die persönliche Fürsorge für seine Familie fortwährend besonders belastet ist, mindestens zwei Vormundschaften, Pflegschaften oder Betreuungen führt, häufiger oder lang dauernd von der Gemeinde beruflich abwesend ist, anhaltend krank ist oder mindestens 60 Jahre alt ist.

Diese **Aufzählung in § 23 Abs. 2 HGO ist allerdings nicht abschließend**. Kein Grund wäre beispielsweise die Verärgerung über bestimmte politische Entscheidungen der Gemeinde. Wie § 23 Abs. 2 HGO aber verdeutlicht, sind wichtige Gründe grundsätzlich nur solche, die in der Person des Bürgers liegen und ein solches Gewicht haben, dass dem Bürger die Übernahme oder Beibehaltung des Ehrenamtes nicht zugemutet werden kann. In Zweifelsfällen ist der Bürger dafür darlegungs- und beweispflichtig, dass die von ihm vorgebrachten Gründe bestehen. Wird ohne wichtigen Grund die Übernahme einer ehrenamtlichen Tätigkeit abgelehnt und ihre Ausübung verweigert, kann diese **Ordnungswidrigkeit** mit einer Geldbuße geahndet werden (§ 24a Abs. 1 Nr. 1, Abs. 2 HGO).

c) Berufung zu ehrenamtlicher Tätigkeit

109 Die Berufung erfolgt **durch den Gemeindevorstand**, sofern gesetzlich nichts anderes bestimmt ist (§ 21 Abs. 2 Satz 1 HGO). Die Ausschüsse und Ortsbeiräte haben allerdings nach § 62 Abs. 6 HGO und § 82 Abs. 6 HGO die Möglichkeit, Berater für ihre Tätigkeit zu bestellen, ohne den Gemeindevorstand hierbei beteiligen zu müssen.[58]

110 Die Übertragung ehrenamtlicher Tätigkeiten erfolgt grundsätzlich durch **formfreien Verwaltungsakt**, soweit es sich nicht um die Berufung zum Ehrenbeamten handelt. In der Regel wird jedoch eine schriftliche Bestellung vorliegen. Die Verpflichtung ist **aktenkundig** zu machen (§ 21 Abs. 2 Satz 2 2. Halbsatz HGO). Die Übertragung ehrenamtlicher Tätigkeiten verschafft dem Betroffenen gewisse Rechte und ist in der Regel mit einem Ansehensgewinn verbunden, sie hat also insofern begünstigende Wirkung. Da sie aber auch mit Pflichten verbunden ist, hat sie auch eine belastende Wirkung.

3. Ehrenamt

111 Ein **Ehrenamt** haben inne die in der HGO ausdrücklich erwähnten ehrenamtlichen Bürgermeister in Gemeinden mit nicht mehr als 1.500 Einwohnern (§ 44 Abs. 1 Satz 2 HGO), die Beigeordneten (§ 44 Abs. 2 HGO), die Ortsvorsteher als Leiter einer Außenstelle (§ 82 Abs. 5 Satz 4 HGO), die Kassenverwalter (§ 110 Abs. 3 HGO), ferner auch Mitglieder der Betriebskommission einer Gemeinde (§ 6 Abs. 7 EBG), auch ehrenamtliche Standesbeamte (§ 51 PStG), Jagdaufseher (§ 25 Bundesjagdgesetz), Forstbetriebsbeamte (§§ 20, 37 Hessisches Forstgesetz) oder die Führungskräfte der freiwilligen Feuerwehr (§§ 16, 17 HBrsHG). Als ehrenamtliche Tätigkeit ist in Hessen auch die Ausübung eines Mandats als Gemeindevertreter, Ortsbeiratsmitglied oder Mitglied des Ausländerbeirats zu qualifizieren. Dies folgt daraus, dass für diesen Personenkreis lediglich einige der für die übrigen ehrenamtlichen Tätigen maßgeblichen Vorschriften für entsprechend anwendbar erklärt werden (vgl. §§ 35 Abs. 2, 82 Abs. 2, 86 Abs. 6 HGO).

4. Verpflichtungen

a) Verschwiegenheitspflicht

112 Bei der Übernahme seiner Tätigkeit ist der ehrenamtlich Tätige zur gewissenhaften und unparteiischen Ausübung und zur Verschwiegenheit zu verpflichten. Die **Verschwiegenheitspflicht** erfolgt aus Gründen des Datenschutzes, des Schutzes vor Nachteilen für die Gemeinde und der Willlensbildung in der Gemeinde, des Vertrauens in die öffentliche Verwaltung und vor unzulässiger Ausnutzung von Informationsvorsprüngen.

Grundsätzlich unterliegen alle Angelegenheiten, von denen der ehrenamtlich Tätige **bei seiner Tätigkeit Kenntnis** erlangt hat, der **Verschwiegenheitspflicht.** Der ehrenamtlich Tätige hat grundsätzlich **auch nach Beendigung seiner Tätigkeit** über die ihm dabei bekannt gewordenen Angelegenheiten Verschwiegenheit zu bewahren (§ 24 Abs. 1 Satz 1 HGO).

[58] HessVGH, DVBl. 1989, 163 f.

Die Verschwiegenheitspflicht endet, wenn ihre Voraussetzungen entfallen sind. Dies ist vor allem dann gegeben, wenn in nicht öffentlicher Sitzung getroffene Beschlüsse bekannt gegeben werden (§ 52 Abs. 2 HGO) oder wenn vertrauliche Tatsachen offenkundig geworden sind.

Die Verschwiegenheitspflicht geht so weit, dass der ehrenamtlich Tätige ohne **Genehmigung des Bürgermeisters**[59] über Angelegenheiten, über die er Verschwiegenheit zu wahren hat, weder vor Gericht[60] noch außergerichtlich aussagen oder Erklärungen abgeben darf (§ 24 Abs. 2 HGO). Allerdings darf der Bürgermeister die Genehmigung, als **Zeuge** auszusagen, nur versagen, wenn die Aussage dem Wohl des Bundes, eines Landes, der Gemeinde oder eines anderen Trägers der öffentlichen Verwaltung Nachteile bereiten oder die Erfüllung öffentlicher Aufgaben ernstlich gefährden oder erheblich erschweren würde (§ 24 Abs. 3 HGO). Der Bürgermeister hat hierbei eine Abwägung zwischen dem öffentlichen Interesse an der Vertraulichkeit dienstlicher Vorgänge und dem Interesse an der Wahrheitsfindung im gerichtlichen Verfahren sowie den Interessen der Prozessbeteiligten an einer der materiellen Rechtslage entsprechenden Entscheidung vorzunehmen. 113

Ist der **ehrenamtlich Tätige an einem gerichtlichen Verfahren beteiligt** oder soll das Vorbringen der Wahrnehmung seiner berechtigten Interessen dienen, so darf die Genehmigung auch dann, wenn die Voraussetzungen des § 24 Abs. 3 HGO erfüllt sind, nur versagt werden, wenn ein zwingendes öffentliches Interesse dies erfordert (§ 24 Abs. 4 HGO). 114

Die **Aussagegenehmigung ist ein Verwaltungsakt.** Wer sich auf das Zeugnis eines zur Amtsverschwiegenheit Verpflichteten berufen möchte, hat gegenüber der Gemeinde einen **Anspruch auf ermessensfehlerfreie Entscheidung.** Gegen die Versagung der Aussagegenehmigung steht der beweisbelasteten Partei der Rechtsweg zu den Verwaltungsgerichten offen.[61] 115

Die Verletzung der Verschwiegenheitspflicht ist eine **Ordnungswidrigkeit** nach § 24a Abs. 1 Nr. 2 HGO. Die Ordnungswidrigkeit kann mit einer Geldbuße bis zu 1.000,00 € geahndet werden (§ 24a Abs. 2 HGO). Das Amtsgeheimnis wird ferner durch das Strafrecht geschützt. Ehrenamtlich Tätige sind Amtsträger oder für den Öffentlichen Dienst besonders Verpflichtete im Sinne des § 11 Abs. 2 StGB. Die Verletzung von Dienstgeheimnissen ist für diesen Personenkreis nach § 53b StGB mit Strafe bedroht. 116

b) Treuepflicht

Ehrenbeamte haben eine besondere **Treuepflicht** gegenüber der Gemeinde (§ 26 Satz 1 HGO). 117

Ehrenbeamte dürfen **Ansprüche Dritter gegen die Gemeinde** nicht geltend machen,[62] es sei denn, dass sie als gesetzliche Vertreter handeln (§ 26 Satz 2 HGO). Das gilt im Übri-

[59] Seine Zuständigkeit ergibt sich aus seiner Stellung als Dienstvorgesetzter aller Beschäftigten der Gemeinde (§ 73 Abs. 2 HGO).

[60] Soweit die Verschwiegenheitspflicht reicht, steht den Betroffenen ein Zeugnisverweigerungsrecht nach den §§ 376 ZPO und 54 StPO zu.

[61] Vgl. RPOVG, NVwZ 1996, 1133 ff.

[62] Das Vertretungsverbot verletzt nicht die allgemeine Handlungsfreiheit des Art. 2 Abs. 1 GG, da es der Wahrung vernünftiger Belange der Allgemeinheit dient. Vgl. BVerfG, NJW 1988, 694 (695). Allerdings muss für Personen, die beruflich die Vertretungen übernehmen, also für Rechtsanwälte, auch ein Eingriff in die Berufsausübungsfreiheit bejaht werden, so dass die Verfassungs-

gen auch für andere ehrenamtlich tätige Bürger, wenn der Auftrag mit den Aufgaben ihrer ehrenamtlichen Tätigkeit in Zusammenhang steht (§ 26 Satz 3 HGO).

118 Wurde eine **Verletzung der Treuepflicht** im Sinne des § 26 HGO festgestellt, so ist bei den **Rechtsfolgen** zwischen dem Innenverhältnis und dem Außenverhältnis zu unterscheiden.

119 Im **Innenverhältnis** zwischen dem ehrenamtlich Tätigen und der Gemeinde liegt eine Verletzung der Treuepflicht des § 26 HGO vor, die zu Sanktionen der Gemeinde gegen den ehrenamtlich Tätigen führen kann (vgl. § 24a Abs. 1 Nr. 2 HGO), daneben auch die Einleitung eines Disziplinarverfahrens, bei sonstigen ehrenamtlich Tätigen deren Abberufung.

120 Im **Außenverhältnis** gegenüber Dritten hat die Geltendmachung von Ansprüchen gegen die Gemeinde vor den Gerichten im Falle des Vertretungsverbotes zur Folge, dass ein Prozessbevollmächtigter zurückgewiesen werden kann[63]. Alle Verfahrenshandlungen, die der ehrenamtlich Tätige bis zu seiner Zurückweisung vornimmt, bleiben wirksam, insbesondere auch Frist wahrende Handlungen, wie die Einlegung eines Widerspruchs oder die Erhebung der Klage. Diese Wirksamkeit der von einem zurückgewiesenen Bevollmächtigten vorgenommenen Handlungen folgt für das Verwaltungsverfahren unmittelbar aus § 14 Abs. 7 Satz 2 HVwVfG und für Prozesshandlungen aus der Rechtsprechung.

121 **Ordnungswidrig** handelt, wer die Treuepflicht verletzt (§ 24a Abs. 1 Nr. 2 HGO). Die Ordnungswidrigkeit kann mit einer Geldbuße bis zu 1.000,00 € geahndet werden (§ 24a Abs. 2 HGO).

c) Fürsorgepflicht

122 Gemeinden haben eine **Fürsorgepflicht** gegenüber den Ehrenbeamten.

Die **Fürsorgepflicht** ist zwar nicht ausdrücklich geregelt, es gilt jedoch **als allgemeiner Rechtsgrundsatz des öffentlichen Rechts**, dass mit der Begründung eines besonderen öffentlichen Treueverhältnisses auch ein Gegenanspruch auf Wahrung der Interessen des Verpflichteten verbunden ist. Aus der Fürsorgepflicht erwächst beispielsweise der Anspruch auf Entbindung von der Schweigepflicht in den Fällen des § 24 Abs. 3 und 4 HGO oder auf Rechtsschutz im Zusammenhang mit der Wahrnehmung einer Tätigkeit für die Gemeinde.

d) Widerstreit der Interessen

aa) Ausschlussgründe

123 Niemand darf gemäß § 25 Abs. 1 Nr. 1 HOG[64] in haupt- oder ehrenamtlicher Tätigkeit in einer Angelegenheit beratend oder entscheidend mitwirken, wenn dadurch ein **Widerstreit der Interessen** entsteht, der Betroffene durch die Entscheidung der Angelegenheit also einen **unmittelbaren Vorteil oder Nachteil** erlangen kann. Als Vor- und Nachteile im Sinne des § 25 Abs. 1 Nr. 1 HGO sind sowohl materielle als auch immaterielle Vor- und Nachteile zu verstehen. Zu den materiellen Vor- und Nachteilen

mäßigkeit des Vertretungsverbotes auch an Art. 12 GG zu messen ist. Dabei wird man das kommunale Vertretungsverbot als zulässige Regelung der Berufsausübung ansehen können.

[63] BVerwG, NJW 1988, 1994. Hierbei wurden von den Gerichten die §§ 157 ZPO, 67 Abs. 2 S. 2 VwGO analog herangezogen. Vgl. auch BVerfGE 52, 42 (55); BVerfG, NJW 1988, 694 f.

[64] Vgl. auch Nr. 3 und 4 des § 25 Abs. 1 HGO.

gehört etwa das wirtschaftliche Interesse, zu den immateriellen Vor- und Nachteilen der Ansehensgewinn oder -verlust.[65]

124 Die **Unmittelbarkeit** des Vor- oder Nachteils liegt nach einer Ansicht vor, wenn ein Entscheidungsträger an einem Beratungsgegenstand ein individuelles Sonderinteresse hat, das zu einer Interessenkollision führen kann und deshalb die Besorgnis gerechtfertigt ist, der Betreffende werde nicht mehr uneigennützig und zum Wohl der Allgemeinheit handeln (**Sonderinteressentheorie**)[66]. Nach der ständigen Rechtsprechung des Hessischen Verwaltungsgerichtshofes liegt dagegen Unmittelbarkeit vor, wenn die Entscheidung ohne Hinzutreten eines weiteren Umstandes eine Person direkt berührt (**formale Theorie**)[67]. Die Unmittelbarkeit fehlt somit bei abstrakt-generellen Regelungen, insbesondere Satzungen, da zu deren Vollzug noch eine weitere Entscheidung erforderlich ist. Die **modifizierte formale Theorie**[68] nimmt Unmittelbarkeit schon dann an, wenn sich der Vor- oder Nachteil zwar aufgrund weiterer Maßnahmen realisiert, diese Maßnahmen aber durch die getroffene Entscheidung zwingend vorgegeben sind. Bei Beschlüssen über konkrete Einzelfälle wird man die Unmittelbarkeit also auch dann annehmen, wenn der Beschluss noch durch weitere Handlungen umgesetzt werden muss, aber bereits durch die Beschlussfassung eine konkrete Rechtsposition für den Begünstigten geschaffen wurde, die als Vor- oder Nachteil angesehen werden kann.

125 Niemand darf in einer haupt- oder ehrenamtlichen Tätigkeit in einer Angelegenheit beratend oder entscheidend mitwirken, wenn ein **Angehöriger** durch die Entscheidung der Angelegenheit einen unmittelbaren Vorteil oder Nachteil erlangen kann. Wer Angehöriger im Sinne des § 25 Abs. 1 Satz 1 Nr. 2 HGO ist, regelt § 25 Abs. 5 HGO. **Weitere Mitwirkungsverbote** ergeben sich aus § 25 Abs. 1 Satz 1 Nr. 3 bis 6 HGO.

126 Das Mitwirkungsverbot gilt nicht, wenn jemand an der Entscheidung lediglich als **Angehöriger einer Berufsgruppe oder einer Bevölkerungsgruppe** beteiligt ist, deren gemeinsame Interessen durch die Angelegenheit berührt werden (§ 25 Abs. 1 Satz 2 HGO). Voraussetzung für die Annahme einer Berufsgruppe[69] ist, dass es am Ort mehrere Angehörige dieses Berufs oder Gewerbes gibt, da nur dann von einer Gruppe gesprochen werden kann. Die Bevölkerungsgruppe muss gemeinsame Interessen[70] haben, also ein gemeinsames Ziel anstreben.

127 Eine **weitere Ausnahme vom Mitwirkungsverbot** trotz der Möglichkeit unmittelbaren Vor- oder Nachteils besteht schließlich für die Stimmabgabe bei **Wahlen und Abberufungen**. Es soll damit gewährleistet werden, dass die politischen Mehrheitsverhältnisse bei Wahlen und Abberufungen möglichst unverfälscht zur Geltung kommen.[71]

---

[65] Es ist davon auszugehen, dass jede Art von persönlichem Interesse einen Vor- oder Nachteil begründen kann. A. A. NWOVG, NVwZ-RR 1996, 220 ff.

[66] HessVGH, HSGZ 2014, S. 110 ff.

[67] HessVGH, NVwZ-RR 1993, 94 (97 m. w. N.). Der „formalen Theorie" des hessischen Verwaltungsgerichtshofs wird entgegengehalten, dass dadurch die Mitwirkungsverbote nahezu bedeutungslos würden, weil fast jeder Beschluss des Gemeindeorgans noch der Ausführung durch den Gemeindevorstand oder die Verwaltung bedarf.

[68] *Hassel*, in: DVBl. 1988, 713 (715). Nach der modifizierten Theorie werden fast alle abstrakt-generellen Regelungen vom Mitwirkungsverbot erfasst und dann lediglich über die Ausnahmeregelung der zulässigen Wahrnehmung von Gruppeninteressen wieder ausgeschieden.

[69] Wie die Berufsgruppe der Gastwirte, der Taxiunternehmer oder der örtliche Einzelhandel.

[70] Eine Interessengruppe liegt nicht vor, wenn jeder nur seine eigenen Interessen vertritt.

[71] HessVGH, NVwZ-RR 1993, 94 (96).

bb) Ausschluss

128 Wer aufgrund eines Widerstreits der Interessen an der Beratung oder Entscheidung einer Angelegenheit nicht mitwirken darf, ist von jeder amtlichen Tätigkeit in dieser Angelegenheit ausgeschlossen. **Der Ausschluss betrifft alle Handlungen, die auf die Entscheidung in irgendeiner Weise Einfluss haben könnten.** Ausreichend ist jeweils die abstrakte Möglichkeit, dass sich eine Handlung auf das Ergebnis des Verfahrens auswirken könnte. Dazu gehören die Beratung und die Vorbereitung einer Entscheidung. Gemäß § 25 Abs. 4 Satz 2 HGO ist vorgesehen, dass der von einem Mitwirkungsverbot Betroffene den Beratungsraum verlassen muss. Dazu gehört der gesamte Sitzungsraum, also auch der Zuhörerraum. Auch während der Beratung und Entscheidung darf kein Sichtkontakt mit den an der Beratung teilnehmenden Mitgliedern bestehen, um jede mögliche Beeinflussung auszuschließen.[72] Nicht vom Mitwirkungsverbot betroffen sind hingegen untergeordnete technische Verrichtungen, wie etwa die Ausführung von Schreibarbeiten. Das Mitwirkungsverbot gilt nicht für die Beratung von Angelegenheiten in den Fraktionen der Gemeindevertretung.

cc) Rechtswidriges Nichtmitwirken und Mitwirken

129 Wer annehmen muss, dass er weder beratend noch entscheidend mitwirken darf, hat gemäß § 25 Abs. 4 HGO dies vorher **dem Vorsitzenden** des Organs oder Hilfsorgans, dem er angehört oder für das er tätig ist, **mitzuteilen**. Ob ein Widerstreit der Interessen vorliegt, entscheidet dann nach § 25 Abs. 3 HGO das Organ oder Hilfsorgan, dem der Betroffenen angehört oder für das er die Tätigkeit ausübt. Wenn das Organ Ausschlussgründe verneint hat, obwohl sie vorliegen, oder Ausschlussgründe bejaht hat, obwohl sie nicht vorliegen, kann die Aufsichtsbehörde die Beschlussfassung beanstanden, die Gemeindevertretung kann gegen die Beanstandung gerichtlich vorgehen.

130 Wenn jemand an einer Entscheidung **freiwillig nicht mitgewirkt hat**, weil er irrig vom Vorliegen eines Mitwirkungsverbots ausgegangen ist, liegt **kein Verstoß** gegen die Vorschriften über Mitwirkungsverbote vor und es erfolgen keine rechtlichen Auswirkungen auf die Entscheidung[73].

131 Die Beschlüsse **unter Mitwirkung einer auszuschließenden Person bedeuten eine Verletzung** der Absätze 1 bis 4 des § 25 HGO und sind daher nach § 25 Abs. 6 Satz 1 HGO unwirksam. Das muss auch für die **Nichtmitwirkung einer stimmberechtigten Person** gelten. **Beschlüsse,** die unter **Verletzung der Befangenheitsvorschriften** nach § 25 Abs. 1 bis 4 HGO gefasst worden sind, gelten jedoch gemäß § 25 Abs. 6 Satz 2 HGO sechs Monate nach der Beschlussfassung oder, wenn eine öffentliche Bekanntmachung erforderlich ist, sechs Monate nach dieser Bekanntmachung als von Anfang an wirksam zustande gekommen, wenn nicht vorher der Gemeindevorstand oder der Bürgermeister widersprochen oder die Aufsichtsbehörde sie beanstandet hat. Es gelten dabei die Widerspruchsfristen der §§ 63 und 74 HGO.

Der **Widerspruch des Bürgermeisters**[74] muss dabei innerhalb der Fristen des § 63 Abs. 1 Satz 3 bzw. § 74 Abs. 1 Satz 3 HGO, das heißt innerhalb von zwei Wochen nach dem Beschluss ausgesprochen werden. Widerspricht der Bürgermeister einem Beschluss der Gemeindevertretung nicht, so geht das Widerspruchsrecht nach § 63 Abs. 4 Satz 1

---

[72] HessVG, HessVGHRspr. 1971, 30 f.
[73] BaWüVGH, NVwZ 1987, 1103 f.
[74] Vgl. dazu unten Rn. 361 ff.

HGO auf den **Gemeindevorstand** über, dem wiederum eine Frist von weiteren zwei Wochen, beginnend mit dem Ablauf der Widerspruchsfrist des Bürgermeisters zusteht. Das **Beanstandungsrecht der Aufsichtsbehörde**[75] muss aufgrund von § 138 HGO innerhalb von sechs Monaten nach der Beschlussfassung ausgeübt werden. Die Frist, nach deren Ablauf die Heilung eintritt, beginnt also mit der Beschlussfassung. Ist für die Wirksamkeit eines Beschlusses die Bekanntmachung erforderlich, wie es beispielsweise nach § 5 Abs. 3 HGO für Satzungen vorgeschrieben ist, beginnt der Fristablauf erst mit der Bekanntmachung. Die Berechnung der Frist richtet sich nach § 31 HVwVfG in Verbindung mit dem §§ 187-193 BGB.

Wird also innerhalb von sechs Monaten nach der Entscheidung nicht fristgerecht widersprochen bzw. von den Betroffenen kein Rechtsbehelf ergriffen oder von der Aufsichtsbehörde keine Beanstandung vorgenommen, gilt der Mangel nach § 25 Abs. 6 Satz 2 und 3 HGO als **rückwirkend geheilt**. Die Beschlüsse gelten als von Anfang an wirksam zustande gekommen. Mit dieser Heilungsvorschrift verhindert der Gesetzgeber, dass die Entscheidungen der Gemeinde dauerhaft angreifbar bleiben. Er trägt damit der Tatsache Rechnung, dass eine dauerhafte Unsicherheit über Gültigkeit einer Norm aus rechtsstaatlichen Gründen schwer erträglich wäre. Die **Wirksamkeit** tritt allerdings nicht gegenüber demjenigen ein, der vor Ablauf der Sechsmonatsfrist ein Rechtsmittel eingelegt oder ein gerichtliches Verfahren anhängig gemacht hat, in dem der Mangel festgestellt wird (§ 25 Abs. 6 Satz 3 HGO). 132

Übersicht 3: Heilung eines gegen § 25 Abs. 1 bis 4 HGO verstoßenden Beschlusses 133

Die Heilung eines gegen § 25 Abs. 1 bis 4 HGO verstoßenden Beschlusses erfolgt in mehreren Phasen:

- Zwei Wochen nach der Beschlussfassung ist der Widerspruch durch den Bürgermeister ausgeschlossen,
- vier Wochen nach der Beschlussfassung ist der Widerspruch durch den Gemeindevorstand ausgeschlossen,
- sechs Monate nach Beschlussfassung kann keine Beanstandung mehr durch die Aufsichtsbehörde erfolgen.

Satzungen und sonstige Rechtsnormen, die aufgrund eines unwirksamen Beschlusses erlassen wurden, sind nichtig; **Verwaltungsakte**, die auf einer solchen Satzung oder Rechtsnorm beruhen oder in Umsetzung eines Beschlusses erlassen wurden, sind anfechtbar. Verwaltungsakte, an denen haupt- oder ehrenamtlich Tätige unter Verstoß gegen ein Mitwirkungsverbot mitgewirkt haben, sind anfechtbar. Sonstige Handlungen gegenüber Dritten, wie **schlicht hoheitliches Handeln** aufgrund von unwirksamen Beschlüssen, sind rechtswidrig. Bei **mehrstufigen Verfahren** ist die Unwirksamkeit eines Beschlusses im Rahmen eines der endgültigen Entscheidung vorausgehenden Verfahrens stets als Verfahrensfehler anzusehen, der zur Rechtswidrigkeit der endgültigen Entscheidung führt, wenn der Verfahrensschritt gesetzlich vorgeschrieben ist oder das folgende Verfahren und die getroffenen Entscheidungen maßgeblich beeinflusst hat. 134

dd) Klagemöglichkeiten

Statthafte Klage ist bei Ausschluss von Mitgliedern des Organs oder Hilfsorgans nach ständiger Rechtsprechung des Hessischen Verwaltungsgerichtshofs die **Feststellungskla-** 135

[75] Vgl. dazu unten Rn. 604 ff.

ge im Rahmen einer kommunalen Verfassungsstreitigkeit, weil die Mitglieder gegenüber dem Gremium nicht in einem Über- oder Unterordnungsverhältnis stehen und daher die Entscheidung über den Ausschluss auch kein Verwaltungsakt ist.[76] Ein direktes Vorgehen gegen den Beschluss ist grundsätzlich nur möglich, wenn er unmittelbare Wirkungen entfaltet und er dadurch jemanden in seinen Rechten beeinträchtigt.

136 Gegen Satzungen und sonstige Rechtsnormen, die auf einem unwirksamen Beschluss beruhen, ist ein Antrag auf **Normenkontrolle** nach § 47 VwGO statthaft, aber auch die **Inzidentkontrolle** im Rahmen der Überprüfung einer Entscheidung, die auf der unwirksamen Satzung beruht. Beschlüsse, die unter Verletzung der Vorschriften über die Mitwirkungsverbote gefasst worden sind, gelten aber nach § 25 Abs. 6 HGO als von Anfang an wirksam, wenn die Rechtsverletzung nicht innerhalb von sechs Monaten nach der Beschlussfassung oder nach einer vorgeschriebenen öffentlichen Bekanntmachung geltend gemacht wird.

5. Ansprüche

137 Ehrenamtlich Tätige haben **Anspruch auf Ersatz des Verdienstausfalls** (vgl. § 27 Abs. 1 HGO). Durch Satzung ist ein Durchschnittssatz festzusetzen, der nur denjenigen zu gewähren ist, die den Nachweis des Verdienstausfalls erbringen können. Hinzu kommt, dass ehrenamtlich Tätige Anspruch auf Ersatz ihrer tatsächlich entstandenen und nachgewiesenen **Fahrtkosten** haben (§ 27 Abs. 2 HGO). Schließlich kann ehrenamtlich Tätigen durch Satzung eine **Aufwandsentschädigung** gewährt werden (§ 27 Abs. 3 Satz 1 HGO). Die Ansprüche auf diese Bezüge sind nicht übertragbar (§ 27 Abs. 5 Satz 1 HGO). Auf die Aufwandsentschädigung kann weder ganz noch teilweise verzichtet werden (§ 27 Abs. 5 Satz 2 HGO).

138 Die **Gemeinde haftet gegenüber Dritten**, denen durch die ehrenamtliche Tätigkeit ein Schaden entstanden ist, nach den Vorschriften der Amtshaftung (§ 839 BGB i. V. m. Art. 34 GG), da die ehrenamtlich Tätigen Aufgaben für die Gemeinde erledigen. Die ehrenamtlich Tätigen gelten bei der Erfüllung hoheitlicher Aufgaben als Beamte im Sinne des § 839 BGB. Sind die ehrenamtlich Tätigen im privatrechtlichen Aufgabenbereich der Gemeinde tätig, so haftet die Gemeinde gegenüber Dritten nach den allgemeinen Vorschriften des Bürgerlichen Gesetzbuches (§§ 89, 31, 831 BGB).

6. Beendigung

139 Die Bestellung zur ehrenamtlichen Tätigkeit **endet mit Zeitablauf** bzw. kraft Gesetzes mit Fortfall der Wählbarkeit gemäß § 33 HGO zu dem in § 33 Abs. 3 Nr. 2 des Hessischen Kommunalwahlgesetzes bestimmten Zeitpunkt. Dieser Beendigungstatbestand kann aber nur dann eingreifen, wenn die Wählbarkeit Voraussetzung für die Übertragung der ehrenamtlichen Tätigkeit ist. Die Übertragung ehrenamtlicher Tätigkeit kann jederzeit **zurückgenommen oder widerrufen** werden, soweit sie nicht auf bestimmte Zeit erfolgt ist (§ 21 Abs. 2 Satz 3 HGO). Da mit der Übertragung ehrenamtlicher Tätigkeiten häufig auch ein Ansehensgewinn in der Öffentlichkeit verbunden ist, spricht viel dafür, in der Bestellung einen begünstigenden Verwaltungsakt zu sehen. Folge ist, dass ein Widerruf der Bestellung nur nach § 49 Abs. 2 HVwVfG zulässig ist.

140 Die **einseitige Niederlegung** einer ehrenamtlichen Tätigkeit ist **nicht zulässig.** Dies ergibt sich daraus, dass der Bürger zur Übernahme ehrenamtlicher Tätigkeit verpflichtet ist, so dass er sich dieser Verpflichtung nicht einseitig entziehen kann.

---

[76] HessVGH, NVwZ 1982, 44 ff.

7. Rechtsschutz

Der **Rechtsschutz** gegen eine Entscheidung der Gemeinde ist unterschiedlich, je nachdem, ob sich der Bürger gegen die Heranziehung zur ehrenamtlichen Tätigkeit zur Wehr setzt oder das Ausscheiden aus einer Tätigkeit verlangt, die er schon ausübt. 141

Gegen die Heranziehung zur ehrenamtlichen Tätigkeit kann der Betroffene nach erfolglosem Widerspruch **Anfechtungsklage** erheben, da die Heranziehung ein anfechtbarer Verwaltungsakt ist. Verlangt ein ehrenamtlich Tätiger sein Ausscheiden, ist nach erfolglosem Widerspruch die **Verpflichtungsklage** auf einen seinem Entlassungsantrag stattgebenden Verwaltungsakt die statthafte Klageart.

VI. Persönliche Dienste

Die Gemeinde ist berechtigt, zur Erfüllung dringlicher öffentlicher Aufgaben die Einwohner für eine beschränkte Zeit **zu persönlichen Diensten und anderen Leistungen** im Rahmen des Herkömmlichen heranzuziehen.[77] Hierbei sind die persönlichen Verhältnisse des Einwohners angemessen zu berücksichtigen (§ 22 Satz 1 HGO). Es besteht eine Pflicht zur Erbringung von Dienstleistungen.[78] Der Kreis der Verpflichteten sowie die Art und der Umfang der Leistungen sind **durch Satzung festzulegen** (§ 22 Satz 3 HGO). 142

Gemäß § 22 Satz 1 HGO dürfen persönliche Dienste nur **im Rahmen des Herkömmlichen** eingeführt werden. Ein derartiges Herkommen muss bei Erlass der Satzung bereits bestanden haben.[79] Persönliche Dienste im Sinne des § 22 HGO sind Leistungen, die von allen Einwohnern der Gemeinde erbracht werden können. Dazu gehören insbesondere **Hand- und Spanndienste**. 143

- Unter **Handdiensten** versteht man körperliche Arbeitsleistungen. In Betracht kommen die Herstellung und Unterhaltung von Straßen und Wegen sowie die Mitarbeit bei der Errichtung sonstiger gemeindlicher Einrichtungen.
- **Spanndienste** sind ursprünglich die Zurverfügungstellung von Fuhrwerken mit Zugtieren (Gespanne). Denkbar ist heute die Anforderung von Zugmaschinen oder sonstigen Fahrzeugen oder Gerätschaften. Es muss sich um Geräte handelt, die bei den meisten Grundstücksbesitzern und Gewerbetreibenden vorhanden sind, da sonst kein Heranziehen zu einer für alle Betroffenen gleichen Weise gegeben ist.

Die Leistungen sind grundsätzlich **unentgeltlich** zu erbringen. Die Zahlung einer Aufwandsentschädigung ist nicht ausgeschlossen.

Der **Unterschied zwischen ehrenamtlicher Tätigkeit** nach § 21 HGO **und Hand- und Spanndiensten** liegt darin, dass es sich bei Hand- und Spanndiensten um rein mechanische Tätigkeiten handelt, während das Wesen ehrenamtlicher Tätigkeit in der Mitwirkung an der Gestaltung des örtlichen Schicksals liegt. 144

Zu solchen Leistungen, mit Ausnahme von Handdiensten, können auch **juristische Personen und Vereinigungen** sowie solche **Personen** herangezogen werden, **die nicht in der Gemeinde wohnen**, jedoch in der Gemeinde Grundbesitz haben oder ein Gewerbe betreiben (§ 22 Satz 2 HGO). Diejenigen Personen, die nur insoweit der Hoheitsgewalt 145

---

[77] Das BVerwG hat die Zulässigkeit von gemeindlichen Hand- und Spanndiensten nach dem Grundgesetz ausdrücklich bestätigt, BVerwGE 2, 313 ff.; vgl. auch BVerfGE 22, 380 (383).

[78] Demgegenüber ist bei Verpflichtungen wie etwa zur Straßenreinigung nach § 10 Abs. 5 HStrG ein bestimmter Erfolg zu erbringen und keine Dienstleistung.

[79] RPOVG, DVBl. 1959, 784.

unterliegen, als sie ein Grundstück oder einen Gewerbebetrieb im Gemeindegebiet besitzen, bei denen also kein persönlicher, sondern nur ein dinglicher Anknüpfungspunkt vorhanden ist, werden als **Forensen** bezeichnet.

146 Die **Heranziehung** zu den persönlichen Diensten erfolgt **durch den Gemeindevorstand** gemäß § 66 Abs. 1 Nr. 5 HGO bzw. im Rahmen der laufenden Verwaltung durch den Bürgermeister gemäß § 70 Abs. 2 HGO. Sie ist ein **Verwaltungsakt**, gegen den die Rechtsmittel der Verwaltungsgerichtsordnung gegeben sind.

147 Die Verpflichteten sind bei der Erbringung von persönlichen Dienstleistungen gemäß § 22 HGO, anders als bei der ehrenamtlichen Tätigkeit gemäß § 21 HGO, **nicht in die Gemeindeverwaltung eingegliedert**.

§ 4. Kommunalverfassungsrecht

A. Gegenstand

148 Als „**Kommunalverfassung**" werden die Gesetze bezeichnet, welche die Grundregeln für die kommunale Selbstverwaltung und die örtliche Demokratie enthalten. Dazu gehören die Hessische Gemeindeordnung (HGO), die Hessische Landkreisordnung (HKO) und das Hessische Kommunalwahlgesetz (KWG). Das Kommunalverfassungsrecht **beschäftigt sich mit der inneren Organisation** der Gemeinden. Es gibt Auskunft darüber, welches Organ für einzelne Maßnahmen zuständig ist, welche verfahrensrechtlichen Anforderungen an das Handeln dieses Organs zu stellen sind und welche Formvorschriften beim Handeln dieser Organe einzuhalten sind. Es geht also in der Regel um Aspekte der formellen Rechtmäßigkeit, um Zuständigkeit, Verfahren und Form. Es gestaltet aber auch die bürgerschaftliche Teilhabe am kommunalen Willensbildungsprozess.

149 In Hessen ist die Kommunalverfassung durch ein Nebeneinander von zwei Organen, der **Gemeindevertretung und dem Gemeindevorstand**, gekennzeichnet, die aus einer Mehrzahl von Personen bestehen. Es handelt sich um eine **unechte Magistratsverfassung**, da der Gemeindevorstand nicht die Funktion einer zweiten Kammer besitzt.

Ein Gemeindevorstand als echte zweite Kammer müsste grundsätzlich alle Beschlüsse der Gemeindevertretung nochmals beraten und bestätigen. Das ist aber nicht der Fall. Vielmehr sind **beide Organe voneinander unabhängig**. Diese Unabhängigkeit wird aber dadurch wieder aufgehoben, dass der Gesetzgeber den Gemeindevorstand zum einen damit beauftragt, die Beschlüsse der Gemeindevertretung vorzubereiten und umzusetzen (§ 66 Abs. 1 Satz 3 Nr. 2 HGO) und zum anderen ihn mit einer sekundären Kontrollpflicht ausgestattet hat (§ 62 HGO).

150 Liegt ein **fehlerhaftes Verhalten** vor, wird also gegen Zuständigkeitsvorschriften, Verfahrensvorschriften oder Formvorschriften verstoßen, ist die Handlung **formell fehlerhaft**. Damit ist aber noch keine Auskunft über die **Rechtsfolge** der Fehlerhaftigkeit gegeben. Die Maßnahme kann wirksam sein, weil es sich nur um eine Ordnungsvorschrift handelt, sie kann rechtswidrig sein und damit anfechtbar, aber auch nichtig sein und damit unwirksam.

B. Gemeindevertretung

I. Allgemein

Gemäß § 9 Abs. 1 Satz 1 HGO ist die von den Bürgern gewählte **Gemeindevertretung das oberste Organ der Gemeinde**. Sie trifft die wichtigen Entscheidungen und überwacht die gesamte Verwaltung (§ 9 Abs. 1 Satz 1 und 2 HGO). Sie führt in den Städten die Bezeichnung Stadtverordnetenversammlung (§ 9 Abs. 1 Satz 3 HGO). 151

Bei der Gemeindevertretung handelt es sich um die **Vertretung des Volkes in der Gemeinde** im Sinne des Art. 28 Abs. 1 Satz 2 GG. Die Gemeindevertretung wird – vergleichbar einem Parlament –, **von den Bürgern der Gemeinde gewählt.**[80] Der **Parlamentscharakter** der Vertretung erlaubt es durchaus bei zweifelhafter oder lückenhafter Rechtslage Regeln aus dem staatlichen Parlamentsrecht zu übernehmen, wenn auch zurückhaltend.[81] Die Stellung der Gemeindevertreter nähert sich eher dem Beamtenstatus als dem des Parlamentariers, wie die Regeln über die Verschwiegenheit oder über den Ausschluss bei Befangenheit, aber auch über den Ausschluss von Gemeindevertretern in Sitzungen erweisen. 152

Die Gemeindevertretung **setzt sich aus den Gemeindevertretern zusammen** (§ 49 Satz 1 HGO). In den Städten führen die Gemeindevertreter die Bezeichnung Stadtverordnete und die Vorsitzenden der Gemeindevertretung die Bezeichnung Stadtverordnetenvorsteher (§ 49 Satz 2 HGO). 153

Die Gemeindevertretung **beschließt über die Angelegenheiten der Gemeinde**, sofern sich aus der hessischen Gemeindeordnung nichts anderes ergibt (§ 50 Abs. 1 Satz 1 HGO). 154

Bei § 50 HGO handelt es sich um eine **Auffangvorschrift**, deren Aufgabenzuweisung an die Gemeindevertretung unter dem Vorbehalt steht, dass sich in der HGO keine spezielleren Kompetenzvorschriften für die Gemeindevertretung finden. Es sind also insbesondere die §§ 9, 51, 66 und 70 HGO zu berücksichtigen. Die in § 51 HGO aufgeführten Einzelfälle sind weder bestimmten Sachgebieten zuzuordnen noch in der Aufzählung logisch sortiert.

Neben dem Katalog des § 51 HGO hat der Gesetzgeber noch **zahlreiche weitere Angelegenheiten der Gemeindevertretung zur Entscheidung zugewiesen**, so insbesondere in der Gemeindeordnung[82], im Kommunalwahlgesetz[83], im hessischen Beamtengesetz[84], im hessischen Sicherheits- und Ordnungsgesetz[85]. Aber auch im Baugesetzbuch des Bundes finden sich ausschließliche Kompetenzen der Gemeindevertretung. In § 10 BauGB werden die Gemeinden für zuständig erklärt, die Bebauungspläne als Satzung zu beschließen, nach § 16 Abs. 1 BauGB wird die Veränderungssperre von der Gemeinde als Sat- 155

---

[80] Vgl. dazu unten Rn. 290 ff.

[81] Gemeindevertreter genießen wegen ihrer Tätigkeit weder Immunität noch Indemnität.

[82] §§ 8b Abs. 4 S. 2; 39 Abs. 3 S. 2 HS 2; 41 S. 1; 50 Abs. 2 S. 4; 60 Abs. 1 S. 1; 62 Abs. 5 S. 2; 82 Abs. 4 S. 1; 62 Abs. 1 S. 1; 75; 76; 77 Abs. 1; 81 Abs. 1, 2; 130 Abs. 2 HGO.

[83] §§ 26; 49 S. 2, 4; 55 Abs. 1 S. 2 und 3; 64 HKWG.

[84] § 211 Abs. 5 HBG.

[85] §§ 74, 75 HSOG.

zung erlassen. Dafür sind ausschließlich die Gemeindevertretungen zuständig (§ 51 Nr. 6 HGO).

156 **Beschlüsse und Wahlen erzeugen keine Außenwirkung der Gemeinde.** Beschlüsse der Gemeindevertretung bedürfen der Umsetzung durch den Gemeindevorstand,[86] um die Gemeinde nach außen zu binden. Die Gemeindevertretung kann also nicht selbst Verwaltungsakte erlassen oder verwaltungsrechtliche Verträge schließen. Die Gemeindevertretung ist auch nicht Behörde im Sinne der §§ 35 und 54 HVwVfG.

157 Eine **Außenvertretung der Gemeindevertretung** kann allerdings erforderlich sein, wenn eine Streitigkeit zwischen der Gemeindevertretung und dem Gemeindevorstand vorliegt. In einem solchen Fall kann nicht der Gemeindevorstand die Außenvertretung der Gemeindevertretung vornehmen, da er Gegenpartei der kommunalverfassungsrechtlichen Streitigkeit ist. Die Außenvertretung übernimmt dann das vorsitzende Mitglied als gesetzlicher Vertreter des Vertretungsorgans. Es kann auch eine andere Person dazu bestimmt werden, was insbesondere dann der Fall sein wird, wenn der Vorsitzende Gegner eines kommunalverfassungsrechtlichen Streits ist, da er ansonsten gegen seine eigene Überzeugung einen Streit führen müsste. Als Organ ist also die **Gemeindevertretung organstreitfähig im Sinne der Kommunalverfassungsstreitigkeit.** Die Gemeindevertretung kann damit gegenüber anderen Organen der Gemeinde eigene Rechte gerichtlich geltend machen.

II. Funktionen

1. Kontrollfunktion

158 Gemäß § 9 Abs. 1 Satz 2 HGO und § 50 Abs. 2 Satz 1 HGO **überwacht** die Gemeindevertretung die gesamte Verwaltung, die Geschäftsführung des Gemeindevorstands, insbesondere die Verwendung der Gemeindeeinnahmen.

Bei dieser Kontrollfunktion handelt es sich **nicht um eine Rechtskontrolle,** sondern um eine **politische Kontrolle,** denn es fehlen Sanktionsmöglichkeiten.

159 Die Überwachung erfolgt durch **Ausübung des Fragerechts** zu den Tagesordnungspunkten in den Sitzungen der Gemeindevertretung, durch **schriftliche oder elektronische Anfragen** (§ 50 Abs. 2 Satz 4 HGO), die zu beantworten der Gemeindevorstand verpflichtet ist (§ 50 Abs. 2 Satz 5 HGO) und – aufgrund eines Beschlusses der Gemeindevertretung – durch **Übersendung von Ergebnisniederschriften** (§ 69 Abs. 2 in Verbindung mit § 61 Abs. 1 HGO) der Sitzungen des Gemeindevorstands an den Vorsitzenden der Gemeindevertretung und die Vorsitzenden der Fraktionen (§ 50 Abs. 2 Satz 4 HGO). Gemäß § 59 Satz 3 HGO ist der Gemeindevorstand verpflichtet, der Gemeindevertretung auf Anforderung **Auskünfte zu den Beratungsgegenständen** zu erteilen.

160 Zum Zwecke der Kontrolle kann die Gemeindevertretung in bestimmten Angelegenheiten vom Gemeindevorstand in dessen Amtsräumen **Einsicht in die Akten durch einen von ihr gebildeten oder bestimmten Ausschuss** fordern (§ 50 Abs. 2 Satz 2 HGO). Auch wenn der Ausschuss immer wieder als „Untersuchungsausschuss" bezeichnet wird, besitzt er nicht die weitgehenden Rechte staatlicher Untersuchungsausschüsse. Gemeinde-

[86] Vgl. unten Rn. 306 ff.

vertreter, die von der Beratung oder Entscheidung einer Angelegenheit gemäß § 25 HGO ausgeschlossen sind, haben kein Akteneinsichtsrecht.

Der Gemeindevorstand hat die Gemeindevertretung **über die wichtigen Verwaltungsangelegenheiten laufend zu unterrichten** und ihr wichtige Anordnungen der Aufsichtsbehörde sowie alle Anordnungen, bei denen die Aufsichtsbehörde dies ausdrücklich bestimmt, mitzuteilen. Die **Gemeindevertretung entscheidet, ob es sich bei einer Angelegenheit um eine wichtige Angelegenheit handelt oder nicht.** Die Entscheidung eines solchen Zuständigkeitsstreits ist selbst eine wichtige Angelegenheit. Da in der Praxis jedoch der Gemeindevorstand zunächst mit allen Verwaltungsvorgängen befasst ist, legt er selbst fest, was er für wichtig hält und der Gemeindevertretung vorlegt oder für nicht wichtig hält und selbst erledigt. In der Praxis wird daher die Gemeindevertretung häufig keine Informationen erhalten und damit gar nicht wissen, ob eine wichtige Angelegenheit vorliegt oder nicht. Der Gemeindevertretung bleibt daher in der Regel nichts anderes übrig, als den **Gemeindevorstand zu befragen**, um die Geschäftsführung des Gemeindevorstands kontrollieren zu können, und **Anträge** mit dem Ziel zu stellen, den Gemeindevorstand zum Bericht über bestimmte Angelegenheiten zu veranlassen. 161

2. Wahlfunktion

Grundsätzlich erfolgen **Personalentscheidungen** durch Beschluss. Wahlen müssen gesetzlich vorgesehen sein. Soweit dies der Fall ist, gehört die **Wahl zu den ausschließlichen Zuständigkeiten der Gemeindevertretung** gemäß § 51 Nr. 2 HGO. Sie ist damit nicht übertragbar. Gewählt wird der eigene Vorstand (vgl. §§ 58 Abs. 1, 55 HGO), die eigenen Ausschüsse (vgl. §§ 62 Abs. 2, 55 HGO) sowie die Vertreter in außergemeindlichen Organen. Schließlich werden auch die hauptamtlichen Beigeordneten gemäß §§ 39a Abs. 1 Satz 1, 55 HGO gewählt. Die Wahl dieser Personen hängt in der Regel von parteipolitischen Konstellationen ab. Dies kann häufig zu Lasten der erforderlichen Sachkunde gehen. 162

3. Gestaltungsfunktion

Zur ausschließlichen Zuständigkeit der Gemeindevertretung gehören insbesondere die **Entscheidungen in den in § 51 HGO aufgeführten Angelegenheiten.** Darunter fallen die allgemeinen Grundsätze, nach denen die Verwaltung geführt werden soll (Nr. 1). Befugnisse werden der hessischen Gemeindeordnung auch an anderer Stelle zugewiesen, wie die Entscheidung über einen Interessenwiderstreit eines Mitglieds nach § 25 Abs. 3 HGO und die Abberufung hauptamtlicher Beigeordneter (§ 76 Abs. 1 Satz 1 HGO). Schließlich ist die ausschließliche Zuständigkeit auch dann gegeben, unabhängig vom Katalog des § 51 HGO, wenn Bundes- oder Landesgesetze die Vertretung der Gemeinde für zuständig erklären. 163

4. Selbstorganisationsfunktion

Ausschließlich zuständig ist die Gemeindevertretung für ihre Selbstorganisation. Die Gemeinde **regelt ihre inneren Angelegenheiten**, wie die Aufrechterhaltung der Ordnung während der Sitzungen, die Form der Ladung, die Sitz- und Abstimmungsordnung, **durch eine Geschäftsordnung.** 164

Die Geschäftsordnung kann **für Zuwiderhandlungen** gegen ihre Bestimmungen Sanktionen vorsehen (vgl. § 60 HGO). 165

III. Übertragung von Aufgaben

166 Die Gemeindevertretung kann die Beschlussfassung über bestimmte Angelegenheiten oder bestimmte Arten von Angelegenheiten auf den **Gemeindevorstand oder einen Ausschuss übertragen** (§ 50 Abs. 1 Satz 2 HGO). Eine Übertragung ist jedoch in den in § 51 HGO aufgeführten Angelegenheiten nicht erlaubt. Es handelt sich nämlich dort um die ausschließlichen Zuständigkeiten der Gemeindevertretung (§ 50 Abs. 1 Satz 3 HGO). An anderer Stelle hat die HGO noch weitere Delegationsmöglichkeiten geregelt.

167 Wird die Kompetenz auf den **Gemeindevorstand übertragen**, so hat dies zur Folge, dass die Gemeindevertretung in dieser Angelegenheit keinen Beschluss mehr fassen und der Gemeindevorstand die Angelegenheit selbst erledigen kann, es sei denn, die Gemeindevertretung zieht die Angelegenheit nach § 50 Abs. 1 Satz 5 HGO wieder an sich. Die Übertragung bestimmter Angelegenheiten auf den Gemeindevorstand kann in der Hauptsatzung niedergelegt werden (§ 50 Abs. 1 Satz 4 HGO). Der **Umfang der Delegationsbefugnis** ergibt sich aus dem Umfang der eigenen Kompetenz.[87]

168 Überträgt die Gemeindevertretung eine **Aufgabe an einen Ausschuss** zur Entscheidung (§ 50 Abs. 1 Satz 2 HGO), so hat der Ausschuss dieselbe Funktion wie die Gemeindevertretung selbst.

169 Die **Delegation an Ortsbeiräte** wird in § 82 Abs. 4 HGO erwähnt. Es muss sich dabei um eine Angelegenheit handeln, die nicht unter den Begriff der laufenden Verwaltung fällt und nur für den betroffenen Ortsbezirk Bedeutung besitzt.

IV. Zusammensetzung

170 Die Gemeindevertreter werden gemäß § 36 Satz 1 HGO **für fünf Jahre von den Gemeindebürgern gewählt** (Wahlzeit), die Neuwahl muss vor Ablauf der Wahlzeit stattfinden (§ 36 Satz 3 HGO). Die Zahl der zu wählenden Gemeindevertreter richtet sich nach § 38 Abs. 1 HGO. Sie liegt je nach Größe der Gemeinde zwischen 15 Vertretern bei Gemeinden bis zu 3000 Einwohnern und bis zu 105 Vertretern bei Gemeinden über 1 Million Einwohner.

Es kann also von der Größe der Gemeinde[88] auf die **Zahl der Gemeindevertreter** geschlossen werden. Es werden jedoch nicht alle Einwohner berücksichtigt; ausgenommen sind die Truppenangehörigen in den Stationierungsstandorten von NATO-Einheiten sowie deren Familienangehörige. Das gilt auch für die Familienangehörigen der ausländischen NATO-Streitkräfte, die sich in der Gemeinde melderechtlich angemeldet haben.[89]

171 Durch die Hauptsatzung kann gemäß § 38 Abs. 2 HGO bis spätestens zwölf Monate vor Ablauf der Wahlzeit die **Zahl der Gemeindevertreter auf die für die nächste niedrigere Größengruppe** maßgebliche oder eine dazwischen liegende ungerade Zahl festgelegt werden (vgl. weiter § 38 Abs. 2 Satz 2 und 3 HGO).

172 Die Verteilung der Mandate erfolgt auf der Grundlage des kommunalen Wahlrechts. Das Wahlsystem legt § 1 Abs. 1 HKWG fest. Das Gesetz entscheidet sich für die **Ver-**

---

[87] HessVGH, HSGZ 1982, 257 ff. Von diesem Grundsatz hat der Gesetzgeber aber in § 9 EBG eine Ausnahme gemacht.

[88] Die hessische Gemeindeordnung nimmt in zahlreichen Bestimmungen wie §§ 6 Abs. 2, 38 Abs. 2, 50 Abs. 2 S. 2, 57 Abs. 2, 58 Abs. 2, 75 Abs. 1, 75 Abs. 2, 76 Abs. 1, 76 Abs. 2, 76 Abs. 4, 81 Abs. 2, 82 Abs. 6, 50 Abs. 2 S. 2 HGO auf die gesetzliche Mitgliederzahl Bezug, so dass die Bedeutung dieser Regelung ersichtlich ist.

[89] BVerwG, NVwZ-RR 1993, 7 f.

hältniswahl. Damit hat sich der Gesetzgeber nach der ständigen Rechtsprechung des Bundesverfassungsgerichts verpflichtet, **jeder Stimme den gleichen Erfolgswert** zukommen zu lassen[90]. Nach den Grundsätzen der Verhältniswahl werden den einzelnen Wahlvorschlägen so viele Sitze zugeteilt, wie ihnen im Verhältnis der auf sie entfallenden Stimmenzahlen zur Gesamtstimmenzahl aller an der Sitzverteilung teilnehmenden Wahlvorschläge zustehen (vgl.§ 22 Abs. 3 HKWG).

Es wurde zunächst die **5 %-Klausel** in § 22 Abs. 2 HKWG eingeführt. Die Sperrklausel war aber verfassungswidrig, da sie zur Bewahrung von Stabilität nicht notwendig war, wie die Länder Bayern, Baden-Württemberg und Niedersachsen beweisen, die schon längere Zeit keine 5 %-Sperrklausel kennen. Wahlvorschlagsberechtigt sind Parteien und Wählergruppen gemäß § 10 Abs. 1 und 2 HKWG. Eine Beschränkung auf politische Parteien wäre verfassungswidrig.[91] 173

V. Organisation

1. Mitglieder der Gemeindevertretung

a) Allgemein

Im Gegensatz zu den Abgeordneten in den Parlamenten des Bundes und der Länder sind die Mitglieder der kommunalen Vertretungsorgane **ehrenamtlich tätig** (§ 35 Abs. 2 Satz 1 HGO). 174

Nach § 35 Abs. 1 HGO üben die Gemeindevertreter ihre Tätigkeit nach ihrer freien, nur durch die Rücksicht auf das Gemeinwohl bestimmten Überzeugung aus und sind **an Aufträge und Wünsche der Wähler nicht gebunden**. Der Grundsatz des freien Mandats bedeutet also, dass der Gemeindevertreter seine Entscheidungen ausschließlich nach einer freien nur am Gemeinwohl orientierten Überzeugung treffen soll.[92] Die Gemeindevertreter sollen keine Bindungen an gesellschaftliche, religiöse oder politische Gruppen eingehen, sondern allein ihrem Gewissen folgen. 175

Problematisch ist das Verhältnis der Gemeindevertreter zu ihrer Fraktion[93]. Mit der **Fraktionsdisziplin** versucht eine Fraktion auf ihre Mitglieder Einfluss zu nehmen, damit diese entsprechend dem Willen der Mehrheit der Fraktion von ihrem Stimmrecht Gebrauch machen. Hier besteht allerdings ein Konflikt mit der gesetzlich verankerten Freistellung von Aufträgen und Weisungen. Natürlich können Fraktionen von ihren Mitgliedern Solidarität einfordern, da eine so verstandene Fraktionsdisziplin für eine erfolgreiche Arbeit einer Fraktion unerlässlich ist. Will der Gemeindevertreter hingegen auf seine von der Mehrheit der Fraktionsmitglieder ständig abweichenden Auffassungen beharren, so wird er sich von seiner Fraktion trennen müssen. Unternimmt er diesen Schritt nicht selbst, kann ein Gemeindevertreter aus seiner Partei ausgeschlossen werden.[94] 176

Von der Fraktionsdisziplin ist der **Fraktionszwang** zu unterscheiden, wonach der Vorstand oder die Mehrheit der Fraktion eine Sanktion für den Fall androht, dass ein Mitglied nicht in einer bestimmten Art vom Stimmrecht Gebrauch macht. Ein solcher Fraktionszwang ist unzulässig und verstößt gegen die in § 35 Abs. 1 HGO festgelegte Freiheit der Mandatsausübung. 177

---

[90] BVerfGE 47, 253 (257); 82, 322 (338).
[91] BVerfGE 11, 266 (276); anders noch BVerfGE 6, 104 (114 f.).
[92] HessVGH, HSGZ 2012, 69.
[93] Vgl. unten Rn. 194 ff.
[94] NdsOVG, Städtetag 1951, 281.

178 Der Gemeindevertreter verdankt in der Regel seine Kandidatur einer Partei oder Wählergruppe, so dass es durchaus nahe liegend ist, dass er **die politische Grundanschauung der Gruppe teilt, der er angehört.** Eine Drohung mit einem Ausschluss aus der Partei hat der Gemeindevertreter hinzunehmen, wenn er sich nicht den Gemeinwohlvorstellungen der Gruppe anschließt; **sein Mandat kann ihm jedoch nicht entrissen werden.** Unzulässig ist es, den Gemeindevertreter zu zwingen, sein Mandat zurückzugeben, wenn er den Vorstellungen der Partei bzw. des Parteivorstandes nicht folgt.

179 Der Gesetzgeber hat die **allgemeinen Vorschriften für ehrenamtlich Tätige** durch den Verweis in § 35 Abs. 2 HGO zumindest teilweise für entsprechend anwendbar erklärt. Entsprechend anwendbar sind damit die Regelungen über die Verschwiegenheitspflicht (§ 24 HGO), über die Mandatsausübung bei Widerstreit der Interessen (§ 25 HGO) und die Treuepflicht der Gemeindevertreter (§ 26 HGO). Schließlich hat der Gesetzgeber den Gemeindevertreter in bestimmtem Umfang dem Ordnungswidrigkeitengesetz unterstellt (§ 24a HGO). Nicht aus dem Gesetz abzuleiten ist die Pflicht, **sich sachkundig zu machen.** Der BGH[95] hat aber entschieden, dass sich jedes Mitglied der Gemeindevertretung die zur Führung seines Amtes notwendigen Rechts- und Verwaltungskenntnisse aneignen muss.

180 Gemeindevertreter genießen wegen ihrer Tätigkeit weder **Immunität**[96] noch **Indemnität**[97].

b) Hinderungsgründe, Gemeindevertreter zu werden

181 Der hessische Gesetzgeber hat die gleichzeitige Ausübung eines Mandats während der Ausübung bestimmter Ämter für nicht miteinander vereinbar erklärt, da es mit demokratischen Grundsätzen unvereinbar wäre, dass jemand einer Vertretungskörperschaft angehört, die auch die Kontrolle über die Beschäftigungsstelle des Mandatsträgers ausübt[98]. So hat die Gemeindevertretung die Aufgabe, den Gemeindevorstand in seiner Geschäftsführung zu überwachen (vgl. § 50 Abs. 2 Satz 1 HGO). Umgekehrt hat der Gemeindevorstand die Pflicht, Beschlüsse der Gemeindevertretung auf ihre Rechts- und Zweckmäßigkeit zu prüfen und gegebenenfalls zu beanstanden (§ 63 HGO). Liegt eine derartige **Unvereinbarkeit eines Mandats mit einem Amt** vor, hat das allerdings keinen Einfluss auf die Wählbarkeit des Betreffenden. Wenn ein Amtsträger in ein entsprechendes Mandat gewählt wird, muss er sich entscheiden, welche der beiden nicht miteinander vereinbaren Tätigkeiten er ausüben will.

182 In § 37 HGO ist aufgeführt, **wer nicht Gemeindevertreter sein kann** wie beispielsweise hauptamtliche Beamte[99] und haupt- und nebenberufliche Angestellte der Gemeinde. **Arbeiter** können allerdings ein Mandat als Gemeindevertreter ausüben, da die Wahrscheinlichkeit eines Interessenkonflikts wegen einer Selbstkontrolle eigener Hand-

[95] BGHZ 106, 323 (329 f.).

[96] Immunität bedeutet ein persönliches Verfolgungshindernis während der Mitgliedschaft, nicht hingegen die Straffreiheit. Immunität ist ein Recht des Parlaments und betrifft die Verfolgung jeder mit Strafe bedrohten Handlung in allen Lebensbereichen, vgl. Art. 46 Abs. 2 GG.

[97] Unter Indemnität versteht man die Freistellung von jeder gerichtlichen oder disziplinarrechtlichen Verfolgung während des Verhaltens bei der parlamentarischen Arbeit (vgl. Art. 46 Abs. 1 GG).

[98] BVerfGE 12, 73 ff. Ferner können seit 2020 Gemeindevertreter nicht haupt- und nebenberufliche Arbeitnehmer ab der Entgeltgruppe 9b der Entgeltordnung zum Tarifvertrag für den öffentlichen Dienst im kommunalen Bereich sein.

[99] Rechtsreferendare sind, wenn sie ihre Verwaltungsstation ableisten, in dieser Zeit keine Mitarbeiter der Gemeinde, da sie vom Justizministerium an die Regierungspräsidien abgeordnet werden. Sie können damit während einer Ausbildungsstation Gemeindevertreter sein.

lungen bei Arbeitern unwahrscheinlich ist. Nach § 4 Abs. 1 DRiG darf ein **Richter** Aufgaben der rechtsprechenden Gewalt und Aufgaben der gesetzgebenden oder der vollziehenden Gewalt nicht zugleich wahrnehmen. Der Begriff der vollziehenden Gewalt ist weit auszulegen, so dass die Unvereinbarkeitsregelung des § 4 Abs. 1 DRiG daher nicht nur für den Bereich der staatlichen Verwaltung, sondern auch für die Verwaltung der Gemeinden und der Gemeindeverbände sowie sonstiger Körperschaften, Anstalten und Stiftungen des Öffentlichen Rechts gilt.

c) Keine Benachteiligungen am Arbeitsplatz

Die Mandatsausübung ist insbesondere durch § 35a HGO gesichert (Mandatssicherung). Danach darf **niemand gehindert** werden, **sich um ein Mandat als Gemeindevertreter zu bewerben oder es auszuüben** (§ 35a Abs. 1 Satz 1 HGO[100]). Ebenso sind **Benachteiligungen am privaten Arbeitsplatz** im Zusammenhang mit der Bewerbung um ein Mandat oder der Ausübung eines Mandates **unzulässig** (§ 35a Abs. 1 Satz 2 HGO). Entgegenstehende Vereinbarungen wären nichtig (§ 35a Abs. 1 Satz 3 HGO). 183

Für außerhalb des öffentlichen Dienstes beschäftigte Gemeindevertreter gelten zusätzliche Bestimmungen. Danach kann der Arbeitgeber das **Arbeitsverhältnis** eines Gemeindevertreters **nur aus einem wichtigen Grund kündigen** (vgl. aber § 35a Abs. 2 HGO). Ferner ist der Gemeindevertreter **auf dem bisherigen Arbeitsplatz zu belassen.** Die Umsetzung auf einen anderen, gleichwertigen Arbeitsplatz oder an einen anderen Beschäftigungsort ist nur zulässig, wenn der Gemeindevertreter zustimmt oder dem Arbeitgeber eine Belassung auf dem bisherigen Arbeitsplatz oder an dem bisherigen Beschäftigungsort bei Abwägung aller Umstände nicht zugemutet werden kann (§ 35a Abs. 3 Satz 2 HGO). Auch die **niedrigere Eingruppierung des Gemeindevertreters** auf den bisherigen oder den zukünftigen erlaubten Arbeitsplatz ist **ausgeschlossen** (§ 35a Abs. 3 Satz 3 HGO). 184

Schließlich ist dem Gemeindevertreter die für die Mandatsausübung erforderliche **Freistellung von der Arbeit** zu gewähren; unabhängig von der Freistellung hat der Gemeindevertreter einen Anspruch auf jährlich bis zu zwei Wochen Urlaub für die Teilnahme an Fortbildungsveranstaltungen im Zusammenhang mit der Mandatsausübung (§ 35a Abs. 4 Satz 1 und 2 HGO). Diese Zeit tritt neben den ohnehin zu gewährenden Urlaub. Sie tritt aber auch neben den ebenfalls landesrechtlich zu gewährenden Bildungsurlaub für allgemeinpolitische Bildung. 185

Für **Repräsentationsveranstaltungen** ist eine Freistellung nur im restriktiven Umfang vertretbar; für Vorsitzende der Gemeindevertretung und der Ausschüsse sowie für Fraktionsvorsitzende wird man jedoch großzügiger verfahren müssen, da die Gemeindebürger sehr häufig die Anwesenheit dieser Personen bei repräsentativen Veranstaltungen erwarten. 186

Für den Verdienstausfall gibt es eine **Entschädigung** entsprechend § 27 HGO (§ 35a Abs. 4 Satz 3 HGO). 187

2. Vorsitzender der Gemeindevertretung

Gemäß § 57 Abs. 1 Satz 1 HGO **wählt die Gemeindevertretung in der ersten Sitzung nach der Wahl aus ihrer Mitte einen Vorsitzenden** und einen oder mehrere Vertreter. Der Vorsitzende wird gemäß § 55 Abs. 1 Satz 1 2. HS HGO in einem besonderen **Wahlgang** nach Stimmenmehrheit gewählt, die Stellvertreter werden, falls es mindestens zwei sind, gemäß § 55 Abs. 1 Satz 1 1. Halbsatz HGO nach dem Verhältniswahlrecht 188

[100] § 35a HGO hat in § 106 Abs. 3 HBG eine entsprechende Bestimmung.

gewählt oder nach § 55 Abs. 2 HGO kraft Vereinbarung bestimmt. Die Zahl der Stellvertreter ist durch Hauptsatzung zu bestimmen (§ 57 Abs. 1 Satz 2 HGO). Es entspricht parlamentarischem Brauch, dass der erste Vorsitzende von der stärksten Fraktion gestellt wird. Bis zur Wahl des Vorsitzenden führt das an Jahren älteste Mitglied der Gemeindevertretung den Vorsitz (§ 57 Abs. 1 Satz 3 HGO).

189 **Der Vorsitzende** steht an der **Spitze der Gemeindevertretung.** Die Stellvertreter haben daneben keine eigenständigen Funktionen. Lediglich im Vertretungsfall hat ein Stellvertreter die Rechte des Vorsitzenden.

190 Der **Vorsitzende hat Sonderrechte.** Er beruft die Gemeindevertreter zu den Sitzungen der Gemeindevertretung schriftlich unter Angabe der Gegenstände der Verhandlung ein (§ 58 Abs. 1 Satz 1 HGO). Er leitet die Verhandlungen der Gemeindevertretung, er handhabt die Ordnungen in den Sitzungen und übt das Hausrecht aus (§ 58 Abs. 4 Satz 1 HGO). Diesem Hausrecht unterliegen alle Mitglieder der Gemeindevertretung und des Gemeindevorstands einschließlich des Bürgermeisters und sämtliche Zuhörer einschließlich der Pressevertreter.[101] Er führt die Beschlüsse der Gemeindevertretung aus, welche die innere Ordnung der Gemeindevertretung betreffen (§ 58 Abs. 4 Satz 2 HGO). Der Vorsitzende vertritt die Gemeindevertretung in den von ihr betriebenen oder gegen sie gerichteten Verfahren, wenn die Gemeindevertretung nicht aus ihrer Mitte einen oder mehrere Beauftragte bestellt (§ 58 Abs. 7 HGO). Der Vorsitzende der Gemeindevertretung kann für die Gemeindevertretung aber dann nur wirksame Klage erheben, wenn die Gemeindevertretung zuvor die Erhebung der Klage beschlossen hat.[102]

191 Das **Amt des Vorsitzenden endet**, wenn es die Gemeindevertretung mit einer Mehrheit von mindestens zwei Dritteln der gesetzlichen Zahl der Gemeindevertreter beschließt. Das Gleiche gilt für seine Vertreter (§ 57 Abs. 2 HGO). Als Akt des politischen Ermessens sind die Gründe, die zur Abberufung dieser Personen geführt haben, verwaltungsgerichtlich nicht nachprüfbar.

192 **Festlegungen des Vorsitzenden sind,** soweit sie sich an Gemeindevertreter oder Bedienstete der Gemeinde richten, **innerdienstliche Rechtsakte**, also keine Verwaltungsakte im Sinne des § 35 Satz 1 HVwVfG. Sie können bei Gemeindevertretern oder Mitgliedern des Gemeindevorstands Gegenstand eines kommunalverfassungsrechtlichen Organstreits sein.

3. Fraktionen

a) Begriff

193 Die Hessische Gemeindeordnung lässt Fraktionen gemäß § 36a Abs. 1 Satz 1 zu. Die **Schaffung von Fraktionen** auch auf der Ebene der Gemeindevertretung ist mit dem Demokratieprinzip und den Rechten der Gemeindevertreter vereinbar. Eine Fraktion muss aus mindestens zwei, in Gemeinden mit mehr als 50.000 Einwohnern aus drei Gemeindevertretern bestehen (§ 36a Abs. 1 Satz 4 HGO).

194 Unter einer **Fraktion** versteht man den freiwilligen Zusammenschluss grundsätzlich gleichgesinnter Mandatsträger, die in der Regel derselben Partei angehören, zur Mitwirkung an der Arbeit in einer Volksvertretung für eine Wahlperiode. Die herrschende Meinung[103] sieht in den Fraktionen öffentlichrechtliche Organteile der Vertretungskör-

---

[101] Zum Hausrecht vgl. unten Rn. 364.

[102] VG Gießen, HSGZ 2009, 310.

[103] Der BayVGH (NJW 1988, 2754 ff.; BayVBl. 1988, 432 [433]) qualifiziert die Fraktionen als vereinsähnliche Organisationen, die dem bürgerlichen Recht zuzuordnen sind, da sie weder Körperschaften des öffentlichen Rechts seien noch mittelbare Staatsverwaltung ausübten noch

perschaft (vgl. auch § 36a Abs. 3 HGO). Diese Auffassung vertritt das Bundesverfassungsgericht[104] sowie die hessischen Verwaltungsgerichte, so dass für Streitigkeiten über Fraktionsausschlüsse in Hessen die Verwaltungsgerichte zuständig sind.[105] Die Fraktionen sind nicht rechtlich verselbstständigt, so hat der VGH ihnen die Verteidigung von Rechten der Gemeindevertretung abgesprochen[106].

In einer Fraktion erfolgen **Vorberatungen und Steuerungen** der politischen Willlensbildung im Vorfeld einer Sitzung der Gemeindevertretung. 195

Die Fraktionen tragen somit zu einer **beschleunigten Entscheidungsfindung** bei und entlasten damit die Gemeindevertretung.

b) Konstituierung

Einzelheiten über die Bildung einer Fraktion, ihre Rechte und Pflichten innerhalb der 196
Gemeindevertretung und über die Fraktionsstärke sind gemäß § 36a Abs. 1 Satz 3 HGO in der **Geschäftsordnung** zu regeln. Jedenfalls hat eine Fraktion aus mindestens zwei Gemeindevertretern zu bestehen (§ 36a Abs. 1 Satz 4 HGO). Sie muss sich einen Vorsitzenden wählen und einen Namen geben.[107]

Eine Fraktion kann Gemeindevertreter, die keiner Fraktion angehören, als **Hospitan-** 197
ten aufnehmen (§ 36a Abs. 1 Satz 2 HGO).

Die Bildung einer Fraktion, ihre Bezeichnung, die Namen ihrer Mitglieder und Hos- 198
pitanten sowie des Vorsitzenden und seiner Stellvertreter sind dem Vorsitzenden der Gemeindevertretung und dem Gemeindevorstand **mitzuteilen** (§ 36a Abs. 1 HGO).

c) Tätigkeit

Die Fraktionen **wirken bei der Willensbildung und Entscheidungsfindung in der Ge-** 199
meindevertretung mit und können ihre Auffassung insoweit öffentlich darstellen (§ 36a Abs. 3 HGO). Gemäß § 62 Abs. 2 Satz 2 und 4 HGO können Ausschussmitglieder benannt und abberufen werden. § 62 Abs. 4 HGO räumt den Fraktionen, auf die bei der Besetzung des Ausschusses kein Sitz entfallen ist, das Recht ein, einen Gemeindevertreter mit beratender Stimme in den Ausschuss zu entsenden. Die Fraktion kann **Mitglieder des Gemeindevorstands und sonstige Personen beratend zu ihren Sitzungen hinzuziehen**; diese Personen unterliegen dann aber der Verschwiegenheitspflicht des § 24 HGO, worauf sie vom Fraktionsvorsitzenden hinzuweisen sind (§ 36a Abs. 1 Satz 5, 6 und 7 HGO).

Die Fraktionen genießen **kein Antragsrecht nach der HGO.** Aus diesem Grund gehört die Festlegung eines Antragsrechts zum Mindeststandard der Geschäftsordnung. 200

durch staatlichen Hoheitsakt gegründet werden. Dies hätte zur Folge, dass die Klage eines Fraktionsmitglieds gegen seinen Ausschluss aus der Fraktion an die Zivilgerichte verwiesen würde.

[104] BVerfGE 1, 208 (229).

[105] Vgl. VG Gießen, NVwZ-RR 2004, 204 ff.

[106] HessVGH, HSGZ 1995, 401 ff.; HSGZ 1996, 165 ff.

[107] VG Darmstadt, NVwZ 1983, 494 f.

Da ein **Antragsrecht für jedes Mitglied der Gemeindevertretung** besteht, ist dieses Problem aber ohne praktische Relevanz. Gleichwohl wird die Antragstellung durch eine Fraktion der Normalfall sein.

201 Die **Gemeinde kann den Fraktionen Mittel** aus dem Haushalt ihrer sachlichen und personellen Aufwendungen für die Geschäftsführung **gewähren** (vgl. § 36a Abs. 4 HGO). Der Zweck von Fraktionszuschüssen, die Mandatsausübung zu unterstützen, erstreckt sich auch auf Mandatsträger, die einer verfassungsfeindlichen, aber nicht verbotenen Partei angehören.[108] Die Fraktionen dürfen beim Einsatz ihrer finanziellen Mittel aus dem öffentlichen Haushalt keine verdeckte Parteifinanzierung betreiben.

d) Vorrechte

202 Die HGO knüpft an dem Fraktionsstatus Vorrechte, wie den **Ersatz von Verdienstausfall** und Fahrkosten bzw. die Möglichkeit von **Aufwandsentschädigung** (§ 27 Abs. 4 Satz 1 HGO). Dabei sind Fraktionssitzungen im Sinne dieser Entschädigungsbestimmungen auch Sitzungen von Teilen einer Fraktion, wie also ein Fraktionsvorstand oder eine Fraktionsarbeitsgruppe (§ 27 Abs. 4 Satz 2 HGO, vgl. aber § 27 Abs. 4 Satz 3 HGO).

e) Austritt und Ausschluss

203 Beim Ausscheiden aus der Fraktion ist zu unterscheiden zwischen dem freiwillligen Austritt und dem zwangsweisen Ausschluss. Ein **freiwilliger Austritt** ist gegeben, wenn ein Mandatsträger seine politischen Vorstellungen in seiner bisherigen Fraktion nicht mehr verwirklichen kann. Jeder Gemeindevertreter kann jederzeit seinen Austritt aus einer Fraktion erklären. Diese hat keine Möglichkeit, etwas dagegen zu unternehmen. Ein **Ausschluss** aus einer Fraktion ist dagegen nur dann möglich, wenn ein **wichtiger Grund** vorliegt.[109] Er liegt vor, wenn ein abweichendes Abstimmungsverhalten in der Gemeindevertretung ausdrücklich ausgeschlossen wurde und ein Gemeindevertreter dieser Pflicht nicht nachkommt[110], oder wenn ein Fraktionsmitglied durch wahrheitswidrige Aussagen fälschlicherweise Vorwürfe der Bestechlichkeit öffentlich macht oder andere Fraktionsmitglieder mit körperlicher Gewalt bedroht[111]. Der betroffene Gemeindevertreter sollte vor dem Ausschluss angehört werden. Er muss zu der Fraktionssitzung, in der über seinen Ausschluss beraten werden soll, schriftlich eingeladen werden. Sein Fraktionsausschluss hat auf der Tagesordnung zu stehen. Die Abstimmung über den

[108] Die hessische Stadt Büdingen hatte nach der Entscheidung des BVerfG zum NPD-Verbot vom 17.1.2017 (BVerfGE 144, 20 ff.) die kommunale Satzung über die Zuwendungen an Gemeinderatsfraktionen zu den Aufwendungen der Geschäftsführung insoweit geändert, dass nach der Neuregelung Fraktionen aus „Vertretern erkennbar verfassungsfeindlicher Parteien/Vereinigungen" von den Zuwendungen ausgeschlossen waren (§ 5 Abs. 3 Satz 4 der Entschädigungssatzung der Stadt Büdingen v. 19.12.2003 i.d.F. v. 27.1.2017). Die NPD-Fraktion im Gemeinderat wendete sich daraufhin in einem Normenkontrollverfahren gegen diese Satzungsbestimmung. Der HessVGH erklärte mit Urteil vom 5.4.2017 den Ausschluss verfassungsfeindlicher Parteien/Vereinigungen gemäß der Satzung der Stadt Büdingen für unwirksam (HessVGH, Urt. v. 5.4.2017, NVwZ 2017, 886 [887 f.]) Das BVerwG bestätigte im Revisionsverfahren mit Urt. v. 26.6.2018, dass der Ausschluss der Gemeindefraktion der NPD von den Fraktionszuwendungen unzulässig war (BVerwG, NVwZ 2018, 1656 ff.).

[109] HessVGH, DVBl. 1998, 783; NVwZ 1990, 391 f.; NVwZ 1984, 55 f.

[110] HessVGH, DVBl. 1998, 783 ff.

[111] VG Gießen, Beschl. v. 30.5.2003, 8 G 1662/03, S. 7, amtlicher Umdruck.

Fraktionsausschluss sollte im Interesse der Unbefangenheit geheim erfolgen.[112] Dabei darf der Auszuschließende über seinen eigenen Ausschluss mit abstimmen. Der Ausgeschlossene kann mit einer Feststellungsklage überprüfen lassen, ob die Ausschlussentscheidung rechtmäßig zustande gekommen ist.

Ob ein **Fraktionsausschluss ohne Parteiausschluss oder -austritt** möglich ist, ist zwei- 204
felhaft. Eine Mitarbeit in der Gemeindevertretung als Mitglied der Partei ohne der Fraktion anzugehören, wird dem Gemeindevertreter die Arbeit erschweren, auch wenn er nur dem Gemeinwohl verpflichtet ist und an Aufträge und Wünsche der Wähler nicht gebunden ist. Eine Fraktionsspaltung ohne Parteiaustritt oder Ausschluss ist jedoch unzulässig, weil durch eine Spaltung in zwei Fraktionen sich eine Gruppierung finanzielle oder andere Vorteile verschaffen könnte.

Der **Austritt oder der Ausschluss aus einer Partei oder Wählergruppe** führt automa- 205
tisch zum Verlust der Mitgliedschaft in der entsprechenden Fraktion. Es besteht allerdings die Möglichkeit, den Betreffenden durch Beschluss wieder aufzunehmen oder ihn als Hospitanten zu akzeptieren.

4. Ausschüsse

a) Entstehung und Beendigung

Die **Gemeindevertretung kann Ausschüsse einrichten** und deren Aufgaben, Mitglieder- 206
zahl und Besetzung bestimmen (§ 62 Abs. 1 Satz 1 HGO).

Der Gemeindevertretung kommt damit ein weiterer Gestaltungs- und Ermessensspielraum zu.[113] Ausschüsse werden **durch einen Beschluss der Gemeindevertretung geschaffen**. Die Ausschussmitglieder werden in der Regel gemäß § 62 Abs. 2 Satz 1 HGO i. V. m. § 55 HGO gewählt, wobei nur Gemeindevertreter wählbar sind.[114] An Stelle der Wahl kann die Gemeindevertretung aber auch beschließen, dass sich alle oder einzelne Ausschüsse nach dem Stärkeverhältnis der Fraktionen zusammensetzen. Es gilt dann § 22 Abs. 3 und 4 HKWG entsprechend (§ 62 Abs. 2 Satz 1 HGO). In diesem Fall werden die Ausschussmitglieder dem Vorsitzenden der Gemeindevertretung, nach der Konstituierung eines Ausschusses auch dessen Vorsitzenden, von den Fraktionen schriftlich benannt. Der Vorsitzende der Gemeindevertretung gibt der Gemeindevertretung die Zusammensetzung der Ausschüsse schriftlich bekannt (§ 62 Abs. 2 Satz 2 HGO).

Die Mitglieder der Ausschüsse können sich im Einzelfall durch andere Gemeindever- 207
treter **vertreten lassen** (§ 62 Abs. 2 Satz 3 HGO).

Die von einer Fraktion benannten Ausschussmitglieder können von dieser **abberufen** 208
werden. Die Abberufung ist gegenüber dem Vorsitzenden der Gemeindevertretung und dem Vorsitzenden des Ausschusses schriftlich zu erklären (§ 62 Abs. 2 Satz 4 HGO). **Nachträgliche Änderungen** des Stärkeverhältnisses der Fraktionen, die sich auf die Zusammensetzung der Ausschüsse auswirken, sind zu berücksichtigen (§ 62 Abs. 2 Satz 5 HGO). Der **Ausschluss oder Austritt aus der Fraktion** führt nicht automatisch zum Verlust der Ausschussmitgliedschaft.

Die Gemeinde kann jederzeit **Ausschüsse auflösen und neu bilden** (§ 62 Abs. 1 Satz 5 209
HGO).

[112] Andere Ansicht: HessVGH, DVBl. 1998, 783.
[113] VG Gießen, HSGZ 2008, 61.
[114] HessVGH, HessVGRspr. 1970, 65 (66).

b) Arten

210 Zu unterscheiden sind **vorberatende Ausschüsse und beschließende Ausschüsse.** Es kann ferner zwischen **obligatorischen Ausschüssen** (Pflichtausschüssen) **und fakultativen Ausschüssen** differenziert werden. Eine Unterscheidung lässt sich ferner zwischen **dauerhaften Ausschüssen und zeitlich befristeten Ausschüssen machen;** in der Regel werden aber die Ausschüsse immer für die gesamte Wahlperiode der Gemeindevertretung gebildet.

211 Die **vorberatenden Ausschüsse** dienen dazu, der Gemeindevertretung die Last der Beratung abzunehmen, indem in einem kleineren Kreis Sachfragen erörtert werden. Die Ausschüsse sprechen in ihren Beschlüssen dann nur Empfehlungen und Vorschläge für die spätere Behandlung der Frage in der Gemeindevertretung aus.

212 Die Gemeindevertretung kann unbeschadet der ausschließlichen Zuständigkeit der Gemeindevertretung gemäß § 51 HGO bestimmte Angelegenheiten oder bestimmte Arten von Angelegenheiten den Ausschüssen auch widerruflich zur endgültigen Beschlussfassung übertragen. Es handelt sich dann um **beschließende Ausschüsse** (§ 62 Abs. 1 Satz 3 HGO). Diese beschließenden Ausschüsse treten an die Stelle der Gemeindevertretung und entscheiden über die ihnen übertragenen Angelegenheiten endgültig; gegen sie kann auch nicht die Gemeindevertretung angerufen werden, da zwischen den verschiedenen Ausschüssen und der Gemeindevertretung kein Über- und Unterordnungsverhältnis besteht.

213 Die hessische Gemeindeordnung kennt nur den Finanzausschuss als **obligatorischen Ausschuss** (§ 62 Abs. 1 Satz 2 HGO). Dort soll der Entwurf der Haushaltssatzung eingehend beraten werden, bevor die Haushaltssatzung mit ihren Anlagen in der Gemeindevertretung beraten und beschlossen wird (vgl. § 97 HGO).

214 Die übrigen in der kommunalen Praxis gebildeten Ausschüsse, die nicht verpflichtend zu errichten sind (**fakultative Ausschüsse**), werden gebildet, wenn die Gemeindevertretung dies mit der Mehrheit für erforderlich hält.

215 In der Regel sind die Ausschüsse **dauerhafte Ausschüsse.** Die Gemeindeordnung lässt es aber zu, dass die Gemeindevertretung in bestimmten Situationen zur Erledigung bestimmter Aufgaben einen Ausschuss **zeitlich befristet** bilden kann. Es handelt sich hierbei um Akteneinsichtsausschüsse (vgl. § 50 Abs. 2 Satz 2 HGO) und die Wahlvorbereitungsausschüsse (§ 42 Abs. 2 Satz 1 HGO) (zeitlich befristete Pflichtausschüsse).

c) Verfahren

216 Für den **Geschäftsgang** eines Ausschusses gelten die Vorschriften, die auch für die Gemeindevertretung gelten.[115] Im Übrigen bleiben das Verfahren und die innere Ordnung der Ausschüsse der Regelung durch die Geschäftsordnung der Gemeindevertretung vorbehalten.

217 Die **Ladung** zur ersten Sitzung eines Ausschusses nach seiner Bildung erfolgt durch den Vorsitzenden der Gemeindevertretung. Die Ausschüsse wählen dann aus ihrer Mitte ihre Vorsitzenden und deren Stellvertreter (§ 62 Abs. 3 HGO).

218 An den Ausschusssitzungen dürfen die **Mitglieder des Gemeindevorstands** und die **Gemeindevertreter teilnehmen**, sind aber auf passives Dabeisein und Zuhören be-

[115] Vgl. §§ 52–55, 57 Abs. 2, 58 Abs. 1–4, Abs. 5 S. 1, mit der Maßgabe, dass das Benehmen auch mit dem Vorsitzenden der Gemeindevertretung herzustellen ist, Abs. 6 und §§ 59–61 HGO.

schränkt. Es besteht kein Recht, Fragen zu stellen oder Anregungen zu geben.[116] Die **Öffentlichkeit** ist gemäß § 62 Abs. 5 HGO i. V. m. § 52 HGO bei Ausschusssitzungen zugelassen, um mehr Transparenz der Arbeit in den Ausschüssen zu ermöglichen.

Der **Vorsitzende der Gemeindevertretung und seine Stellvertreter sind berechtigt, an allen Ausschusssitzungen mit beratender Stimme teilzunehmen.** Fraktionen, auf die bei der Besetzung eines Ausschusses kein Sitz entfallen ist, sind berechtigt, für diesen Ausschuss einen Gemeindevertreter mit beratender Stimme zu entsenden. Sonstige Gemeindevertreter können auch an nicht öffentlichen Sitzungen als Zuhörer teilnehmen (§ 62 Abs. 4 Satz 1 bis 3 HGO). 219

Die Ausschüsse können Vertreter derjenigen Bevölkerungsgruppen, die von ihrer Entscheidung vorweg betroffen werden, und Sachverständige **zu den Beratungen hinzuziehen** (§ 62 Abs. 6 HGO). 220

Der Beschluss eines beschließenden Ausschusses hat **die gleiche Wirkung wie ein Beschluss der Gemeindevertretung.** Infolge dessen ist der Gemeindevorstand an ihn gebunden. 221

Soweit beschließende Ausschüsse gebildet werden und damit eigene Aufgaben erhalten, darf die **Gemeindevertretung insoweit keine Beschlüsse** mehr fassen.

Fraglich ist, ob die Gemeindevertretung ein allgemeines Eintrittsrecht hat, also die Befugnis, sich an die Stelle des Ausschusses für die Entscheidung einzelner Fragen zu setzen. Ein **solches Eintrittsrecht besteht bei beschließenden Ausschüssen**, wenn bestimmte Angelegenheiten oder bestimmte Arten von Angelegenheiten in Ausschüssen nur widerruflich zur endgültigen Beschlussfassung übertragen wurden. Ein **Widerruf ist daher möglich**, allerdings nicht nach der Beschlussfassung. Im Übrigen kann die Gemeindevertretung jederzeit Ausschüsse auflösen und neu bilden (§ 62 Abs. 1 Satz 5 HGO). 222

5. Ortsbeirat

In Hessen können die Städte und Gemeinden nach § 81 Abs. 1 Satz 1 HGO durch Beschluss der Gemeindevertretung für ihr Gebiet **Ortsbezirke** bilden. Die Abgrenzung der Ortsbezirke wird in der Hauptsatzung der Gemeinde geregelt. 223

In jedem Ortsbezirk wird ein **Ortsbeirat** gewählt, der Vorsitzende ist der Ortsvorsteher (§ 82 Abs. 5 Satz 2 HGO). Die Bürger des Ortsbezirks **wählen** gemäß § 82 Abs. 1 Satz 1 HGO die Mitglieder des Ortsbeirats gleichzeitig mit den Gemeindevertretern für die Wahlzeit der Gemeindevertretung. 224

Der Ortsbeirat besteht aus mindestens **drei, höchstens neun Mitgliedern**, in Ortsbezirken mit mehr als 8.000 Einwohnern aus höchstens neunzehn Mitgliedern (§ 82 Abs. 2 Satz 3 HGO). Das Nähere wird in der Hauptsatzung der Gemeinde festgelegt. Die Mit-

[116] Die einzige Ausnahme von diesem Grundsatz bildet der Wahlvorbereitungsausschuss aufgrund besonderer gesetzlicher Regelung in § 42 Abs. 2 S. 2 HGO. Die Sitzungen dieses Ausschusses sind nicht öffentlich; der Vorsitzende der Gemeindevertretung und seine Stellvertreter, sofern sie nicht Ausschussmitglieder sind, sonstige Gemeindevertreter - mit Ausnahme der Minderheitenvertreter nach § 62 Abs. 4 S. 2 - und die Beigeordneten sowie Gemeindebedienstete können nicht an den Ausschusssitzungen teilnehmen; über das Ergebnis der Sitzungen dürfen nur an Mitglieder der Gemeindevertretung und des Gemeindevorstands Auskünfte erteilt werden.

glieder des Ortsbeirats sind ehrenamtlich tätig (§ 82 Abs. 2 Satz 1 HGO). Der Ortsbeirat ist zu vier Tagungen pro Jahr verpflichtet (§ 82 Abs. 6 Satz 1 HGO).

225 Die **Ortsbeiratsmitglieder** stehen in ihrem Status den Gemeindevertretern gleich, da sie wie die Gemeindevertreter in unmittelbarer Wahl bestimmt werden. Die Aufgabenbefugnisse des **Ortsvorstehers** entsprechen aufgrund der Verweisung in § 82 Abs. 6 und § 58 Abs. 1 bis 6 HGO weitgehend denen des Vorsitzenden der Gemeindevertretung.

226 Der Ortsbeirat ist **zu allen wichtigen Angelegenheiten**, die den Ortsbezirk betreffen, zu **hören**, insbesondere zum Entwurf des Haushaltsplans (§ 82 Abs. 3 Satz 1 HGO). Er hat ein Vorschlagsrecht in allen Angelegenheiten, die den Ortsbezirk angehen, und hat zu denjenigen Fragen Stellung zu **nehmen**, die ihm von der Gemeindevertretung oder vom Gemeindevorstand vorgelegt werden (§ 82 Abs. 3 Satz 2 und 3 HGO; vgl. ferner § 82 Abs. 4 bis 7 HGO).

6. Ausländerbeirat

227 In Gemeinden mit mehr als 1.000 gemeldeten ausländischen Einwohnern ist ein Ausländerbeirat einzurichten. Zu den ausländischen Einwohnern zählen auch Staatenlose. In anderen Gemeinden *kann* ein Ausländerbeirat eingerichtet werden; die Einrichtung ist in der Hauptsatzung zu regeln. Die Verpflichtung zur Einrichtung eines Ausländerbeirats entfällt, wenn eine Kommission zur Integration der ausländischen Einwohner (**Integrationskommission**[117]) nach Maßgabe des § 89 gebildet wird (§ 84 Abs. 1 Satz 1, 2 und 3 HGO). Der Ausländerbeirat besteht aus mindestens drei, höchstens siebenunddreißig Mitgliedern (§ 85 Satz 1 HGO). Die Mitglieder des Ausländerbeirats werden von den ausländischen Einwohnern in allgemeiner, freier, gleicher, geheimer und unmittelbarer Wahl für fünf Jahre gewählt (§ 86 Abs. 1 Satz 1 HGO). **Wahlberechtigt** sind die ausländischen Einwohner, die am Wahltag das achtzehnte Lebensjahr vollendet und seit mindestens drei Monaten in der Gemeinde ihren Wohnsitz haben (§ 86 Abs. 2 Satz 1 HGO). EU-Bürger besitzen damit ein doppeltes Wahlrecht, da sie auch das Wahlrecht zu den Gemeindeorganen besitzen.[118] **Wählbar** als Mitglieder des Ausländerbeirats sind die wahlberechtigten ausländischen Einwohner, die am Wahltag das achtzehnte Lebensjahr vollendet und seit mindestens sechs Monaten in der Gemeinde ihren Wohnsitz haben (§ 86 Abs. 3 Satz 1 HGO). Wählbar sind aber auch Deutsche im Sinne des Art. 116 Abs. 1 GG, die diese Rechtsstellung als ausländische Einwohner im Inland erworben haben oder die zugleich eine ausländische Staatsangehörigkeit besitzen (§ 86 Abs. 4 HGO).

228 Die **Integrationskommission** ist eine Kommission im Sinne des § 72 HGO. Sie besteht nach § 89 Abs. 1 Satz 2 HGO mindestens zur Hälfte aus sachkundigen Einwohnern, die von der Gemeindevertretung auf Vorschlag der Interessenvertretungen der Migranten gewählt werden. Die Integrationskommission berät die Organe der Gemeinde in allen Angelegenheiten, die ausländische Einwohner betreffen. Die Integrationskommission tritt mindestens viermal im Jahr zusammen und berichtet dem Gemeindevorstand und der Gemeindevertretung einmal im Jahr über den Stand der Integration der ausländischen Einwohner (§ 89 Abs. 3 und 4 HGO). In keinem anderen Bundesland gibt es nunmehr so weitreichende Partizipationsmöglichkeiten für Ausländer.

---

[117] Dazu siehe unten Rn. 228.

[118] Gegen diese Bevorzugung der Angehörigen der anderen EU-Staaten gegenüber den Inländern sind erhebliche verfassungsrechtliche Bedenken vorgebracht worden. Diesen ist das Bundesverfassungsgericht jedoch nicht gefolgt, BVerfG, NVwZ 1998, 52.

229 Der Ausländerbeirat **vertritt die Interessen der ausländischen Einwohner** der Gemeinde (§ 88 Abs. 1 Satz 1 HGO). Er berät die Organe der Gemeinde in allen Angelegenheiten, die ausländische Einwohner betreffen (§ 88 Abs. 1 Satz 2 HGO; vgl. auch § 88 Abs. 2 HGO). In allen wichtigen Angelegenheiten, die ausländische Einwohner betreffen, kann der Ausländerbeirat Anträge an die Gemeindevertretung richten (§ 88 Abs. 1 Satz 4 HGO).

230 **Gemeindevertretung und Gemeindevorstand können** den Ausländerbeirat **anhören,** müssen es aber nicht. **Ausschüsse** hingegen **müssen** den Ausländerbeirat zu Tagesordnungspunkten **anhören,** die Interessen der ausländischen Einwohner der Gemeinde berühren (§ 88 Abs. 2 Satz 4 HGO).

231 Ein **Unterlassen der Anhörung des Ausländerbeirats** verletzt diesen in seinen Mitwirkungsrechten. Er hat daher die Möglichkeit, eigene Rechte in einem Kommunalverfassungsstreit zu rügen und die Nachholung einer Anhörung zu erzwingen. Die Beteiligungsfähigkeit des Ausländerbeirats in verwaltungsgerichtlichen Streitverfahren ergibt sich aus § 61 Nr. 2 VwGO.

VI. Sitzung

1. Selbstorganisation

232 Die Gemeindevertretung regelt ihre Organisation und ihr Verfahren in einer **Geschäftsordnung** oder aufgrund eines einfachen Beschlusses selbst, soweit nicht die hessische Gemeindeordnung oder die Hauptsatzung diesen Fall regelt. **Innere Angelegenheiten** sind etwa die Aufrechterhaltung der Ordnung, die Form der Ladung, die Sitz- und Abstimmungsordnung.

233 Die Geschäftsordnung kann für **Zuwiderhandlungen gegen ihre Bestimmungen Sanktionen** vorsehen. Über diese Maßnahmen entscheidet die Gemeindevertretung (§ 60 Abs. 1 Satz 1 bis 3 HGO).

2. Verfahrensmodalitäten der Gemeindevertretung

a) Ladung

234 Gemäß § 56 Abs. 1 Satz 1 HGO **tritt** die Gemeindevertretung zum ersten Mal **binnen eines Monats nach Beginn der Wahlzeit,** im Übrigen so oft **zusammen,** wie es die Geschäfte erfordern, jedoch mindestens alle zwei Monate einmal. Die Gemeindevertretung muss gemäß § 56 Abs. 1 Satz 2 HGO unverzüglich einberufen werden, wenn es ein Viertel der Gemeindevertreter, der Gemeindevorstand oder der Bürgermeister unter Angabe der zur Verhandlung zu stellenden Gegenstände verlangt und die Verhandlungsgegenstände zur Zuständigkeit der Gemeindevertretung gehören.

235 Über **Angelegenheiten, die nicht auf der Einladung zu der Sitzung verzeichnet** sind, kann nur verhandelt und beschlossen werden, wenn zwei Drittel der gesetzlichen Zahl der Gemeindevertreter dem zustimmen (§ 58 Abs. 2 HGO).

236 Die **Ladung** zur ersten Sitzung der Gemeindevertretung nach der Wahl erfolgt durch den Bürgermeister, danach beruft der Vorsitzende der Gemeindevertretung zu den Sitzungen der Gemeindevertretung **schriftlich** unter Angabe der Gegenstände ein. Unter gesetzlicher Schriftform im Sinne des § 58 Abs. 1 HGO versteht § 126 Abs. 1 BGB, dass die Urkunde von dem Aussteller eigenhändig durch Namensunterschrift oder mittels notariell beglaubigten Handzeichens unterzeichnet wird. Es ist ausreichend, dass die Ladung durch ein Schriftstück erfolgt, ohne dass der Vorsitzende der Gemeindevertretung jedes einzelne Exemplar eigenhändig unterzeichnet. Erforderlich ist, dass es ein

vom vorsitzenden Mitglied unterzeichnetes Original des Ladungsschreibens im Büro der Gemeindevertretung gibt.[119] Damit ist auch die Ladung per Fernkopierer (**Fax**) und per elektronische Post (**Email**) möglich. Eine Ladung im **Umlaufverfahren** entspräche allerdings nicht dem Schriftlichkeitserfordernis, da dann nicht sichergestellt ist, dass sich der Gemeindevertreter an jeden Tagesordnungspunkt erinnert.

237 Diverse **Ladungsfristen** sind einzuhalten (58 Abs. 1 und 3 HGO).

Werden die Ladungsfristen nicht eingehalten, so ist die Gemeindevertretung nicht ordnungsgemäß gesetzlich geladen. Beschlüsse sind dann von den klageberechtigten Personen, also den Gemeindevertretern, den bei den Wahlen unterlegenen Kandidaten und den durch die Sitzungen beschwerten Bürgern vor dem Verwaltungsgericht **angreifbar.** Auch können die gefassten Beschlüsse durch die gesetzlich berufenen Organe und Einrichtungen beanstandet werden. Es besteht die Möglichkeit des **Widerspruchs** und der **Beanstandung** durch den Bürgermeister gemäß § 63 Abs. 1 Satz 1 und 2 HGO bzw. des Gemeindevorstands nach § 63 Abs. 4 HGO und die Beanstandungsmöglichkeit durch die Aufsichtsbehörde nach § 138 HGO.

238 Die **Tagesordnung** und der **Zeitpunkt** der Sitzung werden von den Vorsitzenden **im Benehmen mit dem Gemeindevorstand** festgesetzt (§ 58 Abs. 5 Satz 1 HGO). Der Vorsitzende hat zu prüfen, ob die Angelegenheit zur Kompetenz der Gemeindevertretung gehört. Im Übrigen hat der Vorsitzende die Anträge auf die Tagesordnung zu setzen, die bis zu einem bestimmten, in der Geschäftsordnung festzulegenden Zeitpunkt vor der Sitzung bei ihm eingehen (§ 58 Abs. 5 Satz 3 HGO). Der Vorsitzende hat dabei die Antragsberechtigung zu prüfen, nicht jedoch die Anträge der Antragsberechtigten auf ihre Rechtmäßigkeit zu untersuchen.

239 Das **Benehmen** (§ 58 Abs. 5 Satz 1 HGO) mit dem Gemeindevorstand herzustellen bedeutet, dass der Vorsitzende den Gemeindevorstand über eine geplante Sitzung der Gemeindevertretung, den beabsichtigten Sitzungstermin und Sitzungsort sowie die Tagesordnung zu informieren hat.

Damit hat der Gemeindevorstand die **Möglichkeit der Stellungnahme** zu allen Punkten. Das Benehmen ist auch dann gegeben, wenn der Gemeindevorstand den Vorschlägen nicht zustimmt oder dem sogar ausdrücklich widerspricht. Der Begriff des Benehmens ist damit vom Einvernehmen zu unterscheiden.

240 **Versäumt es der Vorsitzende, das Benehmen herbeizuführen,** fehlt eine wesentliche Voraussetzung für eine ordnungsgemäße Ladung und der Gemeindevorstand kann erfolgreich im Wege einer einstweiligen Anordnung die Sitzung der Gemeindevertretung verhindern oder im Wege des Widerspruchs und der Beanstandung durch den Bürgermeister (§ 63 Abs. 1 Satz 1 und Abs. 2 HGO) bzw. des Gemeindevorstands (§ 63 Abs. 4 HGO) das Wirksamwerden der gefassten Beschlüsse verhindern. Ferner besteht auch die Möglichkeit der Beanstandung durch die Aufsichtsbehörde gemäß § 138 HGO.

241 Die Entscheidung, einen **Antrag nicht auf die Tagesordnung der Gemeindevertretung** zu stellen, ist kein Verwaltungsakt, da nur das Innenverhältnis des Organs Gemeindever-

[119] Vgl. auch § 37 Abs. 4 HVwVfG, wonach Verwaltungsakte bei elektronischer Erstellung auch keiner eigenhändigen Unterschrift bedürfen.

tretung betroffen ist. Es fehlt damit an einer unmittelbaren nach außen gerichteten Rechtswirkung. Als Mittel des Rechtsschutzes kommt daher eine Beschwerde bei der Kommunalaufsicht oder ein Kommunalverfassungsstreit mit dem Ziel der Anweisung des Vorsitzenden in Betracht. Auch kann ein Antrag nach § 123 VwGO geeignet sein, die Frage der Zulässigkeit eines Antrags nach unverzüglicher Einberufung der Gemeindevertretung zu klären.

Zeit, Ort und Tagesordnung der **Sitzung** in der Gemeindevertretung sind vor der Sitzung **öffentlich bekannt zu machen** (§ 58 Abs. 6 HGO). 242

b) Teilnahme, Durchführung, Niederschrift, Informationspflicht

Der **Gemeindevorstand nimmt an den Sitzungen der Gemeindevertretung teil** (§ 59 Satz 1 HGO). Er muss jederzeit zu dem Gegenstand der Verhandlung gehört werden (§ 59 Satz 2 HGO). Er ist verpflichtet, der Gemeindevertretung auf Anforderung Auskünfte zu den Beratungsgegenständen zu erteilen (§ 59 Satz 3 HGO). Der Bürgermeister kann eine von der Auffassung des Gemeindevorstands abweichende Meinung vertreten (§ 59 Satz 4 HGO). 243

Der Vorsitzende hat aus Gründen der Gleichbehandlung die Reihenfolge der Wortmeldung zu respektieren und **Geschäftsordnungsanträge** bevorzugt zu bedienen. Dem **Gemeindevorstand** ist jederzeit ohne Rücksicht auf die Rednerliste das Wort zu erteilen. Will der Vorsitzende der Gemeindevertretung selbst zu einem Tagesordnungspunkt Stellung beziehen oder einen Antrag stellen, muss er die Verhandlungsleitung seinem Stellvertreter übertragen[120], um seiner Neutralitätspflicht zu genügen. 244

Über den wesentlichen Inhalt der Verhandlungen der Gemeindevertreter wird eine **Niederschrift** gefertigt (§ 61 Abs. 1 Satz 1, Abs. 2 HGO). Die Niederschrift kann herkömmlicherweise mit Tinte und Papier erfolgen. Die Niederschrift kann auch mit Hilfe einer Tonaufnahme angefertigt werden. Denkbar ist auch, dass der Schriftführer mit einem Notebook direkt in der Sitzung mitschreibt. Dies allein steht im Ermessen des Schriftführers, da es auf keinen der Sitzungsteilnehmer Auswirkungen hat. Aus der Niederschrift muss ersichtlich sein, wer in der Sitzung anwesend war, welche Gegenstände verhandelt wurden, welche Beschlüsse gefasst und welche Wahlen vollzogen worden sind. Die Abstimmung und Wahlergebnisse sind festzuhalten. Jedes Mitglied der Gemeindevertretung kann verlangen, dass seine Abstimmung in der Niederschrift festgehalten wird (§ 61 Abs. 1 Satz 1 bis 4 HGO). 245

Die Niederschrift ist innerhalb eines in der Geschäftsführung festzulegenden Zeitraums offen zu legen. Eine Kopie der Niederschrift ist innerhalb eines in der Geschäftsordnung festzulegenden Zeitraumes an alle Gemeindevertreter schriftlich oder elektronisch zu übersenden (§ 61 Abs. 3 Satz 1 HGO). Zur **Einsichtnahme** in die Niederschrift sind nur Personen befugt, die auch an der Sitzung mitwirkungsberechtigt waren. Über Einwendungen gegen die Niederschrift entscheidet die Gemeindevertretung (§ 61 Abs. 3 Satz 3 HGO) auf der nächsten Sitzung. Dieses aufwändige Verfahren ist jedoch überflüssig, wenn es sich um einfache Redaktionsversehen oder schlichte Schreibfehler handelt. Bei der ordnungsgemäß zustande gekommenen Niederschrift handelt es sich um eine öffentliche Urkunde mit einer erhöhten Beweiskraft hinsichtlich der in ihr wiedergegebenen Fakten. Dies bedeutet gemäß §§ 415, 417 und 418 ZPO, dass die Niederschrift bereits vollen Beweis erbringen kann. 246

Eine Verpflichtung der Ausschüsse zur **Information der Gemeindevertretung** ergibt sich aus § 62 Abs. 1 Satz 4 HGO unabhängig davon, ob einem Ausschuss Zuständig- 247

[120] HessVGH, NVwZ-RR 1990, 208 (210).

keiten der Gemeindevertretung delegiert worden sind. Für die Ortsbeiräte ergibt sich die Verpflichtung zur Information der Gemeindevertretung aus § 82 Abs. 3 Satz 3 HGO, wonach sie zu Fragen Stellung nehmen müssen, die ihnen von der Gemeindevertretung vorgelegt werden. Für den Gemeindevorstand und die Kommissionen gibt es keine entsprechenden Regelungen über die Informationspflicht, so dass die Gemeindevertretung entsprechende Richtlinien erlassen sollte, damit diese Gremien sie rechtzeitig über getroffene Entscheidungen informieren.

c) Anträge

248 Jeder Gemeindevertreter hat das **Recht,** in der Gemeindevertretung oder in den Ausschüssen, denen er angehört, **Anträge zu stellen.** Dieses Recht des Einzelnen Gemeindevertreters kann nicht durch die Geschäftsordnung der Organe beschränkt werden. Die hessische Gemeindeordnung schreibt das Antragsrecht nicht ausdrücklich fest, sondern unterstellt es. Es ist unerheblich, ob ein Antrag von einem einzelnen Mitglied der Gemeindevertretung oder von mehreren Gemeindevertretern eingebracht wird.

249 **Anträge zur Geschäftsordnung** werden von den meisten Geschäftsordnungen (vgl. § 60 Abs. 1 HGO) besonders behandelt. Sie bieten die Möglichkeit, Bedenken oder Anregungen zu Verfahrensfragen sofort Rechnung zu tragen. In der Praxis bringen Gemeindevertreter ihren Wunsch, einen Antrag zur Geschäftsordnung zu stellen, durch das gleichzeitige Heben beider Arme oder entsprechender Zurufe an den Vorsitzenden zum Ausdruck. Das Wort zu einem Antrag der Geschäftsordnung wird erteilt, wenn der Redner seine Ausführungen beendet hat. Nach dem Antrag zur Geschäftsordnung hat der Vorsitzende unmittelbar das Wort zur Gegenrede zu erteilen. Der Vorsitzende lässt nach der Gegenrede über den Antrag zur Geschäftsordnung abstimmen. Erfolgt keine Gegenrede, ist der Antrag zur Geschäftsordnung einstimmig beschlossen.

250 Zu unterscheiden sind Änderungsanträge und Alternativanträge. **Änderungsanträge** sind Anträge, die die Einschränkung oder Erweiterung eines zur Beratung stehenden Antrags bezwecken, ohne seinen wesentlichen Inhalt zu ändern. **Alternativanträge** sind Anträge, die wesentliche Gedanken des Ursprungsantrags ablehnen und zu einem erheblich veränderten Ergebnis führen würden.

251 **Anträge** können durch Einzelbeschluss **zurückgestellt werden,** wenn beispielsweise eine in der Geschäftsordnung geregelte Endzeit der Sitzung erreicht wurde oder auf einen entsprechenden Antrag zur Geschäftsordnung eine Vertagung erfolgt. Die Rechte des Antragstellers werden dadurch in der Regel nicht beeinträchtigt, da eine Beratung seines Antrags nicht verhindert, sondern nur verschoben wurde. Der Vorsitzende der Gemeindevertretung sollte allerdings den vertagten Antrag dann bei der nächsten Sitzung auf einen der vorderen Plätze der Tagesordnung setzen, um den Eindruck einer bewussten Verzögerung und eines bewussten Taktierens zu vermeiden.

d) Öffentlichkeit

252 Die Gemeindevertretung fasst ihre **Beschlüsse in öffentlichen Sitzungen,** sie kann allerdings für einzelne Angelegenheiten die Öffentlichkeit ausschließen (§ 52 Abs. 1 Satz 1 und 2 HGO).

Die **Öffentlichkeit der Sitzung** ist dem Demokratie- und dem Rechtsstaatsprinzip geschuldet. Der Grundsatz der Öffentlichkeit verpflichtet die Gemeinde, jedermann jederzeit[121] freien Zutritt zum Verhandlungsraum (**Saalöffentlichkeit**) nach Maßgabe des zur Verfügung stehenden Platzes zu gewähren[122]. Die Herstellung der sog. **Medienöffentlichkeit** ist ausschließlich aufgrund einer entsprechenden Regelung in der Hauptsatzung der Gemeinde zulässig (§ 52 Abs. 3 HGO).[123] Der Zeitpunkt der Sitzung sollte so gewählt werden, dass der interessierten Öffentlichkeit die Teilnahme an einer Sitzung möglich ist. Der vorzeitige Beginn der Gemeindevertretung vor dem in der amtlichen Bekanntmachung genannten Termin bedeutet die Verletzung der Sitzungsöffentlichkeit.

Der Öffentlichkeit ist eine passive Rolle zugedacht, nicht jedoch eine aktive Teilnah- 253
me. Mit der Öffentlichkeit besteht die Möglichkeit der **Kontrolle** der wichtigsten Vorgänge der Gemeinde durch die Bürger. Es erfolgt mit der Öffentlichkeit auch eine **Transparenz** gemeindepolitischer Entscheidungen. Gleichzeitig kann das **Interesse** der Gemeindebürger an der Selbstverwaltung der Gemeinde geweckt werden.

Der **Ausschluss der Öffentlichkeit** erfolgt durch Antrag (vgl. 52 Abs. 1 Satz 2, Abs. 2 254
HGO). Der Vorsitzende der Gemeindevertretung kann also die Öffentlichkeit nicht von sich aus ausschließen. Anträge auf Ausschluss der Öffentlichkeit werden grundsätzlich in nicht öffentlicher Sitzung begründet, beraten und entschieden.[124] Die Entscheidung kann in öffentlicher Sitzung getroffen werden, wenn keine besondere Begründung oder Beratung erforderlich ist (§ 52 Abs. 1 Satz 3, erster und zweiter Halbsatz HGO).[125] Der Ausschluss der Öffentlichkeit bedarf also eines besonderen rechtfertigenden Grundes und steht nicht im Belieben der Gemeindevertretung.

Es gibt allerdings Personen, die **zur Teilnahme auch an nicht öffentlichen Sitzungen** 255
verpflichtet sind, da sie ein Recht zur Anwesenheit aus gesetzlichen Vorschriften ableiten können. Teilnahmepflicht besteht für die Mitglieder der Gemeindevertretung und den Gemeindevorstand, der nach § 59 Satz 1 HGO kraft Gesetzes vollständig an den Sitzungen der Gemeindevertretung teilzunehmen hat, aber auch die Schriftführer der Gemeindevertretung gemäß § 61 HGO. **Anwesend sein können** ferner Personen, die dienstliche Angelegenheiten im Rahmen der Sitzung zu erfüllen haben. Teilnahmeberechtigt an nicht öffentlichen Sitzungen der Gemeindevertretung sind auch Interessenvertreter und aufgrund ihrer besonderen Sachkunde, Vertreter der Aufsichtsbehörden im Rahmen ihres Rechts, sich jederzeit über die Angelegenheiten der Gemeinden zu unterrichten (§ 137 Satz 2 HGO). Der Ausländerbeirat ist nach § 88 Abs. 2 Satz 3 und 4 HGO in allen wichtigen ihn betreffenden Angelegenheiten zu hören. Die Beteiligung von Kindern und Jugendlichen in ihrer Funktion als Vertreter von Kinder- oder Jugendinitiativen, Beiräte, Kommissionen und Sachverständige gehören ebenfalls nach § 8c HGO zu dem Kreis der möglichen Teilnehmer an nicht öffentlichen Sitzungen.

---

[121] BVerwG, DVBl. 1973, 370.

[122] RGSt 23, 218 (219); 47, 322.

[123] Vgl. HessVGH, HSGZ 2014, 20.

[124] Der Vorsitzende kann im Einvernehmen mit dem Bürgermeister Gemeindebedienstete zu den nicht öffentlichen Sitzungen beiziehen (§ 52 Abs. 1 Satz 3 und 4 HGO). *Suslin,* NVwZ 2020, 200 ff.

[125] Anders VG Gießen, Urt. v. 7.12.2020 – 8 K 2724/19.GI, BeckRS 2020, 39936 Rn. 46: Über einen Antrag auf Ausschluss der Öffentlichkeit ist nur dann in nichtöffentlicher Sitzung zu beraten ist, wenn bereits in dieser Beratung geheimhaltungsbedürftige, auf den Einzelfall bezogene Informationen offenbart werden müssten.

256 **Die nicht ordnungsgemäß in nicht öffentlicher Sitzung beratenen und gefassten Beschlüsse** sind rechtswidrig mit der Folge, dass sie unwirksam sind. Allerdings können weder die Gemeindevertreter noch die Fraktionen[126] diesen Fehler wirksam rügen. Mitglieder der Gemeindevertretung haben nämlich keinen Anspruch darauf, dass ein sie nicht betreffender Beschluss dieses Organs rechtmäßig ist.[127] Auch einzelne Bürger der Gemeinde haben keinen Anspruch darauf, dass die Gemeindevertretung den Grundsatz der Öffentlichkeit beachtet. Etwas anderes gilt nur dann, wenn ein Bürger durch den Inhalt des rechtswidrig in nicht öffentlicher Sitzung gefassten Beschlusses in seinen eigenen Rechten verletzt wird.[128] Es besteht allerdings ein Kontrollrecht für den Bürgermeister nach § 63 HGO.

3. Abstimmungen und Wahlen

a) Abstimmungen

257 Die Gemeindevertretung ist gem. § 53 Abs. 1 Satz 1 HGO **beschlussfähig,** wenn mehr als die Hälfte der gesetzlichen Zahl der Gemeindevertreter anwesend ist. Beschlussfähigkeit bemisst sich also nach der absoluten Mehrheit der gesetzlichen Zahl der Mitglieder. Sie wird bei Nichtvorliegen gem. § 53 Abs. 1 Satz 2 2. HS HGO nur so lange fingiert, bis das Gegenteil auf Antrag festgestellt wird.

Das Gesetz steht also einer **gezielten Herbeiführung der Beschlussunfähigkeit** der Gemeindeorgane durch einen Antrag auf Feststellung der Beschlussunfähigkeit nicht entgegen.[129] Die Beschlussfähigkeit wird nicht von Amts wegen durch den Vorsitzenden festgestellt (§ 53 Abs. 1 Satz 2 HGO). Der Vorsitzende ist also nicht gehindert, die Sitzung zu eröffnen, wenn die Beschlussfähigkeit nicht gegeben ist. Mit dieser **Rechtsvermutung der Beschlussfähigkeit** wird Rechtssicherheit im Hinblick auf die Rechtmäßigkeit der von der Gemeindevertretung gefassten Beschlüsse gewährleistet. Die Beschlussfähigkeit gilt so lange als vorhanden, bis das Gegenteil auf Antrag festgestellt wird (§ 53 Abs. 1 Satz 2 2. Halbsatz). Ist die Angelegenheit wegen Beschlussunfähigkeit der Gemeindevertretung zurückgestellt worden und tritt die Gemeindevertretung zur Verhandlung über denselben Gegenstand zum zweiten Mal zusammen, ist sie ohne Rücksicht auf die Zahl der Erschienenen beschlussfähig (§ 53 Abs. 2 Satz 1, 2 HGO). Besteht bei mehr als der Hälfte der Gemeindevertreter ein gesetzlicher Grund, der ihrer Anwesenheit entgegensteht, also etwa Befangenheit, so ist die Gemeindevertretung ohne Rücksicht auf die Zahl der anwesenden Gemeindevertreter beschlussfähig (§ 53 Abs. 3 HGO).

258 Einem Beschluss der Gemeindevertretung geht ein **Antrag** voraus. Diese Anträge müssen nach der HGO nicht schriftlich eingereicht werden. Die Geschäftsordnung kann

---

[126] HessVGH, HSGZ 2000, 148 f.

[127] HessVGH, HSGZ 1988, 129 f.; NWOVG, NVwZ-RR 1998, 325. Anderer Ansicht: NWOVG, NVwZ-RR 2002, 135 ff., das festgestellt hat, dass den einzelnen Mitgliedern des Vertretungsorgans ein subjektives Recht auf Wahrung der Sitzungsöffentlichkeit zustehe. Auch Fraktionen haben nach dem NWOVG, NVwZ-RR 2002, 135 ff., ein entsprechendes Klagerecht.

[128] RPOVG, HSGZ 1990, 333 f.

[129] HessVGH, HSGZ 2009, 269.

jedoch eine entsprechende Bestimmung enthalten, die jedoch nicht spontane Anträge ausschließen darf.[130]

Mögliche **Antworten auf den Antrag sind ausschließlich „ja", „nein" oder „Enthaltung".** Bedingungen oder Vorbehalte für die Zustimmung zu einem Beschluss sind unzulässig und unwirksam, da der Beschluss eine Frage endgültig mit Mehrheitsentscheidung regeln soll. Die Formulierung hat immer positiv zu erfolgen, um als Ergebnis eine doppelte Verneinung zu vermeiden.[131] 259

Die Gemeindevertretung handelt in erster Linie durch **Abstimmung.** Die **Abstimmung erfolgt** in der Regel zunächst **über den am weitesten gehenden Antrag.** Auf diese Weise erledigen sich in der Regel andere Anträge zur selben Sache ohne besondere Abstimmung von selbst. Bei Alternativanträgen reicht die Zustimmung zu einer Alternative aus, um weitere Abstimmungen überflüssig zu machen. 260

Beschlüsse werden, soweit gesetzlich nichts anderes bestimmt ist, **mit der Mehrheit der abgegebenen Stimmen** gefasst (§ 54 Abs. 1 Satz 1 HGO). Es gilt die einfache Mehrheit, bezogen auf die abgegebenen Stimmen. **Bei Stimmengleichheit ist der Antrag abgelehnt** (§ 54 Abs. 1 Satz 2 HGO). Stimmenthaltungen und ungültige Stimmen zählen zur Berechnung der Mehrheit nicht mit (§ 54 Abs. 1 Satz 3 HGO), werden also wie nicht abgegebene Stimmen behandelt. Die Berechnungsgrundlage für die Mehrheit der Stimmen ist immer nur die Zahl der Ja- bzw. der Nein-Stimmen. Der Antrag ist nur dann angenommen, wenn mindestens eine Ja-Stimme mehr als Nein-Stimmen abgegeben wurde. Es reicht also eine einzige Ja-Stimme, wenn sonst nur ungültige Stimmen und Enthaltungen abgegeben wurden.[132] 261

In bestimmten Angelegenheiten hat der Gesetzgeber eine andere Bezugsgröße, nämlich eine **Mehrheit der gesetzlichen Mitglieder** der Gemeindevertretung gewählt, um der Bedeutung einer Entscheidung Ausdruck zu verleihen.[133] Damit wird verhindert, dass Entscheidungen wegen der Abwesenheit von Mitgliedern der Gemeindevertretung von Zufallsmehrheiten abhängig sind. Die gesetzliche Zahl der Gemeindevertreter ergibt sich aus § 38 HGO. Das höhere Quorum einer **Zweidrittelmehrheit** kann ebenfalls auf die Bezugsgröße der anwesenden oder aber der gesetzlichen Mitgliederzahl der Gemeindevertretung abstellen.[134] 262

Jeder Gemeindevertreter kann gemäß § 61 Abs. 1 Satz 4 HGO verlangen, dass sein Abstimmungsverhalten in der Niederschrift der Sitzung festgehalten wird. Es liegt dann eine **namentliche Abstimmung** vor. Eine **offene Abstimmung** ist gegeben, wenn jeder Gemeindevertreter seine Stimme so abgibt, dass die anderen Gemeindevertreter und auch die Zuschauer erkennen können, wie er sich entscheidet. Eine **geheime Abstimmung** ist grundsätzlich sowohl in öffentlichen als auch in nicht öffentlichen Sitzungen unzulässig (§ 54 Abs. 2 1. HS HGO); dadurch unterscheidet sich die Abstimmung von 263

---

[130] Vgl. HessVGH, HSGZ 1987, 32.

[131] Wenn der Antrag hieße, die Gemeindevertretung beschließt die Satzung nicht, würde eine Zustimmung einen Nichtbeschluss der Satzung bedeuten, eine Nichtzustimmung jedoch den Beschluss der Satzung. Das wäre verwirrend.

[132] Anders erfolgt die Abstimmung nach § 11 Abs. 2 Satz 2 HHG: Stimmenthaltungen und ungültige Stimmen gelten als Neinstimmen.

[133] Vgl. § 38 Abs. 2 HGO; § 57 Abs. 2 S. 1; § 58 Abs. 2; 76 Abs. 1 S. 3, Abs. 4 S. 3; § 81 Abs. 2 HGO (Zweidrittelmehrheit); § 53 Abs. 1 S. 1; § 76 Abs. 1 S. 2, Abs. 4 S. 3; § 76 Abs. 1 S. 2, Abs. 4 S. 3 HGO (Hälfte); § 6 Abs. 2 S. 1; § 75 Abs. 1 S. 2, Abs. 2 S. 1 (Mehrheit); § 50 Abs. 2 S. 2, 2. HS; § 56 Abs. 1 S. 2 HGO (anderes Quorum).

[134] Die HGO verlangt Zweidrittelmehrheit in folgenden Fällen: § 38 Abs. 2 HGO; § 57 Abs. 2; § 58 Abs. 2; § 76 Abs. 1 S. 3, Abs. 4 S. 3; § 81 Abs. 2 HGO.

den Wahlen. Eine Ausnahme gibt es lediglich für die Entscheidung über die Vornahme einer Wiederwahl eines hauptamtlichen Beigeordneten nach § 39a Abs. 3 Satz 2 HGO.

264 Unter einer **En-Bloc-Abstimmung** versteht man die Verbindung mehrerer gleichartiger oder auch unterschiedlicher Gegenstände in einer einheitlichen und gleichzeitig zu treffenden Entscheidung. In diesem Fall kann der Gemeindevertreter sämtlichen Anträgen in der vorliegenden Form entweder nur zustimmen oder diese ablehnen. Mit einer En-Bloc-Abstimmung kann eine von sachfremden Einflüssen freie Entscheidung über die einzelnen Tagesordnungspunkte verhindert werden, da sich einzelne zur Entscheidung anstehende Fragen gegenseitig beeinflussen.[135] Solche Beeinflussungen der Entscheidung durch andere Fragen als durch die anstehende Sachentscheidung selbst sind im Verfahren zur Aufstellung eines Bebauungsplanes nicht zulässig.[136]

265 Der Beschluss ist mit der Feststellung des Ergebnisses durch den Vorsitzenden der Gemeindevertretung rechtlich existent und wirksam. **Beschlüsse gelten intern,** haben also keine Außenwirkung und bedürfen erst noch der Bekanntmachung nach außen.

Sie können von Personen, die nicht der Gemeindevertretung angehören, nicht angegriffen werden. Es fehlt schon an der möglichen Verletzung subjektiver Rechte.[137] Die Beschlüsse sind **durch den Gemeindevorstand** nach § 66 Abs. 1 Satz 3 Nr. 2 HGO **nach außen umzusetzen**. Erst dann handelt es sich um eine Satzung bzw. um einen Verwaltungsakt.

266 Der Niederschrift der Sitzung nach § 61 HGO kommt als öffentlicher Urkunde eine in der Praxis wichtige **Beweisfunktion** über das Ergebnis der Abstimmung zu. Sie ist jedoch nicht Wirksamkeitsvoraussetzung.

267 Die **Aufhebung oder Änderung eines bereits gefassten Beschlusses** ist jederzeit durch einen erneuten Beschluss möglich. Allerdings muss berücksichtigt werden, dass unter Umständen nach erfolgter Vollziehung und Umsetzung Probleme der Rücknahme des Widerrufs nach §§ 48, 49 HVwVfG auftreten können.

268 **Wirkt jemand entgegen § 25 HGO**, also bei einem Widerstreit der Interessen, **an einem Beschlussverfahren mit**, so ist der Beschluss gemäß § 25 Abs. 6 HGO unwirksam. Sie gelten jedoch sechs Monate nach der Beschlussfassung oder sechs Monate nach einer öffentlichen Bekanntmachung als von Anfang an wirksam, wenn nicht vorher der Gemeindevorstand oder der Bürgermeister widersprochen oder die Aufsichtsbehörde sie beanstandet hat (§ 25 Abs. 6 Satz 2 erster Halbsatz HGO).

269 Werden **trotz der Feststellung der Beschlussunfähigkeit oder wegen einer fehlerhaften Feststellung der Beschlussfähigkeit Beschlüsse gefasst,** so sind diese anfechtbar. Ihnen kann oder muss der Bürgermeister (§ 63 Abs. 1 Satz 1 und 2 HGO) widersprechen, sie können aber auch von der Aufsichtsbehörde (§ 138 HGO) beanstandet werden. Ein verwaltungsgerichtliches Klagerecht steht denen zu, die durch den rechtswidrig gefassten Beschluss in ihren Rechten verletzt sind. Dies sind auch Gemeindevertreter, die durch die Vollziehung des Beschlusses endgültig und nicht mehr rückgängig machbar in ihren Mitwirkungsrechten in der Gemeindevertretung beeinträchtigt wurden.[138]

---

[135] Vgl. dazu die Vertrauensfrage nach Art. 68 Abs. 1 Satz 1 GG.
[136] So NWOVG, NVwZ 1988, 1138 ff.
[137] VG Gießen, HSGZ 2012, 320 ff.
[138] HessVGH, HessVGRspr. 1988, 25 ff.

b) Wahlen in der Gemeindevertretung

aa) Allgemein

Wahlen sind eine besondere Form der Beschlussfassung in der Gemeindevertretung, für 270
die grundsätzlich dieselben Vorgaben gelten wie für die anderen Entscheidungen. Unter Wahlen versteht man **Abstimmungen, durch die eine oder mehrere Personen aus einem größeren Personenkreis ausgewählt** werden.[139] Wahlen sind keine Verwaltungsakte.[140]

Mit der Verweisung auf die entsprechenden anwendbaren Vorschriften des Hessi- 271
schen Kommunalwahlgesetzes (§ 55 Abs. 4 Satz 1 HGO) gelten auch die dort verankerten **Grundsätze der freien, allgemeinen, gleichen, geheimen und unmittelbaren Wahl** (§ 1 Abs. 1 HKWG). Eine Stimmabgabe einzelner Ratsmitglieder, die außerhalb einer Wahlkabine erfolgt, bedeutet einen Verstoß gegen den Grundsatz der geheimen Wahl.[141] Da der Gesetzgeber ausdrücklich die Durchführung einer schriftlichen und geheimen Wahl (§ 55 Abs. 3 Satz 1 HGO) vorsieht, ist es nicht möglich Wahlmaschinen einzusetzen.

Eine **Pflicht zur Ernennung** der von der Gemeindevertretung Gewählten durch den 272
Gemeindevorstand besteht dann, wenn die Gewählten in ein Beamtenverhältnis berufen werden sollen, wie es bei den Mitgliedern des Gemeindevorstands der Fall ist. Umgekehrt hat der Gewählte einen Anspruch darauf, auch ernannt zu werden. Nach § 9 Abs. 2 HBG ist nach der Wahl des Bewerbers in der Gemeindevertretung dem Gewählten eine **Ernennungsurkunde** zu überreichen. Er hat den **Diensteid** zu leisten (§ 72 HBG).

bb) Wahlsystem

(1) Allgemein. In § 55 Abs. 4 und Abs. 5 HGO wird zwischen einer **Verhältniswahl** 273
und einer **Mehrheitswahl** unterschieden.

Das **Wahlvorschlagsrecht** liegt grundsätzlich bei den Gemeindevertretern bzw. den 274
Fraktionen (§ 55 Abs. 3 Satz 1 HGO). Mehrere Fraktionen können auch gemeinsame Wahlvorschläge einreichen.

(2) Verhältniswahl. Wird nach den Grundsätzen der **Verhältniswahl** gewählt, finden ge- 275
mäß § 55 Abs. 4 Satz 1 HGO für das Wahlverfahren die Vorschriften des Hessischen Kommunalwahlgesetzes (HKWG)[142] entsprechend Anwendung mit der Maßgabe, dass § 22 Abs. 4 HKWG (Sitzverteilung) keine Anwendung findet, wenn zwei Stellen zu besetzen sind.

Gewählt wird auf der Grundlage von **Vorschlagslisten.** In der Regel werden die Lis- 276
ten von den Fraktionen vorgeschlagen. Listenverbindungen von Fraktionen sind zulässig, wie freie Listen quer durch die Fraktionen. Die Reihenfolge der Wahlvorschläge auf den Stimmzetteln ergibt sich aus dem Stärkeverhältnis, das die Gruppen besitzen, die die Wahlvorschläge eingereicht haben. Bei der Wahl wird dann die Stimme einer Liste gegeben. Einigen sich alle Gemeindevertreter auf eine gemeinsame Liste, so findet keine Wahl statt. Hierfür genügt nur ein einstimmiger Beschluss nach § 55 Abs. 2 Satz 1 HGO. Einpersonenlisten sind nicht ausgeschlossen.

---

139 BVerfG, NJW 1978, 1967 (1968).

140 HessVGH, HessVGRspr. 1980, 35 (36); NVwZ 1985, 849; andere Ansicht noch HessVGH, DVBl. 1967, 631.

141 NWOVG, NVwZ 1982, 684.

142 Fuhr/Pfeil, Nr. 51.

277 Jeder Gemeindevertreter hat **nur eine Stimme.** Eine Enthaltung ist nicht sinnvoll, denn es kommt nicht darauf an, eine bestimmte Mehrheit zu erreichen. Entscheidend ist das Verhältnis der auf eine Liste entfallenen Stimmen zu der insgesamt abgegebenen Stimmenzahl.

278 *(3) Mehrheitswahl.* Soweit nach der **Mehrheitswahl** gewählt wird, enthält § 55 Abs. 5 HGO ausführliche Regelungen. Bei der Mehrheitswahl handelt es sich um ein Wahlverfahren, bei dem die absolute oder relative Mehrheit der abgegebenen Stimmen in einem Wahlbezirk über den Wahlausgang entscheidet. Eine Mehrheitswahl findet immer dann statt, wenn es um die Besetzung einzelner Positionen geht. In einem solchen Fall muss die zu wählende Person von einer Mehrheit der Stimmberechtigten gewählt werden. Während bei der Verhältniswahl nach dem ersten Wahlgang ein endgültiges Ergebnis feststeht, kann bei einer Mehrheitswahl neben drei Wahlgängen auch ein Losentscheid möglich sein.

279 Wird **nach Stimmenmehrheit gewählt**, so ist derjenige Bewerber gewählt, für den mehr als die Hälfte der gültigen Stimmen abgegeben ist; Nein-Stimmen gelten als gültige Stimmen, Stimmenthaltungen als ungültige Stimmen (§ 55 Abs. 5 Satz 1 HGO). Wird bei einer Wahl mit zwei oder mehr Bewerbern die erforderliche Mehrheit im ersten Wahlgang nicht erreicht, so findet ein **zweiter Wahlgang und unter Umständen ein dritter Wahlgang statt** (vgl. § 55 Abs. 5 HGO).

280 Ist **nur ein Kandidat vorhanden**, so ist zu prüfen, ob auf ihn mehr Ja-Stimmen entfallen als Nein-Stimmen. Wenn dies der Fall, ist der Bewerber gewählt. Wenn hingegen die Nein-Stimmen überwiegen, ist der Wahlgang ergebnislos verlaufen. Es kann kein weiterer Wahlgang stattfinden, vielmehr muss das komplette Wahlverfahren neu begonnen werden.

281 Bei Wahlen, die nach Stimmenmehrheit vorzunehmen sind, kann **durch Zuruf oder Handaufhebung abgestimmt** werden, **wenn niemand widerspricht.** Dies gilt jedoch nicht für die Wahl der hauptamtlichen Beigeordneten (§ 55 Abs. 3 Satz 2 HGO).

cc) Wahlanfechtung

282 Gemäß § 55 Abs. 6 HGO kann ein **Gemeindevertreter einen Widerspruch** gegen die Gültigkeit der Wahl einlegen. Es ist nicht erforderlich, dass der Widerspruchsführer in eigenen Rechten verletzt wird oder dies zumindest behauptet.[143] Der Begriff Widerspruch hat hier eine andere Bedeutung als in der Verwaltungsgerichtsordnung. Fraktionen haben kein Widerspruchsrecht gegen die Gültigkeit von Wahlen, die die Gemeindevertretung durchgeführt hat. Der Widerspruch muss schriftlich oder zur Niederschrift beim Vorsitzenden der Gemeindevertretung eingelegt werden und zwar innerhalb einer Frist von einem Monat nach Bekanntgabe des Wahlergebnisses (§ 55 Abs. 6 Satz 1 HGO). Eine Begründung ist nach dem Gesetz zwar nicht erforderlich, allerdings verlangt die Rechtsprechung eine solche.[144] Dies bedeutet, dass von den Gerichten nur über diejenigen Anfechtungsgründe befunden werden kann, die zuvor bereits im Widerspruchsverfahren geltend gemacht wurden.

283 Über den erhobenen Widerspruch **entscheidet die Gemeindevertretung**, also das Organ, dessen Entscheidung angegriffen wird, selbst (§ 55 Abs. 6 Satz 2 HGO). Betroffene dürfen bei der Entscheidung über den Widerspruch in der Gemeindevertretung mitstim-

---

[143] HessVGH, HessVGRspr. 1980, 35 (36); HSGZ 1987, 109 ff.; DVBl. 1989, 160 f.; NVwZ-RR 1990, 208 f.

[144] BVerfG, NVwZ-RR 1994, 105; BVerfGE 85, 148 ff. = NVwZ 1992, 257 ff.

men (vgl. § 25 Abs. 2 HGO; § 26 Abs. 2 HKWG). Die entsprechende Anwendung des § 25 Abs. 2 HGO auf die Entscheidung über den Widerspruch gegen die Wahl ist gerechtfertigt, weil es nicht zu verstehen wäre, den als Wahlbewerber Befangenen zwar bei der Wahl mitstimmen zu lassen, ihm dieses Recht bei der Entscheidung über die Gültigkeit seiner Wahl aber nicht zuzugestehen.[145]

Da es sich um ein Verfahren der Gemeindevertretung handelt, ist der Vorsitzende der Gemeindevertretung nach § 58 Abs. 7 HGO für den Erlass eines entsprechenden **Widerspruchbescheids** zuständig. Ansonsten ist analog § 75 VwGO eine Untätigkeitsklage statthaft.[146] Der Widerspruchsbescheid ist zuzustellen, der Widerspruchsführer hat dann ab der Zustellung einen Monat Zeit, Klage vor dem Verwaltungsgericht zu erheben (§ 74 VwGO). Alle anderen Klagebefugten erhalten keinen Widerspruchsbescheid, so dass für sie die Monatsfrist des § 74 VwGO nicht gilt, sondern die Jahresfrist des § 58 Abs. 2 VwGO. Es dauert daher unter Umständen ein Jahr, bis Rechtssicherheit besteht. Es ist daher sinnvoll, allen Gemeindevertretern einen Widerspruchsbescheid zuzustellen, so dass für alle die Monatsfrist läuft. 284

Dem Widerspruch ist **stattzugeben, wenn** bei der Wahl oder ihrer Vorbereitung **gegen Rechtsvorschriften verstoßen** wurde. Wenn dies der Fall ist, muss die Gemeindevertretung die Wahl aufheben. Sie darf davon nur dann absehen, wenn ein unwesentlicher Fehler, für dessen Korrektur ein weniger intensiver Eingriff erforderlich ist[147], vorliegt. Ansonsten ist der Widerspruch **zurückzuweisen.** 285

dd) Wahlaufhebung

Eine Wahl ist **aufzuheben**, wenn im Rahmen des Wahlverfahrens ein Fehler unterlaufen ist, wobei es unerheblich ist, ob der Fehler einen Einfluss auf das Wahlergebnis gehabt haben kann oder nicht. Ein solcher Fall ist stets dann gegeben, wenn bei der Durchführung der Wahl ein Verstoß gegen eine wesentliche Rechtsvorschrift erfolgt ist.[148] 286

Eine externe Rechtskontrolle kann auch durch die **Kommunalaufsicht**[149] erfolgen, da die Einordnung der Wahlen als Beschlüsse der Gemeindevertretung im weiteren Sinne zu verstehen ist. 287

Eine **bereits erfolgte Ernennung** fällt nach § 13 Abs. 3 HBG rückwirkend weg, wenn die Ungültigkeit der Wahl festgestellt wird.[150] Sachentscheidungen werden jedoch von einer Ungültigerklärung der Wahl nicht berührt.[151] 288

Der unterlegene Bewerber und der gewählte Bewerber, dessen Wahl von der Gemeindevertretung wieder **aufgehoben wurde, haben das Recht, Wahlen anzufechten.** Bei beiden Gruppen kann die Anfechtung der Entscheidung durch die Gemeindevertretung nur auf die Verletzung eigener Rechte gestützt werden. Im Falle der rechtswidrigen Aufhebung einer Wahl ist Klage des Betroffenen möglich. Bei einem solchen Rechtsstreit handelt es sich um eine kommunalverfassungsrechtliche Streitigkeit.[152] Die Rechtsprechung 289

---

[145] HessVGH, HSGZ 1992, 342 ff. = NVwZ-RR 1993, 94 ff.

[146] HessVGH, HessVGRspr. 1980, 35 (36).

[147] Beispielsweise eine Neuberechnung bei Vorliegen eines Rechenfehlers, VG Kassel, NVwZ 1984, 464.

[148] HessVGH, DVBl. 1967, 631; NVwZ-RR 1990, 208.

[149] Dazu vgl. unten Rn. 580.

[150] HessVGH, HessVGRspr. 1986, 84 f.

[151] Vgl. hierzu die §§ 29, 33 Abs. 4, 34 Abs. 6, 53 HKWG.

[152] BVerwG, DVBl. 1989, 933; HessVGH, DVBl 1989, 934 f.

hat die Abberufung aus dem Mandat als Gemeindevertreter gegenüber dem Betroffenen als Verwaltungsakt angesehen.[153]

c) Kommunalwahlen

aa) Allgemein

290 **Kommunalwahlen** im Sinne des kommunalen Wahlgesetzes sind die **Wahlen zu den Vertretungskörperschaften und die Direktwahlen der Bürgermeister** und Landräte sowie die Bürgerentscheide. Für diese Wahlen gelten grundsätzlich identische Verfahrensweisen. Bei der Wahl zu den Ausländerbeiräten hingegen gibt es zahlreiche Abweichungen.

291 Die **Wahlperioden** für die Vertretungskörperschaften und für die direkt gewählten Verwaltungsleiter sind unterschiedlich. Die Vertretungskörperschaften werden regelmäßig auf fünf Jahre gewählt. Bürgermeister und Landräte werden dagegen für einen Zeitraum von sechs Jahren gewählt (§ 39 Abs. 3 Satz 1 HGO und § 37 Abs. 3 HKO).

292 Der **Wahlkreis** ist der Bereich, für den eine Vertretungskörperschaft gewählt wird. Wahlkreise sind mit dem Gebiet der Gebietskörperschaft identisch, deren Vertretungsorgan gewählt wird, also mit der Gemeinde oder dem Kreis.

293 Die **Aufstellung der Kandidaten** für die unterschiedlichen Wahlen zu kommunalen Vertretungsorganen ist Angelegenheit der Parteien und Wählergruppen (§ 10 Abs. 2 HKWG).[154] Jeder Wahlberechtigte kann zusammen mit Gleichgesinnten eigene Wahlvorschläge aufstellen und eine eigene Wählergruppe ins Leben rufen.

294 **Wahlberechtigt** sind nach Vollendung des 18. Lebensjahres grundsätzlich die Einwohner[155] mit deutscher Staatsangehörigkeit bzw. der Staatsangehörigkeit eines EU-Staates. Damit einem Einwohner das **aktive Wahlrecht** zusteht, muss er die Voraussetzungen des § 30 Abs. 1 HGO erfüllen[156] und die Ausschlussgründe des § 31 HGO[157] dürfen in seiner Person nicht vorliegen. Die Prüfung über das aktive Wahlrecht findet von Amts wegen statt und die betreffenden Personen werden dann in das Wählerverzeichnis (§ 8 HKWG) aufgenommen. Das Wählerverzeichnis wird öffentlich ausgelegt, so dass jeder überprüfen kann, ob er eingetragen ist (§ 8 Abs. 2 Satz 1, Abs. 3 HKWG). Das Bestehen des aktiven Wahlrechts ist nach § 32 Abs. 1 HGO Grundvoraussetzung für das Bestehen eines **passiven Wahlrechts.**[158] Keine Rolle spielt, warum das aktive Wahlrecht wegfällt (vgl. § 33 Abs. 1 HKWG). Das passive Wahlrecht zum Ausländerbeirat haben auch die deutschen Staatsangehörigen, die als Doppelstaater noch eine

---

[153] HessVGH, HSGZ 1984, 227 ff.

[154] Zu Inhalt und Form der Wahlvorschläge vgl. § 11 HKWG.

[155] Hauptwohnung ist nach § 16 Abs. 2 Hessisches Meldegesetz (HMG) die vorwiegend genutzte Wohnung. Wenn unklar ist, welche von mehreren Wohnungen die Hauptwohnung ist, kommt es auf eine rein quantitative Betrachtung an (BVerwG, NJW 1992, 1121 = NVwZ 1992, 484; HessVGH, HSGZ 1991, 456 = NVwZ-RR 1991, 357).

[156] Die dreimonatige Mindestwohnsitzdauer für die Ausübung des aktiven Wahlrechts wurde 2020 auf sechs Wochen verringert.

[157] Hier geht es um den Ausschluss des Wahlrechts. Eine Aberkennung des Wahlrechts durch rechtskräftigen Richterspruch ist gemäß § 45 Abs. 5 StGB möglich. Eine solche Entscheidung ist bei Straftaten zulässig gemäß §§ 92a, 101, 102 Abs. 2, 108c, 109i StGB, sowie gemäß § 39 Abs. 2 BVerfGG zusammen mit einer Feststellung der Verwirkung der Grundrechte durch das BVerfG.

[158] Für die Wählbarkeit wurde 2020 der Mindestaufenthalt im jeweiligen Wahlkreis von sechs auf drei Monate abgesenkt (§ 32 Abs. 1 S. 1 HGO).

weitere Staatsangehörigkeit besitzen, oder die in der Vergangenheit eingebürgert worden sind.[159]

Mit dem Gesetz zur Stärkung der Bürgerbeteiligung und der kommunalen Selbstverwaltung vom 23. Dezember 1999[160] wurde das bisher vorgesehene reine **Verhältniswahlsystem mit einer Personenwahl verbunden**, wie es in § 1 Abs. 1 HKWG heißt. Damit soll den Wählern ein größerer Einfluss auf die personelle Zusammensetzung der Vertretungskörperschaften eingeräumt werden. Dazu dienen die Möglichkeiten des Kumulierens und des Panaschierens. Beim **Kumulieren** hat der Wähler so viele Stimmen, wie in der Vertretungskörperschaft Mandate zu vergeben sind. In einer Stadt mit 30.000 Einwohnern also in der Regel 45 Stimmen. Diese kann er einem einzigen Wahlvorschlag zukommen lassen, wenn er auf dem Stimmzettel nur ein Listenkreuz bei diesem Wahlvorschlag anbringt, er kann aber auch innerhalb des Wahlvorschlags Einfluss nehmen, und einzelne Bewerber von der Liste streichen und auch selbst einzelnen Bewerbern bis zu drei Stimmen zukommen lassen. Beim **Panaschieren** kann der Wähler seine Stimmen durch entsprechende Markierungen auf dem Stimmzettel auf die Kanndidaten mehrerer Wahlvorschläge verteilen (vgl. § 18 Abs. 1 Nr. 1 bis 5 HKWG). 295

Für die Durchführung der Kommunalwahlen sieht das Kommunale Wahlgesetz drei Organe vor, nämlich den **Gemeindewahlleiter, den Wahlausschuss und die Wahlvorstände** (§ 5 Abs. 1, 2 und 3, § 6 HKWG). 296

bb) Wahlgrundsätze

Nach § 1 Abs. 1 HKWG haben die Wahlen **allgemein, frei, gleich, unmittelbar und geheim** zu sein. 297

Eine **allgemeine Wahl** setzt voraus, dass grundsätzlich alle Bürger zur Wahl zugelassen werden, ohne dass es auf die Zugehörigkeit zu einer gesellschaftlichen Klasse, zu einer Rasse oder zu einer Berufsgruppe oder auf das Geschlecht ankäme. Dem allgemeinen Wahlrecht stehen allerdings sachlich begründete Einschränkungen nicht entgegen, die an äußere Bedingungen anknüpfen, wie sie in den §§ 30 und 31 HGO aufgeführt sind. Dazu zählen die Mindestdauer des Wohnsitzes, der Besitz einer bestimmten Staatsangehörigkeit und der Besitz einer entsprechenden Reife durch Erwerb von Lebenserfahrung infolge eines bestimmten Lebensalters sowie der Vollbesitz seiner geistigen Kräfte. 298

Die Wahl ist **frei**, wenn auf den Wähler kein Druck oder gar Zwang zur Stimmabgabe in eine bestimmte Richtung ausgeübt wird. 299

Der Grundsatz der **gleichen Wahl** wird eingehalten, wenn jeder Wähler bei der Stimmabgabe dasselbe Stimmrecht besitzt. Ein gestuftes Stimmrecht nach dem Einkommen, wie es im preußischen Dreiklassenwahlrecht der Fall war, ist damit unzulässig. 300

Geheime Wahl ist gegeben, wenn die Stimmabgabe des Einzelnen nicht kontrolliert werden kann. Die geheime Wahl erfordert, dass der Wähler den Stimmzettel in einer vor Einsicht durch Dritte geschützten Kabine oder in einem Nebenraum ausfüllt.[161] Die 301

[159] Die Aberkennung des passiven Wahlrechts kann aufgrund einer strafgerichtlichen Verurteilung erfolgen. Insoweit geht § 32 Abs. 2 HGO über § 31 HGO hinaus. Es besteht nämlich nicht nur die Möglichkeit, den Verlust des passiven Wahlrechts ebenso wie den des aktiven Wahlrechts als Nebenfolge anzuordnen. Der Verlust des passiven Wahlrechts erfolgt vielmehr automatisch für fünf Jahre, wenn jemand wegen eines Verbrechens zu einer Freiheitsstrafe von mehr als einem Jahr verurteilt worden ist (§ 45 Abs. 1 StGB). Verbrechen sind nur solche rechtswidrige Taten, die mit einer Mindestfreiheitsstrafe von einem Jahr bedroht sind (§ 12 Abs. 1 StGB).

[160] GVBl. 2000 I, S. 2.

[161] HessVGH, Urt. v. 31.01.1962 – OS II 110/61.

Verwendung von Umschlägen ist bei den Kommunalwahlen ab dem Inkrafttreten des Gesetzes zur Stärkung der Bürgerbeteiligung und kommunalen Selbstverwaltung vom 5. Januar 2000 nicht mehr vorgesehen. Nur im Rahmen der Briefwahl werden in Zukunft noch Umschläge eingesetzt. In den Wahllokalen sollen die Wähler daher die Stimmzettel noch in den Wahlkabinen zusammenfalten und so in die Wahlurne einwerfen (vgl. § 18 Abs. 3 HKWG). Handschriftliche Zusätze bedeuten eine Verletzung des Wahlgeheimnisses und machen die Stimmen ungültig.[162]

302 Die Wahl ist **unmittelbar**, wenn keine Dritten bei der Wahlentscheidung zwischengeschaltet sind. Auch darf dem Wahlberechtigten bei der Stimmabgabe nicht seine Hand geführt werden. Ausnahmen sind im engen Familienkreis dann möglich, wenn der Wahlberechtigte aufgrund körperlicher Gebrechen nicht in der Lage ist, die Wahlhandlung selbst vorzunehmen.

cc) Feststellung des Wahlergebnisses

303 Wegen des **Wegfalls der Sperrklausel von 5%** werden bei der Verhältniswahl alle Listen bei der Berechnung zur Vergabe der Sitze berücksichtigt. Diese Berechnung erfolgte früher nach dem Höchstzahlenverfahren nach d'Hondt. Heute ist das Verfahren der mathematischen Proportionen nach **Hare-Niemeyer** anzuwenden (vgl. § 22 Abs. 3 und 4 HKWG).

dd) Anfechtung

304 Innerhalb von zwei Wochen nach Bekanntgabe des Wahlergebnisses kann **jeder Wahlberechtigte** des Wahlkreises und jeder Bewerber, der an der Wahl teilgenommen hat, gegen die Gültigkeit der Wahl **Einspruch** erheben (§§ 25, 49 HKWG). Der Einspruch eines Wahlberechtigten, der nicht die Verletzung eigener Rechte geltend macht, ist nur zulässig, wenn ihn eins vom Hundert der Wahlberechtigten, mindestens jedoch fünf Wahlberechtigte, unterstützen (§ 25 Abs. 1 Satz 2 1. HS HKWG). **Nicht einspruchsberechtigt sind Parteien und sonstige Vereinigungen.**

305 Über die Einsprüche gegen die Gültigkeit der Wahl **entscheidet** grundsätzlich die neu gewählte **Gemeindevertretung**, auch wenn es sich um die eigene Wahl handelt (§ 26 HKWG). Gegen die Entscheidung der Gemeindevertretung können die Verwaltungsgerichte angerufen werden (§ 27 HKWG). Klagebefugt sind jedoch nur diejenigen, deren Einsprüche zurückgewiesen wurden, ferner diejenigen, die durch die Entscheidungen der Gemeindevertretung ihr Mandat verlieren, schließlich die Kommunalaufsicht, wenn diese die Entscheidung der Gemeindevertretung für falsch hält. Bei Direktwahlen sind auch die Bewerber anfechtungs- und klageberechtigt, ohne dass sie selbst wahlberechtigt sein müssen. Wenn das Rechtsmittel erfolgreich ist, findet im erforderlichen Umfang eine Korrektur der Ergebnisse oder eine Wiederholungswahl statt (§ 30 HKWG).

C. Gemeindevorstand

I. Zusammensetzung und Wahl

306 Der Gemeindevorstand ist gemäß § 9 Abs. 2 Satz 2 HGO ein Kollegialorgan und führt in den Städten die Bezeichnung **Magistrat**. Er besteht aus hauptamtlichen und ehrenamtlichen Mitgliedern. Bei der Bildung des Gemeindevorstands muss die Gesamtzahl der ehrenamtlichen Beigeordneten nicht nach dem Stärkeverhältnis der Fraktionen oder

[162] Vgl. HessVGH, HSGZ 1987, 107 ff.

spiegelbildlich zur Zusammensetzung der Gemeindevertretung erfolgen.[163] Es kann allerdings wegen der großen Anforderungen an eine solche Tätigkeit erforderlich sein, neben dem Bürgermeister noch weitere hauptamtlich Tätige im Gemeindevorstand vorzusehen. Es liegt im freien Ermessen der Gemeindeverwaltung, hauptamtlich verwaltete Beigeordnetenstellen einzurichten.[164]

Hauptamtlich tätig ist der **Bürgermeister** als Vorsitzender (§ 44 Abs. 1 HGO), ehren- 307
amtliche Mitglieder sind die **Beigeordneten** (§ 44 Abs. 2 Satz 1 HGO). In jeder Gemeinde sind mindestens zwei Beigeordnete zu bestellen. Die Hauptsatzung kann aber bestimmen, dass eine höhere Zahl an Beigeordneten zu wählen ist und welche Beigeordnetenstellen hauptamtlich zu verwalten sind (§ 44 Abs. 2 Satz 2 und 3 HGO). Die Zahl der hauptamtlichen Beigeordneten darf die Zahl der ehrenamtlichen Beigeordneten nicht übersteigen (§ 44 Abs. 2 Satz 4 HGO). Die Zahl der ehrenamtlichen Beigeordnetenstellen kann vor der Wahl der Beigeordneten innerhalb von sechs Monaten nach Beginn der Wahlzeit der Gemeindevertretung herabgesetzt werden (§ 44 Abs. 2 Satz 5 HGO).

Von den hauptamtlichen Vertretern des Gemeindevorstands wird der **Bürgermeister** 308
von den Bürgern der Gemeinde in allgemeiner, unmittelbarer, freier, gleicher und geheimer Wahl **gewählt** (§ 39 Abs. 1 Satz 1 HGO). Wählbar zum Bürgermeister sind gemäß § 39 Abs. 2 HGO Deutsche im Sinne des Art. 116 Abs. 1 GG und Unionsbürger, die am Wahltag das 25. Lebensjahr vollendet haben. Die Wahl ist nach den Grundsätzen der Mehrheitswahl durchzuführen. Gewählt ist, wer mehr als die Hälfte der gültigen Stimmen erhalten hat (§ 39 Abs. 1 Satz 2, 3 HGO).

Die **Beigeordneten** werden **von der Gemeindevertretung** in Einzelwahl **gewählt** (§ 39a 309
Abs. 1 Satz 1 HGO). Nicht gewählt werden kann, wer am Wahltag das 64. Lebensjahr vollendet hat (§ 39a Abs. 1 Satz 3 HGO). Die **Amtszeit** der hauptamtlichen Beigeordneten beträgt **sechs Jahre**. Ehrenamtliche Beigeordnete werden für die Wahlzeit der Gemeindevertretung gewählt (§ 39 Abs. 2 Satz 1 und 2 HGO i. V. m. § 55 Abs. 1 Satz 2 HGO).

Eine **Wiederwahl** hauptamtlicher Beigeordneter ist frühestens sechs Monate vor Ab- 310
lauf der Amtszeit zulässig. Sie muss spätestens drei Monate vor Ablauf der Amtszeit erfolgt sein (§ 39a Abs. 3 Satz 1 HGO). Der Beschluss über die Vornahme einer Wiederwahl erfolgt in geheimer Abstimmung (§ 39a Abs. 3 Satz 2 HGO). Die hauptamtlichen Beigeordneten sind verpflichtet, das Amt erneut zu übernehmen, wenn sie spätestens drei Monate vor Ablauf der Amtszeit wieder gewählt und wenn die Bedingungen bei der Wiederwahl nicht verschlechtert werden (§ 40 Abs. 2 Satz 1, 2 und 3 HGO).

Die **Mitglieder des Gemeindevorstands dürfen nicht gleichzeitig Gemeindevertreter** 311
sein (§ 65 Abs. 2 Satz 1 HGO). Dies gilt allerdings nicht für diejenigen Mitglieder des Gemeindevorstands, die die Amtsgeschäfte gemäß § 41 HGO nur weiterführen.

Hauptamtliche Beigeordnete können von der Gemeindevertretung **vorzeitig abberu-** 312
fen werden (§ 76 Abs. 1 und 2 HGO). Es handelt sich bei der Abberufung um einen **Verwaltungsakt**, so dass der Rechtsschutz nach den Vorgaben der VwGO durch Widerspruch und gegebenenfalls Anfechtungsklage erfolgt.

Um die geordnete Fortführung der Verwaltung zu sichern, können Bürgermeister und 313
Beigeordnete schließlich **nach Ablauf ihrer Amtszeit die Amtsgeschäfte weiterführen**, bis ihre Nachfolger das Amt antreten. Die Verpflichtung bzw. Berechtigung zur Weiterführung der Geschäfte ist der Normalfall, so dass es für eine Weiterführung der Geschäfte keiner Beschlussfassung durch ein Gemeindegremium bedarf (vgl. § 41 HGO).

---

[163] VG Gießen, HSGZ 2008, 279.

[164] Vgl. HessVGH, HessVGRspr. 1971, 75 f.

II. Organisation

314 Den **Aufgabenbereich des einzelnen Beigeordneten nennt man Dezernat.** Das Dezernat wird vom Bürgermeister den einzelnen Beigeordneten zugewiesen.[165] Auch der Bürgermeister kann ein Dezernat übernehmen. Die **Dezernatsverteilung** ist gegenüber den Betroffenen **kein Verwaltungsakt,** da jede Außenwirkungsintention fehlt. Es handelt sich somit um einen innerdienstlichen Rechtsakt. Die dem Bürgermeister nach § 70 Abs. 1 Satz 3 HGO obliegende Dezernatsverteilung kann auch politischen, insbesondere parteipolitischen Gründen Rechnung tragen. Der Bürgermeister kann sich einen Kernbereich der Selbstverwaltung als eigenes Dezernat vorbehalten.

315 Das **Dezernat ist in Ämter bzw. Fachbereiche unterteilt.** Dies hat zur Folge, dass Beigeordnete die Entscheidung gewisser Geschäfte auch auf ihre Mitarbeiter übertragen können, die allerdings immer im Auftrage des Dezernenten entscheiden.

316 Der Gemeindevorstand kann zur dauernden Verwaltung oder Beaufsichtigung einzelner Geschäftsbereiche sowie zur Erledigung vorübergehender Aufträge **Kommissionen** bilden. Diese Kommissionen unterstehen dem Gemeindevorstand (§ 72 Abs. 1 HGO) und sollen ihn entlasten (vgl. § 72 Abs. 1, 2, 3 HGO). Die Verwaltung eines Geschäftsbereichs durch eine Kommission hat zur Folge, dass dieser **Bereich nicht mehr dem Dezernat obliegt.** Wenn allerdings die Kommission gemäß § 72 Abs. 1 1. HS 2. Alt. HGO lediglich zur Beaufsichtigung einzelner Geschäftsbereiche gebildet wird, gilt dies nicht. Der Gemeindevorstand regelt das Verfahren und den Geschäftsgang der Kommission näher, ansonsten gelten die für den Gemeindevorstand erlassenen Bestimmungen, die §§ 67 bis 69 HGO entsprechend.

317 Der Gemeindevorstand stellt die **Gemeindebediensteten** an, er befördert und entlässt sie (§ 73 Abs. 1 Satz 1 HGO). Unter Gemeindebediensteten im Sinne des § 73 HGO versteht man Beamte, Angestellte und Arbeiter der Gemeinde, deren Dienstvorgesetzter gemäß § 73 Abs. 2 Satz 1 HGO der Bürgermeister ist. Die Rechte und Pflichten der Gemeindebediensteten bestimmen sich nach den allgemeinen Vorschriften für den öffentlichen Dienst, soweit die hessische Gemeindeordnung nichts anderes besagt. Die Besoldung der Gemeindebeamten soll derjenigen der vergleichbaren Staatsbeamten entsprechen. Dabei bleibt die nähere Regelung einem gesonderten Gesetz überlassen (§ 48 Satz 1 und 2 HGO).

III. Aufgaben

1. Allgemein

318 Der Gemeindevorstand **steht an der Spitze des gesamten Verwaltungsapparats der Gemeinde.** Jede Verwaltungstätigkeit ist dem Gemeindevorstand zuzurechnen und nicht dem einzelnen Sachbearbeiter oder der Gemeindevertretung.

[165] So ist es denkbar, dass beispielsweise zum Dezernat des zweiten Bürgermeisters der Fachbereich (oder das Amt) Öffentliche Sicherheit, Ordnung und Brandschutz (mit den Abteilungen Ausländerbehörde; Ordnung; Straßenverkehr; Standesamt; Stadtbüro und Brandschutz) sowie der Fachbereich (oder das Amt) Arbeit, Soziales und Wohnen (mit den Abteilungen Soziale Leistungen, Wohnungswesen, Arbeitsgelegenheiten, Verbundausbildung, Jugendberufshilfe) gehören.

Grundsätzlich hat der Gemeindevorstand die Beschlüsse der Gemeindevertretung vorzubereiten und auszuführen.[166] Der Gemeindevorstand ist also die **Verwaltungsbehörde der Gemeinde** (§ 66 Abs. 1 Satz 1 HGO).

Nach § 66 Abs. 1 Satz 2 HGO besorgt der **Gemeindevorstand** nach den Beschlüssen der Gemeindevertretung im Rahmen der bereitgestellten Mittel die **laufende Verwaltung** der Gemeinde unabhängig von der Wichtigkeit. Die Gemeindevertretung kann dabei vom Direktionsrecht Gebrauch machen, dieses liegt im Ermessen der Gemeindevertretung. 319

Bei den **laufenden Angelegenheiten,** die der Gemeindevorstand zu erledigen hat, kommt es nicht entscheidend auf die wertmäßige Bezifferung an.[167] Entscheidend ist, ob es sich um eine regelmäßig wiederkehrende Angelegenheit handelt und zugleich nach Größe und Umfang der Verwaltungstätigkeit der Gemeinde von sachlich geringer Bedeutung sind.[168]

Die Bestimmung des § 66 Abs. 1 Satz 2 HGO ist insoweit lex specialis zu § 9 Abs. 2 Satz 1 HGO. Was **zur laufenden Verwaltung der Gemeinde gehört**, regelt § 66 Abs. 1 Satz 3 HGO nur beispielhaft. Der Gemeindevorstand hat im Rahmen der laufenden Verwaltung insbesondere die Gesetze und Verordnungen sowie die im Rahmen der Gesetze erlassenen Weisungen der Aufsichtsbehörde auszuführen, die Beschlüsse der Gemeindevertretung vorzubereiten und auszuführen, ferner die ihm nach diesem Gesetz obliegenden und die ihm von der Gemeindevertretung allgemein oder im Einzelfall zugewiesenen Gemeindeangelegenheiten zu erledigen. Darüber hinaus obliegt es dem Gemeindevorstand, im Rahmen der laufenden Verwaltung, die öffentlichen Einrichtungen und wirtschaftlichen Betriebe der Gemeinde und das sonstige Gemeindevermögen zu verwalten. In finanzieller Hinsicht hat er die Gemeindeabgaben nach den Gesetzen und nach den Beschlüssen der Gemeindevertretung auf die Verpflichteten zu verteilen und ihre Beitreibung zu bewirken sowie die Einkünfte der Gemeinde einzuziehen, den Haushaltsplan und das Investitionsprogramm aufzustellen, das Kassen- und Rechnungswesen zu überwachen. Schließlich ist die Gemeinde auch im Rahmen der laufenden Verwaltung durch den Gemeindevorstand zu vertreten. Er hat den Schriftwechsel zu führen und die Gemeindeurkunden zu vollziehen. Eine weitere Aufgabe des Gemeindevorstands ist es, die Bürger in geeigneter Weise über wichtige Fragen der Gemeindeverwaltung zu unterrichten und das Interesse der Bürger an der Selbstverwaltung zu pflegen (§ 66 Abs. 2 HGO).

Der Gemeindevorstand hat darüber hinaus **diverse Kompetenzen** wie die Personalkompetenz, Vorbereitungskompetenz, Ausführungskompetenz, Entscheidungskompetenz, Außenvertretungskompetenz und Beanstandungskompetenz. 320

---

[166] In einigen Fällen werden Beschlüsse der Gemeindevertretung nicht vom Gemeindevorstand umgesetzt. Es handelt sich hierbei um Angelegenheiten, in denen die Gemeindevertretung Maßnahmen oder Beschlüsse gegen den Gemeindevorstand durchsetzt. Solche Maßnahmen sind Klagen gegen Beanstandungen von Beschlüssen der Gemeindevertretung durch den Bürgermeister (vgl. § 63 HGO), die Erzwingung eines Disziplinarverfahrens gegen Mitglieder des Gemeindevorstands (§ 75 HGO) sowie Beschlüsse der Gemeindevertretung über die Erteilung besonderer Prüfungsaufträge an das Rechnungsprüfungsamt (§ 131 Abs. 2 HGO). Die Gemeindevertretung wird insoweit von dem Vorsitzenden gemäß § 58 Abs. 7 HGO vertreten.

[167] Vgl. HessVGH, HessVGRspr. 1977, 75.

[168] HessVGH, HGZ 1983, 370.

321 Der Gemeindevorstand hat die **Personalkompetenz**. Das bedeutet, dass er darüber entscheiden kann, mit welchem personellen Aufwand die verschiedenen Aufgaben in der Gemeinde erfüllt werden, welche Personen ausgewählt werden und wie sie eingesetzt werden. Der Gemeindevorstand ist Anstellungskörperschaft, zu deren Aufgaben sowohl die Begründung als auch die Beendigung von Arbeits- und Anstellungsverhältnissen gehört.

322 Die **Vorbereitungskompetenz** besteht für den Gemeindevorstand auf allen Gebieten. Er hat einen Gemeindevertretungsbeschluss (§ 66 Abs. 1 Satz 3 Nr. 2 1. Alt. HGO), aber auch die eigenen Beschlüsse, soweit der Gemeindevorstand zuständig ist, vorzubereiten. Vorbereitung heißt, dass der Gemeindevorstand die dazu notwendigen Informationen und Entscheidungsunterlagen zusammenzutragen hat, aber auch Entscheidungsvarianten zur Verfügung stellen sollte. Eine Vorbereitungskompetenz kommt auch einem Ausschuss zu, den die Gemeindevertretung zur Vorbereitung ihrer Beschlüsse aus ihrer Mitte bilden kann.

323 Zur **Ausführungskompetenz** gehört die in § 66 Abs. 1 Satz 2 HGO zugewiesene Aufgabe der Besorgung der laufenden Verwaltung nach den Beschlüssen der Gemeindevertretung im Rahmen der bereitgestellten Mittel. Die Ausführungskompetenz ergibt sich insbesondere aus § 66 Abs. 1 Satz 3 Nr. 1 bis 7 HGO. Die Kompetenz hat zur Folge, dass dem Bürger gegenüber im Gesetzesvollzug fast ausschließlich der Gemeindevorstand und die von ihm geleitete Gemeindeverwaltung auftreten.

324 **Die Entscheidungskompetenz** besitzt der Gemeindevorstand in allen Angelegenheiten, in denen er ausschließlich zuständig ist. Es handelt sich hierbei vor allem um die übertragenen Aufgaben nach § 50 Abs. 1 Satz 2 HGO, also um Aufgaben, die die Gemeindevertretung auf den Gemeindevorstand übertragen hat. Die Entscheidungskompetenz fällt nicht wegen der Wichtigkeit der Aufgabe an die Gemeindevertretung zurück, sie muss vielmehr die Angelegenheit wieder an sich ziehen, wenn sie zuständig werden will.

325 Zu den Aufgaben des Gemeindevorstands gehört auch die **Vertretung der Gemeinde** (§ 71 Abs. 1 Satz 1 HGO). Die **Außenvertretungskompetenz**[169] betrifft den öffentlich-rechtlichen wie den privatrechtlichen Rechtsverkehr. Erklärungen der Gemeinde im Namen des Gemeindevorstands werden durch den Bürgermeister oder dessen allgemeinen Vertreter innerhalb der einzelnen Arbeitsgebiete durch die dafür eingesetzten Beigeordneten abgegeben (§ 71 Abs. 1 Satz 2 HGO). Der Gemeindevorstand kann auch andere Gemeindebedienstete mit der Abgabe von Erklärungen beauftragen (§ 71 Abs. 1 Satz 3 HGO).

326 § 73 Abs. 1 Satz 2 Nr. 3 VwGO stellt klar, dass in Selbstverwaltungsangelegenheiten die „Selbstverwaltungsbehörde" die **Widerspruchsbehörde** ist. Das bedeutet jedoch nicht, dass eine ausschließliche Kompetenz des Gemeindevorstands im Rahmen des Erlassens eines Widerspruchsbescheids in Selbstverwaltungsangelegenheiten besteht. Es gelten vielmehr die allgemeinen Regeln mit der Folge, dass unter Umständen einem Widerspruchsbescheid durch den Gemeindevorstand ein Beschluss der Gemeindevertretung vorausgehen muss.

[169] Vgl. ausführlich unten Rn. 323 ff., 683.

2. Insbesondere: Vertretungskompetenz

a) Rechtsgeschäftliches Handeln

aa) Aktivvertretung

Da juristische Personen nicht selbst handlungsfähig sind, werden für sie natürliche Personen tätig, deren Handeln der juristischen Person zugerechnet wird. Es handelt sich dann um eine **gesetzliche Vertretung**. 327

Die gesetzliche **Vertretung** der Gemeinde in Hessen ist nach § 71 Abs. 1 HGO **dem Gemeindevorstand als Kollegialorgan** übertragen. Der Bürgermeister und die weiteren Mitglieder des Gemeindevorstands nehmen die Funktion des Gemeindevorstands als gesetzlicher Vertreter der Gemeinde wahr, sie sind nicht Vertreter des Gemeindevorstands.

Die **Vertretungsmacht des Gemeindevorstands** besteht kraft Gesetzes und ist daher grundsätzlich unbeschränkt, kann aber durch Gesetz beschränkt werden. Beschlüsse des Gemeindevorstands sind in der Regel auch dann nach außen hin wirksam, wenn sie im Innenverhältnis nicht durch einen Beschluss der Gemeindevertretung gedeckt sind.[170] 328

Bei Erklärungen ist zwischen Verpflichtungserklärungen und nichtverpflichtenden oder sonstigen Erklärungen **zu unterscheiden**. 329

- Da **verpflichtende Erklärungen** häufig längerfristige Auswirkungen auf das Handeln der Gemeinde haben, dürfen sie nicht ergehen, ohne dass entsprechende Beschlüsse der Gemeindevertretung oder des Gemeindevorstands vorliegen.[171] Zu den Verpflichtungserklärungen zählen beispielsweise Verträge[172] und Zusagen.[173]
- **Nichtverpflichtende Erklärungen** im Sinne des § 71 Abs. 1 HGO sind die Kündigung oder Übereignung (nicht jedoch der der Übereignung zugrunde liegende Vertrag), die Bewillligung einer Eintragung in das Grundbuch, die Genehmigung, der Widerruf oder die Anfechtung. Prozesshandlungen wie die Erhebung einer Klage sind keine Verpflichtungserklärungen. Zu den nicht verpflichtenden Erklärungen gehört ferner der Erlass von Verwaltungsakten, da durch diesen nur einseitige Regelungen getroffen werden, jedoch nicht Verpflichtungen der Gemeinde begründet werden. Dies gilt jedoch nicht für die Ernennung von Beamten. Nicht verpflichtend ist auch die Einlegung von Rechtsmitteln wie etwa eines Widerspruchs. Die in Folge dieser Handlungen entstehenden Verpflichtungen der Gemeinde wie Gerichts- und Anwaltskosten sind nur Nebenfolge des Handelns, nicht aber der mit der Erklärung verfolgte Zweck. Anders ist es jedoch, wenn ein Rechtsanwalt beauftragt wird, weil dann unmittelbar Zahlungsansprüche begründet werden.

Auch bei der **Zuständigkeit zur Abgabe** muss zwischen Verpflichtungserklärungen und nichtverpflichtenden oder sonstigen Erklärungen unterschieden werden. 330

- Für die **Abgabe von Verpflichtungserklärungen** schreibt § 71 Abs. 2 Satz 2 HGO grundsätzlich eine Gesamtvertretung von zwei Personen vor. Vertretungsberechtigt sind danach der Bürgermeister oder sein allgemeiner Vertreter zusammen mit einem weiteren Mitglied des Gemeindevorstands (§ 71 Abs. 2 Satz 2 HGO). In der Praxis ist es üblich, dass Beigeordnete mit einem eigenen Geschäftsbereich bei Verpflichtungserklärungen aus ihrem eige-

[170] BGH, DVBl. 1979, 514 ff.
[171] BGH, DVBl. 1955, 462; NJW 2001, 116 (117).
[172] HessVGH, NVwZ 1983, 556 ff.
[173] HessVGH, HessVGRspr. 1970, 46 (48).

nen Aufgabenbereich die Zweitunterschrift leisten. Erklärungen, durch die die Gemeinde verpflichtet werden soll, müssen schriftlich abgefasst werden oder in elektronischer Form mit einer dauerhaft überprüfbaren qualifizierten elektronischen Signatur versehen sein (§ 71 Abs. 2 Satz 1 HGO). Dies gilt nicht für Geschäfte der laufenden Verwaltung, die für die Gemeinde von nicht erheblicher Bedeutung sind, sowie für Erklärungen, die ein für das Geschäft oder für den Kreis von Geschäften ausdrücklich Beauftragter abgibt, wenn die Vollmacht in der Form nach Satz 1 und 2 erteilt ist (§ 71 Abs. 2 Satz 2 HGO).

- Zur **Abgabe von nicht verpflichtenden Erklärungen** sind der Bürgermeister oder haupt- oder ehrenamtliche Beigeordnete zuständig, soweit ihnen ein eigenes Arbeitsgebiet nach § 70 Abs. 1 Satz 3 HGO zugewiesen ist (§ 71 Abs. 1 Satz 1 HGO).

331 Erklärungen, die **unter Verstoß gegen Vertretungsvorschriften** abgegeben werden, wirken grundsätzlich nicht für oder gegen die Gemeinde. Einseitige Rechtsgeschäfte sind nach §§ 174, 180 BGB grundsätzlich unwirksam. Verträge, die der Vertreter ohne Vertretungsmacht abschließt, sind dagegen nach § 177 BGB schwebend unwirksam, solange die Gemeinde die Genehmigung nicht verweigert oder die Genehmigung nicht innerhalb einer Frist von zwei Wochen nach Aufforderung durch den Vertragspartner erklärt (§ 177 Abs. 2 Satz 2 BGB).

Die Genehmigung bedarf zwar gemäß § 182 Abs. 2 BGB keiner besonderen Form. Eine Ausnahme besteht aber im Hinblick auf den Schutzzweck der kommunalen Vertretungsvorschriften, so dass die Genehmigung durch eine den **Erfordernissen des § 71 Abs. 2 Satz 1 HGO** entsprechende Erklärung abgegeben werden muss.[174]

332 Bei der **Vollziehung von Erklärungen** sollen Mitglieder des Gemeindevorstands ihre **Amtsbezeichnung beifügen**, ansonsten muss der mit der Abgabe von Erklärungen beauftragte Gemeindebedienstete einen das Auftragsverhältnis kennzeichnenden Zusatz beifügen (§ 71 Abs. 3 HGO).

Beispielsfall 3 – Vertretungsrecht des Magistrats: Literaturliebhaber und Mitglied des Magistrats M setzt sich seit längerer Zeit für den Bau einer Stadtbibliothek in seiner Stadt S ein. Nachdem die Stadtverordnetenversammlung den Bau der Bücherei beschlossen hat, kontaktiert M die D-KG, die auf derlei Bauten spezialisiert ist. Das Projekt soll 2,5 Millionen Euro kosten. Da die D-KG nur über die Hälfte der erforderlichen Mittel verfügt und das Vorhaben zeitnah realisiert werden soll, schlägt der M der D-KG die Aufnahme eines Darlehens vor. Die örtliche Bank B ist mit der Erteilung eines Darlehens grundsätzlich einverstanden, verlangt hierfür jedoch Sicherheiten. M unterschreibt daraufhin in seiner Eigenschaft als Mitglied des Magistrats eine selbstschuldnerische Bürgschaft der S. Um keine Zweifel an der Echtheit der Bürgschaftserklärung aufkommen zu lassen, verfasst M außerdem ein beglaubigtes Protokoll der letzten Stadtverordnetenversammlung, in der die Bürgschaft der S angeblich ebenfalls genehmigt worden war. Zudem legt M ein Schreiben bei, aus dem hervorgeht, dass eine schriftliche Genehmigung der Aufsichtsbehörde nicht erforderlich war, da diese das Vorhaben bereits abgesegnet habe. Daraufhin wird der Bürgschaftsvertrag abgeschlossen. Kurz nach Baubeginn wird deutlich, dass aufgrund einiger Fehlkalkulationen weitere finanzielle Mittel für die Fertigstellung benötigt werden. Der Geschäftsführer der D-KG erkennt alsbald die Aussichtslosigkeit des Projekts und setzt sich daher mit den restlichen Finanzmitteln nach Südamerika ab. Da bei der daraufhin insolventen D-KG keine Aussicht auf Erstattung der Kosten besteht, verlangt die B die Rückzahlung der finanziellen Mittel von der Stadt S. Daraufhin wird bekannt, dass M alle erforderlichen Unterlagen gefälscht hatte. Stehen der B gegenüber der Stadt S Ansprüche aus dem Bürgschaftsvertrag zu?

---

[174] BGH, NJW 1984, 606 f.; HessVGH, ESVGH, Bd. 46, 169 (171).

I. Ansprüche der B gegenüber der Stadt S aus § 765 Abs. 1 BGB

B könnte einen Anspruch gegen die S auf Zahlung der 2,5 Millionen Euro gemäß § 765 Abs. 1 BGB haben, sofern zwischen B und S ein wirksamer Bürgschaftsvertrag zustande gekommen ist. Möglicherweise hat M die S in seiner Funktion als Mitglied des Magistrats (vgl. § 9 Abs. 2 Satz 2 HGO) wirksam vertreten, so dass sein Verhalten der S nach den §§ 167 ff. BGB zugerechnet werden könnte.

1. Innenverhältnis

Intern bedarf der Beschluss der Legitimation durch die Stadtverordnetenversammlung (vgl. § 9 Abs. 1 Satz 2 HGO), sofern es sich nicht um ein Geschäft der laufenden Verwaltung handelt (§§ 50 Abs. 1 Satz 1, 66 Abs. 1 Satz 1 HGO). Bei der Errichtung eines 2,5 Millionen Euro Projekts und der sich daraus ergebenden Übernahme einer Bürgschaft der Stadt kann von einem Geschäft der laufenden Verwaltung nicht die Rede sein. Ohne den Beschluss fehlte also jedenfalls die Vertretungsberechtigung. Zu beachten ist jedoch, dass die Gesetzessystematik der HGO zwischen der internen und der externen Zuständigkeit trennt (§§ 50, 51 HGO und § 71 HGO). Auch im Interesse der Rechtssicherheit kann die Wirksamkeit eines Rechtsgeschäfts nach außen daher grundsätzlich nicht von dem Vorhandensein eines internen Beschlusses abhängig gemacht werden. Die interne Fehlerhaftigkeit hat daher keinen Einfluss auf die externe Vertretungsmacht.

2. Außenverhältnis

a) Vertreter ohne Vertretungsmacht

Die gesetzliche Vertretung der Stadt nach außen erfolgt nach § 71 Abs. 1 Satz 1 HGO durch den Magistrat. Eine Erklärung, durch die die Stadt verpflichtet werden soll, muss nach § 71 Abs. 2 Satz 1 HGO grundsätzlich schriftlich erfolgen. Sie ist gemäß § 71 Abs. 2 Satz 2 HGO nur rechtsverbindlich, wenn sie vom Bürgermeister oder seinem allgemeinen Vertreter sowie von einem weiteren Mitglied des Magistrats unterzeichnet worden ist. Unterstellt man, dass M als allgemeiner Vertreter des Bürgermeisters handelte, fehlte jedoch die nach § 71 Abs. 2 Satz 2 HGO erforderliche Unterschrift eines weiteren Mitglieds des Magistrats. M hat somit als Vertreter ohne Vertretungsmacht gehandelt, was zu einer schwebenden Unwirksamkeit des Geschäfts nach § 177 BGB führt. Eine Genehmigung durch den Bürgermeister und einem weiteren Mitglied des Magistrats ist aber nicht erfolgt.

b) Keine Sicherheiten zugunsten Dritter

Zu erwähnen ist außerdem, dass § 104 Abs. 1 Satz 1 HGO normiert, dass die Gemeinden keine Sicherheiten zugunsten von Dritten bestellen dürfen und Ausnahmen gemäß § 104 Abs. 1 Satz 2 HGO von der Aufsichtsbehörde schriftlich genehmigt werden müssen (§ 143 Abs. 1 HGO). Zudem darf die Gemeinde nach § 104 Abs. 2 Satz 1 HGO Bürgschaften nur im Rahmen der Erfüllung ihrer Aufgaben übernehmen. Nach § 104 Abs. 2 Satz 2 HGO bedürfen die Rechtsgeschäfte der Genehmigung der Aufsichtsbehörde, soweit sie nicht im Rahmen der laufenden Verwaltung abgeschlossen werden. Infolge des Nichtvorliegens der Genehmigung nach § 104 Abs. 1 Satz 2 HGO und des Fehlens der Ausnahmegenehmigung nach § 104 Abs. 2 Satz 2 HGO ist, unterstellt man Handeln im Rahmen der Erfüllung ihrer Aufgaben, mangels Vorliegens eines Geschäfts der laufenden Verwaltung der Bürgschaftsvertrag auch aus diesen Gründen unwirksam. M konnte die Stadt S daher nicht wirksam vertreten. Ein Anspruch der B gegenüber der S besteht aufgrund des unwirksamen Bürgschaftsvertrags nicht.

II. Ergebnis

Es bestehen keine Ansprüche aus dem Bürgschaftsvertrag.

bb) Passivvertretung

333 § 71 HGO regelt nur die **Aktivvertretung, nicht** aber die Entgegennahme von Willlenserklärungen[175], die so genannte **Passivvertretung.** Für das Wirksamwerden einer Erklärung gegenüber der Gemeinde ist es erforderlich, dass die Erklärung bei der Eingangsstelle der Verwaltung eingegangen ist.[176] Ein Zugang gegenüber dem Bürgermeister oder seinem allgemeinen Vertreter ist nicht notwendig.

b) Nichtrechtsgeschäftliches Handeln

334 § 71 HGO regelt nur die Vertretung der Gemeinde im rechtsgeschäftlichen Verkehr. **Abgabe nicht rechtsgeschäftlicher Erklärungen** für die Gemeinde etwa gegenüber Medien sowie die Repräsentation der Gemeinde gehören zu den Aufgaben der Bürgermeister und der Beigeordneten in ihrem jeweiligen Aufgabenbereich. Bei der Repräsentation der Gemeinde ist streitig, ob die Gemeinde durch den Bürgermeister oder den Vorsitzenden der Gemeindevertretung repräsentiert wird. Als Leitlinie einer Regelung könnte die Abgrenzung zwischen den Befugnissen der Gemeindevertretung und des Gemeindevorstands herangezogen werden. Allerdings wird in der Regel von der Öffentlichkeit der Bürgermeister als Repräsentant der Gemeinde erwartet.

IV. Sitzung

335 Der Bürgermeister beruft den Gemeindevorstand ein, soweit es die Geschäfte erfordern. Im Übrigen können auch regelmäßige Sitzungstage festgesetzt werden. **In der Regel soll jede Woche eine Sitzung** stattfinden (§ 69 Abs. 1 Satz 1 2. Halbsatz HGO). Der Gemeindevorstand muss einberufen werden, wenn es ein Viertel der Mitglieder des Gemeindevorstands unter Angabe der zur Verhandlung zu stellenden Gegenstände verlangt und die Verhandlungsgegenstände zur Zuständigkeit des Gemeindevorstands gehören (§ 69 Abs. 1 Satz 2 HGO). Zwischen dem Zugang der Ladung und den Sitzungstagen müssen mindestens drei Tage liegen (§ 69 Abs. 2 i. V. m. § 58 Abs. 1 Satz 1 und 2 HGO). In eiligen Fällen kann der Vorsitzende die Ladungsfrist abkürzen, jedoch muss die Ladung spätestens am Tage vor der Sitzung zugehen (§ 69 Abs. 2 i. V. m. § 58 Abs. 1 Satz 3 HGO).

336 Über Angelegenheiten, die **nicht auf der Einladung zur Sitzung** verzeichnet sind, kann gemäß § 69 Abs. 2 i. V. m. § 58 Abs. 2 HGO nur verhandelt und beschlossen werden, wenn Zweidrittel der gesetzlichen Zahl des Gemeindevorstands dem zustimmen. Diese Zustimmung kann auch konkludent erfolgen.

337 Die **Beschlussfähigkeit des Gemeindevorstands** ist gegeben, wenn mehr als die Hälfte der Mitglieder anwesend ist. Der Vorsitzende hat die Beschlussfähigkeit mit Beginn der Sitzung festzustellen. Sie gilt so lange als vorhanden, bis das Gegenteil auf Antrag festgestellt wird (§ 68 Abs. 1 Satz 1 und 2 HGO).

338 Der Gemeindevorstand fasst seine **Beschlüsse** in der Regel in nicht öffentlichen Sitzungen. Beratende Personen dürfen bei der Entscheidungsfindung und der Entscheidung selbst nicht mehr anwesend sein. Der Gesetzgeber hat 2018 die Vorschrift des

[175] HessVGH, ESVGH, Bd. 45, 83 ff.
[176] HessVGH, ESVGH, Bd. 45, 83 (86).

§ 67 Abs. 1 HGO um den Zusatz (jetzt S. 2) ergänzt, wonach der Vorsitzende Gemeindebedienstete zu den Sitzungen beiziehen kann. Diese Vorschrift ist restriktiv auszulegen, sodass nur zu dem Zweck und in dem Maße, in dem die Anwesenheit der Bediensteten zu einer Effektuierung der Arbeit des Gremiums erforderlich ist, eine Ausnahme von dem Grundsatz der Nichtöffentlichkeit gemacht werden darf.[177] Danach dürfen die Bediensteten grundsätzlich nur denjenigen Tagesordnungspunkten beiwohnen, zu denen sie einen fachlichen Bezug haben. In einfachen Angelegenheiten können Beschlüsse im **Umlaufverfahren**[178] gefasst werden, wenn niemand widerspricht (§ 67 Abs. 1 HGO). Eine **geheime Abstimmung** ist **unzulässig**, dies gilt auch für Wahlen (§ 67 Abs. 2 HGO). Diese Regelung wird damit begründet, dass die Sitzungen des Gemeindevorstands unter Ausschluss der Öffentlichkeit stattfinden und die übrigen Mitwirkungsberechtigten zum Stillschweigen über das Abstimmungsverhalten verpflichtet sind. Eine Ausnahme besteht dann, wenn ein Drittel der Mitglieder des Gemeindevorstands eine geheime Abstimmung verlangt (§ 67 Abs. 2 Satz 1 HGO). Die öffentliche Bekanntmachung ändert nichts daran, dass der Gang der Verhandlungen sowie die Diskussionsbeiträge der verschiedenen Mitglieder des Gemeindevorstands der **Vertraulichkeit** unterliegen.

Die Beschlüsse werden **mit der Mehrheit der abgegebenen Stimmen** gefasst, wobei 339
der Vorsitzende (Bürgermeister) an der Abstimmung teilnimmt.[179] Bei Stimmengleichheit gibt seine Stimme den Ausschlag. Enthaltungen und ungültige Stimmen zählen zur Berechnung der Mehrheit nicht mit (§ 68 Abs. 2 HGO). Besteht bei mehr als der Hälfte der Mitglieder des Gemeindevorstands ein gesetzlicher Grund, der ihrer Anwesenheit entgegensteht, so ist der Gemeindevorstand ohne Rücksicht auf die Zahl der anwesenden Mitglieder beschlussfähig (§ 68 Abs. 3 HGO).

Über den wesentlichen Inhalt der Verhandlungen des Gemeindevorstands ist eine 340
Niederschrift zu fertigen, aus der ersichtlich ist, wer in der Sitzung anwesend war, welche Gegenstände er verhandelt, welche Beschlüsse gefasst und welche Wahlen vollzogen worden sind (vgl. dazu § 69 Abs. 2 HGO).

D. Bürgermeister

I. Wahl des Bürgermeisters

1. Allgemein

Die Stelle eines hauptamtlichen Bürgermeisters ist auszuschreiben. In der Gemeindeord- 341
nung ist diese Verpflichtung zwar nicht enthalten, sie ergibt sich aber aus den Vorschriften des Kommunalwahlrechts. Die **Wahl des Bürgermeisters** wird **durch den Wahlausschuss der Gemeinde,** der sich gemäß § 5 HKWG konstituiert, **vorbereitet** (vgl. § 42 HGO).

---

[177] HessVGH, NVwZ-RR 2019, 70.

[178] Vom Umlaufverfahren oder schriftlichem Beschlussverfahren spricht man, wenn Beschlüsse ohne Zusammenkunft durch Gegenzeichnen der Beteiligten auf schriftlichem Wege gefasst werden. Dieser Weg bietet sich vor allem dann an, wenn kein Diskussionsbedarf besteht, aber ein formaler Beschluss notwendig ist.

[179] Der Bürgermeister wird nicht wie die anderen Beigeordneten von der Gemeindevertretung in den Gemeindevorstand gewählt, er ist vielmehr kraft des ihm durch die Direktwahl verliehenen Amtes automatisch Vorsitzender des Gemeindevorstands. Es wurde ihm daher ausdrücklich das Recht, bei Entscheidungen mitstimmen zu dürfen, in § 68 Abs. 2 S. 2 HGO eingeräumt.

342 Der Bürgermeister wird von den Bürgern der Gemeinde in **allgemeiner, unmittelbarer, freier, gleicher und geheimer Wahl** gewählt (§ 39 Abs. 1 Satz 1 HGO). Die Wahl ist nach den Grundsätzen der **Mehrheitswahl** durchzuführen. Gewählt ist, wer mehr als die Hälfte der gültigen Stimmen erhalten hat (§ 39 Abs. 1 Satz 2 und 3 HGO).[180] Unionsbürger können wie deutsche Staatsangehörige zum Bürgermeister gewählt werden. Ein von den Bürgern zum Bürgermeister gewählter Bewerber hat grundsätzlich auch dann einen **Anspruch auf Ernennung und Amtseinführung**, wenn ein Wahlprüfungsverfahren anhängig ist.[181] Der Anspruch ergibt sich aus Art. 138 HV. Der Anspruch des gewählten Bewerbers einer Bürgermeisterwahl auf Umsetzung der Wahl durch Ernennung trägt dem Umstand Rechnung, dass die für die Ernennung notwendige Willlensbildung der Bürger unwiderruflich ist.

343 Entfällt auf keinen der Bewerber mehr als die Hälfte der gültigen Stimmen, findet frühestens am zweiten und spätestens am vierten Sonntag nach der Wahl eine **Stichwahl** unter den zwei Bewerbern statt, welche bei der ersten Wahl die höchste Stimmenzahl erhalten haben (§ 39 Abs. 1b Satz 1 HGO). Verzichtet einer der beiden Bewerber auf die Teilnahme an der Stichwahl, findet die Stichwahl mit dem verbliebenen Bewerber statt. Bei der Stichwahl ist der Bewerber gewählt, der von den gültig abgegebenen Stimmen die höchste Stimmenzahl erhält. Nimmt nur ein Bewerber an der Stichwahl teil, ist er gewählt, wenn er die Mehrheit der abgegebenen gültigen Stimmen erhalten hat (§ 39 Abs. 1b Satz 3 und 4 HGO).

344 Scheidet ein Bewerber nach Zulassung der Wahlvorschläge vor der Wahl durch **Tod oder Verlust der Wählbarkeit** aus, findet eine **Nachwahl** statt. Scheidet einer der beiden Bewerber für die **Stichwahl** durch Tod oder Verlust der Wählbarkeit aus, ist die **Wahl zu wiederholen** (vgl. ferner § 39 Abs. 1c Satz 1 bis 3 HGO). Bei **Ermittlung der Bewerber** für die Stichwahl und bei der Stichwahl entscheidet bei gleicher Zahl an gültigen Stimmen das vom Wahlleiter in der Sitzung des Wahlausschusses zu ziehende Los (§ 39 Abs. 1d HGO).

345 Die rechtlichen Rahmenbedingungen insbesondere des kommunalen Wahlbeamtentums sind umstritten, da sie sowohl beamtenrechtlichen als auch kommunalrechtlichen Regelungen unterliegen. Insbesondere stellt sich die Frage, ob **Art. 33 Abs. 2 GG** (und damit die Konkurrentenklage) auch auf kommunale Wahlbeamte Anwendung findet. Nach Art. 33 Abs. 2 GG hat jeder Deutsche nach seiner Eignung, Befähigung und fachlichen Leistung gleichen Zugang zu jedem öffentlichen Amte (**Leistungsprinzip**). Der Art. 33 Abs. 2 GG dient dem öffentlichen Interesse der **bestmöglichen Besetzung des öf-**

[180] Früher wurden die Bürgermeister nach den Regeln, die heute noch für die Wahl der hauptamtlichen Beigeordneten gelten, gewählt. Dahinter stand die Auffassung, dass in der Gemeinde eine Übereinstimmung zwischen der politischen Mehrheit der Gemeindevertretung und dem Verwaltungschef erforderlich sei, um vernünftige Sacharbeit leisten zu können. Die CDU-FDP-Koalition setzte dann nach süddeutschem Vorbild eine Direktwahl der Bürgermeister durch. Dazu war eine Änderung der hessischen Verfassung in Art. 138 erforderlich. Das Gesetz zur Änderung der Verfassung wurde vom hessischen Landtag am 19.12.1990 gegen die Stimmen der Opposition beschlossen. Gemäß Art. 123 Abs. 2 HV bedurfte es ferner noch einer entsprechenden Volksabstimmung, die am 20.1.1991 durchgeführt wurde. An der Volksabstimmung beteiligten sich 70,8% der Stimmberechtigten, von denen sich 82% für die Verfassungsänderung aussprachen. Versuche, diese Volksabstimmung wegen vorgeblicher formeller Fehler für unwirksam zu erklären, scheiterten vor dem Staatsgerichtshof (Staatsgerichtshof, Staatsanzeiger 1991, 451 ff.). Damit war die neu gewählte Regierung (SPD/Grüne) verpflichtet, eine Verfassungsänderung umzusetzen, die von ihr nicht gewollt war. Dies erfolgte durch das Änderungsgesetz vom 20.5.1992.

[181] HessVGH, Beschl. v. 5.2.2015, NVwZ-RR 2015, 542 ff.

fentlichen Dienstes.[182] Die Beurteilung der Eignung eines Bewerbers für das von ihm angestrebte öffentliche Amt durch den Dienstherrn bezieht sich auf die künftige Amtstätigkeit des Betroffenen und enthält zugleich eine Prognose, die eine konkrete und einzelfallbezogene Würdigung der gesamten Persönlichkeit des Bewerbers verlangt.[183] Diese **Bestenauslese** steht aber im Gegensatz zur Feststellung einer unerlässlichen Mindestqualifikation, die etwa bei kommunalen Wahlämtern nur verlangt wird. Infolge des Demokratieprinzips unterfallen also Wahlämter im Bereich der obersten Staats- und Kommunalverfassungsorgane nicht dem Art. 33 Abs. 2 GG. **Der Wahlakt verdrängt also das verfassungsrechtliche Prinzip der Bestenauslese.**[184]

Wählbar zum Bürgermeister sind Deutsche im Sinne des Art. 116 Abs. 1 GG und 346 Unionsbürger, die am Wahltag das 18. Lebensjahr vollendet haben (§ 39 Abs. 2 Satz 1 HGO). Zum hauptamtlichen Bürgermeister **konnte früher nicht gewählt werden, wer am Wahltag das 67. Lebensjahr vollendet** hat (§ 39 Abs. 2 Satz 1 und 2 HGO a. F.). Für den gerade vor Ablauf der Altersfrist gewählten Bürgermeister endete seine Amtszeit nach knapp vier Jahren mit Vollendung des 71. Lebensjahres. Dies ergab sich aus § 211 Abs. 5 S. 4 HBG, wonach der unmittelbar gewählte Beamte auf Zeit, dessen Amtszeit bei Vollendung des 71. Lebensjahres noch nicht beendet ist, zu diesem Zeitpunkt in den Ruhestand tritt. Das VG Wiesbaden hat entschieden, dass die Höchstaltersgrenze eine unzulässige Diskriminierung im Sinne des Art. 2 Abs. 2 lit.a, 4 Abs. 1 Richtlinie 2000/78/EG darstellt.[185]

2. Unvereinbarkeitsregeln

Bürgermeister oder Beigeordneter kann **nicht werden, wer gegen Entgelt im Dienst der** 347 **Gemeinde** steht oder wer gegen Entgelt im Dienst einer Körperschaft, Anstalt, Stiftung, Gesellschaft oder eines Eigenbetriebs der Gemeinde steht, an denen die Gemeinde maßgeblich beteiligt ist (§ 43 Abs. 1 Nr. 1 und 2 HGO).

Nicht Bürgermeister oder Beigeordneter kann ferner werden, wer **als hauptamtlicher** 348 **Beamter** oder **haupt- und nebenamtlicher Angestellter** des Landes oder des Landkreises unmittelbar **Aufgaben der Staatsaufsicht** wahrnimmt, wer ein hauptamtlicher Beamter oder haupt- oder nebenamtlicher Angestellter des Landkreises mit Aufgaben der Rechnungsprüfung für die Gemeinde belastet ist (§ 43 Abs. 1 Nr. 3 und 4 HGO). Für **hauptamtliche Richter** gilt ebenfalls eine Unvereinbarkeit zwischen ihrem Amt und der Wahrnehmung eines Mandats als Mitglied im Gemeindevorstand. Für ehrenamtliche Richter gilt dies nicht, da § 4 DRiG auf diesen Personenkreis nicht anzuwenden ist (vgl. § 2 DRiG).

Die Regelung der **Unvereinbarkeit eines anderen Mandats mit einer Mitgliedschaft im** 349 **Gemeindevorstand** findet sich nicht in der Hessischen Gemeindeordnung, sondern in anderen Gesetzen. Allerdings verbietet es § 39 Abs. 2 Nr. 4 HKO den Bürgermeistern oder Beigeordneten einer kreisangehörigen Gemeinde, gleichzeitig Mitglied im Kreisausschuss zu sein.

---

[182] BVerfG, NJW 2016, 3425 (3426 f., Rn. 18).
[183] BVerfG, NJW 2016, 3425 (3426 f., Rn. 19).
[184] Vgl. BVerfG, NJW 2016, 3425 (3426 f.); *Jachmann-Michel/Kaiser*, Art. 33, in: von Mangoldt/Klein/Starck, Grundgesetz, Kommentar, Bd. 2, 7. Aufl. 2018, Rn. 15.
[185] VG Wiesbaden, Beschl. v. 22.5.2013, NVwZ 2013, 1100 ff.

350 Schließlich dürfen **Bürgermeister und Beigeordnete weder miteinander bis zum zweiten Grad verwandt noch im ersten Grad verschwägert noch durch Ehe oder durch eingetragene Lebenspartnerschaft verbunden** sein (§ 43 Abs. 2 Satz 1 bis 4 HGO). Grade einer Verwandtschaft bzw. Verschwägerschaft sind nach den §§ 1589 f. BGB zu bestimmen. Die Schwägerschaft nach § 1590 Abs. 2 BGB besteht auch dann weiter, wenn die sie begründende Ehe wieder geschieden ist.

351 Die **Unvereinbarkeitsregeln** gewährleisten, dass nicht sachfremde Interessen Einzelner sich nachteilig auf Entscheidungen der Gemeinde auswirken. Wenn einer der Unvereinbarkeitstatbestände erfüllt ist, hat dies noch nicht ein Verbot für den Betroffenen zur Folge, für das Mandat zu kandidieren. Auch ein Erfolg der Wahl ist gültig, der Gewählte muss sich jedoch vor seiner Ernennung entschließen, welches Amt bzw. welches Mandat er annehmen will[186]. Der § 43 HGO soll garantieren, dass niemand mit der öffentlichen Kontrolle für eine Stelle beauftragt wird, in der er selbst arbeitet.

II. Stellung

352 Die **Amtszeit** für Bürgermeister beginnt mit der Aushändigung einer Urkunde über die Berufung in ihr Amt oder mit dem in der Urkunde genannten späteren Zeitpunkt (vgl. § 46 Abs. 2 HGO). Die Amtszeit des Bürgermeisters beträgt **sechs Jahre**. Ehrenamtliche Bürgermeister scheiden vorzeitig aus, wenn sie zur Erfüllung ihrer Dienstpflicht dauernd unfähig werden. Die Gemeindevertretung stellt in diesem Fall das Ausscheiden fest (§ 39 Abs. 3 Satz 1 und 2 HGO).

353 Der Bürgermeister wird – wie die Beigeordneten – spätestens sechs Monate nach seiner Wahl von den Vorsitzenden der Gemeindevertretung in öffentlicher Sitzung **in sein Amt eingeführt** und durch Handschlag auf die gewissenhafte Erfüllung seiner Aufgaben verpflichtet (§ 46 Abs. 1 HGO).

354 Bürgermeister sind **grundsätzlich hauptamtlich tätig** (§ 44 Abs. 1 Satz 1 HGO). In Gemeinden mit nicht mehr als 1500 Einwohnern kann die Hauptsatzung bestimmen, dass die Stellung des Bürgermeisters ehrenamtlich zu verwalten ist (§ 44 Abs. 1 Satz 2 HGO).

355 Der Bürgermeister ist **Vorsitzender des Gemeindevorstands** gemäß § 65 Abs. 1 HGO.

III. Aufgaben

356 Der Bürgermeister **beruft**, soweit nicht regelmäßige Sitzungstage festgesetzt sind, den **Gemeindevorstand** so oft wie es die Geschäfte erfordern, **schriftlich unter Angabe der Gegenstände der Verhandlung ein.**

357 Der Bürgermeister

- **leitet und beaufsichtigt den Geschäftsgang der gesamten Verwaltung** und sorgt für den geregelten Ablauf der Verwaltungsgeschäfte.
- Er **verteilt die Geschäfte** unter den Mitgliedern des Gemeindevorstands (§ 70 Abs. 1 Satz 2 und 3 HGO).
- Er **bereitet die Beschlüsse des Gemeindevorstands vor** und führt sie aus, soweit nicht Beigeordnete mit der Ausführung beauftragt sind (§ 70 Abs. 1 Satz 1 HGO).

186 HessVGH, Urt. v. 6.3.1979, II OE 140/78.

- Er ist gegenüber dem Gemeindevorstand für die **Ausführung der Beschlüsse verantwortlich.**
- Die laufenden Verwaltungsangelegenheiten werden vom Bürgermeister und dem zuständigen Beigeordneten **selbstständig erledigt,** soweit nicht aufgrund gesetzlicher Vorschriften oder Weisung des Bürgermeisters oder wegen der Bedeutung der Sache der Gemeindevorstand im Ganzen zur Entscheidung berufen ist (§ 70 Abs. 2 HGO).

Bei den laufenden Angelegenheiten differenziert also die Hessische Gemeindeordnung gemäß § 70 Abs. 2 HGO zwischen **bedeutenden Angelegenheiten der laufenden Verwaltung,** in denen wegen der Bedeutung der Sache der Gemeindevorstand im Ganzen zur Entscheidung aufgerufen ist, **und einfachen Angelegenheiten der laufenden Verwaltung,** die vom Bürgermeister und den zuständigen Beigeordneten selbstständig erledigt werden. Welche Angelegenheiten sich der Gemeindevorstand vorbehält, obliegt seinem Ermessen. Eine Ausnahme von der Regel des § 70 Abs. 2 HGO besteht für Angelegenheiten, die dem Gemeindevorstand auf Weisung des Bürgermeisters vorgelegt werden. In diesem Fall muss der Gemeindevorstand auch dann tätig werden, wenn es sich um eine einfache Angelegenheit der laufenden Verwaltung handelt.[187]

In dringenden Fällen kann der Bürgermeister die erforderlichen Maßnahmen von sich 358
aus anordnen, wenn die vorherige Entscheidung des Gemeindevorstands aus zeitlichen oder rechtlichen Gründen nicht eingeholt werden kann. Er hat allerdings dann unverzüglich dem Gemeindevorstand darüber zu berichten (§ 70 Abs. 3 Satz 1 und 2 HGO). Bei der Prüfung der Frage, ob eine Maßnahme erforderlich ist, muss der Verhältnismäßigkeitsgrundsatz berücksichtigt werden. Daher wird der Bürgermeister im Rahmen des § 70 Abs. 3 HGO in der Regel nur vorläufige Maßnahmen bis zum Vorliegen der Entscheidung des Gemeindevorstands treffen.

Die **Rechtmäßigkeit** der vom Bürgermeister im Rahmen des § 70 Abs. 3 HGO getrof- 359
fenen Maßnahmen kann gerichtlich überprüft werden. Klageberechtigt sind die in ihren Rechten Beeinträchtigten. Sie können geltend machen, dass die Maßnahmen von einem unzuständigen Organ der Gemeinde und damit unter Verletzung von Verfahrensvorschriften zustande gekommen sind. Die Verletzung von Formvorschriften nach § 46 HVwVfG wird dann unbeachtlich sein, wenn sich der Verwaltungsakt als inhaltlich richtig erweist.

Der Bürgermeister **nimmt an den Sitzungen der Gemeindevertretung mit dem Ge-** 360
meindevorstand teil. Der Bürgermeister kann eine von der Auffassung des Gemeindevorstands abweichende Meinung vertreten (§ 59 Satz 4 HGO).

Der Bürgermeister ist grundsätzlich **Dienstvorgesetzter**[188] aller Beamten, Angestellten 361
und Arbeiter der Gemeinde mit Ausnahme der Beigeordneten. Der Bürgermeister kann den Untergebenen Weisungen erteilen, die sich sowohl auf den förmlichen Dienstbetrieb als auch auf fachliche Fragen beziehen können. **Ausgenommen vom fachlichen Weisungsrecht sind die Beigeordneten,** wie sich aus § 73 Abs. 2 Satz 1 HGO ergibt, sowie die Mitarbeiter eines gemeindeeigenen Rechnungsprüfungsamtes nach § 130 Abs. 1 Satz 2 HGO.[189]

---

[187] Vgl. HessVGH, HessVGRspr. 1993, 9 f.

[188] Dienstvorgesetzter ist, wer für beamtenrechtliche Entscheidungen über die persönlichen Angelegenheiten der ihm nachgeordneten Beamten zuständig ist. Vorgesetzter ist, wer einem Beamten für seine dienstliche Tätigkeit Anordnungen erteilen kann (§ 4 Abs. 2 S. 1 und 2 HBO).

[189] HessVGH, HessVGRspr. 1993, 9 f.

362 Nach § 70 Abs. 2 HGO erledigen die Beigeordneten die laufenden Verwaltungsangelegenheiten in ihrem Geschäftsbereich **selbstständig.**

363 Durch Verordnung der Landesregierung wird bestimmt[190], wer die **Obliegenheiten des Dienstvorgesetzten gegenüber dem Bürgermeister und den Beigeordneten wahrnimmt** (§ 73 Abs. 2 Satz 2 HGO). Die Verordnung bestimmt auch, wer oberste Dienstbehörde für die Gemeindebediensteten ist. Der Sonderstellung der Zeitbeamten des Gemeindevorstands wird teilweise in § 211 HBG, teilweise durch eine Reihe von Sondergesetzen bzw. Verordnungen Rechnung getragen.[191]

364 Umstritten ist, ob die Ausübung des **Hausrechts** des (Ober-)Bürgermeisters im Rathaus **als öffentlichrechtlich oder als privatrechtlich** zu qualifizieren ist. Die Rechtsprechung grenzt **nach dem Zweck des Besuches** ab. Erfolgte der Besuch zur Wahrnehmung öffentlicher Angelegenheiten (z. B. Antrag auf Baugenehmigung), so ist der Verwaltungsgebrauch an öffentlichen Sachen betroffen, so dass das Hausrecht nach öffentlichem Recht zu beurteilen ist. Erfolgte der Besuch zu privaten Zwecken (z. B. Verkauf von Versicherungen), so ist das Hausrecht nach Privatrecht zu beurteilen.[192] In der Literatur und auch in der Rechtsprechung wird hingegen nach dem **Zweck des Hausverbots** abgegrenzt. Dient das Hausverbot der unbeeinträchtigten Erfüllung der öffentlichen Aufgaben im Gebäude, so ist das Hausverbot öffentlichrechtlich zu beurteilen, unabhängig davon, zu welchem Zweck der Bürger das Gebäude betreten hat. Geht es um den Schutz privater Belange im Gebäude, ist das Hausverbot privatrechtlich zu beurteilen.[193]

Beispielsfall 4 – Hausrecht: Die in der Stadtverordnetenversammlung der Stadt S beheimatete Fraktion F der Bunten befestigt an dem Fenster ihres im Rathaus gelegenen Fraktionszimmers sichtbar eine tibetische Flagge. Der Oberbürgermeister O verlangt unter der Berufung auf sein Hausrecht sowie die Bedeutsamkeit eines parteipolitischen und weltneutralen Eindrucks des Rathauses die sofortige Entfernung der Fahne. Da sich die Fraktion F auch nach mehrmaliger Aufforderung weigert, die Flagge abzuhängen, fragt sich O, ob eine Klage vor dem Verwaltungsgericht Aussicht auf Erfolg hätte.

A. Zulässigkeit

Dafür müsste die Klage zunächst zulässig sein. Der Verwaltungsrechtsweg ist mangels einer auf- oder abdrängenden Sonderzuweisung nach § 40 Abs. 1 Satz 1 VwGO eröffnet, da eine öffentlich-rechtliche Streitigkeit nichtverfassungsrechtlicher Art vorliegt: das Rathaus dient einem öffentlichen Zweck, nämlich der Abwicklung von Verwaltungsgeschäften und ist somit der Widmung nach als öffentliches Gebäude zu betrachten. Die Erfüllung der öffentlichen Aufgaben der Behörden wird mit Hilfe des Hausrechts gesichert, das daher dem öffentlichen Recht zugeordnet werden kann. Die geforderte Beseitigung der tibetischen Flagge ist

[190] Es handelt sich hierbei um die kommunale Dienstaufsichtsverordnung, Text: Fuhr/Pfeil, Nr. 45b.

[191] So im Gesetz über die Dienstaufwandsentschädigung der hauptamtlichen Wahlbeamten auf Zeit der Gemeinden, Landkreise, des Landeswohlfahrtsverbandes Hessen und des Umlandverbandes Frankfurt (Hess.Wahlbeamten-Aufwandsentschädigungsgesetz-HWB-Aufw.Entsch.G., Text: Fuhr/Pfeil, Nr. 52) in der Fassung vom 6.2.1990, die hessische Kommunalbesoldungsverordnung vom 20.9.1979 und die Verordnung über die Bestimmung und Anwendung von Stellenobergrenzen nach § 26 Bundesbesoldungsgesetzes der kommunalen Laufbahnbeamte (Stellenobergrenzenverordnung vom 21.11.1978).

[192] Vgl. BVerwGE 35, 103 ff.; BGHZ 33, 230 ff.; NWOVG, NJW 1998, 1425; DVBl. 1975, 587 f.; BaWüVGH, NJW 1994, 2500 f.

[193] NWOVG, NJW 2011, 2379; HessVGH, NJW 1990, 1250; NWOVG, NVwZ-RR 1989, 316; BayVGH, NJW 1980, 2722; BayVBl. 1980, 723.

als Realakt anzusehen, so dass die allgemeine Leistungsklage die statthafte Klageart darstellt. Darüber hinaus ist O analog § 42 Abs. 2 VwGO klagebefugt, da er als Hoheitsträger der Stadt S gemäß § 70 Abs. 1 Satz 2 HGO für einen störungsfreien Ablauf der Verwaltungsgeschäfte verantwortlich ist, deren Störung durch das Anbringen der tibetischen Flagge nicht offensichtlich ausgeschlossen werden kann. Die Klage ist insgesamt zulässig.

B. Begründetheit

Die Klage ist begründet, wenn O einen Anspruch gegen F auf die Entfernung der tibetischen Flagge hat.

I. Anspruchsgrundlage

Als Anspruchsgrundlage für das Begehren des O ergibt sich das ungeschriebene öffentlich-rechtliche Hausrecht, das auch die innere Ordnungsgewalt erfasst. Im Hinblick auf einen störungsfreien Ablauf der Verwaltungstätigkeit ist es angebracht, dem Träger der öffentlichen Gewalt ein solches Hausrecht zuzuweisen. Dieses Recht hat O weder durch Delegation noch durch sonstige Umstände eingebüßt.

II. Anspruchsvoraussetzungen

Im Hinblick darauf, dass das Hausrecht die Erfüllung der öffentlichen Aufgaben der Behörde sichern soll, müsste die Befestigung der tibetischen Flagge ein Verhalten darstellen, das eine sachgemäße Erfüllung der städtischen Verwaltungsaufgaben ernsthaft stört oder wenigstens gefährdet oder in sonstiger Weise dem Widmungszweck des Rathauses zuwiderläuft.

1. Verstoß gegen den Widmungszweck für das Fraktionszimmer

Die Stadtverordnetenversammlung stellt grundsätzliche keine politisch oder weltanschaulich neutrale Interessenvertretung dar. Eine hausrechtliche Bevormundung der Fraktionen in ihrem Verhalten nach außen könnte auch zu einer politischen Bevormundung führen, die so dem verfassungsrechtlichen Sinn der Fraktionsarbeit zuwiderlaufen würde. Das Anbringen der tibetischen Flagge kann daher weder als Störung noch als Gefährdung der gemeindlichen Aufgabenerfüllung angesehen werden.

2. Verstoß gegen den Widmungszweck

Das Anbringen der tibetischen Flagge könnte ferner als unzulässige Parteienwerbung anzusehen sein und gegen den Widmungszweck des Rathauses verstoßen. Die tibetische Flagge kann aber grundsätzlich nicht einer politischen Partei zugeordnet werden. Das Anbringen beeinträchtigt auch nicht den Widmungszweck des Rathauses. Das öffentlich-rechtliche Hausrecht trägt somit nicht die Forderung nach Entfernung der Flagge.

C. Ergebnis

Eine Klage des O wäre zwar zulässig, aber unbegründet und somit ohne Aussicht auf Erfolg.

IV. Widerspruchsrecht

1. Vorgehen des Bürgermeisters gegen Beschluss der Gemeindevertretung

a) Widerspruch gegen den Beschluss der Gemeindevertretung durch den Bürgermeister

Verletzt ein Beschluss der Gemeindevertretung das Recht, so muss der Bürgermeister gemäß § 63 Abs. 1 Satz 1 HGO widersprechen. **Gefährdet ein Beschluss der Gemeindevertretung das Wohl der Gemeinde,** kann der Bürgermeister gemäß § 63 Abs. 1 Satz 2 HGO widersprechen. 365

366 Da **auch andere Gremien der Gemeinde** abschließende Entscheidungen treffen können, ist auch gegen diese der Widerspruch des Bürgermeisters möglich. § 63 Abs. 3 Satz 2 HGO beschränkt das Prüfungsrecht des Bürgermeisters gegenüber Beschlüssen der **Ausschüsse** auf die Fälle des § 62 Abs. 1 Satz 3 HGO, also Fälle, in denen die Gemeindevertretung Entscheidungen in Einzelfällen oder in bestimmten Arten von Angelegenheiten auf einen Ausschuss übertragen hat. Den **Ortsbeiräten** können von der Gemeindevertretung bestimmte Einzelangelegenheiten und bestimmte Gruppen von Angelegenheiten zur abschließenden Entscheidung übertragen werden. Wenn eine solche Entscheidung das Wohl der Gemeinde gefährdet oder gegen das Wohl verstößt, findet aufgrund der Verweisung des Gesetzgebers in § 82 Abs. 6 Satz 1 HGO das gleiche Verfahren statt, wie bei rechtswidrigen Beschlüssen eines Ausschusses.

367 Der **Begriff des Wohls der Gemeinde** bedeutet, dass nur Gründe beachtet werden, die die Gemeinde selbst betreffen, während das öffentliche Wohl die Berücksichtigung der Belange der gesamten Einwohnerschaft berücksichtigt.[194]

368 Der Widerspruch muss **unverzüglich**, spätestens jedoch innerhalb von zwei Wochen nach der Beschlussfassung gegenüber dem Vorsitzenden der Gemeindevertretung ausgesprochen werden (§ 63 Abs. 1 Satz 3 HGO). Die Gemeindeordnung enthält keine Bestimmungen über die **Form des Widerspruchs**. Aus Gründen der Nachweisbarkeit sollte die Schriftform eingehalten werden. Eine Nachweisfunktion wird allerdings auch durch die Sitzungsniederschriften als öffentliche Urkunde bewirkt. Eine Widerspruchsbegründung wird vom Gesetzgeber nicht gefordert. Der Widerspruch hat **aufschiebende Wirkung** (§ 63 Abs. 1 Satz 4 HGO). Über die strittige Angelegenheit ist in einer neuen Sitzung der Gemeindevertretung, die mindestens drei Tage nach der ersten liegen muss, **nochmals zu beschließen** (§ 63 Abs. 1 Satz 5 HGO).

369 **Unterlässt es der Bürgermeister** innerhalb der eingeräumten Fristen einem Beschluss der Gemeindevertretung oder eines Ausschusses **zu widersprechen,** so **tritt der Gemeindevorstand an seine Stelle** (§ 63 Abs. 4 Satz 1 HGO). Die Widerspruchsfrist beginnt für den Gemeindevorstand mit Ablauf der entsprechenden Fristen für den Bürgermeister (§ 63 Abs. 4 Satz 2 HGO).

b) Beanstandung des erneuten Beschlusses der Gemeinde durch den Bürgermeister

370 Wenn „auch" der **neue nach dem Widerspruch ergangene Beschluss der Gemeindevertretung das Recht verletzt,** muss ihn der Bürgermeister unverzüglich, spätestens jedoch innerhalb einer Woche nach der Beschlussfassung, gegenüber dem Vorsitzenden der Gemeindevertretung **beanstanden** (§ 63 Abs. 2 Satz 1 und 2 HGO).[195]

371 Dem Wort „auch" in § 63 Abs. 2 Satz 1 HGO ist zu entnehmen, dass **eine Beanstandung nur dann erfolgen muss,** wenn bereits der Widerspruch gegen den ersten Beschluss auf eine Rechtsverletzung gestützt wurde.[196] Während also bei einem rechtswidrigen Zweitbeschluss nach einem Widerspruch gegen einen rechtswidrigen Erstbeschluss eine Beanstandung erfolgen muss, ist die Beanstandung dann nicht zulässig, wenn es um einen Zweitbeschluss nach einem Widerspruch geht, der nicht zumindest auch mit einer

[194] Vgl. dazu HessVGH, HessVGRspr. 1971, 73 ff.
[195] Es besteht kein Entscheidungsspielraum, VG Gießen, HSGZ 2013, 402 ff.
[196] HessVGH, HessVGRspr. 1976, 1 (5).

Rechtsverletzung des ersten Beschlusses begründet wurde. In diesem Fall muss aber der Bürgermeister nach § 63 Abs. 1 Satz 1 HGO „**widersprechen**", da der zweite Beschluss der Gemeindevertretung erstmalig das Recht verletzt. Damit gegebenenfalls ein Zweitbeschluss „beanstandet" werden kann, sollte der Bürgermeister bei jedem Widerspruch gegen einen Beschluss der Gemeindevertretung auch einen Gesetzesverstoß rügen. Dies ist möglich, da es nicht darauf ankommt, ob der Erstbeschluss tatsächlich gegen das Recht verstoßen hat, sondern ob ein Rechtsverstoß gerügt worden ist.[197]

Die **Beanstandung** muss **schriftlich begründet** werden (§ 63 Abs. 2 Satz 2 HGO). Allerdings hat der Gesetzgeber ausdrücklich nur die Begründung der Schriftform unterworfen, so dass die Beanstandung vom Bürgermeister selbst auch in der Gemeindevertretung erklärt werden kann. Die Begründung muss dann allerdings schriftlich nachgereicht werden. 372

Der Gesetzgeber hat sowohl für den Widerspruch (§ 63 Abs. 1 Satz 4 HGO) als auch für die Beanstandung (§ 63 Abs. 2 Satz 3 HGO) eine **aufschiebende Wirkung** angeordnet. Damit darf der Gemeindevorstand nicht einen als rechtswidrig angesehenen Beschluss der Gemeindevertretung umsetzen. 373

Wenn es sich um einen **Widerspruch wegen einer Gefährdung des Wohls** der Gemeinde handelt, dann ist der Gemeindevorstand verpflichtet, diesen Beschluss umzusetzen, wenn ein erneuter Beschluss in der Gemeindevertretung erfolgt. 374

c) Klage gegen die Beanstandung des Bürgermeisters durch die Gemeindevertretung

Nach dem Wortlaut des Gesetzes gelten die Vorschriften der VwGO für das **weitere Verfahren**. Da die letzte verwaltungsinterne Entscheidung vom Bürgermeister mit der Beanstandung getroffen wurde, bedeutet dies, dass die **Gemeindevertretung nun Klage vor dem Verwaltungsgericht** erheben muss, wenn sie mit der Beanstandung nicht einverstanden ist. Damit besitzen die Gemeindevertretung und der Bürgermeister die Stellung von Verfahrensbeteiligten, obwohl es sich um Untergliederungen ein und derselben juristischen Person handelt. Es liegt ein **Kommunalverfassungsstreitverfahren** als Interorganstreitigkeit vor.[198] 375

Als zutreffende Klageart hat der VGH die Anfechtungsklage bejaht.[199] Es handelt sich allerdings um einen Rechtsstreit zwischen zwei Organen ein und derselben Gemeinde, so dass es an der Außenwirkungsintention der Maßnahme fehlt, also kein Verwaltungsakt vorliegt und somit eine Anfechtungsklage nicht statthaft sein kann. Vielmehr sind die **Leistungsklage** oder die **Feststellungsklage** statthaft. Welche der beiden Klagen zu erheben ist, hängt von dem Ziel des Klägers im Einzelfall ab. Geht es darum, eine bestimmte Handlung oder Maßnahme für die Zukunft zu erreichen, ist die allgemeine Leistungsklage gegeben. Geht es darum, einen eigentlich abgeschlossenen Sachverhalt zu klären, ist eine Feststellungsklage statthaft.[200] Ist der nach § 63 Abs. 1 und Abs. 2 HGO der Beanstandung notwendig vorangehende **Widerspruch des Bürgermeisters formell fehlerhaft**, kann die Gemeindevertretung dies im gerichtlichen Verfahren nicht mehr geltend machen, wenn sie den Widerspruch nicht aus diesem formalen Grund zurückgewiesen hat.[201] 376

---

[197] So HessVGH, HessVGRspr. 1976, 1 (5).
[198] HessVGH, HessVGRspr. 1976, 1 (3).
[199] HessVGH, HessVGRspr. 1976, 1 (3 f.); HSGZ 1996, 465 ff.
[200] VG Kassel, Beschl. v. 22.1.2021 – 3 K 4693/17.KS, BeckRS 2021, 2334 Rn. 32 ff. (NVwZ 2021, 1820).
[201] VG Kassel, Beschl. v. 22.1.2021 – 3 K 4693/17.KS, BeckRS 2021, 2334 Rn. 38 ff.

377 Nach § 63 Abs. 2 Satz 6 HGO bleibt die **aufschiebende Wirkung** der Beanstandung **während eines anschließenden verwaltungsgerichtlichen Verfahrens** bestehen. Die Erhebung der Anfechtungsklage durch die Gemeindevertretung gegen die Beanstandung des Bürgermeisters würde dazu führen, dass aufgrund der aufschiebenden Wirkung der Klage die aufschiebende Wirkung der Beanstandung gegen den umstrittenen Beschluss wegfallen würde. Damit wäre der Gemeindevorstand gemäß § 66 Abs. 1 Nr. 2 HGO verpflichtet, den vom Bürgermeister für rechtswidrig gehaltenen Beschluss der Gemeindevertretung doch umzusetzen.

378 **Übersicht 4: Vorgehen des Bürgermeisters gegen einen Beschluss der Gemeindevertretung wegen Verletzung des Rechts**

I. Beschluss der Gemeindevertretung

1. Verletzung des Rechts
2. Widerspruch des Bürgermeisters (obligatorisch)
   a) unverzüglich, spätestens innerhalb von zwei Wochen
   b) gegenüber Vorsitzenden der Gemeindevertretung
   c) möglichst in Schriftform
3. Rechtsfolge: Aufschiebende Wirkung des Widerspruchs

II. Erneuter Beschluss der Gemeindevertretung

1. Verletzung des Rechts
2. Beanstandung des Bürgermeisters (obligatorisch)
   a) unverzüglich, spätestens innerhalb einer Woche
   b) gegenüber Vorsitzenden der Gemeindevertretung
   c) schriftliche Begründung
3. Rechtsfolge: Aufschiebende Wirkung des Widerspruchs

III. Abwehrmöglichkeit der Gemeindevertretung

Gemeindevertretung kann Klage vor dem Verwaltungsgericht erheben. Es liegt ein Kommunalverfassungsstreitverfahren als Interorganstreitigkeit vor. Es sind die Leistungsklage oder die Feststellungsklage statthaft. Welche der beiden Klagen zu erheben ist, hängt von dem Ziel des Klägers im Einzelfall ab.

Unterlässt es der Bürgermeister innerhalb der eingeräumten Fristen einem Beschluss der Gemeindevertretung oder eines Ausschusses zu widersprechen, so tritt der Gemeindevorstand an seine Stelle.

379 **Übersicht 5: Vorgehen des Bürgermeisters gegen einen Beschluss der Gemeindevertretung wegen Verletzung des Wohls der Gemeinde**

I. Beschluss der Gemeindevertretung

1. Verletzung des Wohls der Gemeinde
2. Widerspruch des Bürgermeisters (fakultativ)
   a) unverzüglich, spätestens innerhalb von zwei Wochen
   b) gegenüber Vorsitzenden der Gemeindevertretung
   c) möglichst in Schriftform

3. Rechtsfolge: Aufschiebende Wirkung des Widerspruchs

II. Erneuter Beschluss der Gemeindevertretung

1. Verletzung des Rechts (erstmals)
   a) Widerspruch des Bürgermeisters (obligatorisch)
      aa) unverzüglich, spätestens innerhalb von zwei Wochen
      bb) gegenüber Vorsitzenden der Gemeindevertretung
      cc) möglichst in Schriftform
   b) Rechtsfolge: aufschiebende Wirkung des Widerspruchs

   oder

2. Keine Verletzung des Rechts, sondern identischer Beschluss wie der erste
   a) Keine Widerspruchs- oder Beanstandungsmöglichkeit des Bürgermeisters
   b) Rechtsfolge: Gemeindevorstand muss Beschluss umsetzen

III. Erneuter Beschluss der Gemeindevertretung im Falle der Verletzung des Rechts (II.1)

1. Verletzung des Rechts
2. Beanstandung des Bürgermeisters (obligatorisch)
   a) unverzüglich, spätestens innerhalb einer Woche
   b) gegenüber Vorsitzenden der Gemeindevertretung
   c) schriftliche Begründung
3. Rechtsfolge: Aufschiebende Wirkung der Beanstandung

IV. Abwehrmöglichkeit der Gemeindevertretung

Gemeindevertretung kann Klage vor dem Verwaltungsgericht erheben. Es liegt ein Kommunalverfassungsstreitverfahren als Interorganstreitigkeit vor. Es sind die Leistungsklage oder die Feststellungsklage statthaft. Welche der beiden Klagen zu erheben ist, hängt von dem Ziel des Klägers im Einzelfall ab.

Unterlässt es der Bürgermeister innerhalb der eingeräumten Fristen einem Beschluss der Gemeindevertretung oder eines Ausschusses zu widersprechen, so tritt der Gemeindevorstand an seine Stelle.

2. Vorgehen des Bürgermeisters gegen Beschluss des Gemeindevorstands

a) Widerspruch gegen den Beschluss des Gemeindevorstands durch den Bürgermeister

Verletzt ein Beschluss des Gemeindevorstands das Recht, so *muss* der Bürgermeister gemäß § 74 Abs. 1 Satz 1 HGO widersprechen. Gefährdet ein Beschluss des Gemeindevorstands das Wohl der Gemeinde, so *kann* der der Bürgermeister gemäß § 74 Abs. 1 Satz 2 HGO widersprechen. 380

Der Widerspruch hat unverzüglich, spätestens jedoch innerhalb von zwei Wochen nach der Beschlussfassung zu erfolgen. Er hat **aufschiebende Wirkung** (§ 74 Abs. 1 Satz 3 und 4 HGO). Die Folge des Widerspruchs ist, dass über die strittige Angelegenheit in der nächsten Sitzung des Gemeindevorstands noch einmal zu beschließen ist (§ 74 Abs. 2 Satz 1 HGO). 381

382 Obwohl das Gesetz keine **Einschränkungen des Kontrollrechts des Bürgermeisters** zum Ausdruck bringt, ergeben sich Beschränkungen aus der Natur der Sache. Eine Rechtskontrolle des Bürgermeisters von Beschlüssen des Gemeindevorstands findet nicht statt, wenn es um Beschlüsse geht, mit denen der Gemeindevorstand sein Kontrollrecht gegenüber anderen Stellen der Gemeinde ausübt. So sind Beschlüsse in Verfahren nach § 63 Abs. 4 i. V. m. Abs. 1, 2 und 3 HGO vom Widerspruchsrecht des Bürgermeisters ausgeschlossen. Schließlich ist dem Bürgermeister ein Widerspruchsrecht versagt, wenn es um ihn betreffende Beschlüsse des Gemeindevorstands geht.

b) Anrufung der Gemeindevertretung gegen den erneuten Beschluss des Gemeindevorstands durch den Bürgermeister

383 Sollte auf diese Weise die Angelegenheit nicht erledigt werden, **bestätigt also der Gemeindevorstand auf den Widerspruch des Bürgermeisters hin seinen Beschluss,** kann der Bürgermeister innerhalb einer Woche die Entscheidung der Gemeindevertretung anrufen (§ 74 Abs. 2 Satz 2 HGO).

384 Die **Anrufung der Gemeindevertretung liegt stets in seinem Ermessen.** Er kann also rechtswidrige Beschlüsse des Gemeindevorstands bewusst hinnehmen. Es ist allerdings zu berücksichtigen, dass der Bürgermeister aufgrund seines Beamtenstatus zur Wahrung der Gesetze verpflichtet ist und daher aus Opportunitätsgründen Rechtsverstöße nach ihrer Bestätigung durch den Gemeindevorstand nicht einfach hinnehmen darf.

385 Wenn der Bürgermeister die **Gemeindevertretung** anruft, hat sich diese **mit der Angelegenheit zu befassen** und eine Entscheidung zu treffen. Im Gegensatz zur Einlegung eines Widerspruchs oder der Einlegung der Rechtsmittel des § 63 HGO ist nicht vorgesehen, dass die Anrufung der Gemeindevertretung aufschiebende Wirkung haben soll. Es muss daher vom Verwaltungsgericht durch eine einstweilige Anordnung nach § 123 VwGO die Ausführung des Beschlusses bis zur Entscheidung der Gemeindevertretung untersagt werden (Sicherungsanordnung).

c) Weiteres Verfahren wie bei Widerspruch gegen den Beschluss der Gemeindevertretung durch den Bürgermeister

386 Mit der Entscheidung der Gemeindevertretung ist aber nicht zwingend die Angelegenheit erledigt. Die **Gemeindevertretung kann der Auffassung des Gemeindevorstands oder der Auffassung des Bürgermeisters sein.** Wenn die Gemeindevertretung die Auffassung des Gemeindevorstands teilt, kann der Bürgermeister das Verfahren nach Regelungen des § 63 HGO weiterführen. Er ist jedoch mit seinen Möglichkeiten dann am Ende, wenn er nur einen Verstoß gegen das Wohl der Gemeinde rügt, da dann die Entscheidung der Gemeindevertretung über seinen Widerspruch die endgültige Entscheidung ist. Ist hingegen die Gemeindevertretung der Auffassung des Bürgermeisters, entscheidet die Gemeindevertretung.

387 **Übersicht 6: Vorgehen gegen einen Beschluss des Gemeindevorstands wegen Verletzung des Rechts**

I. Beschluss des Gemeindevorstands

1. Verletzung des Rechts
2. Widerspruch des Bürgermeisters (obligatorisch)

a) unverzüglich, spätestens innerhalb von zwei Wochen

b) gegenüber dem Gemeindevorstand

c) möglichst in Schriftform

3. Rechtsfolge: Aufschiebende Wirkung des Widerspruchs

II. Erneuter Beschluss des Gemeindevorstands

1. Verletzung des Rechts
2. Bürgermeister verlangt Entscheidung der Gemeindevertretung (fakultativ) innerhalb einer Woche

   Keine aufschiebende Wirkung, eventuell einstweilige Anordnung nach § 123 VwGO

III. Gemeindevertretung

1. Gemeindevertretung ist Ansicht des Gemeindevorstands

   Verfahren wie oben: Widerspruch des Bürgermeisters gegen Beschluss der Gemeindevertretung, die seiner Ansicht nach das Recht verletzt (obligatorisch)(Übersicht 4)
2. Gemeindevertretung widerspricht Gemeindevorstand. Gemeindevertretung entscheidet.

Übersicht 7: Vorgehen gegen einen Beschluss des Gemeindevorstands wegen Verletzung des Wohls der Allgemeinheit 388

I. Beschluss des Gemeindevorstands

1. Verletzung des Wohls der Gemeinde
2. Widerspruch des Bürgermeisters (fakultativ)

   a) unverzüglich, spätestens innerhalb von zwei Wochen

   b) gegenüber dem Gemeindevorstand

   c) möglichst in Schriftform
3. Rechtsfolge: Aufschiebende Wirkung des Widerspruchs

II. Erneuter Beschluss des Gemeindevorstands

1. Verletzung des Wohls der Gemeinde
2. Bürgermeister verlangt Entscheidung der Gemeindevertretung (fakultativ) innerhalb einer Woche

   Keine aufschiebende Wirkung

III. Gemeindevertretung

Gemeindevertretung entscheidet

V. Disziplinarverfahren

Verletzt ein Bürgermeister seine **Amtspflicht gröblich**, kann die Gemeindevertretung bei der Aufsichtsbehörde die Einleitung eines **Disziplinarverfahrens** beantragen. Der Beschluss bedarf der Mehrheit der gesetzlichen Zahl der Gemeindevertreter (§ 75 Abs. 1 Satz 1 und 2 HGO). Lehnt die Aufsichtsbehörde den Antrag ab, kann die Gemeindevertretung binnen eines Monats die Disziplinarkammer anrufen (§ 75 Abs. 2 und 3 HGO). 389

E. Beigeordnete

I. Wahl der hauptamtlichen Beigeordneten

390 Die Stellen hauptamtlicher Beigeordneten sind **öffentlich auszuschreiben** (§ 42 Abs. 2 Satz 3 HGO). Die Wahl soll rechtzeitig vor Ablauf der Amtszeit stattfinden (§ 42 Abs. 4 HGO). Die **Wahl der hauptamtlichen Beigeordneten** wird **durch einen Ausschuss der Gemeindevertretung vorbereitet** (vgl. § 42 Abs. 2 HGO). Wenn kein erster Beigeordneter hauptamtlich gewählt wird, ist automatisch diejenige Person erster Beigeordneter, die den vordersten Listenplatz der Vorschlagsliste einnimmt, also auf die die meisten Stimmen entfallen sind (§ 55 Abs. 1 Satz 2 2. HS HGO).

391 **Hauptamtliche Beigeordnete** können alle Deutschen im Sinne von Art. 116 Abs. 1 GG sowie alle Unionsbürger sein, die am Wahltag das 18. Lebensjahr vollendet haben (§ 39a Abs. 1 Satz 2 i. V. m. § 39 Abs. 2 HGO). Die hauptamtlichen Beigeordneten werden von der Gemeindevertretung **jeweils für sechs Jahre** gewählt (§ 39a Abs. 2 Satz 1 HGO).

392 Voraussetzung für die Wahl zum **ehrenamtlichen Beigeordneten** ist, dass die entsprechende Person das passive Wahlrecht in der Gemeinde besitzt (§ 39a Abs. 2 Satz 2 i. V. m. §§ 32, 33 HGO). Es ist üblich, die ehrenamtlichen Beigeordneten aus dem Kreis der Gemeindevertreter zu wählen, da diese als Repräsentanten der öffentlichen Parteien meist bei der Kommunalwahl die vorderen Listenplätze einnehmen. Es können jedoch auch beliebige andere Bürger der Gemeinde gewählt werden. Die ehrenamtlichen Beigeordneten werden von der Gemeindevertretung jeweils für die **Wahlzeit der Gemeindevertreter** gewählt (§ 39a Abs. 2 Satz 2 HGO).

393 Für sämtliche Beigeordneten gilt, weil sie in den **Status eines Beamten auf Zeit** berufen werden[202], dass sie die allgemeinen Voraussetzungen für eine Berufung in das Beamtenverhältnis nach § 7 HBG erfüllen.

394 Die Beigeordneten werden – wie der Bürgermeister – spätestens sechs Monate nach ihrer Wahl von den Vorsitzenden der Gemeindevertretung in öffentlicher Sitzung **in ihr Amt eingeführt** und durch Handschlag auf die gewissenhafte Erfüllung ihrer Aufgaben verpflichtet (§ 46 Abs. 1 HGO).

II. Stellung

395 Die **Amtszeit** der Beigeordneten beginnt mit der Aushändigung einer Urkunde und der Berufung in ihr Amt oder mit dem in der Urkunde genannten späteren Zeitpunkt. Dem Beigeordneten wird die Urkunde vom Bürgermeister überreicht (§ 46 Abs. 2 Satz 1 und 3 HGO). Für Beigeordnete, die durch Wiederwahl berufen werden, beginnt ihre neue Amtszeit am Tag nach dem Ablauf der bisherigen Amtszeit (§ 46 Abs. 3 HGO). Ein neu gewähltes Mitglied des Gemeindevorstandes kann sein Mandat erst dann ausüben, wenn es zum Beamten ernannt worden ist.

396 Der **Erste Beigeordnete ist der allgemeine Vertreter des Bürgermeisters**. Er soll als allgemeiner Vertreter nur tätig werden, wenn der Bürgermeister verhindert ist. Bei einem hauptamtlichen ersten Beigeordneten muss diesem vom Bürgermeister ein eigener Zuständigkeitsbereich zugewiesen werden (vgl. § 70 HGO).

397 Die **übrigen Beigeordneten** sind zur allgemeinen Vertretung des Bürgermeisters nur berufen, wenn der Erste Beigeordnete verhindert ist. Die Reihenfolge bestimmt der Gemeindevorstand (§ 47 Satz 1 bis 3 HGO). Ob der ehrenamtliche Beigeordnete eigene

[202] HessVGH, Hess.VerwRspr. 1976, 57 f.

Zuständigkeitsbereiche bekommt, liegt in der Entscheidung des Bürgermeisters. Ansonsten ist der Tätigkeitsbereich der Beigeordneten eine vom Bürgermeister in alleiniger Zuständigkeit zu treffende Ermessensentscheidung.

Die mit der Verwaltung des Finanzwesens beauftragten hauptamtlichen Beigeordne- 398
ten führen die Bezeichnung **Stadtkämmerer**, die übrigen Beigeordneten die Bezeichnung **Stadtrat** (vgl. § 45 Abs. 2 und 3 HGO).

Das Gesetz gibt in § 44 Abs. 2 S. 2 HGO eine **Mindestzahl** von Beigeordneten vor. 399
Es muss mindestens zwei Beigeordnete geben mit der Folge, dass eine Mindestgröße des Gemeindevorstands von drei Personen besteht. § 44 Abs. 2 Satz 4 HGO ist nicht so zu verstehen, dass es im Gemeindevorstand eine Mehrheit der ehrenamtlichen Beigeordneten geben müsste, da nur festgelegt wird, dass es nicht mehr haupt- als ehrenamtliche Beigeordnete geben darf.

III. Aufgaben

Neben der Zuständigkeit des Gemeindevorstands als Kollegialorgan kennt die Hes- 400
sische Gemeindeordnung auch die **Zuständigkeit einzelner Beigeordneter.** Die laufenden Verwaltungsangelegenheiten werden von dem Bürgermeister und den zuständigen Beigeordneten selbstständig erledigt. Der **Beigeordnete kann alle sein Dezernat berührenden Angelegenheiten selbst entscheiden und ausführen**, wenn nicht eine gesetzliche Vorschrift, die Weisung des Bürgermeisters oder die Bedeutung der Sache eine Entscheidung des Gemeindevorstands im Ganzen verlangt (§ 70 Abs. 2 HGO).

IV. Disziplinarverfahren

Verletzt ein Beigeordneter seine **Amtspflicht gröblich**, kann die Gemeindevertretung bei 401
der Aufsichtsbehörde die Einleitung eines **Disziplinarverfahrens** wie bei der Amtspflichtverletzung durch den Bürgermeister beantragen (§ 75 HGO).

§ 5. Demokratische Bürgerbeteiligung

A. Bürgerversammlung

Eine **Bürgerversammlung** soll mindestens einmal im Jahr zur Unterrichtung der Bürger 402
über wichtige Angelegenheiten der Gemeinde abgehalten werden (§ 8a Abs. 1 Satz 1 HGO). In größeren Gemeinden können Bürgerversammlungen auf Teile des Gemeindegebiets beschränkt werden (§ 8a Abs. 1 Satz 2 HGO). Die Bürger haben kein subjektives Recht auf Abhaltung einer Bürgerversammlung.

Die Bürgerversammlung wird **von dem Vorsitzenden der Gemeindevertretung im Be-** 403
nehmen[203] **mit dem Gemeindevorstand einberufen.** Da die Einladung zu einer Bürgerversammlung nicht zu den Angelegenheiten der Gemeindevertretung gehört, hat diese nicht das Recht, ihren Vorsitzenden zu verpflichten, eine Bürgerversammlung einzuberufen oder ihm eine Tagesordnung vorzuschlagen. Die Einberufung erfolgt mindestens eine Woche vor dem festgesetzten Termin unter Angabe von Ort, Zeit und Gegenstand durch öffentliche Bekanntmachung (§ 8a Abs. 2 Satz 1 und 2 HGO). Folgt die Ladung

[203] Also nicht im Einvernehmen!

zu spät oder fehlen die festgelegten Angaben, ist sie rechtswidrig. Allerdings hat dies keine Konsequenzen, da Rechtsfehler der Einladung nicht auf irgendwelche Beschlüsse durchschlagen können.

404 Der **Vorsitzende der Gemeindevertretung leitet** die Bürgerversammlung (§ 8a Abs. 3 Satz 1 HGO). Obwohl der Vorsitzende der Gemeindevertretung die Versammlung einberuft, sind die Gemeindevertreter nicht verpflichtet, anwesend zu sein.

405 Zu den Bürgerversammlungen können neben den Gemeindebürgern **auch nichtwahlberechtigte Einwohner** zugelassen werden (§ 8a Abs. 2 Satz 3 HGO). Der Vorsitzende der Gemeindevertretung kann **Sachverständige und Berater** zuziehen (§ 8a Abs. 3 Satz 2 HGO).

406 Der **Gemeindevorstand** nimmt an den Bürgerversammlungen teil; er muss jederzeit gehört werden (§ 8a Abs. 3 Satz 3 HGO). Aus der Anwesenheitspflicht des Gemeindevorstands kann man schließen, dass der Gemeindevorstand auch Rede und Antwort zu stehen hat, soweit nicht Geheimhaltungsbedürfnisse vorliegen. Was man unter wichtigen Angelegenheiten der Gemeinde versteht, wird nicht näher präzisiert. Es fallen darunter aber wohl Angelegenheiten, die die Gemeindeeinwohner in ihrer Gesamtheit betreffen können.

B. Bürgerbegehren und Bürgerentscheid

I. Allgemein

407 Bürgerbegehren und Bürgerentscheide sind eine **Durchbrechung des Grundsatzes der repräsentativen Demokratie,** da die Wahlberechtigten selbst über Angelegenheiten der Gemeinde entscheiden. Es muss sich bei dem Bürgerbegehren um **eine wichtige Angelegenheit** der Gemeinde handeln, die nicht nur für eine kleine Gruppe von Bedeutung ist.[204] So kann bei der Beantwortung dieser Frage auch auf die Auswirkungen auf die Gemeindefinanzen und die Gemeindewirtschaft abgestellt werden.[205] Von besonderer Bedeutung ist eine Angelegenheit, wenn über den Bestand oder über die Betriebsform einer öffentlichen Einrichtung entschieden werden soll.

II. Bürgerbegehren

408 Das **Bürgerbegehren ist auf einen Bürgerentscheid gerichtet.** Die Beantragung der Bürger an die Gemeinde, über eine wichtige Angelegenheit der Gemeinde einen Bürgerentscheid durchzuführen, nennt man Bürgerbegehren. Dieser Bürgerentscheid betrifft wichtige Angelegenheiten. Er findet jedoch gemäß § 8b Abs. 2 HGO nicht statt (**Negativkatalog**)

[204] Als Beispiele für wichtige Angelegenheiten kommen in Betracht: die bauliche Gestaltung verkehrsberuhigter Zonen, VG Schleswig vom 17.12.1992 (6A69/92); die Entscheidung über die gemeindliche Förderung eines Privatinvestors, wie die Errichtung einer Tiefgarage, MVOVG, NVwZ 1997, 306; zum Vorliegen gegensätzlicher Bürgerbegehren zu einem Grundstücksgeschäft, vgl. BayVGH, NVwZ-RR 1996, 284, und bei der Entscheidung über den Abriss historischer Mauerreste zur Errichtung einer Tiefgarage in der Kasseler Innenstadt, HessVGH, NVwZ 1996, 721 (722).

[205] HessVGH, NVwZ 1994, 396.

- über Weisungsaufgaben und Angelegenheiten, die kraft Gesetzes dem Gemeindevorstand oder dem Bürgermeister obliegen,
- über Fragen der inneren Organisation der Gemeindeverwaltung,
- über Rechtsverhältnisse der Gemeindevertreter, der Mitglieder des Gemeindevorstands und der sonstigen Gemeindebediensteten,
- über die Haushaltssatzung (einschließlich der Wirtschaftspläne der Eigenbetriebe), die Gemeindeabgaben (außer der Entscheidung über den Erhebungsmodus des gemeindlichen Straßenbeitrags nach § 11a Abs. 1 des Gesetzes über kommunale Abgaben[206]) und die Tarife der Versorgungs- und Verkehrsbetriebe der Gemeinde,
- über die Feststellung der Jahresrechnung oder des Jahresabschlusses der Gemeinde und der Jahresabschlüsse der Eigenbetriebe,
- über Entscheidungen im Rechtsmittelverfahren sowie über Anträge, die ein gesetzeswidriges Ziel verfolgen (§ 8b Abs. 2 HGO).

Zuständig für das Bürgerbegehren sind die Bürger einer Gemeinde. EU-Bürger, die auch Gemeindevertreter sein können, können auch über die Zulassung des Bürgerbegehrens zum Bürgerentscheid mitentscheiden. 409

Das Bürgerbegehren ist **schriftlich beim Gemeindevorstand** einzureichen. Dies hat zur Folge, dass dieser die Prüfung der Zulässigkeitsvoraussetzungen vorzunehmen und die Bürger auf Versäumnisse aufmerksam zu machen hat. Grundsätzlich sind für die Einleitung eines Bürgerbegehrens **keine Fristen** einzuhalten. Wenn gegen einen bereits seit Jahren bestehenden Missstand ein Bürgerbegehren initiiert wird, kann dem nicht entgegen gehalten werden, dass sich seit Jahren nichts an der Angelegenheit geändert habe. Richtet es sich gegen einen Beschluss der Gemeindevertretung, muss dies in seiner Formulierung zum Ausdruck kommen[207] und innerhalb von acht Wochen nach Bekanntgabe des Beschlusses eingereicht sein (§ 8b Abs. 3 Satz 1 2. HS HGO). 410

Das Bürgerbegehren **muss enthalten** 411

- die zu entscheidende Frage,
- eine Begründung und einen nach den gesetzlichen Bestimmungen durchführbaren Vorschlag für die Deckung der Kosten der verlangten Maßnahmen sowie
- die Benennung von bis zu drei Vertrauenspersonen, die zur Entgegennahme von Mitteilungen und Entscheidungen der Gemeinde sowie zur Abgabe von Erklärungen gegenüber dem Gemeindevorstand ermächtigt sind (§ 8b Abs. 3 Satz 2 HGO).

Das **unterzeichnete Bürgerbegehren stellt eine Personenmehrheit ohne eigene Verfassung dar**, die sich ohne eine Vertretungsregelung im Verfahren des Bürgerbegehrens bzw. der Durchführung des Bürgerentscheids nicht ausdrücken könnte.[208] Der Unter- 412

---

[206] Es wird damit klargestellt, dass ein Bürgerentscheid über die Frage, ob vom einmaligen auf den wiederkehrenden Straßenbeitrag gewechselt werden soll oder umgekehrt, möglich ist.

[207] VG Kassel, HSGZ 2008, S. 186.

[208] Das BVerfG attestiert den in der hessischen Gemeindeordnung als Vertrauenspersonen bezeichneten Vertretern eines Bürgerbegehrens „in einer Art organschaftlichem Verhältnis zur betreffenden Gemeinde ‚Amtswalter'" zu stehen (BVerfG, NVwZ 2019, 642 Rn. 17; ebenso bereits VG Darmstadt, NVwZ-RR 1995, 156 [157]). Das Gericht begründet diese Einordnung damit, dass die den Vertrauenspersonen eines Bürgerbegehrens durch das Kommunalrecht zugewiesenen Rechte Teil der kommunalen Willensbildung seien. Ein zugelassenes Bürgerbegehren sei Teil des institutionellen Gefüges der Gemeinde, mit dem die Bürgerschaft an der politischen Willensbildung in der Gemeinde teilhabe. Seine Vertrauensleute nehmen insoweit eine organschaftliche Funktion war (BVerfG, NVwZ 2019, 642 Rn. 22). Daraus folgt, dass es sich bei Streitigkeiten über die Zulässigkeit eines Bürgerbegehrens um kommunalverfassungsrechtliche Streitigkeiten

schrift unter das Bürgerbegehren muss das vollständige Bürgerbegehren vorangestellt sein.[209]

413 Das Bürgerbegehren muss in Gemeinden mit mehr als 100.000 Einwohnern von mindestens 3 Prozent, in Gemeinden mit mehr als 50.000 Einwohnern von mindestens 5 Prozent und in den sonstigen Gemeinden von mindestens 10 Prozent der bei der letzten Gemeindewahl amtlich ermittelten Zahl der wahlberechtigten Einwohner unterzeichnet sein; die Wahlberechtigung der Unterzeichner muss im Zeitpunkt der Unterzeichnung gegeben sein (§ 8b Abs. 3 Satz 3 HGO). Das **Vorliegen eines wichtigen Anliegens** (vgl. § 8b Abs. 1 HGO) folgt daraus, dass sich diese Prozentzahlen der Wahlberechtigten dafür einsetzen.

414 Die Zulassung eines Bürgerbegehrens ist an die **Einhaltung formeller Anforderungen** geknüpft. Es muss den wesentlichen Sachverhalt und eine die maßgeblichen Argumente enthaltende **Begründung aufweisen**. Nur dann wird man den möglichen Unterstützern einen unverfälschten Eindruck von dem Vorhaben verschaffen. Es dürfen jedoch angesichts des Umstandes, dass die Einreichung eines Bürgerbegehrens auch Gemeindebürgern ohne besondere verwaltungsrechtliche Kenntnisse möglich sein muss, an die Begründung keine überhöhten Anforderungen gestellt werden.[210] Ein Bürgerbegehren darf nur Angelegenheiten zum Gegenstand haben, über die **innerhalb der letzten drei Jahre nicht bereits ein Bürgerentscheid** durchgeführt worden ist (§ 8b Abs. 4 Satz 1 HGO).

415 Über die **Zulässigkeit** eines Bürgerbegehrens **entscheidet die Gemeindevertretung** (§ 8b Abs. 4 Satz 2 HGO). Der Beschluss der Gemeindevertretung ist eine Angelegenheit, über die in öffentlicher Sitzung beraten und beschlossen wird. Bei der Entscheidung über die Zulassung eines Bürgerbegehrens zum Bürgerentscheid handelt es sich um eine gebundene Entscheidung. Damit hat die Gemeindevertretung keine Möglichkeit, im Rahmen der Zulassungsentscheidung politische Überlegungen einfließen zu lassen. Sie ist ausschließlich an § 8b HGO gebunden.

416 Der Bürgermeister und gegebenenfalls der Gemeindevorstand müssen einem ablehnenden bzw. stattgebenden Beschluss **widersprechen** und diesem im Wiederholungsfall beanstanden, wenn die Voraussetzungen des § 63 HGO gegeben sind.

417 Wenn das Bürgerbegehren **nicht zum Bürgerentscheid zugelassen wird**, sind mehrere Personen oder Gruppen in ihrem Recht aus § 8b HGO beeinträchtigt. Nach Ansicht des HessVGH sind **alle Mitunterzeichner** beteiligungsfähig.[211] Nach einer zweiten Ansicht sind **allein die Vertreter des Bürgerbegehren**s gemäß § 8b Abs. 3 Satz 2 HGO in Person und nicht die Gesamtheit der Unterzeichner Inhaber der Rechtsposition[212]. Nach einer dritten Auffassung steht mit der Benennung der **Vertrauenspersonen ein eigenständiges kommunales Organ** mit eigenen Rechten zur Verfügung. Handlungsfähigkeit und Beteiligungsfähigkeit komme allein diesem Organ mit der Folge zu, dass die organschaftlichen Rechte nur zur gesamten Hand, also von allen Vertrauenspersonen gemeinsam

---

handelt (BVerfG, NVwZ 2019, 642 Rn. 24), die im Wege der Feststellungsklage gegen den die Zulässigkeit des Bürgerbegehrens versagenden Rat zu verfolgen sind und in deren Rahmen die Vertretungsberechtigten ausschließlich ihre organschaftlichen Rechte, mangels Grundrechtsberechtigung hingegen weder eine Verletzung von Art. 19 Abs. 4 GG (BVerfG, NVwZ 2019, 642 Rn. 18 ff.) noch einen Verstoß gegen Art. 3 I GG (BVerfG, NVwZ 2019, 642 Rn. 25) geltend machen können. Kritisch dazu: *Heusch/Dickten*, NVwZ 2019, 1238 (1244).

[209] Vgl. BGHZ 113, 48 („Oberschrift“ keine beweisfähige Unterschrift).

[210] *Heusch/Rosarius*, NVwZ 2020, 1562 (1568); HessVGH, NVwZ-RR 2020, 805 ff.

[211] HessVGH, NVwZ 1997, 310.

[212] BayVGH, NVwZ 2000, 219 (220); NWOVG, NVwZ-RR 1999, 136.

ausgeübt werden können.[213] Nach der in Literatur und Rechtsprechung vorwiegenden Meinung soll dagegen das **Bürgerbegehren selbst als Gesamtheit beteiligungsfähig** sein. Damit soll sich die Beteiligungsfähigkeit aus § 61 Nr. 2 VwGO ergeben; das Bürgerbegehren wird insoweit als Vereinigung angesehen. Die Handlungsfähigkeit dieser Vereinigung werde durch die Vertrauenspersonen gewährleistet, die als besonders Beauftragte im Sinne des § 62 Abs. 3 VwGO angesehen werden könnten.[214] Die Rechte der Antragsteller eines Bürgerbegehrens können also nur gemeinsam von den Vertrauenspersonen im eigenen Namen geltend gemacht werden.[215]

Die Frage nach der **richtigen Klageart** richtet sich nach der Beantwortung der Frage, wer Beteiligter an einem entsprechenden Verwaltungsstreitverfahren sein kann. Wer der Ansicht ist, dass es sich bei einem Bürgerbegehren um ein Organ oder um ein quasi Organ der Gemeinde handelt, wird regelmäßig die Statthaftigkeit eines **Kommunalverfassungsstreitverfahrens**, eines Streits zwischen verschiedenen Organen der Gemeinde als juristischer Person des öffentlichen Rechts, annehmen. Dies erreicht man, indem man die als Unterstützer auftretenden Einwohner nicht als Personen mit subjektiven Rechten außerhalb der verfassten Gemeinde ansieht, sondern als Organ der gemeindlichen Verfassung qualifiziert.[216] 418

Geht man, wie der HessVGH, davon aus, dass es sich nicht um eine Streitigkeit zwischen verschiedenen Organen einer Gemeinde handelt, ist das Kommunalverfassungsstreitverfahren ausgeschlossen, vielmehr kommen dann die **normalen Klagearten der VwGO** zur Anwendung. Da es sich dann um eine normale verwaltungsrechtliche Klage im Außenrechtsverhältnis zwischen der Gemeinde und ihren Bürgern handelt[217], ist bei einem ablehnenden Bescheid an eine **Verpflichtungsklage**[218] zu denken, da es sich bei der Entscheidung über die Zulassung des Bürgerbegehrens gegenüber dem Antragsteller um eine Regelung mit Außenwirkungsintention, also einen Verwaltungsakt, handelt. Es spricht einiges dafür, der Meinung des HessVGH zu folgen, da ein Kommunalverfassungsstreitverfahren nur dann vorliegt, wenn zwei Organe oder Teile eines Organs einer kommunalen Gebietskörperschaft über die Rechtmäßigkeit von Beschlüssen des Organs oder von Funktionsabläufen in dem Organ aus dem Bereich des Kommunalverfassungsrechts streiten. Hier fehlt es aber an dem innerorganschaftlichen Verhältnis zwischen den Bürgern bzw. der Unterstützung des Bürgerbegehrens auf der einen und der Gemeindevertretung auf der anderen Seite. Weder die Bürgerschaft insgesamt noch diejenigen, die eine Unterstützungsunterschrift geleistet und damit subjektive Rechte aus § 8b HGO ausgeübt haben, werden zu einem Teil eines Gemeindeorgans, erst recht nicht zu einem eigenständigen Gemeindeorgan. 419

Beispielsfall 5 – Bürgerbegehren: Die in der Gemeinde G lebenden 30.000 wahlberechtigten Einwohner sind besonders stolz auf den ihr gehörenden Botanischen Garten, der weit über die Landesgrenzen hinaus aufgrund seiner herrlichen Umgebung und der Vielzahl attraktiver Pflanzen bekannt ist. Der Park gilt als Symbol für Erholung und Naturerlebnisse und wird täglich von vielen Einwohnern besucht. Neben dem Park befindet sich ein Parkplatz sowie eine ungenutzte Fläche, für die ein Bebauungsplan existiert. Den Parkliebhabern kommt zu

---

[213] RPOVG, AS 25, S. 285 (290); VG Darmstadt, NVwZ-RR 1995, 156 (157).

[214] VG Koblenz, NVwZ 1988, 468. Der HessVGH geht jedoch davon aus, dass dem Bürgerbegehren als solchem keine Beteiligungsfähigkeit zukommt: HessVGH, NVwZ 1997, 310.

[215] HessVGH, NVwZ 1997, S. 310 f.; HSGZ 2000, 143.

[216] Vgl. RPOVG, NVwZ-RR 1997, 241.

[217] HessVGH, NVwZ-RR 1996, 409.

[218] Vgl. auch BaWüVGH, NVwZ 1985, 288 ff.; DÖV 1988, 476; MVOVG, NVwZ 1997, 306 f.; VG Gießen, HSGZ 2009, 53 ff.

Ohren, dass der Immobilieninhaber I ein Einkaufszentrum auf dem Gebiet errichten möchte. Dieses soll 100 Geschäfte und verschiedene Restaurants beherbergen, daneben ist geplant, 1000 Parkplätze auszuweisen. Zur Durchsetzung seines Vorhabens hat I bereits die Gemeinde kontaktiert und ein Kaufpreisangebot abgegeben. Die Vereinsvorsitzenden und Vertreter von „Botanischer Garten e.V." A, B und C beschließen daraufhin, aus naturschutzrechtlichen Gründen etwas gegen die Baupläne zu unternehmen. Sie verteilen Flugblätter, auf denen das Begehren der Initiative deutlich wird, nämlich dass das Gelände nicht verkauft wird. Als feststeht, dass die Gemeinde über den Verkauf des Geländes aufgrund der bestehenden finanziellen Engpässe nachdenkt, sammelt der Verein 7521 Unterschriften der Einwohner zur Durchsetzung eines Bürgerbegehrens mit der Forderung, das Grundstück nicht zu verkaufen. Begründet wird ihr Anliegen damit, dass die in G lebenden Einwohner sich weiterhin im Park erholen wollen, die Ruhe und die Idylle des Parks schätzen, dieser unter Naturschutz stehe und weitere Einkaufsgeschäfte nicht benötigt würden. Kurz darauf werden die Grundstücke an I verkauft. Wird das Bürgerbegehren erfolgreich sein?

I. Formelle Rechtmäßigkeit

Zunächst müssen die formellen Anforderungen an ein Bürgerbegehren erfüllt sein. Nach § 8b Abs. 4 Satz 2 HGO entscheidet die Gemeindevertretung über die Zulässigkeit des Bürgerbegehrens.

1. Zulässige Fragestellung

Das Bürgerbegehren selbst muss gemäß § 8b Abs. 3 Satz 2 HGO die zu entscheidende Frage enthalten, um die es im Fall eines Entscheids gehen solle. Diese Frage müsste mit „Ja" oder „Nein" zu beantworten sein. Das Bürgerbegehren von A, B und C enthält zwar nur eine Forderung, die zur Entscheidung zu bringende Frage, das besagte Gelände nicht zu verkaufen, kann jedoch durch Auslegung ermittelt werden. Die Frage kann also mit „Ja" oder „Nein" beantwortet werden.

2. Antragsbegründung

Nach § 8b Abs. 3 Satz 2 HGO muss das Bürgerbegehren eine Begründung enthalten. Hier wurde angegeben, dass die Einwohner sich weiterhin im Park erholen wollen, die Ruhe und die Idylle des Parks schätzen und die Grundstücke um den Park herum aus naturschutzrechtlichen Gründen erhalten bleiben sollen, zumal man dort Geschäfte nicht brauche. Die Anforderungen an die Begründung sind also erfüllt.

3. Kostendeckungsvorschlag

Ein nach § 8b Abs. 3 Satz 2 HGO erforderlicher Kostendeckungsvorschlag ist dem Bürgerbegehren nicht zu entnehmen. Sinn und Zweck dieses Vorschlags ist es zu verhindern, dass durch einen Bürgerentscheid unvorhergesehene Kosten entstehen, deren Finanzierung nicht gesichert werden kann. Es soll verhindert werden, dass die Gemeinde bei einer Durchsetzung des Bürgerentscheids Kosten tragen muss, die im Widerspruch zum Grundsatz des Gemeinwohls und der sparsamen und wirtschaftlichen Haushaltsführung stehen. Der Antrag von A, B und C zielt jedoch auf eine Unterlassung des Verkaufs, für die keine Kosten entstehen würden. Ein entsprechender Vorschlag war daher nicht notwendig.

4. Vertretung durch bis zu drei Vertrauenspersonen

A, B und C werden als vertretungsberechtigte Personen angegeben, so dass § 8b Abs. 3 Satz 2 HGO ebenfalls erfüllt ist.

5. Erforderliches Quorum

Ferner müsste das Bürgerbegehren nach § 8b Abs. 3 Satz 3 HGO von mindestens 10 Prozent der wahlberechtigten Einwohner unterschrieben worden sein. Die Initiative hat vorliegend 7521 Unterschriften gesammelt. Das erforderliche Quorum wurde somit erfüllt.

6. Sonstige Zulässigkeitsvoraussetzungen

Das Bürgerbegehren ist gemäß § 8b Abs. 3 Satz 1 HGO schriftlich an den Gemeindevorstand gerichtet worden. Für eine Ausschlussfrist nach § 8b Abs. 4 HGO bestehen keinerlei Anhaltspunkte. Der Antrag ist auch rechtzeitig i. S. v. § 8b Abs. 3 Satz 1 HGO eingereicht worden.

7. Zwischenergebnis

Die formellen Anforderungen von § 8b HGO sind erfüllt.

II. Materielle Rechtmäßigkeit

Zu prüfen ist weiterhin, ob das Bürgerbegehren in materieller Hinsicht den Anforderungen des § 8b HGO gerecht wird.

1. „Wichtige" Gemeindeangelegenheit

Bei der Initiative müsste es sich gemäß § 8b Abs. 1 HGO um eine „wichtige Angelegenheit der Gemeinde" handeln. Die Gemeinde müsste also die Verbandskompetenz besitzen. Mit dieser Anforderung soll verhindert werden, dass Bürgerbegehren zu Abstimmungen über allgemein-politische Themen umfunktioniert werden. Eine Angelegenheit ist wichtig, wenn sie in der Gemeinde in ihrer Gesamtheit für die Bürger unmittelbar bedeutsam ist.

Der Verkauf von Grundstücken wird von den Gemeinden eigenverantwortlich wahrgenommen. Die Verwaltung bzw. der Verkauf des sich in G befindlichen Parkplatzes sowie des benachbarten Grundstücks stellen eine gemeindliche Angelegenheit i.S.v. § 8b Abs. 1 HGO dar. Die Erfüllung des erforderlichen Quorums spricht zudem für die Wichtigkeit der Angelegenheit für das Gemeindeleben. Der Verkauf der Grundstücke stellt demnach eine wichtige Angelegenheit der Gemeinde dar.

2. Kein Ausschlussgrund nach § 8b Abs. 2 HGO

In den Fällen des § 8b Abs. 2 HGO wird den Bürgern eine plebiszitäre Entscheidung untersagt.

a) Verstoß gegen § 8b Abs. 2 Nr. 4 HGO

Fraglich ist, wie es sich auswirkt, dass der Bau des Einkaufszentrums für die Gemeinde G von wirtschaftlicher Bedeutung ist. § 8b Abs. 2 Nr. 4 HGO, der als Ausschlusstatbestand in Frage käme, versteht sich jedoch als abschließende Aufzählung und betrifft die Haushaltssatzung, die Gemeindeabgaben und die Tarife der Versorgungs- und Verkehrsbetriebe der Gemeinde, so dass die wirtschaftliche Bedeutung des Projekts außer Betracht bleiben kann.

b) Verstoß gegen § 8b Abs. 2 Nr. 7 HGO

Der Gemeindevorstand hat nach dem Einreichen des Bürgerbegehrens einen Kaufvertrag über die zur Debatte stehenden Grundstücke mit dem I geschlossen. Es besteht somit eine schuldrechtliche Verpflichtung zur Übertragung des Eigentums. Mit dem Bürgerbegehren soll erwirkt werden, dass der Kaufvertrag nicht zustande kommt. Die Gemeinde hat sich vorliegend jedoch wirksam verpflichtet, die Grundstücke zu veräußern, so dass das Begehren von A, B und C darauf abzielt, die Gemeinde zu einem Vertragsbruch zu zwingen. Nach § 8b Abs. 2 Nr. 7 HGO können Anträge, die ein gesetzwidriges Ziel verfolgen, jedoch nicht Gegenstand eines Bürgerbegehrens sein. Da keine Anhaltspunkte für eine Unwirksamkeit des Vertrages bestehen, greift hier § 8b Abs. 2 Nr. 7 HGO als Ausschlusstatbestand ein. Das initiierte Bürgerbegehren ist somit materiell rechtswidrig.

III. Ergebnis

Die Gemeindevertretung wird feststellen, dass das Bürgerbegehren keine Aussicht auf Erfolg hat.

Gornig

III. Bürgerentscheid

420 Wird ein Bürgerentscheid durchgeführt, muss den Bürgern die von den Gemeindeorganen vertretene **Auffassung dargelegt** werden (§ 8b Abs. 5 HGO).

421 Bei einem Bürgerentscheid ist die gestellte Frage in dem Sinne entschieden, in dem sie von der **Mehrheit der gültigen Stimmen** beantwortet wurde. Diese Mehrheit muss aus mindestens 25 Prozent der Stimmberechtigten bestehen (§ 8b Abs. 6 Satz 1 HGO). Bei Stimmengleichheit gilt die Frage als mit nein beantwortet. Ist die erforderliche Mehrheit nicht erreicht worden, hat die Gemeindevertretung die Angelegenheit zu entscheiden (§ 8b Abs. 6 Satz 2 und 3 HGO).

422 Der Bürgerentscheid, der die erforderliche Mehrheit erhalten hat, hat die **Wirkung** eines endgültigen Beschlusses der Gemeindevertretung. Der Gemeindevorstand ist daher nach § 66 Abs. 1 Satz 3 Nr. 2 HGO verpflichtet, den Bürgerentscheid verwaltungsmäßig umzusetzen. Die Gemeindevertretung kann einen Bürgerentscheid frühestens nach drei Jahren abändern (§ 8b Abs. 7 Satz 1 und 2 HGO).

423 Mit dem Bürgerbegehren und dem Bürgerentscheid wird das **Volk an die Stelle der Gemeindevertretung gesetzt**, wie sich aus § 8b Abs. 7 Satz 1 HGO ergibt. Allerdings müssen die Verbandskompetenz der Gemeinde und die Organkompetenzen der Gemeindevertretung für das Begehren gegeben sein. Die Kompetenzen der Gemeindevertretung ergeben sich aus § 50 und § 51 HGO.

424 Unklar ist, ob der Bürgerentscheid, der wie ein Beschluss der Gemeindevertretung gewertet wird, zur Folge hat, dass gemäß § 63 HGO im Falle einer Rechtsverletzung der Bürgermeister **widersprechen muss oder widersprechen kann**, wenn der Beschluss rechtswidrig ist oder das Wohl der Gemeinde gefährdet. Das ist wegen § 8b Abs. 7 S. 3 HGO ausgeschlossen. Auch eine Beanstandung durch die Aufsichtsbehörde ist wegen § 8b Abs. 7 S. 3 HGO nicht möglich. Allerdings ist auch das Volk nicht in der Lage, durch Bürgerentscheid rechtwidrige Maßnahmen zu begehren. In der Regel wird aber eine Rechtmäßigkeitskontrolle nicht erforderlich sein, da eine solche schon bei der Zulassung des Begehrens erfolgt. Zudem brächte die nachträgliche Nichtbeachtung des Volkswillens Legitimationsprobleme mit sich. Im Übrigen besteht keine Pflicht des Gemeindevorstands oder des Bürgermeisters, einen rechtswidrigen Bürgerentscheid zu vollziehen, da man ansonsten gegen den Grundsatz der Gesetzmäßigkeit der Verwaltung verstoßen würde.

425 Die Umsetzung der Bürgerentscheide kann im Außenverhältnis einer **verwaltungsgerichtlichen Kontrolle** durch den hessischen Verwaltungsgerichtshof nach § 47 VwGO unterworfen werden bzw. vom zuständigen Verwaltungsgericht im Rahmen einer Klage nach § 42 VwGO (Inzidentkontrolle) überprüft werden.

426 Der **Bürgerentscheid entfällt**, wenn die Gemeindevertretung die Durchführung der mit dem Bürgerbegehren verlangten Maßnahmen beschließt (§ 8b Abs. 4 Satz 3 HGO).

§ 6. Aufgaben und Handlungsformen der Kommunen

A. Aufgaben

I. Allgemein

Die Kommunen erfüllen eine Vielzahl verschiedener Aufgaben. Systematisch kann unterschieden werden nach der Zuordnung der Aufgaben zwischen **Aufgaben im eigenen Wirkungskreis und Aufgaben im übertragenen Wirkungskreis** bzw. Selbstverwaltungsaufgaben und fremden Aufgaben. Ferner kann unterschieden werden nach dem Umfang der Entschließungsfreiheit zwischen **freiwilligen Aufgaben und Pflichtaufgaben.** Nach der Handlungsform kann unterschieden werden zwischen **Eingriffsverwaltung und Leistungsverwaltung.** Nach den unterschiedlichen Zwecken kann differenziert werden zwischen einer **Ordnungsverwaltung und einer Daseinsvorsorge.** 427

Die Aufgabe der Gemeinde, das **Wohl ihrer Einwohner zu fördern** (§ 1 Abs. 1 Satz 2 HGO), eröffnet den Gemeinden ein breites Betätigungsfeld. Durch § 4b HGO wird den Gemeinden insbesondere die Verwirklichung des Verfassungsauftrags der Gleichberechtigung von Mann und Frau als Aufgabe auferlegt.[219] Ferner soll die Gemeinde bei Planungen und Vorhaben, die Interessen von Kindern und Jugendlichen berühren, diese in angemessener Weise beteiligen. Hierzu soll die Gemeinde über die in diesem Gesetz vorgesehene Beteiligung der Einwohner hinaus geeignete Verfahren entwickeln und durchführen (§ 4c HGO). 428

Eine allgemeine Beschränkung der Aufgaben ergibt sich aus der **ausschließlichen und konkurrierenden Gesetzgebungskompetenz** von Bund und Ländern, soweit sie das Wohl der Bevölkerung betreffen. Ferner bedarf nach dem Grundsatz des Vorbehalts des Gesetzes die Gemeinde zu öffentlichrechtlichen Eingriffshandlungen einer **gesetzlichen Ermächtigungsnorm**, die sie nicht immer selber schaffen kann. Eine weitere rechtliche Beschränkung findet sich in den **Regeln über die wirtschaftliche Betätigung der Gemeinden** (vgl. §§ 121–127c HGO)[220]. Faktische Beschränkungen der Aufgabenerfüllung durch die Gemeinden ergeben sich naturgemäß durch die nur **beschränkt vorhandenen Haushaltsmittel.** Die beschränkten Haushaltsmittel verzögern oder verhindern nicht nur die Durchführung von Projekten, sondern reduzieren auch die Verwaltungskapazität, womit wiederum Projekte nicht in Angriff genommen werden können. 429

II. Aufgaben des eigenen Wirkungskreises

1. Allgemein

Aufgaben des eigenen Wirkungskreises sind diejenigen Aufgaben, die die Gemeinde als örtliche Gemeinschaft zu erfüllen hat. Sie sind nicht abschließend gesetzlich geregelt. Sie werden lediglich umschrieben als Aufgaben der Gemeinde, das Wohl ihrer Einwohner in freier Selbstverwaltung zu fördern. In diesem Bereich sind die Gemeinden, so- 430

[219] Organisatorisch sind Frauenbüros oder vergleichbare Maßnahmen vorgeschrieben. Durch § 16 Hessisches Gleichberechtigungsgesetz vom 31.8.2007 (GVBl. 2007 I, 586) werden Frauenbeauftragte verlangt, die dem Frauenbüro zugeordnet werden. Vgl. auch HessStGH, NVwZ 2008, 199 ff.

[220] Vgl. dazu unten Rn. 536 ff.

weit Gesetze nicht ausdrücklich etwas anderes bestimmen, ausschließliche und eigenverantwortliche Träger der öffentlichen Verwaltung (§ 2 Satz 1 HGO). Die Gemeinde hat die Aufgabe, nur in den Grenzen ihrer Leistungsfähigkeit die für ihre Einwohner erforderlichen wirtschaftlichen, sozialen, sportlichen und kulturellen Einrichtungen bereitzustellen (§ 19 Abs. 1 HGO). Da die Kommunen die Aufgaben eigenverantwortlich wahrnehmen, ist die staatliche Aufsicht auf die **Kontrolle der Rechtmäßigkeit** des Handelns beschränkt (Rechtsaufsicht).[221]

2. Freiwillige Aufgaben

431 Die meisten der Aufgaben **im eigenen Wirkungskreis** sind **freiwillige Aufgaben,** auch freiwillige Selbstverwaltungsaufgaben genannt. Sie unterliegen dem gemeindlichen Ermessen. Bei den freiwilligen Aufgaben entscheidet die Gemeinde, ob sie Aufgabe wahrnehmen will und wie sie sie erfüllen will. Sie entscheidet also über das „Ob“ und „Wie“ der Aufgabenerfüllung. Die Umsetzung hängt häufig von der finanziellen Ausstattung der Gemeinde ab.

432 Zu den freiwilligen Aufgaben von Gemeinden im eigenen Wirkungskreis gehören die **Schaffung und Erhaltung von bestimmten öffentlichen Einrichtungen.** Öffentliche Einrichtungen sind in verschiedenen Bereichen von großer Bedeutung, etwa zur Unterstützung von Erziehung und Bildung (Kindergärten, Schulen), zur Ermöglichung sportlicher Betätigung (Sportplätze, Sporthallen, Schwimmbäder), zur Durchführung kultureller Aktivitäten (Theater, Museen, Bibliotheken), zur Unterhaltung (Volksfeste, Stadtfeste), im Bereich der Daseinsvorsorge (Verkehrsbetriebe wie Busse, Straßenbahnen, Untergrundbahnen und Stadtbahnen, Versorgungsbetriebe für Wasser, Strom, Wasser, Gas) sowie im Bereich des Umweltschutzes (Abwasserentsorgung, Müllverbrennung)[222]. Die **kommunale Wirtschaftsförderung** ist im Rahmen europäischer Vorschriften ebenfalls eine Aufgabe des eigenen Wirkungskreises der Gemeinden. Schließlich können Gemeinden **Städtepartnerschaften** mit Gemeinden im In- und Ausland eingehen. Die Verwirklichung dieser Aufgaben hängt vor allem von der finanziellen Leistungsfähigkeit der Gemeinde ab.

3. Pflichtaufgaben

433 **Im eigenen Wirkungskreis** ist die Erfüllung mancher eigener Aufgaben durch Gesetz, wie den Kommunalgesetzen und den besonderen Fachgesetzen, zwingend vorgeschrieben. Es handelt sich dann um **Pflichtaufgaben;** sie werden auch pflichtige Selbstverwaltungsaufgaben oder weisungsfreie Pflichtaufgaben genannt. Eine solche Aufgabenerfüllung ist dann gegeben, wenn die Aufgabenwahrnehmung im Hinblick auf eine ordnungsgemäße Verwaltung oder das Wohl der Bürger als erforderlich erscheint. Bei den Pflichtaufgaben kann also die Gemeinde nicht über das „Ob“, sondern nur über das „Wie“ der Aufgabenerfüllung entscheiden. Bei Nichterfüllung von Pflichtaufgaben kann die Gemeinde zur Aufgabenerfüllung gezwungen werden. Auch bei der Erfüllung der Pflichtaufgaben ist Grenze die Leistungsfähigkeit der Gemeinde. **Beispiele** sind die Einrichtung von Kinderspielplätzen, die Einrichtung von Grund- und Hauptschulen, die Jugend- und Sozialhilfe, die örtliche Straßenbaulast, die Beleuchtung und Reinigung von Straßen, die Bauleitplanung, die Abfall- und Abwasserbeseitigung, die Anlage und Unterhaltung von Friedhöfen.

---

[221] Vgl. unten Rn. 596 ff.
[222] Vgl. *Gottschalk,* NVwZ 2019, 172 ff.

III. Aufgaben des übertragenen Wirkungskreises

1. Allgemein

Die hessische Gemeindeordnung unterscheidet zwischen **Weisungsaufgaben** nach § 4 Abs. 1 HGO und **Auftragsangelegenheiten** nach § 4 Abs. 2 HGO. Kreisangehörige Gemeinden mit mehr als 50.000 Einwohnern erfüllen neben den Aufgaben im eigenen Wirkungskreis und neben den Weisungsaufgaben und Auftragsangelegenheiten zusätzlich die ihnen **durch Gesetz oder Rechtsverordnung übertragenen Aufgaben** (§ 4a HGO). 434

Fremde Aufgaben, also Weisungsaufgaben und Auftragsangelegenheiten, sind solche, deren Erfüllung nicht nur im Interesse der örtlichen Gemeinschaft, sondern im staatlichen Interesse liegt. Die Aufgaben im übertragenen Wirkungskreis werden durch Landesrecht übertragen. Bei den Weisungsaufgaben und den Auftragsangelegenheiten handelt es sich also um **staatliche Aufgaben und Pflichtaufgaben.** Es besteht demnach, anders als bei den freiwilligen Aufgaben des eigenen Wirkungskreises, **kein Entschließungsermessen.** Wenn entsprechende Aufgaben erledigt werden müssen, der Gemeinde jedoch die dazu erforderlichen Mittel fehlen, ist daran zu denken, die Aufgaben in kommunaler Zusammenarbeit zu erledigen. Diese Erledigung richtet sich dann nach dem Gesetz über die kommunale Zusammenarbeit. 435

Auch wenn die Kommunen zur Aufgabenerfüllung verpflichtet sind, erwächst daraus dem Bürger **grundsätzlich kein Anspruch auf Aufgabenerfüllung.** Es handelt sich also hier nicht um objektives Recht, das auch subjektive Rechte enthält. Etwas anderes gilt nur dann, wenn spezielle gesetzliche Bestimmungen ausdrücklich einen Anspruch einräumen. 436

Die Gemeinde ist nicht nur der **Rechtsaufsicht**, wie in Angelegenheiten des eigenen Wirkungskreises, unterworfen, sondern auch der **Fachaufsicht** mit der Folge, dass den Gemeinden Weisungen und Aufträge erteilt werden können. Im Rahmen der Rechtsaufsicht erfolgt die Überprüfung der Rechtmäßigkeit der Aufgabenerfüllung, im Rahmen der Fachaufsicht erfolgt die Kontrolle der Zweckmäßigkeit der Aufgabenerfüllung. Die Gemeinde hat keine eigenen Rechtsposition und somit auch keine Klagebefugnis gegen die aufsichtliche Maßnahme. 437

Neue Pflichten können den Gemeinden nur durch Gesetz auferlegt werden (§ 3 Satz 1 HGO). Wenn schon bei Art. 28 Abs. 2 GG, der die Gemeinden insbesondere vor Kompetenzbeschneidungen schützt, Rechtsverordnungen ausreichen[223], dann gilt dies auch hinsichtlich § 3 HGO, der das Auferlegen neuer Pflichten, also das Erweitern des Aktionsradius der Gemeinden, regelt. Insbesondere zeigt auch Art. 137 Abs. 6 HV, dass der hessische Gesetzgeber von der Möglichkeit der Pflichtübertragung durch Gesetz und Rechtsverordnungen ausgeht. 438

2. Weisungsaufgaben

Den Gemeinden kann durch Gesetze im Rahmen des übertragenen Wirkungskreises eine **Aufgabenerfüllung nach Weisung** übertragen werden. Das Gesetz bestimmt die Voraussetzungen und den Umfang des Weisungsrechts und hat gleichzeitig die Aufbringung der Mittel zu regeln (§ 4 Abs. 1 Satz 1 HGO). 439

[223] BVerfG, DÖV 1969, 851 (853).

440 Die **Weisungen sollen sich allerdings auf allgemeine Anordnungen beschränken** und in der Regel nicht in die Einzelausführung eingreifen (§ 4 Abs. 1 Satz 2 HGO). Die Gemeinden sind verpflichtet, die zur Erfüllung der Aufgaben erforderlichen Kräfte und Einrichtungen zur Verfügung zu stellen (§ 4 Abs. 1 Satz 3 HGO).

441 **Beispiele** für Weisungsaufgaben sind die Aufgaben der Gefahrenabwehr (§ 82 Abs. 1 HSOG), die nach § 2 Satz 2 und 3 HSOG von den Gemeinden und Landkreisen als Behörden der allgemeinen Verwaltung wahrgenommen werden, ferner Aufgaben des Denkmalschutzes (§ 3 Abs. 2 DenkmalschutzG), Melderechtsaufgaben (§ 2 Abs. 1 HMG).

3. Auftragsangelegenheiten

442 Auftragsangelegenheiten sind **staatliche Aufgaben**, die die Länder den Gemeinden übertragen. Seit der Föderalismusreform 2006 dürfen aber gemäß Art. 84 Abs. 1 Satz 7 GG Gemeinden und Gemeindeverbänden durch Bundesgesetz nicht mehr Aufgaben übertragen werden. Durch dieses strikte Durchgriffsverbot wird verdeutlicht, dass der Bund zwar nach Art. 84 Abs. 1 Satz 2 GG die Einrichtung der Behörden regeln, jedoch nicht im Wege der Aufgabenübertragung auf die kommunale Ebene zugreifen kann. Dies können nun nur noch die Länder. Vor dem 1.9.2006 erlassene Regelungen, die wegen Art. 84 Abs. 1 Satz 7 GG heute nicht mehr erlassen werden dürfen, gelten nach Art. 125a Abs. 1 GG fort. Sie können durch Landesrecht ersetzt werden.

443 Als **Beispiel** für eine Auftragsangelegenheit ist das Sicherheits- und Ordnungsrecht zu erwähnen. So nehmen die Bürgermeister und Oberbürgermeister die Aufgaben der örtlichen Ordnungsbehörden und Kreisordnungsbehörden als Auftragsangelegenheit gemäß § 4 Abs. 2 HGO wahr. Ihnen können nach § 4 Abs. 2 Satz 2 HGO durch Gesetz weitere Aufgaben als Auftragsangelegenheit übertragen werden. Auch hier hat das Gesetz die Aufbringung der Mittel zu regeln (§ 4 Abs. 2 Satz 2 2. HS HGO). Auch hier sind die Gemeinden verpflichtet, die zur Erfüllung der Aufgaben erforderlichen Kräfte und Einrichtungen zur Verfügung zu stellen (§ 4 Abs. 2 Satz 3 HGO). Der Bürgermeister bzw. der Oberbürgermeister nimmt die Aufgaben in alleiniger Verantwortung wahr (§ 4 Abs. 2 Satz 4 HGO).

444 In Auftragsangelegenheiten können die Aufsichtsbehörden dem ihrer Aufsicht unterstellten Bürgermeister bzw. Oberbürgermeister **Weisungen auch im Einzelfall** erteilen. Wenn es den Umständen des Einzelfalls nach erforderlich ist, können die Aufsichtsbehörden sogar die Befugnisse der ihrer Aufsicht unterstellten Behörde ausüben (§ 4 Abs. 3 HGO).

445 Wird mit der Erfüllung von Auftragsangelegenheiten kraft Gesetzes nicht die Gemeinde als solche, sondern ein Organ der Gemeinde beauftragt, spricht man von **Organleihe.** So nehmen der Bürgermeister und Oberbürgermeister die Aufgaben der örtlichen Ordnungsbehörden und Kreisordnungsbehörden als Auftragsangelegenheiten im Rahmen einer Organleihe wahr (§ 4 Abs. 2 Satz 1 HGO).

B. Formen der Aufgabenerfüllung

I. Allgemein

446 Für die gemeindliche Aufgabenerfüllung gilt der allgemeine verwaltungsrechtliche Grundsatz der **Wahlfreiheit der Verwaltung.** Die Wahlfreiheit bezieht sich sowohl auf die Organisationsform von Einrichtungen als auch auf die Handelsformen, in denen die Kommunen konkret tätig werden. Sie können in öffentlichrechtlicher oder privatrechtli-

cher Rechtsform wirken. Werden öffentliche Aufgaben in Privatrechtsform durchgeführt, spricht man von Verwaltungsprivatrecht.

II. Handlungsformen

1. Allgemein

Die Kommunen können **abstrakt-generelle Regelungen,** wie Satzungen, Verordnungen und Anstaltsordnungen, sowie **konkret-individuelle Maßnahmen,** also Verwaltungsakte, erlassen. Abstrakt-generelle Regelungen liegen vor, wenn Rechtsfolgen für eine unbestimmte Zahl von Fällen und eine unbestimmte Vielzahl von Personen geschaffen werden. Konkret-individuelle Regelungen liegen vor, wenn damit für eine ganz konkrete Person oder einen bestimmten oder bestimmbaren Personenkreis eine konkrete Rechtsfolge angeordnet wird. 447

2. Erlass von Rechtsnormen

a) Satzungen

aa) Allgemein

Satzungen sind **Rechtsetzungsakte eines selbstständigen Verwaltungsträgers** zur einseitigen hoheitlichen Regelung seiner Angelegenheit. Es handelt sich um Rechtsvorschriften, die von einer Körperschaft des öffentlichen Rechts im Rahmen der ihr gesetzlich verliehenen Satzungsbefugnis **im Bereich ihrer eigenen Angelegenheiten** für die ihr angehörenden bzw. unterworfenen Personen erlassen werden.[224] Satzungen regeln grundsätzlich Rechtsverhältnisse nach außen und wirken für bzw. gegen alle, die sich in ihrem Gebiet aufhalten. Sie bedürfen als abgeleitete Rechtsquelle einer gesetzlichen Ermächtigungsgrundlage, wobei die generelle Satzungsautonomie schon durch Art. 28 Abs. 2 GG und Art. 137 Abs. 3 HV gewährt wird. Dem § 5 HGO kommt als landesrechtliche Ermächtigung demnach nur deklaratorische Bedeutung zu. 448

Die **Gemeinden** können die Angelegenheiten der örtlichen Gemeinschaft durch Satzungen regeln, soweit gesetzlich nichts anderes bestimmt ist (§ 5 Abs. 1 Satz 1 HGO). Durch den Hinweis auf die örtliche Gemeinschaft bezieht sich diese Ermächtigung zum Erlass von Satzungen auf den eigenen Wirkungskreis. Da sich Art. 28 Abs. 2 Satz 1 GG ebenfalls auf den eigenen Wirkungskreis der Gemeinde bezieht, kann daraus geschlossen werden, dass **im übertragenen Wirkungskreis der Gemeinde kein Satzungsrecht** zusteht. Die Satzungen bedürfen grundsätzlich keiner Genehmigung. Sie bedürfen nur dann der Genehmigung der Aufsichtsbehörde, wenn eine Genehmigung in den Gesetzen ausdrücklich vorgeschrieben ist (§ 5 Abs. 1 Satz 2 HGO). 449

bb) Arten von Satzungen

Hinsichtlich des Inhalts können verschiedene Arten von gemeindlichen Satzungen unterschieden werden. Zu unterscheiden ist zwischen **Pflichtsatzungen,** das sind Satzungen, die jede Gemeinde erlassen muss, **bedingten Pflichtsatzungen,** das sind Satzungen, die jede Gemeinde erlassen muss, wenn sie bestimmte Aufgaben wahrnimmt, und **frei-** 450

[224] BVerfGE 10, 20 (49 f.); 33, 125 (156).

willigen oder fakultativen Satzungen, das sind Satzungen, deren Erlass in der freien Entscheidung der Gemeinde steht.

451 In der hessischen Gemeindeordnung wird den Gemeinden vorgeschrieben, dass sie **mindestens drei verschiedene Satzungen** erlassen müssen, damit ein ordnungsgemäßer Ablauf der Verwaltung sichergestellt ist. Solche **Pflichtsatzungen** sind die Hauptsatzung, die Entschädigungssatzung und die Haushaltssatzung.

- Jede Gemeinde muss eine **Hauptsatzung** erlassen (§ 6 Abs. 1 Satz 1 HGO). Sie ist die einzige Satzung, die von den Gemeinden zu erlassen ist und die für unbestimmte Zeit Gültigkeit besitzt. Sie ist die einzige Satzung, über deren Inhalte nicht in einer Sitzung der Gemeindevertretung befunden werden darf, die unter Verkürzung der Ladungsfrist einberufen wurde, und sie ist ebenfalls die einzige Satzung, die zwingend mit einer qualifizierten Mehrheit, mit mehr als der Hälfte der gesetzlichen Mitgliederzahl, beschlossen werden muss. In der Hauptsatzung ist zu regeln, was nach den Vorschriften der hessischen Gemeindeordnung der Hauptsatzung vorbehalten ist. Auch andere für die Verfassung der Gemeinde wesentliche Fragen können in der Hauptsatzung geregelt werden (§ 6 Abs. 1 Satz 2 1. und 2. HS HGO).
  - **Zwingend erforderliche Inhalte der Hauptsatzung** sind nach den Vorschriften der HGO Regelungen über die Vornahme öffentlicher Bekanntmachungen (§ 7 Abs. 3 HGO), die Festlegung der Größe der Gemeindevertretung (§ 38 Abs. 2 HGO), die Regelung der Ehrenamtlichkeit der Verwaltung (§ 44 Abs. 1 HGO), die Festlegung der Zahl der Gemeindevorstandsmitglieder (§ 44 Abs. 2 Satz 3 HGO), die Einrichtung hauptamtlicher Beigeordnetenstellen im Gemeindevorstand (§ 44 Abs. 2 Satz 3 HGO), die Festlegung und Amtsbezeichnung der Beigeordneten (§ 45 Abs. 3 HGO), die Regelung der Zahl der Stellvertreter des Vorsitzenden der Gemeindevertretung (§ 57 Abs. 1 Satz 2 HGO), die Anzahl der Mitglieder eines pflichtigen Ausländerbeirats (§§ 84, 85 HGO). Bedingt erforderliche Inhalte der Hauptsatzung nach den Vorschriften der HGO sind die Einrichtung und Abgrenzung von Ortsbezirken (§ 81 Abs. 1 HGO), die Anzahl der Ortsbeiratsmitglieder (§ 82 Abs. 1 Satz 3 HGO), die Einrichtung und innere Organisation eines nichtpflichtigen Ausländerbeirates (§ 84 Satz 2, 5 HGO) und die Einführung einer Haushaltswirtschaft nach den Grundsätzen der doppelten Buchführung (§ 92 Abs. 3 Satz 2 HGO).
  - **Mögliche Inhalte der Hauptsatzung** sind die Delegation von Entscheidungsbefugnissen der Gemeindevertretung (§ 50 Abs. 1 Satz 4 HGO), die Regelung des Wahlverfahrens für die Wahl des Ausländerbeirats (§ 58 Satz 2 HKWG), die Generalklausel des § 6 Abs. 1 Satz 2 2. HS HGO. Es empfiehlt sich, weitere Festsetzungen in die Hauptsatzung aufzunehmen, wenn sie ebenfalls von ihrer Natur heraus auf Dauerhaftigkeit angelegt sind. Darunter fällt die besondere Benennung von Gemeindeteilen (§ 12 Satz 4 HGO), die Verleihung von Ehrenbezeichnungen und Ehrenbürgerrechten (§ 28 HGO) sowie Regelungen über die Amtstracht und Amtszeit der Bürgermeister bei besonderen Anlässen.
- Eine **Entschädigungssatzung** ist in § 27 Abs. 1 Satz 2 HGO vorgesehen, der vorschreibt, dass dem ehrenamtlich für das Gemeinwesen Tätigen der Dienstausfall zu erstatten ist. Daneben werden entstehende Fahrtkosten ersetzt und es kann eine Aufwandspauschale gezahlt werden.
- Jede Gemeinde muss für jedes Haushaltsjahr eine **Haushaltssatzung** erlassen (§§ 51 Nr. 7, 94 Abs. 1 HGO). Die Gültigkeitsdauer der Haushaltssatzung ist auf ein Haushaltsjahr begrenzt. In der Haushaltssatzung und ihren Anlagen legt die Gemeindevertretung fest, in welchem Rahmen der Gemeindevorstand bzw. die Verwaltung Mittel für die Verwaltung ausgeben darf. Für die Haushaltssatzung ist das von der Bevölkerung gewählte Vertretungsorgan ausschließlich zuständig, da das Budget als eine der vornehmsten Rechte der Parlamente bezeichnet wird. Die Haushaltssatzung bildet zugleich auch

die Rechtsgrundlage für die Erhebung der vom Aufkommen her wichtigsten Gemeindesteuer, nämlich der Grund- und Gewerbesteuer.

Bedingte Pflichtsatzungen sind beispielsweise 452

- **Bebauungspläne,** die gemäß § 10 Abs. 1 BauGB als Satzung erlassen werden, und sogenannte Klarstellungssatzungen nach § 34 Abs. 4 Satz 1 Nr. 1 BauGB.
- Durch § 2 HKAG ist das Bestehen entsprechender **Abgabensatzungen** zwingende Voraussetzung dafür, dass Gemeinden überhaupt Abgaben erheben dürfen. Dabei muss unterschieden werden zwischen den unterschiedlichen Abgabenarten, nämlich den Steuern auf der einen und den Gebühren und Beiträgen auf der anderen Seite. Bedingte Pflichtsatzungen sind somit **Beitrags- und Gebührensatzungen** bezüglich derjenigen öffentlichen Einrichtungen, die die Gemeinde selbst betreibt.
- Bedingte Pflichtsatzungen sind ferner die **Eigenbetriebssatzung** für den Fall, dass es einen Eigenbetrieb in der Gemeinde gibt (§ 1 Abs. 1 Eigenbetriebsgesetz),
- und die **Friedhofssatzung** für den Fall, dass die Gemeinde einen Friedhof unterhält (§ 2 Friedhofs- und Bestattungsgesetz).
- Schließlich ist die **Feuerwehrsatzung** zu erwähnen; wenn die Gemeinde eine freiwillige Feuerwehr hat, ist sie nach § 11 HBKG dazu verpflichtet, die Rechte und Pflichten der Mitglieder der freiwilligen Feuerwehr in einer Satzung zu regeln.

Gemeindliche **freiwillige oder fakultative Satzungen** regeln etwa 453

- den **Anschluss- und Benutzungszwang.** So kann die Gemeinde bei öffentlichem Bedürfnis durch Satzung für die Grundstücke ihres Gebiets den **Anschluss** an Wasserleitung, Kanalisation, Straßenreinigung, Fernheizung und ähnliche der Volksgesundheit dienende Einrichtungen (Anschlusszwang) und die Benutzung dieser Einrichtungen und der Schlachthöfe (Benutzungszwang) vorschreiben (§ 19 Abs. 2 Satz 1 HGO; vgl. auch § 19 Abs. 2 Satz 2 und Satz 3 HGO). Die Gemeinde kann die Benutzung öffentlicher Einrichtungen für Einwohner der Gemeinde zulassen (vgl. § 20 Abs. 1 HGO, vgl. auch § 20 Abs. 2 HGO). Für die **Benutzung** dieser öffentlichen Einrichtungen sind Satzungen denkbar. Weitere Regelungen des Anschluss- und Benutzungszwangs ergeben sich aus dem hessischen Friedhofs- und Bestattungsgesetz (Friedhofszwang).
- Zu den freiwilligen Satzungen gehören **Steuersatzungen.** So gibt es Gemeindesteuern, bei denen es im Belieben der Gemeinden steht, ob sie derartige Steuern erheben wollen oder nicht. Beispiele solcher Steuern sind die Vergnügungssteuer, die Spielgerätesteuern, die Zweitwohnungssteuer[225] und die Hundesteuer, bei der die Haltung sogenannter Kampfhunde mit drastisch erhöhten Steuersätzen eingeschränkt werden soll.[226] Auf der einen Seite beabsichtigen Steuersatzungen durch eine hohe Besteuerung **das besteuerte Verhalten zu behindern,** so das Halten von Kampfhunden und das Aufstellen von Spielapparaten. Andererseits gilt für jede Steuersatzung das **Erdrosselungsverbot.** Die Besteuerung darf ihr eigentliches Ziel, nämlich das besteuerte Verhalten zu verhindern, gerade nicht konsequent umsetzen, und der Steuersatz darf nur so hoch sein, dass das besteuerte Verhalten noch möglich bleibt.[227]
- Schließlich können **persönliche Dienste** durch Satzung auferlegt werden (vgl. § 22 Satz 3 HGO). Unter persönlichen Diensten können wegen Art. 12 Abs. 2 GG aber nur persönliche Dienstleistungen herkömmlicher Art verstanden werden. Grundsätzlich sind solche persönlichen Dienstleistungen heute nur noch in kleineren Gemeinden vorstellbar. Denkbar ist schließlich auch, dass eine solche persönliche Dienstleistung durch eine Geldleis-

---

[225] Vgl. auch BVerfG, Beschl. des Ersten Senats v. 15.1.2014 - 1 BvR 1656/09.

[226] Umstritten ist, ob für Kampfhunde überhaupt eine um das Zehnfache höhere Steuer als für die übrigen Hunde erhoben werden darf.

[227] BVerwG, NVwZ 1997, 801 f.; NdsOVG, NVwZ 1997, 816 (819); BayVGH, NVwZ 1997, 819 f.; HessVGH, HSGZ 1996, 125 f.

tung ersetzt wird, da nach § 22 Satz 1 HGO auch zu anderen Leistungen im Rahmen des herkömmlichen verpflichtet werden kann. Dies darf jedoch nicht die Regel werden, da es sich sonst nicht mehr um einen persönlichen Dienst im Sinne des § 22 HGO handelte, sondern um eine Abgabenerhebung.

454 Die Gemeindevertretung kann schließlich Regeln aufstellen, nach denen sie arbeiten will. Diese **Geschäftsordnung** kann als Satzung oder als formloser, schlichter Sachbeschluss verabschiedet werden.[228]

cc) Formelle Vorschriften zum Satzungserlass

455 **Zuständig** für den Erlass von Satzungen sind die Gemeinden (Verbandskompetenz). Die Organkompetenz liegt bei der Gemeindevertretung (§ 51 Nr. 6 HGO).

456 Bezüglich der **Beschlussfähigkeit** gilt § 53 HGO. Die Beschlussfassung über die Hauptsatzung und ihre Änderung bedarf der Mehrheit der gesetzlichen Zahl der Gemeindevertreter (§ 6 Abs. 2 Satz 1 HGO). Die Beschlussfassung über die Änderung oder die Aufhebung von Satzungen kann grundsätzlich nicht Ausschüssen gemäß § 62 HGO übertragen werden.

457 **Grundsätzlich** bedürfen Satzungen **weder einer Genehmigung noch einer Vorlage bei der Aufsichtsbehörde**. Etwas anderes gilt nur, soweit eine Genehmigung in den Gesetzen ausdrücklich vorgeschrieben ist (§ 5 Abs. 1 Satz 2 HGO). Dies gilt für die Haushaltssatzung. Sie bedarf einer Genehmigung durch die Aufsichtsbehörde, wenn sie bestimmte Inhalte aufweist, die für künftige Haushaltsjahre eine Belastung zur Folge haben (vgl. §§ 102 Abs. 4 Satz 1, 103 Abs. 2 Satz 1, Abs. 4 und Abs. 7 HGO). Bebauungspläne bzw. Abrundungssatzungen bedürfen einer Genehmigung durch die obere Baubehörde, wenn sie nicht aus einem Flächennutzungsplan abgeleitet werden (§ 10 Abs. 2, § 34 Abs. 5 Satz 2 BauGB).

458 Bei der **Genehmigung** handelt es sich um einen **Verwaltungsakt** im Sinne des § 35 Satz 1 HVwVfG und nicht um einen Mitwirkungsakt bei der Rechtssetzung. Grundsätzlich wirkt die Genehmigung auf den Zeitpunkt des Satzungsbeschlusses zurück. Da der Erlass von Satzungen den Gemeinden im Rahmen ihrer Selbstverwaltungsgarantie zugestanden ist, darf die Genehmigung, wenn die Satzung im Interesse der Gemeinde liegt, nicht versagt werden. Die Gemeinden haben einen Rechtsanspruch auf Erteilung der Genehmigung, wenn die vorgelegte Satzung Recht und Gesetz entspricht.

459 Grundsätzlich hat sich die **Aufsichtsbehörde** auf die **Prüfung, ob die Verfahrens- und Formvorschriften** für die Beschlussfassung beachtet worden sind und ob der Inhalt den Gesetzen entspricht, zu beschränken. Weder für politische Überlegungen noch für Zweckmäßigkeitserwägungen ist daher Raum.

460 Damit die von der Gemeindevertretung beschlossene Satzung in Kraft treten kann, muss sie ausgefertigt werden. Die **Ausfertigung** ist eine zwingende Voraussetzung der öffentlichen Bekanntmachung. Bei der Ausfertigung erfolgt eine amtliche Bestätigung darüber, dass der wiedergegebene Text dem entspricht, was die Gemeindevertretung tatsächlich beschlossen hat,[229] und dass die vom Gesetzgeber und den Vorschriften des Ortsrechts gemachten Vorgaben eingehalten worden sind. Für die Ausfertigung der Satzung ist der Gemeindevorstand nach § 66 Abs. 1 Satz 2 HGO zuständig.

461 Die **Bekanntmachung** der Satzung ist nach dem Rechtsstaatsprinzip erforderlich,[230] weil die Adressaten einer Rechtsnorm die Möglichkeit erhalten müssen, sich über deren

[228] HessVGH, HessVGRspr. 1979, 19 (21).
[229] BayVGH, BayVBl. 1991, 23; BaWüVGH, NVwZ 1985, 206.
[230] HessStGH, ESVGH, Bd. 40, 1 ff. = NVwZ 1989, 1153.

Inhalt zu informieren. Die Bekanntmachung hat öffentlich zu erfolgen, etwa in einer örtlich verbreiteten mindestens einmal wöchentlich erscheinenden Zeitung oder in einem Amtsblatt (§ 7 Abs. 1 HGO). Es darf aus Gründen der Rechtssicherheit nicht ständig zwischen den verschiedenen Bekanntmachungsarten gewechselt werden. Die Gemeinde regelt im Rahmen der Vorschriften des § 7 Abs. 1 und 2 HGO die Form ihrer öffentlichen Bekanntmachung in der Hauptsatzung (§ 7 Abs. 3 HGO). Erfolgt eine Bekanntmachung bevor die Genehmigung vorliegt, handelt es sich um die Bekanntmachung eines Satzungsentwurfes, dem keine weitere Verbindlichkeit zukommt. Wenn sich die Gemeinde dazu entschließt, ihre öffentlichen Bekanntmachungen in einer Zeitung zu veröffentlichen, muss sie § 3 Abs. 3 Hessisches Pressegesetz[231] beachten und alle Presseorgane gleich behandeln. Bei den in § 7 Abs. 1 HGO angesprochenen Zeitungen handelt es sich nicht ausschließlich um Tageszeitungen. Vielmehr ist ausreichend, wenn das entsprechende Presseorgan regelmäßig einmal pro Woche erscheint.

Satzungen **treten** grundsätzlich an dem Tag **in Kraft**, den sie nennen. Dieser Termin 462
kann sowohl in der Zukunft als auch in der Vergangenheit liegen. Satzungen können also **auch rückwirkend in Kraft** treten. Dies ist unproblematisch, solange die Satzung für die Betroffenen keine Beschwer enthält. Wenn hingegen die Satzungen Belastungen enthalten, sind sie nicht ohne Weiteres rückwirkend zulässig. Eine **echte Rückwirkung** liegt vor, wenn für einen Sachverhalt, der in der Vergangenheit bereits beendet wurde, nachträglich andere Rechtsfolgen vorgeschrieben werden. Grundsätzlich hat aber die fehlerhafte Anordnung einer Rückwirkung einer Satzung nicht zur Folge, dass sie nichtig wird, sondern es wird lediglich die Rückwirkung in einem solchen Fall wegen Unzulässigkeit wegfallen.[232] Eine **unechte Rückwirkung** ist gegeben, wenn eine Satzung an Sachverhalte anknüpft, die in der Vergangenheit begonnen haben, in die Gegenwart hinein reichen und noch nicht abgeschlossen sind und über die neue Konsequenzen festgelegt werden[233]. Eine solche ist grundsätzlich zulässig.[234] Allerdings ist im Einzelfall eine Abwägung erforderlich, bei der sich das Vertrauen der betroffenen Einwohner in einen unveränderten Fortbestand der gesetzlichen Regelung und das gesetzgeberische Anliegen für das Gemeinwohl gegenüber stehen.[235]

Satzungen können **außer Kraft treten** 463

- durch Zeitablauf.
- Sie können aber auch durch die Gemeindevertretung aufgehoben werden; es erfolgt in diesem Fall eine Aufhebungssatzung.
- Grundsätzlich hat keine andere Behörde außer der Aufsichtsbehörde die Möglichkeit, eine Satzung der Gemeinde aufzuheben. Es ist der Aufsichtsbehörde aber nicht möglich, eine Genehmigung für eine bereits veröffentlichte Satzung wieder zurück zu nehmen, denn sonst könnte sie jederzeit eine genehmigungspflichtige Satzung wieder aufheben.
- Schließlich können die Satzungen durch Gerichte aufgehoben werden. Die Aufhebung erfolgt, wenn das Gericht zum Ergebnis kommt, dass die Satzung aus formellen oder materiellen Gründen rechtswidrig ist. Dabei geben die Gerichte nicht der Gemeindevertretung auf, einen entsprechenden Beschluss zu fassen, sondern fällen sofort eine kassatorische Entscheidung. Diese kann dazu führen, dass eine ältere Satzung wieder anwendbar wird.

---

[231] Text: Fuhr/Pfeil, Nr. 163.

[232] HessVGH, HessVGRspr. 1969, 91 ff. Vgl. zur Frage der Wirksamkeit rückwirkender Gesetze auch BVerfGE 72, 175 (196).

[233] HessVGH, ESVGH, Bd. 25, 209 ff.

[234] BVerfGE 36, 73 (82); 39, 128 (145 f).

[235] BVerfGE 43, 293 (391).

- Nach der Rechtsprechung können Satzungen oder Teile von Satzungen ausnahmsweise auch gewohnheitsrechtlich außer Kraft treten. Bei einem Bebauungsplan ist dies der Fall, wenn die tatsächlichen Verhältnisse einer Verwirklichung der Festsetzungen des Bebauungsplans auf absehbare Zeit entgegenstehen. Bei einer solchen Funktionslosigkeit des Bebauungsplans tritt das Vertrauen auf den Fortbestand der Satzung hinter einer Anpassung an tatsächliche Verhältnisse zurück.[236]

dd) Grenzen des Satzungserlasses

464 *(1) Formale Grenzen.* Für Satzungen gilt der **Vorrang des Gesetzes** sowie der **Vorbehalt des Gesetzes,** soweit es um die Einschränkung grundrechtlicher Freiheiten geht. Satzungen, die in Grundrechte eingreifen, bedürfen damit einer formell gesetzlichen Grundlage, also eines Parlamentsgesetzes.

465 Da in der Hauptsatzung grundlegende Regelungen von einiger Dauerhaftigkeit festgelegt sind, hat der Gesetzgeber die **Änderung der Hauptsatzung** gegenüber den anderen Satzungen durch die Bestimmung der Ladungsfrist (§ 58 Abs. 3 HGO), den Umfang der Informationspflichten vor dem Änderungsbeschluss und die erforderlichen Mehrheiten beim Änderungsbeschluss erheblich erschwert. Die Bezeichnung eines Tagesordnungspunktes lediglich mit „Änderung der Hauptsatzung" ist nicht ausreichend. Es muss zumindest mitgeteilt werden, in welchem Bereich es sachliche Änderungen geben soll. Die Änderung bedarf der Mehrheit der gesetzlichen Zahl der Gemeindevertreter. Nicht bei den Vorschriften über die Hauptsatzung, sondern in § 38 Abs. 2 Satz 3 HGO hat der Gesetzgeber eine besonders qualifizierte Mehrheit für eine Änderung der Hauptsatzung festgelegt, wenn es um die Änderung der Zahl der Gemeindevertreter geht. Im letzten Jahr der Wahlzeit der Gemeindevertretung sollen **keine wesentlichen Änderungen der Hauptsatzung** vorgenommen werden (§ 6 Abs. 2 Satz 2 HGO).

466 *(2) Inhaltliche Grenzen.* Hinsichtlich des Inhaltes von Satzungen bestehen räumliche, sachliche, personelle und zeitliche Grenzen.

- Eine **räumliche Grenze** ist darin zu sehen, dass Satzungen auf das Gemeindegebiet beschränkt sind. Nur über dieses Gebiet besitzt die Gemeinde Gebietshoheit.
- Eine **sachliche Grenze** besteht insoweit, als nur Belange der örtlichen Gemeinschaft, also eigene Belange, im allgemeinen Interesse geregelt werden dürfen.
- Eine **personelle Grenze** besteht darin, dass sich die Satzung in erster Linie auf die Gemeindeeinwohner im Sinne des § 8 Abs. 1 HGO beschränkt. Darüber hinaus können allerdings auch andere Bürger als Gemeindeeinwohner von einer Satzung betroffen werden, wenn beispielsweise die Benutzung einer öffentlichen Einrichtung durch eine Satzung geregelt ist und diese öffentliche Einrichtung allen, und nicht nur Gemeindeangehörigen, zusteht. Eine Satzung über den Anschluss- und den Benutzungszwang stellt auf die Grundstücke ab, unabhängig davon, ob diese Gemeindeeinwohnern gehören oder nicht.
- Eine **zeitliche Grenze** stellt das Rückwirkungsverbot[237] dar.

ee) Fehler

467 **Verstöße gegen formelle Vorschriften** führen grundsätzlich zur Unwirksamkeit der Satzung. Bekanntmachungsfehler sind wesentliche Verfahrensfehler, weil auch ein Verstoß gegen das Rechtsstaatsprinzip vorliegt. Erfolgt erst nach der Bekanntmachung eine erforderliche Genehmigung, so muss die Bekanntmachung wiederholt werden; dadurch

---

236 BVerfG, NJW 1977, 2325.

237 Vgl. oben Rn. 462.

liegt eine Heilung des Verfahrensfehlers vor. Allerdings können diese Fehler unbeachtlich sein (vgl. §§ 214 ff. BauGB).

Unwichtige Verfahrensverstöße führen nicht zur Nichtigkeit der Satzung. Das ist der 468
Fall, wenn in der Präambel der Satzung eine falsche Ermächtigungsnorm genannt wurde, wenn ein falsches Beschlussdatum genannt wird[238] oder wenn die Unterschriften in der öffentlichen Bekanntmachung nicht genannt werden[239]. Ferner gelten Fehler von Verfahrens- und Formvorschriften für folgenlos, wenn es sich bei der betroffenen Verfahrensvorschrift um eine bloße Ordnungsvorschrift handelt.[240] Ordnungsvorschriften können sich aus der Geschäftsordnung ergeben.

Verstöße gegen materielles Recht führen grundsätzlich ebenfalls zur Unwirksamkeit 469
von Satzungen. Die Nichtigkeit einzelner Vorschriften einer Satzung führt also nicht zwangsläufig zur Nichtigkeit der gesamten Satzung. Entsprechend dem in § 139 BGB niedergelegten Rechtsgedanken ist zu prüfen, ob nach dem mutmaßlichen Willen des Gesetzgebers die gültigen Teile der Satzung im Zweifel auch ohne die nichtigen Teile beschlossen worden wären (**Teilnichtigkeit**). Falls eine Gebietskörperschaft eine Satzung erlässt, ohne dass es dafür eine erforderliche Rechtsgrundlage gibt, ist die Satzung unwirksam.[241] Falls der Gesetzgeber die erforderliche Rechtsgrundlage in der Form eines Gesetzes erlässt, wird die Satzung nicht automatisch wirksam.[242]

Für die Rechtswirksamkeit der Satzungen ist eine Verletzung der Vorschriften der 470
§§ 53, 56, 58, 82 Abs. 3 und 88 Abs. 2 HGO **unbeachtlich,** wenn sie nicht innerhalb von sechs Monaten nach der öffentlichen Bekanntmachung schriftlich unter Bezeichnung der Tatsache, die eine solche Rechtsverletzung begründen können, gegenüber der Gemeinde geltend gemacht worden ist (§ 5 Abs. 4 Satz 1 HGO). Die §§ 25 Abs. 6 und 63, 74 und 138 HGO bleiben jedoch davon unberührt (§ 5 Abs. 4 Satz 2 HGO). Nach Ablauf einer bestimmten Zeit soll also zu Gunsten der von der Gemeindevertretung beschlossenen Regelung Rechtssicherheit bestehen.

Neben den **Heilungsvorschriften** in § 5 Abs. 4 HGO enthält die Hessische Gemeinde- 471
ordnung mit § 25 Abs. 6 Satz 2 HGO eine weitere Vorschrift, die eine automatische Heilung beinhaltet. In dieser Bestimmung wird im Ergebnis für unerheblich erklärt, wenn an der Entscheidung und Beschlussfassung in der Gemeindevertretung ein Gemeindevertreter mitgewirkt hat, der wegen eines Widerstreits der Interessen eigentlich nicht hätte mitwirken dürfen. Wie eine Heilungsvorschrift wirkt sich § 55 Abs. 6 HGO aus, der eine besondere Anfechtungsmöglichkeit für in der Gemeindevertretung durchgeführte Wahlen schafft und diese gleichzeitig auf einen Zeitraum von einem Monat befristet. Damit wird eine spätere Wahlanfechtung durch Gemeindevertreter sowie generell durch andere Personen ausgeschlossen.

Die Auswirkung eines **nachträglichen Wegfalls der gesetzlichen Ermächtigungsgrundla-** 472
ge zum Erlass einer Satzung ist abhängig von der Art und Weise des Wegfalls und den Regelungen der entsprechenden Satzung. Wenn die Neuregelung der Ermächtigungsnorm dem Inhalt der Satzung nicht widerspricht, bleibt die Satzung unverändert beste-

[238] HessVGH, HSGZ 1981, 99 ff.
[239] BVerwG, DVBl. 1978, 914.
[240] HessVGH, HessVGRspr. 1978, 93 (94).
[241] Vgl. Gebührensatzungen HessVGH, ESVGH, Bd. 25, 59 (69).
[242] Vgl. HessVGH, HSGZ 1997, 83 ff.

hen.[243] Wenn die Neuregelung dagegen dem Inhalt der bisherigen Satzung entgegen stehende Regelungen enthält, ist die Satzung nichtig geworden, da sich insoweit die Kompetenzbeschränkung, wonach die Gemeinden Satzungen nur im Rahmen der geltenden Gesetze erlassen dürfen, auswirkt. Wenn also eine Satzung, nachdem sie zunächst rechtmäßig erlassen worden ist, nach einer Rechtsänderung gegen die geltenden Gesetze verstößt, führt dies zur nachträglichen Nichtigkeit.[244]

473 Bei einem Wegfall der Ermächtigungsgrundlage zum Erlass der Satzung ist hinsichtlich der **Auswirkungen auf Verwaltungsakte**, die auf der Grundlage dieser Satzungen erlassen worden sind, zu differenzieren: Sind die Verwaltungsakte bereits bestandskräftig, gibt es keine Auswirkungen. Bescheide, soweit sie rechtskräftig geworden sind, tragen also ihre Rechtfertigung in sich selbst.[245] Sind die Verwaltungsakte noch nicht rechtskräftig, fehlt die Ermächtigungsgrundlage der Satzung, so dass sie rechtswidrig sind. Sofern die Verwaltungsakte Eingriffe in Rechtspositionen enthalten und dafür die Ermächtigungsgrundlage weggefallen ist, sollte die Gemeinde von sich aus den belastenden Bescheid wieder aufheben, wenn sie nicht durch eine Änderung der Satzung wieder eine entsprechende Rechtsgrundlage schaffen kann.

Beispielsfall 6 – Interessenkollision: Die Gemeinde G möchte entweder eine Gemeindepartnerschaft mit der Gemeinde P in Italien oder mit der Gemeinde Q in Frankreich abschließen und diese mit Hilfe einer Satzung umsetzen. Aus diesem Grund tagt die Gemeindevertretung. Gemeindevertreterin ist auch die V, die mit dem in Q wohnenden E verheiratet ist. V will, dass die Partnerschaft mit der Gemeinde Q abgeschlossen wird, da dadurch das von ihr und ihrem Mann E in Q betriebene einzig nennenswerte Restaurant „Chez voisin" durch die dann zahlreichen Besucher aus der Heimatgemeinde G profitieren könnte. Aus diesem Grund stimmt V gegen den Beschluss über die Satzung betreffend die Partnerschaft mit der Gemeinde P in Italien. Der Beschluss über den Erlass der Satzung findet jedoch die Mehrheit der Stimmen. Die verärgerte V überlegt daraufhin, was sie tun könne, damit der Beschluss unwirksam wird. Die öffentliche Bekanntmachung ist bereits vor kurzem erfolgt.

I. Rechtmäßigkeit der Satzung

Es stellt sich die Frage, ob die Satzung formell und materiell rechtmäßig zustande gekommen ist.

1. Rechtsgrundlage für den Beschluss

Da spezielle Normen nicht ersichtlich sind, kommt § 5 Abs. 1 Satz 1 HGO als allgemeine Ermächtigungsgrundlage für den Erlass der Satzung in Betracht.

2. Formelle Rechtmäßigkeit der Satzung

In Bezug auf die formelle Rechtmäßigkeit der Satzung müsste die Gemeindevertretung zuständig gewesen, ein ordnungsgemäßer Beschluss vorliegen und die öffentliche Bekanntmachung der Satzung (§ 5 Abs. 3 Satz 1 HGO) erfolgt sein.

---

[243] HessVGH, HessVGRspr. 1965, 43 ff.

[244] HessVGH, HessVGRspr. 1965, 43 (44).

[245] Insoweit ist die Sachlage vergleichbar mit der im § 183 VwGO und § 40 Abs. 3 HStGHG. Danach bleiben die gerichtlichen Entscheidungen, die auf einer aufgehobenen Regelung des Landesrechts beruhen, bestehen. Es sei denn, es handelt sich um Strafurteile.

a) Zuständigkeit

Das Thema der Städte- bzw. Gemeindepartnerschaft müsste zu den „Angelegenheiten der örtlichen Gemeinschaft" gehören. Die Verbandskompetenz der Gemeinde für den Abschluss einer Gemeindepartnerschaft ist prinzipiell gegeben. Die Organkompetenz der Gemeindevertretung ergibt sich aus § 51 Nr. 6 HGO. Die Zuständigkeit liegt somit vor.

b) Verfahren

Der Beschluss über die Satzung müsste ordnungsgemäß zustande gekommen sein. Zunächst kann von der Beschlussfähigkeit der Gemeindevertretung nach § 53 Abs. 1 Satz 1 HGO, der Öffentlichkeit der Sitzung gemäß § 52 Abs. 1 Satz 1 HGO, von der Einhaltung der erforderlichen Mehrheit gemäß § 54 Abs. 1 HGO sowie von der nach §§ 56, 58 HGO geregelten ordnungsgemäßen Einberufung der Gemeindevertreter ausgegangen werden. Für die Rechtswirksamkeit der Satzung wäre allerdings eine Verletzung der Vorschriften der §§ 53, 56 und 58 HGO gemäß § 5 Abs. 5 HGO unbeachtlich. Die Mitwirkung der V könnte allerdings zu einer Rechtswidrigkeit des Beschlusses über die Satzung geführt haben, wenn V bei der Abstimmung im Sinne des § 25 HGO befangen war. In Betracht kommt hierbei § 25 Abs. 1 Satz 1 Nr. 1 HGO, der von einem Widerstreit der Interessen ausgeht, wenn die Mitwirkung eines Gemeindevertreters ihm oder eines ihm Angehörigen (vgl. § 25 Abs. 1 Nr. 2 i.V.m. § 25 Abs. 5 Nr. 2 HGO) einen unmittelbaren Vorteil oder Nachteil verschaffen würde. Durch ihre Gegenstimme erhoffte sich die V, dass die für den Erlass der Satzung erforderliche Mehrheit nicht zustande kommt und dann die Partnerschaft mit der Gemeinde Q in Frankreich auf der Tagesordnung steht. Das dort von V und ihrem Ehemann E betriebene allein bedeutsame Restaurant hätte davon profitiert, so dass die V und der E einen unmittelbaren vermögensrechtlichen Vorteil gehabt hätte. Fraglich ist, wie sich dieser Umstand auf die Rechtmäßigkeit des Satzungsbeschlusses auswirkt. § 25 Abs. 6 Satz 1 HGO besagt zwar, dass eine Interessenkollision grundsätzlich zur Unwirksamkeit der Beschlüsse führt. Der Beschluss gilt jedoch von Anfang an nach § 25 Abs. 6 Satz 2 HGO als wirksam, wenn nicht innerhalb einer sechsmonatigen Frist nach der Beschlussfassung oder nach der erforderlichen Bekanntmachung der der Bürgermeister oder der Gemeindevorstand ihm widersprechen oder die Aufsichtsbehörde den Beschluss beanstandet. § 25 Abs. 6 HGO bleibt gemäß § 5 Abs. 4 Satz 2 HGO unberührt. Aufgrund der mangelnden Kenntnis vom wahren Sachverhalt, wurde aber noch kein Widerspruch eingelegt und keine Beanstandung vorgenommen. Die Satzung zur Gemeindepartnerschaft ist somit gemäß § 25 Abs. 6 Satz 1 HGO unwirksam, würde aber nach Ablauf der Frist ex tunc wirksam werden.

3. Materielle Rechtmäßigkeit der Satzung

Grundsätzlich ist die Gemeinde innerhalb ihrer Verbandskompetenz autonom, die gesetzlichen Vorgaben müssen dennoch beachtet werden. Der Erlass einer Satzung anstatt der eines Gesetzes oder einer Rechtsverordnung darf nicht dazu führen, dass die grundrechtlichen und rechtsstaatlichen Anforderungen unberücksichtigt bleiben. Hier ist nicht ersichtlich, dass beim Erlass der Satzung höherrangiges Recht missachtet wurde. Die Satzung ist daher materiell rechtmäßig.

II. Ergebnis

Wegen des Interessenkonflikts der V ist die Satzung zunächst unwirksam. Die V müsste sich daher innerhalb von sechs Monaten nach der Bekanntmachung an den Gemeindevorstand, an den Bürgermeister oder an die Aufsichtsbehörde wenden, von ihrer Befangenheit berichten und hoffen, dass fristgerecht ein Widerspruch bzw. eine Beanstandung erfolgt, um die endgültige Unwirksamkeit des Beschlusses zugunsten von P in Italien und der Satzung zu erreichen. Davon ist aber nicht auszugehen, da die Stimme der V nicht entscheidend war.

b) Verordnungen

474 Unter einer Verordnung versteht man eine Regelungen enthaltende und auf eine gesetzliche Ermächtigung gestützte Rechtsnorm. Kraft gesetzlicher Delegation können die **Gemeinden auch Verordnungen** erlassen (vgl. § 74 HSOG, wonach Gefahrenabwehrverordnungen beschlossen werden können). Die Rechtsverordnungen werden wie die Satzungen von den Gemeindevertretungen beschlossen und nach § 2 des Gesetzes über die Verkündungen von Rechtsverordnungen, Organisationsanordnungen und Anstaltsordnungen vom 2. November 1971[246] wie Satzungen der Gemeinde verkündet. Bei Gefahrenabwehrverordnungen ist im Gegensatz zu Satzungen nach der Verabschiedung durch die Gemeindevertretung noch eine Genehmigung der Aufsichtsbehörde erforderlich.

475 Verordnungen werden in der Regel **in Angelegenheiten des übertragenen Wirkungskreises** erlassen. Die wichtigste Grundlage für den Erlass von Verordnungen stellt das Hessische Sicherheits- und Ordnungsgesetz dar. Danach darf im Bereich des Sicherheits- und Ordnungsrechts die Gemeinde als Sicherheitsbehörde Regelungen erlassen, so etwa für Ski- und Bobfahrten, das Betreten von Grundstücken, das Baden oder für fliegende Verkaufsanlagen.

c) Rechtliche Überprüfung von Satzung und Verordnung

476 Die **Überprüfung von Satzungen und Verordnungen** ist durch die Rechtsaufsichtsbehörde im Rahmen eines aufsichtlichen Verfahrens[247] möglich. Die Tatsache, dass die Rechtsaufsichtsbehörde unter Umständen eine Genehmigung ausgesprochen hat, hindert sie nicht, Fehler zu beanstanden. Da Satzungen im eigenen Wirkungskreis ergehen, ist hier lediglich Rechtsaufsicht möglich; da Verordnungen im übertragenen Wirkungskreis ergehen, ist hier eine Rechts- und Fachaufsicht möglich.

477 Eine **gerichtliche Kontrolle** von Satzungen und Verordnungen kann durch eine Normenkontrolle nach § 47 Abs. 1 VwGO, durch eine Verfassungsbeschwerde zum Bundesverfassungsgericht (Art. 93 Abs. 1 Nr. 4a GG), eine abstrakte Normenkontrolle (Art. 93 Abs. 1 Nr. 2 GG) sowie schließlich durch hessische Verfassungsrechtsbehelfe erfolgen. In Hessen besteht die Möglichkeit einer Grundrechtsklage vor dem Hessischen Staatsgerichtshof (§ 46 HStGHG), wenn der Kläger geltend macht, in einem seiner von der Landesverfassung zugesicherten Grundrechte durch die Satzung verletzt zu sein. Außerdem kommt eine inzidente Kontrolle in verwaltungsgerichtlichen Verfahren in Betracht, wenn etwa ein auf einer Satzung oder einer Verordnung beruhender Verwaltungsakt angefochten wird, da die Rechtmäßigkeit des Verwaltungsaktes von der Rechtmäßigkeit seiner gesetzlichen Grundlage abhängt. Eine Entscheidung entfaltet nur Wirkung zwischen den Parteien und berührt insgesamt die Rechtswirksamkeit der Satzung als solche nicht.

3. Inneradministrative Rechtssätze

478 Neben Geschäftsordnungen können die Gemeinden auch schlichte Anstaltsordnungen erlassen. Diese **Ordnungen gelten nur für den internen Bereich**, entfalten mithin keine

---

[246] Text: Fuhr/Pfeil, Nr. 22 c.
[247] Vgl. unten Rn. 596 ff.

Außenwirkung. Grundlegende Organisations- und Benutzungsregelungen müssen bei Anstalten in Form einer Satzung ergehen. Diese können dann näher durch Ordnungen ausgestaltet werden, in denen etwa Öffnungszeiten und weitere Benutzungsregelungen aufgestellt werden.

Für die Ordnungen bestehen weniger strenge Bekanntmachungsvorschriften; die **Bekanntmachung** kann bereits durch Aushang erfolgen. 479

Handelt es sich hingegen um ein **privatrechtlich ausgestaltetes Nutzungsverhältnis**, sind allgemeine Geschäftsbedingungen zu wählen. 480

4. Verwaltungsakte

Gemeinden können konkret-individuelle Regelungen in Form von Verwaltungsakten 481 treffen. Diese Verwaltungsakte bedürfen wegen des Vorbehalts des Gesetzes einer **Ermächtigungsgrundlage** entweder in Form eines formellen Gesetzes oder einer Satzung bzw. einer Verordnung. Der **Vollzug** von Verwaltungsakten erfolgt nach dem Verwaltungsvollstreckungsgesetz des Landes Hessen[248], wobei dieses zwischen der Vollstreckung von Verwaltungsakten, mit denen Geldleistungen gefordert werden, und der Vollstreckung von Verwaltungsakten, mit denen eine Handlung (mit Ausnahme einer Geldleistung) oder eine Duldung oder Unterlassung gefordert wird, unterscheidet.

Die **Rechtswirksamkeit** eines Verwaltungsakts wird durch dessen Rechtswidrigkeit 482 nicht berührt, es sei denn, der Verwaltungsakt leidet an einem offensichtlichen schweren oder in einem Gesetz genannten Fehler (§ 44 Abs. 1, Abs. 2 HVwVfG) und ist deshalb nichtig (§ 43 Abs. 3 HVwVfG). Nicht nichtige Verwaltungsakte, also nur rechtswidrige Verwaltungsakte, verlieren ihre Wirkung erst durch Aufhebung, d. h. von Amts wegen (Art. 48 ff. HVwVfG), oder aufgrund von Rechtsbehelfen der Betroffenen, wie Widerspruch und Anfechtungsklage, oder durch Erledigung (§ 43 Abs. 2 HVwVfG). Formelle Fehler des Verwaltungsaktes können unbeachtlich sein oder geheilt werden (§ 45 HVwVfG).

Legt ein Bürger gegen einen gemeindlichen Verwaltungsakt Widerspruch ein, so ist 483 grundsätzlich nach § 68 Abs. 1 VwGO ein Vorverfahren durchzuführen. In Anknüpfung an § 73 Abs. 1 Satz 2 Nr. 3 VwGO entscheidet **in den eigenen Angelegenheiten** die Selbstverwaltungsbehörde über den Widerspruch, ansonsten gemäß § 73 Abs. 1 Satz 2 Nr. 1 VwGO grundsätzlich die nächsthöhere Behörde.

Der durch die Selbstverwaltungsbehörde als Widerspruchsbehörde erlassene Wider- 484 spruchsbescheid kann **durch die Gemeinde im Wege der Anfechtungsklage ohne erneute Durchführung eines Vorverfahrens**, das nach § 68 Abs. 1 Satz 2 Nr. 2 VwGO nicht statthaft wäre, einer Überprüfung durch das zuständige Verwaltungsgericht unterzogen werden. Die Gemeinde ist möglicherweise in ihrem Selbstverwaltungsrecht verletzt und deshalb klagebefugt.

5. Sonstige Handlungsformen

Gemeinden können sich auch sonstiger Handlungsformen bedienen. Sie können insbe- 485 sondere **verwaltungsrechtliche Verträge** gemäß §§ 54 ff. HVwVfG abschließen, sie sind

[248] Text: Fuhr/Pfeil Nr. 32.

in der Lage, **schlichtes Verwaltungshandeln** zu tätigen oder einseitige Willenserklärungen abzugeben.

6. Öffentlichrechtliche und privatrechtliche Handlungsformen der Gemeinde

486 Bei den **öffentlichrechtlich organisierten gemeindlichen Einrichtungen** im Sinne des § 19 HGO können die Gemeinden neben der öffentlichrechtlichen Benutzungsform auch die privatrechtliche Benutzungsform wählen. **Bei wirtschaftlicher Betätigung** ist eine privatrechtliche Organisation und ein Handeln in Privatrechtsform der Gemeinde nur in den Grenzen der §§ 122, 126 HGO eröffnet.[249]

487 Im Bereich der so genannten **Hilfsgeschäfte** der Verwaltung handeln die Gemeinden unstreitig privatrechtlich. Das ist beispielsweise der Fall beim Abschluss privatrechtlicher Kaufverträge. Das privatrechtliche Handeln unterliegt allerdings **öffentlichrechtlichen Bindungen** (Verwaltungsprivatrecht). So ist die Gemeinde an die Grundrechte gebunden. Dies hat zur Folge, dass die Gemeinde bei der Bedarfsbeschaffung zwar wie eine Privatperson sich das günstigste Angebot aussuchen darf, sie darf aber nicht – wie ein Privater – willkürlich einen Lieferanten bevorzugen.

§ 7. Rechtsschutz und Haftung der Gemeinde

A. Die Gemeinde im Verwaltungsprozess

488 Das **Handeln von Gemeindebehörden ist im Verwaltungsprozess immer der Gemeinde zuzurechnen** unabhängig davon, ob die Gemeinde im eigenen oder im übertragenen Wirkungskreis handelt. Die Unterscheidung zwischen den Aufgabenbereichen spielt also keine Rolle. Dies gilt auch für die kreisfreien Städte und die Städte mit mehr als 50.000 Einwohnern. Für die Bestimmung des richtigen Klagegegners ist daher im Rahmen des § 78 Abs. 1 Nr. 1 VwGO – dem das so genannte Rechtsträgerprinzip zugrunde liegt, wonach das Verhalten von Behörden dem Rechtsträger zuzuordnen ist, dem die Behörde angehört – jeweils die Gemeinde als Klagegegner zu benennen. § 78 Abs. 1 VwGO regelt nicht Leistungs- und Feststellungsklagen. Aber auch hier ist der Grundsatz des Rechtsträgerprinzips anzuwenden.

489 Die **Gemeinde bzw. Stadt ist also die richtige Beklagte** bei Handlungen des Bürgermeisters bzw. Oberbürgermeisters infolge der vollständigen Kommunalisierung dieser Verwaltungsstufe[250]; **das gilt auch bei einer Organleihe nach dem HSOG,** wenn also der Bürgermeister bzw. Oberbürgermeister als „allgemeine Ordnungsbehörde" (§ 85 Abs. 1 Nr. 4 HSOG) handelt, ferner bei Handlungen des Gemeindevorstands bzw. Magistrats sowie bei Handlungen des Rates bzw. der Stadtverordnetenversammlung.

490 Da es ein spezielles kommunales Haftungsrecht nicht gibt, **haften** die Gemeinden **nach den allgemeinen Bestimmungen**, so dass zwischen der privatrechtlichen und der öffentlichrechtlichen Haftung differenziert werden muss. Diese Differenzierung hängt davon ab, ob privatrechtlich oder öffentlichrechtlich gehandelt wurde. Allein bei der

---

[249] Vgl. dazu unten Rn. 554.

[250] Der § 146 a HGO und die darauf beruhenden Regeln der §§ 149, 150 HGO sind weggefallen; der Bürgermeister bzw. Oberbürgermeister wurde vollständig kommunalisiert. Aufgaben, die der Bürgermeister bzw. Oberbürgermeister früher als „Behörde der Staatsverwaltung" wahrgenommen hatte, obliegen ihm jetzt als Auftragsangelegenheit nach § 4 Abs. 2 HGO.

Gefährdungshaftung (vgl. § 7 StVG, §§ 1, 2, 3 Haftpflichtgesetz, § 22 WHG) kommt es nicht darauf an, ob die Gemeinde eine Sache privatrechtlich oder öffentlichrechtlich unterhalten oder betrieben hat.

B. Öffentlichrechtliche Haftung

Für die öffentlichrechtliche Haftung, die **Amtshaftung**[251], gilt § 839 BGB in Verbindung 491 mit Art. 34 GG beziehungsweise Art. 136 HV. Die Amtshaftung greift ein bei hoheitlichem Handeln in Ausübung eines Amtes. Die Teilnahme am allgemeinen Verkehr ist nach der Rechtsprechung hoheitliches Handeln, wenn die Tätigkeit der Wahrnehmung einer öffentlichen Aufgabe dient. Beamte im haftungsrechtlichen Sinne sind auch die Gemeindevertreter. So haften sie beispielsweise für rechtswidriges und schuldhaftes Versagen des nach § 36 BauGB erforderlichen gemeindlichen Einvernehmens, wobei es auf die individuellen Kenntnisse und Fähigkeiten der Gemeindevertreter nicht ankommt, sondern auf die durchschnittlich von einem Amtsinhaber zu erwartenden Kenntnisse.

C. Privatrechtliche Haftung

Grundsätzlich richtet sich die **Haftung für privatrechtliches Handeln der Gemeinde** 492 **nach den allgemeinen Vorschriften des Bürgerlichen Gesetzbuches**. Bei **vertraglicher Haftung** finden die allgemeinen zivilrechtlichen Vorschriften Anwendung, wobei die Zurechnungsnormen für das Handeln des Oberbürgermeisters die §§ 31, 89 BGB sind, für sonstige Personen gilt der § 278 BGB. Für **deliktisches Handeln** haftet die Gemeinde nach §§ 31, 89 Abs. 1 i. V. m. §§ 823 ff. BGB für das Handeln verfassungsmäßig berufener Vertreter. Dazu gehört vor allem der Bürgermeister. Für das Handeln anderer Personen müssen die Kommunen nach den Grundsätzen der Haftung für Verrichtungsgehilfen gemäß § 831 BGB einstehen.

Die **Eigenhaftung des Beamten** im statusrechtlichen Sinne erfolgt nach § 839 BGB. 493 Für andere Amtsträger gilt der § 823 BGB.

Eine besondere Rolle spielen die **Verkehrssicherungspflichten** bei der Betreibung öf- 494 fentlicher Einrichtungen. Hier sind die Kommunen für die von ihnen geschaffenen Gefahrenquellen verantwortlich. Der Bundesgerichtshof hat entschieden, dass Sicherungspflichten auch dann nach Privatrecht zu beurteilen sind, wenn öffentliche Einrichtungen im Rahmen der Daseinsvorsorge zur Verfügung gestellt werden.[252] Ist jedoch das Benutzungsverhältnis öffentlichrechtlich geregelt, sind die in seinem Rahmen bestehenden Pflichten auch öffentlichrechtlich, so dass Kommunen für die Verletzung von Verkehrssicherungspflichten dann nach den Grundsätzen über die Amtshaftung einstehen müssen, wenn sie eine Benutzungssatzung erlassen haben. Für die öffentlichen Straßen und Wege besteht nach dem hessischen Straßen- und Wegegesetz (vgl. § 9 HStrG) eine öffentlichrechtliche Verkehrssicherungspflicht, aus der eine öffentlichrechtliche Haftung folgt.

---

[251] Vgl. dazu *Detterbeck*, AllgVerwR, 20. Aufl. 2022, § 21 Rn. 1053 ff.
[252] BGHZ 9, 373; 60, 54; 66, 398.

D. Verwaltungsrechtliches Schuldverhältnis

495 Unter einem verwaltungsrechtlichen Schuldverhältnis sind **öffentlichrechtliche Rechtsbeziehungen** zu verstehen, die **zwischen Gemeinde und den Bürgern** errichtet wurden. Diese verwaltungsrechtlichen Schuldverhältnisse sind **privatrechtlichen Schuldverhältnissen vergleichbar.** Öffentlichrechtliche Schuldverhältnisse bestehen beispielsweise bei einem Anschluss- und Benutzungszwang und bei Leistungs- und Benutzungsverhältnissen im Rahmen der Daseinsvorsorge. Die Haftung richtet sich nach öffentlichem Recht, wobei allerdings in diesem Rahmen die entsprechenden zivilrechtlichen Vorschriften sinngemäß angewendet werden. Verschulden ist hier erforderlich; für die Erfüllungsgehilfen muss in vollem Umfang eingestanden werden (§§ 276, 278 BGB).

E. Haftungsbeschränkungen

496 Aus § 62 Satz 2 HVwVfG in Verbindung mit § 276 Abs. 2 BGB analog ergibt sich, dass die schuldrechtliche Haftung für Leistungsstörungen, soweit nicht Vorsatz vorliegt, **grundsätzlich beschränkt werden kann.** Erfolgt die Zulassung zur Benutzung durch Verwaltungsakt, der aufgrund einer Satzung erlassen worden ist, kann sich die Haftungsbeschränkung allein aus der Satzung ergeben. Die Haftungsbeschränkung darf **nicht zum Ausschluss der Haftung bei grober Fahrlässigkeit und Vorsatz** führen, sie muss sachlich gerechtfertigt sein und den Grundsätzen der Verhältnismäßigkeit entsprechen.

F. Entschädigungsansprüche

497 **Weitere Ansprüche** gegen die Gemeinden ergeben sich aus enteignendem und enteignungsgleichem Eingriff, aus Aufopferung und aufopferungsgleichem Eingriff, aus öffentlichrechtlicher Geschäftsführung ohne Auftrag und aus den Erstattungsansprüchen.[253]

G. Rückgriff

498 Wenn die Gemeinde im Außenverhältnis haftet, kann sie **im Innenverhältnis Rückgriff nehmen** (Art. 136 Abs. 1 Satz 2 HV), das heißt, sie kann den Schädiger in Anspruch nehmen, wenn dieser vorsätzlich oder grob fahrlässig die ihm obliegenden Pflichten verletzt hat (vgl. Art. 34 Satz 2 GG). Die Haftung des Beamten richtet sich in erster Linie nach § 48 Beamtenstatusgesetz. Das Beamtenstatusgesetz regelt nach § 1 das Statusrecht der Beamten der Länder, Gemeinden und Gemeindeverbände sowie der sonstigen der Aufsicht eines Landes unterstehenden Körperschaften, Anstalten und Stiftungen des öffentlichen Rechts. Handelt es sich nicht um einen Beamten, gelten die Regeln des **innerbetrieblichen Schadensausgleichs:** Bei Vorsatz und grober Fahrlässigkeit hat der Arbeitnehmer grds. voll für den Schaden aufzukommen. Bei mittlerer Fahrlässigkeit ist eine Quotelung zwischen Arbeitnehmer und Arbeitgeber erforderlich. Bei leichter Fahrlässigkeit ist der Arbeitnehmer von der Haftung freizustellen.

---

[253] Vgl. dazu *Detterbeck,* AllgVerwR, 20. Aufl. 2022, §§ 22-27.

§ 8. Kommunale Einrichtungen und Unternehmen

A. Öffentliche Einrichtungen

I. Allgemein

Die Gemeinde hat die Aufgabe, in den Grenzen ihrer Leistungsfähigkeit die für ihre Einwohner erforderlichen sozialen, sportlichen und kulturellen öffentlichen Einrichtungen bereitzustellen (§ 19 Abs. 1 HGO). Eine **öffentliche Einrichtung** ist jede Einrichtung, die von einer Gemeinde oder einer anderen Gebietskörperschaft **durch Widmungsakt der allgemeinen Benutzung** in erster Linie durch ihre Einwohner und die in ihrem Gebiet niedergelassenen Vereinigungen **zugänglich gemacht** und von der Gemeinde oder der anderen Gebietskörperschaft im öffentlichen Interesse unterhalten wird,[254] also insbesondere der Daseinsvorsorge dient. Die öffentliche Einrichtung umfasst die Bereitstellung von Sach- und in der Regel auch Personalmitteln. Es handelt sich dabei um Schulen, Kindergärten, Museen, Schwimmbäder, Theater, Stadthallen, Parks, Parkplätze, Sportplätze, aber auch Anschlagtafeln, Fremdenverkehrsprojekte, Werbeflächen, Volksfeste, Ausstellungen sowie die Müllabfuhr, die Feuerwehr, die Entwässerungsanlage, Krankenhäuser und Verkehrsbetriebe. 499

Unerheblich ist, ob die öffentliche Einrichtung eine **eigene Rechtspersönlichkeit** besitzt oder nicht, ob sie im alleinigen **Eigentum** der jeweiligen Gemeinde steht oder ob die Gemeinde Miteigentümerin ist. Es hat keinen Einfluss auf die Öffentlichkeit, ob die Nutzungsbedingungen für die Gemeindeeinwohner **öffentlichrechtlich oder privatrechtlich geregelt** sind, ob die Benutzung kostenfrei möglich ist oder nicht oder ob eine öffentlichrechtliche Nutzungsgebühr oder ein privatrechtliches Entgelt verlangt wird. 500

§ 19 HGO enthält **keinen Anspruch auf Schaffung von Einrichtungen oder auf deren Widmung zu bestimmten Zwecken.**[255] Aus diesem Grund kann die Gemeinde auch frei darüber entscheiden, Einrichtungen zu schließen, also zu entwidmen oder umzuwidmen. Ein Abwehranspruch einer Einrichtung gegen ihre Schließung ist nicht gegeben, da sie nicht Grundrechtsträger ist und sich deswegen auch nicht gegen ihre Schließung wehren kann. Etwas anderes gilt nur dann, wenn ausnahmsweise spezielle Vorschriften oder gar Grundrechte den Betroffenen weitere Rechte garantieren. 501

Der Landesgesetzgeber kann den Gemeinden **in Gesetzen vorschreiben, bestimmte Einrichtungen zu schaffen**, beispielsweise in § 2 Hessisches Friedhofs- und Bestattungsgesetz[256] und in § 7 Hessisches Brand- und Katastrophenschutzgesetz[257]. Wenn es sich dagegen um eine Einrichtung handelt, deren Vorhandensein der Gemeinde nicht durch Gesetz vorgeschrieben ist, liegt es im Ermessen der Gemeinde, ob sie eine derartige Einrichtung für erforderlich hält oder nicht.[258] 502

---

[254] Vgl. BayVGH, BayVBl. 1969, 102.
[255] BayVGH, NVwZ 1982, 120.
[256] Text: Fuhr/Pfeil, Nr. 39.
[257] Text: Fuhr/Pfeil, Nr. 56.
[258] NWOVG, NVwZ 1987, 518.

503 Soweit die Gemeinden **durch Spezialgesetz zur Schaffung und Unterhaltung bestimmter Einrichtungen verpflichtet** sind, wird damit nur eine Verpflichtung gegenüber dem Staat geschaffen. Der einzelne Bürger enthält keine Rechte, aus denen heraus er beispielsweise die Erweiterung einer öffentlichen Einrichtung vor den Gerichten erzwingen könnte. Wenn die Gemeinden den ihnen übertragenen Pflichten nicht nachkommen, ist es nicht eine Angelegenheit der Bürger, sondern der zuständigen Aufsichtsbehörde.

504 Einigen Einrichtungen kommt eine besondere Funktion zu; es handelt sich um **Verwaltungseinrichtungen**, d. h. Einrichtungen, die lediglich Verwaltungszwecken und damit dem internen Gebrauch der Gemeinde dienen (zum Beispiel das Rathaus). Diese Verwaltungsgebäude dienen zwar letztendlich ebenfalls der Allgemeinheit, sie sind aber nicht für einen Gebrauch durch die Allgemeinheit, sondern ausschließlich für den Gebrauch durch die Bediensteten bestimmt. Zum Teil sind sie aber für den Publikumsverkehr zugänglich. Darunter fallen das Rathaus und die sonstigen Verwaltungsgebäude der Gemeinde. Teile des Rathauses können auch anderen Verwaltungszwecken gewidmet werden und damit zu einer öffentlichen Einrichtung werden wie etwa der Rathausbalkon als Rednertribüne oder zum Empfang erfolgreicher Sportler.

505 **Straßen und Wege** stehen ebenfalls im Gemeingebrauch. Sie stellen allerdings eine Sonderkategorie dar, da der Gebrauch nach dem hessischen Straßengesetz geregelt ist (vgl. §§ 4–6, 14–22 HStrG).

II. Organisatorische Ausgestaltung

506 Die öffentlichen Einrichtungen können **sowohl in Formen des öffentlichen Rechts als auch des Privatrechts organisiert** werden. Die Gemeinde hat insoweit eine Wahlmöglichkeit.

507 Folgende Möglichkeiten stehen der Gemeinde zur Verfügung:

- Den größten Einfluss behalten die Gemeindevertreter auf die öffentlichen Einrichtungen, wenn sie von der **Gemeinde selbst verwaltet** werden oder
- wenn sie lediglich in **Sondervermögen ohne eigene Rechtspersönlichkeit** ausgelagert werden.
- Die Gemeinde kann für den Betrieb einer öffentlichen Einrichtung eine **rechtlich selbstständige Einheit** schaffen.
- Sie kann auch von den im Gesetz über kommunale Gemeinschaftsarbeit (HKGG) geregelten Verfahren, insbesondere von einem **Zweckverband,** Gebrauch machen.
- Die Gemeinde kann ferner eine **Eigengesellschaft** gründen, die die Gemeinschaftseinrichtungen betreibt (Stadthallen, Bürgerhäuser usw. in einer Stadthallen-GmbH).
- Bei **privatrechtlicher Ausgestaltung** muss der Gemeinde eine entscheidende Einflussnahmemöglichkeit verbleiben. Sie muss also auf die Willensbildung der juristischen Person entscheidend einwirken können. Dies kann durch die Stimmenmehrheit in Entscheidungsgremien sichergestellt werden. Die Gemeinde kann auch mit anderen zusammenwirken. So ist es möglich, mit anderen privaten Investoren gemeinsame Gesellschaften zu gründen.

III. Benutzung

1. Benutzungsmöglichkeit

Das **Benutzungsrecht** ist in der hessischen Gemeindeordnung nicht ausdrücklich geregelt. Jedenfalls steht die gemeindliche Einrichtung grundsätzlich **allen Einwohnern sowie juristischen Personen und Personenvereinigungen der Gemeinde** zu. 508

Die öffentliche Einrichtung wird durch **Widmungsakt** der allgemeinen Benutzung zugänglich gemacht. Darunter versteht man eine Erklärung der Gemeinde, dass, in welcher Art und Weise und in welchem Umfang eine bestimmte Einrichtung von der Öffentlichkeit benutzt werden darf. Die Widmung kann in verschiedenen Rechtsformen erfolgen. In der Regel erfolgt sie durch Verwaltungsakt (Allgemeinverfügung nach § 35 Satz 2 2. Alt. HVwVfG), durch Satzung, Benutzungsordnung oder auch konkludent durch tatsächliches Handeln. Es genügt in diesem Fall, dass die Einrichtung der Öffentlichkeit zur Verfügung gestellt wird und die Gemeindevertretung nicht widerspricht. Es muss sich also die Gemeindevertretung nicht ausdrücklich mit der Angelegenheit befasst haben. Sie stellt aber keine laufende Angelegenheit des Bürgermeisters dar. 509

Die **öffentlichen Sachen in Gemeingebrauch** stehen grundsätzlich für jedermann jederzeit ohne besondere Zulassung und ohne besondere Kosten zur Nutzung zur Verfügung. Es gibt keine Beschränkungen des Nutzerkreises auf Einwohner oder Grundstückseigentümer oder Gewerbetreibende der Gemeinde. Den Umfang der Widmung bestimmt die Gemeinde, meist zugleich auch aus ihrer Position als Eigentümer der Sache bzw. des belegenen Grundstücks.[259] 510

Das **Benutzungsrecht** besteht nach dem Wortlaut des Gesetzes aber nur „im Rahmen der bestehenden Vorschriften" (§ 20 Abs. 1 HGO). Den Rahmen der bestehenden Vorschriften kann die Gemeinde eigenverantwortlich festlegen. Die **Benutzung** wird **begrenzt durch** die in der **Widmung** zum Ausdruck kommende Beschränkung sowohl in personeller als auch in sachlicher Hinsicht. Mit der Widmung entscheidet die Gemeinde für die jeweilige öffentliche Einrichtung darüber, welcher Personenkreis sie zu welchem Zweck benutzen darf. Bei dieser Widmungsentscheidung ist die Gemeinde durch Bestimmungen des Grundgesetzes (Art. 3 Abs. 1 GG) und der Hessischen Verfassung (Art. 1 HV) und der geltenden Gesetze in ihrer Ermessensausübung eingeschränkt. 511

Wie der Gemeingebrauch durch eine Widmung generell eingeräumt werden kann, kann er auch durch eine **Entwidmung** entzogen werden. Bei Straßen und Wegen spricht man dann von einer Einziehung. Eine **Einziehung** steht allerdings nicht im willkürlichen Belieben der Gemeinde. Vielmehr schreibt § 6 HStrG ausdrücklich vor, dass eine Einziehung nur erfolgen darf, wenn entweder kein Verkehrsbedürfnis mehr besteht oder wenn es das Wohl der Allgemeinheit erfordert. 512

2. Anspruch auf Benutzung

Der berechtigte Personenkreis hat einen **Rechtsanspruch** darauf, zur Nutzung der öffentlichen Einrichtung im Rahmen der Widmung der Einrichtung zugelassen zu werden. 513

Ein grundsätzliches **Recht der Benutzung öffentlicher Einrichtungen, die nicht im Gemeingebrauch stehen,** haben nach § 20 Abs. 1 HGO die Einwohner der Gemeinde, also jeder, der in der Gemeinde seinen Wohnsitz hat. Nach § 20 Abs. 2 HGO haben die 514

---

[259] *Bennemann,* in: Kommunalverfassungsrecht Hessen – HGO, § 19 Rn. 9.

Grundbesitzer und Gewerbetreibenden in der Gemeinde, die nicht in der Gemeinde wohnen, in gleicher Weise die Berechtigung, die öffentlichen Einrichtungen zu benutzen, die in der Gemeinde für Grundbesitzer und Gewerbetreibende bestehen. Eine **Differenzierung** hinsichtlich der Benutzung ist nach sachgerechten Gründen möglich. So kann die Kartenausgabe für ein Jugendkonzert auf Jugendliche beschränkt, der Zugang zur Sauna nach Geschlechtern getrennt, die Zeiten des Sportplatzes nach Vereinen verteilt oder eine Theateraufführung als geschlossene Veranstaltung für Kongressteilnehmer reserviert werden. Der **Anspruch politischer Parteien** auf Zugang zu öffentlichen Einrichtungen ist unabhängig von ihrer politischen Ausrichtung in § 5 Abs. 1 ParteienG i.V.m. Art. 21 Abs. 1 GG und Art. 3 Abs. 1 GG verfassungsrechtlich verankert. Erst wenn die erkennbare Verfassungsfeindlichkeit zu einem Parteiverbot nach Art. 21 Abs. 2 GG geführt hat, tritt das Diskriminierungsverbot zurück und der Zugang zur Einrichtung kann verweigert werden.[260]

515 Der Anspruch auf Benutzung steht **unter dem Vorbehalt des tatsächlich und rechtlich Möglichen.** So besteht kein Anspruch auf Benutzung im Falle der umbaubedingten oder ferienbedingten Schließung oder wenn die Kapazitätsgrenzen überschritten sind. Ist die Kapazität erschöpft, können keine weiteren Benutzer zugelassen werden. Die Gemeinde hat dann eine Auswahl nach pflichtgemäßem Ermessen zu treffen.

516 **Ordnungsrechtliche Bestimmungen** können ebenfalls eine beabsichtigte Nutzung einer öffentlichen Einrichtung untersagen. Dies ist häufig bei Veranstaltungen politischer Parteien der Fall. Allerdings wird die Versagung mit der Begründung, es seien Schäden an der öffentlichen Einrichtung durch gewaltbereite Gegendemonstranten zu befürchten, von der Rechtsprechung nicht anerkannt. Andernfalls würde die Gewährung von Nutzungsrechten nicht mehr nach Recht und Gesetz erfolgen, sondern vom voraussichtlichen Verhalten von Rechtsbrechern abhängig gemacht.[261]

517 Die Gemeinde hat **sachgerechte Kriterien** bei der Auswahl der Personen heranzuziehen, die von der Art der Einrichtung, deren Zweck und der Person des Benutzers abhängig ist. Nicht zurückgegriffen werden darf in diesem Zusammenhang allein auf das aus dem Gewerberecht bekannte Kriterium „bekannt und bewährt".

518 Einen **Anspruch auf Zulassung zu einem Markt** gegen die Gemeinde enthält auch **§ 70 Abs. 1 GewO.** Er hat aber zur Voraussetzung, dass ein Marktverkehr i. S. der §§ 64 ff. GewO stattfindet und der Markt nach § 69 GewO von der zuständigen Behörde festgesetzt wurde. Wird der Markt vom Veranstalter privatrechtlich durchgeführt,[262] ist der Zulassungsanspruch privatrechtlicher Natur und führt nicht zum Verwaltungsrechtsweg.[263] Liegt die erforderliche gewerberechtliche Festsetzung gemäß § 69 GewO nicht vor, sind die Normen der GewO nicht streitentscheidend.

519 Der Benutzungsanspruch sowie der Anspruch auf ermessensfehlerfreie Entscheidung ist nach Durchführung des **Vorverfahrens** durch **Verpflichtungsklage** geltend zu machen.

Beispielsfall 7 – Zugang zu öffentlichen Einrichtungen: Die E möchte zur Weihnachtszeit einen Lebkuchenherzenstand in der Gemeinde G, deren Einwohnerin sie ist, betreiben. Auf dem Weihnachtsmarkt werden regelmäßig Glühwein und verschiedene Süßigkeiten angeboten. Die Gemeinde widmet die Veranstaltung allen Einwohnern zum Anbieten weihnachtli-

---

[260] Zum „Wetzlarer Stadthallen-Fall" vgl. *Hecker*, NVwZ 2018, 787 ff. Der gesamte Verfahrensverlauf lässt sich zusammengefasst nachlesen in der Entscheidung des VG Gießen, DÖV 2020, 35 ff.

[261] BaWüVGH, DÖV 1968, 179.

[262] Vgl. HessVGH, HSGZ 2008, 372 ff.

[263] Vgl. BVerwG, DVBl. 2009, 1382.

chen Gebäcks und weihnachtlicher Getränke. Eine Festsetzung nach der Gewerbeordnung erfolgt in G traditionell nicht. E beantragt bei der zuständigen Behörde schriftlich eine Standgenehmigung, die ihr allerdings vom Bürgermeister mit dem Hinweis versagt wird, der Platz sei bereits einem anderen „bekannten" und „bewährten" Standbetreiber zugeteilt. Ist die Abweisung der E rechtmäßig erfolgt? Besteht ein Anspruch der E auf Zulassung?

I. Ermächtigungsgrundlage

Ein Anspruch auf Zulassung zu dem Weihnachtsmarkt könnte sich aus § 20 HGO ergeben, da eine Festsetzung nach § 69 GewO nicht erfolgt ist und somit eine Zulassung nach § 70 GewO als speziellere Ermächtigungsgrundlage ausscheidet.

II. Voraussetzungen

1. Öffentliche Einrichtung i.S.v. § 20 HGO

Der Weihnachtsmarkt stellt eine öffentliche Einrichtung der Gemeinde G gemäß § 20 Abs. 1 HGO dar, die durch einen Widmungsakt den Einwohnern zugänglich gemacht und von der Gemeinde im öffentlichen Interesse unterhalten und betrieben wird.

2. Einwohner i.S.v. § 20 HGO

Die E ist gemäß §§ 8 Abs. 1, 20 Abs. 1 HGO Einwohnerin der Gemeinde G und daher grundsätzlich anspruchsberechtigt.

3. Anspruch auf Zulassung im Rahmen der bestehenden Vorschriften

Der Anspruch kann nur im Rahmen der bestehenden Vorschriften bestehen und die beabsichtige Nutzung darf nicht dem Widmungszweck der öffentlichen Einrichtung entgegenstehen. E möchte als Lebkuchenherzverkäuferin an dem Weihnachtsmarkt in G teilnehmen, was dem Widmungszweck entspricht. Anderweitige gesetzliche Verstöße sind nicht erkennbar.

4. Anspruch auf Zulassung i. R. d. Kapazitäten

§ 20 Abs. 1 HGO sichert den Zugang zu einer öffentlichen Einrichtung aber nur im Rahmen bestehender Kapazitätsgrenzen. Es besteht daher nur ein Anspruch auf eine sachgerechte Auswahlentscheidung. Das Merkmal „bekannt" und „bewährt" begründet zwar ein sachliches Auswahlkriterium, da es die Zuverlässigkeit und Sicherheit eines Standbudeninhabers belegt. Die alleinige Auswahl nach diesen Kriterien führt allerdings zu einem Ausschluss von Neubewerbern, so dass es nur in Kombination mit anderen Auswahlkriterien angeführt werden kann. Der Bürgermeister hat vorliegend lediglich auf das Merkmal „bekannt" und „bewährt" abgestellt. Seine Auswahlentscheidung war daher nicht sachgerecht und somit materiell rechtswidrig.

III. Ergebnis

E hat einen Anspruch auf ermessensfehlerfreie Entscheidung.

3. Gestaltung des Benutzungsverhältnisses

Ist eine öffentliche Einrichtung in **öffentlichrechtlicher Organisation** erfolgt, kann die Benutzung nach öffentlichem Recht oder nach Privatrecht ausgestaltet sein. Ist die öffentliche Einrichtung **privatrechtlich organisiert,** ist die privatrechtliche Benutzungsmöglichkeit obligatorisch. 520

Wenn die Gemeinde die **Einrichtung in öffentlichrechtlicher Form** betreibt, kann die 521
Gemeinde das Benutzungsverhältnis öffentlichrechtlich gestalten. Die Benutzungsbedin-

gungen werden dann durch Satzung geregelt oder über die Benutzung werden verwaltungsrechtliche Verträge abgeschlossen. Ferner ist die öffentlichrechtliche Regelung in Form einer Anstaltsordnung (Nutzungs- und eventuell auch Gebührenordnung) möglich. Bei Streitigkeiten über die öffentlichrechtliche Benutzung ist der **Verwaltungsrechtsweg** gegeben.

522 Bei öffentlichrechtlicher Organisation kann die Gemeinde die Benutzung **auch privatrechtlich regeln.** Es wurde dazu in der Rechtsprechung und in der Literatur die sogenannte **Zwei-Stufen-Theorie** entwickelt, wonach zunächst nach öffentlichrechtlichen Regelungen über die Zulassung zur Nutzung der öffentlichen Einrichtung entschieden wird, die Benutzung ist dann privatrechtlich zu klären.

523 **Die Frage nach dem „Ob" der Zulassung** gehört bei derartigen zweistufigen Rechtsverhältnissen dem öffentlichen Recht an. Im Falle eines Streits wäre der Verwaltungsrechtsweg gegeben,[264] unabhängig davon, wie die Gemeinde das Benutzungsverhältnis ausgestaltet hat. Das Bundesverwaltungsgericht hat später entschieden, dass dieser Grundsatz selbst dann gilt, wenn sich die Gemeinde eines Privaten zum Betrieb der öffentlichen Einrichtung bedient.[265] Die Entscheidung über die Zulassung erfolgt gegenüber den Nutzungsinteressenten mittels eines Verwaltungsaktes, der gleichzeitig für die Gemeinde einen Kontrahierungszwang zum Abschluss des bürgerlichrechtlichen Nutzungsvertrages zur Folge hat.

524 **Die Frage nach dem „Wie" der Nutzung** gehört dann zum bürgerlichen Recht. Bürgerlichrechtliche Benutzungsordnungen kommen in der Regel durch den **Abschluss eines Vertrages** zwischen der Gemeinde und dem jeweiligen Nutzer der Einrichtung zustande. Bei privatrechtlicher Vereinbarung wird anstelle der Satzung auf die Benutzungs-AGB verwiesen und anstelle einer Gebühr ein Entgelt verlangt. Da es sich um bürgerlichrechtliche Verträge handelt, ist bei Streitigkeiten nicht der Weg zu den Verwaltungsgerichten gegeben, vielmehr sind die **Zivilgerichte** zur Entscheidung zuständig. Diese Zweispurigkeit des Rechtswegs ist unbefriedigend und hat daher zur Überlegung geführt, die vertraglichen Nutzungsvereinbarungen als öffentlichrechtliche Verträge anzusehen, um auf diesem Weg wieder eine Einheit des Rechtswegs herbei zu führen.[266] Wenn die Gemeinde aber nicht vor unterschiedlichen Gerichtszweigen wegen der Nutzung der öffentlichen Einrichtung prozessieren möchte, kann sie eine eindeutig öffentlichrechtliche Benutzungsordnung vorgeben.

525 Entscheidet sich die Gemeinde für die **Privatrechtsform**, etwa als GmbH, ist eine **öffentlichrechtliche Benutzungsordnung ausgeschlossen**. Es gelten die Allgemeinen Geschäftsbedingungen. Allerdings bleiben die gemeindlichen Einrichtungen an die Grundrechte gebunden. Es gilt das so genannte Verwaltungsprivatrecht.[267]

4. Zulassungsanspruch und Nutzungsanspruch

526 Liegt eine **öffentlichrechtlich organisierte Einrichtung** vor, handelt es sich beim Zulassungsanspruch nach § 20 Abs. 1 HGO um einen öffentlichrechtlichen Anspruch, der sich gegen die Gemeinde richtet. Dies gilt unabhängig von der Frage, ob die Benutzung öffentlichrechtlich oder privatrechtlich geregelt ist. Die Zulassung wird immer durch Verwaltungsakt ausgesprochen, bei deren Versagung die Verpflichtungsklage statthaft ist.

---

264 NWOVG, DVBl. 1968, 842; HessVGH, NJW 1977, 452 = DVBl. 1977, 216.
265 BVerwG, NJW 1990, 134 = DVBl. 1990, 154.
266 VG Wiesbaden, DVBl. 1974, 243 f.
267 Vgl. Rn. 446, 530.

Eine **in den Formen des Privatrechts organisierte Einrichtung** kann keine hoheitlichen Maßnahmen treffen. Sie kann damit auch nicht über die Zulassung durch Verwaltungsakt entscheiden, sondern nur dadurch, dass sie den privatrechtlichen Benutzungsvertrag abschließt oder nicht. Der Anspruch des Einwohners auf Zulassung zur Einrichtung, dessen Adressat nur die Gemeinde sein kann, wandelt sich deswegen bei privatrechtlich geregelten Einrichtungen in einen **Verschaffungsanspruch gegen die Gemeinde** um. Dieser Anspruch ist darauf gerichtet, dass die Kommune intern die Zulassung verschafft, da sie die Einflussmöglichkeiten hat. Als statthafte Klage kommt die Leistungsklage in Betracht oder, wenn man die Einflussnahme der Gemeinde als Verwaltungsakt qualifiziert, die Verpflichtungsklage. Man kann aber auch im Falle einer privatrechtlich organisierten Einrichtung den Benutzungsanspruch des § 20 Abs. 1 HGO, obwohl er im öffentlichen Recht wurzelt, als zivilrechtlichen Anspruch auf Abschluss eines Vertrags betrachten. 527

Wird über die **Nutzungsbedingungen** gestritten, ergibt sich der Rechtsweg in Abhängigkeit von der von der Gemeinde gewählten Organisationsform für die öffentliche Einrichtung. Wird die öffentliche Einrichtung auf der Grundlage einer **öffentlichrechtlichen Benutzungsordnung** (Satzung) betrieben, ist Rechtsschutz bezüglich aller Fragen, die sich mit der Zulassung zur Nutzung und den Einzelheiten der Nutzungsbedingungen befassen, vor den Verwaltungsgerichten zu suchen. Wenn die **Nutzungsbedingungen bürgerlichrechtlich** vereinbart worden sind, erfolgt der Rechtsschutz gegen die Inhalte der entsprechenden Vereinbarung vor den Zivilgerichten. 528

5. Gegenleistung

Sofern das Benutzungsverhältnis **öffentlichrechtlich geregelt** ist, kann die Gemeinde für die Benutzung **Gebühren** verlangen. Bei der Erhebung von Gebühren sind die Vorgaben des Kommunalabgabengesetzes zu beachten. Erforderlich ist, dass die Gemeinde eine Abgabensatzung als Rechtsgrundlage beschließt. Bei Gebühren sind die Verwaltungsgerichte zuständig. 529

Bei **privatrechtlicher Benutzung** scheidet eine Gebührenerhebung aus. Stattdessen können **privatrechtliche Entgelte** vereinbart werden, wobei allerdings wegen der Grundrechtsbindung (Verwaltungsprivatrecht) der Gleichheitssatz zu beachten ist. Bei Entgelten gilt das Bürgerliche Gesetzbuch. Bei der Überprüfung der Entgelte sind die Zivilgerichte zuständig. 530

IV. Anschluss- und Benutzungszwang

Viele Versorgungseinrichtungen können **nur dann** von der Kommune ordnungsgemäß und auch **finanziell tragbar betrieben** werden, wenn die Möglichkeit besteht, die **Bürger zu deren Benutzung anzuhalten.** Dazu dient der Anschluss- und Benutzungszwang. Unter **Anschlusszwang** versteht man dabei die Verpflichtung der Bürger, alle Vorkehrungen zu treffen oder zu dulden, die eine jederzeitige Benutzung einer Einrichtung ermöglichen. Die für den Anschluss notwendigen Vorrichtungen können auf Kosten des Verpflichtenden geschaffen werden. **Benutzungszwang** ist die Verpflichtung, die Einrichtung auch tatsächlich und ausschließlich zu benutzen und die Benutzung privater Einrichtungen zu unterlassen. 531

Der **Anschluss- und Benutzungszwang setzt allerdings ein öffentliches Bedürfnis voraus.** Es handelt sich dabei um einen gerichtlich voll nachprüfbaren unbestimmten 532

Rechtsbegriff. Darunter fallen wegen der Formulierung des § 19 Abs. 2 HGO vor allem gesundheitliche Gründe, so dass rein fiskalische Interessen nicht ausreichen. Liegt ein öffentliches Bedürfnis vor, ist dem Gedanken der Wirtschaftlichkeit zu genügen, da die Gemeinde zu sparsamer Haushaltswirtschaft verpflichtet ist (§ 92 Abs. 2 HGO).

533 Die **Ausgestaltung** des Anschluss- und Benutzungszwangs erfolgt **durch Satzung** (§ 19 Abs. 2 Satz 1 HGO), die auch Ausnahmen vom Anschluss- und Benutzungszwang zulassen kann (§ 19 Abs. 2 Satz 2 und Satz 3 HGO). Da der Anschluss- und Benutzungszwang Grundrechtseingriffe enthält, muss die Satzung umfassende Eingriffe für den Betroffenen erkennbar konkretisieren. Da sich der Anschluss- und Benutzungszwang im Einzelfall als unverhältnismäßig herausstellen kann, sollten Ausnahmetatbestände in der Satzung nicht fehlen.

534 Fraglich ist, **ob die Organisationsform bei Anordnung eines Anschluss- und Benutzungszwangs privatrechtlich** gestaltet sein darf. Dies könnte verneint werden, weil durch die Anordnung des Zwangs bereits ein Über- und Unterordnungsverhältnis zum Ausdruck komme, so dass letztlich das Benutzungsverhältnis allein öffentlichrechtlich gestaltet sein dürfe mit der Konsequenz, dass auch die Organisationsform nur öffentlichrechtlich sein könne. Dagegen spricht aber, dass infolge eines Kontrahierungszwangs durchaus ein privatrechtliches Benutzungsverhältnis akzeptiert werden kann.

535 Durch den Anschluss- und Benutzungszwang wird nicht in das **Grundrecht der Berufsfreiheit** nach Art. 12 Abs. 1 GG von betroffenen Gewerbetreibenden eingegriffen, da es an der vom Bundesverfassungsgericht geforderten berufsregelnden Tendenz[268] oder an der vom Bundesverwaltungsgericht geforderten Schwere des Eingriffs fehlt. Ein Verstoß gegen die **Eigentumsgarantie** des Art. 14 GG liegt nicht vor, da es sich beim Anschluss- und Benutzungszwang um eine Inhalts- und Schrankenbestimmung im Sinne des Art 14 Abs. 1 Satz 2 GG handelt[269]. Auch das Verlegen von Leitungen für die Wasserversorgung und Abwasserbeseitigung durch die Grundstücke ist als Inhalts- und Schrankenbestimmung vom Grundstückseigentümer hinzunehmen.

B. Wirtschaftliche Betätigung der Gemeinde

I. Allgemein

536 Kommunen bedienen sich immer häufiger zur Erfüllung öffentlicher Aufgaben kommunaler Unternehmen und lassen öffentliche Leistungen durch Eigen- oder Beteiligungsgesellschaften erbringen. Die Privatisierung von Verwaltungsaufgaben hat für Gemeindeorgane den **Verlust an Einfluss sowie Transparenz** zur Folge. An die Stelle öffentlich tagender Gemeindevertretungen und ihrer Ausschüsse treten zur Verschwiegenheit verpflichtete Gesellschaftsorgane.

537 Die Gemeinde **darf sich wirtschaftlich betätigen,** wenn der **öffentliche Zweck** die Betätigung rechtfertigt, die Betätigung nach Art und Umfang in einem **angemessenen Verhältnis zur Leistungsfähigkeit** der Gemeinde und zum voraussichtlichen Bedarf steht und der Zweck **nicht ebenso gut und wirtschaftlich durch einen privaten Dritten erfüllt wird** oder erfüllt werden kann (§ 121 Abs. 1 HGO). Als wirtschaftliche Betätigung gelten nicht Tätigkeiten, zu denen die Gemeinde gesetzlich verpflichtet ist, sowie Tätigkeiten auf den Gebieten des Bildungs-, Gesundheits- und Sozialwesens, der Kultur, des Sports, der Erholung, der Abfall- und Abwasserbeseitigung sowie zur Deckung des eigenen Bedarfs (§ 121 Abs. 2 und Satz 1 HGO).

---

[268] BVerwGE 52, 42 (54).
[269] BVerwGE 58, 300 (331); 83, 201 (211).

Voraussetzung für die wirtschaftliche Betätigung ist **der öffentliche Zweck.** Ein öffentlicher Zweck ist nur gegeben, wenn Lieferungen und Leistungen eines kommunalen Unternehmens im Aufgabenbereich der Gemeinde liegen und dazu dienen, Bedürfnisse ihrer Einwohner zu befriedigen. An einem öffentlichen Zweck fehlt es, wenn das Unternehmen allein der Gewinnerzielung dient und nicht nur der Vermögensverwaltung wie etwa der Bewirtschaftung eigener Wälder und der Vermietung eigener Gebäude. Eine rein erwerbswirtschaftliche, fiskalische, ausschließlich auf Gewinnerzielung ausgerichtete wirtschaftliche Betätigung ist damit den Gemeinden untersagt.[270] 538

Die Betätigung muss in einem **angemessenen Verhältnis zur Leistungsfähigkeit** der Gemeinde stehen. Dabei geht es insbesondere um die Leistungsfähigkeit in finanzieller und personaler Hinsicht. Auch muss ein Bedarf für eine solche Betätigung bestehen. 539

Schließlich ist die **privatwirtschaftliche Betätigung durch die Gemeinde subsidiär gegenüber der Tätigkeit Privater.** Nach § 121 Abs. 1 Nr. 3 HGO darf sich die Gemeinde nur dann wirtschaftlich betätigen, wenn der Zweck nicht ebenso gut und wirtschaftlich durch einen privaten Dritten erfüllt wird oder erfüllt werden kann. Die Subsidiaritätsklausel wird jedoch durch umfangreiche Ausnahmen für den Bereich der Daseinsvorsorge beschränkt. 540

Der **Sinn dieser Beschränkungen** der Gemeinde ist, dass sich die Gemeinde auf die kommunalpolitischen Aufgaben beschränkt, die Gemeinde vor finanziellen Risiken und Verlusten geschützt bleibt und nicht Privaten Konkurrenz macht oder diese gar vom Markt verdrängt. Ein subjektives öffentliches Recht auf Unterlassung, Beseitigung oder Abwehr aus Art. 12, 14 und 2 GG besteht nur, wenn die wirtschaftliche Tätigkeit der Gemeinde eine monopolistische Tendenz aufweist oder die Wettbewerbsfähigkeit des privaten Gewerbetreibenden in unerträglicher und unzumutbarer Weise einschränkt.[271] 541

Ist eine Betätigung zulässig, sind **verbundene Tätigkeiten**, die üblicherweise im Wettbewerb zusammen mit der Haupttätigkeit erbracht werden, **ebenfalls zulässig** (§ 121 Abs. 4 1. HS HGO). 542

Die Gemeinde hat zur Information der Gemeindevertretung und der Öffentlichkeit jährlich einen **Bericht über ihre Beteiligungen an Unternehmen** in einer Rechtsform des Privatrechts zu erstellen. In dem Bericht sind alle Unternehmen aufzuführen, bei denen die Gemeinde mindestens über den fünften Teil der Anteile verfügt (vgl. § 123a HGO). 543

Beispielsfall 8 – Wirtschaftliche Betätigung der Gemeinde: Die E betreibt eine florierende Ernährungsberatung in der kreisfreien Stadt S. Die Kunden der E benutzen häufig das gegenüber befindliche Parkhaus, das von der P-GmbH betrieben wird. Alleiniger Gesellschafter dieser GmbH ist die S. Als sich das Parkhaus nicht mehr rentiert, beschließt die S, die oberen Etagen in Mietobjekte umzubauen. Kurz darauf findet sich mit dem prominenten Ernährungsexperten X ein Interessent. X möchte in den oberen Etagen ein Fitnessstudio einrichten und Ernährungsseminare abhalten. Die Vertragsverhandlungen mit S verlaufen positiv, das Übereinkommen wird von der Stadtverordnetenversammlung abschließend gebilligt. Die E plagen daraufhin massive Existenzängste, zumal sie bis dahin als einzige Ernährungsexpertin in diesem Gebiet tätig war. Sie erhebt daraufhin gegen die S beim zuständigen Verwaltungsgericht Klage mit dem Zweck, die P-GmbH zu einer Kündigung des Mietvertrages mit dem X zu verpflichten. Hat diese insgesamt zulässige allgemeine Leistungsklage in Form einer Unterlassungsklage Aussicht auf Erfolg?

---

[270] BVerfGE 61, 82 (107); 39, 327 (332).
[271] BVerwG, DVBl. 1996, 152 (153).

I. Ansprüche gegen die Stadt M

Der Anspruch der E ist begründet, wenn in dem Verhalten der S ein rechtswidriger Eingriff zu sehen ist, der die E in ihren subjektiven Rechten verletzt.

1. Hoheitlicher Eingriff

Fraglich ist, ob in der Vermietung der P-GmbH an X ein hoheitlicher Eingriff zu sehen ist, da die S nicht selbst tätig wird. Hier kann der S jedoch das Verhalten der P-GmbH aufgrund des ausdrücklichen Beschlusses der Stadtverordnetenversammlung über den Mietvertrag zugerechnet werden. Ein hoheitlicher Eingriff liegt vor.

2. Verletzung subjektiver Rechte

Durch das Verhalten der S bzw. der P-GmbH müsste die E in ihren subjektiven Rechten verletzt worden sein.

a) Art. 12 Abs. 1 GG, Art. 14 Abs. 1 GG

Eine Verletzung nach Art. 12 Abs. 1 GG könnte angesichts der wirtschaftlichen Betätigung der P-GmbH im Zuge einer Verletzung der E in ihrem Recht auf Wettbewerbsfreiheit gegeben sein. Dies ist der Fall, wenn die Kommunalwirtschaft eine „monopolistische Tendenz" hat oder die privatwirtschaftliche Betätigung anderer „in unerträglicher Weise" einschränkt. Eine Monopolstellung des X im Sinne eines sog. Verdrängungswettbewerbs ist jedoch nicht ersichtlich. Eine mögliche Verletzung von Art. 14 Abs. 1 GG am Recht des eingerichteten und ausgeübten Gewerbebetriebs liegt ebenfalls nicht vor. Art. 14 Abs. 1 GG schützt nur die Substanz des Eigentums und gewährt daher grundsätzlich keinen Schutz vor Konkurrenz. Eine Verletzung der E in ihren Grundrechten scheidet mithin aus.

b) § 121 Abs. 1 HGO

Die E könnte in Anbetracht des sich aus Art. § 121 Abs. 1 Satz 1 Nr. 3 HGO ergebenden Subsidiaritätsprinzips des wirtschaftlichen Handelns der Gemeinde oder aufgrund des Merkmals des „öffentlichen Zwecks" in ihrem Recht aus § 121 Abs. 1 HGO verletzt sein. Entscheidend ist, ob der Norm drittschützende Wirkung zukommt, der E also ein subjektiv-öffentliches Recht eingeräumt wird. Im Wege der Auslegung ist daher zu ermitteln, ob § 121 Abs. 1 HGO zumindest auch dem Schutz von Individualinteressen dient und ob die E zu dem geschützten Personenkreis gehört (Schutznormtheorie).

Der Wortlaut von § 121 Abs. 1 Satz 1 Nr. 3 HGO fordert die hinreichende Berücksichtigung der Interessen privater Wettbewerber. Der geschützte Personenkreis wird insofern eingegrenzt, als nur diejenigen Personen geschützt werden sollen, die die von der Gemeinde beabsichtigten Leistungen bereits anbieten oder konkret bereit sind, diese anzubieten. § 121 Abs. 1 Satz 1 Nr. 3 HGO schützt somit nicht nur die Gemeinde vor finanziellen Risiken, sondern soll auch die Privatwirtschaft vor der Verdrängung durch öffentliche Mitbewerber schützen. Da § 121 Abs. 1 Satz 1 Nr. 3 HGO ein drittschützender Charakter zukommt und die E als Wirtschaftsteilnehmerin zu dem geschützten Personenkreis gehört, könnte sie in ihrem Recht aus § 121 Abs. 1 HGO verletzt sein.

3. Rechtswidrigkeit der wirtschaftlichen Betätigung

Ob der Eingriff rechtswidrig ist hängt davon ab, ob es sich bei der Vermietung der P-GmbH an den K um eine zulässige wirtschaftliche Tätigkeit i.S.v. § 121 Abs. 1 HGO handelt.

a) Wirtschaftliche Betätigung

Die erforderliche wirtschaftliche Betätigung der Gemeinde liegt vor, wenn sie wie ein Privatunternehmer mit der Absicht der Gewinnerzielung handelt. Hier geht es um die Vermietung von Gewerbeimmobilien durch die P-GmbH, hinter der die Stadt S steht. Die S ist nach § 108 Abs. 2 HGO dazu verpflichtet, die Vermögensgegenstände wirtschaftlich zu verwalten. Das Parkhaus rentiert sich nicht mehr, so dass die Vermietung an K nicht nur berechtigt, sondern auch geboten war. Die S hat daher in rechtmäßiger wirtschaftlicher Weise gehandelt.

b) Öffentlicher Zweck

Fraglich ist, ob der öffentliche Zweck i.S.v. § 121 Abs. 1 Nr. 1 HGO hinreichend berücksichtigt wurde. Dieser erfasst jeglichen im Aufgabenbereich der Gemeinde liegenden Gemeinwohlbelang und schließt lediglich die reine Gewinnerwirtschaftung aus. Die P-GmbH vermietet in erster Linie aus finanziellen Gründen an den X. Allerdings werden nur die oberen Stockwerke an X vermietet, so dass es sich bei der Haupttätigkeit der P-GmbH weiterhin um den Betrieb des Parkhauses handelt. Zudem können öffentliche Zwecke auch dann ein wirtschaftliches Unternehmen rechtfertigen, wenn keine Daseinsvorsorge betrieben wird. Den Einwohnern der Stadt S wird dank der Ernährungsberatung und des Fitnessstudios eine weitere Möglichkeit gewährt, einen gesunden Lebensstil zu führen. Mangels entgegenstehender Anhaltspunkte ist ein öffentlicher Zweck gegeben.

Die E ist daher nicht in ihrem Recht aus § 121 HGO verletzt. § 121 Abs. 1 Nr. 2 und 3 HGO ändern an diesem Ergebnis nichts, denn die Betätigung nach Art und Umfang steht in einem angemessenen Verhältnis zur Leistungsfähigkeit der Gemeinde und zum voraussichtlichen Bedarf und der Zweck wird nicht ebenso gut und wirtschaftlich durch einen privaten Dritten erfüllt oder kann nicht ebenso gut und wirtschaftlich durch einen privaten Dritten erfüllt werden.

II. Ergebnis

Aufgrund der rechtmäßigen wirtschaftlichen Betätigung der S bzw. P-GmbH hat die allgemeine Leistungsklage der E keine Aussicht auf Erfolg.

II. Wirtschaftliche Unternehmen

1. Arten

Unter einem **Unternehmen** versteht man die organisatorische Zusammenfassung sachlicher und personeller Betriebsmittel, durch die ein bestimmter Zweck mit einer gewissen Dauer verfolgt wird. **Wirtschaftliche Unternehmen** sind solche Anlagen und Einrichtungen der Gemeinde, die auch von einem Privatunternehmer mit der Absicht der Gewinnerzielung betrieben werden können. Das Unternehmen kann geführt werden als Regiebetrieb, als Eigenbetrieb, als Kommunalunternehmen oder als Eigengesellschaft. **Bankunternehmen** darf die Gemeinde nicht errichten, übernehmen oder betreiben. Für das öffentliche Sparkassenwesen gelten die besonderen Vorschriften des Sparkassengesetzes (§ 121 Abs. 9 Satz 1 und Satz 2 HGO). 544

Ein **Regiebetrieb** liegt vor, wenn das Unternehmen Teil der allgemeinen Verwaltung ist. Der Regiebetrieb besitzt keine eigene Rechtspersönlichkeit. Er ist organisatorisch, personell, rechtlich und haushaltsrechtlich in die Verwaltung der Gemeinde eingegliedert und ein als Abteilung der Verwaltung geführter Betrieb. Sämtliche Entscheidungen werden von der Gemeinde selbst getroffen. 545

Wenn man die Einrichtungen ganz aus dem Gemeindehaushalt herausnehmen will, ohne jedoch den Zugriff auf die Verwaltung der Einrichtung aus der Hand zu geben, ist es nahe liegend, die vorhandene Gemeinschaftseinrichtung in Form eines **Eigenbetriebs** nach § 127 HGO zu führen. Das Risiko besteht allerdings darin, dass die Gemeinde in unbeschränkter Höhe für eintretende Verluste haftet und diese aus dem allgemeinen Haushalt abdecken muss. Der Eigenbetrieb ist ein außerhalb der allgemeinen Verwaltung als Sondervermögen geführtes Unternehmen ohne Rechtspersönlichkeit, kann also 546 nicht selber Träger von Rechten und Pflichten sein. Die organisatorische Ausgestaltung des Eigenbetriebs bestimmt sich nach § 127 Abs. 2 HGO und den Vorschriften des Eigenbetriebsgesetzes.

547 **Kommunalunternehmen** sind selbstständige Unternehmen in der Rechtsform einer Anstalt des öffentlichen Rechts. Ihnen können hoheitliche Befugnisse übertragen werden. Sie können sich an anderen Unternehmen beteiligen und Dienstherren von Beamten sein. Kommunalunternehmen werden durch eigene Organe geleitet.

548 Will man die direkte Haftung der Gemeinde für eine Gemeinschaftseinrichtung oder eine andere öffentliche Einrichtung ausschließen, kommt noch die Möglichkeit einer rechtlichen Verselbstständigung in Form einer **Eigengesellschaft** in Betracht (vgl. § 125 HGO). Dabei handelt es sich meist um eine GmbH, bei der die Gemeinde die einzige Gesellschafterin ist.

2. Verfahren

549 Vor der Entscheidung über die Errichtung[272], Übernahme oder wesentliche Erweiterung[273] von wirtschaftlichen Unternehmen – sowie über eine unmittelbare oder mittelbare Beteiligung – ist die Gemeindevertretung im Rahmen einer Markterkundung umfassend über die **Chancen und Risiken** einer beabsichtigten unternehmerischen Betätigung sowie über deren zu erwartenden Auswirkungen auf das Handwerk und die mittelständische Wirtschaft zu unterrichten (vgl. § 121 Abs. 6 und 7 HGO).

550 Der Aufsichtsbehörde ist unverzüglich, spätestens sechs Wochen vor Beginn des Vollzugs, schriftlich eine **Anzeige** zu erstatten über

- Entscheidungen der Gemeinde über die Errichtung, die Übernahme oder die wesentliche Erweiterung eines wirtschaftlichen Unternehmens,
- die Gründung einer Gesellschaft,
- die erstmalige Beteiligung an einer Gesellschaft sowie
- die wesentliche Erhöhung einer Beteiligung an einer Gesellschaft,
- den Erwerb eines Geschäftsanteils an einer eingetragenen Genossenschaft,
- Rechtsgeschäfte wie die teilweise oder vollständige Veräußerung einer Beteiligung an einer Gesellschaft oder eines wirtschaftlichen Unternehmens sowie andere Rechtsgeschäfte, durch welche die Gemeinde ihren Einfluss verliert oder vermindert.

Aus der Anzeige muss ersichtlich sein, ob die gesetzlichen Voraussetzungen erfüllt sind (§ 127a Abs. 1 Satz 1, Satz 2 HGO).

3. Führung wirtschaftlicher Unternehmen

551 Wirtschaftliche Unternehmen der Gemeinde sind so zu führen, dass sie einen **Überschuss für den Haushalt der Gemeinde abwerfen**, soweit dies mit der Erfüllung des öffentlichen Zwecks in Einklang zu bringen ist (vgl. § 121 Abs. 8 Satz 1 und Satz 2 HGO).

552 Bei Unternehmen, für die kein Wettbewerb gleichartiger Unternehmen besteht, dürfen der Anschluss und die Belieferung nicht davon abhängig gemacht werden, dass auch andere Leistungen oder Lieferungen abgenommen werden. Es handelt sich um das **Verbot des Missbrauchs wirtschaftlicher Machtstellung** (§ 127b HGO).

553 Nimmt ein kommunales Unternehmen am allgemeinen Wirtschaftsverkehr teil, unterliegt es, unabhängig davon, ob es öffentlichrechtlich oder privatrechtlich organisiert ist,

[272] Unter Errichtung versteht man die Gründung eines Unternehmens.

[273] Eine Erweiterung ist die Ausweitung der wirtschaftlichen Betätigung gegenüber dem früheren Zustand.

den **Vorschriften des Gesetzes gegen Wettbewerbsbeschränkungen, dem unlauteren Wettbewerbsgesetz und dem unionsrechtlichen Wettbewerbsrecht** (§ 130 GWB und Art. 101 ff. AEUV).

4. Beteiligung an Gesellschaften

Die Vorschriften des § 122 HGO dienen dem Schutz der Gemeinde. Sie haben die Aufgabe sicherzustellen, dass die **Gemeinde in den privatrechtlichen Unternehmen über angemessene Einfluss- und Kontrollmöglichkeiten verfügt** und mit ihrer Beteiligung keine unangemessenen finanziellen Risiken eingeht. 554

Die Betätigung von Gemeinden in privatrechtlichen Rechtsformen erfolgt in der Form von **Eigengesellschaften** oder **Beteiligungsgesellschaften**. Unter einer Eigengesellschaft versteht man eine Gesellschaft, die vollständig einer Gemeinde gehört (§ 125 Abs. 1 HGO). Eine Beteiligungsgesellschaft liegt vor, wenn der Gemeinde lediglich bestimmte Anteile an der Gesellschaft gehören. 555

Eine Gemeinde darf eine **Gesellschaft**, die auf den Betrieb eines wirtschaftlichen Unternehmens gerichtet ist, nur **gründen oder sich daran beteiligen**, wenn die Voraussetzungen für die wirtschaftliche Betätigung der Gemeinde nach § 121 Abs. 1 HGO gegeben sind (§ 122 Abs. 1 Nr. 1 HGO). Gemäß § 122 Abs. 1 Nr. 2 HGO muss die **Haftung** und die Einzahlungsverpflichtung der Gemeinde auf einen ihrer Leistungsfähigkeit angemessenen Betrag **begrenzt** sein. Wegen § 122 Abs. 1 Nr. 2 HGO ist die Beteiligung an einer offenen Handelsgesellschaft (OHG) und an einer Gesellschaft des bürgerlichen Rechts (GbR) sowie die Rolle eines Komplementärs bei einer Kommanditgesellschaft (KG) oder Kommanditgesellschaft auf Aktien (KGaA) grundsätzlich unzulässig, da die Gemeinde in diesen Fällen für die Verbindlichkeiten der Gesellschaft unbegrenzt haften müsste. Eine beschränkende Haftung genießt die Gemeinde nur als Gesellschafterin einer Aktiengesellschaft (AG) oder einer Gesellschaft mit beschränkter Haftung (GmbH), als Kommanditistin einer Kommanditgesellschaft (KG) bzw. einer Kommanditgesellschaft auf Aktien (KGaA) und als stille Gesellschafterin und als Mitglied einer eingetragenen Genossenschaft, soweit die Haftung durch Vertrag bzw. Statut beschränkt ist. Ferner muss die Gemeinde gemäß § 122 Abs. 1 Nr. 3 HGO einen **angemessenen Einfluss,** insbesondere im Aufsichtsrat oder in einem entsprechenden Überwachungsorgan, erhalten. Damit soll die Gemeinde die Möglichkeit haben, entsprechend ihres Kapitalanteils auf die Erfüllung des öffentlichen Zwecks hinzuwirken, der das Eingehen der Beteiligung veranlasst und begründet hat. 556

Diese Vorschriften gelten grundsätzlich auch für die **Gründung einer Gesellschaft**, die **nicht auf den Betrieb eines wirtschaftlichen Unternehmens gerichtet** ist, und für die Beteiligung an einer solchen Gesellschaft (§ 122 Abs. 2 Satz 1 HGO). Darüber hinaus ist die Gründung einer solchen Gesellschaft oder die Beteiligung an einer solchen Gesellschaft nur zulässig, wenn ein wichtiges Interesse der Gemeinde an der Gründung oder der Beteiligung vorliegt (§ 122 Abs. 2 Satz 2 und Abs. 3 HGO). 557

Die **teilweise oder vollständige Veräußerung einer Beteiligung** an einer Gesellschaft oder eines wirtschaftlichen Unternehmens sowie andere Rechtsgeschäfte, durch welche die Gemeinde ihren Einfluss verliert und vermindert, sind nur zulässig, wenn dadurch die Erfüllung der Aufgaben der Gemeinde nicht beeinträchtigt wird. Das Gleiche gilt für die wirtschaftlichen Betätigungen im Sinne der Daseinsvorsorge nach § 121 Abs. 2 HGO (§ 124 Abs. 1 Satz 1 und 2 HGO). Diese Bestimmung gilt auch, wenn eine Gesellschaft, an der Gemeinden und Gemeindeverbände mit mehr als 50 Prozent beteiligt sind, Veräußerungen sowie andere Rechtsgeschäfte in diesem Sinne vornehmen will (§ 124 Abs. 2 HGO). 558

559 Der **Gemeindevorstand vertritt die Gemeinde in Gesellschaften**, die der Gemeinde gehören (Eigengesellschaften) oder an denen die Gemeinde beteiligt ist (Beteiligungsgesellschaft). Der **Bürgermeister vertritt den Gemeindevorstand kraft Amtes**, kann sich aber durch ein von ihm zu bestimmendes Mitglied des Gemeindevorstands vertreten lassen. Der Gemeindevorstand kann weitere Vertreter bestellen. Alle Vertreter des Gemeindevorstands sind an die Weisungen des Gemeindevorstands gebunden, soweit nicht Vorschriften des Gesellschaftsrechts dem entgegenstehen (vgl. § 125 Abs. 1 und 2 HGO).

560 Werden **Vertreter der Gemeinde aus ihrer Tätigkeit bei einer Gesellschaft haftbar gemacht**, so hat die Gemeinde den Schaden zu ersetzen, es sei denn, dass die Vertreter den Schaden vorsätzlich oder grob fahrlässig herbeigeführt haben. Aber auch in diesem Fall ist die Gemeinde schadensersatzpflichtig, wenn die Vertreter der Gemeinde nach Weisung gehandelt haben (§ 125 Abs. 3 Satz 1 und 2 HGO).

III. Vermögensverwaltung

561 Die Gemeinde hat ihr **Vermögen und ihre Einkünfte so zu verwalten, dass die Gemeindefinanzen gesund bleiben**. Auf die wirtschaftliche Leistungsfähigkeit der Abgabepflichtigen ist Rücksicht zu nehmen (§ 10 Satz 1 und Satz 2 HGO).

§ 9. Finanzen und Haushalt

A. Einnahmen- und Abgabenrecht

I. Allgemein

562 Die Gemeinden können ihre Aufgaben nur erfüllen, wenn Ihnen dafür **ausreichende finanzielle Mittel zur Verfügung** stehen. Der Staat muss daher dafür sorgen, dass die Gemeinden diese Mittel haben. Er muss den Kommunen bestimmte Einnahmequellen erschließen. Die Gemeinde erhebt **Abgaben** (Steuern, Gebühren, Beiträge – § 1 Abs. 1 HKAG) nach den gesetzlichen Vorschriften (§ 93 Abs. 1 HGO). Ferner hat die Gemeinde die zur Erfüllung ihrer Aufgaben erforderlichen Einnahmen, soweit vertretbar und geboten, aus **Entgelten** für ihre Leistungen zu beschaffen, soweit die **sonstigen Einnahmen** nicht ausreichen (§ 93 Abs. 2 HGO).

563 **Sonstige Einnahmen** im Sinne des § 93 Abs. 2 HGO stellen die Erträge aus Kapitalvermögen dar. Dabei handelt es sich um Gewinnausschüttungen der Sondervermögen und Dividenden, Veräußerungserlöse und Zinsen. Ferner gehören zu den sonstigen Einkünften die Entnahmen aus Rücklagen und die Zuweisungen und Zuschüsse sowie sonstige Abgaben wie beispielsweise die Stellplatzablöse.

564 Die Gemeinde darf **Kredite** nur aufnehmen, wenn eine andere Finanzierung nicht möglich ist oder wirtschaftlich unzweckmäßig wäre (§ 93 Abs. 3 HGO).

565 Gemäß § 2 Satz 1 HKAG dürfen **kommunale Abgaben**, soweit gesetzlich nichts anderes bestimmt ist, **nur auf Grund einer Satzung** erhoben werden. Die Satzung muss den Kreis der Abgabepflichtigen, den die Abgabe begründenden Tatbestand, den Maßstab und den Satz der Abgabe sowie den Zeitpunkt der Entstehung und Fälligkeit der Schuld bestimmen (§ 2 Satz 2 HKAG).

II. Steuern

Steuern sind gemäß der Definition in § 3 Abs. 1 AO alle Geldleistungen, die keine Gegenleistung für bestimmte Leistungen darstellen und von einem öffentlichrechtlichen Gemeinwesen zur Erzielung von Einnahme allen auferlegt werden, die den Tatbestand erfüllen, an den das Gesetz die Leistungspflicht knüpft. Die Erzielung von Einnahmen muss nicht der alleinige oder Hauptzweck, zumindest aber im Verhältnis zum Lenkungszwecken Nebenzweck sein. Entscheidend für die Abgrenzung von anderen Abgaben ist der Umstand, dass die Steuern keinen Entgeltcharakter besitzen, sondern der Deckung des allgemeinen Finanzbedarfs dienen. 566

Zu unterscheiden ist zwischen Steuern, die direkt an die Gemeinden zu leisten sind, und 567 Steuern, die an das Land bzw. den Bund zu zahlen sind und von denen die Gemeinden Anteile erhalten.

Über viele Steuern steht den Gemeinden allein die **Hoheit über die Festsetzung und** 568 **Erhebung** zu. Es gibt ferner Steuern, die die Gemeinden erheben müssen und bei denen sie lediglich die Höhe festsetzen können, schließlich gibt es Steuern, bei denen die Gemeinden erst im Rahmen ihrer Satzungsautonomie die Rechtsgrundlage für die Erhebung der entsprechenden Steuern zu schaffen haben. Zur Erhebung der wichtigsten Steuern sind die Gemeinden durch Bundesgesetz verpflichtet, damit nicht zu große Unterschiede in den Lebens- und Wirtschaftsbedingungen der verschiedenen Gemeinden entstehen. Dazu zählen die Grund- und Gewerbesteuern.

III. Gebühren

1. Allgemein

Unter **Gebühren** versteht man **Entgelte, die für eine konkrete Gegenleistung** erhoben 569 werden. Werden Gebühren für bestimmte Dienstleistungen der Verwaltung erhoben, sind diese **Verwaltungsgebühren** von jedem zu zahlen, der die Leistung in Anspruch nimmt. Ihre Erhebung richtet sich nach dem § 9 HKAG. Daneben werden **Benutzungsgebühren** für die Benutzung öffentlicher Einrichtungen erhoben (§ 10 HKAG).

2. Grundsätze der Erhebung

Gebühren dürfen nur erhoben werden, wenn eine **Satzung** der Gemeinde die Nutzung 570 der entsprechenden Einrichtung einer Gebührenpflicht unterwirft. Ansonsten müssen die Gemeinden die Einrichtungen kostenfrei zur Verfügung stellen.

3. Grundsätze der Bemessung

Benutzungsgebühren sollen erhoben werden, soweit die Kommunen Sondervorteile ge- 571 währen. Für die Bemessung gilt

- das **Kostendeckungsprinzip,** das zunächst eine Untergrenze beim Anschluss- und Benutzungszwang, aber auch eine Obergrenze für die Festlegung der durch die Gebühren abzudeckenden Gesamtkosten und eine Sonderbestimmung hinsichtlich der Abschreibung für Anschaffungs- und Herstellungskosten enthält.
- Der durch die Benutzung gezogene Vorteil ist, soweit mit einem vertretbaren Aufwand ermittelbar, am **Wirklichkeitsmaßstab** auszurichten. Das heißt, es ist für die konkret

messbaren, durch die Benutzung gezogenen Vorteile der Gegenwert zu verlangen (Beispiel: Bemessung des bezogenen Wassers durch eine Wasseruhr).

- Ist das nicht möglich, muss auf den **Wahrscheinlichkeitsmaßstab** zurückgegriffen werden. Es handelt es sich dabei um einen an allgemeinen Erfahrungssätzen orientierten Maßstab, der gewährleistet, dass die Abgabe in etwa dem Umfang des Benutzungsvorteils entspricht. So können beispielsweise Müllabfuhrgebühren nach der Größe der Mülltonne, aber auch nach der Anzahl der in einem Haushalt lebenden Personen berechnet werden. Für Abwassergebühren kommt eine Orientierung an der bezogenen Frischwassermenge in Betracht.
- Ferner gilt das **Äquivalenzprinzip,** das zur Bestimmung der Höhe der einzelnen Gebühr dient und ein angemessenes Verhältnis zwischen Leistung und Gegenleistung erfordert.
- Zwischen den Gebührenschuldnern gilt der **Gleichheitssatz.** Er ist jedenfalls dann eingehalten, wenn die Gebühr entsprechend den vorstehenden Ausführungen dem Nutzungsvorteil entspricht. Abweichungen davon sind rechtfertigungsbedürftig, ohne deshalb schon automatisch unzulässig zu sein.

IV. Beiträge

1. Allgemein

572 Während Steuern allgemeine Einnahmen ohne Zweckbindung darstellen, handelt es sich bei **Beiträgen** um eine **Abgabenart für eine Gegenleistung.** Sie können zur Deckung des Aufwands für die Schaffung, Erweiterung und Erneuerung öffentlicher Einrichtungen von den Grundstückseigentümern erhoben werden, denen die Möglichkeit der Inanspruchnahme der öffentlichen Einrichtungen nicht nur vorübergehende Vorteile bietet (§ 11 Abs. 1 HKAG).

573 **Zu unterscheiden** sind bei den Beiträgen Beiträge für die Zurverfügungstellung von öffentlichen Einrichtungen, Fremdenverkehrsbeiträge und Kurbeiträge (Kurtaxe). Kurbeiträge sind Beiträge, die von ortsfremden Personen erbracht werden (vgl. § 13 HKAG). Sie können zur grundsätzlichen Zurverfügungstellung der fremdenverkehrsrechtlichen Einrichtungen und Bädereinrichtungen verwendet werden.

2. Grundsätze der Bemessung

574 Die Beiträge unterliegen einer Beschränkung insoweit, als mit ihnen nur die **tatsächlich entstandenen Aufwendungen** einer bestimmten öffentlichen Einrichtung umgelegt werden können. Beiträge decken den Investitionsaufwand. Sie sind nach den Vorteilen zu bemessen (§ 11 Abs. 5 Satz 1 HKAG) und können von den Grundstückseigentümern und Erbbauberechtigten verlangt werden (§ 13 Abs. 7 HKAG).

575 Bei der Bemessung gilt als Obergrenze bei der Ermittlung der Gesamtkosten das **Kostendeckungsprinzip**. Kommt die Errichtung in beachtlichem Umfang auch der Allgemeinheit zugute, muss die **Gemeinde eine Eigenbeteiligung** vorsehen. Der Beitrag muss dem jeweiligen Vorteil entsprechen, wobei dieser nach dem **Wahrscheinlichkeitsmaßstab** zu berechnen ist. Ferner gilt das **Äquivalenzprinzip**. Schließlich ist dem **Gleichheitsgrundsatz** zu genügen.

V. Rechtsschutz

576 **Bei Widersprüchen** gegen Abgabenbescheide entfällt gemäß § 80 Abs. 2 Nr. 1 VwGO die aufschiebende Wirkung. Vorläufiger Rechtsschutz kann nur durch einen Antrag auf

Aussetzung der sofortigen Vollziehung bei der zuständigen Behörde gemäß § 80 Abs. 4 VwGO oder durch einen Antrag auf Anordnung der aufschiebenden Wirkung beim zuständigen Gericht gemäß § 80 Abs. 5 1. Alt. VwGO erreicht werden.

Für den gerichtlichen Rechtsschutz ist der **Verwaltungsrechtsweg gegeben**. Gemäß 577
der Generalklausel des § 40 Abs. 1 Satz 1 2. HS VwGO ist dieser Weg versperrt, wenn eine Zuweisung an andere Gerichte erfolgt. § 33 FGO weist den Finanzgerichten aber nicht alle Abgabenangelegenheiten zur Entscheidung zu, sondern lediglich jene, die auf Bundesrecht beruhen und durch Finanzbehörden vollzogen werden.

B. Grundzüge des Haushalts

Der § 92 HGO führt die **allgemeinen Haushaltsgrundsätze** auf. Sie gelten für die gesam- 578
te Haushaltswirtschaft der Gemeinde. Die Gemeinde hat ihre Haushaltswirtschaft so zu planen und zu führen, dass die stetige Erfüllung ihrer Aufgaben gesichert ist. Dabei ist den Erfordernissen des **gesamtwirtschaftlichen Gleichgewichts Rechnung zu tragen** (§ 92 Abs. 1 Satz 1 und 2 HGO). Durch § 16 Abs. 1 StWG werden auch die Gemeinden und Gemeindeverbände verpflichtet, bei ihrer Haushaltswirtschaft die Ziele des § 1 StWG zu beachten. § 16 Abs. 2 StWG verpflichtet die Länder, durch geeignete Maßnahmen darauf hin zu wirken, dass die Haushaltswirtschaft der Gemeinden und Gemeindeverbände den konjunkturpolitischen Erfordernissen entspricht. Wie die Formulierung „dabei“ in § 92 Abs. 1 Satz 2 HGO zum Ausdruck bringt, besteht die Verpflichtung, den Erfordernissen des gesamtwirtschaftlichen Gleichgewichts Rechnung zu tragen, nur nachrangig gegenüber der Aufgabenerfüllung.

Die Haushaltswirtschaft ist **sparsam und wirtschaftlich** zu führen (§ 92 Abs. 2 579
HGO). Der Begriff der **Sparsamkeit** verlangt von den Gemeinden, die Ausgaben möglichst niedrig zu halten, ohne die Aufgabenerfüllung zu vernachlässigen. Der Begriff der **Wirtschaftlichkeit** betrachtet das Verhältnis von Aufwand und Nutzen im Bereich der öffentlichen Verwaltung. Der Nutzen soll mit dem geringsten möglichen Aufwand erreicht werden.[1]

§ 10. Aufsicht

A. Allgemein

Die Aufsicht des Staates **schützt die Gemeinden** in ihren Rechten und **sichert die Erfül-** 580
lung ihrer Pflichten (§ 11 HGO).

Bei der Staatsaufsicht kann zwischen Rechtsaufsicht und Fachaufsicht unterschieden 581
werden. Die **Rechtsaufsicht** (Kommunalaufsicht) bezieht sich auf Maßnahmen im Bereich des eigenen Wirkungskreises. Sie beschränkt sich auf die Rechtskontrolle. Die **Fachaufsicht** bezieht sich auf die Erledigung der Angelegenheiten des übertragenen Wirkungskreises und umfasst die Zweckmäßigkeitskontrolle. Im übertragenen Wirkungskreis ist zudem auch eine Rechtsaufsicht möglich.[2]

[1] Das Maximalprinzip bedeutet, dass mit einem gegebenen Aufwand ein größtmöglicher Nutzen erzielt werden soll.

[2] Von der Fachaufsicht zu unterscheiden ist die Dienstaufsicht, wobei es um eine Organisations- und Personalaufsicht geht. Die Fachaufsicht beinhaltet die Möglichkeit, die gemeindliche Arbeit nach den verwaltungspolitischen Vorstellungen des Staates zu lenken.

582 Nach der hessischen Gemeindeordnung soll die Aufsicht des Staates über die Gemeinden sicherstellen, dass die Gemeinden **im Einklang mit den Gesetzen** verwaltet werden und dass die im Rahmen der Gesetze erteilten **Weisungen befolgt** werden. Dabei soll die Aufsicht so gehandhabt werden, dass die Entschlusskraft und die Verantwortungsfreudigkeit der Gemeinden nicht beeinträchtigt werden (§ 135 Satz 1 und Satz 2 HGO). Mit dieser Aufsicht kann für die Einheit der Verwaltung bei der Vielfalt der Behörden gesorgt werden. Die Aufsichtsbehörden unterstützen und beraten aber auch gleichzeitig die von ihnen beaufsichtigten Behörden.

583 Die **Rechtsaufsicht** erfolgt **im öffentlichen Interesse** und nicht im Interesse der von den kommunalen Maßnahmen betroffenen Einwohner. Dies hat zur Konsequenz, dass die **Einwohner keinen Anspruch** auf aufsichtsrechtliches Einschreiten haben. Dies schließt allerdings nicht aus, dass sich die Bürger an die Aufsichtsbehörden wenden und deren Tätigwerden anregen.

584 Die Aufsichtsbehörde hat **das Recht, nicht aber die Pflicht, gegen rechtswidriges Verhalten der Gemeinde einzuschreiten.** Es gilt insoweit das **Opportunitätsprinzip.** Dies lässt sich aus der Formulierung bei den einzelnen aufsichtsrechtlichen Maßnahmen, dass die Gemeinde handeln „kann“, sowie aus § 141a HGO schließen. Schließlich lässt sich auch aus § 135 Satz 2 HGO ein Ermessen ableiten, da durch die Aufsicht die Entschlusskraft und die Verantwortungsfreudigkeit der Gemeinden nicht beeinträchtigt werden soll.

Beispielsfall 9 – Verpflichtung der Aufsichtsbehörde: A ist als Gemeindebediensteter seit mehreren Jahren bei der Gemeinde G angestellt und in die amtierende Bürgermeisterin B verliebt. Als deutlich wird, dass seine Avancen keine Aussicht auf Erfolg haben, erscheint er immer häufiger betrunken zum Dienst und erfüllt seine Aufgaben nicht mehr. Als die B den A zur Rede stellt, verweigert A für zwei Wochen den Dienst. Trotz des Drängens der anderen Bediensteten weigert sich B, den A zu entlassen. Die verärgerten Arbeitskollegen wenden sich daraufhin an die zuständige Aufsichtsbehörde und verlangen die sofortige Entlassung des A.

I. Pflicht zur Entlassung

Die Aufsichtsbehörde muss A entlassen, wenn ihrerseits eine Verpflichtung zum Einschreiten besteht. Fraglich ist, ob im Rahmen eines Einschreitens für die Aufsichtsbehörde das Opportunitätsprinzip oder das Legalitätsprinzip gilt. Nach letzterem ist die Behörde zumindest bei Rechtsverstößen zu einem Einschreiten verpflichtet. Dafür spricht, dass bereits aus dem Prinzip der Gesetzesmäßigkeit der Verwaltung nach Art. 20 Abs. 3 GG folgt, dass die Aufsichtsbehörde die Gesetzesmäßigkeit der Verwaltung in den Gemeinden sicherzustellen hat. Für die Anwendung des Opportunitätsprinzips spricht derweil der Wortlaut der §§ 138 ff. HGO. Das „kann“ lässt erkennen, dass es sich bei den Befugnissen regelmäßig um Ermessensvorschriften handelt und die Ausübung der Kommunalaufsicht im pflichtgemäßen Ermessen der jeweiligen Behörde steht. Zudem darf die Kommunalaufsicht gemäß § 135 Satz 2 HGO die Entschlusskraft der Gemeinden bei der Erfüllung ihrer Aufgaben nicht beeinträchtigen. Im Ergebnis gilt somit das Opportunitätsprinzip.

II. Ergebnis

Die Gemeindebediensteten können die Aufsichtsbehörde nicht zu einer Entlassung des A veranlassen.

B. Aufsichtsbehörden

I. Grundsätzliches

Die Hessische Gemeindeordnung bestimmt nur die Behörden der Kommunalaufsicht. 585
Sie führen die Gattungsbezeichnung „Aufsichtsbehörden". Die **Aufsichtsbehörden sind Träger der allgemeinen Kommunalaufsicht.** Sie haben daher die Aufsicht in allen Selbstverwaltungsangelegenheiten auszuüben, wenn keine Sonderaufsichtsbehörden bestellt sind. **Sonderaufsichtsbehörden** gibt es im Bereich der Schulaufsicht gemäß §§ 92 ff. Hessisches Schulgesetz und der Forstaufsicht gemäß §§ 48 ff. Hessisches Forstgesetz. Gemäß dem Grundsatz der Einheit der Verwaltung sind die Aufgaben der unteren Jagdbehörde gemäß § 38 Hessisches Jagdgesetz, der unteren Fischereibehörde gemäß § 44 Hessisches Fischereigesetz und der unteren Wasserbehörde gemäß §§ 53, 54 HWG dem Landrat übertragen.

Neben der Kommunalaufsicht steht den Aufsichtsbehörden auch die **Fachaufsicht** in 586
allen Weisungsaufgaben zu, soweit nicht besondere Fachaufsichtsbehörden bestimmt sind. Soweit eigene Sonder- und Fachaufsichtsbehörden bestehen, haben die Aufsichtsbehörden bei Informationsersuchen, Ortsterminen und Berichtsanforderungen gemäß § 145 HGO ein Mitwirkungsrecht („im Benehmen").

Aufsichtsbehörde über eine **Gemeinde unter 50.000 Einwohner** ist grundsätzlich der 587
Landrat als Behörde der Landesverwaltung. Damit ist deutlich, dass die Wahrnehmung der Aufsicht über die kreisangehörigen Gemeinden zu den Aufgaben der allgemeinen Landesverwaltung gehört. Nach § 55 Abs. 4 HKO soll der Landrat den Kreisausschuss vor wichtigen Entscheidungen bei der Aufsicht über die kreisangehörigen Gemeinden hören. Da der Landrat hier nicht als Selbstverwaltungsbehörde, sondern als Staatsorgan tätig ist, ist er uneingeschränkt den Weisungen der übergeordneten Behörden unterworfen (§ 55 Abs. 6 Satz 1 HKO). Obere Aufsichtsbehörde ist der **Regierungspräsident** (§ 136 Abs. 3 HGO), oberste Aufsichtsbehörde der **Minister des Inneren** (§ 136 Abs. 4 HGO).

Aufsichtsbehörde der **sonstigen kreisfreien Städte und Sonderstatus-Städte** ist - unab- 588
hängig von der Einwohnerzahl - der **Regierungspräsident,** obere Aufsichtsbehörde der Minister des Innern (§ 136 Abs. 2 Satz 1 HGO), wobei der Minister des Innern seine Befugnisse als obere Aufsichtsbehörde auf nachgeordnete Behörden übertragen kann (§ 136 Abs. 2 Satz 2 HGO).

Für die Zuständigkeitsabgrenzung ist die **Einwohnerzahl ausschlaggebend,** die für den 589
letzten Termin vor Beginn der Wahlzeit (§ 36 HGO), im Übrigen die Einwohnerzahl, die für den letzten Termin vor Beginn des jeweiligen Haushaltsjahres vom Hessischen Statistischen Landesamt festgestellt und veröffentlicht worden ist (§ 148 Abs. 1 HGO).

Aufsichtsbehörde der Landeshauptstadt Wiesbaden und der Stadt Frankfurt am Main 590
ist der Minister des Innern (§ 136 Abs. 1 HGO). Die direkte Unterstellung der Städte Frankfurt und Wiesbaden unter die Aufsicht des Innenministeriums soll der Bedeutung

Frankfurts als einwohnerreichste Stadt Hessens[3] und Wiesbadens als der zweitgrößten Stadt Hessens und Landeshauptstadt[4] Rechnung tragen.

591 In der Regel ist für aufsichtsbehördliche Maßnahmen der Kommunalaufsicht die **unmittelbar übergeordnete Aufsichtsbehörde**, die auch als untere Aufsichtsbehörde bezeichnet wird, zuständig. Nur bei besonders schwerwiegenden aufsichtsbehördlichen Entscheidungen, wie der Bestellung von Staatsbeauftragten nach § 141 HGO oder Auflösung einer Gemeindevertretung nach § 141a Abs. 2 HGO, ist die **obere Aufsichtsbehörde** zuständig.

592 Die nachgeordneten Aufsichtsbehörden sind **verpflichtet, die Weisungen der übergeordneten Aufsichtsbehörde auszuführen.** Die Weigerung, einer solchen Weisung zu folgen, kann ein Dienstvergehen sein, das disziplinarrechtlich geahndet werden kann.

593 § 136 Abs. 5 HGO enthält eine **Kollisionsregelung** für zwei Fälle. Zum einen betrifft es den Fall, dass in einer vom Landrat als Aufsichtsbehörde zu entscheidenden Angelegenheit der Landkreis zugleich als Gemeindeverband beteiligt ist. Dies ist etwa beim Abschluss einer genehmigungspflichtigen öffentlichrechtlichen Vereinbarung zwischen einer kreisangehörigen Gemeinde und dem Landkreis der Fall. In diesem Fall entscheidet die obere Aufsichtsbehörde gemäß § 136 Abs. 5 Satz 1 HGO. Ist hingegen bei einer Angelegenheit der Kreisausschuss als zuständige Behörde für Weisungsaufgaben beteiligt, greift § 136 Abs. 5 HGO nicht ein.[5] Es bleibt dann bei der Zuständigkeit des Landrats. Sind an Angelegenheiten, die nach der hessischen Gemeindeordnung der Genehmigung oder der Entscheidung der Aufsichtsbehörde bedürfen, Gemeinden mehrerer Landkreise oder Regierungsbezirke (das sind Kassel, Gießen und Darmstadt) beteiligt, ist die gemeinsame nächst höhere Aufsichtsbehörde oder die von dieser bestimmte Aufsichtsbehörde zuständig (§ 136 Abs. 5 Satz 2 HGO).

II. Selbsteintrittsrecht

594 Die Weisungsgebundenheit der Aufsichtsbehörden umfasst grundsätzlich nicht das **Recht der höheren Aufsichtsbehörde, die Zuständigkeiten der unteren Aufsichtsbehörde an sich zu ziehen** und an ihrer Stelle zu handeln (**Selbsteintrittsrecht**). Für ein Selbsteintrittsrecht der übergeordneten Behörde **bedarf es einer gesetzlichen Ermächtigung,** wie sie etwa in § 88 HSOG bei den allgemeinen Ordnungsbehörden gegeben ist, und in § 141b HGO verankert ist.

595 Nach § 141b HGO können die höheren Aufsichtsbehörden die Befugnisse nach den §§ 137 bis 140 HGO anstelle der an sich nachgeordneten Behörden ergreifen, wenn die Aufsichtsbehörde einer Anweisung der höheren Aufsichtsbehörde nicht innerhalb einer bestimmten Frist nachkommt. Das **Selbsteintrittsrecht nach § 141b HGO ist an drei Voraussetzungen geknüpft:**

- Das Selbsteintrittsrecht setzt erstens die Zulässigkeit einer aufsichtsbehördlichen Maßnahme nach §§ 137 bis 140 HGO voraus,

---

[3] Vgl. Begründung zur Vorlage der Landesregierung vom Oktober 1951 – LT-Drs. Abt. I Nr. 256, S. 452.

[4] Vgl. Begründung zur Vorlage der Landesregierung vom Juli 1970 – LT-Drs. 6/3092.

[5] HessVGH, Beschl. v. 2.8.1993 – 3TH1528/93.

- zweitens eine Anweisung mit Fristsetzung und
- drittens das Untätigbleiben der unteren Aufsichtsbehörde innerhalb der Frist, obwohl nach den Umständen des Falles ein aufsichtsbehördliches Vorgehen gegen die Gemeinde angezeigt ist.

C. Rechtsaufsicht

I. Repressive und präventive Aufsicht

1. Allgemein

Hinsichtlich des Zeitpunkts der Aufsicht kann zwischen repressiver Aufsicht und prä- 596
ventiver Aufsicht unterschieden werden. Bei der **repressiven Aufsicht** handelt es sich um Maßnahmen, mit denen nachträglich eine Korrektur des kommunalen Handelns erzwungen werden soll. Jedes Verhalten der Gemeinde, sei es ein Tun oder Unterlassen, kann Anlass repressiver Aufsicht sein. Zu den **Mitteln der repressiven Aufsicht** gehören

- das Unterrichtungsrecht (§ 137 HGO),
- das Beanstandungsrecht (§ 138 HGO),
- die Anweisung (§ 139 HGO),
- die Ersatzvornahme (§ 140 HGO),
- die Bestellung eines Beauftragten (§ 141 HGO) sowie
- die Auflösung der Gemeindevertretung (§ 141a Abs. 1 HGO).

Die **präventive Aufsicht** verfolgt den Zweck, das gemeindliche Handeln vor dem Tätigwerden zu beaufsichtigen. Zu den **Methoden der präventiven Aufsicht** gehören grundsätzlich die

- Beratung,
- die Pflicht zur Anzeige oder Vorlage sowie die
- Genehmigung oder Zustimmung. Eine Genehmigungspflicht besteht nur, wenn dies ausdrücklich gesetzlich vorgesehen ist.

Nur die Rechtsaufsichtsbehörden (§ 136 HGO) sind grundsätzlich zu Eingriffen nach 597
den §§ 137 bis 141a HGO **befugt.** Fach- und Sonderaufsichtsbehörden haben nur dann die Befugnis einzugreifen, wenn sie spezialgesetzlich ermächtigt sind.

Die **Kommunalaufsicht hat bei Eingriffsersuchen der Sonder- und Fachaufsichtsbe- 598
hörden nur ein begrenztes Prüfungsrecht,** da sie den übrigen Aufsichtsbehörden nicht als Kontrollinstanz übergeordnet ist. Daher ist es grundsätzlich nicht Aufgabe der Kommunalaufsichtsbehörde, das Eingriffsersuchen der Sonder- und Fachaufsichtsbehörden auf seine Berechtigung hin zu untersuchen.

2. Zu den Mitteln repressiver Aufsicht im Einzelnen

a) Unterrichtung

Die Aufsichtsbehörde kann sich jederzeit über die Angelegenheiten der Gemeinde **unter- 599
richten. Auskunftsbegehren** richten sich an die Gemeinde als solche, wobei regelmäßig der Gemeindevorstand zur Erfüllung des Auskunftsbegehrens (§ 66 Abs. 1 Nr. 1 HGO) zuständig ist. Ansonsten entscheidet das Auskunftsbegehren über die Person des Auskunftsverpflichteten, so dass es in der Regel auf die Zuständigkeit des Dezernenten für seinen Bereich ankommt.

Trotz der Formulierung, dass sich die Aufsichtsbehörde „jederzeit“ unterrichten 600
kann, kann die Aufsichtsbehörde von ihrem Unterrichtsrecht **nur dann Gebrauch ma-**

chen, wenn Veranlassung besteht. Und auch bei Veranlassung besteht die Möglichkeit der Aufsichtsbehörde, sich zu unterrichten, im **Ermessen** der Aufsichtsbehörde. Auch der Grundsatz der **Verhältnismäßigkeit** ist zu beachten.

601 Die **Möglichkeiten** der Aufsichtsbehörde **sich zu unterrichten** sind in § 137 HGO aufgezählt.

602 Die **Bürgermeisterdienstversammlung** gemäß § 55 Abs. 5 Satz 1 HKO ist ein **Informationsmittel besonderer Art.** Der Landrat ist berechtigt und verpflichtet, die Bürgermeisterdienstversammlung einzuberufen. Gemäß § 55 Abs. 5 Satz 2 HKO sind die Bürgermeister verpflichtet, an diesen Versammlungen teilzunehmen. Sie haben den Zweck, in allgemeinen Fragen Instruktionen zu erteilen und Informationen einzuholen. Auf den Versammlungen können sowohl Weisungs- als auch Selbstverwaltungsangelegenheiten angesprochen werden, da sich das Informationsrecht auf alle kommunalen Angelegenheiten erstreckt.

603 **Geheimhaltungsvorschriften** können einem Auskunftsverlangen nicht entgegengehalten werden.

604 Da die **Gemeinde** eine Auskunftspflicht hat, hat sie die **Kosten zu tragen,** die ihr durch ein berechtigtes Auskunftsersuchen entstehen.

605 Das Unterrichtsbegehren ist ein **Verwaltungsakt,** gegen den sich die Gemeinde nach entsprechendem Beschluss der Vertretungskörperschaft zur Wehr setzen kann.

606 Verweigert die Gemeinde die Unterrichtung, hat die Aufsichtsbehörde die **Aufsichtsmittel** der Anweisung gemäß § 139 HGO und der Ersatzvornahme gemäß § 140 HGO.

607 **Andere Behörden und Stellen als die Aufsichtsbehörden** können sich im Benehmen mit der Aufsichtsbehörde über Angelegenheiten der Gemeinde unterrichten. Zu weiter gehenden Eingriffen in die Gemeindeverwaltung nach den §§ 135 bis 141a HGO sind die anderen Behörden nicht befugt (§ 145 Satz 1 und Satz 2 HGO).

b) Beanstandung

608 Die Aufsichtsbehörde kann gemäß § 138 HGO Beschlüsse und Anordnungen der Gemeindevertretung, ihrer Ausschüsse, des Gemeindevorstands und des Ortsbeirats, die das Recht verletzen, innerhalb von sechs Monaten nach Beschlussfassung **aufheben,** das heißt beanstanden, **und verlangen,** dass Maßnahmen, die aufgrund derartiger Beschlüsse getroffen worden sind, **rückgängig** gemacht werden (Rückabwicklung). Die Beanstandung[6] richtet sich gegen ein Tun der Gemeinde, nämlich gegen Beschlüsse und Anordnungen, und nicht gegen ein Unterlassen. Die Beanstandung setzt damit im Gegensatz zur Anweisung voraus, dass ein Gemeindeorgan tätig geworden ist.[7]

609 Nach § 138 HGO kann also im Gegensatz zu anderen Gemeindeordnungen die Aufsichtsbehörde Beschlüsse und Anordnungen selbst aufheben. Der Aufsichtsbehörde ist es damit **nicht möglich, von der Gemeinde zu verlangen, selbst beanstandete Beschlüsse und Anordnungen aufzuheben.** Dies entspricht dem eindeutigen Gesetzeswortlaut. Ein solches Verlangen gegenüber der Gemeinde kann auch nicht als milderes Mittel gesehen

---

[6] Die HGO verwendet den Begriff der Beanstandung auch in § 63 HGO, er hat dort aber eine andere Bedeutung als in § 138 HGO.

[7] Vgl. HessVGH, HSGZ 1982, 73 ff.

werden, so dass das Argument a maiore ad minus[8] nicht greift. Vielmehr könnte die Behörde ansonsten innergemeindliche Gegensätze geschickt nutzen. Auch war dem hessischen Gesetzgeber durchaus bekannt, dass andere Gemeindeordnungen das Beanstandungsrecht anders qualifizieren.

Unter **Aufsichtsbehörde** ist die Rechtsaufsichtsbehörde (Kommunalaufsichtsbehörde) 610
zu verstehen. Fachaufsichts- und Sonderaufsichtsbehörden haben nicht das Recht, Beanstandungen auszusprechen. Das folgt auch bereits aus § 145 HGO, da dort eine Kompetenzabgrenzung zwischen den Aufsichtsbehörden im Sinne von § 136 HGO und den anderen Behörden und Stellen vorgenommen wird.

Die Formulierung **„Beschlüsse" und „Anordnungen"** als Gegenstand des Beanstan- 611
dungsrechts verdeutlicht, dass Akte des Außenrechts nicht einzubeziehen sind. Dies ergibt sich auch daraus, dass ansonsten die Aufhebungskompetenz in § 138 HGO bei Verwaltungsakten mit den §§ 48 ff. HVwVfG konkurrierte und § 138 HGO gar als Spezialregelung vorgehen müsste. **Beschlüsse** sind rechtserhebliche Äußerungen der Willensentschließung von Kollegialorganen in Form von Abstimmungen, Wahlen oder sonstigen Entschließungsarten. Dagegen ist die Anfechtung von Kommunalwahlen im hessischen Kommunalwahlgesetz abschließend geregelt.[9] Der **Bürgerentscheid**, dem die Wirkung des endgültigen Beschlusses der Gemeindevertretung zukommt (§ 8b Abs. 7 Satz 1 HGO), unterfällt nicht dem Beanstandungsrecht des § 138 HGO. Nach § 8b Abs. 7 Satz 3 HGO finden die § 63 und 138 HGO keine Anwendung auf Bürgerentscheide.[10] **Anordnungen** sind rechtserhebliche Maßnahmen von Einzelpersonen der Gemeinde, soweit sie als Organ oder Amtsträger tätig werden.

Rechtsverletzungen im Sinne des § 138 HGO sind Verstöße gegen Bundes- und Lan- 612
desgesetze, also auch gegen Rechtsverordnungen, gemeindliche Satzungen und Gewohnheitsrecht. Auch ein Verstoß gegen geltendes Recht der Europäischen Union stellt eine Rechtsverletzung im Sinne des § 138 HGO dar. Eine Rechtsverletzung gemeindlicher Organe ist auch dann gegeben, wenn diese bei Weisungsaufgaben die im Rahmen der Gesetze erteilten Weisungen nicht befolgen (§§ 4, 135 Satz 1 HGO). Eine inhaltliche Überprüfung der Richtigkeit der fachaufsichtlichen Weisung erfolgt nicht, allerdings darf die Kommunalaufsichtsbehörde prüfen, ob der durch § 4 HGO vorgegebene Rahmen von der Fachaufsichtsbehörde eingehalten wurde.

Die Gemeinde als Träger des kommunalen Selbstverwaltungsrechts ist der richtige 613
Adressat der Beanstandung.

Ob die Aufsichtsbehörde von ihrem Beanstandungsrecht Gebrauch macht, liegt in ih- 614
rem **Ermessen**. Die Aufsichtsbehörde handelt nach dem Opportunitätsprinzip. Es liegt auch in ihrem Ermessen, stattdessen die Selbstkontrolle gemäß § 63 HGO anzuregen oder formlos in anderer Weise auf die Herstellung gesetzmäßiger Zustände hin zu wirken.

Die Aufsichtsbehörde kann zugleich mit der Aufhebung des rechtswidrigen Beschlus- 615
ses nach § 138 HGO verlangen, dass Maßnahmen, die aufgrund des Beschlusses getroffen wurden, rückgängig gemacht werden (**Rückabwicklung**). Allerdings kann die Auf-

---

[8] In der juristischen Methodenlehre versteht man unter dem „argumentum a maiore ad minus" den Schluss vom Größeren auf das Kleinere, von einer weitergehenden Regelung auf einen weniger Voraussetzungen erfordernden Fall.

[9] HessVGH, HessVGRspr. 1970, 70 f.

[10] Bürgerentscheide können im Außenverhältnis einer verwaltungsgerichtlichen Kontrolle durch den Hessischen Verwaltungsgerichtshof nach § 47 VwGO unterworfen werden bzw. vom zuständigen Verwaltungsgericht im Rahmen einer Klage nach § 42 VwGO (Inzidentkontrolle) überprüft werden.

sichtsbehörde die Gemeinde nur in dem Umfang zur Rückgängigmachung durchgeführter Maßnahmen verpflichten, wie die Gemeinde dazu in der Lage ist. Sind bereits Rechte Dritter begründet worden, kann die Aufsichtsbehörde lediglich verlangen, dass die Gemeinde von den rechtlichen Möglichkeiten wie **Rücknahme, Widerruf und Kündigung** innerhalb der gesetzlichen Fristen Gebrauch macht. Die Aufsichtsbehörde kann die Rückgängigmachung von Maßnahmen nur dann verlangen, wenn für die Gemeinde ein anderer Weg, den Gesetzesverstoß zu beseitigen, nicht gegeben ist. Ist nach dem Außenrecht, also etwa nach § 48 HVwVfG, die Rücknahme eines Verwaltungsaktes nicht mehr zulässig, so ist die Aufsicht in ihren Möglichkeiten beschränkt, da die Beanstandung des Innenrechts nicht automatisch auch die Aufhebung des Außenrechts zur Folge hat. Der Gemeinde ist es damit nicht mehr möglich, Maßnahmen die aufgrund derartiger Beschlüsse ergangen sind, rückgängig zu machen.

616 Bei der Beanstandung handelt es sich gemäß § 142 HGO um einen **anfechtbaren Verwaltungsakt.** Als solcher können Beanstandungen im Verwaltungsstreitverfahren überprüft werden.

617 Das Beanstandungsrecht **erlischt sechs Monate nach Beschlussfassung.** Für die Fristenbestimmung gelten die allgemeinen Regeln.

618 **Weigert sich die Gemeinde**, dem Verlangen der Aufsichtsbehörde nachzukommen, Maßnahmen die aufgrund derartiger Beschlüsse getroffen worden sind, rückgängig zu machen, besteht nach erfolgloser Anweisung die Möglichkeit der **Ersatzvornahme**[11] nach § 140 HGO[12].

619 Gemäß § 142 HGO ist **gegen Anordnungen der Aufsichtsbehörde eine Anfechtungsklage** vor dem zuständigen Verwaltungsgericht statthaft. Diese Regelung hat angesichts der abschließenden Regelung der Statthaftigkeit verwaltungsgerichtlicher Klagearten in der VwGO lediglich deklaratorische Bedeutung.

c) Anweisung

620 Erfüllt die Gemeinde die ihr gesetzlich obliegenden Pflichten oder Aufgaben nicht, so kann die Aufsichtsbehörde die Gemeinde **anweisen**, innerhalb einer bestimmten Frist das Erforderliche zu veranlassen. Nur die Kommunalaufsichtsbehörde, nicht jedoch die Fachaufsichtsbehörde ist berechtigt, den Gemeinden Anweisungen zu erteilen. Diese Weisungen beschränken sich darauf, aufgetretene Gesetzesverstöße zu beseitigen.

621 Das **Anweisungsrecht** gemäß § 139 HGO **steht ergänzend neben dem Beanstandungsrecht** gemäß § 138 HGO. Die Beanstandung richtet sich gegen ein rechtsverletzendes Tun, mit der Anweisung hingegen sollen Gesetzesverstöße infolge Untätigkeit unterbunden werden. Im **Unterschied zur Beanstandung**, die unmittelbar zur Aufhebung des angegriffenen Beschlusses führt, hält die Anweisung die Gemeinde nur zur Erfüllung an. Die beiden Aufsichtsmittel der Beanstandung und der Anweisung stehen

[11] Vgl. dazu unten Rn. 629 ff.

[12] HessVGH, KommJur 2018, 209. Das Gericht billigte das Vorgehen der Kommunalaufsicht, eine Gemeinde angesichts defizitärer Haushaltslage auf der Grundlage von § 139 HGO zum Erlass einer Straßenbeitragssatzung anzuweisen und nach fruchtlosem Verstreichen der hierfür gesetzten Frist die Satzung selbst im Wege der Ersatzvornahme nach § 140 HessGO zu erlassen. Auch das BVerwG qualifizierte das kommunalaufsichtliche Einschreiten zum Erlass einer Straßenbeitragssatzung als verfassungsgemäß, vgl. NVwZ 2019, 1528 ff.

nicht in einem kumulativen Verhältnis, es handelt sich bei den beiden um voneinander unabhängige Aufsichtsmittel[13].

Die Anweisung ist also das **Aufsichtsmittel gegenüber einer Untätigkeit der Gemeinde.** Untätigkeit liegt nicht nur bei Nichttätigwerden vor, sondern auch dann, wenn die Gemeinde nach außen dokumentiert, dass sie untätig bleiben möchte[14]. Nicht dem Anordnungsrecht unterliegen privatrechtliche Pflichtverletzungen der Gemeinde, da die Gemeinde hier als Rechtssubjekt des Privatrechts auftritt. 622

Die Anweisung ist nur möglich, **wenn die Gemeinde die ihr „gesetzlich" obliegenden Pflichten oder Aufgaben nicht erfüllt.** Unter diese Gesetze fallen alle Normen gleich welcher Stufe, also sowohl Europarecht, das Grundgesetz, einfaches Bundesrecht, Landesrecht, hier insbesondere die Hessische Gemeindeordnung, aber auch gemeindliches Satzungsrecht. Zu den der Gemeinde gesetzlich obliegenden Pflichten gehört auch die Befolgung der im Rahmen der Gesetze erteilten Weisungen. Nicht darunter fallen die in Verwaltungsakten und öffentlichrechtlichen Verträgen von der Gemeinde selbst eingegangenen Verpflichtungen. 623

Die **Maßnahmen** haben sich **an das zuständige Organ der Gemeinde** zu richten und diesem Organ mitzuteilen, worin der Rechtsverstoß liegt und was konkret von der Gemeinde verlangt wird, so dass allgemeine Handlungsanweisungen nicht ausreichen. Eine Ausschlussfrist für das Einschreiten der Aufsichtsbehörde kennt § 139 HGO nicht. Hinweise auf die Erfüllung gesetzlicher Pflichten und Aufgaben gelten nicht als Anweisungen im Sinne des § 139 HGO. 624

Stellt die Aufsichtsbehörde ein gesetzeswidriges Unterlassen fest, steht es in ihrem **Ermessen,** ob sie von dem Anweisungsrecht Gebrauch macht (Opportunitätsprinzip). 625

Bei der Beurteilung einer Verletzung von Pflichten der Gemeinde hat die Aufsichtsbehörde **einen der Gemeinde eingeräumten Ermessensspielraum zu respektieren.** Die Kommunalaufsicht kann nicht eigenes Ermessen an Stelle des Ermessens der Gemeinde setzen. 626

Zur Erfüllung der Anweisung ist der Gemeinde gemäß § 139 HGO eine **angemessene Frist** zu setzen. In dieser Zeit soll die Gemeinde die Gelegenheit haben, die geforderte Handlung vorzunehmen. Die Frist ist daher so zu bemessen, dass die Gemeinde in der Lage ist, sich über Bedeutung und Inhalt der Anweisung klar zu werden und die notwendigen Beschlüsse zu fassen bzw. die geforderten Maßnahmen durchzuführen. 627

Die **Fach- und Sonderaufsichtsbehörden sind gemäß § 145 HGO grundsätzlich nicht selbst befugt,** Aufsichtsmittel der §§ 137 bis 141a HGO zu ergreifen. 628

Beispielsfall 10 – Anweisung der Aufsichtsbehörde: Die Aufsichtsbehörde erfährt, dass der Gemeindebedienstete A nicht mehr arbeitet und die Bürgermeisterin B ihn gleichwohl nicht entlässt. Sie fordert daher die B auf, dem A innerhalb von zwei Monaten zu kündigen. Ist das Vorgehen der Aufsichtsbehörde rechtmäßig?

I. Ermächtigungsgrundlage

Die Aufsichtsbehörde rügt das Untätigbleiben der B gegenüber dem Verhalten des A, so dass für eine Anweisung allein § 139 HGO als Rechtsgrundlage in Betracht kommt.

---

[13] HessVGH, HessVGRspr. 1997, 41 f.

[14] Vgl. HessVGH, HessVGRspr. 1986, 84 ff.

II. Formelle Rechtmäßigkeit

Die Zuständigkeit der Aufsichtsbehörde ist nach § 136 Abs. 1 HGO zu bejahen, von allen weiteren Zulässigkeitsvoraussetzungen kann mangels entgegenstehender Anhaltspunkte ausgegangen werden.

III. Materielle Rechtmäßigkeit

Als Unterlassen des Gemeindeorgans wird das Untätigbleiben der B gerügt, die gegenüber dem A als Gemeindebediensteter keine Kündigung ausspricht. Erforderlich ist daher eine Norm, aus der sich die Rechtswidrigkeit des Verhaltens der B ableiten lässt. Es müsste somit eine gesetzliche Pflicht für den Gemeindevorstand bestehen, Gemeindebedienstete bei Fehlverhalten zu entlassen.

1. Verpflichtung aus allgemeinen Grundsätzen

Da die aus § 48 Satz 1 HGO folgenden Einstellungsbedingungen keine Pflicht zur Entlassung bzw. Kündigung eines Gemeindebediensteten beinhalten, könnte sich eine solche aus den allgemeinen haushaltsrechtlichen Grundsätzen der Wirtschaftlichkeit und Sparsamkeit der Haushaltsführung i.S.v. § 92 Abs. 2 HGO ergeben. Es ist davon auszugehen, dass der A bei einer Weiterbeschäftigung sein Gehalt trotz fehlender Gegenleistung beziehen würde. Die Gemeinde wäre zu einer Kündigung auch berechtigt, da ihr die Personalhoheit nach Art. 28 Abs. 2 GG zusteht. In diesen Fällen besteht jedoch keine Fachaufsicht, sondern lediglich eine Rechtsaufsicht, so dass die Aufsichtsbehörde keine Zweckmäßigkeitserwägungen in Bezug auf das Arbeitsverhalten eines Bediensteten anstellen darf. Zudem beschränkt sich die Rechtsaufsicht hinsichtlich der Haushaltsführung der Gemeinde auf offensichtlich unökonomische und eklatante Verstöße. Für einen solchen Verstoß bestehen vorliegend keine Anhaltspunkte. Die Voraussetzungen für eine Anweisung nach § 139 HGO sind somit nicht gegeben. Die B war nicht zu einem Handeln verpflichtet.

2. Verpflichtung aus dem Dienstverhältnis §§ 622 ff. BGB

Obwohl zwischen der Gemeinde und dem P ein privatrechtliches Arbeitsverhältnis im Sinne eines Dienstvertrags nach § 611 BGB besteht, lässt sich eine Pflicht zur Kündigung auch hieraus nicht ableiten.

IV. Ergebnis

Das Unterlassen der von der Aufsichtsbehörde ausgesprochenen Kündigung stellt keine Pflichtverletzung dar. Die Voraussetzung einer Anweisung nach § 139 Abs. 1 HGO sind somit nicht erfüllt und das Vorgehen der Aufsichtsbehörde ist rechtswidrig. Im Ergebnis besteht keine Pflicht der B, den A zu entlassen.

d) Ersatzvornahme

629 Kommt die Gemeinde einer Anweisung der Behörde nicht innerhalb der ihr gesetzten Frist nach, kann die Aufsichtsbehörde **anstelle der Gemeinde das Erforderliche anordnen** und auf deren Kosten **selbst durchführen** oder durch einen Dritten **durchführen lassen**.

630 Bei der Ersatzvornahme handelt es sich um ein **subsidiäres Zwangsmittel;** das heißt, dass zuvor eine Anweisung gemäß § 139 HGO ergangen sein muss und diese nicht innerhalb der gesetzten Frist befolgt worden ist.

631 Bei der Ersatzmaßnahme darf **die Aufsichtsbehörde „das Erforderliche anordnen"**, also alle Beschlüsse für die Gemeinde oder einzelne Organe fassen, die zur Erfüllung der gesetzlichen Verpflichtung notwendig sind.

Da die Aufsichtsbehörde bei der Ersatzvornahme **anstelle des zuständigen Organs der Gemeinde** handelt, hat sich die Aufsichtsbehörde dabei auch an die entsprechenden **Formvorschriften** für die Gemeindetätigkeit zu halten. 632

Gegenüber Dritten gilt die in Ersatzvornahme getroffene Maßnahme als Maßnahme der Gemeinde. Für die Aufhebung, also Rücknahme oder Widerruf des Verwaltungsaktes, ist die Gemeinde zuständig. Das heißt aber nicht, dass die Gemeinde den in Ersatzvornahme von der Aufsichtsbehörde vorgenommenen Verwaltungsakt jederzeit wieder aufheben könnte. Vielmehr bleibt die Gemeinde durch die Anweisung der Aufsichtsbehörde gebunden, solange diese wirksam ist. 633

Betrachtet man den Wortlaut der des § 140 HGO über die Ersatzvornahme, wonach die Rechtsaufsichtsbehörde die notwendigen Maßnahmen „anstelle der Gemeinde" zu verfügen hat, so legt dies den Vergleich zu einer Vertretung nahe: Dementsprechend ordnen einige Autoren die Ersatzvornahme als „**Aufsichtsvertretung**" ein[15]. Einer anderen Ansicht zufolge lässt sich die rechtliche Einordnung der Aufsichtsmaßnahmen am Modell der **Prozessstandschaft** erläutern[16]. Danach mache die Aufsichtsbehörde ein fremdes Recht, etwa das Recht der Gemeinde, eine Erlaubnis zu erteilen, im eigenen Namen geltend[17]. Ihre Begründung findet diese Ansicht darin, dass es aus prozessrechtlichen Gründen notwendig sei, den Staat als Prozessgegner erscheinen zu lassen, da es nicht der Gemeinde zuzumuten sei, einen Verwaltungsakt zu verteidigen, den sie nicht erlassen habe[18]. Eine weitere Meinung qualifiziert die Aufsichtsmaßnahmen der Kommunalaufsichtsbehörde als **Kompetenzübertragung**[19]. Danach bleibt die Aufsichtsbehörde bis zur Unanfechtbarkeit auch für den Bestand des für die Gemeinde erlassenen Verwaltungsakts verantwortlich[20]. 634

Gegen die Theorie von der Aufsichtsvertretung spricht, dass eine Vertretung immer nur ein von einem originär Berechtigten abgeleitetes Recht darstellt. Die Aufsichtsbehörde wird aber in ihrer Funktion als Aufsichtsbehörde aus eigenem Recht tätig[21], da es eine der ureigensten Aufgaben der Aufsichtsbehörde ist, gesetzwidrige Handlungen der Gemeinde durch eigene Maßnahmen zu verhindern[22]. Die Lehre von der Aufsichtsvertretung hat ferner untragbare prozessuale Konsequenzen, da die Kommune als Klagegegnerin eines Drittbelasteten in einem Verwaltungsgerichtsverfahren ein Handeln verteidigen müsste, das sie selbst nicht gewollt und auch nicht vorgenommen hat und das sie selbst in einem Prozess gegen den Träger der Aufsicht anzugreifen berechtigt wäre[23]. **Die Meinung, die eine Prozessstandschaft annimmt,** übersieht, dass die Aufsichtsmaßnahmen in der Kommunalaufsicht eigene Kompetenzen der Aufsichtsbehörde sind. Es wird also kein fremdes Recht geltend gemacht, sondern ein eigenes[24]. Die **Kompetenzübertragungslehre** überzeugt, da sie eine sowohl dogmatisch vertretbare als auch prozessual vernünftige Lösung anbietet. 635

---

[15] *Scholler/Broß,* Grundzüge des Kommunalrechts in der Bundesrepublik Deutschland, 3. Aufl. 1984, 189; *Gönnenwein,* Gemeinderecht 1963, 189; vgl. auch *Schnapp,* DÖV 1971, 659 ff.; *Schmidt,* Kommunalaufsicht in Hessen, 1990, 220.

[16] *Stumpp,* BayVBl. 1967, 54 (56).

[17] Vgl. *Stumpp,* BayVBl. 1967, 56.

[18] *Stumpp,* BayVBl. 1967, 55.

[19] Vgl. *Knemeyer*, BayVBl. 1977, 132.

[20] So auch BayVGH, BayVBl. 1983, 213; vgl. *Schneider/Jordan,* § 140 HGO, Rn. 7, die aber argumentieren, dass dies nur bei einer missbräuchlich ausgeübten Aufsicht möglich sei.

[21] Vgl. *Knemeyer,* BayVBl. 1977, 129 (132).

[22] Vgl. *Knemeyer*, BayVBl. 1977, 129.

[23] § 142 HGO; vgl. auch *Knemeyer*, BayVBl. 1977, 132; BayVGH, BayVBl. 1973, 554.

[24] Vgl. insgesamt dazu *Knemeyer*, BayVBl. 1977, 132.

636 Bei der Ersatzvornahme muss der Ablauf einer **angemessenen Frist** erfolgt sein. Angemessen ist die Frist grundsätzlich dann, wenn die Gemeinde nach regulärem Geschäftsablauf, etwa unter Beachtung der Ladungsfristen für die Einberufung der Gemeindevertretung, die Möglichkeit zur Korrektur der beanstandeten Maßnahme hatte. Ausnahmen sind bei besonderer Dringlichkeit denkbar. War die Frist zu kurz, muss die angemessene Frist neu gesetzt werden.

637 Eine **Androhung der Ersatzvornahme** sieht die Hessische Gemeindeordnung nicht vor. Es entspricht allerdings allgemeinen Verwaltungsgrundsätzen, einschneidende Maßnahmen vorher anzudrohen. Das Erfordernis einer ordnungsgemäßen Androhung kann sich aus der auch für die Ersatzvornahme gemäß § 140 HGO anzuwendenden Vorschrift des § 69 Abs. 1 Nr. 1 HVwVG ergeben.

638 **Gegenstand der Ersatzvornahme** gemäß § 140 HGO können alle rechtserheblichen Erklärungen und tatsächlichen Handlungen sein, zu welchen die Gemeinde bzw. ein Organ fähig ist. Dazu gehören hoheitliche Maßnahmen, privatrechtliche Willlenserklärungen sowie interne Beschlüsse und Anordnungen.

639 Gemäß § 140 HGO gehen die **Kosten** der Ersatzvornahme zu Lasten der Gemeinde.

640 Die Gemeinde hat die Möglichkeit, **die Aufsichtsbehörde in Regress zu nehmen**, wenn der Aufsichtsbehörde bei der Ersatzvornahme Amtspflichtverletzungen zur Last fallen.

641 Bei **Sachanweisungen der Sonder- und Fachaufsichtsbehörden** muss die Kommunalaufsicht vor der Ersatzvornahme eine eigene Anweisung gemäß § 139 HGO verfügen. Sonder- und Fachaufsichtsbehörden sind gemäß § 145 Satz 3 HGO nicht selbst zu einer Ersatzvornahme befugt.

Beispielsfall 11 – Anweisung und Ersatzvornahme: In der Nacht vom 9.11 auf den 10.11 wurde der Marktplatzbrunnen der hessischen kreisfreien Stadt S weithin sichtbar von Unbekannten mit deutsch- und christenfeindlichen Parolen beschmiert. Da die Stadt S aufgrund finanzieller Überlegungen in der Folgezeit untätig blieb, forderte der Regierungspräsident als allgemeine Aufsichtsbehörde die Stadt S nach vorheriger Rücksprache auf, die Parolen innerhalb von zwei Wochen fachgerecht entfernen zu lassen. Nach fruchtlosem Verstreichen der Frist beauftragt das Regierungspräsidium den Reinigungsunternehmer R, den Brunnen zu säubern. Die Stadt hält das Vorgehen des Regierungspräsidiums für rechtswidrig.

I. Ermächtigungsgrundlage

Die Maßnahmen des Regierungspräsidenten berühren das Selbstverwaltungsrecht der Gemeinden aus Art. 28 Abs. 2 Satz 1 GG, Art. 137 Abs. 1 und 2 HV, somit liegt ein Eingriffsakt vor, der einer Ermächtigungsgrundlage bedarf. In Betracht kommen zunächst die §§ 68, 69, 2, 74 HVwVG. Allerdings finden diese Normen keine Anwendung bei der Vollstreckung gegen Behörden und juristische Personen des öffentlichen Rechts. Da die Stadt S als Gebietskörperschaft eine juristische Person des öffentlichen Rechts ist, scheiden die Normen des HVwVG als Ermächtigungsgrundlage aus. Die Aufsichtsbehörde kann aber gemäß §§ 139, 140 HGO die Stadt bei Nichterfüllung einer ihr obliegenden Pflicht anweisen, dass die Stadt das Erforderliche veranlasst und bei Nichtbefolgung der Anweisung das Erforderliche selbst durchführen. Das Regierungspräsidium hat die Gemeinde veranlasst den Brunnen säubern zu lassen und hat dies nach erfolglosem Fristablauf selbst veranlasst. Die §§ 139, 140 HGO kommen somit als Eingriffsgrundlage in Betracht.

II. Formelle Rechtmäßigkeit der Anweisung und Ersatzvornahme

Der Regierungspräsident ist als allgemeine Aufsichtsbehörde gemäß § 136 Abs. 2 Satz 1 HGO zuständig. Eine Anhörung nach § 28 Abs. 1 HVwVfG ist erfolgt, obgleich diese entbehrlich wäre, erkennt man die §§ 137 bis 141b HGO als spezielle Verfahrensvorschriften an. Mangels Regelungen bezüglich der Form gilt die Formfreiheit des § 37 Abs. 2 HVwVfG.

III. Materielle Rechtmäßigkeit der Anweisung und Ersatzvornahme

1. Anweisung

In Betracht kommen sämtliche öffentlich-rechtlichen Ordnungspflichten, welche die Gemeinde nicht erfüllt haben könnte.

a) Nichterfüllung einer Pflicht durch die Stadt S

Eine öffentlich-rechtliche Ordnungspflicht der Stadt könnte sich aus § 11 i. V. m. § 7 HSOG ergeben. Niemand darf sein Eigentum in einem die öffentliche Sicherheit oder Ordnung gefährdenden Zustand belassen. Als verletztes Schutzgut des § 11 HSOG käme eine Verletzung der öffentlichen Sicherheit in Betracht. Darunter sind das gesamte geschriebene Recht, der Bestand des Staates und seiner Einrichtungen sowie Individualrechtsgüter zu verstehen. Das Beschmieren eines Marktplatzbrunnens mit deutsch- und christenfeindlichen Parolen erfüllt den Tatbestand des § 130 StGB und verletzt somit eine geschriebene Rechtsnorm. Eine Störung liegt vor, so dass auch eine Gefahr unproblematisch zu bejahen ist. Hinsichtlich einer Handlungspflicht der Stadt S ist es vonnöten, dass sich ihr Entschließungsermessen zum Eingreifen auf Null reduziert hat. Ob dies der Fall ist, ist anhand des Grads der Gefahr sowie anhand der Wertigkeit des Rechtsguts zu ermitteln. Die deutsch- und christenfeindlichen, gemäß § 130 StGB strafbaren Parolen befinden sich an einer besonders exponierten Stelle im Stadtbild, sind weithin sichtbar und können die religiösen Empfindungen der Menschen verletzen und zum Ausländerhass beitragen. Dies reduziert das Entschließungsermessen der Stadt auf Null. Die Stadt traf eine Pflicht zur Beseitigung der von ihrem Eigentum ausgehenden Gefahr. Dieser Pflicht ist sie nicht nachgekommen. Als Eigentümerin des Brunnens ergibt sich die Störerstellung der Stadt aus § 7 Abs. 2 Satz 1 HSOG. Gemäß § 139 HGO ist der Inhalt der Anweisung in das Auswahlermessen der Aufsichtsbehörde gestellt. Die Täter sind unauffindbar, somit stellt es sich nicht als unverhältnismäßig dar, die Stadt zur Beseitigung der Störung heranzuziehen.

b) Fristsetzung

Der Stadt ist gemäß § 139 HGO eine Frist zur Erfüllung ihrer Ordnungspflicht einzuräumen. Das Regierungspräsidium forderte die Stadt auf den Brunnen innerhalb von zwei Wochen fachgerecht reinigen zu lassen.

2. Ersatzvornahme

Nach § 140 HGO erfordert die Ersatzvornahme eine rechtmäßige Anordnung sowie einen fruchtlosen Fristablauf. Die Anweisung erfolgte rechtmäßig und die Stadt ließ die ihr durch das Regierungspräsidium auferlegte zweiwöchige Frist verstreichen.

IV. Ergebnis

Das Vorgehen des Regierungspräsidiums war rechtmäßig.

e) Bestellung eines Beauftragten

Wenn und solange der ordnungsgemäße Gang der Verwaltung der Gemeinde es erfordert und die Befugnisse der Aufsichtsbehörde wie Unterrichtung, Beanstandung, Anweisung und Ersatzvornahme nicht ausreichen, kann die obere Aufsichtsbehörde[25] **Beauftragte bestellen, die alle oder einzelne Aufgaben der Gemeinde auf Kosten der Gemeinde wahrnehmen** (§ 141 Satz 1 HGO). 642

[25] Vgl. oben Rn. 585 ff.

643 Bei Gemeinden unter 50.000 Einwohnern wäre **obere Aufsichtsbehörde** der Regierungspräsident. Der Minister des Innern kann für bestimmte Fälle oder Arten von Fällen die Befugnisse der oberen Aufsichtsbehörde auf die Aufsichtsbehörde, das wäre bei normalen Gemeinden der Landrat, übertragen (§ 141 Satz 3 HGO).

644 Der Beauftragte selbst steht **in keinem Dienst- oder Amtsverhältnis zur Gemeinde**. Vielmehr sagt § 141 Satz 2 HGO, dass der Beauftragte in einem öffentlichrechtlichen Amtsverhältnis steht, auf das die Vorschriften für Beamte auf Widerruf entsprechend anzuwenden sind.

645 Wegen der in erster Linie legislativen Kompetenzen der Gemeindevertretung und der in erste Linie exekutiven Kompetenzen des Gemeindevorstands ist es nicht zulässig, dass ein und derselbe Beauftragte für beide gemeindlichen Organe gleichzeitig handelt. **Gegebenenfalls müssen also zwei Beauftragte** bestellt werden.

646 Der Beauftragte hat die **gleichen Formvorschriften**, die für das jeweilige Organ gelten würden, zu beachten. Soweit eine Mitwirkung anderer Stellen vorgeschrieben ist, muss der Beauftragte diese Mitwirkung veranlassen. Da der Beauftragte nicht mit der Aufsichtsbehörde identisch ist, müssen anders als bei der Ersatzvornahme aufsichtsbehördliche Genehmigungen eingeholt werden. Der Beauftragte handelt im Auftrag des Staates und ist in vollem Umfang an die aufsichtsbehördlichen Weisungen gebunden. Die Amtshandlungen des Beauftragten haben die gleiche **unmittelbare Wirkung für und gegen die Gemeinde** wie im Falle einer Amtshandlung durch das an sich zuständige Organ.

647 Das Aufsichtsmittel der Bestellung eines Beauftragten setzt voraus, dass **alle anderen Aufsichtsmittel bislang erfolglos** geblieben sind. Eine Auflösung der Gemeindevertretung nach § 141a HGO ist in diesen Fällen ausgeschlossen.[26]

648 Die Voraussetzungen des § 141 Satz 1 HGO müssen **kumulativ vorliegen**. Bei der Voraussetzung, dass die Befugnisse der Aufsichtsbehörde nach den §§ 137 bis 140 HGO nicht ausreichen, handelt es sich um eine besondere Ausprägung des **Verhältnismäßigkeitsgrundsatzes**. In der Regel müssen ernste und nachhaltige Störungen des Verwaltungsganges vorliegen, die die Funktionsfähigkeit eines Kommunalorgans wesentlich beeinträchtigen oder beseitigen.

649 Die Kommissarbestellung ist der Gemeinde unter der genauen Bezeichnung der übertragenen Aufgaben, der Person des Beauftragten und der Zeitdauer **mitzuteilen**. Die Mitteilung muss ferner Gründe enthalten, die zur Bestellung geführt haben. Sie muss zudem mit einer Rechtsmittelbelehrung versehen sein.

650 Die Tätigkeit eines Staatsbeauftragten nach § 141 HGO **unterscheidet sich von der Ersatzvornahme** dadurch, dass der Staatsbeauftragte grundsätzlich nicht nur für einzelne Verwaltungsmaßnahmen, sondern für eine gewisse Dauer bestellt wird.

651 Nach allgemeinen Grundsätzen müsste die Staatsaufsicht die **Kostenlast** tragen, da es sich bei der Tätigkeit des Beauftragten in erster Linie um hoheitliche Funktionen handelt. § 141 HGO bestimmt aber aus Gründen des Veranlassungsprinzips, dass der Beauftragte die ihm übertragenen Amtshandlungen **auf Kosten der Gemeinde** wahrnimmt. Dies kann jedoch nur Bedeutung für zusätzliche Aufwendungen haben, die durch die Tätigkeit des Beauftragten entstehen. Soweit der Beauftragte lediglich im Rahmen der allgemeinen Dienstzeit seine Pflichten erfüllt, erscheint es unangemessen, der Gemeinde einen den Zeitaufwand entsprechenden Teil der Besoldung in Rechnung zu stellen.

652 Die **Bestellung endet**, soweit dies sich nicht schon aus dem Bestellungsschreiben ergibt, sobald das Ziel erreicht ist. Das Ziel ist erreicht, wenn der ordnungsgemäße Gang der Verwaltung wiederhergestellt ist.

[26] Dazu vgl. unten Rn. 654 f.

Bei **Amtspflichtverletzungen des Beauftragten** bestimmt sich die ersatzpflichtige Körperschaft nicht nach dem Anstellungsakt, sondern nach der Rechtsnatur der Amtshandlung. Ausschlaggebend ist damit, ob es sich bei der beanstandeten Amtstätigkeit um eine Angelegenheit des Staates oder der Kommunalverwaltung handelt. Nimmt also der Staatsbeauftragte Verrichtungen in Erledigung gemeindlicher Aufgaben vor, trifft die Gemeinde die primäre Amtshaftung für dessen Handlungen. Die Gemeinde hat jedoch unter Umständen ein **Rückgriffsrecht** gegenüber dem Staat. Voraussetzung für einen Regressanspruch der Gemeinde ist, dass dem Schaden ein Verschulden der Aufsichtsbehörde bei der Auswahl der Beauftragten oder bei den erteilten Weisungen zugrunde liegt. 653

f) Auflösung der Gemeindevertretung

Die **Aufsichtsbehörde hat** eine Gemeindevertretung **aufzulösen, wenn diese dauernd beschlussunfähig ist** (§ 141a Abs. 1 HGO). Die Gemeindevertretung ist gemäß § 53 Abs. 1 HGO **beschlussunfähig**, wenn weniger als die Hälfte der gesetzlichen Zahl der Gemeindevertreter anwesend sind. Fälle der gelegentlichen oder einmaligen Beschlussunfähigkeit können jedoch durch Anberaumung einer unbedingt beschlussfähigen Zweitsitzung gemäß § 53 Abs. 2 HGO überwunden werden. Eine **dauernde Beschlussunfähigkeit** kann sich durch böswilliges Fernbleiben oder ständige entschuldbare Abwesenheit ergeben. Eine dauernde Beschlussunfähigkeit liegt ferner vor, wenn die Gemeindevertretung zwar beschlussfähig ist, aber nicht die für den ordnungsgemäßen Gang der Gemeindeverwaltung erforderlichen Entscheidungen trifft.[27] 654

Nach der Auflösung der Gemeindevertretung ist eine **Neuwahl** anzuberaumen, die für den Rest der Wahlperiode stattfindet (§ 32 Abs. 4 HKWG). 655

3. Zu den Mitteln präventiver Aufsicht im Einzelnen

a) Allgemein

Die Aufsicht soll so gehandhabt werden, dass die Entschlusskraft und die Verantwortungsfreudigkeit der Gemeinden nicht beeinträchtigt werden (§ 135 Satz 2 HGO). Da die Gemeinden nach § 2 Satz 1 HGO die ausschließlichen und eigenverantwortlichen Träger der öffentlichen Verwaltung sind, kommen die Mittel präventiver Aufsicht **nur zurückhaltend zum Tragen.** 656

b) Unterrichtung

Das **Informationsrecht** nach § 137 HGO dient nicht nur der repressiven Kontrolle, sondern ist auch eine **Maßnahme der präventiven Aufsicht**. 657

c) Genehmigung

Zweck der Genehmigung ist in der Regel nur die **Rechtskontrolle.** Die Genehmigung der Aufsichtsbehörde ist gemäß § 143 Abs. 1 Satz 1 HGO **schriftlich** zu erteilen, wobei die elektronische Form ausgeschlossen ist. Die Schriftform dient der Klarheit und Rechtssicherheit. Nach § 44 Abs. 2 Nr. 2 HVwVfG führt die Verletzung der Formvorschrift zur Nichtigkeit einer nicht schriftlich erteilten Genehmigung. Ein solches Formerfordernis kann nicht nachgeholt werden. Die nachträgliche Berichtigung hat keine rückwirkende Kraft, sondern stellt eine erneute Vornahme dar. 658

---

[27] Vgl. die Begründung zu Art. 1 Nr. 63 der Regierungsvorlage zu dem Gesetz zur Änderung der HGO vom 25.2.1976 – LT-Drs. 8/2350, S. 28.

659 Satzungen, Beschlüsse und sonstige Maßnahmen der Gemeinden, die der Genehmigung der Aufsichtsbehörde bedürfen, werden unbeschadet weiterer Wirksamkeitsvoraussetzungen erst **mit Erteilung der Genehmigung wirksam** (§ 143 Abs. 1 Satz 1 und Satz 2 HGO). Um die negativen Folgen einer Verschleppung der aufsichtsbehördlichen Genehmigung zu vermeiden, **gilt die Genehmigung als erteilt**, wenn die Aufsichtsbehörde nicht innerhalb von drei Monaten nach Eingang des Antrags die Genehmigung ablehnt, die Genehmigung nach § 112 Abs. 10 HGO (seit 16.5.2020: § 112 Abs. 6 HGO) zurückstellt oder dem Antragsteller schriftlich mitteilt, welche Gründe einer abschließenden Entscheidung über den Genehmigungsantrag entgegenstehen (§ 143 Abs. 1 Satz 3 HGO).

d) Anzeige

660 Eine **Befreiung vom Genehmigungszwang** sieht § 143 Abs. 2 HGO vor. Die Landesregierung kann durch Verordnung Satzungen, Beschlüsse und sonstige Maßnahmen der Gemeinde, die der Genehmigung der Aufsichtsbehörde bedürfen, von der Genehmigung allgemein oder unter bestimmten Voraussetzungen freistellen und dafür die **vorherige Anzeige an die Aufsichtsbehörde** vorschreiben.

II. Rechtsnatur der Aufsichtsmaßnahmen

661 Die **Anordnung einer Aufsichtsmaßnahme**, also die Aufforderung zur Auskunft, die Beanstandung, die Anweisung sowie die Bestellung eines Beauftragten, ist ein **Verwaltungsakt** im Sinne des § 35 Satz 1 HVwVfG. In diesen Fällen handelt es sich nämlich um eine Regelung, die nach außen gerichtet ist, da sich Staat und Gemeinde als selbstständige Rechtsträger gegenüberstehen.

662 Die **Ersatzvornahme** nach § 140 HGO erfolgt nach Ausübung des Entschließungsermessens der Aufsichtsbehörde. Ebenfalls ist erst das Entschließungsermessen zu betätigen, bevor die obere Aufsichtsbehörde **Beauftragte** bestellt. Es ist also jeweils eine Entscheidung der Aufsichtsbehörde erforderlich, die gegenüber der Gemeinde, die nun die Ersatzvornahme bzw. den Beauftragten hinzunehmen hat, als Regelung eines Einzelfalls zu werten ist.

III. Rechtsbehelfe

1. Verwaltungsgerichtliche Rechtsschutzmöglichkeiten

663 Streitigkeiten zwischen Kommunen und Aufsichtsbehörden richten sich immer nach öffentlichem Recht. Klagen richten sich immer **gegen das Land Hessen.** Gemäß § 142 HGO ist **gegen Anordnungen der Aufsichtsbehörde nach den §§ 137 bis 141a HGO die Anfechtungsklage** nach Maßgabe der VwGO gegeben. Es finden daher die VwGO und das HAGVwGO Anwendung.

664 Erlässt die Aufsichtsbehörde eine **Ersatzvornahme**, gilt diese als eine **Maßnahme** der Gemeinde, **gegen die auch der betroffene Bürger Rechtsmittel einlegen kann.** Das gleiche gilt für Anordnungen des Beauftragten, soweit er als Außenvertretungsorgan handelt. Wird die Gemeinde wegen dieses rechtswidrigen Handelns auch wegen Amtshaftung in Anspruch genommen, haftet ihrerseits die Aufsichtsbehörde gegenüber der Gemeinde aus Amtshaftung. Bei der Durchführung der Anfechtungsklage ist grundsätzlich das Widerspruchsverfahren einzuhalten. Sehr streitig ist, **gegen wen die Klage gegen eine Maßnahme, die im Rahmen einer Ersatzvornahme erfolgt**, zu richten ist. Grund-

sätzlich ist die ersatzweise getroffene Maßnahme **der Gemeinde zuzurechnen.** Diese ist auch für spätere Korrekturen allein zuständig, insbesondere für eine Aufhebung nach § 48 HVwVfG bzw. § 49 HVwVfG. Dem entspräche es, dass der Bürger bei einer Anfechtung der fraglichen Maßnahme **gegen die Gemeinde klagen** müsse. Dagegen ist aber einzuwenden, dass dies dazu führte, dass die Gemeinde ein von ihr gerade nicht gewolltes Handeln zu verteidigen hätte.[28]

Bei der **Versagung von Genehmigungen** kann die Gemeinde eine **Verpflichtungsklage** 665
erheben. Ein Vorverfahren ist erforderlich. Soweit der Aufsichtsbehörde bei aufsichtsbehördlichen Genehmigungen ein Ermessen zusteht, es sich also nicht lediglich um Rechtskontrolle handelt, ist die gerichtliche Überprüfung allerdings auf Ermessensfehler beschränkt. Die Gemeinde muss daher vortragen, dass die Kommunalaufsicht die Genehmigung mit Ermessensfehlern abgelehnt hat.

Die Gemeinde hat, soweit ein Eingriff der Kommunalaufsicht für unzulässig erklärt 666
wird, einen verwaltungsgerichtlich verfolgbaren Anspruch auf Beseitigung der rechtswidrig verursachten Folgen (**Folgenbeseitigungsanspruch**)[29].

Die **Kosten** im Rechtsmittelverfahren bestimmen sich nach den allgemeinen Grund- 667
sätzen der Verwaltungsgerichtsbarkeit (§§ 154 ff. VwGO).

2. Formlose Rechtsbehelfe

Der Gemeinde stehen **neben den verwaltungsgerichtlichen Rechtsschutzmöglichkeiten** 668
auch formlose Rechtsbehelfe zur Verfügung, die neben den verwaltungsgerichtlichen Rechtsschutzmöglichkeiten herangezogen werden können. Sie sind an Formen und Fristen nicht gebunden. In Betracht kommen die **Gegenvorstellung, die Aufsichtsbeschwerde und die Petition.**

Mit der **Gegenvorstellung** wendet sich die Gemeinde an die Behörde, die die Ent- 669
scheidung getroffen hat. Sie umfasst den Antrag, die Entscheidung zu ändern oder aufzuheben.

Bei der **Aufsichtsbeschwerde** ist zwischen der Dienstaufsichtsbeschwerde und der 670
Sachaufsichtsbeschwerde zu unterscheiden.

- Mit der **Dienstaufsichtsbeschwerde** kann die Gemeinde als Beschwerdeführerin das persönliche Verhalten eines Beamten rügen und von der Dienstaufsichtsbehörde das Einschreiten verlangen.
- Mit der **Sachaufsichtsbeschwerde** beanstandet die Gemeinde die Sachentscheidung und verlangt die Aufhebung oder Änderung der Maßnahme der Aufsichtsbehörde.

Nach Art. 17 GG und Art. 16 HV hat jedermann das Recht, sich allein oder gemeinsam 671
mit anderen schriftlich mit Bitten und Beschwerden an die zuständigen Behörden und die Volksvertretung zu wenden (**Petition**). Zu den zu einer Petition Berechtigten gehören auch die Gemeinden als Selbstverwaltungskörperschaften.[30]

D. Fachaufsicht

I. Zuständigkeit

Die §§ 135 ff. HGO regeln ausschließlich die Rechtsaufsicht. Die Zuständigkeit für die 672
Fachaufsicht ist **grundsätzlich in den Gesetzen geregelt, die eine Fachaufsicht anordnen.**

---

[28] Vgl. oben Rn. 634 ff. und unten Fall 12.
[29] NdsOVG, DVBl. 1955, 32.
[30] BVerfG, Beschl. v. 23.6.1958, BVerfGE 8, 42 (45).

Nur wenn eine solche Bestimmung fehlt, kann subsidiär zur Bestimmung der zuständigen Fachaufsichtsbehörde auf § 136 HGO zurückgegriffen werden. Die Behörde der Fachaufsicht ist zugleich die nächst höhere Behörde im Sinne des § 73 Abs. 1 Satz 2 Nr. 1 VwGO. Fachaufsichtsbehörden haben notfalls die Rechtsaufsichtsbehörden um ein Einschreiten zu ersuchen.

II. Aufsichtsmaßnahmen

1. Allgemein

673 Welche Mittel die Aufsichtsbehörde ergreift, steht nicht völlig im Belieben der Aufsichtsbehörde, da mit den verschiedenen zur Verfügung stehenden Maßnahmen unterschiedlich schwere Belastungen für die Gemeinde verbunden sind. Die Selbstverwaltungsgarantie der Gemeinde und der Grundsatz der Verhältnismäßigkeit gebieten es, **das schwächer wirkende Mittel zunächst** den stärkeren Mitteln vorzuziehen sind, soweit hinreichend gesichert ist, dass die aufsichtliche Maßnahme dadurch genauso wirksam ist.

2. Unterrichtung

674 Das **Unterrichtungsrecht** bezieht sich auf alle Angelegenheiten der Gemeinde und damit auch auf das privatrechtliche Handeln der Kommune (§ 145 Satz 1 HGO). Geheimhaltungsvorschriften können einem Auskunftsverlangen auch hier nicht entgegengehalten werden.

3. Weisung

675 Das **Weisungsrecht** ist ein typisches Mittel der Fachaufsicht und soll eine Steuerung des kommunalen Handelns ermöglichen. Im Rahmen dieses Weisungsrechts ist der Aufsichtsbehörde die Befugnis eingeräumt, den Gemeinden im Voraus für bestimmte Einzelfälle oder für Fallgruppen Handlungsanweisungen zu erteilen (§ 4 Abs. 1 Satz 1 HGO).

676 Das Weisungsrecht umfasst zugleich die Befugnis, repressiv eine **Aufhebung oder Änderung bereits erlassener Maßnahmen zu verlangen**. Es schließt also ein Beanstandungsrecht im weiteren Sinne ein, weil Rüge und Aufhebungsverlangen im Begriff der Weisung mit enthalten sind.

677 **Fachaufsichtsbehörden können ihre Weisungen nicht selbst zwangsweise durchsetzen.** Sie haben jedoch die Möglichkeit, die Rechtsaufsichtsbehörden einzuschalten. Diese dürfen nicht nur, sondern müssen gegebenenfalls von ihren Zwangsbefugnissen Gebrauch machen. Grundsätzlich unterliegt der fachaufsichtlichen Kontrolle auch die Ausübung des gemeindlichen Ermessens.

III. Rechtsschutz gegen fachaufsichtsrechtliche Maßnahmen

678 Maßnahmen der Fachaufsicht beziehen sich auf den übertragenen Wirkungskreis. Es geht immer um die Wahrnehmung staatlicher Aufgaben. Deswegen ist der Verwaltungsaktcharakter fachaufsichtlicher Maßnahmen abzulehnen[31]. Es handelt sich um **interne**

[31] BVerwG, BayVBl. 1978, 374 (375); BayVBl. 1995, 474 = DVBl. 1995, 744.

Maßnahmen. Etwas anderes kann nur dann gelten, wenn ein Weisungsrecht Auswirkungen auf den geschützten Selbstverwaltungsbereich der Gemeinde hat.[32]

Wenn die **tatbestandlichen Voraussetzungen für eine Weisung nicht vorliegen** oder die Fachaufsicht von einer ihr eingeräumten Kompetenz Gebrauch macht, die die gesetzlichen Grenzen des Weisungsrechts und der Maßnahme jedoch überschreitet, dann greift die Maßnahme in den rechtlich geschützten Bereich der Gemeinde, das Selbstverwaltungsrecht, ein. Sie wirkt dann nicht lediglich im staatlichen Innenbereich, sondern ist nach außen gerichtet. 679

§ 11. Überkommunale Einrichtungen

A. Landkreis

I. Status, Gebiet, Einwohner

Der Landkreis ist nach § 1 Abs. 1 HKO sowohl **Gebietskörperschaft** als auch **Gemeindeverband.** Der Gemeindeverbandscharakter ist jedoch nur noch am Rande erkennbar. Er findet sich in der Zusammenarbeits- und Anhörungspflicht nach § 20 HKO, in der Umlagenkompetenz nach § 53 Abs. 2 HKO sowie in dem Begriff der „kreisangehörigen" Gemeinden. 680

Das **Kreisgebiet** besteht aus dem Gebiet der Gemeinden und aus den gemeindefreien Grundstücken, die bei Inkrafttreten dieses Gesetzes zum Landkreis gehören (§ 13 HKO). **Kreisangehöriger** ist, wer im Kreisgebiet seinen Wohnsitz hat (§ 7 HKO). 681

II. Funktion

Die Landkreise nehmen in ihrem Gebiet, soweit die Gesetze nichts anderes bestimmen, diejenigen öffentlichen **Aufgaben** wahr, **die über die Leistungsfähigkeit der kreisangehörigen Gemeinden hinausgehen.** Sie fördern die kreisangehörigen Gemeinden in der Erfüllung ihrer Aufgaben, ergänzen durch ihr Wirken die Selbstverwaltung der Gemeinden und tragen zu einem gerechten Ausgleich der unterschiedlichen Belastung der Gemeinden bei (§ 2 Abs. 1 Satz 1 und 2 HKO). Ferner bildet der Landkreis nach § 1 Abs. 2 HKO zugleich den Bezirk der unteren Behörde der allgemeinen Landesverwaltung. 682

Bei **§ 2 HKO** handelt es sich um **eine allgemeine Beschreibung des Wirkungsbereichs** der Landkreise. Diese Norm kann nicht als Ermächtigungsgrundlage für Kostenübernahmen jedweder Art herhalten. Auch stellt § 2 HKO ausdrücklich keine Ausnahmeregelung zu den allgemein geltenden Zuständigkeitsregeln und Ermächtigungsbefugnisse der HKO dar. Die Erfüllung der in § 2 HKO niedergelegten Aufgaben erfolgt gemäß den Normen der HKO.[33]

Den Landkreisen können gemäß § 4 Abs. 1 HKO durch Gesetz **Aufgaben zur Erfüllung nach Weisung** übertragen werden. Ansonsten gelten nach § 4 Abs. 1 HKO die gleichen Regeln wie bei den Weisungsaufgaben der Gemeinden nach § 4 Abs. 1 HGO. 683

[32] BVerfG, DVBl. 1995, 744 = NVwZ 1995, 910.

[33] OLG Frankfurt, Beschl. v. 2.10.2012, BeckRS 2012, 22933.

684 Der Landrat nimmt die **Aufgaben als Kreisordnungsbehörde als Auftragsangelegenheit** wahr. Ansonsten gelten nach § 4 Abs. 2 HKO die gleichen Regeln wie bei den Weisungsaufgaben der Gemeinden nach § 4 Abs. 2 HGO.

685 Die **Abgrenzung zwischen gemeindlicher und kreislicher Zuständigkeit** richtet sich nach § 2 Abs. 1 Satz 1 HKO, der eine Subsidiaritätsklausel enthält. Öffentliche Aufgaben, die über die Leistungsfähigkeit der kreisangehörigen Gemeinden hinausgehen, gehören in die Kompetenz der Landkreise.

686 In ihrer Funktion als Gebietskörperschaft genießen die Landkreise gegenüber den Gemeinden den **Schutz des Art. 28 Abs. 1 und 2 GG** sowie des **Art. 137 HV**. Ihnen ist aber in Hessen **kein originärer Aufgabenbereich** zugewiesen. Die Aufgaben ergeben sich vielmehr aus den gesetzlichen Regelungen.

III. Organisation des Landkreises

1. Allgemein

687 Der von den wahlberechtigten Kreisangehörigen gewählte **Kreistag** ist das oberste Organ des Landkreises; er trifft die wichtigen Entscheidungen und überwacht die gesamte Verwaltung (§ 8 Satz 1 HKO). Der **Kreisausschuss**, der dem Gemeindevorstand in Zusammensetzung und Funktion entspricht, ist die Verwaltungsbehörde des Landkreises gemäß § 41 Satz 1 HKO und das Außenvertretungsorgan gemäß § 45 Abs. 1 HKO. Er besorgt die laufende Verwaltung (§ 8 Satz 2 HKO). Der **Vorsitzende des Kreisausschusses ist der Landrat** gemäß § 36 Abs. 1 Satz 1 HKO.

688 Für die **Aufsicht** des Staates über die Landkreise gelten die Bestimmungen des Siebenten Teils der Hessischen Gemeindeordnung entsprechend. **Aufsichtsbehörde** der Landkreise ist der Regierungspräsident, obere Aufsichtsbehörde der Minister des Innern (vgl. § 54 HKO).

2. Kreistag

689 Der **Kreistag besteht aus** den in allgemeiner, freier, gleicher, geheimer und unmittelbarer Wahl gewählten Kreistagsabgeordneten (§ 21 Abs. 1 HKO). Für das Wahlverfahren gelten die Bestimmungen des Hessischen Kommunalwahlgesetzes (§ 21 Abs. 2 HKO).

690 Der Kreistag beschließt über die **Angelegenheiten des Landkreises**, soweit sich aus der Hessischen Landkreisordnung nichts anderes ergibt (§ 29 Abs. 1 Satz 1 HKO). Für die in § 30 HKO aufgeführten Angelegenheiten ist der Kreistag ausschließlich zuständig, kann sie also nicht übertragen.

691 Der Kreistag kann die Beschlussfassung über bestimmte Angelegenheiten oder bestimmte Arten von Angelegenheiten mit Ausnahme der in § 30 HKO aufgeführten Angelegenheiten auf den Kreisausschuss oder einen Ausschuss (vgl. § 33 HKO) **übertragen**.

692 Der Kreistag **überwacht die gesamte Verwaltung des Landkreises und die Geschäftsführung des Kreisausschusses**, insbesondere die Verwendung der Kreiseinnahmen (vgl. § 29 Abs. 2 HKO).

3. Kreisausschuss

Der **Kreisausschuss besteht aus** dem Landrat als Vorsitzenden, dem Ersten und weiteren ehrenamtlichen Kreisbeigeordneten (§ 36 Abs. 1 Satz 1 HKO). 693

Der Kreisausschuss ist die **Verwaltungsbehörde** des Landkreises. Er besorgt nach den 694 Beschlüssen des Kreistags im Rahmen der bereitgestellten Mittel die laufende Verwaltung des Landkreises (§ 41 HKO).

Der **Kreisausschuss vertritt den Landkreis.** Erklärungen des Landkreises werden in 695 seinem Namen durch den Landrat oder dessen allgemeinen Vertreter, innerhalb der einzelnen Arbeitsgebiete durch die dafür eingesetzten Kreisbeigeordneten abgegeben (vgl. § 45 Abs. 1 Satz 1 bis 3 HKO).

Für die **Abgabe von verpflichtenden Erklärungen** ist grundsätzlich Schriftform und 696 eine Gesamtvertretung von zwei Personen erforderlich. Vertretungsberechtigt sind danach der Landrat oder sein allgemeiner Vertreter zusammen mit einem weiteren Mitglied des Kreisausschusses (§ 45 Abs. 2 Satz 1 und 2 HKO). Dies gilt nicht für Geschäfte der laufenden Verwaltung, die für den Landkreis von nicht erheblicher Bedeutung sind (vgl. § 45 Abs. 2 Satz 3 HKO).

Zur **Abgabe von nichtverpflichtenden Erklärungen** sind grundsätzlich der Landrat 697 oder haupt- oder ehrenamtliche Kreisbeigeordnete zuständig, soweit ihnen ein eigenes Arbeitsgebiet nach § 44 Abs. 1 Satz 3 HKO zugewiesen ist (vgl. § 45 Abs. 1 Satz 2 und 3 HKO).

4. Landrat

Der **Landrat ist Vorsitzender des Kreisausschusses.** Daneben ist er aber **staatliche Verwaltungsbehörde** gemäß § 55 Abs. 1 HKO. Trotz dieser **Doppelfunktion** bleibt er kommunaler Beamter. Es handelt sich um den Fall einer Organleihe. 698

Der Landrat bereitet die Beschlüsse des Kreisausschusses vor und führt sie aus, soweit 699 nicht Kreisbeigeordnete mit der Ausführung beauftragt sind. Er leitet und beaufsichtigt den **Geschäftsgang der gesamten Verwaltung des Landkreises** und sorgt für den geregelten Ablauf der Verwaltungsgeschäfte. Er verteilt die Geschäfte unter die Mitglieder des Kreisausschusses (vgl. § 44 Abs. 1 Satz 1 bis 3, Abs. 2 und 3 HKO). Dieses Gesetz beinhaltet im Ergebnis, dass grundsätzlich der Kreistag, in bestimmten Angelegenheiten der Kreisausschuss, über die Angelegenheiten des Landkreises beschließt. Es lässt sich keiner Norm der HKO entnehmen, dass der Landrat – außer in den Geschäften der laufenden Verwaltung – allein, ohne Beteiligung zumindest des Kreisausschusses entscheiden darf. Vielmehr kann gemäß § 44 Abs. 3 HKO der Landrat **in dringenden Fällen,** wenn die vorherige Entscheidung des Kreisausschusses nicht eingeholt werden kann, die erforderlichen Maßnahmen von sich aus anordnen. Das bedeutet im Umkehrschluss, dass der Landrat dies in den übrigen Fällen nicht darf. Dies findet auch in § 45 Abs. 2 Satz 3 HKO Bestätigung, wonach Erklärungen, durch die der Landkreis verpflichtet werden soll, der Schriftform bedürfen sowie vom Landrat und von einem weiteren Mitglied des Kreisausschusses unterzeichnet werden müssen. Auch dieser Norm ist im Umkehrschluss klar zu entnehmen, dass der Landrat grundsätzlich gerade nicht allein entscheiden darf.[34]

700 Die **Aufgaben der Landesverwaltung,** die bisher vom Landrat unmittelbar oder vom Landkreis als übertragene Aufgaben wahrgenommen wurden, werden nach § 59 Abs. 1 HKO **den kreisangehörigen Gemeinden mit 7.500 und mehr Einwohnern** für ihr Gebiet als Weisungsaufgaben übertragen. Die Landesregierung kann bestimmte Aufgaben durch Verordnung hiervon ausschließen. (§ 59 Abs. 2 und 3 HKO).

701 Der Landrat nimmt als Behörde der Landesverwaltung nach Maßgabe der einschlägigen Bestimmungen die **Aufsicht (Kommunal- und Fachaufsicht) über die kreisangehörigen Gemeinden** sowie weitere Aufgaben wahr, die ihm durch Gesetz in dieser Funktion übertragen werden (§ 55 Abs. 2 HKO).

702 Der **Landrat untersteht** als Behörde der Landesverwaltung der jeweils zuständigen **Behörde in der Mittelstufe** der Landesverwaltung (§ 55 Abs. 6 Satz 1 HKO).[35]

703 **Die Akte des Landrats als staatliche Verwaltungsbehörde** sind dem **Land** und nicht dem Kreis **zuzurechnen,** so dass bei einer Klage das Land der richtige Beklagte ist.

704 Handelt also der **Landrat im Bereich der Kommunalaufsicht,** so ist das **Land Hessen der richtige Beklagte,** weil hier in Wirklichkeit nicht der Kreis, sondern der Landrat als verlängerter Arm der Landesregierung tätig wird. Sonst ist immer **der Kreis der richtige Beklagte** und zwar für Handlungen des Kreisausschusses, des Kreistags, des Landrats als Ordnungsbehörde oder in Eilfällen.

Beispielsfall 12 – Aufhebung einer in Ersatzvornahme erteilten Erlaubnis: Der Gaststätteninhaber A in der kreisangehörigen hessischen Gemeinde G (48.000 Einwohner) möchte in seiner Gaststätte in Zukunft jeden Abend mehrmals Stripteasevorführungen veranstalten. A beantragte bei seiner Gemeinde, ihm die Erlaubnis hierfür zu erteilen. Auf Beschluss der Gemeindevertretung versagte ihm die Gemeinde die Erlaubnis mit der Begründung, die von dem Betrieb für die Nachbarschaft ausgehenden Belästigungen ließen eine Erlaubnis nicht zu. A erhob gegen diesen Bescheid Widerspruch. Mit Widerspruchsbescheid hob der Landrat den Bescheid der Gemeinde auf und verpflichtete diese, die Erlaubnis zu erteilen. Die Gemeinde weigerte sich, der im Widerspruch des Landrats enthaltenen Verpflichtung nachzukommen. Daraufhin beanstandete der Landrat als Aufsichtsbehörde das Verhalten der Gemeinde und setzte eine angemessene Frist für die Erteilung der Erlaubnis. Für den Weigerungsfall drohte er Ersatzvornahme an. Die Gemeinde blieb allerdings tatenlos. Sie legte auch innerhalb der Frist kein Rechtsmittel ein. Der Landrat erteilte schließlich im Wege der Ersatzvornahme dem A die Erlaubnis zur Schaustellung von Personen. Nun wandte sich die Nachbarin N, die sich gestört fühlte, an den Landrat und erhob Widerspruch gegen den Erlaubnisbescheid des Landrates. Das Innenministerium, das auf Grund einer Petition eines weiteren Nachbarn mit der Sache befasst wurde, sprach sich gegenüber dem Landrat gegen den Erlaubnisbescheid aus und wies ihn an, die erforderlichen Maßnahmen zu ergreifen. Der Landrat hob daraufhin die Beanstandung der Gemeinde und die im Wege der Ersatzvornahme erteilte Erlaubnis auf, wobei er sich auf § 48 HVwVfG stützte. War der Landrat für die Aufhebung zuständig?

---

[34] Vgl. OLG Frankfurt, Beschl. v. 2.10.2012, BeckRS 2012, 22933.

[35] Vgl. auch Gesetz zur Neuordnung der Aufgaben des Landrats sowie des Oberbürgermeisters als Behörden der Landesverwaltung (NAG). In Fuhr/Pfeil abgekürzt mit „KomLBNOG“, Text: Fuhr/Pfeil, Nr. 50c.

I. Rechtmäßigkeit der Aufhebung

Die Aufhebung der im Wege der Ersatzvornahme erteilten Erlaubnis durch den Landrat ist rechtmäßig, wenn sie formell und materiell von der Ermächtigungsgrundlage gedeckt ist.

Im Rahmen des Grundsatzes des Vorbehalts des Gesetzes bedarf die Behörde für ihr Tätigwerden der gesetzlichen Grundlage. Es kommen die §§ 48, 49 HVwVfG in Betracht, die zur Aufhebung von Verwaltungsakten des Landes ermächtigen. Die formelle Rechtmäßigkeit der Aufhebung ist gegeben, wenn die sachliche Zuständigkeit des Landrats vorliegt.

Sachlich zuständig für die Aufhebung eines Verwaltungsaktes ist grundsätzlich die für den actus primus (unter dem Begriff versteht man den „Ausgangsakt"; er kommt zur Anwendung, wenn die „actus-contrarius-Theorie", also die gegenteilige Handlung, eine Rolle spielt) sachlich zuständige Ausgangsbehörde. Sollte die sachlich unzuständig handelnde Ausgangsbehörde den actus primus erlassen haben, ist auch diese für den Erlass der Aufhebungsmaßnahme zuständig. Daneben ist, solange ein Widerspruchsverfahren läuft, auch die Widerspruchsbehörde für die Aufhebung zuständig. Sachlich zuständig für die Erlaubniserteilung zur Schaustellung von Personen ist gemäß § 33 a GewO i. V. m. § 2 Abs. 1 Nr. 2 GewO (ZustkVO Hess) die Gemeinde. Sie könnte daher für die Aufhebung zuständig sein. Es könnte aber auch der Landrat als in Ersatzvornahme handelnde Behörde für den actus contrarius zuständig sein:

Betrachtet man den Wortlaut des § 140 HGO über die Ersatzvornahme, wonach die Rechtsaufsichtsbehörde die notwendigen Maßnahmen „anstelle der Gemeinde" zu verfügen hat, so legt dies den Vergleich zu einer Vertretung nahe: Dementsprechend ordnen einige Autoren die Ersatzvornahme als „Aufsichtsvertretung" ein (Theorie der Aufsichtsvertretung). Folgte man dieser Auffassung, so ergibt sich, dass der Landrat – als Rechtsaufsichtsbehörde gemäß § 136 Abs. 3 HGO – nach Erlass des Verwaltungsaktes keine Befugnis mehr hat, über das weitere Schicksal des für die Gemeinde erlassenen Verwaltungsaktes zu bestimmen, da nur eine Vertretung hinsichtlich der Erlaubnis vorlag. Es oblag darum der Gemeinde, den weiteren Bestand des Verwaltungsaktes zu verantworten. Nach dieser Ansicht kann der Landrat also die Genehmigung nicht aufheben, weil die durch die Beanstandung erlangte „Vertretungsmacht" mit der Ersatzvornahme „aufgebraucht" war. Nach dieser Ansicht scheidet also eine Befugnis des Landrats zur Aufhebung aus. Gegen die Theorie von der Aufsichtsvertretung spricht aber, dass eine Vertretung immer nur ein von einem originär Berechtigten abgeleitetes Recht darstellt. Der Landrat wird aber in seiner Funktion als Aufsichtsbehörde aus eigenem Recht tätig, da es eine der ureigensten Aufgaben der Aufsichtsbehörde ist, gesetzwidrige Handlungen der Gemeinde durch eigene Maßnahmen zu verhindern. Die Lehre von der „Aufsichtsvertretung" hat ferner untragbare prozessuale Konsequenzen, da die Kommune als Klagegegnerin eines Drittbelasteten in einem Verwaltungsgerichtsverfahren ein Handeln verteidigen müsste, das sie selbst nicht gewollt und auch nicht vorgenommen hat und dass sie selbst in einem Prozess gegen den Träger der Aufsicht anzugreifen berechtigt wäre.

Einer anderen Ansicht zufolge lässt sich die rechtliche Einordnung der Aufsichtsmaßnahmen an dem Modell der Prozessstandschaft erläutern. Danach macht die Aufsichtsbehörde ein fremdes Recht, etwa das Recht der Gemeinde eine Erlaubnis zu erteilen, im eigenen Namen geltend. Ihre Begründung findet diese Ansicht darin, dass es aus prozessrechtlichen Gründen notwendig sei, den Staat als Prozessgegner erscheinen zu lassen, da es nicht der Gemeinde zuzumuten sei, einen Verwaltungsakt zu verteidigen, den sie nicht erlassen habe (Theorie der Prozessstandschaft). Nach dieser Ansicht würde der Landrat die Erlaubnis mit der Ersatzvornahme als fremdes Recht erteilen. Nach Ausübung dieses fremden Rechtes wäre wieder die Gemeinde für den Verwaltungsakt zuständig. Soweit es aber um die Verteidigung des Verwaltungsaktes ginge, läge nach der Theorie der Prozessstandschaft die Kompetenz im Widerspruchsverfahren und im Prozess bei der Ersatzvornahmebehörde. Auch nach dieser Ansicht wäre jedenfalls die Gemeinde und nicht der Landrat zur Aufhebung befugt. Die Meinung, die eine Prozessstandschaft annimmt übersieht, dass die Aufsichtsmaßnahmen in der Kommunalaufsicht eigene Kompetenzen der Aufsichtsbehörde sind. Es wird also kein fremdes Recht geltend gemacht, sondern ein eigenes. Weiterhin ist im Verwaltungsprozessrecht zwar die Prozessstandschaft als Rechtsinstitut bekannt, aber ausschließlich in den gesetzlich dafür vorgesehenen Fällen. Ein solcher ist hier aber nicht gegeben.

Eine weitere Meinung qualifiziert die Aufsichtsmaßnahmen der Kommunalaufsichtsbehörde als Kompetenzübertragung. Danach bleibt die Aufsichtsbehörde bis zur Unanfechtbarkeit auch für den Bestand des für die Gemeinde erlassenen Verwaltungsakts verantwortlich. Der Landrat kann also als Kommunalaufsichtsbehörde aus eigener Kompetenz in Ersatzvornahme tätig werden (Theorie der Kompetenzübertragung). Die Kompetenzübertragungslehre überzeugt, da sie eine sowohl dogmatisch vertretbare als auch prozessual vernünftige Lösung anbietet. Auch nach dieser Meinung hat der Landrat als Rechtsaufsichtsbehörde die Befugnis zur Aufhebung verloren. Aus dem Sinn der Kompetenzübertragung folgt nämlich, dass der Rechtsaufsichtsbehörde ein Instrument in die Hand gegeben werden soll, um ein nach Ansicht der Aufsichtsbehörde rechtswidriges Handeln oder Unterlassen der Gemeinde berichtigen zu können. Die sich daraus ergebende Einschränkung des Rechts der Gemeinde auf Selbstverwaltung, verfassungsrechtlich verankert in Art. 28 Abs. 2 GG, Art. 137 HV, darf zur Wahrung des Grundsatzes der Verhältnismäßigkeit aber nicht über das unbedingt zur Erreichung dieses Zieles erforderliche Maß hinausgehen. Wenn die Kompetenzübertragung an die Aufsichtsbehörde nicht nur die Verteidigung des von ihr erlassenen Verwaltungsaktes gegen Angriffe Dritter umfasste, sondern diese berechtigen würde, über den Verwaltungsakt auch später – außerhalb eines Rechtsbehelfsverfahrens – nach Belieben zu verfügen, läge aber genau eine solche Unverhältnismäßigkeit vor. Daher überträgt § 140 HGO auch nach dieser Lehre von der Kompetenzübertragung dem Landrat nicht das von ihm beanspruchte Recht, den einmal erlassenen Verwaltungsakt aus eigener Entscheidung später außerhalb eines Rechtsbehelfsverfahrens wieder aufzuheben. Das Ersatzvornahmeverfahren nach § 140 HGO wird damit aber nicht sinnlos, weil die Gemeinde den ihr unerwünschten Verwaltungsakt sofort selbst aufheben könnte. Ein solches Verhalten würde nämlich gegen die unanfechtbar gewordene, sie weiter bindende Beanstandung nach § 138 HGO verstoßen. Der Landrat ist demnach für die Aufhebung nicht die zuständige Behörde, obwohl er selbst auf dem Wege der Ersatzvornahme den Verwaltungsakt erlassen hat. Zuständig ist daher die Gemeinde als Ausgangsbehörde.

II. Ergebnis

Eine Streitentscheidung zwischen den verschiedenen Meinungen kann grundsätzlich dahinstehen, weil sie alle zum gleichen Ergebnis kommen. Der Landrat war jedenfalls für die Rücknahme nicht zuständig. Die Gemeinde hätte nach Aufhebung der Beanstandung die Kompetenz, die Erlaubnis aufzuheben. Der Landrat kann aber im Rahmen des Widerspruchs der N als Ausgangsbehörde eine Abhilfeentscheidung treffen und damit dem Begehren der N genügen.

B. Kommunale Gemeinschaftsarbeit

I. Arten

705 Es gibt kommunale **Aufgaben, die die Leistungsfähigkeit einer Gemeinde übersteigen,** aber noch nicht das Gewicht einer Kreisaufgabe erreichen. Um diese Aufgabe erfüllen zu können, bedarf es der **Zusammenarbeit mehrerer Gemeinden.**

706 Das Gesetz über kommunale Gemeinschaftsarbeit (HKGG) hat fünf Arten **kommunaler Gemeinschaftsarbeit vorgesehen:**

- die kommunale Arbeitsgemeinschaft,
- den Zweckverband,
- die öffentlichrechtliche Vereinbarung,

- den Gemeindeverwaltungsverband und die
- Verwaltungsgemeinschaft.

Daneben besteht ausdrücklich die Möglichkeit, sich zur gemeinsamen Wahrnehmung von Aufgaben der Formen des Privatrechts zu bedienen (§ 2 Abs. 2 HKGG).

Voraussetzung für eine kommunale Zusammenarbeit ist die Zuständigkeit der betei- 707
ligten Gemeinden oder Landkreise für die Aufgabe. Die Zuständigkeit des Landkreises lässt sich bei Gemeindeaufgaben auf dessen Ergänzungsfunktion nach § 2 Abs. 1 HKO stützen.

Die kommunale Arbeitsgemeinschaft, die öffentlichrechtliche Vereinbarung und Ver- 708
waltungsgemeinschaft werden **durch öffentlichrechtlichen Vertrag** im Sinne des § 54 HVwVfG realisiert. Der Gemeindeverwaltungsverband wird realisiert wie der Zweckverband gemäß § 30 Abs. 1 Satz 1 HKGG.

Gegen staatlichen Zwang zur Zusammenarbeit steht den Kommunen der **Verwal- 709
tungsrechtsweg** offen.

II. Kommunale Arbeitsgemeinschaft

Gemeinden und Landkreise können gemäß § 3 Abs. 1 HKGG durch Vereinbarung 710
kommunale Arbeitsgemeinschaften bilden. An diesen Arbeitsgemeinschaften können auch sonstige Körperschaften, Anstalten und Stiftungen des öffentlichen Rechts sowie natürliche Personen und juristische Personen des Privatrechts beteiligt werden (§ 3 Abs. 1 Satz 2 HKGG). Die kommunale Arbeitsgemeinschaft ist ein **Zusammenschluss ohne eigene Rechtspersönlichkeit**; die Zuständigkeit der Beteiligten als Träger der Aufgaben und Befugnisse bleibt unberührt (§ 3 Abs. 2 HKGG).

III. Zweckverband

711

Der **Zweckverband** ist gemäß § 6 HKGG eine **mit Selbstverwaltungsrecht ausgestattete Körperschaft öffentlichen Rechts.** Seine Rechte richten sich gemäß § 7 Abs. 2 HKGG nach dem Gesetz über kommunale Gemeinschaftsarbeit, der Verbandssatzung und subsidiär nach dem Recht der Gemeinden. Zu Zweckverbänden können sich nach § 5 Abs. 1 HKGG Gemeinden und Landkreise zusammenschließen, um gemeinsam einzelne Aufgaben zu erledigen.

IV. Öffentlichrechtliche Vereinbarung

Gemeinden und Landkreise können gemäß § 24 HKGG vereinbaren, dass eine der be- 712
teiligten Gebietskörperschaften **einzelne Aufgaben der übrigen Beteiligten in ihre Zuständigkeit übernimmt,** insbesondere den übrigen Beteiligten die Mitbenutzung einer von ihr betriebenen Einrichtung gestattet, oder sich verpflichtet, solche Aufgaben für die übrigen Beteiligten durchzuführen.

V. Gemeindeverwaltungsverband und die Verwaltungsgemeinschaft

Gemeinden können gemäß § 30 Abs. 1 HKGG zur Stärkung ihrer Verwaltungskraft ei- 713
nen **Gemeindeverwaltungsverband** bilden. Der Gemeindeverwaltungsverband ist nach der Zahl der Gemeinden und ihrer Einwohner sowie nach der räumlichen Ausdehnung unter Berücksichtigung der örtlichen Verhältnisse so abzugrenzen, dass er seine Aufgaben zweckmäßig und wirtschaftlich erfüllen kann (§ 30 Abs. 1 Satz 2 HKGG). Für den

Gemeindeverwaltungsverband gelten die Vorschriften über Zweckverbände, soweit nichts anderes bestimmt ist (§ 30 Abs. 2 HKGG).

C. Landeswohlfahrtsverband

714 Der Landeswohlfahrtsverband hat den **Sitz in Kassel und Zweigstellen in Darmstadt und Wiesbaden.** Es handelt sich dabei um einen Gemeindeverband der kreisfreien Städte und Landkreise des Landes. Grundlage ist das „Gesetz über die Mittelstufe der Verwaltung und den Landeswohlfahrtsverband Hessen“ vom 7. Mai 1953 (Mittelstufengesetz). Er ist ein Kommunalverband höherer Ordnung in der Rechtsform einer **Körperschaft des öffentlichen Rechts** (§ 3 MG).

2. Teil: Polizei- und Ordnungsrecht

Literatur:

I. Allgemeine Literatur: *Basten*, Recht der Polizei, 2016; *Bialon/Springer*, Eingriffsrecht, 6. Aufl. 2020; *Drews/Wacke/Vogel/Martens*, Gefahrenabwehr: Allgemeines Polizeirecht (Ordnungsrecht) des Bundes und der Länder, 9. Aufl. 1986; *Götz/Geis*, Allgemeines Polizei- und Ordnungsrecht, 17. Aufl. 2022; *Gusy*, Polizeirecht, 10. Aufl. 2017; *Kingreen/Poscher*, Polizei- und Ordnungsrecht, 11. Aufl. 2020; *Knemeyer*, Polizei- und Ordnungsrecht, 11. Aufl. 2007; *Kugelmann*, Polizei- und Ordnungsrecht, 2. Aufl. 2012; *Lisken/Denninger* (Hrsg.), Handbuch des Polizeirechts, 7. Aufl. 2021; *Mann*, Polizei- und Ordnungsrecht, in: Erbguth/Mann/Schubert, Besonderes Verwaltungsrecht, 13. Aufl. 2019; *Möller/Warg*, Allgemeines Polizei- und Ordnungsrecht, 6. Aufl. 2011; *Pewestorf/Söllner/Tölle*, Praxishandbuch Polizei- und Ordnungsrecht, 2. Aufl. 2017; *Schenke*, Polizei- und Ordnungsrecht, 11. Aufl. 2021; *Schenke*, Polizei- und Ordnungsrecht, in: Steiner/Brinktrine (Hrsg.), Besonderes Verwaltungsrecht, 9. Aufl. 2018; *Schoch*, Polizei- und Ordnungsrecht, in: Schoch (Hrsg.), Besonderes Verwaltungsrecht, 2018; *Thiel*, Polizei- und Ordnungsrecht, 4. Aufl. 2020; *Wehr*, Examens-Repetitorium Polizeirecht, Allgemeines Gefahrenabwehrrecht, 4. Aufl. 2019.

II. Landesrechtliche Literatur – Hessen: *Hornmann*, Hessisches Gesetz über die öffentliche Sicherheit und Ordnung (HSOG), Kommentar, 2. Aufl. 2008; *Kramer*, Hessisches Polizei- und Ordnungsrecht, 3. Aufl. 2021; *Fredrich*, Hessisches Gesetz über die öffentliche Sicherheit und Ordnung, 13. Aufl. 2021; *Fredrich*, Polizei- und Ordnungsrecht, 2019; *Möstl/Bäuerle* (Hrsg.), BeckOK Polizei- und Ordnungsrecht Hessen, 25. Edition; *Fischer/Leggereit/Sommer*, Polizei- und Ordnungsrecht Hessen, 6. Aufl. 2021; *Pausch/Dölger*, Polizei- und Ordnungsrecht in Hessen, 5. Aufl. 2010; *Reimer*, Polizeirecht, in: Hermes/Reimer (Hrsg.), Landesrecht Hessen – Studienbuch, 10. Aufl. 2021; *Rasch/Schulze/Pöhlker/Hoja*, Hessisches Gesetz für die öffentliche Sicherheit und Ordnung (HSOG) / Gefahrenabwehrverordnung über das Halten und Führen von Hunden (HundeVO), Kommentar, 24. Ergänzungslieferung Dezember 2020.

Baden-Württemberg: *Belz/Mussmann/Kahlert/Sander*, Polizeigesetz für Baden-Württemberg, 9. Aufl. 2022; *Deger/Stephan*, Polizeigesetz für Baden-Württemberg, 7. Aufl. 2014; *Ibler*, in: Ennuschat/Ibler/Remmert (Hrsg.), Öffentliches Recht in Baden-Württemberg, 3. Aufl. 2020; *Möstl/Trurnit* (Hrsg.), BeckOK Polizeirecht Baden-Württemberg, 24. Edition; *Trurnit*, Eingriffsrecht: Maßnahmen der Polizei nach der Strafprozessordnung und dem Polizeigesetz Baden-Württemberg (Recht und Verwaltung), 4. Aufl. 2017; *Ruder/Pöltl*, Polizeirecht Baden-Württemberg, 9. Aufl. 2021; *Würtenberger/Heckmann/Tanneberger*, Polizeirecht in Baden-Württemberg, 7. Aufl. 2017; *Zeitler/Trurnit*, Polizeirecht für Baden-Württemberg (Recht und Verwaltung), 3. Aufl. 2014.

Bayern: *Heckmann*, Bayerisches Polizei- und Sicherheitsrecht, in: Becker/Heckmann/Kempen/Mansen, Öffentliches Recht in Bayern, 8. Aufl. 2022; *Berner/Köhler/Käß*, Polizeiaufgabengesetz Handkommentar, 20. Aufl. 2010; *Gallwas/Lindner/Wolff*, Bayerisches Polizei- und Sicherheitsrecht, 4. Aufl. 2015; *Honnacker/Beinhofer/Hauser*, Polizeiaufgabengesetz – PAG, 20. Aufl. 2014; *Möstl/Schwabenbauer* (Hrsg.), BeckOK Polizei- und Sicherheitsrecht Bayern, 18. Edition; *Samper/Honnacker*, Polizeiorganisationsgesetz – POG, 7. Aufl. 2008; *Schmidbauer/Holzner*, Bayerisches Polizei- und Sicherheitsrecht, 2019; *Schmidbauer/Steiner*, Bayerisches Polizeiaufgabengesetz und Polizeiorganisationsgesetz (PAG/POG), Kommentar, 5. Aufl. 2020; *Weber/Köppert*, Polizei- und Sicherheitsrecht Bayern, 5. Aufl. 2021.

Niedersachsen: *Ipsen,* Niedersächsisches Polizei- und Ordnungsrecht, 4. Aufl. 2010; *Hartmann/Mann/Mehde* (Hrsg.), Landesrecht Niedersachsen – Studienbuch, 3. Aufl. 2020; *Möstl/Weiner* (Hrsg.), BeckOK Polizei- und Ordnungsrecht Niedersachsen, 22. Edition; *Saipa* (Hrsg.) Niedersächsisches Gesetz über die öffentliche Sicherheit und Ordnung/Niedersächsisches Gesetz über das Halten von Hunden, Kommentar, 27. Aktualisierung 2020; *Ulrich/Weiner/Brüggemann,* Niedersächsisches Polizeirecht für Studium, Prüfung und Praxis, 2012; *Waechter,* Polizei- und Ordnungsrecht Niedersachsen, 2000.

Nordrhein-Westfalen: *Dietlein,* in: Dietlein/Hellermann, Öffentliches Recht in Nordrhein-Westfalen, 9. Aufl. 2022; BeckOK Polizei- und Ordnungsrecht Nordrhein-Westfalen, 21. Edition; *Möstl/Kugelmann* (Hrsg.), *Schönenbroicher/Heusch,* Ordnungsbehördengesetz Nordrhein-Westfalen Kommentar, 2014; *Schroeder,* Polizei- und Ordnungsrecht Nordrhein-Westfalen, 4. Aufl. 2019; *Schütte/Braun/Keller,* Eingriffsrecht Nordrhein-Westfalen, 2016; *Schütte/Braun/Keller,* Polizeigesetz Nordrhein-Westfalen Kommentar, 2013; *Tetsch/Baldarelli,* Polizeigesetz des Landes Nordrhein-Westfalen Kommentar, 2011; *Tegtmeyer/Vahle,* Polizeigesetz Nordrhein-Westfalen – PolG NRW, 12. Aufl. 2018; *Wolfgang/Hendricks/Merz,* Polizei- und Ordnungsrecht in Nordrhein-Westfalen, 3. Aufl. 2011.

Thüringen: *Ebert,* Öffentliche Sicherheit und Ordnung in Thüringen, Kommentar, 158. Aktualisierung 2021; *Ebert/Seel/Joel,* Thüringer Gesetz über die Aufgaben und Befugnisse der Polizei – PAG, Kommentar, 8. Aufl. 2019; *Rücker,* Ordnungsgesetz Thüringen, 10. Aktualisierung 2021; *Schwan,* Thüringer Ordnungsbehördengesetz, 2. Aufl. 2009.

III. Fallsammlungen: *Beck/Ryter,* Fälle und Lösungen zum Polizeigesetz Baden-Württemberg, 2. Aufl. 2018; *Becker/Heckmann/Kempen/Manssen,* Klausurenbuch Öffentliches Recht in Bayern, 4. Aufl. 2019; *Bialon/Springer,* Fälle zum Eingriffsrecht, 3. Aufl. 2020; *Dietlein/Hellermann,* Klausurenbuch Öffentliches Recht in Nordrhein-Westfalen, 3. Aufl. 2021; *Förster/Sander,* Fälle zum Besonderen Verwaltungsrecht, 4. Aufl. 2014; *Geis,* Fälle zum Polizei- und Ordnungsrecht, 4. Aufl. 2022; *Gornig/Jahn,* Fälle zum Polizei- und Ordnungsrecht, 4. Aufl. 2014; *Knemeyer/Schmidt,* Polizei- und Ordnungsrecht, Prüfe dein Wissen, 4. Aufl. 2016; *Muckel,* Fälle zum Besonderen Verwaltungsrecht, 8. Aufl. 2022; *Pausch/Dölger,* Fälle und Lösungen zum Polizei- und Ordnungsrecht in Hessen, 3. Aufl. 2012; *Prümm/Thieß,* Fälle mit Lösungen aus dem Sicherheits- und Ordnungsrecht, 2. Aufl. 2004; *Seidel/Reimer/Möstl,* Besonderes Verwaltungsrecht, 3. Aufl. 2009.

§ 1. Einführung und Grundlagen

A. Innere Sicherheit als Staatsaufgabe

1 Die Gewährleistung der sog. **Inneren Sicherheit** ist eine elementare und klassische Aufgabe des Staates. Der Begriff „Innere Sicherheit" meint dabei ganz allgemein den Schutz vor Gefahren, die innerhalb des Staatsgebiets auftreten und das friedliche und geordnete Beieinanderleben der Menschen bedrohen oder stören. Im Mittelpunkt stehen der Schutz von Leib, Leben, Freiheit und Eigentum der Bürger und die Unversehrtheit der Organe und Einrichtungen des Staates vor Beeinträchtigungen durch nicht-staatliche Kräfte oder Ereignisse. Von der „Äußeren Sicherheit" lässt er sich danach abgrenzen, dass solche Beeinträchtigungen nicht von einem anderen Staat getragen sind. Diesen Schutz zu gewährleisten, ist die erste und letzte (freilich nicht allein hinreichende) Rechtfertigung dafür, dass der Staat „als verfasster Friedens- und Ordnungsmacht"[1]

[1] BVerfGE 115, 320 (346); 120, 274 (319).

alle Ausübung von (körperlicher wie rechtlicher) Gewalt bei sich monopolisiert hat und daher kehrseitig den Bürger zu Friedlichkeit und Rechtsgehorsam verpflichtet.[2]

Auch wenn es insofern an einer expliziten Norm im Grundgesetz fehlt, besteht kein Zweifel, dass die Staatsaufgabe Sicherheit in diesem Sinne **Verfassungsrang** hat.[3] Schon aus der Garantiefunktion der Grundrechte folgt die Schutzpflicht des Staates (**grundrechtliche Schutzpflichten**) für die grundlegenden Individualrechtsgüter, „nicht nur gegenüber dem Einzelnen, sondern auch gegenüber der Gesamtheit aller Bürger".[4] Hinzu treten die zahlreichen **expliziten Verfassungsaufträge**, die den Schutz des Bestandes und der Funktionsfähigkeit von Staat und Verfassung – gerade um ihrer Schutzaufgaben willlen – fordern.[5] Und auch das **Rechtsstaatsprinzip** ist hier zu nennen. Indem es nicht nur die Rechtsbindung aller Staatsgewalt, sondern auch die Rechtsdurchsetzung verlangt („Doppelauftrag" des Rechtsstaats),[6] bürgt es für einen öffentlichen Zustand, in dem das Recht die Sicherheit des Alltagslebens garantiert. Daher gehört auch die **Unversehrtheit der Rechtsordnung** zu jenen verfassungsrechtlichen Forderungen, die insgesamt die Aufrechterhaltung von innerem Frieden und öffentlicher Sicherheit als „notwendige Staatsaufgabe"[7] ausweisen. 2

Die Aufgabe hat zur Folge, dass der Staat allen Geschehnissen, die die Innere Sicherheit gefährden oder beschädigen, mit den erforderlichen rechtsstaatlichen Mitteln aktiv und wirksam entgegentreten muss. „Wirksam entgegentreten" heißt: effektiv bekämpfen, verfolgen, verhüten, vorbeugen, verhindern, unterbinden, vereiteln, abschrecken, beseitigen. In einem Wort: **Prävention.**[8] Doch in diesem staatsrechtlichen, übergreifenden Sinne umfasst der Begriff der Prävention ein weit gefächertes Feld von Einzelaufgaben der Inneren Sicherheit.[9] Das Spektrum reicht vom geheim- und nachrichtendienstlichen Staats- und Verfassungsschutz über die Bekämpfung des Terrorismus und der organisierten Kriminalität, die allgemeine Verfolgung von Straftaten und die vorbeugende Verbrechensverhütung bis hin zum Schutz bei Katastrophen, der Bekämpfung von Epidemien und Pandemien und der Abwehr von sonstigen Gefahren. 3

B. Aufgabenbereich der Gefahrenabwehr

I. Präventives und repressives Handeln

Für eine weitere Präzisierung der Aufgabe der Gefahrenabwehr ist es daher elementar, zwischen **präventivem Handeln im engeren Sinne** und **repressivem Handeln** zu unter- 4

[2] BVerfGE 49, 24 (56 f.); *Isensee*, Das Grundrecht auf Sicherheit, 1983, S. 3 ff., 17 ff., 22 f.; *Möstl*, Die staatliche Garantie für die öffentliche Sicherheit und Ordnung, 2002, S. 5 ff., 42 ff.; *ders.*, in: BeckOK, Systematische und begriffliche Vorbemerkungen zum Polizeirecht in Deutschland, Rn. 4 ff.; *Götz*, in: HStR, 3. Aufl., Bd. IV, 2006, § 85 Rn. 1 ff., 17 ff.; *Thiel*, Die „Entgrenzung" der Gefahrenabwehr, 2011, S. 140 ff.

[3] BVerfGE 49, 24 (56 f.); 115, 320 (346); 120, 274 (319); *Götz*, in: HStR, 3. Aufl., Bd. IV, 2006, § 85 Rn. 21 ff.

[4] BVerfGE 46, 160 (165); 46, 214 (223).

[5] Vgl. z.B. Art. 13 Abs. 4 und 7, Art. 35 Abs. 2 und 3, Art. 73 Abs. 1 Nr. 9a, 10, Art. 87 Abs. 1, Art. 91 GG.

[6] *Schmidt-Aßmann*, in: HStR, 3. Aufl., Bd. II, 2004, § 26 Rn. 1.

[7] *Schoch*, Rn. 2.

[8] *Horn*, in: FS Schmitt Glaeser, 2003, S. 435 (445); *Götz,* in: HStR, 3. Aufl., Bd. IV, 2006, § 85 Rn. 14 ff.

[9] Vgl. *Kingreen/Poscher*, § 2 Rn. 1: „Dach- und Sammelbegriff". Zum dementsprechend weiten Spektrum des Sicherheitsrechts *Gärditz*, GSZ 2017, 1 ff.

scheiden. Die Unterscheidung hat erhebliche praktische Bedeutung. Nach ihr richten sich das jeweils anzuwendende Recht und die damit einhergehenden Handlungsgrundsätze und -maßstäbe, die Verteilung der Gesetzgebungskompetenz zwischen Bund und Ländern und nicht zuletzt die Möglichkeiten und Wege gerichtlichen Rechtsschutzes.

5 **Präventives** Handeln zielt auf die Abwehr drohender Schäden oder Verletzungen der Schutzgüter der öffentlichen Sicherheit oder Ordnung. **Repressives** Handeln dient hingegen der Verfolgung und Ahndung von Straftaten oder Ordnungswidrigkeiten. Zwar wohnt auch dieser Aufgabe eine präventive Stoßrichtung inne. Doch setzt sie erst ein, wenn bereits eine Rechtsverletzung eingetreten ist. Insoweit wird auch von der Aufgabe der Strafrechtspflege gesprochen, deren rechtliche Grundlagen sich zumal in der StPO und im OWiG befinden.

6 Charakteristisch für die Differenzierung zwischen präventivem und repressivem Handeln sind die unterschiedlichen Prinzipien, die in den beiden Bereichen gelten. Für die Gefahrenabwehr gilt das **Opportunitätsprinzip**, das heißt die Gefahrenabwehr- und die Polizeibehörden treffen ihre Maßnahmen nach pflichtgemäßem Ermessen (vgl. § 5 Abs. 1 HSOG). Im Gegensatz dazu unterliegt die Erforschung und Verfolgung von Straftaten und Ordnungswidrigkeiten dem **Legalitätsprinzip** (§§ 152 Abs. 2, 160, 161, 163 Abs. 1 StPO). Danach besteht für die Strafverfolgungsbehörden eine Verpflichtung zur Eröffnung eines Ermittlungsverfahrens, wenn sie Kenntnis von einer möglichen Straftat erlangt haben. Und bei Vorliegen eines hinreichenden Tatverdachts, der eine Verurteilung des Beschuldigten überwiegend wahrscheinlich sein lässt, schließt sich dem die Verpflichtung zur Anklageerhebung an (vgl. §§ 170 Abs. 1, 151, 152 Abs. 2 StPO).

7 Im Einzelfall kann die **Abgrenzung** zwischen Prävention und Repression allerdings durchaus Schwierigkeiten bereiten. Denn beide Aspekte, präventives wie repressives Handeln, können in der Praxis zusammenfallen, d.h. derart in einem räumlich-zeitlichen Zusammenhang stehen, dass eine separate Betrachtung nur schwer möglich ist. Relevant ist dies vor allem für die polizeiliche Tätigkeit. Denn der **(Vollzugs-)Polizei** kommt eine **Doppelfunktion** zu. Ihr ist sowohl die Aufgabe der Erforschung und Verfolgung von Straftaten zugewiesen (vgl. § 1 Abs. 2 HSOG i.V.m. StPO) als auch die Aufgabe der Abwehr von Gefahren für die öffentliche Sicherheit oder Ordnung (vgl. § 1 Abs. 1 S. 1 HSOG). Im repressiven Bereich handelt sie als Ermittlungsperson der Staatsanwaltschaft (§§ 161, 163 StPO, § 152 Abs. 1 GVG; „Kriminalpolizei"), im präventiven Bereich als selbstständiger Aufgabenträger („Schutzpolizei").

8 Demzufolge können sich Situationen bzw. **Gemengelagen** ergeben, in denen sich bei natürlicher Betrachtungsweise repressive und präventive Handlungsbeiträge der Polizei nicht oder kaum mehr voneinander trennen lassen.

Bspe.:

- Die Polizei wird zu einem Haus gerufen, bei dem ein Fenster in Abwesenheit der Bewohner gewaltsam von außen geöffnet wurde. Das Haus befindet sich in unmittelbarer Nachbarschaft zu einem psychiatrischen Krankenhaus. Daher ist unklar, ob die Polizei zur Verfolgung eines potentiellen Einbrechers tätig wird oder zu dem Zweck, einen möglicherweise flüchtigen Insassen der nahe gelegenen Psychiatrie aufzufinden.[10]
- Die Polizei greift bei einer laufenden Messerstecherei ein und beschlagnahmt die Tatwaffen, um sowohl eine Beweissicherung für die Strafverfolgung vorzunehmen als auch der Gefahr weiterer Körperverletzungen entgegenzutreten.

9 In diesen Fällen, in denen das polizeiliche Handeln sowohl der Strafverfolgung als auch der Gefahrenabwehr dient, handelt es sich um **doppelfunktionale Maßnahmen**. Zur

[10] Beispiel nach *Kramer*, Rn. 22.

notwendigen Einordnung dieser Art von Maßnahmen stellt die überwiegende Meinung auf den Schwerpunkt ab (sog. **Schwerpunkttheorie**), indem sie danach fragt, welche Zweckrichtung die Maßnahme primär (oder schwerpunktmäßig) verfolgt hat. Nicht einhellig wird allerdings die Frage beantwortet, ob dabei auf die subjektive Sicht bzw. den Willen des handelnden Beamten abzustellen ist oder ob der Schwerpunkt nach dem äußeren Anschein der Maßnahme zu ermitteln ist, wie er sich für einen objektiven Beobachter darstellt.[11] Die Rechtsprechung vertritt die letztere Auffassung, wonach es mithin auf die Beurteilung eines **verständigen Beobachters** der Situation ankommt.[12] Im Zweifel soll es hinreichen, wenn für die polizeiliche Maßnahme zumindest auch eine präventiv-polizeiliche Grundlage in Betracht kommt.[13]

Die Schwerpunkttheorie führt dazu, dass die doppelfunktionale Maßnahme als eine Maßnahme behandelt wird, die entweder dem Recht der Gefahrenabwehr oder dem der Strafverfolgung unterfällt. Das ist der Ausgangspunkt der abweichenden strafgerichtlichen Rechtsprechung des BGH zu den sog. **legendierten Polizeikontrollen.** 9a

Bsp.:[14] A wird im Rahmen einer allgemeinen Verkehrskontrolle auf der Autobahn angehalten. Nach der Kontrolle seines Führerscheins und der Fahrzeugpapiere durchsucht die Polizei das Fahrzeug. Dabei findet sie in einem Versteck hinter dem Armaturenbrett mehrere Päckchen Kokain. Der Fund war für die kontrollierenden Polizeibeamten nicht unerwartet. Sie waren zuvor von der Kriminalpolizei über die Fahrtstrecke und das Fahrzeug des A sowie darüber unterrichtet worden, dass er im Auftrag des B Drogen aus den Niederlanden nach Deutschland bringen sollte. Diese Informationen stammten aus verdeckten Ermittlungen, die die Kriminalpolizei schon seit längerem gegen A und B wegen des Verdachts des Handels mit Betäubungsmitteln führte. Um zu vermeiden, dass B von diesen laufenden Ermittlungen erfährt, hatte sie daher die Autobahnpolizei ersucht, den A unter der Legende einer Verkehrskontrolle anzuhalten und das Kokain sicherzustellen. Dadurch sollten die Verbreitung der Drogen unterbunden sowie Beweismittel zur Strafverfolgung gesichert werden.

In diesen Fällen liegt es nach der Schwerpunkttheorie an sich nahe, die polizeiliche Maßnahme (Durchsuchung des Fahrzeugs und Sicherstellung des Rauschgifts) als repressives Handeln einzuordnen. Dies hätte jedoch verfahrensrechtlich zur Konsequenz, dass sie regelmäßig eine vorherige richterliche Anordnung (§§ 102, 105 StPO) und damit eine Offenlegung der Ermittlungen erfordern würde. Hingegen stehen die gefahrenabwehrrechtlichen Befugnisse zur Durchsuchung und Sicherstellung (in Hessen: §§ 37, 40 HSOG) nicht unter einem solchen Richtervorbehalt. Zwar könnte gerade auch dieser Unterschied für einen Vorrang des Strafverfahrensrechts vor dem Gefahrenabwehrrecht sprechen, sobald ein Anfangsverdacht (§ 152 Abs. 2 StPO: „zureichende tatsächliche Anhaltspunkte") vorliegt. Doch lässt sich ein solcher Vorrang in der Rechtsordnung nirgends nachweisen. Die Aufgaben der Gefahrenabwehr und der Strafverfolgung stehen vielmehr gleichbedeutend nebeneinander. Der BGH gewährt der Polizei daher im Ergebnis ein **Wahlrecht,** auf welche der möglichen Rechtsgrundlagen sie ihre Maßnahme stützen will. Insbesondere kann sie auch dann gefahrenabwehrrechtlich tätig werden, wenn in derselben Sache bereits ein Ermittlungsverfahren im Gange ist. Der Verwendung der dabei erlangten Beweismittel im Strafverfahren steht folglich auch kein Beweisverwertungsverbot wegen Umgehung des Richtervorbehalts entgegen. Weil eben- 9b

[11] Vgl. zum Ganzen *Graulich,* in: Lisken/Denninger, Kap. E Rn. 178 ff.; *Reimer*, Rn. 20 m.w.N.; *Wehr*, Rn. 238 ff.; *Schmidbauer*, in: FS Steiner, 2009, 734 ff.; *Schoch*, JA 2013, 1115 ff. (dort auch zur Abgrenzung zum „Maßnahmenbündel").

[12] BVerwGE 47, 255 (264 f.); NdsOVG, NVwZ-RR 2014, 327.

[13] NdsOVG, NVwZ-RR 2014, 327 (328).

[14] Nach BGH, NJW 2017, 3173 ff., JZ 2017, 1119 ff. mit Anm. *Brodowski.*

so umgekehrt kein Vorrang des Gefahrenabwehrrechts besteht, erhebt sich die Frage, ob damit die „Schwerpunkttheorie" durch eine **„Rosinentheorie"** ersetzt ist, wonach die Polizeibehörden in diesen Gemengelagen befugt sind, die jeweils niederschwelligere Eingriffsgrundlage zu wählen und dadurch mittelbar auch über die Rechtswegzuständigkeit (§ 40 VWGO oder § 98 Abs. 2 Satz 2 StPO analog) zu bestimmen.[15] Die Frage wird umso erheblicher, je mehr sich die Tatbestandsvoraussetzungen von Präventiv- und Repressivbefugnissen der Polizei, wie namentlich für verdeckte technische Überwachungsmaßnahmen, überschneiden.

II. Gefahrenvorsorge und Strafverfolgungsvorsorge

10 Zur präventiven Gefahrenabwehraufgabe zählt indessen nicht nur die Abwehr abstrakter und konkreter Gefahren, sondern diese setzt bereits im Vorfeld einer Gefahr an. Die **Gefahrenvorsorge** zielt darauf ab, schon der Entstehung von Gefahren vorzubeugen und die Abwehr künftiger Gefahren vorzubereiten.

11 Hierzu gehört auch die **vorbeugende Bekämpfung von Straftaten**, die § 1 Abs. 4 HSOG ausdrücklich zur Aufgabe der Polizeibehörden bestimmt. Der eine Teilaspekt, der davon umfasst ist, ist die **Verhütung zu erwartender Straftaten** (§ 1 Abs. 4 Alt. 1 HSOG). Das rechtfertigt sich aus der Überlegung, dass durch bevorstehende Straftaten die Unverletzlichkeit der Rechtsordnung als Schutzgut der öffentlichen Sicherheit (Rn. 270 ff.) bedroht ist und damit unzweifelhaft eine präventive Aufgabe benannt ist.[16]

12 Problematisch ist hingegen die Einordnung des zweiten Teilaspekts, die **Vorsorge für die Verfolgung künftiger Straftaten** (§ 1 Abs. 4 Alt. 2 HSOG). Denn die Strafverfolgungsvorsorge weist eine unverkennbare Nähe zum repressiven Bereich der Strafverfolgung bzw. Strafrechtspflege auf. Die Verfolgungsvorsorge erfolgt zwar „in zeitlicher Hinsicht präventiv, betrifft aber gegenständlich das repressiv ausgerichtete Strafverfahren".[17] Sie ist daher kompetenzrechtlich der konkurrierenden Gesetzgebungskompetenz des Bundes nach Art. 74 Abs. 1 Nr. 1 GG zuzurechnen. Das hat zur Konsequenz, dass bei Anwendung landesrechtlicher Befugnisnormen zur Verfolgungsvorsorge (z.B. einer Identitätsfeststellung nach § 18 Abs. 1 HSOG oder der Durchführung erkennungsdienstlicher Maßnahmen nach § 19 HSOG) stets zu prüfen ist, ob der Bund nicht insoweit von seiner Gesetzgebungskompetenz (in der StPO) abschließend Gebrauch gemacht hat, so dass die Länder insoweit mit eigenen Regelungen gesperrt sind (Art. 72 Abs. 1 GG).

13 Materiell-rechtlich bedeutet die Aufgabeneröffnung für die Strafverfolgungsvorsorge, dass der das präventive Polizeirecht herkömmlich prägende polizeiliche **Gefahrbegriff erweitert** wird. Denn die Vorsorge für die Verfolgung künftiger Straftaten umfasst im Wesentlichen die vorsorgende Datenerhebung und -verarbeitung, ohne dass zum Zeitpunkt der Maßnahme bereits tatsächlich eine Gefahr besteht. In der Folge verschwimmen auch die gewohnten Konturen bei der Bestimmung des Pflichtigen der Maßnahme und der Verhältnismäßigkeitsprüfung.

III. Allgemeine und besondere Gefahrenabwehr

14 Die derart näher umgrenzte Gefahrenabwehr findet zum einen in Bereichen statt, die im Zuge der Ausdifferenzierung der Rechtsordnung in speziellen Gesetzen geregelt sind,

---

[15] Dazu *Brodowski*, JZ 2017, 1124 (1126); *Lenk*, NVwZ 2018, 38 ff.
[16] BVerfGE 113, 348 (368).
[17] BVerfGE 113, 348 (370).

wie z.B. im Versammlungs- und Vereinsrecht, im Gewerbe-, Bau- und Umweltrecht, im Produkt-, Gesundheits- und Infektionsschutzrecht oder im Ausländer-, Pass- und Melderecht; insoweit spricht man von Recht der **besonderen Gefahrenabwehr.**

Zum anderen gehört die **allgemeine Gefahrenabwehr** hierher. Auch sie ist Teil der Staatsaufgabe Sicherheit. Ihr Gegenstand ist der Schutz der **„öffentlichen Sicherheit oder Ordnung“** in einem engeren, unspezifischen Sinne. Angesprochen ist also diejenige Staatstätigkeit, die außerhalb besonders bestimmter und spezialgesetzlich geregelter Lebensbereiche dafür Sorge trägt, dass auftretende Gefahren abgewendet und eingetretene Störungen beseitigt werden. 15

Die insofern einschlägigen rechtlichen Regelungen werden in dem Begriff des **allgemeinen Polizei- und Ordnungsrechts** (gleichbedeutend: Sicherheits- und Ordnungsrecht) zusammengefasst. 16

Für den Bereich des Landes Hessen findet sich dieses allgemeine Gefahrenabwehrrecht im Wesentlichen im **HSOG** normiert. Dementsprechend benennt § 1 Abs. 1 HSOG die Aufgabe der „Abwehr von Gefahren für die öffentliche Sicherheit oder Ordnung“ (Legaldefinition von „Gefahrenabwehr“) und weist diese den Gefahrenabwehr- und den Polizeibehörden zu. Soweit hingegen im Einzelfall spezialgesetzliche Regelungen der Gefahrenabwehr eingreifen, tritt das HSOG gemäß § 3 Abs. 1 HSOG zurück; es ist also **nur soweit anwendbar, wie nicht Spezialnormen** den Sachverhalt **abschließend** regeln. 17

Bsp.: Wenn gegen Gefahren eingeschritten werden soll, die im Zuge einer öffentlichen Versammlung auftreten, bemessen sich die Möglichkeiten und die Grenzen des behördlichen Vorgehens grundsätzlich allein nach dem VersG (sog. **„Polizeifestigkeit des Versammlungsrechts“**). Das gilt aber nur soweit, wie das VersG (explizit oder implizit) abschließende Regelungen trifft. Jenseits dieser Sperrwirkung kann auf die Regelungen des HSOG zurückgegriffen werden (im Einzelnen ist die Abgrenzung schwierig; s. Rn. 174).

IV. Bundesstaatliche Kompetenzverteilung

Die Kompetenz für den Erlass des HSOG rührt – wie für alle Polizeigesetze der Länder – aus der grundgesetzlichen Verteilung der Gesetzgebungskompetenzen im Bundesstaat. Weil Art. 73, 74 GG dem Bund keine umfassende Regelungskompetenz für den Bereich der Gefahrenabwehr erteilen, fällt diese gemäß **Art. 30, 70 GG** den **Ländern** zu. Unbeschadet dieser Polizeihoheit der Länder gibt es seit den 1970er Jahren die Praxis der sog. (nicht normativen) **„Musterpolizeigesetze“**, in denen sich die Länder (unter Beteiligung des Bundesinnenministeriums) in wiederkehrenden Auflagen auf gemeinsame Strukturen und Standards verständigen.[18] 18

Indessen sind bestimmte Einzelbereiche dem **Bund** zur Regelung zugewiesen. Das betrifft zumal die militärspezifische Gefahrenabwehr (Art. 73 Abs. 1 Nr. 1 GG), den Zoll- und Grenzschutz (Art. 73 Abs. 1 Nr. 5 GG), die Abwehr von Gefahren des internationalen Terrorismus durch das Bundeskriminalpolizeiamt (Art. 73 Abs. 1 Nr. 9 lit. a GG), die Bund-Länder-Zusammenarbeit in der Kriminalpolizei, des Verfassungsschutzes und der internationalen Verbrechensbekämpfung (Art. 73 Abs. 1 Nr. 10 GG); in diesen Bereichen agiert der Bund als ausschließlicher Gesetzgeber. In konkurrierender Gesetzgebung hat der Bund ferner die Regelungskompetenz in zahlreichen, der Gefahrenabwehr sachnahen Bereichen, wie etwa für das Strafrecht und das gerichtliche Ver- 19

[18] *Kaiser/Struzina*, ZG 2018, 111 ff.; zum jüngsten Projekt der Musterpolizeigesetzgebung s. *Thiel*, Die Verwaltung 53 (2020), 1 ff.; *Möstl*, ebd., 21 ff.

fahren (Art. 74 Abs. 1 Nr. 1 GG), das Gewerberecht (Art. 74 Abs. 1 Nr. 11 GG), das Seuchenrecht (Art. 74 Abs. 1 Nr. 19 GG) oder das Immissionsschutzrecht (Art. 74 Nr. 1 Nr. 24 GG). Das Versammlungswesen ist im Zuge der Föderalismusreform 2006 in die Kompetenz der Länder gefallen; das (aus früherer Zeit stammende) **Versammlungsgesetz** des Bundes gilt aber in den Ländern fort, die es nicht durch eigenes Landesrecht ersetzt haben (§ 125 a Abs. 1 GG); so in Hessen.

20 Für die meisten der sicherheitsrechtlichen Gesetze, die der Bund in ausschließlicher Kompetenz erlassen hat, steht ihm – in Abweichung zu Art. 83, 84 GG – auch die Kompetenz zur Einrichtung der Vollzugsbehörden in **Bundesverwaltung** zu (vgl. zumal Art. 87 GG). Infolgedessen bestehen auf Bundesebene unter anderem die Bundespolizei, das Bundeskriminalamt, der Militärische Abschirm- und Bundesnachrichtendienst (Art. 73 Abs. 1 Nr. 1 GG) sowie das Bundesamt für Verfassungsschutz.[19]

21 Im Verbund mit den Landesgesetzgebungen und den Polizei- bzw. Ordnungsverwaltungen der Länder gewährleistet so der gewaltenteilige Rechtsstaat die Innere Sicherheit „mittels einer institutionell ausdifferenzierten, kompetenzteiligen **Sicherheitsarchitektur**".[20] Diese ist partiell verwoben mit den Formen der europäischen Zusammenarbeit im unionsrechtlichen „Raum der Freiheit, der Sicherheit und des Rechts" (Art. 67 ff. AEUV).

V. Europäisierung der Gefahrenabwehr

1. Europäische Zusammenarbeit

22 Im Rahmen der EU liegt die Zuständigkeit für die Aufgabe der Gefahrenabwehr nach wie vor im Wesentlichen bei den Mitgliedstaaten (Art. 72 AEUV). Die EU verfügt über **keine eigene Polizeikompetenz.** Dem entspricht es, dass sich auch die Kontrollkompetenz des EuGH nicht auf die Rechtmäßigkeit von Polizeimaßnahmen der Mitgliedstaaten erstreckt (Art. 276 AEUV). Gleichwohl reagiert das EU-Recht auf die praktischen Herausforderungen der grenzüberschreitenden Kriminalität, indem es das Zusammenwirken der Mitgliedstaaten in diesem Bereich anleitet und fördert.[21] Dadurch soll in dem gemeinsamen „Raum der Freiheit, der Sicherheit und des Rechts" ein „hohes Maß an Sicherheit" gewährleistet werden (Art. 67 Abs. 3 AEUV); weitergehende Kooperationen, die die Staaten aus eigener Initiative untereinander vereinbaren („Polizeiverträge"), bleiben davon selbstverständlich unberührt (vgl. auch Art. 73 AEUV).[22]

23 So koordinieren europäische Rechtsakte im Rahmen der sog. **Polizeilichen Zusammenarbeit** vor allem die Erhebung, Speicherung, Verarbeitung und den **Austausch sachdienlicher Informationen** zwischen den Polizeibehörden der Mitgliedstaaten (Art. 87 Abs. 2 AEUV). Dazu ist mit der Europäischen Agentur Europol auch eine eigene EU-Institution mit einem eigenen Informationssystem (Art. 88 AEUV) geschaffen worden.[23] Hingegen kann die EU auf die **operative Zusammenarbeit** zwischen den Polizeibehör-

---

[19] Überblick bei *Würtenberger/Heckmann/Tanneberger*, § 3 Rn. 6 ff.; *Schenke*, Rn. 491 ff.

[20] *Möstl,* in: BeckOK, Systematische und begriffliche Vorbemerkungen zum Polizeirecht in Deutschland, vor Rn. 1; ausführlich zu dieser „Sicherheitsarchitektur" *ders.*, ebd., Rn. 55 ff.; *Kingreen/Poscher,* § 2 Rn. 4 ff., 33 ff.; *Hofmann/Ludosek/Schulte-Rudzio,* GSZ 2020, 233 (237 ff.).

[21] Überblick bei *Schenke*, Rn. 518 ff.; ausführlicher *Würtenberger/Heckmann/Tanneberger*, § 2 Rn. 4 ff.

[22] Vgl. die Beispiele bei *Möstl*, in: BeckOK, Systematische und begriffliche Vorbemerkungen zum Polizeirecht in Deutschland, Rn. 72.

[23] Siehe zuletzt VO/EU 2016/794 des Europäischen Parlaments und des Rates vom 11.3.2016, ABl. EU L 135/53.

den der Mitgliedsstaaten nur unter den erschwerten Voraussetzungen des Art. 87 Abs. 3 AEUV zugreifen. Davon ist bislang nur wenig Gebrauch gemacht worden, weil hier ein besonders sensibler Bereich der nationalen Souveränität betroffen ist. Das Gleiche gilt für Regelungen zur Zulässigkeit von **grenzüberschreitenden polizeilichen Maßnahmen.** Wenn Gefährdungen der inneren Sicherheit transnationalen Charakter haben, dürfen nationale Behörden auf dem Gebiet eines anderen Mitgliedstaats nur in Verbindung und in Absprache mit dessen Behörden tätig werden (Art. 89 AEUV).

Begleitet wird die Polizeiliche Zusammenarbeit im EU-Rahmen durch die gemeinsame Politik im Bereich **Grenzsicherung,** Asyl und Einwanderung (Art. 67 Abs. 2, 77 ff. AEUV). Nach dem Abbau der Personenkontrollen für Unionsbürger an den EU-Binnengrenzen (sog. Schengen-Regime)[24] steht hier der wirksame Schutz der EU-Außengrenzen im Vordergrund (Art. 77 Abs. 1 lit. b, Abs. 2 lit. b AEUV). Auch dabei geht es – neben vereinheitlichten **Visa-Regeln**[25] – vor allem um die Gewährleistung eines effektiven Informationsaustauschs zwischen den Mitgliedstaaten. So können die nationalen Grenzkontrollbehörden aus dem **Schengener Informationssystem** (SIS) abrufen, ob ein einreisewilliger Drittausländer in einem der Schengen-Staaten zur Fahndung ausgeschrieben ist. Zudem soll es schrittweise zu einem **integrierten Grenzschutzsystem** an den Außengrenzen kommen (Art. 77 Abs. 1 lit. c, Abs. 2 lit. d AEUV). Dazu wurde die EU-Grenzagentur (heute: Europäische Agentur für die Grenz- und Küstenwache) FRONTEX geschaffen.[26] Die Agentur ist aber keine supranationale Grenzschutzbehörde, sondern soll eine bessere operative Zusammenarbeit der Mitgliedsstaaten bewirken und namentlich die Mitgliedstaaten mit einer EU-Außengrenze unterstützen. 24

Im Zentrum der Polizeilichen Zusammenarbeit und des Außengrenzschutzes steht die Verhütung und Bekämpfung organisierter Kriminalität, des Terrorismus und sonstiger Kriminalitätsformen, die die öffentliche Ordnung und innere Sicherheit als gemeinsames Schutzgut der EU betreffen. Dem Ziel der „Kriminalprävention" dient zudem die **Justizielle Zusammenarbeit in Strafsachen** (Art. 82 ff. AEUV). Diese hat aber – ohne dass das EU-Recht insofern eine klare Abgrenzung vornimmt – mehr das repressive Handeln der nationalen Strafverfolgungsbehörden und deren Koordinierung zum Gegenstand. Hierher gehört auch der sog. **Europäische Haftbefehl,** der die gegenseitige Anerkennung strafrechtlicher Entscheidungen der Mitgliedstaaten verwirklicht.[27] 25

2. Vorgaben des europäischen Rechts

Die geschilderten Entwicklungen der europäischen Zusammenarbeit im Bereich der Gefahrenabwehr sind zu unterscheiden von den **Einflüssen des EU-Rechts auf das nationale Polizeirecht** und dessen Anwendung. Selbstverständlich gilt auch im Bereich des deutschen Gefahrenabwehrrechts der Anwendungsvorrang des Unionsrechts, namentlich der europäischen Grundrechte (GrCh) und des allgemeinen Diskriminierungsverbots (Art. 18 AEUV). Hieraus können sich im Einzelfall Maßgaben und Grenzen bei der Ausübung des polizeilichen Ermessens ergeben. 26

[24] VO/EU 2016/399 über einen Gemeinschaftskodex für das Überschreiten der Grenzen durch Personen (Schengener Grenzkodex), ABl. EU L 77, 1. Gemäß Art. 25 ff. Grenzkodex ist allerdings die vorübergehende Wiedereinführung von Grenzkontrollen zulässig, wenn die öffentliche Ordnung oder die innere Sicherheit in einem Mitgliedstaat ernsthaft bedroht ist.

[25] VO/EG Nr. 810/2009 über einen Visakodex der Gemeinschaft, ABl. EG L 243, 1.

[26] VO/EU 2016/1624, ABl. EU L 251, 1.

[27] Vgl. Rahmenbeschluss des Rates v. 13.6.2002 über den Europäischen Haftbefehl und die Übergabeverfahren zwischen den Mitgliedstaaten, ABl. EG L 190, 1, heute basierend auf Art. 82 Abs. 1 UAbs. 2 lit. a AEUV; deutsches Umsetzungsgesetz: BGBl. I 2006, 1721.

Bsp.: Die nach dem Polizeirecht eines Mitgliedstaats mögliche anlassunabhängige Personenkontrolle innerhalb eines Korridors hinter der Staatsgrenze (sog. Schleierfahndung; s. Rn. 522) darf nicht den Effekt einer (Binnen-)Grenzkontrolle haben, deren Wiedereinführung nach dem Schengener Grenzkodex (Art. 25 ff.) nur unter engen Voraussetzungen zulässig ist (nach EuGH, Rs. C-188/10, C-189/10 – Melki und Abdeli, Slg. 2010, I-5667 ff., ECLI:EU:C:2010:363; Rs. C-9/16 – A., ECLI:EU:C:2017:483, BayVBl. 2017, 771 ff.; vgl. auch Art. 23 lit. a Grenz-Kodex).

27 Ähnliches gilt im Hinblick auf die Verbürgungen der **EMRK.** So hat der nationale Gesetzgeber bei der Ausformung des Polizeirechts stets die menschenrechtlichen Standards der EMRK, ggf. in der Auslegung durch den EGMR, „zu berücksichtigen“[28]; für die Polizei- und Gefahrenabwehrbehörden der Länder sind sie zudem als vorrangiges Bundesrecht (Art. 59 Abs. 2 GG) bindend.

Bsp.: Die Ingewahrsamnahme eines Hooligans vor einem Fußballspiel muss nicht nur der polizeilichen Befugnisnorm des nationalen Rechts (s. Rn. 459 ff.), sondern auch den Voraussetzungen genügen, die Art. 5 Abs. 1 lit. b, c, Abs. 3 EMRK für einen solchen Präventivgewahrsam fordert (nach EGMR, Nr. 15598/08 – v. Ostendorf/Deutschland, NVwZ 2014, 43 ff.).

C. Begriffe von Polizei- und Ordnungsverwaltung

I. Geschichtliche Entwicklung

28 Das heutige Verständnis von Polizei und Polizeirecht im Sinne der Aufgabe und des Rechts der Gefahrenabwehr, wie es auch dem HSOG zugrunde liegt, ist das Ergebnis einer – keineswegs geradlinig verlaufenden – **geschichtlichen Entwicklung.**[29]

29 Im Ausgang des **Mittelalters** (15./16. Jahrhundert) stand der Begriff der „policey“ noch für die Gesamtheit jener Reichs- und Landespolizeiordnungen, mit denen Kaiser und Fürsten bis in alle Lebensbereiche hinein (Grund und Boden, Haus und Hof, Ehe und Familie, Religion und Moral, Sitte und Anstand, Ehrfurcht und Benehmen, Arbeit und Handel, Essen, Trinken und Kleidung etc.) das ihnen unterworfene, ständisch gegliederte Gemeinwesen im Dienste einer „guten christlichen Ordnung“ regelten und verwalteten (sog. **wohlfahrtsstaatlicher Polizeibegriff**).

30 Im **Absolutismus** (17./18. Jahrhundert) wandelte sich der Polizeibegriff zum Inbegriff der absoluten Hoheitsgewalt der Fürsten. Weil die alte „gute Ordnung“ nach dem Dreißigjährigen Krieg neu gestaltet werden musste, stand den Landesfürsten seit dem Westfälischen Frieden 1648 das „ius politiae“ zu, d.h. das Vorrecht, über die Inhalte des gemeinen Wohls zu bestimmen. Damit verbunden war das „ius ad media politiae“, d.h. die unumschränkte Gewalt, die zum Zwecke der Wohlfahrtspflege geeigneten Anordnungen zu erlassen und mittels der staatlichen Polizeiverwaltungen auch durchzusetzen (sog. **polizeistaatlicher Polizeibegriff**). Kehrseitig bedeutete das die umfassende staatliche Bevormundung der Stände und Untertanen. Alle Gesetzgebung und Vollziehung waren in der Hand des Fürsten vereint, gegen staatliche Übergriffe gab es keine verbürgten Rechte, allein der Zweck rechtfertigte die eingesetzten Mittel, die Maßnahmen der Polizeiverwaltungen waren der (ordentlichen) Justiz entzogen, eine Kontrolle gewährten lediglich besondere Einrichtungen der Verwaltung (Administrativjustiz).

---

[28] BVerfGE 111, 307 (323 ff.).

[29] Überblicke über den geschichtlichen Werdegang des Polizeibegriffs bietet nahezu jedes Polizeirechts-Lehrbuch; s. stellvertretend *Kingreen/Poscher*, § 1; *Schenke*, Rn. 2 ff.; *Götz/Geis*, § 1.

31 Die Forderungen der **Aufklärungsepoche** (Ende des 18. Jahrhunderts) leiteten sodann die **liberal-rechtsstaatliche Wende** zu einer engeren Fassung des Polizeibegriffs ein. Der wachsende Widerstand gegen die obrigkeitlichen Gängelungen des Wohlfahrtsstaats mündete in eine **Zurücknahme des polizeilichen Aufgabenkreises** auf die Gefahrenabwehr. So formulierte **§ 10 Teil II Titel 17 des Allgemeinen Landrechts** für die Preußischen Staaten (ALR) von 1794: *„Die nöthigen Anstalten zur Erhaltung der öffentlichen Ruhe, Sicherheit und Ordnung, und zur Abwendung der dem Publico, oder einzelnen Mitgliedern derselben, bevorstehenden Gefahr zu treffen, ist das Amt der Polizey"*.

32 Der endgültige Abschied vom Polizeistaat ließ aber noch auf sich warten. In der auf die Französische Revolution folgenden Phase der **Restauration** nach 1815 kehrten die Fürstenstaaten zu dem vorlandrechtlichen Konzept zurück. Die Polizeigewalt wurde wieder umfassend für die Wahrung und Beförderung der allgemeinen Wohlfahrt zuständig. Diese Zeit wird daher auch als **„nachlandrechtlicher Polizeistaat"** bezeichnet.

33 Erst im weiteren Verlauf des 19. Jahrhunderts formten sich allmählich die Grundlagen für das moderne, rechtsstaatliche Polizeiverständnis aus. **Konstitutionalismus** und **Liberalismus** erreichten, zumal nach der Revolution von 1848, eine Ausdifferenzierung und damit eine **„Entpolizeilichung"** der öffentlichen Verwaltungsaufgaben. Der polizeiliche Aufgabenbereich im engeren Sinne wurde auf die Abwehr von Gefahren für die öffentliche Sicherheit konzentriert und dafür eigens zuständigen (Polizei-)Behörden übertragen, während die sonstigen Aufgaben der allgemeinen Wohlfahrt und öffentlichen Ordnung (einschließlich insoweit gebotener Gefahrenabwehr) davon unterschieden und als „öffentliche Verwaltung" speziellen (Verwaltungspolizei-)Behörden zugeordnet wurden.

34 Doch innerhalb des so begrenzten Aufgabenkreises blieb die ungeregelte Machtfülle der Polizeibehörden immer noch weithin bestehen. Der weitere Fortschritt lag daher in einer **Disziplinierung der Polizeigewalt** und dem Ausbau des gerichtlichen Rechtsschutzes. So traten (in der zweiten Hälfte des 19. Jahrhunderts) an die Stelle der vormaligen Administrativjustiz unabhängige Verwaltungsgerichte. Vor allem aber wurde es fortan der Polizei verwehrt, sich bei ihrer Aufgabenerfüllung schlicht darauf zu berufen, dass der Zweck (der Gefahrenabwehr) die dazu eingesetzten Mittel rechtfertige. Die fundamentalen Forderungen und Errungenschaften des sich entwickelnden „bürgerlichen Rechtsstaats", das sind der Grundsatz der **Gesetzmäßigkeit der Verwaltung** und der Grundsatz der **Verhältnismäßigkeit**, richteten sich zuallererst gegen den ungeregelten und ungezügelten Zugriff der staatlichen Polizeigewalt auf Freiheit und Eigentum der Bürger, auch wenn damit eine Abwehr von Gefahren für ebendiese Bürger erreicht werden sollte. Die Polizei sollte nur noch die Maßnahmen ergreifen dürfen, zu denen sie durch ein mit Zustimmung der Volksvertretung erlassenes Gesetz ermächtigt ist und die zur Abwehr einer Gefahr auch tatsächlich erforderlich sind.

35 Diese Sicht setzte sich schließlich mit dem berühmten **Kreuzberg-Urteil des Preußischen Oberverwaltungsgerichts** (PrOVG) vom 14.6.1882 durch.[30]

Gegenstand des Urteils war die Klage gegen die „baupolizeiliche" Versagung einer Baugenehmigung für ein vierstöckiges Wohnhaus, das in unmittelbarer Nähe zum Siegesdenkmal auf dem Berliner Kreuzberg errichtet werden sollte. Grundlage des Bauverbots war eine Polizeiverordnung (hier: des Polizeipräsidiums Berlin), die bestimmt hatte, Gebäude in der Umgebung des Siegesdenkmals dürften „nur in solcher Höhe errichtet werden, das dadurch die Aussicht von dem Fuße des Denkmals auf die Stadt und deren Umgebung nicht behindert und die Ansicht des Denkmals nicht beeinträchtigt wird". Doch das PrOVG gab der Klage statt. Das Bauverbot bedürfe einer spezialgesetzlichen Grundlage. Die Polizeiverordnung rei-

[30] PrOVGE 9, 353 ff.; abgedruckt in DVBl. 1985, 219.

che dafür nicht hin. Denn dieser fehle ihrerseits eine gesetzliche Grundlage. Sie könne nicht auf § 10 II 17 ALR (s. Rn. 31) gestützt werden, weil diese Bestimmung nur Anordnungen zur Gefahrenabwehr erlaube, nicht aber Beschränkungen der Nutzung von Grundeigentum, die der Wohlfahrtspflege in Form einer ästhetischen Bauweise dienten.

Damit, und mehr noch durch die Folgerechtsprechung des PrOVG,[31] waren das Amt der Polizei konsequent auf die Gefahrenabwehr zum Schutz der öffentlichen Sicherheit und Ordnung reduziert und die Mittel der Polizei zugleich an das Erfordernis einer gesetzlichen Ermächtigung und das Gebot einer verhältnismäßigen Aufgabenerfüllung gebunden.

36 Etwas abweichend davon vollzog sich die rechtsstaatliche Begrenzung des Polizeibegriffs in den **süddeutschen Staaten** (Baden, Bayern, Württemberg, auch Hessen bis 1866). Hier waren schon Mitte des 19. Jahrhunderts sog. **Polizeistrafgesetzbücher** ergangen, die neben einer Vielzahl von strafbewehrten Gebots- und Verbotsvorschriften explizite Regelungen zu den Aufgaben und Befugnissen der Polizeibehörden enthielten. Damit war die Stoßrichtung eine andere als im preußischen Rechtskreis. Den Gesetzbüchern ging es nicht um die Begrenzung des polizeilichen Aufgabenkreises, sondern um die Bindung der den Polizeibehörden wesentlich zustehenden Zwangsbefugnisse („Polizeistrafen", „Polizeifrevel"). Die Herauslösung des polizeilichen Handelns und damit des materiellen Polizeibegriffs aus der allgemeinen öffentlichen Verwaltung erfolgte hier also nicht über das Ziel der Gefahrenabwehr, sondern über das Mittel der Zwangsanwendung.[32]

37 Unter der **Weimarer Reichsverfassung** (1919) hielten die Bundesstaaten an der liberal-rechtsstaatlichen Ausformung des Polizeibegriffs fest. Die Reichsverfassung selbst unterschied zwischen der Gesetzgebung für die Wohlfahrtspflege und den „Schutz der öffentlichen Ordnung und Sicherheit" (Art. 9). In Preußen fand die konstitutionelle Verengung der Polizei auf die durch Gesetz bestimmte Gefahrenabwehraufgabe ihren Niederschlag im **§ 14 Abs. 1 des preußischen Polizeiverwaltungsgesetzes** (PrPVG):[33] *„Die Polizeibehörden haben im Rahmen der geltenden Gesetze die nach pflichtgemäßem Ermessen notwendigen Maßnahmen zu treffen, um von der Allgemeinheit oder dem einzelnen Gefahren abzuwehren, durch die die öffentliche Sicherheit oder Ordnung bedroht wird"*.

38 Damit war in der Tradition des § 10 II 17 ALR (s. Rn. 31) eine Norm entstanden, die in mehrfacher Hinsicht für die spätere Fortentwicklung des Polizeirechts in der Bundesrepublik Deutschland wegweisend ist. Zum einen birgt sie die (erst später so dezidiert unternommene) Unterscheidung zwischen dem **materiellen** und dem **formellen Polizeibegriff**: Polizei im inhaltlichen Sinne der Gefahrenabwehrtätigkeit einerseits, Polizei im Sinne der so bezeichneten Behörden andererseits. Zum anderen enthält die Norm eine **Generalklausel** (generelle Ermächtigung) für polizeiliches Einschreiten wie sie sich auch in den heutigen Polizeigesetzen wiederfindet, so auch in Hessen: § 11 HSOG.

---

[31] Zur rechtsgeschichtlichen Diskussion um die argumentative Richtigkeit des Kreuzberg-Urteils vgl. *Kingreen/Poscher*, § 1 Rn. 11 f.

[32] Vgl. *Knemeyer*, § 1 Rn. 9; zur Entwicklung in den das Land Hessen bildenden Gebieten bis zur Annexion durch Preußen 1866/67 s. *Fredrich*, Einführung Rn. 9 ff.

[33] PrGS 1931, 79.

II. Systematische Einordnung

Nachdem das Regime des Nationalsozialismus den Rechtsstaat vollends pervertiert hatte,[34] knüpfte die **Neuregelung des Polizeiwesens nach dem Zweiten Weltkrieg** unter dem Einfluss der (westlichen) Alliierten an den Weimarer Entwicklungsstand an, fügte dem aber bedeutsame Präzisierungen und Variierungen hinzu. Sie prägen das System des Polizeirechts in Deutschland bis heute. 39

1. Materieller und formeller Polizeibegriff

Ausgangspunkt der systematischen Betrachtung ist die schon angesprochene (Rn. 38) 40
Unterscheidung zwischen dem **formellen** und dem **materiellen Begriff der Polizei.** In § 14 Abs. 1 PrPVG befanden sich beide Begriffe noch in Deckung: Der Polizei im formellen Sinne oblag die Aufgabe der Polizei als Gefahrenabwehr im materiellen Sinne. Doch schon § 14 Abs. 2 PrPVG hatte bestimmt, dass die Polizeibehörden „daneben" auch diejenigen Aufgaben zu erfüllen haben, die ihnen durch Gesetz besonders übertragen sind. War damit das **Auseinanderdriften** der beiden Begriffsverständnisse bereits in der Weimarer Zeit angelegt, so verstärkte sich diese Entwicklung in der Nachkriegszeit nachhaltig. Dabei kamen vor allem zwei Faktoren zusammen:

Zum einen entstand der Bedarf, die zu Befehl und Zwang befähigten Polizeikräfte zur 41
Unterstützung der sonstigen öffentlichen Verwaltung auch dort zum Einsatz bringen zu können, wo es **nicht unmittelbar um Gefahrenabwehr** geht, z.B. zum Zwecke der Vollzugshilfe oder bei der Erforschung und Verfolgung von Straftaten und Ordnungswidrigkeiten.

Zum anderen war die strenge Unterscheidung zwischen Gefahrenabwehr und sonsti- 42
ger Verwaltung nicht mehr durchzuhalten. Die Abgrenzung zur Wohlfahrtspflege, die für das historische liberal-rechtsstaatliche Konzept noch von entscheidender Bedeutung war, löste sich unter den Bedingungen der fortschreitenden technisch-industriellen Entwicklung auf. Auch die damit einhergehenden, stetig ansteigenden Forderungen der demokratischen Gesellschaft an die Regelungs- und Leistungsverantwortung des (Sozial-) Staates führten zu einem Aufgabenzuwachs der öffentlichen Verwaltung, für den das **Ineinandergreifen von Gefahrenabwehr und Sozialgestaltung** prägend ist. Als Beispiele seien die Bereiche der Bau- und Raumordnung, der Wirtschafts- und Gewerbeordnung, der Gesundheits- und Daseinsvorsorge oder auch des Arbeits- und Umweltschutzes genannt. Die Folge war: In dem Maße wie diese anwachsenden Verwaltungsaufgaben durch Gesetz spezialisierten Verwaltungseinheiten übertragen wurden (**Ausdifferenzierung der öffentlichen Verwaltung**), lag es nahe, bei ihnen auch die Zuständigkeit für die Gefahrenabwehr in diesen Bereichen zu begründen (sog. besondere Gefahrenabwehr, s. Rn. 14).

Insgesamt konnten damit die Polizeibehörden nicht mehr allein als Behörden der Ge- 43
fahrenabwehr und die Gefahrenabwehr nicht mehr als alleinige Sache der Polizeibehörden betrachtet werden. Die Erweiterung polizeilicher Einsatzfelder einerseits und die be-

[34] Die Generalklausel zur Gefahrenabwehr wurde in eine Generalklausel zur Aufrechterhaltung der totalitären Ordnung des Nationalsozialismus umgewandelt; die Landes- und z.T. kommunalen Polizeibehörden wurden zu einem reichseinheitlichen Polizeiapparat bestehend aus Ordnungspolizei (Schutzpolizei, Gendarmerie, Gemeindepolizei) und Sicherheitspolizei (Kriminalpolizei, Geheime Staatspolizei – Gestapo) zusammengefasst, dieser aus der allgemeinen inneren Verwaltung herausgelöst, zunehmend mit der SA, dann mit der SS verschmolzen und, soweit es um Polizei „im Sondereinsatz" ging, der Kontrolle der Verwaltungs- und Strafgerichtsbarkeit entzogen. Vgl. nur *Kingreen/Poscher*, § 1 Rn. 23.

hördliche Spezialisierung der fachspezifischen Gefahrenabwehr andererseits haben somit die ursprüngliche **rechtsstaatliche Disziplinierungsfunktion des materiellen Polizeibegriffs entfallen** lassen. Gleichwohl sollte er nicht als „überholt" aufgegeben werden.[35] Denn er erfüllt gleichwohl noch wichtige Orientierungsleistungen, namentlich für die Abgrenzung von präventiver und repressiver Polizeitätigkeit (s. Rn. 4 ff.) und die sich daran anknüpfenden Verfahrens- und Rechtsschutzfragen.

2. Trennsystem und Einheitssystem

44 Parallel zu der vorstehend geschilderten Entwicklung sorgte der organisatorische Neuaufbau der Polizei in Deutschland nach 1945 aber auch für eine **Ausdifferenzierung** dessen, was unter der **Polizei im formellen Sinne** zu verstehen ist. Denn die Bezeichnung „Polizei" für bestimmte Behörden der Staatsverwaltung, die jedenfalls auch Aufgaben der Gefahrenabwehr wahrnehmen, reicht je nach dem Organisationssystem der Gefahrenabwehr unterschiedlich weit. Das führt dazu, dass dem formellen Polizeibegriff noch ein engerer Begriff der **Polizei im institutionellen Sinne** an die Seite zu stellen ist (s. Rn. 49).

45 Der **Behördenaufbau der Gefahrenabwehr** ist nicht in allen Bundesländern gleich. Zwar beruhen die Systeme durchweg auf derselben Zielsetzung, nämlich die „Polizei" durch **gewaltenteilige Organisation** zu disziplinieren. Nach den Vorgaben der Alliierten waren die Zuständigkeiten für den Schutz der öffentlichen Sicherheit und Ordnung sowohl zu „dezentralisieren" als auch zu „entpolizeilichen".[36] Doch im Näheren fallen der Behördenaufbau, mit ihm die Arten und die Bezeichnungen der Gefahrenabwehrbehörden **je nach Bundesland unterschiedlich** aus.

46 Typischerweise wird zwischen dem **Trennsystem** und dem **Einheitssystem** unterschieden.

a) Polizei neben Ordnungsbehörden

47 Im **Trennsystem** kommt die Zielsetzung der (historisch zweiten; s. Rn. 33, 45) „Entpolizeilichung" am deutlichsten zum Ausdruck. In ihm ist die überkommene Zuständigkeit der „Polizei" für die Gefahrenabwehr zwischen der **Polizei im Vollzugsdienst** („Vollzugspolizei") einerseits und den **Gefahrenabwehrbehörden der allgemeinen Verwaltung** („Verwaltungspolizei") andererseits aufgespalten. Das wesentliche Abgrenzungskriterium bildet dabei der Gesichtspunkt der **Unaufschiebbarkeit:** Für die allgemeine Gefahrenabwehr ist die Polizei grundsätzlich nur noch in **Eilfällen** zuständig.

48 So wie in den meisten Bundesländern[37] folgt auch die Behördenorganisation in **Hessen** diesem System. Anders als z.B. in Bayern oder in Nordrhein-Westfalen sind hier allerdings die Tätigkeitsbereiche der Polizeiverwaltung und der allgemeinen Gefahrenabwehrverwaltung nicht in verschiedenen Gesetzen, sondern – abgesehen von sondergesetzlichen Bestimmungen – in einem Gesetz, dem HSOG, geregelt.

49 Der Begriff der „Polizei" bzw. der „**Polizeibehörden**" steht hier allein für diejenigen Einrichtungen und Behörden, die der besonderen Verwaltungsorganisation der Vollzugspolizei zugeordnet sind (**Polizei im institutionellen Sinne**; vgl. §§ 91 ff. HSOG,

---

[35] So auch *Kingreen/Poscher*, § 1 Rn. 27 f.; *Schoch*, Rn. 9.

[36] Das gilt mittelbar auch für die fünf (neuen) Bundesländer, die im Zuge der deutschen Wiedervereinigung (1990) zur Bundesrepublik Deutschland gekommen sind; deren Polizeibehördensysteme sind an die entsprechenden Vorbilder in den alten Bundesländern angelehnt.

[37] Bayern, Berlin, Brandenburg, Hamburg, Mecklenburg-Vorpommern, Niedersachsen, Nordrhein-Westfalen, Rheinland-Pfalz, Sachsen-Anhalt, Schleswig-Holstein und Thüringen.

§§ 2 ff. HSOG-DVO). Der Träger der Polizeibehörden – also die juristische Person des öffentlichen Rechts, der sie angehören – ist der **Staat** bzw. das Land.

Dem äußeren Wesen nach ist der Polizeivollzugsdienst durch das **tatsächliche Handeln „vor Ort"** und **uniformiertes Auftreten** gekennzeichnet. Erfüllt er dabei eine Aufgabe der Gefahrenabwehr, spricht man von **Schutzpolizei**, während Aufgaben der Strafverfolgung von der **Kriminalpolizei** wahrgenommen werden (§ 2 Abs. 1 HSOG-DVO verpflichtet beide allerdings zur Zusammenarbeit). 50

Die Rechtsgrundlagen für das Handeln der Vollzugspolizei im Bereich der Gefahrenabwehr bilden so in ihrer Gesamtheit das **Polizeirecht im engeren Sinne**. Dieses findet sich für Hessen zwar im Wesentlichen im **HSOG**. Darüber hinaus aber haben die Polizeibehörden auch diejenigen (Gefahrenabwehr- und sonstigen) Aufgaben zu erfüllen, die ihnen durch **andere Rechtsvorschriften** ausdrücklich zugewiesen sind (§ 1 Abs. 2 HSOG). Beispiele sind – neben der Erforschung und Verfolgung von Straftaten und Ordnungswidrigkeiten (§ 163 StPO, § 53 OWiG) – die Verkehrsüberwachung (§ 44 Abs. 2 StVO) oder die polizeilichen Befugnisse nach dem Versammlungs- oder dem Aufenthalts- und Asylgesetz. 51

Somit meint der **formelle Polizeibegriff** die Summe all derjenigen Aufgaben, die die Polizei im institutionellen Sinne zu erfüllen hat, ungeachtet wie die Aufgabe materiell zu qualifizieren ist. 52

Die **Gefahrenabwehrbehörden der allgemeinen Verwaltung** unterfallen hingegen nicht mehr dem Polizeibegriff. Sie sind mit der allgemeinen, nicht unaufschiebbaren (s. Rn. 47) Gefahrenabwehr betraut und gehören (grundsätzlich) dem allgemeinen Verwaltungsaufbau an. Ihr Verwaltungsträger kann ebenfalls der **Staat** sein; vielfach aber hat der Gesetzgeber die Wahrnehmung dieser Aufgaben auf Behörden der **Kommunen** (Gemeinden, Landkreise) übertragen. 53

Typischerweise werden die Gefahrenabwehrbehörden **„vom Schreibtisch aus"** tätig, im Innendienst, rechtsförmlich und bürokratisch.[38] Das umfasst nicht nur – wie das polizeiliche Handeln – die Verfügung von **Anordnungen im (konkreten) Einzelfall**, sondern auch den **Erlass von (abstrakten) Rechtsverordnungen**. 54

In den meisten Bundesländern des Trennsystems werden die allgemeinen Gefahrenabwehrbehörden auch als **Ordnungs- oder Sicherheitsbehörden** bezeichnet. 55

In **Hessen** gibt es jedoch **zwei Arten** von Gefahrenabwehrbehörden: die (allgemeinen) **Verwaltungsbehörden und** die **Ordnungsbehörden** (vgl. § 1 Abs. 1 S. 1, §§ 82, 85, 90 HSOG). Damit wird die Zielsetzung der „Entpolizeilichung" der Gefahrenabwehr (s. Rn. 47) noch weiter vorangetrieben. Denn hier unterliegt auch der Aufgabenbereich der Ordnungsbehörden dem Vorbehalt der Unaufschiebbarkeit (vgl. § 2 S. 1, 2 HSOG): Ebenso wie die Polizeibehörden dürfen auch die Ordnungsbehörden grundsätzlich nur dann tätig werden, wenn die Gefahrenabwehr durch eine Behörde der sonstigen allgemeinen Verwaltung nicht oder nicht rechtzeitig möglich erscheint (es sei denn, die Aufgabenwahrnehmung ist der Polizei- oder Ordnungsbehörde durch besondere Rechtsvorschrift ausdrücklich zugewiesen). Somit sind in Hessen die Aufgaben der Gefahrenabwehr ganz grundsätzlich, d.h. sofern kein Eilfall gegeben ist, allgemeine Verwaltungsaufgaben und von den allgemeinen Verwaltungsbehörden zu erfüllen (§ 2 S. 2 HSOG), während der Aufgabenbereich der Ordnungsbehörden ebenso wie derjenige der Polizeibehörden dementsprechend erst subsidiär eröffnet ist. 56

Die Rechtsgrundlagen für die Tätigkeit der Gefahrenabwehr- bzw. Ordnungsbehörden lassen sich nach alldem im Begriff des **Ordnungs- oder Sicherheitsrechts im engeren** 57

---

[38] Zu dieser Kennzeichnung in Abgrenzung zum Handeln „vor Ort" der Polizeibehörden *Kingreen/Poscher*, § 1 Rn. 23 ff.

Sinne zusammenfassen. Auch dieses befindet sich in Hessen im Wesentlichen im **HSOG**. Aber nicht ausschließlich: Denn auch insoweit gilt (wie für die Polizei), dass den Gefahrenabwehr-, in Sonderheit den Ordnungsbehörden zudem bestimmte Aufgaben durch **andere Rechtsvorschriften** (z.B. des Abfall-, Jagd-, Fischereirechts) explizit zugewiesen sein können (§ 1 Abs. 2 HSOG). In solchen Fällen kann die Gefahrenabwehr unter Umständen sog. **Sonderordnungsbehörden** (vgl. § 90 HSOG) zugeordnet sein, während den **allgemeinen Ordnungsbehörden** (vgl. § 85 Abs. 1 HSOG) vor allem die Aufgaben der allgemeinen, nicht fachspezifischen Gefahrenabwehr zufallen – sei es aufgrund des HSOG (§ 2 S. 1 HSOG) oder sei es aufgrund anderer, spezieller Ordnungsgesetze (vgl. § 1 Abs. 2, § 89 Abs. 1 HSOG). – Zur Behördenorganisation in Hessen im Näheren, s. Rn. 60 ff.

b) Polizei einschließlich Ordnungsbehörden

58 Demgegenüber hat sich im sog. **Einheitssystem**[39] der Behördenorganisation die umgreifende, aus dem preußischen Modell überkommene Bezeichnung **„Polizei" für die Gesamtheit der Gefahrenabwehrverwaltung** erhalten. Institutioneller und formeller Polizeibegriff stimmen hier also im Wesentlichen überein. Das Recht der Gefahrenabwehr ist insgesamt das Recht der Polizeibehörden. Diesen fallen sowohl die Aufgaben zu, die ihnen das allgemeine Polizeirecht überträgt, als auch diejenigen, die aus spezialgesetzlichen Zuweisungen folgen.

59 Allerdings hat sich auch im Einheitssystem eine organisatorische **Binnendifferenzierung** herausgebildet, die die Vollzugspolizei (Polizeivollzugsdienst mit Schutz- und Kriminalpolizei) und die Polizeibehörden (Polizeiverwaltungsbehörden der mit ihnen weitgehend übereinstimmenden allgemeinen Innenverwaltung) voneinander unterscheidet. Auf beide verteilen sich die Aufgaben und Befugnisse der Gefahrenabwehr in grundsätzlich entsprechender Weise wie auf die Polizei- und die Verwaltungs-/Ordnungsbehörden im Trennsystem. In praktischer Hinsicht sind daher die **Unterschiede** zwischen beiden Behördensystemen **gering.**[40]

§ 2. Organisation und Zuständigkeiten

A. Behördenorganisation

I. Überblick

1. Dreigliedriges Trennsystem

60 Die Organisation der Gefahrenabwehr in Hessen[41] folgt dem **Trennsystem**, d.h. einem Behördenaufbau, der die Polizei aus der allgemeinen Verwaltung herauslöst (s. Rn. 47 ff.). Das macht bereits § 1 Abs. 1 S. 1 HSOG deutlich: Die Norm erklärt die Gefahrenabwehr zur Aufgabe der **„Gefahrenabwehrbehörden"** einerseits und der **„Polizeibehörden"** andererseits. Der Begriff der Gefahrenabwehrbehörden umfasst dabei allerdings die „Verwaltungsbehörden" und die „Ordnungsbehörden". Daraus ergibt sich

[39] Baden-Württemberg, Bremen, Saarland, Sachsen.
[40] Vgl. näher *Schoch*, Rn. 115; *Würtenberger/Heckmann/Tanneberger*, § 1 Rn. 18.
[41] Vgl. dazu auch *Fischer/Leggereit/Sommer*, Kap. C Rn. 1 ff.; *Mühl/Sommer*, in: BeckOK, Entwicklung und Strukturen des Polizei- und Ordnungsrechts in Hessen, Rn. 20 ff., 33 ff.

ein dreigliedriges Behördensystem, bestehend aus **Verwaltungs-, Ordnungs- und Polizeibehörden.**

Die Unterscheidung zwischen diesen **drei Behördentypen** ist essentiell. An sie knüpfen 61
vor allem die Verteilung der Gefahrenabwehraufgaben (§ 2 HSOG) und die Zuteilung von konkreten Befugnissen (§§ 11 ff. HSOG) an, ebenso die Organisation der Aufsicht durch übergeordnete Behörden (§§ 83, 86 HSOG) oder die Rechtsgrundlagen zur Vollstreckung von Maßnahmen (§§ 47 ff. HSOG; § 1 Abs. 1, 2 HVwVG). Dieses dreigliedrige Organisationsgefüge, insbesondere das Nebeneinander von zwei Gefahrenabwehrbehörden (Verwaltungs- und Ordnungsbehörden), erschwert allerdings nicht wenig (und für nicht wenige) die Übersichtlichkeit.[42] Es handelt sich um eine hessische Eigentümlichkeit, die in anderen Bundesländern so nicht anzutreffen ist. Deshalb bedarf es hier ganz besonderes eines genauen Lesens und präzisen Verstehens der einschlägigen Normen.

2. Weitgehende Kommunalisierung

Obgleich die Gefahrenabwehr eine Staatsaufgabe (s. Rn. 1 ff.) ist und somit – nach 62
Maßgabe der verfassungsrechtlichen Kompetenzverteilung (s. Rn. 18 ff.) – eine **Angelegenheit des Landes** (§ 81 HSOG), bedeutet das nicht, dass sie ausschließlich von Behörden des Landes (in unmittelbarer Staatsverwaltung) wahrgenommen wird. Zwar sind die Polizeibehörden stets **staatliche Behörden** (§ 91 Abs. 1 HSOG). Aber bei den Ordnungs- und den Verwaltungsbehörden handelt es sich nur zum Teil um Behörden des Landes, sondern überwiegend um **kommunale Behörden.**

Das Handeln durch **Kommunalbehörden** ändert wohlgemerkt nichts daran, dass die 63
Gefahrenabwehr eine staatliche Aufgabe bleibt. Sie ist den Kommunen (als selbstständigen Trägern mittelbarer Staatsverwaltung) nur durch Gesetz besonders **übertragen.** Dabei gibt es zwei Arten der Übertragung:

Entweder bedient sich das Land der *Behörde einer Kommune* (Landrat, Oberbürger- 64
meister, Bürgermeister) und überträgt ihr die Aufgabe als sog. **Auftragsangelegenheit** (§ 4 Abs. 2 HGO, § 4 Abs. 2 HKO). Das ist dann der Fall, wenn der Landrat, der Oberbürgermeister oder der Bürgermeister als **allgemeine Ordnungsbehörden** zur Gefahrenabwehr berufen werden (§ 85 Abs. 1 S. 1 Nr. 3 und 4, S. 2 HSOG).

Oder das Land wendet sich an die *Kommune als Gebietskörperschaft* (Landkreis, 65
Gemeinde) und überträgt ihr die **Aufgabe zur Erfüllung nach Weisung** (§ 4 Abs. 1 HGO, § 4 Abs. 1 HKO). Das ist dann der Fall, wenn Landkreise oder Gemeinden als **allgemeine Verwaltungsbehörden** für die Gefahrenabwehr zuständig sind (§ 2 S. 2, 3, § 82 Abs. 1 S. 1 HSOG). Die konkrete Organzuständigkeit innerhalb der Kommunen (für die Landkreise der Kreisausschuss, für die Gemeinden der Gemeindevorstand) richtet sich dann nach dem allgemeinen Kommunalrecht (HKO, HGO).

Im einen wie im anderen Fall handeln die jeweiligen Behörden im **übertragenen Wir-** 66
kungskreis der Kommune, der sie angehören.[43] Obwohl sie also eine staatliche Aufgabe wahrnehmen, werden ihre Maßnahmen verwaltungsorganisationsrechtlich der jeweiligen **Kommune als Verwaltungsträger** zugerechnet. Etwaige Klagen davon Betroffener

---

[42] Insoweit kritisch auch *Mühl/Bäuerle*, in: BeckOK, Entwicklung und Strukturen des Polizei- und Ordnungsrechts in Hessen, Rn. 35; *Sommer/Bäuerle*, in: BeckOK, § 85 HSOG Rn. 1; *Reimer*, Rn. 218.

[43] Die Kennzeichnung als übertragener in Abgrenzung zum eigenen Wirkungskreis der Kommune dient hier allein der Veranschaulichung und widerstreitet insoweit nicht dem Modell des kommunalen Aufgabenmonismus, dem das hessische Kommunalrecht folgt.

sind mithin gegen die Gemeinde, nicht gegen das Land zu richten (§ 78 Abs. 1 Nr. 1 VwGO; s. Rn. 139 f.).

67 Die unterschiedliche Art der Aufgabenübertragung wirkt sich jedoch auf die **staatliche Aufsicht** aus. Je nachdem, ob die Kommune als Verwaltungs- oder als Ordnungsbehörde handelt, reichen die Aufsichtsbefugnisse des Staates unterschiedlich weit (vgl. § 84 HSOG einerseits, §§ 87 f. HSOG andererseits). Und in diesem Verhältnis zu den Aufsichtsbehörden wird die (an sich) eigenständige Rechtsstellung der Kommune von ihrer Einbindung in die staatliche Behördenhierarchie überlagert (s. Rn. 92 ff., 96 ff.).

68 Soweit der Vollzug der staatlichen Gefahrenabwehr nicht in der vorbenannten Weise den Kommunen übertragen („kommunalisiert") ist, verbleibt sie in der Zuständigkeit **staatlicher Behörden.** Neben die **Polizeibehörden** treten dann die Gefahrenabwehrbehörden (Verwaltungs- und Ordnungsbehörden) des Landes. Hier werden zum einen **Behörden der Landesverwaltung** als allgemeine Verwaltungsbehörden tätig; ferner besondere Verwaltungsbehörden aufgrund spezialgesetzlicher Regelungen. Zum anderen ist das Land Träger sowohl von höherstufigen **allgemeinen Ordnungsbehörden** (Ministerien, Regierungspräsidien, Art. 85 Abs. 1 Nr. 1 und 2 HSOG) als auch von **Sonderordnungsbehörden** (§ 90 HSOG).

69 Schließlich gibt es Angelegenheiten der Gefahrenabwehr, die von vornherein **keine Aufgabe des Landes** (Rn. 62) sind, sondern von den Gemeinden und Landkreisen als **Selbstverwaltungsangelegenheiten** (Art. 137 HV) wahrgenommen werden. Das ist in Hessen zumal in den Bereichen des **Rettungsdienstes** und des **Brandschutzes** der Fall.[44] Sie sind in besonderen Gesetzen geregelt und werden somit vom HSOG nicht bzw. allenfalls ergänzend erfasst. Den Rettungsdienst (mit Ausnahme des Betriebs der Zentralen Leitstellen) und die Feuerwehr erfüllen die Kommunen als Pflichtaufgaben ihres **eigenen Wirkungskreises** (§§ 5 Abs. 1 S. 2, 6 Abs. 3 HRDG; § 2 Abs. 2 HBKG). **Anders** verhält es sich mit dem **Katastrophenschutz.** Dieser stellt eine besondere, sondergesetzlich geregelte Gefahrenabwehraufgabe des Landes dar, die von den Landräten und Oberbürgermeistern als **Auftragsangelegenheit** wahrgenommen wird (§ 25 Abs. 3 HBKG i.V.m. § 1 Abs. 2 HSOG). Alle drei Bereiche der Gefahrenabwehr unterscheiden sich von derjenigen nach dem HSOG auch dadurch, dass dort die Gefahrenabwehr nicht durch Verfügungen an Verantwortliche und deren Vollzug erfolgt, sondern durch direkte Einsatzmaßnahmen der jeweiligen öffentlichen Einrichtungen bzw. Behörden.

---

[44] Dazu *Sommer/Bäuerle,* in: BeckOK, § 81 HSOG Rn. 21 ff.

Übersichten: 70

<table>
<tr><th colspan="5">Gefahrenabwehr als staatliche Aufgabe</th><th>Gefahrenabwehr als kommunale Selbstverwaltungsangelegenheit</th></tr>
<tr><td colspan="4">Gefahrenabwehrbehörden</td><td rowspan="3">Polizeibehörden
(§§ 91–99 HSOG)</td><td rowspan="3">Landkreise
Gemeinden
(Art. 137 HV i.V.m. SpezialG)</td></tr>
<tr><td colspan="2">Verwaltungsbehörden</td><td colspan="2">Ordnungsbehörden</td></tr>
<tr><td>Allgemeine Verwaltungsbehörden
(§§ 82–84 HSOG)</td><td>Besondere Verwaltungs behörden
(SpezialG)</td><td>Allgemeine Ordnungsbehörden
(§§ 85–89 HSOG)</td><td>Sonderordnungsbehörden
(§ 90 HSOG i.V.m. SpezialG)</td></tr>
</table>

<table>
<tr><th colspan="6">Aufgaben der Gefahrenabwehr</th></tr>
<tr><td colspan="3">Staatliche Behörden</td><td colspan="3">Kommunale Behörden</td></tr>
<tr><td>Polizei behörden</td><td>Verwaltungsbehörden</td><td>Ordnungsbehörden</td><td>Allgemeine Verwaltungsbehörden</td><td>Allgemeine Ordnungsbehörden</td><td>Kommunale Selbstverwaltung</td></tr>
<tr><td></td><td>Allgemeine oder besondere Behörden der Landesverwaltung</td><td>Allgemeine Ordnungsbehörden (Ministerium, Regierungspräsidium) oder Sonderordnungsbehörde</td><td>Landkreise
Gemeinden
(§ 3 S. 2, 3 HSOG)</td><td>Landräte
Oberbürgermeister
Bürgermeister
(§ 85 Abs. 1 S. 1 Nr. 3, 4)</td><td>Landkreise
Gemeinden
(Art. 137 HV i.V.m. SpezialG)</td></tr>
<tr><td colspan="3"></td><td>Aufgabe zur Erfüllung nach Weisung
(§ 82 Abs. 1 S. 1 HSOG)</td><td>Aufgabe als Auftragsangelegenheit
(§ 85 Abs. 1 S. 2 HSOG)</td><td></td></tr>
<tr><td colspan="3"></td><td colspan="2">Übertragener Wirkungskreis</td><td>Eigener Wirkungskreis</td></tr>
</table>

II. Polizeibehörden

71 Gemäß § 91 Abs. 1 HSOG werden die **polizeilichen Aufgaben** von den **Polizeibehörden** des Landes wahrgenommen. Der Begriff der „Polizeibehörden" ist hier gleichbedeutend mit dem Inbegriff der Polizei als Institution des polizeilichen Vollzugsdienstes (institutioneller Polizeibegriff). Der Begriff der „polizeilichen Aufgaben" knüpft daran an und meint (lediglich) die Gesamtheit der Aufgaben, die den so bezeichneten Polizeibehörden zugewiesen sind (formeller Polizeibegriff). Dazu zählen nicht nur die Aufgaben, die sie nach dem HSOG (§ 1 und § 2 S. 1 HSOG), sondern auch alle Aufgaben, die sie aufgrund anderer Gesetze wahrzunehmen haben (§ 1 Abs. 2, § 3 Abs. 1 S. 2 HSOG). Soweit es dabei um die Abwehr von Gefahren für die öffentliche Sicherheit und Ordnung geht, agieren die Polizeibehörden als **Schutzpolizei**; im Falle der Verfolgung von Straftaten oder Ordnungswidrigkeiten (§ 163 StPO, § 53 OWiG) werden sie als **Kriminalpolizei** tätig (§ 2 Abs. 1 HSOG-DVO). Verwaltungsträger der Polizeibehörden ist das **Land Hessen**; rechtlich werden also alle polizeilichen Maßnahmen ihm zugerechnet.

72 Organisatorisch ist die Polizei vollständig aus der allgemeinen inneren Landesverwaltung herausgelöst und als **zweistufige staatliche Sonderverwaltung** ausgeformt.

73 Oberste Polizeibehörde ist das Ministerium des Inneren und für Sport als **Landespolizeipräsidium** (§ 91 Abs. 2 Nr. 1 i.V.m. § 3 Nr. 1, § 4 HSOG-DVO). Ihm sind die anderen Polizeibehörden unmittelbar nachgeordnet (§ 96 Abs. 1 S. 1 HSOG).

74 Polizeibehörden auf der unteren Ebene sind die **Polizeipräsidien**. Sie erfüllen in ihren Dienstbereichen (örtlichen Zuständigkeitsbereichen) alle polizeilichen Aufgaben, sofern sie nicht ausdrücklich einer anderen Polizeidienststelle zugewiesen sind (§§ 91 Abs. 2 Nr. 2 lit. a, 94 S. 1 HSOG, § 5 S. 1 HSOG-DVO). Hessenweit gibt es sieben Polizeipräsidien (§ 3 Abs. 2, § 5 Abs. 2 HSOG-DVO). Deren Dienstbereiche sind wiederum in regionale Dienstbezirke eingeteilt, in denen jeweils **Polizeidirektionen** bestehen, und unterhalb dessen handeln die **Polizeistationen** oder **Polizeireviere** in den örtlichen Dienstbezirken (§ 5 Abs. 3, 4 HSOG-DVO); Näheres hierzu bestimmen entsprechende Verwaltungsvorschriften des Landespolizeipräsidiums.

75 Auf der gleichen Ebene wie die Polizeipräsidien fungieren das **Hessische Landeskriminalamt** (als zentrale Dienststelle der Kriminalpolizei des Landes im Sinne des § 1 Abs. 2 BKAG für den Bereich der Kriminalitätsbekämpfung), das **Hessische Bereitschaftspolizeipräsidium** (u.a. für Sondereinsätze der Bereitschaftspolizei, die Wasserschutzpolizei, Polizeiflieger- und Polizeireiterstaffel sowie, unter der Aufsicht der Polizeiakademie Hessen, die Ausbildung des polizeilichen Nachwuchses) und das **Hessische Polizeipräsidium für Technik** (§ 91 Abs. 2 Nr. 2 lit. b bis d HSOG, §§ 6 bis 8 HSOG-DVO). Das Polizeipräsidium für Technik ist insbesondere zuständig für die Erhebung der Kosten von Maßnahmen der Polizeibehörden nach dem HSOG, z.B. für den Erlass des Kostenbescheids nach dem Abschleppen eines verkehrswidrig geparkten Kraftfahrzeugs (§ 8 Abs. 1 Nr. 2 HSOG-DVO i.V.m. § 8 Abs. 2 S. 1, § 49 Abs. 1 HSOG).

76 Das in den Polizeibehörden des Landes im Vollzugsdienst eingesetzte Personal sind Beamte im statusrechtlichen Sinne (**Polizeivollzugsbeamtinnen und Polizeivollzugsbeamte**).[45]

77 Daneben gibt es in Hessen sog. **Hilfspolizeibeamtinnen und Hilfspolizeibeamte** (§ 99 HSOG). Sie können von den Polizeibehörden, aber auch von den Gefahrenabwehrbehörden (Verwaltungs- und Ordnungsbehörden) zur Wahrnehmung bestimmter Aufga-

[45] Siehe dazu *Sommer/Bäuerle*, in: BeckOK, § 81 HSOG Rn. 7.

ben der Gefahrenabwehr oder zur hilfsweisen Wahrnehmung bestimmter polizeilicher Aufgaben (also etwa auch solcher der Strafverfolgung) bestellt werden. Dann haben sie die gleichen Befugnisse wie die Beamten im polizeilichen Vollzugsdienst. Bei entsprechender Ermächtigung schließt das auch die Anwendung von Hilfsmitteln der körperlichen Gewalt (Fesseln, Diensthunde etc.) und den Gebrauch von Waffen (§ 55 Abs. 3, 4 HSOG) ein. Voraussetzung ist eine mindestens sechswöchige Ausbildung nach Maßgabe des § 10 HSOG-DVO. In Gemeinden und Landkreisen tragen sie häufig die Bezeichnung **Ordnungspolizei** (vgl. § 99 Abs. 1 S. 1 Hs. 2 HSOG), **Stadtpolizei oder Kommunalpolizei.** Zu ihren häufigsten Aufgaben zählen die im Außendienst zu erteilenden Verwarnungen und Verwarngelder nach §§ 56, 57 Abs. 1 OWiG, vor allem im Rahmen der Straßenverkehrsüberwachung, oder auch der Objektschutz. Insbesondere in Innenstadtbereichen ist der Einsatz von Hilfspolizeibeamten der Kommunen deshalb attraktiv, weil sie dementsprechend den Einsatz von Vollzugspolizeikräften entbehrlich machen. Dabei soll es sich regelmäßig um eigene Bedienstete des Landes oder der Kommunen handeln. Sie sind jedoch nicht notwendig Beamte im beamten(status)rechtlichen Sinne, sondern können auch Angestellte des öffentlichen Dienstes sein. Bestellt werden können zudem „andere Personen", etwa von gewerblichen Unternehmen. Insoweit können sich allerdings Einwände aus dem Gesichtspunkt des verfassungsrechtlichen Funktionenprivilegs aus Art. 33 Abs. 4 GG ergeben. So gehört namentlich die Aufgabe der Überwachung des (ruhenden und fließenden) Verkehrs zu den hoheitlichen Aufgaben des Staates, die ohne ausdrückliche gesetzliche Ermächtigung nicht an Leiharbeitskräfte eines privaten Dienstleisters übertragen werden dürfen; § 99 Abs. 3 Nr. 4e HSOG bietet keine solche Ermächtigungsgrundlage (und kann sie aus kompetenzrechtlichen Gründen nicht bieten), sondern setzt eine solche voraus.[46]

Zu den Hilfspolizeibeamten zählen auch die Angehörigen der sog. **Wachpolizei.** Das 78
sind Landesbedienstete, die bei Polizeipräsidien tätig sind und zur Wahrnehmung von Gefahrenabwehr- und Strafverfolgungsaufgaben eingesetzt werden, für die der Einsatz des Polizeivollzugsdienstes nicht zwingend erforderlich ist (§ 13 HSOG-DVO i.V.m. § 99 Abs. 4 HSOG). Insoweit überschneidet sich deren Tätigkeitsbereich zum Teil mit demjenigen der Hilfspolizeibeamten, die von den Kommunen eingesetzt sind, wie auch mit den Personen des Freiwilligen Polizeidienstes (Rn. 79). Die Wachpolizei ist allerdings generell zur umfassenden Anwendung unmittelbaren Zwangs (§ 55 Abs. 1 HSOG), d.h. zum Gebrauch von körperlicher Gewalt, ihrer Hilfsmittel und von Waffen ermächtigt.

Bei den Polizeibehörden ist weiterhin ein sog. **Freiwilliger Polizeidienst** eingerichtet. 79
Er ist sondergesetzlich im HFPG geregelt. Dabei handelt es sich um Personen, die in einem beamtenähnlichen Dienstverhältnis mit dem Land Hessen freiwillig und ehrenamtlich die Polizeibehörden bei ihrer Aufgabenerfüllung unterstützen, um namentlich die Sicherheitslage in den Kommunen zu verbessern. Auch hier steht der Einsatz im Streifendienst und bei der Überwachung des Straßenverkehrs im Vordergrund, doch umfasst die Unterstützung auch die Sicherung von Gebäuden und Anlagen, die vorbeugende Bekämpfung von Straftaten, den polizeilichen Ermittlungsdienst und die Erforschung von Ordnungswidrigkeiten. Dazu stehen den Angehörigen des Freiwilligen Polizeidienstes ausdrücklich die dementsprechenden materiellen Befugnisse des HSOG, der StVO, der StPO und des OWiG und allgemein diejenigen des polizeilichen Vollzugsdienstes zu, einschließlich der Anwendung körperlicher Gewalt, allerdings nicht das Recht zur Anwendung ihrer Hilfsmittel und von Waffen (§ 55 Abs. 3, 4 HSOG). Zu den persönli-

[46] OLG Frankfurt, NJW 2020, 696 ff.; NStZ-RR 2020, 53 ff.; NStZ 2017, 588 ff.

chen Anforderungen an die Aufnahme in den Freiwilligen Polizeidienst zählen neben hinreichender Gesundheit und einer abgeschlossenen Schul- oder Berufsausbildung das Fehlen von Vorstrafen und eine geeignete Gesamtpersönlichkeit, die auch keine Zweifel daran aufkommen lässt, dass die Person jederzeit für die freiheitliche demokratische Grundordnung des Grundgesetzes und die Hessische Verfassung eintritt. Zudem muss eine Ausbildung von mindestens 50 Stunden absolviert worden sein. Zuletzt wurden Kräfte des Freiwilligen Polizeidienstes vor allem im Umfeld von Flüchtlingsunterkünften eingesetzt.

III. Ordnungsbehörden

80 Der Aufbau der Ordnungsverwaltung unterscheidet zwischen den **allgemeinen** und den **besonderen Ordnungsbehörden** (Sonderordnungsbehörden). Während die allgemeinen Ordnungsbehörden teils kommunale, teils staatliche Behörden sind, handelt es sich bei den Sonderordnungsbehörden stets um staatliche Behörden.

81 Die **allgemeinen Ordnungsbehörden** benennt § 85 Abs. 1 S. 1 HSOG. Auf der unteren Verwaltungsebene sind dies der Bürgermeister oder Oberbürgermeister in den kreisangehörigen Gemeinden als **örtliche Ordnungsbehörde** sowie der Oberbürgermeister in den kreisfreien Städten und der Landrat in den Landkreisen als **Kreisordnungsbehörde.**

82 Sie nehmen die (staatliche) Aufgabe der Gefahrenabwehr als ihnen unmittelbar selbst übertragene **Auftragsangelegenheit** im Sinne von § 4 Abs. 2 HGO, § 4 Abs. 2 HKO wahr (§ 85 Abs. 1 S. 2 HSOG). Demgemäß handeln sie „in alleiniger Verantwortung“, d.h. Landrat und (Ober-)Bürgermeister stellen als Ordnungsbehörden im Binnenbereich ihrer Kommune organisatorisch verselbstständigte Organe dar. Als solche werden sie zwar für die Landesverwaltung tätig, dennoch bleiben sie Behörden der Kommunen, der sie angehören (s. Rn. 63) – und die daher auch deren Kosten zu tragen haben (§ 106 HSOG). Allerdings unterliegen sie dabei der (uneingeschränkten) Aufsicht durch die staatlichen Aufsichtsbehörden (s. Rn. 92 ff.).

83 Der Verwaltungsvereinfachung dienen die in § 85 Abs. 2 und 3 HSOG eingeräumten Möglichkeiten, für die Gebietsbereiche benachbarter Kommunen **gemeinsame Ordnungsbehördenbezirke** zu bilden, in denen die ordnungsbehördlichen Aufgaben von jeweils einem der beteiligten Landräte bzw. Bürgermeister/Oberbürgermeister mit Wirkung für den ganzen Bezirk wahrgenommen werden. Von dieser Möglichkeit ist auf der Ebene der örtlichen Ordnungsbehörden insbesondere im Hinblick auf die Aufgabe der Straßenverkehrsüberwachung (§ 89 Abs. 1 S. 1 HSOG i.V.m. § 1 Nr. 5 HSOG-DVO i.V.m. § 44 Abs. 1 S. 1 StVO, § 89 Abs. 2 S. 1 HSOG) vielfach Gebrauch gemacht worden.[47]

84 Als allgemeine Ordnungsbehörden des Landes sind für die Regierungsbezirke und das Landesgebiet die Regierungspräsidien als **Bezirksordnungsbehörden** bzw. die fachlich zuständigen Ministerien als **Landesordnungsbehörden** eingerichtet. Deren Zuständigkeit für die Erfüllung von Gefahrenabwehraufgaben nach dem HSOG kommt aber vergleichsweise selten vor. Ein Beispiel ist das Einschreiten des Kultusministeriums als Landesordnungsbehörde gegen die Durchführung eines landesweiten Lehrerstreiks durch die Gewerkschaft Erziehung und Wissenschaft.[48]

85 **Sonderordnungsbehörden** sind außerhalb der allgemeinen Verwaltung stehende staatliche Verwaltungsbehörden, denen durch besondere Rechtsvorschriften (des Bundes-

---

[47] So *Sommer/Bäuerle,* in: BeckOK, § 85 HSOG Rn. 11.

[48] HessVGH, NVwZ 1990, 386; vgl. *Fischer/Leggereit/Sommer,* Kap. C Rn. 38.

oder Landesrechts) Aufgaben der Gefahrenabwehr zugewiesen sind (§ 90 HSOG). Sie bleiben in ihrer Organisation und besonderen Zuständigkeit von den Vorschriften des HSOG unberührt, und auch bei der Durchführung ihrer sondergesetzlichen Aufgaben kommt das HSOG allenfalls ergänzend zur Anwendung (§ 3 Abs. 1 S. 2, 3 HSOG). Ein Beispiel ist die Hessische Eichdirektion. Die allermeisten der früheren Sonderordnungsbehörden sind aber im Laufe der Zeit in die allgemeine Verwaltung eingegliedert worden.

IV. Verwaltungsbehörden

Die **Behörden der allgemeinen Verwaltung** sind die dritte Behördengruppe, die neben den Polizei- und den Ordnungsbehörden Aufgaben der Gefahrenabwehr wahrnehmen. § 2 S. 2 HSOG spricht insofern von den „sonstigen Aufgaben der Gefahrenabwehr", für die – mangels Eilbedürftigkeit oder sondergesetzlicher Zuweisung – weder die Polizei- noch die Ordnungsbehörden zuständig sind. Auch diese Behörden bestehen zum Teil in staatlicher Trägerschaft (**Behörden der Landesverwaltung**), insbesondere aber sind dies die Landkreise und Gemeinden (§ 2 S. 3 HSOG). 86

Die von den **Landkreisen und Gemeinden** als allgemeine Verwaltungsaufgaben wahrzunehmenden (sonstigen) Aufgaben der Gefahrenabwehr sind ihnen nicht als Auftragsangelegenheit, sondern als **Aufgaben zur Erfüllung nach Weisung** im Sinne von § 4 Abs. 1 HGO, § 4 Abs. 1 HKO, übertragen (§ 82 Abs. 1 S. 1 HSOG). 87

Diese Übertragung adressiert mithin die gesamte Gebietskörperschaft, nicht nur ein einzelnes Organ.[49] Die Organzuständigkeit im Innenbereich der Kommune richtet sich daher nach den allgemeinen Vorschriften der HGO bzw. der HKO. Für die Gemeinde handelt der **Gemeindevorstand** bzw. Magistrat (§ 66 Abs. 1 S. 1, § 9 Abs. 2 HGO), für den Landkreis der **Kreisausschuss** (§ 41 Abs. 1 S. 1 HKO). Für beide gelten demnach auch für den Bereich ihrer Gefahrenabwehrtätigkeit – anders als für den Landrat oder (Ober-)Bürgermeister als allgemeine Ordnungsbehörden – die Rechenschaftspflichten gegenüber dem jeweiligen kommunalen Vertretungsorgan (Gemeindevertretung, Kreistag; § 82 Abs. 2 S. 2 HSOG i.V.m. § 50 Abs. 2, 3 HGO, § 29 Abs. 2, 3 HKO). Aber auch hier gilt: Die kommunalen Verwaltungsbehörden werden zwar in der Sache für die Landesverwaltung tätig, handeln aber gleichwohl als Behörden der Kommunen, der sie angehören (s. Rn. 63) – und die daher auch deren Kosten zu tragen haben (§ 105 HSOG). Allerdings unterliegen sie dabei der (eingeschränkten) Überwachung durch die staatlichen Aufsichtsbehörden (s. Rn. 96 ff.). 88

Aus Gründen der Verwaltungsvereinfachung besteht für die Gemeinden und Landkreise ebenso die Möglichkeit, im Bereich der Gefahrenabwehr in **Verwaltungsbehördenbezirken** nach den gleichen Regeln zusammenzuarbeiten wie die örtlichen Ordnungsbehörden und die Kreisordnungsbehörden (§ 82 Abs. 1 S. 2 HSOG; vgl. Rn. 83). 89

V. Aufsichtsbehörden

Entsprechend dem staatlichen Aufgabencharakter der Gefahrenabwehr (§ 81 HSOG) und zu dem Zweck, deren Einheitlichkeit im gesamten Landesgebiet zu sichern, unterliegt das behördliche Handeln zur Gefahrenabwehr einer ausgeprägten staatlichen Auf- 90

[49] So zutreffend auch *Fischer/Leggereit/Sommer*, Kap. C Rn. 56. Davon bleiben gemäß § 82 Abs. 2 S. 1 HSOG explizite Aufgaben- bzw. Zuständigkeitszuweisungen aufgrund besonderer Rechtsvorschriften unberührt, wie z.B. § 52 HBO, § 38 HJagdG, § 44 HFischG.

sicht. Sie umfasst die **Fach-** und die **Dienstaufsicht.** Die Fachaufsicht erstreckt sich auf die Rechtmäßigkeit und die Zweckmäßigkeit der fachlichen Aufgabenerledigung; die Dienstaufsicht bezieht sich auf die Ordnungsgemäßheit der Arbeitsorganisation, der Geschäftsführung und des persönlichen Amtswalterverhaltens.[50] Die Zuständigkeit der Aufsichtsbehörde ebenso wie Reichweite ihrer Aufsichtsrechte richten sich dabei nach dem Typus der jeweils überwachten Behörde. Demnach ist vor allem zwischen der Aufsicht über die **Polizeibehörden**, der Aufsicht über die **allgemeinen Ordnungsbehörden** und der Aufsicht über die **allgemeinen Verwaltungsbehörden** zu unterscheiden:

91 Im Bereich der **Polizei** (§ 91 HSOG) übt das **Landespolizeipräsidium** (Ministerium des Inneren und für Sport) die Fach- und Dienstaufsicht über alle anderen Polizeibehörden aus (§ 96 Abs. 1 S. 2 HSOG). Dazu kann es sowohl allgemeine (abstrakt-generelle) **Weisungen** (z.B. allgemeine Verwaltungsvorschriften, Runderlasse o.ä.) als auch Weisungen im Einzelfall erteilen (§ 97 Abs. 1 HSOG). Solche Weisungen ergehen innerhalb des hierarchischen Behördenaufbaus, haben also **keine Außenwirkung.** Ein Recht zum Selbsteintritt steht dem Landespolizeipräsidium allerdings nicht zu; es kann mithin nicht selbst operative Maßnahmen im Zuständigkeitsbereich der überwachten Polizeibehörde vornehmen.[51]

92 Die Aufsicht über die **allgemeinen Ordnungsbehörden** (§ 85 Abs. 1 HSOG) ist in § 86 HSOG stufenweise geregelt. Danach ist für die örtlichen Ordnungsbehörden (Bürgermeister/Oberbürgermeister) in Gemeinden mit weniger als 50.000 Einwohnern der **Landrat** (als Behörde des Landkreises) die auf der ersten Stufe zuständige Aufsichtsbehörde, während die Aufsicht über die örtlichen Ordnungsbehörden in größeren Gemeinden (sog. Sonderstatusstädte, § 4a HGO) und über die Kreisordnungsbehörden (Landrat/Oberbürgermeister) zunächst vom **Regierungspräsidium** ausgeübt wird. Die Zuständigkeit der jeweils nächsthöheren Aufsichtsbehörde, schließlich des einschlägigen Ministeriums, kommt erst bei nicht ordnungsgemäßer Wahrnehmung der Aufsichtsaufgabe auf der unteren Stufe in Betracht.

93 Zur Wahrnehmung ihrer Fach- und Dienstaufsicht (§ 86 Abs. 4 HSOG) stehen den Aufsichtsbehörden hier nicht nur die **Weisungsbefugnis** im Allgemeinen wie im Einzelfall zu, sondern auch das **Selbsteintrittsrecht** (§§ 87 Abs. 1, 88 Abs. 1 HSOG; vgl. auch allgemein § 4 Abs. 3 HGO, § 4 Abs. 3 HKO) zu. Dieses kann insbesondere dann zum Tragen kommen, wenn einer ergangenen Weisung nicht Folge geleistet wird. Dann kann die Aufsichtsbehörde die angewiesene Maßnahme, z.B. den Erlass einer Verbotsverfügung, selbst vornehmen. Diese weitreichenden Aufsichtsbefugnisse entsprechen – gegenüber den örtlichen Ordnungsbehörden und den Kreisordnungsbehörden – dem Charakter der beaufsichtigten Gefahrenabwehr als **Auftragsangelegenheit** im Sinne des § 85 Abs. 1 S. 2 HSOG i.V.m. § 4 Abs. 2, 3 HGO bzw. § 4 Abs. 2, 3 HKO (s. Rn. 64, 66).

94 Auch diese Aufsichtsmaßnahmen stellen **keine Rechtsakte mit Außenwirkung** im Sinne des § 35 S. 1 HVwVfG dar, und zwar weder gegenüber dem Bürger noch gegenüber den betroffenen Ordnungsbehörden. Letzteres gilt nach überwiegender (aber nicht unumstrittener) Rechtsauffassung in Hessen selbst dann, wenn sie an den Bürgermeister/Oberbürgermeister oder den Landrat als örtliche Ordnungsbehörde bzw. Kreisordnungsbehörde (§ 85 Abs. 1 Nrn. 3, 4 HSOG) adressiert sind. Die Erklärung lautet: Zwar behalten Bürgermeister/Oberbürgermeister und Landrat auch als allgemeine Ordnungsbehörden ihre Stellung als Organe der rechtlich selbstständigen Gebietskörperschaften Gemeinde bzw. Landkreis. Indem sie aber im Bereich der Auftragsangelegen-

[50] *Fredrich*, § 86 Rn. 2, 4.
[51] *Fredrich*, § 97 Rn. 1.

heiten dem uneingeschränkten Weisungsrecht der Aufsichtsbehörden unterliegen (Rn. 93), sind sie derart in die staatliche Behördenhierarchie eingebunden, dass solche Aufsichtsmaßnahmen allein verwaltungsinternen Charakter aufweisen.[52] Weisungen und Selbsteintritte sollen daher nicht mit Rechtsbehelfen nach der VwGO angefochten werden können.[53] **Andererseits** und zugleich gilt es aber zu beachten: Die Verpflichtung zur Hinnahme von Weisungen, ohne sich dagegen gerichtlich zur Wehr setzen zu können, gilt nur soweit, wie sich diese innerhalb der gesetzlichen Ermächtigung hält. Bewegt sie sich hingegen außerhalb dieses Ermächtigungsrahmens und sie greift mithin in den Bereich der **kommunalen Selbstverwaltung** hinüber, trifft sie die Trägerkommune der Ordnungsbehörde in ihrer selbstständigen Rechtspersönlichkeit, gewinnt damit außenrechtliche Wirkung und wird als Verwaltungsakt verwaltungsgerichtlich anfechtbar.[54]

Von alldem ist wohlgemerkt die **Außenwirkung derjenigen Maßnahme**, die **auf eine** 95
Intervention der Aufsichtsbehörde hin ergeht, zu unterscheiden. Während die auf Weisung getroffene Maßnahme als Maßnahme der angewiesenen Behörde gilt, so dass ein etwaiger Rechtsbehelf des davon Betroffenen gegen diese zu richten ist, gelten die im Wege des Selbsteintritts getroffenen Maßnahmen als solche der eingetretenen (Aufsichts-)Behörde.[55]

Die Aufsicht über die **allgemeinen Verwaltungsbehörden** bestimmt sodann § 83 96
HSOG – in sachlicher Übereinstimmung mit § 86 HSOG – ebenfalls stufenweise. Im Blick stehen hier allerdings nur die Landkreise und Gemeinden, soweit sie Aufgaben der Gefahrenabwehr nach dem HSOG erfüllen (§ 2 S. 2, 3 HSOG). Hinsichtlich der Aufsicht vorgeordneter staatlicher Stellen gegenüber Behörden der Landesverwaltung (§ 2 S. 3 Hs. 2 HSOG) ergeben sich die Zuständigkeiten und Befugnisse schon aus dem hierarchischen Behördenaufbau.[56]

Über Gemeinden mit weniger als 50.000 Einwohnern übt auf der ersten Stufe der 97
Landrat (als Behörde des Landkreises) die Aufsicht aus, während für die Aufsicht über die größeren Gemeinden (Sonderstatusstädte, § 4a HGO) und über die Landkreise zunächst das **Regierungspräsidium** zuständig ist. Oberste Aufsichtsbehörde ist das fachlich einschlägige Ministerium.

Etwaige Aufsichtsmaßnahmen sind hier an die nach Kommunalrecht zuständigen Or- 98
gane, also den **Kreisausschuss** bzw. den **Gemeindevorstand** (Rn. 88) zu richten (vgl. § 84 S. 1 HSOG). Ihr zulässiger Umfang ist allerdings beschränkt. Es können allgemeine **Weisungen** erteilt werden, Weisungen im Einzelfall hingegen nur bei Gesetzesverstößen oder in Fällen, in denen allgemeine Weisungen nicht befolgt werden (§ 84 HSOG). Diese Beschränkung entspricht wiederum dem Umstand, dass die Landkreise und Gemeinden als Gefahrenabwehrbehörden Aufgaben zur Erfüllung nach Weisung im Sinne

---

[52] Die Kritik an dieser Sichtweise macht sich insbesondere daran fest, dass sich das Land zwar im Wege der Aufgabenübertragung als Auftragsangelegenheit einer Kommunalbehörde bedient, damit aber gleichwohl keine echte Organleihe vornimmt; insofern missverständlich *Mühl/Leggereit/Hausmann*, Rn. 19. Auch bricht sich die Vorstellung von der Einbindung in die staatliche Behördenhierarchie an dem Fall des Landrats als Aufsichtsbehörde, der hier – anderes als im Bereich der allgemeinen Kommunalaufsicht (vgl. § 136 Abs. 3 HGO, § 55 Abs. 2 HKO) – nicht als Behörde der Landesverwaltung, sondern als Behörde des Landkreises tätig wird.

[53] Vgl. HessVGH, ESVGH 21, 74 ff.; *Fischer/Leggereit/Sommer*, Kap. C Rn. 42; *Fredrich*, § 87 Rn. 2.

[54] HessVGH, NVwZ 1991, 1015 (1016).

[55] *Fredrich*, § 87 Rn. 3, § 88 Rn. 4.

[56] *Fredrich*, § 84 Rn. 1.

des § 82 Abs. 1 HSOG i.V.m. § 4 Abs. 1 HGO, § 4 Abs. 1 HKO wahrnehmen (s. Rn. 65).

99 Fraglich ist, ob die gefahrenabwehrrechtliche (Fach-)Aufsichtsbehörde des § 83 HSOG darüber hinaus auf die **Mittel des allgemeinen kommunalen Aufsichtsrechts** nach §§ 135 ff. HGO, § 54 HKO zurückgreifen darf. § 83 Abs. 2 HGO scheint das auf den ersten Blick zu erlauben. Doch die Norm lässt die Anwendung der genannten Vorschriften nur „für die Aufsicht im Übrigen" zu, und auch aus dem speziellen Kontext der Gefahrenabwehr folgt, dass der Verweis in § 83 Abs. 2 HSOG den Fachaufsichtsbehörden nicht den direkten Zugriff auf die kommunalaufsichtlichen Mittel eröffnet. Vielmehr muss sich die Fachaufsichtsbehörde des § 83 HSOG (ausdrücklich) der Kommunalaufsichtsbehörde nach § 136 HGO, § 54 Abs. 2 HKO bedienen, will sie ihrer fachaufsichtlichen Einzelweisung bei Nichtbefolgung zur Durchsetzung verhelfen (auch dann, wenn beide identisch sind). Dies wird durch die Schutzvorschrift des § 145 S. 2 HGO nochmals unterstrichen.[57]

100 Der Unterschied zwischen spezifischer Fach- und allgemeiner Kommunalaufsicht zeigt sich auch im Bereich des **Rechtsschutzes.** Gegen Anordnungen der Kommunalaufsicht ist stets der Verwaltungsrechtsweg eröffnet (§ 142 HGO); das gilt auch dann, wenn die Anordnung, z.B. Anweisung und Ersatzvornahme nach §§ 139, 140 HGO, der Durchsetzung von Weisungen in Gefahrenabwehrangelegenheiten dient (vgl. § 135 S. 1 HGO). Hingegen handelt es sich bei solchen **(Einzel-)Weisungen nach § 84 HSOG** nach überwiegender Rechtsauffassung in Hessen selbst **nicht um Rechtsakte mit Außenwirkung,** sondern um rein innerdienstliche Vorgänge, die nicht vor den Verwaltungsgerichten angefochten werden können. Zur Begründung gilt hier das in Rn. 94 Gesagte entsprechend.[58] **Anders** liegen die Dinge wiederum nur dann, wenn die Weisung außerhalb des gesetzlich geregelten Rahmens liegt und daher die Kommune in ihrer rechtlichen Selbstständigkeit als Trägerin der **kommunalen Selbstverwaltungsgarantie** berührt; dann kann sie dagegen verwaltungsgerichtlichen Rechtsschutz in Anspruch nehmen.[59]

B. Zuständigkeiten

I. Sachliche Zuständigkeit

1. Generelle Aufgabenzuweisung

101 Die Zuständigkeit ist die Antwort auf die Frage, wie das Gesetz die **Aufgaben** der Gefahrenabwehr auf die unterschiedlichen drei Behördenstränge verteilt. Es geht mithin um die Bestimmung und die Abgrenzung der jeweiligen Aufgabenbereiche, in denen die **Polizeibehörden,** die **Ordnungsbehörden** oder die **Verwaltungsbehörden** für die Gefahrenabwehr **sachlich zuständig** sind. Aus den Regeln zur örtlichen Zuständigkeit ergeben sich dann die räumlichen Bezirke, auf die sich die jeweiligen Sachzuständigkeiten beziehen (Rn. 136 ff.).

102 Ausgangspunkt ist die **allgemeine Aufgabennorm** (Aufgabengeneralklausel) des § 1 Abs. 1 S. 1 HSOG. Die Norm enthält zwei Regelungen. Zum einen weist sie die Aufgabe der Gefahrenabwehr den Gefahrenabwehrbehörden (Verwaltungsbehörden, Ordnungsbehörden) und den Polizeibehörden allgemein zu und begründet damit deren **ge-**

---

[57] Wie hier *Fischer/Leggereit/Sommer*, Kap. C Rn. 34; a.A. wohl *Fredrich*, § 83 Rn. 2.
[58] Vgl. *Fredrich*, § 84 Rn. 3; *Fischer/Leggereit/Sommer*, Kap. C Rn. 34.
[59] HessVGH, NVwZ 1991, 1015 (1016 f.); *Fredrich*, § 84 Rn. 4.

nerelle Zuständigkeit für die Abwehr von Gefahren für die öffentliche Sicherheit oder Ordnung („polizeiliche“ Aufgabeneröffnung). Zum anderen erklärt sie die Gefahrenabwehraufgabe grundsätzlich zu einer **gemeinsamen Aufgabe** der Gefahrenabwehr- und Polizeibehörden; passend dazu verpflichtet § 1 Abs. 6 S. 1 HSOG alle Behörden zur Zusammenarbeit.

2. Spezielle Aufgabenzuweisungen

Dieser Grundsatz der gemeinsamen Zuständigkeit für die Gefahrenabwehr gilt jedoch 103 nur, soweit nicht – erstens – das HSOG oder – zweitens – andere Rechtsvorschriften etwas anderes bestimmen (§ 1 Abs. 1 S. 1 Hs. 2 HSOG; § 1 Abs. 2 HSOG). Die gemeinsame Aufgabenzuständigkeit steht demnach unter dem **Vorbehalt spezieller Aufgabenzuweisungsregeln.** Aus diesen ergibt sich dann im konkreten Einzelfall die sachliche Zuständigkeit einer der drei Behörden.

Dabei sind **zwei Arten** solcher Zuweisungsregeln zu unterscheiden: Zum einen kann 104 eine **spezielle Zuweisung innerhalb oder außerhalb des HSOG** einschlägig sein, durch die eine bestimmte Behörde explizit für zuständig erklärt wird. Zum anderen kann sich die Zuständigkeit aus der **Aufgabenzuweisung nach § 2 HSOG** ergeben. Beide Zuweisungsregeln konkurrieren nicht im eigentlichen Sinne miteinander, stehen also nicht in einem Verhältnis des Entweder – Oder. Denn sie bestimmen die jeweilige Behördenzuständigkeit unter verschiedenen Gesichtspunkten. Während die spezielle Aufgabenzuweisung **sachbezogen** erfolgt, sich mithin auf einen gegenständlich benannten Bereich der Gefahrenabwehr bezieht, ist die Aufgabenzuweisung nach § 2 HSOG eine **umstandsbezogene**, indem sie auf die tatsächlich gegebene Möglichkeit oder Dringlichkeit der Gefahrenabwehr abstellt (s. Rn. 111 ff.).

Daraus folgt: Durch die gesetzliche Spezialzuweisung wird eine bestimmte Behörden- 105 zuständigkeit, sei es der Verwaltungs-, der Ordnungs- oder der Polizeibehörden begründet, **ohne dass es dafür auf die Voraussetzungen des § 2 HSOG ankommt.** Andererseits wird dadurch die **Anwendbarkeit des § 2 HSOG nicht ausgeschlossen**, so dass sich danach im Einzelfall, d.h. im besonderen „Eilfall“, eine abweichende Behördenzuständigkeit ergeben kann. So gesehen reicht jede spezielle (Sach-)Zuständigkeit soweit, wie nicht § 2 HSOG eine andere, insofern subsidiäre (Eil-)Zuständigkeit eröffnet.

Eine **spezielle Aufgabenzuweisung** kann sowohl **in einer Aufgabennorm** als auch **in** 106 **einer Befugnisnorm** enthalten sein. Beides ist zu unterscheiden (Rn. 154 ff.). Dass sich eine Aufgabenzuweisung auch aus Befugnisnormen ergeben kann, folgt daraus, dass dort, wo das Gesetz einer Behörde eine bestimmte Handlungsbefugnis einräumt, zugleich auch deren entsprechende Aufgabenzuständigkeit impliziert ist.[60] Nur das Umgekehrte gilt nicht: Von der (bloßen) Zuweisung einer Aufgabe darf nicht auf eine (konkrete) Befugnis zur Aufgabenwahrnehmung geschlossen werden, sofern diese mit Eingriffen in subjektive Rechte verbunden ist (**kein Schluss von der Aufgabe auf eine Befugnis**; s. Rn. 157).

Beispiele für solche speziellen Zuweisungen sind die Aufgaben der vorbeugenden Be- 107 kämpfung von Straftaten im Sinne des § 1 Abs. 4 HSOG und der Vollzugshilfe nach § 1 Abs. 5 HSOG oder die Befugnis zur Ingewahrsamnahme nach § 32 HSOG; sie werden ausdrücklich und ausschließlich von den Polizeibehörden wahrgenommen. Auf besondere Aufgabenzuweisungen außerhalb des HSOG verweisen demgegenüber § 1 Abs. 2, § 82 Abs. 2 S. 1 und § 89 Abs. 1 HSOG. Beispiele sind hier die Befugnisse der Polizei zur Regelung des Straßenverkehrs nach § 44 Abs. 2 S. 1 StVO oder zur Anferti-

[60] *Fredrich,* § 1 Rn. 2, 23; *Schenke,* Rn. 36.

gung von Bild- und Tonaufnahmen oder zum Ausschluss einzelner Teilnehmer bei öffentlichen Versammlungen gemäß §§ 12a, 19a, § 18 Abs. 3 VersG, sodann die Aufgaben der allgemeinen (örtlichen) Ordnungsbehörden zur (übrigen) Gefahrenabwehr im Versammlungswesen nach § 1 S. 1 Nr. 2 HSOG-DVO, zur Durchführung der Hundeverordnung (§ 16 Abs. 1 HundeVO) oder der Sperrzeitverordnung (§ 5 Abs. 1 SperrVO), schließlich die Zuständigkeiten der allgemeinen Verwaltungs(kommunal)behörden im Bereich der Bauaufsicht nach Maßgabe der §§ 52 ff., 53 Abs. 2 S. 1 HBO oder zur Aufnahme und Unterbringung von Flüchtlingen nach §§ 1, 3 LAufnG.

3. Aufgabenabgrenzung nach dem Eilfall-Kriterium

108 Neben und quer zu dem Konzept der speziellen Aufgabenzuweisung liegt nach dem Gesagten (Rn. 104) die Regelung des § 2 HSOG. Sie betrifft das **Verhältnis zwischen den Ordnungs- und Polizeibehörden einerseits und den allgemeinen Verwaltungsbehörden andererseits** und richtet in diesem Verhältnis die Aufgabenabgrenzung umstandsbezogen daran aus, dass in jedem Fall eine effektive Gefahrenabwehr gewährleistet ist.

a) Primäre Zuständigkeit der allgemeinen Verwaltungsbehörden

109 Danach sind die Aufgaben der Gefahrenabwehr im Grundsatz zunächst allgemeine Verwaltungsaufgaben und daher **primär** von den **allgemeinen Verwaltungsbehörden** zu erfüllen; das sind die Behörden der Landkreise und Gemeinden (Kreisausschüsse, Gemeindevorstände, Rn. 86 ff.), sofern nicht ausnahmsweise (selten) die Zuständigkeit einer Behörde der Landesverwaltung (z.B. des Regierungspräsidiums) begründet ist (§ 2 S. 2, 3 HSOG).

110 Diese primäre Zuordnung zu den Verwaltungsbehörden betrifft – neben denjenigen, die ihnen kraft besonderer Regelung **speziell zugewiesen** sind (§ 1 Abs. 2, § 82 Abs. 2 S. 1 HSOG) – **alle weiteren Gefahrenabwehraufgaben**, die im Ausgangspunkt den Verwaltungs- und Ordnungs- oder Polizeibehörden **gemeinsam zugewiesen** sind (z.B. die „Gefahrenabwehr- und die Polizeibehörden“ gemäß § 1 Abs. 1 S. 1 i.V.m. §§ 11, 18 Abs. 1, 31 Abs. 1 HSOG).

b) Eilzuständigkeit der Ordnungs- und Polizeibehörden

111 Doch der Grundsatz der verwaltungsbehördlichen Zuständigkeit besteht nicht ausnahmslos. Denn was deren **Verhältnis zu den Ordnungs- und den Polizeibehörden** anbelangt, so gilt dabei erstens: Alle **ausdrücklichen Aufgabenzuweisungen** an die Ordnungs- und/oder die Polizeibehörden bleiben von vornherein **unberührt** (§ 1 Abs. 2, 3 und 4, § 89 Abs. 1 HSOG). Zweitens und darüber hinaus legt § 2 S. 1 HSOG fest, dass eine Zuständigkeit der Ordnungs- und Polizeibehörden immer dann eingreift, wenn die Abwehr einer Gefahr durch andere (Verwaltungs-)Behörden, die Aufgaben der Gefahrenabwehr zu erfüllen haben, **„nicht oder nicht rechtzeitig möglich erscheint“**. Die danach verbleibenden Aufgaben sind die „sonstigen Aufgaben“ der Gefahrenabwehr, die § 2 S. 2 HSOG zu allgemeinen Verwaltungsaufgaben bestimmt.

112 Somit handelt es sich bei der nach § 2 S. 1 HSOG für die Ordnungs- und die Polizeibehörden eröffneten Zuständigkeit immer um eine nachrangige, d.h. **subsidiäre Zuständigkeit.** Sie umfasst allein den **Eil- oder Unvermögensfall** (sog. Eilfallkompetenz oder Eilzuständigkeit),[61] und sie kommt nur in Betracht, **wenn** an sich (d.h. aufgrund speziel-

---

[61] *Mühl/Fischer,* in: BeckOK, § 2 HSOG Rn. 1; VG Frankfurt, NVwZ-RR 1990, 196 (197); *Fischer/Leggereit/Sommer,* Kap. C Rn. 38; *Pausch/Dölger,* S. 68.

ler Aufgabenzuweisung) **eine andere (Verwaltungs-)Behörde** oder die Ordnungs- und Polizeibehörden **gemeinsam mit einer anderen (Verwaltungs-)Behörde** (z.B. die „Gefahrenabwehr- und die Polizeibehörden" gemäß § 1 Abs. 1 S. 1 i.V.m. §§ 11, 18 Abs. 1, 31 Abs. 1 HSOG) zur Gefahrenabwehr berufen sind. Die gemeinsame Aufgabeneröffnung der Generalklausel des § 1 Abs. 1 S. 1 HSOG ist also für die Ordnungs- und die Polizeibehörden – jenseits ihrer speziellen Zuständigkeiten – auf die besonderen Fallsituationen des § 2 S. 1 HSOG beschränkt.

Für diese **Eilzuständigkeit** reicht es aus, dass es nach verständiger Würdigung der Lage, wie sie sich im Zeitpunkt des Einschreitens vor Ort des Falles (**ex ante**) objektiv erkennbar darstellt, **„möglich erscheint"**, dass die allgemeine Verwaltungsbehörde entweder **nicht oder nicht rechtzeitig** einschreiten kann. Es kommt mithin nicht darauf an, ob dem auch wirklich so ist. Daher gilt auch: Ist diese Voraussetzung erfüllt, so entfällt die Zuständigkeit der Ordnungs- oder Polizeibehörden für die getroffene Maßnahme auch dann nicht, wenn sich im Nachhinein herausstellt, dass die Verwaltungsbehörde tatsächlich in der Lage gewesen wäre, die Gefahr abzuwehren.[62] **113**

Ein **Unvermögen** zur Gefahrenabwehr („nicht möglich") kommt dabei schon dann in Betracht, wenn die Verwaltungsbehörde nicht erreichbar ist, z.B. außerhalb der regulären Dienstzeit oder am Wochenende, ferner dann, wenn ihr die erforderlichen Befugnisse, die erforderlichen Mittel oder die erforderlichen Sachkenntnisse für die Gefahrenabwehr fehlen. Der Fall der **Dringlichkeit** der Gefahrenabwehr („nicht rechtzeitig möglich") liegt vor, wenn ein Tätigwerden nicht ohne Schaden für die öffentliche Sicherheit oder Ordnung aufgeschoben werden kann, eine Störung also entweder schon eingetreten ist oder unmittelbar bevorsteht.[63] **114**

Die Möglichkeit, die Polizei um **Vollzugshilfe** zu ersuchen (§ 1 Abs. 5 i.V.m. §§ 44 ff. HSOG), steht der Annahme einer derartigen Eilfallsituation nicht entgegen und scheidet außerhalb des Dienstbetriebs der Verwaltungsbehörde ohnehin aus. Allerdings können die Voraussetzungen des Unvermögens- oder Eilfalls entfallen, wenn die Verwaltungsbehörde hinreichend befugte **Hilfspolizeibeamten** im Einsatz hat (§ 99 HSOG; Rn. 77). **115**

Die Eilzuständigkeit beschränkt die Polizei- und Ordnungsbehörden **nicht nur auf unaufschiebbare oder vorläufige (Anfangs- oder Not-)Maßnahmen**. Vielmehr sind sie zu den Maßnahmen berechtigt und verpflichtet, die die vorliegende Gefahr abwehrt bzw. die ihnen die einschlägige Befugnisnorm zur Verfügung stellt. Das ergibt sich schon aus dem Vergleich zu § 88 Abs. 2 HSOG (Sonderregelung für die Befugnis der allgemeinen Ordnungsbehörden, im Wege des Selbsteintritts anstelle anderer Gefahrenabwehrbehörden unaufschiebbare Maßnahmen zu treffen).[64] **116**

Auch darf die Eilfallkompetenz nicht derart als eine ersatzweise begründete Zuständigkeit missverstanden werden, dass die Ermächtigungsgrundlage für ein Einschreiten dann dem Recht der „eigentlich" zuständigen Verwaltungsbehörde zu entnehmen wäre.[65] Vielmehr handelt es sich bei den nach § 2 S. 1 HSOG zugewiesenen Aufgaben um **eigene Aufgaben**, für deren Wahrnehmung den Ordnungs- oder Polizeibehörden die Befugnisse nach §§ 11 ff. HSOG zustehen. Allerdings sind ihnen solche Maßnahmen verwehrt, zu denen die eigentlich zuständige Behörde nicht befugt wäre; der Eilfall verschafft keine erweiterten Befugnisse.[66] **117**

---

[62] *Hornmann*, § 2 Rn. 4; *Mühl/Fischer*, in: BeckOK, § 2 HSOG Rn. 5.

[63] Zum Ganzen *Fredrich*, § 2 Rn. 2 f.; *Mühl/Fischer*, in: BeckOK, § 2 HSOG Rn. 4 ff.

[64] Dazu *Fredrich*, § 2 Rn. 5; *Mühl/Fischer*, in: BeckOK, § 2 HSOG Rn. 9.

[65] *Mühl/Fischer*, in: BeckOK, § 2 HSOG Rn. 10; *Kingreen/Poscher*, § 3 Rn. 19; *Poscher/Rusteberg*, JuS 2001, 888 (891).

[66] *Fredrich*, § 2 Rn. 6.

c) Eilzuständigkeit der Polizeibehörden

118 Den vorstehenden Grundsätzen entsprechend bemisst sich auch das **Verhältnis zwischen Polizeibehörde und allgemeiner Ordnungsbehörde.** Das betrifft zunächst den Fall, in dem aufgrund der **gemeinsamen Eilzuständigkeit** nach § 2 S. 1 HSOG eine Doppelzuständigkeit von beiden besteht. Wenn die Verwaltungsbehörde im konkreten Fall nicht in der Lage scheint, eine bestimmte Gefahr (rechtzeitig) abzuwehren (z.B. nach Dienstschluss), trifft das regelmäßig auch auf die allgemeine Ordnungsbehörde zu. Daher kommt es in der Praxis kaum vor, dass nach § 2 S. 1 HSOG die allgemeine Ordnungsbehörde anstelle der Verwaltungsbehörde tätig wird. Vielmehr fällt hier die **Eilzuständigkeit den Polizeibehörden** zu.[67]

119 Keine explizite Regelung trifft das HSOG indessen für den Fall, in dem die **allgemeine Ordnungsbehörde** kraft sonderrechtlicher Zuweisung **originär allein zur Gefahrenabwehr berufen** ist (z.B. gemäß § 1 HSOG-DVO). Doch greifen hier nach allgemeiner Auffassung die gleichen Gesichtspunkte (analog) ein, die das – zuvor aufgezeigte – Verhältnis zwischen Polizei- und allgemeiner Verwaltungsbehörde bestimmen. § 2 S. 1 HSOG eröffnet der Polizei also auch dann die **subsidiäre Gefahrenabwehrkompetenz für den Eilfall.**[68] Denn die sonderrechtliche Zuweisung an die Ordnungsbehörde bezweckt allein, von der Regelzuständigkeit der allgemeinen Veraltungsbehörden abzuweichen, nicht aber die Eilzuständigkeit der Polizeibehörden zu blockieren.

120 Liegt demgegenüber eine **sonderrechtlich bestimmte Doppelzuständigkeit von allgemeiner Ordnungs- und Polizeibehörde** (z.B. gemäß § 10 HFEG) vor, gibt es für eine derartige Stufung keinerlei Anhaltspunkte. Das bedeutet, dass in diesen Fällen ein Tätigwerden der Polizei nicht nur subsidiär eröffnet ist.[69] Vielmehr ist hier deren **Eilfallzuständigkeit ohne weiteres mit umfasst.**

121 Im Übrigen (d.h. für jeden Fall einer gegebenen Doppelzuständigkeit) bestimmt sich das Verhältnis zwischen Ordnungs- und Polizeibehörde nach dem **Grundsatz der Erstbefassung.** Danach ist aus Gründen der Effektivität der Gefahrenabwehr diejenige der beiden Behörden, die in der Gefahrenlage zuerst tätig geworden ist, auch die zuständige Behörde; ihr obliegt es dann auch, die ergriffene Maßnahme fortzuführen.[70]

122 Um das Gesagte an einem **Beispiel** zu veranschaulichen: Steht in Anbetracht einer gewalttätig verlaufenden Spontanversammlung unter freiem Himmel am Wochenende deren Auflösung gemäß § 15 Abs. 3 VersG in Frage, so ist dafür aufgrund der Sonderzuweisung in § 89 Abs. 1 S. 1 HSOG i.V.m. § 1 S. 1 Nr. 2 HSOG-DVO, §§ 89 Abs. 2 S. 1, 85 Abs. 1 S. 1 Nr. 4 HSOG eigentlich (originär) der Bürgermeister/Oberbürgermeister als örtliche Ordnungsbehörde ausschließlich zuständig. Doch diese Zuständigkeit wird in Anbetracht der situativen Umstände regelmäßig von der Eilzuständigkeit der Polizei nach § 2 S. 1 HSOG verdrängt, weil und sofern ein Amtswalter der Versammlungsbehörde nicht vor Ort verfügbar ist.[71]

123 **Anderes Beispiel:** Findet an einem Donnerstagmittag auf einem öffentlichen Platz ein nach § 14 VersG angemeldetes politisches Straßentheater statt, von dem keine akute Gefahr ausgeht, dürfen die vor Ort anwesenden Beamten der Polizeibehörden keine beschränkenden Anordnungen treffen, für die sie nicht explizit zuständig sind (wie z.B.

[67] *Fischer/Leggereit/Sommer,* Kap. D Rn. 2.

[68] *Mühl/Fischer,* in: BeckOK, § 2 HSOG Rn. 4.

[69] *Mühl/Fischer,* in: BeckOK, § 2 HSOG Rn. 1; a.A. wohl *Fredrich,* § 2 Rn. 8.

[70] HessVGH, NJW 1984, 1197 (1198); *Mühl/Fischer,* in: BeckOK, § 2 HSOG Rn. 7; *Kramer,* Rn. 50; *Pausch/Dölger,* S. 53; *Hornmann,* § 2 Rn. 7.

[71] Vgl. auch *Fischer/Leggereit/Sommer,* Kap. D Rn. 14.

für Bild- und Tonaufnahmen gemäß §§ 19a, 12a VersG oder für den Versammlungsausschluss einzelner Teilnehmer nach § 18 Abs. 3 VersG). Eine Berufung auf die Eilzuständigkeit nach § 2 S. 1 HSOG entfällt hier, weil die zuständige Versammlungsbehörde während ihrer Dienstzeiten erreichbar ist, somit benachrichtigt und anschließend selbst tätig werden könnte.[72]

Die auf den Eil- oder Unvermögensfall anderer Behörden bezogene wie beschränkte Zuständigkeit der Polizeibehörden konkretisiert den althergebrachten **Grundsatz der Unaufschiebbarkeit polizeilichen Handelns** und unterstützt damit – neben den ansonsten nur enumerativ, durch spezielle Aufgabenzuweisungen bestimmten Zuständigkeiten – das historische Anliegen der **„Entpolizeilichung" der Gefahrenabwehr**. Zugleich dient sie der Gewährleistung **effektiver Gefahrenabwehr.** Das bedeutet umgekehrt, dass alle Zuständigkeiten der Verwaltungs- und der Ordnungsbehörden zur Gefahrenabwehr unter dem impliziten Vorbehalt stehen, dass kein solcher Eil- oder Unvermögensfall gegeben ist. Dies gilt eben auch für diejenigen Zuständigkeiten, die auf besonderen Aufgabenzuweisungen beruhen. Deren gesetzliche Spezialität wird dadurch nicht unterlaufen. Denn sie beabsichtigen nicht, die umständehalber auf den Eilfall bezogene Aufgabeneröffnung der Polizei auszuschließen, sondern bezwecken allein, im Übrigen (für den „Normalfall") die Aufgabenzuständigkeit für die Gefahrenabwehr sachbezogen explizit festzulegen (z.B. allgemeine Ordnungsbehörden statt allgemeine Verwaltungsbehörden). 124

4. Die polizeiliche Vollzugshilfe

Den Polizeibehörden ist zudem in § 1 Abs. 5 HSOG die eigenständige Aufgabe zugewiesen, anderen Behörden Vollzugshilfe zu leisten.[73] Dabei handelt es sich um eine **besondere Art der Amtshilfe**, die in den § 44 bis 46 HSOG näher ausgeformt ist. Soweit diese Vorschriften keine speziellen Regelungen enthalten, bleiben daher die allgemeinen Regeln zur Gewährung von Amtshilfe anwendbar (Art. 35 Abs. 1 GG, § 44 Abs. 3 S. 2 HSOG, §§ 4 ff. HVwVfG). 125

Vollzugshilfe bedeutet im Allgemeinen, andere Behörden soweit erforderlich bei der Durchsetzung ihrer Anordnungen mit spezifisch polizeilichen Mitteln, insbesondere mit Vollstreckungsmaßnahmen („Vollzugshandlungen") zu unterstützen. § 44 HSOG unterscheidet dabei zwischen der **den allgemeinen Ordnungsbehörden** (Abs. 1) und der **anderen Behörden** zu leistenden Vollzugshilfe (Abs. 2). Neben der Hilfe bei angeordneten Maßnahmen zur Identitätsfeststellung stehen hier die Fälle im Mittelpunkt, in denen die Behörden nicht über die zur **Anwendung unmittelbaren Zwangs** (§§ 52, 54 ff. HSOG) befugten Bediensteten verfügen, obgleich sie dafür (wie z.B. gemäß § 47 Abs. 3 S. 1 HSOG) zuständig sind. 126

Daher kommt etwa eine Vollzugshilfe nach § 44 Abs. 1 Nr. 1 HSOG **nicht in Betracht**, soweit die allgemeine Ordnungsbehörde für bestimmte Gefahrenabwehraufgaben eigene Bedienstete zu Hilfspolizeibeamten gemäß § 99 HSOG bestellt hat und diese im Rahmen ihrer vollzugspolizeilichen Befugnisse auch zur Anwendung unmittelbaren Zwangs ermächtigt sind (vgl. § 52 i.V.m § 63 Abs. 2 Nr. 3 i.V.m. § 99 Abs. 2 S. 2 HSOG; s. Rn. 77). Ebenso scheidet eine polizeiliche Vollzugshilfe aus, wenn die Ausgangsbehörde ihre Maßnahme auf andere Weise selbst durchsetzen kann (z.B. im Wege der Ersatzvornahme nach § 49 HSOG), also nicht auf Befugnisse angewiesen ist, die ausschließlich dem Polizeivollzugsdienst zustehen.[74] 127

---

[72] Vgl. HessVGH, NVwZ-RR 2011, 519 (522).

[73] *Fredrich*, § 1 Rn. 44.

[74] *Fischer/Leggereit/Sommer*, Kap. D Rn. 25.

128 Verfahrensrechtlich ist immer ein entsprechendes (schriftliches oder mündliches) **Vollzugshilfeersuchen** erforderlich. Liegt ein solches vor, sind die Polizeibehörden auch **regelmäßig verpflichtet**, die ersuchte Vollzugshilfe zu leisten. **Grenzen** ergeben sich allein aus § 5 Abs. 2 und Abs. 3 HVwVfG. Insbesondere darf die Vollzugshilfe nicht deshalb verweigert werden, weil die Polizeibehörde die vorgesehene Maßnahme für unzweckmäßig hält (§ 5 Abs. 4 HVwVfG).[75]

129 § 44 HSOG enthält selbst aber **keine Befugnis zu Eingriffsmaßnahmen** im Rahmen der Vollzugshilfe.[76] Daher muss – erstens – die zwangsweise Durchsetzbarkeit einer Maßnahme in dem für die ersuchende Behörde geltenden Recht vorgesehen sein, und – zweitens – muss die zwangsweise Durchsetzung der Maßnahme auf einer für die ersuchte Polizeibehörde geltenden Befugnisnorm des HSOG oder einer anderen besonderen Rechtsvorschrift beruhen.

130 Allerdings ist die Polizei **nur für die Art und Weise der Durchführung** der Vollzugshilfe verantwortlich (§ 44 Abs. 3 S. 1 HSOG). Die Rechtmäßigkeit des Vollzugshilfeersuchens hat sie daher grundsätzlich nicht zu prüfen, es sei denn dieses ist offensichtlich rechtswidrig.[77] Folgerichtig gelten die von der Polizei in Vollzugshilfe unternommenen Maßnahmen regelmäßig nicht als ihre eigenen, sondern als Maßnahmen der ersuchenden Behörde. Etwaige **Rechtsbehelfe** gegen das „Ob" der Zwangsanwendung sind daher gegen die ersuchende Behörde zu richten; lediglich soweit die Art und Weise („Wie") der Durchführung eigenständig angegriffen wird, ist der Rechtsbehelf an die Polizeibehörde zu richten.[78]

5. Zusammenfassung

131 Das Vorstehende kann in anderer Weise wie folgt zusammengeführt werden:

132 Die **Polizeibehörden** sind für die Gefahrenabwehr zuständig, wenn ihnen dazu die Aufgabe oder Befugnis in einem Spezialgesetz (i.V.m. § 1 Abs. 2 HSOG) oder in einer besonderen Vorschrift des HSOG (§ 1 Abs. 4 HSOG – vorbeugende Bekämpfung von Straftaten, § 1 Abs. 5 i.V.m. §§ 44 ff. HSOG – Vollzugshilfe, §§ 12 ff. HSOG – Standardbefugnisse) ausdrücklich und ausschließlich zugewiesen ist. Andernfalls ist deren Zuständigkeit nur subsidiär unter den Voraussetzungen des Eil- oder Unvermögensfalls im Sinne des § 2 S. 1 HSOG gegeben, im Gegenüber zu den allgemeinen Ordnungsbehörden zudem nach dem Grundsatz der Erstbefassung. Von alledem unberührt bleiben die Zuständigkeiten der Polizei im repressiven Bereich, etwa zur Verfolgung von Ordnungswidrigkeiten (§ 53 OWiG) oder als Ermittlungspersonen der Staatsanwaltschaft zur Erforschung von Straftaten (§§ 161, 163 StPO, § 152 Abs. 1 GVG).

133 Die Zuständigkeit der **allgemeinen Ordnungsbehörden** (zu den Sonderordnungsbehörden vgl. § 90 HSOG) kann sich ebenfalls zunächst aus expliziten Aufgaben- oder Befugniszuweisungen aufgrund besonderer Rechtsvorschriften ergeben, insbesondere i.V.m. § 1 Abs. 2 und § 89 Abs. 1 S. 2 HSOG oder i.V.m. § 89 Abs. 1 S. 1 HSOG und einer Rechtsverordnung, wie z.B. der HSOG-DVO. Im Zweifel sind hier die örtlichen Ordnungsbehörden angesprochen (§ 89 Abs. 2 S. 1, § 85 Abs. 1 S. 1 Nr. 4 HSOG). Im Übrigen kommt eine Zuständigkeit der allgemeinen Ordnungsbehörden nur als subsidi-

---

[75] *Fredrich*, § 44 Rn. 4 f.

[76] *Fredrich*, § 44 Rn. 3; *Fischer/Leggereit/Sommer,* Kap. D Rn. 23.

[77] Vgl. Punkt 44.3.1. VVHSOG, so auch *Hornmann*, § 44 Rn. 2; *Fredrich*, § 44 Rn. 6; BVerwGE 160, 169 (176 Rn. 17).

[78] *Fredrich*, § 45 Rn. 2; s. dazu den Fall VG Kassel, Urt. v. 28.10.2020, BeckRS 2020, 35853 (Rn. 21).

äre in Betracht, d.h. in den Fällen des § 2 S. 1 HSOG, und hierbei wie auch sonst, wenn eine Doppelzuständigkeit mit den Polizeibehörden vorliegt, allenfalls bei Erstbefassung.

134 Auch die **allgemeinen Verwaltungsbehörden** sind allemal dann für die Aufgabe einer Gefahrabwehr zuständig, wenn ihr diese durch eine spezialgesetzliche Regelung zugewiesen ist (i.V.m. § 1 Abs. 2, § 82 Abs. 2 S. 1 HSOG). Im Übrigen sind ihnen – unter dem Vorbehalt, dass keine andere Behörde sondergesetzlich zur Abwehr der Gefahr bestimmt ist – als sonstige Aufgaben der allgemeinen Gefahrenabwehr all diejenigen Aufgaben übertragen, zu deren Erfüllung sie rechtlich und tatsächlich in der Lage sind, genauer: deren Erfüllung nicht wegen eigenen Unvermögens oder der dringlichen Gefahrenlage von den Polizei- oder allgemeinen Ordnungsbehörden übernommen wird.

Übersicht: 135

<table>
<tr><th colspan="7">Sachliche Zuständigkeit zur Gefahrenabwehr</th></tr>
<tr><td colspan="4">Sonderrechtliche Zuweisung</td><td colspan="3">Zuweisung nach Aufgabenabgrenzung</td></tr>
<tr><td colspan="4">Polizeibehörden
Ordnungsbehörden
Verwaltungsbehörden</td><td>Gefahrenabwehrbehörden
Allgemeine Verwaltungsbehörden</td><td colspan="2">Polizeibehörden
Allgemeine Ordnungsbehörden</td></tr>
<tr><td colspan="2">Spezialgesetz
i.V.m.</td><td colspan="2">HSOG</td><td>§ 1 Abs. 1
i.V.m.
§ 2 HSOG</td><td>§ 2 S. 1
HSOG
analog</td><td>Erstbefassung</td></tr>
<tr><td>§ 1 Abs. 2,
§ 3 Abs. 1 S. 2,
§ 82 Abs. 2 S. 1,
§ 89 Abs. 1 S. 2 HSOG</td><td>§ 89 Abs. 1 S. 1 HSOG i.V.m. RVOen</td><td>§ 1 Abs. 4, Abs. 5 HSOG</td><td>§§ 12 ff. HSOG</td><td>Kriterien:
- Unvermögen
- Dringlichkeit</td><td>Kriterien:
- Unvermögen
- Dringlichkeit</td><td></td></tr>
</table>

II. Örtliche Zuständigkeit

Was die Regelungen zur örtlichen Zuständigkeit angeht, so unterscheidet das HSOG 136
auch insoweit zwischen den Gefahrenabwehrbehörden und den Polizeibehörden.

Die örtliche Zuständigkeit der **Gefahrenabwehrbehörden** (allgemeine Ordnungsbe- 137
hörden, Sonderordnungsbehörden, allgemeine Verwaltungsbehörden) ist nach § 100 Abs. 1 S. 1 HSOG grundsätzlich **auf ihren Amtsbereich beschränkt**. Deshalb ist nur die Behörde örtlich zuständig, in deren Amtsbereich eine Aufgabe der Gefahrenabwehr wahrzunehmen ist (§ 100 Abs. 1 S. 2 HSOG), also z.B. der Bürgermeister als örtliche

Ordnungsbehörde oder der Gemeindevorstand als kommunale Verwaltungsbehörde für die innerhalb des Gemeindegebiets auftretenden Gefahrenlagen. Auf den Wohnsitz oder ständigen Aufenthalt desjenigen, von dem die Gefahr ausgeht, kommt es nicht an.[79] Ausnahmen der örtlichen Zuständigkeit auch außerhalb des eigenen Amtsbereichs regelt § 100 Abs. 2 und 3 HSOG.

138 Die **Polizeibehörden** sind zwar im ganzen Landesgebiet zuständig (§ 101 Abs. 1 S. 1 HSOG), jedoch sollen die Polizeipräsidien in der Regel nur in ihrem Dienstbereich tätig werden (§ 101 Abs. 1 S. 2 HSOG). Diese **Dienstbereiche** decken sich regelmäßig mit den Gebieten der kreisfreien Städte und Landkreise, während sich die **Dienstbezirke**, in denen die Polizeidirektionen tätig werden, in der Regel auf das Gebiet einer Gemeinde erstrecken (§ 101 Abs. 3 HSOG; vgl. auch Rn. 74). Ausnahmen gebietsüberschreitender Zuständigkeit sind in § 101 Abs. 2 HSOG vorgesehen.

III. Zuständigkeiten und Verwaltungsprozessrecht

139 Die sich nach den vorstehenden Regeln ergebenden behördlichen Zuständigkeiten zur Gefahrenabwehr lassen die **verwaltungsorganisationsrechtliche Stellung der jeweiligen Behörde unberührt**. Die gesetzliche Aufgabenzuweisung knüpft an das allgemeine Verwaltungsorganisationsrecht bzw. das Kommunalrecht an. Indem es einer bestimmten Behörde eine bestimmte Aufgabe (Gefahrenabwehr) zur Wahrnehmung in einer bestimmten Funktion (Vollzugspolizei, Ordnungsbehörde, Verwaltungsbehörde) zuordnet, setzt es die Zugehörigkeit der Behörde zu einem bestimmten Verwaltungsträger (Land, Kommune) voraus. Weder der staatliche Charakter der Gefahrenabwehraufgabe (§ 81 HSOG) noch der Funktionstypus ihrer Vollziehung noch das damit einhergehende Modell der staatlichen Aufsicht ändern etwas daran, dass die konkret berufene Behörde Teil jener Körperschaft bzw. juristischen Person des öffentlichen Rechts ist, der sie organisationsrechtlich zugeordnet ist. Weil allein dem Verwaltungsträger Rechtspersönlichkeit zukommt, bleibt es daher dabei, dass allein diesem die Rechtswirkungen der nach außen gerichteten Handlungen seiner Behörden als Handlungen im eigenen Namen und durch eigenes Personal zugerechnet werden.[80]

140 In verwaltungsprozessrechtlicher Sicht folgt daraus, dass nach dem **Rechtsträgerprinzip** des § 78 Abs. 1 Nr. 1 VwGO Klagen oder Anträge (z.B. auf Wiederherstellung der aufschiebenden Wirkung, § 80 Abs. 5 VwGO) gegen oder wegen Maßnahmen, die zur Gefahrenabwehr ergriffen worden sind, an diejenige Körperschaft zu richten sind, deren Behörde (bzw. deren Personal) die Maßnahme getätigt hat.[81] Im Fall eines polizeibehördlichen Handelns ist das das Land Hessen, im Fall einer ordnungs- oder verwaltungsbehördlichen Maßnahme auf der unteren Verwaltungsebene ist das entweder die Gemeinde oder der Landkreis (s. zur Organisation der Gefahrenabwehrbehörden Rn. 60 ff.).

141 Eine Eigentümlichkeit ist bei der Frage nach der **zuständigen Widerspruchsbehörde** nach § 73 Abs. 1 S. 2 Nr. 1 VwGO zu beachten, soweit Aufgaben der Gefahrenabwehr von den Gemeinden bzw. deren Behörden wahrgenommen werden. Nach § 83 Abs. 3 und § 86 Abs. 5 HSOG bestimmt sich die „nächsthöhere Behörde" für Gemeinden unter 50.000 Einwohnern nicht nach dem allgemeinen Behördenaufbau, sondern aus der fachlichen Aufsichtszuständigkeit. Danach ist der Landrat als Behörde des Landkreises

---

[79] *Fredrich*, § 100 Rn. 1; HessVGH, NVwZ 2003, 1402.

[80] Vgl. auch *Wehr*, Rn. 23 ff.

[81] Von der Option des § 78 Abs. 1 Nr. 2 VwGO, wonach auch die Behörde selbst verklagt werden könnte, hat das hessische Landesrecht keinen Gebrauch gemacht.

(nicht als Behörde der Landesverwaltung, §§ 136 Abs. 3 HGO, 55 Abs. 2 HKO) die nächsthöhere Behörde, gleichviel ob eine Maßnahme des Gemeindevorstands einer Gemeinde als Verwaltungsbehörde (§ 83 Abs. 1 Nr. 2 HSOG) oder ob ein Handeln des Bürgermeisters/Oberbürgermeisters einer Gemeinde als örtliche Ordnungsbehörde (§ 86 Abs. 1 Nr. 3 HSOG) in Rede steht. Hingegen haben über einen Widerspruch gegen Anordnungen, die von Behörden des Landkreises, der kreisfreien Städte oder der Sonderstatusstädte (Gemeinden über 50.000 Einwohner, § 4a HGO) verfügt worden sind, diese Behörden selbst zu entscheiden; das ergibt sich daraus, dass die hier (gemäß §§ 136 Abs. 2 HGO, § 54 Abs. 2 HKO, §§ 83 Abs. 1 Nr. 1, 86 Abs. 1 Nr. 2 HSOG) eigentlich gegebene Zuständigkeit des Regierungspräsidiums für den Widerspruchsbescheid durch § 16a HAGVwGO auf die Ausgangsbehörde zurückübertragen ist. In **verfahrensrechtlicher Hinsicht** ist zu beachten, dass der Widerspruchsführer von der Ausgangsbehörde grundsätzlich angehört werden muss (§ 7 Abs. 1, Abs. 3 Nr. 1 HAGVwGO), sofern nicht ohnehin nach § 16a Abs. 1 HAGVwGO i.V.m. Nr. 2 der Anlage die Notwendigkeit eines Vorverfahrens im Einzelfall entfällt.

§ 3. Dogmatische Grundstrukturen

A. Sicherheit und Freiheit

Die Staatsaufgabe Sicherheit (Rn. 1 ff.) steht zum Verfassungsprinzip Freiheit (Art. 2 Abs. 1 GG) in einem ambivalenten Verhältnis.[82] Einerseits gründet die Aufgabe, Gefahren für die Gemeinschaftsgüter der öffentlichen Sicherheit und Ordnung abzuwehren, zumindest auch in den Grundrechten des Einzelnen. In ihrer normativen Bedeutung als **grundrechtliche Schutzpflichten** verlangen sie vom Staat, sich schützend vor die Grundrechte zu stellen und Bedrohungen oder Beeinträchtigungen ihrer Rechtsgüter aktiv entgegenzutreten. Denn der Mensch kann nur dann in Freiheit leben, wenn er in einem sicheren Umfeld lebt. In dieser Schutzpflichtendimension gelangt das zusammenstimmende Verhältnis von Sicherheit und Freiheit zum Ausdruck: Ohne Sicherheit keine Freiheit. 142

Andererseits liegt die normative Kraft der Grundrechte gerade darin, die Staatsgewalt auf Distanz zu halten; um der Freiheit willen gewähren sie „in erster Linie“[83] **Abwehrrechte** des Bürgers gegen den Staat. Diese abwehrrechtliche Dimension wird aktuell, wenn staatliche Maßnahmen, die der Abwehr von Gefahren dienen, zugleich für diejenigen, die von ihnen betroffen werden, eine Beschränkung ihrer Freiheitssphäre bedeuten. Hier, wo sich die grundrechtliche Schutzpflicht durch Eingriffe in die grundrechtliche Freiheit realisiert,[84] wird das widerstreitende Verhältnis von Sicherheit und Freiheit offenbar: Sicherheit als Schranke der Freiheit. 143

[82] Aus der Lit.: *Möstl*, Die staatliche Garantie für die öffentliche Sicherheit und Ordnung, 2002, S. 5 ff., 42 ff.; *ders.*, in: BeckOK, Systematische und begriffliche Vorbemerkungen zum Polizeirecht in Deutschland, Rn. 1 ff.; *Würtenberger/Heckmann/Tanneberger*, §1 Rn. 37 ff.; *Horn*, in: FS Schmitt Glaeser, 2003, S. 435 ff.; *Di Fabio*, NJW 2008, 421 ff.; *Masing*, JZ 2011, 753 ff.; *Thiel*, Die „Entgrenzung“ der Gefahrenabwehr, 2011, S. 140 ff.; *Voßkuhle*, in: FS Würtenberger, 2013, S. 1101 ff.

[83] BVerfGE 7, 198 (204).

[84] *Wahl/Masing*, JZ 1990, 553 ff.; *Isensee*, in: HStR, 3. Aufl., Bd. IX, 2011, § 191 Rn. 166.

144 Stellt damit die Sicherheit sowohl eine Voraussetzung als auch eine Schranke der Freiheit dar, ist es die Aufgabe von Recht und Rechtsstaat, zwischen beiden eine **angemessene Balance** herzustellen.[85] Dieser Ausgleich zwischen den Sicherheitsinteressen der Gemeinschaft und den Freiheitsinteressen des Individuums formt den **verfassungsrechtlichen Rahmen**, in dem sich das Recht und das Handeln der Polizei bewegen. Der Rahmen enthält **Vorgaben**, wie namentlich die aus den grundrechtlichen Schutzpflichten (i.V.m. dem Untermaßverbot) fließenden Anforderungen, und setzt **Grenzen**, wie die aus den Abwehrrechten (i.V.m. dem Übermaßverbot oder Verhältnismäßigkeitsgrundsatz) resultierenden Schranken für Freiheitseingriffe.[86] Aber er liefert keine „Punktlandung", sondern umfasst eine relative **Spannweite**, in dem die widerstreitenden Interessen in Anbetracht der wechselnden Konfliktlagen auf jeweils möglichst weitgehende Verwirklichung bzw. möglichst geringe Beeinträchtigung drängen. Darin liegt zugleich die Absage an jedes einseitige Vorrang-Denken, das entweder die präventiven Schutzbelange der Rechtsgütersicherheit oder die abwehrende Stoßrichtung der Freiheitsrechte dem jeweils anderen Verfassungswert kategorisch unterordnet.[87]

B. Vorrang und Vorbehalt des Gesetzes

145 Innerhalb dieses verfassungsrechtlichen Rahmens ist es zunächst die Aufgabe des Gesetzgebers, in abstrakter Weise den gebotenen Ausgleich zwischen den gegenläufigen Belangen und Interessen zu finden.[88] Den gesetzesvollziehenden Organen der Polizei- und Gefahrenabwehrverwaltung (ebenso wie der kontrollierenden Verwaltungsgerichtsbarkeit) obliegt es dann, diesen **gesetzgeberischen Ausgleich** im konkreten Einzelfall **situativ angemessen zu konkretisieren.**

146 Nach dem Verfassungsgrundsatz der Bindung an Gesetz und Recht (Art. 20 Abs. 3 GG) gilt dabei zunächst der **Vorrang des Gesetzes.** Die von den Behörden getroffenen Maßnahmen der Gefahrenabwehr müssen in jeder Hinsicht den Vorgaben entsprechen, unter denen das (verfassungsmäßige) Gesetz sie im Einzelnen zulässt. Dabei gilt diese Bindung an das Gesetz selbstverständlich nicht nur für solche Maßnahmen, die in Grundrechte eingreifen. Der Gesetzgeber kann die Erfüllung der Gefahrenabwehraufgabe auch ansonsten spezifisch regeln, d.h. nach Tatbestand und Rechtsfolge in besonderen (Befugnis-)Normen festlegen. In jedem Fall sind die formelle und die materielle Gesetzmäßigkeit des behördlichen Handelns geboten.

147 Im Rahmen der Auslegung und Anwendung des Gesetzes haben die Polizei- und Gefahrenabwehrbehörden zudem ihre **eigene Verfassungs- und Grundrechtsbindung** (Art. 20 Abs. 3, Art. 1 Abs. 3 GG, Art. 26 HV) zu beachten (sog. „grundrechtsunmittelbare Verwaltung").[89] Den Spielraum dazu eröffnet zum einen das im Recht der Gefahrenabwehr traditionell geltende **Opportunitätsprinzip**: Ob, wann und welche zulässige Maßnahme zur Gefahrenabwehr ergriffen werden soll, liegt im pflichtgemäßen Ermessen der Behörden (§ 5 HSOG, vgl. Rn. 258 ff.). Und zum anderen verpflichtet der **Grundsatz der Verhältnismäßigkeit** die Behörden schon verfassungsunmittelbar, tradi-

[85] BVerfGE 115, 320 (358).

[86] Vgl. auch *Möstl*, in: BeckOK, Systematische und begriffliche Vorbemerkungen zum Polizeirecht in Deutschland, Rn. 3.

[87] *Götz*, in: HStR, 3. Aufl., Bd. IV, 2006, § 85 Rn. 27.

[88] BVerfGE 115, 320 (346).

[89] Dazu *Horn*, Die grundrechtsunmittelbare Verwaltung, 1999; *ders.*, in: FS Stern, 2012, S. 353 ff.

tionell aber auch einfachgesetzlich (§ 4 HSOG, vgl. Rn. 264 ff.) dazu, für die grundrechtliche Angemessenheit der von ihnen getroffenen Maßnahmen Sorge zu tragen.

Überdies unterliegt das Handeln der Polizei- und Gefahrenabwehrbehörden, das mit 148
Eingriffen in die Grundrechte des Bürgers verbunden ist, dem verfassungsrechtlichen Gebot vom **Vorbehalt des Gesetzes.** Die bloß allgemeine Zuweisung der Aufgabe zur Gefahrenabwehr (Rn. 101 ff.) genügt dem noch nicht. Vielmehr bedarf es dazu einer präziser umrissenen Ermächtigung durch den Gesetzgeber, die darüber hinaus die **Befugnis** vermittelt, der abzuwehrenden Gefahr mit grundrechtseingreifenden Mitteln zu begegnen. Nur eine solche Ermächtigungsgrundlage oder Befugnisnorm ist in der Lage, im Dienste effektiver Gefahrenabwehr die Überwindung entgegenstehender Rechte zu erlauben (s. Rn. 154 ff.).

Diese Notwendigkeit gesetzlicher Eingriffsermächtigung folgt zunächst aus den aus- 149
drücklichen (einfachen oder qualifizierten) **grundrechtlichen Gesetzesvorbehalten** (z.B. Art. 2 Abs. 1, Abs. 2 S. 3, Art. 5 Abs. 2, Art. 8 Abs. 2, Art. 10 Abs. 2, Art. 11 Abs. 2, Art. 12 Abs. 1 S. 2, Art. 13 Abs. 7 GG), darüber hinaus aus dem **allgemeinen Vorbehalt des Gesetzes** und der **Wesentlichkeitslehre** (oder: Grundsatz des Parlamentsvorbehalts). Danach gebieten das Rechtsstaats- und das Demokratieprinzip, dass der Gesetzgeber in wesentlichen normativen Angelegenheiten, die nicht schon durch die Verfassung geregelt sind, alle wesentlichen Entscheidungen selbst zu treffen hat, also nicht der Regelung durch die Verwaltung überlassen darf. Immer „wesentlich" in diesem Sinne sind die Entscheidungen über die Zulässigkeit und Grenzen von hoheitlichen Maßnahmen, die „Freiheit und Eigentum" der Bürger beschränken oder sonst für die Verwirklichung der Grundrechte erheblich sind.[90]

Das gilt vor allem auch in Anbetracht der sog. **vorbehaltlos gewährleisteten Grund-** 150
rechte, also dann, wenn Grundrechte betroffen werden, die nach dem Wortlaut der Verfassung ohne ausdrücklichen Gesetzesvorbehalt gewährleistet sind (z.B. Art. 4 Abs. 1, 2, Art. 5 Abs. 3 GG). Der Unterschied zwischen diesen und den anderen Grundrechten besteht allerdings darin, dass der Gesetzgeber die Schranken vorbehaltlos gewährleisteter Grundrechte nur zugunsten verfassungsunmittelbarer Rechtsgüter, also zum Schutz kollidierender Grundrechte Dritter oder anderer mit Verfassungsrang ausgestatteter Rechtswerte, ziehen darf.[91] Für das Polizeirecht wird hier der **Verfassungsrang der staatlichen Sicherheitsaufgabe** (Rn. 1 f.) besonders relevant: So kann eine Eingriffsregelung auch gegenüber vorbehaltlos gewährleisteten Grundrechten (nach Maßgabe strikter Verhältnismäßigkeit) durchaus gerechtfertigt sein, wenn in einem bestimmten Lebenskontext die öffentliche Sicherheit derart bedroht ist, dass die Wahrung grundrechtlicher Schutzpflichten oder der Schutz anderer, von der Verfassung explizit geschützter Rechtsgüter des Einzelnen oder der Allgemeinheit auf dem Spiel steht. Das Gleiche gilt, wenn es um die Abwehr von unabweisbaren Gefahren für die Unversehrtheit der Rechtsordnung, d.h. die Wirksamkeit der Rechtsdurchsetzung, oder von gravierenden Bedrohungen der öffentlichen Ordnung als einer Ordnung des friedlichen Beieinanderlebens (zu diesen Teilbelangen der Inneren Sicherheit s. Rn. 1 f.) geht. Auch eine solche Regelung kann verfassungsrechtlich legitimiert sein; dass die betroffenen Grundrechte vorbehaltlos gewährleistet sind, steht dem nach zutreffender Auffassung nicht prinzipiell entgegen.[92]

---

[90] BVerfGE 49, 89 (126); 108, 282 (311).

[91] St. Rspr.; vgl. z.B. BVerfGE 30, 173 (193); 83, 130 (139); 108, 282 (311 f.).

[92] Wie hier *Möstl*, in: BeckOK, Systematische und begriffliche Vorbemerkungen zum Polizeirecht in Deutschland, Rn. 29; a.A. *Schenke*, Rn. 417; *Kugelmann*, Kap. 10 Rn. 27.

151 Ob im Einzelfall ein den Vorbehalt des Gesetzes auslösender **Grundrechtseingriff** gegeben ist, bemisst sich nach den allgemeinen Grundrechtslehren. Gefahrenabwehrmaßnahmen haben in der Regel Eingriffscharakter. Das gilt insbesondere für **Ge- oder Verbote** in Form von Verwaltungsakten (sog. „Polizei- oder Gefahrenabwehrverfügungen"); bei diesen handelt es sich um finale und unmittelbar wirkende Eingriffshandlungen („klassischer" Eingriffsbegriff). Bei **tatsächlichen Maßnahmen** ohne Regelungscharakter (Realakte) kommt es darauf an, ob damit entweder eine unmittelbare oder eine zumindest mittelbar-faktische, aufgrund vergleichbarer Zielsetzung und Wirkung (als „funktionales Äquivalent"[93]) zurechenbare Beeinträchtigung grundrechtlich geschützter Rechtsgüter einhergeht (erweiterter Eingriffsbegriff). Das ist zum Beispiel der Fall bei Datenerhebungen, individualisierten Warnungen, Filmaufnahmen bei Veranstaltungen oder der sog. „Gefährderansprache"[94] (dazu Rn. 223). Hingegen ziehen lediglich allgemeine Auskünfte (etwa über bestehende Straßensperren), Warnungen (etwa vor Diebstählen oder Einbrüchen) und Empfehlungen (etwa zur Sicherung von Handtaschen oder Wohnungen) – auch über Social-Media-Kanäle – oder die üblichen Streifengänge bzw. Streifenfahrten der Polizei keinerlei grundrechtserhebliche Wirkungen nach sich; für sie bedarf es daher keiner besonderen Befugnis im Sinne des Vorbehalts des Gesetzes.

152 In jedem Fall muss die gesetzliche Handlungsermächtigung ihrerseits den Anforderungen an die Verfassungsmäßigkeit genügen. Gegebenenfalls verlangen die Ausstrahlungswirkung der Grundrechte und deren verfassungsrechtliche Schranken-Schranken eine **grundrechtskonforme Auslegung** bzw. Reduktion des Gesetzes.

153 Zudem muss die Polizeirechtsnorm dem Gebot der **Normenbestimmtheit und Normenklarheit** genügen, wie es aus dem Rechtsstaatsprinzip, den Grundrechten und der Wesentlichkeitslehre hergeleitet wird.[95] Der Gesetzgeber muss Anlass, Zweck und Grenzen polizeilicher Eingriffe bereichsspezifisch hinreichend präzise und normenklar festlegen.[96] Das jeweilige Niveau der Bestimmtheitsanforderungen bemisst sich dabei nach den Bedingungen des Einzelfalls, insbesondere nach der Art der in Betracht stehenden Befugnis und der Intensität des Grundrechtseingriffs. Während die polizeiliche Generalklausel (§ 11 HSOG) trotz ihrer Weite angesichts langjähriger Rechtspraxis insoweit als unbedenklich eingestuft wird,[97] stellt die Rechtsprechung an die Bestimmtheit der neueren informationellen Eingriffsbefugnisse der Polizei vergleichsweise strenge Anforderungen.[98] Schließlich muss der Gesetzgeber in dem von Art. 19 Abs. 1 S. 2 GG geforderten Umfang dem **Zitiergebot** für Grundrechtseinschränkungen genügen.[99]

---

[93] BVerfGE 105, 252 (273).

[94] Vgl. BaWüVGH, VBlBW 2018, 316 ff.; *Hebeler*, NVwZ 2011, 1364 (1365 f.).

[95] Ausführlich *Denninger*, in: Lisken/Denninger, Kap. B Rn. 57 ff., 61 ff.

[96] BVerfGE 49, 89 (126 f.); 100, 113 (359 f.); 150, 1 (96 ff. Rn. 190 ff.).

[97] BVerfGE 54, 143 (144 f.); 69, 315 (352); BVerwGE 115, 189 (195); 129, 142 (148); *Schoch*, Rn. 241; *Graulich*, in: Lisken/Denninger, Kap. E Rn. 87; *Schenke*, Rn. 49.

[98] Vgl. z.B. zu Maßnahmen der Telekommunikationsüberwachung BVerfGE 113, 348 (375 ff.); zur Online-Durchsuchung BVerfGE 120, 274 (315 ff.). Kritisch dazu *Möstl*, in: BeckOK, Systematische und begriffliche Vorbemerkungen zum Polizeirecht in Deutschland, Rn. 30, 49.

[99] Vgl. z.B. BVerfGE 150, 309 (333 ff. Rn. 61 ff.) zu § 18 Abs. 2 Nr. 5, § 14 Abs. 1 S. 1 HSOG.

C. Aufgabe und Befugnis

Die – bereits vorerwähnte – Unterscheidung von Aufgaben und Befugnissen ist für das Polizei- und Ordnungsrecht fundamental; vom HSOG wird sie schon im Aufbau nachvollzogen (vgl. §§ 1, 2 einerseits, §§ 11 ff. andererseits). Mit der **Aufgabennorm** weist der Gesetzgeber den darin genannten Behörden einen bestimmten, sachlich-inhaltlich definierten Tätigkeitsbereich zu und begründet damit für diese eine allgemeine Sachgebietszuständigkeit: so in § 1 Abs. 1 S. 1 für die Abwehr von Gefahren für die öffentliche Sicherheit oder Ordnung. Entsprechendes gilt für § 1 Abs. 3 (subsidiärer Schutz privater Rechte), Abs. 4 (Straftatenverhütung und Strafverfolgungsvorsorge) und Abs. 5 HSOG (Vollzugshilfe) – während § 1 Abs. 2 HSOG allein auf die Selbstverständlichkeit hinweist, dass spezielle Gesetze den Gefahrenabwehr- und Polizeibehörden weitere Aufgaben (solche der Gefahrenabwehr ebenso wie andere) zuweisen können. Die Vorschrift des § 2 HSOG geht sodann für den Bereich der Gefahrenabwehr noch einen Schritt weiter und nimmt sich dem Verhältnis der Behörden zueinander an, indem sie im Wege behördenscharfer Zuweisung deren **sachliche (Aufgaben-)Zuständigkeit** im Einzelnen bestimmt.[100] Die Aufgabeneröffnung zählt daher zu den Voraussetzungen der **formellen Rechtmäßigkeit** polizeilichen Handelns. 154

In rechtstechnischer Hinsicht liegt die Bedeutung der Aufgabennorm darin, den Anwendungsbereich des die Aufgabenwahrnehmung regelnden Gesetzes zu eröffnen. So finden gemäß § 3 Abs. 1 S. 1 HSOG die Vorschriften des HSOG Anwendung bei der Erfüllung von Aufgaben der Gefahrenabwehr und weiterer Aufgaben nach § 1 HSOG. Nur dann also, wenn es um Maßnahmen geht, die in diesen Aufgabenbereich fallen, unterliegen sie dem HSOG. Oder anderes gewendet: **Die Anwendbarkeit des HSOG setzt die Eröffnung des in § 1 HSOG genannten Aufgabenbereichs voraus.** Demnach muss jede Maßnahme der Polizei- oder Gefahrenabwehrbehörden, deren Rechtmäßigkeit sich aus der Übereinstimmung mit den Vorschriften des HSOG ergeben soll, entweder der Gefahrenabwehr oder einer der anderen Aufgaben des § 1 HSOG dienen. 155

Solche Aufgabennormen sind **final** gefasst. Sie benennen abstrakt das oder die Ziele, die durch das Handeln der dazu berufenen Behörden erreicht oder befördert werden sollen. Die Gefahr, deren Abwehr nach § 1 Abs. 1 S. 1 HSOG Aufgabe der Gefahrenabwehr- und Polizeibehörden ist, meint daher die **Gefahr im abstrakten Sinne.** Darunter versteht man eine allgemeine, von einer Vielzahl vergleichbarer Geschehnisse, Handlungen oder Zustände geprägte Sachlage, in der typischerweise mit einer Beeinträchtigung der öffentlichen Sicherheit oder Ordnung, d.h. mit dem Eintritt eines Schadens für ein polizeiliches Schutzgut zu rechnen ist (näher zum polizeilichen Gefahrbegriff s. Rn. 288 ff.). Die Aufgabe der Gefahrenabwehr setzt also nicht erst dann ein, wenn in einer Einzelfallsituation ein Schadenseintritt droht, sondern bereits dann, wenn dieser in Anbetracht einer Vielzahl vergleichbarer Fälle prognostiziert werden kann. Dafür bedarf es freilich hinreichender tatsächlicher Anhaltspunkte; erforderlich ist eine Sachlage, die bei ungehindertem Geschehensablauf nach allgemeiner Lebenserfahrung den Schluss rechtfertigt, dass sie in absehbarer Zeit mit hinreichender Wahrscheinlichkeit zu einem Schaden führen kann. 156

Bsp.: Für die Eröffnung der Aufgabe, Gefahren für die öffentliche Sicherheit durch das Füttern wildlebender Tauben abzuwehren, reicht es aus, dass dieses Füttern, gedacht in einer unbestimmten Anzahl von Fällen und durch eine unbestimmte Anzahl von Personen, etwa

[100] Zur Unterscheidung zwischen Aufgabe und Zuständigkeit vgl. auch *Reimer*, Rn. 28.

die Gefahr einer Verbreitung von Krankheitserregern oder einer erheblichen Verschmutzung des öffentlichen Raums durch Exkremente hervorrufen kann.[101]

Gegenbsp.: Alkoholkonsum im öffentlichen Raum eröffnet i.d.R. noch nicht die Aufgabe der Gefahrenabwehr. Weil solcher Alkoholkonsum nicht generell als Ursache für auftretende Gewalttätigkeiten prognostiziert werden kann, fehlt es insoweit an einer abstrakten Gefahr für die öffentliche Sicherheit.[102]

157 Die gesetzliche Aufgabenzuweisung rechtfertigt grundsätzlich alle behördlichen Maßnahmen, die zu ihrer Erfüllung ergriffen werden (und nach dem Vorrang des Gesetzes im Übrigen rechtmäßig sind). Anderes gilt jedoch für solche Maßnahmen, die dem Vorbehalt des Gesetzes (Rn. 148 ff.) unterliegen. Danach bedarf es einer zusätzlichen, nach Voraussetzungen und Mitteln präziser ausgeformten Handlungsermächtigung in einer **Befugnisnorm**, wenn und soweit es zur Erfüllung der Gefahrenabwehraufgabe notwendig ist, in Rechte Dritter einzugreifen. In diesen Fällen reicht die Aufgabennorm als Rechtsgrundlage nicht mehr hin; **der Schluss von der Aufgabe auf die Befugnis ist unzulässig.**[103]

158 Die derart konkret gefassten Befugnisse der Gefahrenabwehr- und Polizeibehörden finden sich in den einzelnen Ermächtigungsgrundlagen der **§§ 11 ff. HSOG** sowie in den einschlägigen gefahrenabwehrrechtlichen **Spezialgesetzen**, wie z.B. im Versammlungsgesetz (s. Rn. 167 ff.). Die Frage, ob sich eine behördliche Eingriffsmaßnahme im Einzelfall auf eine hinreichende Eingriffsermächtigung oder Befugnisnorm stützen kann, ist eine ganz wesentliche Bedingung ihrer **materiellen Rechtmäßigkeit.**

159 Befugnisnormen sind in der Regel **konditional** gefasst. Sie benennen einen Tatbestand („wenn"), bei dessen Vorliegen die zuständigen Behörden ermächtigt sind, die als Rechtsfolge („dann") aufgewiesenen Mittel zu ergreifen. Die allgemeine Aufgabe der Gefahrenabwehr wird so auf einen **konkreten Sachverhalt** bezogen und zu ihrer Erfüllung auf **bestimmte Handlungsoptionen** festgelegt. Daher ist immer dann, wenn der Tatbestand einer Befugnisnorm das Vorliegen einer Gefahr verlangt, eine **konkrete Gefahr** gemeint (z.B. § 11 HSOG). Diese unterscheidet sich von der bloß abstrakten Gefahr (Rn. 156) dadurch, dass die Prognose eines in absehbarer Zeit mit hinreichender Wahrscheinlichkeit zu erwartenden Schadens nicht nur allgemein, sondern in Anbetracht eines konkreten Einzelfalls gegeben sein muss (s. Rn. 316 ff.).

Bsp.: Das exzessive Füttern wildlebender Tauben im dicht bebauten Innenstadtkern mit großem Anliegerverkehr und offenen Marktständen führt infolge des damit einhergehenden massiven Anfalls von Taubenkot zu starken Verunreinigungen oder gar Substanzschäden an Straßen, Gebäuden und Fahrzeugen sowie zur Gefahr einer Kontaminierung von Lebensmitteln und rechtfertigt daher ein örtlich begrenztes Fütterungsverbot.[104]

160 Das Tatbestandsmerkmal der **konkreten Gefahr** hat dabei die Funktion, in der Polarität von Sicherheit und Freiheit (Rn. 142 ff.) einen verhältnismäßigen Ausgleich herzustellen. Das Schutzgut, dem die Gefahrenabwehr dient, wird zu dem Grundrechtseingriff,

---

[101] BaWüVGH, NVwZ-RR 2006, 398 ff.; HessVGH, NVwZ-RR 2008, 782 ff.

[102] BaWüVGH, NVwZ-RR 2010, 56 f.; ThürOVG, Urt. v. 17.03.2010, 3 K 919/09 Rn. 45; SächsOVG, Urt. v. 20.03.2017, 3 C 19/16; unter Berücksichtigung der besonderen örtlichen Verhältnisse eine abstrakte Gefahr annehmend NdsOVG, NdsVBl. 2013, 68 ff.; *Fischer/Leggereit/Sommer,* Kap. G Rn. 68 ff., Kap. J Rn. 83 ff.

[103] Vgl. nur *Möstl,* in: BeckOK, Systematische und begriffliche Vorbemerkungen zum Polizeirecht in Deutschland, Rn. 96 f.; *Würtenberger/Heckmann/Tanneberger,* § 4 Rn. 47.

[104] BaWüVGH, NVwZ-RR 2006, 398 ff.; HessVGH, NVwZ-RR 2008, 782 ff.; s. auch BVerfGE 54, 143 ff.

der mit ihr einhergeht, in ein bestimmtes Verhältnis gesetzt, indem der Fall, für den der Eingriff erlaubt wird, auf den Fall begrenzt wird, in dem das Schutzgut konkret gefährdet ist. Oberhalb dieser sog. **Eingriffsschwelle** wird also dem Interesse der Sicherheit der Vorrang eingeräumt, während sich unterhalb dessen das Freiheitsinteresse durchsetzt. In diesem Sinne ist die „konkrete Gefahr" das **traditionelle Tatbestandselement zur rechtsstaatlichen Begrenzung** polizeilicher Maßnahmen im Aufgabenbereich der Gefahrenabwehr.[105]

Viele Handlungsbefugnisse der Polizei- und Gefahrenabwehrbehörden werden jedoch **161** auch an **andere Eingriffschwellen** gebunden. In Abhängigkeit von der Eingriffsintensität der Ermächtigung können für das behördliche Einschreiten entweder **gesteigerte Gefahrenstufen** verlangt oder umgekehrt niedrigere Anforderungen **im Vorfeld konkreter Gefahren** hinreichend sein, z.B. das *Bestehen* einer „gegenwärtigen Gefahr" (z.B. §§ 15a Abs. 1, 15b Abs. 1, § 31 Abs. 2 S. 1, § 40 Abs. Nr. 1 HSOG) oder das Vorliegen bloß „tatsächlicher Anhaltspunkte" für das *Entstehen* einer Gefahr (z.B. § 12 Abs. 1 S. 1, § 13 Abs. 2 Nr. 1, § 40 Nr. 4 HSOG). Solche Voraussetzungen regulieren die **Verhältnismäßigkeit** der Eingriffsermächtigung je nach der Wahrscheinlichkeit und der Schwere des drohenden Schadens in differenzierter Weise. Dem gleichen Ziel dient es, wenn die Befugnisnorm, insbesondere bei Ermächtigungen zu gravierenden Grundrechtseingriffen, ein Einschreiten nur zugunsten besonders hochwertiger Rechtsgüter zulässt, z.B. nur bei einer „Gefahr für Leib und Leben" (z.B. § 32 Abs. 1 Nr. 2 HSOG). Abgesehen davon gibt es natürlich auch Befugnisnormen, vor allem in den gefahrenabwehrrechtlichen Spezialgesetzen, in denen der Tatbestand der Eingriffsschwelle ohne Verwendung des Gefahrenbegriffs in spezifischer Weise ausformuliert ist.

Der Funktionszusammenhang der Eingriffsschwellen mit dem Verhältnismäßigkeits- **162** grundsatz führt dazu, dass das Vorliegen einer bestimmten Gefahrenstufe schon **unmittelbar von Verfassungs wegen** geboten sein kann, um behördliche Maßnahmen rechtfertigen zu können. Dann ist insoweit schon der Gesetzgeber gefordert, d.h. die Eingriffsschwelle wird zum zentralen Maßstab für die Prüfung der **Verfassungsmäßigkeit der Befugnisnorm.**[106] Aber auch die das Gesetz anwendenden Behörden haben diesen Zusammenhang zu beachten, nämlich bei der **Auslegung des Gefahrenbegriffs** bzw. des entsprechenden Tatbestandsmerkmals. Dabei gilt für beide, den Gesetzgeber wie für die Gesetzesanwendungsorgane, ganz generell: Je höher der drohende Schaden, mithin je gewichtiger das bedrohte Rechtsgut ist, desto niedriger können die (Prognose-)Anforderungen an die Wahrscheinlichkeit des Schadenseintritts sein; je intensiver jedoch die von der Befugnis zugestandene Maßnahme in Grundrechte Dritter eingreift, desto höhere Anforderungen bestehen an den Grad der Schadenswahrscheinlichkeit (s. Rn. 297 ff., 344).[107]

---

[105] Dazu *Möstl,* in: BeckOK, Systematische und begriffliche Vorbemerkungen zum Polizeirecht in Deutschland, Rn. 34 f.

[106] Vgl. z.B. BVerfGE 115, 320 (360 ff.), zur Rasterfahndung; BVerfGE 150, 244 (278 ff. Rn. 81 ff.), 150, 309 (335 ff. Rn. 70 ff.) zur automatisierten Kraftfahrzeugkennzeichenkontrolle.

[107] Prägnant *Möstl,* in: BeckOK, Systematische und begriffliche Vorbemerkungen zum Polizeirecht in Deutschland, Rn. 36; *Wehr,* Rn. 80, 91.

D. Spezialität und Subsidiarität

I. Allgemeines

163 Die Gesamtheit der Befugnisse, die das Gefahrenabwehrrecht bereitstellt, verteilt sich zum einen auf eine Vielzahl von **Spezialgesetzen**, die die Gefahrenabwehr bereichsspezifisch regeln, und zum anderen auf das allgemeine **Polizei- und Ordnungsrecht.** Im Polizei- und Ordnungsrecht wiederum findet sich die traditionelle Aufteilung zwischen einer Vielzahl von **speziellen Ermächtigungen** (sog. **„Standardbefugnisse"**) und der **polizeilichen Generalklausel.**

164 **In beiden Hinsichten** richtet sich das Verhältnis der speziellen zur allgemeinen Norm, mithin die Anwendbarkeit der einen oder der anderen Befugnisnorm, nach dem Grundsatz „lex specialis derogat legi generali" (die spezielle Norm verdrängt die allgemeine). **Soweit das spezielle Recht in seinem Anwendungsbereich eine abschließende Sonderregelung enthält, verwehrt es den Rückgriff auf das allgemeine Recht.**

165 Die Subsidiarität der allgemeinen Norm verhindert, dass die **besonderen Eingriffsvoraussetzungen der speziellen Norm unterlaufen** werden und dadurch die Polizei- oder Gefahrenabwehrbehörden eine (unter Umständen verfassungswidrige) Erweiterung ihres Handlungsspielraums erlangen. Die **Sperrwirkung** der speziellen Befugnis gilt daher auch und gerade dann, wenn diese einen bestimmten Maßnahmentyp bezogen auf einen bestimmten Lebenssachverhalt regelt, aber deren besondere Eingriffsvoraussetzungen nicht vorliegen bzw. nicht erfüllt sind.

166 Im Einzelnen kann die Abgrenzung freilich Schwierigkeiten bereiten. Um zu klären, wie weit die Verdrängungswirkung der Spezialnorm jeweils reicht, bedarf es ihrer richtigen **Auslegung** (s. Rn. 169 ff., 183 f.).

II. Sonderrechtliche und allgemeine Gefahrenabwehr

167 Die vielen s**onderrechtlichen (Bundes- und Landes-)Gesetze** zur Gefahrenabwehr betreffen jeweils bestimmte, in sachlicher Hinsicht voneinander abgrenzbare Materien, z.B. das Versammlungsrecht, das Infektionsschutzrecht, das Vereinsrecht, das Gaststättenrecht, das Gewerberecht, das Bauordnungsrecht, das Naturschutzrecht, das Wasserrecht, das Immissionsschutzrecht, das Kreislaufwirtschaftsrecht, das Waffenrecht oder das Ausländerrecht. Diesen besonderen Gefahrenabwehrgesetzen weist § 3 Abs. 1 S. 2 HSOG ausdrücklich den **Vorrang** vor den Vorschriften des HSOG zu. Soweit daher in den besonderen Gesetzen eigene Handlungsermächtigungen und weitere Bestimmungen zu ihrer Vollziehung enthalten sind, dürfen die **dort genannten Maßnahmen** auch **nur unter den dort geregelten Voraussetzungen und Maßgaben** ergriffen werden;[108] das gilt auch in Anbetracht der fachrechtlichen Generalklauseln; die Anwendbarkeit des HSOG ist insoweit ausgeschlossen.

Bspe.: Untersagung, Stilllegung, Beseitigung von betrieblichen Anlagen nach §§ 20, 25, 25a BImSchG oder sonstige Anordnungen im Einzelfall nach § 24 BImschG; Überwachungsanordnungen nach §§ 47, 51 KrWG oder sonstige Anordnungen im Einzelfall nach § 62 KrWG, § 15 Abs. 2 HAGKrWG; Verbot oder Auflösung einer Versammlung nach § 15 VersG; Vereinsverbot nach § 3 VereinsG; Baueinstellung und Baubeseitigung nach §§ 81, 82 HBO oder sonstige bauaufsichtliche Maßnahmen nach § 61 Abs. 2 HBO; endgültige Gewerbeuntersagung nach § 35 GewO; Untersagung des Gaststättengewerbes nach § 4 HGastG; Ausweisung und Abschiebung eines Ausländers nach §§ 53 ff., 58 ff. AufenthG (ggf. i.V.m.

[108] *Wehr*, Rn. 252; *Würtenberger/Heckmann/Tanneberger*, § 5 Rn. 39.

§§ 34 ff. AsylG); Schutzmaßnahmen zur Bekämpfung übertragbarer Krankheiten nach §§ 28 ff. IfSG.

Die Sperrwirkung des besonderen Gesetzes besteht aber **nur für den spezifischen Sachbereich**, den das Fachgesetz regelt, und **nur für die abschließenden Regelungen**, die es in diesem Bereich trifft. Demgemäß bestimmt § 3 Abs. 1 S. 3 HSOG, dass im Übrigen, d.h. jenseits dieser Sperrwirkung, das **HSOG ergänzend** anzuwenden ist. 168

Ob und inwieweit eine Materie sondergesetzlich abschließend geregelt ist, bedarf im jeweiligen Fall eingehender Prüfung. Bei der dazu notwendigen Auslegung der speziellen Norm sind zum einen **die Art und das Ziel der Maßnahme**, zum anderen **ihre (Eingriffs-)Voraussetzungen** in den Blick zu nehmen.[109] 169

So werden durch sondergesetzliche Befugnisse, die den Behörden zur **Abwehr spezifischer Gefahren** eingeräumt sind, Maßnahmen, die der **Abwehr anderer Gefahren** dienen, nicht ausgeschlossen. Die Abgrenzung kann sich aus sachlichen, zeitlichen oder örtlichen Aspekten ergeben. Für diese Fälle ist der Zu- oder Rückgriff auf das allgemeine Gefahrenabwehrrecht (insbesondere auf die polizeiliche Generalklausel, § 11 HSOG) zulässig.[110] 170

Das gilt etwa – im Verhältnis zu den baurechtlichen Eingriffsbefugnissen – für die Abwehr von Gefahren, die nicht spezifisch durch die Art oder das Maß der baulichen Nutzung oder die Gestaltung der Bauausführung eines Gebäudes hervorgerufen werden. 171

Bspe.: Kurzzeitiges Nutzungsverbot eines Gebäudes zur Sicherung des Besuchs eines ausländischen Staatsoberhauptes in der Umgebung;[111] Evakuierung eines Gebäudes wegen Einsturzgefahr.

Ebenso dient das Gewerbe(zulassungs)recht allein der Abwehr von Gefahren, die infolge bestimmter gewerblicher Betätigungen als solcher auftreten können. Daneben kann durchaus die Art und Weise der Gewerbeausübung eine allgemeine Gefahr für die öffentliche Sicherheit oder Ordnung bedeuten. 172

Bspe.: Untersagung von gewerblich veranstalteten Laserspielen in der Variante, in der Tötungshandlungen simuliert werden;[112] vorläufige Schließung einer Spielhalle zur Unterbindung des dort stattfindenden Rauschgifthandels bis über den Widerruf der entsprechenden Gewerbeerlaubnis entschieden ist.[113]

Auch das Infektionsschutzgesetz, das den Zweck verfolgt, die Bevölkerung vor übertragbaren Krankheiten zu schützen, schließt allgemeine, polizei- oder ordnungsrechtliche Maßnahmen nicht aus, die zur Verhinderung von Gesundheitsgefahren ergehen, die nicht von übertragbaren Krankheiten ausgehen. 173

Bsp.: Verbot des Fütterns von verwilderten Tauben zur Abwehr der von ihnen ausgehenden Gefahren für das Eigentum und die menschliche Gesundheit (s. Rn. 156, 159).[114]

Von besonderer praktischer Relevanz ist die Sperrwirkung des **Versammlungsgesetzes.** 174
Auch sie reicht nur soweit, wie es um die Abwehr versammlungsspezifischer Gefahren geht. Und daher umfasst sie insoweit auch nur den Zeitraum vom Beginn bis zum Ende

[109] *Schoch*, Rn. 198; *ders.*, JuS 1994, 479 ff.; *Würtenberger/Heckmann/Tanneberger*, § 5 Rn. 39 f.; *Kingreen/Poscher*, § 5 Rn. 14 ff.

[110] Vgl. dazu auch *Mühl/Fischer*, in: BeckOK, § 3 HSOG Rn. 7 ff.

[111] Vgl. das Beispiel bei *Wehr*, Rn. 253.

[112] BVerwGE 115, 189 (192 ff.).

[113] RPOVG, NVwZ 1999, 244.

[114] BaWüVGH, NVwZ-RR 2006, 398 ff.

einer Versammlung. Gegen nicht versammlungsspezifische Gefahren – also gegen andere Gefahren, die der laufenden Versammlung bzw. ihren Teilnehmern oder aus der laufenden Versammlung bzw. von ihren Teilnehmern drohen, oder gegen andere Gefahren, die vor oder nach einer Versammlung auftreten – kann daher nach dem allgemeinen Polizei- und Ordnungsrecht vorgegangen werden. Damit sind allerdings nur die Grundzüge der Abgrenzung bezeichnet. Im Einzelnen bedarf die Frage nach der Reichweite der sog. **Polizeifestigkeit des Versammlungsrechts** differenzierter Betrachtung.[115] Dabei ist jedenfalls immer zu beachten, dass die Anwendung allgemeiner polizei- oder ordnungsrechtlicher Befugnisse im sachlichen Kontext von Versammlungen die Eingriffsschwellen des Versammlungsrechts nicht unterlaufen darf und auch im Übrigen „im Lichte des Art. 8 GG" zu erfolgen hat.

Bspe.: Auflösung eines Open-air-Konzerts wegen Brandgefahr;[116] Umleitung eines Demonstrationszuges wegen eines Erdrutsches oder einer geborstenen Gasleitung;[117] Platzverweise, Ingewahrsamnahmen und sonstige polizeiliche Maßnahmen (auch Vollstreckungsmaßnahmen wie die Anwendung unmittelbaren Zwangs) gegen Versammlungsteilnehmer nach Auflösung der Versammlung;[118] Einrichtung von Kontrollstellen oder Verfügung von Meldeauflagen zur Überprüfung der Personalien gewaltbereiter Demonstranten im Vorfeld oder auch im Verlauf von Versammlungen;[119] Verbot der Überlassung eines Privatgrundstücks für eine andernorts verbotene Versammlung.

Andererseits kann eine solche allgemeine Gefahrenabwehr aber auch als sog. Minus-Maßnahme auf der Grundlage des Versammlungsgesetzes zulässig sein.[120]

175 Eine ergänzende Funktion kann dem HSOG weiterhin unter dem Gesichtspunkt der Eilzuständigkeit bzw. **Eilfallkompetenz der Polizeibehörden** nach § 2 S. 1 HSOG zufallen (Rn. 108 ff., 118 ff.).[121] Doch gilt es auch insoweit zu beachten, dass dabei die Handlungsvoraussetzungen des besonderen Gefahrenabwehrrechts nicht ausgehebelt werden. Die für den Eilfall, zumeist auf der Grundlage der polizeilichen Generalklausel des § 11 HSOG getroffenen Maßnahmen sind daher, soweit das praktisch in Betracht kommen kann, auf diesen Fall zu beschränken, d.h. auf die Abwehr derjenigen Gefahren, deren Beseitigung dringlich ist.

Bspe.: Beseitigung einer ohne Genehmigung angebrachten, in den öffentlichen Gehweg hineinragenden Werbeanlage wegen akuter Gesundheitsgefährdung der Fußgänger, bevor bauordnungs- oder wegerechtliche Maßnahmen eingeleitet werden können; Unterbindung eines von einer Diskothek organisierten Komasaufens wegen einsetzender Schlägereien, bevor eine gaststättenrechtliche Untersagung des Diskothekenbetriebs in Betracht gezogen wird.

---

[115] Siehe daher eingehender dazu *Schoch*, Rn. 210; *ders.*, JuS 1994, 479 (480); *Kniesel/Poscher*, in: Lisken/Denninger, Kap. J Rn. 24, 38; *Wehr*, Rn. 257 ff.; *Kingreen/Poscher*, § 19 Rn. 14 ff.; *Gröpl*, Jura 2002, 18 ff.; *Froese,* JA 2015, 679 ff.; *Bünnigmann*, JuS 2016, 695 ff.; *Brenneisen*, DVBl. 2021, 931 ff. Entsprechendes gilt für die Polizeifestigkeit des Presserechts; dazu BVerwGE 143, 74 (77 f.), *Wehr*, Rn. 255; *Graulich*, in: Lisken/Denniger, Kap. E Rn. 276.

[116] BaWüVGH, DVBl. 2010, 1254 ff.

[117] Beispiel bei *Wehr*, Rn. 260.

[118] Z.B. BaWüVGH, NVwZ-RR 2005, 540; BVerwG, NVwZ 2019, 1281 f. mit Anm. *Detterbeck*; s.a. *Waldhoff*, JuS 2020, 191 f.

[119] BVerwG, NVwZ 2007, 1439 ff.; vgl. auch BVerwG, NJW 2018, 716 ff.; *Mühl/Fischer*, in: BeckOK, § 3 HSOG Rn. 13.1.

[120] Vgl. dazu BVerwGE 64, 55 (57 f.); *Kingreen/Poscher*, § 22 Rn. 15 ff.; *Schenke*, Rn. 379.

[121] *Poscher/Rusteberg*, JuS 2011, 888 (890 f.); *Mühl/Fischer*, in: BeckOK, § 3 HSOG Rn. 17, § 11 HSOG Rn. 11.

Schließlich beschränken sich die abschließenden Regelungen innerhalb eines sondergesetzlichen Anwendungsbereichs nicht selten auf die Befugnisse und deren Voraussetzungen. Dann ist der **ergänzende Rückgriff auf sonstige Regelungen des allgemeinen Gefahrenabwehrrechts** (z.B. zur Störer-Verantwortlichkeit, §§ 6 ff. HSOG, oder zum Gebot der Verhältnismäßigkeit, § 4 HSOG) ohne weiteres eröffnet; zuweilen enthält das Spezialgesetz sogar eine dahingehende Verweisung. 176

Häufig ist zudem der Fall, dass das Spezialgesetz zwar bestimmte Gebote oder Verbote (und unter Umständen auch darauf bezogene Ordnungswidrigkeitentatbestände) normiert, zu deren Durchsetzung aber selbst keine behördlichen Befugnisse bereitstellt. Hier kann auf das HSOG, insbesondere auf die Generalklausel des § 11 HSOG zurückgegriffen werden, um im Einzelfall das **spezialgesetzliche Gebot oder Verbot zu konkretisieren** oder **Missachtungen zu unterbinden.**[122] 177

Bspe.: Sicherstellung einer Waffe, die auf einem öffentlichen Volksfest ohne Ausnahmegenehmigung (§ 42 Abs. 2 WaffG) mitgeführt wird;[123] Anordnungen zur Durchsetzung der Pflichten nach dem HNRSG.

III. Polizeiliche Generalklausel und Standardbefugnisse

Innerhalb des allgemeinen Gefahrenabwehrrechts des HSOG trifft die Vorschrift des § 11 eine klare Regelung zur **Spezialität besonderer Befugnisse** und der **Subsidiarität der allgemeinen Befugnis:** „*Die Gefahrenabwehr- und die Polizeibehörden können die erforderlichen Maßnahmen treffen, um eine im einzelnen Falle bestehende Gefahr für die öffentliche Sicherheit oder Ordnung (Gefahr) abzuwehren, soweit nicht die folgenden Vorschriften die Befugnisse der Gefahrenabwehr- und der Polizeibehörden besonders regeln*". 178

Die Anwendbarkeit der allgemeinen Befugnis zur Gefahrenabwehr (**Generalklausel,** § 11 Hs. 1 HSOG) ist also ausgeschlossen bzw. beschränkt, wenn und soweit spezielle Ermächtigungen des HSOG einschlägig sind und daher **Vorrang** haben (sog. **Standardbefugnisse,** § 11 Hs. 2 i.V.m. §§ 12 ff. HSOG). 179

Weil zudem – wie dargelegt – die Anwendbarkeit des HSOG gemäß § 3 Abs. 1 HSOG unter dem Vorbehalt spezieller Gefahrenabwehrgesetze steht, unterliegt die Anwendbarkeit der Generalklausel damit einer **doppelten Subsidiarität:**[124] Polizei- oder ordnungsbehördliche Maßnahmen können nur dann und nur soweit auf § 11 HSOG gestützt werden, wie nicht die Gefahrenabwehr durch spezialgesetzliche Regelungen außerhalb des HSOG oder durch die besonderen Befugnisnormen innerhalb oder aufgrund des HSOG abschließend geregelt ist. 180

Die **Funktion der Standardbefugnisse** liegt darin, dass der Gesetzgeber mit ihnen für bestimmte, praktisch relevante und vorhersehbare Situationen eine **„Vertypung"** möglicher polizeilicher Maßnahmen vornimmt. Das betrifft nicht nur die **Art der Maßnahme,** zu der (auf der Rechtsfolgenseite der Norm) ermächtigt wird, sondern vor allem die **Eingriffsschwelle** (Gefahrenstufe), die (nach dem Tatbestand der Norm) im Einzelfall erreicht sein muss, andernfalls die ergriffene Maßnahme rechtswidrig wäre (s. Rn. 161 f.). Aber auch in sonstiger Hinsicht können die Tatbestandsvoraussetzungen und die Rechtsfolgebedingungen der Standardbefugnisse von der allgemeinen Polizeirechtsdogmatik **abweichende Sonderregelungen** treffen, zum Beispiel hinsichtlich der 181

[122] Zum Ganzen *Mühl/Fischer*, in: BeckOK, § 3 HSOG Rn. 16 ff., § 11 HSOG Rn. 12.
[123] *Fredrich*, § 3 Rn. 3.
[124] *Möller/Warg*, Rn. 71; *Mühl/Fischer*, in: BeckOK, § 3 HSOG Rn. 16.

behördlichen Zuständigkeit, der geschützten Rechtsgüter oder der verpflichteten Adressaten.[125] Zudem kann es auch innerhalb der Standardbefugnisse für den durch sie geregelten Lebensbereich **interne Generalklauseln** geben (z.B. § 13 Abs. 1, § 18 Abs. 1, § 21 HSOG).

182 Solche „Vertypung" polizeilicher Maßnahmen hat verfassungsrechtliche Gründe: Sofern die Gefahrenabwehr mit Grundrechtseingriffen einhergeht, muss der Gesetzgeber nach dem Gebot vom **Vorbehalt des Parlamentsgesetzes** grundsätzlich auch die **wesentlichen Voraussetzungen** und damit die zulässige Reichweite der Gefahrenabwehr selbst treffen, um dadurch sicherzustellen, dass die Behörden im Gesetz ebenso anleitende wie nach Maßgabe des **Verhältnismäßigkeitsgrundsatzes** begrenzende Handlungsmaßstäbe vorfinden und die Gerichte eine wirksame Rechtskontrolle durchführen können (Rn. 148 f.).[126] Auch das **Bestimmtheitsgebot** verlangt, dass zum einen die Verwaltung möglichst genau erkennen kann, wie weit sie gehen darf, und zum anderen der Bürger erkennen kann, auf was er sich einzustellen hat (Rn. 153). Alldem suchen die Standardbefugnisse im Wege typisierter Regelungen für typische Sachlagen zu entsprechen. Die Bereitstellung und subsidiäre Anwendbarkeit einer polizeilichen **Generalbefugnis** (wie § 11 HSOG) zur Gefahrenabwehr in atypischen, unvorhersehbaren Situationen wird aber **dadurch nicht delegitimiert** (dazu Rn. 187).

183 Die **Reichweite** der Sperr- und Verdrängungswirkung der Standardbefugnisse ist im Einzelfall genauestens zu prüfen und **durch Auslegung** zu ermitteln. Hier gelten die gleichen Maßgaben wie im Verhältnis der besonderen Gefahrenabwehrgesetze zum allgemeinen Polizei- und Ordnungsrecht (s. Rn. 167 ff.).[127] Soweit die §§ 12 ff. HSOG eine Maßnahme nach **Art und Ziel** besonders regeln, insbesondere an **spezielle (Eingriffs-) Voraussetzungen** binden, scheidet ein Rückgriff auf § 11 HSOG aus. Das bedeutet:

184 Erfüllt eine polizeiliche Handlung, die nach ihrer Art und Zielrichtung der Rechtsfolge einer Spezialbefugnis entspricht, nicht die dort aufgestellten Voraussetzungen, ist sie rechtswidrig. Eine **rechtswidrige Standardmaßnahme** kann aber nicht dadurch zu einer rechtmäßigen werden, dass sie den anderen – ggf. geringeren – Voraussetzungen der allgemeinen Handlungsermächtigung genügt. Wäre eine solche ergänzende Anwendung der Generalklausel zulässig, würden die – ggf. strengeren – Voraussetzungen der Standardbefugnisse umgangen und im Ergebnis überflüssig. **Die Subsidiarität der Generalklausel beginnt erst dort, wo die Spezialität der Standardbefugnisse endet.** Dabei ist der im Grundsatz abschließende Regelungscharakter der Standardbefugnisse im Einzelfall auch danach zu befragen, ob dadurch **auch für sachlich vergleichbare Maßnahmen**, insbesondere dann, wenn sie eingriffsintensiver sind, der Rückgriff auf § 11 HSOG ausgeschlossen ist.[128]

Bspe.: Ein generelles Aufenthaltsverbot für auswärtige Fußballfans im Innenstadtbereich der gastgebenden Mannschaft kann nicht auf § 31 Abs. 3 HSOG gestützt werden;[129] eine Inge-

---

[125] Vgl. *Möstl*, in: BeckOK, Systematische und begriffliche Vorbemerkungen zum Polizeirecht in Deutschland, Rn. 99; *Kingreen/Poscher*, § 11 Rn. 2.

[126] BVerfGE 49, 89 (126 f.).

[127] Dazu *Möstl*, Jura 2011, 840 ff.; *Schoch*, Rn. 197 ff.; *ders.*, JuS 1994, 479 (483 f.); *Kingreen/Poscher*, § 5 Rn. 14; *Mühl/Fischer*, in: BeckOK, § 11 HSOG Rn. 13 ff.

[128] Vgl. HessVGH, NVwZ 2003, 1392 (1400) zur Sperrwirkung der zu einem vorübergehenden Platzverweis ermächtigenden Befugnis des § 31 Abs. 1 HSOG gegenüber einem (damals noch nicht in § 31 Abs. 3 HSOG geregelten) länger dauernden Aufenthaltsverbot; s. auch NdsOVG, NVwZ 2007, 103 f. zum Verhältnis der Befugnis zur Ingewahrsamnahme zur vorübergehenden Abriegelung einer Ortschaft.

[129] VG Darmstadt, NVwZ 2016, 1344 ff.

wahrsamnahme eines als notorisch bekannten Taschendiebs, um möglichen weiteren Tatbegehungen vorzubeugen, verstößt gegen § 32 Abs. 1 Nr. 2 HSOG; in beiden Fällen scheidet eine Heranziehung des § 11 HSOG als Rechtsgrundlage aus.

Gegenbspe.: Ein personenbezogenes Annäherungsverbot wird durch § 31 Abs. 1, Abs. 2 und 3 HSOG nicht ausgeschlossen;[130] auch einer Räumungsverfügung besetzter Häuser steht § 31 HSOG nicht entgegen; der Verfügung einer Meldeauflage widerspricht nicht die Möglichkeit der Vorladung nach § 30 HSOG;[131] diese Maßnahmen können also auf § 11 HSOG gestützt werden, soweit keine anderen Spezialbefugnisse bereitstehen (z.B. § 30a HSOG für Meldeauflagen, vgl. Rn. 188).

Die **Funktion der Generalklausel** besteht darin, der Polizei (und den Gefahrenabwehrbehörden) im Dienste einer effektiven Erfüllung ihrer Gefahrenabwehraufgabe (§ 1 Abs. 1 S. 1 HSOG) auch in atypischen, unvorhersehbaren Situationen die Möglichkeit einzuräumen, die dazu notwendigen Maßnahmen zu ergreifen. In ihrer **Auffangwirkung** erfasst die Generalklausel auf der Tatbestandsseite alle sonstigen konkreten Gefahren für die öffentliche Sicherheit und Ordnung, für deren Abwehr keine Spezialbefugnisse bereitstehen (Rn. 180), und auf der Rechtsfolgenseite stellt sie die Art der Abwehrmaßnahme in das pflichtgemäße Ermessen der Behörden (§ 5 HSOG), sofern diese nicht in einer Spezialnorm eine vertypte Regelung gefunden hat (sog. unbenannte Maßnahmen[132]).[133] 185

In dieser Funktion zählt die Generalklausel zum traditionellen Bestand des Landespolizeirechts und wird auch heute allgemein als unverzichtbar angesehen. Dennoch erheben sich **verfassungsrechtliche Fragen:** 186

Als „echte" Befugnisnorm legitimiert sie **grundrechtseingreifende Maßnahmen** (während polizeiliche Tätigkeiten, die keine grundrechtserheblichen Wirkungen nach sich ziehen, wie z.B. Streifenfahrten, ihre hinreichende Grundlage in der allgemeinen Aufgabenzuweisung haben; Rn. 151, 157). Hinsichtlich der Eingriffsvoraussetzung wie auch der Rechtsfolge enthält die Norm jedoch mehrere **unbestimmte Rechtsbegriffe**. Deshalb könnten Bedenken aus dem rechtsstaatlichen **Bestimmtheitsgebot** bestehen. Nach ganz herrschender Meinung greifen diese jedoch nicht durch. Vielmehr ist von der **Verfassungsmäßigkeit der Generalklausel** auszugehen, weil deren Auslegung in jahrzehntelanger Rechtsprechung und Lehre nach Inhalt, Zweck und Ausmaß hinreichend präzisiert, in ihrer Bedeutung geklärt und im juristischen Sprachgebrauch verfestigt worden ist (Rn. 153).[134] 187

Gleichwohl könnten die Gebote des **Parlamentsvorbehalts** und der **Wesentlichkeitslehre** dafür sprechen, den Anwendungsbereich der Generalklausel auf atypische Situationen der Gefahrenabwehr zu beschränken. Das hätte zur Folge, dass der Gesetzgeber von Verfassungs wegen zur Normierung einer speziellen und präziser geregelten Befugnis schreiten müsste, wenn sich ein **vormals atypisches Geschehen zu einer typisierbaren Situation gewandelt** hat, die sich nunmehr als ebenso regelungsfähig wie regelungsbedürftig erweist. Bejaht man das namentlich für die Fälle, in denen eine Ermächtigung zu **schwerwiegenden Grundrechtseingriffen** in Rede steht, wäre insoweit eine Berufung auf 188

---

[130] HessVGH, LKRZ 2012, 21; *Mühl/Fischer*, in: BeckOK, § 11 HSOG Rn. 14; *Leggereit*, in: BeckOK, § 31 HSOG Rn. 5.

[131] BVerwG, NVwZ 2007, 1439 ff.; BaWüVGH, NJW 2000, 3658 ff.; vgl. *Graulich*, in: Lisken/Denninger, Kap. E Rn. 252.

[132] *Gusy*, Rn. 179.

[133] Vgl. *Mühl/Fischer*, in: BeckOK, § 11 HSOG Rn. 1.

[134] Vgl. BVerfGE 54, 143 (144 f.); BVerfG, NVwZ 2002, 598 (602).

die polizeiliche Generalbefugnis (außerhalb des Anwendungsbereichs einer Spezialbefugnis) allenfalls noch für eine Übergangszeit zulässig.[135]

Bspe.: Neuartige Maßnahmen, die in qualifizierter Weise in das Grundrecht auf informationelle Selbstbestimmung eingreifen;[136] Beschlagnahme privater Grundstücke zur Unterbringung von Flüchtlingen;[137] Einführung einer Spezialbefugnis für die Verfügung polizeilicher Meldeauflagen (Rn. 455a f.).[138]

189 Im Bereich der **Datenerhebungsbefugnisse** enthält das HSOG (ebenso wie andere Landespolizeigesetze) zudem eine Art **interner Generalklausel:** § 13 HSOG ermächtigt die Gefahrenabwehr- und Polizeibehörden unter den dort genannten Voraussetzungen zur nicht näher bestimmten Erhebung personenbezogener Daten. Die Norm ist zwar gegenüber der Generalklausel des § 11 HSOG speziell; gegenüber den übrigen, speziellen Datenerhebungsbefugnissen ist sie aber nur subsidiär anwendbar. In der Folge ergibt sich eine „Doppelstruktur von aktioneller Generalklausel/aktionellen Standardbefugnissen einerseits und informationeller Generalklausel/informationellen Standardbefugnissen andererseits".[139] Für das Verhältnis der beiden letztgenannten zueinander kann allerdings nicht in vergleichbarer Weise von einer Auffangwirkung der generellen Norm gesprochen werden, wie dies für § 11 HSOG im Verhältnis zu den Standardbefugnissen gilt. Denn soweit qualifizierte Eingriffe in das Grundrecht auf informationelle Selbstbestimmung (Art. 2 Abs. 1 i.V.m. Art. 1 Abs. 1 GG), wie vorerwähnt (Rn. 188), nur aufgrund detaillierter Spezialermächtigungen zulässig sind, beschränkt sich folglich der Anwendungsbereich der informationellen Generalklausel von vornherein auf lediglich „einfache" Datenerhebungen.

E. Primär- und Sekundärmaßnahmen

I. Allgemeines

190 Das HSOG enthält nicht nur Ermächtigungen für polizei- oder ordnungsbehördliche **Maßnahmen der Gefahrenabwehr** (sog. Primärmaßnahmen), sondern auch Regelungen zu deren **zwangsweiser Durchsetzung** (Rn. 580 ff.) sowie zur **Kostentragung und Entschädigung** (Rn. 618 ff.) für solche Primär- und Zwangsmaßnahmen (sog. Sekundärmaßnahmen). In anderen Ländern sind diese Regelungen häufig auf verschiedene Gesetze verteilt.

191 Beide Ebenen sind **klar auseinanderzuhalten:** Die behördliche Befugnis, gegen bestehende Gefahren vorzugehen, umfasst nicht zugleich die Befugnis, diese bei Widerstand oder Weigerung desjenigen, der dabei in die Pflicht genommen wird, auch zwangsweise durchzusetzen. Ebenso wenig handeln die Eingriffsermächtigungen selbst von der Frage, wer für die getroffenen Maßnahmen die Kosten zu tragen hat, oder umgekehrt von der Frage nach einer Entschädigung, wenn die Maßnahme rechtswidrig oder gegen ei-

---

[135] Vgl. BVerwGE 115, 189 (194 ff.); 129, 142 (149 ff.); zum Problem *Kingreen/Poscher*, § 5 Rn. 16 ff.; *Wehr*, Rn. 331 ff.; *Schoch*, Rn. 225 f.; *Möstl*, in: BeckOK, Systematische und begriffliche Vorbemerkungen zum Polizeirecht in Deutschland, Rn. 101; *Mühl/Fischer*, in: BeckOK, § 11 HSOG Rn. 5 ff.; *Schenke*, Rn. 50, 262.

[136] Vgl. BVerfGE 110, 33 (68); 113, 348 (382); *Mühl*, in: BeckOK, § 11 HSOG Rn. 6.

[137] NdsOVG, NVwZ 2016, 164 ff. (insoweit offengelassen).

[138] Vgl. § 30a HSOG; dazu *Kirchhoff*, NVwZ 2020, 1617 ff.

[139] *Möstl*, in: BeckOK, Systematische und begriffliche Vorbemerkungen zum Polizeirecht in Deutschland, Rn. 102 (auch zum Folgenden).

nen Unbeteiligten ergangen war und dem Betroffenen dadurch ein (materieller oder immaterieller) Schaden entstanden ist. Sowohl die Anwendung von staatlichem Zwang als auch die Auferlegung von Kosten und die Gewährung von Entschädigungen begründen zwischen Staat und Bürger eigenständige (Verwaltungs-)Rechtsverhältnisse, die – nicht zuletzt nach dem Grundsatz vom Vorbehalt des Gesetzes und der Wesentlichkeitslehre – **eigenständigen gesetzlichen Regelungen** unterliegen.

II. Vollstreckung

Die **Ermächtigungsgrundlagen für die Anwendung polizeilichen Zwangs** befinden sich 192
im Wesentlichen in den §§ 47 ff. HSOG. Die Vorschriften räumen den Polizei- und Ordnungsbehörden die nötigen Zwangsbefugnisse ein, die sie in Stand setzen, die zur Erfüllung ihrer Gefahrenabwehraufgaben getroffenen Maßnahmen notfalls auch mit Gewalt (bis hin zum Schusswaffengebrauch) durchzusetzen. Hier kommt das staatliche Gewaltmonopol zur unmittelbaren Anschauung. Zugleich aber ist es die Funktion dieser Ermächtigungen, die Zwangsbefugnisse der Polizei demokratisch zu steuern und rechtsstaatlich zu begrenzen, indem sie an bestimmte Mittel und an bestimmte (verfahrens- und materiell-rechtliche) Voraussetzungen gebunden werden.

In diesem Sinne stellen die §§ 47 ff. HSOG **besonderes Verwaltungsvollstreckungs-** 193
recht dar, das dem allgemeinen Verwaltungsvollstreckungsrecht vorgeht (§ 1 Abs. 2 S. 1 HVwVG). Das gilt allerdings nur soweit, wie es um Maßnahmen der Polizei- oder Ordnungsbehörden geht. Für die Durchsetzung von Maßnahmen der Gefahrenabwehr durch die allgemeinen Verwaltungsbehörden bleiben hingegen die Regeln des HVwVG einschlägig (ebenso wie für die Vollstreckung von polizei- oder ordnungsbehördlichen Geldforderungen, § 1 Abs. 2 S. 2 HVwVG). Zudem ist auch hier der Vorrang spezialgesetzlicher Regelungen, z.B. im Aufenthaltsrecht, zu beachten (§ 3 Abs. 1 S. 2 HSOG).

Regelmäßige (aber keineswegs ausnahmslose) Voraussetzung für den Einsatz polizei- 194
licher Zwangsmittel ist ein zuvor ergangener und wirksamer (§ 43 HVwVfG) **Verwaltungsakt**, der die Primär- oder Grundanordnung zu einem Tun, Dulden oder Unterlassen enthält, die (von dem Pflichtigen) nicht befolgt wird oder (von den Behörden) wegen dessen Widerstand nicht vollzogen werden kann, z.B. ein Platzverweis (§ 31 Abs. 1 HSOG) oder eine Anordnung erkennungsdienstlicher Maßnahmen (§ 18 Abs. 3, 4 i.V.m. § 19 HSOG). Die **Vollstreckung** solcher Verwaltungsakte ist also von deren bloßer **Vollziehung** (bzw. Befolgung) zu unterscheiden. Der Verwaltungsakt verschafft den Behörden zwar einen eigenen **Vollstreckungstitel**; das folgt aus den Regeln des allgemeinen Verwaltungsrechts. Aber die Durchführung der Vollstreckung kann nur nach den dafür geltenden Maßgaben erfolgen.

Zu diesen Maßgaben zählt allemal die rechtsstaatliche Selbstverständlichkeit, dass 195
die Zwangsanwendung (im sog. **gestreckten Zwangsverfahren**) zuvor **angedroht** werden muss; die Androhung kann allerdings schon mit dem Verwaltungsakt der Primärmaßnahme **verbunden** werden (§ 53 HSOG; vgl. auch § 69 HVwVG).

Unabdingbare Voraussetzung ist weiterhin, dass der durchzusetzende Verwaltungs- 196
akt **unanfechtbar (bestandskräftig)** ist oder ein Rechtsbehelf (entgegen § 80 Abs. 1 VwGO) **keine aufschiebende Wirkung** hat (§ 47 Abs. 1 HSOG, vgl. auch § 2 HVwVG). Für die Möglichkeit der zwangsweisen Rechtsdurchsetzung ist es dabei von praktisch erheblicher Bedeutung, dass Rechtsbehelfen gegen unaufschiebbare Anordnungen und Maßnahmen von **Polizeivollzugsbeamten** (Vollzugspolizei im institutionellen Sinne, §§ 91 ff. HSOG; Rn. 49, 71 ff.) schon von Gesetzes wegen gemäß **§ 80 Abs. 2 S. 1 Nr. 2 VwGO** keine aufschiebende Wirkung zukommt; **Ordnungsbehörden** können die-

se Wirkung mit der Anordnung der sofortigen Vollziehung gemäß § **80 Abs. 2 S. 1 Nr. 4 VwGO** herbeiführen.

197 Hingegen ist die **Rechtmäßigkeit des zu vollstreckenden Verwaltungsakts grundsätzlich keine Voraussetzung** für dessen zwangsweise Durchsetzung. Das eigenständige Regelungsziel des Vollstreckungsrechts und die Belange der Rechts- wie der Rechtsgütersicherheit verwehren den Einwand der Rechtswidrigkeit der Grundverfügung gegen die Rechtmäßigkeit von Maßnahmen zu ihrer zwangsweisen Durchsetzung. Auch dabei handelt es sich schon um einen Grundsatz des allgemeinen Verwaltungsvollstreckungsrechts (Rn. 588 f.).

198 Eine Vollstreckungsmaßnahme, also die Anwendung von Zwangsmitteln, kann aber durchaus auch **ohne vorausgegangenen Verwaltungsakt** in Betracht kommen, wenn dies zur Abwehr einer Gefahr erforderlich ist. Dann ersetzt die Vollstreckung nicht nur die freiwillige Befolgung einer polizeilichen Anordnung, sondern zugleich diese Anordnung selbst.[140] Betroffen sind insbesondere die Fälle, in denen ein vorheriger Verwaltungsakt wegen der Abwesenheit des Pflichtigen nicht oder aus sonstigen Gründen nicht rechtzeitig ergehen kann oder in der gegebenen Lage keinen Erfolg verspricht. Hier kann nach den Regeln des sog. **Sofortvollzugs** vorgegangen, also sofort und direkt eingegriffen werden (sofortige Vollstreckung, § 47 Abs. 2 HSOG; nicht zu verwechseln mit der Anordnung der sofortigen Vollziehung eines Verwaltungsakts nach § 80 Abs. 2 S. 1 Nr. 4 VwGO).

199 Freilich erlaubt der Sofortvollzug **keine Erweiterung der Primärbefugnisse**; die sofortige Vollstreckung darf also nicht dazu führen, dass mit Zwang mehr durchgesetzt wird als ohne Zwang hätte angeordnet werden können. Vielmehr müssen die Behörden dabei „innerhalb ihrer Befugnisse“ bleiben (§ 47 Abs. 2 letzter Hs. HSOG). Daher ist hier die **Rechtmäßigkeit der sog. fiktiven Grundverfügung** Voraussetzung für die Rechtmäßigkeit des Sofortvollzugs.

200 Hingegen entfällt das Erfordernis, das sonst gebotene Vollstreckungsverfahren einzuhalten, namentlich das gewählte Zwangsmittel vorher anzudrohen (§ 53 Abs. 1 S. 4 HSOG). Insoweit spricht man vom **gekürzten Zwangsverfahren** (das freilich bei sofort gebotener Gefahrenabwehr auch dann zulässig ist, wenn eine Grundverfügung vorangegangen war).

201 Einer sofortigen Anwendung von Zwangsmitteln, insbesondere des unmittelbaren Zwangs körperlicher Gewalt (§§ 52, 54 ff. HSOG), geht allerdings im hessischen Polizeirecht eine Handlungsoption vor, nach der die Polizei- und Gefahrenabwehrbehörden eine Maßnahme selbst oder durch einen Beauftragten unmittelbar ausführen können (§ 8 Abs. 1 HSOG). Bei dieser sog. **unmittelbaren Ausführung** handelt es sich nicht um eine Vollstreckungsmaßnahme, insbesondere nicht um eine besondere Form der Ersatzvornahme (§ 49 Abs. 1 HSOG),[141] sondern um eine Variante des polizeilichen Vorgehens auf der **Primärebene** (Rn. 378 ff., 612 ff.). Sie betrifft den Fall, dass der für die Gefahr Verantwortliche (Störer nach §§ 6, 7 HSOG) nicht oder nicht rechtzeitig erreicht werden kann, also abwesend ist, und daher gegen ihn eine Anordnung zur Gefahrenabwehr nicht ergehen kann. Dann ersetzt die unmittelbare Ausführung zwar ebenso diese Anordnung und deren freiwillige Befolgung (Rn. 198). Aber sie verzichtet dabei auf das Mittel des Zwangs, namentlich der körperlichen Gewaltanwendung, weil es dessen nicht bedarf, sei es zur Beugung eines entgegenstehenden Willens der pflichtigen Person oder der Zerstörung einer Sache. Eine solche unmittelbare Ausführung kann natürlich (ebenso wie der Sofortvollzug bei Abwesenheit) nur bei vertretbaren Handlungen in Be-

[140] *Wehr*, Rn. 281.
[141] *Fredrich*, § 49 Rn. 8.

tracht kommen, also soweit nicht eine persönliche Mitwirkung unabdingbar ist, wie etwa bei Unterlassungspflichten oder einer Befragung, Identitätsfeststellung, Vorladung oder einem Platzverweis.

Schwierigkeiten bereitet indessen häufig die Frage der **Vollstreckung bei Standardbefugnissen**, die keine Anordnungsbefugnisse enthalten, also Ermächtigungen zum Erlass von Geboten oder Verboten durch Verwaltungsakt (wie das bei der Vorladung oder dem Platzverweis der Fall ist), sondern die (jedenfalls auch) unmittelbar selbst **Handlungs- oder Ausführungsbefugnisse** enthalten (s. Rn. 225 ff.), also zur Vornahme von Realakten ermächtigen (wie etwa das Anhalten einer Person zur Befragung, die Durchsuchung von Personen oder Sachen, die Sicherstellung, die Ingewahrsamnahme oder auch eine sonstige tatsächliche Handlung auf der Grundlage der Generalklausel). Dass man in solche **Realakte** künstlich konkludente Duldungsbefehle hineinliest, wird heute überwiegend abgelehnt (Rn. 227). Die Folge ist, dass die Regeln der §§ 47 ff. HSOG zur Vollstreckung von (tatsächlich getroffenen oder an sich möglichen) Anordnungen nicht eingreifen, es aber andererseits äußerst **fraglich** erscheint, dass solche Spezialbefugnisse ohne Weiteres auch die Ermächtigung zum **Einsatz von Zwangsmitteln** umfassen (z.B. das Aufbrechen der Haustür zum Zwecke der Wohnungsdurchsuchung, das Entreißen einer Handtasche zur Durchsuchung nach Ausweispapieren, die Ingewahrsamnahme durch Abführen der Person im „Polizeigriff“).[142] Die Frage lautet also, wo die Handlungsbefugnisse enden und wo das Vollstreckungsrecht beginnt. 202

Von vornherein **keine Vollstreckungshandlung** liegt vor, wenn die Polizeibehörden Standardbefugnisse wahrnehmen, die zur Durchsetzung anderer Standardmaßnahmen dienen (z.B. Ingewahrsamnahme zur Durchsetzung eines Platzverweises, § 32 Abs. 1 Nr. 3 HSOG; Festhalten, Durchsuchen oder Mitnahme zur Dienststelle nach vergeblicher Aufforderung, die Ausweispapiere auszuhändigen, § 18 Abs. 4 HSOG) 203

Problemlos ist hingegen das **Vollstreckungsrecht einschlägig**, wenn zur Wahrnehmung (und auf der Grundlage) der Handlungs- bzw. Ausführungsbefugnis eine **begleitende Verfügung** (als Verwaltungsakt) ergeht, der Betroffene sich dieser aber verweigert oder gar Widerstand leistet (z.B. die Aufforderung an den anwesenden Bewohner, die Wohnungstüre zu öffnen; das Verlangen, die Handtasche zur Durchsuchung zu öffnen oder auszuhändigen; die Aufforderung, der Mitführung auf die Dienststelle Folge zu leisten; Rn. 228). Derartige Verhaltensanordnungen sind im Zweifel schon aus Gründen des Verhältnismäßigkeitsgrundsatzes geboten (kein Eindringen in die zu durchsuchende Wohnung ohne vorheriges Ersuchen um Einlass, es sei denn die Überrumpelung des Bewohners ist aus Gründen der Gefahrenabwehr erforderlich) und bei notwendigen Mitwirkungshandlungen ohnehin unumgänglich (z.B. Aushändigung der Handtasche, Öffnen eines verschlossenen Schließfaches, Anhalten an einer Kontrollstelle). In diesen Fällen, d.h. für die Durchsetzung solcher Anordnungen, richtet sich die Befugnis zur Zwangsanwendung nach den Voraussetzungen der §§ 47 ff. HSOG, häufig freilich im gekürzten Verfahren des Sofortvollzugs. 204

In den **verbleibenden Fällen**, in denen solche begleitenden Anordnungen fehlen und die Polizei unmittelbar zur Tat schreitet, weil der Pflichtige abwesend oder sonst Eile geboten ist, reichen nach herrschender Meinung die spezielle Ausführungsbefugnis (z.B. zum Eindringen in die Wohnung oder Öffnen eines Schließfaches zur Durchsuchung) oder die Generalklausel (z.B. zur Beseitigung eines umgestürzten Baumes, unter dem ein Passant eingeklemmt ist) als Grundlage nur soweit aus, soweit dabei angewendeter unmittelbarer Zwang (körperliche Gewalt) nicht zur Überwindung des **körperlichen Wi-** 205

[142] Vgl. *Kingreen/Poscher,* § 11 Rn. 13 ff.; *Wehr*, Rn. 308 ff.

derstands einer Person eingesetzt oder die **Funktionsfähigkeit einer Sache** zerstört wird. Andernfalls sind die **Regeln des Sofortvollzugs und über den unmittelbaren Zwang** zur sachgerechten Limitierung der Ausführungsbefugnisse **entsprechend anzuwenden** (z.B. Aufbrechen der Wohnungstür, Entreißen der Handtasche, Abführen im „Polizeigriff", Sprengung einer Gartenmauer zur Beseitigung eines umgestürzten Baums).[143]

III. Kostenerstattung, Schadensausgleich

206 Mit den finanziellen Folgen der Gefahrenabwehr beschäftigt sich das polizeiliche Kosten- und das Schadensausgleichsrecht. Im Mittelpunkt des **Kostenrechts** (Rn. 618 ff.) stehen die besonderen Regelungen, nach denen die Kosten, die den Gefahrenabwehr- und den Polizeibehörden durch die Vornahme von Gefahrenabwehrmaßnahmen entstanden sind, auf Dritte abgewälzt werden können. Zwar ist die Kostenträgerschaft (nicht nur für die dienstlichen Personal- und Sachausgaben, sondern auch für die behördliche Tätigkeit) grundsätzlich den jeweiligen Aufgabenträgern zugeordnet (§§ 104 ff. HSOG). Doch so wie der durch eine Handlungsanordnung verpflichtete Störer (§§ 6, 7 HSOG) nach dem gefahrenabwehrrechtlichen **Verursacherprinzip** die Gefahr auf eigene Kosten zu beseitigen hat, so gilt für den Fall, in dem die Polizei die Gefahr selbst beseitigt, das kostenrechtliche **Zurechnungsprinzip.**[144]

207 Demgemäß begründet das HSOG selbstständige **Kostenerstattungsansprüche für die Ausführung von (Primär- oder Vollstreckungs-)Maßnahmen** gegen denjenigen, der diese eigentlich hätte selbst vornehmen müssen oder sonst dafür verantwortlich ist. Insofern geht es vor allem um die Kosten im Zusammenhang mit einer Sicherstellung (§ 43 Abs. 3 HSOG), im Fall einer unmittelbaren Ausführung (§ 8 Abs. 2 HSOG), für eine Ersatzvornahme (§ 49 HSOG) und bei einer unmittelbaren Zwangsanwendung (§ 52 Abs. 1 S. 3 HSOG), aber auch um den Aufwendungsersatz für einen geleisteten Schadensausgleich (§§ 64, 69 HSOG).

208 Für derartige Kostenüberwälzungen gilt natürlich der **Vorbehalt des Gesetzes.** Kostentatbestände und Kostenschuldner sind daher in den jeweils einschlägigen Rechtsgrundlagen immer **abschließend** geregelt. Als gefahrenabwehrrechtliche Sekundärmaßnahme wird der Kostenanspruch durch eigenständigen **Verwaltungsakt**, den Kostenbescheid, geltend gemacht. Dessen Rechtmäßigkeit setzt die Rechtmäßigkeit der kostenbegründenden Maßnahme voraus (Rn. 621).

209 Sonstige Verwaltungskosten (**Gebühren und Auslagen**) für Amtshandlungen im Bereich der Gefahrenabwehr werden hingegen nur auf der Grundlage des allgemeinen Verwaltungskostenrechts (HVwKostG) erhoben; insoweit ist Kostenschuldner derjenige, der die Amtshandlung veranlasst hat oder zu dessen Gunsten sie vorgenommen wurde (§ 11 Abs. 1 HVwKostG).

210 Indessen trägt der Begünstigte einer Gefahrenabwehrmaßnahme, also das **„Opfer"**, zu dessen Schutz die Gefahrenabwehr- oder die Polizeibehörden tätig geworden sind, grundsätzlich keine Kosten. Insoweit greift das kostenrechtliche **Gemeinlastprinzip** als Ausfluss der grundrechtlichen Schutzpflichten und der staatlichen Sorge für die öffentliche Sicherheit und Ordnung.[145]

---

[143] Dazu *Wehr*, Rn. 311; *Kingreen/Poscher*, § 11 Rn. 15; *Graulich*, in: Lisken/Denninger, Kap. E Rn. 297; *Schenke*, Rn. 623; *Hornmann*, § 47 Rn. 24; *Lambrecht*, in: BeckOK, § 47 HSOG Rn. 31.

[144] *Wehr*, Rn. 511 f.; *Gusy*, Rn. 460; *Kingreen/Poscher,* § 25 Rn. 4.

[145] *Götz/Geis*, § 21 Rn. 2.

Auch das **Schadensausgleichsrecht** (Rn. 630 ff.) verfolgt den Gedanken der gerechten Lastenverteilung. Hier stehen jedoch die Schäden im Blick, die durch Maßnahmen der Gefahrenabwehr verursacht werden können, und die Fragen, inwieweit sie von dem Betroffenen hinzunehmen oder staatlicherseits zu ersetzen bzw. auszugleichen sind. 211

Ausgangspunkt ist, dass ein Schaden, der durch eine **rechtmäßige Maßnahme** an den Rechtsgütern desjenigen eintritt, der die abgewehrte Gefahr **zurechenbar zu verantworten** hat (§§ 6, 7 HSOG), **keinerlei Ersatz- oder Ausgleichspflichten** nach sich zieht. 212

Anders liegen die Dinge hingegen bei solchen Schäden, die entweder durch **rechtswidrige Maßnahmen** oder bei Personen entstanden sind, die (als Nichtstörer, § 9 HSOG) **für die Gefahr nicht verantwortlich** sind (selbst wenn die Maßnahme rechtmäßig war). In diesen Fällen greift der althergebrachte staatshaftungsrechtliche **Grundsatz der Aufopferungsentschädigung**: Die Geschädigten sind für das von ihnen erbrachte Sonderopfer zu entschädigen. Dem tragen die entsprechenden Anspruchsgrundlagen der §§ 64 ff. HSOG Rechnung. 213

Diese **speziellen Schadensausgleichsregelungen des Polizeirechts** gehen dem allgemeinen Aufopferungsanspruch und dessen Ableitungen des enteignungsgleichen und enteignenden Eingriffs vor. Umgekehrt bleiben der (verschuldensabhängige) Amtshaftungsanspruch nach § 839 BGB i.V.m. Art. 34 GG ebenso unberührt wie der (nicht auf Schadensausgleich gerichtete) allgemeine Folgenbeseitigungsanspruch und der öffentlich-rechtliche Erstattungsanspruch.[146] 214

F. Rechtsakte und Realakte

I. Allgemeines

Wie alles Verwaltungshandeln, so vollzieht sich auch das behördliche Handeln zur Gefahrenabwehr in den Mitteln und Formen des Rechts. Unter Bezug auf die allgemeine Rechtsformenlehre des Verwaltungshandelns ist auch im Polizei- und Ordnungsrecht zwischen Rechtsakten und Realakten zu unterscheiden. **Rechtsakte** sind Handlungsweisen, die unmittelbar auf eine Rechtswirkung (nach außen) zielen; hierzu zählen namentlich Verwaltungsakte und Rechtsverordnungen. **Realakte** (Tathandlungen, schlichtes Verwaltungshandeln) sind hingegen behördliche Maßnahmen, die nicht auf einen Rechtserfolg, sondern auf einen tatsächlichen Erfolg gerichtet sind, der allerdings rechtliche Folgen haben kann. 215

Während das HSOG ausdrückliche und detaillierte Regelungen zur Handlungs- bzw. Rechtsform der **Rechtsverordnung** enthält (vgl. §§ 71 ff. HSOG zu den Gefahrenabwehrverordnungen, Rn. 641 ff.), fehlt es für den **Verwaltungsakt** und den **Realakt** an entsprechenden rechtsformbezogenen Regelungen.[147] Insoweit ist vielmehr entweder allgemein von „Maßnahmen" der Gefahrenabwehr- und Polizeibehörden die Rede (so in § 11 oder in §§ 4 ff. HSOG) oder die Maßnahme wird (wie in den Standardbefugnissen) spezifisch benannt, ohne dies jedoch mit der Festlegung auf eine Rechtsform zu verbinden. Auch die Möglichkeit, öffentlich-rechtliche Verträge als Instrument der Gefahrenabwehr einzusetzen (vor allem anstelle eines Verwaltungsaktes: sog. subordinationsrechtlicher Vertrag nach § 54 S. 2 HVwVfG), wird nirgends angesprochen; doch fällt der vertraglichen Vereinbarung einer Gefahrenabwehr im Bereich des allgemeinen 216

[146] Vgl. auch *Wehr*, Rn. 537 ff.
[147] *Reimer*, Rn. 199.

Polizeirechts, anders als etwa in den spezialgesetzlich geregelten Bereichen des Bodenschutz- oder des Immissionsschutzrechts, keine praktische Bedeutung zu.[148]

217 Die Frage jedoch, ob es sich bei der im Einzelfall ergriffenen Gefahrenabwehrmaßnahme um einen Verwaltungsakt oder um einen Realakt handelt, bedarf aus mehreren Gründen stets der Klärung. Denn danach bestimmt sich zum einen, ob und welche **Form- und Verfahrensvorschriften** die Behörde nach dem allgemeinen Verwaltungsverfahrensrecht zu beachten hat (Rn. 239 ff.). Zum anderen hängen davon die **Rechtsschutzmöglichkeiten und -voraussetzungen** ab, unter denen die Maßnahme nach den Regeln des Verwaltungsprozessrechts zur gerichtlichen Überprüfung gestellt werden kann:

218 Während der betroffene Bürger gegen Verwaltungsakte mit der **Anfechtungsklage** (§ 42 Abs. 1 VwGO), bei deren Erledigung mit der **Fortsetzungsfeststellungsklage** (§ 113 Abs. 1 S. 4 VwGO, bei Erledigung vor Klageerhebung in analoger Anwendung) vorgehen kann, steht ihm gegen Realakte entweder die **Feststellungsklage** (§ 43 VwGO, bei Erledigung vor Klageerhebung) oder, wenn die Maßnahme noch rückgängig gemacht werden kann, die **allgemeine Leistungsklage** zur Verfügung.

II. Verwaltungsakt und Realakt

219 Die **Abgrenzung** zwischen den beiden Handlungsformen des Verwaltungsakts und des Realaktes bemisst sich nach § 35 HVwVfG. Der **Verwaltungsakt** ist dabei die klassische Handlungsform polizeilicher bzw. gefahrenabwehrbehördlicher Einzelfallmaßnahmen. Im Vordergrund stehen bestimmte Verbote oder Gebote, die einem bestimmten Adressaten „befehlen", sich in Anbetracht eines bestimmten Sachverhalts dem Ver- oder Gebot entsprechend zu verhalten (Tun, Dulden oder Unterlassen). Solche **Gefahrenabwehrverfügungen** bestehen also aus einer **Anordnung der Behörde**, die typischerweise **durch den Adressaten auszuführen** ist.

220 Auch der Erlass einer **Allgemeinverfügung** (§ 35 S. 2 HVwVfG) kann als Mittel der (konkreten) Gefahrenabwehr in Betracht kommen, etwa wenn sich die Anordnung an einen bestimmten oder bestimmbaren Personenkreis richten und/oder für die Nutzung bestimmter öffentlicher Orte gelten soll: z.B. Halteverbote durch entsprechende Verkehrszeichen, Platzverweis an alle sich an einem bestimmten Ort befindlichen Personen, Versammlungsverbotszone an potentielle Versammlungsteilnehmer. In Abgrenzung dazu ist freilich zu beachten, dass nur eine Gefahrenabwehrverordnung (§§ 71 ff. HSOG) in Betracht kommt, wenn lediglich einer abstrakten Gefahr entgegengetreten werden soll.[149]

221 Kein Problem stellt es dabei dar, dass das Handeln durch Verwaltungsakt nicht explizit geregelt ist. Der aus dem Vorbehalt des Gesetzes fließende sog. **Handlungsform-Vorbehalt** greift hier nicht. Während für den Erlass von Rechtsverordnungen der spezielle Gesetzesvorbehalt des Art. 80 Abs. 1 GG eine parlamentsgesetzliche Grundlage verlangt (das Entsprechende folgt für Hessen aus dem Rechtsstaatsprinzip der Landesverfassung, Art. 20 Abs. 3 und Art. 28 Abs. 1 S. 1 GG), ist der Nachweis einer eigenständigen „**Verwaltungsakts-Befugnis**" neben der gegebenen inhaltlichen Handlungsbefugnis regelmäßig **entbehrlich**; mit anderen Worten: die rein instrumentelle Befugnis wird von der inhaltlichen Befugnis umfasst.[150]

---

[148] *Fischer/Leggereit/Sommer*, Kap. J Rn. 9; *Schenke*, Rn. 716 ff.
[149] Vgl. *Fischer/Leggereit/Sommer*, Kap. J Rn. 17; NWOVG, NVwZ-RR 2012, 470 ff.
[150] *Wehr*, Rn. 219 ff.

Daher schließen Befugnisnormen, die – wie namentlich die **Generalklausel** nach § 11 HSOG – dazu ermächtigen, die „erforderlichen Maßnahmen“ zu treffen, ohne weiteres die Ermächtigung ein, **durch Verwaltungsakt** zu handeln. 222

Allerdings gestattet die Generalklausel, soweit sie als subsidiäre Befugnis zur Anwendung gelangt (Rn. 178 ff.), den Gefahrenabwehr- und Polizeibehörden ebenso ein schlichtes Handeln **durch Realakt**. Beispiele sind überwachende Tätigkeiten der Polizei, die Beseitigung von Hindernissen, individualisierte Warnungen oder auch die sog. **Gefährderansprache** oder das **Gefährdungsanschreiben** (Rn. 151): Dabei handelt es sich um ein Schreiben oder einen mündlichen Hinweis der Behörden, in dem einem einschlägig bekannten Adressaten nahegelegt wird, sich in Anbetracht eines bestimmten, zukünftigen Geschehens in bestimmter Weise zu verhalten, z.B. sich nicht an einer Demonstration zu beteiligen oder einer Anreise von Hooligans zu einem Fußballspiel fernzubleiben.[151] 223

Im Einzelfall kann die Qualifizierung der Maßnahme als Verwaltungsakt oder als Realakt jedoch erhebliche **Schwierigkeiten** bereiten; die Zuordnung ist zuweilen unklar und dann auch umstritten. Das gilt namentlich bei **Standardmaßnahmen** (§§ 12 ff. HSOG), bei der **unmittelbaren Ausführung** (§ 8 Abs. 1 HSOG) und bei **Vollstreckungsmaßnahmen** (§§ 47 ff. HSOG).[152] 224

Bei den **Standardmaßnahmen** ist für die Zuordnung zunächst darauf abzustellen, ob und inwieweit die zugrunde liegende Befugnisnorm zu Anordnungen und/oder zu tatsächlichen Ausführungshandlungen ermächtigt. 225

Zu den reinen **Anordnungsbefugnissen** zählen etwa die Befugnisse zur Vorladung oder zur Auferlegung einer Meldeauflage (§§ 30, 30a HSOG), zur Platz- oder Wohnungsverweisung (§ 31 Abs. 1, 2 HSOG), zum Aufenthaltsverbot (§ 31 Abs. 3 HSOG), zur Befragung von Personen oder zur Aufforderung, Ausweispapiere auszuhändigen (§§ 12, 18 Abs. 3 HSOG), oder auch die Anordnung erkennungsdienstlicher Maßnahmen (§ 18 Abs. 3 HSOG). Solche Befugnisse enthalten nicht nur ohne weiteres die Ermächtigung, die jeweilige Verpflichtung durch Verwaltungsakt zu verfügen, sondern sind auch darauf **beschränkt**. Realhandlungen, die zur Verwirklichung dieser Anordnungen dienen, müssen auf andere Rechtsgrundlagen (andere Standardbefugnisse oder Vollstreckungsbefugnisse) gestützt werden, z.B. die Ingewahrsamnahme einer Person zur Durchsetzung eines Platzverweises (§ 32 Abs. 1 Nr. 3 HSOG), Durchsuchung einer Person nach mitgeführten Ausweispapieren (§ 18 Abs. 4 HSOG). 226

Ausführungsbefugnisse ermächtigen demgegenüber zur Vornahme von tatsächlichen Handlungen, wie etwa zur Durchführung erkennungsdienstlicher Maßnahmen (§ 19 HSOG), zur Durchsuchung von Personen, Sachen oder Wohnungen (§§ 36, 37, 38 HSOG), zur Ingewahrsamnahme (§ 32 HSOG) oder zur Sicherstellung bzw. Beschlagnahme von Sachen (§ 40 HSOG). Auch die Befugnisse zur heimlichen Datenermittlung, wie die polizeiliche Observation und der verdeckte Einsatz technischer Mittel (§ 15 HSOG) gehören hierher. Die frühere Auffassung hatte in solche Realakte zugleich einen Verwaltungsakt in Gestalt eines **konkludenten Duldungsbefehls** hineingelesen (z.B. die Wohnungsdurchsuchung dulden zu müssen), und zwar auch in den Fällen, in denen der 227

[151] *Fischer/Leggereit/Sommer,* Kap. I Rn. 1, Kap. J Rn. 1, 120; *Götz/Geis,* § 18 Rn. 2 ff.; *Barczak,* Jura 2014, 888 (890 ff.); *Kreuter-Kirchhof,* AöR 139 (2014), 257 ff.; *Kießling,* DVBl. 2012, 1210 ff.; *Hebeler,* NVwZ 2011, 1364 ff.

[152] Dazu *Schoch,* Rn. 872, 895 ff.; *Kingreen/Poscher,* § 11 Rn. 10 ff.; *Wehr,* Rn. 283 ff.; *Gusy,* Rn. 181 f.; *Graulich,* in: Lisken/Denninger, Kap. E Rn. 63 ff., 67 ff.; *Möstl,* Jura 2011, 840 (848); *Finger,* JuS 2005, 116 ff.

Betroffene gar nicht anwesend war oder sofort gehandelt werden musste.[153] Eine derartige Konstruktion wird aber heute überwiegend **abgelehnt**; für sie besteht auch unter Rechtsschutzgesichtspunkten keine Veranlassung mehr, weil die VwGO ebenso wie gegen Verwaltungsakte auch gegen schlichtes Verwaltungshandeln hinreichende Rechtsschutzmöglichkeiten bereitstellt.[154]

228 Fraglich ist indessen, ob derartige Ausführungsbefugnisse **nur** zu den bezeichneten Realakten **oder auch** zu entsprechenden Anordnungen ermächtigen. Denn häufig setzt sich ein polizeiliches Handeln aus mehreren aufeinanderfolgenden Teilakten zusammen. Das ist z.B. der Fall, wenn der Ingewahrsamnahme (§ 32 HSOG) oder der Verbringung einer Person zur Dienststelle (§ 18 Abs. 4 HSOG) die Benennung der Maßnahme und die Aufforderung vorangeht, ihr Folge zu leisten. Oder die Anwendung der Ausführungsbefugnis bedarf unter den gegebenen Umständen sogar notwendig einer vorherigen Mitwirkungshandlung des Adressaten, wie z.B. die Aushändigung der Sache vor deren Durchsuchung oder Sicherstellung (§§ 37, 18 Abs. 4, 40 HSOG) oder das Öffnen der verschlossenen Tür vor dem Betreten der Wohnung (§ 38 HSOG). Richtigerweise bieten die Ausführungsbefugnisse in solchen Fällen auch die Rechtsgrundlage für solche **begleitenden Verfügungen** (ohne diese damit freilich als Voraussetzung zu normieren). Soweit sich diese lediglich als Ausfluss einer verhältnismäßigen Anwendung der Ausführungsbefugnis darstellen, sind sie als **unselbstständige Teile** des ausführenden Realaktes anzusehen. In den anderen Fällen (notwendige Mitwirkung oder bei Zuwiderhandeln; Rn. 204) sind sie hingegen als **selbstständige Verwaltungsakte** zu behandeln.

229 Zur Rechtsnatur der **unmittelbaren Ausführung**, die (bei vertretbaren Ausführungshandlungen) dann in Betracht kommt, wenn der Verantwortliche abwesend ist und daher eine Gefahrenabwehrverfügung nicht oder nicht rechtzeitig ergehen kann (Rn. 201, 378 ff.), wird zum Teil vertreten, dabei handele es sich um einen Verwaltungsakt, weil sie als „andere hoheitliche Maßnahme“ im Sinne des § 35 S. 1 HVwVfG den ersetzten Verwaltungsakt in sich berge. Die überwiegende Meinung erkennt hingegen in der unmittelbaren Ausführung zutreffend einen **Realakt**, weil sie dadurch gekennzeichnet ist, dass gerade kein Verwaltungsakt ergehen kann, und sie sich auch äußerlich als reales Handeln darstellt.[155]

230 Auch in Anbetracht von **Vollstreckungsmaßnahmen** auf der Sekundärebene besteht keine Veranlassung, vom Kriterium des § 35 HVwVfG abzuweichen. Demnach sind die Zwangsmittel der Ersatzvornahme (§ 49 HSOG) und des unmittelbaren Zwangs (§§ 52, 54 ff. HSOG) richtigerweise als Realakte anzusehen. Ihnen kommt auch dann keine Regelungswirkung nach Art einer impliziten Duldungsanordnung (Rn. 227) zu, wenn sie im Modus des Sofortvollzugs (§ 47 Abs. 2 HSOG), also nicht zur Durchsetzung eines vorherigen, sondern ohne vorangegangenen Verwaltungsakt angewendet werden.[156] Hingegen stellen die Androhung eines Zwangsmittels (§ 53 HSOG) und die Festsetzung eines Zwangsgelds (§ 50 HSOG) ohne weiteres Verwaltungsakte dar.

---

[153] Grundlegend insoweit BVerwGE 26, 161 ff. zum „Knüppelschlag“ eines Polizisten.

[154] Vgl. *Möstl*, in: BeckOK, Systematische und begriffliche Vorbemerkungen zum Polizeirecht in Deutschland, Rn. 104.

[155] Vgl. einerseits *Fredrich*, § 8 Rn. 10, andererseits *Mühl/Fischer*, in: BeckOK, § 8 HSOG Rn. 3 m.w.N.

[156] *Fischer/Leggereit/Sommer*, Kap. L Rn. 25; a.A. *Möstl*, in: BeckOK, Systematische und begriffliche Vorbemerkungen zum Polizeirecht in Deutschland, Rn. 104 (unter Hinweis auf § 18 Abs. 2 VwVG).

III. Rechtsverordnungen

Mit seinen Ermächtigungen zum Erlass von Rechtsverordnungen stellt das Polizei- und Ordnungsrecht ein zusätzliches Instrument zur Gefahrenabwehr zur Verfügung. Die **Rechtsgrundlagen** dafür finden sich in Hessen entweder in den §§ 71 ff. HSOG (allgemeine Gefahrenabwehrverordnungen, Rn. 641 ff.) oder in (demgegenüber vorrangigen) Spezialgesetzen, wie z.B. in § 9 HGastG (Sperrzeitverordnung) oder in § 297 Abs. 1 EGStGB (Sperrgebietsverordnungen). 231

Anders als die polizeilichen Einzelmaßnahmen beziehen sich solche Rechtsverordnungen nicht auf konkret-individuelle Sachverhalte, sondern enthalten **abstrakt-generelle Regelungen**, die sich **für eine unbestimmte Vielzahl von Fällen an eine unbestimmte Vielzahl von Personen** richten. Entlang diesem Merkmal ist auch die **Abgrenzung zur Allgemeinverfügung** (§ 35 S. 2 HVwVfG) zu ziehen. Diese richtet sich an einen bestimmten oder bestimmbaren Personenkreis und bezieht sich auf eine bestimmte Situation. 232

Dementsprechend unterliegt jede abstrakt-generelle Regelung zur Gefahrenabwehr der Voraussetzung, dass sie auf eine **abstrakte Gefahr** für die öffentliche Sicherheit oder Ordnung (Rn. 311 ff.) reagiert. Ihre Rechtsfolgen müssen an Sachlagen anknüpfen, aus denen typischerweise (aber nicht notwendig) eine konkrete Gefahr hervorgehen kann. Gegen konkrete Gefahren muss indessen mit Hilfe von Einzelmaßnahmen eingeschritten werden, dafür steht das Instrument der Gefahrenabwehrverordnung nicht zur Verfügung. Andererseits reichen bloße Belästigungen, unerwünschte Sachverhaltslagen oder anderweitige Regelungsbedürfnisse nicht aus. Hinreichende gesetzliche Ermächtigungen können jedoch die Regelungsbefugnis auch in das **Gefahrenvorfeld** erstrecken und so den Erlass von Rechtsverordnungen schon bei Gefahrenverdachtslagen bzw. zur Gefahrenvorsorge ermöglichen, wie z.B. die HundeVO auf der Grundlage des § 71a HSOG. 233

Gegen Gefahrenabwehrverordnungen ist verwaltungsgerichtlicher Rechtsschutz im Wege der (prinzipalen) **Normenkontrolle** zum (Hessischen) Verwaltungsgerichtshof eröffnet (§ 47 VwGO i.V.m. § 15 HAGVwGO). Daneben kann die Rechtsverordnung zum Gegenstand einer **inzidenten Normenkontrolle** durch das Verwaltungsgericht werden, das gegen einen Verwaltungsakt auf der Grundlage der Verordnung angerufen wurde (z.B. Anordnung eines Leinen- und Maulkorbzwangs gemäß § 9 Abs. 3 HundeVO). Für Rechtsbehelfe gegen Bußgeldbescheide sind hingegen die Zivilgerichte zuständig (§ 68 Abs. 1 OWiG). 234

G. Formelle und materielle Rechtmäßigkeit

Ebenso wie im sonstigen Verwaltungsrecht lässt sich auch im Polizei- und Ordnungsrecht die Gesamtheit der Anforderungen, die an die Rechtmäßigkeit (Gesetz- und Verfassungsmäßigkeit) behördlicher Maßnahmen gestellt sind, systematisch in solche **formell-rechtlicher** und solche **materiell-rechtlicher Art** untergliedern („formelles Polizeirecht", „materielles Polizeirecht"). Daher folgt auch die Prüfung der Rechtmäßigkeit einer Gefahrenabwehrmaßnahme regelmäßig diesem Gliederungsprinzip (und in dieser Reihenfolge). 235

Sowohl die formellen als auch die materiellen Rechtmäßigkeitsvoraussetzungen bestimmen sich in Abhängigkeit von der Art und dem Inhalt der in Rede stehenden Maßnahme. Die Folge ist, dass jeder Rechtmäßigkeitsprüfung die **Identifizierung der Maßnahme** und deren **Zuordnung zu einem Regelungsbereich** voraus liegt. Namentlich bei Maßnahmen mit grundrechtlicher Eingriffswirkung gilt es daher immer **zuerst** die ein- 236 schlägige **gesetzliche Grundlage** zu ermitteln, auf die sie nach deren Rechtsfolge gestützt sein könnte. Zwar handelt es sich bei diesem Erfordernis (Rn. 148 ff.) an sich um eine materielle Rechtmäßigkeitsvoraussetzung. Doch sind die formellen Rechtmäßigkeitsvoraussetzungen Teil der Ermächtigung, an die sie anknüpfen. Daher ist hier auch der Ort, an dem mögliche Fragen zum Verhältnis zwischen mehreren in Betracht kommenden Rechtsgrundlagen erörtert werden können.

I. Formelle Rechtmäßigkeit

237 Die formelle Rechtmäßigkeit betrifft die gesetzlichen Anforderungen an die **Zuständigkeit**, das **Verfahren** und die **Form** des behördlichen Handelns. Eine Maßnahme ist formell rechtmäßig, wenn sie von der zuständigen Behörde in dem dafür vorgesehenen Verfahren in formgerechter Weise getroffen wurde.

1. Zuständigkeit

238 Für die Frage nach der Zuständigkeit ist zwischen der sachlichen und der örtlichen Zuständigkeit zu unterscheiden. Die **sachliche Zuständigkeit** bestimmt die Kompetenz zur Wahrnehmung einer bestimmten Aufgabe, hier der Gefahrenabwehr, und zur Ausübung der dazu verliehenen Befugnisse. Sie bestimmt sich daher nach den je einschlägigen Normen der Aufgabenzuweisung und Handlungsermächtigung. Sofern nicht im Einzelfall eine bloße Aufgabenzuweisung hinreicht, kommt es maßgeblich auf die konkrete Befugnisnorm an. Diese benennt die zuständige Behörde entweder selbst und umschließt damit die (gedanklich vorausliegende) Aufgabeneröffnung, oder die Zuständigkeit ergibt sich aus ergänzenden Regelungen der entsprechenden Aufgabenzuweisung (s. im einzelnen Rn. 101 ff.). Letztere befinden sich wegen Art. 84 Abs. 1 GG (oder Art. 85 Abs. 1 GG) auch dann regelmäßig auf der Ebene des Landesrechts, wenn der Vollzug von Gefahrenabwehrgesetzen des Bundes in Betracht steht. Die Regeln zur **örtlichen Zuständigkeit** (Rn. 136 ff.) grenzen sodann die Wirkungsbereiche der sachlich zuständigen Behörde in räumlicher Hinsicht, diejenigen zur instanziellen Zuständigkeit in binnenhierarchischer Hinsicht voneinander ab.

2. Verfahren

239 Die bei der Vornahme von Gefahrenabwehrmaßnahmen zu beachtenden Anforderungen an das einzuhaltende Verfahren ergeben sich zum einen aus dem **allgemeinen Verwaltungsverfahrensrecht**, zum anderen aus **besonderen Verfahrensregelungen**, die für die Ausübung spezieller Befugnisse (außerhalb oder innerhalb des HSOG) und für Vollstreckungsmaßnahmen gelten.

240 Wenn die Gefahrenabwehr- oder Polizeibehörden durch **Verwaltungsakt** (Gefahrenabwehrverfügungen) tätig werden, greifen die allgemeinen Verfahrensanforderungen des HVwVfG ein. Zu beachten ist (neben dem Untersuchungsgrundsatz, § 24 HVwVfG) insbesondere die Pflicht zur **vorherigen Anhörung** desjenigen, in dessen Rechte durch die Verfügung eingegriffen wird (§ 28 HVwVfG). Wegen des Grundsatzes der Nichtförmlichkeit des Verwaltungsverfahrens gilt das gleichermaßen für schriftlich ergangene Verfügungen (zumeist der Gefahrenabwehrbehörden) wie für mündliche Anordnungen (der Polizeibehörden); eine Anhörung kann auch mündlich erfolgen. Allerdings ist es gerade für das Polizei- und Ordnungsrecht von praktischer Relevanz, dass nach § 28 Abs. 2 HVwVfG von der Anhörung **abgesehen werden kann**, wenn sie nach den Umständen des Einzelfalles nicht geboten ist. Das ist insbesondere dann der Fall,

wenn eine sofortige Entscheidung wegen Gefahr in Verzug oder im öffentlichen Interesse notwendig erscheint, oder bei Vollstreckungsmaßnahmen. Gleichwohl bleibt es unter Umständen eingehend zu prüfen, ob nicht doch noch eine Anhörung telefonisch oder durch mündliche Ansprache des anwesenden Betroffenen möglich ist.[157] Auf **Realakte** sind diese Grundsätze analog anzuwenden.[158] Die Möglichkeit zur späteren Nachholung der Anhörung mit heilender Wirkung nach § 45 Abs. 1, 2 HVwVfG besteht dabei naturgemäß nur soweit, wie die Verfügung nicht schon vollzogen und damit erledigt ist.

Vollstreckungsmaßnahmen unterliegen zudem den gesonderten Verfahrensvoraussetzungen des Vollstreckungsrechts (Rn. 558 ff.). So bedarf es im sog. **gestreckten Verfahren** vor der Anwendung eines Zwangsmittels dessen vorheriger, nach Form und Inhalt qualifizierten **Androhung** (§ 53 HSOG). Diese Androhung ist selbst bereits eine Vollstreckungsmaßnahme. Sie ergeht in der Form eines Verwaltungsaktes, die allerdings schon mit dem zugrundeliegenden ordnungs- oder polizeibehördlichen Verwaltungsakt verbunden sein kann (§ 53 Abs. 2 HSOG). Nur im sog. **gekürzten Verfahren**, insbesondere im Fall des **Sofortvollzugs,** entfällt das Erfordernis der Androhung (§§ 53 Abs. 1 S. 4, 47 Abs. 2 HSOG). Für den Fall der Verhängung von Zwangsgeld folgt auf die Androhung noch dessen **Festsetzung** als weiterer Verfahrensschritt (vgl. § 50 Abs. 1 HSOG). Dabei handelt es sich ebenfalls um einen eigenständigen Verwaltungsakt, dessen Vollstreckung sich dann nach den allgemeinen Regeln der Beitreibung von Geldforderungen richtet (§§ 1 Abs. 2 S. 2, 15 ff. HVwVG). 241

Schließlich können sich besondere Verfahrensanforderungen aus den im Einzelfall in Anspruch genommenen Eingriffsbefugnissen ergeben. Ebenso wie manche **spezialgesetzlichen Regelungen** enthalten auch zahlreiche **Standardbefugnisse** nach dem HSOG verfahrensrechtliche Bedingungen, die zur formellen Rechtmäßigkeit darauf gestützter Maßnahmen gehören, sofern sie vor oder während der Maßnahme erfüllt werden müssen. Dazu zählen vor allem **Richtervorbehalte** (z.B. für Freiheitsentziehungen durch Ingewahrsamnahme oder bei Identitätsfeststellungen, § 33 Abs. 1 S. 1 i.V.m. § 32 Abs. 1, 2 und § 18 Abs. 4 HSOG; bei Wohnungsdurchsuchungen, § 39 Abs. 1 HSOG; bei DNA-Analysen, § 19 Abs. 3 i.V.m. § 36 Abs. 5 S. 2 HSOG; bei der Telekommunikationsüberwachung, § 15a Abs. 5, § 15b Abs. 3 HSOG; oder bei der Verpflichtung zum Tragen einer elektronischen Fußfessel, § 31a Abs. 3 HSOG), **Behördenleitervorbehalte** (z.B. für verschiedene Datenerhebungsmaßnahmen, §§ 15 Abs. 3, 16 Abs. 5, 17 Abs. 4, 31a Abs. 3 HSOG) sowie **Belehrungs-, Hinweis- und Unterrichtungspflichten** (z.B. § 12 Abs. 2, § 34 Abs. 1, Abs. 2, § 39 Abs. 3 HSOG). 242

3. Form

An besondere Formerfordernisse sind Einzelmaßnahmen der Gefahrenabwehrbehörden nicht gebunden. Für **Verwaltungsakte** gilt vielmehr der Grundsatz der Formfreiheit (§§ 10, 37 Abs. 2 HVwVfG). Allerdings bedürfen schriftliche oder elektronische (oder schriftlich oder elektronisch bestätigte) Verfügungen regelmäßig einer Begründung (§ 39 Abs. 1 HVwVfG). 243

Anderes gilt für **Gefahrenabwehrverordnungen**. An sie stellt § 78 HSOG (zwingende) Formanforderungen, deren Nichtbeachtung die Ungültigkeit (Nichtigkeit) der Verordnung nach sich zieht.[159] 244

[157] Vgl. den Fall BVerwGE 142, 205 (208 f.).

[158] *Wehr*, Rn. 370.

[159] *Fredrich*, § 78 Rn. 6.

II. Materielle Rechtmäßigkeit

245 Die materielle Rechtmäßigkeit betrifft die Anforderungen an die **inhaltliche Übereinstimmung** des behördlichen Handelns **mit dem höherrangigen Recht**. Eine Maßnahme ist materiell rechtmäßig, wenn sie den Voraussetzungen der gesetzlichen Grundlage nach Tatbestand und Rechtsfolge entspricht und auch mit sonstigem höherrangigem Recht vereinbar ist.

1. Tatbestandsvoraussetzungen

246 Der Tatbestand einer polizeilichen Handlungs-, namentlich Befugnisnorm benennt regelmäßig die Voraussetzungen, bei deren Vorliegen die auf der Rechtsfolgenseite der Norm benannte Maßnahme ausgeführt werden darf, auch wenn dieser **konditionale Zusammenhang** (Rn. 159) sprachlich nicht immer im „wenn..., dann..."-Schema zum Ausdruck gelangt. Wenn z.B. die Generalklausel des § 11 HSOG final formuliert, es könnten die erforderlichen Maßnahmen getroffen werden, „um" eine Gefahr für die öffentliche Sicherheit und Ordnung abzuwehren, dann bedeutet das nichts anderes als in der konditionalen Lesart: „Wenn" eine solche Gefahr besteht, „dann" können die erforderlichen Maßnahmen ergriffen werden.[160]

247 Zu den tatbestandlichen Voraussetzungen gehören das Rechtsgut oder die Rechtsgüter, zu deren Schutz die Maßnahme ergriffen werden kann (**Schutzgut**), sodann die Gefahr, die das Schutzgut bedroht und zu deren Abwehr die Maßnahme dienen soll (**Schutzgrund**), schließlich der Pflichtige, der für den Rechtsgüterschutz in Anspruch genommen und daher Adressat der Maßnahme sein kann (**Schutzverantwortlicher**).

a) Schutzgut

248 Die allgemeinen Schutzgüter des Polizeirechts sind die **„öffentliche Sicherheit"** und die **„öffentliche Ordnung"**. Auf sie richtet der Gesetzgeber nicht nur die Aufgabe der Gefahrenabwehr- und Polizeibehörden aus (§ 1 Abs. 1 HSOG). Sondern auch eine Reihe von Befugnisnormen, namentlich auch die Generalklausel (§ 11 HSOG), beziehen in ihrem Tatbestand die auf der Rechtsfolgenseite gewährte Eingriffsermächtigung auf den Schutz dieser Rechtsgüter.

249 Der Begriff der **öffentlichen Sicherheit** umfasst dabei die **Unversehrtheit der (gesamten) Rechtsordnung** einschließlich der Einrichtungen und Veranstaltungen des Staates (Rn. 272 ff.).

250 Das demgegenüber selbstständige Schutzgut der **öffentlichen Ordnung** steht für die **Unversehrtheit aller ungeschriebenen Sozialnormen**, die im Einklang mit den Wertentscheidungen des Grundgesetzes für ein geordnetes und friedliches Zusammenleben innerhalb des staatlichen Gemeinwesens für unentbehrlich gehalten werden (Rn. 282 ff.).

251 Andere Befugnisnormen unternehmen demgegenüber eine nähere Ausdifferenzierung der öffentlichen Sicherheit oder Ordnung, indem sie das Rechtsgut, zu dessen Schutz die Befugnis erteilt wird, spezifizieren und präzisieren. Solche **speziellen Schutzgüter** sind z.B. Leib, Leben, Freiheit einer Person oder auch private (Eigentums-)Rechte oder Sachen von bedeutendem Wert. Weitere Varianten nehmen die effektive Erfüllung der polizeilichen Aufgaben in den Blick: Entweder wird diese allgemein zum Schutzgut erklärt oder die Ermächtigung wird insofern wiederum bereichsspezifisch ausgerichtet, z.B. zur

[160] Vgl. auch *Wehr*, Rn. 395 ff.

Durchführung oder Durchsetzung einer anderen polizeilichen Maßnahme oder zur Verhütung von Straftaten (mit erheblicher Bedeutung).

b) Schutzgrund

252 Der regelmäßige Grund, weshalb die Befugnisnormen zu der in ihnen benannten behördlichen Maßnahme ermächtigen, ist das Vorliegen einer **Gefahr** (Rn. 288 ff.). Der polizeirechtliche Schutz gilt dem gefährdeten Rechtsgut und ist zugleich darauf beschränkt. Die Gefahr markiert die **Schwelle**, ab der sich für die Gefahrenabwehr- und Polizeibehörden der Ermessensspielraum (§ 5 Abs. 1 HSOG) öffnet, zugunsten des geschützten Rechtsguts und zu Lasten des dadurch betroffenen Grundrechts in den Kausalverlauf eines Geschehens mit dem Ziel einzugreifen, den drohenden Schaden abzuwenden. Die Eingriffsermächtigung ist daher regelmäßig nur zur Abwehr einer **im einzelnen Fall** bestehenden Gefahr gegeben. Ein Beispiel, in dem das explizit zum Ausdruck gelangt, ist die Generalklausel des § 11 HSOG. Sofern im Tatbestand anderer Befugnisnormen lediglich von „Gefahr" die Rede ist, setzen sie das Bestehen einer solchen **konkreten Gefahr** implizit voraus.

253 Zu beachten ist allerdings, dass der Gesetzgeber die **Eingriffsschwelle** auch **abweichend** davon bestimmt haben kann. So kann die Befugnis entweder an das Vorliegen einer höheren Gefahrenstufe (Rn. 321 ff.) geknüpft oder für einen Sachverhalt schon im Vorfeld einer Gefahr, also unterhalb der Schwelle einer Gefahr (Rn. 340 ff.) eingeräumt sein.

c) Schutzverantwortlicher

254 Zum Tatbestand einer polizeilichen Eingriffsermächtigung gehört auch die Regelung, **gegen welche Person** oder Personen die in der Rechtsfolge bestimmte Maßnahme ergriffen, also **in wessen Rechte** eingegriffen werden kann.[161] Die Bestimmung des Adressaten einer Maßnahme erfolgt im allgemeinen Polizeirecht entlang den Fragen, wem die Entstehung der Gefahr **als Verantwortlichem** (als „Störer") zuzurechnen ist oder wer **als Nichtverantwortlicher** für die Gefahrenabwehr in Anspruch genommen werden kann, weil er dazu die Fähigkeit hat (Rn. 348 ff.).

255 Wer der „Pflichtige" in diesem Sinne ist, wird entweder **in der einschlägigen Befugnisnorm selbst** – und dann abschließend – bestimmt (z.B. § 31 Abs. 2, Abs. 3 HSOG), oder der mögliche Adressat ergibt sich aus den **allgemeinen Regeln zur sog. „Polizeipflichtigkeit"** (§§ 6 ff. HSOG). Diese allgemeinen Regeln ergänzen den Tatbestand solcher Befugnisnormen, die keine(n) speziellen Adressaten benennen (z.B. § 11, 31 Abs. 1 HSOG) und finden insoweit auch auf spezialgesetzliche Befugnisse zur Gefahrenabwehr außerhalb des HSOG Anwendung. Sollten nach diesen Regeln im Einzelfall mehrere Personen als Pflichtige in Betracht kommen, so bestimmt sich der „richtige" Adressat entweder nach ausdrücklichen Vorrangregeln (z.B. § 9 Abs. 1 Nr. 2 HSOG) oder nach den Grundsätzen pflichtgemäßer Ermessensausübung (Rn. 261 ff.).

2. Rechtsfolge

256 Auf der Rechtsfolgenseite bezeichnet die polizeiliche Handlungs- bzw. Befugnisnorm zunächst das (oder die) **Mittel zur Gefahrenabwehr**, zu dessen (oder deren) Wahrnehmung sie ermächtigt. Zur Rechtsfolgenseite gehören aber auch jene, wiederum ergän-

---

[161] Wie hier *Wehr*, Rn. 125 ff.; a.A. *Schoch*, Rn. 278 ff.; *ders.*, JuS 1994, 849 (850): Regelung des Adressaten als Begrenzung des Ermessens auf der Rechtsfolgenseite.

zenden Normen, die die **Art** und die **Wirkung** der Mittelwahrnehmung betreffen und insofern auf deren Inhalt bezogen sind. Demnach muss die getroffene Maßnahme nicht nur als solche zulässig sein, sondern zudem auf einer pflichtgemäßen **Ermessensausübung** beruhen und dem Gebot der **Verhältnismäßigkeit** genügen.

a) Typische oder atypische Maßnahme

257 Die Subsumtion einer tatsächlichen Maßnahme unter die Rechtsfolgebestimmung einer Befugnisnorm (die als hypothetische Rechtsgrundlage bereits zu Beginn einer Rechtmäßigkeitsprüfung unterstellt wurde, Rn. 236) hat daher entweder eine im Gesetz spezifizierte, **typische Maßnahme** zum Maßstab, wie das namentlich bei den sog. Standardbefugnissen der Fall ist (§§ 12 ff. HSOG; Rn. 438 ff.). Oder die Befugnisnorm legt die Konkretisierung der im Einzelfall zur Gefahrenabwehr geeigneten Mittel in die Hand der Rechtsanwendungsbehörden. Das ist namentlich bei der Generalklausel des § 11 HSOG oder vergleichbaren allgemeinen Befugnisnormen der Fall (Rn. 422 ff.). Insoweit spricht man von **atypischen Maßnahmen**.

b) Pflichtgemäße Ermessensausübung

258 Im Gefahrenabwehrrecht gilt traditionell das **Opportunitätsprinzip** (im Gegensatz zum Bereich der Strafverfolgung, wo das Legalitätsprinzip gilt, § 163 StPO): Die Gefahrenabwehr- und die Polizeibehörden haben über ihr Tätigwerden nach **pflichtgemäßem Ermessen** zu entscheiden (§ 5 Abs. 1 HSOG; Rn. 398 ff.). Damit wird die Möglichkeit zur flexiblen, bedarfs- und situationsgerechten Reaktion auf bestehende Gefahrenlagen gewährleistet. Dementsprechend bestimmen die polizeirechtlichen Befugnisnormen regelmäßig keine Rechtsfolgen, die (wie im Fall der gebundenen Verwaltung) bei Vorliegen des Tatbestands angewandt werden müssen. Gesetzestechnisch kommt das zumeist durch die Verwendung der Worte „kann" bzw. „können", „darf" bzw. „dürfen" o.ä. zum Ausdruck.

259 Das derart eröffnete Ermessen bezieht sich zunächst auf die Entscheidung, **ob** die Behörde überhaupt eingreifen und tätig werden soll (**Entschließungsermessen**). Das bedeutet: Auch dann, wenn der Tatbestand einer Befugnisnorm erfüllt ist, besteht grundsätzlich **keine Pflicht** zum Eingriff.[162] Die objektivrechtliche Verpflichtung zur Erfüllung der Aufgabe der Gefahrenabwehr (§ 1 Abs. 1 HSOG) bleibt davon unberührt; aus dieser folgt keine Festlegung auf eine bestimmte Weise der Aufgabenerfüllung.

260 Das Ermessen umfasst – zum zweiten – auch ein **Auswahlermessen**. Dieses kann sich zum einen auf die **Auswahl des Mittels** zur Gefahrenabwehr beziehen. Wenn die Befugnisnorm insofern mehrere bestimmte („typische") oder unbestimmt viele („atypische") Alternativen zur Verfügung stellt, obliegt es der rechtsanwendenden Behörde, darüber zu entscheiden, welche Gefahrenabwehrmaßnahme sie im konkreten Fall ergreift.

261 Zum anderen erstreckt sich das Auswahlermessen auch auf die **Auswahl des Adressaten**, mithin darauf, **gegen welche Person** die Maßnahme im Einzelfall gerichtet werden soll. Das gilt freilich nur soweit, wie die Inanspruchnahme mehrerer Pflichtiger möglich und rechtlich zulässig ist. Folglich besteht dieses Auswahlermessen von vornherein nicht, soweit explizite Vorrangregeln die Frage nach dem „richtigen" Adressaten beantworten. So kann namentlich ein Nichtverantwortlicher gegenüber einem für die Gefahr Verantwortlichen nur subsidiär in Anspruch genommen werden (§ 9 Abs. 1 Nr. 2 HSOG).

---

[162] *Wehr*, Rn. 457.

Dass solches (Entschließungs- und Auswahl-)Ermessen nur **pflichtgemäß ausgeübt** werden darf (§ 5 Abs. 1 HSOG), verlangt von Rechts wegen, das Ermessen entsprechend dem Zweck der Ermächtigung auszuüben und die gesetzlichen Grenzen des Ermessens einzuhalten (§ 40 HVwVfG). Beides unterliegt der vollen gerichtlichen Kontrolle (§ 114 S. 1 VwGO). Hingegen bleibt der Bereich der sonstigen behördlichen Opportunitäts- und Zweckmäßigkeitserwägungen jeder gerichtlichen Kontrolle oder gar Korrektur entzogen und hat insofern keine rechtliche Relevanz. Eine Maßnahme ist mithin erst dann ermessensfehlerhaft und damit rechtswidrig, wenn sie die genannten **rechtlichen Ermessensbindungen** missachtet. Nach der sog. Ermessensfehlerlehre ist dies bei Ermessensausfall oder -nichtgebrauch, bei Ermessensfehl- oder missbrauch oder bei einer Ermessensüberschreitung der Fall (Rn. 408 ff.). 262

In besonders gelagerten Fällen kann allerdings der **Ermessensspielraum**, ob einer Gefahrenlage überhaupt begegnet werden soll (Entschließungsermessen), oder gar das Ermessen, mit welchen Mitteln ihr begegnet werden soll (Auswahlermessen), derart verengt, d.h. **auf Null reduziert** sein, dass einzig die Entscheidung, tatsächlich einzuschreiten, und einzig die Entscheidung, dabei ein bestimmtes Mittel anzuwenden, rechtmäßig ist. Die Frage, ob die Behörde in dieser Weise rechtlich gebunden und somit ausnahmsweise zum Handeln verpflichtet ist, wird in den Fällen praktisch relevant, in denen diese Verpflichtung subjektiv-rechtlich bewehrt ist, also ein Bürger möglicherweise einen **subjektiven Anspruch** darauf hat, dass die Behörde und ggf. auf bestimmte Weise tätig wird, um eine bestehende Gefahr abzuwenden (Rn. 412 ff.). 263

c) Verhältnismäßigkeit

Voraussetzung jeglicher polizei- oder gefahrenabwehrbehördlichen Eingriffsmaßnahme ist allerdings ihre Verhältnismäßigkeit (§ 4 HSOG). Selbst für den Fall, dass die Gefahrenabwehr dem Schutz eines subjektiven Rechtsguts dient, gilt uneingeschränkt: Die Inanspruchnahme der von der Maßnahme in ihren Rechten betroffenen Person darf **nicht unverhältnismäßig** sein. Jede polizeiliche Ermessensausübung wie auch ein jeder etwaige Anspruch auf Gefahrenabwehr finden hier ihre **Grenze**. 264

Bsp.: Die (auf § 11 HSOG gestützte) Einweisung eines (unfreiwillig) Obdachlosen in die Wohnung eines Dritten ist nur dann und solange rechtmäßig, wie sie die strengen Voraussetzungen einer Inanspruchnahme Nichtverantwortlicher (§ 9 HSOG) beachtet und auch im Übrigen verhältnismäßig (angemessen und zumutbar) ist.

Das Gebot der Verhältnismäßigkeit gehört zu den von der Verwaltung **verfassungsunmittelbar** zu beachtenden Anforderungen an Grundrechtseingriffe (Art. 1 Abs. 3 GG; rechtsstaatliches Übermaßverbot) und ist auf **einfachgesetzlicher Ebene** polizeirechtsspezifisch ausgeformt. 265

Die Normierung in einer eigenen Vorschrift (§ 4 HSOG) neben der Vorschrift zur Ermessensausübung (§ 5 HSOG) ändert nichts daran, dass der Verhältnismäßigkeitsgrundsatz der Sache nach zu den rechtlichen Grenzen zählt, die dem polizeilichen Ermessen gezogen sind (Rn. 400 f.). Eine **unverhältnismäßige Maßnahme** ist **auch ermessensfehlerhaft.**[163] Gleichwohl empfiehlt es sich, im Aufbau einer Rechtmäßigkeitsprüfung beides zu unterscheiden und die Verhältnismäßigkeit zwar als Gesichtspunkt der Ermessensausübung zu behandeln, aber erst **im Anschluss an mögliche Ermessensfehler zu prüfen.** Das folgt daraus, dass die Beachtung des Verhältnismäßigkeitsgrundsatzes in der Rechtsanwendung die Verhältnismäßigkeitserwägungen des Gesetzgebers ergänzt, 266

[163] *Reimer*, Rn. 139; *Wehr*, Rn. 430.

die der Fassung der Befugnisnorm nach Tatbestand und Rechtsfolge zugrunde liegen. Die Frage nach möglichen Ermessensausübungsfehlern bezieht sich demnach auf den Rahmen, den die Befugnisnorm setzt. Wird dieser im Einzelfall unter- oder überschritten oder sonst fehlerhaft angewendet, folgt die Rechtswidrigkeit der Maßnahme aus dem Verstoß gegen den Vorrang und den Vorbehalt des Gesetzes.

267 Das Verhältnismäßigkeitsgebot thematisiert sodann die **Mittel-Zweck-Relation** zwischen, einerseits, dem (Schutz-)Zweck und der Effektivität der Gefahrenabwehr, die mit der Maßnahme verfolgt wird, und, andererseits, der Intensität eines Grundrechtseingriffs, die mit der Maßnahme einhergeht (Rn. 418 ff.). Diese Prüfung kann immer nur in Bezug auf ein konkret betroffenes Grundrecht erfolgen[164] und insofern sowohl die **Mittelauswahl**, d.h. die Maßnahme an sich oder ihren zeitlichen oder räumlichen Umfang, in den Blick nehmen als auch die **Adressatenauswahl**, also ihre personelle Ausrichtung; hier kann unter Umständen auch die Beachtung des **Gleichbehandlungsgrundsatzes** relevant werden (Art. 3 Abs. 1 GG).

d) Sonstiges höherrangiges Recht

268 Neben Grundrechten und Verhältnismäßigkeitsprinzip sind die Gefahrenabwehr- und Polizeibehörden natürlich auch an **sonstiges Verfassungsrecht** (z.B. das Umweltstaatsziel, Art. 20a GG, Art. 26a HV) sowie an das anwendungsvorrangige **Europäische Unionsrecht** (wie z.B. die Grundfreiheiten) gebunden. Soweit einschlägig, setzen auch diese Rechtsquellen der Ermessensausübung im Einzelfall beachtliche Grenzen.

III. Prüfungsschema

269 **Rechtmäßigkeit einer polizei- oder ordnungsbehördlichen Einzelmaßnahme**

I. Verfassungsmäßige Befugnisnorm / Ermächtigungsgrundlage

1. Notwendigkeit einer Befugnisnorm (nach dem Grundsatz vom Vorbehalt des Gesetzes) – Oder: Gefahrenabwehr ohne Eingriffsqualität
2. Mögliche Befugnisnorm
   a) Spezialgesetz (i.V.m. § 1 Abs. 2, § 3 Abs. 1 S. 2 HSOG)
   b) Oder: HSOG (§ 3 Abs. 1 S. 1 HSOG)
      aa) Aufgabeneröffnung (§ 1 Abs. 1, 4 HSOG)
         - Präventiv: Gefahrenabwehr oder vorbeugende Bekämpfung von Straftaten
         - Doppelfunktional (präventiv-repressiv): nach Schwerpunkt
      bb) Standardbefugnis (§§ 12 ff. HSOG)
      cc) Generalklausel (§ 11 HSOG)
         - abschließend oder ergänzend (§ 3 Abs. 1 S. 3 HSOG)

II. Formelle Rechtmäßigkeit

1. Zuständigkeit
   a) Sachliche

[164] *Kingreen/Poscher*, § 10 Rn. 15 ff.; *Graulich*, in: Lisken/Denninger, Kap. E Rn. 33 ff.

aa) Spezialgesetz (i.V.m. § 1 Abs. 2 HSOG; § 89 Abs. 1, 2 HSOG i.V.m. RVO, z.B. § 1 HSOG-DVO) oder spezielle Zuweisung nach HSOG
bb) Oder: Zuweisung nach Aufgabenabgrenzung (§ 2 S. 1 HSOG)
- Unvermögen oder Dringlichkeit
- Erstbefassung
b) Örtliche (§ 100 ff. HSOG)
c) Instanzielle (§ 85 i.V.m. § 89 Abs. 2; § 91 HSOG i.V.m. §§ 2 ff. HSOG-DVO)
2. Verfahren (insbes. bei Verwaltungsakt)
a) Anhörung (§ 28, § 45 Abs. 1 Nr. 3, Abs. 2 HVwVfG)
- zumeist entbehrlich (§ 28 Abs. 2 Nr. 1 HVwVfG)
b) Begründung (§ 39 Abs. 1, § 45 Abs. 1 Nr. 2, Abs. 2 HVwVfG)
c) Keine Befangenheit (§§ 20, 21 HVwVfG)
d) evtl. Richterliche Entscheidung, Behördenleiterentscheidung, Mitwirkung anderer Behörden, Belehrung (nach Befugnisnorm)
3. Form (bei Verwaltungsakt, § 37 Abs. 2–4 HVwVfG)
4. Ordnungsgemäße Bekanntgabe (bei Verwaltungsakt, § 41 HVwVfG)

III. Materielle Rechtmäßigkeit
1. Tatbestand der Befugnisnorm
a) Geschütztes Rechtsgut
b) Konkrete (evtl. qualifizierte) Gefahr oder tatsächliche Anhaltspunkte
2. Pflichtiger Adressat
a) Spezialgesetz oder spezielle Verantwortlichkeit nach HSOG
b) Oder:
aa) Verhaltensstörer (§ 6 HSOG)
bb) Zustandsstörer (§ 7 HSOG)
cc) Inanspruchnahme nichtverantwortlicher Personen (§ 9 HSOG)
3. Tatsächliche und rechtliche Möglichkeit (§ 44 Abs. 2 Nr. 4 HVwVfG)
4. Hinreichende Bestimmtheit (§ 37 HVwVfG)
5. Pflichtgemäße Ermessensausübung (§ 5 HSOG i.V.m. § 40 HVwVfG)
- Ermessensfehler
a) Entschließungsermessen
b) Auswahlermessen
- Mittelauswahl
- Adressatenauswahl
6. Verhältnismäßigkeit (§ 4 HSOG)
- Mittelauswahl
- Adressatenauswahl (auch Gleichbehandlungsgrundsatz)
7. Keine Verletzung sonstigen höherrangigen Rechts (Verfassungsrecht, Unionsrecht)

§ 4. Materiell-rechtliche Handlungsmaßstäbe

A. Öffentliche Sicherheit und öffentliche Ordnung

I. Allgemeines

270 Die Aufgabe der Gefahrenabwehr und die Befugnisse, die das Gefahrenabwehrrecht zu deren Erfüllung bereitstellt, dienen in einem allgemeinen und umfassenden Sinne dem Schutz der öffentlichen Sicherheit und der öffentlichen Ordnung. Schon in der historischen Entwicklung manifestierte sich in diesen beiden Schutzgütern die Wende vom absolutistisch-wohlfahrtsstaatlichen zum engeren, liberal-rechtsstaatlichen Polizeibegriff (Rn. 31 ff., 37 f.). Sie gehören daher – neben dem Tatbestand der Gefahr (Rn. 288 ff.) – zu den **Grundkategorien** des materiellen Polizei- und Ordnungsrechts. So bezieht auch die **Aufgabenzuweisungsnorm** des § 1 Abs. 1 S. 1 HSOG die Gefahrenabwehraufgabe auf diese beiden Schutzgüter, und ebenso normieren **zahlreiche Befugnisnormen**, wie insbesondere die Generalklausel des § 11 HSOG, eine (konkrete) Gefahr für diese Schutzgüter als tatbestandliche Voraussetzung.

271 Bei beiden Begriffen handelt es sich an sich um **unbestimmte Rechtsbegriffe**. Doch sind sie „in jahrzehntelanger Entwicklung durch Rechtsprechung und Lehre nach Inhalt, Zweck und Ausmaß hinreichend präzisiert, in ihrer Bedeutung geklärt und im juristischen Sprachgebrauch verfestigt".[165] Verfassungsrechtliche Bedenken unter dem Gesichtspunkt des Bestimmtheitsgebots bestehen insoweit also nicht (Rn. 153). Auch knüpft sich an ihre Auslegung und Anwendung im Einzelfall **kein Beurteilungsspielraum**; beide Begriffe sind gerichtlich voll überprüfbar. In manchen Bundesländern sind die durch Rechtsprechung und Literatur anerkannten und gebräuchlichen Definitionen durch den Gesetzgeber aufgegriffen worden;[166] das HSOG enthält zwar keine derartigen Legaldefinitionen, doch haben die dortigen Begriffe den identischen Bedeutungsgehalt.

II. Öffentliche Sicherheit

272 Öffentliche Sicherheit bezeichnet demgemäß die **Unverletzlichkeit** der objektiven Rechtsordnung, der subjektiven Rechte und Rechtsgüter des Einzelnen sowie des Bestandes, der Funktionsfähigkeit, der Einrichtungen und Veranstaltungen des Staates und der sonstigen Träger öffentlicher Gewalt.[167]

273 Der Begriff der öffentlichen Sicherheit umfasst damit **drei**, zum Teil überlappende **Teilschutzgüter**, die für die Frage, welchem im Einzelfall eine Gefahr droht, auseinandergehalten bzw. konkret herausgearbeitet werden müssen, weil daran in der Rechtmäßigkeitsprüfung Folgeerwägungen anknüpfen, etwa zur Verantwortlichkeit oder zur Verhältnismäßigkeit einer Maßnahme.

---

[165] So BVerfGE 54, 143 (144 f.) zur polizeilichen Generalklausel.

[166] Vgl. § 3 Nr. 1 und Nr. 2 LSA.SOG; § 54 Nr. 1 und Nr. 2 ThürOBG; § 2 Nr. 2 BremPolG (zu öffentlicher Sicherheit).

[167] Grundlegend *Drews/Wacke/Vogel/Martens,* S. 232; vgl. auch *Fredrich*, § 1 Rn. 4; *Fischer/Leggereit/Sommer*, Kap. G Rn. 22; *Wehr*, Rn. 28; HessVGH, NVwZ 1990, 386.

1. Rechtsordnung

Mit der Unversehrtheit der Rechtsordnung ist die Wahrung aller hoheitlich gesetzten **Verhaltensnormen des Außenrechts** (nicht also des staatlichen Innenrechts)[168] Teil der öffentlichen Sicherheit. Sie ist damit das auch praktisch wichtigste polizeiliche Schutzgut. Umfasst sind nicht nur alle abstrakt-generellen Verhaltensnormen (Gebote und Verbote), die sich in formellen (Parlaments-)Gesetzen oder in Rechtsvorschriften niederen Ranges (Rechtsverordnungen, Satzungen) befinden, sondern auch alle konkret-individuellen, durch Verwaltungsakt getroffenen Anordnungen. Jeder bevorstehende Verstoß gegen geltendes Recht ist so aus der Sicht des Polizeirechts eine Störung der öffentlichen Sicherheit. 274

Praktisch relevant sind insbesondere drohende Verletzungen von Normen des **Strafrechts oder des Ordnungswidrigkeitenrechts**. Weil das Polizeirecht präventiv, also auf die Verhinderung des drohenden Rechtsverstoßes ausgerichtet ist, kommt es dabei – anders als für die repressive Sanktionierung des Fehlverhaltens – auf schuldhaftes Verhalten (Vorsatz und Fahrlässigkeit) nicht an; es genügt die drohende oder fortgesetzte Verwirklichung des objektiven Tatbestands. Das aber kann im Einzelfall durchaus fraglich sein, so dass es möglicherweise einer eingehenden (Inzident-)Prüfung am Maßstab der einschlägigen fachrechtlichen Vorschriften bedarf.[169] 275

Ebenso gehören selbstverständlich (nicht straf- oder bußgeldbewehrte) **verwaltungsrechtliche Gebote und Verbote** in Gesetzen oder untergesetzlichen Normen zum Schutzgut der öffentlichen Sicherheit. Für die Begründung, dass deren Unversehrtheit im Einzelfall in Gefahr steht, etwa durch Nichtbefolgung oder Zuwiderhandeln, bedarf es **keines weiteren Nachweises**, dass dadurch auch die durch die verletzte Rechtsnorm geschützten Rechtsgüter gefährdet oder beeinträchtigt sind.[170] 276

Weil Normen des **Privatrechts** ebenfalls Teil der Rechtsordnung sind, gehören auch sie zum Schutzgut der öffentlichen Sicherheit. Jedoch ist hier zu beachten, dass § 1 Abs. 3 HSOG den Schutz privater Rechte durch die Gefahrenabwehr- und Polizeibehörden an die einschränkende Voraussetzung bindet, dass gerichtlicher Schutz nicht rechtzeitig zu erlangen ist und ohne die gefahrenabwehrbehördliche oder polizeiliche Hilfe die Verwirklichung des Rechts vereitelt oder wesentlich erschwert würde. Durch diese **Subsidiaritätsklausel** wird zum einen der Zuständigkeitsordnung Rechnung getragen, wonach für die Durchsetzung rein privater Rechte grundsätzlich die ordentliche Gerichtsbarkeit zuständig ist. Zum anderen liegt es in der grundrechtlich geschützten Privatautonomie eines jeden einzelnen, darüber zu entscheiden, ob er einen zivilrechtlichen Anspruch (§ 194 Abs. 1 BGB) durchsetzen will oder nicht. Daher ist insoweit die Unversehrtheit der Rechtsordnung nur unter dem Gesichtspunkt einer Gefahr für die **Vereitelung der Rechtsdurchsetzung** als polizeiliches Schutzgut einschlägig (z.B. Klärung der Identität einer nach § 823 BGB schadensersatzpflichtigen Person). Andererseits können privatrechtlich geschützte Interessen in bestimmten Fallkonstellationen zugleich auch durch **andere objektive Verhaltensnormen** unterstützt werden. Dann nehmen sie am Schutz der Unversehrtheit der Rechtsordnung teil, so dass die Einschränkung des § 1 Abs. 3 HSOG nicht eingreift (z.B. Unterbindung eines drohenden Diebstahls als ei- 277

[168] *Reimer*, Rn. 35.

[169] Vgl. z.B. BaWüVGH, DVBl. 2010, 1569 ff., BVerwGE 143, 74 ff., zur Verbreitung oder Veröffentlichung von Bildaufnahmen eines Polizeieinsatzes nach §§ 22, 23 KUG.

[170] *Wehr*, Rn. 35.

nes Delikts gegen das sowohl privatrechtlich, durch § 823 BGB, als auch strafrechtlich, durch § 242 StGB, geschützte Eigentum).[171]

2. Subjektive Rechte und Rechtsgüter des Einzelnen

278 Auch subjektive Rechte und Individualrechtsgüter sind **Bestandteil der Rechtsordnung**, weil sie nur durch Rechtsnormen „geschaffen“ werden. Subjektive-öffentliche Rechte sind daher ebenso polizeiliche Schutzgüter wie (unter der einschränkenden Maßgabe des § 1 Abs. 3 HSOG, Rn. 277) subjektive private Rechte.

279 Zu den subjektiven-öffentlichen Rechten gehören nicht nur diejenigen, die in den einfachen Gesetzen des (allgemeinen und besonderen) Verwaltungsrechts eingeräumt sind, sondern natürlich auch die **Grundrechte**. Auch deren Schutz ist den Gefahrenabwehr- und Polizeibehörden aufgegeben. Insoweit geht es jedoch nicht um die Beachtung des abwehrrechtlichen Gehalts der Grundrechte, sondern um den Schutz der grundrechtlichen Schutzgüter (Leben, Freiheit, Gesundheit, Ehre, Eigentum etc.) vor Beeinträchtigungen durch Dritte. Aus der normativen Bedeutung der Grundrechte als **grundrechtliche Schutzpflichten** folgt die Aufgabe aller Staatsgewalt, sich schützend vor die Grundrechte zu stellen, diese also vor drohenden Schäden zu bewahren. Indem allerdings diese grundrechtliche Schutzaufgabe weitgehend durch entsprechende gesetzliche Regelungen (des öffentlichen Rechts, des Straf- und des Zivilrechts) mediatisiert und konkretisiert ist, wird sie wiederum von dem polizeilichen Schutzgut der allgemeinen Rechtsordnung umfasst.

280 Ambivalente Bedeutung erlangt die gesonderte Hervorhebung der subjektiven Rechte als polizeiliche Schutzgüter in den Fällen der **selbstbestimmten Selbstgefährdung**. Denn diese unterfällt den grundrechtlichen Gewährleistungen der allgemeinen Handlungsfreiheit und des individuellen Selbstbestimmungsrechts (Art. 2 Abs. 1 GG; Art. 2 Abs. 1 i.V.m. Art. 1 Abs. 1 GG). Ein grundrechtlich geschütztes Verhalten kann aber nicht zugleich Aufgabe polizeilicher Gefahrenabwehr sein (z.B. bei freiwilliger Gesundheitsgefährdung durch gefährliche Sportarten). Ein drohender Schaden für die öffentliche Sicherheit kann daher in diesen Fällen allenfalls dann in Betracht kommen, wenn die Selbstgefährdung zugleich unbeteiligte Dritte (mit)gefährdet oder nicht auf einem freien Willensentschluss beruht, weil sich die betreffende Person in einem psychischen Ausnahmezustand befindet (vgl. auch § 32 Abs. 1 Nr. 1 HSOG).[172]

3. Bestand, Einrichtungen und Veranstaltungen des Staates

281 Zu dem Teilschutzgut des Bestandes und der Funktionsfähigkeit des Staates, seiner Einrichtungen und Veranstaltungen, zählen namentlich die **hoheitlichen Einrichtungen** wie Hochschulen, Rundfunkanstalten, kulturelle Einrichtungen (z.B. Museen), aber auch Gerichte, Parlamente und kommunale Einrichtungen sowie z.B. verdeckte Geschwindigkeitsmessungen durch Radargeräte zur Verkehrsüberwachung.[173] **Staatliche Veranstaltungen** sind etwa Staatsbesuche ausländischer Staatenvertreter, staatliche bzw. internationale Konferenzen auf dem eigenen Staatsgebiet, Soldatenvereidigungen und Parlamentswahlen. Insoweit geht es allerdings nur um die Abwehr äußerer Störungen, also von Einwirkungen mit physischen Mitteln jeglicher Art. Davon abzugrenzen ist die geis-

---

[171] *Reimer*, Rn. 41 f.; *Wehr*, Rn. 46 f.; VG Minden, NJW 2006, 1450 (1451).

[172] Dazu mit Beispielen *Schenke*, Rn. 60.

[173] NWOVG, NJW 1997, 1596; krit. *Kingreen/Poscher*, § 7 Rn. 38.

tige Kritik an der Tätigkeit des Staates und seiner Organe. Diese wird durch die Meinungsfreiheit aus Art. 5 Abs. 1 S. 1 GG grundrechtlich garantiert.[174]

III. Öffentliche Ordnung

Unter dem Begriff der öffentlichen Ordnung wird die Gesamtheit der **ungeschriebenen Regeln** verstanden, deren Befolgung nach den jeweils herrschenden und mit dem Wertgehalt des Grundgesetzes zu vereinbarenden sozialen und ethischen Anschauungen als unerlässliche Voraussetzung eines **geordneten menschlichen Zusammenlebens** innerhalb eines bestimmten Gebiets angesehen wird.[175] 282

Anders als beim Schutzgut öffentliche Sicherheit geht es hier mithin um die Bewahrung ungeschriebener **Sozialnormen**, die das Verhalten des einzelnen in der Öffentlichkeit betreffen und für das Beieinanderleben in der staatlichen Gemeinschaft für unentbehrlich gehalten werden. Bloße Geschmacklosigkeiten, befremdlich wirkende oder auch nur unbequeme oder ungewöhnliche, von allgemeinen Gepflogenheiten abweichende Verhaltens- oder Lebensweisen werden davon nicht erfasst. 283

Der gleichwohl weite Begriffsinhalt der öffentlichen Ordnung ist – als Tatbestand polizeilicher Interventionsmöglichkeit (bei gegebener Gefährdung) – nicht unproblematisch. Die **Kritik**[176] wird vor allem darauf gestützt, dass keine praktikablen Maßstäbe zur Feststellung „herrschender Anschauungen" bestehen. Aufgabe der Gefahrenabwehr- und Polizeibehörden dürfe es aber an sich nicht sein, bestimmte Vorstellungen einer herrschenden Ansicht durchsetzen oder die allgemeine Moral verbessern zu wollen. Zudem gebiete eine pluralistische Demokratie die rechtsstaatlich gebotene Achtung von Mindermeinungen, weshalb es nicht alleine auf Anschauungen der herrschenden Mehrheit ankommen dürfe. 284

Ein Auffangtatbestand zur Wahrung des gedeihlichen Zusammenlebens in der Sozialgemeinschaft ist gleichwohl ebenso unausweichlich wie in der übrigen Rechtsordnung **anerkannt**. Das zeigen z.B. die verfassungsrechtliche Verankerung der öffentlichen Ordnung in Art. 13 Abs. 7 und Art. 35 Abs. 2 S. 1 GG, die Möglichkeit zur Beschränkung, zum Verbot oder zur Auflösung einer Versammlung (auch) bei unmittelbarer Gefährdung der öffentlichen Ordnung (§ 15 Abs. 1, 4 VersG) sowie die Pönalisierung grob ungehöriger Handlungen, die geeignet sind, die Allgemeinheit zu belästigen oder zu gefährden und die öffentliche Ordnung zu beeinträchtigen, durch § 118 Abs. 1 OWiG. Dass im Falle einer drohenden Ordnungswidrigkeit nach § 118 Abs. 1 OWiG schon die öffentliche Sicherheit unter dem Aspekt der Unversehrtheit der Rechtsordnung betroffen ist, spricht nicht dagegen, sondern gerade dafür, die öffentliche Ordnung auch als eigenständiges Schutzgut des Gefahrenabwehrrechts zu benennen. Dennoch gebieten es die unbestimmte Weite und die diffuse Orientierung an den herrschenden Sitten- und Moralvorstellungen regelmäßig, den Begriff der öffentlichen Ordnung **behutsam,** auch unter Berücksichtigung eines **möglichen Anschauungswandels auszulegen** und ihm so lediglich eine Art **Reservefunktion** zuzuerkennen.[177] 285

Im Übrigen bleiben von den Sozialnormen der öffentlichen Ordnung tatbestandlich solche Verhaltensweisen **unberührt**, die von der Rechtsordnung gebilligt oder erlaubt, insbesondere durch die **Wertentscheidungen** und **Grundrechtsgewährleistungen des** 286

---

[174] *Götz/Geis*, § 10 Rn. 41.

[175] BVerwG, NVwZ 2004, 90 (91); BVerfGE 69, 315 (352); HessVGH, NJW 1989, 1448; *Fredrich*, § 1 Rn. 5.

[176] Z.B. *Bäcker*, in: Lisken/Denninger, Kap. D Rn. 72 ff.

[177] *Wehr*, Rn. 61; *Reimer*, Rn. 52; *Würtenberger/Heckmann/Tanneberger*, § 5 Rn. 267.

Grundgesetzes gedeckt sind. So kann z.B. eine Demonstration nicht wegen Verstoßes gegen die öffentliche Ordnung verboten werden, weil die zu erwartenden kollektiven Meinungskundgaben als inhaltlich nicht konsensfähig empfunden werden.[178]

287 Im Hinblick auf die Rechtsprechungspraxis lassen sich einige **Fallgruppen** oder Anwendungsfelder ausmachen, die bei der Konkretisierung von Gefahren für die öffentliche Ordnung als Groborientierung dienen können:[179] Dazu zählen **unerwünschte soziale Randerscheinungen oder Notlagen** (z.B. aggressive Bettelei, exzessives Taubenfüttern, unfreiwillige Obdachlosigkeit); **sittlich anstößige Verhaltensweisen**, insbesondere mit Bezug zur **Sexualmoral** (z.B. bestimmte Modalitäten der Prostitution, Zurschaustellungen des nackten Körpers im öffentlichen Raum); Verharmlosung oder Verherrlichung des **Tötens** oder der **Gewalt gegen Menschen** (einschließlich entsprechender Spiele oder Wettbewerbe wie das simulierte Töten mit Lasergeräten); auch die öffentliche Darstellung (Riten, Symbole) und Verbreitung **rassistischer** oder **extremistischer**, insbesondere **nationalsozialistischer Ideologien.**[180]

B. Gefahr

I. Begriff der Gefahr

288 Der (Rechts-)Begriff der Gefahr ist der (zweite) **Schlüsselbegriff** des Polizei- und Ordnungsrechts. Regelmäßig ist das Vorliegen einer Gefahr (für das polizeiliche Schutzgut) Voraussetzung dafür, dass der Aufgabenbereich der Polizei- und Gefahrenabwehrbehörden eröffnet ist und sie die Befugnis haben, zur Abwehr der Gefahr in individuelle Freiheiten einzugreifen. Sie bildet demnach den **Schutzgrund** (Rn. 252) für das behördliche Eingreifen in tatsächliche Geschehensabläufe.

289 Ganz **allgemein** bezeichnet die Gefahr eine **Sachlage, in der bei ungehindertem Ablauf des zu erwartenden Geschehens mit hinreichender Wahrscheinlichkeit ein Schaden eintreten wird.**[181] Tragende Elemente des Gefahrenbegriffs sind demnach zum einen ein **Schaden,** der erwartet wird, zum anderen eine **hinreichende Wahrscheinlichkeit,** mit der er erwartet wird.

1. Schaden

290 Unter einem **Schaden** (im polizeirechtlichen Sinne) ist jede objektive Minderung des Bestands, kurz: **jede Verletzung oder Beeinträchtigung polizeilicher Schutzgüter** zu verstehen.[182] Die Feststellung einer Gefahrenlage setzt also stets die Bestimmung des Rechtsguts voraus, dessen Bedrohung polizeirechtliche Relevanz hat. Insoweit kommen grundsätzlich alle **Schutzgüter der öffentlichen Sicherheit und Ordnung** in Betracht (§ 1

---

[178] Vgl. BVerfGE 111, 147 ff.; hingegen kann die öffentliche Ordnung durch die Art und Weise der Durchführung der Demonstration durchaus beeinträchtigt werden, BVerfGE 111, 147 (157).

[179] Vgl. mit Beispielen *Hebeler*, JA 2002, 521 (523 ff.); *Wehr*, Rn. 64 ff.

[180] Vgl. zu Versammlungsverboten am und mit Provokationen gegen den Holocaust-Gedenktag BVerfG-K, NVwZ 2012, 749 f; BVerwG, NVwZ 2014, 883 ff.

[181] Vgl. zu diesem allseitig anerkannten Gefahrenbegriff (mit allenfalls geringfügigen sprachlichen Unterschieden) BVerwGE 45, 55 (57); HessVGH, NJW 1993, 1009 (1010); *Fredrich*, § 1 Rn. 10; *Hornmann*, § 11 Rn. 23; *Mühl/Fischer*, in: BeckOK, § 1 HSOG Rn. 52; *Kingreen/Poscher*, § 8 Rn. 2 ff.; *Götz/Geis*, § 12 Rn. 3.

[182] *Mühl/Fischer*, in: BeckOK, § 1 HSOG Rn. 54; *Götz/Geis*, § 12 Rn. 5 f.

Abs. 1, § 11 HSOG; Rn. 248 ff., 270 ff.), es sei denn die jeweilige Gefahrenabwehrnorm enthält eine nähere Spezifizierung des von ihr unter Schutz gestellten Rechtsguts.

Bloße **Belästigungen**, Unbequemlichkeiten oder Geschmacklosigkeiten stellen **keine Schädigungen** in diesem Sinne dar. Sie können daher nach dem allgemeinen Polizei- und Ordnungsrecht grundsätzlich nicht abgewehrt werden. Allerdings kann aufgrund spezialgesetzlicher Regelungen eine Belästigung durchaus hinreichen, um ein behördliches Tätigwerden zu legitimieren, so z.B. gemäß § 1 StVO, § 3 Abs. 1 BImSchG, § 118 OWiG. Im Einzelfall muss die Abgrenzung anhand der konkreten zeitlichen und örtlichen Umstände erfolgen. So mögen etwa die von einem Fußballplatz ausgehenden Lärmemissionen tagsüber nur eine Belästigung sein, nachts aber können sie sich als Gefahr für die Gesundheit oder die öffentliche Ordnung erweisen.[183] Eine besondere, individuelle Empfindsamkeit (etwa wenn eine Anwohnerin besonders lärmempfindlich ist) spielt dagegen keine Rolle.[184] 291

Dass ein Schaden **nicht bereits eingetreten** sein muss, folgt aus dem Wesen der Gefahr. Ein Schaden folgt der Gefahr allenfalls nach, die Gefahr liegt einem Schaden allenfalls voraus. Für das Polizeirecht folgt daraus ganz prinzipiell, dass sich das Vorliegen einer Gefahr **unabhängig davon** bestimmt, ob sich diese tatsächlich realisiert oder nicht. Andernfalls geriete man allzu leicht auf den Abweg, eine Gefahr nur dann anzunehmen, wenn sich der drohende Schaden verwirklicht hat, mithin die dagegen gerichtete Gefahrenabwehr erfolglos war, bzw. umgekehrt eine Gefahr ausgerechnet dann abzulehnen, wenn die Gefahrenabwehr Erfolg hatte. Maßgebend ist also allein die Drohung eines Schadens, nicht der Schaden selbst. 292

Insbesondere umfasst die Aufgabe der Gefahrenabwehr nicht die Aufgabe, eingetretene Schäden zu beseitigen. Das gilt freilich nur, soweit nicht von dem eingetretenen Schaden weitere Gefahren ausgehen. Resultiert aus der bereits realisierten Gefahr zugleich die Gefahr eines **künftigen Schadens**, dann ist eine Unterbindung dieser **fortdauernden Störung**, auch wenn dazu die Beseitigung des vorherigen Schadens notwendig ist, als **Maßnahme der Gefahrenabwehr** rechtfertigt.[185] Unter Umständen kann es sich dabei auch um eine sog. doppelfunktionale Maßnahme handeln (Rn. 9). 293

Bspe.: Eine laufende Schlägerei, bei der bereits Körperverletzungen (§ 223 StGB) stattgefunden haben, wird durch die Polizei unterbunden, um zu verhindern, dass weitere Körperverletzungen geschehen; Beschlagnahme eines unter Verstoß gegen § 23 Abs. 1 lit. b StVO mitgeführten Radarwarngeräts, weil die Gefahr erneuter Verwendung besteht;[186] anhaltender Verstoß gegen ein Halteverbotszeichen im Straßenverkehr.

2. Hinreichende Wahrscheinlichkeit

Indem der Eintritt eines Schadens hinreichend wahrscheinlich sein muss, gründet der Begriff der Gefahr auf einer qualifizierten **Prognose**, d.h. auf einer wissentlichen Einschätzung über den voraussichtlichen Geschehensablauf. Verlangt wird damit nicht irgendein „Zukunftswissen", sondern ein bestimmtes, in die Zukunft gerichtetes Erfahrungswissen. Das gebotene Wahrscheinlichkeitsurteil setzt daher eine genügende **Dia-** 294

[183] Vgl. *Schenke*, Rn. 79.

[184] BaWüVGH, NVwZ 2003, 115 (116); *Mühl/Fischer,* in: BeckOK, § 1 HSOG Rn. 54.1; *Hornmann*, § 11 Rn. 27; *Schenke*, Rn. 80.

[185] *Götz/Geis,* § 12 Rn. 16; *Wehr,* Rn. 77, 79; *Schenke,* Rn. 106; *Fischer/Leggereit/Sommer,* Kap. G Rn. 61.

[186] BaWüVGH, NVwZ-RR 2003, 117.

gnose der gegebenen Sachlage voraus.[187] Die Prognose über die zukünftige Entwicklung einer Situation muss auf den Tatsachen der gegenwärtigen Situation beruhen; bloße Vermutungen „ins Blaue hinein" genügen nicht.[188]

295 Diese Diagnose und die auf sie gestützte Prognose können auf eine **allgemeine Sachlage** bezogen sein, die von einer unbestimmten Vielzahl vergleichbarer Fälle (Geschehnisse, Handlungen, Zustände) gekennzeichnet und typischerweise, aber nicht notwendig in jedem Fall gefährlich ist; dann liegt eine abstrakte Gefahr vor. Eine konkrete Gefahr beruht hingegen auf der Einschätzung, die auf die reale **Situation eines bestimmten Einzelfalles** bezogen ist (s. Rn. 316 f.).

296 Ob die derart methodisch angeleitete Prognose **mit hinreichender Wahrscheinlichkeit** einen bestimmten oder bestimmbaren Schaden erwarten lässt, kann sich natürlich nur nach den je gegebenen Umständen beantworten. Die gegebenenfalls schwierige Grenzziehung zwischen einer Gefahr und einer Nicht- oder Noch-nicht-Gefahr[189] macht besonders deutlich, dass die Gefahr ein **unbestimmter Rechtsbegriff** ist. Gleichwohl ist die erforderliche Prognose **gerichtlich voll überprüfbar.** Den rechtsanwendenden Behörden kommt hier kein Prognose- oder Beurteilungsspielraum zu. Anderes gilt nur für den Gesetzgeber, der sich bei der Annahme abstrakter Gefahren als Begründung für eine neue Aufgabenregelung auf einen nur eingeschränkt überprüfbaren Einschätzungs- und Prognosespielraum berufen kann.[190]

a) „Je-desto"-Formel

297 Hinreichende Wahrscheinlichkeit heißt jedenfalls nicht, dass der Schaden mit an Sicherheit grenzender Wahrscheinlichkeit oder gar mit absoluter Gewissheit zu erwarten sein muss. Vielmehr richten sich die an das **Maß der Wahrscheinlichkeit** zu stellenden Anforderungen auch nach der Höhe des drohenden Schadens. Hier gilt generell: **Je höherwertig das gefährdete Rechtsgut** ist, **desto geringere Anforderungen** sind **an die Wahrscheinlichkeit** des Schadenseintritts zu stellen.[191] Das hat allerdings seine Grenzen:

298 Eine **gewisse Schadenswahrscheinlichkeit** bleibt selbst bei der Drohung schwerwiegender Schäden **erforderlich**. Die bloß entfernte oder gar nahezu unwahrscheinliche Möglichkeit einer Rechtsgutsverletzung genügt in keinem Fall. Dann ist vielleicht ein **Risiko** gegeben, aber **keine polizeiliche Gefahr**. Auf Risiken unterhalb der Gefahrenschwelle reagiert das allgemeine Polizeirecht allenfalls mit der Aufgabe der sog. Gefahrenvorsorge (Rn. 340 ff.), die übrige Rechtsordnung jedoch mit speziellen Regelungen, die sich mittlerweile zu einem eigenen Referenzgebiet des Verwaltungsrechts verdichtet haben, dem sog. Risikoverwaltungsrecht.[192] Hierzu zählen etwa das Umweltrecht, das Gesundheits- und das Lebensmittelrecht oder das Kernenergierecht.

299 Die **„Je-desto"-Formel** folgt aus der Beachtung des Verhältnismäßigkeitsgrundsatzes bei der Auslegung des Gefahrbegriffs und lässt sich auch in der mathematischen Glei-

[187] *Wehr*, Rn. 78; zu Wahrscheinlichkeitsurteilen allgemein *Poscher/Rusteberg*, JuS 2011, 984 (987).

[188] Vgl. BVerfGE 109, 279 (356 f.); 125, 260 (343); 141, 220 (297 f.).

[189] *Götz/Geis*, § 12 Rn. 7; *Mühl/Fischer*, in: BeckOK, § 1 HSOG Rn. 60.

[190] BVerwGE 116, 347 (351); *Poscher/Rusteberg*, JuS 2011, 984 (989); mit rechtsvergleichenden Aspekten *Gromitsaris*, DVBl. 2005, 535 (539 f.).

[191] BVerwGE 88, 348 (351); 113, 348 (386); 116, 347 (356); *Mühl/Fischer*, in: BeckOK, § 1 HSOG Rn. 60: „umgekehrte Proportionalität"; *Bäcker*, in: Lisken/Denninger, Kap. D Rn. 101; *Kingreen/Poscher*, § 8 Rn. 6 ff.; *Würtenberger/Heckmann/Tanneberger*, § 5 Rn. 276, § 7 Rn. 22.

[192] Vgl. zum Risiko im öffentlichen Recht *Di Fabio*, Jura 1995, 566 ff.; *Brenner/Nehrig*, DÖV 2003, 1024 ff.; *Poscher*, Die Verwaltung 41 (2008), 345 (370 ff.).

chung abbilden: die Gefahr ist das Produkt von Schädigung und Wahrscheinlichkeit.[193] Demgemäß kann sie durchaus auch **in umgekehrter Richtung** zur Anwendung gelangen: Je geringer die Bedeutung der drohenden Schädigung ist, desto höher sind die Anforderungen an die Schadensprognose.

Außerdem ist im Zuge der verhältnismäßigen Anforderungen an den Wahrscheinlich- 300
keitsgrad auch die **Intensität des Grundrechtseingriffs** in Rechnung zu stellen, die unter Umständen mit der Gefahrenabwehrmaßnahme verbunden ist. Besonders intensiv eingreifende Maßnahmen führen ebenso dazu, dass eine **gesteigerte Wahrscheinlichkeit des Schadenseintritts** zu fordern ist. Daraus folgt, dass selbst bei einer Bedrohung hochwertiger Rechtsgüter ein noch grundrechtskonformes Niveau der Prognoseanforderungen an den Schadenseintritt nicht unterschritten werden darf. In solchen zugespitzten Konstellationen ist es allerdings zuvörderst Aufgabe des Gesetzgebers, die gegenläufigen Verfassungspostulate von Sicherheit und Freiheit in Balance zu bringen, namentlich durch eine entsprechende Qualifizierung der gebotenen Gefahrenstufe (Rn. 321 ff.).

b) „Ex ante"-Betrachtung

Maßgebender Zeitpunkt für das Wahrscheinlichkeitsurteil ist der Zeitpunkt **vor der** 301
Entscheidung, auf die gegebene Lage mit Maßnahmen zur Gefahrenabwehr zu reagieren („**ex ante**"). Das gilt auch für eine nachfolgende gerichtliche Überprüfung. Die gerichtliche Kontrolle erfolgt naturgemäß erst im Nachhinein („ex post"), hat aber die Rechtsanwendung des Gefahrbegriffs und daher die Einschätzung über das Vorliegen einer Gefahr ex ante zum Gegenstand.

Insbesondere hängt die nachträgliche Bejahung einer Gefahr nicht davon ab, dass 302
sich der drohende Schaden tatsächlich ereignet hätte, ebenso wenig wie es für die Verneinung einer Gefahr darauf ankommt, dass ein Schaden tatsächlich ausgeblieben wäre. Vielmehr gilt: Bestand (aus der ex ante-Sicht) eine Gefahrenlage, dann war die Gefahrenabwehr insoweit begründet, **auch wenn es (in der ex post-Betrachtung) zum Eintritt eines Schadens gar nicht gekommen wäre** (natürlich auch, wenn der Schaden eingetreten wäre oder eingetreten ist). War hingegen keine Gefahr gegeben, dann bestand kein Grund zur Gefahrenabwehr, auch wenn es wider Erwarten doch zum Schadenseintritt gekommen ist.[194] Für die Rechtmäßigkeitsprüfung einer Gefahrenabwehrmaßnahme ist es unerheblich, dass man hinterher immer klüger ist, sondern maßgeblich ist die Frage, ob man vorher klug genug war oder hätte klüger sein müssen.[195]

c) „Subjektiver" Gefahrenbegriff

Insofern stellt sich freilich die Frage, **auf wessen Wissens- und Erfahrungshorizont** da- 303
bei abzustellen ist: Kommt es bei der Beurteilung der Rechtmäßigkeit einer Gefahrenabwehrmaßnahme darauf an, ob eine Gefahr **objektiv**, d.h. unter Berücksichtigung aller vorhandenen, möglicherweise aber erst nachträglich erkannten Tatsachen und Umstände vorgelegen hat? Oder ist insofern allein die **subjektive** Einschätzung der handelnden Behörde bzw. des Amtswalters maßgeblich?[196]

---

[193] *Kingreen/Poscher*, § 8 Rn. 7.

[194] *Möstl*, in: BeckOK, Systematische und begriffliche Vorbemerkungen zum Polizeirecht in Deutschland, Rn. 34; vgl. auch *Wehr*, Rn. 79.

[195] So markant *Wehr*, Rn. 82.

[196] Ausführlich dazu *Kingreen/Poscher*, § 8 Rn. 33 ff.; *Schoch*, Rn. 299 ff., *Mühl/Fischer*, in: BeckOK, § 1 HSOG Rn. 57.1., 58; *Wehr*, Rn. 100 ff.; *Gusy*, Rn. 114 f.

304 Gegen die Zugrundelegung eines **rein objektiven Gefahrbegriffs** spricht, dass die Gefahrenabwehr- und Polizeibehörden ihre Lageeinschätzung regelmäßig unter Zeitdruck treffen müssen und sie daher im Interesse einer effektiven Gefahrenabwehr nicht mit dem vollen Risiko einer unzutreffenden Lageeinschätzung belastet werden können. Andererseits würde die Annahme eines **rein subjektiven Gefahrenbegriffs** bedeuten, jede Kontrolle der Behörden auf eine zutreffende Rechtsanwendung hin zu vereiteln. Die nahezu allgemeine Ansicht vertritt daher das Konzept eines **„verobjektivierten subjektiven Gefahrenbegriffs"**: Danach ist darauf abzustellen, ob ein (objektiv) **gewissenhafter, besonnener und sachkundiger Amtswalter bei verständiger Würdigung der Sachlage** anhand der verfügbaren Informationen von einer Gefahr ausgehen durfte bzw. musste.

3. Anscheinsgefahr

305 Eine Konsequenz des derart subjektivierten Gefahrbegriffs ist, dass es bei **irrtümlichen Einschätzungen** darauf ankommt, ob sie **vermeidbar oder unvermeidbar** waren. Ein solcher Irrtum ist gegeben, wenn die subjektiv angenommene Gefahr, wie sich im Nachhinein herausstellt, tatsächlich nicht bestanden hat, also in Wirklichkeit kein Schaden drohte. Die Fehleinschätzung kann lediglich auf einer fehlerhaften Prognose des weiteren Geschehensablaufs beruhen, zumeist liegt ihr jedoch eine fehlerhafte Diagnose der Ausgangslage zugrunde, weil die im Zeitpunkt des behördlichen Einschreitens vorhandenen Tatsachen nur unvollständig oder unzutreffend bekannt sind.

306 Weil es jedoch auf eine verständige Würdigung der Sachlage durch einen gewissenhaften Amtswalter ankommt, ist der situationsbedingt unvermeidbare Irrtum im Gefahrbegriff gewissermaßen schon eingerechnet. Die nach den Umständen ex ante **unvermeidbare Unkenntnis der Ungefährlichkeit** der Lage schadet also nicht. Begegnet die Schadensprognose nach dem genannten Maßstab keinen Einwänden, liegt daher nach weit überwiegender Auffassung eine **Gefahr im Rechtssinne** vor.[197] Das kann sich freilich immer nur auf eine Gefahrenlage im Einzelfall, d.h. auf eine **konkrete Gefahr** beziehen, weil es für eine abstrakte Gefahr schon hinreicht, dass sich bestimmte Sachverhalte nur typischerweise zu gefährlichen Situationen entwickeln.[198]

Bspe.:

- Wenn die Polizei im Radio hört, in der Stadt laufe ein Löwe herum, darf sie geeignete Maßnahmen einleiten, auch wenn sich im Nachhinein herausstellt, dass es sich um ein drei Monate altes Jungtier handelt, das von seinem Besitzer ausgeführt wird.[199]
- Erhält die Polizei ernst zu nehmende Hinweise darauf, dass sich in einer Wohnung große Mengen Sprengstoff befänden, scheitert die Rechtmäßigkeit der anschließenden Wohnungsdurchsuchung nicht daran, dass sie ohne entsprechende Funde bleibt.
- Ein Polizist vernimmt Schreie aus einem Etablissement im kriminalitätsgeneigten Rotlichtviertel, die auf eine Gewalttat hindeuten; nach dem Eingreifen stellt sich heraus, dass die Schreie einem dort mit hoher Lautstärke gezeigten Videofilm entstammen.
- Für den Tag einer Konzert-Großveranstaltung auf den Uferwiesen eines angrenzenden Flusses ist kurzfristig ein örtliches Unwetter mit Starkregen vorhergesagt. Wegen der Gefahr der Überschwemmung des Gebiets konnte die Polizei die Veranstaltung untersagen, auch wenn das Unwetter „vorbeigezogen" ist.

---

[197] BVerwGE 45, 51 (58); *Mühl/Fischer*, in: BeckOK, § 1 HSOG Rn. 60; *Schoch*, Rn. 114; *Kingreen/Poscher*, § 8 Rn. 48; *Götz/Geis*, § 12 Rn. 50 ff.; *Erichsen/Wernsmann*, Jura 1995, 219 (220); *Schenke*, Rn. 88.

[198] BVerwGE 116, 347 (351 f.); *Voßkuhle*, JuS 2007, 908 (909).

[199] Vgl. HbgOVG, NJW 1986, 2005 (2007).

Rechtsprechung und Lehre sprechen in solchen Konstellationen von einer **Anscheinsgefahr.** Diese Sonderbezeichnung ist nach dem Gesagten auf der Ebene der Primärmaßnahme eigentlich überflüssig.[200] Allerdings gilt es zu beachten, dass dieser Gefahrbegriff dann auch **bei den weiteren Rechtmäßigkeitsvoraussetzungen** einer Gefahrenabwehrmaßnahme, namentlich der Prüfung der Verantwortlichkeit (§§ 6 ff. HSOG) und der Verhältnismäßigkeit (§ 4 HSOG), **„durchgehalten"** werden muss. Einzig auf der Sekundärebene, wenn es um die Fragen nach der **Auferlegung von Polizeikosten** oder der **Zuerkennung von Schadensausgleichsansprüchen** (§ 64 ff. HSOG) geht, kommt dem Begriff der Anscheinsgefahr eine gewisse Hinweisfunktion zu. Denn dabei kann es aus Gründen der Verhältnismäßigkeit durchaus Berücksichtigung finden, dass entgegen der subjektiven Annahme des Amtswalters objektiv keine Gefahrenlage bestand (Rn. 628, 633);[201] insoweit spielt nämlich der Gesichtspunkt des Zeitdrucks des behördlichen Entscheidens keine Rolle. 307

Demgegenüber begründet der vermeidbare Irrtum über das Vorliegen einer Gefahr, mithin die **vermeidbare Unkenntnis über die Ungefährlichkeit** einer Lage, **keine polizeirechtlich relevante Gefahr.** Vielmehr handelt es sich nur um eine vermeintliche Gefahr oder **Putativgefahr** (auch: scheinbare oder Scheingefahr), wenn ein gewissenhafter Amtswalter bei verständiger Würdigung der Lage dem Irrtum nicht erlegen wäre. Gleichwohl ergriffene Maßnahmen sind also rechtswidrig. 308

Bspe.:

- Ein Polizist vernimmt am Sonntagabend bei seinem Rundgang durch ein ruhiges Wohngebiet Schreie aus einer Wohnung und dringt daraufhin in diese Wohnung ein, um den Bewohnern zu Hilfe zu eilen; ein objektiver Beobachter hätte jedoch aufgrund der Uhrzeit und des durch die Fenster flackernden Lichts erkannt, dass die Geräusche von einem Fernsehkrimi stammen.[202]
- Die Polizei unterbindet eine wilde Schießerei auf der Straße, verkennt dabei aber trotz offensichtlicher Umstände, dass es sich um eine gestellte Szene auf einem Filmset handelt.
- Zwei Polizeibeamte auf Streifenfahrt beobachten ein Kraftfahrzeug, das ohne Motorengeräusche einige Zeit vor einer grünen Ampel steht und den Verkehr blockiert. In der Annahme, hier läge eine Autopanne vor, beordern sie sofort einen Abschleppdienst zum Ort des Geschehens. Hernach stellen sie „überrascht" fest, dass sich um ein Elektrofahrzeug handelt, dessen Fahrer kurz eingeschlafen war.

Von dem Vorstehenden unterscheidet sich die eigentümliche Lage, in der die Polizei zwar von einer Gefahr ausgeht, aber auf der Grundlage einer „falschen" Einschätzung, und diese, wie sich später herausstellt, tatsächlich bestanden hat. Die Maßnahme der Gefahrenabwehr wurde also im Ergebnis zu Recht ergriffen. Doch dem lag gleichsam eine **vermeidbare Kenntnis der Gefährlichkeit** der Lage zugrunde.[203] Am Maßstab der verständigen Würdigung eines objektiven Beobachters wäre die Gefahr ex ante zu verneinen gewesen. Dass in solchen Fällen die Rechtmäßigkeit der Gefahrenabwehr dennoch bejaht wird, bedeutet daher eine gewisse Abkehr vom subjektivierten hin zum objektiven Gefahrenbegriff. 309

Bsp.: Eine Wahrsagerin meldet der Polizei ihre aus der Kristallkugel gewonnene „Erkenntnis", dass in der Wohnung einer bestimmten Person eine große Menge hochexplosiver Stoffe gelagert seien, die sich jederzeit entzünden könnten. Weitere Hinweise oder Anzeichen, die das bestätigen könnten, gibt es nicht. Bei der daraufhin von der Polizei durchgeführten

---

200 Krit. zu dem Begriff daher wie hier *Götz/Geis*, § 12 Rn. 55; *Reimer*, Rn. 70.

201 *Fredrich*, § 1 Rn. 11; ablehnend *Reimer*, Rn. 263 ff.

202 OLG Köln, NJW-RR 1996, 860 ff.

203 *Wehr*, Rn. 103, dort auch das nachfolgende Beispiel.

Wohnungsdurchsuchung werden die Explosionsstoffe tatsächlich gefunden und wegen ihrer ebenfalls festgestellten Entzündlichkeit beschlagnahmt.

II. Gefahrenarten

1. Abstrakte und konkrete Gefahr

310 Der Tatbestand einer Gefahr kann entweder allgemein („abstrakt") vorliegen oder im Einzelfall („konkret") gegeben sein. Abstrakte und konkrete Gefahr unterscheiden sich damit nicht durch den Grad der Wahrscheinlichkeit, mit dem ein Schadenseintritt zu befürchten ist, sondern **nach der Art der Gefahrensituation**, die in Betracht genommen wird (Rn. 295, 317).[204]

311 Der **abstrakten Gefahr** liegt eine Betrachtung zugrunde, die eine (räumlich-zeitlich) bestimmte, von einer Vielzahl gleichartiger Verhaltensweisen oder Zustände geprägte Situation im Blick hat und zu der Einschätzung führt, dass sich aus ihr ein Schaden im Einzelfall entwickeln kann, aber nicht muss. Bezugspunkt ist also die typische Gefährlichkeit einer generell-abstrakten Lage, nicht die spezifische Gefährlichkeit einer konkret-individuellen Situation.

312 Auch für die Annahme eines solchen typischerweise eintretenden Schadens bedarf es freilich einer **hinreichenden Schadenswahrscheinlichkeit** und einer abgesicherten, aus den vorliegenden Tatsachen hervorgehenden Prognose. Ein bloßer Möglichkeitszusammenhang genügt nicht.

Bspe.:
- Das Schwimmen in einem Fluss birgt immer das Risiko des Ertrinkens. Dies allein begründet aber noch keine allgemein gefährliche Lage. Eine abstrakte Gefahr kann erst angenommen werden, wenn Umstände hinzutreten, die nach allgemeiner Lebenserfahrung (oder auch statistischen, wissenschaftlichen, fachkundigen Erfahrungssätzen) typischerweise zu konkreten Gefahren führen können, wie hier etwa eine hohe Fließgeschwindigkeit des Flusses, reißende Strömungen, tückische Strudel oder ein reger Schifffahrtsverkehr.
- Der Konsum von Alkohol im öffentlichen Raum stellt für sich genommen noch keine relevante abstrakte Gefahr dar. Es fehlt an belastbaren, statistisch belegbaren Anhaltspunkten dafür, dass infolgedessen typischerweise, also mit einer gewissen Regelmäßigkeit gewalttätige Auseinandersetzungen, zerstörerische Randale, Übergriffe auf Passanten oder ähnliche Beeinträchtigungen der öffentlichen Sicherheit oder Ordnung zu erwarten sind.[205]
- Frei (unangeleint) umherlaufende Hunde können wegen ihres spontanen, unberechenbaren Verhaltens und natürlichen Verhaltensrepertoires (Beißen, Hetzen, Reißen, Anspringen, Schnappen, Nachrennen, Beschnüffeln) zu einer Gefährdung unbeteiligter Dritter führen, die die Schwelle der bloßen Belästigung überschreitet; daraus ergibt sich eine abstrakte Gefahrenlage für mehrere Schutzgüter der öffentlichen Sicherheit wie Leben, Gesundheit und Eigentum an anderen Tieren.[206]

313 Insgesamt liegt demnach eine **abstrakte Gefahr** vor, **wenn in Anbetracht einer unbestimmten Vielzahl gleichartiger Verhaltensweisen oder Zustände erfahrungsgemäß mit**

---

[204] Vgl. zum Unterschied BVerwGE 116, 347 (351 f.); NdsOVG, NdsVBl. 2017, 279 (281); *Mühl/Fischer*, in: BeckOK, § 1 HSOG Rn. 64; *Fischer/Leggereit/Sommer*, Kap. G Rn. 71; *Möstl*, Jura 2005, 48 (52 ff.); *Kingreen/Poscher*, § 8 Rn. 9 ff.; *Würtenberger/Heckmann/Tanneberger*, § 3 Rn. 70.

[205] BaWüVGH, NVwZ-RR 2010, 55 (57).

[206] NdsOVG, NdsVBl. 2017, 279 (281 f.).

hinreichender Wahrscheinlichkeit ein Schaden für ein polizeiliches Schutzgut einzutreten pflegt.[207]

Ergänzend kann der Aspekt herangezogen werden, ob bzw. dass eine solche Lage den Anlass dazu gibt, ihr mit **abstrakt-generellen Mitteln der Gefahrenabwehr** zu begegnen.[208] Das nimmt Bezug auf die **Gefahrenabwehrverordnungen**, zu deren Erlass die §§ 71 ff. HSOG ermächtigen (Rn. 641 ff.). Mit den Geboten oder Verboten, die sie enthalten, richten sie sich „für eine unbestimmte Anzahl von Fällen an eine unbestimmte Anzahl von Personen" (§ 71 HSOG). Indem sie für die Gefahrenabwehr erforderlich sein müssen, setzen sie das Vorliegen einer abstrakten Gefahr voraus. 314

Bedeutung hat die abstrakte Gefahr zudem für die **Eröffnung des Aufgabenbereichs** der Gefahrenabwehr- und Polizeibehörden nach § 1 HSOG (Rn. 156). Dies allerdings nicht im Sinne einer Voraussetzung, weil selbstverständlich auch das Vorliegen einer konkreten Gefahr die Aufgabe der Gefahrenabwehr, mithin die Zuständigkeit der Gefahrenabwehr- und Polizeibehörden begründet. 315

Demgegenüber liegt eine **konkrete Gefahr vor, wenn in einem Einzelfall bei ungehindertem Geschehensablauf die hinreichende Wahrscheinlichkeit besteht, dass in absehbarer Zeit ein Schaden für ein polizeiliches Schutzgut eintreten wird.**[209] 316

Die konkrete Gefahr ist keine intensivere als die abstrakte Gefahr, sondern eine andere Gefahr.[210] Sie hat allein eine räumlich-zeitlich bestimmte **Einzelfallsituation** im Auge und in Bezug auf diese die **zeitliche Nähe eines Schadens** (in nächster Zukunft). Mit ihr kann daher eine abstrakte Gefährdungslage einhergehen, sie kann aber ebenso unabhängig davon entstehen. 317

Bsp.: Begibt sich ein Schwimmer in einen reißenden Fluss, entsteht neben der (allgemeinen) abstrakten Gefahr auch eine konkrete Gefahr. Handelt es sich hingegen um einen besonders geübten und ausdauernden Schwimmer, kann eine konkrete Gefahr zu verneinen sein. Umgekehrt kann eine konkrete Gefahr gegeben sein, wenn sich ein Nichtschwimmer in einem ruhigen Badesee aufhält, der an sich keine abstrakte Gefahr darstellt.

Das Vorliegen einer konkreten Gefahr ist die **herkömmliche Voraussetzung** dafür, dass die Gefahrenabwehr- und Polizeibehörden zu Einzelmaßnahmen greifen dürfen, die mit **Grundrechtseingriffen** verbunden sind. Daher ist stets die „konkrete Gefahr" gemeint, wenn in den Tatbestandsvoraussetzungen der Befugnisnormen ohne weitere Qualifizierung von „Gefahr" die Rede ist. 318

Die konkrete Gefahr markiert so die übliche **Eingriffsschwelle.** Im Hinblick auf das geschützte Rechtsgut **aktiviert** sie, im Hinblick auf das betroffene Grundrecht **limitiert** sie die polizeiliche Eingriffsbefugnis. Damit fungiert sie auf der Ebene des Gesetzes als Ausprägung des **Verhältnismäßigkeitsgrundsatzes:** Oberhalb dieser Schwelle wird die Eingriffsbefugnis zugunsten der Schutzinteressen des bedrohten Rechtsguts (Sicherheit) eröffnet, während sie unterhalb der Schwelle zugunsten der Verschonungsinteressen des Verpflichteten (Freiheit) gesperrt ist. Dem ist auch auf der Ebene der Rechtsanwendung bei der Auslegung und Anwendung des Gefahrbegriffs entlang der **„Je-desto"-Formel** Rechnung zu tragen (Rn. 297 ff.). 319

[207] Vgl. aus der Vielzahl ähnlicher Umschreibungen *Wehr*, vor Rn. 96; *Fredrich*, § 1 Rn. 10, 13.
[208] So BVerwGE 116, 347 (351 f.).
[209] Vgl. wiederum aus einer Vielzahl ähnlicher Umschreibungen *Wehr*, Rn. 86; *Fredrich*, § 1 Rn. 10.
[210] *Kingreen/Poscher*, § 8 Rn. 11.

320 Solche Gründe der Verhältnismäßigkeit können den Gesetzgeber indessen auch dazu bewogen haben, die Eingriffsschwelle der konkreten Gefahr zu **erhöhen** (Rn. 321 ff.), wie auch umgekehrt dazu, diese **abzusenken** (Rn. 343 ff.).

2. Qualifizierte Gefahrenstufen

321 Manche Standardbefugnisse, namentlich solche, die zu besonders intensiven Grundrechtseingriffen oder zur Inanspruchnahme eines für die Gefahr nicht Verantwortlichen (Nichtstörer) ermächtigen, setzen das Erreichen einer **besonders qualifizierten Gefahrenstufe** voraus. Solche tatbestandlichen Qualifikationen der konkreten Gefahr können darin bestehen, dass die Maßnahme nur zum Schutz **besonderer, abschließend benannter (zumeist hochwertiger) Schutzgüter** zulässig ist, oder darin, dass an den **Grad der Wahrscheinlichkeit** oder die **zeitliche Nähe des Schadenseintritts** gesteigerte Anforderungen gestellt werden, oder auch darin, dass diese Qualifikationen in einer **Kombination** vorliegen müssen.[211]

322 Wird eine **gegenwärtige Gefahr** verlangt, muss das schädigende Ereignis bereits begonnen haben oder mit an Sicherheit grenzender Wahrscheinlichkeit unmittelbar bevorstehen. Häufig ist die gegenwärtige Gefahr mit besonderen Schutzgütern kombiniert, etwa in §§ 15a Abs. 4 S. 1, 31 Abs. 2 S. 1, 38 Abs. 2 Nr. 2 HSOG mit „Leib, Leben oder Freiheit einer Person".

323 Dagegen setzt eine **unmittelbare Gefahr** für die öffentlichen Sicherheit und Ordnung (z.B. § 15 Abs. 1 VersG) nur eine erhöhte Schadenswahrscheinlichkeit voraus, nämlich eine Sachlage, die bei ungehindertem Geschehensablauf mit hoher Wahrscheinlichkeit zu einem Schaden für ein Rechtsgut führt.[212]

324 Eine **erhebliche Gefahr** meint eine Gefahr für ein bedeutsames Schutzgut (z.B. Leben, Gesundheit, Freiheit, Bestand des Staates). Sie ist etwa erforderlich für die Heranziehung eines Nichtstörers gemäß § 9 Abs. 1 Nr. 1 HSOG oder für Amtshandlungen von Polizisten anderer Bundesländer in Hessen gemäß § 102 Abs. 1 Nr. 3 HSOG.

325 Eine **dringende Gefahr** stellt nach h.M. eine Sachlage dar, bei der mit großer Wahrscheinlichkeit einem besonders hochrangigen Schutzgut ein Schaden droht. Sie wird etwa bei der Wohnraumüberwachung gemäß Art. 13 Abs. 4 GG oder dem Betreten von Wohnungen nach § 38 Abs. 6 HSOG relevant.

326 Eine **Gefahr für Leib und Leben** ist gegeben, wenn bei ungehindertem Geschehensablauf eine nicht nur leichte Körperverletzung oder sogar der Tod des Menschen eintreten könnte. Aufgrund des hohen Schutzguts kann sie auch schwerwiegende Grundrechtseingriffe rechtfertigen, etwa den Gebrauch von Schusswaffen gegen Personen gem. § 61 Abs. 1 Nr. 1 HSOG oder körperliche Untersuchungen gem. § 36 Abs. 5 S. 1 HSOG.

327 Eine **gemeine Gefahr** stellt die Gefährdung einer unbestimmten Anzahl von Rechtsgütern mit einem unübersehbaren Gefahrenpotential dar und kann z.B. eine Wohnraumüberwachung gemäß Art. 13 Abs. 4 GG rechtfertigen. Beispiele sind Terroranschläge, Naturkatastrophen oder Seuchen.

328 Die **Gefahr im Verzug** bezeichnet hingegen keine Qualifikation einer konkreten Gefahr, sondern steht regelmäßig für eine Sachlage, in der das Gesetz von der Einhaltung einer regulären Behördenzuständigkeit oder regulärer Verfahrensanforderungen dispensiert, weil andernfalls die Durchführung einer Maßnahme unmöglich oder erschwert

---

[211] Vgl. übersichtlich zu den qualifizierten Gefahrbegriffen *Mühl/Fischer*, in: BeckOK, § 1 HSOG Rn. 78 ff.; *Schoch*, Jura 2003, 472 (475 f.); *Fischer/Leggereit/Sommer*, Kap. G Rn. 98 f.; *Wehr*, Rn. 93.

[212] BVerfG, NVwZ 1998, 834 (835).

würde (z.B. § 44 Abs. 2 S. 2 StVO; § 39 Abs. 1 HSOG). Insoweit steht also die Gewährleistung einer effektiven Gefahrenabwehr im Vordergrund.

Auch die sog. **latente Gefahr** gehört nicht zu den Gefahrqualifikationen. Der Begriff steht für eine Sachlage, die zunächst ungefährlich ist oder war, jedoch durch Hinzutreten weiterer Umstände oder durch Zeitablauf gefährlich werden kann bzw. gefährlich geworden ist. Doch wird damit keine besondere Gefahr beschrieben: Denn solange sie latent ist, besteht sie nicht, und sobald sie eintritt, ist sie nicht mehr latent.[213] Die von der Rechtsprechung entwickelte Figur dient vielmehr dazu, spezielle Probleme bei der Zurechnung der Verantwortlichkeit für eine Gefahr zu lösen; daher geht es hier genau besehen um den **latenten Störer** (Rn. 366).[214] 329

Schließlich handelt es sich auch bei der sog. **drohenden Gefahr** nicht um eine qualifizierte konkrete Gefahr. Der Begriff bezeichnet vielmehr eine Lage, in der eine Gefahr erst zu entstehen droht, also ein Geschehen im Gefahrenvorfeld (dazu Rn. 346a). 329a

III. Gefahrverdacht

Eigengeartete Fragen stellen sich im Umgang mit dem sog. **Gefahrverdacht**. Zunächst gilt es Klarheit darüber zu haben, welche Situation damit überhaupt gemeint ist: Der Verdacht, dass eine Gefahr vorliegt, ist dann gegeben, wenn aus behördlicher ex ante-Sicht **zwar gewisse Anhaltspunkte** auf eine (konkrete) Gefahr hindeuten, aber der Eintritt eines Schadens in absehbarer Zeit **nicht mit hinreichender Wahrscheinlichkeit** prognostiziert werden kann. 330

Damit handelt es sich beim Gefahrverdacht weder um eine Gefahr mit verringerter Schadenswahrscheinlichkeit noch um eine Gefahr, die (vermeidbar) irrtümlich angenommen wird (Anscheinsgefahr, Rn. 305 ff.). Auch mit der Bezeichnung als Noch-nicht-Gefahr wäre die Lage nicht treffend beschrieben. Angesprochen ist vielmehr eine Situation, in der die Frage, **ob eine Gefahr vorliegt oder nicht, ungewiss** ist und sich die Behörde dieser **Ungewissheit bewusst** ist: Sie hält den Eintritt eines Schadens ebenso für möglich wie sein Ausbleiben. Dies kann sowohl daran liegen, dass ihr der betreffende Sachverhalt noch nicht vollständig bekannt ist (Ungewissheit in der **Diagnose**), als auch daran, dass es an hinreichenden Erfahrungen oder Erkenntnissen darüber fehlt, wie sich die Dinge voraussichtlich entwickeln werden (Ungewissheit in der **Prognose**). Zwar ist jede Prognose wesensgemäß mit der Unsicherheit verbunden, ob sie zutrifft. Doch ist davon – trotz aller Abgrenzungsschwierigkeiten – die Ungewissheit zu unterscheiden, die bereits die tatsächlichen Grundlagen der Gefahrenprognose betrifft.[215] 331

Bspe.: Anonyme Bombendrohungen; „herrenloses" Reisegepäck auf dem Bahnsteig, das den Verdacht erregt, Sprengstoff zu enthalten; morscher Baum, der bei einem Sturm möglicherweise umsturzgefährdet ist; Mineralölrückstände auf einem Betriebsgelände, die in das Grundwasser absickern könnten.

Ein solcher Gefahrverdacht kann polizeirechtlich nur unter Zugrundelegung des „subjektiven Gefahrbegriffs" relevant sein (Rn. 303 f.); denn bei objektiver Betrachtung ist eine Situation entweder gefährlich oder ungefährlich, ohne dass es dafür auf die Kenntnis oder Unkenntnis der Umstände ankommt. Dementsprechend steht der Bejahung eines „subjektiven" Gefahrverdachts nicht entgegen, dass sich der Sachverhalt im Nach- 332

---

[213] *Wehr,* Rn. 94; *Kingreen/Poscher,* § 8 Rn. 28 ff.

[214] NWOVG, NJW 1980, 854 ff.; dazu *Schoch*, Rn. 399 ff.; *Kingreen/Poscher*, § 8 Rn. 28 ff.; *Gusy*, Rn. 131.

[215] BVerwGE 116, 347 (351 f.); *Schoch*, Rn. 284 ff.; *Schenke*, Rn. 87, 89.

hinein als ungefährlich herausstellt. Damit aber wird deutlich, worum es in Fällen eines bloßen Gefahrverdachts eigentlich geht, nämlich um die Frage, **ob und welche Maßnahmen** die Gefahrenabwehr- und Polizeibehörden **zur Ermittlung des Sachverhalts** ergreifen dürfen, um herauszufinden, ob überhaupt und in welchem Umfang polizeiliche Schutzgüter bedroht sind.

333 Unproblematisch zulässig sind reine **Aufklärungsmaßnahmen**, durch die Rechte Dritter nicht beeinträchtigt werden. Sie sind durch die allgemeine Aufgabenzuweisung (§ 1 S. 1 HSOG) und den allgemeinen **Untersuchungsgrundsatz** des **§ 24 Abs. 1 S. 1 HVwVfG** gedeckt.[216]

334 Soweit hingegen die (praktisch gebotenen) Ermittlungsmaßnahmen mit **Eingriffen in Rechte Dritter** verbunden sind (sog. **Gefahrerforschungseingriffe**), z.B. das Betreten fremder Grundstücke oder die Sicherstellung einer Sache, bedarf es nach dem Grundsatz vom Vorbehalt des Gesetzes (Rn. 148) einer genügenden Ermächtigungsgrundlage. Doch soweit dafür einschlägige Befugnisnormen als Eingriffsvoraussetzung verlangen, dass eine („subjektive") konkrete Gefahr gegeben ist, besteht das Problem, dass nach Einschätzung der Behörde ein Schadenseintritt gerade nicht hinreichend wahrscheinlich ist.

335 Dem tragen **spezialgesetzliche Ermittlungsbefugnisse** in bestimmten Sachbereichen Rechnung, in denen die Situation des Gefahrverdachts häufiger auftritt, z.B. im Infektionsschutz- oder Bodenschutz- und Altlastenrecht (§ 16 Abs. 1 IfSG, §§ 9 Abs. 2, 13 Abs. 1 i.V.m. § 4 Abs. 3 BBodSchG).

336 Auch das allgemeine Polizei- und Ordnungsrecht stellt manche Standardbefugnisse, z.B. zur Identitätsfeststellung (§ 12, § 18 Abs. 2 Nr. 1 lit. a, Nrn. 3, 4, 6), bereit, die der **Informationsgewinnung** dienen und daher vom Eingriffserfordernis einer konkreten Gefahrenlage absehen. Stattdessen werden „tatsächliche Anhaltspunkte", „Tatsachen, die die Annahme rechtfertigen" oder auch nur eine „polizeiliche Erfahrung" möglicher Gefahrenlagen für ausreichend angesehen. Bei genauerem Hinsehen handelt es sich dabei allerdings häufig nicht um Maßnahmen zur Aufklärung eines konkreten Gefahrverdachts, sondern um Maßnahmen der Gefahrenvorsorge im Vorfeld abstrakter Gefahren (Rn. 340 ff.).

337 Ob darüber hinaus polizeiliche Gefahrerforschungseingriffe auf die **Generalklausel des § 11 HSOG** gestützt werden können, ist nach dem Gesagten zweifelhaft und dementsprechend umstritten.[217] Die **h.M. bejaht** gleichwohl die (direkte oder entsprechende) Anwendung der Generalklausel und verlagert das Problem des Eingriffs unterhalb der Schwelle der konkreten Gefahr auf die Ebene der **Verhältnismäßigkeitsprüfung.**[218] Dazu trägt auch bei, dass das Bundesverfassungsgericht für den Fall von Erforschungsmaßnahmen, die nur von geringer Eingriffsintensität, aber wegen ihrer großen Bedeutung für eine effektive Aufgabenwahrnehmung erforderlich sind, den Gefahrverdacht als von der konkreten Gefahr im Sinne der polizeilichen Generalklausel mitumfasst ansieht.[219]

338 Voraussetzung ist jedenfalls, dass der Verdacht **auf bestimmten Tatsachen beruht**, die „zum einen den Schluss auf ein wenigstens seiner Art nach konkretisiertes und zeitlich absehbares Geschehen zulassen, zum anderen darauf, dass bestimmte Personen beteiligt sein werden, über deren Identität zumindest so viel bekannt ist, dass die Maßnahme ge-

---

[216] *Fischer/Leggereit/Sommer,* Kap. G Rn. 84.

[217] Vgl. *Mühl/Fischer*, in: BeckOK, § 1 HSOG Rn. 74 ff.; *Graulich*, in: Lisken/Denninger, Kap. E Rn. 164 f.; *Schenke*, JuS 2018, 505 (508 ff.); jew. m.w.N. pro und contra.

[218] Vgl. auch den Fall BVerwG, NJW 2018, 716 ff. – Tornado-Tiefflug über Demonstranten-Camp.

[219] BVerfGE 130, 151 (205 f.); vgl. auch BVerfGE 125, 260 (330).

zielt gegen sie eingesetzt und auf sie konzentriert werden kann"; Ermittlungen „ins Blaue hinein" sind keinesfalls zulässig.[220]

Nach den Maßgaben des Verhältnismäßigkeitsgrundsatzes sind im Übrigen die Fragen zu beantworten, wen die Behörde als **Verantwortlichen** für die Aufklärung des Gefahrverdachts in Anspruch nehmen kann und wer dafür die **Kosten** zu tragen hat.[221] Gleiches gilt für die Frage, welchen Umfang eine Gefahrerforschungsmaßnahme haben darf: So sollen im Verdachtsfalle **grundsätzlich nur vorläufige Maßnahmen** zulässig sein, hingegen endgültige Maßnahmen ausnahmsweise nur dann, wenn sie die einzige Möglichkeit zum Schutz besonders wichtiger Rechtsgüter darstellen.[222] 339

Bspe.: Untersuchung des umsturzgefährdeten Baumes vor dessen sofortiger Fällung; Untersuchung des „herrenlosen" Reisegepäcks durch einen Sprengstoffspürhund vor dessen kontrollierter Sprengung.

IV. Gefahrenvorfeld

Die zuvor behandelten Maßnahmen zur Gefahrerforschung werden zuweilen überlagert von solchen Maßnahmen, zu denen die Gefahrenabwehr- oder Polizeibehörden im Dienste der **Gefahrenvorsorge** befugt sind. Angesprochen sind damit jene Befugnisse, die ebenfalls nicht der Gefahrbeseitigung, sondern der Gefahraufklärung dienen und dazu Ermächtigungen zur **Informationserhebung und -verarbeitung im Gefahrenvorfeld** erteilen (z.B. Personenbefragung, Telekommunikationsüberwachung, Identitätsfeststellung, Rasterfahndung, Vorladung). 340

Unter der Zielsetzung, die Gefahrenvorsorge zu stärken, hat der Gesetzgeber in jüngerer Zeit aber nicht nur vermehrt solche **informationellen Befugnisse zur Gefahraufklärung** normiert, sondern auch manche **aktionellen Befugnisse zur Gefahrenvorbeugung** (z.B. Aufenthaltsverbot, offene Videoüberwachung, Durchsuchung von Personen und Sachen) neu geschaffen. Dahinter steht ein strategischer Ansatz, der unter dem Eindruck neuer Bedrohungslagen und gesteigerter Bedrohungspotentiale (schwere und organisierte Kriminalität, Terrorismus) den Aktionsradius von Gefahrenabwehr- und Polizeibehörden (auf Landes- wie auf Bundesebene) in das Gefahrenvorfeld hinein erweitern will.[223] 341

Dementsprechend weist § 1 Abs. 4 HSOG den Polizeibehörden auch die Aufgabe der **„vorbeugenden Bekämpfung von Straftaten"** zu, d.h. zu erwartende Straftaten zu verhüten und für die Verfolgung künftiger Straftaten vorzusorgen. Damit wird freilich keine neuartige „dritte" Aufgabenkategorie der Polizei (neben klassischer Gefahrenabwehr und Strafverfolgung) begründet; vielmehr wird die Gefahrenvorsorge, richtig besehen, **von der Gefahrenabwehraufgabe mitumfasst.**[224] Für die Strafverfolgungsvorsorge 342

---

[220] BVerfGE 125, 260 (330 f.); 130, 151 (205).

[221] *Mühl/Fischer,* in: BeckOK, § 1 HSOG Rn. 77.

[222] BVerwGE 39, 190 (196 f.).

[223] Zu diesem sog. „neuen" Polizeirecht *Kugelmann*, Kap. 5 Rn. 167 ff.; *Petri/Kremer*, in: Lisken/Denninger, Kap. A Rn. 115 ff.; *Poscher*, Die Verwaltung 41 (2008), 345 ff.; *Barczack*, Jura 2014, 888 (889 f.); *Kral*, Die polizeilichen Vorfeldbefugnisse als Herausforderung für Dogmatik und Gesetzgebung des Polizeirechts, 2012, S. 79 ff.; *Ogorek*, JZ 2019, 63 ff.; allgemein *Horn*, in: FS für Schmitt Glaeser, 2003, S. 435 (451 ff.); *Thiel*, Die „Entgrenzung" der Gefahrenabwehr, 2011, S. 68 ff.

[224] *Möstl*, in: BeckOK, Systematische und begriffliche Vorbemerkungen zum Polizeirecht in Deutschland, Rn. 45, 95; *ders.*, DVBl. 2007, 581 (584 f.); *Schoch*, Rn. 19; *Thiel*, Die „Entgrenzung" der Gefahrenabwehr, 2011, S. 134 ff.

kann dies allerdings nur soweit gelten, wie das Strafprozessrecht keine abschließenden Regelungen trifft, weil den Ländern andernfalls die Gesetzgebungskompetenz für diesen Bereich fehlt (Art. 72 Abs. 1, 74 Abs. 1 Nr. 1 GG; Rn. 12).[225]

343 Gemeinsames Merkmal dieser (Vorfeld-)Befugnisse ist eine **Absenkung der Regeleingriffsschwelle der Gefahr**: Während die Gefahraufklärung naturgemäß bereits im Vorfeld von Gefahren ansetzt, zielen die Befugnisse zur Gefahrenvorbeugung bewusst darauf ab, nicht erst das Bestehen einer (konkreten oder abstrakten) Gefahr, sondern schon das Entstehen einer Gefahr bekämpfen zu können. Beide Arten von Gefahrenvorsorgemaßnahmen setzen daher keine mit hinreichender Wahrscheinlichkeit zu erwartende Schädigung polizeilicher Schutzgüter voraus (Rn. 294), sondern sollen ganz allgemein zukünftige Rechtsgutsbeeinträchtigungen verhindern, die nach Art, Ausmaß und Entstehungszeitpunkt noch weithin unbestimmt sind.[226]

344 Allerdings rechtfertigt die Aufgabe der Gefahrenvorsorge natürlich keinen beliebigen Ausgriff auf das Gefahrenvorfeld. Die gebotene **rechtsstaatliche Balance** von Sicherheit und Freiheit verlangt auch hier, die Tatbestandsvoraussetzungen der einschlägigen Vorfeldbefugnisse derart hinreichend und bestimmt zu fassen, dass sich die mit ihnen verfolgten Vorsorgezwecke in einem angemessenen Verhältnis zu den damit einhergehenden Grundrechtseingriffen (z.B. in das Recht auf informationelle Selbstbestimmung) halten. Für den Gesetzgeber bedeutet das: Je gewichtiger oder bedeutender das Rechtsgut ist, dessen Bedrohung die Vorfeldmaßnahme begegnen will, desto niedriger dürfen die Anforderungen an die **hinreichende Tatsachenbasis** sein, die der Annahme einer Bedrohung zugrunde liegt; umgekehrt aber müssen die Tatsachen einer Bedrohungslage umso fundierter sein, je intensiver die Maßnahme in Grundrechte (insbesondere in die Privatsphäre) eingreift und/oder je weiter der Kreis der betroffenen Schutzgüter gezogen wird.[227] Unter diesen Maßgaben spricht das Bundesverfassungsgericht dann von einer „hinreichend konkretisierten Gefahr".[228]

345 In diesem Sinne verlangen viele Vorfeldbefugnisse **„Tatsachen, die die Annahme rechtfertigen, dass..."** (z.B. § 30 Abs. 1 S. 1, § 36 Abs. 1 Nr. 1 HSOG). Das heißt, es müssen nachprüfbare Tatsachen vorliegen, die unter Einbeziehung des polizeilichen Erfahrungswissens den Schluss auf die Möglichkeit eines bestimmten Umstandes mit einer gewissen Wahrscheinlichkeit zulassen.[229] Gewissheit ist also nicht erforderlich, es genügt ein Verdacht, der allerdings durch räumliche, zeitliche, personelle oder andere Wahrscheinlichkeitsindikatoren näher spezifiziert sein muss.[230] Dies können etwa Aussagen von als zuverlässig erscheinenden Zeugen, tatsächliche Spuren, eigene Wahrnehmungen von Beamten oder Informationen von Behörden sein. Nicht ausreichend sind dagegen allgemeine Erfahrungen oder Hypothesen, Vermutungen oder nicht überprüfte oder überprüfbare Angaben Dritter.[231]

---

[225] BVerfGE 113, 348 (367 ff.); BVerwGE 141, 329 (338 ff.).

[226] *Wehr*, Rn. 98.

[227] BVerfGE 100, 313 (375 ff.; 391 ff.); aus der weiteren Rspr. zu (präventiven wie repressiven) Maßnahmen der Telekommunikations- und Wohnraumüberwachung, der Vorratsdatenspeicherung und Anti-Terrordatei, der GPS-Observierung und Online-Durchsuchung, der Rasterfahndung und der automatisierten Kfz-Kennzeichenerfassung: BVerfGE 107, 299 ff.; 109, 279 ff.; 110, 33 ff.; 112, 304 ff.; 113, 348 ff.; 115, 320 ff.; 120, 274 ff.; 120, 378 ff.; 125, 260 ff.; 130, 151 ff.; 133, 277 ff.; 141, 220 ff.

[228] BVerfGE 141, 220 (272 Rn. 112).

[229] Vgl. Nr. 13.1.1. S. 3 VVHSOG.

[230] BVerfGE 113, 348 (378 f.); 120, 274 (327); BVerwGE 137, 275 (284); *Kingreen/Poscher*, § 8 Rn. 53.

[231] *Gusy*, Rn. 196.

Bsp.: Die bloße Annahme, dass sich nach Auflösung einer Versammlung die frustrierten Teilnehmer zusammentun werden, um ihrer Wut über die Auflösung durch Anschlussstraftaten Luft zu verschaffen, reicht für die Verfügung eines Aufenthaltsverbots (§ 31 Abs. 3 S. 1 HSOG) nicht aus, sofern im konkreten Fall keine weiteren, greifbaren Indizien vorliegen, wie etwa eine aufgeheizte Stimmung, Drohungen mit Gewalt im Vorfeld oder die Beteiligung polizeibekannter Gewalttäter.[232]

Neben „Tatsachen, die die Annahme rechtfertigen" verwendet das HSOG häufig auch die Formulierung: **„tatsächliche Anhaltspunkte, die die Annahme rechtfertigen"** (z.B. in § 12 Abs. 1 S. 1, § 13 Abs. 2 Nr. 1, § 18 Abs. 2 Nr. 1 lit. a HSOG). Die feinsinnige sprachliche Differenzierung deutet darauf hin, dass die Eingriffsvoraussetzungen hier nochmals abgesenkt sind: Für „tatsächliche Anhaltspunkte" müssen nicht bestimmte, nachprüfbare „Tatsachen" gegeben sein; vielmehr genügt es, wenn es nach polizeilicher Erfahrung **als möglich erscheint**, dass ein bestimmter Sachverhalt vorliegen könnte, und hierfür **bestimmte Indizien** sprechen. In der Praxis lässt sich der Unterschied allerdings kaum ausmachen.[233] 346

Während in Hessen solche Gefahrenvorfeldbefugnisse durchgehend als Spezial- oder Standardbefugnisse ausgestaltet sind, hat der bayerische Gesetzgeber inzwischen auch eine generalklauselartige Eingriffsermächtigung im Gefahrenvorfeld geschaffen (Art. 11 Abs. 3 BayPAG). Danach kann die Polizei die „notwendigen Maßnahmen treffen, um den Sachverhalt aufzuklären und die Entstehung einer Gefahr für ein bedeutendes Rechtsgut zu verhindern", wenn eine **„drohende Gefahr"** vorliegt. Eine solche drohende Gefahr definiert das Gesetz mit den Worten: „wenn im Einzelfall – 1. – das individuelle Verhalten einer Person die konkrete Wahrscheinlichkeit begründet oder – 2. – Vorbereitungshandlungen für sich oder zusammen mit weiteren bestimmten Tatsachen den Schluss auf ein seiner Art nach konkretisiertes Geschehen zulassen, wonach in absehbarer Zeit Angriffe von erheblicher Intensitität oder Auswirkungen zu erwarten sind." Mit dieser Ermächtigung sollen zum einen alle Anforderungen der bundesverfassungsgerichtlichen Rechtsprechung an die Eingriffsschwelle für Gefahrenvorfeldbefugnisse in dem neuen Gefahrbegriff zusammengefasst sein (s. Rn. 344).[234] Und zum anderen sollen der Polizei damit bereits bei drohenden Gefahren nach Art der Generalklausel unbenannte (atyische) Maßnahmebefugnisse (informationeller und aktioneller Art) zur Verfügung stehen.[235] 346a

Mit solchen Absenkungen der herkömmlichen Eingriffsschwelle der Gefahr geht nicht nur eine geringere gesetzliche Steuerung des polizeilichen Vorsorgehandelns einher. Auch die Prüfung der Verhältnismäßigkeit jeder einzelnen Maßnahme verliert ihren gewohnten festen Maßstab. Manche Vorfeldbefugnisse sind daher ausdrücklich unter das **Gebot der Erforderlichkeit** oder nur **subsidiärer Anwendbarkeit** gestellt (z.B. § 15 Abs. 2 S. 2, § 18 Abs. 5 HSOG). Auch enthalten sie – im Dienste rechtsstaatlicher Kompensation – vielfach **verfahrensrechtliche Sicherungsmechanismen**, wie Richter- 347

[232] VG Frankfurt, LKRZ 2015, 55 (57).

[233] Hierzu VG Frankfurt, LKRZ 2015, 55 (58); *Leggereit*, in: BeckOK, § 30 HSOG Rn. 8 f.; *Fredrich*, § 13 Rn. 9; *Bäuerle*, in: BeckOK, § 12 HSOG Rn. 29; *Graulich*, in: Lisken/Denninger, Kap. E Rn. 134 f.; *Meyer*, JZ 2017, 429 (430).

[234] Vgl. insbes. BVerfGE 141, 220 (272 Rn. 112), wo auch der Begriff der drohenden Gefahr erstmals verwendet wird.

[235] Aus der erheblich strittigen Diskussion um die bayerische Polizeirechtsnovelle und den Begriff der drohenden Gefahr: *Möstl*, DVBl. 2020, 160 ff.; *ders.*, BayVBl. 2018, 156 ff.; *Trurnit*, JA 2019, 258 ff.; *Leisner-Egensperger*, DÖV 2018, 677 ff.; *Holzner*, DÖV 2018, 946 ff.; *Shirvani*, DVBl. 2018, 1393 ff.

oder Behördenleitervorbehalte, Hinweis- oder Unterrichtungspflichten, Auskunfts- oder Entschädigungsansprüche, die zu einer Abfederung ihrer grundrechtlichen Eingriffswirkungen beitragen.[236]

C. Verantwortlichkeit

I. Allgemeines

348 Eine Gefahr für die öffentliche Sicherheit und Ordnung kann entweder durch die zuständige Behörde selbst, durch von ihr Beauftragte oder durch die Inanspruchnahme von Personen abgewehrt werden. Werden Gefahrenabwehrverfügungen gegenüber Personen getroffen, müssen diese in der Regel an den für die Gefahrenlage Verantwortlichen, den sog. **Störer**, adressiert sein.

349 Eine solche Inanspruchnahme setzt eine besondere Nähebeziehung zwischen dem Verantwortlichen und der Gefahr voraus, die es rechtfertigt, dem „Störer" die Abwehr der Gefahr aufzugeben. Der Anknüpfungspunkt für die Zurechnung der Gefahr kann sich aus dem Verhalten (sog. **Verhaltensstörer**, § 6 HSOG) oder der rechtlichen bzw. tatsächlichen Beziehung zu einer Sache (sog. **Zustandsstörer**, § 7 HSOG) ergeben. Die Inanspruchnahme nichtverantwortlicher Personen, sog. **Nichtstörer**, kommt nur ausnahmsweise im Falle des polizeilichen Notstands in Betracht.[237]

350 Die Regeln zur Verantwortlichkeit oder **Polizeipflichtigkeit** bestimmen den zulässigen Adressaten einer polizeilichen Maßnahme und begrenzen dadurch das polizeiliche Handeln. Zugleich beruhen sie auf den Prinzipien der **Selbstverantwortung**, dass jeder für die Folgen seines Tuns einzustehen hat, und der **Sachverantwortung**, die aus der rechtlichen und tatsächlichen Herrschaft über eine Sache folgt. Bei der Inanspruchnahme eines Nichtverantwortlichen steht hingegen mehr die Effektivität der Gefahrenabwehr im Vordergrund. Denn dieser hat, ohne verantwortlich zu sein, die Fähigkeit, die Gefahr abzuwehren. Doch dadurch erbringt er ein **Sonderopfer**, das nur subsidiär und unter erhöhten Voraussetzungen verlangt werden kann und unter Umständen finanziell ausgeglichen werden muss.[238]

351 Der Anwendung der allgemeinen Regeln zur Polizeipflichtigkeit gehen besondere oder **sonderrechtlich geregelte Adressatennormen** vor. So bestimmen einige **Standardbefugnisse** ausdrücklich die Person oder die Personen, an die die Maßnahmen gerichtet werden können, z.B. § 18 Abs. 2, § 30 Abs. 1, § 31 Abs. 2, § 32 Abs. 1 Nr. 1, § 36 Abs. 2 Nr. 2 HSOG. Insbesondere im Gefahrenvorfeld und bei der Verfolgungsvorsorge (Rn. 340 ff.) wird der Kreis der Pflichtigen weit über die Verhaltens-, Zustands- und Nichtstörer hinaus ausgedehnt. Beispielsweise können an einer Kontrollstelle nach § 18 Abs. 2 Nr. 5 HSOG all die Personen angehalten und kontrolliert werden, die dort angetroffen werden. Auch einige Gesetze des besonderen Gefahrenabwehrrechts enthalten **Spezialvorschriften** zur Polizeipflichtigkeit (z.B. § 4 Abs. 2, 3, 6 BBodSchG, § 31 IfSG, §§ 55 ff. HBO).

352 Soweit es sich bei solchen speziellen Adressatennormen um **abschließende Regelungen** handelt, ist der Rückgriff auf §§ 6, 7, 9 HSOG ausgeschlossen, andernfalls können

---

[236] Vgl. BVerfGE 100, 313 (383 f.).

[237] *Mühl/Fischer*, in: BeckOK, § 9 HSOG vor Rn. 1; *Wehr*, Rn. 122; *Kingreen/Poscher*, § 9 Rn. 74; *Schenke*, Rn. 384; *Schoch*, Jura 2007, 676 (679).

[238] *Wehr*, Rn. 122 f.; *Schoch*, Jura 2007, 676 (682); *Poscher/Rusteberg*, JuS 2011, 1082 (1084).

diese **ergänzend** zur Anwendung gelangen; das gilt allemal, wenn die sonderrechtliche Befugnis gar keine Aussage zum pflichtigen Adressaten trifft.[239]

II. Rechtssubjekte der Verantwortlichkeit

Adressaten von Gefahrenabwehrmaßnahmen sind sowohl **natürliche** als auch **juristische Personen des Privatrechts** und (teil-)rechtsfähige Personenvereinigungen. Letztere haben für das Verhalten ihrer gesetzlichen Vertreter einzustehen.[240] 353

Bei der Verantwortlichkeit von **Hoheitsträgern** wird zwischen der materiellen Polizeipflicht und der Kompetenz der zuständigen Gefahrenabwehrbehörde zur Konkretisierung und Durchsetzung der Polizeipflicht (formelle Polizeipflichtigkeit) unterschieden. Wegen der Gesetzesbindung der Verwaltung aus Art. 20 Abs. 3 GG ist die **materielle Polizeipflichtigkeit** nicht zu bezweifeln. Ausnahmen bedürfen einer gesetzlichen Regelung, wie etwa § 35 StVO. 354

Umstritten ist jedoch die **formelle Polizeipflichtigkeit**, also die Adressierung von Gefahrenabwehrmaßnahmen an andere Hoheitsträger. Die (noch) h.M. lehnt dies ab, weil die staatliche **Kompetenzordnung** einen Eingriff mit hoheitlichen Mitteln in den hoheitlichen Zuständigkeitsbereich eines anderen Verwaltungsträgers verbiete. Zulässig seien daher solche Maßnahmen – abgesehen von der Heranziehung zur Kostenerstattung – allenfalls im nichthoheitlichen Bereich (etwa bei rein fiskalischem oder erwerbswirtschaftlichem Handeln) sowie für den (Eil-)Fall, dass der pflichtige Hoheitsträger selbst nicht oder nicht rechtzeitig tätig werden kann. Im Normalfall soll die Gefahrenabwehr aber über aufsichtsbehördliche Instrumente bewirkt werden.[241] Die Gegenansicht verneint eine Missachtung der Kompetenzordnung, weil erstens die Gefahrenabwehrbehörde mit der Maßnahme gerade ihre Kompetenzen wahrnimmt und dadurch zweitens dem fremden Hoheitsträger dessen Fachkompetenz, die ja außerhalb des Gefahrenabwehrrechts liegt, nicht streitig macht.[242] Ein Kompetenzkonflikt könne allenfalls dann entstehen, wenn eine Gefahrenabwehrmaßnahme wegen ihres Inhalts die Erfüllung der hoheitlichen Aufgaben eines anderen Hoheitsträgers ernsthaft behindere, d.h. dessen Funktionsfähigkeit beeinträchtige. Daher wird die formelle Polizeipflichtigkeit namentlich im Immissionsschutzrecht zunehmend bejaht.[243] 355

III. Verhaltensverantwortlichkeit

Gegen eine Person, die durch ihr Verhalten eine Gefahr für die öffentliche Sicherheit oder Ordnung verursacht hat, darf die Polizei Gefahrenabwehrmaßnahmen treffen, § 6 Abs. 1 HSOG. Das „**Verhalten**" kann, muss aber nicht aus **aktivem Handeln** bestehen. Auch ein **Unterlassen** kann die polizeirechtliche Verantwortlichkeit begründen, wenn eine **Rechtspflicht** zum Handeln besteht. Nach herrschender Ansicht kann sich diese 356

[239] *Fischer/Leggereit/Sommer,* Kap. H Rn. 1.

[240] Vgl. *Schenke*, Rn. 303 f.; *Fredrich*, § 6 Rn. 1; *Schoch*, Rn. 335 f.; *Mühl/Fischer*, in: BeckOK, § 6 HSOG Rn. 9 ff.

[241] BVerwGE 29, 52, 58 f.; HessVGH, NVwZ 2002, 889 (889 f.); NVwZ 1997, 304 (305); vgl. auch Nr. 6.1. S. 4 VVHSOG; *Hornmann*, § 6 Rn. 16; *Kingreen/Poscher*, § 9 Rn. 8; *Fischer/Leggereit/Sommer*, Kap. H Rn. 95 ff.; *Schenke*, Rn. 306; *Poscher/Rusteberg*, JuS 2011, 1082 (1085).

[242] *Schoch*, Jura 2005, 324 (327).

[243] BVerwGE 117, 1 (5); BVerwG, NVwZ 2003, 1252 (1253); BaWüVGH, VBlBW 2013, 178 (183); *Schoch*, Jura 2005, 324 ff.; *ders*., Rn. 175; *Kahl/Ellerbrok*, JA 2015, 759 (764).

nur aus öffentlich-rechtlichen Handlungspflichten ergeben,[244] die allerdings nicht durch das Polizei- und Ordnungsrecht begründet werden dürfen, weil § 7 HSOG sonst überflüssig wäre.[245] Ein Beispiel für eine solche Handlungspflicht ist § 5 Abs. 1 S. 1 Nr. 2 BImSchG. Für den durch die Störung Betroffenen besteht indessen keine generelle Pflicht zur Beseitigung; es ist Aufgabe der Gefahrenabwehr- und Polizeibehörden Betroffene vor Gefährdungen zu schützen.[246]

1. Unmittelbare Verursachung

357 Das Verhalten muss die Gefahr **verursacht** haben. „Verursacht" im Sinne des § 6 HSOG ist ein unbestimmter Rechtsbegriff, der gerichtlich **voll überprüfbar** ist. Er soll Personen erfassen, deren Verhalten mit der Gefahr so eng zusammenhängt, dass der Staat sie für die Gefahr verantwortlich machen und von ihnen die Beseitigung verlangen kann. Dabei ist einerseits zu berücksichtigen, dass das Polizeirecht eine effektive Gefahrenabwehr gewährleisten will, andererseits aber auch, dass der Einzelne vor ungerechtfertigter Inanspruchnahme geschützt werden muss. Dieser Interessenkonflikt macht deutlich, dass es sich bei der Frage, ob jemand eine Gefahr verursacht hat, letzten Endes um eine **Wertungsfrage** handelt.

358 Für diese Wertung sind im Polizeirecht mehrere Theorien erwogen worden. Die strafrechtliche **Äquivalenztheorie** kommt nicht in Betracht, da sie auf Grund der Gleichwertigkeit aller, d.h. auch der entfernteren Ursachenzusammenhänge, zu weit ist und im Gefahrenabwehrrecht die „Schuld" als Korrektiv fehlt. Die Kausalität im Sinne der conditio sine qua non-Formel stellt eine Mindestbedingung, nicht aber eine hinreichende Bedingung für die Zurechnung eines Verhaltens dar. Die zivilrechtliche **Adäquanztheorie** ist ebenfalls ungeeignet, da im Gefahrenabwehrrecht gerade auch atypische, der Lebenserfahrung nicht entsprechende Geschehensabläufe erfasst werden müssen. Die Lehre von der **Sozialadäquanz**, die nur sozialinadäquates Verhalten zurechnen möchte, liefert keine greifbaren Kriterien zu Bestimmung der Sozialadäquanz. Die Theorie der **rechtswidrigen Verursachung** versagt in Bereichen, in denen keine verhaltenssteuernden Normen bestehen.[247]

359 Durchgesetzt hat sich die sog. **Theorie der unmittelbaren Verursachung.** Nach ihr ist derjenige für eine Gefahr verantwortlich, dessen Verhalten in einer Kausalkette möglicher Gefahrenverursachungsbeiträge die letzte, wesentliche Ursache vor dem Eintritt der Gefahr gesetzt hat.[248] Nicht verantwortlich ist hingegen derjenige, der nur mittelbar zur Gefahrverursachung beigetragen hat. Nur in Sonderfällen wird diskutiert, ob nicht ausnahmsweise andere Gesichtspunkte dazu zwingen, den nur mittelbar Störenden in Anspruch zu nehmen (sog. Zweckveranlasser, Rn. 367 ff.). Verhaltensverantwortlich ist also, wer durch sein Verhalten die polizeiliche Gefahrenschwelle überschreitet und dadurch die hinreichende Wahrscheinlichkeit des Schadenseintritts begründet oder erhöht.[249]

---

[244] *Mühl/Fischer*, in: BeckOK, § 6 HSOG Rn. 42; *Schoch*, Rn. 353; a. A.: *Kingreen/Poscher*, § 9 Rn. 6; *Schenke*, Rn. 311.

[245] Vgl. BVerwG, NJW 1989, 53 (54); *Hornmann*, § 6 Rn. 20.

[246] Weiterführend *Mühl/Fischer*, in: BeckOK, § 6 HSOG Rn. 43.

[247] Überblick über die verschiedenen Theorien m.w.N. *Schoch*, Rn. 344 ff.; *ders.*, JuS 1994, 932 ff.; *Mühl/Fischer*, in: BeckOK, § 6 HSOG Rn. 19 f.; *Gusy*, Rn. 332 ff.; *Poscher*, Jura 2007, 801 (802 ff.).

[248] HessVGH, NVwZ-RR 1989, 137 (137 f.); NJW 1986, 1829 (1829); *Fredrich*, § 6 Rn. 8; *Hornmann*, § 6 Rn. 26; *Kingreen/Poscher*, § 9 Rn. 11; *Götz/Geis*, § 13 Rn. 10 ff.

[249] *Wehr*, Rn. 139; *Poscher/Rusteberg*, JuS 2011, 1082 (1083).

Die Lehre von der rechtswidrigen Verursachung kann allerdings dann von korrigierender Bedeutung sein, wenn ein Verhalten in Rede steht, das von der Rechtsordnung gewährleistet oder ausdrücklich erlaubt wird. Wer sich rechtmäßig verhält, kann kein Störer sein. Die **Rechtmäßigkeit** des Verhaltens schließt eine gefahrenabwehrrechtliche Verantwortung aus. Deshalb sind z.B. bei einer friedlichen Versammlung (Art. 8 Abs. 1 GG) mit einer gewaltsamen Gegendemonstration nicht die friedlichen Versammlungsteilnehmer, sondern die Gegendemonstranten „Störer". In den Obdachlosenfällen ist der Vermieter, der die Wohnung rechtmäßig kündigt, kein Verursacher der dadurch drohenden Obdachlosigkeit. Ebenso ist der Fall zu beurteilen, wenn jemand von einer behördlichen Genehmigung Gebrauch macht, etwa eine umweltbelastende Anlage betreibt. Soweit die Legalisierungswirkung der Genehmigung reicht, schließt sie die Verhaltensverantwortlichkeit aus.[250] Umgekehrt führt die **Rechtswidrigkeit** eines Verhaltens ohne weiteres zur polizeilichen Verantwortlichkeit für diejenigen Gefahren, die die Norm, gegen die das Verhalten verstößt, nach ihrem Schutzzweck gerade verhindern wollte.[251] 360

2. Zusatzverantwortlichkeit

Für die Polizeipflichtigkeit kommt es weder auf die Geschäftsfähigkeit noch auf die Deliktsfähigkeit des Verantwortlichen an. Die gefahrenabwehrrechtliche Verantwortlichkeit bestimmt sich vielmehr **unabhängig von der Verschuldensfähigkeit** des Adressaten, weshalb auch Schuldunfähige in Anspruch genommen werden können.[252] Dennoch kann es in manchen Situationen der Gefahrenabwehr dienlicher sein, sich nicht an Kinder oder unter Betreuung stehende Personen zu wenden, sondern an die Aufsichtspersonen bzw. den Betreuer. Dies erlauben § 6 Abs. 2 S. 1 und 2 HSOG. Unter den Voraussetzungen des § 6 Abs. 3 HSOG ist auch der Geschäftsherr eines Verrichtungsgehilfen polizeipflichtig. Der Begriff des Verrichtungsgehilfen bestimmt sich dabei wie in § 831 BGB, maßgeblich ist die Weisungsabhängigkeit. Wer im Einzelfall in Anspruch genommen wird, liegt im Ermessen der handelnden Behörde („können"). Das Wörtchen „auch" meint jeweils „an dessen Stelle" oder „zusätzlich". Daher wird auch von sog. **Zusatzverantwortlichkeit** gesprochen.[253] 361

3. Anscheins- und Verdachtsstörer, latenter Störer

Der Fall des „**Anscheinsstörers**" kann in zwei Varianten auftreten: Zum ersten betrifft das den Fall der Verantwortlichkeit für eine sog. **Anscheinsgefahr** (Rn. 305 ff.) und bezeichnet den für diese nach §§ 6, 7 HSOG Verantwortlichen (z.B. Person mit Spielzeugpistole). Da die Anscheinsgefahr eine echte Gefahr im Sinne des Polizeirechts ist, richtet sich die Verantwortlichkeit ebenso wie sonst nach den §§ 6, 7, 9 HSOG. Die Heranziehung des Anscheinsstörers zur Gefahrenabwehr (Primärebene) war und bleibt rechtmäßig, auch wenn sich im Nachhinein herausstellt, dass in Wahrheit doch keine Gefahr bestanden hatte. Anders ist aber die Frage nach der Pflicht zur Kostentragung (Sekundärebene) zu beurteilen: Im Nachhinein greift das Argument der Effektivität der Gefah- 362

---

[250] BVerwGE 125, 325 (336); näher *Bäcker*, in: Lisken/Denninger, Kap. D Rn. 160; *Gusy*, Rn. 375; *Kingreen/Poscher*, § 9 Rn. 64; *Schoch*, Rn. 349; *Fredrich*, § 6 Rn. 11.

[251] *Wehr*, Rn. 143.

[252] VG Berlin, NJW 2001, 2489 (2490); *Poscher*, Jura 2007, 801 (801).

[253] *Mühl/Fischer*, in: BeckOK, § 6 HSOG Rn. 45; *Kingreen/Poscher*, § 9 Rn. 44; *Gusy*, Rn. 346; terminologisch leicht abweichend („Zusatzhaftung") *Pausch/Dölger*, S. 115; *Hornmann*, § 6 Rn. 42.

renabwehr nicht mehr, so dass statt der subjektiven Gefahreinschätzung der objektive Gefahrbegriff maßgeblich wird. Lag demnach keine Gefahr vor, können dem Anscheinsstörer keine Kosten auferlegt werden. Erlitt der Anscheinsstörer einen Schaden, kann er im Gegenteil wie ein Nichtstörer analog § 64 Abs. 1 S. 1 HSOG Entschädigung verlangen (vgl. Rn. 633).

363 In der zweiten Variante kann Anscheinsstörer auch derjenige sein, der eine tatsächlich bestehende Gefahr nur **dem Anschein nach verursacht** hat (z.B. Jäger mit Gewehr). Das betrifft den Fall, in dem sich im Nachhinein herausstellt, dass der von der Polizei aus ihrer subjektiven Sicht ex ante rechtmäßig als Störer Herangezogene doch nicht, wie sich im Nachhinein herausstellt, nach §§ 6, 7 HSOG für die Gefahr verantwortlich war. Auch dann entfällt (auf der Sekundärebene) die Kostenpflichtigkeit und besteht unter Umständen ein Entschädigungsanspruch (es sei denn, der Anschein der Störereigenschaft ist zurechenbar veranlasst worden).[254]

364 Auch der Fall des **Verdachtsstörers** kann in zwei unterschiedlichen Sinnbedeutungen auftreten: Zum einen kann es um die Verantwortlichkeit für einen **Gefahrverdacht** (Rn. 330 ff.) gehen. Der Verdachtsstörer ist dann die Person, die für den Gefahrverdacht verantwortlich gemacht wird. In Spezialermächtigungen ist diese Person regelmäßig ausdrücklich bestimmt. So können etwa nach § 30 Abs. 1 HSOG alle Personen vorgeladen werden, wenn Tatsachen die Annahme rechtfertigen, dass sie sachdienliche Angaben machen. Sollen beim Gefahrverdacht allerdings **Gefahrerforschungsmaßnahmen** aufgrund der Generalklausel ergriffen werden (vgl. Rn. 334 ff.), ist zweifelhaft, ob die Polizei dazu Personen auf Grundlage der §§ 6, 7 HSOG als Störer heranziehen darf. Dies wird zum Teil bejaht und der Verdachtsstörer folglich als vorläufig Verantwortlicher betrachtet, dem jedoch, sollten die Ermittlungen keine Gefahrenlage ergeben, keine Kosten auferlegt werden dürfen. Vielmehr wäre ggf. eine Entschädigung zu gewähren.[255] Nach anderer Auffassung begründet der bloße Verdacht der Gefahr keine Verantwortlichkeit i.S.d. §§ 6, 7 HSOG, so dass der Verdachtsstörer nur unter den engen Voraussetzungen des § 9 HSOG als Nichtverantwortlicher in Anspruch genommen werden könne. Andernfalls würde die zweifelnde Behörde zu Lasten des Bürgers agieren. Wenn sich der Verdacht allerdings bestätigt, kann der Betroffene auf der Kostenebene als Verantwortlicher angesehen werden.[256]

365 In der zweiten Sinnbedeutung bezieht sich der Verdachtsstörer auf den **Verursachungsverdacht**. In diesem Fall liegt tatsächlich eine Gefahr vor, aber es steht nicht zweifelsfrei fest, wer der Verantwortliche nach §§ 6, 7 HSOG ist. Hier herrscht Einigkeit, dass die Person nur unter den Voraussetzungen des § 9 HSOG als Nichtverantwortlicher in Anspruch genommen werden darf.[257]

366 Der Begriff des **latenten Störers** nimmt Bezug auf den Begriff der latenten Gefahr (Rn. 329). Diese ist jedoch keine Gefahr im polizeirechtlichen Sinne, sondern lediglich eine gefahrgeneigte Sachlage. Entsteht dann infolge hinzutretender Umstände tatsächlich eine Gefahr, kann man erwägen, aus Billigkeitsgründen für diese Gefahr die Verantwortung anders als nach der Theorie der unmittelbaren Verursachung zu bestimmen und die Person für polizeipflichtig zu erklären, die aus der „gefahrgeneigten Sachlage"

---

[254] BbgOVG, NVwZ-RR 2002, 623 (623); *Mühl/Fischer,* in: BeckOK, § 6 HSOG Rn. 35; *Kingreen/Poscher*, § 9 Rn. 21; *Schenke*, Rn. 333; *Poscher/Rusteberg*, JuS 2012, 26 (32).

[255] BGH, NJW 1992, 2639 (2640); *Fredrich*, § 1 Rn. 11.

[256] *Buchberger,* in: Lisken/Denninger, Kap. L Rn. 140; *Fischer/Leggereit/Sommer,* Kap. G Rn. 93, *Mühl/Fischer,* in: BeckOK, § 6 HSOG Rn. 39; *Schoch,* Rn. 1039; *Finger,* DVBl. 2007, 798 (800).

[257] *Ennuschat/Ibler/Remmert*, Rn. 231; *Classen*, JA 1995, 608 (612 f.).

Nutzen gezogen hat.[258] Das wird jedoch in der Literatur weitgehend abgelehnt und stattdessen eine Lösung durch den Gesetzgeber gefordert.[259]

4. Zweckveranlasser

Aus Gründen der Effektivität der Gefahrenabwehr sind auch Fälle denkbar, in denen es sinnvoll ist, den **mittelbaren Störer** heranzuziehen. Diese Fälle werden über die Rechtsfigur des sog. Zweckveranlassers gelöst. Dabei wird jemand als Verhaltensstörer in Anspruch genommen, der an sich eine **neutrale Handlung** vornimmt, also durch sein Verhalten die Gefahrenschwelle nicht überschreitet, der aber in zurechenbarer Weise einen Dritten zur Gefährdung der öffentlichen Sicherheit oder Ordnung **veranlasst**. Erfasst werden demnach zeitlich vorverlagerte Handlungsbeiträge, die sich bei wertender Betrachtung als wesentlicher Faktor und damit als ausschlaggebende Ursache für die Entstehung der Gefahr darstellen. Dabei müssen das Verhalten des Mitverursachers und das zum Erfolg führende Verhalten eines Dritten eine natürliche Einheit bilden, die es normativ rechtfertigen, einen **Wertungszusammenhang** anzunehmen.[260] 367

Bspe.:
- Ein Ladeninhaber, der durch aufsehenerregende Schaufensterwerbung so viele Schaulustige anlockt, dass sich vor dem Schaufenster eine Menschentraube bildet, die zu Verkehrsbeeinträchtigungen führt.[261]
- Ein Kioskbesitzer in der Kölner Innenstadt, der während der Karnevalszeit und des dortigen Verbots des Mitführens und Benutzens von Glasbehältnissen Getränke in Glasflaschen verkauft.[262]
- Ein Einzelhändler, der seinen Laden in einem Wohngebiet betreibt, in dem Warenanlieferungen nachts verboten sind, aber gleichwohl seinem Lieferanten einen Schlüssel für die Anlieferungsschleuse überlässt.[263]

Welche Kriterien zur normativen Begründung der Zweckveranlassung maßgeblich seien sollen, wird uneinheitlich beantwortet: Nach der **subjektiven Theorie** ist die Intention des „Hintermannes" entscheidend, also ob dieser mit Wissen und Wollen einen Dritten zur Überschreitung der Gefahrenschwelle veranlasst oder dessen Verhalten zumindest billigend in Kauf nimmt. Die **objektive Theorie** bejaht die Verhaltensverantwortlichkeit, wenn sich aus der Sicht eines unbeteiligten Dritten die eingetretene Gefahr typischerweise als Folge der Veranlassung darstellt. Die **Kombinationstheorie** verknüpft beide Ansätze und lässt es aus Gründen der Effektivität der Gefahrenabwehr ausreichen, dass die Gefahr subjektiv bezweckt wurde oder sich als Folge eines Verhaltens zwangsläufig einstellt. Da das Polizeirecht auf die objektiven Umstände reagieren muss und es nicht auf Vorsatz, Schuldfähigkeit oder andere Willenselemente ankommt, spricht viel für die objektive Theorie. Andererseits ist nicht einzusehen, warum derjenige, der willentlich 368

---

[258] NWOVG, NJW 1980, 854 (855); *Mühl/Fischer*, in: BeckOK, § 6 HSOG Rn. 29 f.; *Schenke*, Rn. 321 f.

[259] *Schoch*, JuS 1994, 932 (937); *Mühl/Fischer*, in: BeckOK, § 6 HSOG Rn. 30.

[260] Ausführlich zum Zweckveranlasser *Wobst/Ackermann*, JA 2013, 916 ff.; *Schoch*, Jura 2009, 360 ff.; *Beaucamp/Seifert*, JA 2007, 577 ff.; *Weisemann*/Barthel, VR 2007, 217 ff.; *Schmelz*, BayVBl 2001, 550 (551 f.); *Erbel*, JuS 1985, 257 ff.

[261] PrOVGE 40, 216 ff.

[262] NWOVG, NWVBl 2012, 431 ff.; dazu *Heckel*, NVwZ 2012, 88 ff.; *Krüper*, DVBl. 2017, 10 ff.

[263] NWOVG, NVwZ-RR 2008, 12 ff.

einen Dritten zur Störung der öffentlichen Sicherheit veranlasst, nicht in Anspruch genommen werden soll. Daher ist die Kombinationstheorie vorzugswürdig.[264]

Bspe.:
- Abgelehnt wurde eine (Zweck-)Veranlassung im sog. Borkumlied-Fall, in dem eine Musikkapelle eine an sich harmlose Melodie spielte, zu der die Zuhörer einen antisemitischen Text sangen; die eigentlich Verantwortlichen seien die Sänger gewesen.[265]
- Freier können im Falle einer Kontaktaufnahme mit Prostituierten nicht als Zweckveranlasser in Anspruch genommen, da sie lediglich ein von Prostituierten geschaffenes Angebot wahrnehmen; dadurch animieren sie nicht zu Ordnungsverstößen (§ 120 OWiG, § 297 EGStGB), weil diese bereits durch das „Sichanbieten" zu entgeltlichen sexuellen Leistungen entstehen.[266]

IV. Zustandsverantwortlichkeit

369 Die Zustandsverantwortlichkeit knüpft an die **rechtliche bzw. tatsächliche Herrschaft** einer Person über eine gefährliche Sache an. Der Sachbegriff des § 7 HSOG umfasst dabei bewegliche und unbewegliche körperliche Gegenstände (§ 90 BGB) sowie nach § 7 Abs. 1 S. 2 HSOG auch Tiere.

370 Die **Gefahr** muss von der Sache ausgehen, wobei auch hier eine Zurechnung im Sinne eines unmittelbaren Kausalzusammenhangs erforderlich ist. Die Gefahr kann sich aus der **Beschaffenheit der Sache** selbst ergeben (z.B. verdorbene Lebensmittel, tollwütiger Hund, explosive Chemikalien, abrutschgefährdetes Hanggrundstück) oder aus der **Lage der Sache im Raum** (z.B. ein mitten auf einer Kreuzung stehendes Kraftfahrzeug).[267]

371 **Inhaber der tatsächlichen Gewalt** (§ 7 Abs. 1 S. 1 HSOG) ist, wer die tatsächliche Sachherrschaft über die Sache ausübt (vgl. Besitz, § 854 BGB). Maßgeblich für das Gefahrenabwehrrecht ist dabei weniger die zivilrechtliche Beziehung als die tatsächliche Verfügungsgewalt und jederzeitige Einwirkungsmöglichkeit.[268] Daher kann etwa auch der Mieter, Pächter, Verwalter, Dieb oder Schwarzfahrer Zustandsstörer sein. Die Verantwortung als Zustandsverantwortlicher endet erst mit Aufgabe der tatsächlichen Gewalt über die Sache.[269]

372 Maßnahmen können auch gegen den **Eigentümer** ergriffen werden, § 7 Abs. 2 S. 1 HSOG. Wer Eigentümer im Moment des behördlichen Einschreitens ist, bestimmt sich nach dem Zivilrecht. Auch Mit- und Sicherungseigentümer sind erfasst.[270] Auch wenn der Eigentümer erst nach dem Inhaber der tatsächlichen Gewalt vom Gesetz genannt wird, stehen beide Verantwortlichkeiten **gleichrangig** nebeneinander. Die Verantwortlichkeit des Eigentümers stellt eine Inhalts- und Schrankenbestimmung i.S.d. Art. 14 Abs. 1 S. 2 GG dar und ist Ausdruck der Sozialbindung des Eigentums (Art. 14 Abs. 2

[264] Vertiefend *Schoch*, Rn. 359 f.; *ders.*, Jura 2009, 360 (363); *Mühl/Fischer*, in: BeckOK, § 6 HSOG Rn. 24 f.; *Neumann*, NVwZ 2011, 1171 (1176); *Levon/Schwarz*, DVBl. 2012, 10 (16 f.).

[265] PrOVGE 80, 176 ff.

[266] BaWüVGH, NVwZ 2001, 1299 ff.; dazu *Vahle*, DVP 2002, 395; *Finger*, VBlBW 2007, 139 f.

[267] HessVGH, NVwZ 1988, 655 (655); *Pausch/Dölger*, S. 116; *Mühl/Fischer*, in: BeckOK, § 7 HSOG Rn. 3; *Fredrich*, § 7 Rn. 2.

[268] *Gusy*, Rn. 350; *Schenke*, Rn. 268; *Fischer/Leggereit/Sommer*, Kap. H Rn. 42 ff.; *Hornmann*, § 7 Rn. 11 f. mit folgenden Beispielen.

[269] HessVGH, NJW 1999, 3650 (3651); BaWüVGH, NVwZ-RR 1991, 27 (27); *Fredrich*, § 7 Rn. 14; *Wehr*, Rn. 160.

[270] Ausführlich *Mühl/Fischer*, in: BeckOK, § 7 HSOG Rn. 12; *Kingreen/Poscher*, § 9 Rn. 34; *Pausch/Dölger*, S. 117.

GG).[271] Entscheidend für die Verantwortlichkeit des Eigentümers ist aber seine **rechtliche oder tatsächliche Einwirkungsmöglichkeit.** Wird diese entgegen seinem Willen von jemand anders ausgeübt, entfällt auch seine Verantwortlichkeit. Allerdings kann die Eigentümerverantwortlichkeit wiederaufleben, wenn der Inhaber der tatsächlichen Gewalt seinerseits die Sachherrschaft aufgibt, z.B. der Dieb das gestohlene Auto stehen lässt.[272]

Andere Berechtigte im Sinne des § 7 Abs. 2 S. 1 Var. 3 HSOG sind sowohl **dinglich** 373
Berechtigte (z.B. Nießbrauch, persönliche Dienstbarkeiten, Grunddienstbarkeiten, Erbbaurechte, Pfandrechte) als auch **schuldrechtliche Berechtigte** (z.B. Mieter, Pächter, Entleiher). Diese Personen können kraft ihrer Berechtigung auf die Sache einwirken, so dass auch sie für die „Gefahrenfreiheit" der Sache verantwortlich sind.[273]

Damit sich der Eigentümer nicht durch Dereliktion (§§ 928, 959 BGB) von seiner po- 374
lizeirechtlichen Verantwortlichkeit befreien kann, bestimmt § 7 Abs. 3 HSOG, dass bei einer **herrenlosen Sache** der frühere Eigentümer als Verantwortlicher herangezogen werden kann.

Die Inanspruchnahme des für den Zustand der Sache Verantwortlichen erfolgt dabei 375
grundsätzlich **unabhängig von Verursachung und Verschulden**. Parkt beispielsweise ein Kraftfahrzeug unter Verstoß gegen § 12 Abs. 1 Nr. 5 StVO vor einer Feuerwehrzufahrt, kann der Eigentümer auch dann als Zustandsverantwortlicher in Anspruch genommen werden, wenn er es dort nicht selbst abgestellt hat, sondern eine andere Person. Auch spielen die persönlichen Verhältnisse und die finanzielle Leistungsfähigkeit regelmäßig keine Rolle.[274] Aus der Eigentumsgarantie des Art. 14 Abs. 1 GG folgt aber eine **Grenze der Zumutbarkeit**, die die Belastung des Eigentümers mit den Kosten der Störungsbeseitigung beschränkt.[275]

V. Grenzen der Verantwortlichkeit

Die Heranziehung der Verhaltens- und Zustandsverantwortlichen unterliegt **keiner zeit-** 376
lichen Begrenzung (so genannte Ewigkeitshaftung); es bestehen keine Verjährungs- oder Ausschlussfristen.[276] Gleiches gilt hinsichtlich der Kostentragung für die Gefahrenabwehrmaßnahme.

Allerdings kann vom Verantwortlichen nur das verlangt werden, was **tatsächlich** und 377
rechtlich möglich ist. Tatsächliche Unmöglichkeit führt zur Rechtswidrigkeit der Maßnahme (vgl. § 44 Abs. 2 Nr. 4 HVwVfG). Rechtliche Unmöglichkeit hingegen schafft, wenn das Rechtshindernis ausräumbar ist, lediglich ein Vollstreckungshindernis. Dieses kann jedoch durch eine Duldungsverfügung überwunden werden. Gefahrenabwehr darf zudem **keinen rechtswidrigen Zustand** schaffen. So kann vom Hauseigentümer nicht verlangt werden, dass er den Mietvertrag mit seinem Mieter bricht, um eine Gefahr zu

[271] BVerfGE 102, 1 (17); 100, 226 (241); 50, 290 (340 f.); 25, 112 (118).

[272] HessVGH, NJW 1999, 3650 (3651); vgl. auch RPOVG, NVwZ-RR 1989, 299 (301 f.); *Fischer/Leggereit/Sommer*, Kap. H Rn. 48.

[273] *Mühl/Fischer*, in: BeckOK, § 7 HSOG Rn. 15; *Graulich*, in: Lisken/Denninger, Kap. E Rn. 216; *Gusy*, Rn. 351; *Wehr*, Rn. 162.

[274] BayVGH, NVwZ 1986, 942 (944); BaWüVGH, NVwZ 1986, 325 (325 f.); *Schoch*, Rn. 377; *Bäcker*, in: Lisken/Denninger, Kap. D Rn. 186 ff.

[275] Näher BVerfGE 102, 1 (20 ff.), *Wittreck*, Jura 2008, 534 ff.; *Sachs*, JuS 2000, 1219 f.; *Müggenborg*, NVwZ 2001, 39 ff.

[276] *Götz/Geis*, § 13 Rn. 52.

beseitigen. Vielmehr muss in einem solchen Fall eine Handlungsverfügung an den Hauseigentümer und eine Duldungsverfügung an den Mieter ergehen.[277]

VI. Unmittelbare Ausführung

378 § 8 Abs. 1 HSOG ergänzt die Regelungen zur Verantwortlichkeit für den Fall, in dem kein Verantwortlicher nach §§ 6, 7 HSOG greifbar bzw. anwesend ist, so dass deswegen die gebotene **Gefahrenabwehr nicht oder nicht rechtzeitig** erreicht werden kann. Den Gefahrenabwehr- und Polizeibehörden ist dann die Möglichkeit eingeräumt, die Gefahrenabwehrmaßnahmen – selbst oder durch eine beauftragte dritte Person – **unmittelbar auszuführen.**

379 Das kommt freilich nur in Betracht, wenn es sich bei der pflichtigen Handlung um eine **vertretbare Handlung** handelt, weil die Behörde höchstpersönliche Pflichten nicht erfüllen kann. In der Sache stellt die unmittelbare Ausführung damit eine Art Ersatzvornahme dar.[278] Gleichwohl ist die unmittelbare Ausführung **keine Vollstreckungsmaßnahme;** sie ist deshalb insbesondere vom Sofortvollzug nach § 47 Abs. 2 HSOG abzugrenzen, obwohl dieser an sich die gleiche Situation betrifft (Rn. 612 ff.).

380 **„Nicht erreichbar“** ist der Zweck der Maßnahme, wenn der an sich Verantwortliche unbekannt bzw. nicht mit zumutbarem Aufwand zu ermitteln ist. Besteht keine Zeit mehr, rechtzeitig eine Verfügung gegenüber dem Verantwortlichen zu erlassen oder kann die Verfügung vom Verantwortlichen nicht rechtzeitig ausgeführt werden, ist der Zweck der Maßnahme **„nicht rechtzeitig erreichbar“**.[279]

381 Allerdings setzt § 8 Abs. 1 HSOG des Weiteren voraus, dass die – hypothetische – Inanspruchnahme des Verantwortlichen **möglich gewesen wäre.** Daher müssen sämtliche formellen und materiellen Rechtmäßigkeitsvoraussetzungen der ausgeführten Befugnis nach §§ 11 ff. HSOG vorliegen (sog. **fiktive Grundverfügung**).[280] § 8 Abs. 1 HSOG vermittelt also selbst keine eigenständige Befugnis.

382 Als zusätzliche Verfahrensvorschrift verlangt § 8 Abs. 1 S. 2 HSOG, dass die betroffene Person unverzüglich **unterrichtet** wird. Unverzüglich ist allerdings nicht im engen Sinne des § 121 BGB zu verstehen. Die Unterrichtung kann auch mündlich oder fernmündlich erfolgen. In dem praktisch wichtigen Fall des Abschleppens von Fahrzeugen kann sie erfolgen, wenn sich die verantwortliche Person nach dem Verbleib des Fahrzeugs erkundigt.[281] Unterbleibt die Unterrichtung, hat dies zwar nicht die Rechtswidrigkeit der unmittelbar ausgeführten Maßnahme zur Folge, kann aber eine Pflichtverletzung darstellen und zu Ansprüchen aus Amtshaftung führen.[282]

383 In materieller Hinsicht ist die Entscheidung der Behörde, im Wege der unmittelbaren Ausführung vorzugehen, **nach pflichtgemäßem Ermessen** unter strikter Wahrung des

---

[277] Dazu *Hornmann*, § 6 Rn. 31 f.; *Kingreen/Poscher*, § 9 Rn. 97; *Fischer/Leggereit/Sommer*, Kap. H Rn. 52 ff.; *Würtenberger/Heckmann/Tanneberger*, § 5 Rn. 369 f.

[278] *Wehr*, Rn. 325.

[279] *Mühl/Fischer*, in: BeckOK, § 8 HSOG Rn. 9 f.; *Hornmann*, § 8 Rn. 5 f.; *Fredrich*, § 8 Rn. 4 f.

[280] *Mühl/Fischer*, in: BeckOK, § 8 HSOG vor Rn. 1; *Hornmann*, § 8 Rn. 3, 8; *Kramer*, Rn. 136; *Gusy*, Rn. 441; *Pausch/Dölger*, S. 270 f.; *Wehr*, Rn. 328; *Schoch*, Rn. 938 ff.

[281] Vgl. Nr. 8.1.2. VVHSOG; *Fredrich*, § 8 Rn. 11; *Hornmann*, § 8 Rn. 10.

[282] *Mühl/Fischer*, in: BeckOK, § 8 HSOG Rn. 8; *Kingreen/Poscher*, § 24 Rn. 44; *Würtenberger/Heckmann/Tanneberger*, § 8 Rn. 61.

Verhältnismäßigkeitsgrundsatzes zu treffen.[283] Das gleiche gilt für die daran anknüpfende Kostenentscheidung nach § 8 Abs. 2 S. 1 HSOG.

VII. Inanspruchnahme nicht verantwortlicher Personen

Gegen „**Nichtstörer**" bzw. „Dritte", d.h. gegen andere als die in § 6 und § 7 HSOG genannten Personen, darf die Polizei ihre Maßnahmen nur ausnahmsweise im Fall eines sog. **polizeilichen Notstands** richten. 384

Die Rechtfertigung dafür liegt darin, dass der Nichtstörer **Inhaber eines Gegenmittels** zur Gefahrenabwehr ist.[284] 385

Bspe.:
- Der Vermieter, der über die einzige passende Wohnung verfügt, in die der Obdachlose eingewiesen werden kann.
- Der Handwerker, der zur Rettung eingeklemmter Personen nach einem Autounfall verpflichtet werden kann, weil er entsprechendes Werkzeug dabei hat.
- Auflösung einer Versammlung wegen drohender Gewalttaten von Gegendemonstranten.[285]

Die nicht für die Gefahr verantwortliche, aber gleichwohl in Anspruch genommene Person erbringt regelmäßig ein **Sonderopfer** für die Allgemeinheit. Deshalb steht ihm nicht nur ein Entschädigungsanspruch nach § 64 Abs. 1 S. 1 HSOG zu. Vielmehr ist schon seine Heranziehung nur unter engen Bedingungen zulässig. Nach § 9 Abs. 1 HSOG müssen **vier Voraussetzungen** (kumulativ) vorliegen:[286] 386

Zum ersten muss eine **gegenwärtige, erhebliche Gefahr** gegeben sein, d.h. eine bereits eingetretene Störung oder in allernächster Zeit mit großer Wahrscheinlichkeit bevorstehende Beeinträchtigung eines bedeutenden Rechtsguts. 387

Zweitens dürfen Maßnahmen gegen die nach §§ 6, 7 HSOG Verantwortlichen nicht oder nicht rechtzeitig möglich oder nicht erfolgversprechend sein (**erste Subsidiarität** der Nichtstörerhaftung). 388

Drittens darf die Gefahr nicht oder nicht rechtzeitig durch die Polizei- oder Gefahrenabwehrbehörde selbst oder durch beauftragte Dritte abgewehrt werden können, also namentlich nicht im Wege der unmittelbaren Ausführung (**zweite Subsidiarität** der Nichtstörerhaftung). 389

Und viertens darf die Person nur in Anspruch genommen werden, wenn damit **keine erhebliche eigene Gefährdung** oder eine Verletzung höherwertigen Pflichten einhergeht. 390

Überdies muss die Inanspruchnahme des Nichtverantwortlichen sofort beendet werden, wenn die Abwehr der Gefahr auf andere Weise, insbesondere durch staatliches Handeln, abgewehrt werden kann (§ 9 Abs. 2 HSOG). Darin liegt sowohl in sachlicher als auch in zeitlicher Hinsicht eine **Beschränkung auf das Notwendige.**[287] 391

Schließlich sind auf der Rechtsfolgenseite die Grenzen der **Ermessenausübung** zu beachten. Hier kann es unter dem Gesichtspunkt der Verhältnismäßigkeit im Einzelfall ge- 392

---

[283] *Fischer/Leggereit/Sommer*, Kap. J Rn. 63; *Hornmann*, § 8 Rn. 11; *Kingreen/Poscher*, § 24 Rn. 45.

[284] Näher *Kießling*, Jura 2016, 483 (484 ff.); *Schoch*, JuS 1995, 30 (32); *Bäcker*, in: Lisken/Denninger, Kap. D Rn. 222.

[285] BVerwG, NWvZ-RR 2020, 687 ff.

[286] Im Einzelnen *Mühl/Fischer*, in: BeckOK, § 9 HSOG Rn. 3 ff.; *Kießling*, Jura 2016, 483 ff.; *Kingreen/Poscher*, § 9 Rn. 74 ff.; *Hornmann*, § 9 Rn. 7 ff.

[287] *Fredrich*, § 9 Rn. 12; *Fischer/Leggereit/Sommer*, Kap. H Rn. 111; *Kugelmann*, Kap. 8 Rn. 92.

boten sein, eine intensive Abwägung zwischen dem **öffentlichen Interesse an der Gefahrenabwehr** und dem **Interesse des Nichtstörers**, dafür nicht in Anspruch genommen zu werden, vorzunehmen.

VIII. Störermehrheit

393 Die §§ 6 ff. HSOG geben der Behörde eine gewisse **Rangfolge** vor, in der sie zum Zwecke der Gefahrenabwehr auf Personen zugreifen darf. Das betrifft zum einen das Verhältnis der Verantwortlichen zu den Nichtverantwortlichen (vgl. § 9 Abs. 1 Nr. 2 HSOG), zum anderen das Verhältnis der Inanspruchnahme Verantwortlicher zur Gefahrenabwehr durch die Behörde selbst (vgl. § 8 Abs. 1 HSOG). Jeweils bestimmt das Gesetz den **Vorrang der Inanspruchnahme des Verantwortlichen,** und die Inanspruchnahme eines Nichtverantwortlichen kommt zusätzlich erst dann in Betracht, wenn die Gefahr nicht oder nicht rechtzeitig durch die Behörde selbst oder von ihr beauftragte Dritte abgewehrt werden kann.[288]

394 Keine Rangfolge regelt das HSOG hingegen, wenn die Gefahr **mehreren Verantwortlichen** zugeordnet werden kann, etwa zugleich einem Handlungs- und einem Zustandsverantwortlichen. In diesen Fällen steht die Auswahl des „richtigen" Störers im pflichtgemäßen Ermessen der Behörden (Auswahlermessen hinsichtlich des Adressaten der Maßnahme; Rn. 404, 407). Dabei kommt dem Gesichtspunkt der **Effektivität der Gefahrenabwehr** maßgebliche Bedeutung zu. Die Entscheidung ist also daran auszurichten, wer von mehreren Verantwortlichen die Gefahr am wirkungsvollsten und schnellsten beseitigen kann.[289]

395 Aus dieser Maßgebung folgen solche **Faustformeln** wie „Verhaltens- vor Zustandsstörer", „der (zeitlich und örtlich) nähere vor dem ferneren", der „schuldige vor dem unschuldigen" Störer oder auch „Doppel- vor Einfachstörer" (von einem „Doppelstörer" spricht man, wenn ein und dieselbe Person verhaltens- und zustandsverantwortlich ist, z.B. wenn ein Autofahrer einen Unfall verursacht und sein Fahrzeug die Straße blockiert). Doch stehen eben auch solche Faustformeln in jedem Einzelfall unter dem Vorbehalt des Kriteriums möglichst effektiver Gefahrenabwehr.

396 Hinzu kommt, dass die fehlerfreie Ausübung des Ermessens zur Störerauswahl dem Grundsatz der **Verhältnismäßigkeit** entsprechen muss (Rn. 418 ff.). Danach gilt es zusätzlich den Aspekt der **Zumutbarkeit** der polizeilichen Inanspruchnahme zu berücksichtigen. Statt Zumutbarkeit wird auch vom Gebot der gerechten Lastenverteilung oder von Billigkeit gesprochen. Gesichtspunkte wie Krankheit, Alter, affektives Interesse, Vermögenssituation oder zivilrechtliche Letztverantwortlichkeit können hier im Einzelfall eine Rolle spielen.[290] Im Ergebnis bedeutet das: Nur unter mehreren verhältnismäßigen Möglichkeiten der Inanspruchnahme steuert das Gebot der effektiven Gefahrenabwehr die richtige Störerauswahl.

397 Auf der Sekundärebene der **Kostenpflichtigkeit** ist hingegen die gerechte Lastenverteilung zwischen mehreren Verantwortlichen das allein maßgebliche Kriterium.[291] Bleibt es

---

[288] *Fischer/Leggereit/Sommer*, Kap. H Rn. 5; *Mühl/Fischer*, in: BeckOK, § 6 HSOG Rn. 1.

[289] BaWüVGH, NVwZ 1990, 179 (180); BaWüVGH, NVwZ-RR 2012, 387 (389); *Mühl/Fischer*, in: BeckOK, § 6 HSOG Rn. 57; *Fischer/Leggereit/Sommer*, Kap. H Rn. 72; *Kingreen/Poscher*, § 9 Rn. 94; *Schenke*, Rn. 357 ff.; *Schoch*, Rn. 425 ff.; *Götz/Geis*, § 13 Rn. 91; *Gusy*, Rn. 369 ff.; *Kugelmann*, Kap. 8 Rn. 75.

[290] BVerfGE 102, 1 (20 f.); BayVGH, NJW 2004, 2768 (2770); BaWüVGH, NVwZ-RR 2012, 387 (389).

[291] BaWüVGH, NVwZ-RR 2012, 387 (388 f.); *Kingreen/Poscher*, § 9 Rn. 96.

dennoch bei mehreren Kostenverantwortlichen, findet ein Gesamtschuldnerausgleich statt.[292]

D. Ermessen, Verhältnismäßigkeit

I. Allgemeines

398 Das im Polizeirecht traditionell geltende **Opportunitätsprinzip** legt die Entscheidung, ob und wie einer Gefahr für die Rechtsgüter der öffentlichen Sicherheit oder Ordnung entgegengetreten werden soll, in die Hände der zuständigen Gefahrenabwehr- und Polizeibehörden (Rn. 258 ff.). Demgemäß bestimmt nicht nur § 5 Abs. 1 HSOG, dass die Behörden ihre Maßnahmen nach **pflichtgemäßem Ermessen** zu treffen haben. Auch die einzelnen Befugnisnormen (§§ 11 ff. HSOG) formulieren auf ihrer Rechtsfolgenseite regelmäßig, dass die jeweilige(n) Maßnahme(n) zur Abwehr der tatbestandlichen Gefahr ergriffen werden „können", nicht müssen.

399 „Ermessen" heißt nicht „Beliebigkeit", sondern bedeutet, wie die Beigabe „pflichtgemäß" verdeutlicht, dass das eröffnete Ermessen ein **rechtlich gebundenes Ermessen** ist. Die Ausübung des Ermessens muss entsprechend dem Zweck der Ermächtigung erfolgen und die gesetzlichen Grenzen des Ermessens einhalten (§ 40 HVwVfG).

400 In dogmatischer Hinsicht gehört auch der **Grundsatz der Verhältnismäßigkeit** zu den gesetzlichen Grenzen der Ermessensausübung. Die Pflicht zur Wahrung der Verhältnismäßigkeit gilt schon von Verfassungs wegen für jegliches staatliche Handeln, ist für die Gefahrenabwehr- und Polizeibehörden zudem in § 4 HSOG einfachgesetzlich vorgegeben, und entsteht dann, wenn die Gefahrenabwehrtätigkeit mit **Eingriffen in Grundrechte** (des Pflichtigen oder Dritter) einhergeht.

401 Der sachliche **Zusammenhang** zwischen pflichtgemäßer Ermessensausübung und Verhältnismäßigkeit macht es im Einzelfall schwierig, eine klare Trennlinie oder Unterscheidung zwischen beiden Postulaten zu treffen. Regelmäßig überschreitet ein unverhältnismäßiges Eingriffshandeln die gesetzlichen Grenzen des Ermessens, ebenso wie ein ermessensfehlerhaftes Handeln schwerlich als verhältnismäßig vorstellbar ist. Gleichwohl empfiehlt es sich, im Aufbau der Rechtmäßigkeitsprüfung einer polizeilichen Maßnahme beides **auseinanderzuhalten**: Während sich die Frage der pflichtgemäßen Ermessensausübung auf den (Rechtsfolge-)Rahmen bezieht, den die einschlägige Befugnisnorm setzt, bezieht sich die Prüfung der Verhältnismäßigkeit auf die Relation zwischen dem polizei-lichen Rechtsgut, zu dessen Schutz die Maßnahme ergeht, und der grundrechtlichen Schutzposition, die dadurch beeinträchtigt wird (Rn. 266 f.).

II. Ermessen

1. Entschließungsermessen und Auswahlermessen

402 Der **Entscheidungsspielraum**, der den Behörden mit der Einräumung des Ermessens gesetzlich gewährt ist, besteht **in zweierlei Hinsicht**: als Entschließungsermessen und als Auswahlermessen:

403 Als **Entschließungsermessen** ist den Behörden die pflichtgemäße Entscheidung darüber überlassen, **ob** sie (bei tatbestandlich gegebener Lage) **überhaupt** tätig wird. Sie

[292] Nicht unstreitig, vgl. *Mühl/Fischer*, in: BeckOK, § 8 HSOG Rn. 59.1 f.; *Schenke*, Rn. 360 ff.; *Kugelmann*, Kap. 8 Rn. 80; *Buchberger*, in: Lisken/Denninger, Kap. L Rn. 113.

kann auch untätig bleiben; auch aus der Staatsaufgabe, die Sicherheit der Bürger zu schützen (Rn. 1 ff.), und der diese konkretisierenden Aufgabenzuweisung der Gefahrenabwehr (§ 1 HSOG) folgt grundsätzlich keine Pflicht, eine Gefahr für die öffentliche Sicherheit oder Ordnung im Einzelfall tatsächlich abzuwehren. Etwas anderes kann sich nur dann ergeben, wenn in Anbetracht der konkreten Situation eine **Ermessensreduzierung** (auf Null) eingetreten ist oder gar ein **Anspruch auf behördliches Einschreiten** erhoben wird (Rn. 417).

404 Im Anschluss an die (Ermessens-)Entscheidung, im konkreten Fall zur Gefahrenabwehr tätig zu werden, kann sich das Ermessen weiter darauf erstrecken, zwischen mehreren Reaktionsweisen auszuwählen. Dieses **Auswahlermessen** kann sich zum einen auf die Art oder den Inhalt der Maßnahme beziehen (**Mittelauswahl**), zum anderen darauf, welche Person durch die Maßnahme in Anspruch genommen wird (**Adressaten- oder Störerauswahl**). Dabei setzt das Mittelauswahlermessen voraus, dass die in der einschlägigen Befugnisnorm bestimmte Rechtsfolge mehrere Handlungsalternativen bereitstellt, und das Adressatenauswahlermessen ist nur eröffnet, wenn im konkreten Fall mehrere potentielle Adressaten in Betracht kommen.

405 Zur **Mittelauswahl** erklärt zunächst § 5 Abs. 2 S. 1 HSOG, dass für den Fall, dass zur Abwehr einer Gefahr mehrere Mittel in Betracht kommen, von den Behörden **nur eines** davon ergriffen zu werden braucht. Diese behördliche Entscheidungskompetenz nach § 5 Abs. 2 S. 1 HSOG darf nicht dem Störer überlassen werden. Allerdings erlaubt § 5 Abs. 2 S. 2 HSOG dem Betroffenen, einen Antrag auf Anwendung eines Austauschmittels zu stellen. Ob dieses Austauschmittel ebenso wirksam wie das zuvor bestimmte Mittel ist, unterliegt allerdings wiederum allein der Einschätzung der handelnden Behörde.[293]

406 Sodann bestimmt § 4 Abs. 1 HSOG – als Teilaspekt des Verhältnismäßigkeitsgrundsatzes (Erforderlichkeitsgebot) –, dass unter mehreren möglichen und geeigneten Mitteln die Auswahl des **mildesten Mittels**, also desjenigen Mittels geboten ist, durch welches die betroffene Person und die Allgemeinheit am wenigsten beeinträchtigt wird. Indem aber die Voraussetzung mehrerer gleich geeigneter Mittel unter dem Vorbehalt möglichst effektiver Gefahrenabwehr steht, bleibt für die Prüfung der Erforderlichkeit regelmäßig wenig Raum.

407 Die **Adressaten- oder Störerauswahl** wird maßgeblich durch die Kriterien der Effektivität der Gefahrenabwehr und die Maßgaben des Verhältnismäßigkeitsgrundsatzes dirigiert. Weil es dabei für den Fall einer Mehrheit von Störern bzw. möglichen Adressaten um die Frage nach dem „richtigen" Verantwortlichen oder Adressaten einer Gefahrenabwehrmaßnahme geht, wird dazu auf die obige Darstellung im Abschnitt zur Verantwortlichkeit verwiesen (Rn. 393 ff.).

2. Ermessensfehler

408 Die gesetzlichen Grenzen der Ermessensausübung sind in der sog. **Ermessensfehlerlehre**, wie sie aus dem allgemeinen Verwaltungsrecht bekannt ist, ausgeformt.[294] Sie findet im Polizeirecht auch dann Anwendung, wenn es sich bei der zu überprüfenden Maßnahme nicht um einen Verwaltungsakt handelt.[295] Auf die danach zu beurteilende (Rechts-) Fehlerhaftigkeit der Ermessensausübung erstreckt sich auch die gerichtliche Kontrolle

[293] Vgl. *Hornmann*, § 5 Rn. 34 f.

[294] Vgl. dazu *Maurer/Waldhoff*, Allgemeines Verwaltungsrecht, 20. Aufl. 2020, § 7 Rn. 19 ff.; *Detterbeck*, Allgemeines Verwaltungsrecht, 19. Aufl. 2021, Rn. 311 ff.

[295] *Wehr*, Rn. 434.

der jeweiligen Gefahrenabwehrmaßnahme (§ 114 VwGO). Dabei steht das Mittelauswahlermessen im Vordergrund, während Ermessensfehler in der Auswahl des richtigen Adressaten praktisch nicht in Betracht kommen. Drei Kategorien von möglichen Ermessensfehlern können unterschieden werden:

Ein **Ermessensausfall** (Ermessensnichtgebrauch, Ermessensunterschreitung) liegt vor, wenn die Behörde ihr Ermessen ganz oder teilweise gar nicht ausgeübt hat. **409**

Ein Fall der **Ermessensüberschreitung** ist gegeben, wenn die Wahl einer Maßnahme nicht mehr von der gesetzlichen Handlungsermächtigung gedeckt ist, das Gesetz die konkrete Maßnahme also nicht gestattet. **410**

Ein **Ermessensfehlgebrauch** (Ermessensmissbrauch) liegt vor, wenn die Maßnahme auf Erwägungen beruht, die ganz oder teilweise nicht vom Gesetzeszweck gedeckt sind, sich etwa als unsachlich, unvernünftig oder gar missbräuchlich darstellen; insofern hierunter auch die fehlerhafte Einschätzung grundrechtlicher Eingriffsgrenzen einschließlich des Gleichheitsgrundsatzes[296] fallen, können sich dabei Überschneidungen mit dem Grundsatz der Verhältnismäßigkeit als Ermessensgrenze ergeben. **411**

3. Ermessensreduzierung auf Null, Anspruch auf behördliches Tätigwerden

Bei Vorliegen aller tatbestandlichen Voraussetzungen einer einschlägigen Befugnisnorm, kann im Einzelfall eine Situation gegeben sein, in der sich für die Behörde das Ermessen (Entschließungs- wie Auswahlermessen) auf eine Alternative reduziert. Dann ist **nur noch eine Entscheidung ermessensfehlerfrei**, während jede andere Entscheidung ermessensfehlerhaft wäre. Die Behörde ist dann verpflichtet, diese eine ihr von Rechts wegen noch offenstehende Maßnahme zu ergreifen. **412**

Ein solcher Fall kann insbesondere bei nicht nur geringfügigen Gefahren für hochwertige Rechtsgüter gegeben sein, die nur durch ein (unter Umständen bestimmtes) Eingreifen der Gefahrenabwehr- oder Polizeibehörden abgewehrt werden kann. Eine solche Lage lässt sich kaum abstrakt und im Voraus definieren, sondern ist in höchstem Maße situationsabhängig. Jedenfalls muss das bedrohte Rechtsgut von einigem Gewicht und das Ausmaß der Gefahr von einiger Erheblichkeit sein. **413**

Wenn aber im Einzelfall ausnahmsweise eine solche **objektive Handlungspflicht** besteht, stellt sich die Frage, ob dem auch eine **subjektive Berechtigung** desjenigen entspricht, zu dessen Rechtsgüterschutz die Maßnahme wirken soll. **414**

Ob ein solcher **Gefahrenabwehranspruch** im Einzelfall in Betracht kommt, richtet sich nach der in Rede stehenden Befugnisnorm. Ergibt deren Auslegung, dass sie nicht nur dem Schutze objektiver Rechtsgüter, sondern zumindest auch dem Schutze von Individualinteressen zu dienen bestimmt ist (sog. **Schutznormlehre**), vermittelt sie dem Träger dieser Interessen auch ein subjektives-öffentliches Recht auf polizeiliche Gefahrenabwehr. Danach kommt dem Gefahrenabwehrrecht freilich in weiten Teilen auch ein **individualschützender Charakter** zu. Denn indem das polizeiliche Schutzgut der öffentlichen Sicherheit und Ordnung die Unversehrtheit und Durchsetzung der Rechtsordnung zum Inhalt hat, umfasst es auch die durch diese Rechtsordnung gewährten Rechte und geschützten Interessen einzelner, wie namentlich den Schutz der Grundrechte auf Leben, Gesundheit, Freiheit oder Eigentum.[297] **415**

In Anbetracht einer drohenden Verletzung subjektiver Rechte oder rechtlich geschützter Interessen reicht jedoch ein auf diese gestützter Gefahrenabwehranspruch nicht weiter als die Rechtspflichten, die für die Gefahrenabwehr- oder Polizeibehörden **416**

---

[296] Dazu *Würtenberger/Heckmann/Tanneberger*, § 5 Rn. 356 f.

[297] *Schoch*, Rn. 332; *Wehr*, Rn. 53 ff., 458 f.

insoweit bestehen. Deshalb folgt aus der bedrohten subjektiven Rechtsposition zunächst nur ein **Anspruch auf fehlerfreie Ermessensausübung** bei der Entscheidung, **ob** und **mit welchen Mitteln** der Gefahr entgegengetreten werden soll. Diesem Anspruch ist freilich auch dann Rechnung getragen, wenn die Behörde im gegebenen Fall ermessensfehlerfrei von einem Einschreiten absieht.

417 Ist hingegen das Entschließungsermessen im Einzelfall auf Null reduziert, besteht zwar ein **Anspruch auf behördliches Tätigwerden.** Doch kommt ein darüber hinausgehender **Anspruch auf ein bestimmtes Tätigwerden** nur in Betracht, wenn das behördliche Ermessen auch insoweit auf Null reduziert ist, also keine ermessensfehlerfreie Mittelauswahl mehr denkbar ist, weil die Gefahr nur auf eine bestimmte Weise oder mit einem bestimmten Mittel effektiv abgewehrt werden kann.

III. Verhältnismäßigkeit

418 Die Prüfung der Verhältnismäßigkeit einer Maßnahme ergänzt die Prüfung der fehlerfreien Ermessensausübung im Hinblick auf die Frage, ob die Gefahrenabwehrmaßnahme in ihrer **Wirkung** auf durch diese beeinträchtigten oder tangierten **grundrechtlichen Belange** gerechtfertigt werden kann.

419 Neben der schon unmittelbar die Ermessensauswahl hinsichtlich des eingesetzten Mittels steuernden Maßgabe, unter gleich geeigneten Mitteln nur dasjenige wählen zu dürfen, das mit den geringsten (grundrechtlichen) Eingriffswirkungen einhergeht (§ 4 Abs. 1 HSOG, Rn. 406), bestimmt § 4 Abs. 2 HSOG insofern ausdrücklich, dass die Maßnahme nicht zu einem Nachteil führen darf, der zu dem erstrebten Erfolg erkennbar außer Verhältnis steht. Das bedeutet zunächst allgemein, dass die durch die Maßnahme zu erwartende Beeinträchtigung der Allgemeinheit oder des Einzelnen nicht in einem offenbaren Missverhältnis zu dem erwartenden Erfolg stehen darf (**Übermaßverbot**). Mit anderen Worten: Keine Maßnahme darf über das hinausgehen, was zur Abwehr der Gefahr notwendig ist.

420 Darüber hinaus aber bedeutet das Verhältnismäßigkeitsgebot, dass die Maßnahme im Verhältnis zur erwarteten Gefahrenabwehr für den durch sie Betroffenen auch **angemessen und zumutbar** sein muss. Insoweit kommt es auf eine Gewichtung und Zuordnung des beeinträchtigten und des geschützten Rechtsguts an. Geboten ist eine Abwägung zwischen einerseits dem Gewicht des geschützten Rechtsguts sowie der Gefahr, die ihm droht, und andererseits der Bedeutung des beeinträchtigten Rechtsguts sowie der Intensität, mit der in dieses eingegriffen wird. Hier spielen natürlich wertende Erwägungen hinein, doch besteht für diese nur so viel Raum, wie sie nicht schon durch die Tatbestandsvoraussetzungen und die Bemessung der Rechtsfolgen durch die Befugnisnorm selbst „verarbeitet" sind.

421 Ergänzend bestimmt § 4 Abs. 3 HSOG, dass eine Maßnahme **nur so lange zulässig** ist, bis ihr Zweck erreicht ist oder absehbar nicht mehr erreicht werden kann.

§ 5. Befugnisse

A. Die Generalklausel

I. Allgemeines

422 Mit der Generalklausel des § 11 HSOG gibt der Gesetzgeber den Gefahrenabwehr- und Polizeibehörden die Befugnis an die Hand, auf Gefahren für die öffentliche Sicherheit

oder Ordnung auch dann mit den erforderlichen Abwehrmaßnahmen reagieren zu können, wenn dafür keine spezielle, sonderrechtlich geregelte Befugnis bereitsteht. In rechtstechnischer Hinsicht steht daher die Anwendbarkeit des § 11 HSOG unter dem Vorbehalt einer **„doppelten Subsidiarität“** (Rn. 180):

Weder der im Einzelfall gegebene Sachverhalt noch die ins Auge gefasste Maßnahme dürfen in einer **spezialgesetzlichen Befugnisnorm** außerhalb des HSOG (§ 3 S. 2 HSOG) oder in einer der **Standardbefugnisse** innerhalb des HSOG (§§ 11 S. 2, 12 ff. HSOG) eine abschließende Regelung gefunden haben, andernfalls der Zugriff auf die Generalklausel **gesperrt** ist. Dadurch wird verhindert, dass die besonderen Eingriffsvoraussetzungen der speziellen Befugnisse unterlaufen werden. Das gilt es vor allem in besonders grundrechtssensiblen Bereichen zu beachten, wie z.B. im Verhältnis zu den Regelungen des Versammlungsrechts (sog. **Polizeifestigkeit**). Soweit allerdings diese sonderrechtlichen Befugnisse keine abschließende Regelung enthalten, kann eine **ergänzende Anwendung** des § 11 HSOG in Betracht kommen (Rn. 168 ff.).[298] Demgemäß muss durch Auslegung ermittelt werden, wie weit der Anwendungsvorrang der jeweils anderen Norm reicht. Das kann im Einzelfall durchaus Schwierigkeiten bereiten und folglich umstritten sein. 423

Die Generalklausel bietet also die Rechtsgrundlage für präventive Maßnahmen, die **nicht in besonderen Gefahrenabwehrgesetzen** oder in den **Standardbefugnissen** abschließend geregelt sind und nicht zu den **Vollstreckungsmaßnahmen** gehören.[299] 424

In funktioneller Hinsicht erfüllt die Generalklausel damit eine (lückenausfüllende) **Auffangfunktion**. Für den Tatbestand, dass sonstige, unvorhersehbare Gefahrenlagen eintreten, bietet sie in der Rechtsfolge an, diesen mit atypischen, unbenannten Gefahrenabwehrmaßnahmen zu begegnen. Dagegen erheben sich weder aus dem Gesichtspunkt des **Bestimmtheitsgebots** noch im Hinblick auf den **Parlamentsvorbehalt** durchgreifende verfassungsrechtliche Bedenken (Rn. 187). Allerdings ist es Aufgabe des Gesetzgebers, spezielle Ermächtigungsgrundlagen zu schaffen, wenn die angestrebte Maßnahme auf Gefahren aus neueren gesellschaftlichen Entwicklungen reagieren will und dabei von einer komplexen, in das Gebiet der Weltanschauungen hineinreichenden, abwägenden Wertung einer Mehrzahl verschiedener, darunter auch grundrechtlich geschützter Interessen abhängt; in einer solchen Lage sollen Maßnahmen auf der Grundlage der „weit gespannten“ Generalklausel nur noch für eine Übergangszeit hinzunehmen sein (Rn. 188).[300] 425

In Anbetracht der immer weiter vorangeschrittenen Ausdifferenzierung der Gefahrenabwehr in spezialgesetzlichen bzw. sonderrechtlichen Regelungen liegt der **praktische Anwendungsbereich** der Generalklausel – neben sonstigen, nicht in Standardbefugnissen geregelten Eingriffen, wie z.B. dem Gefährderanschreiben (Rn. 223) – im Schwerpunkt darin, Gebote und Verbote, die in anderen Gesetzen, Rechtsverordnungen oder Satzungen normiert sind, zumal in Eilfallsituationen effektiv durchzusetzen. Dazu zählt wohlgemerkt gerade auch die Abwehr von Gefahren, die aus straf- oder ordnungswidrigkeitenrechtlich sanktionierten Verhaltensweisen drohen, weil das Straf(prozess)recht und das Ordnungswidrigkeitenrecht zwar die repressive Verfolgung eröffnen, jedoch keine präventiven Ermächtigungen zur Durchsetzung ihrer Verhaltensverbote bzw. zur Verteidigung ihrer Schutzgüter enthalten.[301] 426

[298] Zum Problem *Kingreen/Poscher*, § 5 Rn. 11 ff.; *Butzer*, VerwArch 93 (2002), 506 ff.
[299] Ähnlich *Wehr*, vor Rn. 329.
[300] BVerwGE 115, 189 (194).
[301] Vgl. auch *Fischer/Leggereit/Sommer*, Kap. K Rn. 7.

Bspe.: Einschreiten gegen eine Schlägerei zur Unterbindung weiterer Körperverletzungen nach §§ 223 ff. StGB; Einschreiten gegen Plündereien zur Unterbindung weiterer Hausfriedensbrüche, Diebstähle und Sachbeschädigungen (§§ 123, 242 ff., 303 StGB); Verhinderung von verkehrs-, versammlungs- oder umweltrechtlichen Ordnungswidrigkeiten oder allgemeiner Ordnungswidrigkeiten nach dem OWiG.

II. Zuständigkeit

427 § 11 HSOG ermächtigt alle mit der Aufgabe der Gefahrenabwehr nach § 1 Abs. 1 HSOG betrauten Behörden. Können demnach sowohl die **Gefahrenabwehrbehörden** (Ordnungsbehörden, Verwaltungsbehörden) als auch die **Polizeibehörden** die Generalklausel nutzen, bedarf es im Einzelfall der Zuständigkeitsabgrenzung. Diese richtet sich nach der allgemeinen Regel des § 2 HSOG, so dass sich die Ordnungs-, vor allem aber die Polizeibehörden in den Fällen auf die Generalklausel stützen können, in denen die Gefahrenabwehr durch andere Behörden, namentlich die Verwaltungsbehörden, nicht oder nicht rechtzeitig möglich erscheint (sog. **Eilfall-Kompetenz**, Rn. 108 ff., 118 ff.). Das gilt (für die Polizeibehörden) auch dann, wenn der (nicht erreichbaren) Ordnungsbehörde an sich eine spezialgesetzlich geregelte Befugnis zur Verfügung steht (Rn. 175). In diesen Fällen ist allerdings der Befugnisrahmen der Spezialnorm zu beachten; der Rückgriff auf § 11 HSOG schafft keine erweiterten Befugnisse.

428 Daneben kann sich eine Zuständigkeit der **Ordnungsbehörde** für Maßnahmen nach § 11 HSOG auch aus **speziellen Aufgabenzuweisungen** ergeben. Das betrifft namentlich die Fälle, in denen in einer Gefahrenabwehrverordnung zur Durchsetzung ihrer Gebote oder Verbote keine expliziten Ermächtigungsgrundlagen normiert sind, sondern lediglich die Ordnungsbehörde mit der Aufgabe zur „Durchführung“ der Verordnung betraut ist. Dann kann nicht nur auf § 11 HSOG zurückgegriffen werden, sondern dann gilt dafür auch die eigenständige Zuständigkeitsregel der Rechtsverordnung.[302]

Bsp.: Eine generelle Untersagung der Hundehaltung kann auf § 11 HSOG gestützt werden, wenn die konkrete Gefahr besteht, dass beim Halten und Führen von Hunden durch eine Person gegen das Gebot des § 1 Abs. 1 S. 1 HundeVO verstoßen wird, wonach Hunde so zu halten und zu führen sind, dass von ihnen keine Gefahr für Leben oder Gesundheit von Menschen oder Tieren ausgeht. Aus § 16 Abs. 1 HundeVO ergibt sich insofern eine umfassende Aufgabenzuweisung an die Bürgermeister als örtliche Ordnungsbehörden.[303]

III. Tatbestandsvoraussetzungen

429 Tatbestandlich setzt § 11 HSOG eine „im einzelnen Falle“ bestehende Gefahr für die **„öffentliche Sicherheit oder Ordnung“** voraus. Diese Schutzgüter, an deren Bedrohung die Generalklausel die Maßnahmebefugnis knüpft, nehmen damit die Gesamtheit der Rechtsgüter auf, auf die die überkommene Aufgabe der Gefahrenabwehr im Begriff der inneren Sicherheit ausgerichtet ist (Rn. 248 ff., 270 ff.).

430 Zugleich definiert die Generalklausel den polizeilichen Schlüsselbegriff der „Gefahr“ als **konkrete Gefahr** (Rn. 288 ff.) und normiert dadurch nicht nur für die eigene Handlungsermächtigung, sondern mit Wirkung für alle weiteren Befugnisnormen gleichermaßen den Schutzgrund wie die klassische Eingriffsschwelle für die behördliche Gefahrenabwehrtätigkeit.

---

[302] *Fischer/Leggereit/Sommer*, Kap. J Rn. 102 ff.; *Mühl/Fischer*, in: BeckOK, § 11 HSOG Rn. 19.

[303] HessVGH, LKRZ 2009, 377 f.

Der Funktion als Generalklausel entsprechend enthält § 11 HSOG **keine eigene Adressatenregelung.** Auf sie gestützte Maßnahmen sind daher nach den allgemeinen Regeln an die nach §§ 6 oder 7 HSOG (Schutz-)**Verantwortlichen** zu richten, ausnahmsweise unter den Voraussetzungen des § 9 HSOG auch an den **Nichtverantwortlichen** (Rn. 348 ff.). Im Zusammenspiel mit § 8 Abs. 1 HSOG kann die Generalklausel zudem Grundlage für eine **unmittelbare Ausführung** sein (Rn. 378 ff.). 431

IV. Rechtsfolgen

Auf der Rechtsfolgenseite benennt § 11 HSOG – wiederum ihrer Funktion als Generalklausel entsprechend – keine spezielle(n) Maßnahme(n), die zur Gefahrenabwehr ergriffen werden können, sondern überlässt die Art und den Inhalt der Maßnahme den zuständigen Behörden. Von seinem Begriff der „Maßnahme“ ist **jegliche gefahrenabwehrrechtliche Tätigkeit** umfasst. 432

Ihrer Rechtsform nach kann es sich dabei zum einen um Rechtsakte in Form von **Verwaltungsakten** (Einzelverfügungen, Allgemeinverfügungen) handeln. Allgemeinverfügungen, bei denen der Adressatenkreis nur nach allgemeinen Merkmalen bestimmt oder bestimmbar ist, können wegen des Grundsatzes der Verhältnismäßigkeit aber nur erlassen werden, wenn polizeiliche Einzelverfügungen nicht hinreichen, um die konkrete Gefahr abwehren zu können.[304] Zum anderen können ebenso **Realakte** auf § 11 HSOG gestützt werden (zur Abgrenzung Rn. 215 ff.). Im Gegensatz zu Verwaltungsakten sind sie nicht unmittelbar auf die Herbeiführung eines rechtlichen, sondern eines tatsächlichen Erfolgs gerichtet. Daher liegt es vor allem bei Realhandlungen der Polizei nahe, besonders danach zu fragen, ob dafür überhaupt der § 11 HSOG als Grundlage herangezogen werden muss oder ob die Tätigkeit mangels Grundrechtserheblichkeit schon aufgrund der allgemeinen Aufgabenzuweisung in § 1 HSOG gerechtfertigt ist (z.B. reine Wissenserklärungen oder Streifenfahrten der Polizei einerseits, konkrete Produktwarnungen oder Gefährderanschreiben andererseits). 433

Zwar können auch **öffentlich-rechtliche Verträge** insbesondere anstelle eines Verwaltungsakts (§ 54 S. 2 HVwVfG) als Maßnahme der Gefahrenabwehr dienen, doch kommt das außerhalb spezialgesetzlicher geregelter Bereiche (wie z.B. im Bau- oder Bodensanierungsrecht) in der Praxis kaum vor. Auch soweit Erlaubniserteilungen oder deren Widerruf bzw. Rücknahme zum Zwecke der Gefahrenabwehr erfolgen, beruhen sie zumeist auf spezialgesetzlichen Grundlagen.[305] Schließlich sind auch **Vollstreckungsmaßnahmen** und **Gefahrenabwehrverordnungen** keine Maßnahmen im Sinne des § 11 HSOG, sondern eigenständig geregelte Handlungsweisen der Gefahrenabwehr- und/oder Polizeibehörden (HessVwVG bzw. §§ 47 ff. HSOG sowie §§ 71 ff. HSOG). 434

Mit der Formulierung, die Behörden „können“ die „erforderlichen“ Maßnahmen treffen, nimmt § 11 HSOG zum einen Bezug auf das in § 5 HSOG allgemein festgeschriebene **Opportunitätsprinzip**, zum anderen auf den **Grundsatz der Verhältnismäßigkeit** in § 4 HSOG. 435

Nach § 4 HSOG haben die Behörden ihre Maßnahmen nach **pflichtgemäßem Ermessen** zu treffen. Die Generalklausel eröffnet damit ein **Entschließungsermessen** und ein **Auswahlermessen** hinsichtlich der Mittel und (bei Störermehrheit) der Adressaten bzw. Pflichtigen der Gefahrenabwehr. Die Ausübung des Ermessens ist aber am Zweck der Ermächtigung zu orientieren und darf allein **sachliche Erwägungen** zugrunde legen, wozu aber namentlich Gesichtspunkte der **effektiven Gefahrenabwehr** zählen. Unter Um- 436

[304] BaWüVGH, NVwZ 2003, 115 (116); *Hornmann*, § 11 Rn. 51.
[305] Vgl. *Mühl/Fischer*, in: BeckOK, § 11 HSOG Rn. 24.

ständen, insbesondere bei Gefahren für hochwertige Rechtsgüter, kann das Ermessen allerdings eingeschränkt oder gar **auf Null reduziert** sein und eine entsprechende Pflicht der Behörden, gegen die Gefahr einzuschreiten, sowie einen Anspruch des Bürgers auf Einschreiten nach sich ziehen.

437 Die Maßnahme ist immer dann **erforderlich** im Sinne des § 11 HSOG, wenn sie im Sinne des § 4 HSOG **verhältnismäßig** ist. Dem Gebot der Erforderlichkeit kommt also keine eigenständige Bedeutung zu, es ist insbesondere nicht beschränkt auf das „Gebot des geringsten Mittels" gemäß § 4 Abs. 1 HSOG, das im Rahmen der Verhältnismäßigkeitsprüfung zu prüfen ist.

B. Standardbefugnisse polizeilichen Handelns

I. Allgemeines

438 Als polizeiliche Standardmaßnahmen werden jene Maßnahmen bezeichnet, zu denen die Polizei- und Gefahrenabwehrbehörden durch spezielle Befugnisnormen innerhalb des HSOG ermächtigt werden. Sie finden sich in den §§ 12 ff. HSOG. Ebenso wie spezialgesetzliche Ermächtigungen außerhalb des HSOG sind sie **stets vorrangig anzuwenden**. Ein Rückgriff auf die allgemeine Befugnisnorm des § 11 HSOG kommt nur soweit in Betracht, wie nicht die spezielle Befugnisnorm das polizeiliche Handeln abschließend regelt (Rn. 422 ff.).

439 Unter den speziellen Handlungsbefugnissen des HSOG kann zwischen den „klassischen" („**aktionellen**") Standardbefugnissen zur Gefahrenbeseitigung nach §§ 31 ff. HSOG und den („**informationellen**") Standardbefugnissen der Datenerhebung und -verarbeitung zur Gefahrenaufklärung nach §§ 12 ff. HSOG unterschieden werden.[306] Auch nach der Rechtsform lassen sich die Standardbefugnisse danach unterscheiden, ob sie zum Erlass von Verwaltungsakten (**Anordnungsbefugnisse**) oder zur Vornahme von Realakten (**Ausführungsbefugnisse**) ermächtigen (Rn. 219 ff.).[307] Die nachfolgende (Kurz-)Darstellung benennt die jeweiligen tatbestandlichen Voraussetzungen, die möglichen Rechtsfolgen und den oder die richtigen Adressaten der Maßnahmen.[308]

II. Platzverweis, Wohnungsverweisung, Aufenthaltsverbot, Kontaktverbote

440 § 31 HSOG räumt den Gefahrenabwehr- und Polizeibehörden drei Spezialbefugnisse ein: die **Platzverweisung** und das Platzbetretungsverbot nach § 31 Abs. 1 HSOG, die besondere **Wohnungsverweisung** und das Wohnungsbetretungsverbot nach § 31 Abs. 2 S. 1 und 2 HSOG sowie das **Aufenthaltsverbot** nach § 31 Abs. 3 S. 1 HSOG. Durch diese behördlichen Maßnahmen in Form von Verwaltungsakten[309] wird einer Person aufgegeben, einen bestimmten Ort zu verlassen und/oder nicht (mehr) zu betreten. Neben diesem **spezifischen Ortsbezug** ist den Maßnahmen gemeinsam, dass sie nur **zeitlich befristet** angeordnet werden dürfen.[310] Unter den Voraussetzungen der Wohnungsverweisung oder des Aufenthaltsverbots kann auch der Kontakt mit bestimmten Personen oder mit Personen einer bestimmten Gruppe untersagt werden (§ 31 Abs. 2 S. 2, Abs. 3

---

[306] *Möstl*, in: BeckOK, Systematische und begriffliche Vorbemerkungen zum Polizeirecht in Deutschland, Rn. 92, 102; *Kingreen/Poscher*, § 11 Rn. 6 ff.

[307] *Kingreen/Poscher*, § 11 Rn. 10 ff.; *Wehr*, Rn. 283 ff.

[308] Vgl. die entsprechende Gliederung im BeckOK, §§ 12 ff. HSOG.

[309] *Fredrich*, § 31 Rn. 7.

[310] Zur Abgrenzung der verschiedenen Verweisungsmaßnahmen *Bösch*, Jura 2009, 650 ff.

S. 2 HSOG); derartige **Kontaktverbote** können daher nicht mehr auf § 11 HSOG gestützt werden.[311]

Der **Platzverweis** („Wegweisung") und das Platzbetretungsverbot nach § 31 Abs. 1 S. 1 HSOG berühren zumal die Grundrechte aus Art. 2 Abs. 2 S. 2 und 104 GG (im Einzelnen str.[312]), als freiheitsbeschränkende (nicht freiheitsentziehende) Maßnahmen jedoch nicht allzu tiefgreifend. Im Tatbestand setzen sie eine **konkrete Gefahr** für die öffentliche Sicherheit oder Ordnung voraus. Beispiele sind Explosionsgefahren, Bombendrohungen, Verkehrsunfälle, Naturkatastrophen, Schlägereien oder auch das aggressive Betteln oder Anpöbeln von Passanten auf der Straße, der illegale Drogenkonsum und -handel in der „offenen Drogenszene" oder die unfreiwilllige Obdachlosigkeit.[313] Zu beachten ist allerdings, dass die bloße („freiwilllige") Obdachlosigkeit und das bloße Betteln in der Öffentlichkeit, auch der bloße Alkoholkonsum, noch keine Gefahr für die öffentliche Sicherheit oder Ordnung darstellen.[314] Auch zur Sicherung von Amtshandlungen, die zur Gefahrenabwehr erfolgen (wie z.B. einer Identitätsfeststellung) können Örtlichkeiten abgesperrt, Personen von dort verwiesen und am (Wieder-)Betreten gehindert werden. Das gilt insbesondere im Fall der Behinderung von Feuerwehreinsätzen oder anderer Hilfs- oder Rettungsmaßnahmen, etwa durch Schaulustige (§ 31 Abs. 1 S. 2 HSOG). 441

Steht die Behinderung von Amtshandlungen hingegen im Kontext der **Strafverfolgung** oder der Verfolgung von Ordnungswidrigkeiten, kann eine Platzverweisung (als Minus) auf § 164 StPO gestützt werden.[315] Im Falle von **Versammlungen** ist die Polizeifestigkeit des Versammlungsrechts zu beachten (§ 3 Abs. 1 S. 2, 3 HSOG; Rn. 174): Hier kommen Platzverweisungen grundsätzlich erst nach Auflösung der Versammlung oder einem Ausschluss aus der Versammlung in Betracht. 442

Die gesetzliche Rechtsfolge ist auf die **vorübergehende** Wegweisung von einem **bestimmten Ort** bzw. das Verbot, diesen zu betreten, beschränkt. Die Verweisung **an** einen bestimmten Ort oder in eine bestimmte Richtung ist davon nicht umfasst, kann sich aber unter Umständen als ein zweckmäßiger Annex erweisen.[316] 443

Unter „vorübergehend" sind nur **kurzzeitig andauernde** Maßnahmen zu verstehen. Der konkret zulässige Zeitraum lässt sich nur nach den Umständen des Einzelfalls und den Anforderungen des Verhältnismäßigkeitsgrundsatzes bemessen. Überwiegend wird jedoch von einem verfügbaren Zeitrahmen von nur wenigen Stunden bis zu ein paar Tagen, allerhöchstens von zwei Wochen ausgegangen.[317] Längerfristige (wochen-, monatelange) Platzverbote können allein unter den Voraussetzungen für Aufenthaltsverbote nach § 31 Abs. 3 HSOG ausgesprochen werden; ein Rückgriff auf § 11 HSOG ist hier ebenso ausgeschlossen wie für dauerhafte („immerwährende") Platzverbote.[318] 444

Gesetzlich unbestimmt ist auch der Begriff des Ortes. Jedenfalls fallen darunter eher eng **begrenzte Örtlichkeiten**, sei es unter freiem Himmel oder in geschlossenen Räumen (Platz, Straße, Grundstücke, Gebäude oder Teile davon).[319] Umstritten ist, ob sich die 445

---

311 *Fredrich*, § 31 Rn. 9.
312 Vgl. *Schoch*, Rn. 537.
313 Weitere Beispiele bei *Kingreen/Poscher*, § 15 Rn. 2.
314 VG Göttingen, NVwZ-RR 1999, 169 f.; BaWüVGH, NVwZ-RR 1998, 428; *Leggereit*, in: BeckOK, § 31 HSOG Rn. 10 f.
315 *Fredrich*, § 31 Rn. 6; *Fischer/Leggereit/Sommer*, Kap. K Rn. 98.
316 *Leggereit*, in: BeckOK, § 31 HSOG Rn. 14.
317 *Leggereit*, in: BeckOK, § 31 HSOG Rn. 16.
318 HessVGH, NVwZ 2003, 1400 (1401).
319 *Fredrich*, § 31 Rn. 3.

räumliche Ausdehnung des Platzverbots bis maximal auf bestimmte Teile von Gemeindegebieten im Sinne des § 31 Abs. 3 HSOG, nicht hingegen (z.B. bei Überschwemmungen, Giftgaswolken, Flächenbrände) auf ein gesamtes Gemeindegebiet oder gar darüber hinaus erstrecken darf. Indessen erscheint es vom Wortlaut der Norm durchaus gedeckt, die im Einzelfall zulässige Reichweite der Maßnahme danach zu bestimmen, was nach dem Grundsatz der Verhältnismäßigkeit, und das heißt vor allem, was im Hinblick auf die Ausdehnung der Gefahr geeignet und erforderlich ist.[320]

446 Bei der in § 31 Abs. 2 S. 1 HSOG gesondert normierten **Wohnungsverweisung** handelt es sich um eine Befugnis, die zu einem erheblichen Eingriff in das Recht auf die Unverletzlichkeit der (Privat-)Wohnung nach Art. 13 Abs. 1 GG, unter Umständen auch der Rechte aus Art. 6 Abs. 1 und Art. 14 Abs. 1 GG ermächtigt (im Einzelnen str.). Sie ist daher nur unter der erhöhten Anforderung zulässig, dass von der Person, gegen die sich die Verweisung richtet, eine **gegenwärtige Gefahr für Leib, Leben oder Freiheit** von Bewohnern derselben Wohnung ausgeht. Unter den gleichen Voraussetzungen können auch ein **Wohnungsbetretungsverbot** sowie ein **Kontaktverbot** angeordnet werden (§ 31 Abs. 2 S. 2 HSOG). Beide Befugnisse dienen – im Vorfeld einer zivilgerichtlichen Entscheidung nach dem Gewaltschutzgesetz – der Unterbindung häuslicher Gewalt und erfüllen damit gegenüber dem gefährdeten Mitbewohner grundrechtliche Schutzpflichten aus Art. 2 Abs. 2 GG.

447 Flankierend können **weitere Maßnahmen** ergriffen werden, die diesen auch außerhalb der Wohnung vor dem Gefährder schützen, so z.B. ein auf § 31 Abs. 1 S. 1 HSOG gestütztes Verbot, bestimmte andere Orte (Arbeitsplatz, Kindergarten) aufzusuchen bzw. diese zu betreten, oder ein Verbot, sich der gefährdeten Person zu nähern. Ein solches **Annäherungsverbot** kann nach wie vor auf der Grundlage des § 11 HSOG angeordnet werden.[321]

448 Der in der Praxis nicht seltene Fall, dass der Mitbewohner mit seiner Gefährdung und dem Verbleib des Gefährders in der gemeinsamen Wohnung einverstanden ist, wirft die Frage auf, ob ein solcher **Verzicht auf polizeilichen Schutz** das Vorliegen einer Gefahr im Sinne des § 31 Abs. 2 HSOG entfallen lässt und damit ein Einschreiten der zuständigen Behörden ausschließt. Insoweit kommt es auf das Gewicht an, das dem Selbstbestimmungsrecht und der allgemeinen Handlungsfreiheit des Opfers aus Art. 2 Abs. 1 GG und ggf. Art. 6 Abs. 1 GG zuzuerkennen ist. Beide Gewährleistungen schließen ein Recht zur Selbstgefährdung ein. Hinter dieses tritt der staatliche Schutzauftrag für Leib, Leben und Freiheit grundsätzlich zurück. Doch gilt das allemal dann nicht, wenn das Leben des Opfers in akuter Gefahr steht (arg. e § 216 StGB). Im Übrigen muss das Einverständnis mit der Gefährdung auf einem eigenen und freien Willensentschluss beruhen. In der Entscheidungssituation vor Ort steht aber genau das regelmäßig in Zweifel, sei es weil (auch) Minderjährige betroffen sind oder sei es, weil aus Gründen wirtschaftlicher Abhängigkeit oder aus Furcht vor Repressalien durch den Angreifer die eigene Gefährdung abgestritten wird. Ist in einer solchen Lage die Freiwilligkeit des Willensentschlusses nicht mit hinreichender Sicherheit feststellbar, liegt die von § 31 Abs. 2 HSOG geforderte Gefahrenlage zumindest in Form der Anscheinsgefahr vor, die die zuständigen Behörden zum Einschreiten ermächtigt.[322]

449 Wohnungsverweisung und -betretungsverbot können allerdings **nur für kurze Dauer** verfügt werden, im Grundsatz für höchstens bis zu vierzehn Tage, bei Verlängerung für maximal bis zu 28 Tage (§ 31 Abs. 2 S. 3, 4 HSOG). In Bezug auf die konkrete Dauer

---

[320] Dazu *Kingreen/Poscher*, § 15 Rn. 1; *Leggereit*, in: BeckOK, § 31 HSOG Rn. 15 f.

[321] Vgl. HessVGH, LKRZ 2012, 21; *Leggereit*, in: BeckOK, § 31 HSOG Rn. 5.

[322] Siehe zum Ganzen *Leggereit*, in: BeckOK, § 31 HSOG Rn. 25; *Guckelberger*, JA 2011, 1 ff.

wie auch im Übrigen bleibt zu beachten, dass die Maßnahme nur solange zulässig ist, wie sie im Sinne des Verhältnismäßigkeitsgebots **erforderlich** ist.

Die Befugnis zu einem nicht nur vorübergehenden, sondern längerfristigen **Aufenthaltsverbot** in einem bestimmten örtlichen Bereich (als Betretungsverbot oder als Wegweisungsgebot) enthält erst die Spezialregelung des § 31 Abs. 3 HSOG. Insoweit ist nach allgemeiner Ansicht das Recht auf Freizügigkeit nach Art. 11 Abs. 1 GG tangiert.[323] Die Maßnahme muss daher der Verhütung von Straftaten dienen (Art. 11 Abs. 2 GG, § 1 Abs. 4 HSOG). Beispiele sind die vorbeugende Bekämpfung offener Drogenszenen, der Prostitution in Sperrbezirken (§ 297 EGStGB), von gewalttätigen Ausschreitungen (z.B. bei Chaos-Tagen, Open-Air-Konzerten, Castor-Transporten, Fußballspielen) oder auch des sog. Hütchenspiels.[324] Voraussetzung ist, dass im konkreten Fall **Tatsachen** vorliegen, **die die Annahme rechtfertigen**, dass eine Person in diesem örtlichen Bereich innerhalb einer Gemeinde eine **Straftat** begehen wird. Es muss also die Faktenlage vor Ort unter Einbeziehung polizeilichen Erfahrungswissens den Schluss zulassen, dass es dort mit einer gewissen Wahrscheinlichkeit zu der befürchteten Straftat durch die konkrete Person kommen kann (s. Rn. 345).[325] 450

Zur Abwehr **anderer Gefahren** für die öffentliche Sicherheit oder Ordnung darf das Aufenthaltsverbot **nicht** eingesetzt werden. Ein generelles (als Allgemeinverfügung erlassenes) Verbot von Menschenansammlungen, die sich zu einer bestimmten Zeit an einem bestimmten Ort einfinden, kann daher nicht auf § 31 Abs. 3 HSOG gestützt werden.[326] Auch ist wiederum der Vorrang des spezielleren **Versammlungsrechts** (§ 3 Abs. 1 S. 2, 3 HSOG) zu beachten, sofern etwa die Teilnahme an einer Versammlung untersagt werden soll; das wird in § 31 Abs. 3 S. 5 HSOG nochmals klargestellt. 451

Das Aufenthaltsverbot ist **örtlich und zeitlich** auf den zur Verhütung der Straftat **erforderlichen** Umfang zu beschränken (§ 31 Abs. 3 S. 3 HSOG) und muss insoweit **hinreichend bestimmt** sein (§ 37 Abs. 1 HVwVfG). In örtlicher Hinsicht darf sich das Verbot nur auf bestimmte **Gebiete innerhalb einer Gemeinde**, nicht auf das gesamte Gemeindegebiet erstrecken.[327] Es darf die Dauer von **drei Monaten** nicht überschreiten (§ 31 Abs. 3 S. 4 HSOG). Ist die betroffene Person auf das Betreten des im Aufenthaltsverbot genannten Bereichs dringend angewiesen, etwa weil sie dort ihre Wohnung oder ihren Arbeitsplatz hat, scheidet ein Aufenthaltsverbot von vornherein aus (§ 31 Abs. 3 S. 1 Hs. 2 HSOG). 452

Den **richtigen Adressaten**, gegen den die Maßnahmen des § 31 HSOG angeordnet werden können, benennt die Norm **zum Teil spezialgesetzlich**. Lediglich für die Platzverweisung nach § 31 Abs. 1 S. 1 HSOG bestimmt sich der Pflichtige nach den allgemeinen (Störer-)Regeln der §§ 6, 7 und 9 HSOG. Aber schon im Fall des § 31 Abs. 1 S. 2 HSOG gilt etwas anderes; hier ist allein der Verursacher der Behinderung der polizeirechtlich Verantwortliche. Auch in den Fällen der Wohnungsverweisung (§ 31 Abs. 2 HSOG) und des Aufenthaltsverbots (§ 31 Abs. 3 HSOG) ist richtiger Adressat immer nur diejenige Person, von der die Gefahr (Beeinträchtigung von Mitbewohnern 453

---

[323] *Kingreen/Poscher*, § 15 Rn. 4.

[324] HessVGH, NVwZ 2003, 1400 ff. (zu § 31 HSOG a.F.); dazu auch *v. Hippel/Rehborn* JA 2013, 845 ff.

[325] Zu den Anforderungen an die Prognose HessVGH, Urt. v. 01.02.2017, Az: 8 A 2105/14.Z; BaWüVGH, NVwZ 2017, 873 f.

[326] HessVGH, LKRZ 2014, 289 ff. Auch ein Rückgriff auf § 31 Abs. 1 oder auf § 11 HSOG ist in diesem Fall ausgeschlossen.

[327] *Fredrich*, § 31 Rn. 13.

bzw. Begehung einer Straftat) konkret ausgeht.[328] Eine Prüfung der §§ 6 ff. HSOG entfällt insoweit.

454 **Weigert** sich die adressierte Person, den Anordnungen nach § 31 HSOG Folge zu leisten, kann sie, sofern dies unerlässlich ist, nach § 32 Abs. 1 Nr. 3 HSOG (für bis zu zwei Tage, § 35 Abs. 1 Nr. 4 HSOG) **in Gewahrsam** genommen werden. Dabei handelt es sich nicht um die Anwendung von Verwaltungszwang im Sinne der §§ 47 ff. HSOG, sondern um eine eigenständige Standardmaßnahme.[329]

455 **Fall – Innenstadtverbot für Fußballfans:**[330] Der Magistrat der Stadt Darmstadt erließ am 21.4.2016 die für sofort vollziehbar erklärte Allgemeinverfügung „Fußballbundesligaspiel zwischen dem SV Darmstadt 98 und der SG Eintracht Frankfurt am 30.4.2016 in Darmstadt", mit der für Anhänger/Fans von Eintracht Frankfurt a. M. (erkennbar durch Fanbekleidung, Skandierung von Parolen und sonstigem Auftreten) in der Zeit vom 29.4.2016, 19 Uhr, bis 1.5.2016, 7 Uhr, der Aufenthalt großräumig in einem näher bezeichneten Bereich des Stadtgebiets untersagt wurde. Die Allgemeinverfügung wurde in regionalen Tageszeitungen veröffentlicht. Gestützt wurde die Maßnahme auf die Generalklausel des § 11 HSOG. War das Aufenthaltsverbot rechtmäßig?

I. Ermächtigungsgrundlage

Als Ermächtigungsgrundlage wurde § 11 HSOG angegeben. Der Rückgriff auf die polizeiliche Generalklausel könnte aber gesperrt sein. In **§ 31 Abs. 3 HSOG** ist das Aufenthaltsverbot als Maßnahme der Gefahrenabwehr abschließend geregelt. Da hier ein Aufenthaltsverbot erlassen wurde, tritt die Generalklausel des § 11 HSOG im Wege der Subsidiarität zurück.

II. Formelle Rechtmäßigkeit

Das Innenstadtverbot müsste formell rechtmäßig zustande gekommen sein.

1. Es müsste die **zuständige Behörde** gehandelt haben. Nach § 31 Abs. 3 HSOG sind die Gefahrenabwehr- und Polizeibehörden zuständig, soweit kein Eilfall nach § 2 S. 1 HSOG vorliegt. Ein solcher ist nicht erkennbar, der Zeitpunkt des Bundesligaspiels war im Vorhinein bekannt. Daher sind die allgemeinen Verwaltungsbehörden i.S.d. § 82 Abs. 1 HSOG zuständig, hier der Magistrat der Stadt Darmstadt nach §§ 66 Abs. 1 S. 1, 9 Abs. 2 S. 2 HGO.

2. Vor Erlass eines belastenden Verwaltungsakts ist der Adressat grundsätzlich **anzuhören,** § 28 Abs. 1 HVwVfG. Eine Anhörung der betroffenen Frankfurter Fans fand nicht statt. Bei dem Innenstadtverbot handelt es sich um eine personenbezogene Allgemeinverfügung gem. § 35 S. 2 Alt. 1 HVwVfG, die sich an einen nach allgemeinen Merkmalen bestimmten oder bestimmbaren Adressatenkreis richtet, bei der gem. § 28 Abs. 2 Nr. 4 HVwVfG von einer Anhörung abgesehen werden kann.

3. Das Aufenthaltsverbot müsste auch i.S.d. § 41 HVwVfG ordnungsgemäß **bekannt gegeben** worden sein. Nach § 41 Abs. 2 HVwVfG darf eine Allgemeinverfügung öffentlich bekannt gemacht werden, wenn die Bekanntgabe an die Beteiligten untunlich ist. Hier sind zahlreiche Eintracht-Fans betroffen, deren Namen und Anschrift nicht bekannt sind. Die öffentliche Bekanntmachung des Innenstadtverbots erfolgte über die Veröffentlichung in regionalen Zeitungen und bedarf gem. § 39 Abs. 2 Nr. 5 HVwVfG keiner Begründung.

---

[328] HessVGH, Beschl. v. 01.02.2017, Az. 8 A 2105/14.Z.

[329] *Fredrich*, § 31 Rn. 4.

[330] Nach VG Darmstadt, NVwZ 2016, 1344 ff.; ausführliche Falllösung von *Löbich/Schuch* JA 2017, 280 ff.; *Froese* JuS 2017, 50 ff.; siehe auch *Benrath*, DVBl. 2017, 868 ff.; *Böhm/Mayer*, DÖV 2017, 325 ff., sowie BaWüVGH, NVwZ 2017, 873 ff.

III. Materielle Rechtmäßigkeit

Das Aufenthaltsverbot müsste darüber hinaus materiell rechtmäßig sein.

1. Nach § 31 Abs. 3 S.1 HSOG kann einer Person vorübergehend das Betreten eines bestimmten örtlichen Bereichs verboten werden, wenn Tatsachen die Annahme rechtfertigen, dass sie dort Straftaten begehen wird.

a) Die **Allgemeinverfügung** richtet sich an alle Anhänger der Eintracht aus Frankfurt, die durch Fanbekleidung, Skandierung von Parolen oder sonstiges Auftreten zu erkennen sind. Das Aufenthaltsverbot richtet sich damit nicht gegen eine Person, sondern mehrere. Ob das Aufenthaltsverbot einer Allgemeinverfügung zugänglich ist, erscheint äußerst zweifelhaft. Das kann jedoch dahinstehen, wenn die weiteren Voraussetzungen nicht erfüllt sind.

b) Es müssten **Tatsachen** vorliegen, die die **Annahme rechtfertigen,** dass es in einem bestimmten örtlichen Bereich zu einer **Straftat** kommen wird. Dafür müssen konkrete Tatsachen vorliegen, welche die Prognose erlauben, dass der Adressat der Verfügung an einem bestimmten Ort mit hinreichender Wahrscheinlichkeit eine Straftat begehen wird. Dies ist jedoch nicht ersichtlich. Auch wenn polizeiliche Erkenntnisse zu gewaltbereiten Problemfans vorliegen, lässt dies nicht den Schluss zu, dass jeder Fan von Eintracht Frankfurt sich diesem Personenkreis zurechnen lässt. Es liegen darüber hinaus auch keine Anhaltspunkte vor, dass alle Eintracht-Fans per se gewaltbereit sind. Daher ist diese Voraussetzung nicht erfüllt.

2. Das Aufenthaltsverbot müsste hinreichend **bestimmt** sein, § 37 Abs. 1 HVwVfG. Voraussetzung einer personenbezogenen Allgemeinverfügung gem. 35 S. 2 Alt. 1 HVwVfG ist, dass sie sich an einen nach allgemeinen Merkmalen bestimmten oder bestimmbaren Adressatenkreis richtet. In der Allgemeinverfügung wird der Adressatenkreis mit Anhänger/Fans von Eintracht Frankfurt (erkennbar durch Fanbekleidung, Skandierung von Parolen und sonstigem Auftreten) beschrieben. Nicht eindeutig erkennbar ist, ob mit der Verfügung alle Eintracht-Fans angesprochen werden und der Zusatz in der Klammer nur ein Hinweis zur Identifizierung solcher Fans darstellt oder ob von vornherein nur solche Anhänger betroffen sein sollen, die in der beschriebenen Form nach außen hin erkennbar sind. Nach der Formulierung ist nicht ausgeschlossen, dass sich alle Eintracht-Fans angesprochen fühlen, auch wenn sie ihre Faneigenschaft nicht äußerlich zur Schau stellen. Das Tragen von Fanbekleidung und das Skandieren von Parolen mögen noch geeignete Kriterien sein, den betroffenen Adressatenkreis der Verfügung hinreichend deutlich abzugrenzen. Was jedoch mit „sonstigem Auftreten" gemeint ist, bleibt unklar. Daher ist der Verwaltungsakt nicht ausreichend bestimmt.

2. Das Aufenthaltsverbot müsste auch **verhältnismäßig** sein gem. § 4 HSOG. Eine Maßnahme ist verhältnismäßig, wenn sie zur Erreichung eines legitimen Ziels geeignet, erforderlich und angemessen ist.

a) Die Verhinderung der Begehung von Straftaten, die anlässlich des Fußballspiels nicht ausgeschlossen sind, stellt einen solchen legitimen Zweck i.S.v. § 31 Abs. 1 S. 1 HSOG dar.

b) Fraglich ist jedoch, ob das Aufenthaltsverbot auch geeignet ist. Dies ist deshalb nicht eindeutig, weil gewaltbereite Fans das Verbot umgehen könnten, indem sie auf das Tragen von Fanbekleidung verzichten und so nicht als Fans erkennbar sind. Darüber hinaus kann das Aufenthaltsverbot zu einer bloßen Verdrängung der Ausschreitungen in das Gebiet außerhalb des Verbotsbereichs führen. Allerdings reicht für die Eignung des Verbots eine Förderung des Zwecks aus. Ein Aufeinandertreffen der Fans beider Mannschaften im Bereich des Stadtgebiets ist am wahrscheinlichsten, sodass das Aufenthaltsgebot nicht ungeeignet ist, dort Auseinandersetzungen zu verhindern.

c) Zweifelhaft ist jedoch die Erforderlichkeit des Aufenthaltsverbots angesichts der Größe des räumlichen Geltungsbereichs. Allein die Unkenntnis der Behörde über die konkreten Aufenthaltsorte der Fans dürfte nicht ausreichend sein für eine Ausdehnung auf einen derart großen Teil des Stadtgebiets. Als milderes Mittel käme hier insbesondere die Begrenzung des

Aufenthaltsverbots auf ein kleineres Gebiet in Darmstadt mit besonderem Bezug zur Gefahr, etwa den Bereich ums Stadion, den Bahnhof oder den Weg zwischen diesen beiden Orten, in Betracht.

d) Im Rahmen der Angemessenheit ist zu berücksichtigen, dass die Betroffenen nicht unerheblich in ihrem Grundrecht auf allgemeine Handlungsfreiheit (Art. 2 Abs. 1 GG) beeinträchtigt werden. Dabei werden Personen mit dem Aufenthaltsverbot belegt, die bisher nicht gewalttätig geworden sind und dies auch nicht werden wollen. Es werden mithin Personen in Anspruch genommen, die keine Verhaltensstörer i.S.d. § 6 HSOG sind. Die Behörden müssten vielmehr durch entsprechende Einzelmaßnahmen gegen solche Fans vorgehen, die tatsächlich auffällig geworden sind.

3. Das Aufenthaltsverbot ist nicht angemessen und damit nicht verhältnismäßig.

Die Allgemeinverfügung ist daher rechtswidrig.

III. Meldeauflage, elektronische Aufenthaltsüberwachung

455a In engem sachlichem Zusammenhang mit dem Aufenthaltsverbot nach § 31 Abs. 3 steht die Befugnis zum Erlass einer **Meldeauflage** nach § 30a HSOG. Beide Maßnahmen werden in der Praxis häufig nebeneinander angeordnet. Deshalb hat die Meldeauflage mittlerweile eine eigenständige Regelung als Standardmaßnahme erfahren; der frühere Rückgriff auf die Befugnisgeneralklausel des § 11 HSOG entfällt damit (s. Rn. 188). Zu beachten ist allerdings, dass sie nur von Polizeibehörden (nicht auch von den Gefahrenabwehrbehörden) verfügt werden kann.

455b Die Maßnahme dient allgemein der **Verhütung von Straftaten**, insbesondere im Zusammenhang mit **Veranstaltungen** aller Art (z.B. Fußballspiel, Großkonzert, Bürgerfest), aber auch zur Unterbindung von häuslichen Gewalttaten oder zur Verhütung terroristischer Straftaten. Wenn Tatsachen die Annahme rechtfertigen, dass eine Person eine Straftat begehen wird, kann sie angewiesen werden, sich an bestimmten Tagen bis zu zweimal bei einer bestimmten Polizeidienststelle zu melden. Die Meldeauflage darf sich grundsätzlich höchstens über einen **Zeitraum** von drei Monaten erstrecken und ist unverzüglich zu beenden, sobald die Voraussetzungen für ihren Erlass nicht mehr vorliegen. Aufgrund richterlicher Anordnung kann sie jedoch um jeweils bis zu drei Monate verlängert werden; eine Höchstdauer sieht das Gesetz nicht vor. In der Meldeverpflichtung liegt zwar keine Freiheitsbeschränkung (Art. 2 Abs. 2 S. 2 GG), wohl aber eine Einschränkung der **allgemeinen Handlungsfreiheit** (Art. 2 Abs. 1 GG), unter Umständen auch des Rechts auf **Freizügigkeit** im Bundesgebiet (Art. 11 GG).[331] Insoweit gilt es, den Grundsatz der Verhältnismäßigkeit besonders zu beachten. Eine Beschränkung der **Versammlungsfreiheit** darf hingegen mit der Meldeauflage nicht verfolgt werden, weil Art. 8 GG nicht in § 10 HSOG als einschränkbares Grundrecht zitiert ist.[332]

455c Spezielle Befugnisse zur **Verhütung von terroristischen Straftaten** (§ 13 Abs. 3 S. 2 HSOG i.V.m. § 129a Abs. 1 und 2 StGB) enthält die Vorschrift des § 31a HSOG. In Abs. 1 ist die **elektronische Aufenthaltsüberwachung** (EAÜ) geregelt, Abs. 2 gibt – unter den Voraussetzungen einer (möglichen, nicht notwendig verfügten) EAÜ – weitergehende Befugnisse für die Anordnung von **Aufenthaltsverboten, Aufenthaltsvorgaben** und **Kontaktverboten.**

---

[331] *Leggereit*, in: BeckOK, § 30a HSOG Rn. 3.

[332] *Fredrich*, § 10 Rn. 15.

Die EAÜ (auch sog. **elektronische Fußfessel**)[333] wird vom Gesetzgeber als eine Spezialvorschrift der Observation verstanden (LT-Drs- 19/5412, S. 56 f.), ist systematisch aber im Kontext von § 31 HSOG verortet, weil sie neben der Datenerhebung und -verarbeitung (§ 31a Abs. 5 HSOG) des Aufenthaltsorts eines potentiellen Straftäters darauf abzielt, diesen von einer terroristischen Straftat abzuhalten (vgl. § 31a Abs. 1 lt. Hs. HSOG), weil er wegen seiner Überwachung befürchten muss, entdeckt zu werden, und die Polizei schnell eingreifen kann, um die Tat zu verhindern.[334] Die Norm ergänzt die entsprechende Befugnis des Bundeskriminalamts in § 56 i.V.m. § 5 BKAG wie auch die vergleichbare Regelung im Rahmen der Führungsaufsicht verurteilter Straftäter nach § 68b Abs. 1 S. 1 Nr. 12 StGB. Die Verpflichtung, eine derartige elektronische Einrichtung ständig in betriebsbereitem Zustand am Körper bei sich zu führen, darf wegen der damit verbundenen Eingriffe in Art. 2 Abs.1 i.V.m. Art. 1 Abs. 1 GG (informationelles Selbstbestimmungsrecht) und Art. 13 Abs. 1 GG nur angeordnet werden, wenn die qualifizierte Prognose nach Maßgabe der Nr. 1 oder der Nr. 2 des § 31a HSOG befürchten lässt, dass die betreffende Person eine terroristische Straftat begehen wird; eine konkrete Gefahr muss aber nicht vorliegen.[335] Doch darf die Maßnahme grundsätzlich nur aufgrund richterlicher Anordnung auf Antrag der Behördenleitung ergehen und ist jeweils auf höchstens drei Monate zu befristen (§ 31a Abs. 3, 4 HSOG). 455d

Im Verbund mit der tatsächlichen Anordnung einer EAÜ, aber auch unabhängig davon, sofern die Voraussetzungen des § 31a Abs. 1 HSOG gegeben sind, können die Polizeibehörden desweiteren nach Maßgabe des § 31a Abs. 2 HSOG **Aufenthaltsvorgaben** und **Kontaktverbote** gegen den potentiellen Täter terroristischer Straftaten verfügen. Nach § 31a Abs. 2 Nr. 1 HSOG kann die Person verpflichtet werden, sich in einem bestimmten Bereich aufzuhalten bzw. diesen nicht eigenhändig zu verlassen. Der Begriff „bestimmter Bereich“ reicht dabei über einen „Ort“ und einen „örtlichen Bereich“ im Sinne des § 31 Abs. 1, 3 HSOG hinaus und ist im Hinblick auf das betroffene Grundrecht der Freizügigkeit (Art. 11 Abs. 1 GG) angemessen weiträumig zu fassen. § 31a Abs. 2 Nr. 2 HSOG gibt zudem die Befugnis, bezogen auf Orte, die Gelegenheit oder Anreiz zu (nicht notwendig terroristischen) Straftaten bieten können, ein spezielles Aufenthaltsverbot zu erlassen. Schließlich kann nach § 31a Abs. 2 Nr. 3 HSOG auch ein spezielles Kontaktverbot angeordnet werden. Alle diese Maßnahmen des § 31a Abs. 2 HSOG sind auf höchstens drei Monate zu befristen, können aber aufgrund richterlicher Anordnung wiederum für jeweils drei Monate verlängert werden, sofern die Anordnungsvoraussetzungen weiterhin vorliegen. 455e

Sämtliche Befugnisse des § 31a HSOG benennen den **richtigen Adressaten** normimmanent; eines Rückgriffs auf §§ 6 ff. HSOG bedarf es insofern also nicht. 455f

Leistet der Pflichtige den aufgrund des § 31a HSOG getroffenen Anordnungen keine Folge, kann er zu deren Durchsetzung (ebenso wie im Fall des § 31 HSOG, Rn. 454) präventiv-polizeilich **in Gewahrsam** genommen werden (§ 32 Abs. 1 Nr. 3 HSOG). Überdies steht ein Zuwiderhandeln nach Maßgabe des § 43b HSOG sogar unter Strafandrohung.[336] 455g

---

[333] Vgl. dazu auch allgemein *Guckelberger*, DVBl. 2017, 1121 ff.

[334] *Leggereit*, in: BeckOK, § 31a HSOG Rn. 2; *Fredrich*, § 31a Rn. 1.

[335] Vgl. dazu BVerfGE 141, 220 (272 f. Rn. 112, 290 f. Rn. 164); auch (zu § 68b Abs. 1 S. 1 Nr. 12 StGB) BVerfGE 156, 63 ff.

[336] Zur dafür gegebenen Landesgesetzgebungskompetenz *Fredrich*, § 43b Rn. 1.

IV. Ingewahrsamnahme

456 Eine Person in Gewahrsam nehmen bedeutet, ihr aus Gründen der Gefahrenabwehr mit hoheitlicher Gewalt die Freiheit derart zu entziehen, dass sie gehindert wird, sich frei fortzubewegen.[337] Eine solche **Freiheitsentziehung** greift in die Grundrechte aus **Art. 2 Abs. 2 S. 2** und **Art. 104 Abs. 2 GG** ein. Dementsprechend hoch sind die tatbestandlichen Voraussetzungen (Eingriffsschwellen). Begibt sich hingegen jemand freiwillig (gleichviel aus welchem Anlass) in polizeiliche Obhut, liegt ein zulässiger **Grundrechtsverzicht** und somit kein Gewahrsam vor.

457 Unerheblich ist der **Ort des Gewahrsams**; er kann in geschlossenen Räumlichkeiten (z.B. Polizeidienststelle, Polizeifahrzeug) oder unter freiem Himmel erfolgen (z.B. Einschließung in einem sog. Polizeikessel, die aber im Kontext von Versammlungen wegen des Vorrangs des Versammlungsrechts erst nach einer Versammlungsauflösung gemäß § 15 Abs. 3 VersG in Betracht kommen kann). Es muss sich allerdings um einen **eng begrenzten** Raum handeln, und die Maßnahme muss auch zielgerichtet das **Festhalten der Person** für eine gewisse Dauer beabsichtigen (Abgrenzung zum kurzen Anhalten und zur bloßen Freiheitsbeschränkung).[338]

458 **Zuständig** sind allein die Polizeibehörden; den Gefahrenabwehrbehörden (allgemeinen Ordnungsbehörden, allgemeinen Verwaltungsbehörden) stehen Befugnisse zur Freiheitsentziehung nicht zu (vgl. auch §§ 18 Abs. 4, § 25 Abs. 1 S. 4 HSOG).

459 § 32 HSOG unterscheidet je nach Zielrichtung bzw. Qualifikation der Gefahrenabwehr **mehrere Tatbestände der Ingewahrsamnahme.** Im Zentrum stehen der Schutz-, der Präventiv- und der Durchsetzungsgewahrsam nach § 32 Abs. 1 Nrn. 1-3 HSOG. Die §§ 33 bis 35 HSOG enthalten allgemeine Regelungen zum Verfahren, zur Behandlung festgehaltener Personen und zur zulässigen Dauer der Freiheitsentziehung.

460 Der sog. **Schutzgewahrsam** nach § 32 Abs. 1 Nr. 1 HSOG ist (vorbehaltlich der Spezialregelungen im HFEG) nur zulässig, wenn dies zum Schutz der in Gewahrsam genommenen Person erforderlich ist, weil für sie eine **Gefahr für Leib oder Leben** besteht. Dabei kommt es nicht darauf an, ob die Gefahr von der Person selbst verursacht ist oder von einem Dritten ausgeht. Es kann allerdings nur die gefährdete Person in Schutzgewahrsam genommen werden, nicht der Dritte; gegen diesen müssen andere Maßnahmen zur Gefahrenabwehr ergriffen werden, nach Maßgabe des Verhältnismäßigkeitsgebots möglicherweise sogar primär.[339] Die gefährdete Person muss sich zwar nicht in einem die **freie Willensbestimmung ausschließenden Zustand** oder sonst in einer **hilflosen Lage** befinden. Wenn jedoch eine solche Lage erkennbar gegeben, d.h. ohne langwierigen Ermittlungsaufwand feststellbar ist, kommt der Schutzgewahrsam nach den **Regelbeispielen** des Halbsatzes 2 „insbesondere" in Betracht. Dies kann z.B. bei Volltrunkenheit, Bewusstlosigkeit, Ohnmacht, einem epileptischen Anfall, schwerem Nervenschock, Geisteskrankheit der Fall sein; oder bei körperlich hilflosen, weil gebrechlichen Personen, alten Menschen oder bedrohten Kindern.[340] Auch der **Selbstmordwillige** befindet sich nach h.M. in einem psychischen Ausnahmezustand, der seine Fähigkeit zu freier Willensbestimmung ausschließt.[341]

---

[337] Zum Begriff eingehend *Leggereit,* in: BeckOK, § 32 HSOG Rn. 2 ff.

[338] Vgl. *Leggereit,* in: BeckOK, § 32 HSOG Rn. 7; *Würtenberger/Heckmann/ Tanneberger,* § 5 Rn. 188.

[339] *Fischer/Leggereit/Sommer,* Kap. K Rn. 120; *Fredrich,* § 32 Rn. 6.

[340] *Fredrich,* § 32 Rn. 7, 9.

[341] *Fischer/Leggereit/Sommer,* Kap. K Rn. 123; *Leggereit,* in: BeckOK, § 32 HSOG Rn. 13; *Fredrich,* § 32 Rn. 8; *Kingreen/Poscher,* § 7 Rn. 27 ff.; *Kramer,* Rn. 215.

Für den sog. **Präventivgewahrsam** (Sicherheits-, Unterbindungsgewahrsam) verlangt § 32 Abs. 1 Nr. 2 HSOG, dass er **unerlässlich** ist, um eine **unmittelbar bevorstehende** Begehung oder Fortsetzung einer **Straftat** oder einer **Ordnungswidrigkeit mit erheblicher Bedeutung für die Allgemeinheit** zu verhindern. Während es sich bei der Straftat nicht notwendig um eine schwere handeln muss, genügen bloß geringfügige Ordnungswidrigkeiten im Sinne des § 56 Abs. 1 OWiG nicht; jedoch kommen insoweit zumal Tatbestände aus dem Versammlungs- oder dem Umweltrecht in Betracht.[342] Praktische Relevanz erlangt die Befugnis vor allem bei der Verhinderung von Ausschreitungen durch gewaltbereite Fußballfans (Hooligans),[343] von politisch motivierten Blockadeaktionen, von Chaos-Tagen u.ä. Dabei ist zu beachten, dass allein die Zugehörigkeit zu einer Gruppe (z.B. zur „Ultra-Szene") nicht genügt, um die erforderliche Gefahrenprognose zu begründen; ein Gewahrsam gegen jedes Gruppenmitglied kann nur in Betracht kommen, wenn es konkrete Anhaltspunkte für einen kollektiven Vorsatz zur (unmittelbar bevorstehenden) Begehung einer Straftat gibt.[344] 461

Auf Schuldfähigkeit oder Verschulden der betreffenden (Täter-)Person kommt es nicht an.[345] Doch muss die Begehung der Straftat oder Ordnungswidrigkeit im Sinne einer „gegenwärtigen Gefahr" entweder **schon begonnen** haben (und fortdauern) oder in **allernächster Zukunft mit großer Wahrscheinlichkeit zu erwarten** sein; bloße Vermutungen oder vage Anhaltspunkte reichen nicht aus.[346] 462

Die Voraussetzung der **Unerlässlichkeit** betont die strikte Wahrung des Verhältnismäßigkeitsgrundsatzes: Die Gefahrenabwehr darf ausschließlich auf diese Weise möglich sein, weniger beeinträchtigende Maßnahmen dürfen von vornherein nicht in Betracht kommen.[347] 463

Auch der sog. **Durchsetzungsgewahrsam** nach § 32 Abs. 1 Nr. 3 HSOG muss in dem vorgenannten Sinne **unerlässlich** sein, hier allerdings für die Durchsetzung zuvor verfügter und rechtmäßiger, jedoch nicht befolgter Maßnahmen nach § 31 oder § 31a HSOG. Hierbei handelt es sich nicht um eine Zwangsmaßnahme nach den §§ 47 ff. HSOG, sondern um eine eigenständige Standardbefugnis. Das schließt freilich die zwangsweise Durchsetzung der ursprünglichen Maßnahme, z.B. einer Platzverweisung (als unter Umständen milderes Mittel) nicht aus, ebenso wenig wie die Zwangsmittelanwendung zur Durchsetzung der Ingewahrsamnahme. 464

§ 32 Abs. 1 Nr. 4 HSOG ermöglicht sodann den Gewahrsam zum Schutz privater Rechte unter den Voraussetzungen der Selbsthilfe nach §§ 229, 230 Abs. 3 BGB (**Vorführungsgewahrsam**); die Befugnis ist allerdings wegen der Subsidiarität des Polizeihandelns nach § 1 Abs. 3 HSOG wenig praxisrelevant.[348] Durch § 32 Abs. 2 HSOG wird ferner der **Zuführungsgewahrsam** von Minderjährigen, die sich der Obhut der Sorgeberechtigten entzogen haben, eröffnet, und schließlich können nach § 32 Abs. 3 HSOG 465

---

[342] *Fischer/Leggereit/Sommer*, Kap. K Rn. 127.

[343] Anlässlich eines solchen Falles (in Hessen) hat der EGMR die konventionsrechtliche Konformität des Präventivgewahrsams mit Art. 5 Abs. 1 lit. b, c EMRK geprüft und bejaht, EGMR, Nr. 15598/08 – *v. Ostendorf/Deutschland*, NVwZ 2014, 43 ff.; s. Rn. 469.

[344] OLG Braunschweig, NVwZ 2018, 1742 ff.

[345] *Fredrich*, § 32 Rn. 14.

[346] *Hornmann*, § 32 Rn. 28, § 9 Rn. 8; im Einzelnen ist hier vieles umstr., vgl. *Leggereit*, in: BeckOK, § 32 HSOG Rn. 20 m.w.N.

[347] BVerwG, NJW 1974, 807 (808); VG Frankfurt, NVwZ-RR 1997, 623 (624); *Fischer/Leggereit/Sommer*, Kap. K Rn. 126.

[348] Zum (subsidiären) Schutz privater Rechte im Polizeirecht s. Rn. 277 sowie *Schoch*, Jura 2013, 468 ff.

aus Justizvollzugsanstalten entflohene Personen in Gewahrsam genommen und zurückgebracht werden (**Gewahrsam Entwichener**).

466 Umstritten ist die Zulässigkeit eines sog. **Verbringungsgewahrsams.**[349] Dabei wird eine platzverwiesene Person von einem bestimmten Ort entfernt und (etwa mit dem Dienstfahrzeug) an einen anderen, oft abgelegenen Ort verbracht, um sie infolge der geschaffenen räumlichen Distanz an störenden Handlungen zu hindern oder von einem gefahrenträchtigen Ort fernzuhalten. In der Praxis wird diese Maßnahme z. B. gegen Drogendealer, Randalierer oder aggressive Bettler eingesetzt. Entscheidend ist die Frage, ob es sich dabei um ein „aliud" oder um eine auf dem Verhältnismäßigkeitsgedanken beruhende Minusmaßnahme zur Ingewahrsamnahme nach § 32 Abs. 1 Nr. 3 HSOG handelt; im ersteren Falle fehlte es an einer gesetzlichen Ermächtigungsgrundlage. Für beide Ansichten gibt es gewichtige Argumente. Fest steht, dass insoweit wegen des Subsidiaritätsgrundsatzes auf die Generalklausel nach § 11 HSOG nicht zurückgegriffen werden kann. In jedem Fall ist eine solche Maßnahme dann rechtswidrig, wenn sie nach den Umständen einen Straftatbestand erfüllt, wie etwa Nötigung (§ 240 StGB), Freiheitsberaubung (§ 239 StGB) oder gar Aussetzung (§ 221 StGB).[350]

467 Für alle Gewahrsamsbefugnisse gilt wegen ihrer erheblichen grundrechtlichen Eingriffsintensität der Vorbehalt einer **strikten Anwendung des Verhältnismäßigkeitsgrundsatzes.**[351] Der **pflichtige Adressat** ergibt sich aus der jeweiligen normspezifischen Anordnung, so dass ein Rückgriff auf die allgemeinen (Störer-)Bestimmungen der §§ 6 ff. HSOG verwehrt ist. Das gilt auch für den Präventivgewahrsam des § 32 Abs. 1 Nr. 2 HSOG; obgleich der Wortlaut der Vorschrift insofern offen ist, geht ihr Sinn und Zweck dahin, diejenige Person an der Begehung einer Straftat oder Ordnungswidrigkeit zu hindern, von der diese Gefahr ausgeht.

468 Die §§ 33 bis 35 HSOG enthalten allgemeine **Regelungen zum Verfahren,** zur **Behandlung festgehaltener Personen** und zur **Dauer der Freiheitsentziehung.** Sie stellen ein Beispiel für Grundrechtsschutz durch Verfahren dar. § 33 HSOG konkretisiert den **Richtervorbehalt** des Art. 104 Abs. 2 GG. Nach § 33 Abs. 1 S. 1 HSOG ist unverzüglich eine richterliche Entscheidung über Zulässigkeit und Fortdauer der Freiheitsentziehung einzuholen. Diese ist nach S. 2 nur dann ausnahmsweise entbehrlich, wenn anzunehmen ist, dass die richterliche Entscheidung erst nach Wegfall des Grundes der polizeilichen Maßnahme ergehen würde. Allerdings sind an die Entbehrlichkeit hohe Anforderungen zu stellen: Für den Staat folgt aus Art. 104 Abs. 2 GG die Pflicht, die Erreichbarkeit eines Richters zu gewährleisten.[352] In der Praxis wird bei den nach § 33 Abs. 2 S. 1 HSOG zuständigen Amtsgerichten ein richterlicher Bereitschaftsdienst eingerichtet, der auch zur Nachtzeit erreichbar sein muss, wenn hierfür ein praktischer Bedarf besteht, der über den Ausnahmefall hinausgeht (z.B. wenn ein Risikofußballspiel oder eine Polizeirazzia ansteht).[353] Weiter ist gemäß § 34 Abs. 1 HSOG dem Betroffenen un-

---

[349] Dazu *Fischer/Leggereit/Sommer*, Kap. K Rn. 128 ff.; *Fredrich*, § 32 Rn. 15; *Kingreen/Poscher*, § 16 Rn. 5 f.; *Würtenberger/Heckmann/Tanneberger*, § 5 Rn. 183; *Graulich*, in: Lisken/Denninger, Kap. E Rn. 550 ff.; *Leggereit*, NVwZ 1999, 263 ff.; *Schucht*, DÖV 2011, 553 ff.; *Finger*, NordÖR 2006, 423 ff.; *Vahle*, Die Polizei 1984, 277 ff.; *Gonzales*, Der Verbringungsgewahrsam, 2014.

[350] Vgl. *Fischer/Leggereit/Sommer*, Kap. K Rn. 131.

[351] Vgl. grundsätzlich für Freiheitsbeschränkungen und Freiheitsentziehungen BVerfGE 105, 239 (247 f.) m.w.N.

[352] BVerfGE 103, 142 (151 ff., zu Art. 13 Abs. 2 GG); 105, 239 (248 f.); s. auch den Fall BVerfG-K, Beschl. v. 15.12.2020, Az. 1 BvR 2824/18.

[353] BVerfG-K NJW 2004, 1442 (1442); BVerfG-K NVwZ 2006, 579 (580).

verzüglich der Grund der Festnahme bekanntzugeben. Ihm muss zudem Gelegenheit gegeben werden, eine Person des Vertrauens benachrichtigen zu können (§ 34 Abs. 2 S. 1 HSOG). § 35 HSOG bestimmt schließlich katalogartig die Dauer der Freiheitsentziehung: Sie darf ohne richterliche Anordnung maximal bis zum Ende des Tages nach dem Ergreifen des Betroffenen, mit richterlicher Anordnung höchstens sechs Tage andauern.

Fall – Hooligans auf Gegnersuche:[354] R ist ein aktiv gewaltbereiter und einschlägig polizeibe- **469**
kannter Hooligan, der zusammen mit mehreren Gleichgesinnten zu einem Fußballspiel reist. Am Bahnhof wird die Gruppe von der Polizei in Empfang genommen und auf ihre Identität überprüft. Bei der anschließenden Durchsuchung werden bei zahlreichen Gruppenmitgliedern – nicht bei R – ein Mundschutz sowie mehrere mit Quarzsand gefüllte Handschuhe sichergestellt. Die Gruppe wird aufgefordert zusammenzubleiben und von Polizeibeamten auf dem Weg zu einem Lokal begleitet. Unterwegs versucht sich R kurzzeitig abzusetzen, um zu telefonieren. Die Beamten, die vor R als „Rädelsführer" gewarnt worden waren, vermuten, dass er beabsichtigt, mit gewaltbereiten Fans des gegnerischen Fanclubs Kontakt aufzunehmen. Unter Hinweis darauf untersagt deshalb einer der Polizeibeamten dem R, sich von der Gruppe zu entfernen und telefonischen Kontakt mit gegnerischen Hooligans aufzunehmen. Als die Gruppe das Lokal verlässt, gelingt es R, sich erneut von der Gruppe zu lösen. Die Polizei entdeckt ihn telefonierend in der Damentoilette des Lokals. Das Display des Mobiltelefons zeigt die Nummer des Anführers des gegnerischen Fanclubs. Daraufhin nimmt die Polizei R nach Anhörung gegen 14.30 Uhr in Gewahrsam und bringt ihn auf die Stadionwache. Eine Stunde nach Spielende, gegen 18.30 Uhr desselben Tages, wird R wieder freigelassen. War die Ingewahrsamnahme rechtmäßig?

I. Ermächtigungsgrundlage

Als Rechtsgrundlage für den Präventivgewahrsam kommt **§ 32 Abs. 1 Nr. 2 HSOG** in Betracht.

II. Formelle Rechtmäßigkeit

Nach § 32 Abs. 1 HSOG sind die **Polizeibehörden** für eine Ingewahrsamnahme zuständig. R wurde vor seiner Ingewahrsamnahme angehört. Einer **richterlichen Entscheidung** bedurfte es vorliegend aufgrund der Ausnahme des § 33 Abs. 1 S. 2 HSOG nicht.

III. Materielle Rechtmäßigkeit

1. Gemäß § 32 Abs. 1 Nr. 2 HSOG müsste die Ingewahrsamnahme **unerlässlich** sein, um die **unmittelbar bevorstehende Begehung einer Straftat** zu verhindern. Als Straftaten kommen hier Körperverletzungsdelikte und Delikte gegen die öffentliche Ordnung in Betracht. Diese waren auch in allernächster Zeit, nämlich während oder nach dem am selben Nachmittag stattfindenden Fußballspiel zu erwarten. Die Gefahrprognose stützt sich auf die einschlägige polizeibekannte Gewaltbereitschaft des R und darauf, dass er versuchte, mit den gegnerischen Hooligans Kontakt aufzunehmen. Der Tatbestand ist daher erfüllt.

2. Die Maßnahme richtete sich gegen R als Handlungsstörer i.S.d. § 6 Abs. 1 HSOG.

3. Auf Rechtsfolgenseite dürften **keine Ermessensfehler** vorliegen, insbesondere dürfte die Maßnahme **nicht unverhältnismäßig** sein (§§ 4, 5 HSOG). Daher müsste sie zur Erreichung eines legitimen Ziels geeignet, erforderlich und angemessen gewesen sein. Von der Geeignetheit zur Verhinderung von Straftaten als anerkannter Zweck ist auszugehen. Hooligan-Schlägereien finden i.d.R. nicht in der Nähe des Fußballstadions statt, sondern an einem spontan ausgemachten Ort. Da die Verabredung offenbar bereits stattgefunden hatte, wäre

[354] Nach EGMR, NVwZ 2014, 43 ff. (vorgehend HessVGH, Beschl. v. 1.2.2006 – Az. 11 UZ 2069/05; BVerfG, Beschl. v. 26.2.2008 – Az. 2 BvR 517/06); ausführlich nachbearbeitet von *Greim-Diroll*, Jura 2015, 545 ff.

die Beschlagnahme des Mobiltelefons des R nicht gleich geeignet gewesen. Im Rahmen der Angemessenheit ist einerseits der starke Eingriff in Art. 2 Abs. 2, 104 Abs. 1 GG zu berücksichtigen. Andererseits dauerte der Gewahrsam nur ca. vier Stunden und erfolgte erst, nachdem sich R zweimal über Anordnungen der Polizisten hinweggesetzt hatte. Angesichts der in Rede stehenden geschützten Rechtsgüter war die Ingewahrsamnahme nicht unverhältnismäßig.

4. Etwas anderes könnte sich jedoch aus der Berücksichtigung der Anforderungen aus **Art. 5 EMRK** ergeben. Nach Art. 5 Abs. 1 lit. c. EMRK kann eine Person zur Verhinderung einer Straftat in Gewahrsam genommen werden, jedoch nur „zur Vorführung vor die zuständige Gerichtsbehörde“. Gemeint ist damit die Untersuchungshaft. Art. 5 Abs. 1 lit. b. EMRK lässt hingegen eine Freiheitsentziehung auch „zur Erzwingung einer gesetzlichen Verpflichtung“ zu. Die allgemeine Verpflichtung, keine Straftaten zu begehen, reicht dazu allerdings nicht aus. Vielmehr muss es sich um eine der betreffenden Person obliegende, bestimmte und konkrete Verpflichtung handeln, der sie bisher noch nicht nachgekommen ist. Hier hatte die Polizei dem R zweimal aufgegeben, bei der Gruppe zu bleiben und insbesondere keinen Kontakt zu gegnerischen Fangruppen herzustellen, was dieser jedoch nicht befolgt hatte. Somit liegt eine konkretisierte Verpflichtung vor. Die Ingewahrsamnahme war somit auch nach Konventionsrecht gerechtfertigt und rechtmäßig.

Daher durfte R für die Dauer des Fußballspiels in Gewahrsam genommen werden.

V. Durchsuchung von Personen, Sachen und Wohnungen

470 §§ 36 bis 39 HSOG normieren Befugnisse zur **präventiven Durchsuchung** und Untersuchung von Personen, Sachen und Wohnungen. Für Maßnahmen im Kontext der Strafverfolgung sind hingegen die Regelungen der §§ 81 ff. und 102 ff. StPO sowie § 46 Abs. 1 und 4 OWiG maßgeblich.

471 § 36 Abs. 1 bis 3 HSOG regelt die Zulässigkeit der **Durchsuchung von Personen.** § 36 Abs. 4 HSOG enthält dazugehörige Verfahrensvorschriften. Nach § 36 Abs. 1 Nr. 1 HSOG ist Voraussetzung, dass die Durchsuchung auf die Sicherstellung von Sachen (körperlichen Gegenständen i.S.d. § 90 BGB) abzielt. Es müssen **Tatsachen vorliegen, die die Annahme rechtfertigen**, dass die Person Sachen mit sich führt, die formell und materiell rechtmäßig nach § 40 Abs. 1 Nrn. 1 bis 4 HSOG sichergestellt werden dürfen (siehe Rn. 488). Als Durchsuchungsobjekte kommen insbesondere Gegenstände in Betracht, die bei ihrer Anwendung allgemein oder gerade im konkreten Einzelfall besonders geeignet sind, gegenwärtige Gefahren herbeizuführen (§ 40 Abs. 1 Nr. 1 HSOG), wie z.B. Waffen, gefährliche Gegenstände wie Baseballschläger oder Kfz-Schlüssel alkoholisierter Fahrer.[355] **„Mit sich führt“** die Person solche Sachen, wenn sie einen direkten – also unmittelbaren und sofortigen – Zugriff auf die Sachen hat,[356] insbesondere wenn die Person die möglicherweise sicherzustellenden Sachen an ihrem Körper trägt. Die Durchsuchung nach § 36 Abs. 1 Nr. 2 HSOG gibt die Befugnis zur Durchsuchung von Personen, die sich in **hilfloser Lage** befinden, insbesondere um Sachen aufzufinden, die zur Verbesserung der hilflosen Lage beitragen, etwa Medikamente zur Behandlung der hilflosen Person.[357] Ermächtigt werden sowohl die Gefahrenabwehr- als auch die Polizeibehörden.

---

[355] Mit weiteren Beispielen *Leggereit*, in: BeckOK, § 36 HSOG Rn. 8.

[356] *Hornmann*, § 36 Rn. 9; *Fredrich*, § 36 Rn. 4 zieht eine Parallele zum Begriff des „Mitführens“ in §§ 244 Nr. 2, 250 Abs. 1 Nr. 2 StGB.

[357] Vgl. *Fischer/Leggereit/Sommer*, Kap. K Rn. 157.

472 § 36 Abs. 2 HSOG ermächtigt hingegen nur die Polizeibehörden zur Durchsuchung einer Person, wenn sie festgehalten werden darf (Nr. 1), sich an einem gefährlichen Ort (Nr. 2 und Nr. 3) oder neben einer gefährdeten Person (Nr. 4) aufhält oder zur Fahndung ausgeschrieben ist (Nr. 5). § 36 Abs. 3 HSOG dient v.a. der Eigensicherung der Polizei, ist aber auch zur Abwehr einer Gefahr von Leib und Leben Dritter durch Waffen, gefährliche Gegenstände oder Sprengstoff möglich.

473 Als Rechtsfolge ist die **Durchsuchung** vorgesehen. Darunter wird „das **ziel- und zweckgerichtete Suchen staatlicher Organe** nach Personen oder Sachen oder zur Ermittlung eines Sachverhalts, um etwas aufzuspüren, was der Inhaber [...] von sich aus nicht offen legen oder herausgeben will" verstanden.[358] Die Durchsuchung ist ein Verwaltungsrealakt und darf nach § 36 Abs. 4 HSOG grundsätzlich nur von Personen gleichen Geschlechts durchgeführt werden. Sie stellt einen schweren Eingriff in das allgemeine Persönlichkeitsrecht des Betroffenen aus Art. 2 Abs. 1 i.V.m. Art. 1 Abs. 1 GG dar.[359] Daher muss der Grundsatz der Verhältnismäßigkeit besonders strenge Beachtung finden. Zur Entkleidung darf es mangels ausdrücklicher Ermächtigung im HSOG aber nicht kommen.[360]

474 Die potenziellen **Adressaten** der Durchsuchungsmaßnahmen sind in § 36 Abs. 1–3 HSOG spezialgesetzlich geregelt, so dass eine Prüfung der §§ 6, 7, 9 HSOG entfällt.[361]

475 Abzugrenzen ist die Durchsuchung von der in § 36 Abs. 5 HSOG geregelten **Untersuchung** einer Person. Die Durchsuchung beschränkt sich auf die Körperoberflächen und die natürlichen Körperöffnungen (Mund, Nase, Ohren); die Untersuchung bezieht sich auf den körperlichen Zustand einer Person bzw. auf das **Körperinnere**.[362] Sie ist nur zulässig zur Abwehr einer Gefahr für Leib und Leben. Vorher muss gemäß § 35 Abs. 5 S. 2 HSOG grundsätzlich eine **richterliche Anordnung** ergehen. Zuständig ist das Amtsgericht, in dessen Bezirk die Polizeibehörde ihren Sitz hat (§ 35 Abs. 5 S. 3 i.V.m. § 39 Abs. 1 HSOG). Die Vorschrift erlaubt neben der sog. Nachschau körperliche Eingriffe wie die Entnahme von Blutproben. Sie dürfen nur von Ärztinnen oder **Ärzten** durchgeführt werden. Sie stellen zugleich einen Eingriff in die körperliche Unversehrtheit nach Art. 2 Abs. 2 S. 1 GG dar, weshalb die Grundsätze der §§ 4 und 5 HSOG streng zu beachten sind.[363]

476 Zulässige **Adressaten** der Untersuchung sind die in §§ 6, 7, 9 HSOG genannten Pflichtigen, § 36 Abs. 5 HSOG normiert keine spezielle Adressatenregelung.[364]

477 § 37 Abs. 1 HSOG ermächtigt die Gefahrenabwehr- und Polizeibehörden zur **Durchsuchung von Sachen**. Dies sind alle körperlichen Gegenstände mit Ausnahme der am Körper befindlichen Kleidungsstücke und deren Inhalt. Grundstücke sind ebenfalls von der Norm erfasst, wenn sie nicht als befriedetes Besitztum dem besonderen Schutz des § 38 HSOG unterfallen.[365] Insgesamt erklären sich die weiteren Tatbestandsvoraussetzungen aus dem Gesetzeswortlaut: § 37 Abs. 1 Nr. 1 HSOG knüpft an § 36 HSOG an, § 37 Abs. 1 Nr. 3 an § 40 Abs. 1 HSOG; § 37 Abs. 1 Nr. 2 HSOG dient der Auffindung festgehaltener oder hilfloser Personen in Gebäuden oder unbebauten Flächen. § 37 Abs. 2 HSOG ermächtigt unter den aufgezählten Voraussetzungen, die alle unter

---

[358] BVerfGE 16, 239 (249); 32, 54 (73); 51, 97 (107).
[359] BVerfG NJW 2004, 1728 (1728 f.); SaarlOVG, JA 2008, 667 (668).
[360] VG Gießen, LKRZ 2010, 463 (464).
[361] *Schenke*, Rn. 163; a.A. *Kingreen/Poscher*, § 17 Rn. 10.
[362] *Kingreen/Poscher*, § 17 Rn. 3; *Leggereit,* in: BeckOK, § 36 HSOG Rn. 2 f.
[363] Vgl. BVerfGE 16, 194 (201).
[364] *Leggereit*, in: BeckOK, § 36 HSOG Rn. 30.
[365] *Fredrich*, § 37 Rn. 2.

der Schwelle der konkreten Gefahr liegen, nur die Polizeibehörden zur Durchsuchung. Die Durchsuchung ist ihrer Rechtsnatur nach eine **offene Maßnahme**. Daher kann die sog. **Online-Durchsuchung** als heimliche Maßnahme nicht auf § 37 Abs. 1 oder Abs. 2 HSOG gestützt werden; die Ermächtigungsgrundlage dafür findet sich in § 15c HSOG (Rn. 568a f.).[366]

478 § 37 Abs. 3 HSOG trifft verfahrensrechtliche Sicherungen.[367] Nach § 37 Abs. 3 S. 1 HSOG hat die Inhaberin bzw. der Inhaber der tatsächlichen Gewalt das Recht, **anwesend** zu sein. Anderenfalls ist eine andere Person als Zeugin bzw. **Zeuge** hinzuzuziehen (§ 37 Abs. 3 S. 2 HSOG). Auf Verlangen ist dem Inhaber der tatsächlichen Gewalt eine **Bescheinigung** über die Durchsuchung und ihren Grund zu erteilen (§ 37 Abs. 3 S. 3 HSOG).

479 Die Frage nach dem richtigen **Adressaten** der Durchsuchungen nach § 37 HSOG beantwortet die Norm in sämtlichen Varianten selbst. Ein Rückgriff auf die Bestimmungen der §§ 6, 7, 9 HSOG verbietet sich daher.[368]

480 § 38 HSOG regelt das Betreten und die **Durchsuchung von Wohnungen.** Da die Wohnung unter dem grundrechtlichen Schutz des **Art. 13 Abs. 1 GG** steht, sind dessen verfassungsrechtliche Vorgaben zu beachten. Art. 13 Abs. 2 GG stellt für Durchsuchungen einen Richtervorbehalt auf, Art. 13 Abs. 3–6 GG normieren Anforderungen für den Einsatz technischer Mittel. Die akustische Überwachung von Wohnungen mit technischen Mitteln ist in § 15 Abs. 4 HSOG geregelt (dazu Rn. 557). Art. 13 Abs. 7 GG erfasst alle sonstigen Eingriffe und Beschränkungen, etwa das Betreten der Wohnung.

481 Der Begriff der **Wohnung** ist verfassungsrechtlich **durch Art. 13 Abs. 1 GG vorgegeben** und daher weit zu verstehen. „Wohnung" ist danach jedenfalls jeder abgegrenzte, nicht allgemein zugängliche Raum, der zur Stätte des Aufenthalts oder Wirkens von Menschen gemacht wird.[369] Dazu gehören in erster Linie Räumlichkeiten, die Wohnzwecken dienen; erfasst sind nicht nur die üblichen Wohnräume (i. e. S.) in einem Haus, sondern auch Nebenräume wie z. B. Keller, Böden, Garagen, Terrassen und Balkone, Treppen und Flure, aber auch Innenhöfe und umzäunte Vorgärten sowie nur vorübergehend zu Wohnzwecken dienende Räume wie Hotelzimmer, Wohnwagen, Hausboote, Zimmer in Studentenwohnheimen und Altersheimen, Clubräume sowie Krankenzimmer.[370] Auch Betriebs- und Geschäftsräume sind in den Schutzbereich einbezogen,[371] Unterkunftsräume von Soldaten oder Polizeibeamten sowie die Haft- und Besucherräume in einer Justizvollzugsanstalt hingegen nicht, da es insoweit an der Abschottung einer bestimmten Privatsphäre fehlt.[372]

482 § 38 HSOG nennt zwei Handlungsalternativen, das **Durchsuchen** und das **Betreten.** Betreten ist das Eintreten, Verweilen und Besichtigen. Beide Maßnahmen setzen entweder das Vorliegen von Tatsachen, die die Annahme rechtfertigen, dass sich in der Wohnung eine Sache befindet, die nach § 40 Nr. 1 HSOG sichergestellt werden darf (§ 38 Abs. 2 Nr. 1 HSOG), oder eine gegenwärtige Gefahr für Leib, Leben oder Freiheit einer Person oder für Sachen von bedeutendem Wert (§ 38 Abs. 2 Nr. 2 HSOG) voraus. § 38 Abs. 3 HSOG räumt den Polizeibehörden das Recht ein, Wohnungen zwecks Auffindung von Personen zu betreten und zu durchsuchen, die entweder nach § 30 Abs. 4

---

[366] Dazu BVerfG-K, Beschl. v. 20.1.2022, Az. 1 BvR 1552/19.
[367] Ausführlich dazu *Kingreen/Poscher*, § 17 Rn. 14.
[368] *Leggereit*, in: BeckOK, § 37 HSOG Rn. 17.
[369] BGH, NJW 1997, 1018 (1019).
[370] BVerfGE 120, 274 (309); 96, 44 (51); BVerwGE 121, 345 (348).
[371] BVerfGE 120, 274 (309).
[372] BVerfG-K, NJW 1996, 2643 (2644).

HSOG vorgeführt oder nach § 32 HSOG in Gewahrsam genommen werden dürfen. Rechtfertigen Tatsachen die Annahme, dass sich in einem Gebäude eine widerrechtlich festgehaltene oder hilflose Person befindet, für die eine Gefahr für Leib oder Leben besteht, so können Polizeibehörden nach § 38 Abs. 4 HSOG auch diese Wohnungen durchsuchen. Diese Maßnahme muss aber **ultima ratio** bleiben.

§ 38 Abs. 5 HSOG legt fest, dass Wohnungen zur **Nachtzeit** (vgl. hierzu § 104 Abs. 3 StPO) nur in den Ausnahmefällen des § 38 Abs. 2 Nr. 2 und Abs. 4 HSOG und dann nur von Polizeibehörden betreten und durchsucht werden dürfen. Dienen die Räumlichkeiten der Verabredung von Straftaten, dem Treffpunkt von Personen ohne erforderliche Aufenthaltstitel, dem Versteck untergetauchter Straftäterinnen bzw. Straftäter oder der Prostitution, können sie jederzeit von den Gefahrenabwehr- und Polizeibehörden betreten werden (vgl. § 38 Abs. 6 HSOG). Schließlich können nach § 38 Abs. 7 HSOG Arbeits-, Betriebs- und Geschäftsräume zu Zwecken der Gefahrenabwehr betreten werden, wenn sie **der Öffentlichkeit zugänglich** sind oder zugänglich waren und den Anwesenden zum weiteren Aufenthalt zur Verfügung stehen (z. B. Gaststätten, Museen, Theater oder Sportstätten). Eine konkrete Gefahr als Grundvoraussetzung behördlichen Handelns soll dann nicht erforderlich sein, jedoch müssen in **verfassungskonformer Auslegung** des § 38 HSOG die abzuwehrende Gefahr das Interesse des Hausrechtsinhabers überwiegen und zum Kontrollzeitpunkt Tatsachen vorliegen, die den Schluss zulassen, dass gerade das zu betretende Objekt ein Ort ist, in dem Gefahren oder Straftaten in nicht allzu ferner Zukunft eintreten könnten.[373] Der Zutritt beschränkt sich aber auf die Arbeits-, Geschäfts- oder Aufenthaltszeiten. 483

Adressat von Eingriffen nach § 38 HSOG ist immer der **Wohnungsinhaber**; nur er genießt das Grundrecht aus Art. 13 GG. Personen, die sich in der Wohnung aufhalten, ohne Inhaber der Wohnung zu sein (z.B. Gäste), sind nicht von Art. 13 GG geschützt und damit keine tauglichen Adressaten. Grundrechtsträger des Art. 13 GG ist entsprechend dem sachlichen Schutzbereich auch der Mieter für die gemieteten Räume, der Hotelgast für das Hotelzimmer.[374] 484

§ 39 Abs. 1 HSOG gestaltet das Verfahren um den **Richtervorbehalt** des **Art. 13 Abs. 2 GG** näher aus. Die Durchsuchung von Wohnungen ist außer bei Gefahr im Verzug richterlich anzuordnen. Der Begriff der Gefahr im Verzug ist identisch mit dem in Art. 13 Abs. 2 GG und ist eng auszulegen, damit die Regelzuständigkeit des Richters gewahrt bleibt.[375] § 39 Abs. 2–5 HSOG treffen weitere **verfahrensmäßige Sicherungen**, z.B. ein Anwesenheitsrecht des Betroffenen, sowie Zeugen- und Protokollregelungen.[376] 485

VI. Sicherstellung, Verwahrung, Verwertung

§ 40 Abs. 1 HSOG ermächtigt die Gefahrenabwehr- und Polizeibehörden zur Sicherstellung von Sachen zum Zweck der Gefahrenabwehr. Beschlagnahmen und Sicherstellungen zu Strafverfolgungszwecken richten sich nach den §§ 94 ff., 111b ff. StPO. 486

Als **Sachen** kommen bewegliche und unbewegliche Gegenstände in Betracht.[377] Letztere können versiegelt werden, um ihre Benutzung zu verhindern. Auch **Bargeld** kann sichergestellt werden.[378] Für **Forderungen** oder andere Vermögenswerte trifft § 40 487

[373] *Fredrich*, § 38 Rn. 22.
[374] *Leggereit*, in: BeckOK, § 38 HSOG Rn. 29.
[375] BVerfGE 103, 142 LS. 1 a und b, zu den identischen §§ 105-107 StPO.
[376] Ausführlicher *Leggereit*, in: BeckOK, § 39 HSOG Rn. 5 ff.
[377] *Fredrich*, § 40 Rn. 5.
[378] BVerfG-K, NVwZ 2012, 239 (239); BayVGH, NVwZ-RR 2014, 522 (523).

Abs. 2 HSOG die klarstellende Regelung, dass auch diese sichergestellt werden können. Eine Sicherstellung von **Presseerzeugnissen** wegen Gefahren, die von Inhalt oder Form dieser Erzeugnisse ausgehen, ist hingegen ausgeschlossen, weil die Regeln des HPrG abschließende Sonderregeln darstellen. Zulässig ist aber deren Sicherstellung wegen anderer Gefahren.[379]

488 Die Voraussetzungen einer Sicherstellung ergeben sich aus § 40 Abs. 1 Nrn. 1–4 HSOG. Insgesamt enthält § 40 Abs. 1 HSOG **vier Tatbestände:** Nach § 40 Abs. 1 Nr. 1 HSOG ist die Sicherstellung einer Sache zulässig, wenn eine **gegenwärtige Gefahr** abgewehrt werden muss. Die Gefahr kann dabei von der Sache selbst sowie von der Sache in Verbindung mit dem Zustand oder den gewalttätigen Absichten des Inhabers ausgehen (z. B. Sicherstellung einer Waffe). Die Sicherstellung von Filmen und Fotografien kann ebenfalls zulässig sein, wenn konkrete Anhaltspunkte für die unzulässige Verbreitung der Aufnahmen bestehen.[380] § 40 Abs. 1 Nr. 2 HSOG ermöglicht die Sicherstellung von Sachen zum **Schutz** des Eigentümers oder Besitzers der Sache, wenn etwa deren Beschädigung oder Verlust droht. Dies ist beispielsweise bei einem mit offenen Fenstern am unbewachten Straßenrand geparkten Auto der Fall, das zum Schutz vor Diebstahl sichergestellt werden kann.[381] Nach § 40 Abs. 1 Nr. 3 HSOG können Sachen in Händen **festgehaltener Personen** (§§ 18 Abs. 4, 25 Abs. 1 S. 4, 32 HSOG) sichergestellt werden, wenn sie zum Schaden ihrerselbst, anderer Personen oder Sachen oder zum Zwecke der Flucht verwendet werden können. Schließlich ist die Sicherstellung nach § 40 Abs. 1 Nr. 4 HSOG zulässig, wenn **tatsächliche Anhaltspunkte** die Annahme rechtfertigen, dass die Sache zur **Begehung von Straftaten** oder Ordnungswidrigkeiten gebraucht oder verwertet werden soll.

489 Eine Sicherstellung ist durch folgende **Merkmale** gekennzeichnet: (1) Entzug der tatsächlichen Gewalt über die Sache, (2) Begründung neuer tatsächlicher Gewalt über die Sache, (3) zum Zwecke der Verwahrung (§ 41 HSOG), um andere von der Einwirkung auf die Sache auszuschließen.[382]

490 Dadurch wird der Anwendungsbereich des § 40 HSOG insbesondere in den Fällen des **Abschleppens von Kraftfahrzeugen** eingeengt. Ist ein Kraftfahrzeug verbotswidrig abgestellt und lässt es die Behörde entfernen und auf einen Verwahrplatz verbringen, so handelt die Behörde in der Regel nicht zur Entziehung und Begründung neuer Gewalt (Ausnahme: Beschlagnahme eines gestohlenen Fahrzeugs), sondern um den Verkehrsverstoß zu beenden, so dass eine Sicherstellung ausscheidet. Daher stellt das Abschleppen regelmäßig eine **Ersatzvornahme** zur Durchsetzung des Wegfahrgebots oder eine **unmittelbare Ausführung** dar (dazu noch Rn. 583).

491 In den **„Obdachlosenfällen“**[383] wird die Wohnung sichergestellt, in die der Obdachlose eingewiesen wird. An die Stelle der Verwahrung durch die Polizei kann auch die Aufbewahrung durch einen Dritten treten, so dass es unschädlich ist, wenn die Polizei die sichergestellte Wohnung einem Dritten überlässt. Gegen eine Sicherstellung spricht auch nicht, dass die Gefahr weder von der sichergestellten Wohnung noch von dem Obdach-

---

[379] Zur Polizeifestigkeit des Presserechts *Bünnigmann*, JuS 2016, 895 ff.; weitere Nachweise Fn. 109.

[380] BVerwGE 143, 74 (83 f.).

[381] VG Frankfurt, NJW 2000, 3224 (3224f.); VG Darmstadt, NVwZ-RR 2011, 796 (796 f.); HessVGH, NJW 1999, 3793 (3794); *Hebeler* NZV 2002, 158 ff.

[382] HessVGH, NVwZ 1987, 904 (909).

[383] Zu den sog. Obdachlosen- oder Wohnungseinweisungsfällen *Ruder,* NVwZ 2012, 1283 ff.; Fallbearbeitung etwa bei *Cremer/Wolf/Gurzan*, Jura 2010, 773 ff.

losen ausgeht. Anders ist dies in anderen Bundesländern:[384] In Hamburg und Bremen existieren spezielle Ermächtigungsgrundlagen für die befristete Sicherstellung von Grundstücken und Gebäuden zur Flüchtlingsunterbringung.[385]

Bezüglich des **Adressaten** der Sicherstellungsanordnung ist zu differenzieren: Bei § 40 Abs. 1 Nrn. 1 und 2 kann auf die allgemeinen Regeln der §§ 6, 7, 9 HSOG zurückgegriffen werden. Adressat der Maßnahme nach § 40 Abs. 1 Nr. 3 HSOG ist hingegen immer die Person, „die nach diesem Gesetz oder anderen Rechtsvorschriften festgehalten wird", bei Nr. 4 die Person, die die tatsächliche Sachherrschaft über eine Sache besitzt, die zur Begehung von Straftaten oder Ordnungswidrigkeiten gebraucht oder verwertet werden soll.[386] 492

Die §§ 41 bis 43 HSOG enthalten Folgebefugnisse, die sich an die Sicherstellung anschließen. Nach § 41 Abs. 1 S. 1 HSOG sind sichergestellte Sachen grundsätzlich in Verwahrung zu nehmen. Die Verwahrung als Realakt begründet ein **öffentlich-rechtliches Verwahrungsverhältnis** mit besonderen Fürsorge- und Obhutspflichten für die Sache.[387] § 41 Abs. 2–4 HSOG enthalten weitere Vorschriften zum Verfahren und zur Art und Weise der Verwahrung. § 42 HSOG bestimmt Regelungen zur Verwertung (§ 42 Abs. 1–3 HSOG) und zur Unbrauchbarmachung bzw. Vernichtung (§ 42 Abs. 4 HSOG). Den Zeitpunkt für die Herausgabe sichergestellter Sachen bzw. des durch die Verwertung erzielten Erlöses normiert § 43 Abs. 1 bzw. 2 HSOG. Ein **Herausgabeanspruch** entsteht nach § 43 Abs. 1 S. 1 HSOG, wenn die Voraussetzungen für die Sicherstellung weggefallen sind. Diese spezialgesetzliche Normierung verdrängt den allgemeinen Folgenbeseitigungsanspruch.[388] Die **Kosten** der Sicherstellung einschließlich der Kosten der Folgemaßnahmen nach §§ 41 ff. HSOG hat gemäß § 43 Abs. 3 S. 1 HSOG der nach §§ 6 oder 7 HSOG Verantwortliche zu tragen. § 43 Abs. 3 S. 2–7 HSOG enthält weitere Kostenregelungen. 493

Fall – Neugierige Journalisten:[389] Beamte des Spezialeinsatzkommandos Hessen (SEK) hatten den Auftrag, einen in Untersuchungshaft sitzenden mutmaßlichen Chef der sog. russischen Mafia bei einer in der Fußgängerzone von S gelegenen Augenarztpraxis vorzuführen. Der Untersuchungsgefangene wurde mit einem zivilen Sicherheitsfahrzeug in Begleitung von zwei weiteren Dienstwagen des SEK zu der Augenarztpraxis verbracht. Während des Arztbesuchs blieben zwei Beamte bei dem Untersuchungsgefangenen; die anderen Beamten bezogen vor dem Gebäude der Arztpraxis Stellung. Nach einiger Zeit traten zwei Fotoreporter auf den Einsatzleiter zu, wiesen sich als Pressevertreter aus und fragten nach dem Grund des Einsatzes. Der Einsatzleiter gab an, dass ein Untersuchungsgefangener beim Augenarzt vorgeführt werde und verwies die Journalisten für nähere Auskünfte an die Pressestelle der zuständigen Polizeibehörde. Als der Fotoreporter ansetzte, Fotos von den Dienstfahrzeugen und den eingesetzten Beamten anzufertigen, wurde er vom Einsatzleiter aufgefordert, das Fotografieren zu unterlassen. Denn die Veröffentlichung von Fotos zöge ein erhebliches Risiko der Enttarnung der SEK-Beamten nach sich; dies berge Gefahren für künftige Einsätze wie auch unkalkulierbare Gefahren für die Beamten bis in den privaten Bereich hinein. Als die Journalisten auf ihrem Recht zur Recherche beharrten, kündigte der Einsatzleiter die Beschlagnahme der Kamera und des Filmmaterials an. Als auch dies nichts half, beschlagnahmte der Einsatzleiter die Gegenstände. War die Beschlagnahme materiell rechtmäßig? 494

---

[384] NdsOVG, NVwZ 2016, 164 (165).

[385] Zur verfassungsrechtlichen Zulässigkeit von § 14a HbgSOG und § 26a BremPolG *Froese*, JZ 2016, 176 ff.

[386] *Leggereit*, in: BeckOK, § 40 HSOG Rn. 14.

[387] OLG Hamm, NJW 2001, 375 (376).

[388] Dazu HessVGH, LKRZ 2015, 505 (506 f.).

[389] Nach BaWüVGH, DVBl. 2010, 1569 ff.; BVerwGE 143, 74 ff.

I. Ermächtigungsgrundlage

Eine Ermächtigungsgrundlage ist wegen des Eingriffs in subjektive Rechte aus Art. 5 Abs. 1 S. 2 GG notwendig. In Betracht kommt eine Sicherstellung nach § **40 HSOG.**

1. Der Rückgriff auf das Polizeirecht könnte aber durch das speziellere Pressegesetz (HPrG) gesperrt sein. Die sog. **Polizeifestigkeit des Presserechts** gilt jedoch nur innerhalb des Anwendungsbereichs des HPrG. Das HPrG ist lex specialis für Gefahren, die von Inhalt oder Form der Presseerzeugnisse ausgehen. Hier geht die Gefahr jedoch von der Art der Informationsbeschaffung aus. Die Sperrwirkung des § 2 Abs. 1 HPrG greift daher nicht.

2. § 40 HSOG könnte aber nicht anwendbar sein, weil § 10 HSOG die Pressefreiheit nach Art. 5 Abs. 1 S. 2 GG nicht aufzählt und daher ein Verstoß gegen das Zitiergebot des Art. 19 Abs. 1 S. 2 GG vorliegen könnte. Das **Zitiergebot** gilt jedoch nur für Grundrechte, „die aufgrund ausdrücklicher Ermächtigung vom Gesetzgeber eingeschränkt werden dürfen" (BVerfGE 113, 348, 366), nicht aber bei andersartigen Schrankenziehungen wie die des Art. 5 Abs. 2 GG.

II. Sicherstellung nach § 40 Abs. 1 Nr. 1 HSOG

In Betracht kommt zunächst eine Sicherstellung nach § 40 Abs. 1 Nr. 1 HSOG.

1. Dafür müsste die Sicherstellung der Abwehr einer gegenwärtigen Gefahr für ein **polizeiliches Schutzgut** dienen.

a) Als Schutzgut kommt hier die erfolgreiche Durchführung des SEK-Einsatzes, d.h. eine Veranstaltung des Staates als Teil der **öffentlichen Sicherheit** in Betracht. Allerdings bestehen keinerlei Anhaltspunkte dafür, dass die Journalisten den Untersuchungsgefangenen befreien oder dessen Vorführung behindern wollten.

b) Die Sicherstellung könnte zur Sicherung der Einsatzfähigkeit der SEK-Beamten erfolgt sein. Eine Veröffentlichung könnte die Identifizierung der eingesetzten Beamten nach sich ziehen, was diese der Gefahr möglicher Sanktionen und krimineller Übergriffe aussetzen könnte. Die Beamten könnten dann nur noch unter besonderen Schutzvorkehrungen eingesetzt werden, was deren Einsatzfähigkeit erheblich beeinträchtigt.

c) Schließlich könnte die Sicherstellung auch zum Schutz subjektiver Rechte, insbesondere des Persönlichkeitsrechts der handelnden SEK-Beamten erfolgt sein. Die Beamten sind ungeachtet des Sonderstatusverhältnisses, in dem sie sich zu ihrem Dienstherrn befinden, grundrechtsberechtigt und als solche Träger des allgemeinen Persönlichkeitsrechts aus Art. 2 Abs. 1 i.V.m. Art. 1 Abs. 1 GG, welches auch vor der ungewollten Anfertigung und Veröffentlichung von Bildern schützt.

d) In Betracht kommt auch ein Verstoß gegen die §§ 22, 23 KUG. Eine Einwilligung in die Ver-öffentlichung der Bilder lag nicht vor. Sofern der Einsatz als zeitgeschichtliches Ereignis von zumindest lokaler Bedeutung eingestuft wird, könnte nach § 23 Abs. 2 KUG ein berechtigtes Interesse der Einsatzkräfte an der Verbreitung von Bildnissen, auf denen sie iden-tifizierbar sind, entgegenstehen. Berechtigte Interessen i.S.d. § 23 Abs. 2 KUG können auch darin bestehen, die nicht ganz fernliegende Gefährdung von Leib und Gesundheit des Abgebildeten für den Fall der Veröffentlichung und Verbreitung des Bildnisses zu vermeiden. Diese Gefahr bestand hier mit Blick auf mögliche Racheakte der sog. russischen Mafia.

2. Für diese Schutzgüter müsste eine **gegenwärtige Gefahr** bestehen. Eine Gefahr ist eine konkrete Sachlage, bei deren ungehindertem Fortlaufen es mit hinreichender Wahrscheinlichkeit zu einem Schaden für ein polizeiliches Schutzgut kommt. Sie ist gegenwärtig, wenn ihr Eintritt unmittelbar bevorsteht.

Die genannten Schäden würden alle nur im Falle einer Veröffentlichung der Bilder eintreten, durch die eine Identifizierung der SEK-Beamten ermöglicht würde. Zwar muss bei einem

Pressefotografen grundsätzlich damit gerechnet werden, dass dessen Aufnahmen auch veröffentlicht werden. Es darf aber nicht von vornherein und ohne weitere Anhaltspunkte ein zukünftiges rechtswidriges Verhalten unterstellt werden. Vielmehr kann aufgrund der Ausstrahlungswirkung der Pressefreiheit aus Art. 5 Abs. 1 S. 2 GG eine polizeiliche Gefahr erst dann angenommen werden, wenn konkrete tatsächliche Anhaltspunkte dafür bestehen, dass der Fotograf die getätigten Aufnahmen ohne Einwilligung der abgebildeten Personen und ohne andere Rechtfertigungsgründe veröffentlichen und sich dadurch gemäß § 33 KUG strafbar machen würde. Es muss daher grundsätzlich von der Rechtstreue des Fotografen ausgegangen werden. Droht die Gefahr der Enttarnung, obliegt es zunächst dem Einsatzleiter, dies dem Pressefotografen deutlich zu machen. Ist dies geschehen, so darf und muss er grundsätzlich darauf vertrauen, dass keine Portrait- oder Nahaufnahmen veröffentlicht und gefährdete Beamte vor einer Veröffentlichung der Bilder in geeigneter Weise unkenntlich gemacht werden, z.B. durch Augenbalken oder Verpixelung der Gesichter. Die Vermutung der Rechtstreue greift zwar nicht ein, wenn gegenteilige Indizien vorliegen. Konkrete Anhaltspunkte für ein künftiges rechtswidriges Verhalten können hier aber nicht ausgemacht werden. Die Journalisten bewiesen durch Vorzeigen ihrer Presseausweise, dass sie kooperationsbereit waren. Die Entscheidung über eine Veröffentlichung von Bildern wird i.d.R. von der Bildredaktion und nach Auswertung des Bildmaterials in der Redaktion getroffen. Zudem lagen dem Einsatzleiter keine negativen Erkenntnisse vor, so dass er von einem rechtstreuen Verhalten auszugehen hatte. Die Gefahr der Veröffentlichung von Bildern ohne ausreichende Anonymisierung bestand ex ante nicht. Es hätte ausgereicht, die Pressevertreter auf die Gefahr der Enttarnung hinzuweisen und sich zu vergewissern, dass diese sich ihrer journalistischen Pflichten bewusst sind.

III. Sicherstellung nach § 40 Abs. 1 Nr. 4 HSOG

Eine Sicherstellung nach § 40 Abs. 1 Nr. 4 HSOG scheidet ebenfalls aus, da aufgrund der vermuteten Rechtstreue der Journalisten keine Anhaltspunkte dafür vorliegen, dass diese die Aufnahmen unter Verstoß gegen § 33 KUG veröffentlichen.

Die Sicherstellung war daher rechtswidrig.

VII. Halten gefährlicher Tiere

§ 43a Abs. 1 S. 1 HSOG normiert das Verbot der Haltung **gefährlicher Tiere wild lebender Art**, wenn es sich nicht um gewerbsmäßige Haltung handelt. Gefährliche Tiere sind nach § 43a Abs. 1 Satz 2 HSOG all diejenigen Arten, die in ausgewachsenem Zustand Menschen durch Körperkraft, Gifte oder Verhalten erheblich verletzen können und nach ihrer Art unabhängig von individuellen Eigenschaften allgemein gefährlich sind. § 43a Abs. 1 S. 3 und 4 HSOG regelt Ausnahmetatbestände vom grundsätzlichen Haltungsverbot, wenn ein berechtigtes Interesse an der Haltung besteht. Zuständig sind hier die Bezirksordnungsbehörden (§ 1 S. 2 HSOG-DVO). Im Übrigen bleiben die Befugnisse der §§ 11 bis 43 HSOG unberührt (§ 43a Abs. 3 HSOG). 495

C. Standardbefugnisse polizeilicher Datenerhebung und -verarbeitung

I. Allgemeines

Die Standardbefugnisse für die polizeiliche Datenerhebung und -verarbeitung in den §§ 12 ff. HSOG werden auch als **Standardmaßnahmen „neuerer Generation“** bezeichnet.[390] Sie sollen die Polizei in die Lage versetzen, modernen Erscheinungen der Krimi- 496

[390] Überblicksartig dargestellt bei *Glaser,* Jura 2009, 742 ff.

nalität wirksam zu begegnen, indem sie das technische Instrumentarium der Polizei erweitern. Die spezifischen informationellen Standardbefugnisse zielen in der Regel auf die Informationsgewinnung im Vorfeld konkreter Gefahrensituationen.[391] Man spricht daher auch von „**Informationsvorsorge**".

497 Diese Maßnahmen greifen häufig in das **Grundrecht auf informationelle Selbstbestimmung** oder in das Grundrecht auf Gewährleistung der **Vertraulichkeit und Integrität informationstechnischer Systeme**, jeweils aus Art. 2 Abs. 1 i.V.m. Art. 1 Abs. 1 GG, ein. Obgleich diese möglichen Grundrechtseinschränkungen nicht in § 10 HSOG aufgezählt sind, verstößt das HSOG insofern nicht gegen das **Zitiergebot** des Art. 19 Abs. 1 S. 2 GG. Das BVerfG nimmt an, dass das Zitiergebot bei der allgemeinen Handlungsfreiheit und den daraus abgeleiteten Gewährleistungen keine Anwendung findet, weil das Zitiergebot sonst „zu einer leeren Förmlichkeit erstarren und den die verfassungsmäßige Ordnung konkretisierenden Gesetzgeber in seiner Arbeit unnötig behindern" würde.[392] Weiter wird in die Grundrechte des Art. 13 GG, der die **Unverletzlichkeit der Wohnung** gewährleistet, und des Art. 10 GG, der das **Fernmeldegeheimnis** schützt, eingegriffen. Die Grundrechtsrelevanz führt dazu, dass häufig Vorgaben des Bundesverfassungsgerichts in Bezug auf Eingriffsschwellen und flankierende verfahrensrechtliche Sicherungen zu beachten sind. Danach sind insbesondere der Bestimmtheitsgrundsatz und der Verhältnismäßigkeitsgrundsatz im Bereich der Datenerhebung streng zu handhaben. Die grundrechtlichen Anforderungen können, soweit erforderlich, im Wege **verfassungskonformer Auslegung** in das HSOG integriert werden.

498 In den §§ 20–29 HSOG finden sich Regeln über die Datenverarbeitung und -weitergabe. Prüfungsrelevant ist allenfalls der Bereich der in den §§ 12–19 HSOG geregelten Datenerhebung. Dabei stellt § 13 HSOG die **Datenerhebungsgeneralklausel** dar. Sie findet Anwendung, soweit in den spezielleren §§ 13a–19 HSOG nichts Abschließendes geregelt ist (Rn. 506).

II. Befragung, Auskunftsverlangen

499 Nach § 12 Abs. 1 S. 1 HSOG können die Gefahrenabwehr- und die Polizeibehörden eine Person befragen. Dabei geht es um die **Anhörung des Betroffenen gegen seinen Willlen.** Voraussetzung dafür ist, dass tatsächliche Anhaltspunkte die Annahme rechtfertigen, dass die Person sachdienliche Angaben zur Aufklärung des Sachverhalts in einer bestimmten Angelegenheit machen kann. **Tatsächliche Anhaltspunkte** liegen vor, wenn es nach der behördlichen Erfahrung als möglich erscheint, dass ein bestimmter Sachverhalt vorliegen könnte und bestimmte Indizien dafür sprechen, z. B. wenn eine Person sich an einem bestimmten Ort aufgehalten hat oder mit dem Störer bekannt ist. **Sachdienlich** sind Angaben, die ihrerseits in Beziehung zu dem Sachverhalt stehen, also der Aufklärung oder Gefahrenabwehr im konkreten Fall förderlich sein können. Die Angaben müssen sich auf die Aufklärung eines Sachverhalts in einer **bestimmten gefahrenabwehrbehördlichen oder präventiv-polizeilichen Angelegenheit** beziehen, d.h. auf den in § 1 Abs. 1 bis 5 genannten Aufgabenbereich. Befragungen für strafrechtliche Ermittlungen sind nicht zulässig,[393] ebensowenig Befragungen „ins Blaue hinein" oder allgemeine Ausforschungen.

[391] Diese Entwicklung wird z.T. kritisch betrachtet, vgl. z.B. *Baldus*, Die Verwaltung 2014, 1 ff.; *Schoch*, Der Staat 43 (2004), 347 ff.

[392] BVerfGE 28, 36 (46f.); zur Vertiefung etwa *Epping*, Grundrechte, 9. Aufl. 2021, Rn. 759 ff.; *Kingreen/Poscher*, Grundrechte Staatsrecht II, 36. Aufl. 2020, Rn. 363 f.

[393] *Bäuerle*, in: BeckOK, § 12 HSOG Rn. 27.

Neben der Befragung als solcher kann die Person zum Zwecke der Befragung nach § 12 Abs. 1 S. 2 HSOG auch **angehalten** werden, aber nur dann, wenn dies der Abwehr einer konkreten Gefahr dient. Das Anhalten ist eine Freiheitsbeschränkung im Sinne der Art. 2 Abs. 2 S. 2 und Art. 104 Abs. 1 S. 1 GG; ein Festhalten wie § 18 Abs. 4 , § 25 Abs. 1 S. 4 HSOG erlaubt § 12 Abs. 1 S. 2 HSOG hingegen nicht. Zur Abgrenzung beider Tatbestände wird davon ausgegangen, dass ein Anhalten üblicherweise die Dauer von etwa 15 Minuten nicht überschreitet.[394] 500

Hinsichtlich der möglichen **Adressaten** der Befragung und des Anhaltens trifft § 12 Abs. 1 HSOG Sonderregelungen: Befragt werden kann **jeder**, bei dem tatsächliche Anhaltspunkte die Annahme rechtfertigen, dass er sachdienliche Angaben machen kann. Auf die Störereigenschaft kommt es bei der Wahl des Adressaten nicht an.[395] 501

Eine **Auskunftspflicht** besteht nach § 12 Abs. 2 HSOG allerdings für Handlungs- und Zustandsstörer i.S.d. §§ 6, 7 HSOG. Für Personen, die eine polizeirechtliche Verantwortlichkeit nicht trifft, besteht also grundsätzlich keine Auskunftspflicht. Allerdings kann sich eine Auskunftspflicht aus anderen Gesetzen, insbesondere aus § 138 StGB oder § 323c StGB, ergeben. Zudem sind auch Nichtstörer unter den Voraussetzungen des § 9 HSOG sowie die in § 13 Abs. 2 Nrn. 1 bis 3 HSOG genannten Personen zur Auskunft verpflichtet. Nichtstörer können die Aussage unter den Voraussetzungen des § 12 Abs. 2 S. 2 i.V.m. §§ 52 – 55 StPO verweigern. Dies betrifft insbesondere Zeugnisverweigerungsberechtigte aus persönlichen oder beruflichen Gründen. Eine Rückausnahme davon macht § 12 Abs. 2 S. 3 HSOG für das Vorliegen einer Gefahr für Leib, Leben oder Freiheit einer Person. Nur wenige Berufsgruppen, wie Rechtsanwälte, Geistliche, Politiker, Journalisten (§ 53 StPO) und deren Gehilfen (§ 53a StPO) genießen uneingeschränkten Schutz.[396] 502

Die so erlangten Informationen dürfen nur zur Gefahrenabwehr (§ 1 Abs. 1 und 4 HSOG) verwendet werden, wie § 12 Abs. 2 S. 4 HSOG ausdrücklich klarstellt. Zudem ist die auskunftspflichtige Person vorab über ihr Auskunftsverweigerungsrecht zu **belehren** (§ 12 Abs. 4 S. 5 HSOG). Sollen **personenbezogene Daten** erhoben werden, so erklärt § 12 Abs. 3 die Regelungen der §§ 13 ff. HSOG für anwendbar. 503

§ 12 Abs. 4 HSOG bestimmt, dass § 136a StPO entsprechend für präventives staatliches Handeln gilt. Die dort aufgeführten **Vernehmungsmethoden** sind verboten, auch bei einer Einwilligung des Beschuldigten, § 136a Abs. 3 S. 1 StPO. Zudem wird ein **absolutes Verwertungsverbot** für verbotswidrig erlangte Informationen angeordnet, das nach § 136a Abs. 3 S. 1 StPO auch gilt, falls der Beschuldigte der Verwertung zustimmt. 504

Das Auskunftsbegehren ist als unvertretbare Handlung nur mit Hilfe der Auferlegung eines **Zwangsgeldes** (§ 50 HSOG) durchsetzbar. § 52 Abs. 2 HSOG schließt die Abgabe unter unmittelbarem Zwang aus. 505

III. Erhebung personenbezogener Daten (Grundsätze)

Zur Erhebung personenbezogener Daten enthält das HSOG detaillierte Befugnisse. Die **Generalklausel** zur **Datenerhebung** stellt **§ 13 Abs. 1 und 2 HSOG** dar; die Spezialermächtigungen der §§ 13a–19 HSOG genießen nach dem lex-specialis-Grundsatz Vorrang, was § 13 Abs. 4 HSOG deklaratorisch verdeutlicht. Die Regelungen der §§ 13 ff. 506

[394] *Fischer/Leggereit/Sommer*, Kap K Rn. 17.

[395] *Bäuerle*, in: BeckOK, § 12 HSOG Rn. 35.

[396] Zu dieser Differenzierung nach Berufsgruppen vgl. BVerfGE 109, 279 (323); 80, 367 (373); 34, 238 (248).

sowie die Vorschriften zur Datenverarbeitung in den §§ 20–29a HSOG verdrängen grundsätzlich die allgemeinen datenschutzrechtlichen Regelungen des HDSIG (die vor allem der Umsetzung der sog. JI-Richtlinie der EU Nr. 2016/680 dienen); diese sind allerdings gegebenenfalls ergänzend heranzuziehen (§ 1 Abs. 2 S. 1, 2 HDSIG, § 3 Abs. 4 S. 1 HSOG).

507 Die Gefahrenabwehr- und Polizeibehörden können unter den einzelnen Voraussetzungen des § 13 Abs. 1 Nrn. 1–4 HSOG personenbezogene Daten zur Erfüllung ihrer Aufgaben erheben.[397] Zudem werden den Polizeibehörden weitere Datenerhebungsbefugnisse gegenüber bestimmten Personen nach § 13 Abs. 2 Nrn. 1–6 HSOG eingeräumt.[398] Das HSOG weist keine näheren Bestimmungen der verwendeten datenschutzrechtlichen Begriffe auf. Doch kann insofern auf die Begriffsbestimmungen des § 2 HDSG a.F., des HDSIG und der DS-GVO zurückgegriffen werden.

508 **Personenbezogene Daten** sind „alle Informationen, die sich auf eine identifizierte oder identifizierbare natürliche Person beziehen" (§ 41 Nr. 1 HDSIG; dort auch zum Merkmal „identifizierbar"). **Erheben** von Daten meint „das Beschaffen von Daten über den Betroffenen", § 2 Abs. 2 S. 2 HDSG a.F.). In Betracht kommt jede auf Gewinnung von Daten abzielende Handlung wie die Einholung von Auskünften von Dritten oder öffentlichen Stellen, das Auswerten von Schriftstücken und sonstigen Quellen.

509 Der Kreis der potenziellen **Adressaten** der Datenerhebung wird durch § 13 Abs. 1 und Abs. 2 HSOG über die §§ 6 ff. HSOG hinaus deutlich erweitert;[399] bei § 13 Abs. 1 Nr. 2 und Nr. 3 HSOG kann jeder Adressat sein.

510 § 13 Abs. 3 S. 1 HSOG enthält zudem die Legaldefinition des Begriffs der **Straftat mit erheblicher Bedeutung** i.S.d. HSOG. Solche Straftaten sind Verbrechen (§ 12 Abs. 1 StGB) und besonders schwerwiegende Vergehen. Sie werden auch in anderen Befugnissen als Tatbestandsmerkmal vorausgesetzt, nämlich in §§ 16 Abs. 2 S. 1 Nr. 2, 17 Abs. 2 Nr. 2, 18 Abs. 2 Nr. 6, 19 Abs. 3 S. 1, 20 Abs. 5 S. 1, 26 Abs. 1 S. 1 und 32 Nr. 2 HSOG.[400] In S. 2 wird zudem die **„terroristische Straftat"** in Anlehnung an § 129a Abs. 1 und 2 StGB definiert.

511 § 13 Abs. 5–8 HSOG bestimmt sodann wichtige Grundsätze des Datenschutzrechts.[401] § 13 Abs. 5 S. 1 HSOG normiert den **Grundsatz der Zweckbindung**. Danach dürfen persönliche Merkmale, die nicht gefahren- oder tatbezogen sind, nur erhoben werden, wenn dies für bestimmte Zwecke erforderlich ist, namentlich zur Identifizierung (z.B. Name, Wohnort, Körpermerkmale) oder zum Schutz der Person oder der Bediensteten der Gefahrenabwehr- und Polizeibehörden. Noch strengere Anforderungen an die Erforderlichkeit gelten für die Erhebung besonders sensibler Daten i.S.d. § 41 Nr. 15 HDSIG. In jedem Fall darf die Verarbeitung der erlangten Daten ohne Zustimmung des Betroffenen zu keinem anderen Zweck erfolgen (§ 13 Abs. 5 S. 3 HSOG).

512 In § 13 Abs. 6 HSOG (i.V.m. § 40 Abs. 1 HDSIG) ist der **Grundsatz der Unmittelbarkeit** der Datenerhebung normiert. Danach dürfen personenbezogene Daten – ausge-

[397] Dazu im Einzelnen *Pausch/Dölger*, S. 182 f.

[398] Zu den Voraussetzungen *Bäuerle*, in: BeckOK, § 13 HSOG Rn. 64 ff.

[399] Im Einzelnen *Bäuerle*, in: BeckOK, § 13 HSOG Rn. 92.

[400] Teilweise wird die Verfassungskonformität des § 13 Abs. 3 Nr. 2 HSOG wegen mangelnder Bestimmtheit angezweifelt, vgl. *Hornmann*, § 13 Rn. 63; *Graulich*, NVwZ 2005, 271 (271); *Pausch/Dölger*, Rn. 184 f.; für eine verfassungskonforme, enge Auslegung *Bäuerle*, in: BeckOK, § 13 HSOG Rn. 120 ff.

[401] Zum Datenschutz im Polizeirecht allgemein siehe *Becker*, JA 2011, 561 ff; zu den Grundsätzen vgl. auch *Fischer/Leggereit/Sommer*, Kap. K Rn. 238 ff.; *Würtenberger/Heckmann/Tanneberger*, § 6 Rn. 17 ff.

nommen in den Fällen des Abs. 1 Nr. 1 und Nr. 2 – nur bei der betroffenen Person und mit deren Mitwirkung erhoben werden. Ausnahmen sind nur zulässig, wenn sonst die Erfüllung gefahrenabwehrbehördlicher oder polizeilicher Aufgaben allgemein oder im Einzelfall erheblich erschwert oder gefährdet würde (S. 2 Hs. 1). Bei der vorzunehmenden Prognose muss sich die Behörde nicht auf tatsächliche Anhaltspunkte stützen. Vielmehr kann auch behördliches Erfahrungswissen die Prognose rechtfertigen.[402] Der Grundsatz der Unmittelbarkeit ist eng verknüpft mit dem **Grundsatz der offenen Datenerhebung** in § 13 Abs. 7 HSOG: Die Datenerhebung hat prinzipiell mit Kenntnis der betroffenen Person zu erfolgen.

Die Datenerhebung, die nicht als gefahrenabwehrbehördliche oder polizeiliche Maß- **513**
nahme erkennbar sein soll (**verdeckte Datenerhebung**), ist nach § 13 Abs. 7 S. 2 Hs. 1 HSOG ausnahmsweise dann zulässig, wenn ohne sie die Erfüllung gefahrenabwehrbehördlicher oder polizeilicher Aufgaben erheblich gefährdet würde. Die erhebliche Erschwerung der Aufgabenerfüllung genügt allerdings nicht.[403] Typische Fälle der verdeckten Datenerhebung sind die Datenerhebung durch Observation (§ 15 HSOG) sowie durch V-Personen und verdeckt ermittelnde Personen (§ 16 HSOG). Die verdeckte Datenerhebung ist nach § 13 Abs. 7 S. 2 Hs. 1 HSOG auch zulässig, wenn anzunehmen ist, dass dies dem überwiegenden Interesse der betroffenen Person entspricht. „Interesse" ist dabei das objektive Interesse, nicht das, was jemand subjektiv als in seinem Interesse liegend empfindet. Die §§ 14 ff. HSOG enthalten hinsichtlich des Grundsatzes der offenen Datenerhebung weitere Ausnahmetatbestände. § 13 Abs. 8 HSOG nennt **Hinweispflichten** der handelnden Behörde gegenüber der von der (offenen) Erhebung personenbezogener Daten selbst betroffenen oder dritten Person; grundsätzlich muss sie auf das Bestehen einer Auskunftspflicht (z.B. gemäß § 12 Abs. 2 HSOG) bzw. die Freiwilligkeit der verlangten Auskunft hingewiesen werden.[404]

IV. Besondere Formen polizeilicher Datenerhebung

Zu den **wichtigsten Befugnissen** polizeilicher Datenerhebung zählen (in der Reihenfolge **513a**
der gesetzgeberischen Anordnung): die Überprüfung der sicherheitsrechtlichen Zuverlässigkeit bestimmter Personen (§§ 13a, 13b HSOG); die Datenerhebung an öffentlichen Orten und Einrichtungen einschließlich der Videoüberwachung und des Einsatzes sog. „Body-Cams" (§ 14 HSOG); die automatische Kfz-Kennzeichenüberwachung (§ 14a HSOG);[405] die Observation und der Einsatz technischer (Aufnahme- und Abhör-) Mittel (§ 15 HSOG); die Telekommunikationsüberwachung (§§ 15a, 15b HOSG); die Online-Durchsuchung (§ 15c HSOG); der Einsatz von V-Personen und VE-Personen (§ 16 HSOG); die Ausschreibung zur polizeilichen Beobachtung und zur gezielten Kontrolle (§ 17 HSOG); die Identitätsfeststellung einschließlich der Schleierfahndung (§ 18 HSOG); erkennungsdienstliche Maßnahmen und DNA-Analyse (§ 19 HSOG). Nicht zur Erhebung von Daten, aber zur Vorladung einer Person zum Zwecke der Datenerhebung (durch Befragung oder Durchführung erkennungsdienstlicher Maßnahmen) ermächtigt § 30 HSOG. Schließlich enthalten die §§ 20-29 HSOG die Befugnisse (und Grenzen) zur Verarbeitung der erlangten personenbezogenen Daten, wie insbesondere

---

[402] Vgl. *Fredrich*, § 13 Rn. 24.

[403] *Kingreen/Poscher*, § 12 Rn. 21.

[404] Zum verfassungsrechtlichen Hintergrund dieser Hinweispflichten BVerfGE 141, 220 (285 ff.); 133, 277 (372).

[405] Die Regelung ist allerdings nach BVerfGE 150, 309 ff., nur sehr eingeschränkt anwendbar; vgl. Rn. 550.

deren Speicherung und Übermittlung (§§ 20-24 HSOG), den Datenabgleich und die Rasterfahndung (§§ 25, 26 HSOG) sowie die automatisierte Anwendung zur Datenanalyse (§ 25a HSOG).

1. Zuverlässigkeitsprüfung

514 Die Vorschrift des § **13a HSOG** ermächtigt die Polizeibehörden, (außerhalb des HSÜVG) Zuverlässigkeitsüberprüfungen bei Personen durchzuführen, die sicherheitsrelevante Dienstleistungen in oder im Umfeld von Behörden mit Vollzugsaufgaben (einschließlich der Anwendung unmittelbaren Zwangs, § 63 HSOG) erbringen oder Zugang zu bestimmten Einrichtungen oder Veranstaltungen erhalten sollen.

515 Voraussetzung dafür ist, dass die zu überprüfende Person einem der in Abs. 1 genannten **Personenkreise** angehört. Hauptanwendungsfälle sind Bewerber für den Polizeivollzugsdienst des Landes und der sonstige Einsatz in besonders gefährdeten Liegenschaften öffentlicher Stellen, wie z.B. dem Hessischen Landtag oder auch in Flüchtlingsunterkünften.[406] Erbringer selbstständiger Dienstleistungen i.S.d. § 13a Abs.1 Nr. 2 HSOG sind z.B. Dolmetscher, während Nr. 3 und Nr. 4 sich hauptsächlich an Handwerker und externe Hausmeister richtet.[407]

516 Die Zuverlässigkeitsüberprüfung kann nach § 13a Abs. 2 S. 1 HSOG durch die Vorlage von **Ausweisdokumenten** bzw. Kopien oder nach S. 2 auch durch den **Abgleich mit Datenbeständen** von Polizei und Justiz erfolgen, sofern der Betroffene dazu seine **Einwillligung** gegeben hat. Entscheidet die Polizeibehörde nicht selbst über die Zuverlässigkeit einer Person, unterrichtet sie die ersuchende Stelle über sicherheitsrelevante Erkenntnisse bzw., sofern ein Privater den Überprüfungsantrag gestellt hatte, über bestehende Sicherheitsbedenken (§ 13a Abs. 3, § 13b Abs. 2 S. 2 HSOG).

517 **§ 13b HSOG** ermöglicht die Zuverlässigkeitsüberprüfung von Personen, die zu Veranstaltungen in **privater Trägerschaft** (z.B. Sportereignisse, Parteitage) **privilegierten Zutritt** erhalten sollen. Die Überprüfung (auf Antrag des Veranstalters) darf nur erfolgen, wenn eine besondere Gefährdung für die Veranstaltung besteht, es sich also um eine sog. **Risikoveranstaltung** handelt.[408] Vor der Durchführung, die näher in § 13b Abs. 2 HSOG ausgestaltet ist, ist der Hessische Datenschutzbeauftrage anzuhören.

518 **Adressat** der Maßnahme können nur Personen sein, die einem in Abs. 1 genannten Personenkreis angehören bzw. für die ein privilegierter Zutritt zu einer Veranstaltung beantragt wurde (z.B. Servicepersonal, Journalisten, Sicherheitsdienst, Lieferanten).

2. Identitätsfeststellung, Schleierfahndung

519 Die Identitätsfeststellung, d.h. Personalienfeststellung (§ 18 HSOG), ist die **offene Erhebung von Personalien bei dem Betroffenen** zur Klärung seiner Identität.[409] § 18 HSOG geht aber über die reine Feststellung von Personalien hinaus und ermächtigt zu weiteren damit verbundenen Maßnahmen, etwa zur Durchsuchung oder Durchführung erkennungsdienstlicher Maßnahmen. In der Praxis kommt der Identitätsfeststellung und den damit verbundenen Maßnahmen nur vorbereitender Charakter zu, da durch sie allein noch keine Gefahr abgewehrt wird. Vielmehr schließen sich der erfolgreichen Identitätsfeststellung im konkreten Einzelfall Folgemaßnahmen an, etwa die Ingewahrsamnahme

[406] Hess. LT-Drs. 19/2460, S. 2.
[407] Hess. LT-Drs. 19/1979, S. 28.
[408] *Bäuerle*, in: BeckOK, § 13b HSOG Rn. 11 ff.
[409] Vgl. *Fredrich*, § 18 Rn. 1.

nach § 32 HSOG. Sie ist damit dem Wesen nach ein typischer **Gefahrerforschungseingriff.**[410] Von diesen präventiven Befugnissen zur Identitätsfeststellung sind die **repressiven Befugnisse zu unterscheiden;** diese finden sich in §§ 163b Abs. 1, 2, 111 StPO (i.V.m. § 46 OWiG), §§ 81b und 81g StPO.

Gemäß § 18 Abs. 1 HSOG ist die Identitätsfeststellung allgemein zulässig, wenn sie zur Abwehr einer **konkreten Gefahr**, zur Erfüllung anderer durch Rechtsvorschriften zugewiesener Aufgaben (§ 1 Abs. 2 HSOG) oder zum Schutz privater Rechte (§ 1 Abs. 3 HSOG) erforderlich ist. Diese Befugnis besteht gleichermaßen für Gefahrenabwehr- und Polizeibehörden. 520

§ 18 Abs. 2 HSOG ermächtigt hingegen nur Polizeibehörden. Sie dürfen die Identität einer Person auch unter den Voraussetzungen des § 18 Abs. 2 Nrn. 1–7 HSOG feststellen. Eine konkrete Gefahrenlage ist dafür regelmäßig nicht erforderlich. Es genügt, wenn sich die betroffene Person z.B. an einem gefährlichen Ort, in bzw. bei einem gefährdeten Objekt oder an einer polizeilichen Kontrollstelle aufhält. Nr. 1 ist die Rechtsgrundlage für eine präventiv-polizeiliche Razzia, d.h. eine planmäßig vorbereitete oder überraschende Absperrung bestimmter Räume oder Plätze mit anschließender Identitätsfeststellung der dort befindlichen Personen (sog. **Ortshaftung**). Jedoch müssen **tatsächliche Anhaltspunkte** gegeben sein, dass sich an diesem Ort die in Nr. 1 genannten Vorgänge erfahrungsgemäß zu ereignen pflegen. Nr. 2 ermöglicht die Identitätsfeststellung, wenn sie zur Leistung von Vollzugshilfe (§ 1 Abs. 5 HSOG) erforderlich ist. Demnach darf die Polizei z.B. die Identität eines ihr von der Ausländerbehörde zur Abschiebung übergebenen ausländischen Staatsbürgers überprüfen. Nr. 3 und Nr. 4 ermöglichen die Identitätsfeststellung zum Zwecke des **Schutzes gefährdeter Objekte oder gefährdeter Personen**, wenn tatsächliche Anhaltspunkte für mögliche Straftaten bestehen.[411] Nr. 5 erlaubt die Identitätsfeststellung jeder Person, die an einer von der Polizei eingerichteten öffentlichen **Kontrollstelle** angetroffen wird. Soweit dies nicht nur zum Zwecke der Verhütung von Straftaten nach § 100a StPO, sondern auch zur Verhütung versammlungsrechtlicher Straftaten gestattet wird, ist die Vorschrift allerdings wegen Verstoßes gegen das Zitiergebot des Art. 19 Abs. 1 S. 2 GG (vgl. § 10 HSOG) verfassungswidrig und daher insoweit nicht anwendbar.[412] 521

§ 18 Abs. 2 Nr. 6 HSOG normiert die **anlassunabhängige** Personenkontrolle, die sog. **Schleierfahndung.** Danach können die Polizeibehörden zur vorbeugenden Bekämpfung der grenzüberschreitenden Kriminalität die Identität einer (jeder) Person feststellen, wenn die Person – ohne dass dazu eine Kontrollstelle eingerichtet werden müsste – in Einrichtungen des internationalen Verkehrs, auf Straßen oder auf Bundeswasserstraßen angetroffen wird, soweit aufgrund von Lageerkenntnissen oder polizeilicher Erfahrung anzunehmen ist, dass diese von erheblicher Bedeutung für die grenzüberschreitende Kriminalität sind. 522

Trotz der Zielsetzung, die grenzüberschreitende Kriminalität zu bekämpfen, handelt es sich dabei nicht um eine Regelung des Grenzschutzes, zu der die Länder wegen der ausschließlichen **Gesetzgebungskompetenz** des Bundes gemäß Art. 73 Abs. 1 Nr. 5 GG nicht befugt wären.[413] Auch hat der EuGH solche Kontrollen **unionsrechtlich** für zulässig erklärt, soweit die tatsächliche Ausübung der behördlichen Identitätskontrollen nicht die gleiche Wirkung haben wie Grenzübertrittskontrollen, die an den innereuro- 523

---

[410] Zum Begriff näher *Gusy*, Rn. 189 ff.
[411] Im Einzelnen *Bäuerle*, in: BeckOK, § 18 HSOG Rn. 57 ff.
[412] BVerfGE 150, 309 (333 Rn. 61 f.).
[413] BVerfGE 150, 309 (335 Rn. 69).

päischen Grenzen nach dem Schengener Grenzkodex (Rn. 24) verwehrt sind.[414] In **materiell-verfassungsrechtlicher** Hinsicht[415] ist die Schleierfahndung in Anbetracht ihrer **geringeren Eingriffsintensität** als im Sinne des Verhältnismäßigkeitsgrundsatzes angemessen hinzunehmen, soweit sie dem Schutz **gewichtiger Schutzgüter** vor organisierter grenzüberschreitender Kriminalität wie Menschenschmuggel, Waffen- und Drogenhandel, Bandendiebstahl oder Autoschieberei dient. Die Eingriffsvoraussetzung ist zwar niedrig, weil die Kontrolle keines konkreten Anlasses bedarf. Doch müssen immerhin über allgemeine Lageerkenntnisse hinaus hinreichend greifbare Erkenntnisse für eine verdichtete Verdachtslage vorliegen. Aber ein weitergehender Zurechnungszusammenhang zwischen der kontrollierten Person und der Gefahr, deren Vorbeugung die Maßnahme dient, braucht nicht zu bestehen. Auch dem **Bestimmtheitsgebot** ist im Hinblick auf den Zweck der Befugnis und bei dessen verfassungskonformer Anwendung hinreichend Rechnung getragen.

524 Die im Zuge der Identitätsfeststellung **erlaubten Maßnahmen** sind in § 18 Abs. 3–5 HSOG normiert. Danach können Personen insbesondere **angehalten** (Freiheitsbeschränkung) oder auch **festgehalten** (Freiheitsentziehung) werden, der Ort der Kontrolle abgesperrt, die Person nach Personalien befragt, **durchsucht**, zur Dienststelle verbracht (sog. **Sistierung**), die Aushändigung von **Ausweispapieren** verlangt sowie, unter erhöhten Voraussetzungen, **erkennungsdienstliche Maßnahmen** angeordnet werden.

525 Während sich die Identitätsfeststellung nach § 18 Abs. 1 HSOG an die **Adressaten** nach §§ 6, 7, 9 HSOG richtet, treffen alle Varianten des § 18 Abs. 2 HSOG hinsichtlich der Pflichtigen Sonderregelungen. Erkennungsdienstliche Maßnahmen dürfen nach § 18 Abs. 5 S. 2 HSOG gegenüber einem Nichtstörer (§ 9 HSOG) gegen seinen Willen nur durchgeführt werden, wenn er Angaben zu seiner Identität verweigert oder der Verdacht einer Täuschung über die Identität vorliegt.

526 § 18 Abs. 7 HSOG enthält sodann die eigenständige Befugnis zur **Prüfung von Berechtigungsscheinen.** Hierzu zählen etwa Führerscheine, Fahrzeugzulassungen, Waffenscheine, Jagdscheine oder Reisegewerbekarten. Allerdings können nur solche Berechtigungsscheine überprüft werden, zu deren Mitführung die betroffene Person aufgrund einer Rechtsvorschrift außerhalb des HSOG verpflichtet ist.[416]

527 **Fall – Bildaufnahmen von Polizeikräften mal umgekehrt:**[417] Auf einer angemeldeten Versammlung fertigt die Polizei Ton- und Bildaufnahmen von den Teilnehmern an. Unter diesen befinden sich auch A und eine Begleiterin B. Sie sind durch Buttons an ihrer Kleidung als Angehörige der Interessengemeinschaft „BürgerInnen beobachten Polizei und Justiz" zu erkennen. B erweckt dabei den Eindruck, als filme sie ihrerseits die eingesetzten Polizeibeamten. Polizeibeamte sprechen daraufhin A und B an und fordern A im weiteren Verlauf dazu auf, sich auszuweisen. A wendet dagegen ein, dass eine Veröffentlichung der Bilder nicht geplant sei, sondern diese als Beweismittel dienen sollen, weil die Aufnahmen der Polizei rechtswidrig seien. Als die Beamten dennoch seinen Personalausweis verlangen, händigt er diesen aus. – Ist die polizeiliche Aufforderung, sich auszuweisen, materiell rechtmäßig?

---

[414] EuGH, Rs. C-188/10, C-189/10 – Melki und Abdeli, Slg. 2010, I-5667 ff., ECLI:EU:C:2010:363; Rs. C-9/16 – A., ECLI:EU:C:2017:483, BayVBl. 2017, 771 ff.; vgl. auch Art. 23 lit. a Schengener Grenz-Kodex (VO EU 2016/399).

[415] Vgl. SächsVerfGH, JZ 1996, 957 ff.; BayVerfGH, JZ 2006, 617ff.; BaWüVGH, NVwZ 2004, 498 ff.; MVVerfGH, DÖV 2000, 71 ff.; *Schoch*, Rn. 514; *Gusy*, Rn. 205 f.; *Bäuerle*, in: BeckOK, § 18 HSOG Rn. 102 ff.; *Bäcker*, in: Lisken/Denninger, Kap. D Rn. 290.

[416] Zu den einschlägigen Rechtsvorschriften siehe *Schoch*, Rn. 516.

[417] Nach NdsOVG, NVwZ 2013, 1498 ff.; BVerfG-K, NVwZ 2016, 53 f. Vgl. auch *Muckel*, JA 2016, 311; *Tomerius*, DVBl. 2019, 1581 ff.; *Kirchhoff*, NVwZ 2021, 1177 ff.; zum Problemkreis im Kontext der sog. Querdenker-Proteste *Reuschel*, NJW 2021, 17 ff.

Die Aufforderung ist materiell rechtmäßig, wenn sie auf einer verfassungskonformen Ermächtigungsgrundlage beruht und deren Voraussetzungen erfüllt sind.

I. Ermächtigungsgrundlage

Die Aufforderung, sich auszuweisen, stellt eine Identitätsfeststellung nach **§ 18 Abs. 1 HSOG** dar. Damit die Norm als Ermächtigungsgrundlage in Betracht kommt, müsste das HSOG jedoch anwendbar und dürfte insofern nicht durch das speziellere Versammlungsgesetz gesperrt sein. Die sog. **Polizeifestigkeit des Versammlungsrechts** schließt den Rückgriff auf das allgemeine Gefahrenabwehrrecht aber nur für die Abwehr versammlungsspezifischer Gefahren aus. Das Anfertigen von Bildaufnahmen von den vor Ort agierenden Polizisten stellt keine solche versammlungstypische Gefahr dar. Das HSOG ist damit anwendbar.

II. Materielle Rechtmäßigkeit

Nach § 18 Abs. 1 HSOG müsste die Identitätsfeststellung zur Abwehr einer Gefahr für ein polizeiliches Schutzgut erforderlich gewesen sein.

1. In Betracht kommt eine drohende strafbare **Verletzung des Rechts am eigenen Bild** nach §§ 22, 23 i.V.m. § 33 i.V.m. KUG. Danach ist das Verbreiten und öffentliche Zurschaustellen von Bildnissen ohne Einwilligung des Abgebildeten verboten, soweit nicht ein Ausnahmetatbestand des § 23 KUG eingreift. Dieser Schutz steht den Polizisten auch bei Ausübung ihrer Amtsfunktionen zu.

2. Insofern müsste im maßgeblichen Zeitpunkt der Identitätsfeststellung eine **konkrete Gefahr** vorgelegen haben. Dem steht nicht entgegen, dass die Identitätsfeststellung nicht selbst auf die Abwehr der Gefahr gerichtet ist, sondern dem Wesen nach bei einem gegebenen Gefahrverdacht der Gefahrerforschung zur Vorbereitung nachfolgender Gefahrenabwehrmaßnahmen dient. Somit müsste eine Situation vorgelegen haben, bei deren ungehindertem Fortgang mit hinreichender Wahrscheinlichkeit mit dem Eintritt eines Schadens für das Schutzgut, hier der Begehung einer Straftat nach § 33 i.V.m. §§ 22, 23 KUG durch A gerechnet werden konnte.

a) Vorliegend erweckte zwar lediglich B den Eindruck, Videoaufnahmen von den Polizisten zu machen. Doch kann dem A das Verhalten seiner Begleiterin bei lebensnaher Betrachtung **zugerechnet** werden. Beide traten erkennbar gemeinsam als Angehörige der Interessengemeinschaft „BürgerInnen beobachten Polizei und Justiz" auf.

b) Zweifelhaft ist jedoch, ob die Polizisten von einer drohenden unzulässigen Verbreitung des Bildmaterials ausgehen durften. Das Filmen und Fotographieren polizeilicher Einsätze ist als solches grundsätzlich zulässig. Auch kann nicht ohne weiteres davon ausgegangenen werden, dass aufgenommene Bildnisse von Personen stets im Sinne des §§ 22, 23 KUG unzulässig verbreitet werden. Vielmehr bedarf es dafür **hinreichend tragfähiger Anhaltspunkte**. Das folgt daraus, dass die Identitätsfeststellung zugleich einen empfindlichen Eingriff in das Recht der Betroffenen auf informationelle Selbstbestimmung aus Art. 2 Abs. 1 i.V.m. Art 1 Abs. 1 GG darstellt. Würde das Anfertigen von Lichtbildern oder Videoaufnahmen eines Polizeieinsatzes unter Verweis auf die bloße Möglichkeit einer nachfolgenden strafbaren Verletzung des Rechts am eigenen Bild (nach §§ 22 S. 1, 33 Abs. 1 KUG) genügen, um polizeiliche Maßnahmen wie eine Identitätsfeststellung zu rechtfertigen, würden die Betroffenen allzu leicht aus der Furcht vor solchen Maßnahmen auch zulässige Aufnahmen und die damit nicht selten einhergehende Kritik an staatlichem Handeln unterlassen. Das Grundrecht auf informationelle Selbstbestimmung gebietet daher eine **verfassungskonforme Auslegung und Anwendung** des einfachen Rechts, hier des Begriffs der Gefahr im Sinne des § 18 Abs. 1 HSOG im Hinblick auf die Begehung einer Straftat nach §§ 22 S. 1, 33 Abs. 1 KUG, durch die solche abschreckenden Effekte für den Gebrauch des Grundrechts möglichst gering gehalten werden. Erforderlich ist es daher, dass eine von § 33 Abs. 1 KUG sanktionierte Verbreitung oder öffentliche Zurschaustellung der angefertigten Aufnahmen nach den konkreten Umständen des Einzelfalls tatsächlich zu erwarten ist. Daran bestehen aber vorliegend gravierende Zweifel. Denn A und B erklärten auf Nachfrage ausdrücklich, dass ihre Ablichtungen der Polizisten eine bloße Reaktion auf die polizeilicherseits gefertigten Bild- und Tonaufzeichnungen darstellten und diese nicht zur Veröffentlichung, sondern zur Beweissicherung mit Blick auf ein etwaiges späteres Verwaltungsstreitverfahren bestimmt seien. Tragfähige Anhaltspunkte dafür, dass entgegen dieser Einlassung doch eine strafbare Verbreitung der Lichtbilder konkret drohte, lässt der Sachverhalt nicht erkennen. Solange eine weitere Aufklärung der Sachlage nichts anderes erweist, durften die Polizisten daher nicht davon ausgehen, dass A und B das aufgenommene Bildmaterial in strafbarer Weise verbreiten würden.

Die Aufforderung an A, sich auszuweisen, war daher materiell rechtswidrig.

3. Erkennungsdienstliche Maßnahmen und DNA-Analyse

528 § 19 HSOG regelt erkennungsdienstliche Maßnahmen und die DNA-Analyse zu ausschließlich präventiven Zwecken. Die Norm weist aber **Überschneidungen** mit Befugnisnormen der StPO im repressiven Bereich auf, insbesondere mit § 81b Alt. 2 und § 81g StPO.

529 Erkennungsdienstliche Maßnahmen (im Folgenden: ED-Maßnahmen) können **tatbestandlich** nach § 19 Abs. 2 Nr. 1 HSOG nur von Polizeibehörden und nur dann durchgeführt werden, wenn sie zur Identitätsfeststellung nach § 18 Abs. 3 HSOG angeordnet wurden oder wenn sie nach § 19 Abs. 2 Nr. 2 HSOG zur vorbeugenden Bekämpfung von Straftaten erforderlich sind, weil die betroffene Person verdächtig ist, eine Straftat begangen zu haben, und wegen der Art der Ausführung der Tat die Gefahr der Wiederholung besteht.

530 Für die im Sinne der Nr. 2 notwendige **Prognose** reichen allgemeine Vermutungen bezüglich einer „delinquenzgeneigten" Persönlichkeit nicht aus, ebenso ist eine Vermutung bei Wiederholungstätern problematisch. Der Tatverdacht und die Wiederholungsgefahr müssen vielmehr mit nachvollziehbaren und objektiv überprüfbaren Tatsachen im Einzelfall begründet sein. Die in Nr. 1 in Bezug genommene **Anordnung** erkennungsdienstlicher Maßnahmen (§ 18 Abs. 3 HSOG) kann sowohl durch die Gefahrenabwehr- als auch durch die Polizeibehörden getroffen worden sein. Weil aber nur die Polizeibehörden ED-Maßnahmen durchführen dürfen, müssen ggf. die Verwaltungs- oder Ordnungsbehörden an diese ein Amtshilfeersuchen nach § 44 Abs. 1 Nr. 2, Abs. 2 Nr. 3 HSOG richten.[418]

531 Indem § 19 Abs. 2 Nr. 2 HSOG ED-Maßnahmen zur vorbeugenden Bekämpfung von Straftaten erlaubt, ist diese Befugnis von der Vorschrift des **§ 81b Alt. 2 StPO** abzugrenzen, die zu Maßnahmen „zum Zwecke des Erkennungsdienstes" im Kontext der Strafverfolgung ermächtigt. Denn die „vorbeugende Bekämpfung von Straftaten" umfasst nach § 1 Abs. 4 HSOG nicht nur die Verhütung von Straftaten, sondern auch die Strafverfolgungsvorsorge. Für die Verfolgungsvorsorge aber fehlt den Ländern die Gesetzgebungskompetenz, weil sie auf das repressive Strafverfahren ausgerichtet ist.[419] Das gilt aber nur soweit, wie der Bund insoweit abschließende Regelungen getroffen hat. Daher bleibt für auf Landesrecht gestützte ED-Maßnahmen zur Vorsorge künftiger Strafverfolgung nur Raum, soweit sich diese nicht gegen einen „**Beschuldigten**" richten

---

[418] Vgl. *Bäuerle*, in: BeckOK, § 19 HSOG Rn. 30 ff.

[419] BVerfGE 103, 21 (30 f.); 113, 348 (368 ff.); BVerwG, NJW 2006, 1225 (1226); in Bezug auf die Eröffnung des Verwaltungsrechtswegs nach § 40 Abs. 1 VwGO: BVerwG, NVwZ-RR 2011, 710 f.

oder der Verdacht nicht den Grad eines Anfangsverdachts im Sinne der StPO erreicht hat. Dem derart erheblich verengten Anwendungsbereich des § 19 Abs. 2 Nr. 2 HSOG unterfallen deshalb z.B. rechtskräftig verurteilte Personen kurz vor der Entlassung oder Kinder unter 14 Jahren, die nach § 19 StGB strafunmündig sind.[420]

Welche **Arten von ED-Maßnahmen** in der Rechtsfolge zulässig sind, zählt § 19 Abs. 1 HSOG abschließend auf. Zu den ED-Maßnahmen gehören die Abnahme von Fingerabdrücken und Abdrücken anderer Körperpartien, die Aufnahme von Abbildungen sowie die Messung und Feststellung äußerer körperlicher Merkmale.[421] Das der Polizei eingeräumte Ermessen (§ 5 HSOG), zwischen den verschiedenen Maßnahmen zu wählen, muss allerdings unter Wahrung des Verhältnismäßigkeitsgrundsatzes ausgeübt werden. 532

§ 19 Abs. 3 HSOG ermöglicht die **DNA-Analyse** (genauer: die Entnahme von Körperzellen und die Feststellung des DNA-Identifizierungsmusters[422]) bei unter 14-jährigen „Straftätern“, wenn eine solche Person verdächtig ist, eine Straftat mit erheblicher Bedeutung im Sinne des § 13 Abs. 3 HSOG begangen zu haben (sog. **Anlasstat**) und wenn wegen der Art oder Ausführung der Tat die Gefahr besteht, dass sie künftig Straftaten mit erheblicher Bedeutung begehen wird (sog. **Negativprognose**). Wegen des erheblichen Grundrechtseingriffs sind an das Vorliegen beider Tatbestandsvoraussetzungen hohe Anforderungen zu stellen. Die DNA-Analyse darf allerdings ohnehin ebenso wie erkennungsdienstliche Maßnahmen nur soweit auf Landesrecht gestützt werden, wie Bundesrecht, hier **§ 81g StPO**, keine Anwendung findet.[423] Der Anwendungsbereich des § 19 Abs. 3 HSOG ist daher stark eingeschränkt. Im Übrigen gelten die Verfahrensvorschriften der § 36 Abs. 5 S. 2–5 HSOG und § 81f StPO entsprechend, insbesondere ist i.d.R. eine **richterliche Anordnung** notwendig.[424] 533

Als **Adressaten** kommen nur die in § 19 Abs. 2 und 3 HSOG genannten Personen in Betracht, bei Abs. 2 Nr. 1 also nur die Person, gegen die eine Anordnung der Identitätsfeststellung ergangen ist, und bei Abs. 2 Nr. 2 und Abs. 3 nur der Verdächtige einer Straftat. 534

Fall – „Blockupy Frankfurt“: D nahm an der angemeldeten Demonstration „Blockupy Frankfurt – Kapitalismus versenken“ in Frankfurt a.M. teil. Die Versammlungsbehörde hatte diverse Auflagen verfügt, die nicht von allen Veranstaltungsteilnehmern eingehalten wurden. Im Zuge der Versammlung bildete sich ein sog. „Schwarzer Block“, aus dem heraus vermummte Demonstranten Feuerwerkskörper, Steine und andere Wurfgeschosse warfen, wodurch mehrere Polizisten und andere Versammlungsteilnehmer verletzt wurden. Die Polizeibehörden trennten daraufhin mittels zweier Polizeiketten den „Schwarzen Block“ ab und kesselten ihn ein. Als die separierten Teilnehmer sich zum großen Teil lautstark weigerten, den Aufrufen der Polizei, Vermummung und Pyrotechnik abzulegen, Folge zu leisten, wurden sie von der Versammlung ausgeschlossen (§§ 18 Abs. 3, 19 Abs. 4 VersG) und einzeln, darunter auch D, aus dem Kessel geführt. Bevor D „entlassen“ wurde, wurden seine Personalien aufgenommen sowie er und sein mitgeführter Rucksack durchsucht. Dabei wurden Feuerwerkskörper und andere Wurfgeschosse gefunden. Außerdem fertigte die Polizei von D 535

---

[420] Vgl. Nr. 19.2. VVHSOG; BVerwGE 141, 329 ff.; *Fredrich*, § 19 Rn. 5; *Hornmann*, § 19 Rn. 21; *Bäuerle*, in: BeckOK, § 19 HSOG Rn. 7; allgemein *Schoch*, Rn. 523 m.w.N.; *Wehr*, Rn. 10 ff.; *Waldhoff*, JuS 2013, 94 ff.

[421] Im Einzelnen *Bäuerle*, in: BeckOK, § 19 HSOG Rn. 22 ff.

[422] Zur näheren Erläuterung *Bäuerle*, in: BeckOK, § 19 HSOG Rn. 46 ff.

[423] *Fredrich*, § 19 Rn. 9; *Hornmann*, § 19 Rn. 11.

[424] Zum Rechtsschutz gegen erkennungsdienstliche Maßnahmen unter besonderer Berücksichtigung des § 81b Alt. 2 StPO vgl. *Waszczynski*, JA 2013, 60 ff.; *Gerhold/Rakoschek*, Jura 2008, 895 ff.; BVerwG, NVwZ-RR 2011, 710 f.

Bilder an (Videographie) und nahm von ihm Fingerabdrücke ab. Anschließend wurde ihm mündlich verboten, bis zum Morgen des Folgetages in einem Stadtplan bezeichnete Teile des Frankfurter Innenstadtgebiets zu betreten.

D begehrt die gerichtliche Überprüfung der erkennungsdienstlichen Maßnahmen (ED-Maßnahmen). Ist dafür der Verwaltungsrechtsweg eröffnet?[425]

Der Verwaltungsrechtsweg ist eröffnet, wenn die Voraussetzungen des **§ 40 Abs. 1 S. 1 VwGO** vorliegen.

1. Dann müsste es sich bei dem Rechtsschutzbegehren des D um eine öffentlich-rechtliche Streitigkeit nichtverfassungsrechtlicher Art handeln. Ob eine Streitigkeit öffentlich-rechtlicher Art gegeben ist, beurteilt sich nach der Rechtsnatur derjenigen Rechtsnormen, die das **Rechtsverhältnis** (zum Beklagten) prägen, aus dem das geltend gemachte Rechtsschutzbegehren (der Anspruch) hergeleitet wird. Öffentlich-rechtlicher Natur sind diejenigen Rechtsnormen, welche einen Träger öffentlicher Gewalt gerade als solchen berechtigen oder verpflichten, die also einen öffentlichen Verwaltungsträger zur Wahrnehmung öffentlicher Aufgaben mit besonderen Befugnissen ausstatten oder besonderen Regeln unterwerfen (st. Rspr.). Danach ist vorliegend das Rechtsverhältnis zwischen der Polizei und D, aus dem der Streit über die Rechtmäßigkeit der ED-Maßnahmen hervorgeht, öffentlich-rechtlicher Natur. Denn als **streitentscheidende Normen** kommen **§ 19 HSOG** und **§ 81b StPO** in Betracht. Sie gehören dem Polizei- bzw. dem Strafprozessrecht an und berechtigen einseitig einen Hoheitsträger als solchen. Da der Streit auch nichtverfassungsrechtlicher Art ist, ist die Voraussetzung des § 40 Abs. 1 S. 1 Hs. 1 VwGO gegeben.

2. Jedoch könnte gemäß § 40 Abs. 1 S. 1 Hs. 2 VwGO eine bundesgesetzlich bestimmte, **abdrängende Sonderzuweisung** eingreifen. Hier kommt eine Zuweisung der Streitigkeit an die ordentlichen Gerichte gemäß **§ 23 Abs. 1 S. 1 EGGVG** in Betracht. Dazu müsste die Rechtmäßigkeit einer Anordnung einer Justizbehörde auf dem Gebiet der Strafrechtspflege in Rede stehen. Dem Begriff „Justizbehörde" in § 23 Abs. 1 S. 1 EGGVG unterfällt auch die Polizei als Ermittlungsperson der Staatsanwaltschaft (§§ 161 StPO, 152 GVG).[426] Allerdings müsste dann die Polizei zu Zwecken der Strafrechtspflege, d.h. der Strafverfolgung nach der StPO tätig geworden sein.

a) Grundsätzlich können ED-Maßnahmen auf mehrere Normen gestützt werden. Welche Norm im Einzelfall als Ermächtigungsgrundlage heranzuziehen ist, beurteilt sich nach dem Zweck der ergriffenen Maßnahme. **§ 81b Alt. 1 StPO** erlaubt ED-Maßnahmen zum Zweck der „Durchführung eines Strafverfahrens", also der (repressiven) Strafverfolgung. Auf **§ 81b Alt. 2 StPO** können ED-Maßnahmen zum „Zwecke des Erkennungsdienstes", d.h. der Vorsorge für zukünftige Strafverfolgung gestützt werden. Ebenso ermächtigt **§ 19 Abs. 2 Nr. 2 HSOG** zu ED-Maßnahmen, wenn dies zur „vorbeugenden Bekämpfung von Straftaten" erforderlich ist, wovon nach der polizeilichen Aufgabenzuweisungsnorm des § 1 Abs. 4 HSOG (neben der Straftatenverhütung) auch die Strafverfolgungsvorsorge umfasst ist. Zudem erlaubt § 19 Abs. 2 Nr. 1 HSOG ED-Maßnahmen, wenn dies zur Feststellung einer Identität nach § 18 Abs. 3 HSOG zum Zwecke der Gefahrenabwehr nach § 18 Abs. 1 HSOG und unter den Voraussetzungen des § 18 Abs. 5 HSOG angeordnet ist; dieser Fall ist jedoch hier nicht einschlägig.

b) Demnach könnte das polizeiliche Handeln vorliegend **sowohl repressive** (Strafverfolgung) **als auch präventive Zwecke** (Strafverfolgungsvorsorge) verfolgt haben.

aa) Die Polizei könnte zunächst präventiv zur Abwehr von Gefahren, die von den vermummten und Feuerwerkskörper werfenden Demonstranten ausgingen, gehandelt haben.

---

[425] Vgl. dazu VG Frankfurt, Beschl. v. 03.06.2014 – Az. 5 K 659/14.F (juris); zu den einzelnen polizeilichen Maßnahmen lesenswert VG Frankfurt, Urt. v. 24.09.2014 – Az. 5 K 659/14.F (juris).

[426] BVerwGE 47, 255 (259 ff.).

Aber auch ein Einschreiten zur Verfolgung der bereits begangenen Straftaten erscheint nicht ausgeschlossen. Schließlich wäre es möglich, dass die Polizei die Identifizierung potenzieller Täter bei der Verfolgung späterer Straftaten erleichtern wollte.

bb) Welche Zweckverfolgung bei solchen **doppelfunktionalen Maßnahmen** die maßgebliche ist, bestimmt sich danach, wie sich der betreffende Sachverhalt einem verständigen Bürger in der Lage des Betroffenen bei natürlicher Betrachtungsweise darstellt, mit anderen Worten: welchen Zweck die Polizei bei objektiver Betrachtung **schwerpunktmäßig** verfolgt hat (siehe dazu oben Rn. 9 ff.).

(1) Dafür, dass mit den ED-Maßnahmen schwerpunktmäßig repressive Zwecke verfolgt wurden, könnte sprechen, dass tatsächliche Anhaltspunkte vorlagen, dass die eingekesselten Personen Straftaten, insbesondere nach dem Nebenstrafrecht des § 27 Abs. 2 Nr. 1, 2 VersG, begangen haben. Demnach könnte § 81b Alt. 1 StPO die einschlägige Rechtsgrundlage sein. Das aber würde voraussetzen, dass die Adressaten der Maßnahme „Beschuldigte“ i.S.d. StPO sind, dass also gegen sie bereits ein förmliches Ermittlungsverfahren eingeleitet worden ist. Dies könnte zwar auch konkludent durch die Durchführung der ED-Maßnahmen geschehen sein. Dennoch diente die erkennungsdienstliche Behandlung vorliegend nicht im Schwerpunkt der „Durchführung eines Strafverfahrens“, auch wenn sie zur Täteridentifizierung oder zur Beweisführung beigetragen haben mag. Um die Strafverfolgung zu sichern, hätte jedoch eine Identitätsfeststellung des D ausgereicht. Auch zeigt das erteilte Aufenthaltsverbot, dass das von D ausgehende Gefahrenpotential aus polizeilicher Sicht nicht allein durch repressive Schritte zu neutralisieren war. Daher hatte bei realitätsnaher Betrachtung die Durchführung der ED-Maßnahmen weniger Bedeutung für die Aufklärung der bereits begangenen Straftaten als vielmehr für die Vorsorge künftiger Strafverfolgung.

(2) Für eine in diesem Sinne präventive Zielrichtung der erkennungsdienstlichen Behandlung spricht des Weiteren, dass die Polizei damit zusätzlich zur Erfassung der Personalien des D ersichtlich erreichen wollte, ihn durch die Videographie vollständig aus der Anonymität zu reißen und ihm dadurch bewusst zu machen, dass er bei künftigen Ausschreitungen identifiziert und strafrechtlich verfolgt werden könnte.

c) Dienten die ED-Maßnahmen demnach vor allem der **Strafverfolgungsvorsorge,** bleibt die Frage, ob sie auf § 81b Alt. 2 StPO oder auf § 19 Abs. 2 Nr. 2 HSOG gestützt werden konnten. Das kann aber letztlich dahin gestellt bleiben. Denn jedenfalls ist § 23 Abs. 1 S. 1 EGGVG auf Maßnahmen der Strafverfolgungsvorsorge außerhalb konkreter Straf- bzw. Ermittlungsverfahren nicht anwendbar. Denn indem die Vorschrift des § 23 Abs. 1 EGGVG Entscheidungen über Anordnungen, Verfügungen oder sonstige Maßnahmen, die auf dem Gebiet der Strafrechtspflege getroffen werden, den ordentlichen Gerichten zuweist, erfasst sie nur Rechtsstreitigkeiten über solche Maßnahmen, die zur Verfolgung einer strafbaren Handlung getroffen worden sind. Dazu gehören aus dem Regelungsbereich des § 81b StPO nur solche Maßnahmen, die nach der Alt. 1 zur „Durchführung eines Strafverfahrens“, nicht dagegen solche, die nach der Alt. 2 für „Zwecke des Erkennungsdienstes“ und damit zur Vorsorge für die Durchführung künftiger Strafverfahren ergangen sind. Auf § 81b Alt. 2 StPO gestützte Maßnahmen sind deshalb materiell ebenso Instrumente des Polizeirechts wie solche, die ihre Rechtsgrundlage in § 19 Abs. 2 Nr. 2 HSOG finden. Für Rechtsstreitigkeiten um die Rechtmäßigkeit von ED-Maßnahmen zum Zwecke der Strafverfolgungsvorsorge ist daher der Rechtsweg gemäß § 40 Abs. 1 VwGO unabhängig davon einschlägig, welche der beiden Normen im konkreten Fall die notwendige Ermächtigungsgrundlage bietet.[427]

d) Lediglich **ergänzungshalber** kann daher darauf hingewiesen werden, dass vorliegend die Durchführung der ED-Maßnahmen gegen D zum Zwecke der Strafverfolgungsvorsorge nicht auf § 19 Abs. 2 Nr. 2 HSOG, sondern allein auf § 81b Alt. 2 StPO gestützt werden konnte. Mit § 81b Alt. 2 StPO hat der Bundesgesetzgeber nach Art. 74 Abs. 1 Nr. 1, Art. 72

---

[427] BVerwG, NVwZ-RR 2011, 710 (710 f. m.w.N.).

Abs. 1 GG für ED-Maßnahmen zur Strafverfolgungsvorsorge eine abschließende Regelung getroffen. Dadurch ist die Landesgesetzgebung soweit gesperrt, wie der Anwendungsbereich des § 81b Alt. 2 StPO reicht.[428] § 19 Abs. 2 Nr. 2 HSOG greift daher nur dann ein, wenn der für den Anfangsverdacht i.S.d. §§ 152 Abs. 2, 160 StPO erforderliche Verdachtsgrad noch nicht erreicht wurde oder der Adressat etwa mangels Strafmündigkeit kein Beschuldigter ist bzw. sein kann. Letzteres steht vorliegend jedoch nicht in Rede.

4. Polizeiliche Beobachtung, Gezielte Kontrolle

536 § 17 HSOG erlaubt die Ausschreibung einer Person zur Polizeilichen Beobachtung und zur Gezielten Kontrolle (**Fahndung**). Beide Befugnisse dienen als verdeckte Maßnahmen dem Zweck, Straftaten mit erheblicher Bedeutung im Sinne des § 13 Abs. 3 HSOG zu verhüten (§ 17 Abs. 2 HSOG), indem Informationen über Reisewege, illegale Finanztransaktionen und Anschlagsvorbereitungen extremistischer und terroristischer Gruppierungen bzw. deren Kontaktpersonen gesammelt werden.

537 Allerdings ist eine Ausschreibung nur unter engen Voraussetzungen zulässig (§ 17 Abs. 2 HSOG): Zunächst muss eine Auskunftspflicht nach § 12 Abs. 2 HSOG bestehen (Rn. 502). Sodann muss es sich entweder um einen potentiellen **Intensivtäter** mit bestehender Rückfallgefahr[429] (z.B. Dealer oder Hehler) handeln oder es müssen die Voraussetzungen für die Anordnung einer **Observation** nach § 15 Abs. 2 S. 1 und 2 HSOG vorliegen. Zudem bedarf es **tatsächlicher Anhaltspunkte,** die die Annahme rechtfertigen, dass die auf Grund der Ausschreibung gemeldeten einzelnen Erkenntnisse für die Verhütung von Straftaten mit erheblicher Bedeutung erforderlich sind. Folgemaßnahmen sind nur unter den weiteren Voraussetzungen der dann einschlägigen Spezialbefugnisse möglich (klarstellend insoweit § 17 Abs. 3 HSOG). Außerdem unterliegt die Ausschreibung nach § 17 Abs. 4 S. 1 HSOG grundsätzlich einem **Behördenleitervorbehalt.** Sie ist auf höchstens zwölf Monate zu befristen, muss hinreichend bestimmt sein und ist regelmäßig (mindestens alle drei Monate) zu überprüfen (§ 17 Abs. 4 S. 2–4 HSOG). Eine Verlängerung der Polizeilichen Beobachtung über zwölf Monate hinaus ist zwar zulässig, unterliegt aber dann dem **Richtervorbehalt** nach § 17 Abs. 5 HSOG.

538 Die Ausschreibung erfolgt im **polizeilichen Fahndungstatbestand** (legaldefiniert in § 17 Abs. 1 S. 2 HSOG). Dabei handelt sich um die Fahndungsdateien in den polizeilichen Informationssystemen des Bundeskriminalamts und des Hessischen Landeskriminalamts; sie enthalten auch die Ausschreibungen des Schengener Informationssystems (Rn. 24). Ausgeschrieben werden können die **Personalien** einer Person (vgl. § 111 Abs. 1 OWiG), das amtliche **Kennzeichen** und sonstige Merkmale des von ihr benutzten oder eingesetzten Kraftfahrzeugs, damit andere Polizeibehörden das Antreffen der Person oder des Kraftfahrzeugs melden können, wenn dies im Rahmen einer Überprüfung festgestellt wird.

5. Vorladung und Vorführung

539 Die Vorladung nach § 30 HSOG ist ein Instrument zum Zwecke der gefahrenabwehrrechtlichen Informationsgewinnung. Nach § 30 Abs. 1 S. 1 HSOG dürfen die Gefahrenabwehr- und Polizeibehörden eine Person schriftlich oder mündlich vorladen, wenn **Tatsachen die Annahme rechtfertigen**, dass die Person **sachdienliche Angaben** machen kann, die für die Erfüllung einer bestimmten präventiven Aufgabe erforderlich sind. Eine mögliche Pflicht zur Auskunftserteilung ergibt sich aus § 12 Abs. 2 HSOG. Die Vor-

[428] BVerfGE 113, 348 (368 ff.).
[429] *Hornmann*, § 17 Rn. 15.

ladung ist gem. § 30 Abs. 1 S. 2 HSOG auch zur Durchführung erkennungsdienstlicher Maßnahmen i.S.d. § 19 Abs. 1 HSOG und § 81b Alt. 2 StPO möglich. Diese müssen dann ihrerseits rechtmäßig sein.[430]

Vorladung ist die Aufforderung, zu einem bestimmten Zeitpunkt bei einer Gefahrenabwehr- oder einer Polizeibehörde zu erscheinen, um der Behörde die Möglichkeit zu geben, sich zur Vorbereitung ihrer Maßnahmen Auskünfte zu verschaffen. § 30 Abs. 1 HSOG befugt allerdings nicht zur Erhebung dieser Daten, sondern sichert lediglich das Erscheinen von Personen zu diesem Zweck; die Erhebung selbst erfolgt nach den §§ 12 ff. und § 19 HSOG. Weil die Vorladung keine Freiheitsentziehung darstellt, bedarf sie (im Gegensatz zur Vorführung, dazu sogleich Rn. 543) keiner richterlichen Anordnung. 540

Die Vorladung muss indessen zur Wahrung des Verhältnismäßigkeitsgrundsatzes **erforderlich** sein. Das ist etwa nicht der Fall, wenn die benötigten Informationen am Aufenthaltsort der Person oder durch Akten- oder Registereinsicht in Erfahrung gebracht werden können.[431] Außerdem ist der Grund der Vorladung anzugeben und hinsichtlich der Festsetzung des Zeitpunkts Rücksicht auf den Beruf und die sonstigen Lebensverhältnisse des Betroffenen zu nehmen (§ 30 Abs. 2 HSOG). 541

Wer der mögliche **Pflichtige** ist, regelt § 30 HSOG speziell: Pflichtiger der Maßnahme nach § 30 Abs. 1 S. 1 HSOG ist die Person, bei der Tatsachen die Annahme rechtfertigen, dass sie sachdienliche Angaben machen kann; bei S. 2 die Person, bei der erkennungsdienstliche Maßnahmen durchgeführt werden dürfen. 542

§ 30 Abs. 3, 4 HSOG regelt die Durchsetzung der Vorladung durch den Einsatz von **Zwangsmitteln.** § 30 Abs. 3 HSOG normiert dabei in Nr. 1 und Nr. 2 gesonderte Voraussetzungen, die die allgemeinen Vorschriften über die Zwangsanwendung – §§ 47 ff. HSOG für Ordnungs- und Polizeibehörden, §§ 68 ff. HVwVG für Verwaltungsbehörden – nicht etwa ersetzen, sondern zu diesen hinzutreten. Die **zwangsweise Vorführung** im Wege der Anwendung unmittelbaren Zwangs (§ 52 HSOG) ist dabei nur als ultima ratio zulässig;[432] sie setzt nach § 30 Abs. 4 S. 1 HSOG grundsätzlich eine **richterliche Anordnung** voraus. 543

6. Datenerhebung an öffentlichen Orten und öffentlichen Einrichtungen, Videoüberwachung

§ 14 HSOG ermöglicht die Datenerhebung bei öffentlichen Veranstaltungen, an öffentlichen Orten und besonders gefährdeten öffentlichen Einrichtungen. Tatbestandsvoraussetzung ist regelmäßig (§ 14 Abs. 1-3 HSOG) das Vorliegen **tatsächlicher Anhaltspunkte**, welche die Annahme rechtfertigen, dass **Straftaten** oder nicht geringfügige Ordnungswidrigkeiten drohen. 544

Nach § 14 Abs. 1 und 2 HSOG können die Polizeibehörden personenbezogene Daten bei oder im Zusammenhang mit öffentlichen Veranstaltungen oder Ansammlungen sowie bei öffentlichen Versammlungen oder Aufzügen erheben. **Öffentliche Veranstaltungen** sind alle von natürlichen oder juristischen Personen organisierte Zusammenkünfte zu Vergnügungs-, Unterhaltungs- oder sonstigen Zwecken; bei Ansammlungen fehlt lediglich das organisatorische Element (z.B. bei Schaulustigen). Dient die Veranstaltung der öffentlichen Meinungskundgabe, handelt es sich um eine **Versammlung.** Insoweit 545

[430] So *Leggereit*, in: BeckOK, § 30 HSOG Rn. 13; offen gelassen von HessVGH, Beschl. v. 01.02.2017, Az. 8 B 1411/16 (juris).

[431] VG Gießen, NVwZ-RR 1999, 376.

[432] HessVGH, Beschl. v. 01.02.2017, Az. 8 B 1411/16 (juris).

schließen die Datenerhebungsbefugnisse des § 14 Abs. 2 HSOG die Lücken, die die Befugnis zu Bild- und Tonaufnahmen nach den §§ 12a, 19a VersG belassen.[433] Soweit die Datenerhebung jedoch einen Eingriff in das Grundrecht aus Art. 8 Abs. 1 GG darstellt, verstößt die Vorschrift gegen das Zitiergebot des Art. 19 Abs. 1 S. 2 GG, weil diese Grundrechtseinschänkung in § 10 HSOG nicht benannt wird.[434]

546 § 14 Abs. 3 und 4 HSOG ermächtigt die Polizei- bzw. Gefahrenabwehrbehörden – als besondere Form der Datenerhebung – zur offenen Bildaufnahme und Bildaufzeichnung (**offenen Videoüberwachung**) von **öffentlich zugänglichen Orten** innerhalb oder außerhalb von Gebäuden sowie von besonders gefährdeten öffentlichen Einrichtungen oder Räumlichkeiten (z.B. Amtsgebäude, Behördengrundstücke, Diensträume) und Anlagen zur Lenkung oder Regelung des Straßenverkehrs.[435] Dabei handelt es sich um spezielle Befugnisnormen zur Videoüberwachung; sie gehen der Befugnis des § 4 HDSIG vor, die für die in § 14 Abs. 3 und 4 (und Abs. 6) HSOG nicht geregelten Fälle anwendbar ist.[436] Auf den Umstand der Überwachung ist durch geeignete Maßnahmen aufmerksam zu machen (**Hinweispflicht**, § 14 Abs. 3 S. 2, Abs. 4 S. 3 HSOG). Die **verdeckte** Anfertigung von Bildaufnahmen und -aufzeichnungen ist demgegenüber nur unter den Voraussetzungen des **§ 15 HSOG** zulässig.

547 Bei der offenen Videoüberwachung nach § 14 Abs. 3 S. 1 HSOG sind die Abwehr einer **Gefahr** oder **tatsächliche Anhaltspunkte**, die die Annahme rechtfertigen, dass **Straftaten** drohen, Grundvoraussetzung. Enger sind die Sachverhaltslagen, an die die Videoüberwachung nach § 14 Abs. 4 S. 1 HSOG anknüpft (z.B. besonderes gefährdete öffentliche Einrichtung). Alle Tatbestandsvoraussetzungen müssen grundsätzlich während der ganzen Videoüberwachung vorliegen. Allerdings erlaubt § 14 Abs. 3 S. 3 bzw. Abs. 4 S. 3 HSOG die **feste Installation** von Überwachungsanlagen, die zwei Jahre betrieben werden können, ohne dass die Tatbestandsmerkmale dauerhaft vorliegen müssen. Dadurch soll verhindert werden, dass die Kriminalität infolge fehlender Videoüberwachung wieder ansteigt, wenn die Videokameras mangels Gefahr oder tatsächlicher Anhaltspunkte für Straftaten abgeschaltet werden müssen.[437]

547a Die ausdrückliche Erwähnung der fest installierten Anlagen impliziert, dass die Videoüberwachung im Übrigen auch durch **mobile Mittel** der Bildübertragung zulässig ist. Das wirft die Frage auf, ob von § 14 Abs. 3 und 4 (ebenso Abs. 6) HSOG auch der polizeiliche Einsatz sog. (mit Kameras bestückter) **Flugdrohnen** gedeckt ist. Dazu müsste es allemal (jedenfalls im Schwerpunkt) um deren präventiv-polizeiliche Verwendung gehen, andernfalls die Rechtsgrundlage im Strafprozessrecht zu suchen wäre (§ 100h Abs. 1 StPO). Sofern Videodrohnen über Versammlungen in Betracht stehen, wären zudem vorrangig §§ 12a, 19a VersG einschlägig. Schließlich könnte § 14 Abs. 3, 4 HSOG nur herangezogen werden, wenn der Drohneneinsatz offen, d.h. am Boden wahrnehmbar erfolgt. Als verdeckte Maßnahme könnte er nur auf § 15 HSOG gestützt werden. Doch sowohl in dem einen wie in dem anderen Fall ist es nicht unzweifelhaft, dass die jeweils bezeichnete Überwachungsform („mittels Bildübertragung“ bzw. „Einsatz tech-

---

433 *Fredrich*, § 14 Rn. 19.
434 Vgl. (zu § 18 Abs. 2 Nr. 5 HSOG) BVerfGE 150, 309 (333 Rn. 61); *Fredrich*, § 14 Rn. 15.
435 Eingehend dazu *Ogorek*, DÖV 2018, 688 ff.
436 *Fredrich*, § 14 Rn. 21a.
437 Vgl. Hess. LT-Drs. 18/861, S. 11.

nischer Mittel“) ohne weiteres auch die Verwendung von Drohnen umfasst, weil und wenn damit ein spezfisch intensivierter Grundrechtseingriff einhergeht.[438]

Eine offene **Bild- und Tonaufzeichnung** durch den Einsatz sog. **BodyCams** einschließlich des sog. **Pre-Recordings** zur Eigensicherung von Polizeivollzugsbeamten oder Dritter ist im Zusammenhang mit der Identitätsfeststellung einer Person (nach § 18 HSOG oder auch aufgrund anderer Rechtsvorschriften wie § 163b StPO) gemäß § 14 Abs. 6 HSOG zulässig, wenn dies zum Schutz vor einer konkreten Gefahr für deren Leib, Leben oder Freiheit erforderlich erscheint oder erforderlich ist.[439] Wegen des Eingriffs in die Rechte am eigenen Wort und eigenen Bild und das informationelle Selbstbestimmungsrecht (Art. 2 Abs. 1 i.V.m. Art 1 Abs. 1 GG) der betroffenen Person ist die Vorschrift **restriktiv** auszulegen, die Aufzeichnung also auf die Dauer der Identitätskontrolle zu beschränken. 548

Betroffene Personen der Datenerhebung nach § 14 Abs. 1 und Abs. 2 HSOG können nicht nur die nach §§ 6, 7 HSOG Verantwortlichen sein, sondern auch Dritte, und zwar ungeachtet der Voraussetzungen des § 9 Abs. 1 HSOG. Für die offene Videoüberwachung nach 14 Abs. 3 und 4 HSOG kommt es auf eine Störereigenschaft der von der Bildaufzeichnung erfassten Adressaten nicht an. § 14 Abs. 6 S. 1 HSOG adressiert die Person, deren Identität festgestellt werden soll; nach S. 2 ist die Erfassung von Unbeteiligten nur zulässig, wenn sie unerlässlich ist. 549

7. Einsatz automatischer Kennzeichenlesesysteme

Durch § 14a HSOG werden die Polizeibehörden dazu ermächtigt, durch den (offenen oder verdeckten) Einsatz technischer Mittel automatisch Bilder von Kraftfahrzeugen aufzuzeichnen und deren Kennzeichen zu erfassen, um diese automatisch mit dem Fahndungsbestand der Sachfahndungsdateien der polizeilichen Informationssysteme des Bundeskriminalamts und des Hessischen Landeskriminalamtes abzugleichen. Die Regelung ersetzt die früher geltende Vorschrift des § 14 Abs. 5 HSOG, die vom Bundesverfassungsgericht für nichtig erklärt worden war.[440] Allerdings hat das Bundesverfassungsgericht auch § 14a HSOG **in weiten Teilen** für verfassungswidrig erklärt. Nachdem der hessische Gesetzgeber innerhalb der von dem Gericht gesetzten Frist keine Neuregelung getroffen hat, ist daher § 14a HSOG seit dem 1. Januar 2020 insoweit **nicht mehr anwendbar.**[441] 550

Das gilt **in folgenden Hinsichten:**[442] § 14a Abs. 1 S. 1 HSOG verstößt gegen das Zitiergebot des Art. 19 Abs. 1 Satz 2 i.V.m. Art. 8 Abs. 1 GG, soweit die Norm mit dem Verweis auf § 18 Abs. 2 Nr. 5 HSOG die Kennzeichenkontrolle auch an Kontrollstellen zulässt, die zur Verhütung versammlungsrechtlicher Straftaten eingerichtet sind (s. Rn. 521 a.E.). Desweiteren ist § 14a Abs. 1 S. 1 HSOG mit dem Recht auf informationelle Selbstbestimmung (Art. 2 Abs. 1 i.V.m. Art. 1 Abs. 1 GG) unvereinbar, (1) soweit die Norm mit dem Verweis auf § 18 Abs. 2 Nr. 6 HSOG die Kennzeichenkontrolle als Mittel der Schleierfahndung (landesweit) auch an Straßen zulässt, die keinen hinrei- 551

---

[438] Vgl. dazu *Zöller/Ihwas*, NVwZ 2014, 408 ff.; *Skobel*, Polizei 2018, 252 ff.; *Buckler*, GSZ 2019, 23 ff. (einerseits); *Martini*, DÖV 2019, 732 ff.; *Arzt/Fährmann/Schuster*, DÖV 2020, 866 ff.; *Knell*, NVwZ 2020, 688 ff. (andererseits).

[439] Dazu *Kipker/Hauer*, NJW 2015, 296 ff.; *Würtenberger/Heckmann/Tanneberger*, § 6 Rn. 84.

[440] BVerfGE 120, 378 ff.

[441] BVerfGE 150, 309 ff.; dazu *Möstl*, GSZ 2019, 101 ff.

[442] Vgl. BVerfGE 150, 309 (330 ff. Rn. 54 ff., 344 Rn. 96).

chend bestimmten Grenzbezug aufweisen, und (2) soweit die Norm mit dem Verweis auf § 18 Abs. 1 HSOG die Kennzeichenkontrolle nicht auf den Schutz von Rechtsgütern von zumindest erheblichem Gewicht beschränkt. Schließlich ist § 14a Abs. 4 S. 4 HSOG mit Art. 2 Abs. 1 i.V.m. Art. 1 Abs. 1 GG unvereinbar, soweit die Norm die Weiterverarbeitung der erlangten Daten im Falle eines (Fahndungs-)Treffers nicht auf den Schutz von Rechtsgütern von erheblichem Gewicht oder vergleichbar gewichtigen öffentlichen Interessen beschränkt.

552 Unter diesen Maßgaben – und den weiteren gesetzlichen (materiellen und verfahrensrechtlichen) Voraussetzungen sowie der Beachtung des Verhältnismäßigkeitsgrundsatzes – ist der Einsatz automatischer Kennzeichenlesesysteme weiterhin in diesen Fällen **zulässig:** an sonstigen polizeilichen Kontrollstellen, die zur Verhütung von (schweren) Straftaten nach § 100a StPO eingerichtet sind (§ 14a Abs. 1 i.V.m. § 18 Abs. 2 Nr. 5 HSOG), in Einrichtungen des internationalen Verkehrs (§ 14a Abs. 1 i.V.m. § 18 Abs. 2 Nr. 6), an gefährlichen Orten (§ 14a Abs. 1 i.V.m. § 18 Abs. 2 Nr. 1 HSOG) oder an gefährdeten Orten (§ 14a Abs. 1 i.V.m. § 18 Abs. 2 Nr. 3 HSOG) und zum Schutze besonders gefährdeter Personen (§ 14a Abs. 1 i.V.m. § 18 Abs. 2 Nr. 4 HSOG).[443] Insoweit kann auch die Regelung zum automatisierten Datenabgleich in § 14a Abs. 2 HSOG weiterhin Anwendung finden, sofern der Abgleich in gebotener enger Auslegung auf solche Datenbestände beschränkt wird, die dem Zweck oder Anlass der Kennzeichenerfassung entsprechen.[444]

8. Observation und Einsatz technischer Mittel (aus Wohnungen)

553 § 15 HSOG ermächtigt die Polizeibehörden zur Datenerhebung mittels Observation und durch den **(verdeckten) Einsatz technischer Mittel**. Nach § 15 Abs. 2 S. 1 HSOG ist dies nur zulässig, wenn dies zur **Abwehr einer Gefahr für Leib, Leben oder Freiheit** einer Person (oder für solche Güter der Allgemeinheit, deren Bedrohung die Grundlagen oder den Bestand des Bundes oder eines Landes oder die Grundlagen der Existenz der Menschen berührt) erforderlich ist (Nr. 1), wenn **tatsächliche Anhaltspunkte** die Annahme rechtfertigen, dass die betroffene Person eine **Straftat mit erheblicher Bedeutung** (Nr. 2), oder die konkrete Wahrscheinlichkeit besteht, dass sie eine **terroristische Straftat** begehen wird (Nr. 3), wenn Personen mit einer Person nach Nr. 2 in Verbindung stehen und von deren geplanter Straftat Kenntnis haben oder daran mitwirken (Nr. 4) sowie wenn tatsächliche Anhaltspunkte die Maßnahme zum Schutz einer gefährdeten Person im Sinne des § 13 Abs. 2 Nr. 5 HSOG (beispielsweise eines Politikers) rechtfertigen (Nr. 5).

554 Auch hier ist der **Adressatenkreis** der Maßnahme, soweit nicht in § 15 Abs. 2 HSOG speziell geregelt, nicht auf die nach §§ 6, 7 HSOG Verantwortlichen beschränkt, sondern schließt Nichtstörer ein, ohne dass die Voraussetzungen des § 9 Abs. 1 HSOG vorliegen müssen (§ 15 Abs. 2 S. 1 Nr. 1 HSOG). Allerdings muss der Adressat gemäß § 12 Abs. 2 HSOG zur **Auskunft verpflichtet** sein (§ 15 Abs. 2 S. 2 HSOG); insoweit sind also auch die Auskunftsverweigerungsrechte für bestimmte Berufsträger (Rechtsanwälte, Geistliche, Abgeordnete, Journalisten) zu beachten (Rn. 502). **Dritte Personen** dürfen in die Maßnahme nur einbezogen werden, soweit dies unvermeidbar bzw. unerlässlich ist (§ 15 Abs. 2 S. 3 HSOG).

555 Gemäß § 15 Abs. 2 S. 2 HSOG sind aber andere Maßnahmen **vorrangig** einzusetzen, soweit sie nicht erheblich weniger Erfolg versprechen würden oder die polizeiliche Auf-

---

[443] BVerfGE 150, 309 (338 f. Rn. 77–79).

[444] BVerfGE 150, 309 (339 ff. Rn. 80–85).

gabenerfüllung wesentlich erschwert würde. Die längerfristige Observation und der Einsatz technischer Mittel steht grundsätzlich unter dem Vorbehalt **richterlicher Anordnung** und ist – bei maximal dreimaliger Verlängerungsmöglichkeit – auf jeweils höchstens drei Monate zu befristen (§ 15 Abs. 5 HSOG).

Die beiden Überwachungsmethoden werden in § 15 Abs. 1 HSOG legal definiert: Eine **Observation** ist die planmäßig angelegte Beobachtung einer Person länger als 24 Stunden oder an mehr als zwei Tagen. Der **Einsatz technischer Mittel** bedeutet deren für die betroffene Person nicht erkennbare Anwendung, wie insbesondere die Anfertigung von Bildaufnahmen oder -aufzeichnungen sowie das Abhören oder Aufzeichnen des gesprochenen Wortes; darunter fallen z.B. alle Arten von Foto- und Videokameras sowie von akustischen Abhör- und Aufzeichnungsgeräten (Richtmikrofone, „Wanzen"; zu Flugdrohnen s. Rn. 547a). 556

§ 15 Abs. 4 S. 1 HSOG enthält sodann die Spezialermächtigung zur verdeckten Datenerhebung **in und aus Wohnungen** (sog. präventiver großer Lauschangriff; Gegenstück zur repressiven Regelung des § 100c StPO), einschließlich des Betretens der Wohnung zu deren Vorbereitung (§ 15 Abs. 7 HSOG). Hat die Polizei hingegen die Wohnung unter Offenlegung ihrer dienstlichen Funktion oder gar mit Einwilligung des Wohnungsinhabers nach § 38 HSOG betreten, richtet sich die nachfolgende Datenerhebung nach den allgemeinen Vorschriften, wie § 13 oder § 18 HSOG.[445] Voraussetzung für die heimliche Datenerhebung ist, dass dies zur Abwehr einer **dringenden Gefahr für Leib, Leben oder Freiheit** einer Person (oder für solche Güter der Allgemeinheit, deren Bedrohung die Grundlagen oder den Bestand des Bundes oder eines Landes oder die Grundlagen der Existenz der Menschen berührt) nicht nur erforderlich, sondern unerlässlich ist. § 13 Abs. 5 S. 1 Nr. 4, Abs. 7 HSOG setzt dabei den **Richtervorbehalt** des Art. 13 Abs. 4 GG detailliert um. 557

Ein **Erhebungsverbot** besteht nach § 15 Abs. 4 S. 6 HSOG allerdings dann, wenn tatsächliche Anhaltspunkte für die Annahme vorliegen, dass durch die Maßnahme allein Erkenntnisse aus dem **Kernbereich privater Lebensgestaltung** erlangt würden. Kommt es trotzdem zur Erhebung personenbezogener Daten mit Kernbereichsbezug, muss die Maßnahme **unterbrochen** werden und darf erst nach erneuter Prüfung ihrer Zulässigkeit fortgesetzt werden (§ 15 Abs. 4 S. 7 HSOG); zudem ergibt sich aus § 27 Abs. 5 HSOG insoweit eine unverzügliche **Löschungspflicht** und ein **absolutes Verwertungsverbot.** Dadurch soll grundsätzlich auch im präventiven Bereich ein zweistufiges Schutzkonzept gewährleistet sein.[446] Weil allerdings präventives Handeln im Unterschied zur Strafverfolgungstätigkeit primär dem Schutz des Opfers und nicht der Überführung des Täters dient, ist schnelles und vor allem effektives Handeln unter Zeitdruck notwendig. Gemäß § 15 Abs. 4 S. 8 HSOG darf deshalb im Zweifelsfall eine **automatische Aufzeichnung** (d.h. ohne unmittelbare Kenntnisnahme) erfolgen und auch fortgesetzt werden. Dies ist auch deshalb sinnvoll, weil sich die Kernbereichsrelevanz der erhobenen Daten vor oder bei der Datenerhebung oft nicht klären lässt, z.B. bei fremdsprachlichen Gesprächen, bei denen der Inhalt während der Erhebung nicht ausgewertet werden kann.[447] Der damit verbundene Eingriff ist hinzunehmen „bei einem **besonders hohen Rang des gefährdeten Rechtsguts** und einer durch konkrete Anhaltspunkte gekennzeichneten Lage, die auf einen unmittelbaren Bezug zur zukünftigen Begehung der Straftat 558

[445] *Bäuerle*, in: BeckOK, § 15 HSOG Rn. 96.

[446] BVerfGE 109, 279 (318); 113, 348 (391 f.); näher dazu *Bumke/Voßkuhle*, Casebook Verfassungsrecht, 8. Aufl. 2020, Rn. 401 ff.

[447] BVerfGE 120, 274 (337 f.).

schließen lässt“,[448] gegebenenfalls muss die Vorschrift insofern verfassungskonform ausgelegt werden.

559 Der Kernbereich privater Lebensgestaltung wird zusätzlich durch die **verfahrensmäßigen Sicherungen** des § 15 Abs. 5 S. 10 und des § 15 Abs. 9 HSOG geschützt. Danach wird für die notwendige richterliche Anordnung ausdrücklich bestimmt, dass sie nicht ergehen darf, wenn tatsächliche Anhaltspunkte auf ein Eindringen in den Kernbereich hindeuten. Im Falle einer automatisierten Aufzeichnung muss die Aufzeichnung dem anordnenden Gericht unverzüglich zur Entscheidung über die Verwertbarkeit oder Löschung der Daten vorgelegt werden (sog. **Richterband**). Das Gericht hat dann die unverzügliche Löschung der nicht verwertbaren Teile anzuordnen und die Polizeibehörde über die verwertbaren Teile zu unterrichten.[449]

9. Formen der Telekommunikationsüberwachung

560 § 15a und § 15b HSOG enthalten Spezialregelungen für die Datenerhebung durch Telekommunikationsüberwachung (TKÜ); auf § 15 HSOG kann daher insofern nicht mehr zurückgegriffen werden.

561 **§ 15a HSOG** regelt die sog. **klassische TKÜ** mit mehreren Maßnahmen: Abs. 1 ermöglicht den Polizeibehörden das Mithören bzw. Mitlesen des Telekommunikationsverkehrs (Festnetz- oder Mobiltelefon, Fax, Telex, Internet, einschl. E-Mail) unter denselben engen Voraussetzungen, unter denen das nicht öffentlich gesprochene Wort nach § 15 Abs. 4 HSOG abgehört werden darf (Rn. 557 a.E.).[450] Davon sind sowohl die **Inhaltsdaten** der Kommunikation (Gesprächsinhalte, Töne, Bilder, Zeichen) als auch die **Verbindungsdaten** (Beginn und Ende der Verbindung, Datum und Uhrzeit, Ort des im Netz angemeldeten mobilen Endgeräts) umfasst.

562 Darüberhinaus kann die Polizei nach Abs. 2 Auskunft über **Verkehrsdaten** und über **Inhalte** verlangen, die im Kommunikationsnetz (noch) gespeichert sind. Verkehrsdaten sind nach der Legaldefinition des § 3 Nr. 70 TKG solche, die bei der Erbringung eines Telekommunikationsdienstes erhoben, verarbeitet oder genutzt werden (neben den Verbindungsdaten z.B. auch Anschlussnummern). Die Auskunft über **Bestandsdaten** (§ 3 Nr. 6 TKG) umfasst die Daten eines Vertragsverhältnisses über Telekommunikationsdienste (wie Name, Anschrift, inhaltliche Ausgestaltung). Auch soweit nicht Telekommunikationsdienste nach dem TKG, sondern **Telemedien** im Sinne des TMG in Betracht stehen (z.B. Internetshops, Internet-Banking, Videoplattformen, Web-Zeitungen), ist der Polizei nach Abs. 2a die Möglichkeit eröffnet, Nutzungs- und Bestandsdaten abzufragen.

563 § 15a Abs. 3 HSOG regelt die Verwendung des International Mobile Subscriber Identity Catchers (kurz: **IMSI-Catcher**). Dadurch können die Polizeibehörden den Standort eines aktiv geschalteten Mobilfunkendgerätes ermitteln sowie anhand der Geräte- und Kartennummer den Netzteilnehmer eindeutig identifizieren, wenn dies zur Abwehr einer dringenden Gefahr im Sinne des § 15a Abs. 1 HSOG unerlässlich ist.[451]

564 Unter den gleichen Voraussetzungen wie Abs. 3 erlaubt der Abs. 4 des § 15a HSOG zudem die Störung von Telekommunikationsverbindungen mit technischen Mitteln

---

[448] BVerfGE 113, 348 (392); vgl. auch BVerfGE 120, 274 (338).

[449] Details bei *Bäuerle*, in: BeckOK, § 15 HSOG Rn. 148 ff.

[450] Die Voraussetzungen folgen den Vorgaben des BVerfG zum BKAG a.F. (BVerfGE 141, 220 ff.) und entsprechen im Wesentlichen denen des § 51 BKAG n.F.; vgl. auch *Bäuerle*, in: BeckOK, § 15a HSOG Rn. 34.

[451] Vgl. auch BVerfG, NJW 2007, 351 ff.; *Jochum*, JuS 2010, 719 ff.

(sog. **Jammer**). Dadurch soll die Kommunikation in Netzwerken des Terrorismus oder organisierter Kriminalität unterbunden oder z.B. verhindert werden können, dass ein Mobilfunkendgerät als Sprengstoffzünder verwendet wird. Weil dadurch lediglich Frequenzen blockiert, aber keine Kommunikationsinhalte erhoben werden, liegt darin keine Beeinträchtigung des grundrechtlich geschützten Fernmeldegeheimnisses. Nicht erfasst sind dagegen an Dienstanbieter gerichtete Anordnungen, den Telekommunikationsverkehr zu unterbrechen; insoweit kann auf die Generalklausel des § 11 HSOG zurückgegriffen werden.[452]

Die weiteren Absätze enthalten verfahrensrechtliche Festlegungen. Insbesondere 565
übernimmt § 15a Abs. 5 HSOG uneingeschränkt die strengen Anforderungen des § 15 Abs. 5 HSOG an das Erfordernis einer **richterlichen Anordnung**, die lediglich in Bezug auf deren Inhalt den anderen technischen Gegebenheiten angepasst sind.

Unmittelbare Adressaten der Maßnahme nach § 15a Abs. 1, 2 HSOG sind die Anbie- 566
ter von geschäftsmäßigen Telekommunikationsdiensten, nach § 15 Abs. 2a HSOG die jeweiligen Telemedienunternehmen, und zwar ohne dass die Voraussetzung für die Inanspruchnahme als Nichtstörer i.S.d. § 9 HSOG vorliegen müssen. Davon zu unterscheiden sind die **Zielpersonen** der Maßnahme. Diese sind in § 15a Abs. 1 S. 2 Nrn. 1-4 speziell und abschließend bestimmt. Darüberhinaus stellt § 15a Abs. 1 S. 3 HSOG klar, dass die TKÜ neben der zu überwachenden (auskunftspflichtigen) Person auch deren Kommunikationspartner erfassen kann, sofern dies unvermeidbar bzw. unerlässlich ist. Die Träger von Auskunftsverweigerungsrechten (Rechtsanwälte, Geistliche, Abgeordnete, Journalisten) und der unantastbare **Kernbereich privater Lebensgestaltung** stehen aber auch hier unter ausdrücklichem gesetzlichen Schutz (§ 15a Abs. 1 S. 4 i.V.m. § 15 Abs. 4 S. 4-8 HSOG). Nicht auf bestimmte Personen braucht sich die sog. **Funkzellenabfrage** beziehen, die in § 15a Abs. 5 S. 5 HSOG (versteckt) geregelt ist.

§ 15b HSOG regelt die Telekommunikationsüberwachung durch (heimliche) techni- 567
sche Eingriffe in die von der überwachten Person genutzten **informationstechnischen Systeme,** die sog. **Quellen-TKÜ.** Dadurch soll der Zugriff auf mit moderner Verschlüsselungs- oder Anonymisierungstechnologie geführte Kommunikationen ermöglicht werden. Auf dem Zielgerät, regelmäßig einem Computer oder Smartphone, wird dazu ein Programm installiert, welches die Kommunikation „an der Quelle" und vor der Verschlüsselung mitschneidet und übermittelt. Nach § 15b Abs. 1 HSOG setzt dies aber zum einen das Vorliegen aller **Voraussetzungen des § 15a Abs. 1 HSOG** sowie zum anderen die Einhaltung der in **§ 15b Abs. 1 HSOG zusätzlich genannten Bedingungen** voraus.

Gemäß § 15b Abs. 3 HSOG gelten für die **Adressatenfrage,** die **richterliche Anord-** 568
nung und den Schutz des **Kernbereichs privater Lebensgestaltung** die Regelungen des § 15 HSOG entsprechend.

10. Online-Durchsuchung

Nicht der Telekommunikationsüberwachung, sondern dem (verdeckten) Zugriff auf 568a
Daten, die in informationstechnischen Systemen (z.B. PC, Notebook, Smartphone) gespeichert sind, dient die Befugnis der Polizeibehörde zur sog. Online-Durchsuchung gemäß **§ 15c HSOG.** Das hierdurch betroffene Grundrecht ist nicht die Gewährleistung des Telekommunikationsgeheimnisses (Brief-, Post- und Fernmeldegeheimnis) nach Art. 10 Abs. 1 GG, sondern das im allgemeinen Persönlichkeitsrecht nach Art. 2 Abs. 1 i.V.m. Art. 1 Abs. 1 GG ankernde **Recht auf Vertraulichkeit und Integrität informa-**

[452] Vgl. Nr. 15a.4. VVHSOG.

tionstechnischer Systeme (sog. Computer-Grundrecht).[453] Der Zugriff kann durch **Infiltration** des Systems über das Kommunikationsnetz durch eine fernforensische Software (Remote Forensic Software oder „Trojaner“) oder durch **Installation** einer Überwachungssoftware an dem physischen IT-System erfolgen, durch die Dateien kopiert oder (mittels eines sog. Key-Loggers) Tastatureingaben erfasst und an die Polizeibehörde übermittelt werden können.[454]

568b Die Maßnahme ist nach § 15c Abs. 1 HSOG grundsätzlich nur unter den hohen Eingriffsvoraussetzungen zulässig, wie sie auch für die Wohnraumüberwachung gelten (s. Rn. 557), also nur wenn sie zur Abwehr einer **dringenden Gefahr für die aufgeführten überragend wichtigen Rechtsgüter unerlässlich** ist.[455] § 15c Abs. 2 HSOG enthält eine spezielle Regelung zu den möglichen **Adressaten**. Danach ist die Maßnahme grundsätzlich auf die Verantwortlichen nach § 6, 7 HSOG beschränkt. Allerdings kann sie auch gegen Personen i.S.d. § 15 Abs. 2 S. 1 Nr. 2 oder 3 HSOG gerichtet werden, soweit dies zur Verhütung terroristischer Straftaten (insoweit also abweichend von § 15c Abs. 1 HSOG) unerlässlich ist.[456] Ausnahmsweise kann die Online-Durchsuchung zudem auf informationstechnische Systeme Dritter erstreckt werden; und sie wird auch nicht dadurch unzulässig, dass andere Personen unvermeidbar betroffen werden. Gemäß § 15c Abs. 3 HSOG i.V.m. den dortigen Verweisungen auf § 15 Abs. 4, 5 und 9 HSOG ist die Maßnahme wie bei der Wohnraumüberwachung und der Quellen-TKÜ an das Bestehen einer **Auskunftspflicht** (§ 12 Abs. 2 HSOG) geknüpft, von einer **richterlichen Anordnung** abhängig und auf den Schutz des **Kernbereichs privater Lebensgestaltung** verpflichtet.

11. Einsatz von V-Personen und VE-Personen

569 § 16 HSOG ermächtigt die Polizeibehörden, zum Zwecke der (präventiv-polizeilichen) Datenerhebung auch Personen, deren Zusammenarbeit mit ihnen Dritten nicht bekannt ist (so genannte **V-Personen**), sowie Polizeivollzugsbeamte, die unter einer Legende (z.B. anderer Name, anderer Lebenslauf) agieren (sog. verdeckt ermittelnde Personen – kurz: **VE-Personen**),[457] einzusetzen.[458] Für VE-Personen dürfen dazu auch entsprechende Urkunden hergestellt oder verändert werden; unter solcher Legende können sie auch am Rechtsverkehr teilnehmen (§ 16 Abs. 3 S. 5 und 6 HSOG). Auch dürfen sich VE-Personen unter ihrer Legende (aber ohne weitere Täuschung, sondern nur mit Einwilligung der berechtigten Person) Zutritt in fremde Wohnungen verschaffen (§ 16 Abs. 4 HSOG).

570 Die Befugnis zum „Einsatz“ bedeutet, dass die V-Person oder die VE-Person ausdrücklich beauftragt sein muss (vgl. auch § 16 Abs. 5 S. 1 HSOG).[459] Die weiteren

[453] Vgl. BVerfGE 120, 274 (303 ff.); zur Abgrenzung der Grundrechtstatbestände ebd. 306 ff.

[454] Etwaige Einwände, die sich aus dem Gesichtspunkt des Schutzes vor unsachgemäßem Umgang mit den dabei vorausgesetzten Sicherheitslücken der infiltrierten Systeme oder dem Schädigungspotential der eingesetzten Infiltrationssoftware ergeben könnten, hat das BVerfG mit Beschl. v. 22.1.2022 – Az. 1 BvR 1552/19 – zurückgewiesen.

[455] Die Vorschrift geht soweit über die Vorgaben des BVerfG in BVerfGE 120, 274 (327 ff.); 141, 220 (304 f. Rn. 212) hinaus; s. auch *Fredrich*, § 15c Rn. 1.

[456] Das entspricht der Maßgabe von BVerfGE 141, 220 (305 Rn. 213).

[457] Vgl. allgemein, auch zu den entsprechenden Regelungen im BPolG und im BKAG, *Soine*, NJW 2020, 2850 ff.

[458] Von der VE-Person unter einer Legende ist der sog. nicht offen ermittelnde Polizeibeamte (noeP) zu unterscheiden: *Fredrich*, § 16 Rn. 4.

[459] *Fredrich*, § 16 Rn. 2.

Tatbestandsvoraussetzungen ergeben sich zum einen aus der entsprechenden Anwendung des § 15 Abs. 2 S. 1 HSOG und zum anderen aus § 16 Abs. 3 HSOG. Aus § 15 Abs. 2 S. 1 HSOG folgt der beschränkte (**Adressaten-)Kreis** von Personen, über die auf diesem Wege personenbezogene Daten erhoben werden dürfen; nach § 16 Abs. 3 S. 1 HSOG müssen diese zudem auskunftspflichtig i.S.d. § 12 Abs. 2 HSOG sein. Daten über dritte Personen dürfen nur erhoben werden, sofern dies für die Durchführung der Maßnahme unerlässlich ist (§ 16 Abs. 3 S. 2 HSOG). Insbesondere aber ist zu beachten, dass der Einsatz von V-/VE-Leuten **nur subsidiär zulässig** ist, also nur dann, wenn andere Maßnahmen erheblich weniger Erfolg versprechen oder wesentlich erschwert würden. Schließlich hat der Einsatz zu unterbleiben oder ist unterbrechen, sobald Anhaltspunkte dafür bestehen, dass Erkenntnisse aus dem **Kernbereich privater Lebensgestaltung** erlangt werden (§ 16 Abs. 3 S. 3 und 4 HSOG). Der hohen Eingriffsintesität dieser Form der Datenerhebung entspricht es, dass sie unter **Behördenleitervorbehalt** gestellt ist und unter bestimmten Umständen auch einer **richterlichen Anordnung** bedarf (§ 16 Abs. 5 HSOG).

V. Befugnisse über den Umgang mit erhobenen Daten, insbesondere Datenübermittlung, Datenabgleich, Datenanalyse

Die §§ 20 bis 29a HSOG regeln zum einen die **Verwendungsmöglichkeiten** der erhobe- 571
nen personenbezogenen Daten und zum anderen Datenschutzvorkehrungen, wie Verwertungsverbote und Protokollierungspflichten, Auskunfts-, Berichtigungs- und Löschungsansprüche. Diese Regelungen gehen als spezielle Normen dem allgemeinen Datenschutzrecht des HDSIG vor, das nur ergänzend anzuwenden ist, soweit die Regelungen des HSOG nicht abschließend sind (§ 1 Abs. 2 S. 1, 2 HDSIG, § 3 Abs. 4 S. 1 HSOG; Rn. 506). Hingegen finden die europäischen Regelungen der DS-GVO (Verordnung [EU] Nr. 2016/679) nach deren Art. 2 Abs. 2 lit. d) für die zu polizeilichen Zwecken erfolgende Datenverarbeitung keine Anwendung (wohl aber dann, wenn diese zu anderen Zwecken erfolgt, § 3 Abs. 4 S. 2 HSOG).

Personenbezogene Daten sind alle Informationen, die sich auf eine identifizierte oder 572
identifizierbare Person beziehen (§ 41 Nr. 1 HDSIG). **(Daten-)Verarbeitung** ist jeder mit oder ohne Hilfe automatisierter Verfahren ausgeführte Vorgang oder jede solche Vorgangsreihe im Zusammenhang mit personenbezogenen Daten. Weil dazu auch das Erheben und Erfassen gehört, sprechen die §§ 20 ff. HSOG weithin von Weiterverarbeitung. **Weiterverarbeitung** umfasst demnach insbesondere die Speicherung, das Auslesen, das Abfragen, die Übermittlung, den Abgleich und die Verknüpfung von Daten sowie deren Löschung oder Vernichtung (§ 41 Nr. 2 HDSIG).

§ 20 Abs. 1 HSOG regelt die Weiterverarbeitung, indem sie diese dem **Grundsatz der** 573
Zweckbindung unterwirft. Das bedeutet, dass die erhobenen Daten grundsätzlich nur zu dem Zweck verwendet werden dürfen, zu dem sie ursprünglich erhoben worden waren; das bemisst sich nach der Rechtsgrundlage für die vorangegangene Datenerhebung.[460] Eine Weiterverarbeitung zu anderen Zwecken (**Zweckänderung**) darf nur unter den besonderen (Grund-)Voraussetzungen des § 20 Abs. 2 HSOG erfolgen. Diese Regelung folgt dem Gedanken der **hypothetischen Datenneuerhebung**: Danach ist es erforderlich, dass die neue Nutzung der Daten dem Schutz von mindestens vergleichbar bedeutsamen Rechtsgütern oder der Verhütung mindestens vergleichbar schwerwiegender Straftaten oder Ordnungswidrigkeiten dient, die verfassungsrechtlich ihre Neuerhebung

[460] Siehe dazu BVerfGE 141, 220 (324 f. Rn. 279).

mit vergleichbar schwerwiegenden Mitteln rechtfertigen könnte, und sich aus den Daten insofern im Einzelfall einen konkreter Ermittlungsansatz ergibt.[461] Zusätzliche Anforderungen bestehen – sowohl für die zweckkonforme als auch für die zweckändernde Weiterverarbeitung – darüberhinaus dann, wenn die Daten im Zuge von Wohnraumüberwachungen (§ 15 Abs. 4 HSOG) oder Online-Durchsuchungen (§ 15c HSOG) erlangt worden waren (§ 20 Abs. 1 S. 3, Abs. 3 HSOG). § 20 Abs. 6 HSOG regelt die besonders die Befugnis der Polizeibehörden zur Weiterverarbeitung personenbezogener Daten, die sie im Rahmen der **Strafverfolgung**, also nach der StPO gewonnen haben. Zur **vorbeugenden Bekämpfung von Straftaten** (§ 1 Abs. 4 HSOG) können insbesondere die Daten der in § 13 Abs. 2 Nrn. 1-5 HSOG genannten Personen, somit von potentiellen Straftätern, aber auch von Kontaktpersonen, Opfern, Zeugen und Hinweisgebern weiterverarbeitet, d.h. insbesondere in einem polizeilichen Datenauskunftssystem vorgehalten werden.[462] § 20 Abs. 10 HSOG ermächtigt die Polizeibehörden zudem zur Erstellung von **Kriminalitätslagebildern** anhand von vorhandenen personenbezogenen Daten über Vermisstenfälle, auswertungsrelevante Straftaten und verdächtige Wahrnehmungen.

574 **§ 21 HSOG** enthält allgemeine Regeln der **Datenübermittlung**. Die Datenübermittlung ist eine Form der Verarbeitung (§ 41 Nr. 2 HDSIG) und meint (nach § 2 Abs. 2 S. 2 Nr. 3 HDSG a.F.) „das Bekanntgeben gespeicherter oder durch Datenverarbeitung gewonnener Daten an einen Dritten in der Weise, dass die Daten durch die Daten verarbeitende Stelle an den Dritten weitergegeben werden oder dass der Dritte zum Abruf bereitgehaltene Daten abruft". Hier sind wiederum die datenschutzrechtlichen Grundsätze der **Zweckbindung** und der **hypothetischen Datenneuerhebung bei Zweckänderung** zu beachten, und zwar sowohl von der übermittelnden als auch von der empfangenden Stelle (§ 21 Abs. 1 S. 1, Abs. 6 HSOG); auch bestehen generelle und manche besonderen Übermittlungsverbote (§ 21 Abs. 2, 3 HSOG). Unter Beachtung der allgemeinen Regeln des § 21 HSOG enthalten die §§ **22** und **23 HSOG** sodann **spezielle Datenübermittlungsbefugnisse** innerhalb der staatlichen Verwaltung (zwischen Polizeibehörden, zwischen Polizei- und Gefahrenabwehrbehörden, an andere öffentliche Stellen, jeweils des Landes Hessen, anderer Länder oder des Bundes), an nicht öffentliche Stellen sowie an Stellen der Europäischen Union und deren Mitgliedstaaten. Zum Zweck der Gefahrenabwehr können auch automatisierte **Abrufverfahren**, z.B. das Hessische Polizeiinformationssystem (kurz: HEPOLIS), angelegt werden (**§ 24 HSOG**). Auch der Allgemeinheit wird in § 24 Abs. 1 S. 2 Nr. 7 HSOG ein Abrufrecht eingeräumt. Dieses beschränkt sich aber auf personenbezogene Daten, die für die Öffentlichkeit bestimmt sind, wie namentlich Öffentlichkeitsfahndungen, die ohnehin zumeist über das Internet abrufbar sind.[463]

575 Der **allgemeine Datenabgleich** ist in **§ 25 HSOG** normiert. Nach § 25 Abs. 1 HSOG dürfen die Polizeibehörden personenbezogene Daten mit automatisiert gespeicherten Daten der Polizeibehörden und Polizeidienststellen des Bundes und der anderen Länder abgleichen. Der Datenabgleich kann auch mit dem Fahndungsbestand erfolgen. Betroffene Personen dürfen für die Dauer des Datenabgleichs angehalten und festgehalten werden (§ 25 Abs. 1 S. 4 HSOG). Für einen Datenabgleich durch die Gefahrenabwehrbehörden gelten engere Voraussetzungen (vgl. § 25 Abs. 2 HSOG).[464]

---

[461] Siehe dazu BVerfGE 141, 220 (327 ff. Rn. 286-290).

[462] Dazu *Bäuerle*, in: BeckOK, § 20 HSOG Rn. 131 ff.

[463] Dazu *Bäuerle*, in: BeckOK, § 24 HSOG Rn. 13; vgl. z.B. https://www.polizei.hessen.de/Fahndung/Personen.

[464] Vgl. näher *Fischer/Leggereit/Sommer*, Kap. L Rn. 264 ff.

Weitergehende Erkenntnismöglichkeiten sind den Polizeibehörden durch **§ 25a HSOG** eröffnet. Danach können personenbezogene Daten, die in unverbundenen Dateien gespeichert sind, mittels einer **automatisierten Anwendung zur Datenanalyse** miteinander vernetzt und so systematisch auf Beziehungen oder Zusammenhänge zwischen Personen, Institutionen, Objekten oder Sachverhalten durchsucht und ausgewertet werden. Wegen des damit einhergehenden, tiefgreifenden Grundrechtseingriffs in das Recht auf informationelle Selbstbestimmung ist diese Art der Datenverarbeitung nur „in begründeten Einzelfällen" zur **vorbeugenden Bekämpfung von Straftaten** nach § 100a Abs. 2 StPO oder zur Abwehr einer **konkreten Gefahr** für die in § 25a Abs. 1 HSOG genannten **hochwertigen Rechtsgüter** zulässig.[465] Auch bedarf sie der Anordnung durch die **Behördenleitung** und der vorherigen Anhörung des Hessischen Datenschutzbeauftragten. 575a

Daneben werden die Polizeibehörden zu **besonderen Formen des Datenabgleichs** ermächtigt: Nach **§ 26 Abs. 1 HSOG** können sie von öffentlichen oder außeröffentlichen Stellen die Übermittlung von personenbezogenen Daten bestimmter Personengruppen (im Umfang von § 26 Abs. 2 HSOG) zum Zwecke des automatisierten Abgleichs mit anderen Datenbeständen verlangen, wenn dies zur Abwehr der Gefahr für ein näher bestimmtes Rechtsgut erforderlich ist (sog. **Rasterfahndung**). Die Verwendung der elektronischen Datenverarbeitung ermöglicht dabei die schnelle Rasterung von Datenbeständen unterschiedlicher Herkunft und beliebiger Größe und Komplexität. Mithilfe spezieller Programme, in die die fahndungsstrategisch relevanten Suchkriterien eingegeben werden, lassen sich kriminalistisch uninteressante Personen aussondern und der Personenkreis auf konkret Verdächtige begrenzen.[466] Daher wird auch von einem „Verdächtigengewinnungseingriff" gesprochen. 576

Wegen des auch damit verbundenen Eingriffs in das Grundrecht auf informationelle Selbstbestimmung muss allerdings eine **konkrete Gefahr** für eines der in der Vorschrift genannten **hochrangigen Rechtsgüter** bestehen. Die konkrete Gefahr kann grundsätzlich auch eine Dauergefahr sein. Eine allgemeine Bedrohungslage genügt allein nicht, hinzutreten müssen weitere, konkret fundierte Tatsachen, aus denen sich eine konkrete Gefahr ergibt.[467] Entsprechendes gilt im Hinblick auf § 26 Abs. 1 S. 2 HSOG, wonach es für eine solche Gefahr hinreicht, wenn konkrete Vorbereitungshandlungen die Annahme rechtfertigen, dass terroristische Straftaten begangen werden sollen. Überdies darf die Maßnahme nur aufgrund **richterlicher Anordnung** auf Antrag der **Behördenleitung** getroffen werden (§ 26 Abs. 4 HSOG). 577

Die **§§ 27–29a HSOG** enthalten die weiteren, organisatorischen und verfahrensrechtlichen Datenschutzregelungen des hessischen Polizei- und Ordnungsrechts. Hier finden sich also keine Ermächtigungsgrundlagen für die Polizei- oder Gefahrenabwehrbehörden, sondern im Wesentlichen amtliche Pflichten, denen subjektive Rechte der betroffenen Personen entsprechen. Dafür verweist **§ 27 Abs. 1 HSOG** zunächst auf die grundsätzliche Geltung der für die Berichtigung, Löschung und Einschränkung der Verarbeitung (§ 41 Nr. 3 HDSIG; früher: Sperrung) maßgeblichen §§ 53 und 70 HDSIG (zur Umsetzung der JI-Richtlinie der EU Nr. 2016/680), während Abs. 2–6 dazu ergänzende 578

---

[465] Zu verfassungsrechtlichen Bedenken aus dem Gesichtspunkt nicht hinreichend bestimmter Eingriffsschwelle *Bäuerle*, in: BeckOK, § 25a HSOG Rn. 13 ff., 28 ff.; a.A. *Fredrich*, § 25a Rn. 2: entspricht den Anforderungen des BVerfG im Urteil zu § 6a ATDG, BVerfGE 156, 11 (39 ff.); s. auch *Fischer/Leggereit/Sommer*, Kap. L Rn. 272.

[466] Zum Verfahren näher *Bäuerle*, in: BeckOK, § 26 HSOG Rn. 24.

[467] Vgl. BVerfGE 115, 320 (364 f.); a.A.: Sondervotum Richterin *Haas*, ebd., S. 376 ff.; s. auch *Horn*, DÖV 2003, 746 ff.; *Fischer/Leggereit/Sommer*, Kap. L Rn. 269 ff.

oder abweichende Regelungen treffen, wie namentlich auch das Verwertungsverbot von Daten aus dem Kernbereich privater Lebensgestaltung oder sonst unzulässig gespeicherter Daten. **§ 27a HSOG** gilt (i.V.m. der DS-GVO (Verordnung [EU] Nr. 2016/679) für die entsprechenden Pflichten der Gefahrenabwehr- und Polizeibehörden bei der Verarbeitung von Daten zu Zwecken außerhalb der Gefahrenabwehr.

579 **§ 29 HSOG** gibt jeder betroffenen Person das Recht, von den Gefahrenabwehr- und Polizeibehörden Information, Benachrichtigung oder Auskunft hinsichtlich der zu ihrer Person verarbeiteten Daten zu erlangen. Abs. 1 verweist dazu auf die §§ 50–52 HDSIG, soweit die Datenverarbeitung zu Gefahrenabwehrzwecken erfolgte, für alle anderen Fälle auf die §§ 31–33 HDSIG, während Abs. 2–7 davon jeweils abweichende Regelungen vorsehen.

§ 6. Zwang

A. Grundlagen

580 Das Verwaltungsvollstreckungsrecht regelt allgemein die Möglichkeit und das Verfahren der staatlichen Verwaltung zur **zwangsweisen Durchsetzung von öffentlich-rechtlichen Verpflichtungen gegenüber dem nicht leistungsbereiten Bürger**, die zuvor in der Regel durch einen Verwaltungsakt verbindlich festgelegt wurden.[468] Charakteristisch für die Verwaltungsvollstreckung ist, dass die Verwaltung dafür kein Gerichtsurteil erstreiten muss; der Vollstreckungstitel ist ihr mit dem zugrunde liegenden wirksamen Verwaltungsakt gegeben. Auch muss sie sich zur Vollstreckung grundsätzlich keines anderen Organs (etwa des Gerichtsvollziehers) bedienen.

581 Während das allgemeine Verwaltungsvollstreckungsrecht im HVwVG (im Umfang seines Geltungsbereichs, § 1 HVwVG) geregelt ist, enthält das HSOG zur zwangsweisen Durchsetzung von **polizei- und ordnungsbehördlichen Maßnahmen** besondere Regelungen (§§ 47 ff. HSOG), die von den Vorschriften des HVwVG abweichen und diesen vorgehen (§ 1 Abs. 2 S. 2 HVwVG). Sie gelten dem Wortlaut nach nur für polizei- und ordnungsbehördliche **Verwaltungsakte**, sind aber für die Fälle der Anwendung von Zwang bei der Ausführung von polizeilichen **Realakten** entsprechend anzuwenden (Rn. 202 ff.). Gefahrenabwehrrechtliche Verfügungen der **allgemeinen Verwaltungsbehörden** sind hingegen nach Maßgabe des HVwVG zu vollstrecken (vgl. auch §§ 1 Abs. 2 S. 1, 72 HVwVG). Auch die Vollstreckung von Verwaltungsakten gerichtet auf Geldforderungen, selbst wenn von den Polizei- oder Ordnungsbehörden verfügte säumige Zwangsgelder (vgl. § 50 Abs. 3 S. 1 HSOG) betroffen sind, richtet sich gemäß § 1 Abs. 1 und 2 S. 2 HVwVfG nach den allgemeinen Vorschriften des HVwVG.

582 Vollstreckungsmaßnahmen sind **Sekundärmaßnahmen** und als solche von den zugrunde liegenden **Primärmaßnahmen**, deren Durchsetzung die Vollstreckung dient, zu **unterscheiden** (vgl. Rn. 192 ff.). Das gilt es insbesondere zu beachten (1) gegenüber der bloßen Vollziehung, namentlich der Durchführung oder Befolgung einer polizeilichen Anordnung, (2) gegenüber der Anordnung der sofortigen Vollziehung eines Verwaltungsakts nach § 80 Abs. 2 S. 1 Nr. 4 VwGO, (3) gegenüber der unmittelbaren Ausführung einer Maßnahme gemäß § 8 Abs. 1 HSOG, (4) gegenüber der Durchsetzung einer angeordneten Maßnahme aufgrund einer speziellen Standardbefugnis (z.B. Ingewahr-

---

[468] Allgemein zum Verwaltungsvollstreckungsrecht *Muckel*, JA 2012, 272 ff., 355 ff.; *Horn*, Jura 2004, 447 ff., 597 ff.

samnahme zur Durchsetzung eines Platzverweises oder Aufenthaltsgebots gemäß § 32 Abs. 1 Nr. 3 HSOG), und (5) gegenüber dem Realhandeln der Polizei auf der Grundlage von reinen Ausführungsbefugnissen (z.B. Durchsuchung von Personen oder Sachen, §§ 36, 37 HSOG, das Betreten und Durchsuchen von Wohnungen, § 38 HSOG). Eine Vollstreckungsmaßnahme ist regelmäßig dadurch gekennzeichnet, dass sie die vom Pflichtigen unterbliebene oder verweigerte Befolgung bzw. vereitelte Vollziehung der Primärmaßnahme (vorangegangener Verwaltungsakt) *oder* bei Abwesenheit des Pflichtigen (kein vorangegangener Verwaltungsakt) diese Primärmaßnahme selbst unter Verwendung der gesetzlichen Zwangsmittel ersetzt (Rn. 198).

Die Unterscheidung ist zudem bei einem **Zusammentreffen von Primär- und Vollstreckungsmaßnahme** zu beachten.[469] Das kann dann vorkommen, wenn eine polizeiliche Maßnahme zugleich der zwangsweisen Durchsetzung eines vorangegangenen Verwaltungsakts wie auch unmittelbar der Gefahrenabwehr dient. Musterbeispiel ist hier das **Abschleppen eines Kraftfahrzeugs.** War das Fahrzeug an einer durch ein Halteverbotsschild gekennzeichneten Stelle geparkt, kann das Abschleppen als Vollstreckungsmaßnahme in Form der Ersatzvornahme (§ 49 HSOG) zur Durchsetzung eines nicht befolgten Verwaltungsakts, hier des Verkehrszeichens als Allgemeinverfügung mit implizitem Wegfahrgebot, zu qualifizieren sein; dann fehlte der Polizei hierfür aber die Zuständigkeit (§ 47 Abs. 3 S. 1 HSOG), weil das Verkehrsschild von der Straßenverkehrsbehörde aufgestellt worden ist. Zugleich kann die Maßnahme dazu dienen, das Fahrzeug im Wege der unmittelbaren Ausführung (§ 8 Abs. 1 i.V.m. § 11 HSOG) zu entfernen, weil es unabhängig von der Missachtung des Halteverbots die Sicherheit und Leichtigkeit des Verkehrs beeinträchtigt oder, noch weitergehend, im Hinblick auf beides eine Störung der öffentlichen Sicherheit (i.S.d. § 11 HSOG) darstellt. Infolge dieser doppelten oder dreifachen Qualifikation kann die Abschleppmaßnahme also auch auf mehrere Rechtsgrundlagen gestützt werden. 583

B. Allgemeine Vollstreckungsvoraussetzungen

Allgemeine Voraussetzung des Verwaltungszwangs nach §§ 47 ff. HSOG ist, dass die zugrundeliegende ordnungsbehördliche oder polizeiliche Anordnung (Verwaltungsakt als Primärmaßnahme) **vollstreckbar** ist. 584

Dazu muss sie – erstens – einen **vollstreckungsfähigen Inhalt** aufweisen, d.h. die Vornahme einer Handlung, Duldung oder Unterlassung anordnen. 585

Zweitens muss der pflichtenbegründende Verwaltungsakt **wirksam**, d.h. dem Pflichtigen oder öffentlich **bekannt** gemacht worden sein (§ 43 Abs. 1 i.V.m. § 41 HVwVfG) und zum Zeitpunkt der Vollstreckung auch noch wirksam sein (§ 43 Abs. 2 HVwVfG). Auf Form- oder sonstige Fehler bei der Bekanntgabe kommt es nicht an, während nichtige Verwaltungsakte (§§ 43 Abs. 3, 44 HVwVfG) natürlich nicht vollstreckt werden können. 586

Drittens darf der Verwaltungsakt nicht mehr oder jedenfalls nicht mit aufschiebender (den Vollzug vorläufig aussetzender) Wirkung durch einen Rechtsbehelf angefochten werden können (§ 47 Abs. 1 HSOG). **Unanfechtbar** ist die Anordnung, wenn die Rechtsbehelfsfristen von Widerspruch (vgl. § 70 VwGO) und Klage (vgl. § 74 VwGO) abgelaufen bzw. ein entsprechendes verwaltungsgerichtliches Urteil rechtskräftig geworden ist (beachte außerdem § 80a VwGO). Die **sofortige Vollziehbarkeit** der polizei- 587

[469] Dazu *Wehr*, Rn. 313 f.

oder ordnungsbehördlichen Anordnung ergibt sich zumeist aus § 80 Abs. 2 S. 1 Nr. 2 oder Nr. 4 VwGO.

588 Auf die **Rechtmäßigkeit** der durchzusetzenden Verfügung kommt es grundsätzlich nicht an (Rn. 197). Diese Grundregel gilt jedenfalls und unstreitig, wenn der Verwaltungsakt bestandskräftig geworden ist. Nach überwiegender Ansicht ist die Rechtmäßigkeit der Vollstreckungsmaßnahme aber *auch* dann nicht von der Rechtmäßigkeit der (sofort vollziehbaren) Grundverfügung abhängig, wenn diese vor Eintritt der formellen Bestandskraft, also in offener Widerspruchs- bzw. Klagefrist vollstreckt wird oder sonst Grundverfügung und Vollstreckung zeitlich nah beieinander liegen. Die gegenteilige Ansicht fordert für diese Fälle einen **Rechtswidrigkeitszusammenhang** (oder eine Konnexität), weil mit der zwangsweisen Durchsetzung eines rechtswidrigen Verwaltungsakts das Unrecht gleichsam noch vertieft und der Adressat besonders belastet würde. Diese Ansicht ist indessen **abzulehnen:**

589 Nach der insoweit eindeutigen Gesetzeslage **genügt die Wirksamkeit** des Verwaltungsaktes. Der eigenständige Rechtsgrund der Vollstreckung nimmt die gesetzliche Unterscheidung zwischen dem rechtswidrigen, aber wirksamen und dem nichtigen und daher unwirksamen Verwaltungsakt auf (§§ 43, 44 HVwVfG). Auch aus verfassungsrechtlicher Sicht (Art. 20 Abs. 3 GG) besteht kein Grund, diese Rechtslage zu modifizieren. Dem Betroffenen bleibt die Möglichkeit, den Grundverwaltungsakt innerhalb der Rechtsbehelfsfristen anzufechten und/oder mit dem Antrag nach § 80 Abs. 5 VwGO dessen Vollstreckbarkeit die Grundlage zu entziehen; unberührt bleiben auch die nachträglichen, auf Feststellung der Rechtswidrigkeit gerichteten Rechtsbehelfe (§ 113 Abs. 1 S. 4, § 43 VwGO). Auch unter dem Gesichtspunkt effektiver Gefahrenabwehr überzeugt es nicht, die Durchsetzung tatsächlich bestehender Pflichten des Adressaten bis zur endgültigen (oder auch nur vorläufigen) Klärung ihrer Rechtmäßigkeit aufzuschieben; das Risiko der Rechtmäßigkeitsfehleinschätzung muss daher der Bürger tragen. Allein der abseitige Fall, dass die Behörde bewusste Kenntnis von der Rechtswidrigkeit hat, könnte dazu führen, die dennoch vollzogene Vollstreckung für rechtswidrig zu halten.[470]

590 Schließlich gehört es – viertens – zu den Grundvoraussetzungen der zwangsweisen Durchsetzung von polizeilichen Pflichten, dass ihre Befolgung bzw. Vollziehung vom Pflichtigen **verweigert** bzw. vereitelt wird.

C. Arten von Zwangsmitteln

591 Den Polizei- und Ordnungsbehörden stehen **nur bestimmte**, gesetzlich geregelte Zwangsmittel zur Verfügung: die Ersatzvornahme, das Zwangsgeld und der unmittelbare Zwang (§ 48 Abs. 1 HSOG).

I. Ersatzvornahme

592 Im Wege der Ersatzvornahme (§ 49 Abs. 1 HSOG) können **vertretbare Handlungen** durch die Polizei- und Ordnungsbehörden selbst (**Selbstvornahme**) oder durch einen beauftragten Dritten (**Fremdvornahme**) vorgenommen werden. Vertretbare Handlungen sind gerade dadurch gekennzeichnet, dass sie außer vom Pflichtigen auch von anderen

[470] Vgl. zum Ganzen *Graulich*, in: Lisken/Denninger, Kap. E Rn. 908 f.; *Wehr*, Rn. 419 ff.; *Kingreen/Poscher*, § 24 Rn. 32 f.; *Schenke*, Rn. 598 ff.; *Fredrich*, § 48 Rn. 4; *Lambrecht*, in: BeckOK, § 47 HSOG Rn. 27 ff.; BVerfG, NVwZ 1999, 290 (292); BVerwG, NJW 1984, 2591 (2592); BayVGH, BayVBl. 2005, 536 (537).

Personen vorgenommen werden können. Nicht vertretbar sind hingegen höchstpersönliche Verhaltensweisen wie auch Unterlassungen und Duldungen. Daher scheidet die Durchsetzung von Standardmaßnahmen (§§ 12 ff. HSOG) im Wege der Ersatzvornahme weitestgehend aus, so dass eine Ersatzvornahme zumal dann in Betracht kommt, wenn die zu vollstreckende Maßnahme auf Grundlage der polizeilichen Generalklausel (§ 11 HSOG) ergangen ist.

Die Folge ist, dass der an sich zur Vornahme der Handlung Verpflichtete die **Kosten** 593
der Ersatzvornahme zu tragen hat (§ 49 Abs. 1 HSOG: „auf Kosten"). Die Vorschrift ist also zugleich die Rechtsgrundlage für einen entsprechenden Kostenbescheid an den Pflichtigen (s. auch § 49 Abs. 2 HSOG).

II. Zwangsgeld

Die Auferlegung eines Zwangsgeldes (§ 50 HSOG) kommt für die Durchsetzung **jeder** 594
Art von polizeilicher Verpflichtung, für vertretbare ebenso wie für unvertretbare, in Betracht. Es kann zwischen 10 € und 50.000 € liegen und wird von der Polizei- oder Ordnungsbehörde durch Leistungsbescheid festgesetzt (vgl. § 50 Abs. 1 HSOG).

Durch das Zwangsgeld soll der Pflichtige dazu veranlasst werden, die angeordnete, 595
aber bislang unterlassene Handlung doch noch vorzunehmen. Das Zwangsgeld ist ein **Beugemittel ohne Strafcharakter**[471] und kann daher auch neben einer Strafe oder Geldbuße angewandt werden (§ 48 Abs. 3 HSOG). Bei fortgesetzter Weigerung kann es zudem mehrfach verfügt (§ 48 Abs. 3 HSOG) und stufenweise erhöht werden. Unterbleibt auch die Zahlung des Zwangsgeldes, kann es in einem eigenen Vollstreckungsverfahren (§ 50 Abs. 3 S. 1 HSOG) beigetrieben werden. Die Beitreibung hat allerdings zu unterbleiben, sobald die betroffene Person die gebotene Handlung ausführt oder die zu duldende Maßnahme gestattet (Vollstreckungshindernis gemäß § 50 Abs. 3 S. 2 HSOG).

Wenn das Zwangsgeld überhaupt uneinbringlich ist, besteht die Möglichkeit, eine **Er-** 596
satzzwangshaft des säumigen Schuldners zu verfügen, die mindestens einen Tag, jedoch höchstens zwei Wochen andauern darf (§ 51 Abs. 1 HSOG). Eine Ersatzzwangshaft kann aber wegen des damit verbundenen intensiven Grundrechtseingriffs in die Freiheit der Person nach Art. 2 Abs. 2 S. 2 GG nur unter äußerst strengen Voraussetzungen in Betracht gezogen und muss durch das Verwaltungsgericht angeordnet werden (§ 51 Abs. 1 S. 1 HSOG). Sie ist kein selbstständiges Zwangsmittel, sondern dient lediglich der Durchsetzung des Zwangsgeldes, nicht der polizeilichen Grundverpflichtung.

III. Unmittelbarer Zwang

Unmittelbarer Zwang kann gemäß § 52 Abs. 1 S. 1 HSOG von den Polizeibehörden so- 597
wie nach Maßgabe des § 63 HSOG von anderen Vollzugsbediensteten und sonstigen Personen, denen die Anwendung unmittelbaren Zwanges gestattet ist, angewendet werden. Voraussetzung ist allerdings, dass andere Zwangsmittel nicht in Betracht kommen, keinen Erfolg versprechen oder unzweckmäßig sind (**ultima ratio**). Die in dieser Weise angegangene Person hat dafür die **Kosten** zu tragen (§ 52 Abs. 1 S. 3 i.V.m. § 8 Abs. 2 HSOG).

Unmittelbarer Zwang ist die Einwirkung auf Personen oder Sachen durch **körperliche** 598
Gewalt, durch ihre **Hilfsmittel** und durch **Waffen** (§ 55 Abs. 1 HSOG). Körperliche Gewalt ist jede unmittelbare körperliche Einwirkung auf Personen oder Sachen. Hilfsmit-

[471] HessVGH, NVwZ-RR 1989, 452 (453); *Hornmann*, § 50 Rn. 13.

tel sind beispielsweise Fesseln, Wasserwerfer, Sperren und Diensthunde. Waffen sind etwa Schlagstöcke, Betäubungsstoffe und Pistolen (vgl. § 55 Abs. 2–4 HSOG).

599 Das HSOG enthält detaillierte und abschließende Regelungen über den Einsatz der verschiedenen unmittelbaren Zwangsmittel. Die **Auswahl** muss sich strikt am Grundsatz der **Verhältnismäßigkeit** messen lassen. So sind die Fesselung von Personen (§ 59 HSOG) und der Schusswaffengebrauch (§§ 60 ff. HSOG) zwar zulässig, aber nur unter bestimmten engen gesetzlichen Voraussetzungen. Der Einsatz von Schusswaffen gegen Personen ist ultima ratio, d.h. andere Maßnahmen des unmittelbaren Zwangs dürfen offensichtlich keinen Erfolg versprechen (§ 60 Abs. 1 S. 1 HSOG). Voraussetzung ist zudem die Notwendigkeit zur Abwehr einer gegenwärtigen Gefahr für Leib oder Leben, zur Verhinderung von unmittelbar bevorstehenden oder fortgesetzten schwersten Straftaten oder zur Bekämpfung vergleichbarer schwerwiegender Bedrohungslagen (§ 61 Abs. 1 HSOG).

600 Der **finale Rettungsschuss** mit Todesfolge, gerichtet etwa gegen den Geiselnehmer, der seine Geiseln töten will, ist ebenfalls zulässig (§ 60 Abs. 2 S. 2 HSOG). Als Eingriff in das Grundrecht auf Leben nach Art. 2 Abs. 2 S. 1 GG muss es sich dabei aber um das im Einzelfall einzige Mittel zur Abwehr einer gegenwärtigen Lebensgefahr oder einer gegenwärtigen Gefahr einer schwerwiegenden Verletzung der körperlichen Unversehrtheit handeln. Befindet sich der Täter bereits auf der Flucht, besteht keine gegenwärtige Gefahr mehr. Wegen Art. 102 GG darf der gezielte Todesschuss auch nicht als Mittel repressiver Bestrafung angewendet werden.[472]

D. Verfahren der Zwangsanwendung

I. Androhung

601 Nicht nur die Möglichkeit und die Mittel, sondern auch das Verfahren der Anwendung von Zwang unterliegt detaillierten Regelungen. Im sog. **gestreckten Verfahren** gehört dazu insbesondere, dass der Anwendung grundsätzlich eine **Androhung** an die betroffene Person vorausgegangen sein muss (§ 48 Abs. 2, § 53, § 58 HSOG für den unmittelbaren Zwang). Die Androhung ist daher regelmäßig der **erste Akt der Vollstreckung**. Sie soll den Bürger vor einem überfallartigen Verwaltungszwang bewahren. Dabei handelt es sich um einen Verwaltungsakt im Sinne des § 35 S. 1 HVwVfG, der nach § 53 Abs. 6 HSOG zuzustellen ist und selbstständig angefochten werden kann.

602 Die Androhung kann auch schon **mit dem Grundverwaltungsakt verbunden** werden; sie soll mit ihm verbunden werden, wenn ein Rechtsbehelf keine aufschiebende Wirkung hat (§ 53 Abs. 2 HSOG).

603 **Inhaltlich** muss sie sich auf ein **bestimmtes Zwangsmittel** beziehen, d.h. dieses ausdrücklich benennen, ferner bei der Ersatzvornahme die voraussichtlichen **Kosten** und beim Zwangsgeld die **Zwangsgeldhöhe** beziffern, sowie vor allem eine **angemessene Frist** bestimmen, innerhalb der dem Adressaten noch die Möglichkeit gegeben ist, seiner Handlungspflicht doch noch nachzukommen (§ 53 Abs. 1, 3, 4, 5 HSOG). Die Frist ist angemessen, wenn sie unter Beachtung des in § 4 HSOG normierten Übermaßverbots dem Betroffenen die nach den Umständen erforderliche Zeit belässt, seine Pflichten zu erfüllen oder ggf. bei Gericht (Eil-)Rechtsschutz zu erlangen, aber auch das durch die Gefahrenlage bestimmte behördliche Interesse an der schnellen Ausführung in Rech-

[472] *Hornmann*, § 60 Rn. 29.

nung stellt.[473] Fehlt eine angemessene Fristsetzung, führt dies zur **Nichtigkeit** der Androhung nach § 44 Abs. 1 HVwVfG.[474] Wenn eine Duldung oder Unterlassung erzwungen werden soll, ist eine Frist naturgemäß aber entbehrlich (vgl. § 53 Abs. 1 S. 3 HSOG).

Auf eine vorherige Androhung kann **verzichtet** werden, wenn die sofortige Anwen- 604
dung des Zwangsmittels zur Abwehr einer Gefahr notwendig ist (§§ 53 Abs. 1 S. 4, 58 Abs. 1 S. 2 HSOG). Dabei handelt es sich um eine Ausnahme, die nur unter besonderen Umständen anzunehmen ist, jedoch stets eingreift, wenn der Fall einer sofortigen Anwendung des Zwangsmittels gegeben ist (sog. **Sofortvollzug** nach § 47 Abs. 2 HSOG; Rn. 609 ff.).

II. Festsetzung bzw. Anordnung

Kommt der Betroffene seiner Verpflichtung nicht innerhalb der angedrohten Frist nach, 605
kann die Behörde das Zwangsmittel förmlich festsetzen bzw. anordnen. Auch diese Festsetzung bzw. Anordnung ist ein Verwaltungsakt. Sie bestimmt gegenüber dem Adressaten, dass das angedrohte Zwangsmittel nun angewendet werden wird und deshalb vom Verpflichteten zu dulden ist. Durch Beigabe einer weiteren Frist soll dem Pflichtigen die letzte Gelegenheit gegeben werden, durch die Erfüllung des verfügten Anspruchs dem Zwangsmittel zuvorzukommen.

Allerdings ist ein solcher selbstständiger Zwischenschritt zwischen Androhung und 606
Ausführung **nicht zwingend** vorgeschrieben.[475] Lediglich für das **Zwangsgeld** verlangt das Gesetz naheliegender Weise eine solche Festsetzung; hier hat ein entsprechender **Leistungsbescheid** zu ergehen (§ 50 Abs. 1 HSOG).

III. Ausführung bzw. Anwendung

Kommt der Pflichtige dem Verlangen der Behörde nach all dem immer noch nicht nach, 607
schreitet die Behörde im dritten Schritt zur **tatsächlichen Ausführung** (etwa bei der Ersatzvornahme) bzw. Anwendung (etwa beim unmittelbaren Zwang) des Zwangsmittels. Potentieller Widerstand kann mit Polizeigewalt gebrochen werden. Das Zwangsgeld wird unter den Voraussetzungen des § 50 Abs. 3 HSOG i.V.m. §§ 1 Abs. 2 S. 2, 15 ff. HVwVG beigetrieben. Die Zwangsanwendung darf aber über die behördliche Androhung (sowie Festsetzung bzw. Anordnung) nicht hinausgehen und muss den gesetzlichen Voraussetzungen des jeweiligen Zwangsmittels entsprechen.

Der Rechtsnatur nach handelt es sich bei Ersatzvornahme und unmittelbarem Zwang 608
nach richtiger Ansicht um **Verwaltungsrealakte**. Ihnen geht es allein um die Erreichung eines tatsächlichen Erfolgs, nicht um die Herbeiführung einer eigenen oder weitergehenden Rechtsfolge. Für die Konstruktion eines der Zwangsanwendung innewohnenden Verwaltungsakts mit der Anordnung, diese zu dulden,[476] besteht auch unter Rechtsschutzgesichtspunkten keine Veranlassung (Rn. 230).

---

[473] *Hornmann*, § 53 Rn. 8.
[474] HessVGH, NVwZ 1982, 514 (515).
[475] Wie hier *Reimer*, Rn. 241; a.A. *Hornmann*, § 47 Rn. 8; *Fredrich*, § 48 Rn. 5.
[476] So etwa *Hornmann*, § 47 Rn. 8 m.w.N.

E. Sofortvollzug

I. Voraussetzungen

609 Ausnahmsweise können die Polizei- und Ordnungsbehörden, auch ohne zuvor einen Grundverwaltungsakt zu erlassen, Verwaltungszwang anwenden, wenn dies zur Abwehr einer (konkreten) Gefahr erforderlich ist, insbesondere weil Maßnahmen gegen Personen nach den §§ 6–9 HSOG nicht rechtzeitig möglich sind, also zu spät kämen, oder von vornherein keinen Erfolg versprechen (Sofortvollzug oder **sofortige Vollstreckung,** § 47 Abs. 2 HSOG). In diesem sog. **gekürzten Verfahren** bedarf es dann auch keiner vorherigen Androhung (§ 53 Abs. 1 S. 4 HSOG). Als Zwangsmittel kommen hier regelmäßig nur die **Ersatzvornahme** und der **unmittelbare Zwang** in Betracht.

610 Die Möglichkeit der sofortigen Zwangsanwendung bewirkt aber keine Erweiterung des polizeilichen Handlungsspielraums. Deshalb bestimmt § 47 Abs. 2 lt. Hs. HSOG ausdrücklich, dass die Polizei- oder Ordnungsbehörde dabei innerhalb ihrer Befugnisse handeln muss. Der Sofortvollzug setzt daher voraus, dass ein entsprechende Pflichten begründender Verwaltungsakt hätte ergehen dürfen. Dieser **hypothetische Grundverwaltungsakt** muss **rechtmäßig** sein. Das unterscheidet den Sofortvollzug von der Zwangsanwendung im gestreckten Verfahren. Während es dort für die Rechtmäßigkeit der Zwangsanwendung nicht auf die Rechtmäßigkeit der Grundverfügung ankommt (Rn. 588 f.), muss sie hier als unbedingte Voraussetzung verlangt werden, weil andernfalls die polizeiliche Zwangsanwendung ohne sachliche Begründung und Limitierung bliebe.

611 Dann ersetzt das Vorgehen nach § 47 Abs. 2 HSOG den Erlass einer Grundverfügung, wenn und weil entweder derjenige, der als Verantwortlicher oder Nichtverantwortlicher für die Gefahrenabwehr in die Pflicht genommen werden könnte, **nicht anwesend** oder **nicht willensbildungsfähig** ist bzw. **nicht rechtzeitig** erreicht werden kann oder er **sonst übergangen, überrascht** oder **überwältigt** werden muss, andernfalls die Gefahrenabwehr keinen Erfolg hätte.[477] In diesem Sinne muss das sofortige Einschreiten aber auch tatsächlich erforderlich sein. Das bedeutet, dass der Zeitraum zwischen der Feststellung der in Einzelfall bestehenden Gefahr und dem möglichen Schadenseintritt so gering sein muss, dass der Erlass eines Grundverwaltungsakts und die anschließende Durchführung eines gestreckten Vollstreckungsverfahrens die Abwehr der Gefahr vereiteln oder wesentlich beeinträchtigen würde. Demnach muss die konkrete Gefahr regelmäßig einer gegenwärtigen Gefahr nahe kommen.[478]

II. Abgrenzung zur unmittelbaren Ausführung

612 Die Abgrenzung des Sofortvollzugs (§ 47 Abs. 2 HSOG) zur unmittelbaren Ausführung (§ 8 Abs. 1 S. 1 HSOG) bereitet immer wieder Schwierigkeiten. Systematisch betrachtet handelt es sich beim Sofortvollzug zwar um eine **Vollstreckungsmaßnahme,** während die unmittelbare Ausführung eine Maßnahme auf der **Primärebene** darstellt. Im Grunde aber betreffen beide den **gleichen Sachverhalt** und verzichten deshalb beide auf die Notwendigkeit einer vorausgehenden Anordnung (Grundverwaltungsakt).[479] Vielfach wird das Institut der unmittelbaren Ausführung daher für überflüssig gehalten (wobei aber

---

477 *Graulich,* in: Lisken/Denninger, Kap. E Rn. 927 ff.

478 *Hornmann,* § 47 Rn. 24.

479 *Graulich,* in: Lisken/Denninger, Kap. E Rn. 928; *Kingreen/Poscher,* § 24 Rn. 42 f.; *Fischer/Leggereit/Sommer,* Kap. L Rn. 36 ff.; *Pausch/Dölger,* S. 270 ff.; *Wehr,* Rn. 319.

daran zu erinnern ist, dass § 47 Abs. 2 HSOG von vornherein nicht auf den Fall eines verwaltungsbehördlichen Verwaltungsakts anwendbar ist, s. Rn. 581).

Nach dem klaren Wortlaut des § 47 Abs. 2 HSOG kommt der unmittelbaren Ausführung der **Vorrang vor dem Sofortvollzug** zu. Denn dieser ist nur zulässig, wenn Maßnahmen weder gegen den Verantwortlichen oder Nichtverantwortlichen (§§ 6, 7, 9 HSOG) noch unmittelbar ausgeführt (§ 8 HSOG) werden können. Das entspricht dem Vorrang von Primär- vor Vollstreckungsmaßnahmen. Auch die Rechtsprechung stellt maßgeblich auf diese Subsidiarität des Sofortvollzugs ab.[480] Zu beachten ist dabei, dass der Vorrang der unmittelbaren Ausführung nur für **vertretbare Handlungen** in Betracht kommt, dann aber (in Abgrenzung zur Ersatzvornahme nach § 49 HSOG) auch für den Fall greift, dass die Polizei- oder Ordnungsbehörde die Maßnahme nicht selbst, sondern auch durch eine beauftragte dritte Person vornehmen lässt (§ 8 Abs. 1 Hs. 1 HSOG). 613

Im Übrigen wird zur Abgrenzung der beiden Institute im Einzelfall überwiegend darauf abgestellt, das der **Sofortvollzug** als Vollstreckungsmaßnahme auf die Überwindung eines (vermuteten) Widerstands des Pflichtigen gerichtet ist, § 47 Abs. 2 also die **Fälle einer zwangsweisen Willlensbeugung** erfasst.[481] Gleich zu stellen wären die Fälle, in denen die Maßnahme mit der **Zerstörung einer Sache** einhergeht (s. Rn. 201). Zur Begründung lässt sich anführen, dass weder das eine noch das andere von der Ermächtigung zur unmittelbaren Ausführung einer (fiktiven) Grundmaßnahme umfasst ist. Nach diesen Maßgaben stellt allemal die Anwendung unmittelbaren Zwangs eine Maßnahme des Sofortvollzugs dar, ebenso die Durchsetzung unvertretbarer Handlungen, während in allen anderen Fällen vorrangig von einer unmittelbaren Ausführung auszugehen ist. 614

F. Materielle Voraussetzungen

I. Richtiger Adressat

Richtiger Adressat der Zwangsmaßnahme ist grundsätzlich derjenige, der auch der **Verpflichtungsadressat der zu vollstreckenden Verfügung** ist. Das schließt die Möglichkeit des polizeilichen Zwangs gegen den Nichtverantwortlichen ein. Hier gelten die gleichen Regeln wie zur Verantwortlichkeit für die zugrundeliegende Primärmaßnahme (Rn. 348 ff.). 615

II. Ermessen und Verhältnismäßigkeit

Auch hinsichtlich der Anforderungen an die pflichtgemäße Ermessensausübung (§ 5 HSOG) und des Verhältnismäßigkeitsgrundsatzes (§ 4 HSOG) gelten in Anbetracht der Vollstreckungshandlungen die gleichen Maßstäbe wie in Anbetracht der zu vollstreckenden Handlung (Rn. 398 ff.). Gesondert zu beachten sind allerdings die **Vorrangregeln,** die das Gesetz zur Anwendbarkeit der einzelnen Zwangsmittel normiert (z.B. unmittelbarer Zwang nur als ultima ratio, § 52 Abs. 1 S. 1 HSOG), sowie der spezifische Bezug der Verhältnismäßigkeitsprüfung auf die Frage, ob die konkrete Zwangsmittelanwendung in ihrer belastenden Wirkung für den Betroffenen nicht außer Verhältnis steht zu der damit verfolgten effektiven Gefahrenabwehr. 616

---

[480] HessVGH, NVwZ-RR 1999, 23 (25).

[481] *Fischer/Leggereit/Sommer*, Kap. L Rn. 36 ff.; *Wehr*, Rn. 320 ff.

III. Prüfungsschema

617 **Rechtmäßigkeit einer Vollstreckungsmaßnahme**

I. Rechtsgrundlage der Zwangsmaßnahme (§§ 47 ff. HSOG)

II. Rechtmäßigkeit der Zwangsmaßnahme

1. Zuständigkeit
2. Vollstreckbarer Verwaltungsakt (vgl. § 47 Abs. 1 HSOG)
   - Ausnahme: sofortige Vollstreckung, § 47 Abs. 2 HSOG

   a) Vollstreckungsfähiger Inhalt (Handeln, Dulden oder Unterlassen)
   b) Unanfechtbarkeit oder sofortige Vollziehbarkeit
   c) Wirksamkeit (Ausnahme: § 44 HVwVfG)
   d) Nichterfüllung
3. Verfahren der Zwangsanwendung
   a) Androhung (Ausnahme: § 53 Abs. 1 S. 4 HSOG)
   b) ggf. Festsetzung bzw. Anordnung
   c) Ausführung bzw. Anwendung
4. Materielle Voraussetzungen
   a) Anwendbarkeit des Zwangsmittels
      - Ersatzvornahme (§ 49 HSOG)
      - Zwangsgeld (§ 50 HSOG) und Ersatzzwangshaft (§ 51 HSOG)
      - Unmittelbarer Zwang (§§ 52, 54 ff. HSOG)

   b) Richtiger Adressat
   c) Ermessen (§ 5 Abs. 1 HSOG)
      aa) Entschließungsermessen
      bb) Auswahlermessen (Adressaten- und Zwangsmittelauswahl)
   d) Verhältnismäßigkeit
5. Kein Vollstreckungshindernis (etwa § 50 Abs. 3 Satz 2 HSOG)

§ 7. Kostenersatz und Schadensausgleich

A. Kostenersatzansprüche des Staates

618 Die durch die Gefahrenabwehr den Behörden entstehenden **Kosten** (legaldefiniert in § 104 HSOG) werden grundsätzlich von ihnen getragen (§§ 105 ff. HSOG). Es gilt der ausnahmefähige **Grundsatz der Gebührenfreiheit** bzw. der Steuerfinanzierung von Aufgaben der Gefahrenabwehr.[482] Die Ausnahmen davon rühren aber aus dem **gefahrenab-**

[482] *Poscher/Rusteberg*, JuS 2012, 26 (30); *Schoch*, Rn. 954.

wehrrechtlichen Verursacher- und Zurechnungsprinzip (Rn. 206): Der für die Gefahr Verantwortliche hat auch die finanziellen (Folge-)Lasten ihrer Beseitigung zu übernehmen. Soweit sie nicht ohnehin bei ihm selbst anfallen, tritt die Kostenhaftung als Sekundärleistungspflicht an die Stelle seiner primären Pflicht zur Gefahrbeseitigung.[483] Davon umfasst sind die Kosten, die **durch die Gefahrenabwehrmaßnahme verursacht** worden sind, nicht die sonstigen allgemeinen Verwaltungskosten der Behörden (Rn. 209).[484]

Als Grundrechtseingriff (in Art. 2 Abs. 1 GG) unterliegt die Pflicht zur Kostenerstat- 619
tung dem **Vorbehalt des Gesetzes.** Das HSOG normiert solche Erstattungspflichten für die (Folge-)Kosten einer Sicherstellung (§ 43 Abs. 3 HSOG), für die unmittelbare Ausführung einer Maßnahme (§ 8 Abs. 2 S. 1 HSOG), für die Ersatzvornahme und die unmittelbare Zwangsanwendung (§ 49 Abs. 1 S. 1, § 52 Abs. 1 S. 3 HSOG). In Betracht kommt zudem ein Aufwendungsersatz für einen an einen Dritten geleisteten Schadensausgleich (§ 69 i.V.m. § 64 HSOG). In Einzelfällen kann der Kostenersatz auch im Voraus verlangt werden (§§ 8 Abs. 2 S. 3; 49 Abs. 1 S. 2, Abs. 2 S. 1; 43 Abs. 3 S. 3 HSOG).

Die Geltendmachung der Kosten erfolgt durch einen gesonderten **Kostenbescheid** in 620
der Form eines Verwaltungsakts (§ 35 HVwVfG). **Zuständige Behörde** dafür ist das Hessische Polizeipräsidium für Technik gemäß § 8 Abs. 1 Nr. 2 HSOG-DVO. Die Entscheidung ist **nach pflichtgemäßem** Ermessen zu treffen (§ 5 Abs. 1 HSOG), auch wenn dies in den einzelnen Kostennormen nicht wörtlich zum Ausdruck kommt.[485] Gegen den Kostenbescheid können nach den allgemeinen Regeln des Verwaltungsprozessrechts **Widerspruch** und **Anfechtungsklage** erhoben werden; diesen kommt gemäß § 80 Abs. 1 VwGO **aufschiebende Wirkung** zu, weil es insofern nicht um Kosten i.S.d. § 80 Abs. 2 S. 1 Nr. 1 VwGO geht.[486] Verweigert der Kostenpflichtige die Erstattung der Kosten, richtet sich deren **zwangsweise Beitreibung** wegen ihrer Rechtsnatur als Geldforderung nach dem **HVwVG.**

Voraussetzung für die (materielle) Rechtmäßigkeit des Kostenbescheids ist die **Recht-** 621
mäßigkeit der zugrundeliegenden Maßnahme, für die die Kosten erhoben werden (Konnexität oder Rechtswidrigkeitszusammenhang). Das ist weithin unstreitig und lässt sich mit dem allgemeinen (Rechtsstaats-) Gedanken begründen, dass fehlerhafte Behördentätigkeit nicht vergütet werden muss.[487]

Daher ist bei Kostenansprüchen für **Primärmaßnahmen** (Sicherstellung) stets deren 622
Rechtmäßigkeit inzident zu prüfen. Das Entsprechende gilt für kostenpflichtige Maßnahmen, die ohne vorherigen Verwaltungsakt angewendet wurden, wie in den Fällen der **unmittelbaren Ausführung** (§ 8 HSOG) und der **sofortigen Vollstreckung** (§ 47 Abs. 2 HSOG), weil den Behörden diese Vorgehensweisen nur innerhalb ihrer Befugnisse eröffnet sind, mithin deren Rechtmäßigkeit die Rechtmäßigkeit einer „fiktiven Grundverfügung" voraussetzen (Rn. 381, 199).

Bei Kostenansprüchen, die für Vollstreckungsmaßnahmen (Ersatzvornahme, unmit- 623
telbarer Zwang) im gestreckten Verfahren, also für die **zwangsweise Durchsetzung vorangegangener Verwaltungsakte** erhoben werden, kommt es hingegen auf die Rechtmäßigkeit dieser Grundverwaltungsakte **nur soweit** an, wie von dieser ausnahmsweise

[483] *Buchberger,* in: Lisken/Denninger, Kap. L Rn. 127.
[484] *Fischer/Leggereit/Sommer,* Kap. N Rn. 8.
[485] HessVGH, NJW 1997, 1023 (1023); NVwZ-RR 1995, 29 (30).
[486] HessVGH, NJW 1980, 1248 (1248); *Fischer/Leggereit/Sommer,* Kap. N Rn. 14.
[487] *Reimer,* Rn. 273; *Würtenberger/Heckmann/Tanneberger,* § 10 Rn. 46; *Wehr,* Rn. 521; *Kingreen/Poscher,* § 25 Rn. 10; *Fischer/Leggereit/Sommer,* Kap. N Rn. 9; *Schoch,* Rn. 405; *Schenke,* Rn. 699.

auch die Rechtmäßigkeit der Vollstreckungsmaßnahme abhängt (Rn. 197, 588). Denn für diesen Fall setzt die Rechtmäßigkeit des Kostenbescheids die Rechtmäßigkeit der Vollstreckungsmaßnahme und die Rechtmäßigkeit der Vollstreckungsmaßnahme die Rechtmäßigkeit des vollstreckten Verwaltungsakts voraus. **Im Übrigen** aber, d.h. in den regelmäßigen Fällen, in denen der Vollstreckungsmaßnahme die Rechtswidrigkeit der Primärmaßnahme nicht entgegengehalten werden kann, ist auch die Rechtmäßigkeit des Kostenbescheids **unabhängig von deren Rechtmäßigkeit**, mithin nur abhängig davon, dass die kostenpflichtige Vollstreckung ansonsten rechtmäßig war.

624 Gleichwohl bleibt es in diesen (regelmäßigen) Fällen denkbar, auf der Kostenebene eine Rechtswidrigkeit des Grundverwaltungsakts (in der Ermessensausübung) zu berücksichtigen. Denn während dessen Vollstreckung dazu bestimmt ist, gegen den Widerstand des Pflichtigen eine effektive Gefahrenabwehr zu gewährleisten und den Anspruch des Rechts auf Befolgung durchzusetzen, geht es bei der Kostenerstattung um Aspekte der **gerechten Lastenverteilung** bzw. **zumutbaren Kostenbelastung.**[488]

625 Vergleichbare Erwägungen können auch in den – davon zu unterscheidenden – Fällen angestellt werden, in denen der vollstreckte Verwaltungsakt (oder auch die „fiktive Grundverfügung" einer unmittelbaren Ausführung oder sofortigen Vollstreckung) zwar rechtmäßig war, es aber bei einer gegebenen **Störermehrheit** (Rn. 397) aus Gründen verhältnismäßiger Ermessenausübung geboten erscheint, nicht demjenigen, der mit der Maßnahme tatsächlich in Anspruch genommen wurde, sondern einer anderen, ebenfalls verantwortlichen Person die Kostenpflicht aufzubürden. Das kommt z.B. in Betracht, wenn es um die **Kosten für das Abschleppen eines Kraftfahrzeugs** geht, das aber nachweislich nicht vom Fahrzeughalter, sondern von einer anderen Person verkehrswidrig abgestellt worden war. Eine andere (zu verneinende) Frage ist es dann, ob der Halter, der wegen des Zurückbehaltungsanspruchs des Abschleppunternehmers die Kosten bezahlen musste (§ 8 Abs. 2 S. 3 i.V.m. § 43 Abs. 3 S. 4, 5 HSOG), um sein Fahrzeug zurückzuerlangen, in der Konsequenz von der Polizei die Rückzahlung der beglichenen Kosten beanspruchen kann.[489]

626 Grundsätzlich aber folgt die **Pflichtigkeit für die Kostentragung** aus der Pflichtigkeit für die kostenpflichtige Maßnahme. Das findet seine Rechtfertigung in dem Zusammenhang von Verursacher- und Zurechnungsprinzip (Rn. 206). Kostenpflichtige Person ist daher nach § 8 Abs. 2 S. 1 HSOG der Handlungs- oder Zustandsstörer (§§ 6, 7 HSOG); das Gleiche gilt hinsichtlich der „betroffenen Person" im Sinne des § 49 Abs. 1 HSOG. Einen Nichtstörer (§ 9 HSOG) trifft hingegen keine Kostenpflicht. Ihm steht im Gegenteil ein Entschädigungsanspruch für die ihm durch die Gefahrenabwehr entstandenen Schäden zu (Rn. 631 ff.).

627 Für den Fall **mehrerer Kostenschuldner** bestimmt § 8 Abs. 2 S. 2 HSOG explizit eine gesamtschuldnerische Haftung. Das hat zur Folge, dass der Kostengläubiger sein **Auswahlermessen**, einen der Schuldner zur vollen Kostenübernahme zu verpflichten, nach dem Kriterium hinreichender Solvenz treffen kann. Fehlt es an einer solchen ausdrücklichen gesetzlichen Qualifizierung als Gesamtschuld, spricht viel dafür, eine anteilige Kostenhaftung nach Köpfen anzunehmen.[490]

628 Fragen der Auswahl des „richtigen" Kostenschuldners und damit der gerechten Lastenverteilung stellen sich auch dann, wenn die kostenpflichtige Maßnahme zur Abwehr einer **Anscheinsgefahr** oder eines **Gefahrverdachts** ergangen war. Zwar sind auf der Pri-

[488] Wie hier *Wehr*, Rn. 523.
[489] Dazu HessVGH, LKRZ 2007, 63 ff.
[490] Im Einzelnen *Lambrecht*, in: BeckOK, § 49 HSOG Rn. 7; *Würtenberger/Heckmann/Tanneberger*, § 5 Rn. 358 ff.; *Schoch*, Jura 2012, 685 ff.

märebene aus Gründen effektiver Gefahrenabwehr unvermeidliche (subjektive) Fehleinschätzungen der tatsächlichen Lage hinzunehmen, so dass das behördliche Einschreiten auch dann als rechtmäßig anzusehen ist, wenn sich im Nachhinein herausstellt, dass tatsächlich (objektiv) keine Gefahr vorgelegen hat (Rn. 305, 331). Auf der Sekundärebene der Kostenverteilung spielt hingegen der Gesichtspunkt effektiver Gefahrenabwehr keine Rolle mehr, so dass kein Grund besteht, den subjektiven Gefahrbegriff insoweit durchzuhalten. Die Frage der Kostentragung ist daher **objektiv nach der tatsächlichen Verantwortlichkeit** zu beurteilen. Weil bei der Anscheinsgefahr ebenso wie beim nicht bestätigten Gefahrverdacht zu keinem Zeitpunkt eine reale Gefahr bestanden hat, steht demzufolge der Anscheins- und Verdachtsstörer in Anbetracht seiner Kostenverantwortlichkeit einem Nichtstörer gleich. Ihn trifft keine Kostentragungspflicht, obgleich die Primärmaßnahme rechtmäßig war. Anderes muss freilich dann gelten, wenn der Betroffene den Anschein der Gefahr oder den Anschein seiner Verantwortlichkeit **in zurechenbarer Weise** gesetzt hat (Rn. 363). Denn dann hat er das behördliche Einschreiten in einer Weise veranlasst, die es unter Wertungsgesichtspunkten rechtfertigt, ihm die Verantwortlichkeit für die Kosten aufzuerlegen.[491]

Ein aktuelles Problem ist die Frage der Kostentragungspflicht bei **Großveranstaltungen**, wie Fußballbundesliga-Spielen oder Open Air-Konzerten. Dazu folgender Fall: 629

Fall – Teurer Fußball? Anlässlich von Heimspielen der SG Eintracht Frankfurt kommt es nach Polizeierfahrung immer wieder zu heftigen Zusammenstößen sog. Ultras mit auswärtigen Fans. Daher werden pro Spiel bis zu 2.000 Polizisten in Frankfurt eingesetzt, die die gewaltbereiten Gruppen im Auge behalten und notfalls trennen sollen. Die Kosten pro Einsatz belaufen sich auf ca. 120.000 Euro und summieren sich bei 17 Heimspielen auf mehr als 2 Millionen Euro pro Saison. Die Kosten sind beträchtlich höher als bei anderen Fußballvereinen. Im Hessischen Innenministerium wird daher überlegt, ob der Veranstalter, also Eintracht Frankfurt an den Kosten beteiligt werden kann. Referent R wird gebeten, die Frage einer Kostenpflichtigkeit nach dem HSOG gutachterlich zu untersuchen; das allgemeine Gebührenrecht soll außer Betracht bleiben.[492] 630

I. Grundsätzlich ist die Gefahrenabwehr aus dem allgemeinen Steueraufkommen zu finanzieren und somit gebührenfrei. Die Kostenabwälzung auf Private bedarf als begründungsbedürftige Ausnahme einer gesetzlichen Regelung.

II. In Betracht kommt zunächst ein **Kostenersatzanspruch nach § 8 Abs. 2 S. 1 HSOG.** Dazu müssten die Maßnahmen zur Sicherung des Fußballspiels eine unmittelbare Ausführung nach § 8 Abs. 1 S. 1 HSOG darstellen und der in Anspruch genommene Kostenschuldner **Verantwortlicher i.S.d. §§ 6, 7 HSOG** sein.

1. **Zustandsstörer** i.S.d. § 7 HSOG ist der Eigentümer, sonstiger Berechtigter oder Inhaber der tatsächlichen Gewalt einer Sache, von der Gefahren für die öffentliche Sicherheit und Ordnung ausgehen. Eintracht Frankfurt ist während der Heimspiele Besitzer des heimischen Stadions, allerdings geht weder von der Arena als solcher noch von ihrer Lage im Raum eine Gefahr aus. „Die Eintracht" ist daher nicht Zustandsstörer.

---

[491] Dazu VG Berlin, NJW 1991, 2854 ff.; *Würtenberger/Heckmann/Tanneberger*, § 10 Rn. 56; *Schoch*, Rn. 962; *Wehr*, Rn. 526 ff.; *Kugelmann/Albers*, Jura 2013, 898 ff.

[492] Zur gebührenrechtlichen Kostentragungspflicht vgl. die Rspr. zur Gebührenregelung in Bremen: BremOVG, NVwZ 2018, 913 ff.; BVerwG, NVwZ 2019, 1444 ff.; BremOVG, DVBl. 2021, 1243 ff.; aus der Lit.: *Klein*, GSZ 2018, 175 ff.; *Ruffert*, JuS 2018, 1022 ff.; *Brüning*, NVwZ 2019, 1416 ff.; *Hebeler*, JA 2019, 876 ff.; *Selmer*, JuS 2020, 93 ff.; *Kämmerer/Kleiner*, JuS 2022, 155 ff. (Referendarexamensklausur).

2. **Verhaltensstörer** ist nach § 6 HSOG derjenige, der durch sein Verhalten oder das Verhalten eines Dritten, für den er einzustehen hat, eine Gefahr im polizeirechtlichen Sinne verursacht. Verursachen meint nicht allein das kausale Hervorrufen, sondern nach der Theorie der **unmittelbaren Verursachung** das Überschreiten der Gefahrenschwelle derart, dass dadurch die hinreichende Wahrscheinlichkeit eines Schadenseintritts unmittelbar begründet oder erhöht wird. Dabei handelt es sich um eine Wertungsfrage, die maßgeblich durch die beiden Kriterien der Pflichtwidrigkeit des zu Grunde liegenden Verhaltens und dessen Risikoverteilung ausgefüllt wird. Die Veranstaltung von Bundesligaspielen durch Eintracht Frankfurt fällt (unter Annahme des Nebenzweckprivilegs für unternehmerisches Handeln) unter die grundrechtlich geschützte Vereinsfreiheit des Art. 9 GG. Auch haftet der Veranstaltung eines Fußballspiels nicht per se das Risiko an, dass es außerhalb des Stadions zu gewalttätigen Zusammenstößen zwischen nur aus Anlass des Spiels angereisten Fangruppen kommt.

3. Allerdings könnte Eintracht Frankfurt als **Zweckveranlasser** verantwortlich sein. Darunter wird jemand verstanden, der eine bei isolierter Betrachtung zwar polizeilich neutrale Handlungen vornimmt, durch diese aber das letztlich zur Gefahr führende Verhalten anderer Person in einer ihm aufgrund des engen Wirkungs- und Verantwortlichkeitszusammenhangs zurechenbaren Weise veranlasst.

a) Nach der subjektiven Theorie kommt es für die Zurechnung vor allem auf die Intention des Hintermannes an, andere Personen zu einem unmittelbar gefahrverursachenden Verhalten zu bewegen. Eintracht Frankfurt ist sich seiner „Problemfans“ bewusst und unterstützt diese in keiner Weise, sondern versucht vielmehr, durch Fanprogramme und Sicherheitskonzepte gewalttätige Ausschreitungen zu verhindern.

b) Die objektive Theorie lässt für eine Zurechnung genügen, dass zwischen Veranlassung und Gefahr eine natürliche Einheit besteht, und die Gefahr eine naheliegende, typische und zwangsläufige Folge des Verursachungsbeitrags des Hintermanns ist. Zwar kommt es anlässlich von sog. Risikofußballspielen in ganz Deutschland immer wieder zu Ausschreitungen, jedoch zeigen die zahlreichen friedlich verlaufenden Begegnungen, dass Krawalle nicht zwangsläufig zum Profifußball gehören. Anders als etwa beim erhöhten Verkehrsaufkommen anlässlich eines Spiels begehen Dritte eigenverantwortlich Straftaten und schaffen dadurch erst die Gefahr für die öffentliche Sicherheit, sind also selbst polizeirechtlich Verantwortliche. Das eigenverantwortliche Dazwischentreten Dritter unterbricht aber nicht nur im Strafrecht, sondern auch im Polizeirecht den Zurechnungszusammenhang (so auch schon PrOVGE 85, 270, 271). Daher ist „die Eintracht“ nicht als Zweckveranlasser verantwortlich.

III. Ein Kostenersatzanspruch könnte sich im Falle einer **Ersatzvornahme** aus **§ 49 Abs. 1 S. 1 HSOG** ergeben. Dieser ergeht gegenüber der „betroffenen Person“, also dem Adressat des Grundverwaltungsakts. Daher scheitert er bereits an der fehlenden polizeirechtlichen Verantwortlichkeit (s.o.).

IV. Ergebnis: Daher kann die SG Eintracht Frankfurt nach dem HSOG nicht an den Kosten für den Polizeieinsatz beteiligt werden.

B. Schadensausgleichsansprüche des Betroffenen

631 Gefahrenabwehrrechtliche Schadensausgleichsansprüche des Bürgers gegen den Staat stellen gleichsam die „Kehrseite“ der Kostenpflicht dar. Sie folgen ebenfalls dem Anliegen einer **gerechten Lastenverteilung** für die finanziellen Folgen einer Gefahrenabwehrmaßnahme, das auch den Regeln über die Kostenverantwortlichkeit zugrunde liegt. Maßgebendes Kriterium ist hierbei der allgemeine staathaftungsrechtliche Gedanke der **Aufopferungsentschädigung.** Dem tragen die Regelungen der §§ 64 ff. HSOG in spezieller Weise Rechnung; soweit sie reichen, ist der Rückgriff auf ungeschriebene Aufopferungsansprüche versperrt. Sie gewähren demjenigen einen Anspruch auf Schadensausgleich, der im Zuge einer polizei- oder gefahrenabwehrbehördlichen Maßnahme ein **Sonderopfer** erbracht hat. Das ist dann der Fall, wenn der Betroffene durch eine Gefahrenabwehrmaßnahme einen Schaden erlitten hat, die entweder **rechtswidrig** oder für die er **nicht verantwortlich** war.[493]

Anspruchsberechtigt ist somit der **Nichtverantwortliche** (oder Notstandspflichtige) 632
im Sinne des § 9 Abs. 1 HSOG, und zwar gerade dann, wenn die „gegen" ihn gerichtete Maßnahme rechtmäßig war (§ 64 Abs. 1 S. 1 HSOG), sowie jeder, der von einer **rechtswidrigen Maßnahme betroffen** worden war. Der rechtmäßig in Anspruch genommene Verantwortliche hat hingegen keinen Schadensausgleichsanspruch, sondern muss im Gegenteil die Kosten der Gefahrenabwehrmaßnahme tragen (Rn. 618 ff.).

Gemäß § 64 Abs. 3 HSOG ist auch der Person ein Schadensausgleich zu gewähren, 633
die an der Wahrnehmung von Aufgaben der Gefahrenabwehr- oder Polizeibehörden mit deren Zustimmung freiwillig mitgewirkt oder Sachen zur Verfügung gestellt hat und dadurch einen Schaden erlitten hat (sog. **freiwilliger Nothelfer**). Diese „Freiwilllig-keit" liegt auch vor, wenn der Nothelfer nach § 323c StGB zur Hilfeleistung verpflichtet war.[494]

Auch dem **Anscheinsstörer** wird überwiegend ein Ausgleichsanspruch **analog § 64** 634
Abs. 1 S. 1 HSOG zugebilligt, wenn er den Gefahrenanschein nicht verantwortlich gesetzt hat.[495] Denn dann ist er von der Kostentragungspflicht befreit und wird wie ein Nichtverantwortlicher behandelt (Rn. 628). Entsprechendes gilt für den **Verantwortlichen eines Gefahrverdachts**. Für den Betroffenen im Falle einer **Putativgefahr** (Rn. 308) besteht hingegen ein Schadensausgleichsanspruch aus § 64 Abs. 1 S. 2 HSOG, weil in diesem Fall die Maßnahme mangels Vorliegen einer Gefahr rechtswidrig war.

Voraussetzung ist, dass dem Anspruchsteller „infolge" oder „durch" die Maßnahme 635
ein **Schaden** entstanden ist. Der Schadensbegriff entspricht dem des Zivilrechts; ein Schaden ist daher jede objektive Minderung des vorhandenen Bestands an geschützten Gütern. Aufwendungen zur Schadensminderung oder -beseitigung sind ebenfalls umfasst.[496]

Die zudem erforderliche **Kausalität** zwischen Maßnahme und Schaden bemisst sich 636
nicht nach der Äquivalenz- oder Adäquanztheorie, sondern nach der im allgemeinen Staatshaftungsrecht maßgebenden Figur der **„Unmittelbarkeit"**, der eine haftungsbegrenzende Funktion zukommt. Danach bedarf es einer **wertenden Zurechnung** der Schadensfolgen nach Verantwortlichkeit und Risikosphären. Der Schaden muss sich regelmäßig als **„typische" Folge** der hoheitlichen Maßnahme darstellen, d.h. es muss sich eine in der Maßnahme selbst angelegte Gefahr realisieren, die über das allgemeine Lebensrisiko hinaus geht. Hilfreich kann die Frage sein, ob die Norm die Vermeidung des Schadens bezweckt (sog. **Schutzzweckzusammenhang**). Schäden, mit denen nicht gerechnet werden musste, erfüllen hingegen die Unmittelbarkeitsbedingung nicht.[497]

Allerdings bleiben weitergehende Schadensersatzansprüche, insbesondere der **Amts-** 637
haftungsanspruch aus § 839 BGB i.V.m. Art. 34 GG unberührt (§ 64 Abs. 4 HSOG; Rn. 214). Das folgt daraus, dass der Anspruch nach den §§ 64 ff. HSOG tatbestandlich

---

[493] Eingehend *Will*, VerwArch 106 (2015), 55 ff.; *Spitzlei/Hautkappe*, DÖV 2018, 134 ff.

[494] Näher zum Begriff der Freiwilligkeit *Stein*, in: BeckOK, § 64 HSOG Rn. 33.

[495] BGHZ 126, 279 (285); 117, 303 (308).

[496] *Hornmann*, § 64 Rn. 9.

[497] BGHZ 100, 335 (338); 131, 163 (166, 168 f.); *Wehr*, Rn. 550; *Rachor/Buchberger*, in: Lisken/Denninger, Kap. L Rn. 12.

kein Verschulden voraussetzt. Dies ist namentlich in den Fällen von Bedeutung, in denen mittelbare oder immaterielle Schäden entstanden sind.[498]

638 Als Rechtsfolge wird ein **angemessener Ausgleich in Geld** gewährt. Der Umfang ist in den §§ 65 ff. HSOG näher geregelt. Grundsätzlich werden nur **unmittelbare Vermögensschäden** (einschließlich entgangenen Gewinns in gewöhnlichem Umfang) ausgeglichen, § 65 Abs. 1 S. 1, 2 HSOG. Mittelbare Vermögensnachteile werden nur ersetzt, wenn dies zur Abwendung unbilliger Härten ausnahmsweise geboten erscheint. **Schmerzensgeld** ist unter den Voraussetzungen des § 65 Abs. 2 HSOG zu gewähren.

639 Zum Ausgleichspflichtigen und damit **Anspruchsgegner** bestimmt § 68 Abs. 1 HSOG grundsätzlich die **Anstellungskörperschaft** des Bediensteten, der die Gefahrenabwehrmaßnahme unternommen hat. Das ist bei polizeilichem Handeln das Land Hessen, bei Handlungen der allgemeinen Ordnungsbehörden und der allgemeinen Verwaltungsbehörden der jeweilige Verwaltungsträger, in der Regel also die jeweilige Kommune (Gemeinde, Landkreis). Hat der Bedienstete im Einzelfall für eine andere Behörde gehandelt (z.B. bei polizeilicher Vollzugshilfe gemäß § 44 HSOG), so ist die andere Körperschaft ausgleichspflichtig, § 68 Abs. 2 HSOG.

640 **Rechtsstreitigkeiten** über Schadensausgleichsansprüche sind nach § 70 Hs. 1 HSOG i.V.m. § 40 Abs. 1 S. 2 VwGO den ordentlichen Gerichte zugewiesen. Erstinstanzlich ist nach § 71 Abs. 1, 3 GVG das Landgericht zuständig. Der Anspruch verjährt nach § 67 S. 1 HSOG in drei Jahren.

641 Die ausgleichspflichtige Körperschaft kann sich allerdings gemäß § 69 Abs. 1 HSOG schadlos halten, indem sie die nach §§ 6 oder 7 Verantwortlichen für ihre Aufwendungen (durch Leistungsbescheid) in **Regress** nimmt. Hier entstehende Streitigkeiten sind vor den Verwaltungsgerichten auszutragen, § 70 HSOG.

§ 8. Gefahrenabwehrverordnungen

A. Allgemeines

642 Gefahrenabwehrverordnungen sind das Instrument des Polizeirechts, um auf eine **abstrakte Gefahrenlage** mit Geboten und Verboten zu reagieren, die für eine **unbestimmte Vielzahl von Fällen** gelten und an eine **unbestimmte Anzahl von Personen** gerichtet sind (Rn. 231 ff.)

643 Der generelle Charakter der Rechtsverordnung erlaubt dem Verordnungsgeber, bei der Wahrnehmung der Gefahrenabwehraufgabe eine breitere Stoßrichtung zu verfolgen und eine gesamthafte Situation steuernd zu beeinflussen. Demgemäß reichen auch die **Regelungsoptionen** einer Rechtsverordnung durchaus weiter als sie üblicherweise Gegenstand einer Verfügung im Einzelfall sind. Vor allem können Rechtsverordnungen entweder selbst neue Ermächtigungsgrundlagen für konkrete Eingriffsmaßnahmen begründen oder Gebote und Verbote aufstellen, die die Möglichkeit konkreter Maßnahmen auf anderer Grundlage (z.B. nach § 11 HSOG) eröffnen; auch können (repressive) Ahndungsmöglichkeiten durch eigene Ordnungswidrigkeitentatbestände geschaffen werden (vgl. § 77 HSOG).

644 Die gesetzliche **Ermächtigungsgrundlage** für den Erlass solcher Verordnungen finden sich in den §§ 71 ff. HSOG. Nach der allgemeinen Benennung des Handlungstypus in

[498] *Sauer*, JuS 2012, 800 (801).

§ 71 HSOG[499] differenzieren die folgenden §§ 72–74 HSOG dabei danach, welche Stelle befugt ist, Gefahrenabwehrverordnungen zu erlassen. Etwaige **Spezialermächtigungen** gehen dem nach allgemeinen Regeln vor, so z.B. Art. 297 EGStGB für den Erlass sog. Sperrgebietsverordnungen oder § 9 HGastG für die gaststättenrechtliche Sperrzeitverordnung.

B. Zuständigkeiten

Die §§ 72–74 HSOG beschränken die Kompetenz zum Erlass von Gefahrenabwehrver- 645
ordnungen auf die **Gefahrenabwehrbehörden**. Das sind in Abhängigkeit vom jeweiligen räumlichen Geltungsbereich das Hessische Ministerium des Innern, die Regierungspräsidien sowie die Landkreise und Gemeinden. Polizeibehörden sind nicht befugt, Gefahrenabwehrverordnungen zu erlassen.[500]

Kommunale Gefahrenabwehrverordnungen (auch: Polizeiverordnungen) werden vom 646
Kreistag (§ 73 S. 2 HSOG) bzw. von der **Gemeindevertretung** (§ 74 S. 2 HSOG) beschlossen.

Im kommunalen Bereich kann es dabei zu **Abgrenzungsproblemen** bzw. **Überschnei-** 647
dungen mit **kommunalen Satzungen** kommen. Grundsätzlich sind Satzungen ein Instrument zur weisungsfreien Regelung von Selbstverwaltungsangelegenheiten (§ 5 HKO, § 5 HGO), während es sich bei Verordnungen (auch im Bereich der Gefahrenabwehr) um staatliche Aufgaben handelt, die den Kommunen zur Erfüllung nach Weisung übertragen sind (§§ 81, 82 ff. HSOG). Überlappungen ergeben sich aber zum einen daraus, dass kommunale Gefahrenabwehrverordnungen häufig inhaltlich wie umfassende Benutzungsordnungen gemeindlicher Flächen und Räume aufscheinen.[501] Zum anderen können Angelegenheiten der Gefahrenabwehr kraft ausdrücklicher gesetzlicher Vorschrift auch durch Satzung geregelt werden (z.B. § 19 Abs. 2 HGO für die Nutzung öffentlicher Einrichtungen; § 37 HStrG für die Sondernutzung von Straßen). Solche Satzungsermächtigungen gehen den §§ 73, 74 HSOG vor, so dass eine Regelung dieser Sachbereiche durch Gefahrenabwehrverordnung unzulässig wäre. Und ebenso trifft es umgekehrt auf Bedenken, wenn Angelegenheiten, die die Gefahrenabwehr betreffen, auf Satzungsebene geregelt werden, indem z.B. bestimmte Verhaltensweisen im öffentlichen Raum, die unterhalb der Schwelle einer abstrakten Gefahr liegen, aber dennoch als unerwünscht oder lästig empfunden werden (z.B. öffentlicher Alkoholkonsum), als Sondernutzung deklariert und in einer entsprechenden Gemeindesatzung eingeschränkt werden. Die Grenzen sind hier fließend.[502]

C. Formale und inhaltliche Anforderungen

Nach § 78 HSOG unterliegt der Erlass von Gefahrenabwehrverordnungen detaillierten 648
Formerfordernissen. Dabei handelt es sich um **zwingend** einzuhaltende Erfordernisse; ihre Nichtbeachtung führt zur Nichtigkeit der Verordnung.[503]

In **materiell-rechtlicher** Hinsicht ist vor allem – im Unterschied zum polizeilichen 649
Handeln in Einzelfällen – zu beachten, dass für den Erlass von Gefahrenabwehrverord-

[499] *Reimer*, Rn. 207.
[500] *Fischer/Leggereit/Sommer,* Kap. J Rn. 89.
[501] Vgl. *Stein,* in: BeckOK, § 17 HSOG Rn. 7 f.
[502] Zum Ganzen *Fischer/Leggereit/Sommer*, Kap. J Rn. 92, 98; *Fredrich*, § 71 Rn. 6 f.
[503] *Fredrich*, § 78 Rn. 6.

nungen das Vorliegen einer **abstrakten Gefahr** für die öffentliche Sicherheit oder Ordnung **ausreicht**, dies aber **auch erforderlich** ist. Damit ist also eine Sachlage gemeint, in der (nicht notwendig in jedem Fall) erfahrungsgemäß und typischerweise mit hinreichender Wahrscheinlichkeit der Eintritt eines Schadens erwartet werden kann (Rn. 310 ff.).

650 Ein bloßer **Gefahrverdacht** genügt demnach, wie auch bei den Einzelbefugnissen, nicht, um den Begriff der Gefahr zu erfüllen. Das ist der Grund, weshalb der Gesetzgeber – nach entsprechenden Beanstandungen der Verwaltungsgerichte[504] – für den Erlass einer Gefahrenabwehrverordnung über das Halten und Führen von Hunden mit § 71a HSOG eine spezielle Ermächtigungsgrundlage geschaffen hat. Weil keine gesicherten Erkenntnisse darüber vorliegen, dass von Hunden bestimmter Rassen (Pitbull-Terrier, American Staffordshire-Terrier u.a.) *per se* eine Gefahr ausgehe, dienen die (jetzigen) Regelungen zum Umgang mit solchen Hunden der **Gefahrenvorsorge.**[505]

651 **Weitere materiell-rechtliche Anforderungen** an Gefahrenabwehrverordnungen normieren die §§ 75, 76 und 79 HSOG, wie insbesondere das (selbstverständliche, Art. 20 Abs. 3 GG) Gebot, dass sie **nicht zu Gesetzen in Widerspruch** stehen dürfen. Zudem müssen kommunale Gefahrenabwehrverordnungen im Einklang mit Gefahrenabwehrverordnungen der „höherrangigen" Gefahrenabwehrbehörden stehen (§ 75 Abs. 1 S. 2, 3, Abs. 2 HSOG).

652 Schließlich gilt es auch beim Erlass von Gefahrenabwehrverordnungen die Grenzen der pflichtgemäßen **Ermessensausübung** (§ 5 HSOG) und den Grundsatz der **Verhältnismäßigkeit** (§ 4 HSOG) zu beachten; insoweit bestehen hier keine Besonderheiten gegenüber der Verfügung von Einzelakten (Rn. 398 ff.).

---

[504] BVerwGE 116, 347 ff.; HessVGH, NVwZ-RR 2002, 650.

[505] Vgl. auch HessVGH, Urt. v. 27.01.2004, Az. 11 N 520/03 (juris); unterscheide den Fall einer kommunalen Gefahrenabwehrverordnung über das Mitführen von Hunden von der Anordnung eines generellen Leinenzwangs: NdsOVG, NdsVBl. 2017, 279 ff.

3. Teil: Öffentliches Baurecht

Literatur:

Öffentliches Baurecht in Hessen: *Dürr/Hinkel,* Baurecht Hessen, 1. Aufl. 2005; *Eiding/Ruf/Herrlein,* Öffentliches Baurecht in Hessen, 3. Aufl. 2014; *Hermes,* Bau- und Planungsrecht, in: Hermes/Reimer (Hrsg.), Landesrecht Hessen, 10. Aufl. 2022, S. 283 ff.; *Will,* Öffentliches Baurecht in Hessen, 2016.

Länderübergreifende Darstellungen zum Öffentlichen Baurecht: *Battis*, Öffentliches Baurecht und Raumordnungsrecht, 7. Aufl. 2017; *Brenner,* Öffentliches Baurecht, 5. Aufl. 2020; *Brohm,* Öffentliches Baurecht, 3. Aufl. 2002; *Erbguth/Mann/Schubert,* Besonderes Verwaltungsrecht, 13. Aufl. 2020; *Erbguth/Schubert,* Öffentliches Baurecht, 6. Aufl. 2015; *Finkelnburg/Ortloff/Kment,* Öffentliches Baurecht, Bd. I, 7. Aufl. 2017; *Finkelnburg/Ortloff/Otto,* Öffentliches Baurecht, Bd. II, 7. Aufl. 2018; *Hoppe/Bönker/Grotefels,* Öffentliches Baurecht, 4. Aufl. 2010; *Kaiser,* Bauordnungsrecht, in: Ehlers/Fehling/Pünder (Hrsg.), Besonderes Verwaltungsrecht, Bd. 2, 4. Aufl. 2020, S. 210 ff.; *Koch/Hendler,* Baurecht, Raumordnungs- und Landesplanungsrecht, 6. Aufl. 2015; *Kersten,* Baurecht, in: Schoch (Hrsg.), Besonderes Verwaltungsrecht, 2018, S. 427; *Muckel/Ogorek,* Öffentliches Baurecht, 4. Aufl. 2020; *Oldiges/Brinktrine,* Baurecht, in: Steiner/Brinktrine (Hrsg.), Besonderes Verwaltungsrecht, 9. Aufl. 2018, S. 363 ff.; *Schmidt,* Öffentliches Baurecht, 17. Aufl. 2019; *Stollmann/Beaucamp,* Öffentliches Bau-recht, 12. Aufl. 2020; *Wickel,* Bauplanung, in: Ehlers/Fehling/Pünder (Hrsg.), Besonderes Verwaltungsrecht, Bd. 2, 4. Aufl. 2020, S. 84 ff.; *Will,* Öffentliches Baurecht, 2. Aufl. 2022.

Länderübergreifende Handbücher: *Hoppenberg/de Witt* (Hrsg.), Handbuch des öffentlichen Baurechts, Lsbl. (Stand: 57. Lfg. 2020); *Reichel/Schulte* (Hrsg.), Handbuch Bauordnungsrecht, 2004; *Stüer,* Der Bebauungsplan, 5. Aufl. 2015; *ders.,* Handbuch des Bau- und Fachplanungsrechts, 5. Aufl. 2015; *Stüer/Probstfeld,* Die Planfeststellung, 2. Aufl. 2016.

Kommentare zum BauGB und zur BauNVO: *Battis/Krautzberger/Löhr* (Begr.), Baugesetzbuch, 15. Aufl. 2022; *Grigoleit/Otto,* BauNVO, 8. Aufl. 2021; *Brügelmann,* BauGB – Kommentar, Lsbl. (Stand: Juli 2021); *Ernst/Zinkahn/Bielenberg/Krautzberger,* BauGB, Kommentar, Lsbl. (Stand: Mai 2021); *Fickert/Fieseler,* BauNVO, 13. Aufl. 2018; *Jäde/Dirnberger,* BauGB, BauNVO, 9. Aufl. 2018; *Jarass/Kment,* Baugesetzbuch, 3. Aufl. 2022; *König/Roeser/Stock,* BauNVO, 4. Aufl. 2019; *Schlichter/Stich/Driehaus/Paetow* (Hrsg.), Berliner Kommentar zum BauGB, Lsbl. (Stand: Okt. 2021); *Schrödter* (Hrsg.), BauGB, 9. Aufl. 2019; *Spannowsky/Hornmann/Kemper* (Hrsg.), Beck'scher Online-Kommentar BauNVO, 29. Edition; *Spannowsky/Uechtritz* (Hrsg.), Beck'scher Online-Kommentar BauGB, 54. Edition.

Kommentare zur Hessischen Bauordnung (HBO): *Allgeier/Rickenberg,* Die Bauordnung für Hessen – Kommentar zur Hessischen Bauordnung, 9. Aufl. 2013; *Hornmann,* Hessische Bauordnung (HBO) – Kommentar, 3. Aufl. 2019; *Spannowsky/Pützenbacher,* Beck'scher Online-Kommentar Bauordnungsrecht Hessen, 18. Edition; *Weiß/Allgeier/Jasch/Skoruppa,* Das Baurecht in Hessen, Lsbl. (Stand: Feb. 2011).

Fallsammlungen zum Baurecht: *Ibler,* Öffentliches Baurecht, 2006; *Muckel/Stemmler,* Fälle zum öffentlichen Baurecht, 8. Aufl. 2019; *Seidel/Reimer/Möstl,* Besonderes Verwaltungsrecht: Baurecht, Polizei- und Sicherheitsrecht, 3. Aufl. 2009; *Steiner,* Baurecht mit den Bezügen zum Raumordnungs- und Landesplanungsrecht, 5. Aufl. 2010.

Baurechtliche Zeitschriften: *BauR:* Baurecht – Zeitschrift für das gesamte öffentliche und zivile Baurecht; *NZBau:* Neue Zeitschrift für Baurecht und Vergaberecht; *UPR:* Umwelt- und Planungsrecht, Zeitschrift für Wissenschaft und Praxis; *ZfBR:* Zeitschrift für deutsches und internationales Bau- und Vergaberecht.

§ 1. Einführung und Überblick

A. Bedeutung und Gegenstände des Baurechts

1 Gute Kenntnisse im öffentlichen Baurecht sind nicht nur für die juristischen Staatsprüfungen essentiell, sondern sowohl für die berufliche Praxis als auch bei der privaten Verwirklichung eines Bauprojekts von großem Nutzen.

Baurechtsbezogene Pflichtgebiete in der ersten juristischen (Staats-)Prüfung sind gem. § 7 Nr. 4 lit. f Hess. JAG das Recht der Bauleitplanung und der Baugenehmigung einschließlich der Grundzüge der kommunalen Organisation und des kommunalen Satzungsrechts. Zum Stoffkatalog der zweiten juristischen Prüfung zählt gem. §§ 48, 50 Hess. JAG grds. das gesamte Öffentliche Recht und damit auch das Bauplanungs- und Bauordnungsrecht.

2 Das Baurecht setzt sich aus dem öffentlichen und dem privaten Baurecht zusammen. Das in diesem Buch behandelte öffentliche Baurecht betrifft primär die baurechtlichen Rechtsbeziehungen, an denen der Staat beteiligt ist.

Beispiele: Aufstellung eines Bebauungsplans, Erteilung einer Baugenehmigung, Erlass einer „Abrissverfügung" durch die jeweils zuständige Behörde.

3 Das private Baurecht regelt hingegen Rechtsbeziehungen zwischen Privatpersonen, die am Baugeschehen beteiligt sind. Bei konkreten Bauvorhaben spielen fast immer sowohl öffentlich-rechtliche als auch privatrechtliche Aspekte eine Rolle.

Schon bei der Auswahl eines Baugrundstücks ist die Bebaubarkeit, die sich nach den Vorschriften des öffentlichen Baurechts bemisst, essentiell. Während sich der Erwerb des Grundstücks dann in den Formen des Zivilrechts vollzieht, wird die Baugenehmigung nach den Regeln des öffentlichen Rechts erteilt.

B. Funktion und Teilgebiete des öffentlichen Baurechts

I. Funktion des Baurechts

4 Das (öffentliche) Baurecht regelt im öffentlichen Interesse **die bauliche Nutzung des Bodens.**

In der dicht besiedelten Bundesrepublik Deutschland ist die Begrenztheit des Bodens offensichtlich. Schon deshalb muss das Interesse des privaten Grundstückseigentümers an einer – auch wertsteigernden – Bebaubarkeit seines Bodens mit den Interessen der Allgemeinheit an der Nutzung z.B. für Verkehrs-, Erholungs- oder landwirtschaftliche Zwecke zum Ausgleich gebracht werden. Dies geschieht in den Handlungsformen des öffentlichen Rechts, namentlich durch formelle Bundes- und Landesgesetze wie das

Baugesetzbuch (BauGB) und die Hessische Bauordnung (HBO), Verordnungen wie die Baunutzungsverordnung (BauNVO) und gemeindliche Satzungen wie insbes. Bebauungspläne.

Wie in § 74 I HBO zum Ausdruck kommt, nach dem eine Baugenehmigung zu erteilen ist, wenn dem Vorhaben keine öffentlich-rechtlichen Vorschriften entgegenstehen, geht das öffentliche Baurecht von der Prämisse aus, dass der Einzelne grds. das Recht hat, sein Grundstück zu bebauen (präventives Verbot mit Erlaubnisvorbehalt). Dies wurzelt im **Eigentumsgrundrecht aus Art. 14 I 1 GG,** dessen Inhalt und Schranken Bundes- und Landesgesetzgeber gem. Art. 14 I 2 GG abstrakt-generell bestimmen. Die dem Eigentümer zustehenden Rechte ergeben sich daher aufgrund entsprechender Inhaltsbestimmungen aus den zum jeweiligen Zeitpunkt geltenden, seine Eigentümerstellung regelnden einfachgesetzlichen Vorschriften, zu denen insbes. das BauGB, die BauNVO und die HBO zählen.[1] 5

Daraus folgt z.B., dass es nicht etwa eine unmittelbar aus Art. 14 I 1 GG ableitbare „Baufreiheit“ gibt, auf deren Grundlage sich – z.B. aus Bestandsschutzerwägungen bei Änderungs- oder Erweiterungsbauten – quasi am einfachen Recht vorbei ein Anspruch auf Genehmigung baulicher Anlagen ergeben kann.[2] Baurechtliche Inhalts- und Schrankenbestimmungen i.S.d. Art. 14 I 2 GG, die als einfachgesetzliche Vorschriften, z.B. aus dem BauGB oder der HBO, der Bebaubarkeit entgegenstehen, können zwar ggf. verfassungswidrig und damit nichtig sein. Wenn sie wirksam sind, schließen sie indes einen Rückgriff auf das Eigentumsgrundrecht als Grundlage subjektiver öffentlicher Rechte aus. Dogmatisch folgt dies aus dem Anwendungsvorrang des rangniedrigsten Rechts.[3]

II. Teilgebiete des öffentlichen Baurechts

Das öffentliche Baurecht setzt sich primär aus dem Bauplanungsrecht und dem Bauordnungsrecht zusammen. Das **Bauplanungsrecht** ist ein Teilgebiet des Planungsrechts, das seinerseits alle Vorschriften für die raumbedeutsame Planung umfasst. 6

Während das hierarchisch übergeordnete Raumplanungsrecht die großflächige Planung der Landschaft auf Bundes- und Landesebene betrifft,[4] bestimmt das Bauplanungsrecht als niedrigste Stufe des Planungsrechts die planrechtliche Festlegung der Nutzbarkeit des gemeindlichen Bodens. Damit bildet Letzteres den entscheidenden Maßstab dafür, ob ein Bauvorhaben verwirklicht werden darf.

Das **Bauordnungsrecht** dient demgegenüber als Teilgebiet des Ordnungsrechts in erster Linie der Abwehr von Gefahren, die von baulichen Anlagen ausgehen. Es regelt daher primär die Art und Weise des Bauens. Aus ihm ergeben sich aber z.B. auch die formellen Voraussetzungen für die Erteilung einer Baugenehmigung. Ergänzt werden Bauplanungs- und Bauordnungsrecht durch das **Baunebenrecht,** welches eine Fülle vor allem umweltrechtlicher, aber z.B. auch denkmalschutzrechtlicher Gesetze umfasst, die im Einzelfall für Bauvorhaben relevant sein können. 7

---

[1] BVerfGE 58, 300 (336).
[2] Dazu näher unten Rn. 449 ff.
[3] Dazu allgemein *Will,* AllgVerwR, 2. Aufl. 2022, S. 20.
[4] Zum Raumplanungsrecht näher unten Rn. 25 ff.

III. Gesetzgebungszuständigkeiten von Bund und Ländern

8 Baurecht wird von einem **Zusammenspiel bundes- und landesgesetzlicher Vorschriften** geprägt. Dies beruht darauf, dass das Grundgesetz (GG) dem Bundesgesetzgeber nur für Teilgebiete des Baurechts die Gesetzgebungskompetenz verleiht. Im Übrigen steht diese nach der Grundregel der Art. 30, 70 I GG den Ländern zu.[5] Eine **Gesetzgebungszuständigkeit des Bundes** ergibt sich in erster Linie aus der konkurrierenden Kompetenz gem. Art. 74 I Nr. 18 GG, welche insbes. das **„Bodenrecht"** umfasst.[6]

Eine weitere baurechtsrelevante konkurrierende Bundesgesetzgebungskompetenz besteht gem. Art. 74 I Nr. 31 GG für die **Raumordnung,** also die übergeordnete, zusammenfassende Gesamtplanung oberhalb der örtlichen Ebene.[7] Art. 74 I Nr. 31 GG ist Grundlage des 2008 neu gefassten Raumordnungsgesetzes (ROG) des Bundes. Da für die Raumordnung gem. Art. 72 III 1 Nr. 4 GG allerdings eine Abweichungskompetenz der Länder besteht, können diese wiederum durch Landesgesetz vom ROG abweichende Regelungen treffen.

9 Steht damit vor allem das Bauplanungsrecht in der Gesetzgebungskompetenz des Bundes, verbleibt das wichtige formelle und materielle **Bauordnungsrecht**[8] gem. Art. 30, 70 I GG vollständig in Länderkompetenz.

10 Wie schon angedeutet, sind das bundesrechtlich geregelte Bauplanungs- und das landesrechtlich geregelte Bauordnungsrecht eng **miteinander verwoben.** So hängt die Zulässigkeit eines Bauvorhabens im bauaufsichtsrechtlich und daher landesrechtlich geregelten Baugenehmigungsverfahren gem. §§ 65 f. HBO insbes. von seiner Vereinbarkeit mit bauplanungsrechtlichen Vorgaben ab, die in §§ 29 ff. BauGB bundesrechtlich geregelt sind.

IV. Rechtsgrundlagen des Baurechts

1. Bauplanungsrecht

11 Die wichtigsten Normen des bundesrechtlichen Bauplanungsrechts sind im **BauGB** und in der **BauNVO** enthalten. Der Bund hat seine bodenrechtliche Gesetzgebungskompetenz erstmals 1960 mit Erlass des Bundesbaugesetzes (BBauG) ausgenutzt, das 1987 durch das BauGB ersetzt wurde.[9] Zuletzt hat vor allem das BaulandmobilisierungsG vom 14.6.2021 weitreichende Änderungen des BauGB herbeigeführt.[10] Ergänzt wird das BauGB durch die wichtige BauNVO, die auf der Verordnungsermächtigung in § 9a BauGB beruht. Die BauNVO enthält insbes. Regelungen über die Art (§§ 1-15 BauNVO) und das Maß der baulichen Nutzung (§§ 16-21a BauNVO), die bei der Zulässigkeit von Bauvorhaben eine wichtige Rolle spielen.[11]

2. Bauordnungsrecht

12 Das in Hessen anwendbare Bauordnungsrecht ist primär in der **Hessischen Bauordnung (HBO)** enthalten. Seit in Hessen 1957 eine erste HBO erlassen worden ist,[12] gab es ver-

---

[5] Zu den Gesetzgebungskompetenzen: *Will,* Staatsrecht I, 2021, § 10 Rn. 5 ff.
[6] Näher dazu: *Will,* ÖffBauR in Hessen, 2016, Rn. 9.
[7] BVerfGE 3, 407 (425); näher dazu unten Rn. 25 ff.
[8] Vgl. BVerfGE 3, 407 (430 ff.).
[9] Näher zur Entwicklung des BauGB: *Will,* ÖffBauR, 2. Aufl. 2022, Rn. 15.
[10] BGBl. 2021 I, S. 1802; Übersicht bei *Will,* ÖffBauR, 2. Aufl. 2022, Rn. 15.
[11] Dazu im Einzelnen unten Rn. 59 ff.
[12] GVBl. I 1957, S. 101.

schiedene grundlegende Novellen.[13] Zuletzt wurde die HBO am 28.5.2018 als „HBO 2018“ völlig neu gefasst.[14]

V. Zentrale Verwaltungsträger des Baurechts

Die baurechtlichen Verwaltungsaufgaben werden von den Ländern wahrgenommen. Da fast alle Bauvorhaben innerhalb des Gebietes einer Gemeinde errichtet werden, ist es naheliegend, dass den Gemeinden, die juristisch in die Länder eingegliedert sind und deren Rechtsstellung in Art. 28 II GG sowie Art. 137 I, V der Verfassung des Landes Hessen (HV) verfassungskräftig abgesichert ist, eine zentrale Rolle vor allem bei der planerischen Umsetzung der gesetzlichen Vorgaben des Baurechts zukommt. 13

1. Bauplanungsrecht und kommunale Planungshoheit

Dies betrifft v.a. das bundesgesetzliche Bauplanungsrecht, das maßgeblich durch die Gemeinden umgesetzt wird, indem diese die bauliche Nutzung ihres Gebietes planend gestalten. Dabei wird ein zweistufiges Verfahren angewandt: Zunächst wird im **Flächennutzungsplan** (vorbereitender Bauleitplan) gem. § 5 I 1 BauGB für das **ganze Gemeindegebiet** die Art der Bodennutzung in den Grundzügen dargestellt. Auf Grundlage des Flächennutzungsplans erlässt die Gemeinde dann gem. § 8 I 1, II BauGB einzelne **Bebauungspläne** (verbindliche Bauleitpläne), welche konkrete, rechtsverbindliche Festsetzungen enthalten. Die Bauleitpläne, also der Flächennutzungsplan und die Bebauungspläne (§ 1 II BauGB), werden gem. § 2 I 1 BauGB von der Gemeinde in eigener Verantwortung aufgestellt. 14

Die zentrale Rolle der Gemeinden im Bauplanungsrecht impliziert, dass das Baurecht zahlreiche prüfungsrelevante Querbezüge zum **Kommunalrecht** aufweist. So müssen bspw. beim Erlass eines Bebauungsplans in der Rechtsform der Satzung (§ 10 I BauGB) die Zuständigkeits- und Verfahrensvorschriften der Hessischen Gemeindeordnung (HGO) beachtet werden. Aus diesem Grund setzen baurechtliche Prüfungsarbeiten oft auch Kenntnisse des Kommunalrechts voraus.

In Hessen gilt eine Besonderheit hinsichtlich der Zuständigkeit für die Aufstellung des Flächennutzungsplans im **Ballungsraum Frankfurt/Rhein-Main.** 15

§ 7 I, II des MetropolG[15] schließt die in § 2 I, IV MetropolG genannten Gemeinden rund um die kreisfreien Städte Frankfurt a.M. und Offenbach a.M. zur Zwangskörperschaft des öffentlichen Rechts **„Regionalverband FrankfurtRheinMain“** als Nachfolger des früheren Umlandverbandes zusammen. Für alle erfassten Gemeinden gilt ein **gemeinsamer Flächennutzungsplan** i.S.d. § 204 BauGB, der allerdings – als weitere Besonderheit – einen Teil des Regionalplans Süd bildet, weswegen er in § 9 I HLPG auch als „Regionaler Flächennutzungsplan Südhessen“ bezeichnet wird. Aufgrund dieser komplizierten Konstruktion bedürfen Festlegungen nach § 5 IV HLPG, die zugleich Darstellungen nach § 5 BauGB sind, gem. § 9 II 1 HLPG konsequenterweise übereinstimmender Beschlüsse sowohl der Regionalversammlung Südhessen als auch der Verbandskammer des Regionalverbandes FrankfurtRheinMain.

Die **Planungshoheit der Gemeinden** unterfällt der **Selbstverwaltungsgarantie gem. Art. 28 II 1 GG.**[16] Konkret können sich aus der verfassungsrechtlich geschützten Planungshoheit 16

[13] Näher dazu: *Will,* ÖffBauR in Hessen, 2016, Rn. 15.

[14] GVBl. I 2018, S. 198, ber. S. 180; zul. geänd. wurde die HBO durch Art. 1 Gesetz v. 3.6.2020 (GVBl. S. 378).

[15] Gesetz über die Metropolregion Frankfurt/Rhein-Main v. 8.3.2011 (GVBl. I S. 153), zul. geänd. durch Art. 8 G v. 30.9.2021 (GVBl. S. 602).

[16] Dazu *Gornig,* oben, Teil 1 Rn. 15 ff.

vor allem Abwehrrechte der Gemeinde gegen Planungen anderer Hoheitsträger (insbes. Bund, Land, andere Gemeinden), die sich auf das Gemeindegebiet auswirken, ergeben. Daneben folgen aus ihr auch Beteiligungsrechte der Gemeinde in bestimmten Verfahren.[17]

2. Bauordnungsrecht

17 Im Bauordnungsrecht ist die Rolle der Gemeinden kleiner als im Bauplanungsrecht. Dies liegt u.a. daran, dass das Bauordnungsrecht, da es im Schwerpunkt nach wie vor Sicherheits- und Ordnungsrecht ist, nicht von der Selbstverwaltungsgarantie gem. Art. 28 II 1 GG umfasst ist. Sicherheits- und Ordnungsrecht steht vielmehr in der Kompetenz der Länder. Der Großteil der bauordnungsrechtlichen Verwaltungsaufgaben wie z.B. die Durchführung von Baugenehmigungsverfahren und die Bauaufsicht obliegt daher der **untersten Ebene der Landesverwaltung.** Dies sind aufgrund der sog. **Kommunalisierung** der unteren Landesverwaltungsebene in der Regel **Landkreise und kreisfreie Städte.**[18] Regelmäßig werden allerdings auch solche größeren Gemeinden mit dieser anspruchsvollen Aufgabe als Auftragsangelegenheit betraut, die typisiert (aufgrund einer bestimmten Größe) oder konkret über die erforderlichen spezialisierten Verwaltungsmitarbeiter etc. verfügen. In solchen Fällen ist dann doch die Gemeinde selbst z.B. für die Erteilung einer Baugenehmigung zuständig. So ist in Hessen der Gemeindevorstand gem. § 60 I 1 Nr. 1 lit. a HBO untere Bauaufsichtsbehörde nicht nur in kreisfreien Städten, sondern auch in Sonderstatusstädten nach § 4a HGO und in sonstigen Gemeinden, denen die Bauaufsicht übertragen ist.[19] Damit wurde die untere Bauaufsicht, die bspw. die Erteilung von Baugenehmigungen umfasst, zumindest allen größeren Gemeinden, die typischerweise über die erforderliche Verwaltungskapazität verfügen, übertragen.

Für kleinere Gemeinden, denen meist die erforderliche Verwaltungskapazität fehlt, ist hingegen gem. § 60 I Nr. 1 lit. b HBO der **Kreisausschuss** untere Bauaufsichtsbehörde.

18 Hinzuweisen ist auch auf den wichtigen **§ 36 I BauGB**, nach dem die Erteilung einer Baugenehmigung durch die Baugenehmigungsbehörde vom Einvernehmen der betroffenen Gemeinde abhängt, soweit kein qualifizierter Bebauungsplan vorliegt oder aber von Festsetzungen eines solchen gem. § 31 BauGB abgewichen werden soll.[20] In diesen Fällen konkretisiert sich die Planungshoheit der Gemeinde im Rahmen eines vom Kreisausschuss durchgeführten bauaufsichtsrechtlichen Genehmigungsverfahrens im gemeindlichen Einvernehmenserfordernis.

Wichtig ist auch, dass die Bauaufsichtsbehörde bei Bauanträgen[21] gem. § 70 I 1 HBO die Gemeinde grds. zu beteiligen oder zu hören hat.[22] Bauanträge sind in Hessen – anders als in verschiedenen anderen Bundesländern – allerdings nicht immer bei der Gemeinde einzureichen, sondern nur dann, wenn diese selbst untere Bauaufsichtsbehörde ist (§§ 69 I, 60 I 3 HBO).

[17] Insbes. das Einvernehmenserfordernis gem. § 36 BauGB; dazu unten Rn. 456 ff.
[18] Näher dazu unten Rn. 504 f.
[19] Siehe die Liste der entsprechenden Gemeinden unten Rn. 504.
[20] Dazu im Einzelnen unten Rn. 456 ff.
[21] Vgl. § 69 HBO.
[22] Dazu näher unten Rn. 537 ff.

C. Gegenstände der folgenden Darstellung im Überblick

Die folgende Darstellung behandelt die Bereiche, die für die juristische Ausbildung und namentlich die Staatsprüfungen wichtig sind. Sie beginnt daher mit dem im BauGB i.V.m. der BauNVO geregelten **Bauplanungsrecht.** 19

In diesem traditionell auch als **Städtebaurecht** bezeichneten Gebiet konzentriert sich dieses Buch auf das prüfungsrelevante **Allgemeine Städtebaurecht,**[23] dessen zentrale Gegenstände die Bauleitplanung gem. §§ 1 ff. BauGB[24] und die bauplanungsrechtliche Zulässigkeit einzelner Vorhaben gem. §§ 29 ff. BauGB[25] sind.

Das primär in der HBO geregelte Bauordnungsrecht gliedert sich in das formelle und das materielle Bauordnungsrecht. Das **formelle Bauordnungsrecht** betrifft zum einen die Organisation und die Verfahren der Bauaufsicht, in deren Rahmen bspw. auch Baugenehmigungen erteilt werden.[26] Zum anderen regelt es das bauaufsichtliche Eingriffsinstrumentarium (z.B. die Beseitigungsanordnung bzw. „Abrissverfügung" gem. § 82 I HBO). Das **materielle Bauordnungsrecht** verwirklicht seine Ziele durch eine Fülle von Einzelvorschriften, die in der Praxis eine große Rolle spielen, in Prüfungen jedoch meist von geringerer Bedeutung sind. Dieses Buch beschränkt sich daher auf besonders prüfungsrelevante Regelungen etwa zu Abstandsflächen gem. § 6 HBO und zum Verunstaltungsverbot gem. § 9 HBO. 20

§ 2. Bauleitplanung

A. Grundlagen

I. Bedeutung und Wesen der Bauleitplanung

Grundstücke können nicht beliebig bebaut werden. Die bauliche Nutzung muss sich vielmehr u.a. in die vor allem im BauGB geregelte staatliche Planung einfügen. Aufgabe der Bauleitplanung ist es nach dem **Planmäßigkeitsprinzip** des § 1 I BauGB,[27] die bauliche und sonstige Nutzung der Grundstücke in der Gemeinde vorzubereiten und zu leiten. 21

Die Überplanung aller Grundstücke bildet dabei den gesetzlich angestrebten Idealfall. Allerdings muss für ein Grundstück nicht unbedingt ein Bebauungsplan bestehen, damit es bebaubar ist. Soweit es an Regelungen eines Bebauungsplans fehlt, was oft vorkommt, greifen die Vorgaben der §§ 34, 35 BauGB **quasi planersetzend** ein.[28]

Bauleitplanung ist die raumbezogene Gesamtplanung auf gemeindlicher Ebene.[29] 22

Damit ist Bauleitplanung der schwer fassbaren staatlichen Handlungsform der **Planung** zuzuordnen. Sinn und Zweck von Plänen ist es, künftiges Handeln des Staates sowie der 23

---

[23] Vgl. die Überschrift des Ersten Kapitels des BauGB.
[24] Dazu sogleich unten Rn. 21 ff.
[25] Dazu unten Rn. 270 ff.
[26] Dazu unten Rn. 507 ff.
[27] BVerwG NVwZ 2004, 220 (221).
[28] Dazu unten Rn. 370 ff., 397 ff.
[29] Vgl. *Kersten,* in: Schoch, BesVerwR, 2018, Kap. 3, Rn. 32 ff.

Privatpersonen zu steuern und zu beeinflussen. Charakteristisch für Pläne ist deren **Zukunftsgerichtetheit.** Grundlage der Planung sind in hohem Maße Prognosen und Erwartungen, denen ein Risiko der Instabilität anhaftet.[30]

Daraus folgt, dass der Verwaltung im Rahmen der gesetzlichen Vorgaben ein gewisses Maß an **Planungsfreiheit** zukommen muss. Dies hat wiederum zur Folge, dass Bauleitpläne nur einer begrenzten materiellen Rechtskontrolle unterliegen.[31] Quasi im Gegenzug kommt jedoch dem **Verfahren** der Planaufstellung eine rechtlich hervorgehobene Rolle zu. In gewisser Hinsicht wird die nur eingeschränkte inhaltliche Überprüfbarkeit von Plänen also durch eine intensive rechtliche Überprüfbarkeit ihres Aufstellungsverfahrens kompensiert.

II. Die Bauleitplanung im System des raumbedeutsamen Planungsrechts

24 Das Bauplanungsrecht ist ein wesentliches Element im Gesamtsystem der raumbezogenen staatlichen Planung, die sich von der Ebene des Bundes über die Länder und deren Regierungsbezirke bis zu den Gemeinden erstreckt, wobei die **Planung „von oben nach unten"** immer konkreter und feinmaschiger wird.

In vertikaler Perspektive muss sich die Bauleitplanung in die Vorgaben der überörtlichen räumlichen Gesamtplanung (Raumordnungsplanung) einfügen, § 1 IV BauGB. Gleichzeitig steht die Bauleitplanung der einzelnen Gemeinde – in horizontaler Perspektive – neben der Bauleitplanung benachbarter Gemeinden, mit der sie verfahrensmäßig und inhaltlich abgestimmt werden muss. Schließlich muss die raumbezogene Planung mit den sog. Fachplanungen koordiniert werden.

1. Raumordnungsplanung

25 Die vertikal übergeordnete **Raumordnungsplanung** dient der Grobplanung der Gesamtheit der räumlich bedingten Lebens- und Arbeitsbedingungen in der Bundesrepublik.[32] Während sie Vorgaben für die Planungen und Maßnahmen **untergeordneter öffentlicher Stellen** enthält, schreibt schließlich die gemeindliche Bauleitplanung **u.a. Privatpersonen** verbindlich vor, wie Grundstücke baulich genutzt werden dürfen.

a) Bundesebene

26 Zentrale Rechtsgrundlage der Raumordnungsplanung auf Bundesebene ist das **Raumordnungsgesetz** (ROG). Gem. § 1 I ROG sind der Gesamtraum der Bundesrepublik und dessen Teilräume u.a. durch Raumordnungspläne zu entwickeln. Das für eine harmonische Gesamtplanung unerlässliche Zusammenspiel der Planung des Gesamtraumes mit den Planungen der Teilräume (z.B. einzelner Länder und Regionen) strebt das **Gegenstromprinzip** an, das § 1 III ROG legaldefiniert.

Danach soll sich einerseits die Entwicklung etc. der Teilräume in die Gegebenheiten und Erfordernisse des Gesamtraumes einfügen. Andererseits soll die Entwicklung etc. des Gesamtraumes aber die Gegebenheiten und Erfordernisse der Teilräume berücksichtigen. Zur Durchführung der damit dialogisch konzipierten Raumordnungsplanung auf Bundesebene steht gem. § 17 ROG das Instrument des **Raumordnungsplans** zur Verfügung.

---

[30] *Detterbeck*, AllgVerwR, 20. Aufl. 2022, Rn. 891.
[31] Vgl. unten Rn. 178 ff.
[32] BVerfGE 3, 407 (425).

b) Landesebene

In Hessen werden die Regelungen des ROG durch das **Hessische Landesplanungsgesetz** (HLPG)[33] ergänzt.[34] Als konkrete Instrumente kennt das HLPG den Landesentwicklungsplan sowie Regionalpläne: Gem. § 2 II 1 HLPG wird für das Gebiet des Landes als landesweiter Raumordnungsplan der **Landesentwicklungsplan** (§ 3 HLPG) aufgestellt. Seitdem am 4.9.2021 die 5. Änderungsverordnung zum „Landesentwicklungsplan Hessen 2000"[35] in Kraft getreten ist,[36] gilt der **„Landesentwicklungsplan Hessen 2020"**. 27

Der Landesentwicklungsplan, der gem. § 4 V HLPG von der Landesregierung mit Zustimmung des Landtags als **Rechtsverordnung** festgestellt wird, ist gem. § 3 I 1 HLPG der **landesweite Raumordnungsplan** i.S.v. § 13 I 1 Nr. 1 ROG. Er enthält gem. § 3 I 2 HLPG die Festlegungen der Raumordnung für eine großräumige Ordnung und Entwicklung des Landes und seiner Regionen und die überregional bedeutsamen Planungen und Maßnahmen. Die im Landesentwicklungsplan festgelegten Ziele der Raumordnung sind **gem. § 4 I ROG bei allen raumbedeutsamen Planungen und Maßnahmen öffentlicher Stellen zu berücksichtigen.** 28

Für die unterschiedlichen Regionen des Landes Hessen werden gem. § 2 II 2 HLPG als Raumordnungspläne drei **Regionalpläne** (§ 5 HLPG) aufgestellt, die gem. § 13 II 1 ROG aus dem Landesentwicklungsplan zu entwickeln sind. Seit 2010/2011 sind in Hessen Regionalpläne für Süd-, für Mittel- und für Nordhessen in Kraft,[37] wobei der Regionalplan Mittelhessen derzeit neu aufgestellt wird.[38] 29

Die Regionalpläne werden in den drei Planungsregionen, die räumlich den Regierungsbezirken Kassel, Gießen und Darmstadt entsprechen, gem. § 6 I 2 i.V.m. § 12 II 1, 2 Nr. 6 HLPG von den Regierungspräsidien unter Beteiligung der Öffentlichkeit gem. § 6 III HLPG i.Vm. § 9 ROG[39] ausgearbeitet, gem. § 6 IV HLPG von den in den Planungsregionen gebildeten Regionalversammlungen, die Organe des Landes Hessen (und nicht etwa Selbstverwaltungskörperschaften) sind,[40] beschlossen und bedürfen schließlich gem. § 7 I HLPG der Genehmigung durch die Landesregierung.[41] Sie bilden gem. § 5 I 1 HLPG die **Raumordnungspläne für die Teilräume des Landes** i.S.v. § 13 I 1 Nr. 2 ROG. Damit stehen sie in der raumbezogenen Planungshierarchie[42] zwischen dem Landesentwicklungsplan und der gemeindlichen Bauleitplanung, die gem. § 1 IV BauGB an die in den Regionalplänen festgesetzten Ziele gebunden ist.

Während die Rechtsnatur von Regionalplänen unklar ist, hat das BVerwG zutreffend festgestellt, dass jedenfalls die dort enthaltenen Ziele der Raumordnung Rechtsvorschriften i.S.d. § 47 I Nr. 2 VwGO sind,[43] so dass gegen diese gem. § 15 HessAGVwGO ein prinzipales **Normenkontrollverfahren** statthaft ist.

Gem. § 2 IV HPLG sind die Instrumente der Raumordnung so anzuwenden, dass die kommunalen Gebietskörperschaften die Angelegenheiten der örtlichen Gemeinschaft 30

---

[33] GVBl. 2012, S. 590, zul. geänd. durch Art. 15 G vom 7.5.2020 (GVBl. S. 318).
[34] Vgl. § 1 HLPG.
[35] Durch Rechtsverordnung v. 13.12.2000 festgestellt (GVBl. 2001 I S. 2).
[36] GVBl. 2021 I S. 393.
[37] https://landesplanung.hessen.de/regionalpläne.
[38] https://rp-giessen.hessen.de/planung/regionalplanung/regionalplan-mittelhessen.
[39] § 6 III HLPG verweist fälschlich noch auf § 10 ROG a.F.
[40] Vgl. HessVGH NVwZ-RR 2005, 11 (12).
[41] Näher zum Ganzen *Hermes,* § 6 Rn. 35 ff.
[42] Dazu Übersicht 1 unten Rn. 34.
[43] BVerwGE 119, 217 (LS 1, 219 ff.) = NVwZ 2004, 614 (615 ff.).

selbstverantwortlich gestalten und auf die Ziele und Maßnahmen der Landesplanung Einfluss nehmen können.

Dies konkretisiert nicht nur die verfassungskräftigen Vorgaben, nach denen die überörtliche Planung mit der kommunalen Selbstverwaltungsgarantie aus Art. 28 II GG, Art. 137 HV vereinbar sein muss. Vielmehr wird zugleich das Gegenstromprinzip ausgestaltet, indem Kommunen eine Einflussnahmemöglichkeit auf die Landesplanung eingeräumt wird.

Bsp.: Der Verfassungsgerichtshof NRW hat eine landesplanerische Regelung, nach der Factory-Outletcenter mit mehr als 5.000 qm Verkaufsfläche nur von Gemeinden mit mehr als 100.000 Einwohnern bauplanungsrechtlich ausgewiesen werden durften, als unverhältnismäßige, willkürliche, nicht durch überörtliche Interessen von höherem Gewicht gerechtfertigte und deshalb verfassungswidrige Einschränkung gemeindlicher Selbstverwaltung gem. Art. 78 I, II NWVerf. (in Hessen: Art. 137 I, III HV) angesehen.[44]

2. Fachplanung

31 Die **Fachplanung** steht **neben** der Raumordnungsplanung, ist mit dieser aber rechtlich verbunden, da sie ebenfalls raumbedeutsam ist. Bei der Fachplanung geht es zum einen um die Planung von Großvorhaben wie etwa Flughäfen und Straßen und zum anderen auch zunehmend um den Schutz bestimmter Gebiete bspw. im Hinblick auf Natur- und Wasserschutz.

Die Planung von Großvorhaben erfolgt mittels komplexer Planfeststellungsverfahren, an deren Ende regelmäßig ein **Planfeststellungsbeschluss** steht, der einen VA i.S.v. § 35 S. 1 HVwVfG darstellt. Ob ein Vorhaben planfeststellungsbedürftig ist, ergibt sich aus den einschlägigen fachgesetzlichen Grundlagen.

Beispiele:
- Gem. § 8 I 1 LuftVG dürfen neue Flughäfen etc. nur angelegt und bestehende nur geändert werden, wenn der Plan nach § 10 LuftVG vorher festgestellt wird.
- Gem. § 33 I HStrG ist vor dem Bau neuer oder der Änderung bestehender Landesstraßen und Kreisstraßen der Plan festzustellen oder zu genehmigen oder aber die Entscheidung zu treffen, dass Planfeststellung und -genehmigung entfallen.

Der Ablauf des Planfeststellungsverfahrens, das dem Ausgleich der einschlägigen öffentlichen und privaten Interessen dient, ist grds. in §§ 72 ff. HVwVfG geregelt, die jedoch oft durch spezielle Vorgaben der einschlägigen Fachgesetze modifiziert werden. Am Ende des langwierigen Verfahrens steht der Planfeststellungsbeschluss gem. § 74 I 1 HVwVfG, durch den gem. § 75 I HVwVfG die Zulässigkeit des Vorhabens einschließlich der notwendigen Folgemaßnahmen an anderen Anlagen im Hinblick auf alle von ihm berührten öffentlichen Belange festgestellt wird (sog. **Konzentrationswirkung**).[45]

32 Die **Bedeutung der Planfeststellung für die Bauleitplanung** (und umgekehrt) ergibt sich aus **§ 38 BauGB**, der Fachplanungen bauplanungsrechtlich privilegiert: Im Ergebnis sind die allgemeinen bauplanungsrechtlichen Zulässigkeitsvorschriften der §§ 29–37 BauGB auf Planfeststellungsverfahren und andere Verfahren mit gleicher Rechtswirkung für Vorhaben von überörtlicher Bedeutung nicht anwendbar, soweit die Gemeinde an dem jeweiligen Verfahren beteiligt worden ist.[46] Dies führt dazu, dass bauplanungsrechtliche

---

[44] NWVerfGH NVwZ 2009, 1287 (1288).
[45] Dazu etwa *Will,* AllgVerwR, 2. Aufl. 2022, S. 260.
[46] Vgl. BVerwGE 70, 242 (243 f.); näher zum Ganzen unten Rn. 294 ff.

Belange bei solchen Vorhaben nur insoweit Berücksichtigung finden, als dies im jeweiligen Fachgesetz vorgeschrieben ist.[47]

Die Nichtanwendbarkeit der §§ 29–37 BauGB auf Fachplanungsvorhaben hat aus Perspektive der Gemeinden mittelbar auch zur Folge, dass diese sich bei der Aufstellung von Bauleitplänen am Inhalt bestehender Planfeststellungsbeschlüsse orientieren müssen. Ansonsten könnte die jeweilige Gemeinde nämlich die Nichteinschlägigkeit der §§ 29–37 BauGB nachträglich unterlaufen. Konkret bedeutet dies, dass die Festsetzungen eines Bauleitplans der Zweckbestimmung der fachplanungsrechtlich überplanten Fläche inhaltlich nicht entgegenstehen dürfen.[48]

B. Die Instrumente der gemeindlichen Bauleitplanung

Den Gemeinden stehen für ihre Bauleitplanung gem. § 1 II BauGB die Instrumente des 33
Flächennutzungsplans (vorbereitender Bauleitplan) und des **Bebauungsplans** (verbindlicher Bauleitplan) zur Verfügung. Beide stehen in einem hierarchischen Verhältnis zueinander, so dass sich die Bauleitplanung in **zwei Stufen** vollzieht: Höherrangig ist der regelmäßig in einem ersten Schritt aufzustellende Flächennutzungsplan, der gem. § 5 I BauGB das ganze Gemeindegebiet betrifft und für dieses die sich aus der beabsichtigten städtebaulichen Entwicklung ergebende Art der Bodennutzung in den Grundzügen darstellt. Aus dem Flächennutzungsplan sind dann gem. § 8 II BauGB in einem zweiten Schritt die einzelnen, **parzellenscharfen Bebauungspläne** zu entwickeln. In temporaler Hinsicht können Flächennutzungsplan und Bebauungspläne allerdings auch gleichzeitig aufgestellt werden (Parallelverfahren).[49] Ausnahmsweise kann ein Bebauungsplan sogar vor Aufstellung des Flächennutzungsplans aufgestellt werden.[50]

Es lohnt sich, einmal einen näheren Blick auf Flächennutzungspläne und Bebauungspläne, die oft im Internet einstehen, zu werfen.[51] Kopien der Originalpläne stellen die Gemeinden gegen Gebühr zur Verfügung. Die Pläne bestehen aus Kartendarstellungen mit Zeichen und Text, die die einzelnen Festlegungen vermitteln. Um die in Bauleitplänen verwendeten Planzeichen zu vereinheitlichen, ist die **Planzeichenverordnung** (PlanZV[52]) erlassen worden, deren Anhang die einzelnen Planzeichen – z.B. für Art und Maß der baulichen Nutzung – aufführt.[53] Zusätzlich sollen verwendete Planzeichen gem. § 2 IV PlanZV auch in einer Legende im jeweiligen Bauleitplan erklärt werden, damit dieser aus sich heraus verständlich ist.

[47] KH/*Appel,* § 13 Rn. 30; Bsp. bei *Will,* ÖffBauR in Hessen, 2016 Rn. 39.

[48] KH/*Appel,* § 13 Rn. 31.

[49] § 8 III 1 BauGB.

[50] § 8 IV BauGB.

[51] Vgl. etwa den Flächennutzungsplan der Landeshauptstadt Wiesbaden: http://geoportal.wiesbaden.de/kartenwerk/application/flaechennutzungsplan

[52] BGBl. 1991 I, 58.

[53] Verordnungsermächtigung in § 9a Nr. 4 BauGB.

34 **Übersicht 1: Das System der raumbezogenen Planung**

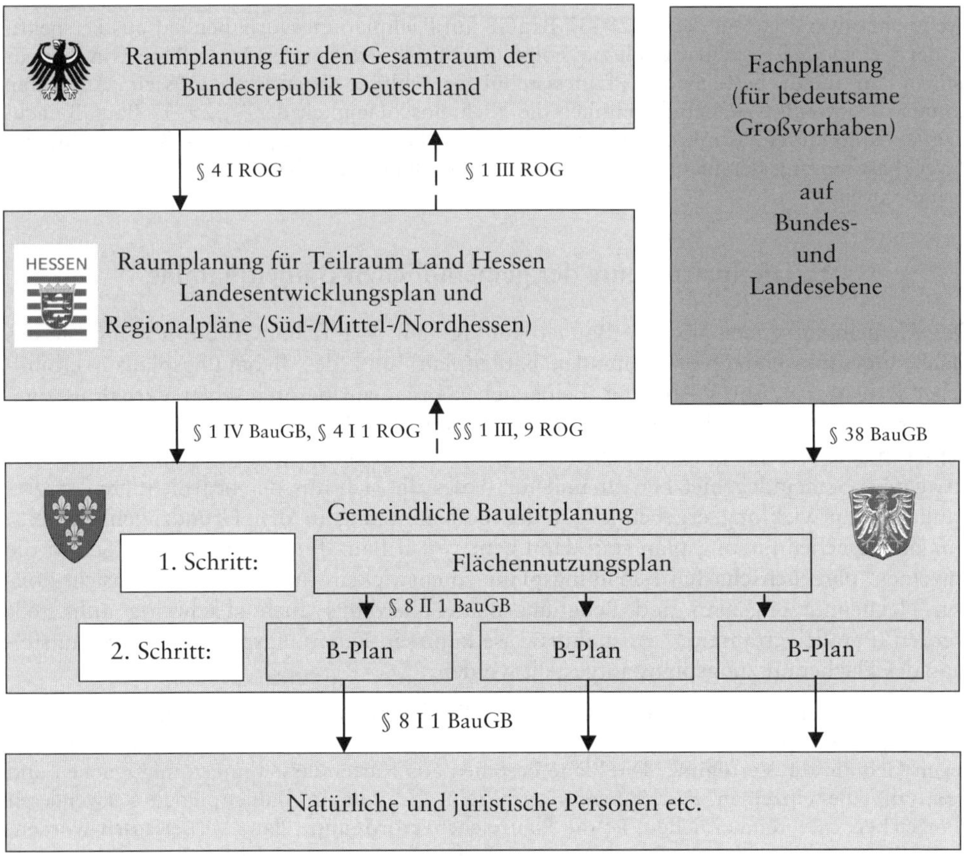

C. Der Flächennutzungsplan

I. Funktion und räumlicher Geltungsbereich

35 Der Flächennutzungsplan dient gem. § 5 I 1 BauGB der Entwicklung eines grobmaschigen gesamträumlichen Planungskonzepts für die Bodennutzung der Gemeinde. Seine zentrale Funktion liegt daher darin, für das gesamte Gemeindegebiet im Einklang mit übergeordneten raumbedeutsamen Planungen[54] nach den voraussehbaren Bedürfnissen der Gemeinde Vorgaben für die ihm nachgeordnete Planung, insbes. die detailliertere, rechtsverbindliche Bauleitplanung in den einzelnen Bebauungsplänen, aufzustellen.

Der gesetzliche Regelfall ist gem. § 5 I 1 BauGB die Aufstellung eines Flächennutzungsplans für das **gesamte Gemeindegebiet.** Nur ausnahmsweise erlaubt das BauGB – z.B. in §§ 5 I 2, 5 IIb –Teilflächennutzungspläne.[55]

[54] Oben Rn. 24 ff.

[55] Näher dazu: *Will*, ÖffBauR, 2. Aufl. 2022, Rn. 45 m.w.N.

Der Flächennutzungsplan stellt die beabsichtigte Art der Bodennutzung gem. § 5 I 1 BauGB in den Grundzügen dar. Dies bedeutet nicht nur, dass die Gemeinde nicht über die Darstellung von Grundzügen hinausgehen darf, die dann in den Bebauungsplänen ausgefüllt werden sollen, sondern auch, dass sie nicht hinter der gebotenen Darstellung von Grundzügen zurückbleiben darf. Die Darstellungen im Flächennutzungsplan müssen daher so bestimmt und eindeutig sein, dass sie einen ausreichenden Rahmen für Konkretisierungen in Bebauungsplänen bilden können.[56] 36

Bsp.: In BVerwGE 95, 123 hatte der Landkreis die Genehmigung des Flächennutzungsplans zu Recht verweigert, da die Gemeinde dort eine Sonderbaufläche (§ 1 I Nr. 4 BauNVO) ohne nähere Zweckbestimmung ausgewiesen hatte. Ohne nähere Zweckbestimmung war die Darstellung nicht geeignet, die sich aus der beabsichtigten städtebaulichen Entwicklung ergebende Art der Bodennutzung i.S.v. § 5 I 1 BauGB in den Grundzügen darzustellen.

II. Inhalt des Flächennutzungsplans

Der mögliche Inhalt des Flächennutzungsplans ergibt sich aus § 5 II–IVa BauGB. Diese Vorschriften werden durch die Regelungen der BauNVO und der PlanZV ergänzt. 37

Die wichtigsten Inhalte des Flächennutzungsplans zählt § 5 II BauGB auf. Dabei macht die einleitende Formulierung „insbesondere" deutlich, dass dieser Katalog nicht abschließend ist. Die Gemeinden greifen in der Praxis häufig auf die stärkeren Differenzierungsmöglichkeiten der BauNVO zu Art und Maß der baulichen Nutzung zurück.

1. Darstellungen

a) Bauflächen, Baugebiete, Maß der baulichen Nutzung (§ 5 II Nr. 1 BauGB)

Von zentraler Bedeutung ist die in § 5 II Nr. 1 HS 1 BauGB angesprochene Darstellung der für die Bebauung vorgesehenen Flächen nach der allgemeinen (Bauflächen) und der besonderen (Baugebiete) **Art** ihrer baulichen Nutzung sowie nach dem allgemeinen **Maß** der baulichen Nutzung. 38

Bauflächen sind gem. § 1 I BauNVO Wohnbauflächen, gemischte Bauflächen, gewerbliche Bauflächen und Sonderbauflächen. **Baugebiete** sind, wie § 1 II BauNVO klarstellt, Konkretisierungen der Bauflächen. § 1 II BauNVO nennt u.a. reine Wohngebiete, allgemeine Wohngebiete, besondere Wohngebiete, Gewerbegebiete, Industriegebiete, Sondergebiete, seit 2017 urbane Gebiete und seit 2021 dörfliche Wohngebiete. Wie § 16 I BauNVO bestätigt, muss das **allgemeine Maß der baulichen Nutzung** im Flächennutzungsplan nicht unbedingt festgelegt werden. In der Praxis gehen indes z.B. zunehmend Darstellungen zur Höhe baulicher Anlagen in Flächennutzungspläne ein.

b) Ausstattung des Gemeindegebietes (§ 5 II Nr. 2 BauGB)

Praktisch relevant ist zudem die in § 5 II Nr. 2 BauGB angesprochene Darstellung der **„Ausstattung"** des Gemeindegebietes. § 5 II Nr. 2 BauGB betraf zunächst nur typische gemeindliche Infrastruktur (lit. a), ist aber in den letzten Jahren um Darstellungsmöglichkeiten zu den Herausforderungen des Klimawandels (lit. b und c) und zuletzt auch zu Einkaufszentren etc. (lit. d) ergänzt worden.[57] 39

---

[56] BVerwGE 95, 123 (126).

[57] Näher zum Ganzen *Will,* ÖffBauR, 2. Aufl. 2022, Rn. 49: näher zu den in lit. d angesprochenen sog. zentralen Versorgungsbereichen unten Rn. 73 ff.

c) Sonstige Nutzungen (§ 5 II Nr. 3–10 BauGB)

40 Gem. § 5 II Nr. 3–10 BauGB kann die Gemeinde im Flächennutzungsplan eine Fülle weiterer Nutzungsmöglichkeiten des gemeindlichen Raumes darstellen. Wichtige Beispiele sind Flächen für den überörtlichen Verkehr (Nr. 3), Flächen für die Abfallentsorgung (Nr. 4), Grünflächen wie Parkanlagen, Spielplätze und Friedhöfe (Nr. 5), Flächen für die Landwirtschaft und für Wald (Nr. 9) sowie Flächen für Maßnahmen zum Schutz von Boden, Natur und Landschaft (Nr. 10).

2. Begründung

41 Dem Flächennutzungsplan ist gem. § 5 V BauGB eine **Begründung** mit den Angaben gem. § 2a BauGB beizufügen, die jedoch nach h.M. nicht Bestandteil des Flächennutzungsplans ist.[58]

Die Begründung hat die Ziele, Zwecke und wesentlichen Auswirkungen des Flächennutzungsplans zu verdeutlichen.[59] Als gesonderter Teil der Begründung ist dieser aufgrund EU-rechtlicher Vorgaben heute auch ein **Umweltbericht** beizugeben, der die im Rahmen der Umweltprüfung nach § 2 IV BauGB ermittelten und bewerteten Belange des Umweltschutzes darlegt.[60]

III. Rechtsnatur und Rechtsschutz

42 Die **Rechtsnatur des Flächennutzungsplans ist nicht gesetzlich geregelt** und daher umstritten. Eine Qualifizierung als Satzung hat das BVerwG 1990 u.a. mit Hinweis auf die fehlende unmittelbare Verbindlichkeit für Privatpersonen und damit letztlich die fehlende unmittelbare Rechtswirkung nach außen, die nach h.M. materielle Voraussetzung einer Rechtsnorm- und damit Satzungsqualität ist,[61] verneint.[62] An der fehlenden intendierten Außenwirkung scheitert auch eine Einstufung als VA.[63] Die h.M. sieht im Flächennutzungsplan daher einen **Rechtsakt eigener Art (*sui generis*)**.[64]

43 Seit das BVerwG 2002 anerkannt hat, dass die Ausweisung sog. **Konzentrationsflächen** für im Außenbereich privilegierte Nutzungen gem. § 35 I Nr. 2–6 BauGB im Flächennutzungsplan über § 35 III 3 BauGB unmittelbare Außenwirkung entfalten kann, ist jedoch Bewegung in die Diskussion gekommen.[65]

Konzentrationsflächen können bspw. für **Windenergieanlagen** (vgl. § 35 I Nr. 5 BauGB) festgelegt werden, um deren Errichtung in bestimmten Zonen zu steuern. Sofern insoweit eine Ausschließlichkeitsentscheidung im Flächennutzungsplan zum Ausdruck gebracht wird, ist Rechtsfolge einer solchen Ausweisung, dass gem. § 35 III 3 BauGB Windenergieanlagen regelmäßig an keiner anderen Stelle im Gemeindegebiet mehr errichtet werden dürfen.[66]

44 Von Bedeutung ist die vom BVerwG in diesem Zusammenhang anerkannte Außenwirkung des Flächennutzungsplans vor allem für den Rechtsschutz: 2007 hat das Gericht in BVerwGE 128, 382 Rn. 11 ausgesprochen, dass Darstellungen im Flächennutzungsplan,

---

[58] BeckOK BauGB/*Jaeger,* § 5 Rn. 87.
[59] § 2a S. 2 Nr. 1 BauGB; BVerwG NVwZ 1988, 54 (55).
[60] § 2a S. 2 Nr. 2, S. 3 BauGB.
[61] Zur Satzung näher *Will,* AllgVerR, 2. Aufl. 2022, S. 243 ff.
[62] BVerwG NVwZ 1991, 262 f.
[63] Vgl. i.E. BVerwG NVwZ 1992, 882.
[64] BeckOK BauGB/*Jaeger,* § 5 Rn. 10.
[65] BVerwGE 117, 287 (303); vgl. auch BVerwGE 119, 217 (225).
[66] Dazu unten Rn. 424.

welche die erläuterten Rechtswirkungen gem. § 35 III 3 BauGB auslösen, der (prinzipalen) **Normenkontrolle analog § 47 I Nr. 1 VwGO** unterliegen.[67] Konsequenterweise kommt insoweit dann auch eine einstweilige Anordnung auf Außervollzugsetzung eines Flächennutzungsplans gem. § 47 VI VwGO in Betracht.[68]

Wichtig ist dabei, dass die den Urteilen des BVerwG zugrunde liegende Ausweisung 45
von Konzentrationsflächen **allein über § 35 III 3 BauGB** unmittelbare Außenwirkung entfaltet. Angegriffen werden kann mit der Normenkontrolle analog § 47 I Nr. 1 VwGO daher auch nur die im Flächennutzungsplan zum Ausdruck kommende planerische Entscheidung der Gemeinde, die Rechtswirkungen des § 35 III 3 BauGB für Vorhaben außerhalb der ausgewiesenen Konzentrationsflächen eintreten zu lassen.[69]

Fallbeispiel:[70] Die X-AG beabsichtigt, in einer im Flächennutzungsplan der hessischen Gemeinde G dargestellten Konzentrationszone für Windenergieanlagen sechs solcher Anlagen mit einer Gesamthöhe von jeweils 149 m zu errichten. Im Flächennutzungsplan ist neben den Konzentrationsflächen für Windenergieanlagen mit einer Ausschließlichkeitsentscheidung i.S.v. § 35 III 3 BauGB auch eine Höhenbegrenzung für Windenergieanlagen in der Konzentrationszone von 100 m dargestellt. Die X-AG begehrt, den Flächennutzungsplan insoweit für unwirksam zu erklären, als dort für die Konzentrationszone eine Höhenbegrenzung für Windkraftanlagen dargestellt sei. Der Flächennutzungsplan unterliege der Normenkontrolle analog § 47 I Nr. 1 VwGO, weil er eine Konzentrationszone mit den Wirkungen des § 35 III 3 BauGB ausweise. Auch die Höhenbegrenzung müsse im Wege der Normenkontrolle überprüfbar sein, weil sie in ähnlich einschneidender Weise in das Eigentumsrecht der Betroffenen aus Art. 14 I GG eingreife.

Frage: Wird ein verwaltungsgerichtliches Normenkontrollverfahren der X-AG analog § 47 I Nr. 1 VwGO Erfolg haben?

Lösung: Dazu muss die Normenkontrolle zunächst zulässig sein. Dies setzt u.a. deren Statthaftigkeit gem. § 47 I VwGO voraus.[71] Da es sich bei dem angegriffenen Flächennutzungsplan mangels unmittelbarer Außenwirkung nicht um eine Satzung handelt, die nach den Vorschriften des BauGB erlassen worden ist (dies sind insbes. Bebauungspläne gem. § 10 I BauGB), scheidet eine Statthaftigkeit gem. § 47 I Nr. 1 VwGO aus. Da das hessische Recht nicht die Möglichkeit einer Normenkontrolle gegen Flächennutzungspläne eröffnet,[72] scheidet auch eine Statthaftigkeit gem. § 47 I Nr. 2 VwGO aus.

In Betracht kommen könnte indes die Statthaftigkeit einer Normenkontrolle analog § 47 I Nr. 1 VwGO. Voraussetzung für die analoge Anwendung einer gesetzlichen Vorschrift ist eine planwidrige Regelungslücke. Eine solche planwidrige Regelungslücke besteht bei Flächennutzungsplänen nach BVerwGE 128, 382 Rn. 11 ff. aufgrund der nachträglichen Einfügung von § 35 III 3 BauGB m.W.v. 1.1.1997 in Bezug auf Darstellungen im Flächennutzungsplan, die Konzentrationsflächen mit Ausschließlichkeitswirkung für die nach § 35 I Nr. 2–6 BauGB privilegierten Außenbereichsvorhaben festlegen. Darüber hinaus entfalten Darstellungen im Flächennutzungsplan jedoch nach wie vor keine unmittelbare Außenwirkung, so dass es an einer planwidrigen Regelungslücke fehlt.[73] Ein Antrag, Darstellungen des Flächennutzungsplans für unwirksam zu erklären, ist daher analog § 47 I Nr. 1 VwGO nur insoweit statthaft, als in ihnen der Wille der Gemeinde zum Ausdruck kommt, dass mit der Ausweisung von Positivflächen für privilegierte Nutzungen nach § 35 I Nr. 2–6 BauGB die

---

[67] Näher dazu: *Will,* ÖffBauR in Hessen, 2016, Rn. 55 m.w.N.
[68] BbgOVG NVwZ-RR 2008, 231.
[69] BVerwGE 164, 74 Rn. 29 = NVwZ 2019, 491.
[70] Angelehnt an BVerwGE 146, 40.
[71] Zur verwaltungsgerichtlichen Normenkontrolle im Einzelnen unten Rn. 194 ff.
[72] Vgl. § 15 HessAGVwGO.
[73] BVerwGE 146, 40 Rn. 15 ff.

Rechtswirkungen des § 35 III 3 BauGB erreicht werden sollen (Ausschließlichkeitsentscheidung).[74] Hinsichtlich der Darstellung einer Höhenbegrenzung in der Konzentrationszone fehlt es hingegen an der planwidrigen Regelungslücke.[75] Insoweit scheidet daher eine analoge Anwendung von § 47 I Nr. 1 VwGO aus. Ein verwaltungsgerichtlicher Normenkontrollantrag der X-AG bzgl. der Höhenbegrenzung ist daher nicht statthaft, folglich unzulässig und wird somit keinen Erfolg haben.

46 Obwohl die Anwendungsfälle der Normenkontrolle analog § 47 I Nr. 1 VwGO aufgrund der Einführung der Möglichkeit sachlicher Teilflächennutzungspläne, die Darstellungen mit den Rechtswirkungen des § 35 III 3 BauGB enthalten, zugenommen haben, bleiben sie daher materiell **eng auf Fälle des § 35 III 3 BauGB beschränkt.**[76]

Im Übrigen ist auch eine **allgemeine Leistungsklage** von Individualklägern gegen Flächennutzungspläne im Allgemeinen unzulässig, da sie analog § 42 II VwGO voraussetzt, dass der Kläger durch den angegriffenen Akt möglicherweise in seinen Rechten verletzt ist. Eine solche Rechtsverletzung durch den Flächennutzungsplan scheidet jedoch – wie gesehen – jenseits des § 35 III 3 BauGB aus.[77]

Anerkannte **Umweltverbände** können seit der UmwRG-Novelle 2017 gem. § 7 II 2 UmwRG mittels verbandlicher Normenkontrolle gegen Flächennutzungspläne vorgehen,[78] soweit diese der Pflicht zur Durchführung einer Strategischen Umweltprüfung (SUP) unterliegen, § 1 I 1 Nr. 4 UmwRG. Auch diese Möglichkeit ist aber nach dem erkennbaren Willen des Gesetzgebers auf die Wirkungen des § 35 III 3 BauGB beschränkt.[79]

47 Aus Sicht rechtsschutzsuchender Bürger ist im Übrigen an eine **inzidente verwaltungsgerichtliche Normenkontrolle** der Wirksamkeit von Flächennutzungsplandarstellungen im Rahmen einer verwaltungsgerichtlichen Verpflichtungsklage gem. § 42 I Alt. 2 VwGO auf Erteilung einer versagten Genehmigung oder im Rahmen einer (nachbarlichen) Anfechtungsklage gem. § 42 I Alt. 1 VwGO gegen die Genehmigung eines Vorhabens zu denken.

IV. Genehmigungsbedürftigkeit und Rechtsschutz der Gemeinde

48 Von dem Verfahren, in dem der Flächennutzungsplan gem. §§ 2 ff. BauGB aufgestellt wird,[80] sei hier nur die mitunter prüfungsrelevante abschließende Genehmigung erwähnt: Gem. § 6 I BauGB bedarf der Flächennutzungsplan der Genehmigung durch die höhere Verwaltungsbehörde. Wie sich aus § 1 VIII BauGB ergibt, gilt dies auch für die Änderung, Ergänzung und Aufhebung des Plans. Höhere Verwaltungsbehörde i.S.d. § 6 I BauGB ist in Hessen das **Regierungspräsidium.**[81]

49 Die Genehmigung des Flächennutzungsplans durch das Regierungspräsidium ist ein gegenüber der Gemeinde ergehender, begünstigender **VA.** Verweigert das Regierungspräsidium die beantragte Genehmigung, ist daher eine **Verpflichtungsklage** der Gemeinde gem. § 42 I Alt. 2 VwGO statthaft.

---

[74] BVerwGE 146, 40 Rn. 18.

[75] BVerwGE 146, 40 Rn. 19 ff.

[76] Vgl. BVerwGE 146, 40 Rn. 15 ff.; BKL/*Mitschang,* § 5 Rn. 46b; a.A. *Ziekow,* in: Sodan/Ziekow, VwGO, 5. Aufl. 2018, § 47 Rn. 118a (§ 47 I Nr. 2 VwGO).

[77] BKL/*Mitschang,* § 5 Rn. 46b.

[78] Zur Präklusion verspäteter Erklärungen etc. gem. § 6 UmwRG unten Rn. 206.

[79] BT-Drs. 18/9526, S. 43; näher dazu *Will,* ÖffBauR, 2. Aufl. 2022, Rn. 58.

[80] Zum Verfahren der Aufstellung eines Bebauungsplans unten Rn. 84 ff.

[81] § 27 I Hess. BauGB-AV.

Gem. § 6 II BauGB darf die Genehmigung nur versagt werden, wenn der Flächennutzungsplan nicht ordnungsgemäß zustande gekommen ist oder dem BauGB oder den auf Grund des BauGB erlassenen oder sonstigen Rechtsvorschriften widerspricht. Das Regierungspräsidium übt insofern eine reine **Rechtskontrolle** und damit bloße Rechtsaufsicht aus. 50

Gem. § 6 IV 1 HS 1 BauGB ist die Genehmigung innerhalb von drei Monaten zu erteilen oder zu versagen. Die **Frist** beginnt mit Eingang der erforderlichen Unterlagen und des Genehmigungsantrags beim Regierungspräsidium. Sie berechnet sich nach § 187 I BGB (Ereignisfrist). Der Tag des Antragseingangs ist also nicht mitzurechnen. Die in § 6 IV 1 HS 2 BauGB angesprochene Möglichkeit einer Vorweggenehmigung von Teilen des Flächennutzungsplans hat angesichts der knappen Frist wenig praktische Bedeutung. Wird die Genehmigung nicht innerhalb der Dreimonatsfrist unter Angabe von Gründen abgelehnt, gilt der Flächennutzungsplan gem. § 6 IV 4 BauGB als genehmigt. 51

Das Regierungspräsidium kann gem. § 6 III BauGB räumliche oder sachliche Teile des Flächennutzungsplans von der Genehmigung ausnehmen, wenn Versagungsgründe nicht ausgeräumt werden können. Dies bedeutet im Umkehrschluss, dass die übrigen Teile des Flächennutzungsplans genehmigt sind (**Teilflächennutzungsplan**). Ein gesonderter Antrag der Gemeinde auf teilweise Genehmigung ist dabei nicht erforderlich.[82] Gegen die Versagung der Genehmigung im Übrigen kann die Gemeinde mittels Verpflichtungsklage gem. § 42 I Alt. 2 VwGO vorgehen, selbst wenn sie (hilfsweise) die teilweise Genehmigung beantragt hat. 52

D. Der Bebauungsplan

I. Funktion und räumlicher Geltungsbereich

Im zweistufigen System der Bauleitplanung entwickelt die Gemeinde aus den grobmaschigen Darstellungen des Flächennutzungsplans gem. § 8 II 1 BauGB die parzellenscharfen Festsetzungen der einzelnen Bebauungspläne. 53

Von dieser charakteristischen Zweistufigkeit gibt es zwei wesentliche Ausnahmen:

- Erstens ist gem. § 8 II 2 BauGB kein Flächennutzungsplan erforderlich, wenn der Bebauungsplan ausreicht, um die städtebauliche Entwicklung zu ordnen. Der Erlass solcher **selbständiger Bebauungspläne** kommt vor allem bei einfachen Planungsfällen in ländlichen Gebieten in Betracht.
- Zweitens kann ein Bebauungsplan gem. § 8 IV 1 BauGB aus dringenden Gründen ausnahmsweise vor dem Flächennutzungsplan aufgestellt oder ergänzt werden, wenn der Bebauungsplan der beabsichtigten städtebaulichen Entwicklung nicht entgegenstehen wird (**vorzeitiger Bebauungsplan**).

Die Möglichkeit, Bebauungsplan und Flächennutzungsplan gem. § 8 III 1 BauGB parallel aufzustellen (**Parallelverfahren**) und dabei den Bebauungsplan unter den Voraussetzungen des § 8 III 2 BauGB vor dem Flächennutzungsplan bekannt zu machen, ist hingegen keine Ausnahme von der Zweistufigkeit, da dabei die inhaltlichen Anforderungen der Entwicklung des Bebauungsplans aus dem Flächennutzungsplan unberührt bleiben.

Der Bebauungsplan enthält gem. § 8 I 1 BauGB die **rechtsverbindlichen Festsetzungen** für die städtebauliche Ordnung. Dies betont den Kontrast zum Flächennutzungsplan mit des- 54

[82] BKL/*Reidt*, § 6 Rn. 11.

sen bloßen „Darstellungen“ (§ 5 BauGB)[83], die grds. lediglich Vorgaben für die Planung der Gemeinde enthalten, aber nicht für Privatpersonen rechtsverbindlich sind. Aus deren Sicht ist daher der Bebauungsplan wesentlich wichtiger, da sich aus diesem ergeben kann, was der Einzelne wo wie bauen darf.

Bsp.: Gem. § 30 I BauGB ist ein Vorhaben im Geltungsbereich eines qualifizierten Bebauungsplans[84] zulässig, wenn es dessen Festsetzungen nicht widerspricht und die Erschließung gesichert ist. Hier ist also die Erfüllung der Vorgaben des Bebauungsplans entscheidende Voraussetzung für die Realisierbarkeit des Vorhabens.

55 Wichtig ist zum Zweiten, dass es nach dem gesetzlichen Leitbild regelmäßig **nur einen Flächennutzungsplan** für das Gemeindegebiet gibt, aus dem dann aber eine **Vielzahl einzelner Bebauungspläne** für die unterschiedlichen Teile des Gemeindegebietes entwickelt werden.

Gem. § 9 VII BauGB setzt dabei der einzelne Bebauungsplan die Grenzen seines räumlichen Geltungsbereichs fest. Dies geschieht meist durch eine zeichnerische (Karten-) Darstellung, kann aber auch durch textliche Umschreibung erfolgen. Die einzelnen Festsetzungen können im Bebauungsplan bspw. durch Zeichnung, Farbe, Schrift und Text ausgedrückt werden. Im Mittelpunkt steht meist ein gezeichneter Plan. Meist wird auf die erwähnte PlanZV[85] zurückgegriffen, an welche die Gemeinde – wie sich aus § 2 V PlanZV ergibt – bei der Auswahl der Festsetzungsmittel jedoch nicht gebunden ist.[86] Auf jeden Fall müssen verwendete Planzeichen hinreichend bestimmt sein und sind daher in einer Legende im Plan zu erläutern.

Die Umsetzung des **Entwicklungsgebotes** aus § 8 II 1 BauGB manifestiert sich in Bebauungsplänen darin, dass deren Festsetzungen die Darstellungen des Flächennutzungsplans konkretisieren und dabei rechtsverbindlich festsetzen. Aus dem Zusammenspiel aller Bebauungspläne entsteht so ein engmaschiges System rechtsverbindlicher Festsetzungen, die weiterhin auf den Grundgedanken des Flächennutzungsplans beruhen. Insgesamt sind die Festsetzungen in den einzelnen Bebauungsplänen so wesentlich detaillierter und konkreter als die für sie grundlegenden Darstellungen des Flächennutzungsplans.

II. Inhalt des Bebauungsplans

56 Die möglichen Inhalte eines Bebauungsplans regelt § 9 BauGB, der durch die Vorschriften der BauNVO ergänzt wird. Am wichtigsten sind die rechtsverbindlichen Festsetzungen, die in § 9 I, Ia, II, IIa, IIb, dem 2017 ergänzten IIc,[87] dem m.W.v. 23.6.2021 eingefügten IId (sektoraler Bebauungsplan zur Wohnraumversorgung innerhalb im Zusammenhang bebauter Ortsteile),[88] III und IV BauGB genannt werden.

57 Anders als die Darstellungen des Flächennutzungsplans gem. § 5 II BauGB[89] sind die Festsetzungsmöglichkeiten für den Bebauungsplan in § 9 BauGB abschließend geregelt (***numerus clausus***).[90] Möglich sind allerdings Konkretisierungen und Differenzierungen der in § 9 BauGB genannten Inhalte. Die wichtigsten Inhalte des Bebauungsplans zählt § 9 I Nr. 1–26 BauGB auf.

[83] Zu den einzelnen Darstellungen oben Rn. 38 ff.
[84] Zum qualifizierten Bebauungsplan unten Rn. 226, 297 ff.
[85] Zur PlanZV bereits oben Rn. 33, 37.
[86] BVerwG NVwZ-RR 2001, 422 (423).
[87] M.W.v. 13.5.2017 durch Gesetz v. 4.5.2017 (BGBl. I S. 1057).
[88] Durch das BaulandmobilisierungsG v. 14.6.2021 (BGBl. I S. 1802).
[89] Dazu oben Rn. 38 ff.
[90] BVerwGE 92, 56 (62).

Beispiele:
- Art und Maß der baulichen Nutzung (§ 9 I Nr. 1 BauGB)
- die Fläche für erforderliche Nebenanlagen wie Spiel-, Freizeit- und Erholungsflächen sowie für Stellplätze und Garagen (§ 9 I Nr. 4 BauGB)
- die höchstzulässige Zahl der Wohnungen in Wohngebäuden (§ 9 I Nr. 6 BauGB)
- Verkehrsflächen sowie Verkehrsflächen besonderer Zweckbestimmung wie Fußgängerbereiche, Flächen für das Parken, für Ladeinfrastruktur elektrisch betriebener Fahrzeuge (m.W.v. 23.6.2021 ergänzt), für das Abstellen von Fahrrädern sowie den Anschluss anderer Flächen an die Verkehrsflächen (§ 9 I Nr. 11 BauGB)
- Flächen für die Landwirtschaft und für Wald (§ 9 I Nr. 18 BauGB)

Besonders wichtig sind dabei die Festsetzungen über **Art und Maß der baulichen Nutzung** 58 bzw. über die **Bauweise** und die **überbaubaren Grundstücksflächen** (§ 9 I Nr. 1 und Nr. 2 BauGB). Diese und andere in § 9 I Nr. 2a-9 BauGB vorgesehene Festsetzungen treffen die Gemeinden regelmäßig unter Heranziehung der **BauNVO,** die auf § 9a Nr. 1–3 BauGB beruht.

1. Art der baulichen Nutzung

Die Festsetzung der zulässigen Art der baulichen Nutzung geschieht danach im Regelfall, indem im Bebauungsplan gem. § 1 III 1 BauNVO eines der in § 1 II BauNVO bezeichneten **Baugebiete** festgesetzt wird. 59

Baugebiete sind gem. § 1 II BauNVO Festsetzungen von für die Bebauung vorgesehenen 60 Flächen nach der besonderen Art ihrer baulichen Nutzung.

Beispiele:
- Findet sich im Bebauungsplan die Festsetzung „WR“, handelt es sich bei der so bezeichneten Fläche um ein reines Wohngebiet (§ 1 II Nr. 2 BauNVO).
- „MI“: Mischgebiet (§ 1 II Nr. 7 BauNVO)
- „GE“: Gewerbegebiet (§ 1 II Nr. 10 BauNVO)

Die Festsetzung eines Baugebietes i.S.v. § 1 II BauNVO hat gem. § 1 III 2 BauNVO zur 61 Folge, dass die einschlägigen Bestimmungen der **§§ 2 bis 14 BauNVO,** welche die jeweiligen Baugebiete näher regeln, **Bestandteil des Bebauungsplans** werden. § 1 III 2 BauNVO kann daher anschaulich als „Scharniervorschrift“ bezeichnet werden.

Beispiele: Für die soeben genannten Beispiele gelten gem. § 1 III 2 BauNVO somit die folgen- 62 den Vorschriften: Reines Wohngebiet § 3 BauNVO, Mischgebiet § 6 BauNVO, Gewerbegebiet § 8 BauNVO.

Rechtstechnisch handelt es sich hierbei um eine **statische Verweisung** des Bebauungsplans 63 auf die entsprechende Regelung der BauNVO, so dass die Fassung der BauNVO einschlägig ist, die bei Inkrafttreten des jeweiligen Bebauungsplans galt.[91] Im Ergebnis sind damit innerhalb des Geltungsbereichs eines Bebauungsplans die §§ 2–14 BauNVO wesentliche Grundlage der Baubehörde bei der Entscheidung über die bauplanungsrechtliche Zulässigkeit eines konkreten Bauvorhabens.

Bsp.: Liegt ein Bauvorhaben in einem Gebiet, für das ein Bebauungsplan ein reines Wohngebiet („WR“) festsetzt, ist gem. § 1 III 2 BauNVO der reine Wohngebiete betreffende § 3

[91] BVerwGE 75, 262 (266).

BauNVO Bestandteil dieses Bebauungsplans. Diese Vorschrift ist dann gem. § 30 I, III BauGB zentrale Grundlage der Bauaufsichtsbehörde bei deren Entscheidung über die bauplanungsrechtliche Zulässigkeit des Vorhabens.

64 Die die verschiedenen Baugebiete – mit Ausnahme der Sondergebiete gem. §§ 10, 11 BauNVO[92] – regelnden §§ 2–9 BauNVO sind strukturell gleich aufgebaut: Der erste Absatz bestimmt die **Zwecksetzung** des jeweiligen Baugebietes. Der zweite Absatz zählt dann die Vorhaben auf, welche in dem Baugebiet **allgemein zulässig** sind; d.h. diese sind dort – vorbehaltlich der Prüfung bestimmter weiterer Voraussetzungen – grds. zulässig. Der dritte Absatz nennt schließlich Vorhaben, die dort **ausnahmsweise** zugelassen werden können, wenn die Voraussetzungen des § 31 I BauGB erfüllt sind.[93] Einige der Vorschriften verfügen zudem über einen vierten Absatz mit Konkretisierungen oder Ergänzungen.

Bsp.: Der reine Wohngebiete betreffende § 3 BauNVO regelt in Abs. 1 die **Zwecksetzung** des reinen Wohngebietes (es dient dem Wohnen). § 3 II BauNVO bestimmt im Anschluss daran, welche Vorhaben in reinen Wohngebieten **allgemein zulässig** sind (Wohngebäude und Anlagen zur Kinderbetreuung, die den Bedürfnissen der Bewohner des Gebietes dienen). § 3 III BauNVO regelt schließlich, welche Vorhaben im reinen Wohngebiet **ausnahmsweise** gem. § 31 I BauGB zugelassen werden können (u.a. Läden und nicht störende Handwerksbetriebe, die zur Deckung des täglichen Bedarfs für die Bewohner des Gebietes dienen). § 3 IV BauNVO enthält ergänzend eine nähere Bestimmung zum Begriff des Wohngebäudes i.S.d. § 3 II und der §§ 2, 4–7 BauNVO, indem dieser auf Gebäude erweitert wird, die ganz oder teilweise der Betreuung und Pflege ihrer Bewohner dienen.

65 Da die Aufzählung der Baugebiete in § 1 II BauNVO abschließend ist, die Gemeinde im Bebauungsplan also nur die dort genannten Baugebiete festsetzen darf (**Typenzwang**), und die in den jeweiligen Baugebieten zulässigen Nutzungen in der BauNVO detailliert geregelt sind, befindet sich die Gemeinde bei der Festsetzung der Art der baulichen Nutzung mittels der BauNVO in einem **gesetzgeberischen Korsett**. Dieses wird jedoch dadurch gelockert, dass § 1 IV–X BauNVO bestimmte **Differenzierungsmöglichkeiten** zur bauplanerischen Feinsteuerung eröffnet.

Aus diesem Grund ordnet § 1 III 2 BauNVO einschränkend an, dass bei der Festsetzung eines Baugebietes die Vorschriften der §§ **2–14 BauNVO** Bestandteil des Bebauungsplans werden, „soweit nicht aufgrund der Absätze 4 bis 10 [von § 1 BauNVO] etwas anderes bestimmt wird."

66 Für eine Abweichung von den Vorgaben der Gebietstypen der BauNVO bedarf es dabei in allen Fällen einer städtebaulichen Begründung, die sich aus der jeweiligen konkreten Planungssituation ergeben und die Abweichung rechtfertigen muss.[94] Zudem muss stets die allgemeine **Zweckbestimmung** des Baugebietes, die sich aus dem jeweiligen Abs. 1 der §§ 2–9 BauNVO ergibt,[95] insgesamt **gewahrt** bleiben, da ansonsten der in § 1 III 1 BauNVO angeordnete Typenzwang ausgehöhlt werden könnte.[96]

Beispiele:[97]

- Gem. § **1 VI Nr. 2 BauNVO** kann die Gemeinde im Bebauungsplan festsetzen, dass nach §§ 2–9 BauNVO ausnahmsweise zulässige Nutzungen in dem betreffenden Baugebiet allge-

[92] Zu Sondergebieten *Will*, ÖffBauR, 2. Aufl. 2022, Rn. 78 f.
[93] Zu Ausnahmen gem. § 31 I BauGB unten Rn. 327 f.
[94] BVerwG BauR 2013, 1811 = BeckRS 2013, 53011 Rn. 4.
[95] BVerwGE 159, 322 Rn. 7 = NVwZ 2017, 1761.
[96] BVerwGE 161, 53 Rn. 15 = NVwZ 2018, 499.
[97] Weitere Vertiefungsbeispiele in *Will*, ÖffBauR, 2. Aufl. 2022, Rn. 77.

mein zulässig sind, sofern dabei die allgemeine Zweckbestimmung des Baugebietes gewahrt bleibt. Unzulässig wäre es nach dem letzten HS bspw., die gem. § 3 III BauNVO in einem reinen Wohngebiet ausnahmsweise zulässigen Nutzungen für allgemein zulässig zu erklären. Dadurch entspräche das Gebiet nämlich im Ergebnis – wie § 4 II BauNVO zeigt – weitgehend einem allgemeinen Wohngebiet, womit die allgemeine Zweckbestimmung des reinen Wohngebietes (§ 3 I BauNVO: nur das Wohnen) überschritten wäre.

- Gem. **§ 1 IV 1 BauNVO** kann die Gemeinde für die in den §§ 4–9 BauNVO bezeichneten Baugebiete Festsetzungen treffen, die das Baugebiet 1. nach der Art der zulässigen Nutzung, 2. nach der Art der Betriebe und Anlagen und deren besonderen Bedürfnissen und Eigenschaften gliedern. Ein verbreitetes Gliederungskriterium im Rahmen von **§ 1 IV 1 Nr. 2 BauNVO** ist das **Emissionsverhalten** von Betrieben und Anlagen als Eigenschaft derselben. Die Gemeinde kann so nicht nur grds. bestimmte Emissionsformen in Teilen des Baugebietes generell ausschließen oder einschränken, sondern auch bestimmte Grenzwerte für verschiedene Emissionen festlegen.[98] Zulässig ist bspw. die Festsetzung von **Lärmemissionsgrenzwerten** nach dem Modell der sog. immissionswirksamen flächenbezogenen Schallleistungspegel.[99]

2. Maß der baulichen Nutzung

Zur Steuerung der baulichen Nutzung sind auch Regelungen über deren **Maß** (§ 9 Nr. 1 Alt. 2 BauGB) wichtig. Ob die Gemeinde im Bebauungsplan tatsächlich Festsetzungen zum Maß der baulichen Nutzung trifft, ist eine Frage der städtebaulichen Erforderlichkeit (vgl. § 1 III 1 BauGB), wobei der Gemeinde ein weiter Entscheidungsspielraum zukommt. 67

Wichtig ist gleichzeitig, dass Festsetzungen über das Maß der baulichen Nutzung zu den Mindestvoraussetzungen gehören, die ein Bebauungsplan erfüllen muss, damit es sich bei diesem um einen **qualifizierten Bebauungsplan i.S.d. § 30 I BauGB** handelt.[100]

Das **Maß** der baulichen Nutzung betrifft die zulässige **Dimension** bzw. das zulässige Volumen der Bebauung. 68

Mit Festsetzungen über das Maß der baulichen Nutzung kann die Gemeinde die Größe baulicher Anlagen in verschiedener Hinsicht steuern, d.h. in der Praxis vor allem begrenzen. Detailregelungen dazu finden sich in **§§ 16–21a BauNVO.** Die einzelnen **Maßbestimmungsfaktoren** sind abschließend in § 16 II BauNVO aufgeführt.[101] Danach kann das Maß der baulichen Nutzung im Bebauungsplan nur bestimmt werden durch Festsetzung u.a. der Grundflächenzahl bzw. der Größe der Grundflächen der baulichen Anlagen, der Geschossflächenzahl, der Baumassenzahl, der Zahl der Vollgeschosse und der Höhe baulicher Anlagen. Wenn die Gemeinde sich entscheidet, in einem Bebauungsplan das Maß der baulichen Nutzung festzusetzen, muss sie gem. § 16 III Nr. 1 BauNVO stets die Grundflächenzahl oder die Größe der Grundflächen der baulichen Anlagen und gem. § 16 III Nr. 2 BauNVO die Zahl der Vollgeschosse oder die Höhe baulicher Anlagen festsetzen, wenn anderenfalls öffentliche Belange, insbes. das Orts- und Landschaftsbild, beeinträchtigt werden könnten. 69

Die in Dezimalzahlen festzulegende **Grundflächenzahl = GRZ** (§ 16 II Nr. 1 Alt. 1 BauNVO) gibt gem. § 19 I BauNVO an, wieviel Quadratmeter Grundfläche je Quadratme-

[98] KRS/*Roeser*, § 1 Rn. 59.
[99] BVerwG ZfBR 2014, 148.
[100] Dazu näher unten Rn. 301 ff.
[101] BeckOK BauNVO/*Jaeger*, § 16 Rn. 10.

ter Grundstücksfläche (§ 19 III BauNVO) zulässig sind. Zulässige Grundfläche einer baulichen Anlage ist dabei gem. § 19 II BauNVO der Anteil des Baugrundstücks, der von baulichen Anlagen überdeckt werden darf. Entscheidend sind die Außenmaße der Anlage, wobei grds. alle Bestandteile wie z.B. Balkone miteinzuberechnen sind. Die GRZ ist danach – mathematisch betrachtet – der Quotient aus der zulässigen Grundfläche und der Grundstücksfläche.

Bsp.: Ist im Bebauungsplan eine GRZ von 0,3 festgesetzt und ist die nach § 19 III BauNVO relevante Fläche des Baugrundstücks (Grundstücksfläche) 1.000 m^2 groß, beträgt die zulässige Grundfläche des Grundstücks, die gem. § 19 II BauNVO von baulichen Anlagen überdeckt werden darf, 300 m^2.

Während die GRZ also eine relative Größe ist, kann gem. § 16 II Nr. 1 Alt. 2 BauNVO alternativ dazu auch die absolute **Größe der Grundflächen der baulichen Anlagen (GR)** festgesetzt werden, die unabhängig von der jeweiligen Grundstücksfläche gilt.

Die **Geschossflächenzahl = GFZ** (§ 16 II Nr. 2 Var. 1 BauNVO) gibt als Dezimalzahl gem. § 20 II BauNVO an, wieviel Quadratmeter Geschossfläche je Quadratmeter Grundstücksfläche (§ 19 III BauNVO) zulässig sind. Die Geschossfläche eines Gebäudes ist dabei die nach den Außenmaßen des Gebäudes berechnete Summe der Flächen seiner Vollgeschosse (§ 20 III 1 BauNVO). Statt der relativen GFZ kann gem. § 16 II Nr. 2 Var. 2 BauNVO auch die absolute **Größe der Geschossfläche (GF)** festgesetzt werden, welche dann unabhängig von der jeweiligen Grundstücksfläche gilt.

Bsp.: Bei einer GFZ von 0,5 dürfen auf einem Grundstück mit einer relevanten Fläche (Grundstücksfläche) von 1.000 m^2 500 m^2 Geschossfläche insgesamt errichtet werden. Möglich wäre danach etwa die Errichtung eines Gebäudes mit zwei Vollgeschossen à 250 m^2 Geschossfläche.

Die **Baumassenzahl = BMZ** (§ 16 II Nr. 2 Var. 3 BauNVO) gibt gem. § 21 I BauNVO an, wieviel Kubikmeter Baumasse je Quadratmeter Grundstücksfläche (§ 19 III BauNVO) zulässig sind. Die Baumasse eines Gebäudes ist also eine Volumenangabe in Kubikmetern, die gem. § 21 II 1 BauNVO nach den Außenmaßen des Gebäudes vom Fußboden des untersten Vollgeschosses bis zur Decke des obersten Vollgeschosses zu ermitteln ist. Alternativ zu der relativen BMZ kann gem. § 16 II Nr. 2 Var. 4 BauNVO die absolute **Größe der Baumasse (BM)** festgesetzt werden. Zu beachten ist, dass BMZ und BM für alle baulichen Anlagen festgesetzt werden können, während GFZ und GF allein Gebäude betreffen.[102]

Die **Zahl der Vollgeschosse = Z** (§ 16 II Nr. 3 BauNVO) bestimmt, wie viele Vollgeschosse Gebäude haben dürfen oder müssen. Als Vollgeschosse gelten gem. § 20 I BauNVO Geschosse, die nach landesrechtlichen Vorschriften, also den Regelungen der HBO, Vollgeschosse sind oder auf ihre Zahl angerechnet werden.[103] Die Zahl der Vollgeschosse wird wie auch die anderen Maßbestimmungsfaktoren in der Regel als Höchstmaß festgesetzt, kann dann aber gem. § 16 IV 1 BauNVO auch um die Festsetzung eines Mindestmaßes ergänzt werden.

Bei der Festsetzung der **Höhe baulicher Anlagen = H** (§ 16 II Nr. 4 BauNVO) sind gem. § 18 I BauNVO die erforderlichen Bezugspunkte hinreichend zu bestimmen. Als unterer Bezugspunkt wird oft eine bereits vorhandene Verkehrsfläche, mitunter aber auch ein erst im Rahmen der Bebauung entstehender Bezugspunkt (z.B. die Oberkante der Kellerrohdecke) gewählt. In der Regel wird dann vom unteren Bezugspunkt ausgehend ein auf einen bestimmten Teil der baulichen Anlage bezogenes Höhenmaß festgesetzt. **Firsthöhe** bspw. ist der Abstand zwischen dem unteren Bezugspunkt und der Oberkante des Dachfirsts.

---

[102] KRS/*König/Petz*, § 21 Rn. 5.
[103] Näher dazu: KRS/*König/Petz*, § 20 Rn. 5 ff.

Angemerkt sei, dass im Juni 2021 die Flexibilität bei der Festsetzung wichtiger Maßbestimmungsfaktoren wesentlich erhöht wurde.[104] Während § 17 I BauNVO a.F. noch strikt zu beachtende Obergrenzen für die GRZ, die GFZ und die BMZ in bestimmten Baugebieten enthielt,[105] handelt es sich jetzt gem. § 17 S. 1 BauNVO nur noch um Orientierungswerte. Zwecks erleichterter Schaffung von Wohnraum werden so die Möglichkeiten der Gemeinden gestärkt, in Bebauungsplänen Festsetzungen vorzunehmen, die eine höhere Bebauungsdichte ermöglichen.[106] 70

3. Weitere Festsetzungsmöglichkeiten

§ 9 I BauGB eröffnet der Gemeinde eine Fülle weiterer Festsetzungsmöglichkeiten, die sich unterteilen lassen in solche über die bauliche (Nrn. 1–9) und solche über die nichtbauliche (Nrn. 10–26) Nutzung der Baugrundstücke. Die meisten Festsetzungen des § 9 I BauGB spielen indes weder in der Praxis noch in der juristischen Ausbildung eine größere Rolle.[107] 71

Beispiele für wichtigere Regelungen:

- Die Festsetzung der **überbaubaren Grundstücksflächen** nach § 9 I Nr. 2 Var. 2 BauGB kann gem. **§ 23 I BauNVO** durch die Festsetzung von Baulinien, Baugrenzen oder Bebauungstiefen erfolgen. Die Festsetzung einer **Baulinie** hat zur Folge, dass grds. bis an diese heran gebaut werden muss (§ 23 II BauNVO). Eine **Baugrenze** dürfen bauliche Anlagen hingegen zwar nicht überschreiten, aber dahinter zurückbleiben (§ 23 III BauNVO). Die **Bebauungstiefe** hat die Wirkung einer Baugrenze, ist aber von der tatsächlichen Straßengrenze aus zu ermitteln (§ 23 IV BauNVO).
- Bei den gem. § 9 I Nr. 11 BauGB festsetzungsfähigen **Verkehrsflächen** handelt es sich insbes. um Straßen, Wege und Plätze. Mit dieser Festsetzungsmöglichkeit kann die Gemeinde im Rahmen ihrer verfassungsrechtlich garantierten Selbstverwaltung (Art. 28 II GG) begrenzt eine eigene „Verkehrspolitik“ betreiben.[108]

Ein **weiteres wichtiges Bsp.** ist die Festsetzung der **Bauweise** gem. § 9 I Nr. 2 Var. 1 BauGB. Nähere Regelungen dazu finden sich in **§ 22 BauNVO,** nach dessen Abs. 1 eine offene oder geschlossene Bauweise möglich ist. Während Gebäude bei **offener Bauweise** gem. § 22 II BauNVO mit einem seitlichen Grenzabstand (**Abstandsfläche**) errichtet werden müssen, sind Gebäude bei **geschlossener Bauweise** gem. § 22 III BauNVO ohne seitlichen Grenzabstand, also unmittelbar aneinander angrenzend, zu errichten („Reihenhäuser“).

Aufgrund einer BVerwG-Entscheidung aus dem Jahr 2021 ist derzeit **§ 9 I Nr. 10** BauGB prüfungsrelevant, nach dem die Flächen, die **von der Bebauung freizuhalten** sind, und ihre Nutzung festgesetzt werden können. 72

Zuvor war umstritten, ob § 9 I Nr. 10 BauGB als Rechtsgrundlage dafür dienen kann, Flächen nicht allgemein, sondern von bestimmten Arten baulicher Nutzung wie z.B. bestimmten Tierhaltungsanlagen freizuhalten. Mit Blick auf den allgemein gefassten Wortlaut der Norm („von ‚der Bebauung‘ freizuhalten“) und deren Systematik hat das BVerwG nun entschieden, dass sie keine Rechtsgrundlage dafür bietet, Flächen lediglich von bestimmten Arten baulicher Nutzung freizuhalten.[109]

---

[104] M.W.v. 23.6.2021 durch das **BaulandmobilisierungsG** (BGBl. I S. 1802).
[105] Zu § 17 I BauNVO a.F. HbgOVG NVwZ 2020, 639 Rn. 24 ff.
[106] BT-Drs. 19/24838, S. 34.
[107] Näher dazu etwa *FOK,* § 9 Rn. 106 ff.
[108] Vgl. BVerwGE 108, 248 (251).
[109] BVerwG NVwZ 2021, 1557 Rn. 5 ff.

73 Wichtig ist der durch die BauGB-Novelle 2007 eingefügte **§ 9 IIa BauGB,** der sich auf die **Entwicklung etc. zentraler Versorgungsbereiche** bezieht.

74 **Zentrale Versorgungsbereiche** sind räumlich abgrenzbare Bereiche einer Gemeinde, denen aufgrund vorhandener oder planerisch ausgewiesener Einzelhandelsnutzungen – häufig ergänzt durch diverse Dienstleistungen und gastronomische Angebote – eine Versorgungsfunktion über den unmittelbaren Nahbereich hinaus zukommt (bspw. der Innenstadtkern).[110]

Dies erfasst regelmäßig die Innenstädte, die nach Lage, Art und Zweckbestimmung nicht nur der Versorgung ihrer Bewohner (mit Lebensmitteln etc.) dienen, sondern auf einen Kundenkreis aus einem größeren Einzugsbereich ausgerichtet sind.[111] Es kann aber z.B. auch größere Einkaufszentren („Malls" etc.) betreffen, die sich vor allem am Gemeinderand finden.

75 § 9 IIa BauGB gibt den Gemeinden die Möglichkeit, für im Zusammenhang bebaute Ortsteile, in denen sich die bauplanungsrechtliche Zulässigkeit eines Vorhabens grds. nach § 34 BauGB richtet, zwecks Erhaltung oder Entwicklung solcher zentralen Versorgungsbereiche einen einfachen Bebauungsplan i.S.v. § 30 III BauGB aufzustellen.

Damit sollte den Gemeinden vor allem ein Mittel gegen eine drohende Abwärtsspirale aufgrund sog. **Trading-Down-Effekte** in ihren zentralen Versorgungsbereichen zur Verfügung gestellt werden. Gemeint ist der städtebauliche Erfahrungssatz, dass sich bestimmte Gewerbebetriebe negativ auf ihre Umgebung auswirken.[112] So können bspw. Spielhallen in zentralen Versorgungsbereichen zur Ansiedlung weiterer Vergnügungsstätten führen oder Einkaufszentren am Stadtrand einen Abzug des Einzelhandels etc. aus den Versorgungsbereichen in der Innenstadt nach sich ziehen.

76 Die Gemeinden können daher gem. § 9 IIa BauGB festsetzen, dass in den betroffenen Gebieten nur bestimmte Arten der nach § 34 I und II BauGB eigentlich zulässigen baulichen Nutzungen zulässig, nicht zulässig oder nur ausnahmsweise zulässig sind. Anstatt ein Baugebiet festzusetzen, werden hier also lediglich bestimmte Nutzungen gefördert oder verhindert, um **Fehlentwicklungen im Gemeindegebiet zu verhindern.**

77 Ein weiteres Steuerungsinstrument für im Zusammenhang bebaute Ortsteile i.S.v. § 34 BauGB im Hinblick auf drohende Trading-Down-Effekte hat 2013 die sog. Innenentwicklungsnovelle des BauGB den Gemeinden an die Hand gegeben: Nach **§ 9 IIb BauGB** können sie in einem sog. **Vergnügungsstättenbebauungsplan,** als besonderer Form eines einfachen Bebauungsplans, festsetzen, dass in im Zusammenhang bebauten Ortsteilen Vergnügungsstätten oder bestimmte Arten von Vergnügungsstätten zulässig, nicht zulässig oder nur ausnahmsweise zulässig sind.

Beispiele: Spielhallen, Spielcasinos, Sportwettbüros, Diskotheken, Nachtbars, Varietés und nach h.M. auch Kinos

Keine Vergnügungsstätten (sondern z.B. allgemeine Gewerbebetriebe) sind hingegen etwa Videotheken, Sex-Shops und reine Wettannahmestellen, die Annahmestellen für Lotto und Toto gleichgestellt werden.[113] Auch Bordelle oder bordellähnliche Betriebe (z.B. bordellartige Massa-

---

[110] Vgl. BVerwGE 129, 307 Rn. 11.
[111] BVerwGE 129, 307 Rn. 11.
[112] BVerwG ZfBR 2008, 799 (800); *MO*, § 5 Rn. 38.
[113] Zur Abgrenzung reiner Wettannahmestellen von Sportwettbüros, die – z.B. durch Livesportübertragung – auch der Unterhaltung dienen und daher Vergnügungsstätten sind: BayVGH NVwZ-RR 2015, 774.

gesalons oder Sauna-Clubs) sind nach einem neueren Beschluss des BVerwG zu § 7 II Nr. 2 BauNVO, der ebenfalls den Begriff der Vergnügungsstätte verwendet, keine Vergnügungsstätten.[114]

Ein Vergnügungsstättenbebauungsplan setzt das Vorliegen eines der in § 9 IIb Nr. 1 und 2 BauGB genannten städtebaulichen Gründe voraus. Ziel des Bebauungsplans muss es danach sein, entweder eine Beeinträchtigung von Wohnnutzungen oder anderen schutzbedürftigen Anlagen wie Kirchen, Schulen und Kindertagesstätten (Nr. 1) oder aber eine Beeinträchtigung der sich aus der vorhandenen Nutzung ergebenden städtebaulichen Funktion des Gebietes, insbes. durch eine städtebaulich nachteilige Häufung von Vergnügungsstätten (Nr. 2), zu verhindern. Wie der letztgenannte Passus deutlich macht, sollte die Neuregelung es vor allem ermöglichen, die Ansiedlung von **Spielhallen** zu verhindern. 78

Infolgedessen überschneiden sich § 9 IIa und IIb BauGB insoweit, als beide Festsetzungen zu Vergnügungsstätten ermöglichen. § 9 IIb BauGB besitzt aber aus dem Grund eine eigenständige Bedeutung, dass auf seiner Grundlage eine räumliche Steuerung von Spielhallen und anderen Vergnügungsstätten möglich ist, ohne dass es um einen Schutz zentraler Versorgungsbereiche gehen muss, der im Rahmen des § 9 IIa BauGB im Mittelpunkt steht.[115]

§ 9 IIc BauGB, der 2017 als flankierende Maßnahme zur Umsetzung der **Seveso-III-RL** 2012/18/EU ergänzt wurde,[116] ermöglicht es, in einem Bebauungsplan zum Schutz vor den Folgen von **Störfällen** Festsetzungen zur Zulässigkeit, ausnahmsweisen Zulässigkeit oder Unzulässigkeit bestimmter Nutzungen, Arten von Nutzungen oder bestimmter Gebäude zu treffen.[117] 79

Diese Festsetzungen zur Verringerung der Folgen von Störfällen können gem. § 9 IIc BauGB nur im unbeplanten Innenbereich i.S.v. § 34 BauGB in einem einfachen Bebauungsplan sowie im qualifiziert beplanten Bereich i.S.v. § 30 BauGB bspw. in einem entsprechend zu ergänzenden qualifizierten Bebauungsplan getroffen werden. Hintergrund der Beschränkung des § 9 IIc BauGB auf diese Gebiete ist, dass im unbeplanten Innenbereich gem. § 34 BauGB die Gefahr besteht, dass Bauvorhaben in der Nähe von Betriebsbereichen i.S.v. § 3 Va BImSchG zulässig sind.[118] Ähnliches gilt im Geltungsbereich qualifizierter Bebauungspläne, die zu einem Zeitpunkt aufgestellt wurden, als die heutigen Abstandsregelungen zu solchen Betrieben nach den Seveso-II und -III-Richtlinien noch nicht galten.[119]

§ 9 IId BauGB schließlich, der 2021 durch das BaulandmobilisierungsG ergänzt wurde,[120] ermöglicht es Gemeinden befristet bis 31.12.2024 (Einleitung des Verfahrens), ähnlich wie nach IIa und IIb sektorale Bebauungspläne zu erlassen, die hier auf die **Förderung insbes. des sozialen Wohnungsbaus** abzielen:[121] Festgesetzt werden kann für im Zusammenhang bebaute Ortsteile nach § 34 BauGB in einem **Bebauungsplan zur Wohnraumversorgung,** dass auf bestimmten Flächen errichtet werden dürfen:[122]

- Wohngebäude (§ 9 IId 1 Nr. 1 BauGB)

[114] BVerwG NVwZ 2016, 151 (152).
[115] BKL/*Mitschang/Reidt*, § 9 Rn. 206.
[116] M.W.v. 13.5.2017 durch G v. 4.5.2017 (BGBl. I S. 1057).
[117] BT-Drs. 18/10942, S. 45.
[118] BT-Drs. 18/10942, S. 45.
[119] Zu Störfallbetrieben und den Seveso-Richtlinien unten Rn. 388 f.
[120] M.W.v. 23.6.2021 durch Gesetz v. 14.6.2021 (BGBl. I S. 1802).
[121] BT-Drs. 19/24838, S. 25.
[122] Näher dazu *Will*, ÖffBauR, 2. Aufl. 2022, Rn. 94.

- nur Gebäude, bei denen einzelne oder alle Wohnungen die baulichen Voraussetzungen für eine soziale Wohnraumförderung erfüllen (§ 9 IId 1 Nr. 2 BauGB)
- nur Gebäude, bei denen sich ein Vorhabenträger hinsichtlich einzelner oder aller Wohnungen dazu verpflichtet, die geltenden Förderbedingungen der sozialen Wohnraumförderung einzuhalten, und die Einhaltung dieser Verpflichtung in geeigneter Weise sichergestellt wird (§ 9 IId 1 Nr. 3 BauGB)

4. Festsetzungen aufgrund § 91 HBO

80 **§ 9 IV BauGB** ermächtigt die Länder, zu bestimmen, dass in Bebauungspläne als Festsetzungen auch auf Landesrecht beruhende Regelungen aufgenommen werden können. Hessen hat von dieser Möglichkeit in **§ 91 III HBO** Gebrauch gemacht, nach dem örtliche Bauvorschriften nach § 91 I HBO sowie Festsetzungen nach § 52 II und V 4 HBO durch Bebauungsplan erlassen werden können.

Beispiele:
- § 91 I 1 Nr. 1 HBO: Festsetzungen über die die äußere Gestaltung baulicher Anlagen und Warenautomaten zur Durchführung baugestalterischer Absichten oder zur Verwirklichung von Zielen des rationellen Umgangs mit Energie und Wasser in bestimmten, genau abgegrenzten bebauten oder unbebauten Teilen des Gemeindegebietes; die Vorschriften über Werbeanlagen und Warenautomaten können sich dabei auch auf deren Art, Größe und Anbringungsort erstrecken
- § 91 I 1 Nr. 4 HBO: Ausstattung, Gestaltung, Größe und Zahl der Stellplätze für Kraftfahrzeuge sowie der Abstellplätze für Fahrräder
- § 91 I 1 Nr. 7 HBO: Beschränkung von Werbeanlagen, Warenautomaten und Einfriedungen in bestimmten Gemeindeteilen

81 Macht die Gemeinde von der Möglichkeit der Festsetzung örtlicher Bauvorschriften in einem Bebauungsplan Gebrauch, sind darauf gem. § 91 III 2 HBO die dort genannten Vorschriften des BauGB – wie z.B. § 31 BauGB über Ausnahmen und Befreiungen – entsprechend anwendbar.

5. Kennzeichnungen, nachrichtliche Übernahmen, Vermerke

82 § 9 V, VI, VIa BauGB enthalten **Soll-Vorschriften** zum Inhalt des Bebauungsplans, die darauf abzielen, dessen Informationsgehalt zu erhöhen.

So sollen gem. **§ 9 V BauGB** im Bebauungsplan bestimmte Flächen – etwa solche, deren Böden erheblich mit umweltgefährdenden Stoffen belastet sind – gekennzeichnet werden. Diese Soll-Regelung erstarkt zur Pflicht, wenn sich aus der Kennzeichnung Informationen ergeben, die für die Grundstücksnutzung von Bedeutung sind.[123] Kennzeichnungen sind anders als Festsetzungen nicht rechtsverbindlich. Ihr Fehlen kann jedoch z.B. bei **Bodenkontaminationen** Amtshaftungsansprüche gem. § 839 BGB, Art. 34 GG auslösen.

III. Zuständigkeit für die Aufstellung von Bauleitplänen

83 Gem. § 2 I 1 BauGB liegt die **Verbandskompetenz** für die Aufstellung von Bauleitplänen bei der Gemeinde (und nicht beim Landkreis etc.).

[123] Vgl. BGHZ 113, 367 = NJW 1991, 2701.

Auf die besondere Zuständigkeit für die Aufstellung des gemeinsamen Flächennutzungsplans für die Gemeinden, die dem **Regionalverband FrankfurtRheinMain** angehören, wurde bereits oben hingewiesen.[124]

Die **Organkompetenz,** also die Frage, welches Organ der Gemeinde für die einzelnen Verfahrensschritte zuständig ist, ergibt sich aus der HGO ggf. i.V.m. der Hauptsatzung der Gemeinde. Jedenfalls der Beschluss des Bebauungsplans gehört dabei gem. **§ 51 Nr. 6 HGO** zu den sog. Vorbehaltsaufgaben, die von der **Gemeindevertretung** wahrzunehmen sind.

Die Gemeindevertretung entscheidet gem. § 50 I HGO auch regelmäßig über die öffentliche Auslegung gem. § 3 II BauGB. Im Übrigen ist der **Gemeindevorstand** in seiner Funktion aus § 66 I 3 Nr. 2 HGO, die Beschlüsse der Gemeindevertretung vorzubereiten und auszuführen, für die Ausarbeitung des Flächennutzungs- und Bebauungsplanentwurfs und die abschließende Ausfertigung von Bebauungsplänen sowie die Bekanntmachung von Flächennutzungsplänen und Bebauungsplänen zuständig.

Erwähnt sei in diesem Zusammenhang, dass die Gemeinde gem. § 4b BauGB die Vorbereitung und Durchführung bestimmter Verfahrensschritte nach den §§ 2a–4a BauGB u.a. zur Beschleunigung des Bauleitplanverfahrens einem – auch privaten – Dritten übertragen kann. In der Praxis sind dies häufig Bauträger, die selbst an der Beschleunigung des Verfahrens interessiert sind.

IV. Verfahren zur Aufstellung des Bebauungsplans

Bauleitpläne werden in einem mehrstufigen Verfahren aufgestellt, das überwiegend in 84
§§ 1 VIII, 2a–4b, 6, 10 BauGB geregelt ist. Ergänzend spielen insbes. kommunalrechtliche Vorschriften der HGO eine Rolle, da die Bauleitplanung den Gemeinden obliegt. Die im Folgenden behandelten Verfahrensregeln gelten fast alle sowohl für Flächennutzungs- als auch für Bebauungspläne. Die Darstellung konzentriert sich aber auf die wesentlich prüfungsrelevanteren Bebauungspläne.

Die Verfahrensregelungen über die Aufstellung von Bauleitplänen gelten gem. § 1 VIII BauGB grds. auch für deren **Änderung, Ergänzung und Aufhebung.** Für bestimmte geringfügige, die Grundzüge der Planung nicht berührende Änderungen oder Ergänzungen sieht § 13 I BauGB daneben ein **vereinfachtes Verfahren** vor.[125]

Obwohl es keine festen Regeln über den Aufbau der **Prüfung der formellen Rechtmäßig-** 85
keit eines Bebauungsplans gibt, empfiehlt es sich, im Anschluss an Zuständigkeitsfragen die einzelnen Verfahrensaspekte chronologisch vom Aufstellungsbeschluss bis zur Bekanntmachung zu prüfen.

Übersicht 2: Prüfschema Rechtmäßigkeit eines Bebauungsplans, Teil 1 86

A. Formelle Rechtmäßigkeit eines Bebauungsplans
I. Zuständigkeit (§§ 1 III, 2 I BauGB i.V.m. §§ 50 ff. HGO)
II. Verfahren
1. Aufstellungsbeschluss (§ 2 I 2 BauGB)

[124] Oben Rn. 15.
[125] Zum vereinfachten Verfahren unten Rn. 118 ff.

2. Ermittlung und Bewertung des Abwägungsmaterials (§ 2 III BauGB)
3. Umweltprüfung (§ 2 IV BauGB)
4. Frühzeitige Öffentlichkeitsbeteiligung (§ 3 I BauGB)
5. Frühzeitige Behördenbeteiligung (§ 4 I BauGB)
6. Beschluss des Entwurfs und öffentliche Auslegung (§ 3 II BauGB)
7. Einholung von Stellungnahmen betroffener Behörden (§ 4 II BauGB)
8. Beschluss des Bebauungsplans als Satzung (§ 10 I BauGB i.V.m. § 51 Nr. 6 etc. HGO)
9. Begründung des Bebauungsplans (§§ 9 VIII, 2a BauGB)
10. Keine Genehmigung erforderlich (Regelfall, Ausnahmen: § 10 II BauGB)
11. Öffentliche Bekanntmachung (§ 10 III BauGB i.V.m. § 7 I HGO)

1. Aufstellungsbeschluss

87 Das Planaufstellungsverfahren wird regelmäßig mit dem Beschluss der Gemeinde in Gang gesetzt, einen Bebauungsplan aufstellen zu wollen. Dieser **Aufstellungsbeschluss** ist von der Gemeinde ortsüblich, z.B. durch Veröffentlichung im Amtsblatt der Gemeinde, bekannt zu machen (§ 2 I 2 BauGB).

In Hessen hat die öffentliche Bekanntmachung durch Gemeinden gem. § 7 I HGO in einer örtlich verbreiteten, mindestens einmal wöchentlich erscheinenden Zeitung, in einem Amtsblatt oder im Internet zu erfolgen. Details ergeben sich aus der Verordnung über öffentliche Bekanntmachungen der Gemeinden und Landkreise vom 12.10.1977.[126]

88 Da das BauGB den Aufstellungsbeschluss nicht vorschreibt, sondern diesen vielmehr lediglich implizit in § 2 I 2 BauGB erwähnt, ist er **keine Wirksamkeitsvoraussetzung** des Bebauungsplans.[127] Er bringt auch grds. keine Rechtswirkung gegenüber Privatpersonen hervor. Konkrete Rechtswirkungen entfaltet er allerdings dessen ungeachtet in folgenden Bereichen, auf die später noch im Detail eingegangen wird:[128]

- Zulässigkeit des Erlasses einer Veränderungssperre (§ 14 I BauGB)[129]
- Möglichkeit der Gemeinde zur Zurückstellung von Baugesuchen (§ 15 I 1 BauGB) und zur vorläufigen Untersagung (§ 15 I 2 BauGB)[130]
- vorgezogene Zulässigkeit von Vorhaben während der Planaufstellung gem. § 33 BauGB[131]

89 Welche **Organe** der Gemeinde für die einzelnen Verfahrensschritte der Planaufstellung zuständig sind, ergibt sich aus **§§ 50 ff. HGO.** Nach der Grundregel des § 50 I 1 HGO beschließt die Gemeindevertretung über die Angelegenheiten der Gemeinde, soweit sich aus der HGO nichts anderes ergibt. Da der Aufstellungsbeschluss nicht in § 66 HGO genannt ist, der die Aufgaben des Gemeindevorstands aufführt, ist gem. § 50 I HGO die **Gemeindevertretung** für ihn zuständig.

Dabei kann die Gemeindevertretung ihre Organzuständigkeit gem. § 50 I 2 HGO insofern allerdings auf einen beschließenden Ausschuss oder den Gemeindevorstand übertragen. Dies

[126] GVBl. I S. 409; *Will*, ÖffBauR in Hessen, 2016, Rn. 96.
[127] BVerwGE 79, 200 (203 ff.) st. Rspr.
[128] Siehe auch BVerwGE 79, 200 (205).
[129] Dazu unten Rn. 237 ff.
[130] Dazu unten Rn. 249 ff.
[131] Dazu unten Rn. 362 ff.

ergibt sich gem. § 50 I 2 HGO daraus, dass das Fassen des Aufstellungsbeschlusses nicht zu den ausschließlichen Zuständigkeiten der Gemeindevertretung gem. § 51 HGO zählt.

2. Ermittlung und Bewertung des Abwägungsmaterials

An den Aufstellungsbeschluss schließt sich gem. § 2 III BauGB die Ermittlung und Bewertung des Abwägungsmaterials für die spätere Abwägung gem. § 1 VII BauGB, als Zentralakt der Planung, an. Denn die Berücksichtigung aller bedeutsamen Belange in der Abwägung setzt deren Ermittlung und zutreffende Bewertung in einem ordnungsgemäßen Verfahren voraus.[132] 90

Mit der Einfügung der §§ 2 III, 214 I 1 Nr. 1 BauGB im Jahr 2004 wollte der Gesetzgeber die Ermittlung und Bewertung des Abwägungsmaterials aufgrund unionsrechtlicher Vorgaben der verfahrensrechtlichen Seite zuordnen.[133] Damit hat er die zuvor einheitlich dem materiellrechtlichen Abwägungsgebot gem. § 1 VII BauGB zugeordnete Abwägungsentscheidung dogmatisch in einen prozeduralen, § 2 III BauGB unterfallenden und einen materiellrechtlichen, § 1 VII BauGB zuzuordnenden Teil aufgespalten.[134] Das BVerwG ist in der Folge dazu übergegangen, die Ermittlung und Bewertung des Abwägungsmaterials der verfahrensrechtlichen Seite zuzuordnen.[135] In der Fallbearbeitung empfiehlt sich, sich der Rspr. anzuschließen und die **Fragen, ob das relevante Abwägungsmaterial vollständig ermittelt und die Einzelaspekte grundlegend richtig bewertet worden sind,** bereits im Rahmen der formellen Rechtmäßigkeit des Bauleitplans zu prüfen.

Verfahrensfehler i.S.d. § 214 I 1 Nr. 1 i.V.m. § 2 III BauGB liegen vor, wenn die von der Planung berührten Belange, die nach Lage der Dinge hätten ermittelt und bewertet werden müssen, überhaupt nicht ermittelt und bewertet worden sind oder wenn die Bedeutung der ermittelten Belange verkannt worden ist.[136]

Zu ermitteln und zu bewerten sind alle Belange, die in der konkreten Planungssituation nach Lage der Dinge in die Abwägungsentscheidung eingestellt werden müssen.[137] Der Begriff des Belangs, der oft mit dem des Interesses gleichgesetzt wird,[138] beschränkt sich dabei **nicht** auf Rechtspositionen wie das Eigentum gem. Art. 14 I 1 GG. Zu unterscheiden ist im Übrigen zwischen öffentlichen und privaten Belangen. 91

Wichtige **öffentliche Belange** sind in den sog. **Planungsleitlinien des § 1 VI BauGB** nicht abschließend („insbesondere") aufgezählt. Die Lektüre der hier genannten Belange macht deutlich, dass die einzelnen z.T. sehr umfassenden Aspekte einander auch entgegenstehen können (z.B. Belange des Umweltschutzes gem. § 1 VI Nr. 7 BauGB und Belange der Wirtschaft gem. § 1 VI Nr. 8 lit. a BauGB).

Seit Ausbruch des Ukrainekrieges am 24.2.2022 ist der 2014 in **§ 1 VI Nr. 13 BauGB** ergänzte öffentliche Belang wieder besonders wichtig, nach dem den **Belangen von Flüchtlingen und Asylbegehrenden** und deren Unterbringung im Rahmen der Bauleitplanung

---

[132] BVerwG ZfBR 2018, 601 Rn. 5; BKL/*Battis,* § 2 Rn. 5.

[133] BVerwGE 131, 100, LS, Rn. 20 = NVwZ 2008, 899; BayVGH KommJur 2017, 112 (114 f.); näher zum Ganzen *Will,* ÖffBauR, 2. Aufl. 2022, Rn. 104.

[134] BVerwGE 156, 336 Rn. 12 = NVwZ 2017, 412; *JK,* § 2 Rn. 9.

[135] BT-Drs. 15/2250, S. 63; BVerwGE 131, 100, LS, Rn. 20 = NVwZ 2008, 899.

[136] BT-Drs. 15/2250, S. 63; vgl. auch BaWüVGH, Urt. v. 24.6.2021 – 8 S 1928/19, BeckRS 2021, 19071 Rn. 48 ff.; BKL/*Battis,* § 214 Rn. 4.

[137] Vgl. etwa BVerwGE 34, 301 (309); BVerwG ZfBR 2018, 601 Rn. 5.

[138] Vgl. etwa BVerwGE 59, 87 (98).

verstärkt Rechnung getragen werden soll. Gerade in Ballungsräumen, die durch den Flüchtlingszuzug besonders belastet sind, soll so die Schaffung öffentlicher Unterbringungseinrichtungen zeitnah ermöglicht und gesichert werden.[139]

Im Jahr 2021 ist der Belangekatalog des § 1 VI BauGB um den **Mobilfunkausbau** (§ 1 VI Nr. 8 lit. d BauGB) und mit Blick auf die aktuellen Entwicklungen im Bereich nachhaltiger Mobilität um die **Elektromobilität** (§ 1 VI Nr. 9 BauGB) erweitert worden.[140] Auf nachhaltige Stadtentwicklung zielen die Belange einer ausreichenden Versorgung mit **Grün- und Freiflächen** im neuen § 1 VI Nr. 14 BauGB ab.[141]

92 Unter den öffentlichen Belangen spielt der **Umweltschutz** eine immer größere Rolle. Vor allem verschiedene EU-Richtlinien haben seit den 1990er Jahren den gemeindlichen Ermittlungsvorgang bzgl. umweltrelevanter Belange – nicht hingegen deren Gewicht in der eigentlichen Abwägung – intensiviert. Der deutsche Gesetzgeber hat dafür 1998 den eigenständigen **§ 1a BauGB** erlassen, der 2011 und 2013 erheblich erweitert wurde.

§ 1a BauGB konkretisiert die Umweltschutzbelange des § 1 VI Nr. 7 BauGB in den Bereichen Boden- und Naturschutz, Biotop- und Artenschutz, Schutzgebiete nach der FFH- und der Vogelschutzrichtlinie sowie klimagerechte städtebauliche Entwicklung. Konkret ergeben sich aus § 1a BauGB diverse öffentliche Belange, die in die Abwägung einzustellen sind, wie die **Bodenschutzklausel** (Grundsatz des sparsamen und schonenden Umgangs mit Grund und Boden, § 1a II 1, 3 BauGB).[142]

93 Relevante **private Belange** sind neben allen subjektiven öffentlichen und privaten Rechten insbes. aus Grundrechten auch obligatorische Rechte zur Bodennutzung (Miete, Pacht etc.) und schließlich nicht unmittelbar rechtlich geschützte Interessen, sofern sie in der konkreten Planungssituation einen städtebaulichen Bezug haben.

Beispiele für relevante private Belange:
- Grundeigentum im Plangebiet gem. Art. 14 I 1 GG, z.B. weil dessen Bebaubarkeit ausgeschlossen oder eingeschränkt wird[143]
- Grundeigentum in der Nachbarschaft, das durch nach dem Plan zulässige Nutzungen mehr als nur geringfügigen belastenden Einwirkungen ausgesetzt wird[144]
- Gesundheit und körperliche Unversehrtheit gem. Art. 2 II 1 GG[145]
- Erweiterungsinteresse eines einzelnen Gewerbebetriebs, auch wenn dieses nicht vom Eigentumsschutz gem. Art. 14 I 1 GG umfasst ist[146]
- Erwerbsinteressen und Erbwerbschancen[147]

94 Jenseits einer Eigentumsbeeinträchtigung, die grds. abwägungsrelevant ist, müssen in der Abwägung gem. § 1 VII BauGB allerdings nur solche öffentlichen und privaten Belange berücksichtigt (und damit ermittelt sowie bewertet) werden, deren **Betroffenheit**

(1) **mehr als geringfügig,**

[139] BT-Drs. 18/2752, S. 7, 11; BT-Drs. 18/3070, S. 1.
[140] M.W.v. 23.6.2021 durch das BaulandmobilisierungsG, BGBl. 2021 I S. 1802.
[141] BT-Drs. 19/24838, S. 24.
[142] Weitere Beispiele bei *Will,* ÖffBauR, 2. Aufl. 2022, Rn. 107.
[143] BVerwGE 156, 336 Rn. 12 = NVwZ 2017, 412.
[144] BVerwGE 107, 215 (219 f.).
[145] HessVGH NVwZ-RR 2004, 635 (636).
[146] BVerwGE 59, 87 (101 f.); BVerwG NVwZ 1989, 245 (246).
[147] BVerwGE 59, 87 (102).

(2) **in ihrem Eintritt zumindest wahrscheinlich** und

(3) für die planende Stelle bei der Entscheidung über den Plan **als abwägungsbeachtlich erkennbar** ist.[148]

Nicht abwägungserheblich sind danach insbes. geringwertige/geringfügige oder mit einem Makel behaftete Interessen sowie solche, auf deren Fortbestand kein schutzwürdiges Vertrauen besteht.[149] Ob nachbarliche Belange abwägungserheblich oder lediglich geringfügig sind, ist eine Frage des Einzelfalls.[150]

Beispiele:[151]
- Bei einer Planänderung ist das Interesse der Planbetroffenen am **Fortbestand des Bebauungsplans** in seiner früheren Fassung regelmäßig gem. § 1 VII BauGB abwägungserheblich.[152]
- Führt die Änderung eines Bebauungsplans dazu, dass Nachbargrundstücke anders genutzt werden dürfen, gehören die Interessen der Nachbarn an der Beibehaltung der Festsetzungen grds. zum notwendigen Abwägungsmaterial.[153]
- **Nicht** gem. § 1 VII BauGB abwägungserheblich ist grds. das Interesse eines Grundstückseigentümers an der Erhaltung einer von seinem Grundstück aus gegebenen **freien Aussicht** und sein Interesse daran, eine bislang bestehende **Ortsrandlage zu bewahren.**[154] Es handelt sich um Vorteile, auf deren Fortbestand der Eigentümer zwar hoffen, aber rechtlich grds. nicht vertrauen kann.
- Ermöglicht ein Bebauungsplan **zusätzlichen Verkehr** im Umfang von etwa fünf Fahrzeugbewegungen stündlich, überschreitet dies hinsichtlich eines 70 m von der Straße entfernt liegenden Grundstücks in einer eher ruhigen Ortsrandlage nicht die Geringfügigkeitsschwelle.[155]
- Bei einem Bebauungsplan, der für ein Waldgebiet ein Sondergebiet „Friedhof" festsetzt, wobei in dem **Ruheforst** jährlich etwa 200 Urnenbestattungen durchgeführt werden sollen, überschreitet die Tatsache, dass **Gäste eines benachbarten Hotels** den Verkehr zum Ruheforst wahrnehmen können, nicht die Schwelle der Geringfügigkeit.[156]

3. Umweltprüfung

Den nächsten Hauptschritt der Aufstellung eines Bauleitplans bildet gem. § 2 IV 1 BauGB 95
eine **Umweltprüfung,** in der die voraussichtlichen erheblichen Umweltauswirkungen ermittelt und schließlich in einem **Umweltbericht** beschrieben und bewertet werden.

Aufbau und Inhalt des Umweltberichts ergeben sich aus Anlage 1 zum BauGB. Bei deren Neufassung m.W.v. 13.5.2017 wurde Nr. 2 wesentlich erweitert, um die detaillierteren Vorgaben des neuen Anhangs IV der EU-UVP-Richtlinie umzusetzen.[157] Die Umweltprüfung i.S.v. § 2 IV BauGB ersetzt gem. § 50 I UVPG die aufgrund unionsrechtlicher Vorgaben nach §§ 1 ff. UVPG vorgesehene Umweltverträglichkeitsprüfung (UVP).

---

[148] BVerwGE 59, 87 (103).
[149] BVerwG NVwZ 2022, 73 Rn. 8; ZfBR 2019, 689 Rn. 5.
[150] Vgl. BVerwG NVwZ 2017, 563 LS, Rn. 10.
[151] Weitere Beispiele bei *Will,* ÖffBauR, 2. Aufl. 2022, Rn. 110.
[152] BVerwG ZfBR 2019, 689 LS 1, Rn. 6 ff.; vgl. auch das Bsp. bei BayVGH, Urt. v. 6.12.2019 – 15 N 18.636, BeckRS 2019, 31487 Rn. 18 f.
[153] BVerwG NVwZ 2022, 73 Rn. 9.
[154] SächsOVG, Urt. v. 15.5.2018 - 1 C 13/17, BeckRS 2018, 18467 Rn. 34.
[155] HessVGH NVwZ-RR 2004, 635 (636).
[156] BVerwG NVwZ 2017, 563 Rn. 14.
[157] Durch G v. 4.5.2017 (BGBl. I S. 1057); näher: BT-Drs. 18/10942, S. 52 ff.

Indem Umweltbelange umfassend in die Bauleitplanung integriert werden, soll ein Nebeneinander von Bauleitplanung und umweltbezogener räumlicher Planung vermieden werden. Die Umweltprüfung bezieht sich gem. § 2 IV 1 BauGB auf die Belange des Umweltschutzes nach § 1 VI Nr. 7 BauGB und § 1a BauGB. § 1 VI Nr. 7 BauGB enthält eine Liste der relevanten Belange des Umweltschutzes, einschließlich des Naturschutzes etc. Wichtig ist, dass das Ergebnis der Umweltprüfung gem. § 2 IV 5 BauGB in der späteren Abwägung nach § 1 VII BauGB[158] zu berücksichtigen ist.

Beispiele:
- Auswirkungen auf Tiere, Pflanzen, Fläche, Boden, Wasser, Luft, Klima etc. sowie die Landschaft und die biologische Vielfalt (§ 1 VI Nr. 7 lit. a BauGB)
- Umweltbezogene Auswirkungen auf den Menschen und dessen Gesundheit sowie die Bevölkerung insgesamt (§ 1 VI Nr. 7 lit. c BauGB)
- Die Vermeidung von Emissionen sowie der sachgerechte Umgang mit Abfällen und Abwässern (§ 1 VI Nr. 7 lit. e BauGB)

4. Frühzeitige Öffentlichkeitsbeteiligung

96 Die Beteiligung der Öffentlichkeit ist ein typisches Element staatlicher Planung, da nur dadurch die betroffenen privaten Belange umfassend ermittelt werden können. Im Rahmen der Bauleitplanung wird die Öffentlichkeit sogar **zweimal** beteiligt: durch frühzeitige (bzw. vorgezogene) Öffentlichkeitsbeteiligung gem. § 3 I BauGB und durch reguläre (bzw. förmliche) Öffentlichkeitsbeteiligung gem. § 3 II BauGB.

Die Öffentlichkeitsbeteiligung gem. § 3 BauGB beruht auf unionsrechtlichen Vorgaben (z.B. der Öffentlichkeitsbeteiligungs-RL 2003/35/EG) und auf völkerrechtlichen Regelungen (Aarhus-Konvention).[159] Dies sind wichtige Beispiele für den Einfluss des EU- und Völkerrechts auf das Baurecht.

97 Gem. § 3 I 1 HS 1 BauGB hat die Gemeinde die Öffentlichkeit möglichst frühzeitig über die allgemeinen Ziele und Zwecke der Planung, sich wesentlich unterscheidende Lösungen, die für die Neugestaltung oder Entwicklung eines Gebietes in Betracht kommen, und die voraussichtlichen Auswirkungen der Planung öffentlich zu unterrichten. Dabei ist der Öffentlichkeit gem. § 3 I 1 HS 2 BauGB Gelegenheit zur Äußerung und Erörterung zu geben.

Gem. § 3 I BauGB ist die Öffentlichkeit „möglichst frühzeitig" zu unterrichten. Da die Beteiligung erst bei Vorliegen diskussionsfähiger Planungsziele sinnvoll ist, findet sie in der Regel **nach dem Aufstellungsbeschluss** statt. Sie kann allerdings grds. auch schon vor diesem erfolgen. Was die zeitliche Grenze nach hinten angeht, setzt das Telos der frühzeitigen Öffentlichkeitsbeteiligung voraus, dass diese nicht erst dann stattfinden darf, wenn die Planung so verfestigt ist, dass die Beteiligung zur Farce würde.[160] Eine gem. § 3 I BauGB zu späte Öffentlichkeitsbeteiligung stellt einen Verfahrensfehler dar. Dieser ist zwar, wie sich im Umkehrschluss aus § 214 I 1 Nr. 2 BauGB ergibt, für die Rechtswirksamkeit des Bebauungsplans unbeachtlich,[161] kann aber die kommunale Aufsichtsbehörde zum Eingreifen gem. §§ 138 ff. HGO veranlassen.

---

[158] Dazu unten Rn. 152 ff.
[159] Näher zu diesen Vorgaben: BeckOK BauGB/*Schink*, § 3 Rn. 6 ff., 9 f.
[160] BKL/*Battis*, § 3 Rn. 8.
[161] Zu den Folgen rechtsfehlerhafter Bebauungspläne unten Rn. 178 ff.

Die Art und Weise der öffentlichen Unterrichtung i.S.v. § 3 I 1 HS 1 BauGB gibt das BauGB nicht vor. Möglich ist etwa eine Unterrichtung durch Amtsblatt, Zeitung, Aushang, Hauswurfsendung, Informationsausstellungen und – ergänzend – auch elektronisch, also insbes. über das Internet. 98

Die Möglichkeit, ergänzend (kumulativ) elektronische Informationstechnologien, namentlich das **Internet,** zu nutzen, ergab sich früher ausdrücklich aus § 4a IV 1 BauGB a.F. Dass § 4a IV 1 BauGB seit seiner Änderung m.W.v. 13.5.2017 in Umsetzung von Art. 6 II UVP-RL nur noch auf Abs. 2 und nicht mehr auf Abs. 1 von § 3 BauGB Bezug nimmt, ändert aber nichts daran, dass elektronische Medien auch weiterhin jedenfalls ergänzend zur öffentlichen Unterrichtung i.S.v. § 3 I 1 HS 1 BauGB genutzt werden können.[162] Dies folgt bereits daraus, dass eine ergänzende Nutzung elektronischer Medien auch schon vor Einführung der Bezugnahme auf das Internet in der nun veränderten Fassung von § 4a IV BauGB a.F. zulässig war.[163] Dass eine **ausschließliche** Nutzung des Internets unzulässig ist, beruht darauf, dass nur ca. 90 % der Menschen in Deutschland Internetzugang haben. Ausschließlich über das Internet wäre daher keine umfassende Öffentlichkeitsbeteiligung zu erreichen.

Die betroffenen Grundstückseigentümer müssen – auch wenn das Plangebiet nur wenige Grundstücke umfasst – nicht individuell benachrichtigt werden.[164] Die sich an die Unterrichtung anschließende Gelegenheit zur Äußerung und Erörterung gem. § 3 I 1 HS 2 BauGB kann – muss aber nicht – im Rahmen einer öffentlichen Versammlung gegeben werden. Möglich ist z.B. auch die Gelegenheit zur Erörterung in Einzelgesprächen mit Verwaltungsmitarbeitern der Gemeinde.[165]

5. Frühzeitige Behördenbeteiligung

Auch die Beteiligung anderer betroffener Behörden ist ein wichtiges Element staatlicher Planung, da nur so die betroffenen **öffentlichen Belange** umfassend ermittelt werden können. Gem. § 4 I BauGB sind daher die Behörden und sonstigen Träger öffentlicher Belange, deren Aufgabenbereich die Planung berühren kann, entsprechend § 3 I 1 HS 1 BauGB zu unterrichten und zur Äußerung auch im Hinblick auf den erforderlichen Umfang und Detaillierungsgrad der Umweltprüfung nach § 2 IV BauGB aufzufordern. 99

Aus dem Verweis auf § 3 I BauGB folgt, dass auch die betroffenen Behörden etc. **„möglichst frühzeitig"** zu unterrichten sind. Aus § 4a II BauGB ergibt sich dabei, dass die Unterrichtung der Öffentlichkeit gem. § 3 I BauGB gleichzeitig mit der Unterrichtung betroffener Behörden gem. § 4 I BauGB erfolgen kann.

6. Beschluss des Entwurfs und öffentliche Auslegung

Die Gemeinde beschließt sodann unter Berücksichtigung der frühzeitigen Öffentlichkeits- und Behördenbeteiligung über den **Entwurf** des Bebauungsplans und dessen öffentliche **Auslegung.** Anders als die Auslegung selbst (§ 3 II BauGB) ist der Beschluss über die Auslegung nicht ausdrücklich vorgesehen, aber in der Praxis üblich. Da festgelegt werden muss, was genau ausgelegt wird, wird dabei *de facto* zugleich über den auszulegenden Entwurf des Bebauungsplans beschlossen. 100

Zuständig für diesen inhaltlich wichtigen Beschluss, mit dem die Gemeinde verwaltungsintern ihre Vorstellungen vom zukünftigen Bebauungsplan konkretisiert, ist in Hessen –

---

[162] *Will/Ehlert,* NVwZ 2018, 376 (378 f.).
[163] Vgl. *Will/Ehlert,* NVwZ 2018, 376 (378 f.).
[164] NWOVG DVBl. 2022, 112; HbgOVG NVwZ-RR 2001, 83.
[165] JD/*Spieß,* § 3 Rn. 7.

mangels Spezialzuweisung an den Gemeindevorstand in § 66 I HGO – gem. § 50 I HGO die **Gemeindevertretung.**[166]

101 Die **öffentliche Auslegung** des Entwurfs gem. § 3 II BauGB bildet zugleich die zweite Stufe der Öffentlichkeitsbeteiligung. Auszulegen sind gem. § 3 II 1 BauGB der Entwurf des Bebauungsplans mit dessen Begründung und den nach Einschätzung der Gemeinde wesentlichen bereits vorliegenden umweltbezogenen Stellungnahmen. Damit soll Privatpersonen und betroffenen Behörden die Möglichkeit gegeben werden, sich über die im beschlossenen Entwurf konkretisierten Absichten der Gemeinde zu informieren, um sich mit diesen sinnvoll auseinandersetzen zu können.

102 Zunächst sind mindestens eine Woche vor der Auslegung Ort und Dauer der Auslegung sowie Angaben dazu, welche Arten umweltbezogener Informationen verfügbar sind, **ortsüblich bekannt zu machen** (§ 3 II 2 HS 1 BauGB). Nach dem 2017 neu gefassten § 4a IV 1 BauGB ist der Inhalt dieser ortsüblichen Bekanntmachung i.S.d. § 3 II 2 BauGB nunmehr zwingend zusätzlich in das **Internet** einzustellen und über ein zentrales Internetportal des Landes zugänglich zu machen.

Das BVerwG hat die **inhaltlichen Anforderungen** an die Bekanntmachung der Auslegung gem. § 3 II 2 HS 1 BauGB in den vergangenen Jahren in mehreren grundlegenden Urteilen präzisiert, so dass die Prüfungsrelevanz deutlich angestiegen ist. Seit dem grundlegenden Urteil BVerwGE 147, 206 aus dem Jahr 2013 geht es oft um die erforderlichen Angaben dazu, welche Arten umweltbezogener Informationen verfügbar sind. Im Lichte der strengen Anforderungen des BVerwG sind zahlreiche Bebauungspläne für nichtig erklärt worden. Zuletzt hat das BVerwG die Anforderungen allerdings eher wieder etwas zurückgeschraubt.[167]

- Die **Anstoßfunktion der Bekanntmachung** verlangt hinsichtlich der gem. § 3 II 2 HS 1 BauGB erforderlichen Angaben grds., die in Stellungnahmen und Unterlagen behandelten Umweltthemen nach **Themenblöcken zusammenzufassen** und diese in der Bekanntmachung **schlagwortartig zu charakterisieren.**[168] Nur so können Privatpersonen nämlich erkennen, ob ihre Belange betroffen sind. Eine bloße Auflistung der vorliegenden Stellungnahmen wird der Anstoßfunktion hingegen regelmäßig nicht gerecht.[169]
- Das Telos des § 3 II 2 HS 1 BauGB gebietet es, als **strukturierendes Merkmal** für die Arten umweltbezogener Informationen den Inhalt der Informationen zu wählen.[170] Die Strukturierung nach Themenblöcken muss thematisch in Kategorien erfolgen. Nicht erforderlich ist hingegen, die verfügbaren Dokumente näher zu beschreiben, etwa darzulegen, ob es sich um Sachverständigengutachten, Behördenstellungnahmen oder Einwendungen Privater etc. handelt, und einen Hinweis auf Autoren oder Urheber zu geben.[171]
- Wie das BVerwG 2021 einschränkend geklärt hat, kann die Gemeinde bei der erforderlichen schlagwortartigen Charakterisierung grds. von der Bezeichnung ausgehen, die der Ersteller einer Information für zutreffend gehalten hat, vorausgesetzt, sie führt nicht offensichtlich und eindeutig in die Irre.[172]

---

[166] *Hermes,* § 6 Rn. 48.
[167] Näher zum Ganzen: *Will,* ÖffBauR, 2. Aufl. 2022, Rn. 121.
[168] St. Rspr., grundlegend: BVerwGE 147, 206 = NVwZ 2013, 1413 LS sowie Rn. 21 ff.; bestätigt u.a. in BVerwGE 165, 387 Rn. 12 ff. = NVwZ 2019, 1613.
[169] BVerwGE 147, 206 = NVwZ 2013, 1413 Rn. 21.
[170] BVerwGE 165, 387 Rn. 13 = NVwZ 2019, 1613.
[171] BVerwGE 165, 387 LS 2 und Rn. 19 f. = NVwZ 2019, 1613.
[172] BVerwG NVwZ 2021, 732 Rn. 13.

- Die Gemeinde darf nicht nach von ihr für wesentlich oder unwesentlich gehaltenen Informationen unterscheiden.[173] Das Bekanntmachungserfordernis erstreckt sich daher auch auf Arten von Umweltinformationen, die die Gemeinde für unwesentlich hält und deshalb nicht auszulegen beabsichtigt.[174]
- 2019 hat das BVerwG geklärt, dass es grds. unschädlich ist, wenn in einer nach dem 1.6.2017 erfolgten Auslegungsbekanntmachung immer noch im Einklang mit der damals aufgehobenen früheren Fassung des § 3 II 2 BauGB darauf hingewiesen wird, dass ein Normenkontrollantrag unter den Voraussetzungen des (gleichzeitig aufgehobenen) § 47 IIa VwGO a.F. unzulässig sei.[175]
- 2021 hat das BVerwG geklärt, dass ein Zusatz in der Bekanntmachung, dass Stellungnahmen „schriftlich oder zur Niederschrift" vorgebracht werden können, die Beteiligungsrechte Betroffener auch unter Berücksichtigung elektronischer Kommunikation nicht unzulässig einschränkt.[176] „Schriftlichkeit" und „Schreiben" seien wie im alltäglichen Sprachgebrauch, nach dem auch eine E-Mail „geschrieben" werde, weiter zu verstehen, umfassten also z.B. auch E-Mails.

Die Auslegung selbst hat nach dem 2017 in Umsetzung von Art. 6 VI, VII UVP-RL veränderten § 3 II 1 BauGB für einen Monat, mindestens jedoch für die Dauer von 30 Tagen, oder bei Vorliegen eines wichtigen Grundes für die Dauer einer angemessenen längeren Frist zu erfolgen.[177] 103

Ein wichtiger Grund, der im Lichte von Art. 6 VI UVP-RL, nach dem der Zeitrahmen für die Öffentlichkeits- und Behördenbeteiligung ausreichend bemessen sein muss, gem. § 3 II 1 BauGB eine angemessene Verlängerung der Frist (über einen Monat bzw. 30 Tage hinaus) gebietet, kann insbes. im Vorliegen eines komplexen Planverfahrens bestehen.[178]

Bei der **Fristberechnung** ist – z.B. in juristischen Prüfungsarbeiten – zu beachten:

- Die Monatsfrist für die öffentliche Auslegung gem. § 3 II 1 BauGB berechnet sich gem. § 31 HVwVfG i.V.m. § 187 II BGB. Es handelt sich um eine **Ablauffrist** i.S.d. § 187 II 1 BGB, bei welcher der erste Tag der Auslegungsdauer bei der Fristberechnung mitgezählt wird.[179] Das Fristende bestimmt sich damit nach § 188 II Alt. 2 BGB.
- Die Wochenfrist für die öffentliche Bekanntmachung gem. § 3 II 2 BauGB berechnet sich nach § 31 HVwVfG i.V.m. § 187 I BGB, d.h. als **Ereignisfrist**.[180] Im Ergebnis wird hier der Tag, an dem die Bekanntmachung erfolgt, nicht mitgezählt.[181] Das Fristende bestimmt sich folglich nach § 188 II Alt. 1 BGB.

Auch die gem. § 3 II 1 BauGB auszulegenden Unterlagen sind nach dem 2017 neu gefassten § 4a IV 1 BauGB zwingend zusätzlich in das **Internet** einzustellen und über ein zentrales Internetportal zugänglich zu machen. 104

Nach dem im Mai 2020 aufgrund der Covid-19-Pandemie erlassenen **§ 3 I 1 i.V.m. § 1 Nr. 4 PlanSiG** kann die Auslegung sogar gänzlich **durch eine Veröffentlichung im Internet**

---

[173] BVerwGE 165, 387 Rn. 15 = NVwZ 2019, 1613.
[174] BVerwGE 147, 206 = NVwZ 2013, 1413 LS sowie Rn. 21.
[175] BVerwGE 166, 378 Rn. 21 ff. = NVwZ 2020, 399.
[176] BVerwG NVwZ 2021, 1311, LS, Rn. 4.
[177] Die Mindestdauer von 30 Tagen, die für den Februar Relevanz besitzt, beruht auf Art. 6 VII UVP-Richtlinie. Vgl. BT-Drs. 18/10942, S. 41.
[178] BT-Drs. 18/10942, S. 41.
[179] BVerwGE 40, 363.
[180] Vgl. BVerwGE 40, 363 (365).
[181] JD/*Spieß*, § 3 Rn. 23.

ersetzt werden, wenn die jeweilige Auslegungsfrist spätestens mit Ablauf des 31.12.2022 endet.[182]

105 Während der Auslegung kann sich grds. **jedermann äußern,** also auch nicht vom zukünftigen Bebauungsplan betroffene Privatpersonen. Vorgaben für die Form der Stellungnahmen enthält § 3 II BauGB nicht.[183] Sie können daher grds. schriftlich, elektronisch (z.B. per E-Mail), mündlich oder zur Niederschrift der Gemeindeverwaltung abgegeben werden.

Nach § **4 I** i.V.m. § 1 Nr. 4 **PlanSiG** kann vor dem Hintergrund der Covid-19-Pandemie die Abgabe von Erklärungen zur **Niederschrift** bei der Behörde ausgeschlossen werden, wenn die jeweilige Erklärungsfrist spätestens mit Ablauf des 31.12.2022 endet und die Behörde festgestellt hat, dass innerhalb der Erklärungsfrist eine Entgegennahme zur Niederschrift nicht oder nur mit unverhältnismäßigem Aufwand möglich sein würde. Die Behörde hat dann allerdings gem. § 4 II 1 PlanSiG einen Zugang für die Abgabe von elektronischen Erklärungen (z.B. ein E-Mail-Postfach) bereitzuhalten. In den Bekanntmachungen, in denen sonst auf die Möglichkeit der Abgabe von Erklärungen zur Niederschrift hingewiesen wird, ist gem. § 4 II 2 PlanSiG auf die Möglichkeit zur Abgabe elektronischer Erklärungen und den Ausschluss von Erklärungen zur Niederschrift hinzuweisen.

106 Gem. § 3 II 4 HS 1 BauGB hat die Gemeinde im Anschluss zu **prüfen**, ob sie den fristgemäß abgegebenen Stellungnahmen durch Änderung ihres Planentwurfs Rechnung trägt. Dafür müssen die Stellungnahmen allerdings so konkret sein, dass die Behörde erkennen kann, in welcher Weise sie bestimmte Belange einer näheren Betrachtung unterziehen soll.[184] Prüfung und Entscheidung über eine Änderung des Entwurfs gehen in die Abwägung gem. § 1 VII BauGB ein und müssen daher spätestens mit dem Beschluss über den Bebauungsplan erfolgen.

Nicht rechtzeitig abgegebene Stellungnahmen, d.h. solche, die nach Ablauf der Auslegungsfrist i.S.v. § 3 II 1 BauGB eingereicht wurden, kann die Behörde berücksichtigen. Sie muss dies aber gem. § 4a VI 1 BauGB nicht tun, sofern die Gemeinde deren Inhalt nicht kannte und nicht hätte kennen müssen und deren Inhalt für die Rechtmäßigkeit des Bebauungsplans nicht von Bedeutung ist. Dies gilt allerdings gem. § 4a VI 2 BauGB nur, wenn die Gemeinde in der Bekanntmachung der Auslegung gem. § 3 II 2 HS 2 BauGB darauf hingewiesen hat, dass nicht fristgerecht abgegebene Stellungnahmen bei der Beschlussfassung über den Bebauungsplan unberücksichtigt bleiben können.

107 Das Ergebnis ihrer Prüfung hat die Gemeinde den Bürgern, die Stellungnahmen abgegeben haben, gem. § 3 II 4 HS 2 BauGB **mitzuteilen.**

Da diese Mitteilung Beteiligte, die Anregungen vorgebracht haben, darüber unterrichten soll, ob und wie sich die Gemeinde mit deren Vorbringen auseinandergesetzt hat, sie aber nicht dazu dient, Gelegenheit zur nochmaligen Stellungnahme zu eröffnen, kann sie sogar noch nach Inkrafttreten des Bebauungsplans erfolgen.[185]

Ändert oder ergänzt die Gemeinde den Planentwurf, ist dieser gem. § 4a III 1 BauGB **erneut auszulegen** und sind daher auch erneut Stellungnahmen einzuholen. Bei der erneuten Auslegung kann allerdings gem. § 4a III 2 BauGB bestimmt werden, dass Stellungnahmen nur zu geänderten oder ergänzten Teilen abgegeben werden können. Jede weitere Änderung oder

---

[182] Näher dazu *Will*, ÖffBauR, 2. Aufl. 2022, Rn. 123.
[183] Vgl. NWOVG, Urt. v. 21.1.2019 - 10 D 23/17.NE, BeckRS 2019, 1926 Rn. 53.
[184] BVerwGE 138, 84 Rn. 17.
[185] BVerwG NVwZ 2003, 206.

Ergänzung macht grds. eine erneute Auslegung notwendig.[186] Für die Fristberechnung gilt dabei das oben Gesagte.

7. Einholung von Stellungnahmen betroffener Behörden

Ähnlich wie die Öffentlichkeitsbeteiligung ist auch die Beteiligung von Behörden und sonstigen Trägern öffentlicher Belange **zweistufig:** Nach der frühzeitigen Beteiligung der Behörden etc. holt die Gemeinde in der zweiten Stufe gem. § 4 II 1 BauGB förmlich deren Stellungnahmen zum Planentwurf und der Begründung einschließlich des Umweltberichts ein. Dies kann gem. § 4a II BauGB gleichzeitig mit der Auslegung gem. § 3 II BauGB[187] erfolgen. 108

Die Stellungnahmen der Behörden etc. sind von der Gemeinde grds. in der Abwägung gem. § 1 VII BauGB zu berücksichtigen. Die betroffenen Behörden etc. müssen ihre Stellungnahmen gem. § 4 II 2 BauGB innerhalb eines Monats abgeben, wobei die Frist 30 Tage nicht unterschreiten darf[188] und die Gemeinde diese Frist bei Vorliegen eines wichtigen Grundes angemessen verlängern soll. Ähnlich wie bei der Öffentlichkeitsbeteiligung kann die Gemeinde **nicht rechtzeitig abgegebene Stellungnahmen** bei der Abwägung berücksichtigen, muss dies aber gem. § 4a VI 1 BauGB nicht tun, sofern sie deren Inhalt nicht kannte und nicht hätte kennen müssen und deren Inhalt für die Rechtmäßigkeit des Bebauungsplans nicht von Bedeutung ist. Auch hier gilt, dass gem. § 4a III 1 BauGB Stellungnahmen von Behörden etc. gem. § 4 II BauGB **erneut** einzuholen sind, wenn die Gemeinde den Planentwurf – aus welchen Gründen auch immer – nach der Einholung der Stellungnahmen ändert oder ergänzt.

8. Beschluss des Bebauungsplans

Kulminationspunkt des Aufstellungsverfahrens ist der **förmliche Beschluss** des Bebauungsplans als **Satzung** (§ 10 I BauGB). 109

Grundlage der endgültigen planerischen Willensbildung über den Inhalt des zu beschließenden Bebauungsplans ist gem. § 1 VII BauGB eine gerechte **Abwägung** der öffentlichen und privaten Belange gegeneinander und untereinander. Darin fließen insbes. auch die im Rahmen der Öffentlichkeits- und Behördenbeteiligung eingegangenen Stellungnahmen ein. Die öffentlichen Belange, die bei der Abwägung zu berücksichtigen sind, sind – nicht abschließend („insbesondere") – in § 1 VI BauGB aufgezählt. Der Begriff der privaten Belange ist – wie bereits gesehen – weit gefasst.[189] Schließlich sind in der Abwägung auch die planerischen Richtpunkte des § 1 V BauGB zu berücksichtigen.

In Rspr. und Prüfungsfällen geht es nicht selten um eine mögliche Rechtswidrigkeit und daher Unwirksamkeit des Beschlusses über einen Bebauungsplan. Dabei ist zu beachten, dass – wie gesehen – für den Beschluss des Bebauungsplans in Hessen gem. § 51 Nr. 6 HGO die **Gemeindevertretung ausschließlich zuständig** ist. Es empfiehlt sich daher, die vor allem in der HGO geregelten kommunalrechtlichen Rechtmäßigkeitsvoraussetzungen für Beschlüsse der Gemeindevertretung sicher zu beherrschen.[190] 110

Eine bedeutende Rolle spielen die in **§ 25 HGO (Widerstreit der Interessen)** geregelten Präklusionsgründe, die es einem Mitglied der Gemeindevertretung versagen, an Beschlüssen

---

[186] Vgl. BVerwG NVwZ 2010, 777 Rn. 12.
[187] Zur Auslegung oben Rn. 100 ff.
[188] Die Mindestfrist von 30 Tagen ist wiederum nur für den Februar relevant.
[189] Oben Rn. 93 f.; zur Abwägung unten Rn. 152 ff.
[190] Dazu etwa *Gornig,* oben, Teil 1 Rn. 257 ff.; *Birkenfeld,* Kommunalrecht Hessen, 7. Aufl. 2020, Rn. 665; *Will,* ÖffBauR, 2. Aufl. 2022, Rn. 132.

bspw. über einen Bebauungsplan mitzuwirken.[191] Beschlüsse, die unter Verletzung des § 25 I–IV HGO gefasst worden sind, sind gem. § 25 VI HGO grds. unwirksam.[192] Nach der Grundregel des § 25 I 1 HGO darf niemand in haupt- oder ehrenamtlicher Tätigkeit in einer Angelegenheit beratend oder entscheidend mitwirken, wenn er durch die Entscheidung in der Angelegenheit einen unmittelbaren Vorteil oder Nachteil erlangen kann (Nr. 1) oder Angehöriger einer Person ist, die zu dem in Nr. 1 bezeichneten Personenkreis gehört (Nr. 2).[193]

9. Begründung des Bebauungsplans

111 Der Bebauungsplan ist gem. § 9 VIII BauGB mit einer **Begründung** i.S.d. § 2a BauGB zu versehen. Diese dient dazu, staatliches Handeln transparent zu machen und die Bürger in die Lage zu versetzen, sich zu informieren. Wie schon für den Flächennutzungsplan erwähnt, ist die Begründung dem Bebauungsplan lediglich „beizufügen", stellt also keinen Bestandteil desselben dar.[194]

Dem in Kraft getretenen Bebauungsplan ist gem. § 10a I BauGB später auch eine **zusammenfassende Erklärung** beizufügen über die Art und Weise, wie die Umweltbelange und die Ergebnisse der Öffentlichkeits- und Behördenbeteiligung in dem Bebauungsplan berücksichtigt wurden, und über die Gründe, aus denen der Plan nach Abwägung mit den geprüften, in Betracht kommenden anderweitigen Planungsmöglichkeiten gewählt wurde. Diese zusammenfassende Erklärung ist kein Wirksamkeitserfordernis des Bebauungsplans, gleichwohl jedoch zur Einsicht bereit zu halten.[195]

10. Kein Genehmigungserfordernis (Regelfall)

112 Anders als der Flächennutzungsplan[196] bedarf der Bebauungsplan im Regelfall keiner Genehmigung durch die höhere Verwaltungsbehörde. Nur für Bebauungspläne, die nicht aus einem rechtsverbindlichen, d.h. auch von der höheren Verwaltungsbehörde genehmigten, Flächennutzungsplan entwickelt worden sind, besteht gem. § 10 II BauGB ein Erfordernis der Genehmigung durch die höhere Verwaltungsbehörde. Der Genehmigung bedürfen danach:

- Selbständige Bebauungspläne i.S.d. § 8 II 2 BauGB
- Vorzeitig bekannt gemachte Bebauungspläne i.S.d. § 8 III 2 BauGB
- Vorzeitige Bebauungspläne i.S.d. § 8 IV BauGB.

11. Bekanntmachung und Inkrafttreten

113 Es ist ein Gebot der Rechtsstaatlichkeit, dass Rechtsnormen wie der Bebauungsplan, als gemeindliche Satzung, verkündet werden.[197] Verkündung bedeutet, dass die Rechtsnorm der Öffentlichkeit in einer Weise förmlich zugänglich gemacht wird, dass sich die Betroffenen verlässlich Kenntnis von ihrem Inhalt verschaffen können.[198] Eine Veröffentlichung der oft sehr umfangreichen und nicht selten farbig gestalteten Bebauungspläne ist aller-

---

[191] Dazu *Gornig,* oben, Teil 1 Rn. 123 ff.
[192] Zu den Rechtsfolgen näher *Gornig,* oben, Teil 1 Rn. 128 ff.
[193] Zu den Voraussetzungen eingehend *Gornig,* oben, Teil 1 Rn. 123 ff.
[194] BVerwG NJW 1986, 2720 (2720).
[195] *JK,* § 10a Rn. 1.
[196] Oben Rn. 48 ff.
[197] *Will,* Staatsrecht I, 2021, § 16 Rn. 130.
[198] BVerwG NVwZ 2010, 1567 Rn. 9.

dings z.B. in einer Tageszeitung technisch im Regelfall kaum möglich. Daher sieht § 10 III BauGB eine **zweistufige Form der Ersatzverkündung** vor, die gem. § 10 III 5 BauGB an die Stelle der sonst für Satzungen vorgeschriebenen Veröffentlichung tritt.

Gem. § 10 III 1 BauGB ist auf der ersten Stufe der **Beschluss** des Bebauungsplans oder die Genehmigung, soweit der Bebauungsplan ausnahmsweise einer solchen bedarf,[199] durch die Gemeinde ortsüblich bekannt zu machen. Dabei ist darauf hinzuweisen, wo der Bebauungsplan **eingesehen** werden kann (§ 10 III 3 BauGB). **114**

Die Bekanntmachung soll den Normadressaten eine Kenntnisnahme des für sie geltenden Rechts ermöglichen. Wird nämlich die Rechtsnorm selbst nicht veröffentlicht, so ist dem rechtsstaatlichen Verkündungserfordernis nur dann Genüge getan, wenn sich die Betroffenen auf andere Weise verlässlich Kenntnis von ihrem Inhalt verschaffen können.[200] Damit die Adressaten erkennen können, dass sie betroffen sind, und sie den relevanten Plan identifizieren können, so dass die Bekanntmachung ihren Hinweiszweck erreichen kann (vgl. § 214 I 1 Nr. 4 Var. 3 BauGB), muss die Bekanntmachung daher insbes. den **räumlichen Geltungsbereich** des Bebauungsplans (das Plangebiet) – bspw. durch eine schlagwortartige Kennzeichnung – hinreichend deutlich machen.[201]

Der Bebauungsplan selbst ist gem. § 10 III 2 BauGB auf der zweiten Stufe mit der Begründung und der zusammenfassenden Erklärung gem. § 10a I BauGB zu jedermanns Einsicht bereitzuhalten. Ergänzend soll der in Kraft getretene Bebauungsplan nach dem 2017 eingefügten § 10a II BauGB mit der Begründung und der zusammenfassenden Erklärung auch in das **Internet eingestellt** und über ein zentrales Internetportal des Landes zugänglich gemacht werden. **115**

Verweist eine Festsetzung im Bebauungsplan auf eine nicht öffentlich zugängliche **technische Vorschrift** wie z.B. eine DIN-Vorschrift und ergibt sich erst aus dieser, unter welchen Voraussetzungen ein Vorhaben planungsrechtlich zulässig ist, folgt aus dem rechtsstaatlichen Publizitätsgebot, dass die Planbetroffenen sich auch vom Inhalt dieser technischen Vorschrift verlässlich und in zumutbarer Weise Kenntnis verschaffen können müssen.[202]

Mit der Bekanntmachung tritt der Bebauungsplan gem. § 10 III 4 BauGB **in Kraft.** **116**

12. Besonderheiten im vereinfachten und beschleunigten Verfahren

Unter bestimmten Voraussetzungen kann die Gemeinde einen Plan im vereinfachten oder im beschleunigten Verfahren gem. §§ 13 ff. BauGB aufstellen, die in verschiedener Hinsicht vom gerade skizzierten herkömmlichen Planaufstellungsverfahren abweichen.[203] Vor allem das beschleunigte Verfahren gem. § 13a BauGB spielt in der Praxis derzeit eine große Rolle und ist aufgrund mehrerer aktueller BVerwG-Entscheidungen, die seinen Anwendungsbereich zurechtgestutzt haben, sehr prüfungsrelevant. **117**

a) Vereinfachtes Verfahren gem. § 13 BauGB

Anwenden kann die Gemeinde das **vereinfachte Verfahren** gem. § 13 I BauGB zum einen bei einer Änderung oder Ergänzung eines Bauleitplans, welche die Grundzüge der Planung nicht berührt (Var. 1) und zum anderen – unter bestimmten Voraussetzungen **118**

---

[199] Oben Rn. 112.

[200] BVerwG ZfBR 2010, 581 (582).

[201] BVerwGE 170, 26 Rn. 16 = NVwZ 2021, 421.

[202] BVerwGE 169, 29 Rn. 38 = NVwZ 2020, 1686; BVerwG NVwZ 2017, 166 Rn. 7; näher dazu *Will*, ÖffBauR, 2. Aufl. 2022, Rn. 137.

[203] Eingehender zu diesen Verfahren *Will*, ÖffBauR, 2. Aufl. 2022, Rn. 139 ff.

(Var. 2–4) – bei der Aufstellung eines Bebauungsplans im unbeplanten Innenbereich gem. § 34 BauGB.[204]

Das vereinfachte Verfahren oder Teilaspekte desselben können aufgrund gesetzlicher Verweise auf § 13 BauGB im Übrigen auch beim Erlass (und z.T. auch bei der Aufhebung) bestimmter anderer bauplanungsrechtlicher Satzungen angewandt werden (vgl. §§ 12 VI 3, 34 VI 1, 35 VI 5 BauGB).

Nicht angewandt werden darf das vereinfachte Verfahren hingegen, wenn einer der drei primär umweltrechtlich fundierten **Ausschlussgründe** gem. § 13 I HS 2 Nr. 1–3 BauGB eingreift, die insbes. die Vereinbarkeit der Verfahrensvereinfachungen mit den einschlägigen unionsrechtlichen Vorgaben gewährleisten sollen.[205]

119 Die Vereinfachungen gem. § 13 I BauGB sind teils optional, teils obligatorisch. Wahlweise kann die Gemeinde gem. § 13 II BauGB von folgenden Vereinfachungen Gebrauch machen:

- Absehen von der frühzeitigen Öffentlichkeits- und Behördenbeteiligung (Unterrichtung und Erörterung) gem. § 3 I und § 4 I BauGB (§ 13 II 1 Nr. 1 BauGB).
- Der betroffenen Öffentlichkeit kann Gelegenheit zur Stellungnahme innerhalb angemessener Frist (statt der Monatsfrist gem. § 3 II BauGB) gegeben oder wahlweise die Auslegung nach § 3 II BauGB durchgeführt werden (§ 13 II 1 Nr. 2 BauGB).
- Betroffenen Behörden und sonstigen Trägern öffentlicher Belange kann Gelegenheit zur Stellungnahme innerhalb angemessener Frist gegeben oder es kann wahlweise die Beteiligung nach § 4 II BauGB durchgeführt werden (§ 13 II 1 Nr. 3 BauGB).

120 Obligatorisch abgesehen wird gem. § 13 III 1 HS 1 BauGB

- von der Umweltprüfung gem. § 2 IV BauGB.
- vom Umweltbericht gem. § 2a BauGB.
- von der Angabe nach § 3 II 2 BauGB, welche Arten umweltbezogener Informationen verfügbar sind.
- von der zusammenfassenden Erklärung gem. § 6a I und § 10a I BauGB.

b) Beschleunigtes Verfahren gem. § 13a BauGB

aa) Gegenstand und Voraussetzungen

121 Auf Grundlage des 2007 ergänzten § 13a I 1 BauGB kann ein Bebauungsplan für die Wiedernutzbarmachung von Flächen, die Nachverdichtung oder andere Maßnahmen der Innenentwicklung (**Bebauungsplan der Innenentwicklung**) im beschleunigten Verfahren aufgestellt werden. Dies gilt entsprechend für die Änderung, Ergänzung und Aufhebung, § 13a IV BauGB.

Ähnlich wie beim vereinfachten Verfahren modifiziert § 13a BauGB verschiedene verfahrensrechtliche und materiellrechtliche Vorschriften über die Planaufstellung.

122 Im Einklang mit dem auf die Verminderung der Flächeninanspruchnahme gerichteten Telos des § 13a BauGB muss es gem. § 13a I 1 BauGB um einen Bebauungsplan für die Wiedernutzbarmachung von Flächen, die Nachverdichtung oder **andere Maßnahmen der Innenentwicklung** gehen.

Während die Wiedernutzbarmachung von Flächen und die Nachverdichtung konkrete Beispielsfälle bezeichnen, dient der unbestimmte Rechtsbegriff „andere Maßnahme der Innen-

---

[204] Näher dazu: *Will*, ÖffBauR, 2. Aufl. 2022, Rn. 140.
[205] Näher dazu: *Will*, ÖffBauR, 2. Aufl. 2022, Rn. 141.

entwicklung“ als Auffangtatbestand.[206] Er umfasst alle Maßnahmen der Innenentwicklung, die nicht als Wiedernutzbarmachung von Flächen oder als Nachverdichtung zu beurteilen sind.

Das Tatbestandsmerkmal der **Innenentwicklung,** das Oberbegriff auch für die beispielhaft genannten Varianten (Wiedernutzbarmachung von Flächen und Nachverdichtung) ist und daher auch bei diesen vorliegen muss, beschränkt zunächst den **räumlichen Anwendungsbereich.**[207] Eine Innenentwicklung gem. § 13a BauGB ist daher **nur innerhalb des Siedlungsbereichs** zulässig.[208] 123

Ob eine Fläche zum **Siedlungsbereich** gehört, richtet sich nicht nach dem planungsrechtlichen Status der Flächen, sondern nach den tatsächlichen Verhältnissen.[209] Daraus ergibt sich zugleich die Abgrenzung zwischen der von § 13a BauGB erfassten Innenentwicklung und der nicht erfassten Außenentwicklung. Das BVerwG verlangt insoweit einen **Siedlungsbereich mit dem Gewicht eines im Zusammenhang bebauten Ortsteils** und betont gleichzeitig, dass die äußeren Grenzen des Siedlungsbereichs durch den Bebauungsplan nicht in den Außenbereich erweitert werden dürfen.[210] § 13a I 1 BauGB ermöglicht also in räumlicher Hinsicht **keine „Innenentwicklung nach außen“.**[211]

Zu beachten ist insoweit allerdings, dass nach dem m.W.v. 13.5.2017 zwecks Erleichterung des Wohnungsbaus eingeführten und im Juni 2021 um drei Jahre verlängerten[212] **§ 13b BauGB** befristet bis zum 31.12.2022 (Einleitung des Verfahrens) bzw. 31.12.2024 (Fassung des Satzungsbeschlusses) § 13a BauGB entsprechend auch für Bebauungspläne mit einer Grundfläche von weniger als 10.000 m², durch die die Zulässigkeit von Wohnnutzungen auf Flächen begründet wird, die sich an im Zusammenhang bebaute Ortsteile anschließen, gilt.[213]

Wie das BVerwG 2021 geklärt hat, beschränkt § 13a I 1 BauGB den Anwendungsbereich des beschleunigten Verfahrens indessen nicht nur räumlich, sondern auch inhaltlich.[214] 124

Die maßgeblichen Ziele der Innenentwicklung müssen (vornehmlich) **im Geltungsbereich des Bebauungsplans erreicht werden.**[215] Nicht nur die Wiedernutzbarmachung von Flächen und die Nachverdichtung, sondern auch andere Maßnahmen der Innenentwicklung i.S.d. § 13a I 1 BauGB müssen nach Ziel und Inhalt der Entwicklung gerade der überplanten Fläche dienen.

Es reicht daher nicht aus, wenn aufgrund eines nur mittelbaren Ursachenzusammenhangs die Innenentwicklung in anderen Teilen des Siedlungsbereichs positiv beeinflusst wird.[216] Die Ausrichtung auf die städtebauliche Entwicklung nach innen schließt des Weiteren die alleinige Verfolgung anderer Zielsetzungen wie z.B. solcher des Umweltschutzes aus.

---

[206] BVerwG ZfBR 2021, 873 Rn. 18; *Dillmann,* BauR 2019, 1546 (1552).

[207] BVerwGE 169, 29 Rn. 27 f. = NVwZ 2020, 1686; BVerwG ZfBR 2021, 873 Rn. 17; Beispielsfall bei *Will,* ÖffBauR, 2. Aufl. 2022, Rn. 153.

[208] BT-Drs. 16/2496, S. 12, BVerwGE 169, 219 Rn. 15 = NVwZ 2020, 1758; 169, 29 Rn. 28; BVerwG ZfBR 2021, 873 Rn. 17.

[209] BVerwGE 169, 219 Rn. 15; 169, 29 LS 1 und Rn. 28.

[210] BVerwGE 169, 29 Rn. 28; 153, 174 Rn. 24 = NVwZ 2016, 864.

[211] BVerwGE 153, 174 Rn. 25 = NVwZ 2016, 864.

[212] M.W.v. 23.6.2021 durch das BaulandmobilisierungsG.

[213] Dazu auch der Beispielsfall bei *Will,* ÖffBauR, 2. Aufl. 2022, Rn. 153.

[214] BVerwG ZfBR 2021, 873 Rn. 17.

[215] BVerwG ZfBR 2021, 873 Rn. 18; zu den Hintergründen: *Will,* ÖffBauR, 2. Aufl. 2022, Rn. 150.

[216] BVerwG ZfBR 2021, 873 Rn. 18.

125 Ein Bebauungsplan darf zudem nur dann im beschleunigten Verfahren aufgestellt werden, wenn die in ihm festgesetzte zulässige Grundfläche i.S.d. § 19 II BauNVO oder Größe der Grundfläche die **Größenbeschränkungen** aus § 13a I 2 BauGB einhält.[217] Ab **20.000 m^2** spielen dabei auch materielle Aspekte eine Rolle.

Nach § 13a I 4 und 5 BauGB gelten auch für das beschleunigte Verfahren die beim vereinfachten Verfahren angerissenen auf Einhaltung unionsrechtlicher, primär umweltrechtlicher Vorgaben abzielenden **Ausschlussgründe** (dort mit demselben Inhalt, aber abweichender Regelungstechnik in § 13 I Nr. 1–3 BauGB).

bb) Formelle und materielle Erleichterungen

Im beschleunigten Verfahren gem. § 13a II Nr. 1 BauGB gelten zunächst die oben zusammengestellten Erleichterungen des vereinfachten Verfahrens aus § 13 II und III 1 BauGB entsprechend.[218] Hinzu kommen dann noch folgende Veränderungen, die überwiegend das materielle Recht betreffen:

- Ein Bebauungsplan, der von Darstellungen des Flächennutzungsplans abweicht, kann dessen ungeachtet aufgestellt werden, soweit die geordnete städtebauliche Entwicklung des Gemeindegebiets nicht beeinträchtigt wird. Der Flächennutzungsplan ist dann allerdings im Wege der Berichtigung nachträglich anzupassen (§ 13a II Nr. 2 BauGB).
- Einem Bedarf an Investitionen zur Erhaltung, Sicherung und Schaffung von Arbeitsplätzen, zur Versorgung der Bevölkerung mit Wohnraum oder zur Verwirklichung von Infrastrukturvorhaben soll in der Abwägung in angemessener Weise Rechnung getragen werden (§ 13a II Nr. 3 BauGB).
- In den Fällen des § 13a I 2 Nr. 1 BauGB (Grundfläche von weniger als 20.000 m^2) gelten Eingriffe, die aufgrund der Aufstellung des Bebauungsplans zu erwarten sind, als i.S.d. § 1a III 6 BauGB (naturschutzrechtliche Eingriffsregelung) vor der planerischen Entscheidung erfolgt oder zulässig (§ 13a II Nr. 4 BauGB). Damit wird per Fiktion § 1a III 6 BauGB anwendbar, wonach bei der Überplanung von Flächen, für die bereits Baurechte bestehen, ein Ausgleich nicht erforderlich ist, soweit die Eingriffe bereits vor der planerischen Entscheidung erfolgt sind oder zulässig waren.

V. Materielle Rechtmäßigkeitsanforderungen des Bebauungsplans

126 Bebauungspläne werden oft gerichtlich angegriffen. Bei der Überprüfung der Rechtmäßigkeit eines Bebauungsplans, die regelmäßig im Rahmen eines verwaltungsgerichtlichen Normenkontrollverfahrens gem. § 47 I Nr. 1 VwGO erfolgt, spielt neben der Zuständigkeit und dem Verfahren auch die materielle Rechtmäßigkeit des Bebauungsplans eine wesentliche Rolle. Zwingende Regeln über die Reihenfolge der Prüfung gibt es nicht. Es empfiehlt sich bspw. der folgende Aufbau:

127 **Übersicht 3: Prüfschema Rechtmäßigkeit eines Bebauungsplans, Teil 2**

III. Materielle Rechtmäßigkeit eines Bebauungsplans
1. Erforderlichkeit des Bebauungsplans (§ 1 III BauGB)
2. Entwicklung aus dem Flächennutzungsplan (§ 8 II 1 BauGB)
3. Anpassung an die Ziele der Raumordnung (§ 1 IV BauGB)

[217] Näher dazu *Will,* ÖffBauR, 2. Aufl. 2022, Rn. 151.
[218] Dazu oben Rn. 119 f.

4. Zulässiger Inhalt des Bebauungsplans (§ 9 I-VII BauGB)
5. Interkommunales Abstimmungsgebot (§ 2 II BauGB)
6. Fehlerfreie Abwägung (§ 1 VII BauGB)

1. Erforderlichkeit des Bebauungsplans (§ 1 III BauGB)

Erster Prüfungspunkt der materiellen Rechtmäßigkeit ist die Erforderlichkeit des Bebauungsplans gem. § 1 III 1 HS 1 BauGB. Danach haben Gemeinden Bauleitpläne aufzustellen, sobald und soweit es für die städtebauliche Entwicklung erforderlich ist. 128

§ 1 III 1 BauGB wurde m.W.v. 23.6.2021 ein 2. HS angefügt, nach dem die Aufstellung insbes. bei der Ausweisung von Flächen für den Wohnungsbau in Betracht kommen kann.[219] Dies soll die Gemeinden angesichts der Wohnungsknappheit zur Aufstellung von Bebauungsplänen für die Schaffung von Wohnraum aufrufen, wenn in der Gemeinde ein Bedarf an Flächen für den Wohnungsbau besteht.[220]

Aus der Formulierung „haben […] aufzustellen" folgt eine **Rechtspflicht**, einen Bebauungsplan aufzustellen, wenn die Voraussetzungen des § 1 III 1 BauGB vorliegen.[221] Bei Vorliegen der Voraussetzungen verdichtet sich das planerische Ermessen der Gemeinden damit **objektivrechtlich** zur Planungspflicht.[222] Wichtig ist allerdings, dass auch bei objektivrechtlicher Pflicht zur Planung gem. § 1 III 2 BauGB **kein Anspruch** auf die Aufstellung von Bauleitplänen besteht. Privatpersonen haben also kein subjektives öffentliches Recht auf die Aufstellung eines Bebauungsplans. 129

Erfüllt die Gemeinde ihre objektivrechtliche Planungspflicht nicht, hat die **kommunale Aufsichtsbehörde** (vgl. § 136 HGO) die Gemeinde aufzufordern, die Aufstellung des Bauleitplans zu beschließen. Kommt die Gemeinde dem nicht nach, kann die Aufsichtsbehörde die zur Aufstellung erforderlichen Maßnahmen im Wege der Ersatzvornahme selbst durchführen.[223] Rechtsgrundlage dafür ist in Hessen § 140 HGO, nach dem die Aufsichtsbehörde anstelle der Gemeinde das Erforderliche anordnen und auf deren Kosten selbst durchführen oder durch einen Dritten durchführen lassen kann, wenn die Gemeinde einer Anweisung der Aufsichtsbehörde nicht innerhalb der ihr gesetzten Frist nachkommt.

Gleichzeitig wird § 1 III 1 BauGB auch ein gesetzliches **Verbot** entnommen, nicht erforderliche Bauleitpläne aufzustellen.[224] Diese Verbotsdimension von § 1 III 1 BauGB schränkt die gemeindliche Planungshoheit aber nur geringfügig ein: 130

Nach der Rspr. des BVerwG sind nämlich nur solche Bebauungspläne **nicht erforderlich i.S.d. § 1 III 1 BauGB**, die einer positiven Planungskonzeption entbehren und ersichtlich der Förderung von Zielen dienen, für deren Verwirklichung die Planungs instrumente des BauGB nicht bestimmt sind.[225]

---

[219] Durch das BaulandmobilisierungsG, BGBl. 2021 I S. 1802.
[220] BT-Drs. 19/24838, S. 24.
[221] BVerwGE 119, 25 (28 f.).
[222] BVerwGE 119, 25 (29).
[223] Vgl. BVerwGE 119, 25 (45).
[224] BVerwGE 116, 144 (146).
[225] BVerwG ZfBR 2012, 477.

131 Wichtigstes – auch prüfungsrelevantes – Beispiel für eine danach fehlende Erforderlichkeit eines Bauleitplans ist die sog. **Verhinderungsplanung**, bei der die Gemeinde eine positive Zielsetzung der Planung nur vorschiebt, um eine auf bloße Verhinderung gerichtete Planung zu verdecken.[226]

Das Verbot der Verhinderungsplanung ist derzeit vor allem bei der Prüfung der Ausweisung von **Konzentrationszonen** mit Ausschließlichkeitswirkung i.S.v. § 35 III 3 BauGB[227] in einem Flächennutzungsplan – für den § 1 III BauGB ebenfalls gilt – relevant: Der Gemeinde ist es insofern gem. § 1 III BauGB bspw. verwehrt, Konzentrationszonen etwa für Windenergieanlagen an bestimmten, ggf. sogar ungeeigneten, Orten auszuweisen, nur um die Windenergienutzung im übrigen Gemeindegebiet gezielt zu unterbinden.[228] Aus dem Verbot der Verhinderungsplanung folgt nach einer neueren Entscheidung des BVerwG allerdings nicht, dass Konzentrationszonen so geplant werden müssten, dass sie für eine **Mindestzahl von Windenergieanlagen** (z.B. drei) geeignet sind.[229]

132 Die Erforderlichkeit i.S.d. § 1 III 1 BauGB ist ein **unbestimmter Rechtsbegriff,** der gerichtlich grds. uneingeschränkt überprüfbar ist. Wie oben bereits angeklungen ist, folgt aus dem Wesen der prognostisch geprägten Planungstätigkeit der Gemeinden allerdings, dass an die Erforderlichkeit eines Bauleitplans regelmäßig kein sehr strenger Maßstab angelegt werden kann.

Wie das BVerwG festgestellt hat, handelt es sich um eine „nur bei groben und einigermaßen offensichtlichen Missgriffen wirksame Schranke der Planungshoheit“.[230] Dies kommt in der weiten Formulierung des BVerwG zum Ausdruck, nach der Bauleitpläne oder einzelne Festsetzungen dann erforderlich sind, wenn sie nach der planerischen Konzeption der Gemeinde als erforderlich angesehen werden können.[231] Gerade in Prüfungsarbeiten empfiehlt es sich daher, sich an den aus der Rspr. bekannten Fallgruppen – insbes. derjenigen der Verhinderungsplanung – zu orientieren und im Übrigen Zurückhaltung hinsichtlich einer fehlenden Erforderlichkeit i.S.d. § 1 III 1 BauGB zu üben.

Weitere Beispiele für eine fehlende Erforderlichkeit:
- Verwirklichung der Festsetzungen des Bebauungsplans stehen auf unabsehbare Zeit rechtliche oder tatsächliche Hindernisse entgegen,[232] z.B. weil erforderliche Genehmigungen nicht erteilt werden dürften.[233] Dabei gilt die Voraussetzung der Erforderlichkeit für jede einzelne Festsetzung des Bebauungsplans.[234]
- Die Gemeinde hat eine positive Zielsetzung der Planung vorgeschoben, um in Wahrheit ausschließlich oder ganz überwiegend andere als städtebauliche Ziele, nämlich z.B. rein fiskalische (Einnahmengenerierung), zu verfolgen.[235]
- Die Gemeinde hat einen Plan erlassen, mit dessen Realisierung auf absehbare Zeit nicht zu rechnen ist und der nur dazu dient, sich künftige Planungsmöglichkeiten offen zu halten.[236]

---

[226] BVerwG NVwZ 1991, 875.
[227] Dazu näher unten Rn. 424.
[228] BVerwG NVwZ 2008, 559 (559).
[229] BVerwGE 164, 74 Rn. 24 = NVwZ 2019, 491.
[230] BVerwGE 92, 8 (14 f.).
[231] BVerwG NVwZ-RR 1997, 83.
[232] BVerwGE 156, 336 Rn. 10 = NVwZ 2017, 412; 120, 239 (241); BVerwG, Beschl. v. 23.8.2018 – 4 BN 26.18, BeckRS 2018, 22068 Rn. 3.
[233] BVerwGE 109, 246 (249 f.).
[234] BVerwGE 120, 239 (241); BVerwG, Beschl. v. 23.8.2018 – 4 BN 26.18, BeckRS 2018, 22068 Rn. 3.
[235] Vgl. BVerwG ZfBR 2010, 272 (274).

- Die planerische Festsetzung soll lediglich private Interessen befriedigen.[237] Eine solche „Gefälligkeitsplanung“ liegt etwa dann vor, wenn sie nur dazu dient, im Eigentümerinteresse den Wert von Grundstücken zu steigern.

Die Erforderlichkeit gem. § 1 III 1 BauGB kann **auch im Nachhinein** entfallen. Dies ist 133
insbes. dann der Fall, wenn eine planerische Festsetzung **funktionslos** geworden ist. Danach ist eine Festsetzung dann nicht (mehr) erforderlich, wenn deren Verwirklichung aufgrund einer geänderten Sachlage oder – nach neuerer Rspr. – auch aufgrund einer geänderten Rechtslage auf unabsehbare Zeit ausgeschlossen erscheint.[238] Dies gilt jedenfalls dann, wenn die Funktionslosigkeit so offensichtlich ist, dass ein in die Fortgeltung der Festsetzung gesetztes Vertrauen keinen Schutz verdient.[239]

Soweit ein Bebauungsplan im Einzelfall nicht erforderlich i.S.d. § 1 III 1 BauGB ist, ist er 134
nichtig.

§ 1 III BauGB zählt **nicht** zu den Verfahrens- und Formvorschriften des BauGB, deren Verletzung für die Rechtswirksamkeit von Flächennutzungs- und Bebauungsplänen gem. § 214 I BauGB nur unter bestimmten Bedingungen beachtlich ist.[240] Seine Verletzung ist also grds. immer beachtlich.

2. Entwicklung aus dem Flächennutzungsplan (§ 8 II 1 BauGB)

Bebauungspläne sind gem. § 8 II 1 BauGB aus dem Flächennutzungsplan zu entwickeln. 135
Entwickeln bedeutet dabei nicht sklavische Umsetzung, sondern eine „von Gestaltungsfreiheit gekennzeichnete planerische Fortentwicklung der im Flächennutzungsplan dargestellten Grundkonzeption“.[241]

Ein Bebauungsplan ist aus dem Flächennutzungsplan **entwickelt,** wenn er nicht von den Grundentscheidungen des Flächennutzungsplans abweicht und diese vielmehr in Form verbindlicher Festsetzungen konkretisiert.

In gewissem Maße darf der Bebauungsplan dabei, bspw. hinsichtlich Art oder Maß der 136
baulichen Nutzung, vom Flächennutzungsplan abweichen. Solche Abweichungen sind zulässig, wenn sie sich aus dem Übergang in die konkretere Planungsstufe rechtfertigen und die Grundkonzeption des Flächennutzungsplans unberührt lassen.[242]

Beispiele:

- Nach der Grundlagenentscheidung BVerwGE 48, 70 (75) gehört die Zuordnung der einzelnen Bauflächen zueinander, also bspw. von Industrie-, Gewerbe- und Wohngebieten untereinander und zu den von Bebauung freizuhaltenden Gebieten, grds. zu der vom Bebauungsplan einzuhaltenden Grundkonzeption eines Flächennutzungsplans. Wird das Gewicht, das im Flächennutzungsplan einer Baufläche im Verhältnis zu den anderen Flächen zukommt,

---

[236] Vgl. BVerwGE 92, 8 (17); BayVGH, Urt. v. 30.6.2009 – 9 N 07.541, BeckRS 2010, 46060 Rn. 14.

[237] BVerwG ZfBR 1999, 279 (280).

[238] BVerwGE 54, 5; 122, 207 (214).

[239] BVerwGE 54, 5; BVerwG NVwZ-RR 2000, 411.

[240] Dazu näher unten Rn. 178 ff.

[241] BVerwGE 48, 70 (74).

[242] BVerwGE 48, 70 (74 f.), NVwZ 2000, 197 (198).

im Bebauungsplan mehr als geringfügig verschoben, ist dieser in der Regel nicht mehr aus dem Flächennutzungsplan entwickelt. Konkret war ein im Flächennutzungsplan als „Grünfläche“ dargestelltes Gebiet im Bebauungsplan als allgemeines Wohngebiet mit zweigeschossiger offener Bauweise festgesetzt worden.

- Die Festsetzung eines im Flächennutzungsplan als landwirtschaftliche Fläche dargestellten 2,21 ha großen Gebietes im Bebauungsplan als reines Wohngebiet ist nicht mehr aus dem Flächennutzungsplan entwickelt.[243] Lediglich die Einbeziehung eines Randstreifens könne noch ein Entwickeln i.S.v. § 8 II 1 BauGB sein.
- Wenn der Flächennutzungsplan eine Sonderbaufläche mit der Zweckbestimmung „Factory-Outletcenter“ mit einer Verkaufsfläche von maximal 3.500 m² darstellt, ist eine Festsetzung im Bebauungsplan, die ein Sondergebiet für großflächigen Einzelhandel mit der Zweckbestimmung „Herstellerdirektverkaufszentrum“ auf einer mehr als dreimal so großen Verkaufsfläche zulässt, nicht mehr als aus dem Flächennutzungsplan entwickelt anzusehen.[244]
- Wenn im Flächennutzungsplan ca. 10.000 m² umfassende Flurstücke als Wohnbauflächen dargestellt sind, diese im Bebauungsplan aber als Weinbauflächen festgesetzt werden, ist dies nicht mehr von der Grundkonzeption des Flächennutzungsplans gedeckt.[245] Das Entwicklungsgebot des § 8 II 1 BauGB ist verletzt.

137 Bei der **Fehlerfolge** ist zu beachten, dass gem. **§ 214 II Nr. 2 BauGB** eine Verletzung des Entwicklungsgebotes gem. § 8 II 1 BauGB für die Rechtswirksamkeit des Bebauungsplans unbeachtlich ist, wenn hierbei die sich aus dem Flächennutzungsplan ergebende geordnete städtebauliche Entwicklung nicht beeinträchtigt worden ist.

Um dies beurteilen zu können, ist die planerische Konzeption des Flächennutzungsplans für einen größeren Bereich, d.h. das gesamte Gemeindegebiet oder einen über das Bebauungsplangebiet hinausreichenden Ortsteil, in den Blick zu nehmen.[246] Entscheidend ist, ob der Flächennutzungsplan seine Bedeutung als kommunales Steuerungsinstrument der städtebaulichen Entwicklung **im Großen und Ganzen** behalten oder aber verloren hat.[247] Hat er sie in diesem Sinne behalten, führt der Verstoß gegen das Entwicklungsgebot gem. § 214 II Nr. 2 BauGB nicht zur Rechtsunwirksamkeit des Bebauungsplans.

Bsp.: In HessVGH NVwZ 1988, 541 hatte die Gemeinde durch die Festsetzung der ca. 10.000 m² umfassenden Flurstücke als Weinbaufläche zwar das Entwicklungsgebot des § 8 II 1 BauGB verletzt, da der Flächennutzungsplan diese Fläche als Wohnbaufläche dargestellt hatte. Allerdings war der Verstoß nach Auffassung des Gerichts gem. § 214 II Nr. 2 BauGB unbeachtlich:[248] **Die geordnete städtebauliche Entwicklung** werde durch die 10.000 m² umfassende abweichende Festsetzung **nicht beeinträchtigt**. Abweichungen in dieser Größenordnung hätten keine Auswirkungen auf einen größeren Raum oder gar das gesamte Gemeindegebiet. Sie unterliefen daher nicht die Funktion des Flächennutzungsplans als grundlegendes kommunales Instrument zur Steuerung der städtebaulichen Entwicklung.

Abschließend sei noch einmal betont, dass es bei der Beurteilung der Unbeachtlichkeit i.S.v. § 214 II Nr. 2 BauGB stets auf die konkreten lokalen Verhältnisse ankommt.

---

[243] BVerwG NVwZ 2000, 197 (198).
[244] Vgl. NWOVG, Urt. v. 30.9.2009 – 10 D 8/08, BeckRS 2009, 39380.
[245] HessVGH NVwZ 1988, 541.
[246] BVerwG NVwZ 2000, 197 (198); HessVGH NVwZ 1988, 541 (542).
[247] BVerwG NVwZ 2000, 197 (198).
[248] HessVGH NVwZ 1988, 541 (542).

3. Anpassung an die Ziele der Raumordnung (§ 1 IV BauGB)

Bauleitpläne sind nach dem Anpassungsgebot des § 1 IV BauGB an die Ziele der Raumordnung anzupassen.[249] Aus Perspektive des Raumordnungsrechts wird dies parallel in § 4 I 1 ROG angeordnet, nach dem öffentliche Stellen bei raumbedeutsamen Planungen etc. die Ziele der Raumordnung zu beachten haben. Indem die Planungsinhalte der höherrangigen Raumordnungspläne durch diese sich inhaltlich deckenden Vorschriften[250] in das Städtebaurecht transformiert werden, erlangen sie auch im Außenverhältnis zu den Bürgern Wirksamkeit. Diese besitzen allerdings grds. kein subjektives öffentliches Recht auf Einhaltung des § 1 IV BauGB.[251] 138

Raumordnung ist – wie gesehen – die zusammenfassende und übergeordnete Planung sowie Ordnung des Raumes und umfasst konkret Raumordnungspläne des Bundes und der Länder (in Hessen der Landesentwicklungsplan und drei Regionalpläne).[252] Ziele der Raumordnung sind entsprechend § 3 I Nr. 2 ROG verbindliche Vorgaben in Form räumlich und sachlich bestimmter oder bestimmbarer, abschließend abgewogener textlicher oder zeichnerischer Festlegungen in Raumordnungsplänen zur Entwicklung, Ordnung und Sicherung des Raumes. Bei den Zielen der Raumordnung handelt es sich also nicht um vage Vorgaben, sondern um materielle Außenrechtsnormen, die – soweit sie in einem Plan eines Landes enthalten sind – gem. § 47 I Nr. 2 VwGO i.V.m. § 15 HessAGVwGO grds. im Rahmen einer verwaltungsgerichtlichen Normenkontrolle überprüft werden können.[253] 139

Zu beachten ist, dass Gemeinden bei der Aufstellung von Bauleitplänen nur dann gem. § 1 IV BauGB an die Ziele der Raumordnung gebunden sind, wenn diese **Ziele formell und materiell rechtmäßig** zustande gekommen sind.[254] 140

Die Rechtmäßigkeitsanforderungen ergeben sich insbes. aus dem bundesrechtlichen ROG und den einschlägigen landesrechtlichen Vorschriften, d.h. für hessische Pläne aus dem HLPG.[255] Für die Gemeinden spielen dabei die kommunalen Mitwirkungsrechte gem. § 9 ROG und das Gegenstromprinzip gem. § 1 III ROG eine große Rolle. 141

Ziele, die unter Missachtung der Mitwirkungsrechte einer Gemeinde festgelegt worden sind, braucht diese nicht gegen sich gelten zu lassen.[256] Die Bindungswirkung gem. § 1 IV BauGB setzt ferner – wie schon aus § 3 I Nr. 2 ROG folgt – voraus, dass die Ziele der Raumordnung hinreichend bestimmt oder bestimmbar sind.[257] Schließlich müssen die Ziele im Lichte des mit ihnen verbundenen Eingriffs in die gemeindliche Planungshoheit aus Art. 28 II GG, Art. 137 I HV verhältnismäßig sein.[258]

Die Pflicht zur Anpassung an die Ziele der Raumordnung gem. § 1 IV BauGB bedeutet zunächst, dass die Gemeinden bei der Neuaufstellung von Bauleitplänen die Ziele der Raumordnung zu beachten haben. Dabei kann sich aus § 1 IV BauGB auch eine Pflicht zur (erstmaligen) Aufstellung eines Bauleitplans ergeben, so dass diese Vorschrift insoweit 142

---

[249] Oben Rn. 24 ff.
[250] BVerwGE 90, 329.
[251] BKL/*Battis,* BauGB, § 1 Rn. 35.
[252] BVerfGE 3, 407/425; zum Ganzen bereits oben Rn. 25 ff.
[253] BVerwGE 119, 217 zum Regionalplan Südhessen 2000.
[254] Vgl. BVerwGE 141, 144 Rn. 5.
[255] Oben Rn. 26 ff.
[256] BVerwGE 90, 329 (335); 95, 123 (129).
[257] BVerwGE 141, 144 Rn. 5; 138, 301 Rn. 7 f.; 119, 217 (222 f.).
[258] BVerwGE 141, 144 Rn. 5.

neben § 1 III BauGB tritt, als ein planerisches Einschreiten zur konkretisierenden Umsetzung raumordnungsrechtlicher Zielaussagen erforderlich ist.[259] Da § 1 IV BauGB auf **umfassende Konkordanz,** d.h. dauerhafte Übereinstimmung zwischen Raumplanung und gemeindlicher Bauleitplanung abzielt, folgt daraus im Übrigen auch eine Pflicht, bestehende Bauleitpläne an neue oder geänderte Ziele der Raumordnung anzupassen.[260]

Bei Bebauungsplänen ist Folgendes zu beachten: Die Tatsache, dass ein Bebauungsplan gem. § 8 II 1 BauGB aus einem Flächennutzungsplan entwickelt worden ist, stellt die Gemeinde nicht etwa von der Pflicht zur Beachtung der Ziele der Raumordnung gem. § 1 IV BauGB frei. Wie schon die Bezugnahme von § 1 IV BauGB auf Bauleitpläne (und damit nicht nur auf Flächennutzungspläne) indiziert, schlägt die Pflicht aus § 1 IV BauGB auch unmittelbar auf den Bebauungsplan durch. Im Idealfall sind die Ziele der Raumordnung bereits im Flächennutzungsplan berücksichtigt und werden dann auch authentisch in dem aus diesem entwickelten Bebauungsplan umgesetzt. Sind sie allerdings im Flächennutzungsplan nicht (oder nicht mehr) berücksichtigt, müssen sie dennoch gem. § 1 IV BauGB im Bebauungsplan beachtet werden. Im Ergebnis tritt also das Entwicklungsgebot des § 8 II 1 BauGB hinter das Anpassungsgebot des § 1 IV BauGB zurück.[261] Daraus folgt z.B. auch, dass ein Bebauungsplan, der zwar im Einklang mit den Zielaussagen eines Regionalplans, jedoch im Widerspruch zu einer vom Regionalplan abweichenden Darstellung im Flächennutzungsplan steht, nicht wegen eines Verstoßes gegen § 8 II 1 BauGB rechtswidrig sein kann.[262]

143 Verstößt ein Bauleitplan gegen § 1 IV BauGB, dann ist er **nichtig.**

§ 1 IV BauGB zählt **nicht** zu den Vorschriften des BauGB, deren Verletzung für die Rechtswirksamkeit von Flächennutzungsplänen und Bebauungsplänen gem. § 214 I BauGB nur unter bestimmten Bedingungen beachtlich ist.[263] Zu beachten ist allerdings, dass ein Bebauungsplan nicht etwa nichtig wird, weil er einem Ziel, das in einem zeitlich nachfolgenden Raumordnungsplan enthalten ist, noch nicht angepasst wurde.[264] Allerdings besteht ggf. eine Anpassungspflicht.

4. Zulässiger Inhalt (§ 9 I–VII BauGB i.V.m. BauNVO)

144 Der zulässige Inhalt des Bebauungsplans wurde bereits oben ausführlich behandelt.[265] Der **Katalog möglicher Festsetzungen** im Bebauungsplan gem. § 9 BauGB ist – wie gesehen – grds. abschließend (sog. *numerus clausus*). Die Gemeinde hat also nicht etwa bspw. aus ihrer kommunalen Selbstverwaltungsgarantie ein über § 9 BauGB hinausgehendes „Festsetzungserfindungsrecht“.[266]

145 Der Bebauungsplan und seine einzelnen Festsetzungen müssen **hinreichend bestimmt** sein. Dies ergibt sich aus dem im Rechtsstaatsprinzip verankerten Bestimmtheitsgebot, dem Bebauungspläne als materielle Gesetze unterliegen, sowie daraus, dass Festsetzungen im Bebauungsplan Inhalts- und Schrankenbestimmungen des Eigentums gem. Art. 14 I 2 GG sind.[267]

---

[259] BVerwG NVwZ 2020, 326 Rn. 6 f.
[260] BVerwGE 119, 25 (39).
[261] BVerwGE 117, 351 (356).
[262] BVerwGE 117, 351 (356).
[263] Dazu im Einzelnen unten Rn. 178 ff.
[264] BKL/*Battis,* § 1 Rn. 42.
[265] Oben Rn. 56 ff.
[266] BVerwGE 92, 56 (62).
[267] Vgl. etwa BKL/*Mitschang/Reidt,* § 9 Rn. 6.

Ein Verstoß gegen die Vorgaben des § 9 I–VII BauGB führt zur **Nichtigkeit.** 146

Die Absätze I–VII von § 9 BauGB zählen **nicht** zu den Vorschriften, deren Verletzung für die Rechtswirksamkeit von Bebauungsplänen gem. § 214 I BauGB nur unter bestimmten Bedingungen beachtlich ist.[268]

5. Interkommunales Abstimmungsgebot (§ 2 II BauGB)

Nach § 2 II 1 BauGB sind Bauleitpläne benachbarter Gemeinden aufeinander abzustimmen. Damit sollen die widerstreitenden Interessen, die aus der Planungshoheit benachbarter Gemeinden folgen, zum Ausgleich gebracht werden. Insofern lässt sich dieses **interkommunale Abstimmungsgebot** als gesetzliche Ausformung des gemeindlichen Selbstverwaltungsrechts aus Art. 28 II GG verstehen.[269] 147

Benachbart sind dabei nicht nur unmittelbar an das Gemeindegebiet der planenden Gemeinde angrenzende, sondern alle Gemeinden, die von der Bauleitplanung betroffen sind. In diesem Sinne „betroffen" sind alle Gemeinden, auf deren planerische Interessen die Bauleitplanung **„unmittelbare Auswirkungen gewichtiger Art"** haben kann.[270] Entscheidend ist also die Reichweite der Auswirkungen der konkreten Planung.[271] 148

Bsp.: Wird in einem Änderungsplan zu einem Bebauungsplan die Möglichkeit zusätzlichen Einzelhandels festgesetzt, muss dies gewichtige Auswirkungen auf die Einzelhandelsstruktur im Gebiet einer anderen Gemeinde haben, um die Schwelle des § 2 II BauGB zu überschreiten.[272]

Das **materiellrechtliche** interkommunale Abstimmungsgebot des § 2 II BauGB steht neben der verfahrensrechtlichen Beteiligung anderer Gemeinden im Rahmen der Planaufstellung gem. § 4 BauGB (auch Gemeinden sind Behörden i.S.d. § 4 BauGB)[273]. 149

In Prüfungsarbeiten ist es daher wichtig, streng zwischen der (frühzeitigen und förmlichen) Behördenbeteiligung nach § 4 BauGB, die in der formellen Rechtmäßigkeit zu prüfen ist, und der interkommunalen Abstimmung nach § 2 II BauGB, die in der materiellen Rechtmäßigkeit zu prüfen ist, zu unterscheiden.

Dass nach § 2 II BauGB „die Bauleitpläne" benachbarter Gemeinden aufeinander abzustimmen sind, bedeutet dabei nicht, dass die Bauleitplanung lediglich mit bestehenden Bauleitplänen benachbarter Gemeinden zu koordinieren wäre.[274] Vielmehr sind sämtliche planerischen Interessen benachbarter Gemeinden aufeinander abzustimmen, auch wenn sie noch nicht in einem Bauleitplan niedergelegt worden sind.[275] 150

§ 2 II BauGB wird oft als Unterfall oder Ausprägung des allgemeinen Abwägungsgebotes des § 1 VII BauGB angesehen.[276] Tatsächlich enthält § 2 II BauGB jedoch eine eigenständige mate-

---

[268] Dazu im Einzelnen unten Rn. 178 ff.
[269] BVerwGE 117, 25 (32).
[270] BVerwGE 40, 323 (331); 84, 209 (217).
[271] BVerwGE 117, 25 (32).
[272] HessVGH NVwZ-RR 2005, 307 (308 f).
[273] Dazu oben Rn. 99, 108.
[274] BVerwGE 40, 323 (330 f.).
[275] BVerwG NVwZ 1995, 694 (695).
[276] Z.B. BeckOK BauGB/*Uechtritz,* § 2 Rn. 21 m.w.N.

riellrechtliche Rechtmäßigkeitsvoraussetzung, die auf die Herstellung praktischer Konkordanz zwischen kollidierenden Planungsinteressen benachbarter Gemeinden abzielt.

151 Hinsichtlich der **Fehlerfolge** eines Verstoßes gegen § 2 II BauGB sind daher die – noch im Einzelnen zu erörternden – §§ 214 III 2, 215 I 1 Nr. 3 BauGB **nicht** anwendbar, so dass ein Verstoß grds. beachtlich ist.[277]

Ein Verstoß gegen § 2 II BauGB führt somit grds. zur **Nichtigkeit.**

6. Fehlerfreie Abwägung (§ 1 VII BauGB)

152 Die zentrale Herausforderung bei der Aufstellung eines Bauleitplans liegt in der nach § 1 VII BauGB gebotenen gerechten Abwägung der „öffentlichen und privaten Belange gegeneinander und untereinander". Dieses Abwägungsgebot prägt nicht nur den planerischen Entscheidungsvorgang, sondern ist auch für die rechtliche Beurteilung des Ergebnisses der Planung von entscheidender Bedeutung:[278] Eine fehlerhafte Abwägung führt grds. zur Nichtigkeit des Bauleitplans.

153 Der Abwägungsvorgang vollzieht sich in **drei Hauptschritten:**[279]

(1) Ermittlung der in die Abwägung einzustellenden Belange

(2) Gewichtung bzw. Bewertung der Belange

(3) Abwägung i.e.S.: Entscheidung, welche der widerstreitenden Belange den Vorrang vor anderen erhalten

a) Ermittlung und Bewertung des Abwägungsmaterials

154 Bereits die Zusammenstellung des Abwägungsmaterials lässt sich als Vorgang planerischen Abwägens verstehen, da die Gemeinde dabei entscheidet, welche Belange in der konkreten Situation abwägungserheblich sind. Bis vor wenigen Jahren wurden daher auch die Ermittlung und die sich anschließende Bewertung des für die eigentliche Abwägung gem. § 1 VII BauGB relevanten Materials als integrale Bestandteile der Abwägung der materiellrechtlichen Rechtmäßigkeit des Bauleitplans zugeordnet. Seit der Ergänzung von §§ 2 III, 214 I 1 Nr. 1 BauGB im Jahr 2004 sind die Ermittlung und Bewertung des Abwägungsmaterials jedoch vom Gesetzgeber der verfahrensrechtlichen Seite zugeordnet worden und wurden dementsprechend bereits oben im Rahmen der formellen Rechtmäßigkeit des Bebauungsplans behandelt.[280]

b) Abwägungsfehler

155 Die Rspr. hat in Anknüpfung an die verschiedenen Stadien des Abwägungsvorgangs der Gemeinde bei der Aufstellung von Bauleitplänen vier Gruppen von Abwägungsfehlern

---

[277] Zu diesen Regelungen im Einzelnen unten Rn. 178 ff.
[278] BVerwGE 47, 144 (146).
[279] Grundlegend zur Abwägung: BVerwGE 34, 301 (304); 45, 309; 59, 87 (98) ff.
[280] Oben Rn. 90 ff.

entwickelt, die oft den entscheidenden Maßstab bei einer gerichtlichen Überprüfung von Bebauungsplänen bilden:[281]

Ein **Abwägungsfehler** gem. § 1 VII BauGB liegt vor, wenn die Gemeinde 156

(1) überhaupt keine Abwägung vorgenommen hat (**Abwägungsausfall**),

(2) in die Abwägung nicht alle Belange eingestellt hat, die nach Lage der Dinge in die Abwägung einzustellen waren (**Abwägungsdefizit**),

(3) die Bedeutung betroffener öffentlicher oder privater Belange verkannt hat (**Abwägungsfehleinschätzung**) oder

(4) den Ausgleich zwischen den von der Planung betroffenen Belangen in einer Weise vorgenommen hat, die außer Verhältnis zur objektiven Gewichtigkeit der Belange steht (**Abwägungsdisproportionalität**).

Angemerkt sei, dass Rspr. und Lit. nicht immer sauber zwischen den Fallgruppen, die letztlich einen Orientierungs- und Argumentationsrahmen bilden, trennen. Dies beruht auch darauf, dass oft eine Zuordnung zu mehreren Kategorien möglich ist.

aa) Abwägungsausfall

Ein Abwägungsausfall kommt in der Praxis selten vor. Es ist schlicht kaum vorstellbar, 157
dass eine Gemeinde einen Bebauungsplan aufstellt, ohne irgendeine Abwägung vorgenommen zu haben.

Die in der Lehrbuchliteratur genannte Fallgruppe, dass sich die Gemeinde bei der Planaufstellung irrtümlich rechtlich gebunden sieht und daher keine Abwägung vornimmt, dürfte heute kaum noch vorkommen. Ein Abwägungsausfall kommt daher am ehesten in Betracht, wenn die Gemeinde aufgrund von Vorfestlegungen keine substantielle Abwägung, die diesen Namen noch verdient, vornimmt. Aber selbst in solchen Fällen bleibt die Rspr., die diese Fallgruppe entweder als Abwägungsausfall oder aber als Abwägungsdefizit thematisiert, zurückhaltend.

Bsp.:[282] Das BVerwG hat den Aspekt des Abwägungsausfalls im grundlegenden **Flachglas-Urteil** von 1974 zur baurechtlichen Genehmigung einer Fabrik mit ca. 500 Beschäftigten für die Herstellung von Glas im sog. Floatverfahren auf die Frage zugespitzt, ob eine **Abwägung erfolgt ist, die diesen Namen noch verdient.**[283] Konkret ging es darum, ob – wie vom Berufungsgericht angenommen – ein Abwägungsausfall (oder Abwägungsdefizit) vorlag, weil die Entscheidung über den Standort der Fabrik aufgrund von Verhandlungen zwischen Gemeinde und Projektträger bereits vor Beginn des Planaufstellungsverfahrens gefallen war. Das BVerwG stellte dazu pragmatisch fest, dass bei Projekten einer bestimmten Größenordnung dem Planverfahren vorgeschaltete Besprechungen und Abstimmungen etc. geradezu unerlässlich sein könnten, um sachgerecht planen zu können.[284] Im Ergebnis schloss das BVerwG, dass eine Abwägung, die deshalb unvollständig sei, weil ihr sich bindend auswirkende planerische Festlegungen vorangegangen seien, grds. **nicht** den Anforderungen des § 1 VII BauGB (damals: § 1 IV 2 BBauG) entspreche.[285] Allerdings könne – so der entscheidende IV. Senat – ein auf diese Weise entstehendes Abwägungsdefizit dadurch **ausgeglichen** werden, dass

[281] Grundlegend: BVerwGE 34, 301 (309); 45, 309 (314 f.); übersichtlich: BayVGH, Urt. v. 6.12.2019 – 15 N 18.636, BeckRS 2019, 31487 Rn. 22.

[282] Weiteres klassisches Bsp. in: *Will*, ÖffBauR, 2. Aufl. 2022, Rn. 186.

[283] BVerwGE 45, 309 (314 ff.).

[284] BVerwGE 45, 309 (317).

[285] BVerwGE 45, 309 (320 f. sowie 2. LS).

- die Vorwegnahme der Entscheidung sachlich gerechtfertigt war,
- bei der Vorwegnahme die planungsrechtliche Zuständigkeit gewahrt wurde
- und die vorgenommene Entscheidung auch inhaltlich nicht zu beanstanden ist. Dies erfordere u.a., dass die vorweggenommene Entscheidung ihrerseits dem Abwägungsgebot des § 1 VII BauGB genüge.

Diese **kumulativ** verlangten Voraussetzungen werden seither stets geprüft, wenn sich eine Gemeinde durch Vorentscheidungen in einigem Umfang gebunden hat.[286] Sind die drei Voraussetzungen gegeben, liegt kein Fall eines Abwägungsausfalls (oder des Abwägungsdefizits) vor.

bb) Abwägungsdefizit

158 Ein Abwägungsdefizit liegt vor, wenn die Gemeinde in die Abwägung nach § 1 VII BauGB nicht alle Belange eingestellt hat, die nach Lage der Dinge in diese einzustellen waren.[287] Noch einmal sei darauf hingewiesen, dass nach dem BVerwG bei der Abwägung gem. § 1 VII BauGB allerdings nur solche öffentlichen und privaten Belange zu berücksichtigen sind, deren Betroffenheit erstens mehr als geringfügig, zweitens in ihrem Eintritt zumindest wahrscheinlich und drittens für die planende Stelle bei der Entscheidung über den Plan als abwägungsbeachtlich erkennbar ist.[288]

Beispiele:
- Bei der Planung eines Gewerbegebietes werden die Auswirkungen auf Natur und Landschaft (§ 1 VI Nr. 7 BauGB) unberücksichtigt gelassen, obwohl der Gemeinde bewusst war, dass von dem Gewerbegebiet Emissionen ausgehen.[289]
- Die Gemeinde berücksichtigt in ihrer Abwägung nicht, dass die 250 Jahre alte Rotbuche, um deren Schutz es im Bebauungsplan maßgeblich geht, aufgrund einer zügig voranschreitenden Vergiftung ohnehin nicht mehr zu retten ist.[290]

cc) Abwägungsfehleinschätzung

159 Die Gemeinde muss in der Abwägung gem. § 1 VII BauGB den einzelnen Belangen das diesen nach den konkreten rechtlichen und tatsächlichen Gegebenheiten zukommende Gewicht beimessen. Eine Abwägungsfehleinschätzung liegt vor, wenn die planende Gemeinde die **Bedeutung** betroffener öffentlicher oder privater Belange **verkannt** hat. Hingewiesen sei darauf, dass die Fallgruppe der Abwägungsfehleinschätzung oft schwer von der-jenigen der Abwägungsdisproportionalität zu trennen ist.

Bsp.: Die Auswirkungen der Änderung eines Bauleitplans auf Landschaftsbild, Naturschutz und Landschaftspflege werden verkannt, wenn bei der Abwägung nicht berücksichtigt wird, dass das geplante Baugebiet wegen seiner Hanglage bis zur Höhenlinie von 350 m über NN weithin einsehbar ist und sich besonders negativ auf einen Höhenzug auswirkt, der wegen seiner herausragenden landschaftlichen Schönheit und topografischen Eigenart das Landschaftsbild in besonderer Weise prägt.[291]

---

[286] *Dirnberger,* in: BeckOK BauGB, § 1 Rn. 139 f.
[287] Dazu oben Rn. 90 ff.
[288] BVerwGE 59, 87 (103); siehe bereits oben Rn. 94.
[289] KH/*Hendler,* § 5 Rn. 138 m.w.N.
[290] NdsOVG NVwZ 2021, 1876 Rn. 22 ff.
[291] BayVGH BayVBl. 2003, 432 (433) = BeckRS 2003, 20783; weitere Beispiele in *Will,* ÖffBauR in Hessen, 2016, Rn. 164.

dd) Abwägungsdisproportionalität

Der im letzten und zentralen Schritt der Abwägung gem. § 1 VII BauGB vorzunehmende Ausgleich der öffentlichen und privaten Belange zueinander sowie innerhalb der jeweiligen Kategorie („gegeneinander und untereinander"), ist durch hohe Gestaltungsfreiheit geprägt. Eine **Abwägungsdisproportionalität** liegt nur dann vor, wenn die Gemeinde den Ausgleich zwischen den von der Planung berührten betroffenen öffentlichen und privaten Belangen in einer Weise vorgenommen hat, die **außer Verhältnis zu deren objektivem Gewicht** steht.[292] Dies läuft auf ein **Verbot eindeutiger Fehlgewichtung** im Verhältnis der Belange zueinander hinaus.[293] 160

Diese Formulierungen zeigen bereits, dass von einer Abwägungsdisproportionalität nur bei **evidentem Vorliegen schwerwiegender Fehler** ausgegangen werden darf. Grds. ist die aus der Planungshoheit (Art. 28 II GG, Art. 137 HV) folgende Gestaltungsfreiheit der Gemeinde – das sog. **Planungsermessen** – zu respektieren.

Bsp.: Nimmt die Gemeinde bei der Erweiterung von Campingplätzen, die an Naturschutzgebiete und ein Landschaftsschutzgebiet grenzen, den Ausgleich zwischen den Belangen des Naturschutzes und der Landschaftsschutzpflege (§ 1 VI Nr. 7 BauGB) auf der einen Seite und den Belangen der Erholung und wirtschaftlichen Interessen (§ 1 VI 2 Nr. 3, 8 BauGB) auf der anderen Seite in einer Weise vor, die außer Verhältnis zu dem hierbei zu beachtenden hohen Gewicht der Belange des Naturschutzes und der Landschaftspflege steht, verstößt dies gegen das Abwägungsgebot des § 1 VII BauGB.[294] Konkret waren aufgrund der Festsetzungen des Bebauungsplans über die Erweiterung zweier Campingplätze **schwerwiegende** Nachteile für die benachbarten Naturschutzgebiete und ökologisch wertvolle Bereiche des angrenzenden Landschaftsschutzgebietes zu erwarten, die auch nicht annähernd durch Belange der Erholung, schutzwürdige wirtschaftliche Interessen oder sonstige Belange gerechtfertigt waren.

c) Rechtsfolgen von Abwägungsfehlern

Die Rechtsfolgen unterscheiden sich danach, ob es sich um Fehler im Abwägungsvorgang oder solche im Abwägungsergebnis handelt: Fehler im Abwägungsvorgang betreffen die **Ermittlung** der für die Abwägung erheblichen Belange (erster Hauptschritt der Abwägung) oder die **Bewertung** der Belange (zweiter Hauptschritt) (vgl. § 2 III BauGB).[295] Mängel im Abwägungsergebnis betreffen hingegen die **Abwägung i.e.S.,** also die Entscheidung, welche widerstreitenden Belange im Vergleich den Vorrang erhalten, und damit den dritten Hauptschritt der Abwägung. 161

aa) Mängel im Abwägungsvorgang

Seit der Gesetzgeber im Jahr 2004 §§ 2 III, 214 I 1 Nr. 1, III 2 BauGB eingefügt hat,[296] muss bei Mängeln im Abwägungsvorgang bei den Fehlerfolgen zwischen Fehlern bei der Ermittlung und Bewertung des Abwägungsmaterials, deren Fehlerfolgen sich aus § 214 I 1 Nr. 1 BauGB ergeben, und sonstigen Fehlern im Abwägungsvorgang, deren Fehlerfolgen sich aus der ergänzenden Regelung des § 214 III 2 HS 2 BauGB ergeben, unterschieden werden. 162

---

[292] *Erbguth/Mann/Schubert*, Rn. 1021.
[293] Vgl. BVerwGE 56, 283 (289 f.).
[294] NdsOVG, Urt. v. 14.06.1990, BRS 50 Nr. 53, S. 130.
[295] *MO*, § 5 Rn. 130.
[296] Dazu oben Rn. 90.

Die auch für die Fallbearbeitung wichtige Folgefrage, wann genau nun § 214 I 1 Nr. 1 BauGB und wann § 214 III 2 HS 2 BauGB zur Anwendung gelangt, ist umstritten. In der Praxis ist die Abgrenzung von untergeordneter Bedeutung, da beide Vorschriften nach h.M. letztlich die gleichen Anforderungen an eine Unbeachtlichkeit des Fehlers stellen. Der geringfügige Wortlautunterschied (§ 214 I 1 Nr. 1 BauGB verlangt noch Wesentlichkeit) ist nach überwiegender Auffassung unerheblich. Wesentlich sind nämlich alle Punkte, die in der konkreten Planungssituation abwägungserheblich waren.[297] In Prüfungsarbeiten empfiehlt es sich, insbes. Fälle, in denen nicht alle relevanten Belange in die Abwägung eingestellt worden sind, Fälle, in denen die Bedeutung der abzuwägenden öffentlichen oder privaten Einzelbelange verkannt worden ist, und Fälle, in denen eine sachgerechte Abwägung überhaupt nicht stattgefunden hat, als Fehler, welche die Ermittlung und die Bewertung der Einzelbelange betreffen, **§ 214 I 1 Nr. 1 BauGB** zuzuordnen. Bei verbleibenden Fehlern im Rahmen der Gesamtabwägung ist hingegen auf den als Auffangregelung konzipierten **§ 214 III 2 HS 2 BauGB** abzustellen.[298]

163 *(1) Bei Ermittlung und Bewertung des Abwägungsmaterials.* Fehler, welche die Ermittlung der abwägungserheblichen Belange oder deren Bewertung betreffen,[299] lassen sich meist den oben erörterten Fehlerkategorien des Abwägungsdefizits und der Abwägungsfehleinschätzung zuordnen. Zudem kann nach BVerwG NVwZ 2011, 438 auch der seltene Fall des Abwägungsausfalls hierunter gefasst werden.[300]

Mängel bei der Ermittlung und Bewertung des Abwägungsmaterials in wesentlichen Punkten sind gem. **§ 214 I 1 Nr. 1 i.V.m. § 2 III BauGB** nur beachtlich (erheblich), wenn sie

1. offensichtlich und
2. auf das Ergebnis des Verfahrens, also das materielle Abwägungsergebnis, von Einfluss gewesen sind.

Außerdem müssen sie

3. gem. § 215 I 1 Nr. 1 BauGB innerhalb eines Jahres seit Bekanntmachung des Bebauungsplans geltend gemacht werden.

164 Nur unter diesen drei sog. **Beachtlichkeitsvoraussetzungen** führen solche Mängel zur **Nichtigkeit** des Bauleitplans. Sind die Voraussetzungen nicht gegeben, ist der Bauleitplan also trotz des Mangels wirksam.

165 Mit der **ersten Beachtlichkeitsvoraussetzung** gem. § 214 I 1 Nr. 1 BauGB, nach welcher der Mangel **offensichtlich** sein muss, wollte der Gesetzgeber die gerichtliche Überprüfungsmöglichkeit des Abwägungsvorgangs auf Fälle beschränken, in denen evident, „d.h. erklärtermaßen und offen erkennbar unsachliche Erwägungen" in die Abwägung eingeflossen sind.[301]

Ein Mangel im Abwägungsvorgang ist nach der grundlegenden Entscheidung BVerwGE 64, 33 (38) = NJW 1982, 591 (592) dann **offensichtlich,** wenn er derart zur **„äußeren" Seite** des Abwägungsvorgangs gehört, dass er auf objektiv erfassbaren Sachumständen beruht.

---

297 BVerwGE 131, 100, LS, Rn. 19 = NVwZ 2008, 899.
298 Zur Entstehungsgeschichte der Norm etwa BKL/*Battis,* § 214 Rn. 20.
299 Zu diesen Schritten oben Rn. 90 ff.
300 Vgl. ferner *FOK,* § 12 Rn. 7 ff.
301 BT-Drs. 8/2885, S. 46; BVerwG NVwZ 1992, 662 (663).

Fehler und Irrtümer, die z.B. die Zusammenstellung und Aufbereitung des Abwägungsmaterials, die Erkenntnis und Einstellung aller wesentlichen Belange in die Abwägung oder die Gewichtung der Belange betreffen und die sich etwa aus Akten, Protokollen, aus der Entwurfs- oder Planbegründung oder sonstigen Unterlagen ergeben, sind danach offensichtlich. 166

Beispiele:

- Erschließt sich aus den Planakten, dass sich der Planträger wegen der Grenze eines Landschaftsschutzgebietes an einer von einem Beteiligten angeregten Verschiebung einer Baugrenze gehindert gesehen hat, und war die Annahme über den Grenzverlauf des Landschaftsschutzgebietes irrig, dann ist dieser Mangel im Abwägungsvorgang offensichtlich.[302]
- Ein Mangel im Abwägungsvorgang ist auch dann offensichtlich, wenn positive Umstände in der Weise klar und deutlich auf ihn hindeuten, dass er bspw. Planaufstellungsunterlagen und der Begründung zum Bebauungsplan zu entnehmen ist.[303]

Was hingegen zur **„inneren" Seite** des Abwägungsvorgangs gehört, was also die Motive oder die etwa fehlenden bzw. irrigen Vorstellungen der an der Abstimmung beteiligten Gemeindevertreter betrifft, gehört nach dem BVerwG nicht zu den offensichtlichen Mängeln und lässt die Gültigkeit des Plans daher unberührt. 167

Besteht der Mangel im Abwägungsvorgang in der Nichtberücksichtigung eines bestimmten abwägungsrelevanten Belangs, stellt sich der Fehler also als Abwägungsdefizit dar, kann aus dem **bloßen Schweigen der Planunterlagen** (Akten, Protokolle, Aufzeichnungen etc.) zur abwägenden Befassung mit diesem Aspekt nicht zwingend geschlossen werden, dass der Mangel offensichtlich ist.[304] Offensichtlich kann allerdings das stillschweigende Übergehen sich aufdrängender abwägungsrelevanter Belange sein.[305] 168

Bsp.: Offensichtlichkeit kann bei Nichterwähnung zu bejahen sein, wenn der Plangeber aus dem Gesamtgeflecht der von der Planung betroffenen Belange und der Planwirkungen nur einzelne Elemente herausisoliert und – ausweislich der Planbegründung – in die Abwägung einbezogen hat.[306]

Nach der **zweiten Beachtlichkeitsvoraussetzung** muss der offensichtliche Ermittlungs- oder Bewertungsmangel gem. § 214 I 1 Nr. 1 BauGB **auf das Ergebnis des Verfahrens, d.h. das materielle Abwägungsergebnis, von Einfluss** gewesen sein. Das BVerwG verlangt dafür keinen positiven Nachweis der Kausalität zwischen Mangel und Planinhalt, da ein solcher kaum jemals zu führen sein wird und Mängel im Abwägungsvorgang daher regelmäßig unerheblich wären.[307] 169

Ein Mangel im Abwägungsvorgang ist schon dann von Einfluss auf das Abwägungsergebnis, wenn die **Möglichkeit** besteht, dass ohne den Mangel anders geplant worden wäre. 170

Allerdings betont das BVerwG, dass dafür nicht die – nie auszuschließende – abstrakte Möglichkeit genügt, sondern vielmehr eine **konkrete Möglichkeit** nach den Umständen des jeweiligen Falles erforderlich ist. Eine solche konkrete Möglichkeit besteht dann, 171

[302] BVerwGE 64, 33 (41).
[303] RPOVG BauR 2000, 1011 (1015).
[304] BVerwG NVwZ 1992, 662 (663).
[305] BremOVG NVwZ-RR 2000, 567 (569).
[306] BremOVG NVwZ-RR 2000, 567 (569).
[307] BVerwGE 64, 33 (39).

wenn sich anhand der Planunterlagen oder sonst erkennbarer oder naheliegender Umstände die Möglichkeit abzeichnet, dass der Mangel im Abwägungsvorgang von Einfluss auf das Abwägungsergebnis gewesen sein kann.[308]

Bsp.: Zielt ein Bebauungsplan maßgeblich auf den Schutz einer in der Region seltenen alten Rotbuche ab und hat der Gemeinderat in seiner Abwägung nicht berücksichtigt, dass diese aufgrund einer Vergiftung inzwischen ohnehin nicht mehr zu retten ist, besteht die konkrete Möglichkeit, dass die Gemeinde ohne dieses Abwägungsdefizit (also bei Berücksichtigung der Tatsache, dass der Baum nicht mehr zu retten ist) schon vom Fassen des Planbeschlusses abgesehen hätte.[309]

172 Nach der **dritten Beachtlichkeitsvoraussetzung** gem. § 215 I 1 Nr. 1 BauGB schließlich muss ein Mangel im Abwägungsvorgang **innerhalb eines Jahres** seit Bekanntmachung des Bauleitplans schriftlich gegenüber der Gemeinde geltend gemacht werden. Andernfalls wird er unbeachtlich.[310]

Anders gewendet ergibt sich aus § 215 I 1 Nr. 1 BauGB, dass entsprechende Fehler grds. unbeachtlich werden, wenn sie nicht innerhalb eines Jahres seit Bekanntmachung des Bauleitplans schriftlich gegenüber der Gemeinde geltend gemacht worden sind.

(2) Sonstige Mängel im Abwägungsvorgang

173 Sonstige Mängel im Abwägungsvorgang, d.h. solche, die allein die Gesamtabwägung betreffen und nicht unter § 214 I 1 Nr. 1 BauGB fallen, sind nach der Auffangvorschrift des **§ 214 III 2 HS 2 BauGB** nur erheblich (beachtlich), wenn sie

1. offensichtlich und
2. auf das Abwägungsergebnis von Einfluss gewesen sind.

Außerdem müssen sie

3. gem. § 215 I 1 Nr. 3 BauGB innerhalb eines Jahres seit Bekanntmachung des Bebauungsplans geltend gemacht werden.

174 Diese drei Erheblichkeitsvoraussetzungen entsprechen den soeben bei § 214 I 1 Nr. 1 BauGB behandelten Beachtlichkeitsvoraussetzungen, so dass insoweit auf die obigen Ausführungen verwiesen werden kann.

bb) Mängel im Abwägungsergebnis

175 Mängel im Abwägungsergebnis sind auch ohne Offensichtlichkeit erheblich und können mangels Rügefrist in § 215 I 1 BauGB grds. zeitlich unbegrenzt geltend gemacht werden. Sie führen daher **stets zur Nichtigkeit** des Bebauungsplans.

176 Mängel im Abwägungsergebnis liegen vor, wenn das „Produkt" der gem. § 1 VII BauGB erforderlichen Abwägung für sich genommen – d.h. unabhängig von der Frage, wie es dazu gekommen ist – fehlerhaft ist.[311] Dies umfasst folglich maßgeblich Fehler der oben erörterten Kategorie der Abwägungsdisproportionalität.[312]

---

[308] BVerwGE 64, 33 (39 f.).
[309] NdsOVG NVwZ 2021, 1876 Rn. 31.
[310] Zur Regelung des § 215 BauGB unten Rn. 186 ff.
[311] BeckOK BauGB/*Uechtritz*, § 215 Rn. 13a.
[312] BVerwG NVwZ 1987, 578 (587 f.).

Solche Fehler können allenfalls noch im Rahmen eines ergänzenden Verfahrens nach § 214 IV BauGB behoben werden, wenn sie nicht so gravierend sind, dass sie die Grundzüge der Planung berühren.[313] 177

VI. Rechtsfolgen von Mängeln: Planerhaltung, ergänzendes Verfahren

Rechtsnormen, die gegen höherrangiges Recht verstoßen, sind grds. nichtig und können daher mittels einer Normenkontrolle mit Erfolg gerichtlich angegriffen werden.[314] Dies gilt grds. auch für Bebauungspläne. 178

Eine **teilweise Rechtswidrigkeit** und damit Unwirksamkeit eines Bauleitplans führt dabei nur dann nicht zur Gesamt-, sondern nur zur Teilunwirksamkeit, wenn der Bauleitplan auch ohne den unwirksamen Teil sinnvoll bleibt (Grundsatz der Teilbarkeit) und mit Sicherheit anzunehmen ist, dass er auch ohne diesen Teil erlassen worden wäre (Grundsatz des mutmaßlichen Willens des Normgebers).[315] Eine **Teilnichtigkeit** kommt im Übrigen überhaupt nur in Betracht, wenn der Bauleitplan objektiv in einen nichtigen und einen nicht nichtigen Abschnitt teilbar ist (objektive Teilbarkeit).[316]

Wie oben bereits angeklungen ist, gelten jedoch für Bauleitpläne bei der Frage, ob Verstöße gegen §§ 1 ff. BauGB zur Nichtigkeit der betroffenen Regelung des Plans führen, aus pragmatischen Gründen verschiedene Sonderregeln. Zusammenfassend wird insoweit vom **Grundsatz der Planerhaltung** gesprochen, der in den §§ 214-216 BauGB näher ausgeformt ist.[317] 179

Überblick: Während die oben bereits angesprochenen §§ 214, 215 BauGB verschiedene Fälle regeln, in denen Rechtsverstöße unbeachtlich sind, also nicht zur Nichtigkeit des Bauleitplans führen, betrifft § 214 IV BauGB das ergänzende Verfahren, durch das Fehler „geheilt“ werden können. Der in Prüfungsarbeiten selten relevante § 216 BauGB schließlich stellt deklaratorisch klar, dass die Aufsichtsbehörde im Rahmen eines eventuellen Genehmigungsverfahrens eines Plans auch die Einhaltung derjenigen Vorschriften zu prüfen hat, deren Verletzung nach §§ 214 f. BauGB nicht zur Rechtswirksamkeit eines Bauleitplans führt.

1. Unbeachtlichkeit von Fehlern gem. §§ 214, 215 BauGB

Das System der §§ 214 f. BauGB unterscheidet zwischen **generell unbeachtlichen** Fehlern und **befristet beachtlichen** Fehlern: Aus § 214 I, II BauGB ergeben sich die Fehler, die für die Rechtswirksamkeit des Bauleitplans grds. unbeachtlich sind. 180

Dabei bedienen sich die wichtigen Absätze I und II von § 214 BauGB einer unterschiedlichen Regelungstechnik: **§ 214 I BauGB** benennt diejenigen Verfahrens- und Formfehler, die für die Rechtswirksamkeit des Bauleitplans beachtlich sind. Die dort nicht genannten Fehler sind also im Umkehrschluss nicht beachtlich, d.h. sie führen nicht zur Nichtigkeit des Bauleitplans. **§ 214 II BauGB** benennt demgegenüber speziell die Mängel im Verhältnis des Bebauungsplans zum Flächennutzungsplan, die unbeachtlich sind. Hier gilt also umgekehrt, dass die dort nicht genannten Mängel beachtlich sind und damit zur Nichtigkeit führen.

---

[313] Zum ergänzenden Verfahren sogleich unten Rn. 178 ff.

[314] *Will*, AllgVwR, 2. Aufl. 2022, S. 248.

[315] BVerwGE 117, 58 (61); 130, 310 Rn. 30; BVerwG, Beschl. v. 30.10.2019 – 4 B 37.18, BeckRS 2019, 33716 Rn. 6.

[316] BVerwGE 117, 58 (61); BVerwG, BeckRS 2019, 33716 Rn. 6.

[317] Vgl. die Überschrift des 4. Abschnitts, 2. Teil BauGB.

181 **§ 215 BauGB** nennt hingegen Fälle, in denen eine grds. beachtliche Verletzung von Verfahrens- und Formvorschriften **unbeachtlich wird,** wenn sie nicht innerhalb eines Jahres seit Bekanntmachung geltend gemacht (gerügt) wird.

Die meisten Regelungen der §§ 214 f. BauGB gelten für alle Arten von Flächennutzungsplänen und Bebauungsplänen (sowie anderen Satzungen nach dem BauGB). In **§§ 214 IIa, 215 I 2 BauGB** finden sich allerdings ergänzende Sonderregeln für Bebauungspläne, die im 2007 eingeführten beschleunigten Verfahren nach **§ 13a BauGB** – auch i.V.m. dem 2017 ergänzten § 13b BauGB – aufgestellt worden sind.[318] Diese Sonderregeln sind auf entsprechende Bebauungspläne ergänzend neben den allgemeinen Regeln der §§ 214 f. BauGB anwendbar.

182 Die Rechtsfolgen von wichtigen Verstößen gegen die oben ausführlich behandelten **formellen Rechtmäßigkeitsvoraussetzungen** von Bauleitplänen[319] sind in der folgenden Tabelle zusammengefasst.

183 **Übersicht 4: Fehlerfolgen wichtiger Verstöße gegen formelle Voraussetzungen**

	Betrifft	Folge	Weitere Voraussetz.	Herleitung
1.	**Frühzeitige** Öffentlichkeits- (§ 3 I BauGB) oder Behörden-beteiligung (§ 4 I BauGB)	Verstoß ist unbeachtlich		§ 214 I 1 Nr. 2 BauGB nimmt nicht auf § 3 I und § 4 I BauGB Bezug
2.	**Förmliche** Öffentlichkeits- (§ 3 II BauGB) oder Behörden-beteiligung (§ 4 II BauGB)	Verstoß ist beachtlich und führt zur Nichtigkeit des Bauleitplans	Nach einem Jahr nur beachtlich, wenn der Fehler innerhalb eines Jahres gerügt wurde	§§ 214 I 1 Nr. 2, 215 I 1 Nr. 1 BauGB
3.	Einstellen der Bekanntmachung der Auslegung in das Internet etc. gem. § 4a IV BauGB	Verstoß ist beachtlich und führt zur Nichtigkeit des Bauleitplans	Nach einem Jahr nur beachtlich, wenn der Fehler innerhalb eines Jahres gerügt wurde Verstoß zudem unbeachtlich, wenn auszulegende Unterlagen zwar im Internet eingestellt, aber nicht über das zentrale Internetportal des Landes zugänglich sind	§ 214 I 1 Nr. 2 BauGB nimmt nunmehr auf § 4a IV 1 BauGB Bezug; § 215 I 1 Nr. 1 BauGB; § 214 I 1 Nr. 2 lit. e BauGB (Hintergrund: Gemeinden haben keinen Einfluss auf Existenz etc. dieser Portale)

[318] Zu diesen Verfahrensarten oben Rn. 117 ff.
[319] Siehe dazu oben Rn. 84 ff.

4.	Begründung des Bauleitplans gem. §§ 9 VIII, 2a BauGB	Unvollständigkeit der Begründung grds. unbeachtlich		§ 214 I 1 Nr. 3 HS 2 BauGB;
		Vollständiges Fehlen der Begründung ist beachtlich und Plan nichtig	Nach einem Jahr nur beachtlich, wenn der Fehler innerhalb eines Jahres gerügt wird	§§ 214 I 1 Nr. 3 HS 1, 215 I 1 Nr. 1 BauGB
5.	Umweltbericht gem. § 2 IV BauGB	Fehlen beachtl. und führt zur Nichtigkeit des Bauleitplans	Nach einem Jahr nur beachtlich, wenn der Fehler innerhalb eines Jahres gerügt wird	§ 214 I 1 Nr. 3 HS 1, 215 I 1 Nr. 1 BauGB[320] (Umweltbericht ist gem. § 2a S. 3 BauGB Teil der Begründung)
		Unvollständigkeit der Begründung nur in unwesentlichen Punkten hingegen unbeachtlich		§ 214 I 1 Nr. 3 HS 3 BauGB

184 Wichtig ist bei alledem, dass die §§ 214 f. BauGB im Interesse der Planerhaltung zwar die gerichtliche Kontroll- und Verwerfungskompetenz in Bezug auf Bauleitpläne beschränken. Sie reduzieren aber nicht etwa die verfahrens- und materiellrechtlichen Anforderungen an Bauleitpläne.[321]

185 Konkret bedeutet dies Folgendes: Entscheidet bspw. der HessVGH im Rahmen einer verwaltungsgerichtlichen Normenkontrolle gem. § 47 I Nr. 1 VwGO über die Nichtigkeit eines Bebauungsplans, dann führt ein nach den §§ 214 f. BauGB unbeachtlicher Fehler der Gemeinde bei Aufstellung des Plans nicht zu dessen Nichtigerklärung. Die §§ 214 f. BauGB ändern aber nichts daran, dass die Gemeinde die dort in Bezug genommenen Regelungen des BauGB beachten muss.

Für juristische Prüfungsarbeiten hat dies zur Folge, dass die §§ 214 f. BauGB vollumfänglich zu berücksichtigen sind, wenn bspw. die Erfolgsaussichten einer Normenkontrolle gem. § 47 I Nr. 1 VwGO zu prüfen sind. Dabei sollte die Beachtlichkeit gem. §§ 214 f. BauGB – wie dies oben erfolgt ist – direkt im Anschluss an den jeweiligen Fehler behandelt werden. Ist hingegen ausnahmsweise einmal die Perspektive der Aufsichtsbehörde im Rahmen des Genehmigungsverfahrens einzunehmen, dann ergibt sich aus § 216 BauGB, dass die §§ 214 f. BauGB bei dieser Prüfung zwar anzusprechen, im Ergebnis aber nicht relevant sind.

186 Die in **§ 215 I BauGB** aufgelisteten, gem. § 214 I 1 Nr. 1–3, II, IIa, III 2 BauGB grds. beachtlichen Fehler werden unbeachtlich, wenn sie nicht innerhalb eines Jahres seit Bekanntmachung des Bauleitplans schriftlich gegenüber der Gemeinde unter Darlegung des die Verletzung begründenden Sachverhalts geltend gemacht worden sind.

---

320 BVerwGE 169, 29 Rn. 34 = NVwZ 2020, 1686; 153, 174 Rn. 27 ff., 29.

321 BKL/*Battis*, Vorb. zu §§ 214–216 Rn. 1.

Rügeberechtigt ist dabei jedermann, also nicht lediglich die rechtlich Betroffenen.[322] Für die Wahrung der Jahresfrist ist der Eingang der Rüge bei der Gemeinde entscheidend.

187 Hinsichtlich der **Rechtsfolge** ist insoweit zu beachten, dass sich aus der Formulierung „unbeachtlich werden" ergibt, dass die Verwaltungsgerichte die entsprechenden Fehler bis zum Ablauf der Jahresfrist unabhängig vom Vorliegen einer Rüge überprüfen dürfen. Die ordnungsgemäße und fristgerechte Rüge bewirkt, dass die Gerichte die gerügten Fehler auch nach Ablauf der Jahresfrist (weiter) überprüfen dürfen. Ohne Rüge ist ein Fehler hingegen mit Ablauf der Jahresfrist nicht mehr überprüfbar und folglich unbeachtlich. Eine Rüge wirkt dabei grds. für/gegenüber jedermann *(erga omnes)*, also auch zu Gunsten derjenigen, die sie selbst nicht erhoben haben.[323]

Beispiele:
- Die Gemeinde hat bei Aufstellung eines Bebauungsplans einen Fehler gem. § 214 I 1 Nr. 2 BauGB und einen Fehler gem. § 214 II BauGB begangen. Der Fehler gem. § 214 I 1 Nr. 2 BauGB wird fristgemäß gem. § 215 I 1 BauGB gerügt, der Fehler gem. § 214 II BauGB hingegen nicht (oder nicht fristgemäß). Nach Ablauf der Jahresfrist darf der mittels Normenkontrolle gem. § 47 I Nr. 1 VwGO angerufene HessVGH den Bebauungsplan gem. § 215 I 1 BauGB nur noch wegen des Fehlers gem. § 214 I 1 Nr. 2 BauGB, aber nicht mehr wegen des Fehlers gem. § 214 II BauGB für nichtig erklären.
- A rügt fristgemäß einen Fehler gem. § 214 I 1 Nr. 2 BauGB. In einem von B eingeleiteten Normenkontrollverfahren gem. § 47 I Nr. 1 VwGO, an dem A nicht beteiligt ist, darf der VGH den Bebauungsplan gem. § 215 I 1 BauGB wegen dieses Fehlers auch nach Ablauf der Jahresfrist für nichtig erklären. As Rüge wirkt *erga omnes*.

188 Praktisch wichtig ist, dass die Rechtsfolge des § 215 I BauGB gem. § 215 II BauGB nur eintritt, wenn bei der Bekanntmachung oder sonst ordnungsgemäßen Verkündung des Bauleitplans ein **Hinweis** auf die nur befristet mögliche Geltendmachung der Verletzung von Vorschriften i.S.d. § 215 I BauGB und die entsprechenden Rechtsfolgen erfolgt ist.

Für die Vollständigkeit und Klarheit des Hinweises gem. § 215 II BauGB gelten ähnlich wie bei einer Rechtsbehelfsbelehrung (bspw. i.S.v. § 58 VwGO) **strenge Maßstäbe.**[324] Der Hinweis darf bspw. keinen irreführenden Zusatz haben und darf insbes. nicht geeignet sein, einen Betroffenen vom rechtzeitigen Geltendmachen von Mängeln abzuhalten.[325] Fehler im Bekanntmachungshinweis wirken sich allerdings nur bei den Vorschriftengruppen aus dem Katalog des § 215 I BauGB aus, die nicht oder unrichtig oder mit irreführenden Zusätzen benannt sind.[326] Bei zutreffend gekennzeichneten Vorschriftengruppen – z.B. Fehlern nach § 214 I 1 Nr. 2 BauGB – bleibt der Hinweis wirksam und löst insoweit die Rechtsfolgen des § 215 I BauGB aus.

Bsp.: Bei der Bekanntmachung weist die Gemeinde lediglich darauf hin, dass eine nach § 214 I 1 Nr. 1 und 3 BauGB beachtliche Verletzung der dort bezeichneten Verfahrens- und Formvorschriften gem. § 215 I 1 Nr. 1 BauGB unbeachtlich wird, wenn sie nicht innerhalb eines Jahres seit Bekanntmachung schriftlich gegenüber der Gemeinde unter Darlegung des die Verletzung begründenden Sachverhalts geltend gemacht wird. Für Fehler i.S.d. § 214 I 1

[322] BVerwG DÖV 1982, 905.
[323] Vgl. BVerwG ZfBR 2001, 418.
[324] ThürOVG, Urt. v. 18.11.2009 - 1 N 570/08, BeckRS 2011, 45411 LS 1; BbgOVG, Urt. v. 12.1.2021 – OVG 10 A 10.13, BeckRS 2021, 6882, Rn. 101.
[325] BVerwGE 143, 192 Rn. 15 = NVwZ 2012, 1404.
[326] BaWüVGH NJOZ 2010, 28.

Nr. 2 BauGB tritt die Rechtsfolge des § 215 I BauGB daher nicht ein, sie bleiben also auch ohne Rüge nach Ablauf der Jahresfrist beachtlich.[327] Für Fehler i.S.d. § 214 I 1 Nr. 1 und 3 BauGB tritt die Rechtsfolge des § 215 I BauGB hingegen ein, sie werden nach Ablauf der Jahresfrist unbeachtlich, wenn eine Rüge ausbleibt.

2. Ergänzendes Verfahren gem. § 214 IV BauGB

Durch ein ergänzendes Verfahren gem. § 214 IV BauGB können grds. alle nach § 214 BauGB (oder nach Landesrecht) beachtlichen materiellen und formellen Fehler **geheilt** werden, soweit die Behebbarkeit im ergänzenden Verfahren nicht wegen der Schwere der Mängel ausnahmsweise ausgeschlossen ist. Ein *prima facie* rechtsunwirksamer und damit nichtiger Bauleitplan wird folglich durch das ergänzende Verfahren wirksam. 189

§ 214 IV BauGB nimmt selbst keine Einschränkung hinsichtlich der Art der behebbaren Fehler vor. Grenzen ergeben sich aber daraus, dass § 214 IV BauGB lediglich ein „ergänzendes" Verfahren erlaubt.[328] Ausgeschlossen ist nach dem BVerwG daher eine Heilung von Fehlern, die so schwer wiegen, dass sie die Planung als Ganze von vornherein infrage stellen oder die Grundzüge der Planung berühren.[329] Das ergänzende Verfahren muss zudem die planerische Gesamtkonzeption wahren.[330] Es darf also im Ergebnis nicht zu einem grundlegend anderen Bauleitplan führen. 190

Bsp.: Bei Erlass eines Bebauungsplans bestand der Kern der ursprünglichen Planung darin, den im Flächennutzungsplan ausgewiesenen Vorrangstandort für **Windkraftanlagen** zu überplanen und die Errichtung solcher Anlagen zu sichern sowie zu steuern. Dieses Grundgerüst der Planung ist infrage gestellt, wenn das ergänzende Verfahren zum Ergebnis hat, dass ein wesentlicher Teil des Gebietes für die Bebauung mit Windkraftanlagen gerade nicht mehr zur Verfügung steht.[331] Eine solche Planänderung geht über die Grenzen des § 214 IV BauGB hinaus.

Dass § 214 IV BauGB keine Regelungen zum Ablauf des ergänzenden Verfahrens enthält, beruht darauf, dass es sich bei diesem **nicht** etwa um ein rechtlich eigenständiges Verfahren handelt. Geht die Gemeinde den Weg des § 214 IV BauGB, setzt sie vielmehr das von ihr ursprünglich eingeleitete, nur scheinbar (weil fehlerhaft) abgeschlossene Bauleitplanverfahren an der Stelle fort, an der ihr der Fehler unterlaufen ist.[332] Maßgebend sind dabei die allgemeinen Vorschriften, die sie auch sonst bei der Aufstellung, Änderung oder Ergänzung eines Bauleitplans zu beachten hat.[333] 191

Im Ergebnis muss die Gemeinde den fehlerhaften Abschnitt und alle darauf beruhenden nachfolgenden Abschnitte wiederholen.[334] 192

[327] Vgl. ThürOVG, Urt. v. 18.11.2009 – 1 N 570/08, BeckRS 2011, 45411.
[328] EZBK/*Stock,* § 214 Rn. 223.
[329] BVerwG NVwZ 1999, 414.
[330] BVerwG ZfBR 2004, 177 (180).
[331] NdsOVG NVwZ-RR 2009, 546 (549).
[332] BVerwG NVwZ 1997, 893 (894).
[333] BVerwG a.a.O.; zu diesen Verfahrensvorschriften oben Rn. 84 ff.
[334] BVerwG NVwZ 2010, 777 Rn. 8; EZBK/*Stock,* § 214 Rn. 243.

Beispiele:
- Wird im ergänzenden Verfahren der Planinhalt geändert, sind gem. § 4a III 1 BauGB Öffentlichkeit und Behörden erneut zu beteiligen.[335]
- Ist der Satzungsbeschluss fehlerhaft und muss dieser daher im ergänzenden Verfahren wiederholt werden, ist auch eine ggf. erforderliche Genehmigung der Aufsichtsbehörde erneut einzuholen.[336]

193 Nach § 214 IV BauGB kann der Bauleitplan im ergänzenden Verfahren **rückwirkend** in Kraft gesetzt werden. Dies bedeutet, dass der Plan regelmäßig rückwirkend zu dem Zeitpunkt, in dem er, wäre er fehlerfrei gewesen, tatsächlich in Kraft getreten wäre, als wirksam anzusehen ist *(ex tunc)*.[337] Dies hat die weiter reichende Folge, dass auch die Fehlerhaftigkeit von **Verwaltungsakten**, die aufgrund des fehlerhaften Plans rechtswidrig sind, geheilt wird.[338]

Alternativ kann die Gemeinde den Bebauungsplan aber auch lediglich mit Wirkung *ex nunc* neu erlassen.[339] Ob sie den einen oder den anderen Weg wählt, steht in ihrem Ermessen.

Ergänzend sei darauf hingewiesen, dass sich die Beachtlichkeit eines Verstoßes gegen **kommunalrechtliche Verfahrensregelungen** (bspw. Mitwirkungsverbote gem. § 25 HGO) beim Satzungsbeschlusses gem. § 10 I BauGB allein nach den Vorgaben der HGO (bspw. § 25 VI HGO) und nicht nach §§ 214, 215 BauGB beurteilt. Das ergänzende Verfahren des § 214 IV BauGB findet hingegen auch auf solche und andere Fehler nach Landesrecht Anwendung.[340] Das BVerwG sieht darin keinen unzulässigen Eingriff in die Gesetzgebungskompetenz der Länder, da sich die Regelung des § 214 IV BauGB darin erschöpfe, einen verfahrensrechtlichen Weg zur Bewältigung der Rechtsfolgen bestimmter Satzungsmängel aufzuzeigen.[341]

VII. Rechtsschutz gegen Bebauungspläne

194 Unmittelbaren Rechtsschutz gegen Bebauungspläne ermöglicht in Hessen nur die **Normenkontrolle** beim HessVGH gem. § 47 I Nr. 1 VwGO. Diese wird gerade aus dem Grund auch als „prinzipale Normenkontrolle" bezeichnet, dass hier die Norm (z.B. ein Bebauungsplan) unmittelbarer Prüfungsgegenstand ist. Eine davon zu unterscheidende **inzidente Kontrolle** der Wirksamkeit von Bebauungsplänen kann hingegen im Rahmen aller gerichtlichen Verfahren stattfinden, bei denen die Entscheidung des Gerichts von der Wirksamkeit des Bebauungsplans abhängt.

Allerdings kann das Gericht den Bebauungsplan bei einer Inzidentkontrolle nicht mit Wirkung *erga omnes* für nichtig erklären, sondern lediglich im konkreten Fall unangewendet lassen. Im Rahmen des vorläufigen Rechtsschutzes findet in der Praxis im Übrigen nur eine eingeschränkte Inzidentkontrolle statt: In vorläufigen Rechtsschutzverfahren gegen die einem Dritten erteilte Baugenehmigung etwa ist grds. von der Wirksamkeit des zugrundeliegenden Bebauungsplans auszugehen, es sei denn dieser erweist sich als offensichtlich unwirksam.[342]

195 Da es sich bei der Normenkontrolle gem. § 47 I Nr. 1 VwGO nicht nur um ein subjektives Rechtsschutzverfahren, sondern – in erster Linie – um ein **objektives Beanstandungs-**

---

[335] Vgl. NWOVG ZfBR 2009, 482.
[336] Vgl. NdsOVG BauR 2010, 1556 zum Flächennutzungsplan.
[337] Vgl. BVerwGE 75, 262 (269).
[338] BVerwGE 75, 262 (270).
[339] *MO*, § 5 Rn. 159.
[340] BVerwG NVwZ 2000, 676 f.
[341] BVerwG NVwZ 2000, 676 (677).
[342] HessVGH BauR 2018, 504 (505) m.w.N.

verfahren handelt, prüft der VGH den ihm vorgelegten Bebauungsplan im Rahmen der Begründetheit **umfassend** auf mögliche Rechtsfehler. Es wird also nicht lediglich geprüft, ob der Antragsteller in seinen subjektiven Rechten verletzt ist.[343]

Bsp.: Auf einen nach § 47 I, II VwGO zulässigen Antrag hat der VGH auch dann in eine umfassende Prüfung der Gültigkeit des Bebauungsplans einzutreten, wenn der Antragsteller von den rechtswidrigen Festsetzungen nicht selbst betroffen ist.[344]

Stellt der VGH bei der Prüfung einen Fehler fest, der nicht gem. §§ 214, 215 BauGB unbeachtlich ist,[345] erklärt er den Bebauungsplan gem. § 47 V 2 HS 1 VwGO mit allgemeinverbindlicher Wirkung **für unwirksam.** 196

Übersicht 5: Prüfschema Normenkontrolle gem. § 47 I Nr. 1 VwGO

Normenkontrolle eines Bebauungsplans

I. Zulässigkeit

1. Eröffnung des Verwaltungsrechtswegs (§ 40 I VwGO)
2. Statthaftigkeit des Antrags (§ 47 I Nr. 1 VwGO)
3. Antragsbefugnis (§ 47 II VwGO)
4. Richtiger Antragsgegner (§ 47 II 2 VwGO)
5. Beteiligtenfähigkeit (§ 61 VwGO)
6. Prozessfähigkeit (§ 62 VwGO); ergänzend auf Vertretungserfordernis vor dem VGH gem. § 67 IV VwGO hinweisen
7. Frist (§ 47 II 1 VwGO: innerhalb eines Jahres nach Bekanntmachung)
8. Rechtsschutzbedürfnis (fehlt nur ausnahmsweise)

II. Begründetheit

Der Antrag ist begründet, wenn der angegriffene Bebauungsplan tatsächlich ungültig ist. Dies ist der Fall, wenn er gegen höherrangiges Recht verstößt und der Fehler nicht gem. §§ 214, 215 BauGB unbeachtlich ist. Auf eine subjektive Betroffenheit des Antragstellers kommt es in der Begründetheit nicht an.

1. Zulässigkeit der Normenkontrolle gem. § 47 I Nr. 1 VwGO

a) Eröffnung des Verwaltungsrechtswegs

Dass der Verwaltungsrechtsweg auch bei der Normenkontrolle eröffnet sein muss, folgt aus § 47 I VwGO, nach dem der VGH „im Rahmen seiner Gerichtsbarkeit" entscheidet. Die Eröffnung des Verwaltungsrechtswegs ergibt sich aus der Generalklausel des § 40 I VwGO. 197

Auf- oder abdrängende Sonderzuweisungen sind nicht einschlägig. Dass es sich um eine öffentlich-rechtliche Streitigkeit handelt, folgt aus der öffentlich-rechtlichen Natur des Bebauungs-

[343] BVerwGE 82, 225 (232 ff.).
[344] Vgl. BVerwG NVwZ 1992, 567 (568).
[345] Dazu oben Rn. 180 ff.

plans als gemeindliche Satzung. Da ein Bebauungsplan als Satzung nur materielles Gesetz und damit keine formellgesetzliche Rechtsvorschrift ist, ist die Streitigkeit auch nichtverfassungsrechtlicher Art.[346]

b) Statthaftigkeit des Normenkontrollantrags

198 Mit der verwaltungsgerichtlichen Normenkontrolle können nur die in § 47 I VwGO genannten Rechtsvorschriften angegriffen werden. Da es sich bei Bebauungsplänen gem. § 10 I BauGB um Satzungen handelt, die nach den Vorschriften des BauGB erlassen worden sind, ergibt sich die Statthaftigkeit eines Normenkontrollantrags aus § 47 I Nr. 1 Alt. 1 VwGO.[347]

Erwähnt sei hier, dass auch eine Normenkontrolle eines ganz oder z.T. **funktionslos** und damit unwirksam gewordenen Bebauungsplans statthaft ist.[348]

c) Antragsbefugnis

aa) Antragsbefugnis gem. § 47 II VwGO

199 Wird der Antrag – wie im Regelfall – von einer natürlichen oder juristischen Person gestellt, muss der Antragsteller gem. § 47 II 1 HS 1 VwGO geltend machen, durch die Rechtsvorschrift oder deren Anwendung in seinen Rechten verletzt zu sein oder in absehbarer Zeit verletzt zu werden. Dies entspricht im Wesentlichen der Klagebefugnis gem. § 42 II VwGO, so dass die **Möglichkeit** einer Verletzung in subjektiven Rechten ausreicht.[349]

200 Ist die Nutzbarkeit eines Grundstücks von den Festsetzungen des Bebauungsplans nachteilig betroffen, kann sich die Antragsbefugnis des Eigentümers (oder eines anderen dinglich Nutzungsberechtigten) regelmäßig aus der Möglichkeit einer Verletzung von **Art. 14 I 1 GG** ergeben.

201 Umstritten ist hingegen die Antragsbefugnis **obligatorisch Berechtigter,** also insbes. von Mietern und Pächtern, ggf. auch von Käufern eines Grundstücks.[350]

Während nach Auffassung des BVerwG jegliches gem. § 1 VII BauGB abwägungserhebliche private Interesse, also auch ein rein obligatorisches, die Antragsbefugnis begründen kann,[351] weist die Gegenauffassung in der Lit. u.a. darauf hin, dass der Bebauungsplan nicht unmittelbar auf die schuldrechtliche Beziehung einwirke, die dem obligatorisch Berechtigten sein Nutzungsrecht vermittele.[352] Die von § 47 II 1 HS 1 VwGO verlangte Rechtsverletzung „durch" den Bebauungsplan liege nur vor, wenn der Bebauungsplan die Rechtsverletzung unmittelbar herbeiführe, was etwa bei Änderungskündigungen gegenüber Mietern nicht der Fall sei.

202 Werden die Gesundheit oder körperliche Unversehrtheit bspw. durch Immissionen möglicherweise beeinträchtigt, kann – auch bei obligatorisch Berechtigten – auf **Art. 2 II 1 GG** abgestellt werden. Ferner können z.B. auch Art. 4 I, II oder 5 III 1 GG einschlägig sein, etwa wenn eine religiöse Begegnungsstätte oder aber ein Kunstwerk betroffen ist.[353]

---

[346] Vgl. BVerwGE 80, 355 (358 f.).

[347] Zur Normenkontrolle gegen den Flächennutzungsplan analog § 47 I Nr. 1 VwGO im Hinblick auf § 35 III 3 BauGB oben Rn. 44 ff.

[348] Näher zur Funktionslosigkeit unten Rn. 233 ff.

[349] BVerwGE 107, 215 (217); BVerwG NVwZ 2022, 73 Rn. 4; NVwZ-RR 2019, 1027 Rn. 11; Anm. dazu v. *Hufen,* JuS 2020, 383.

[350] Dazu etwa *Kopp/Schenke,* VwGO, 27. Aufl. 2021, § 47 Rn. 70.

[351] BVerwGE 110, 36 (39); NVwZ 2007, 825 (826).

[352] Z.B. *MO,* § 5 Rn. 168.

[353] *Hufen,* VerwProzR, 12. Aufl. 2021, § 19 Rn. 28.

Wie das BVerwG 2020 in mehreren wichtigen Entscheidungen erneut bestätigt hat, kann sich die Antragsbefugnis insbes. von **Eigentümern außerhalb des Plangebietes gelegener benachbarter Grundstücke** aus dem Gebot fehlerfreier Abwägung gem. § 1 VII BauGB ergeben.[354] Dabei hat das **Abwägungsgebot drittschützenden Charakter** hinsichtlich solcher privaten Belange, die für die Abwägung erheblich sind. 203

Abwägungserheblich sind grds. nur solche privaten Belange, die in der konkreten Planungssituation einen städtebaulich relevanten Bezug haben und schutzwürdig sind. An Letzterem fehlt es bei geringwertigen[355] oder mit einem Makel behafteten Interessen sowie bei solchen, auf deren Fortbestand kein schutzwürdiges Vertrauen besteht, oder solchen, die für die Gemeinde bei der Entscheidung über den Plan nicht erkennbar waren.[356] Der Antragsteller muss hinreichend substantiiert Tatsachen vortragen, die nach diesen Maßstäben die Verletzung in eigenen Rechten als möglich erscheinen lassen.

Beispiele aus der neueren Rspr. des BVerwG:
- Allein aus einer möglichen Unterschreitung des nach dem Abstandserlass eines Landes maßgeblichen Abstands kann die Antragsbefugnis nicht hergeleitet werden. Denn hierbei handelt es sich nicht um einen städtebaulichen Belang, der bei der Abwägung nach § 1 VII BauGB zu berücksichtigen wäre.[357] Solche Belange zu benennen ist ausschließlich Sache des Bundesgesetzgebers (Art. 74 I Nr. 18 i.V.m. Art. 72 I GG).
- Führen Änderungen eines Bebauungsplans dazu, dass ein benachbartes Grundstück baulich intensiver genutzt werden kann, besteht bei Überschreiten der Erheblichkeitsschwelle regelmäßig ein schutzwürdiges Interesse des Nachbarn an der Beibehaltung der ursprünglichen Festsetzungen.[358]

Weitere Beispiele für Interessen, welche die Antragsbefugnis begründen:
- Interesse des Eigentümers eines außerhalb des Geltungsbereichs eines Bebauungsplans gelegenen Grundstücks an der Erhaltung einer durch Verkehrslärm bedrohten ruhigen Wohnlage[359]
- Interesse des Eigentümers, eine zusätzliche Verschattung seines Grundstücks zu vermeiden[360]
- Interesse am Schutz einer Wohnbebauung vor der Festsetzung von Spiel- und Sportplätzen in der Nachbarschaft[361]
- Interesse eines Hoteliers an der Verhinderung eines in der unmittelbaren Nachbarschaft geplanten Friedhofs, dessen Anblick Gäste von einer Buchung Abstand nehmen lassen könnte, jedenfalls soweit es im konkreten Fall nicht nur geringfügig betroffen ist[362]

Zu beachten ist, dass die oben erörterte Frage der (Un-)Beachtlichkeit eines geltend gemachten Fehlers nach §§ 214, 215 BauGB für die Antragsbefugnis irrelevant ist. 204

---

[354] St. Rspr. seit BVerwGE 107, 215 (216, 2. LS, 219 ff.); 140, 41 Rn. 15; zul. etwa BVerwG NVwZ 2020, 1533 Rn. 6 ff.; NVwZ 2021, 331 Rn. 18.

[355] Zu dem in der Praxis oft entscheidenden Erheblichkeitskriterium etwa BVerwG ZfBR 2016, 263 Rn. 5 ff.; NVwZ 2017, 563 Rn. 10 ff.

[356] BVerwG NVwZ 2021, 331 Rn. 18; vgl. auch NVwZ 2020, 1533 Rn. 6; BVerwGE 140, 41 Rn. 15; BVerwG ZfBR 2016, 263 Rn. 4; NVwZ 2017, 563 Rn. 7.

[357] BVerwG NVwZ 2021, 331 Rn. 19.

[358] BVerwG NVwZ 2020, 1533 Rn. 8; dazu: *Hufen,* JuS 2021, 711.

[359] BVerwG NVwZ 1990, 256; vgl. auch BVerwGE 140, 41 Rn. 19.

[360] RPOVG, Urt. v. 27.5.2020 – 8 C 11446/19.OVG, BeckRS 2020, 10172 Rn. 32.

[361] Vgl. BVerwGE 78, 85 (91).

[362] Vgl. BVerwG NVwZ 2017, 563 Rn. 10 ff., wobei in diesem Fall die Geringfügigkeitsschwelle nicht überschritten war.

Dies beruht erstens darauf, dass für die Antragsbefugnis bereits die Möglichkeit einer Rechtsverletzung ausreicht, und zweitens darauf, dass sich §§ 214, 215 BauGB auf der Begründetheitsseite der Normenkontrolle auswirken, die jedoch – wie gesehen – als objektives Beanstandungsverfahren ausgestaltet ist.[363]

bb) Zur früheren Präklusion von Einwendungen gem. § 47 IIa VwGO

205 Nach der bis einschließlich 1.6.2017 geltenden Rechtslage schied die Antragsbefugnis aus, soweit natürliche oder juristische Personen Einwendungen geltend machten, die gem. § 47 IIa VwGO a.F. präkludiert waren.

Danach war der Antrag unzulässig, wenn der Antragsteller ausschließlich Einwendungen geltend machte, die er im Rahmen der öffentlichen Auslegung (§ 3 II BauGB) oder der Öffentlichkeitsbeteiligung (§ 13 II Nr. 2 BauGB und § 13a II Nr. 1 BauGB) nicht oder verspätet geltend gemacht hatte, aber hätte geltend machen können, und wenn auf diese Rechtsfolge im Rahmen der Beteiligung hingewiesen worden war. Infolge der Aufhebung des § 47 IIa VwGO[364] ist dieser in Normenkontrollverfahren seit dem 2.6.2017 nicht mehr anzuwenden. Umstritten war allerdings lange, welche Rechtslage bei **zuvor anhängig gemachten noch laufenden Verfahren** zugrunde zu legen ist. Da nach den Grundsätzen des intertemporalen Prozessrechts Prozessvoraussetzungen zum Zeitpunkt der Gerichtsentscheidung vorliegen müssen, erfasst eine Änderung des Verfahrensrechts grds. auch bereits anhängige Rechtsstreitigkeiten.[365] Dementsprechend hielt die Mehrheit der OVGe § 47 IIa VwGO grds. nicht mehr für anwendbar, wenn über einen Normenkontrollantrag nach dem Außerkrafttreten dieser Norm entschieden wurde.[366] Gleichzeitig wiesen einzelne OVGe jedoch zu Recht darauf hin, dass § 47 IIa VwGO insbes. der Gemeinde als Antragsgegnerin eine aus rechtsstaatlichen Gründen schutzwürdige Verfahrensstellung vermitteln konnte.[367] Das **BVerwG** hat diesen Streit 2020 mit dem Hinweis darauf gelöst, dass ein Vertrauen der Gemeinde in Fällen, in denen die Präklusion gegen Unionsrecht verstößt, nicht schutzwürdig sei, und der Gesetzgeber im Übrigen eine einheitliche Abschaffung der Präklusionswirkung angestrebt habe.[368] Da der Gesetzgeber durch die Aufhebung des § 47 IIa VwGO aus Gründen der Praktikabilität solche Fälle gleich behandeln wollte, in denen die Präklusion nicht gegen Unionsrecht verstößt, sei auch die mögliche Fortgeltung einheitlich zu handhaben.[369] Im Übrigen habe eine schutzwürdige Verfahrensstellung von Gemeinden und Dritten nur geringes Gewicht, weil § 47 IIa VwGO a.F. die inzidente Kontrolle des Bebauungsplans im gerichtlichen Verfahren unberührt gelassen habe.[370] Im Ergebnis steht daher heute fest, dass auch vor dem 2.6.2017 anhängig gemachte Verfahren nicht mehr auf der Grundlage von § 47 IIa VwGO a.F. für unzulässig erklärt werden dürfen.[371]

cc) Keine formelle Präklusion gem. § 6 UmwRG

206 Praktisch wichtig ist, dass das BVerwG 2020 geklärt hat, dass die **Klagebegründungsfrist aus § 6 S. 1 UmwRG** nicht für Normenkontrollen gem. § 47 I Nr. 1 VwGO gegen Bebauungspläne gilt.[372] Entsprechend kann sich in solchen Normenkontrollen, obwohl das

---

[363] Vgl. *Erbguth/Guckelberger,* AllgVerwR, 10. Aufl. 2020, § 28 Rn. 9.
[364] Zu den Hintergründen: *Will,* ÖffBauR, 2. Aufl. 2022, Rn. 238.
[365] BVerwG NVwZ 2020, 1442 Rn. 12.
[366] Vgl. etwa NWOVG, Urt. v. 25.9.2017 – 2 D 18/16.NE, BeckRS 2017, 142525 Rn. 36; SHOVG NVwZ-RR 2019, 351 Rn. 23.
[367] BaWüVGH NVwZ-RR 2018, 215 Rn. 22 ff.; SaarlOVG KommJur 2019, 104 (106).
[368] BVerwG NVwZ 2020, 1442 Rn. 14 f.
[369] BVerwG NVwZ 2020, 1442 Rn. 15.
[370] Zu materialen Aspekten vgl. *Will,* ÖffBauR, 2019, Rn. 221.
[371] BVerwG NVwZ 2020, 1442 Rn. 11 ff.; ZfBR 2021, 873 Rn. 12.
[372] BVerwG NVwZ 2021, 331 Rn. 11 ff.; dazu: *Hufen,* JuS 2021, 1206.

UmwRG grds. auf Rechtbehelfe gegen Bebauungspläne Anwendung findet, aus § 6 S. 1 UmwRG keine formelle Präklusion von Rechten ergeben, zu denen nicht innerhalb der dort geregelten Frist vorgetragen wurde.[373]

Nach § 6 S. 1 UmwRG sind Tatsachen und Beweismittel, die zur Begründung einer „Klage“ gegen eine Entscheidung i.S.v. § 1 I 1 UmwRG bzw. gegen deren Unterlassen dienen, innerhalb einer Frist von zehn Wochen ab Klageerhebung anzugeben. Erklärungen und Beweismittel, die erst später vorgebracht werden, sind gem. § 6 S. 2 UmwRG in der Regel präkludiert. Das BVerwG hat jedoch auf Grundlage einer ausführlichen Auslegung die Anwendbarkeit von § 6 UmwRG auf Normenkontrollen gegen Bebauungspläne u.a. mit dem grammatikalischen Argument verneint, dass § 6 S. 1 UmwRG den Begriff „Klage“ verwende, die Normenkontrolle gem. § 47 I Nr. 1 VwGO, als objektives Rechtsbeanstandungsverfahren, jedoch keine „Klage“ i.S.d. VwGO sei.[374]

d) Richtige Antragsgegnerin

Richtige Antragsgegnerin ist gem. § 47 II 2 VwGO die Gemeinde (als Körperschaft des öffentlichen Rechts), die den Bebauungsplan erlassen hat. 207

e) Beteiligten- und Prozessfähigkeit, Postulationsfähigkeit

Auch bei der Normenkontrolle gem. § 47 VwGO richtet sich die Beteiligtenfähigkeit grds. nach § 61 VwGO und die Prozessfähigkeit nach § 62 VwGO. Zu beachten ist jedoch, dass hier gem. § 47 II 1 HS 2 VwGO auch Behörden beteiligtenfähig sind.[375] 208

Aufgrund § 47 II 1 HS 2 VwGO ist für die Beteiligtenfähigkeit von Behörden daher bei verwaltungsgerichtlichen Normenkontrollen ausnahmsweise keine landesrechtliche Bestimmung gem. § 61 Nr. 3 VwGO erforderlich.

Als Besonderheit der Normenkontrolle gem. § 47 VwGO ist ferner bei der **Postulationsfähigkeit** zu beachten, dass sich die Beteiligten gem. § 67 IV 1 VwGO durch einen Prozessbevollmächtigten vertreten lassen müssen, da dieses Verfahren gem. § 47 I VwGO nicht vor dem einfachen VG, sondern vor dem HessVGH stattfindet. In Prüfungsarbeiten sollte auf dieses Vertretungserfordernis kurz hingewiesen werden. 209

f) Frist

Der Normenkontrollantrag muss gem. § 47 II 1 VwGO innerhalb eines Jahres nach Bekanntmachung des Bebauungsplans gestellt werden. Nach Ablauf dieser Frist besteht Rechtsschutz grds. nur noch gegen Ausführungsakte, die aufgrund des Bebauungsplans ergangen sind (insbes. Anfechtungsklage gem. § 42 I Alt. 1 VwGO). Daneben kommt eine Feststellungsklage gem. § 43 I Alt. 1 VwGO in Betracht, soweit es um konkrete, aus dem Bebauungsplan folgende Rechtsfragen geht. Für die inzidente Überprüfung der Rechtmäßigkeit eines Bebauungsplans im Rahmen solcher Klagen gilt die Frist des § 47 II 1 VwGO nach zutreffender, ganz h.M. nicht.[376] 210

Umstritten ist, ob bei unverschuldeter Fristversäumung eine **Wiedereinsetzung in den vorigen Stand** gem. § 60 VwGO in Betracht kommt. Entgegen der h.M., die § 47 II 1 VwGO für

---

[373] Eingehender zum Ganzen: *Will*, ÖffBauR, 2. Aufl. 2022, Rn. 239.

[374] BVerwG NVwZ 2021, 331 Rn. 12.

[375] Zu der im Baurecht regelmäßig nicht relevanten und daher hier nicht weiter behandelten Antragsbefugnis von Behörden i.S.v. § 47 II 1 HS 2 VwGO: BeckOK VwGO/*Giesberts*, § 47 Rn. 42 (59. Ed.).

[376] *Kopp/Schenke*, VwGO, 27. Aufl. 2021, § 47 Rn. 83.

eine Ausschlussfrist hält, also eine Frist, auf die § 60 VwGO keine Anwendung findet,[377] ist nach zutreffender Ansicht bei unverschuldeter Versäumung der Frist des § 47 II 1 VwGO – jedenfalls bei auch dem Individualrechtsschutz dienenden Normenkontrollen bspw. gegen Bebauungspläne – eine **Wiedereinsetzung** in den vorigen Stand gem. § 60 VwGO inzwischen **grds. möglich.**[378]

Angemerkt sei hier auch, dass das BVerwG 2016 die lange umstrittene Frage geklärt hat, dass die Frist des § 47 II 1 VwGO auch für Normenkontrollanträge gilt, die sich auf **funktionslos gewordene Bebauungspläne** beziehen.[379] Aus diesem Grund sind entsprechende Normenkontrollanträge regelmäßig verfristet und daher unzulässig.

211 Zu beachten ist, dass die rückwirkende Inkraftsetzung eines Bebauungsplans im ergänzenden Verfahren gem. § 214 IV BauGB[380] nicht etwa dazu führt, dass die Frist des § 47 II 1 VwGO ab dem Zeitpunkt des rückwirkenden Inkrafttretens liefe. Vielmehr beginnt der Fristlauf hier mit der Bekanntmachung des rückwirkenden Geltungsanspruchs.[381]

212 Für den **Lauf der Frist** des § 47 II 1 VwGO gelten die allgemeinen Bestimmungen des § 57 VwGO. Danach berechnet sich die Frist nach § 57 II VwGO i.V.m. § 222 ZPO, §§ 187 ff. BGB. Gem. § 187 I BGB wird bei der Fristberechnung der Tag, in welchen die Bekanntmachung des Bebauungsplans fällt, nicht mitgerechnet (Ereignisfrist). Gem. § 188 II Alt. 1 BGB endet die Jahresfrist des § 47 II 1 VwGO daher mit dem Ablauf desjenigen Tages des zwölften Monats, welcher durch seine Zahl dem Tage entspricht, in den das Ereignis oder der Zeitpunkt fällt.

Fehlt in dem relevanten Monat der für den Fristablauf maßgebende Tag, so endigt die Frist gem. § 188 III BGB mit dem Ablauf des letzten Tages dieses Monats. Diese Spezialregelung hat bei einer Jahresfrist wie § 47 II 1 VwGO nur in Schaltjahren wie 2016, 2020 und 2024 Bedeutung.

Beispiele:
- Hat die Gemeinde den Bebauungsplan am 31.7.2021 bekannt gemacht, läuft die Frist des § 47 II 1 VwGO gem. § 57 II VwGO i.V.m. §§ 222 ZPO, 188 II Alt. 1 BGB mit Ablauf des 31.7.2022 ab.
- Hat die Gemeinde den Bebauungsplan am 29.2.2020 bekannt gemacht, läuft die Frist des § 47 II 1 VwGO gem. § 57 II VwGO i.V.m. §§ 222 ZPO, 188 II Alt. 1, III BGB mit Ablauf des 28.2.2021 ab.

g) Rechtsschutzbedürfnis

213 Das allgemeine Rechtsschutzbedürfnis ist bei bestehender Antragsbefugnis regelmäßig gegeben[382] und sollte daher – wie üblich – überhaupt nur angesprochen werden, wenn Indizien für sein ausnahmsweises Fehlen vorliegen. Es kann insbes. fehlen, wenn sich die Inanspruchnahme des Gerichts als nutzlos erweist, weil der Antragsteller seine Rechtsstellung mit der begehrten Entscheidung nicht verbessern kann.[383]

---

[377] Vgl. etwa NWOVG NVwZ-RR 2005, 290; *Ziekow,* in: Sodan/Ziekow, VwGO, 5. Aufl. 2018, § 47 Rn. 292.

[378] *Hufen,* VerwProzR, 12. Aufl. 2021, § 19 Rn. 40; eingehender zum Ganzen: *Will,* ÖffBauR, 2. Aufl. 2022, Rn. 243.

[379] BVerwG NVwZ 2016, 1481; dazu näher unten Rn. 235.

[380] Dazu oben Rn. 189 ff.

[381] *Ziekow,* in: Sodan/Ziekow, VwGO, 5. Aufl. 2018, § 47 Rn. 289.

[382] BVerwGE 169, 29 Rn. 19 = NVwZ 2020, 1686; 169, 219 Rn. 11 = NVwZ 2020, 1758.

[383] BVerwGE 169, 29 Rn. 19; 169, 219 Rn. 11; 84, 225 (231).

Beispiele:
- Am Rechtsschutzbedürfnis kann es etwa fehlen, wenn sämtliche aufgrund des Bebauungsplans zulässigen Vorhaben bereits in nicht mehr anfechtbarer Form vollständig verwirklicht sind.[384]
- Sind hingegen nur Teile der aufgrund des Bebauungsplans zulässigen Vorhaben verwirklicht, besteht im Hinblick auf die anderen zulässigen Vorhaben regelmäßig ein Rechtsschutzbedürfnis.[385]

2. Begründetheit der Normenkontrolle

Die Normenkontrolle ist **begründet, soweit der angegriffene Bebauungsplan ungültig ist.** Dies ist der Fall, soweit er rechtsfehlerhaft ist und der Fehler sich auf seine Wirksamkeit auswirkt. Rechtsfehlerhaft ist der Bebauungsplan, wenn er gegen höherrangiges Recht verstößt. 214

Prüfungsmaßstab ist dabei in der Bundesrepublik anwendbares Völkerrecht, EU-Recht, Bundesrecht und Landesrecht. Wie erwähnt prüft der VGH die Rechtmäßigkeit des Bebauungsplans in der Normenkontrolle gem. § 47 VwGO umfassend, also nicht nur hinsichtlich der Belange, welche die Antragsbefugnis des Antragstellers gem. § 47 II 1 VwGO („Flaschenhals") begründet haben.[386]

Rechtsfehler, die gem. §§ 214, 215 BauGB unbeachtlich sind, führen hingegen – wie gesehen – nicht zur Ungültigkeit des Bebauungsplans. 215

3. Entscheidung des VGH

Kommt der VGH zu der Überzeugung, dass der Bebauungsplan ungültig ist, erklärt er diesen gem. § 47 V 2 HS 1 VwGO für unwirksam. Eine **Teilunwirksamkeitserklärung** kommt in Betracht, wenn die Fehlerhaftigkeit abtrennbare Teile des angegriffenen Bebauungsplans betrifft und dieser im übrigen Bestand haben kann.[387] Die Unwirksamkeitserklärung durch den VGH ist gem. § 47 V 2 HS 2 VwGO allgemeinverbindlich, gilt also *erga omnes*. 216

Aus rechtsstaatlichen Gründen ist die Entscheidungsformel daher von der betroffenen Gemeinde, als Antragsgegnerin, gem. § 47 V 2 HS 2 VwGO so zu veröffentlichen, wie der Bebauungsplan bekanntzumachen wäre.[388]

VIII. Die staatshaftungsrechtliche Dimension von Bebauungsplänen

Wer durch fehlerhafte Bebauungspläne nachteilig betroffen ist, kann unter bestimmten Voraussetzungen auch Schadensersatz- oder Entschädigungsansprüche geltend machen. Diese sind insbes. dann relevant, wenn keine Rechtsschutzmöglichkeit (mehr) besteht. 217

---

[384] Vgl. BVerwGE 169, 29 Rn. 19; 169, 219 Rn. 11.
[385] Vgl. BVerwGE 169, 29 Rn. 19; 169, 219 Rn. 11.
[386] BVerwGE 82, 225 (232 ff.).
[387] Dazu bereits oben Rn. 178.
[388] Oben Rn. 113 ff.

1. Amtshaftungsanspruch gem. § 839 BGB, Art. 34 GG

218 Da die Mitglieder der Gemeindevertretung bei Aufstellung eines Bebauungsplans öffentlich-rechtlich handeln und daher grds. „jemand", der „in Ausübung eines ihm anvertrauten öffentlichen Amtes" handelt, i.S.v. Art. 34 S. 1 GG sind, kommt grds. ein Amtshaftungsanspruch gegen die Gemeinde gem. § 839 BGB, Art. 34 GG in Betracht.[389]

219 Die entscheidende Hürde liegt jedoch in der Frage, ob die Mitglieder der Gemeindevertretung bei der Aufstellung des Bebauungsplans eine **drittgerichtete Amtspflicht verletzen.** Die Gemeindevertreter haben die Amtspflicht, bei der Planaufstellung die rechtlichen Vorgaben zu beachten (Pflicht zu rechtmäßigem Verhalten, Art. 20 III GG). Tun sie dies nicht, verletzen sie diese Amtspflicht. Fraglich ist allerdings, ob diese Amtspflicht **drittgerichtet** ist. Dies ist der Fall, wenn sie auch dem Geschädigten gegenüber besteht und dessen Schutz vor dem erlittenen Schaden bezweckt.[390]

220 Beim Erlass einer rechtswidrigen Rechtsnorm (formelles Gesetz, Rechtsverordnung, Satzung), **verneint** der BGH regelmäßig das Vorliegen einer drittgerichteten Amtspflicht, so dass ein Amtshaftungsanspruch ausscheidet.[391]

Zur Begründung verweist der BGH darauf, dass sich die Pflichten im Gesetzgebungsverfahren regelmäßig darin erschöpften, dem Interesse der Allgemeinheit an einem geordneten Gemeinwesen zu dienen.[392]

221 Beim Erlass von Bebauungsplänen **bejaht** der BGH allerdings ausnahmsweise – in engen Grenzen – den drittschützenden Charakter, da Bebauungspläne meist kleinere Teilgebiete einer Gemeinde betreffen, so dass die Normadressaten leichter individualisierbar sind.[393] Allerdings bleibt der BGH auch hier bei der Prämisse, dass die Amtspflichten des Planungsgebers grds. nur gegenüber der Allgemeinheit bestünden.[394] Drittgerichtet ist die Amtspflicht danach nur **ausnahmsweise,** soweit im Rahmen der Planung in qualifizierter und zugleich individualisierbarer Weise auf schutzwürdige Interessen eines erkennbar abgegrenzten Kreises Dritter Rücksicht zu nehmen ist. Dritter in diesem Sinne können dabei neben den aktuellen Eigentümern auch zukünftige Eigentümer, Bewohner des Plangebietes, Bauherren und Bauträger sein.[395]

222 Bejaht hat der BGH solche drittgerichteten Amtspflichten vor allem in seiner **Altlastenrechtsprechung.**[396] Danach ist insbes. bei Bodenverseuchungen mit gesundheitsgefährdenden Schadstoffen das Gebot aus § 1 VI Nr. 1 BauGB, bei der Planaufstellung die Anforderungen an gesunde Wohn- und Arbeitsverhältnisse zu beachten, drittbezogen.[397]

Diese Rspr. bezieht sich zunächst auf Gefahren, die – z.B. aufgrund von Altlasten – vom Grund und Boden des Plangebietes ausgehen. Der BGH hat insofern eine Pflicht der Ge-

---

[389] Zu den Voraussetzungen des Amtshaftungsanspruchs etwa *Detterbeck,* AllgVerwR, 20. Aufl. 2022, Rn. 1055 ff.; *Will,* AllgVerwR, 2. Aufl. 2022, S. 285 ff.

[390] Vgl. *Will,* AllgVerwR, 2. Aufl. 2022, S. 288 f.

[391] Vgl. etwa BGH NJW 1989, 101; NJW 1988, 478.

[392] BGH NJW 1989, 101.

[393] *Detterbeck,* AllgVerwR, 20. Aufl. 2022, Rn. 1073; *Will/Quarch,* Staatshaftungsrecht, 2018, § 1, Rn. 26.

[394] BGHZ 71, 386 (389 f.).

[395] Näher dazu: *Ossenbühl/Cornils,* Staatshaftungsrecht, 6. Aufl. 2013, S. 68 f.

[396] Grundlegend: BGHZ 106, 323 = NJW 1989, 976; näher dazu: *Will/Quarch,* Staatshaftungsrecht, 2018, § 1, Rn. 26 f.

[397] Vgl. BGHZ 142, 259 (263 f.) = NJW 2000, 427 (428).

meinde angenommen, schon bei der Planung Gefahrensituationen zu ermitteln und in die Abwägung gem. § 1 VII BauGB einzustellen.[398] Diese Aufklärungspflicht ist somit deckungsgleich mit der aus dem Abwägungsgebot des § 1 VII BauGB und aus § 2 III BauGB folgenden Pflicht zur Ermittlung der abwägungserheblichen Belange.[399] Zwar hat die Gemeinde grds. keine Pflicht zur Überprüfung des Plangebietes „ins Blaue hinein".[400] Strenge Anforderungen an die Ermittlungspflicht gelten jedoch bspw., wenn die Gemeinde etwa aufgrund einer von ihr betriebenen Deponie selbst an der Bodenverunreinigung beteiligt war,[401] wenn Gemeindebehörden bereits Kenntnis von Verunreinigungen oder einem Altlastenverdacht hatten oder wenn aufgrund der konkreten industriellen Vornutzung typischerweise mit Verunreinigungen zu rechnen war.[402]

Die soeben angeklungenen Aspekte der Erkennbarkeit möglicher Beeinträchtigungen der 223
Gesundheit und anderer subjektiver Rechte spielen auch im Rahmen des **Verschuldens** eine wesentliche Rolle.

Abzustellen ist hier nach dem objektivierten Verschuldensmaßstab des § 276 II BGB nicht auf die konkret handelnden Amtsträger, sondern auf pflichtgetreu handelnde Durchschnittsbeamte,[403] bei der Aufstellung von Bebauungsplänen also auf pflichtgetreue durchschnittliche Gemeindevertreter. Während ein typischer Amtshaftungsanspruch wegen rechtswidriger Normgebung meist spätestens am Verschulden scheitert, wird sich dieses insbes. in den erläuterten Altlastenfällen häufig bejahen lassen.

2. Entschädigungsansprüche gem. §§ 39 ff. BauGB

Das BauGB regelt in §§ 39 ff. Entschädigungsansprüche für verschiedene Spezialfälle, in 224
denen Bebauungspläne nachteilige Auswirkungen auf betroffene Grundstücke haben.[404] Gemeinsam ist diesen Ansprüchen, dass sie – anders als der Amtshaftungsanspruch – auf angemessene Entschädigung und nicht auf vollwertigen Schadensersatz gerichtet sind.[405] Gemeinsam ist ihnen auch, dass Anspruchsgegner gem. § 44 I 2 BauGB grds. die planende Gemeinde ist, wenn nicht aufgrund § 44 I 1, II BauGB die Entschädigungspflicht einen – z.B. durch eine Planänderung – Begünstigten trifft. Sekundär ist die Gemeinde gem. § 44 I 3, II 3 BauGB stets zur Entschädigung verpflichtet, z.B. wenn der Begünstigte seine Verpflichtung nicht erfüllt.

IX. Arten von Bebauungsplänen

Das BauGB unterscheidet verschiedene Arten von Bebauungsplänen. Dabei lassen sich 225
mehrere Kategorien bilden: Im Hinblick auf den **Inhalt** sind der qualifizierte Bebauungsplan (§ 30 I BauGB), der einfache Bebauungsplan (§ 30 III BauGB) und der vorhabenbezogene Bebauungsplan (§ 30 II BauGB) zu unterscheiden.

Hinsichtlich des **Verhältnisses zum Flächennutzungsplan** und – damit verbunden – des **Entstehungszeitpunktes** kann hingegen zwischen dem Normalfall des aus dem Flächennutzungsplan entwickelten Bebauungsplans (§ 8 II 1 BauGB), dem im Parallelverfahren entwickelten

---

[398] BGHZ 106, 323 (326 f.) = NJW 1989, 976 (977).
[399] Oben Rn. 90 ff.; *Schieferdecker,* in: Hoppe/Bönker/Grotefels, § 19 Rn. 8.
[400] Vgl. BGHZ 113, 367 (371) = NJW 1991, 2701 (2702).
[401] BGHZ 106, 323 (327) = NJW 1989, 976 (977).
[402] BGHZ 109, 380 (386 f.) = NJW 1990, 1038 (1039): Kokerei.
[403] *Will/Quarch,* Staatshaftungsrecht, 2018, § 1, Rn. 45 ff.
[404] Näher dazu: *Will,* ÖffBauR, 2. Aufl. 2022, Rn. 261 ff.
[405] Zum Unterschied *Will,* AllgVerwR, 2. Aufl. 2022, S. 333 f.

Bebauungsplan (§ 8 III 1 BauGB), dem vorzeitigen Bebauungsplan (§ 8 IV 1 BauGB) und dem selbständigen Bebauungsplan (§ 8 II 2 BauGB) unterschieden werden. Die folgenden Ausführungen konzentrieren sich auf die **inhaltsbezogene Kategorie**, zumal die daraus resultierenden Unterschiede für die bauplanungsrechtliche Zulässigkeit von Bauvorhaben von entscheidender Bedeutung sind.

1. Qualifizierter Bebauungsplan (§ 30 I BauGB)

226 Ein Bebauungsplan, der allein oder gemeinsam mit sonstigen baurechtlichen Vorschriften mindestens Festsetzungen über die Art und das Maß der baulichen Nutzung, die überbaubaren Grundstücksflächen und die örtlichen Verkehrsflächen enthält (§ 30 I BauGB), wird als qualifizierter Bebauungsplan bezeichnet.[406]

Die Kategorie des qualifizierten Bebauungsplans ist bedeutsam, da Vorhaben im Geltungsbereich eines solchen Bebauungsplans gem. § 30 I BauGB bereits dann bauplanungsrechtlich zulässig sind, wenn sie dessen Festsetzungen nicht widersprechen und die Erschließung gesichert ist. Liegt also ein qualifizierter Bebauungsplan vor, bilden dessen Festsetzungen die entscheidenden Vorgaben für die bauplanungsrechtliche Zulässigkeit von Bauvorhaben.

2. Einfacher Bebauungsplan (§ 30 III BauGB)

227 Alle Bebauungspläne, die – auch gemeinsam mit sonstigen baurechtlichen Vorschriften – nicht die in § 30 I BauGB benannten Mindestfestsetzungen enthalten, sind gem. § 30 III BauGB sog. einfache Bebauungspläne. Vorhaben im Geltungsbereich eines solchen einfachen Bebauungsplans müssen sich zunächst stets an dessen Festsetzungen messen lassen.[407] Dies folgt schon aus der Rechtsnormqualität des Bebauungsplans sowie aus § 8 I 1 BauGB.

Da die Vorgaben einfacher Bebauungspläne aber nach der Konzeption des Gesetzgebers nicht ausreichen, um die bauliche Nutzung im Plangebiet hinreichend zu steuern, bestimmt sich die bauplanungsrechtliche Zulässigkeit von Vorhaben im Geltungsbereich einfacher Bebauungspläne gem. § 30 III BauGB ergänzend nach § 34 BauGB (innerhalb eines im Zusammenhang bebauten Ortsteils) oder nach § 35 BauGB (im Außenbereich).

3. Vorhabenbezogener Bebauungsplan (§§ 12, 30 II BauGB)

228 Vor allem bei größeren Einzelprojekten spielen vorhabenbezogene Bebauungspläne eine große Rolle. Sie wirken – was die bauplanungsrechtliche Zulässigkeit von Bauvorhaben angeht – gem. § 30 II BauGB wie qualifizierte Bebauungspläne: Vorhaben im Geltungsbereich eines solchen Bebauungsplans sind zulässig, wenn sie dessen Festsetzungen nicht widersprechen und die Erschließung gesichert ist.

Was genau ein vorhabenbezogener Bebauungsplan ist, ergibt sich aus dem kompliziert gefassten **§ 12 BauGB**, welcher die inzwischen etwas fehlleitende Überschrift „Vorhaben- und Erschließungsplan“ trägt.[408] Es handelt sich um ein kooperatives Planungsinstrument, das die planungsrechtlichen Voraussetzungen für ein spezifisches Projekt eines Vorhabenträgers (Investors) schaffen soll. Vorhabenträger ist dabei regelmäßig eine (ggf. juristische) Privatperson, sei diese auch im Eigentum der Gemeinde oder von dieser beherrscht.

---

[406] Näher dazu unten Rn. 301 ff.
[407] Dazu näher unten Rn. 359 ff.
[408] Zum Entstehungshintergrund: *Will*, ÖffBauR, 2. Aufl. 2022, Rn. 271.

Die Kooperation zwischen Gemeinde und Vorhabenträger, in welcher der vorhabenbezogene Bebauungsplan entsteht, vollzieht sich in drei Schritten: Zunächst erstellt der Vorhabenträger in Abstimmung mit der Gemeinde einen Vorhaben- und Erschließungsplan. Im zweiten Schritt schließen beide einen Durchführungsvertrag in Form eines städtebaulichen Vertrags i. S. v. § 11 BauGB, in dem sich der Vorhabenträger verpflichtet, Vorhaben und Erschließung zu verwirklichen und die Planungs- und Erschließungskosten ganz oder teilweise zu tragen. Im dritten Schritt erlässt die Gemeinde dann den vorhabenbezogenen Bebauungsplan, der gem. § 30 II BauGB die Grundlage für die sodann zu erteilende Baugenehmigung bildet. 229

Grds. gelten für den vorhabenbezogenen Bebauungsplan dieselben Regelungen wie für jeden Bebauungsplan. In **verfahrensrechtlicher** Hinsicht ergibt sich jedoch insofern eine Abweichung, als § 12 II 1 BauGB einen zu bescheidenden Antrag auf Einleitung des Planverfahrens kennt. Ein Vorhabenträger kann also die Einleitung des Verfahrens anregen, mit der Folge, dass die Gemeinde nach pflichtgemäßem Ermessen darüber zu entscheiden hat. In **materiellrechtlicher** Hinsicht besteht eine Besonderheit darin, dass der Vorhaben- und Erschließungsplan gem. § 12 III 1 BauGB Bestandteil des vorhabenbezogenen Bebauungsplans wird. Daher bemisst sich die bauplanungsrechtliche Zulässigkeit eines Vorhabens gem. § 30 II BauGB auch anhand des Vorhaben- und Erschließungsplans. Dies hat wiederum zur Folge, dass der vorhabenbezogene Bebauungsplan sowie der Vorhaben- und Erschließungsplan aufeinander abgestimmt sein müssen.[409] Widersprechen sie einander, ist der Bebauungsplan fehlerhaft und damit ungültig. Er kann dann allenfalls noch im Wege des ergänzenden Verfahrens gem. § 214 IV BauGB geheilt werden.[410]

Eine weitere materiellrechtliche Besonderheit besteht darin, dass gem. § 12 III 2 BauGB keine Bindung an die Festsetzungsmöglichkeiten des § 9 BauGB und der BauNVO besteht (§ 12 III 2 BauGB). Das danach – und nur hier – bestehende „Festsetzungserfindungsrecht" bietet die Möglichkeit, dem konkreten Vorhaben gerecht zu werden, entbindet die Gemeinde aber nicht etwa von den Anforderungen des rechtsstaatlichen Bestimmtheitsgebots.[411] 230

Setzt die Gemeinde im vorhabenbezogenen Bebauungsplan ein Baugebiet i.S.d. BauNVO fest, was seit der Einfügung von Abs. IIIa in § 12 BauGB im Jahr 2007 möglich ist, ist sie allerdings insofern auch an den Inhalt der BauNVO gebunden. 231

Eine allgemeine Festsetzung der baulichen und sonstigen Nutzung insbes. durch Ausweisung eines Baugebietes nach der BauNVO ist dabei gem. § 12 IIIa BauGB nur dann möglich, wenn die Zulässigkeit von Vorhaben unter entsprechender Anwendung von § 9 II BauGB zugleich auf solche beschränkt wird, zu deren Durchführung sich der Vorhabenträger im Durchführungsvertrag verpflichtet.

Hingewiesen sei auch auf den 2017 angefügten § 12 VII BauGB[412] zur Zulassung von Wohnnutzung in bisherigen Erholungssondergebieten nach § 10 BauNVO. Konkret geht es um die Legalisierung des bisher schon oft *de facto* praktizierten Dauerwohnens in solchen Gebieten.[413] Die Zulassung mittels eines vorhabenbezogenen Bebauungsplans bietet insofern nicht nur den Vorteil der Befreiung vom Festsetzungskatalog des § 9 BauGB sowie der BauNVO. Vor dem Hintergrund, dass eine solche Zulassung regelmäßig mit einer substan-

409 BVerwG NVwZ 2004, 229 (230).
410 BayVGH NVwZ-RR 2002, 260 (262).
411 BVerwG NVwZ 2004, 229 (230 f.).
412 M.W.v. 13.5.2017 durch Gesetz v. 4.5.2017 (BGBl. I S. 1057).
413 BT-Drs. 18/11439, S. 20.

tiellen Wertsteigerung der betroffenen Grundstücke verbunden ist, haben die Gemeinden so vor allem auch die Möglichkeit, den Vorhabenträger ganz oder teilweise zur Tragung der Planungs- und Erschließungskosten zu verpflichten.[414]

X. Aufhebung und Funktionslosigkeit von Bebauungsplänen

1. Aufhebung von Bauleitplänen

232 Die Vorschriften über die Aufstellung von Bauleitplänen gelten gem. § 1 VIII BauGB auch für deren Änderung, Ergänzung und Aufhebung. **Aufhebung** eines Bauleitplans bedeutet dessen Außerkraftsetzung. Sie kann ersatzlos oder unter gleichzeitiger Aufstellung eines Nachfolgeplans erfolgen.

Da eine Rechtsnorm nur entweder durch Unwirksamkeitserklärung durch ein dafür zuständiges Gericht in einem Normenkontrollverfahren oder durch den Normgeber in dem für ihren Erlass geltenden Verfahren aufgehoben werden kann, muss auch ein Bebauungsplan, der als nichtig erkannt worden ist, grds. in dem dafür vorgesehenen Verfahren aufgehoben werden, um den Anschein seiner Rechtsgültigkeit zu beseitigen.[415] Weder die betroffene Gemeinde noch die höhere Verwaltungsbehörde, als Plangenehmigungsbehörde, haben also die Befugnis, einen nichtigen Bauleitplan – bspw. durch schlichten Beschluss – außer Kraft zu setzen oder seine Nichtigkeit verbindlich festzustellen.[416]

Ein Bauleitplan wird gem. § 1 VIII BauGB durch ein **förmliches Planaufhebungsverfahren** aufgehoben. Eine Aufhebung im vereinfachten Verfahren sieht § 13 BauGB nicht vor. Lediglich ein vorhabenbezogener Bebauungsplan kann gem. § 12 VI 3 BauGB im vereinfachten Verfahren aufgehoben werden. Wenn der aufzuhebende Bauleitplan durch einen neuen Plan ersetzt werden soll, ist die Aufhebung ein zusätzlicher Gegenstand im Rahmen des Verfahrens zur Aufstellung des neuen Plans. Mit Ersetzung durch den neuen Plan wird der bisherige aufgehoben.[417] Falls der neue Bauleitplan allerdings nichtig ist, ist der durch ihn aufgehobene Bauleitplan mangels einer Norm, die ihn verdrängen könnte, wirksam geblieben.[418]

2. Funktionslosigkeit von Bebauungsplänen

233 Ein spezieller Grund für das Außerkrafttreten eines Bebauungsplans oder auch einzelner seiner Festsetzungen ist der bereits oben angerissene Eintritt der Funktionslosigkeit.[419] Dieses vom BVerwG seit den 1970er Jahren anerkannte Rechtsinstitut hat durch verschiedene wichtige Gerichtsentscheidungen wieder verstärkte Aufmerksamkeit erfahren.[420]

234 Nach st. Rspr. tritt eine bauplanerische Festsetzung (nur dann) wegen **Funktionslosigkeit** außer Kraft, wenn und soweit die Verhältnisse, auf die sie sich bezieht, in der tatsächlichen Entwicklung einen Zustand erreicht haben, der eine **Verwirklichung** der

[414] BT-Drs. 18/11439, S. 20.

[415] BVerwGE 75, 142 (LS 2, 143 ff.) = NJW 1987, 1344 (LS 2, 1345).

[416] Höhere Verwaltungsbehörde: BVerwGE 75, 142 (LS 1, 143 ff.) = NJW 1987, 1344 (LS, 1345); Gemeinde: BVerwGE 54, 211 (216 f.) = NJW 1978, 554 (555).

[417] Vgl. BVerwG NVwZ 1991, 673 (674).

[418] Vgl. BVerwG NVwZ 1991, 673 (674); *FOK*, § 6 Rn. 97.

[419] Dazu bereits oben Rn. 133, 198, 210 sowie etwa *Scheidler*, UPR 2017, 201.

[420] Bspw. BVerwG NVwZ 2016, 1481; BayVGH NVwZ-RR 2017, 483; BbgOVG NVwZ-RR 2017, 273; NVwZ 2020, 1694 (Anm. *Heinemann*).

Festsetzung auf unabsehbare Zeit **ausschließt,** und wenn diese Tatsache so offensichtlich ist, dass ein in ihre Fortgeltung gesetztes Vertrauen keinen Schutz verdient.[421]

Entscheidend ist, ob die jeweilige Festsetzung noch geeignet ist, im Geltungsbereich des Bebauungsplans zur städtebaulichen Ordnung i.S.d. § 1 III BauGB einen sinnvollen Beitrag zu leisten.[422] Die Planungskonzeption, die einer Festsetzung zugrunde liegt, wird dabei aber nicht schon dann sinnlos, wenn sie nicht mehr überall im Plangebiet umgesetzt werden kann.[423] Eine Rolle kann auch spielen, wie sich die zuständige Ordnungsbehörde verhält, bspw. ob sie planwidrige Zustände erkennbar duldet.

Bsp.: In einem Fall des NWOVG waren 75 % der vorhandenen Bauplätze in einem Gebiet, das im Bebauungsplan als Wochenendhausgebiet i.S.v. § 10 I Var. 1 BauNVO festgesetzt war, mit einer gem. § 10 III BauNVO nicht zulässigen Dauerwohnnutzung belegt.[424] Die zuständige Behörde hatte verlauten lassen, auch zukünftig nicht gegen eine solche Nutzung einzuschreiten. Bei der gebotenen Gesamtbewertung entfalteten die Festsetzungen zur Sondergebietsausweisung keine Wirksamkeit mehr, da die im Bebauungsplan angestrebte städtebauliche Entwicklung aufgrund der tatsächlichen Verhältnisse einschließlich des Verhaltens der Ordnungsbehörde offenkundig nicht mehr erreichbar war. Konkrete Folge war, dass die entsprechende Festsetzung **wegen Funktionslosigkeit unwirksam** geworden war. Da die relevanten Grundstücke innerhalb eines im Zusammenhang bebauten Ortsteils i.S.v. § 34 I BauGB lagen, bemaß sich die bauplanungsrechtliche Zulässigkeit weiterer Dauerwohnnutzungen daher allein nach § 34 BauGB.

Wie bereits erwähnt, kann die Funktionslosigkeit eines Bebauungsplans und damit dessen **235**
Unwirksamkeit grds. mittels eines Normenkontrollverfahrens gem. § 47 VwGO überprüft und festgestellt werden.[425] Dieses ist hier ein Mittel, um Rechtssicherheit zu schaffen.

Wichtig ist insoweit aber, dass das BVerwG 2016 geklärt hat, dass die **Jahresfrist** des § 47 II 1 VwGO auch für Normenkontrollanträge zu funktionslos gewordenen Bebauungspläne gilt.[426] Da die Funktionslosigkeit grds. erst nach einem längeren Zeitraum eintritt und die Jahresfrist mit Bekanntmachung des Bebauungsplans und nicht etwa mit Eintritt der Funktionslosigkeit zu laufen beginnt,[427] hat dies die missliche Folge, dass Normenkontrollanträge gegen funktionslose Bebauungspläne regelmäßig wegen Fristablaufs unzulässig sein werden.[428] Verwaltungsprozessualer Rechtsschutz besteht in Fällen der Funktionslosigkeit daher meist nur noch **inzident,** bspw. im Rahmen einer Verpflichtungsklage auf Erteilung einer Baugenehmigung.

---

[421] Grundlegend: BVerwGE 54, 5 (Leitsatz und 9) = NJW 1977, 2325 (2326); BVerwGE 108, 71 (76) = NVwZ 1999, 986 (987); BVerwG NVwZ 2016, 1481.
[422] BVerwGE 108, 71 (76) = NVwZ 1999, 986 (987).
[423] BVerwG NVwZ-RR 1997, 512; NVwZ-RR 1998, 415 (416); BVerwGE 108, 71 (76) = NVwZ 1999, 986 (987).
[424] NWOVG, Urt. v. 25.11.2005 – 7 A 2687/04, BeckRS 2006, 22705.
[425] BVerwGE 108, 71 (LS, 72 ff.) = NVwZ 1999, 986 (986 f.).
[426] BVerwG NVwZ 2016, 1481 (LS, Rn. 6 ff.); dazu bereits oben Rn. 210.
[427] BVerwG NVwZ 2016, 1481 Rn. 9.
[428] BVerwG NVwZ 2016, 1481 Rn. 8.

§ 3. Sicherung der Bauleitplanung

A. Hintergrund und Überblick

236 Während des langwierigen Aufstellungsprozesses von Bauleitplänen besteht die Gefahr, dass Bauwillige Fakten schaffen. Das BauGB gibt den Gemeinden daher in §§ 14–28 BauGB Instrumente an die Hand, um ihre Bauleitplanung abzusichern. Die wichtigsten sind die Veränderungssperre (§§ 14, 16 f. BauGB), die Zurückstellung von Baugesuchen (§ 15 BauGB) und die gemeindlichen Vorkaufsrechte (§§ 24–28 BauGB).

B. Veränderungssperre

I. Gegenstand, Rechtsform und Geltungsdauer

237 Hat die Gemeinde einen Beschluss über die Aufstellung eines **Bebauungsplans** gefasst, kann sie gem. § 14 I BauGB eine Veränderungssperre mit dem Inhalt beschließen, dass u.a. Vorhaben i.S.d. § 29 BauGB nicht durchgeführt und/oder bauliche Anlagen nicht beseitigt werden dürfen (§ 14 I Nr. 1 BauGB).

238 Die Veränderungssperre wird gem. § 16 I BauGB von der Gemeinde als **Satzung** beschlossen. Mit der ortsüblichen Bekanntmachung gem. § 16 II BauGB wird sie rechtsverbindlich.

Als Satzung kann die Veränderungssperre mit der Normenkontrolle gem. § 47 I Nr. 1 VwGO[429] angegriffen werden. Daneben besteht die Möglichkeit inzidenter Überprüfung bspw. im Rahmen einer Verpflichtungsklage nach Ablehnung eines Bauantrags, dem sie entgegensteht.[430] Die Veränderungssperre tritt gem. § 17 I 1 BauGB nach zwei Jahren außer Kraft. Sie kann allerdings gem. § 17 I 3 BauGB um ein Jahr und – wenn besondere Umstände dies erfordern – gem. § 17 II BauGB bis zu einem weiteren Jahr verlängert werden.

II. Rechtmäßigkeitsvoraussetzungen

1. Rechtswirksamer, ordnungsgemäß bekanntgegebener Aufstellungsbeschluss

239 Erste Voraussetzung ist gem. § 14 I BauGB, dass ein Beschluss über die Aufstellung eines Bebauungsplans gefasst wurde. Dabei können der Aufstellungsbeschluss und die Anordnung der Veränderungssperre „in einem Akt“ erfolgen.[431] Nach der Rspr. ist nicht nur erforderlich, dass der Aufstellungsbeschluss rechtswirksam gefasst worden ist, sondern auch, dass dieser ordnungsgemäß gem. § 2 I 2 BauGB ortsüblich bekannt gemacht worden ist.[432]

240 Liegt kein Aufstellungsbeschluss vor oder ist dieser rechtswidrig oder nicht ordnungsgemäß bekannt gemacht worden, ist die Veränderungssperre rechtswidrig und damit unwirksam.

---

429 Zur Normenkontrolle oben Rn. 194 ff.
430 Zu prinzipaler und inzidenter Normenkontrolle oben Rn. 194.
431 BaWüVGH NVwZ-RR 2014, 931.
432 NWOVG NVwZ 1997, 598 (599).

Fehlt es an der ordnungsgemäßen Bekanntmachung des Aufstellungsbeschlusses gem. § 2 I 2 BauGB, kann die Bekanntmachung noch mit einem ergänzenden Verfahren gem. § 214 IV BauGB nachgeholt und die Veränderungssperre rückwirkend auf den Tag nach der Bekanntmachung des Aufstellungsbeschlusses in Kraft gesetzt werden.[433]

2. Erforderlichkeit zur Sicherung der Planung

Schon die Formulierung „zur Sicherung der Planung" in § 14 I BauGB indiziert, dass eine Veränderungssperre nur insoweit rechtmäßig ist, als sie zur Sicherung der Planung **erforderlich** ist. Dies setzt voraus, dass die Planung bereits eine hinreichend konkrete Konzeption erkennen lässt, denn die Veränderungssperre soll die künftige konkrete Planung schützen und nicht die abstrakte Planungshoheit als solche.[434] 241

Das BVerwG verlangt daher, dass eine Veränderungssperre erst erlassen werden darf, wenn die Planung, die sie sichern soll, ein **Mindestmaß dessen erkennen lässt, was Inhalt des zu erwartenden Bebauungsplans sein soll.**[435] 242

Dabei muss die Gemeinde bereits **positive Vorstellungen** über den Inhalt des Bebauungsplans entwickelt haben. Eine reine Negativplanung (Verhinderungsplanung), die sich darin erschöpft, einzelne Vorhaben auszuschließen, reicht also nicht aus.[436] 243

Daher ist grds. erforderlich, aber auch ausreichend, dass die Gemeinde zum Zeitpunkt des Erlasses einer Veränderungssperre zumindest Vorstellungen über die **Art der baulichen Nutzung** besitzt, sei es, dass sie einen bestimmten Baugebietstyp, sei es, dass sie nach den Vorschriften des § 9 I–IIa BauGB festsetzbare Nutzungen ins Auge gefasst hat.[437] 244

Beispiele:
- Das erforderliche Mindestmaß positiver Planung ist gewahrt, wenn die Gemeinde bei Erlass der Veränderungssperre Vorstellungen über die Art der baulichen Nutzung in Form von Festsetzungen von Flächen für den Gemeinbedarf (§ 9 I Nr. 5 BauGB) und für öffentliche und private Grünflächen, wie Parkanlagen (§ 9 I Nr. 15 BauGB), hat erkennen lassen.[438]
- Beschränkt sich das erkennbare Planungskonzept einer Gemeinde hingegen auf das Ziel, „bestimmte Bereiche des Stadtgebiets zu Gunsten bestimmter Schutzgüter wie Landschaftsschutz, Fremdenverkehr und Anwohnerschutz von Windenergieanlagen freizuhalten und gegebenenfalls positiv geeignete Standorte für die Errichtung von Windkraftanlagen festzusetzen", ist nach BVerwG NVwZ 2004, 984 (985) das erforderliche Mindestmaß dessen, was Inhalt des künftigen Bebauungsplans sein soll, nicht erreicht. Es fehlen die erforderlichen positiven Vorstellungen über den Inhalt des künftigen Bebauungsplans.[439]

---

[433] BVerwG NVwZ 2010, 42 (43); zu § 214 IV BauGB bereits oben Rn. 189 ff.
[434] BVerwGE 156, 1 Rn. 19 = NVwZ-RR 2017, 717; 144, 82 Rn. 10.
[435] Z.B. BVerwGE 156, 1 Rn. 19; 144, 82 Rn. 10; 51, 121 (128).
[436] BVerwGE 156, 1 Rn. 19; BaWüVGH ZfBR 2020, 285 (286).
[437] BVerwGE 156, 1 Rn. 19; 144, 82 Rn. 12; BbgOVG ZfBR 2021, 454 (456); näher zum Ganzen *Will*, ÖffBauR, 2. Aufl. 2022, Rn. 297.
[438] BbgOVG ZfBR 2021, 454 (456).
[439] Zur Verhinderungsplanung bei Windenergieanlagen bereits oben Rn. 131.

III. Inhalte und Wirkung

1. Inhalte der Veränderungssperre

245 Die möglichen Inhalte der Veränderungssperre regelt § 14 I BauGB abschließend. Von den Verboten gem. § 14 I Nr. 1 und 2 BauGB dürfen alle oder auch nur einzelne ausgesprochen werden, je nachdem, was zur Sicherung der Bauleitplanung erforderlich ist.

Gem. § 14 I Nr. 1 BauGB kann die Veränderungssperre bestimmen, dass Vorhaben i.S.d. § 29 BauGB nicht durchgeführt oder bauliche Anlagen nicht beseitigt werden dürfen. Dies erfasst alle Vorhaben, die gem. § 29 BauGB der bauplanungsrechtlichen Zulässigkeitsprüfung unterliegen.[440] Gem. § 14 I Nr. 2 BauGB kann die Veränderungssperre anordnen, dass erhebliche oder wesentlich wertsteigernde Veränderungen von Grundstücken (Alt. 1) und baulichen Anlagen, deren Veränderungen nicht genehmigungs-, zustimmungs- oder anzeigepflichtig sind (Alt. 2), nicht vorgenommen werden dürfen. Veränderungen sind in beiden Alternativen nur solche **tatsächlicher** Art wie etwa Aufschüttungen, Abgrabungen etc.,[441] aber nicht solche rechtlicher Art wie z.B. die Veräußerung des Grundstücks.[442]

2. Wirkung der Veränderungssperre und Ausnahmen

246 Mit Inkrafttreten der Veränderungssperre sind die von dieser erfassten Vorhaben und Veränderungen i.S.d. § 14 I Nr. 1 und 2 BauGB unzulässig. Eine beantragte bauaufsichtliche Genehmigung muss versagt werden. Soweit ein Genehmigungs- oder anderes Verfahren nicht erforderlich ist, sind die betroffenen Vorhaben (oder Veränderungen) materiell baurechtswidrig. Sie können daher bauordnungsrechtlich – insbes. durch Stilllegung – untersagt werden (vgl. §§ 81, 82 HBO).

247 Trotz Veränderungssperre können allerdings gem. § 14 III BauGB Vorhaben ausgeführt werden, die vor Inkrafttreten der Veränderungssperre baurechtlich genehmigt worden sind, sowie Vorhaben, von denen die Gemeinde nach Maßgabe des Bauordnungsrechts Kenntnis erlangt hat und mit deren Ausführung vor Inkrafttreten der Veränderungssperre hätte begonnen werden dürfen. Nicht berührt werden auch Unterhaltungsarbeiten und die Fortführung bisher ausgeübter Nutzungen.

248 Die Baugenehmigungsbehörde kann zudem im Einvernehmen mit der Gemeinde von der Veränderungssperre gem. **§ 14 II BauGB** eine **Ausnahme** zulassen, wenn überwiegende öffentliche Belange nicht entgegenstehen. Maßstab für das Entgegenstehen öffentlicher Belange ist der konkrete Sicherungszweck, der mit der Veränderungssperre verfolgt wird.

Die Entscheidung über eine Ausnahme gem. § 14 II BauGB steht im **Ermessen** der Baugenehmigungsbehörde. In zwei Fällen ist das Ermessen allerdings grds. **auf Null reduziert,** so dass die Ausnahme gewährt werden muss:[443] Erstens, im Lichte von Art. 14 I GG, wenn feststeht, dass das Vorhaben den Festsetzungen des künftigen Bebauungsplans nicht widersprechen wird, was grds. gegeben ist, wenn Genehmigungsfähigkeit gem. § 33 I BauGB besteht.[444] Zweitens kann ein Folgenbeseitigungsanspruch[445] auf Gewährung der Ausnahme bestehen,

---

[440] Zu den Voraussetzungen des § 29 BauGB unten Rn. 281 ff.
[441] Vgl. BVerwGE 42, 183.
[442] BKL/*Mitschang*, § 14 Rn. 14.
[443] *JK*, § 14 Rn. 21.
[444] Dazu unten Rn. 362 ff.
[445] Zum FBA z.B. *Will*, AllgVwR, 2. Aufl. 2022, S. 312 ff.

wenn eine Baugenehmigung vor Erlass der Veränderungssperre rechtswidrig abgelehnt wurde.[446]

C. Zurückstellung und vorläufige Untersagung

I. Gegenstand, Rechtsform, Rechtsschutz, Geltungsdauer

Wird trotz Vorliegens ihrer Voraussetzungen keine Veränderungssperre gem. § 14 BauGB beschlossen oder ist eine beschlossene Veränderungssperre noch nicht in Kraft getreten, kann die Gemeinde die Baugenehmigungsbehörde gem. **§ 15 I 1 BauGB** veranlassen, die Entscheidung über die Zulässigkeit von Vorhaben im Einzelfall für einen Zeitraum von bis zu zwölf Monaten **auszusetzen.** Eine solche **Zurückstellung** entfaltet ihre Wirkung also insbes. im Rahmen von Genehmigungsverfahren. 249

Da die Landesbauordnungen – wie etwa die HBO in §§ 63, 64 – inzwischen viele Bauvorhaben von der Genehmigungspflicht freistellen, ist im Jahr 1998 **§ 15 I 2 BauGB** eingeführt worden, nach dem in Fällen, in denen kein Baugenehmigungsverfahren durchgeführt wird, an Stelle einer Zurückstellung des Baugesuchs eine **vorläufige Untersagung** des Vorhabens ausgesprochen wird. 250

Die vorläufige Untersagung hat gem. § 15 I 3 BauGB dieselben Rechtswirkungen wie die Zurückstellung. Alle Vorschriften, die auf die Zurückstellung Bezug nehmen, sind also auch auf sie anwendbar. 251

Anders als die Veränderungssperre, die gem. § 16 I BauGB als Satzung ergeht, sind Zurückstellung und vorläufige Untersagung **Verwaltungsakte** i.S.v. § 35 S. 1 HVwVfG. Sie können daher mit Widerspruch gem. §§ 68 ff. VwGO und Anfechtungsklage gem. § 42 I Alt. 1 VwGO angefochten werden.[447] 252

Teilweise wird das **Rechtsschutzbedürfnis** für die isolierte Anfechtung eines Zurückstellungsbescheids bezweifelt: Die mit der Anfechtungsklage erreichbare Aufhebung des Zurückstellungsbescheids bringe dem Kläger keinen Nutzen,[448] denn damit werde noch keine Sachentscheidung über das Baugesuch getroffen.[449] Nach zutreffender Auffassung hat der Kläger allerdings hinreichendes Rechtsschutzbedürfnis für eine isolierte Anfechtung, da die zuständige Behörde das Genehmigungsverfahren wegen der aufschiebenden Wirkung von Widerspruch und Anfechtungsklage (§ 80 I 1 VwGO) in Bezug auf den Zurückstellungsbescheid unverzüglich fortsetzen und zügig abschließen muss, es sei denn, dass der Zurückstellungsbescheid gem. § 80 II 1 Nr. 4 VwGO für sofort vollziehbar erklärt worden ist.[450] Ist Letzteres der Fall, kann der Bauherr die Wiederherstellung der aufschiebenden Wirkung seines Widerspruchs gem. § 80 V VwGO beantragen.[451]

Die **Höchstdauer** der Zurückstellung bzw. vorläufigen Untersagung, deren Wirkung gem. § 43 I HVwVfG mit der Bekanntgabe beginnt, beträgt gem. § 15 I 1 BauGB zwölf Monate. Eine weitere Zurückstellung ist nicht möglich. Die Gemeinde muss dann zur Veränderungssperre gem. § 14 BauGB greifen. 253

---

[446] BVerwG NJW 1968, 2350 f.

[447] Vgl. etwa BVerwGE 39, 154; BVerwG NVwZ 2012, 51 Rn. 8.

[448] Dazu instruktiv *Ehlers,* in: Schoch/Schneider, VwGO, Vorb. § 40 Rn. 94 ff.

[449] BaWüVGH BeckRS 2005, 29554; NVwZ-RR 2003, 333 (334).

[450] BVerwG NVwZ 2012, 51/52; EZBK/*Stock,* § 15 Rn. 101 f.

[451] BaWüVGH NVwZ-RR 2011, 932 (933 f.) unter Aufgabe früherer Rspr.

Eine Ausnahme gilt seit 2013 für die Zurückstellung von Baugesuchen bei der Planung von **Konzentrationszonen** i.S.v. § 35 III BauGB.[452] Dort kommt gem. § 15 III 4 BauGB eine Aussetzung um maximal ein weiteres Jahr in Betracht, wenn besondere Umstände dies erfordern.

II. Rechtmäßigkeitsvoraussetzungen

1. Vorliegen der Voraussetzungen einer Veränderungssperre

254 Erste Voraussetzung für eine Zurückstellung bzw. vorläufige Untersagung gem. § 15 I BauGB ist, dass die Voraussetzungen einer Veränderungssperre vorliegen, eine solche aber nicht in Kraft ist.

Es muss also ein Beschluss über die Aufstellung eines Bebauungsplans ordnungsgemäß gefasst und bekanntgemacht worden sein und die Sicherung der konkreten Bauleitplanung erforderlich sein. Ist eine Veränderungssperre in Kraft, schließt dies eine Zurückstellung bzw. vorläufige Untersagung – wie gesehen – aus.

2. Erforderlichkeit zur Sicherung des Bebauungsplans

255 Zweitens muss die Zurückstellung zur Sicherung des Bebauungsplans erforderlich sein. Dies ist gem. § 15 I 1 BauGB der Fall, wenn zu befürchten ist, dass die Durchführung der Planung durch das Vorhaben unmöglich gemacht oder wesentlich erschwert würde.

3. Antrag der Gemeinde

256 Dritte Voraussetzung ist ein Antrag der Gemeinde an die Baugenehmigungsbehörde auf Aussetzung der Entscheidung über die Zulässigkeit von Vorhaben oder auf vorläufige Untersagung. Die Baugenehmigungsbehörde kann diese beiden also nicht von sich aus anordnen. Liegen die Voraussetzungen des § 15 BauGB vor, **muss** die Baugenehmigungsbehörde dem Antrag der Gemeinde entsprechen („…hat die Baugenehmigungsbehörde…"). Die Gemeinde hat ein **subjektives öffentliches Recht auf Anordnung** der Zurückstellung bzw. Untersagung, da § 15 I BauGB auch dazu dient, die durch Art. 28 II GG geschützte Planungshoheit der Gemeinde zu sichern.[453]

Zu beachten ist schließlich, dass kein separater Antrag der Gemeinde auf Zurückstellung erforderlich ist, sofern die Gemeinde zugleich Baugenehmigungsbehörde ist. Die Interessen der Gemeinde können im Rahmen der Anordnung der Zurückstellung gewährleistet werden, selbst wenn dafür andere Organe der Gemeinde zuständig sind.[454]

III. Inhalte und Wirkung

1. Inhalte

257 Die möglichen Inhalte der Zurückstellungs- bzw. Untersagungsverfügung regelt § 15 I BauGB abschließend. Inhalt der Verfügung gem. § 15 I 1 BauGB ist die Zurückstellung der Entscheidung über die „Zulässigkeit von Vorhaben im Einzelfall" für einen Zeitraum von bis zu zwölf Monaten. Dies betrifft v.a. Anträge auf Erteilung einer Baugenehmigung und eines Vorbescheids, aber auch die Entscheidung über ein angezeigtes Vorhaben.[455]

---

[452] Dazu oben Rn. 131.
[453] HessVGH NVwZ-RR 2009, 790 (791).
[454] Vgl. BVerwGE 121, 339 (343).
[455] Vgl. BVerwGE 39, 154; HessVGH NVwZ-RR 2009, 790 (791).

„Im Einzelfall" bedeutet, dass die Zurückstellung immer nur für konkrete Vorhaben, nicht aber quasi prophylaktisch für künftige Baugesuche erfolgen kann. Unterliegt das Vorhaben keinem Baugenehmigungsverfahren, kann gem. § 15 I 2 BauGB eine vorläufige Untersagung angeordnet werden.

2. Wirkung

Während die Veränderungssperre gem. § 14 I BauGB einen materiellen Versagungsgrund für eine Baugenehmigung begründet, ist § 15 BauGB eine formelle Norm, die im Ergebnis zur Aussetzung der Entscheidung über die Zulässigkeit von Vorhaben bis zum Ablauf der Zurückstellung bzw. Untersagung führt. 258

Kann bei Bestehen einer Veränderungssperre daher ein Bauantrag gem. § 14 I BauGB abgelehnt werden, führt die Zurückstellung gem. § 15 I 1 BauGB nur zu einem **vorübergehenden Verfahrenshindernis** und nicht zur endgültigen Ablehnung.

Die vorläufige Untersagung hat gem. § 15 I 2 BauGB dieselben Rechtswirkungen wie die Zurückstellung: Für die Dauer der Untersagung darf das betroffene Vorhaben nicht verwirklicht werden. 259

D. Gemeindliche Vorkaufsrechte

I. Gegenstand, Formen, Voraussetzungen

Gem. §§ 24 f. BauGB steht der Gemeinde in bestimmten Fällen ein Vorkaufsrecht zu, das ihr zur Sicherung der Bauleitplanung dienen kann. Ein Vorkaufsrecht ruht als öffentlichrechtliche Belastung auf den erfassten Grundstücken. Auf die Ausübung eines gemeindlichen Vorkaufsrechts sind gem. § 28 II 2 BauGB die meisten BGB-Vorschriften über das schuldrechtliche Vorkaufsrecht anwendbar. 260

§ 24 f. BauGB unterscheiden das allgemeine Vorkaufsrecht gem. § 24 I BauGB und das besondere gem. § 25 I BauGB. Im Rahmen des **allgemeinen Vorkaufsrechts** gem. § 24 I 1 Nr. 1-8 BauGB[456] steht der Gemeinde ein Vorkaufsrecht beim Kauf von Grundstücken (§ 433 BGB) zu, während andere auf den Eigentumswechsel gerichtete Rechtsgeschäfte oder Ereignisse, wie etwa Schenkung (§ 516 BGB) und Erbschaft (§ 1922 BGB) nicht erfasst sind. Auch steht der Gemeinde das Vorkaufsrecht nicht beim Kauf von Rechten nach dem Wohnungseigentumsgesetz und von Erbbaurechten zu (§ 24 II BauGB). 261

Ein **besonderes Vorkaufsrecht,** das sich in seiner Wirkung nicht vom allgemeinen Vorkaufsrecht unterscheidet, kann die Gemeinde gem. § 25 I BauGB durch Erlass einer sog. Vorkaufssatzung in drei Fällen begründen: 262

Erstens im Geltungsbereich eines Bebauungsplans an unbebauten Grundstücken (§ 25 I Nr. 1 BauGB), zweitens in Gebieten, in denen sie städtebauliche Maßnahmen in Betracht zieht, zur Sicherung einer geordneten städtebaulichen Entwicklung (§ 25 I 1 Nr. 2 BauGB) und drittens – nach der m.W.v. 23.6.2021 ergänzten Nr. 3 von § 25 I 1 BauGB[457] – im Geltungsbereich eines Bebauungsplans an brachliegenden Grundstücken oder für im Zusammenhang bebaute Ortsteile (§ 34 BauGB) an unbebauten oder brachliegenden Grundstücken, wenn diese a) vorwiegend mit Wohngebäuden bebaut werden können und es sich b) um ein nach § 201a BauGB bestimmtes Gebiet mit einem angespannten Wohnungsmarkt handelt.

---

[456] Beispiele bei *Will*, ÖffBauR, 2. Aufl. 2022, Rn. 323.

[457] Durch das Baulandmobilisierungsgesetz, BGBl. 2021 I S. 1802.

II. Ausübbarkeit, Ausübung und Abwendung

1. Ausübbarkeit

263 Gem. §§ 24 III 1, 25 II 1 BauGB darf das Vorkaufsrecht nur ausgeübt werden, wenn das **Wohl der Allgemeinheit dies rechtfertigt.**

264 Die Ausübung des Vorkaufsrechts ist bereits dann **vom Wohl der Allgemeinheit gerechtfertigt,** wenn damit im konkreten Fall den jeweils angegebenen, sich im gesetzlichen Zulässigkeitsrahmen bewegenden boden- und eigentumspolitischen sowie städtebaulichen Zwecken entsprochen wird.[458]

265 Die Antwort auf die Frage, ob diese Voraussetzung erfüllt ist, hat sich an den Zielen der einzelnen Tatbestände in § 24 I 1 Nr. 1–8 BauGB, § 25 I 1 Nr. 1–3 BauGB zu orientieren.[459] Nicht zuletzt, um dem Adressaten die Möglichkeit zu geben, die Rechtfertigung der Ausübung beurteilen zu können, muss die Gemeinde gem. § 24 III 3 BauGB daher bei der Ausübung des Vorkaufsrechts den Verwendungszweck des Grundstücks angeben.[460]

Bsp.: Nach dem durch das BaulandmobilisierungsG m.W.v. 23.6.2021 eingefügten § 24 III 2 BauGB kann dem Wohl der Allgemeinheit insbesondere die Deckung eines Wohnbedarfs in der Gemeinde dienen.[461]

266 Die Ausübung des Vorkaufsrechts ist in den in § 26 BauGB genannten Fällen ausgeschlossen. Die dort geregelten **Ausübungsausschlussgründe** konkretisieren Beispielsfälle, in denen das Allgemeinwohl die Ausübung des Vorkaufsrechts typischerweise nicht rechtfertigt, und begrenzen damit im Sinne einer negativen Tatbestandsvoraussetzung den unbestimmten Rechtsbegriff des Wohls der Allgemeinheit aus § 24 III 1 BauGB.[462]

2. Ausübung

267 Die Gemeinde übt ihr Vorkaufsrecht durch **privatrechtsgestaltenden Verwaltungsakt** i.S.v. § 35 S. 1 HVwVfG gegenüber dem Verkäufer binnen drei Monaten nach Mitteilung des Kaufvertrags durch den Verkäufer gem. § 28 I BauGB aus.[463]

Mit Ausübung des Vorkaufsrechts entsteht gem. § 28 II 2 BauGB i.V.m. § 464 II 2 BGB zwischen der Gemeinde und dem Verkäufer ein Kaufvertrag (§ 433 BGB), der den zwischen Verkäufer und Käufer vereinbarten Inhalt hat.[464]

3. Abwendung

268 Der Käufer kann unter den Voraussetzungen des § 27 BauGB die Ausübung des Vorkaufsrechts abwenden, wenn er die mit dem Vorkaufsrecht verfolgten Zwecke selbst verwirklicht. Die Abwendungsbefugnis muss gem. § 27 I 1 i.V.m. § 28 II 1 BauGB binnen drei Monaten nach Mitteilung des Kaufvertrags an die Gemeinde ausgeübt werden.

---

458 Vgl. BVerwG NJW 1990, 2703; *MO,* § 6 Rn. 14.
459 Vgl. BVerwG NVwZ 2010, 593 (594).
460 Vgl. BVerwG NJW 1990, 2703.
461 Vgl. BT-Drs. 19/24838, S. 18.
462 BVerwG NVwZ 2022, 75, Rn. 14 ff.
463 Vgl. § 28 II 1 BauGB.
464 Näher dazu: *Will,* ÖffBauR in Hessen, 2016, Rn. 295.

III. Rechtsschutz

Der VA, mit dem das Vorkaufsrecht ausgeübt wird, kann vom Verkäufer und vom Käufer mit Widerspruch (§§ 68 ff. VwGO) und verwaltungsgerichtlicher Anfechtungsklage gem. § 42 I Alt. 1 VwGO angegriffen werden.[465] Beide haben gem. § 80 I VwGO aufschiebende Wirkung. 269

§ 4. Bauplanungsrechtliche Zulässigkeit von Vorhaben

A. Bedeutung

Ein Bauvorhaben ist zulässig, wenn es nicht gegen die einschlägigen rechtlichen Vorgaben verstößt. 270

Entsprechend ist etwa eine beantragte Baugenehmigung gem. § 74 I HS 1 HBO zu erteilen, wenn dem Vorhaben keine öffentlich-rechtlichen Vorschriften entgegenstehen, die im Baugenehmigungsverfahren zu prüfen sind.[466]

Die Vorgaben, denen Bauvorhaben genügen müssen, können sich aus allen Ebenen des Rechts, von in der Bundesrepublik anwendbarem Völkerrecht über EU-Recht, Bundesrecht (insbes. BauGB sowie BauNVO) und Landesrecht (insbes. HBO) bis hin zum Kommunalrecht (Bebauungspläne sind kommunale Satzungen) ergeben. Von großer praktischer Bedeutung sind dabei die in §§ 29 ff. BauGB i.V.m. BauNVO geregelten bauplanungsrechtlichen Vorgaben für die Zulässigkeit von Einzelvorhaben. 271

Wie gesehen, zählt zu den Pflichtfächern der ersten juristischen Staatsprüfung gem. § 7 Nr. 4 lit. f Hess. JAG das Recht der Bauleitplanung und der Baugenehmigung einschließlich der Grundzüge der kommunalen Organisation und des kommunalen Satzungsrechts. 272

Erfüllt ein Bauvorhaben – wie im Regelfall – die Eingangsvoraussetzungen des § 29 BauGB, bemisst sich seine bauplanungsrechtliche Zulässigkeit nach §§ 30 ff. BauGB, unabhängig davon, ob das Vorhaben einem bauaufsichtlichen Genehmigungs-, Zustimmungs-, Anzeige- bzw. sonstigen Verfahren unterliegt oder nicht. 273

Dies muss hier aus dem Grund hervorgehoben werden, dass bis zum 1.1.1998 die Genehmigungsbedürftigkeit des Vorhabens gem. § 29 I BauGB a.F. Tatbestandsvoraussetzung für die Anwendbarkeit der §§ 30 ff. BauGB war. Der Gesetzgeber hat mit der Streichung dieser Voraussetzung darauf reagiert, dass die Landesgesetzgeber das bauordnungsrechtliche Genehmigungserfordernis weitgehend zurückgenommen (in Hessen insbes. gem. §§ 63, 64 HBO) und dadurch in großem Umfang auch bodenrechtlich relevante Vorhaben genehmigungsfrei gestellt haben. Gem. § 29 I BauGB unterfallen daher seit 1998 alle, also auch genehmigungsfrei gestellte Vorhaben, den Vorgaben der §§ 30 ff. BauGB.

B. Einführung in die bauplanungsrechtliche Zulässigkeit

Die Prüfung der bauplanungsrechtlichen Zulässigkeit eines Vorhabens gem. §§ 29 ff. BauGB erfolgt in zwei Grundschritten: Im **ersten** ist zu klären, ob die §§ 30 ff. BauGB überhaupt anwendbar sind. Dies ergibt sich aus § 29 BauGB. Sind dessen Voraussetzungen erfüllt, stellt sich im **zweiten Schritt** zunächst die Frage, welche Regelung der §§ 30 ff. 274

[465] Vgl. BVerwG NVwZ 2000, 1044.
[466] Dazu im Einzelnen unten Rn. 507 ff.

BauGB anwendbar ist. Dies richtet sich danach, wo das betreffende Grundstück liegt. Schließlich sind die einzelnen Vorgaben der anwendbaren Regelung zu prüfen.

275 Stets gilt dabei für Vorhaben nach §§ 30 ff. BauGB die Voraussetzung, dass die Erschließung gesichert sein muss.[467] Zudem greift – abgesehen von dem Fall, dass das Grundstück im Geltungsbereich eines qualifizierten Bebauungsplans liegt (§ 30 I BauGB) – grds. das Erfordernis des gemeindlichen Einvernehmens gem. § 36 I BauGB ein.[468]

276 **Übersicht 6: Bauplanungsrechtliche Zulässigkeit von Vorhaben**

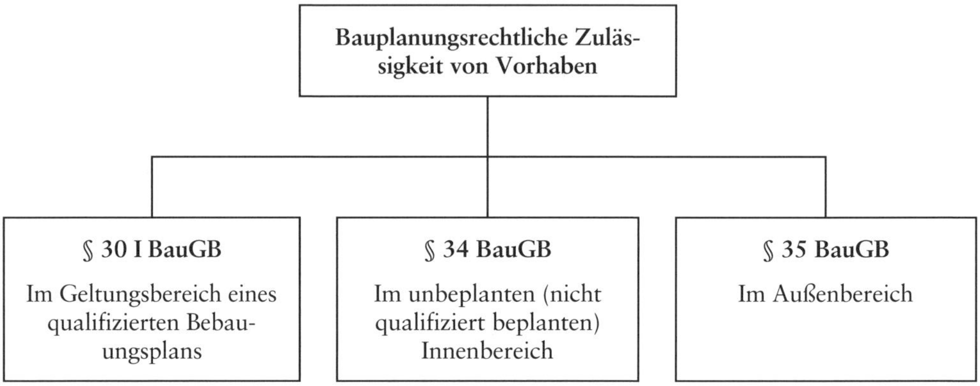

277 Liegt das Vorhaben im Bereich eines **qualifizierten Bebauungsplans,** beurteilt sich seine bauplanungsrechtliche Zulässigkeit gem. **§ 30 I BauGB** nach dessen Festsetzungen.[469] Vorhaben im Bereich eines einfachen Bebauungsplans, also eines solchen, der nicht die in § 30 I BauGB genannten Mindestfestsetzungen eines qualifizierten Bebauungsplans enthält, müssen die Festsetzungen des einfachen Bebauungsplans einhalten und „im Übrigen" gem. § 30 III BauGB die Voraussetzungen entweder des § 34 BauGB oder des § 35 BauGB erfüllen, je nachdem, ob sie im Innen- oder im Außenbereich liegen.[470]

278 Vom **unbeplanten Innenbereich** wird gesprochen, wenn kein qualifizierter Bebauungsplan i.S.d. § 30 I BauGB vorliegt, es sich bei dem Gebiet aber um einen im Zusammenhang bebauten Ortsteil i.S.d. **§ 34 I BauGB** handelt. Die bauplanungsrechtliche Zulässigkeit bemisst sich dort danach, ob sich das Vorhaben in die Eigenart der näheren Umgebung einfügt.

279 **Außenbereich** i.S.d. **§ 35 BauGB** ist der Bereich einer Gemeinde, für den kein qualifizierter Bebauungsplan gilt, der aber auch nicht innerhalb eines im Zusammenhang bebauten Ortsteils i.S.d. § 34 I BauGB liegt. Dabei kann es sich auch um einen Bereich mitten im Gemeindegebiet handeln („Außenbereichsinseln"). Auf „Stadtferne" oder dergleichen kommt es nicht an. Der Außenbereich soll **grds. von Bebauung freigehalten werden** und der Erholung sowie landwirtschaftlichen Nutzung dienen. Vorhaben sind hier daher nur ausnahmsweise unter den engen Voraussetzungen des § 35 BauGB zulässig.

[467] Dazu im Einzelnen unten Rn. 357 ff.
[468] Dazu im Einzelnen unten Rn. 456 ff.
[469] Dazu im Einzelnen unten Rn. 297 ff.
[470] Dazu im Einzelnen unten Rn. 359 ff.

Eine in allen diesen drei Fällen mögliche Sonderkonstellation besteht, wenn sich das Grundstück in einem Gebiet befindet, für das die **Aufstellung eines Bebauungsplans beschlossen** ist. Hier ist eine Änderung der bauleitplanerischen Vorgaben zu erwarten, so dass ergänzend zur aktuellen bauplanungsrechtlichen Situation **zugunsten** des Bauherrn die Möglichkeit der Beurteilung des Vorhabens nach Maßgabe des zukünftigen Bebauungsplans gem. **§ 33 BauGB** hinzutritt.[471] 280

C. Eröffnung des Anwendungsbereichs der §§ 30 ff. BauGB

I. Vorhaben i. S. v. § 29 I BauGB

Nach **§ 29 I BauGB** gelten die §§ 30–37 BauGB für „Vorhaben, die die Errichtung, Änderung oder Nutzungsänderung von baulichen Anlagen zum Inhalt haben, und für Aufschüttungen und Abgrabungen größeren Umfangs sowie für Ausschachtungen, Ablagerungen einschließlich Lagerstätten". 281

Zur Erinnerung: Wenn die Voraussetzungen des § 29 I BauGB nicht erfüllt sind, so dass §§ 30–35 BauGB nicht anwendbar sind, ist dennoch die Vereinbarkeit des Vorhabens mit Festsetzungen eines vorhandenen Bebauungsplans zu prüfen. Dies ist unmittelbare Folge des Rechtsnormcharakters des Bebauungsplans als Satzung gem. § 10 I BauGB.[472]

1. Errichtung, Änderung oder Nutzungsänderung baulicher Anlagen

a) Begriff der baulichen Anlage

Der Begriff der **baulichen Anlage** i.S.d. § 29 I BauGB wird im BauGB nicht definiert. Die in § 2 II HBO enthaltene bauordnungsrechtliche Definition ist, obwohl im Ergebnis weitgehende Übereinstimmung mit dem Begriff nach § 29 I BauGB besteht, nicht anwendbar.[473] 282

Dies folgt schon daraus, dass § 29 I BauGB aufgrund der Bundesgesetzgebungskompetenz aus Art. 74 I Nr. 18 GG anders als die LBOen, welche Teil des Gefahrenabwehrrechts sind, einen bodenrechtlichen Regelungszweck verfolgt. Zudem könnte bei Anwendbarkeit bauordnungsrechtlicher und damit landesrechtlicher Definitionen der bundesrechtliche Begriff der baulichen Anlage in jedem Bundesland potentiell eine unterschiedliche Bedeutung haben.[474]

Daher existiert eine spezifisch **bundesrechtliche Definition** der baulichen Anlage i.S.d. § 29 I HS 1 BauGB, die sich aus **zwei Elementen** zusammensetzt: einem verhältnismäßig weiten Begriff des **Bauens** und einem einschränkenden Merkmal möglicher **bodenrechtlicher Relevanz.**[475]

Bauen ist das Schaffen einer künstlichen Anlage, die auf Dauer mit dem Erdboden verbunden ist, wofür bereits eine Verbindung kraft eigener Schwere ausreicht.[476] 283

---

[471] Dazu unten Rn. 362 ff.
[472] BVerwGE 25, 243 (248); BVerwG NJW 1997, 2063.
[473] Zum Begriff der baulichen Anlage i.S.v. § 2 II HBO unten Rn. 498 ff.
[474] BVerwGE 39, 154 (156 ff.); 44, 59 (61).
[475] Grundlegend: BVerwGE 44, 59 (61 f.).
[476] Vgl. BVerwGE 44, 59 (62).

284 Der Begriff des **„Bauens"** ist weit und entfaltet folglich nur wenig Abgrenzungswirkung. Ihm unterfällt nahezu jede Art von Gebäude. Auf eine Betretungsmöglichkeit durch Menschen kommt es nicht an. Am Element des Bauens fehlt es hingegen, wenn eine Anlage kein bauliches Element aufweist.

Beispiele, in denen das Kriterium des Bauens erfüllt ist:
- Als Wochenendhaus genutzter Wohnwagen
- Klassische Litfaßsäule[477]
- Stromladesäulen zum Laden von Elektrofahrzeugen[478]
- Freistehende, unmittelbar mit dem Erdboden verbundene Mobilfunk-, Solarenergie- und Werbeanlagen
- Aufblasbare „Schwimmhalle" mit den Maßen 5,5 x 10,5 m. Das Merkmal der Dauerhaftigkeit sei hier jedenfalls dann zu bejahen, wenn die Errichtung ständig wiederholt werde (hier wurde die aufblasbare Folie jeden Herbst und Winter auf das bestehende Außenschwimmbad aufgesetzt).[479]
- Auf einem Weiher schwimmendes, am Ufer durch drei dort verschraubte Eisenrohre befestigtes Wohnboot[480]

Beispiele, in denen das Kriterium des Bauens **nicht** erfüllt ist:
- Ein auf Dauer angelegter Zeltplatz, der keinerlei Befestigung (Betonplatten, Einfriedungen etc.) oder Eingrenzung aufweist, selbst wenn er nach Landesbauordnungsrecht als bauliche Anlage gilt[481]
- Eine Motocross-Anlage, die keine künstlichen Bauteile aufweist und bei der auch die Oberfläche der Fahrbahn nicht speziell befestigt worden ist[482]

285 Wie ausgeführt, unterfällt jedoch nicht alles, was den Begriff des Bauens erfüllt, dem Begriff der baulichen Anlage i.S.v. § 29 I HS 1 BauGB. Erforderlich ist nämlich als zweites Element, dass eine derart geschaffene Anlage auch **bodenrechtlich,** d.h. planungsrechtlich **relevant** ist bzw. relevant sein kann.[483] Dies folgt daraus, dass dem Bund die Gesetzgebungskompetenz gem. Art. 74 I Nr. 18 GG, auf dem §§ 29 ff. BauGB beruhen, nicht für das gesamte Baurecht, sondern nur für das **Bodenrecht** zusteht.

286 **Bodenrechtlich relevant** ist eine Anlage, wenn sie die in § 1 VI BauGB genannten Belange in einer Weise berührt oder berühren kann, die geeignet ist, das Bedürfnis nach einer ihre Zulässigkeit regelnden verbindlichen Bauleitplanung hervorzurufen.[484] Nur dann ist nämlich die Kontrolle eines Vorhabens am Maßstab der §§ 30 ff. BauGB gerechtfertigt.

287 Vor allem in seiner Rspr. zu Werbeanlagen hat das BVerwG herausgearbeitet, dass die bodenrechtliche Relevanz auf der Grundlage einer das einzelne Objekt **verallgemeinernden Betrachtungsweise** zu beurteilen ist.[485] Bereits eine einzelne Anlage ist danach bodenrechtlich relevant, wenn sie gerade in ihrer gedachten Häufung das Bedürfnis nach einer

---

[477] HbgOVG NVwZ-RR 1998, 616.
[478] *Will,* WiVerw. 2014, 91 (92); vgl. zum Ganzen auch *Reidt,* BauR 2019, 33.
[479] BVerwG NJW 1977, 2090.
[480] BVerwGE 44, 59 (63).
[481] Vgl. BKL/*Reidt,* § 29 Rn. 12.
[482] Vgl. BayVGH NVwZ-RR 2008, 688 (689).
[483] BVerwGE 44, 59 (62).
[484] BVerwGE 44, 59 (62); vgl. auch BVerwGE 161, 53 Rn. 11 = NVwZ 2018, 499.
[485] BVerwGE 91, 234 (236).

ihre Zulässigkeit regelnden verbindlichen Planung hervorruft.[486] Oft ist dabei gem. § 1 VI Nr. 5 BauGB der Belang der Gestaltung des Orts- und Landschaftsbildes berührt.

Beispiele für bodenrechtliche Relevanz:
- Ein an einem Wohnhaus anzubringender Schaukasten für Wechselwerbung mit den Maßen 1,4 x 1,94 x 0,2 m ist für die Gestaltung des Ortsbilds der Gemeinde gem. § 1 VI Nr. 5 BauGB relevant, zumal das Ziel von Werbeanlagen darin besteht, Aufmerksamkeit auf sich zu lenken.[487]
- Mobilfunk- und Solarenergieanlagen berühren jedenfalls ab einer gewissen Größe die Gestaltung des Ortsbilds gem. § 1 VI Nr. 5 BauGB.[488]
- DHL-Packstationen sind aufgrund ihrer nicht unerheblichen Größe und ihrer gelblichen Färbung für die Gestaltung des Ortsbildes gem. § 1 VI Nr. 5 BauGB relevant.[489]
- Ein auf einem See schwimmendes, am Ufer durch Eisenrohre befestigtes Wohnboot berührt u.a. Belange des Landschaftsbildes i.S.v. § 1 VI Nr. 5 BauGB.[490]

Beispiele fehlender bodenrechtlicher Relevanz:
- Kleinere Werbeschilder oder Werbeanlagen, die unmittelbar an der Stätte der Leistung angebracht sind und auf diese hinweisen[491]
- Klassische Litfaßsäule, jedenfalls wenn sie ausschließlich zur Anbringung von Informationen und Veranstaltungshinweisen sowie Ankündigungen dient[492]

b) Errichtung, Änderung, Nutzungsänderung

Gem. § 29 I BauGB muss es zudem um die Errichtung, Änderung oder Nutzungsänderung von baulichen Anlagen im dargestellten Sinne gehen. 288

Errichtung einer baulichen Anlage ist nicht nur deren erstmalige Herstellung, sondern auch ihr Wiederaufbau. **Änderung** ist jede Veränderung der Bausubstanz, insbes. der Umbau, der Ausbau oder die Erweiterung der Anlage. 289

Während Errichtung und Änderung stets mit Eingriffen in die Bausubstanz verbunden sind, ist dies bei der **Nutzungsänderung** nicht notwendig der Fall. Diese Variante ist daher vor allem dann relevant, wenn es zu keinen oder lediglich geringfügigen baulichen Veränderungen kommt. 290

Eine **Nutzungsänderung** liegt vor, wenn die bauliche Anlage zu einem anderen als dem ursprünglich genehmigten Zweck genutzt werden soll und die neue Nutzung die in § 1 V, VI BauGB genannten Belange erneut berührt und damit **planungsrechtlich erheblich** sein kann.[493] 291

Nur wenn die einer genehmigten Nutzung eigene Variationsbreite verlassen wird und durch die Aufnahme dieser veränderten Nutzung bodenrechtliche Belange neu berührt 292

---

[486] BVerwGE 91, 234 (236 f.).
[487] BVerwGE 91, 234 (237).
[488] Vgl. etwa HessVGH NVwZ 2000, 694 (695).
[489] Vgl. *Spitzlei,* BauR 2018, 1064 (1065 f.).
[490] BVerwGE 44, 59 (63 f.).
[491] BKL/*Reidt,* § 29 Rn. 15.
[492] HbgOVG NVwZ-RR 1998, 616 (616 f.).
[493] Vgl. BVerwG NVwZ 1991, 264.

werden können, stellt sich die Genehmigungsfrage aus bodenrechtlicher Sicht neu, so dass § 29 I BauGB eingreift.[494]

Das BVerwG führt dazu in st. Rspr. aus: „Danach liegt eine Nutzungsänderung vor, wenn für die neue Nutzung **weitergehende Vorschriften** gelten als für die alte, aber auch dann, wenn sich die Zulässigkeit der neuen Nutzung nach derselben Vorschrift bestimmt, nach dieser Vorschrift aber anders zu beurteilen ist als die frühere Nutzung. In diesem Sinne **bodenrechtlich relevant** ist eine Änderung der Nutzungsweise auch dann, wenn sie für die **Nachbarschaft erhöhte Belastungen** mit sich bringt."[495]

Beispiele für Nutzungsänderungen:

- Die Nutzung eines zum „Wohnen" i.S.d. § 4 I BauNVO genehmigten Gebäudes als Ferienwohnung für wechselnde Gäste stellt eine Nutzungsänderung i.S.d. § 29 I BauGB dar.[496] Die Aufnahme dieser veränderten Nutzung berührt bodenrechtliche Belange neu, insbes. mit Blick auf die Aufgabe von Räumen zum „Wohnen" i.S.d. § 4 I BauNVO, Wohnbedürfnisse der Bevölkerung (§ 1 VI Nr. 2 BauGB), Umweltbelange durch Auswirkungen auf die Nachbarschaft (§ 1 VI Nr. 7d BauGB) und Belange des Verkehrs durch vermehrten Kfz-Verkehr (§ 1 VI Nr. 9 BauGB).
- Die Einrichtung einer Spielhalle mit 17 Spielgeräten an Stelle einer Diskothek kann sich auf die sozialen und kulturellen Bedürfnisse der Bevölkerung und die Entwicklung vorhandener Ortsteile (§ 1 VI Nr. 3 und 4 BauGB) anders als die zuvor betriebene Diskothek auswirken. Sie ist daher planungsrechtlich erheblich und damit eine Nutzungsänderung i.S.v. § 29 I BauGB.[497]
- Die Verwendung eines Abstellraums im Keller einer Kirche als Krypta, d.h. konkret als privater Bestattungsplatz für verstorbene Geistliche, ist bodenrechtlich relevant.[498] Das BVerwG hat dies u.a. damit begründet, dass das Trauern und Gedenken aufgrund der Rituale der betroffenen syrisch-orthodoxen Kirche, die z.B. Prozessionen in die Krypta zum Totengedenken einschlössen, nicht nur im Innern der Kirche unter Ausschluss der Öffentlichkeit stattfänden, sondern auch außerhalb der Kirche bemerkbar wären.

Bsp. für einen Fall, in dem **keine** Nutzungsänderung gegeben ist: Bloße Intensivierung der Nutzung einer Kegelbahn mit Gastwirtschaft, während die Nutzungsart als solche unverändert bleibt.[499]

2. Aufschüttungen, Abgrabungen, Ausschachtungen etc.

293 Gem. § 29 I HS 2 BauGB gelten die §§ 30–37 BauGB auch für „Aufschüttungen und Abgrabungen größeren Umfangs sowie für Ausschachtungen, Ablagerungen einschließlich Lagerstätten".

Damit sollen Landschaftseingriffe etwa durch Steinbrüche, Sand- und Kiesentnahmen den planungsrechtlichen Voraussetzungen unterstellt werden und letztlich die unbebaute Landschaft geschützt werden. § 29 I HS 2 BauGB ist daher als Auffangvorschrift dann relevant, wenn es an einer baulichen Anlage i.S.d. § 29 I HS 1 BauGB fehlt.[500] Auch hier ist aus den genannten Gründen stets eine bodenrechtliche Relevanz des Vorhabens erforderlich.

[494] BVerwGE 138, 166 Rn. 12.
[495] BVerwG, 4 B 64/02, BeckRS 2003, 20062, st. Rspr.
[496] BaWüVGH ZfBR 2017, 270 (271 f.).
[497] BVerwG NVwZ 1991, 264.
[498] BVerwGE 138, 166 Rn. 14.
[499] BVerwG NVwZ 1999, 417 (418).
[500] Vgl. bereits BVerwGE 39, 154 (159).

Beispiele:
- Eine Motocross-Anlage, die keine künstlichen Bauteile aufweist und bei der auch die Oberfläche der Fahrbahn nicht speziell befestigt worden ist, wurde als Aufschüttung größeren Umfangs angesehen, u.a. da drei größere Sprunghügel jeweils mit einer Fläche von ca. 8 x 2 m angeschüttet worden waren.[501]
- Bergbauliche Vorhaben sind regelmäßig Abgrabungen größeren Umfangs.[502]
- **Lagerstätte** wird weit ausgelegt. Erfasst sind Flächen, auf denen Gegenstände im weitesten Sinne abgelegt oder abgestellt werden. Auf den Zweck, den der Betreiber mit der Lagerung verfolgt, kommt es nicht an. Auch ein Ausstellungsplatz für Landmaschinen kann daher Lagerstätte sein.[503] Der Begriff der Lagerstätte enthält allerdings schon nach seinem Wortsinn ein Element der Dauerhaftigkeit. Er ist nur erfüllt, wenn die Nutzung zur Lagerung oder Ausstellung sich in zeitlicher Hinsicht so verfestigt hat, dass sie die Grundstückssituation prägt.[504]

II. Ausnahme für privilegierte Fachplanungen (§ 38 BauGB)

§ 38 S. 1 HS 1 BauGB nimmt bestimmte Formen der **Fachplanung** von der Anwendung der §§ 29–37 BauGB aus.[505] Auch wenn die Voraussetzungen des § 29 BauGB erfüllt sind, unterliegen sie gem. § 38 S. 1 HS 1 BauGB nicht den §§ 29–37 BauGB. Im Einzelnen sind betroffen: Planfeststellungsverfahren und sonstige Verfahren mit den Rechtswirkungen der Planfeststellung für Vorhaben von überörtlicher Bedeutung sowie die aufgrund des BImSchG für die Errichtung und den Betrieb öffentlich zugänglicher Abfallbeseitigungsanlagen geltenden Verfahren. 294

Demnach unterfallen gem. § 38 BauGB **nicht** der Beurteilung nach §§ 29 ff. BauGB z.B. Planfeststellungen für Bundesfernstraßen gem. § 17 FStrG, für Eisenbahnbetriebsanlagen gem. § 18 AEG, für Flughäfen gem. §§ 6, 8 LuftVG und für Straßenbahnbetriebsanlagen gem. § 28 PBefG. 295

§ 38 S. 1 HS 1 BauGB setzt ein Vorhaben von überörtlicher Bedeutung voraus. **Überörtlichkeit** ist jedenfalls dann – aber nicht nur dann – gegeben, wenn sich ein Vorhaben auf benachbarte Gemeinden auswirkt und daher Koordinationsbedarf auslöst.[506] Bei Flughäfen und größeren Bahnanlagen etwa ist dies regelmäßig der Fall. 296

Weitere Voraussetzung einer Befreiung gem. § 38 S. 1 HS 1 a.E.BauGB von den Vorgaben der §§ 29 ff. BauGB ist, dass im jeweiligen Verfahren die Gemeinde beteiligt wird. Diese muss dabei so beteiligt sein, dass sie tatsächlich in die Lage versetzt wird, ihre städtebaulichen Belange effektiv in das Verfahren einzubringen.

D. Zulässigkeit im Bereich qualifizierter Bebauungspläne (§ 30 I BauGB)

I. Einführung

Vorhaben, die im Bereich eines **qualifizierten Bebauungsplans** liegen, sind bauplanungsrechtlich zulässig, wenn sie dessen Festsetzungen entsprechen und die Erschließung gesi- 297

[501] BayVGH NVwZ-RR 2008, 688 (689 f.).
[502] Vgl. BVerwG ZfBR 2001, 347 (348).
[503] BVerwG ZfBR 1999, 284.
[504] BVerwG ZfBR 1999, 284.
[505] Zur Fachplanung und deren Verhältnis zur Bauleitplanung oben Rn. 31 f.
[506] Vgl. etwa NVwZ 2004, 1240 (1241).

chert ist (§ 30 I BauGB). In einer Prüfungsarbeit ist daher – nach der Klärung, ob es sich um ein Vorhaben i.S.v. § 29 I BauGB (also insbes. um eine bauliche Anlage) handelt – zunächst festzustellen, ob das Vorhaben im Bereich eines qualifizierten Bebauungsplans i.S.d. § 30 I BauGB liegt. Dieser muss **wirksam**, d.h. formell und materiell rechtmäßig, sein. Ist dies der Fall, bemisst sich die bauplanungsrechtliche Zulässigkeit des Vorhabens ausschließlich nach § 30 I BauGB.

298 Dabei ist zu berücksichtigen, dass gem. **§ 1 III 2 BauNVO** („Scharniervorschrift") die Regelungen der §§ 2–14 BauNVO Bestandteil des Bebauungsplans sind, wenn die Gemeinde im Bebauungsplan ein in § 1 II BauNVO genanntes Baugebiet (z.B. ein allgemeines Wohngebiet) festgesetzt hat.[507]

299 **Übersicht 7: Prüfschema Zulässigkeit eines Vorhabens gem. § 30 I BauGB**

Zulässigkeit im Geltungsbereich eines qualifizierten Bebauungsplans

1. Es muss sich um ein **Vorhaben i.S.v. § 29 I BauGB** handeln.
2. Das Vorhaben muss **im Geltungsbereich eines qualifizierten Bebauungsplans i.S.v. § 30 I BauGB** liegen.
   a) Vorliegen eines wirksamen, d.h. formell und materiell rechtmäßigen Bebauungsplans
   b) Enthält der Bebauungsplan gem. § 30 I BauGB allein oder gemeinsam mit sonstigen baurechtlichen Vorschriften mindestens Festsetzungen über die Art und das Maß der baulichen Nutzung, die überbaubaren Grundstücksflächen und die örtlichen Verkehrsflächen?
   c) Liegt das Vorhaben im räumlichen Geltungsbereich des Plans?
3. **Kein Widerspruch zu den Festsetzungen des Bebauungsplans**
   - Im Hinblick auf die Art der baulichen Nutzung (dabei sind gem. § 1 III 2 BauNVO ggf. die §§ 2 ff. BauNVO zu beachten[508])
   - Im Hinblick auf das Maß der baulichen Nutzung, die Bauweise etc.
   - Falls ein Widerspruch besteht: Gibt es die Möglichkeit einer Ausnahme oder Befreiung gem. § 31 BauGB?[509]
4. **Vorhaben ist nicht ausnahmsweise gem. § 15 BauNVO unzulässig**
   - Betrifft nur Festsetzungen zur Art der baulichen Nutzung (kann ggf. auch unmittelbar im Zusammenhang mit der jeweiligen Festsetzung geprüft werden)
5. **Erschließung ist gesichert**[510]

II. Im Geltungsbereich eines qualifizierten Bebauungsplans

1. Rechtmäßiger Bebauungsplan

300 Nachdem geklärt ist, dass es sich um ein Vorhaben i.S.d. § 29 I BauGB handelt, ist zunächst zu prüfen, ob dieses im Geltungsbereich eines qualifizierten Bebauungsplans i.S.d. § 30 I BauGB liegt. Dazu muss überhaupt ein **wirksamer Bebauungsplan** vorliegen.

[507] Dazu näher unten Rn. 309 ff.
[508] Dazu unten Übersicht 8 in Rn. 319.
[509] Dazu unten Rn. 324 ff.
[510] Dazu unten Rn. 357 f.

Wie gesehen, ist ein rechtswidriger Bebauungsplan nichtig und damit unwirksam. Wenn insofern Bedenken bestehen (und nur dann), ist daher anhand der oben behandelten Kriterien zu prüfen, ob der Bebauungsplan **formell und materiell rechtmäßig** ist.[511]

Soweit der Bebauungsplan rechtswidrig und damit nichtig oder – ausnahmsweise – funktionslos[512] ist, richtet sich die Zulässigkeit des Vorhabens mangels wirksamen qualifizierten Bebauungsplans i.S.d. § 30 I BauGB nach § 34 BauGB oder nach § 35 BauGB, je nachdem wo das Vorhaben gelegen ist.[513]

2. Qualifizierter Bebauungsplan

Liegt ein rechtmäßiger Bebauungsplan vor, ist im nächsten Schritt zu prüfen, ob es sich um einen qualifizierten Bebauungsplan i.S.d. § 30 I BauGB handelt. 301

Dies ist gem. § 30 I BauGB der Fall, wenn der Plan „allein oder gemeinsam mit sonstigen baurechtlichen Vorschriften mindestens Festsetzungen über die Art und das Maß der baulichen Nutzung, die überbaubaren Grundstücksflächen und die örtlichen Verkehrsflächen enthält".

Dafür reicht es aus, wenn der Bebauungsplan diese Mindestfestsetzungen **überhaupt** enthält. Diese müssen also nicht etwa auch das konkret betroffene Grundstück erfassen. 302

Aus der gesetzlichen Formulierung „oder gemeinsam mit sonstigen baurechtlichen Vorschriften" ergibt sich, dass die Mindestfestsetzungen, die einen Bebauungsplan zu einem qualifizierten machen, nicht unbedingt in diesem selbst enthalten sein müssen.

So kann bspw. ein Bebauungsplan, der keine örtlichen Verkehrsflächen festsetzt, durch einen zusätzlichen Bebauungsplan, der allein solche Verkehrsflächen festsetzt, zu einem qualifizierten Bebauungsplan i.S.d. § 30 I BauGB werden.[514] Als ergänzende Regelungen in Betracht kommen aber z.B. auch im Jahr 1960 bei Inkrafttreten des BBauG übergeleitete baurechtliche Vorschriften[515] und solche in straßenrechtlichen Planfeststellungsbeschlüssen, die bspw. Straßenverkehrsflächen und damit örtliche Verkehrsflächen festsetzen können.

Die **Art** der baulichen Nutzung wird im Regelfall durch Festsetzung eines Baugebietes gem. § 1 III 1 BauNVO, selten durch Ausweisung konkreter, in § 9 I BauGB geregelter Nutzungen festgesetzt.[516] Das **Maß** der baulichen Nutzung wird festgesetzt, indem im Bebauungsplan Maßbestimmungsfaktoren i.S.d. § 16 II BauNVO festgelegt werden, also z.B. die Grundflächenzahl oder die Höhe baulicher Anlagen.[517] Die **überbaubaren Grundstücksflächen** können gem. § 23 I BauNVO durch die Festsetzung von Baulinien, Baugrenzen oder Bebauungstiefen bestimmt werden. **Örtliche Verkehrsflächen sowie Verkehrsflächen besonderer Zweckbestimmung** werden gem. § 9 I Nr. 11 BauGB z.B. in Form von Straßenverkehrsflächen, Fußgängerbereichen, Flächen für das Parken von Fahrzeugen oder Flächen für Ladeinfrastruktur elektrisch betriebener Fahrzeuge festgesetzt. 303

[511] Dazu ausführlich oben Rn. 84 ff.
[512] Zum seltenen Sonderfall der Funktionslosigkeit oben Rn. 233 ff.
[513] Vgl. das Fallbeispiel von *Brohm,* JuS 1999, 1097 (1101 f.).
[514] KH/*Ewer,* § 25 Rn. 20.
[515] Vgl. BVerwG ZfBR 2017, 151 Rn. 11 ff.
[516] Dazu im Einzelnen oben Rn. 59 ff.
[517] Dazu oben Rn. 67 ff.

Trifft der Bebauungsplan allein oder gemeinsam mit sonstigen baurechtlichen Vorschriften **nicht** die Mindestfestsetzungen i.S.d. § 30 I BauGB, handelt es sich um einen einfachen Bebauungsplan.[518]

3. Im Geltungsbereich des Bebauungsplans

304 § 30 I BauGB ist nur anwendbar, wenn das Vorhaben **„im Geltungsbereich"** des qualifizierten Bebauungsplans liegt. Gem. § 9 VII BauGB setzt der einzelne Bebauungsplan die Grenzen seines räumlichen Geltungsbereichs fest.[519] Dies geschieht meist durch eine zeichnerische Darstellung auf einer Karte, kann aber auch durch textliche Umschreibung erfolgen.

III. Kein Widerspruch zu den Festsetzungen des Bebauungsplans

1. Allgemeines

305 Ein Vorhaben ist gem. § 30 I BauGB bauplanungsrechtlich zulässig, wenn es den Festsetzungen des qualifizierten Bebauungsplans nicht widerspricht und die Erschließung gesichert ist. Klammert man die Erschließung zunächst aus, bedeutet dies primär, dass gem. § 30 I BauGB alles zulässig ist, was mit den getroffenen Festsetzungen (explizit) vereinbar ist. Die Festsetzungen betreffen – wie gesehen – insbes. die Art und das Maß der baulichen Nutzung.

Bsp.: Ist im Bebauungsplan gem. § 16 II Nr. 2 Var. 1 BauNVO eine Geschossflächenzahl von 0,3 festgelegt, darf gem. § 20 II BauNVO ein Grundstück von 2.000 qm Größe mit Gebäuden bebaut werden, die insgesamt eine Geschossfläche von nicht mehr als 600 qm haben.[520]

306 Oft wird übersehen, dass aus § 30 I BauGB auch folgt, dass Vorhaben bzw. Teilaspekte derselben, zu denen der Bebauungsplan keine Festsetzungen trifft, grds. zulässig sind. Dies kann dazu führen, dass im Geltungsbereich eines qualifizierten Bebauungsplans Vorhaben, mit denen der Plangeber nicht gerechnet und sie daher im Bebauungsplan nicht geregelt hat, zulässig sein können, obwohl sie ohne Vorliegen eines Bebauungsplans – bspw. nach § 34 BauGB – unzulässig wären.[521]

307 Widerspricht das Vorhaben hingegen den Festsetzungen des qualifizierten Bebauungsplans, ist es gem. § 30 I BauGB grds. unzulässig.

Beispiele:
- Ist im Bebauungsplan gem. §§ 16 II Nr. 4, 18 BauNVO eine maximale Höhe baulicher Anlagen von 10 m ab Oberkante Kellerrohdecke bis Firsthöhe festgesetzt,[522] sind Gebäude mit einer Höhe von bspw. 12,5 m ab Oberkante Kellerrohdecke bis Firsthöhe gem. § 30 I BauGB i.V.m. dem Bebauungsplan unzulässig.
- Ist im Bebauungsplan gem. § 9 I Nr. 2 Var. 1 BauGB i.V.m. § 22 I, III BauNVO eine geschlossene Bauweise festgesetzt,[523] ist ein Gebäude, das mit einem seitlichen Grenzabstand von 5 m errichtet werden soll, unzulässig.

---

[518] Zu diesem unten Rn. 359 ff.
[519] Oben Rn. 55.
[520] Vgl. oben Rn. 69.
[521] Bsp. bei *Will*, ÖffBauR, 2. Aufl. 2022, Rn. 370.
[522] Dazu oben Rn. 69.
[523] Dazu oben Rn. 71.

Ein nach den Festsetzungen des qualifizierten Bebauungsplans unzulässiges Vorhaben 308
kann allenfalls noch aufgrund einer – im Bebauungsplan vorgesehenen – Ausnahme gem. § 31 I BauGB oder einer Befreiung von Festsetzungen des Bebauungsplans insbes. gem. § 31 II, III BauGB zulässig werden.[524]

2. Bedeutung der Festsetzung von Baugebieten i.S.d. BauNVO

a) Folgen der Festsetzung eines Baugebietes

Bedeutsam ist die Regelung der Art der baulichen Nutzung durch **Festsetzung von Baugebieten**. Dies führt gem. **§ 1 III 2 BauNVO** dazu, dass die §§ 2–14 BauNVO Bestandteil des Bebauungsplans werden, soweit sich nicht aus § 1 IV–X BauNVO etwas anderes ergibt. Die Festsetzung eines Baugebietes hat somit zur Folge, dass bei der Prüfung der Vereinbarkeit eines Vorhabens mit den Festsetzungen des Bebauungsplans hinsichtlich der Art der zulässigen Nutzung die Vorgaben der §§ 2 ff. BauNVO maßgebend sind. 309

Bsp.: Hat die Gemeinde im Bebauungsplan ein reines Wohngebiet i.S.d. § 1 II Nr. 2 i.V.m. § 3 BauNVO festgesetzt, richten sich die zulässigen Nutzungsarten gem. § 1 III 2 BauNVO nach § 3 II, III, IV BauNVO.

Die besonders relevanten §§ 2–9 BauNVO sind nach einem **einheitlichen Schema** strukturiert: Abs. 1 des für das Baugebiet einschlägigen Paragraphen nennt die generelle Zweckbestimmung des Baugebietes, Abs. 2 nennt die Nutzungen, die dort allgemein zulässig sind (sog. Regelbebauung), während Abs. 3 die Nutzungen nennt, die ausnahmsweise gem. § 31 I BauGB zulässig sind (sog. Ausnahmebebauung). Manchmal werden Abs. 2 und 3 noch in weiteren Absätzen näher bestimmt (vgl. z.B. § 3 IV BauNVO). Andere Nutzungen, also solche, die weder in Abs. 2 noch in Abs. 3 genannt sind, sind grds. unzulässig. 310

Über die Gewährung einer **Ausnahme** i.S.d. jeweiligen Abs. 3 hat die Baugenehmigungsbehörde gem. §§ 31 I, 36 I BauGB nach pflichtgemäßem Ermessen im Einvernehmen mit der Gemeinde zu entscheiden.[525] 311

Zu beachten ist, dass die Gemeinde gem. § 1 VI BauNVO im Bebauungsplan festsetzen kann, dass einzelne oder alle im jeweiligen Abs. 3 vorgesehenen Ausnahmen entweder nicht Bestandteil des Bebauungsplans werden (Nr. 1) oder aber in dem Baugebiet allgemein zulässig sind, sofern die allgemeine Zweckbestimmung des Baugebietes gewahrt bleibt (Nr. 2).

Grundlagenbeispiel: Ist im Bebauungsplan gem. § 1 III 1 BauNVO ein **reines Wohngebiet** i.S.v. § 3 BauNVO festgesetzt, sind dort allgemein nur die in § 3 II i.V.m. IV BauNVO genannten Nutzungen zulässig. Die in § 3 III BauNVO genannten Nutzungen können immerhin gem. § 31 I BauGB ausnahmsweise zugelassen werden. Die Errichtung bspw. einer Tankstelle ist nicht von § 3 II BauNVO erfasst und daher gem. § 30 I BauGB i.V.m. § 3 II BauNVO unzulässig. Auch im Wege einer Ausnahme kann die Tankstelle nicht zugelassen werden, da sie nicht von § 3 III BauNVO erfasst ist.

Weitere Beispiele und Erläuterungen zur Vertiefung:

- In einem **reinen Wohngebiet** i.S.v. § 3 BauNVO sind gem. § 3 II Nr. 2 BauNVO neben Wohngebäuden (Nr. 1) u.a. **Anlagen zur Kinderbetreuung,** die den Bedürfnissen der Bewohner des Gebiets dienen, allgemein zulässig. In BaWüVGH NVwZ-RR 2020, 386 ging es um die Frage, ob eine englischsprachige Kindertagesstätte mit 64 Plätzen in einem reinen Wohngebiet, in welchem der Bedarf an Kinderbetreuungsplätzen eigentlich schon gedeckt

[524] Dazu unten Rn. 324 ff.

[525] Dazu unten Rn. 325.

ist, zulässig ist. Der VGH hat dies bejaht und das Argument, eine englischsprachige Einrichtung sei zwangsläufig auf einen größeren Einzugsbereich als „das Gebiet“ i.S.d. § 3 II Nr. 2 BauNVO (= der fußläufige Bereich = in der Regel ein Radius von 500 m um die Einrichtung[526]) ausgelegt, mit dem Hinweis verworfen, dass es sich im konkreten Fall um einen „klassischen Akademikerwohnort“ mit naturgemäß besonders bildungsaffiner Bevölkerung handele, bei der mit weit überdurchschnittlicher Wahrscheinlichkeit anzunehmen sei, dass sie Interesse an einer fremdsprachlichen Kindererziehung habe.[527] Noch wichtiger ist die allgemeiner anwendbare Feststellung des Gerichts, dass eine Kinderbetreuungsanlage in einem reinen Wohngebiet nicht nur dann zulässig ist, wenn ein ungedeckter Bedarf an Kinderbetreuungsplätzen besteht. Eine **„Bedarfsprüfung“** sei dem Bauplanungsrecht generell fremd. Im Gegenteil seien – in den Grenzen des § 15 I 1 BauNVO – die im festgesetzten Baugebiet allgemein zulässigen Nutzungen regelmäßig auf jedem der Grundstücke genehmigungsfähig.[528] Die gesetzliche Formulierung in § 3 II Nr. 2 BauNVO diene nur dazu, die Größe der einzelnen Kinderbetreuungsanlage zu begrenzen.

- Eine **Schank- und Speisewirtschaft** ist in einem im Bebauungsplan festgesetzten **allgemeinen Wohngebiet** i.S.v. § 4 BauNVO gem. § 4 II Nr. 2 BauNVO allgemein zulässig, wenn sie der Versorgung des Gebiets dient. Dies ist der Fall, wenn sie sich dem allgemeinen Wohngebiet, in dem sie liegt, funktional zuordnen lässt.[529] Dafür muss sie auf die Deckung des gastronomischen Bedarfs ausgerichtet sein, der in dem – nicht von vornherein auf das konkrete allgemeine Wohngebiet begrenzten – Gebiet und nach den dortigen demographischen und sozialen Gegebenheiten tatsächlich zu erwarten ist.[530] Nicht der Versorgung des Gebiets dient die Schank- und Speisewirtschaft hingegen, wenn sie auf gebietsfremde Gäste ausgerichtet ist. Dann ist sie nicht gem. § 4 II Nr. 2 BauNVO zulässig.
- Angesichts des anhaltenden demographischen Wandels ist von großer Bedeutung, dass auch **Altenwohn- und Pflegeheime** als **Wohngebäude** i.S.v. § 3 II Nr. 1 sowie §§ 2, 4–7 BauNVO in Betracht kommen. Gem. § 3 IV BauNVO gehören zu den nach § 3 II sowie den §§ 2, 4–7 BauNVO zulässigen Wohngebäuden nämlich auch solche, die ganz oder teilweise der Betreuung und Pflege ihrer Bewohner dienen. Das RPOVG hat 2016 dazu festgestellt, es sei ohne Belang, ob der Betreuungs- bzw. Pflegezweck vorherrsche oder nur untergeordnet sei, sofern in den Heimen „gewohnt“ werde.[531] Ob eine derartige inhaltlich erweiterte Wohnnutzung vorliegt, ist anhand der Umstände des konkreten Falls zu beurteilen. Die Nutzung sei einerseits abzugrenzen von Krankenhäusern oder krankenhausähnlichen Einrichtungen, andererseits von Einrichtungen, in denen nicht mehr „gewohnt“ werde, sondern in denen die Bewohner lediglich untergebracht seien. Dabei ist **„Wohnen“** i.S.d. § 3 I BauNVO nach dem BVerwG **durch eine auf Dauer angelegte Häuslichkeit, Eigengestaltung der Haushaltsführung und des häuslichen Wirkungskreises sowie Freiwilligkeit des Aufenthalts** gekennzeichnet.[532] Mitunter wird darauf verwiesen, dass „ein Mindestmaß an freier häuslicher Gestaltungsmöglichkeit ausreichend“ sei.[533] Auch ein **Altenheim mit vollstationärer Demenzabteilung,** deren Wohneinheiten „nach dem zugrundeliegenden Nutzungskonzept und ihrer Ausstattung auch dort noch ein Mindestmaß an eigenständiger Gestaltung und Sicherung des durch die Wohnung geprägten Lebensbereichs und des häuslichen Lebens“ ermöglichen und dessen Bewohner jeweils für ein bestimmtes Ap-

---

[526] BaWüVGH NVwZ-RR 2020, 386 Rn. 14.

[527] BaWüVGH NVwZ-RR 2020, 386 Rn. 13.

[528] BaWüVGH NVwZ-RR 2020, 386 Rn. 14.

[529] BVerwG NVwZ 2020, 404 Rn. 16.

[530] Näher zum relevanten Gebiet: BVerwG NVwZ 2020, 404 Rn. 16.

[531] RPOVG, Beschl. v. 28.6.2016 – 8 B 10411/16.OVG, BeckRS 2016, 47925 Rn. 15.

[532] BVerwGE 160, 104 Rn. 17 = NVwZ 2018, 824; BVerwG NVwZ 2018, 828 Rn. 14; NWOVG NVwZ-RR 2020, 94 Rn. 46.

[533] Vgl. RPOVG, Beschl. v. 28.6.2016 – 8 B 10411/16.OVG, BeckRS 2016, 47925 Rn. 15; BayVGH, Beschl. v. 27.10.1999 – 1 ZS 99.2460, BeckRS 1999, 25984; zum Ganzen instruktiv: BeckOK BauNVO/*Hornmann*, § 3 Rn. 66 ff., 74 m.w.N.

partement Nutzungsverträge abschließen, die ohne ihre Zustimmung nicht abgeändert werden können, sei danach ein Wohngebäude, das ganz oder teilweise der Betreuung und Pflege seiner Bewohner diene, und deshalb nach § 3 II Nr. 1, IV BauNVO in einem reinen Wohngebiet zulässig.[534]

- Ob eine **Unterkunft für Asylbegehrende und Flüchtlinge** eine **Wohnnutzung** darstellt, hängt von den Umständen des Einzelfalls ab.[535] Der HessVGH bzw. der BaWüVGH verlangen im Lichte der oben bereits angesprochenen Definition des Wohnens „eine hinreichende Eigengestaltung der Haushaltsführung und des häuslichen Wirkungskreises in einem baulich abgeschlossenen Bereich mit eigener Küche und Bad“[536] bzw. „Aufenthalts- und private Rückzugsräume [...], die eine Eigengestaltung des häuslichen Wirkungskreises ermöglichen“,[537] sowie übereinstimmend, dass die Häuslichkeit auf eine gewisse Dauer angelegt ist.[538]

  Als **Kernkriterien** zur Beurteilung der Frage, ob eine **Wohnnutzung** vorliegt, können im Rahmen einer wertenden Gesamtbetrachtung herangezogen werden:[539]
  1. die Ausstattungsmerkmale des Gebäudes und dessen objektive Zweckbestimmung,
  2. das Ausmaß der Eigengestaltung der Haushaltsführung und des häuslichen Wirkungskreises,
  3. die Freiwilligkeit des Aufenthaltes und
  4. eine auf Dauer angelegte Häuslichkeit.

  Erfüllt eine Asylbewerberunterkunft die Merkmale des Wohnens nicht, kann sie ggf. eine **Anlage für soziale Zwecke** sein[540] und dann z.B. in einem allgemeinen Wohngebiet gem. § 4 II Nr. 3 BauNVO allgemein, in einem reinen Wohngebiet gem. § 3 III Nr. 2 BauNVO jedenfalls ausnahmsweise zulässig sein.[541]
- 2021 wurde das **dörfliche Wohngebiet** gem. § 1 II Nr. 6, § 5a BauNVO in den Katalog der Baugebiete eingefügt.[542] Dieses dient gem. § 5a I 1 BauNVO dem Wohnen sowie der Unterbringung von land- und forstwirtschaftlichen Nebenerwerbsstellen und nicht wesentlich störenden Gewerbebetrieben. § 5a I 2 BauNVO stellt klar, dass die Nutzungsmischung in dörflichen Wohngebieten nicht gleichgewichtig sein muss. Daraus ergibt sich u.a., dass zwischen den zulässigen Nutzungsarten – anders als etwa im **Dorfgebiet** gem. § 5 I 2 BauNVO – kein Rangverhältnis besteht.[543]
- In einem **Industriegebiet** gem. § 1 II Nr. 11, § 9 BauNVO sind Wohngebäude gem. § 9 II BauNVO grds. unzulässig. Handelt es sich jedoch um Wohnungen bspw. für Aufsichts- und Bereitschaftspersonen, die dem Gewerbebetrieb zugeordnet und diesem gegenüber in Grundfläche und Baumasse untergeordnet sind, kann das Vorhaben gem. § 9 III Nr. 1 BauNVO ausnahmsweise zugelassen werden. Hat die Gemeinde im Bebauungsplan jedoch gem. § 1 VI Nr. 1 BauNVO festgesetzt, dass die Ausnahme gem. § 9 III Nr. 1 BauNVO nicht Bestandteil des Bebauungsplans ist, scheidet eine solche Ausnahme aus. Hat die Gemeinde umgekehrt im Bebauungsplan gem. § 1 VI Nr. 2 BauNVO festgesetzt, dass die Ausnahme gem. § 9 III Nr. 1 BauNVO allgemein zulässig ist, ist das Vorhaben zulässig,

---

[534] RPOVG, Beschl. v. 28.6.2016 – 8 B 10411/16.OVG, BeckRS 2016, 47925 Rn. 15; HbgOVG NVwZ-RR 2005, 396.
[535] Vgl. etwa HessVGH NVwZ 2016, 1101 Rn. 14 ff.
[536] HessVGH NVwZ 2016, 88 Rn. 9.
[537] BaWüVGH NVwZ 2015, 1781 Rn. 8.
[538] HessVGH NVwZ 2016, 88 Rn. 9; BaWüVGH NVwZ 2015, 1781 Rn. 8.
[539] *Hornmann*, NVwZ 2016, 1106.
[540] Dazu auch HessVGH NVwZ 2016, 88 Rn. 9, 14.
[541] HessVGH NVwZ 2016, 88 Rn. 14.
[542] M.W.v. 23.6.2021 durch Art. 2 Nr. 3 BaulandmobilisierungsG, BGBl. 2021 I S. 1802; BT-Drs. 19/24838, S. 34; *Hornmann*, NVwZ 2021, 1275.
[543] Vgl. BeckOK BauNVO/*Hornmann*, § 5a Rn. 39 f.

ohne dass es einer Ausnahme durch die Baugenehmigungsbehörde gem. § 9 III Nr. 1 BauNVO bedürfte.

- § 11 BauNVO ermöglicht die Festsetzung **sonstiger Sondergebiete,** die sich von den Baugebieten nach §§ 2–10 BauNVO wesentlich abheben müssen. Er unterscheidet sich von §§ 2–10 BauNVO grundlegend dadurch, dass er die Zweckbestimmung und die in dem Baugebiet zulässigen Nutzungen nicht typisiert vorgibt, sondern dies gem. § 11 II 1 BauNVO den Festsetzungen der Gemeinde überlässt. Dies hat zur Folge, dass bspw. die konkrete Festsetzung der Zweckbestimmung im Bebauungsplan hier die gleiche Aufgabe hat, die für Baugebiete gem. §§ 2–10 BauNVO dem jeweiligen ersten Absatz dieser Vorschriften zukommt.[544] Eine **Beschränkung der Zahl zulässiger Vorhaben** (z.B. nur ein Einkaufszentrum in einem **Sondergebiet für Einkaufszentren,** vgl. § 11 II 2, III BauNVO) ist dabei nach einer Entscheidung des BVerwG von 2019 weder als Festsetzung der Zweckbestimmung (die nur allgemein den Zweck bestimmt, dem das Baugebiet dient) noch als Festsetzung der Art der Nutzung zulässig, zu deren Kennzeichnung die numerische Beschränkung von Vorhaben nichts beiträgt.[545] Im Übrigen kann sie auch nicht auf § 9 I Nr. 1 BauGB i.V.m. §§ 16 ff. BauNVO als Bestimmung des Maßes der zulässigen Nutzung gestützt werden, da sie nicht die gem. § 16 II BauNVO zulässigen Maßbestimmungsfaktoren (Größe der Grundfläche etc.) verwendet.[546] Als Festsetzungen über die Art der baulichen Nutzung gem. § 11 II BauNVO grds. zulässig sind in sonstigen **Sondergebieten für großflächige Einzelhandelsbetriebe und Einkaufszentren** hingegen Festsetzungen von **Höchstverkaufsflächen,** Mindestverkaufsflächen und Mindestverkaufsflächen für bestimmte Sortimente.[547] **Verkaufsfläche** ist dabei diejenige Fläche, auf der Waren präsentiert und gekauft werden können.[548]

b) Das Kriterium der Gebietsverträglichkeit

312 Bei der Prüfung der Zulässigkeit einer Nutzung nach §§ 2 ff. BauNVO ist zudem stets das **ungeschriebene Tatbestandsmerkmal der Gebietsverträglichkeit** zu berücksichtigen. Rspr. und Wissenschaft haben dieses Merkmal zunächst vor allem als Korrektiv zu den in §§ 2–14 BauNVO verwendeten weit gefassten und daher einschränkungsbedürftigen Begriffen „sonstige", „sonstige nicht störende" und „sonstige nicht wesentlich störende" entwickelt.[549] Inzwischen ist die Gebietsverträglichkeit allerdings als **allgemeines ungeschriebenes Zulässigkeitskriterium** für alle in einem Baugebiet nach der BauNVO allgemein zulässigen und – ganz besonders – für die dort ausnahmsweise zulassungsfähigen Nutzungsarten anerkannt.[550] Dies bedeutet, dass die Gebietsverträglichkeit des Vorhabens sowohl im Rahmen des Abs. 2 der §§ 2-9 BauNVO als auch im Rahmen von Abs. 3 – und dort besonders sorgfältig – zu prüfen ist.

Gebietsverträglichkeit ist zu verneinen, wenn ein Vorhaben in seiner **typischen** Nutzungsweise störend auf den **Gebietscharakter** des Baugebietes wirkt.[551]

313 Bei der Prüfung der Gebietsverträglichkeit sind **zwei Aspekte** wichtig: **Erstens** ist zu beachten, dass sich der Gebietscharakter eines Baugebietes maßgeblich aus der allgemeinen **Zweckbestimmung im einschlägigen Abs. 1** der §§ 2–9 BauNVO und nicht etwa aus ab-

---

[544] BVerwGE 166, 378 Rn. 14 = NVwZ 2020, 399.
[545] BVerwGE 166, 378 Rn. 12 ff., 15, 18 = NVwZ 2020, 399.
[546] BVerwGE 166, 378 Rn. 19 = NVwZ 2020, 399; dazu bereits oben Rn. 69.
[547] BVerwGE 166, 378 Rn. 10 = NVwZ 2020, 399.
[548] BVerwG NVwZ 2020, 83 Rn. 5.
[549] Zur Entwicklung der Rspr.: BVerwGE 116, 155 (157 ff.).
[550] BVerwGE 138, 166 Rn. 19.
[551] BVerwGE 116, 155 (157).

strakten Erwägungen ergibt.[552] Schon daraus folgt, dass es nicht auf die tatsächliche Lage in dem Baugebiet, sondern typisierend auf die in Rede stehende, in der BauNVO normierte Baugebietsart ankommt.[553]

Bsp.: Das allgemeine Wohngebiet dient gem. § 4 I BauNVO „vorwiegend dem Wohnen". Sein Gebietscharakter wird daher dadurch geprägt, dass es nach Möglichkeit ein ungestörtes Wohnen gewährleisten soll.[554] Die Nutzungen nach § 4 II Nr. 2 (der Versorgung des Gebiets dienende Läden, Schank- und Speisewirtschaften sowie nicht störende Handwerksbetriebe) und Nr. 3 BauNVO (Anlagen für kirchliche, kulturelle, soziale, gesundheitliche und sportliche Zwecke) sind dabei der Wohnnutzung funktional zugeordnet, damit im Wohngebiet selbst eine Versorgungsinfrastruktur bereitgestellt werden kann, mit der sich die Grundbedürfnisse der Bevölkerung befriedigen lassen.[555] Dies alles gilt generell für allgemeine Wohngebiete, unabhängig von der tatsächlichen Lage vor Ort.

Für die Beurteilung der Gebietsverträglichkeit des konkreten Vorhabens ist **zweitens** ent- 314
scheidend, ob das betreffende Vorhaben aufgrund einer wiederum **typisierten Betrachtungsweise** mit dem dergestalt bestimmten Gebietscharakter des jeweiligen Baugebietes vereinbar ist.

Es kommt also bei der Prüfung der Gebietsverträglichkeit – anders als bei § 15 BauNVO[556] – auf die **typische Nutzung** des Vorhabens an. Wenn diese den Gebietscharakter gefährdet, ist das Vorhaben gebietsunverträglich.

Beispiele: 315

- In BVerwGE 116, 155 hatte das zuständige Landratsamt die Baugenehmigung für den Umbau eines in einem **allgemeinen Wohngebiet** gelegenen Gebäudes in einen **Zustellstützpunkt** der Deutschen Post AG auf eine Ausnahme nach § 4 III Nr. 3 BauNVO (Anlagen für Verwaltungen) gestützt. Das von Nachbarn angerufene BVerwG verneinte jedoch im Einklang mit dem BayVGH die Gebietsverträglichkeit des Vorhabens. Umfang, Einzugsbereich und Zu- und Abgangsverkehr des Vorhabens lösten Störungen aus, brächten Unruhe in das Gebiet und stellten erhebliche Auswirkungen auf die auch im allgemeinen Wohngebiet erstrebte gebietsbezogene Wohnruhe dar.[557] Die Ausnahme und die darauf beruhende Baugenehmigung waren daher rechtswidrig.
- In einem Urteil des BVerwG aus dem Jahr 2019 ging es um die Frage, ob eine in einem **allgemeinen Wohngebiet** gelegene der Versorgung des Gebiets dienende **Schank- und Speisewirtschaft** (§ 4 II Nr. 2 BauNVO) gebietsunverträglich sein kann. Das BVerwG ging zur Bestimmung des Gebietscharakters von § 4 I BauNVO 1977 aus, nach dem ein solches Gebiet vorwiegend dem Wohnen dient.[558] Die Nutzungen nach § 4 II Nrn. 2 und 3 BauNVO 1977 seien allerdings dieser Wohnnutzung funktional zugeordnet, damit im Wohngebiet selbst eine Versorgungsinfrastruktur bereitgestellt werden könne, mit der sich die Grundbedürfnisse der Bevölkerung befriedigen ließen.[559] Zu diesen Grundbedürfnissen gehöre die Möglichkeit, in fußläufiger Entfernung eine Schank- oder Speisewirtschaft aufzusuchen. Daraus ergibt sich, dass einer Schank- und Speisewirtschaft, die der Versorgung des Gebiets dient, aufgrund der gebotenen typisierenden Betrachtungsweise unabhängig von deren

---

[552] BVerwG NVwZ 2002, 1118 (1119).
[553] BVerwG NVwZ 2008, 786 (787 f.).
[554] ThürOVG, Urt. v. 30.8.2007 – 1 KO 330/06, BeckRS 2008, 34040.
[555] BVerwGE 159, 322 Rn. 7; BVerwG NVwZ 2020, 404 Rn. 17.
[556] Dazu unten Rn. 320 ff.
[557] BVerwGE 116, 155 (160).
[558] BVerwG NVwZ 2020, 404 Rn. 17; dazu die Anm. v. *Muckel,* JA 2020, 640.
[559] BVerwGE 159, 322 Rn. 7; BVerwG NVwZ 2020, 404 Rn. 17.

konkreter Ausgestaltung (Größe, Lärmimmissionen etc.) nicht entgegengehalten werden kann, dass diese in einem allgemeinen Wohngebiet gebietsunverträglich sei.[560]

- Die Verwendung eines Kellerraumes einer Kirche als **Krypta** mit privatem Bestattungsplatz für Geistliche ist in einem **Industriegebiet** gem. § 1 II Nr. 11 i.V.m. § 9 BauNVO nicht gebietsverträglich, so dass eine Ausnahmegenehmigung gem. § 9 III Nr. 2 Var. 1 BauNVO ausscheidet.[561] Da Industriegebiete der einzige Baugebietstyp der BauNVO sind, in dem erheblich störende Gewerbebetriebe untergebracht werden können, sind die in § 9 III BauNVO bezeichneten Nutzungsarten nur dann ohne Weiteres gebietsverträglich, wenn sie nicht störempfindlich sind und deshalb mit dem Hauptzweck des Industriegebietes nicht in Konflikt geraten können. Diese Voraussetzung erfüllt eine Kirche – mit oder ohne Krypta – bei typisierender Betrachtung nicht.[562]

c) §§ 12–14 BauNVO

316 Nicht übersehen werden darf bei der Prüfung, dass sich aus **§§ 12–14 BauNVO** – teils für grds. alle, teils zumindest für mehrere Arten von Baugebieten – weitere zulässige Nutzungen ergeben, die gem. § 1 III 2 BauNVO bei Festsetzung eines Baugebietes Bestandteil des Bebauungsplans werden:

So sind bspw. gem. § 12 I BauNVO **Stellplätze und Garagen** in allen Baugebieten zulässig, soweit sich aus § 12 II–VI BauNVO nichts anderes ergibt. Gem. § 13 BauNVO sind für die Berufsausübung von **Freiberuflern** (z.B. Ärzte und Rechtsanwälte) sowie von **Gewerbetreibenden,** die ihren Beruf in ähnlicher Art ausüben (z.B. Finanzanlagenvermittler, Versicherungsvermittler und Handelsvertreter), in den Baugebieten nach §§ 2–4 BauNVO Räume und in den Baugebieten nach §§ 4a–9 BauNVO sogar Gebäude zulässig.

317 Praktisch wichtig ist schließlich auch § 14 BauNVO, der die Zulässigkeit von **Nebenanlagen** regelt. Zusätzlich zu den nach §§ 2–13 BauNVO zulässigen Anlagen sind gem. § 14 I BauNVO **in allen Baugebieten** auch untergeordnete Nebenanlagen und Einrichtungen zulässig, die dem Nutzungszweck der in dem Baugebiet gelegenen Grundstücke oder des Baugebietes selbst dienen und seiner Eigenart nicht widersprechen.

Nebenanlagen können dabei nur Anlagen sein, die nicht Bestandteil des (Haupt-) Gebäudes sind.[563] Zur Abgrenzung von bloßen Teilen einer Hauptanlage können funktionelle und räumliche Gesichtspunkte herangezogen werden. Von dieser Abgrenzung zu unterscheiden ist die Frage, ob eine Nebenanlage untergeordnet ist.

318 **Untergeordnete Nebenanlagen** sind bauliche Anlagen, die sowohl in ihrer Funktion als auch räumlich-gegenständlich dem primären Nutzungszweck der in dem Baugebiet liegenden Baugrundstücke oder des Baugebietes selbst dienend zu- und untergeordnet sind.[564] Für die räumlich-gegenständliche Unterordnung sind optische Kriterien maßgeblich, welche die Nebenanlage als „Anhängsel“ erscheinen lassen.[565]

Beispiele: Abstellschuppen und Geräteräume, Einfriedungen (z.B. Zäune, Mauern), Gewächshaus im Garten eines Wohngrundstücks, Grillplatz im Garten, Altglascontainer[566]

[560] BVerwG NVwZ 2020, 404 Rn. 15 ff.
[561] BVerwGE 138, 166 Rn. 18 ff.
[562] BVerwGE 138, 166 Rn. 21.
[563] BVerwG ZfBR 2018, 265.
[564] BVerwGE 67, 23 (26); BVerwG NVwZ 2018, 1231 Rn. 9.
[565] BVerwG ZfBR 2018, 265 Rn. 9.
[566] BVerwG NVwZ 1999, 298.

Zur Erleichterung des **5G-Mobilfunkausbaus** wurde 2021 in § 14 BauNVO ein neuer Ia eingefügt, nach dem in (neu ausgewiesenen) Baugebieten nach den §§ 2–11 BauNVO Nebenanlagen, die der öffentlichen Versorgung mit **Telekommunikationsdienstleistungen** dienen, allgemein zulässig sind, es sei denn, ihre Zulässigkeit wird im Bebauungsplan ausdrücklich ausgeschlossen.[567]

d) Prüfung der §§ 1 III 2, 2 ff. BauNVO

Die Prüfung, ob ein Vorhaben bzgl. der Art der baulichen Nutzung den §§ 1 III 2, 2–9 BauNVO entspricht, kann nach folgendem Schema erfolgen: **319**

Übersicht 8: Prüfschema § 30 I BauGB i.V.m. §§ 1 III 2, 2 ff. BauNVO

Entspricht das Vorhaben den Festsetzungen bzgl. der Art der baulichen Nutzung i.S.v. §§ 1 III 2, 2 ff. BauNVO?

1. Hat die Gemeinde **die Art der baulichen Nutzung im Geltungsbereich des Bebauungsplans durch ein Baugebiet i.S.v. § 1 II BauNVO festgesetzt?** Dann gelten gem. § 1 III 2 BauNVO die §§ 2 ff. BauNVO, soweit keine Spezialregelung auf Grundlage von § 1 IV–X BauNVO eingreift.
2. **Vorhaben zulässig als Regelbebauung i.S.v. Abs. 2 der §§ 2–9 BauNVO?**
   a) Fällt das Vorhaben unter die in Abs. 2 (ggf. i.V.m. Abs. 4) des einschlägigen Paragraphen der §§ 2–9 BauNVO genannten Fälle?
   b) Ist das Vorhaben im Hinblick auf den allgemeinen Zweck des Baugebietes nach Abs. 1 des einschlägigen Paragraphen der §§ 2–9 BauNVO typisiert **gebietsverträglich?**

Wenn nicht als Regelbebauung nach Abs. 2 zulässig:

3. **Vorhaben ausnahmsweise zulässig gem. § 31 I BauGB i.V.m. Abs. 3 des einschlägigen Paragraphen der §§ 2–9 BauNVO?**
   a) Fällt das Vorhaben unter die in Abs. 3 des einschlägigen Paragraphen der §§ 2–9 BauNVO genannten Fälle?
   b) Ist das Vorhaben im Hinblick auf den allgemeinen Zweck des Baugebietes nach Abs. 1 des einschlägigen Paragraphen der §§ 2–9 BauNVO typisiert **gebietsverträglich?** (besonders streng zu prüfen)
   c) Wenn insofern als Ausnahmebebauung zulässig: Ausnahmeerteilung nach § 31 I BauGB grds. im Ermessen der Bauaufsichtsbehörde[568]

IV. Keine ausnahmsweise Unzulässigkeit gem. § 15 BauNVO

1. Allgemeines und Abgrenzung zur Gebietsverträglichkeit

Eine bauliche Anlage i.S.d. §§ 2–14 BauNVO, die gem. § 30 I BauGB – ggf. auch aufgrund einer Ausnahme gem. § 31 I BauGB i.V.m. dem jeweiligen Abs. 3 der BauNVO-Vorschriften – eigentlich zulässig wäre, kann nach § 15 BauNVO **im Einzelfall dennoch ausnahmsweise bauplanungsrechtlich unzulässig sein.** § 15 BauNVO bildet ein Korrektiv, **320**

[567] M.W.v. 23.6.2021 durch G v. 14.6.2021 (BGBl. I S. 1802); BT-Drs. 19/24838, S. 34; *Battis/Mitschang/Reidt,* NVwZ 2021, 905 (910).

[568] Dazu unten Rn. 324 ff.

dessen Voraussetzungen aufgrund einer **einzelfallbezogenen** Betrachtungsweise angewandt werden.

§ 15 I BauNVO betrifft aufgrund seiner systematischen Stellung im ersten Abschnitt der BauNVO lediglich die Feinsteuerung der **Art der baulichen Nutzung.** Festsetzungen zum Maß oder zur Bauweise etc. bleiben von ihm daher unberührt.

321 Nicht ganz einfach ist die Abgrenzung von § 15 BauNVO zur soeben behandelten Gebietsverträglichkeit, die im Rahmen von § 30 BauGB i.V.m. §§ 2 ff. BauNVO ebenfalls stets zu prüfen ist.[569] Der wesentliche Unterschied liegt in Folgendem: Bei § 15 BauNVO sind die konkreten Umstände des Einzelfalls entscheidend, während bei der Gebietsverträglichkeit – wie gesehen – eine typisierende Betrachtungsweise zugrunde zu legen ist.

§ 15 BauNVO ermöglicht als Mittel der bauplanungsrechtlichen Feinsteuerung, die Genehmigung solcher Vorhaben zu versagen, „die zwar nach Art, Größe und störenden Auswirkungen generell (typischerweise) den Gebietscharakter nicht gefährden, jedoch nach Anzahl, Lage, Umfang oder Zweckbestimmung angesichts der **konkreten Verhältnisse an Ort und Stelle** der Eigenart des Baugebietes widersprechen bzw. für die Nachbarschaft mit unzumutbaren Belästigungen oder Störungen verbunden sind“.[570]

Bsp.: Im Kryptafall hat das BVerwG die Gebietsverträglichkeit des Vorhabens in einem Industriegebiet mit der Begründung verneint, dass eine Kirche – mit oder ohne Krypta – bei typisierender Betrachtung störempfindlich sei und deshalb mit dem Hauptzweck des Industriegebietes in Konflikt geraten könne.[571] Im Rahmen von § 15 BauNVO wäre hingegen auf die ganz konkreten Eigenschaften des Vorhabens (insbes. Anzahl, Lage, Umfang oder Zweckbestimmung) und die konkreten Verhältnisse an Ort und Stelle abzustellen gewesen.

2. Voraussetzungen

322 Gem. § 15 I BauNVO sind bauliche und sonstige Anlagen i.S.d. §§ 2–14 BauNVO in drei alternativen Fällen wegen ihrer Art der baulichen Nutzung unzulässig: **Erstens,** wenn sie nach Anzahl, Lage, Umfang oder Zweckbestimmung der Eigenart des Baugebietes widersprechen (§ 15 I 1 BauNVO), **zweitens,** wenn von ihnen Belästigungen oder Störungen ausgehen können, die nach der Eigenart des Baugebietes im Baugebiet oder in dessen Umgebung unzumutbar sind (§ 15 I 2 HS 1 BauNVO), und **drittens,** wenn sie selbst solchen Belästigungen oder Störungen ausgesetzt werden (§ 15 I 2 HS 2 BauNVO).

§ 15 I 2 BauNVO wirkt also „in beide Richtungen“: Gem. HS. 1 dürfen **vom** Vorhaben keine unzumutbaren Störungen für das Baugebiet ausgehen, gem. HS. 2 dürfen **für** das Vorhaben im Baugebiet keine solchen unzumutbaren Störungen bestehen. Die Zumutbarkeit bestimmt sich aufgrund einer **umfassenden Abwägung** der Interessen der Nachbarn mit den Interessen des Bauherrn.[572]

323 Bei der Beurteilung der Zulässigkeit eines Vorhabens nach § 15 I BauNVO sind gem. § 15 II BauNVO stets nur Gesichtspunkte zu berücksichtigen, die gem. § 1 V BauGB städtebaulich (bodenrechtlich) relevant sind.[573]

---

[569] Dazu oben Rn. 312 ff.

[570] BVerwG NVwZ 2008, 786 (788).

[571] BVerwGE 138, 166 Rn. 21; zum Kryptafall auch oben Rn. 292.

[572] *Roeser,* in: König/Roeser/Stock, BauNVO, § 15 Rn. 28.

[573] Vgl. etwa BVerwGE 128, 118 Rn. 11.

Beispiele:
- **Geräuscheinwirkungen,** die von **Kindertageseinrichtungen** ausgehen, sind gem. § 22 Ia 1 BImSchG im Regelfall keine schädlichen Umwelteinwirkungen.[574] Sie sind daher auch in einem reinen Wohngebiet gem. § 3 BauNVO grds. keine unzumutbaren Belästigungen oder Störungen i.S.v. § 15 I 2 HS 1 BauNVO.[575]
- **Gaststätten** sind in allgemeinen Wohngebieten gem. § 4 II Nr. 2 Var. 3 BauNVO eigentlich regelmäßig zulässig. Ein Bistro kann allerdings dann gem. § 15 I 1 BauNVO nach Anzahl, Lage, Umfang oder Zweckbestimmung der Eigenart des konkreten allgemeinen Wohngebietes widersprechen und damit unzulässig sein, wenn in der relevanten Straße in einem Abschnitt von 170 m bereits neun Gaststätten existieren. Bei einer solchen Häufung derartiger Betriebe beeinträchtige das Hinzutreten eines Bistros die Eigenart eines allgemeinen Wohngebietes noch weiter, so dass die dadurch herbeigeführte Situation dem Gebiets charakter (im konkreten Einzelfall) widerspreche.[576]
- Führt die Errichtung eines **Warenhauses** mit hohem Verkehrsaufkommen in einem Gewerbegebiet zu einer für dieses ungewöhnlichen Belastung der öffentlichen Wege mit der Folge, dass die Nutzbarkeit der Grundstücke im Gewerbegebiet z.B. durch Behinderung des Zu- und Auslieferverkehrs unzumutbar beeinträchtigt wird, kann dies eine unzumutbare Belästigung oder Störung i.S.d. § 15 I 2 HS 1 BauNVO darstellen.[577]

V. Ausnahme und Befreiung gem. §§ 31, 246 BauGB

Ein Vorhaben, das den Festsetzungen des Bebauungsplans widerspricht, kann noch aufgrund einer Ausnahme gem. § 31 I BauGB oder einer Befreiung insbes. gem. § 31 II, III BauGB zulässig werden. Während Ausnahmen im Bebauungsplan angelegt sind, durchbrechen Befreiungen insbes. gem. § 31 II, III BauGB diese Regelungen, erlauben also Vorhaben, die bspw. nicht einmal in den Abs. 3 der §§ 2–9 BauNVO genannt sind. 324

Ausnahmen und Befreiungen werden von der Baugenehmigungsbehörde nach pflichtgemäßem Ermessen („können/kann") erteilt. Das Ermessen kann dabei – je nach den Umständen des Falls – auf Null reduziert sein, so dass ein Anspruch (subjektives öffentliches Recht) auf Erteilung der Ausnahme oder Befreiung besteht.[578] Ausnahmen und Befreiungen können nach dem Gesetzeswortlaut „von den Festsetzungen des Bebauungsplans" erteilt werden. Dies betrifft qualifizierte Bebauungspläne ebenso wie nicht qualifizierte (einfache) und auch vorhabenbezogene Pläne i.S.d. § 30 II BauGB. 325

Schon aus dem genannten Gesetzeswortlaut, aber auch aus der Qualität des § 31 BauGB als bundesrechtliche, auf das Bodenrecht beschränkte Norm ergibt sich, dass dieser **nicht** Abweichungen von Regelungen des Bauordnungsrechts tragen kann. Dafür stehen spezielle Vorschriften wie § 73 HBO zur Verfügung. In bauplanungsrechtlicher Hinsicht ist zu beachten, dass § 31 BauGB aufgrund der tatbestandlichen Beschränkung auf Festsetzungen des Bebauungsplans **weder Abweichungen von § 15 BauNVO noch solche von den Anforderungen der §§ 34, 35 BauGB trägt**. Auch das **Erschließungserfordernis** ist nicht erfasst, da es sich nicht aus einer Festsetzung des Bebauungsplans ergibt.[579]

---

[574] § 22 Ia 1 BImSchG nennt auch Kinderspielplätze und ähnliche Einrichtungen wie bspw. Ballspielplätze.
[575] HessVGH NVwZ 2017, 981 (LS 4).
[576] RPOVG NVwZ-RR 2011, 968 (970).
[577] Vgl. BVerwGE 68, 369 (376).
[578] Vgl. BVerwGE 117, 50 (55 f.).
[579] BVerwG NVwZ 1986, 646.

326 Wichtig ist zudem, dass die Gewährung einer Ausnahme oder Befreiung nicht dazu führen darf, dass die in der verfassungsrechtlichen Selbstverwaltungsgarantie wurzelnde Planungshoheit der Gemeinde verletzt wird.

Dazu könnte es aus dem Grund kommen, dass die Ausnahme oder Befreiung von der unteren Bauaufsichtsbehörde erteilt wird, der Bebauungsplan, von dessen Festsetzungen dabei abgewichen wird, aber von der Gemeinde aufgestellt worden ist und gem. §§ 1 VIII, 2 I BauGB auch nur von der Gemeinde geändert werden darf.[580] Die Bauaufsichtsbehörde muss daher bei der Erteilung von Ausnahmen und Befreiungen dafür Sorge tragen, dass das im Bebauungsplan festgesetzte Regel-Ausnahme-Verhältnis gewahrt bleibt.[581] Dies erklärt auch, warum § 36 I 1 BauGB das Einvernehmen der Gemeinde auch für Entscheidungen über die Zulässigkeit von Vorhaben nach § 31 BauGB verlangt.

1. Ausnahme gem. § 31 I BauGB

327 Die Möglichkeit einer Ausnahme muss entweder im Bebauungsplan ausdrücklich festgesetzt sein oder sich – was in der Praxis der Regelfall ist – aus den durch Festsetzung eines Baugebietes gem. § 1 III 2 BauNVO in den Bebauungsplan inkorporierten Regelungen der §§ 2–14 BauNVO ergeben. Grundlage sind daher meist die im jeweiligen Abs. 3 der §§ 2 ff. BauNVO vorgesehenen Ausnahmen.

328 § 14 II BauNVO ermöglicht es daneben, **in allen Arten von Baugebieten** ausnahmsweise **Versorgungsanlagen** (z.B. für Elektrizität, Gas und Wasser), fernmeldetechnische Nebenanlagen und Anlagen für erneuerbare Energien zuzulassen.

Wie bereits ausgeführt, ist bei der Erteilung einer Ausnahme gem. § 31 I BauGB i.V.m. dem jeweiligen Abs. 3 der §§ 2 ff. BauNVO die **Gebietsverträglichkeit** besonders relevant.[582]

2. Befreiung gem. § 31 II, III BauGB

a) Befreiung nach dem Grundtatbestand des § 31 II BauGB

329 Da Befreiungen (Dispense) von den Festsetzungen des Bebauungsplans – anders als Ausnahmen – nicht im Bebauungsplan angelegt sind, sind sie gem. § 31 II BauGB nur zulässig, wenn erstens die Grundzüge der Planung nicht berührt werden, zweitens einer der in § 31 II Nr. 1–3 aufgeführten Befreiungstatbestände gegeben ist und drittens die Abweichung auch unter Würdigung nachbarlicher Interessen mit den öffentlichen Belangen vereinbar ist.

Übersicht 9: Prüfschema Befreiung gem. § 31 II BauGB

Voraussetzungen einer Befreiung gem. § 31 II BauGB

1. Grundzüge der Planung dürfen nicht berührt werden.
2. Vorliegen eines der **Befreiungstatbestände des § 31 II BauGB**
   a) Gründe des Wohls der Allgemeinheit erfordern die Befreiung (§ 31 II Nr. 1 BauGB)
   b) *oder* die Abweichung ist städtebaulich vertretbar (§ 31 II Nr. 2 BauGB)

---

580 Vgl. BVerwGE 142, 1 Rn. 22.
581 *MO*, § 7 Rn. 53.
582 Dazu oben Rn. 312 ff.

c) *oder* die Durchführung des Bebauungsplans würde zu einer offenbar nicht beabsichtigten Härte führen (§ 31 II Nr. 3 BauGB).

3. Die Abweichung ist auch unter Würdigung nachbarlicher Interessen mit den öffentlichen Belangen vereinbar.

Vor allem in der älteren Rspr. wird oft verlangt, dass es sich um einen **atypischen Sachverhalt** handelt.[583] Seit der Gesetzgeber zum 1.1.1998 die Beschränkung des § 31 II BauGB auf den „Einzelfall", an welche diese Rspr. anknüpfte, gestrichen hat, ist umstritten, ob weiterhin ein atypischer Sachverhalt vorliegen muss. Nicht zuletzt, da der Gesetzesbegründung eindeutig entnommen werden kann, dass „eine ‚Atypik' im Sinne der bisherigen Rechtsprechung" nicht mehr vorliegen muss,[584] sollte auf diese Voraussetzung verzichtet werden.[585] 330

aa) Grundzüge der Planung nicht berührt

Die Beurteilung, ob eine Befreiung die Grundzüge der Planung berührt, hängt von der konkreten Planungssituation ab.[586] Entscheidend ist, ob die Abweichung dem planerischen Grundkonzept zuwiderläuft.[587] Je tiefer die Befreiung in das Interessengeflecht der Planung eingreift, desto eher liegt eine Änderung der Planungskonzeption nahe, die nur im Wege einer Planänderung durch die Gemeinde möglich ist. 331

Dass eine Befreiung gem. § 31 II BauGB nur erteilt werden darf, wenn die Grundzüge der Planung nicht berührt werden, dient somit nicht zuletzt der Sicherung der Planungshoheit der Gemeinde gem. Art. 28 II GG. Aber auch die Beteiligungsrechte der Öffentlichkeit und der Behörden, die bei einer Planänderung (§ 1 VIII BauGB) zu beachten sind, sollen geschützt werden.

Eine Befreiung ist daher **ausgeschlossen,** wenn das Vorhaben in seine Umgebung Spannungen hineinträgt oder dort bereits vorhandene erhöht, die nur durch Planung zu bewältigen sind.[588]

Als Orientierungshilfe kann insoweit die Regelung des § 34 BauGB herangezogen werden:[589] Wäre das Vorhaben, wäre es nach § 34 BauGB zu beurteilen, unzulässig, da es in einem bodenrechtlich relevanten Widerspruch zu seiner näheren Umgebung steht, sind regelmäßig die Grundzüge der Planung i.S.v. § 31 II BauGB berührt.[590] 332

Bsp.: In dem Fall, in dem es um die Einrichtung einer Spielhalle mit 17 Spielgeräten ging,[591] könnte dasselbe in jedem Wohnhaus des betreffenden Gebietes mit derselben Berechtigung gefordert werden. Dies würde aber zu einer Änderung der vorhandenen Struktur und des städtebaulich geplanten Charakters des Baugebietes führen, was dann wiederum die Grundzüge der Planung berühren würde.[592]

---

583 Vgl. etwa BVerwG NVwZ 1991, 264 (265).
584 BT-Drs. 13/6392, S. 56; *OB*, Rn. 206.
585 Instruktiv: BaWüVGH NVwZ 2004, 357 (359); *MO*, § 7 Rn. 76.
586 BVerwGE 56, 71 (78 f.).
587 BVerwGE 138, 166 Rn. 37.
588 BVerwGE 142, 1 Rn. 22.
589 Zu den Voraussetzungen des § 34 BauGB unten Rn. 370 ff.
590 BVerwGE 56, 71 (78 f.); BVerwG NVwZ 2003, 478 (479).
591 Oben Rn. 292.
592 BVerwG NVwZ 1991, 264 (265).

bb) Befreiungstatbestände des § 31 II Nr. 1–3 BauGB

333 Zweitens muss einer der drei Befreiungstatbestände eingreifen.

334 *(1) § 31 II Nr. 1 BauGB.* **Erster Befreiungstatbestand** ist gem. § 31 II Nr. 1 BauGB, dass Gründe des Wohls der Allgemeinheit, einschließlich der Wohnbedürfnisse der Bevölkerung und des Bedarfs zur Unterbringung von Flüchtlingen oder Asylbegehrenden, die Befreiung erfordern. Die Gründe des Wohls der Allgemeinheit beschränken sich nicht auf spezifisch bodenrechtliche Belange, sondern erfassen alle denkbaren öffentlichen Interessen.[593]

Der Bedarf zur Unterbringung von Flüchtlingen oder Asylbegehrenden wurde 2014 ergänzt, die „Wohnbedürfnisse der Bevölkerung“ 2021.[594] Damit wurde jeweils ausdrücklich klargestellt, dass die genannten Bedarfe bzw. Bedürfnisse Gründe des Wohls der Allgemeinheit i.S.d. § 31 II Nr. 1 BauGB darstellen.

335 Gründe des Wohls der Allgemeinheit **erfordern** eine Befreiung gem. § 31 II Nr. 1 BauGB nicht erst, wenn den Belangen der Allgemeinheit auf andere Weise als durch eine Befreiung nicht entsprochen werden könnte, sondern bereits, wenn es zur Wahrnehmung des jeweiligen öffentlichen Interesses **„vernünftigerweise geboten“** ist, mittels der Befreiung das Vorhaben an der vorgesehenen Stelle zu verwirklichen.[595] Dass die Befreiung dem Gemeinwohl nur irgendwie nützlich ist, reicht demgegenüber nicht aus.[596]

Beispiele: Das Wohl der Allgemeinheit kann z.B. gefördert werden durch **soziale Einrichtungen** wie Krankenhäuser, Pflegeheime, Kindergärten, durch **kulturelle** Einrichtungen wie Schulen, Theater, Museen, durch Einrichtungen des **Sports** und der **Freizeitgestaltung,** durch **kirchliche** Einrichtungen sowie durch Einrichtungen, die der **Sicherheit** der Bevölkerung dienen, wie Brand- und Feuerwachen.[597]

336 *(2) § 31 II Nr. 2 BauGB.* **Zweiter Befreiungstatbestand** ist gem. § 31 II Nr. 2 BauGB, dass die Abweichung **städtebaulich vertretbar** ist. Dies ist der Fall, wenn die für die Befreiung angeführten Gründe, vor allem unter bodenrechtlichen Gesichtspunkten, ein Abweichen von den Festsetzungen des Bebauungsplans unter Zurückstellung des Vertrauens anderer Grundstückseigentümer in den Bestand der planerischen Festsetzung als vertretbar erscheinen lassen.[598] Zudem muss die Abweichung ein nach § 1 BauGB zulässiger Inhalt des Bebauungsplans sein können.[599]

337 Wegen der dessen ungeachtet bestehenden Weite des zweiten Befreiungstatbestands gem. § 31 II Nr. 2 BauGB kommt hier der vorab zu prüfenden Voraussetzung, dass die Grundzüge der Planung nicht berührt werden dürfen, besondere Bedeutung zu.

338 *(3) § 31 II Nr. 3 BauGB.* Der **dritte Befreiungstatbestand** des § 31 II Nr. 3 BauGB greift ein, wenn die Durchführung des Bebauungsplans zu einer offenbar nicht beabsichtigten Härte führen würde.

Eine **Härte** i.S.d. § 31 II Nr. 3 BauGB liegt vor, wenn im Einzelfall in **bodenrechtlicher Hinsicht** Besonderheiten gegeben sind, die zur Folge haben, dass das Grundstück im

---

593 BVerwGE 56, 71 (72).
594 M.W.v. 23.6.2021 durch das BaulandmobilisierungsG, BGBl. 2021 I S. 1802.
595 BVerwGE 138, 166 Rn. 26.
596 BVerwGE 138, 166 Rn. 26.
597 Schrödter/*Rieger,* § 31 Rn. 28.
598 BVerwG NVwZ 1991, 264 (265).
599 BVerwGE 108, 190 (201).

Lichte des Bebauungsplans aufgrund seiner Lage, Größe oder Zuschnitts nicht oder nur höchst begrenzt baulich genutzt werden könnte.[600]

Erfasst sind also nur **grundstücksbezogene Härten,** die sich gerade aus den boden- und planungsrechtlichen Besonderheiten des Grundstücks ergeben.[601] 339

Nicht erfasst sind daher bspw. gesundheitliche, soziale und wirtschaftliche Härten, die in der Person des Eigentümers etc. liegen.

Offenbar nicht beabsichtigt ist die Härte, wenn die Anwendung der Festsetzungen des Bebauungsplans zu einem Ergebnis führen würde, das der Plangeber so nicht beabsichtigt hat und das eine vernünftige Bebauung erheblich erschwert.[602] Diese Voraussetzung ist bspw. dann nicht erfüllt, wenn die Gemeinde die Festsetzung in Kenntnis der Besonderheiten des konkreten Falles getroffen hat oder sie die Anregungen eines Eigentümers, bestimmte Festsetzungen zu treffen, abgelehnt hat. 340

cc) Vereinbarkeit mit öffentlichen Belangen

Drittens muss eine Befreiung gem. § 31 II HS 2 BauGB auch unter Würdigung nachbarlicher Interessen mit den öffentlichen Belangen vereinbar sein. Dies setzt voraus, dass die Befreiung nicht im Widerspruch zu öffentlichen Belangen steht, wozu insbes. die in § 1 V, VI BauGB genannten Belange zählen. Relevant ist dieses Kriterium in erster Linie bei den privatnützigen Befreiungstatbeständen der § 31 II Nr. 2 und 3 BauGB, da die öffentlichen Belange bei § 31 II Nr. 1 BauGB schon im Rahmen des Befreiungstatbestands eine zentrale Rolle spielen. 341

Die Frage, wann eine Befreiung mit den öffentlichen (bodenrechtlichen) Belangen vereinbar ist, lässt sich nicht generell beantworten; maßgebend sind die Umstände des konkreten Einzelfalls.[603] Das BVerwG hat jedoch zumindest die **Faustregel** entwickelt, dass öffentliche Belange tangiert sind, wenn sich das geplante Bauvorhaben bei unterstellter Anwendung des § 34 BauGB nicht in die Umgebung einfügen würde.[604] Konkret betroffene nachbarliche Interessen sind dabei stets zu würdigen, also auch dann, wenn die Festsetzung, von der befreit werden soll, selbst nicht nachbarschützend ist.[605] Im Einzelnen sind dann die Interessen des Bauherrn an der Befreiung mit den Interessen des Nachbarn an der Einhaltung der Festsetzung nach den Maßstäben des Rücksichtnahmegebots abzuwägen.[606]

b) Befreiung in Gebieten mit angespanntem Wohnungsmarkt gem. § 31 III BauGB

Das **BaulandmobilisierungsG** hat § 31 BauGB im Juni 2021 zur Förderung des Wohnungsbaus einen potentiell sehr wirkmächtigen und prüfungsrelevanten neuen Abs. 3 angefügt, der einen speziellen Befreiungstatbestand für Gebiete enthält, die auf Grundlage des gleichzeitig ergänzten § 201a BauGB durch Rechtsverordnung der Landesregierung zu **Gebieten mit angespanntem Wohnungsmarkt** erklärt worden sind.[607] 342

[600] BVerwG Urt. v. 20.06.1975, Az. IV C 5.74, BRS 29 Nr. 126.
[601] BVerwG NVwZ 1991, 264 (265).
[602] Schrödter/*Rieger*, § 31 Rn. 34.
[603] BVerwGE 56, 71 (78) = NJW 1979, 939 (941).
[604] BVerwGE 56, 71 (78 f.) = NJW 1979, 939 (941).
[605] BVerwG NVwZ 1987, 409 (409 f.); NVwZ-RR 1999, 8.
[606] BVerwG NVwZ 1987, 409 (410).
[607] M.W.v. 23.6.2021, BGBl. 2021 I S. 1802; BT-Drs. 19/24838, S. 19, 28.

Die Verordnung nach § 201a BauGB muss (noch) wirksam sein. Liegen entsprechende Indizien vor, muss daher in einer Fallbearbeitung ggf. geprüft werden, ob die Verordnung rechtswidrig und daher nichtig ist.[608]

343 In solchen Gebieten mit angespanntem Wohnungsmarkt kann gem. § 31 III 1 BauGB mit Zustimmung der Gemeinde im Einzelfall von den Festsetzungen des Bebauungsplans zugunsten des Wohnungsbaus befreit werden, wenn die Befreiung auch unter Würdigung nachbarlicher Interessen mit den öffentlichen Belangen vereinbar ist.

Die zentrale Lockerung im Vergleich zu § 31 II BauGB besteht dabei darin, dass die Befreiung gem. § 31 III 1 BauGB auch dann erteilt werden darf, wenn dies die Grundzüge der Planung berührt.[609]

344 Die Wirkmächtigkeit von § 31 III BauGB resultiert auch daraus, dass dieser Befreiungen nicht nur von Festsetzungen zum Maß der baulichen Nutzung und den überbaubaren Grundstücksflächen, sondern auch von der festgesetzten Art der baulichen Nutzung trägt.[610]

345 Befreit werden darf von den Festsetzungen des Bebauungsplans gem. § 31 III 1 BauGB nur im Einzelfall und nur zugunsten des Wohnungsbaus.

Um eine Befreiung **im Einzelfall** handelt es sich, wenn es um eine städtebauliche Situation geht, die im betreffenden Plangebiet nicht noch in einer erheblichen Zahl gleichgelagerter Fälle vorliegt, so dass eine Vielzahl von Befreiungen drohen würde.[611] Dem **Wohnungsbau** dienen jedenfalls Befreiungen für Bauvorhaben, die ausschließlich Wohnnutzungen zum Gegenstand haben. Mitumfasst sein können dabei jedoch auch Ergänzungsnutzungen bspw. im Erdgeschoss eines Vorhabens, soweit diese der Wohnnutzung quantitativ klar untergeordnet sind.[612]

346 Die Befreiung muss gem. § 31 III 1 BauGB auch **unter Würdigung nachbarlicher Interessen mit den öffentlichen Belangen vereinbar** sein.

Wie oben schon vorweggenommen wurde, ist hier nicht relevant, ob die Grundzüge der Planung berührt werden.[613] Im Übrigen ist die Voraussetzung jedoch mit derjenigen des § 31 II letzter HS BauGB identisch, so dass die dafür entwickelten Maßstäbe zur Anwendung kommen können. Zu untersuchen ist also, ob der Befreiung städtebaulich relevante Belange, insbes. solche gem. § 1 V, VI BauGB, entgegenstehen. Zudem sind stets konkret betroffene nachbarliche Interessen zu würdigen, d.h. mit dem Interesse des Bauherrn an der Befreiung abzuwägen.

347 Die Beteiligung der Gemeinde am Befreiungsverfahren besteht hier gem. § 31 III 1 BauGB abweichend von der Grundregel des § 36 I 1 BauGB nicht lediglich in der Einholung des Einvernehmens, sondern es ist eine **Zustimmung der Gemeinde,** als stärkste Beteiligungsmöglichkeit, erforderlich.[614] Dies hat zur Folge, dass § 36 BauGB hier grds. nicht anwendbar ist. Allerdings gilt die **Zustimmung der Gemeinde** gem. § 31 III 4 BauGB entspre-

---

608 Vgl. HbgOVG NVwZ 2021, 1472 Rn. 28.

609 BT-Drs. 19/24838, S. 19, 28; HbgOVG NVwZ 2021, 1472 Rn. 30.

610 Vgl. HbgOVG NVwZ 2021, 1472 Rn. 17 ff.; *Battis/Mitschang/Reidt,* NVwZ 2021, 905 (908); zweifelnd hingegen *Schröer/Kümmel,* NVwZ 2021, 1477 (1478); näher zum Ganzen: *Will,* ÖffBauR, 2. Aufl. 2022, Rn. 418.

611 Vgl. HbgOVG NVwZ 2021, 1472 Rn. 29.

612 *Battis/Mitschang/Reidt,* NVwZ 2021, 905 (908).

613 BT-Drs. 19/24838, S. 19, 28; HbgOVG NVwZ 2021, 1472 Rn. 30.

614 BT-Drs. 19/24838, S. 28.

chend § 36 II 2 BauGB als erteilt, wenn sie nicht binnen zwei Monaten nach Eingang des Ersuchens der Genehmigungsbehörde verweigert wird.

Zustimmung bedeutet zunächst dasselbe wie Einvernehmen, nämlich aktives Einverständnis der Gemeinde. Ein Unterschied liegt jedoch vor allem darin, dass anders als beim Einvernehmen gem. § 36 BauGB keine Ersetzungsmöglichkeit gem. § 36 II 3 BauGB besteht.[615]

Übersicht 10: Befreiung gem. § 31 III BauGB

Voraussetzungen einer Befreiung gem. § 31 III BauGB
1. Das Vorhaben liegt in einem Gebiet, das gem. § 201a BauGB durch Rechtsverordnung der Landesregierung zu einem **Gebiet mit angespanntem Wohnungsmarkt** erklärt worden ist.
2. Die einschlägige Rechtsverordnung gem. § 201a BauGB gilt noch.
3. Es handelt sich um eine Befreiung **im Einzelfall.**
4. Die Befreiung erfolgt **zugunsten des Wohnungsbaus.**
5. Die Befreiung ist **auch unter Würdigung nachbarlicher Interessen mit den öffentlichen Belangen vereinbar.**
6. **Zustimmung der Gemeinde** (ggf. fingiert gem. § 31 III 4 BauGB i.V.m. § 36 II 2 BauGB entsprechend)

3. Befreiung für Flüchtlingsunterkünfte etc. gem. § 246 X, XII BauGB

Infolge des Ukrainekriegs sind die 2014/2015 ergänzten speziellen Befreiungstatbestände für Flüchtlingsunterkünfte etc. in § 246 X und XII BauGB wieder von besonderer Bedeutung, deren Anwendbarkeit jeweils bis zum **31.12.2024** verlängert wurde. 348

Im Juni 2021 wurden diese Befreiungstatbestände gleichzeitig durch den neuen **§ 246 XIIIa BauGB** dahingehend eingeschränkt, dass von ihnen nur Gebrauch gemacht werden darf, soweit dringend benötigte Unterkünfte im Gebiet der Gemeinde, in der sie entstehen sollen, ansonsten nicht oder nicht rechtzeitig bereitgestellt werden können.[616]

a) Flüchtlingsunterkünfte in Gewerbegebieten (§ 246 X BauGB)

Gem. **§ 246 X 1 BauGB** kann bis zum 31.12.2024 in festgesetzten oder faktischen (§ 34 349
II BauGB) Gewerbegebieten nach § 8 BauNVO für Aufnahmeeinrichtungen, Gemeinschaftsunterkünfte oder sonstige **Unterkünfte für Flüchtlinge oder Asylbegehrende** von Festsetzungen des Bebauungsplans befreit werden, wenn an dem Standort Anlagen für soziale Zwecke als Ausnahme zugelassen werden können oder allgemein zulässig sind und die Abweichung auch unter Würdigung nachbarlicher Interessen mit öffentlichen Belangen vereinbar ist.[617]

Wie der Gesetzgeber in § 246 XVII BauGB klargestellt hat, müssen nicht etwa entsprechende Genehmigungen bis zum 31.12.2024 befristet werden.[618] Diese Frist begrenzt vielmehr

[615] Dazu unten Rn. 471 ff.
[616] M.W.v. 23.6.2021 durch das BaulandmobilisierungG, BGBl. 2021 I S. 1802.
[617] Dazu etwa *Gohde*, ZfBR 2016, 642; *Krautzberger*, UPR 2015, 20.
[618] Vgl. BVerwG NVwZ 2018, 836 Rn. 13.

den Zeitraum, in dem im bauaufsichtlichen Zulassungsverfahren von der Vorschrift Gebrauch gemacht werden kann.[619]

§ 246 X BauGB ist inhaltlich großzügiger als § 31 II BauGB, indem er nicht verlangt, dass die Grundzüge der Planung nicht berührt werden.[620] Das Verhältnis der beiden Vorschriften ist allerdings umstritten. Teilweise wird § 246 X BauGB als *lex specialis* zu § 31 II BauGB betrachtet.[621] Dies hätte zur Konsequenz, dass ein Rückgriff auf § 31 II BauGB ausgeschlossen wäre, wenn einzelne Voraussetzungen von § 246 X BauGB nicht vorliegen. Vorzugswürdig ist jedoch die herrschende Gegenauffassung, nach der § 246 X BauGB neben den allgemeinen § 31 II BauGB getreten ist.[622] Dies entspricht auch den Intentionen des Gesetzgebers.[623]

350 Wie das BVerwG 2018 geklärt hat, gilt § 246 X BauGB für alle Vorhaben nach § 29 I BauGB, also nicht nur für die Errichtung, sondern z.B. auch für Nutzungsänderungen baulicher Anlagen.[624] Er ist aber nur anwendbar, wenn in dem ausgewiesenen oder faktischen Gewerbegebiet **Anlagen für soziale Zwecke allgemein oder jedenfalls ausnahmsweise zulässig** sind, wenn die Gemeinde also insoweit nicht negativ von ihren Feinsteuerungsmöglichkeiten insbes. gem. § 1 VI, IX BauNVO Gebrauch gemacht hat.[625]

351 Obwohl eine im Vergleich zum allgemeinen Befreiungstatbestand gem. § 31 II BauGB wesentliche Erleichterung darin liegt, dass § 246 X BauGB nicht verlangt, dass die Grundzüge der Planung nicht berührt werden,[626] können Festsetzungen des einschlägigen Bebauungsplans zumindest zu den **öffentlichen Belangen** zählen, mit denen die Abweichung auch im Rahmen von § 246 X BauGB stets vereinbar sein muss.[627]

Für diese Prüfung gelten grds. dieselben Maßstäbe wie bei § 31 II BauGB; entscheidend ist, ob durch das Bauvorhaben städtebauliche Spannungen hervorgerufen werden, das Bauvorhaben mithin „Unruhe stiftet“.[628] Eine Befreiung ist ausgeschlossen, wenn das Vorhaben nur durch Planung zu bewältigende Spannungen in seine Umgebung hineinträgt oder dort bereits vorhandene erhöht, so dass es bei unterstellter Anwendbarkeit des § 34 BauGB nicht zugelassen werden dürfte.[629]

352 Bei der **Würdigung der nachbarlichen Belange** sind wie bei § 31 II BauGB die Interessen des Bauherrn an der Befreiung mit den Interessen der Nachbarn an der Einhaltung der Festsetzung nach den Maßstäben des Rücksichtnahmegebots abzuwägen.[630] Dabei kann auch eine Abweichung von der Art der baulichen Nutzung zumutbar sein, wenn die nachbarlichen Belange nicht wesentlich beeinträchtigt werden.[631]

---

[619] BVerwG NVwZ 2018, 836 Rn. 13.

[620] BaWüVGH NVwZ-RR 2015, 637 Rn. 14.

[621] BayVGH NVwZ 2015, 912 (913 f.); *Scheidler*, NVwZ 2015, 1406 (1409).

[622] So etwa BaWüVGH NVwZ-RR 2015, 637 Rn. 14; Brügelmann/*Dürr*, § 246 Rn. 31; BK/*Roeser*, § 246 Rn. 37.

[623] BT-Drs. 18/2752, S. 11 f.: „in Ergänzung zu § 31 Absatz 2 BauGB tretende Befreiungsmöglichkeit“.

[624] BVerwG NVwZ 2018, 836 Rn. 7; BaWüVGH NVwZ-RR 2017, 910 Rn. 22; näher zum Ganzen: *Will*, ÖffBauR, 2. Aufl. 2022, Rn. 427.

[625] BayVGH, Urt. v. 14.2.2018 – 9 BV 16.1694, BeckRS 2018, 2372 Rn. 22.

[626] BaWüVGH NVwZ-RR 2015, 637 Rn. 14; BK/*Roeser*, § 246 Rn. 37.

[627] Näher dazu: Brügelmann/*Dürr*, § 246 Rn. 32.

[628] BaWüVGH NVwZ-RR 2017, 910 Rn. 29; NVwZ-RR 2015, 637 Rn. 15; näher dazu: *Will*, ÖffBauR, 2. Aufl. 2022, Rn. 430.

[629] BaWüVGH NVwZ-RR 2015, 637 Rn. 15.

[630] BaWüVGH NVwZ-RR 2017, 910 Rn. 31.

[631] Vgl. BaWüVGH NVwZ-RR 2015, 637 Rn. 16 ff.

Nicht zu vergessen ist schließlich, dass gem. § 246 X 2 BauGB § 36 BauGB entsprechend gilt, also das **Einvernehmen der Gemeinde** einzuholen ist. Diese Regelung war geboten, da § 31 BauGB, auf welchen § 36 BauGB verweist, bei Anwendung des § 246 X BauGB nicht einschlägig ist und ansonsten eine Verletzung der Gemeinde in deren Planungshoheit drohen würde.

b) Mobile Unterkünfte und Nutzungsänderung in Gewerbe- und Industriegebieten etc. (§ 246 XII BauGB)

Nach dem 2015 ergänzten § 246 XII BauGB kann bis zum 31.12.2024 für die auf längstens drei Jahre zu befristende Errichtung **mobiler Unterkünfte** für Flüchtlinge oder Asylbegehrende (Nr. 1) sowie für die **Nutzungsänderung** bestimmter Anlagen in Gewerbe- und Industriegebieten sowie in Sondergebieten (auch i.V.m. § 34 II BauGB) in Aufnahmeeinrichtungen, Gemeinschaftsunterkünfte oder sonstige Unterkünfte für Flüchtlinge oder Asylbegehrende (Nr. 2) von den Festsetzungen des Bebauungsplans befreit werden, wenn die Befreiung auch unter Würdigung nachbarlicher Interessen mit den öffentlichen Belangen vereinbar ist.[632] 353

§ 246 XII 1 Nr. 2 BauGB steht selbständig neben § 246 X BauGB und ergänzt wie dieser § 31 II BauGB, so dass auch hier bei Nichtvorliegen eines Tatbestandsmerkmals ein Rückgriff auf eine Befreiung gem. § 31 II BauGB möglich bleibt.[633]

§ 246 XII 1 **Nr. 1** BauGB erfasst die **Errichtung** mobiler Unterkünfte für Flüchtlinge und Asylbegehrende. 354

Mobile Unterkünfte sind insbes. Wohncontainer, Zelte und sonstige Behelfsunterkünfte in Leichtbauweise, die nicht für ein dauerhaftes Wohnen ausgestaltet und ausgestattet sind.[634]

§ 246 XII 1 **Nr. 2** BauGB bezieht sich demgegenüber auf eine **Nutzungsänderung** zulässigerweise errichteter baulicher Anlagen. Außer in Gewerbe- und Industriegebieten (§§ 8, 9 BauNVO) können diese auch in Sondergebieten nach §§ 10, 11 BauNVO liegen. 355

Gegenüber § 246 X BauGB erweitert § 246 XII 1 Nr. 2 BauGB die Befreiungsmöglichkeit auf Industriegebiete und Sondergebiete sowie auf solche Gewerbegebiete, in denen Anlagen für soziale Zwecke nicht zumindest ausnahmsweise zulässig sind. Da nur die Nutzungsänderung baulicher Anlagen in solche für die Flüchtlingsunterbringung erfasst ist, ist keine Befreiung z.B. für Änderungen im bauplanungsrechtlichen Sinne, also vor allem Erweiterungen, möglich. Zudem muss es sich stets um zulässigerweise errichtete bauliche Anlagen handeln.

Wie bei § 246 X BauGB muss die Befreiung in beiden Tatbeständen des § 246 XII 1 BauGB auch **unter Würdigung nachbarlicher Interessen mit den öffentlichen Belangen vereinbar** sein und gem. § 246 XII 4 BauGB entsprechend § 36 BauGB das **Einvernehmen der Gemeinde** eingeholt werden.[635] 356

Als Besonderheit im Vergleich zu § 246 X BauGB ist zu beachten, dass die Vorhaben gem. § 246 XII 1 BauGB auf **maximal drei Jahre** zu befristen sind, was durch eine entsprechende Nebenbestimmung i.S.v. § 36 II Nr. 1 HVwVfG sicherzustellen ist.[636] Nach dem 2021 ergänzten Satz 2 von § 246 XII BauGB kann die Frist von drei Jahren bei Vorliegen der in

---

[632] *Gohde*, ZfBR 2016, 642 (647); Brügelmann/*Dürr*, § 246 Rn. 36 ff.
[633] Vgl. BaWüVGH NVwZ-RR 2017, 910 Rn. 22; BK/*Roeser*, § 246 Rn. 39a.
[634] BT-Drs. 18/6185, S. 54; BKL/*Mitschang/Reidt*, § 246 Rn. 34.
[635] BK/*Roeser*, § 246 Rn. 39b f.
[636] Näher dazu: *Beckmann*, KommJur 2016, 366 (367 f.).

§ 246 XII 1 BauGB genannten Befreiungsvoraussetzungen nunmehr um **weitere drei Jahre** verlängert werden, längstens jedoch bis zum Ablauf des 31.12.2027.[637]

VI. Erschließung gesichert

357 Abschließende Voraussetzung der Zulässigkeit eines Vorhabens im Geltungsbereich eines qualifizierten Bebauungsplans ist gem. § 30 I BauGB, dass die Erschließung gesichert ist.

Ein Grundstück ist regelmäßig dann erschlossen, wenn es an das **öffentliche Straßennetz,** die **Elektrizitätsversorgung** sowie das **Wasser-** und **Abwassernetz** angeschlossen ist.

358 Konkret richtet sich die Erschließung allerdings nach dem, was für das betroffene Grundstück im Bebauungsplan vorgesehen ist. Dies kann über die genannten vier Kernkriterien hinausgehen oder diese näher spezifizieren.

Die Erschließung ist bereits dann **gesichert,** wenn auf Grundlage objektiver Kriterien die Prognose gerechtfertigt ist, dass die Erschließungsanlagen spätestens bei Fertigstellung der anzuschließenden Anlage benutzbar sein werden.

Insbes. bei kleineren Vorhaben kann es daher z.B. auch genügen, wenn erst nach Genehmigungserteilung mit den Erschließungsmaßnahmen begonnen wird.

E. Zulässigkeit im Bereich einfacher Bebauungspläne (§ 30 III BauGB)

359 Auch der einfache Bebauungsplan, also der Bebauungsplan, der nicht die Mindestfestsetzungen des § 30 I BauGB enthält, ist gem. § 10 I BauGB eine gemeindliche Satzung und schon aus diesem Grund für alle Betroffenen verbindlich.[638] Daher ist es eine Selbstverständlichkeit, dass Vorhaben im Geltungsbereich eines einfachen Bebauungsplans dessen Festsetzungen nicht widersprechen dürfen. § 30 III BauGB, der die bauplanungsrechtliche Zulässigkeit im Geltungsbereich einfacher Bebauungspläne regelt, erwähnt diese Voraussetzung daher nicht einmal ausdrücklich.

360 § 30 III BauGB beschränkt sich auf das, was den einfachen Bebauungsplan vom qualifizierten abhebt: Zusätzlich zu den Festsetzungen des einfachen Bebauungsplans („im Übrigen"), d.h. soweit der Bebauungsplan keine Festsetzungen enthält, muss ein Vorhaben in dessen Geltungsbereich die Anforderungen des § 34 BauGB oder des § 35 BauGB erfüllen, je nachdem, ob es sich innerhalb der im Zusammenhang bebauten Ortsteile (§ 34 BauGB) oder im Außenbereich (§ 35 BauGB) befindet.[639] Eine der Voraussetzungen, die ein solches Vorhaben dabei nach §§ 34 I 1, 35 I, II BauGB stets erfüllen muss, ist zudem die gesicherte Erschließung.

361 **Übersicht 11: Prüfschema Zulässigkeit gem. §§ 30 III, 34, 35 BauGB**

Zulässigkeit im Geltungsbereich eines einfachen Bebauungsplans
1. Vorhaben i.S.v. § 29 I BauGB

[637] M.W.v. 23.6.2021 durch das BaulandmobilisierungG, BGBl. 2021 I S. 1802.
[638] Siehe auch § 8 I 1 BauGB.
[639] Dazu im Einzelnen unten Rn. 370 ff., 397 ff.

2. Liegt das Vorhaben **im Geltungsbereich eines einfachen (= nicht qualifizierten) Bebauungsplans i.S.v. § 30 III BauGB?**
   a) Bebauungsplan formell und materiell rechtmäßig, d.h. wirksam?
   b) Der Bebauungsplan enthält allein oder gemeinsam mit sonstigen baurechtlichen Vorschriften **nicht** mindestens Festsetzungen über die Art und das Maß der baulichen Nutzung, die überbaubaren Grundstücksflächen und die örtlichen Verkehrsflächen (vgl. § 30 I BauGB).
   c) Liegt das Vorhaben im räumlichen Geltungsbereich des Plans?
3. Kein Widerspruch zu den **Festsetzungen des Bebauungsplans**
   - Falls ein Widerspruch besteht: Möglichkeit einer Ausnahme oder Befreiung gem. § 31 BauGB?
4. Vorhaben nicht ausnahmsweise gem. **§ 15 BauNVO** unzulässig
5. Voraussetzungen der **§§ 34, 35 BauGB**
   a) Vorhaben liegt im Innenbereich: § 34 BauGB einschlägig
   b) Vorhaben liegt im Außenbereich: § 35 BauGB einschlägig
6. **Erschließung gesichert** (kann auch bereits im Rahmen der §§ 34 f. BauGB geprüft werden)
7. Ggf. **gemeindliches Einvernehmen** gem. § 36 I 1 BauGB

F. Vorabzulassung während der Planaufstellung (§ 33 BauGB)

I. Regelungsgegenstand von § 33 BauGB

Ein Sonderfall ist die Zulässigkeit eines Vorhabens während der Phase, in der ein Bebau- 362
ungsplan aufgestellt wird (Neuaufstellung oder Veränderung). § 33 BauGB lässt hier **zugunsten des Bauherrn** einen Vorgriff auf den zukünftigen Bebauungsplan zu, wenn das Vorhaben den künftigen Festsetzungen des Bebauungsplans nicht entgegensteht (§ 33 I Nr. 2 BauGB).

§ 33 BauGB schafft nicht etwa einen weiteren planungsrechtlichen Bereich neben §§ 30, 34 und 35 BauGB. Vielmehr ergänzt er diese Vorschriften, und zwar ausschließlich zugunsten des Bauherrn. § 33 BauGB ist insoweit ein neben §§ 30, 34, 35 BauGB tretender positiver Zulässigkeitstatbestand, der gewissermaßen die noch fehlende Rechtsverbindlichkeit eines planreifen Bebauungsplanentwurfs bei der Vorhabenzulassung überbrücken kann.[640]

Übersicht 12: Prüfschema Zulässigkeit gem. § 33 I BauGB 363

Zulässigkeit während der Planaufstellung

1. Vorhaben i.S.v. § 29 I BauGB
2. Vorhaben ist **gem. §§ 30, 34, 35 BauGB unzulässig** (siehe die Prüfschemata zu diesen Vorschriften)
3. **Planaufstellungsbeschluss,** § 33 I HS 1 BauGB

[640] BVerwGE 164, 40 Rn. 15 = NVwZ 2019, 727.

4. **Formelle Planreife,** § 33 I Nr. 1 BauGB

5. **Materielle Planreife und Plankonformität,** § 33 I Nr. 2 BauGB

6. **Plananerkenntnis,** § 33 I Nr. 3 BauGB

7. **Erschließung gesichert,** § 33 I Nr. 4 BauGB

8. Ggf. **gemeindliches Einvernehmen,** § 36 I BauGB

II. Voraussetzungen von § 33 I BauGB

1. Planaufstellungsbeschluss

364 Das Vorhaben muss gem. § 33 I HS 1 BauGB in einem Gebiet liegen, für das ein Beschluss über die Aufstellung eines Bebauungsplans gefasst worden ist. Wie sich aus § 1 VIII BauGB ergibt, genügt auch die Änderung, Ergänzung bzw. teilweise Aufhebung eines bestehenden Bebauungsplans.

2. Formelle Planreife

365 Gem. § 33 I Nr. 1 BauGB muss im Aufstellungsverfahren die Öffentlichkeits- und Behördenbeteiligung nach §§ 3 II, 4 II und 4a II–V BauGB durchgeführt, d.h. ordnungsgemäß abgeschlossen worden sein.

Dafür genügt nicht die frühzeitige Öffentlichkeits- und Behördenbeteiligung gem. §§ 3 I, 4 I BauGB.[641] Vielmehr muss die in §§ 3 II, 4 II, 4a II–V BauGB geregelte **förmliche Öffentlichkeits- und Behördenbeteiligung** abgeschlossen sein. Erst dann sind die Festsetzungen des zukünftigen Bebauungsplans hinreichend absehbar und ist daher der Zustand **formeller Planreife** erreicht.

3. Materielle Planreife und voraussichtliche Plankonformität

366 Drittens muss gem. § 33 I Nr. 2 BauGB anzunehmen sein, dass das Vorhaben den künftigen Festsetzungen des Bebauungsplans nicht entgegensteht.

§ 33 I Nr. 2 BauGB ist in zwei Schritten zu prüfen: Erstens muss die sog. **materielle Planreife** vorliegen, was der Fall ist, wenn die **sichere Prognose** gerechtfertigt ist, dass der Inhalt des Entwurfs gem. § 10 BauGB wirksames Satzungsrecht werden wird.[642] Dafür dürfen keine Bedenken gegen die Rechtmäßigkeit des Verfahrens der Planaufstellung und des Inhalts des zukünftigen Plans bestehen. Zweitens muss das Vorhaben im Lichte der abzusehenden Festsetzungen des Bebauungsplans bauplanungsrechtlich zulässig sein (**Plankonformität**). Dies wird auf dieselbe Weise geprüft, wie bspw. im Rahmen des § 30 I BauGB geprüft wird, ob das Vorhaben den Festsetzungen eines bestehenden qualifizierten Bebauungsplans entspricht. Ist der zukünftige Bebauungsplan kein qualifizierter, ist zusätzlich § 34 oder § 35 BauGB heranzuziehen.

Beispiele:
- Widerspricht der Planentwurf zum Zeitpunkt der Entscheidung gem. § 33 BauGB den inzwischen geänderten Zielen der Raumordnung (vgl. § 1 IV BauGB), fehlt es an der materiellen Planreife gem. § 33 I Nr. 2 BauGB.[643]

---

[641] Zum Ganzen oben Rn. 96 ff.
[642] Vgl. BVerwG, 4 B 21291, BeckRS 1991, 31231401; NWOVG NVwZ-RR 2001, 568.
[643] NWOVG NVwZ-RR 2001, 568.

- Hat bspw. die zuständige höhere Verwaltungsbehörde während der Planaufstellung Bedenken hinsichtlich der Rechtmäßigkeit des Plans geäußert, steht dies der Annahme einer inhaltlich hinreichend sicheren materiellen Planreife entgegen.[644]
- Widerspricht das Vorhaben den abzusehenden Festsetzungen des Bebauungsplans, ist die Voraussetzung des § 33 I Nr. 2 BauGB mangels Plankonformität zu verneinen.

4. Plananerkenntnis

Viertens muss der Antragsteller (Bauherr) gem. § 33 I Nr. 3 BauGB die künftigen Festsetzungen des Bebauungsplans für sich und seine Rechtsnachfolger anerkennen. 367

Es handelt sich um eine einseitige, empfangsbedürftige verwaltungsrechtliche Willlenserklärung, die **schriftlich** (§ 126 BGB) gegenüber der Baugenehmigungsbehörde abzugeben ist. Aufgrund des Anerkenntnisses erlangen vorab sowohl die den Antragsteller im Vergleich zur bisherigen Rechtslage begünstigenden als auch die ihn beschränkenden künftigen Festsetzungen des Bebauungsplans im Verhältnis zwischen dem Antragsteller sowie – aufgrund der dinglichen Wirkung – dessen Rechtsnachfolgern einerseits und der Genehmigungsbehörde sowie der Plangemeinde andererseits Verbindlichkeit.[645] Nach h.M. führt das Anerkenntnis gem. § 33 I Nr. 3 BauGB zugleich zur **Unzulässigkeit verwaltungsprozessualer Rechtsbehelfe** gegen den späteren Bebauungsplan, soweit dieser dem anerkannten Entwurf entspricht.[646] Es ist ein nach Treu und Glauben unzulässiges *venire contra factum proprium,* wenn der Antragsteller die Festsetzungen anerkennt, dann aber später gegen diese gerichtlich vorgeht.

5. Erschließung gesichert

Fünftens muss gem. § 33 I Nr. 4 BauGB die Erschließung des Grundstücks gesichert sein.[647] 368

III. Spezielle Zulassungstatbestände gem. § 33 II, III BauGB

Weitere, spezielle Zulassungstatbestände finden sich in § 33 II und III BauGB: 369

§ 33 II BauGB betrifft Fälle, in denen der Planentwurf aufgrund einer nach der Öffentlichkeits- oder Behördenbeteiligung erfolgten Änderung oder Ergänzung erneut ausgelegt und die Stellungnahmen erneut eingeholt werden müssen (§ 4a III 1 BauGB). Ein Vorhaben kann dann gem. § 33 II BauGB vor der erneuten Öffentlichkeits- und Behördenbeteiligung zugelassen werden, wenn sich die vorgenommene Änderung oder Ergänzung des Entwurfs nicht auf das Vorhaben auswirkt und die gerade behandelten Voraussetzungen des § 33 I Nr. 2–4 BauGB erfüllt sind.

Gem. **§ 33 III BauGB** kann im vereinfachten oder beschleunigten Planaufstellungsverfahren (§§ 13, 13a BauGB)[648] ein Vorhaben bereits vor Durchführung der Öffentlichkeits- und Behördenbeteiligung zugelassen werden, wenn die Voraussetzungen des § 33 I Nr. 2–4 BauGB vorliegen. Der betroffenen Öffentlichkeit und berührten Behörden sowie sonstigen Trägern öffentlicher Belange ist in diesem Falle – quasi zum Ausgleich – gem. § 33 III 2 BauGB vor Erteilung der Genehmigung Gelegenheit zur Stellungnahme innerhalb angemessener Frist zu geben, soweit sie dazu nicht bereits zuvor Gelegenheit hatten.

---

[644] BaWüVGH BeckRS 2008, 35604.

[645] BVerwGE 164, 40 Rn. 17 = NVwZ 2019, 727; 101, 58 (62).

[646] Vgl. BayVGH, Beschl. v. 25.10.2007 – 2 N 07.361, BeckRS 2007, 30662 Rn. 13 ff.; Brügelmann/*Dürr,* § 33 Rn. 19.

[647] Dazu oben Rn. 357 ff.

[648] Dazu oben Rn. 117 ff.

G. Zulässigkeit im unbeplanten (nicht qualifiziert beplanten) Innenbereich (§ 34 BauGB)

370 **Übersicht 13: Prüfschema Zulässigkeit gem. § 34 BauGB**

Zulässigkeit im nicht qualifiziert beplanten Innenbereich

1. Vorhaben i.S.v. § 29 I BauGB
2. Vorhaben liegt nicht im Geltungsbereich eines qualifizierten Bebauungsplans.
3. Das Vorhaben muss innerhalb eines **im Zusammenhang bebauten Ortsteils** i.S.v. § 34 I BauGB liegen
4. Das Vorhaben muss sich in die **Eigenart der näheren Umgebung einfügen,** § 34 I 1 BauGB
   a) Bzgl. der **Art** der baulichen Nutzung (entspricht dabei die Umgebung faktisch einem Baugebiet i.S.d. BauNVO, ist § 34 II BauGB *lex specialis* und insoweit die BauNVO relevant)
   b) Bzgl. des **Maßes** der baulichen Nutzung, der **Bauweise** und der **überbaubaren Grundstücksflächen**

   Von dem Erfordernis des Einfügens kann im Einzelfall (seit 23.6.2021 ggf. auch in mehreren vergleichbaren Fällen) allerdings gem. **§ 34 IIIa BauGB** abgewichen werden.
5. **Anforderungen an gesunde Wohn- und Arbeitsverhältnisse** müssen gem. § 34 I 2 HS 1 BauGB gewahrt bleiben
6. **Keine Beeinträchtigung des Ortsbildes,** § 34 I 2 HS 2 BauGB
7. Von dem Vorhaben dürfen **keine schädlichen Auswirkungen auf zentrale Versorgungsbereiche** in der Gemeinde oder in anderen Gemeinden zu erwarten sein, § 34 III BauGB
8. **Erschließung gesichert,** § 34 I 1 BauGB
9. Ggf. **gemeindliches Einvernehmen,** § 36 I BauGB

I. Abgrenzung des Innenbereichs vom Außenbereich

371 Liegt ein Vorhaben nicht im Geltungsbereich eines qualifizierten Bebauungsplans, beurteilt sich seine bauplanungsrechtliche Zulässigkeit ganz oder teilweise[649] nach §§ 34, 35 BauGB. Dabei ist § 34 BauGB im sog. Innen-, § 35 BauGB im sog. Außenbereich einschlägig. Folglich ist zunächst festzustellen, wo das jeweilige Vorhaben liegt. **§ 34 I BauGB** über das Bauen im Innenbereich gilt innerhalb „der im Zusammenhang bebauten Ortsteile". Komplementär dazu liegt ein Vorhaben im Außenbereich gem. § 35 BauGB, wenn es **nicht** Bestandteil eines im Zusammenhang bebauten Ortsteils ist.[650] Der Begriff der „im Zusammenhang bebauten Ortsteile" in § 34 I BauGB umfasst dabei **zwei Komponenten,** die kumulativ vorliegen müssen: zum einen den Ortsteil und zum anderen den Bebauungszusammenhang.[651]

[649] Im Bereich eines einfachen Bebauungsplans sind zunächst dessen Festsetzungen relevant, im Übrigen dann §§ 34 f. BauGB.

[650] BVerwG NVwZ 2012, 1631 Rn. 11.

[651] Vgl. BVerwGE 156, 336 Rn. 13 = NVwZ 2017, 412.

1. Ortsteil

Ein **Ortsteil** i.S.v. § 34 I BauGB ist jeder Bebauungskomplex im Gebiet einer Gemeinde, der nach der Zahl der vorhandenen Bauten ein gewisses Gewicht besitzt und **Ausdruck einer organischen Siedlungsstruktur** ist.[652] 372

Ein Ortsteil muss danach jedenfalls innerhalb des Gebietes einer Gemeinde liegen.[653] Bei der Beurteilung, ob ein Ortsteil i.S.d. § 34 I BauGB vorliegt, dürfen also nicht Bauten berücksichtigt werden, die in einer angrenzenden Gemeinde liegen.[654]

Das Merkmal des Ortsteils dient primär der Abgrenzung des von § 34 I BauGB erfassten 373
Innenbereichs von der sog. **Splittersiedlung,** die dem Außenbereich gem. § 35 BauGB unterfällt (vgl. § 35 III Nr. 7 BauGB).[655]

Es gibt keine festen Grenzen, ab welcher Anzahl von Bauten der Bebauungskomplex das für einen Ortsteil erforderliche „gewisse Gewicht" hat. Dies hängt vielmehr von den siedlungsstrukturellen Gegebenheiten im Gebiet der jeweiligen Gemeinde ab.[656] Allerdings haben sich in der Rspr. gewisse Leitlinien herauskristallisiert: So genügt etwa in ländlichen Gebieten grds. eine geringere Gebäudezahl als in dicht besiedelten, städtischen Gebieten. Schon ein Bestand von nur wenigen Häusern kann ausreichen, wenn diese Siedlungsform für die betreffende Gegend typisch ist.[657]

Beispiele:
- Eine Ansammlung von nur vier Wohngebäuden besitzt regelmäßig nicht das für einen Ortsteil i.S.v. § 34 BauGB erforderliche Gewicht.[658] Selbst wenn in der Stadt vergleichbare Streubebauungen mehrfach vorhanden sind, führt dies nicht dazu, dass diese als „typische Siedlungsweise" anzusehen und deshalb jeweils als im Zusammenhang bebaute Ortsteile i.S.v. § 34 BauGB zu bewerten wären. Jedenfalls dann, wenn – wie im entschiedenen Fall – deutliche Siedlungsschwerpunkte in näherer Umgebung vorhanden sind, bleibt eine solche Streubebauung eine Splittersiedlung und damit insgesamt dem Außenbereich zugeordnet.
- Nach dem NdsOVG kann einem aus neun Gebäudekomplexen, die jeweils ein großes Wohnhaus und Wirtschaftsgebäude umfassen, sowie einem Wohnhaus bestehenden Bebauungskomplex von ca. 30 Gebäuden das für einen Ortsteil i.S.v. § 34 BauGB notwendige Gewicht nicht abgesprochen werden.[659]
- Im Rahmen der Gesamtbewertung kann das Vorhandensein von Infrastruktureinrichtungen ein Kriterium sein, das für die Annahme eines Ortsteils spricht.[660]

Eine **„organische Siedlungsstruktur"** setzt nicht eine nach Art und Zweckbestimmung ein- 374
heitliche Bebauung voraus. Vielmehr kann auch eine insofern inhomogene Bebauung ei-

---

[652] BVerwGE 156, 336 Rn. 13; 152, 275 Rn. 11; 31, 22 (26).

[653] BVerwGE 27, 137 (138); BVerwG NVwZ 1999, 527 (527 f.); ThürOVG, Beschl. v. 25.9.2017 – 1 ZKO 402/17, BeckRS 2017, 128891 Rn. 8.

[654] Vgl. BVerwGE 27, 137 (138); BVerwG NVwZ 1999, 527; ThürOVG, Beschl. v. 25.9.2017 – 1 ZKO 402/17, BeckRS 2017, 128891 Rn. 8.

[655] Vgl. BVerwGE 31, 22 (27); BVerwG NVwZ-RR 2001, 83.

[656] BVerwG NVwZ 1984, 434; NWOVG, Beschl. v. 30.1.2020 – 8 B 857/19, BeckRS 2020, 2154 Rn. 10.

[657] Vgl. BVerwG NVwZ-RR 1994, 555.

[658] BVerwG NVwZ-RR 1994, 555.

[659] NdsOVG ZUR 2010, 100 Rn. 4.

[660] NWOVG, Beschl. v. 30.1.2020 – 8 B 857/19, BeckRS 2020, 2154 Rn. 12; vgl. auch BVerwG NVwZ-RR 1994, 555.

nen Ortsteil bilden.[661] Der Ortsteil muss auch nicht einen Schwerpunkt der baulichen Entwicklung der Gemeinde darstellen.

375 Wie schon der Begriff „Siedlung“ indiziert, müssen die relevanten Bauten allerdings dem ständigen Aufenthalt von Menschen dienen.[662] Ein Ortsteil kann daher jedenfalls nicht allein durch Bauwerke gebildet werden, die nicht dem ständigen Aufenthalt von Menschen dienen.[663]

Bsp.: Gebäude, die ausschließlich landwirtschaftlichen (Scheunen, Ställe) oder kleingärtnerischen Zwecken dienen (Gartenlauben im Kleingartengebiet), sind für sich genommen keine Bauten, die einen im Zusammenhang bebauten Ortsteil bilden können.[664]

2. Im Bebauungszusammenhang

376 Nach dem Vorliegen eines Ortsteils ist gem. § 34 I BauGB zu klären, ob das Vorhaben innerhalb eines „im Zusammenhang bebauten“ Ortsteils liegt. Bei der Frage, ob der erforderliche Bebauungszusammenhang besteht, ist auf die vor Ort **tatsächlich vorhandene Bebauung** abzustellen.[665]

Die Gründe für deren Genehmigung sind unerheblich. So können bspw. auch Gebäude, die nach § 35 I Nr. 1 BauGB im Außenbereich privilegiert zulässig oder zugelassen worden sind, zur Entwicklung eines im Zusammenhang bebauten Ortsteils beitragen. Selbst formell und materiell baurechtswidrige Gebäude können dazu beitragen, wenn sie in einer Weise geduldet werden, nach der kein Zweifel besteht, dass sich die zuständige Behörde mit ihrem Vorhandensein abgefunden hat.[666]

377 Ausschlaggebend für das Bestehen des Bebauungszusammenhangs ist, inwieweit die aufeinanderfolgende Bebauung trotz etwa vorhandener Baulücken **nach der Verkehrsauffassung einen Eindruck der Geschlossenheit und Zusammengehörigkeit** vermittelt und die zur Bebauung vorgesehene Fläche (noch) diesem Zusammenhang angehört.[667]

Dies ist nicht nach geographisch-mathematischen Maßstäben, sondern durch **Wertung und Bewertung des konkreten Sachverhalts** zu entscheiden.[668] Grundlage der Beurteilung sind die **tatsächlichen örtlichen Gegebenheiten,** also in erster Linie die vorhandenen baulichen Anlagen, daneben aber auch topographische Verhältnisse wie Geländehindernisse und Erhebungen oder Einschnitte wie Dämme, Böschungen, Gräben und Flüsse als natürliche Grenzen.[669] Das Bestehen einzelner Baulücken schließt dabei einen Bebauungszusammenhang nicht aus.[670]

Beispiele für das Bestehen/Nichtbestehen eines Bebauungszusammenhangs:
- Wie eng die Bauten aufeinander folgen müssen, um sich als zusammenhängende Bebauung darzustellen, ist einzelfallbezogen aufgrund umfassender Würdigung der örtlichen Gegebenheiten zu entscheiden.[671] Mit dieser Rspr. des BVerwG ist ein rein geographisch-mathe-

---

[661] BVerwGE 31, 22 (27).
[662] BVerwG NJW 1984, 1576.
[663] BVerwG NJW 1984, 1576; NVwZ 2012, 1631 Rn. 13.
[664] BVerwG NJW 1984, 1576.
[665] BVerwGE 152, 275 Rn. 14 = NVwZ 2015, 1767.
[666] HbgOVG, Urt. v. 3.12.2018 – 2 Bf 161/15, BeckRS 2018, 34078 Rn. 25.
[667] BVerwG ZfBR 2019, 796 Rn. 8; NVwZ 2018, 1651 Rn. 7.
[668] BVerwGE 152, 275 Rn. 16; BVerwG NVwZ 1991, 879 (879 f.) m.w.N..
[669] BVerwG NVwZ 1991, 879 (880).
[670] Vgl. etwa BVerwG ZfBR 2019, 796 Rn. 8 f.
[671] BVerwG ZfBR 2019, 796 Rn. 8; NVwZ 2011, 436 Rn. 11.

matischer Maßstab nicht vereinbar, der z.B. die Zahl nicht bebauter Bauplätze – sei es auch i.S.e. Regelvermutung – für ausschlaggebend hält. Die von einigen OVGen angewandte „Faustformel", dass eine unbebaute Fläche von zwei bis drei Bauplätzen als Baulücke angesehen werden kann, die den Bebauungszusammenhang nicht unterbricht, hat das BVerwG dessen ungeachtet nicht beanstandet, soweit sie lediglich einen gedanklichen Ausgangspunkt für den Tatrichter bildet, der diesen nicht von einer Einzelfallwürdigung der tatsächlichen Verhältnisse entbindet.[672]

- Größere freie Flächen ohne relevante Bebauung wie etwa Sportplätze stören den Bebauungszusammenhang nicht zwangsläufig. Je größer die Freifläche allerdings ist, umso wahrscheinlicher ist das Abbrechen des Bebauungszusammenhangs.[673] Dies kann dazu führen, dass größere von Bebauung umgebene Flächen baurechtlich Außenbereich i.S.d. § 35 BauGB sind (**„Außenbereich im Innenbereich"**).[674]
- **Straßen und Wasserwege** führen nicht notwendig zum Abbruch des Bebauungszusammenhangs. Auch hier ist stets eine Wertung und Bewertung anhand der konkreten Situation vor Ort erforderlich.[675]

Ein Grundstück liegt dabei nicht bereits deshalb i.S.d. § 34 I BauGB innerhalb des Bebauungszusammenhangs, weil es von einer zusammenhängenden Bebauung umgeben ist. Erforderlich ist vielmehr, dass das Grundstück selbst einen Bestandteil des Zusammenhangs bildet, selbst also an dem Eindruck der Geschlossenheit und Zusammengehörigkeit teilnimmt.[676] 378

Im Regelfall endet der Bebauungszusammenhang mit dem „letzten Baukörper", der noch Bebauung i.S.d. § 34 I BauGB darstellt.[677] Zur Bebauung i.S.d. § 34 I BauGB zählen dabei grds. nur Bauwerke, die dem ständigen Aufenthalt von Menschen dienen.[678] 379

3. Grenzziehung zwischen Innen- und Außenbereich durch Satzung

Auch wegen der Schwierigkeiten, die Grenze zwischen Innen- und Außenbereich eindeutig zu beurteilen, hat der Gesetzgeber den Gemeinden in § 34 IV 1 Nr. 1 BauGB die Möglichkeit gegeben, die Grenzen im Zusammenhang bebauter Ortsteile durch eine **Klarstellungssatzung** deklaratorisch festzulegen. Daneben kann die Gemeinde mit einer sog. **Entwicklungssatzung** gem. § 34 IV 1 Nr. 2 BauGB bebaute Bereiche im Außenbereich konstitutiv als im Zusammenhang bebaute Ortsteile festlegen, wenn die Flächen im Flächennutzungsplan als Bauflächen dargestellt sind. Schließlich kann sie mit einer sog. **Ergänzungssatzung** gem. § 34 IV 1 Nr. 3 BauGB einzelne Außenbereichsflächen in die im Zusammenhang bebauten Ortsteile einbeziehen, wenn die einbezogenen Flächen durch die bauliche Nutzung des angrenzenden Bereichs entsprechend geprägt sind. Der Erlass solcher Satzungen steht im Ermessen der Gemeinde. 380

Die Satzungen gem. § 34 IV BauGB sind von **Außenbereichssatzungen** gem. § 35 VI BauGB[679] zu unterscheiden, welche zur Folge haben, dass einem Vorhaben bestimmte öffentliche Belange nicht entgegengehalten werden können.

[672] BVerwG ZfBR 2019, 796 Rn. 9.
[673] BVerwG NVwZ 1999, 763 (765).
[674] Zur „Außenbereichsinsel", für die § 35 BauGB gilt: BVerwG NJW 1984, 1576.
[675] BVerwG NVwZ 1997, 899.
[676] BVerwGE 152, 275 Rn. 13 = NVwZ 2015, 1767.
[677] BVerwG NVwZ 1999, 763 (765); NVwZ 2011, 436 Rn. 12.
[678] BVerwGE 152, 275 Rn. 15; BVerwG ZfBR 2019, 796 Rn. 13.
[679] Zur Außenbereichssatzung unten Rn. 448.

II. Zulässigkeit von Vorhaben gem. § 34 BauGB

1. Einfügen in die Eigenart der näheren Umgebung

a) Grundtatbestand des § 34 I 1 BauGB

aa) Allgemeine Anforderungen

381 Zentrale Voraussetzung für die bauplanungsrechtliche Zulässigkeit eines Vorhabens in einem im Zusammenhang bebauten Ortsteil ist gem. § 34 I BauGB, dass dieses sich nach Art und Maß der baulichen Nutzung, der Bauweise und der Grundstücksfläche, die überbaut werden soll, in die Eigenart der näheren Umgebung einfügt. Dies ist in **drei Schritten** zu prüfen:

382 Im **ersten** ist abzugrenzen, was die nähere Umgebung i.S.v. § 34 I BauGB bildet. Die **nähere Umgebung** sind auf jeden Fall die unmittelbaren Nachbargrundstücke, darüber hinaus aber auch die Bereiche, auf die sich die Ausführung des Vorhabens auswirken kann und die ihrerseits den bodenrechtlichen Charakter des Baugrundstücks prägen oder zumindest beeinflussen.[680]

Bsp.: Während sich die nähere Umgebung eines Wohngrundstücks regelmäßig auf die unmittelbaren Nachbargrundstücke beschränkt, kann die nähere Umgebung eines emittierenden Fabrikbetriebs weit darüber hinausgehen.

383 Die im **zweiten Schritt** zu bestimmende Eigenart der so abgegrenzten näheren Umgebung wird primär durch die bereits vorhandene Bebauung geprägt.[681] Für die Beurteilung der **Eigenart der näheren Umgebung** ist grds. alles an Bebauung in den Blick zu nehmen, was tatsächlich vorhanden ist und nach außen wahrnehmbar in Erscheinung tritt.[682] Außer Acht gelassen werden darf lediglich, was die Bebauung nicht prägt, weil es nicht die Kraft hat, die Eigenart der näheren Umgebung zu beeinflussen, oder in ihr gar als Fremdkörper erscheint.[683]

Zur Prägung der Eigenart der näheren Umgebung kann dabei neben genehmigten oder genehmigungsfähigen Bauten und Nutzungen auch eine Bebauung beitragen, die in einer Weise geduldet wird, die erkennen lässt, dass sich die zuständigen Behörden mit ihrem Vorhandensein abgefunden haben.[684]

384 Abzustellen ist auf die Art sowie das Maß der baulichen Nutzung, die Bauweise und die überbaubaren Grundstücksflächen. Im Hinblick auf die Art der baulichen Nutzung ist dabei eine Orientierung an den typisierten Nutzungsarten der BauNVO möglich. Diese stellt nämlich als sachverständige Konkretisierung moderner Planungsgrundsätze adäquate definitorische **Leitlinien** zur Verfügung.[685]

Wichtig ist, dies strikt von der noch zu behandelnden unmittelbaren Anwendung der BauNVO gem. § 34 II BauGB[686] zu unterscheiden. § 34 II BauGB ist **nur** dann anwendbar, wenn ein Gebiet **eindeutig** einem der BauNVO-Baugebietstypen entspricht. Ist dies nicht der

---

680 BVerwG NVwZ 2020, 322 Rn. 7; NVwZ 2019, 1456 Rn. 11.

681 BVerwGE 55, 369 (380).

682 BVerwGE 157, 1 Rn. 10, 13; BVerwG NVwZ 2018, 1651 Rn. 6; dies schließt auch Baulichkeiten ein, die keinen im Zusammenhang bebauten Ortsteil bilden können.

683 BVerwGE 157, 1 Rn. 13; vgl. auch BVerwGE 84, 322 (325 ff.).

684 BVerwGE 156, 336 Rn. 26 = NVwZ 2017, 412.

685 BVerwG NVwZ 1995, 698 (699); *Muckel,* JA 2014, 956 (957) m.w.N.

686 Dazu unten Rn. 390.

Fall, etwa weil es Merkmale verschiedener Baugebietstypen aufweist (**planungsrechtliche Gemengelage**), ist hingegen allein § 34 I BauGB anzuwenden. Dabei können dann aber – wie ausgeführt – die typisierten Nutzungsarten der BauNVO als Leitlinien herangezogen werden.[687]

Im dritten Schritt wird geprüft, ob sich das Vorhaben in die so bestimmte Eigenart der näheren Umgebung einfügt. 385

In die Eigenart der näheren Umgebung fügt sich ein Vorhaben ein, das sich innerhalb des aus seiner näheren Umgebung hervorgehenden **Rahmens** hält, es sei denn, es lässt die gebotene **Rücksichtnahme** auf die in der unmittelbaren Umgebung vorhandene Bebauung fehlen.[688]

Die Voraussetzung des Einfügens in § 34 I BauGB enthält also auch ein **Gebot der Rücksichtnahme** auf die vorhandene Bebauung.[689] Dies soll eine Feinsteuerung im Lichte der konkreten Umstände vor Ort ermöglichen. 386

Bsp.: Wird die nähere Umgebung von Wohngebäuden, Gaststätten und sonstigen Gewerbebetrieben bis hin zu einem Kino als Vergnügungsstätte geprägt, kann sich eine an die Stelle des Kinos tretende andere Vergnügungsstätte, namentlich eine Diskothek, innerhalb des aus ihrer Umgebung hervorgehenden Rahmens halten und sich daher in ihre Umgebung einfügen, es sei denn, dass die Nutzungsänderung die gebotene Rücksichtnahme auf die in der unmittelbaren Nähe vorhandenen Gebäude vermissen lässt.[690] Die **Prüfung des Rücksichtnahmegebotes** setzt zweierlei voraus: Erstens ist der Grad der Schutzwürdigkeit der unmittelbaren Nachbarschaft insbes. in der Abend- und Nachtzeit zu klären. Insoweit kann von Bedeutung sein, ob dort bereits von anderen Betrieben in den Abend- oder Nachtstunden Lärmemissionen ausgehen. Zweitens ist zu klären, welche Emissionen von der Diskothek ausgehen, insbes. auch von An- und Abfahrten der Besucher.

Ist der Vorhabenstandort schon durch Belästigungen vorgeprägt, so vermindern sich die Anforderungen des Rücksichtnahmegebots entsprechend.[691]

Bsp.: Ein Wohnbauvorhaben fügt sich, was die von ihm hinzunehmenden gewerblichen Immissionen angeht, in die „vorbelastete" Eigenart der näheren Umgebung ein, wenn es nicht stärkeren Belastungen ausgesetzt sein wird als eine bereits vorhandene Wohnbebauung, die den Vorhabenstandort vorprägt.[692] Die gewerbliche Nutzung braucht nämlich gegenüber der hinzukommenden Wohnnutzung nicht mehr Rücksicht zu nehmen als gegenüber der bereits vorhandenen Wohnnutzung.

bb) Ausnahmsweises Einfügen trotz Abweichung vom Rahmen

Im Ausnahmefall kann sich auch ein Vorhaben, das vom bestehenden Rahmen abweicht, 387 dennoch gem. § 34 I BauGB in die nähere Umgebung „einfügen".[693] Voraussetzung dafür

[687] BVerwG NVwZ 1995, 698 (699); *MO*, § 7 Rn. 113 f.
[688] BVerwGE 157, 1 Rn. 17 = NVwZ 2017, 717; 55, 369 (385 f.).
[689] Vgl. z.B. BVerwGE 67, 334 (337); BVerwG NVwZ 1999, 879 (880); dazu, dass das Rücksichtnahmegebot Element konkreter Tatbestandsvoraussetzungen, hier des Einfügens gem. § 34 I 1 BauGB ist, und nicht etwa als generelles Rechtsprinzip des öffentlichen Baurechts zu den speziellen Vorschriften des BauGB hinzutritt: BVerwGE 159, 187 Rn. 10 = NVwZ 2018, 509.
[690] BVerwG NVwZ 1982, 312.
[691] BVerwG Beschl. v. 26.7.2021 – 4 B 32.20, BeckRS 2021, 25376 Rn. 10.
[692] BVerwG Beschl. v. 26.7.2021 – 4 B 32.20, BeckRS 2021, 25376 Rn. 10.
[693] BVerwGE 157, 1 Rn. 17 = NVwZ 2017, 717; 55, 369 (386).

ist, dass es weder selbst noch infolge einer nicht auszuschließenden Vorbildwirkung geeignet ist, nur durch Bauleitplanung zu bewältigende bodenrechtliche Spannungen in das Gebiet hineinzutragen oder vorhandene Spannungen zu erhöhen.[694]

Diese Grundsätze gelten nicht nur für eine Überschreitung des existenten Rahmens hinsichtlich der Art, sondern auch für ein Überschreiten (oder Unterschreiten[695]) des Maßes der baulichen Nutzung.[696] Das BVerwG spricht als Leitbild anschaulich davon, dass es beim Einfügen weniger um „Einheitlichkeit" als um „**Harmonie**" gehe. § 34 I BauGB „zwingt [also] nicht zur Uniformität".[697]

Bsp.: Eine aus einem 12 m hohen Stahlmast und einem Dreiblattrotor von 10 m Durchmesser bestehende Windenergieanlage, die zur Beheizung eines Wohnhauses auf einem 1.200 m² großen Grundstück dienen soll, kann sich – obwohl sich in der Umgebung nichts Vergleichbares findet – in die Umgebung einfügen, wenn sie keine nur durch Bauleitplanung zu bewältigenden bodenrechtlichen Spannungen in das Gebiet hineinträgt.[698] Ob solche Spannungen hineingetragen würden, „kann nur unter Berücksichtigung der konkreten Eigenart der näheren Umgebung und der konkreten Umstände, die Spannungen hervorrufen können, beantwortet werden".[699] Dies war im konkreten Fall vom Berufungsgericht zu klären.

cc) Besondere Anforderungen in der Umgebung von Störfallbetrieben

388 Besondere Anforderungen an das Rücksichtnahmegebot gelten im Übrigen in den sehr praxisrelevanten Fällen, in denen ein Vorhaben, bspw. ein Gewerbebetrieb, in der näheren Umgebung eines sog. **Störfallbetriebs** liegt. Die besonderen Anforderungen ergeben sich aus der gebotenen EU-richtlinienkonformen Auslegung des Rücksichtnahmegebotes.

Ein **Störfallbetrieb** ist ein Betrieb, in dem gefährliche Stoffe i.S.d. **Seveso-III-RL 2012/18/EU**, wie z.B. Arsen, in gefährlichen Mengen vorhanden sind. Die Verpflichtung der Mitgliedstaaten aus Art. 13 I Seveso-III-RL, langfristig dem Erfordernis der Wahrung angemessener Abstände zwischen Störfallbetrieben und Wohngebieten, öffentlich genutzten Gebäuden etc. Rechnung zu tragen, ist unter dem Gesichtspunkt des Rücksichtnahmegebots grds. auch im Baugenehmigungsverfahren zu beachten.[700] Dies untersagt zwar nicht zwingend jede Neuansiedlung und erst Recht nicht die Erweiterung öffentlich genutzter Gebäude (z.B. eines großflächigen Einzelhandelsbetriebs) innerhalb des angemessenen Abstands zum Störfallbetrieb. Allerdings ist es mit der Seveso-Richtlinie jedenfalls unvereinbar, wenn die Ansiedlung zugelassen wird, ohne dass deren Risiken gebührend gewürdigt worden wären.[701]

389 Die Baugenehmigungsbehörde muss hier daher bei der Prüfung des Rücksichtnahmegebotes des § 34 I BauGB in einem ersten Schritt ermitteln, welcher Abstand zum Störfallbetrieb angemessen ist, und – falls der angemessene Abstand nicht eingehalten wird – in einem zweiten Schritt, ob ein Unterschreiten desselben im Einzelfall vertretbar ist.[702]

---

[694] BVerwGE 157, 1 Rn. 17; 55, 369 (386); BVerwG NVwZ 1995, 698 (699).

[695] MVOVG NVwZ-RR 2020, 150 Rn. 30.

[696] BVerwGE 157, 1 Rn. 17 = NVwZ 2017, 717.

[697] BVerwGE 55, 369 (386).

[698] BVerwGE 67, 23 (30).

[699] BVerwGE 67, 23 (30 f.).

[700] Vgl. EuGH, Rs. C-53/10, EuZW 2011, 873 LS 1; BVerwGE 145, 290 Rn. 14; näher zum Ganzen: *Will*, ÖffBauR, 2. Aufl. 2022, Rn. 475.

[701] EuGH, Rs. C-53/10, EuZW 2011, 873 Rn. 49; NWOVG, Urt. v. 25.11.2020 – 7 A 3893/19, BeckRS 2020, 35875 Rn. 46.

[702] BVerwGE 145, 290 Rn. 15; näher: *Will*, ÖffBauR, 2. Aufl. 2022, Rn. 476.

b) Baugebietsbasierte Zulässigkeit gem. § 34 II BauGB

§ 34 II BauGB ergänzt § 34 I BauGB, wenn die Eigenart der näheren Umgebung faktisch einem der Baugebiete nach der BauNVO entspricht (**faktisches Baugebiet**). In diesem Fall beurteilt sich die Zulässigkeit des Vorhabens nach dessen **Art** (also nicht nach dessen Maß etc.) **allein** danach, ob es nach der BauNVO in dem jeweiligen Baugebiet allgemein zulässig wäre. 390

§ 34 II BauGB i.V.m. §§ 2 ff. BauNVO ist also im Falle eines faktischen Baugebietes für die Art der baulichen Nutzung (und nur für diese) *lex specialis* gegenüber § 34 I BauGB. Das Einfügen im Hinblick auf das Maß der baulichen Nutzung, die Bauweise und die Grundstücksfläche, die überbaut werden soll, richtet sich demzufolge weiter nach § 34 I BauGB.

Keine Anwendung findet § 34 II BauGB gem. § **245c III BauGB** allerdings auf das 2017 eingeführte **urbane Gebiet** nach § 6a BauNVO und gem. § **245d I BauGB** auf das 2021 eingeführte **dörfliche Wohngebiet** nach § 5a BauNVO. Hintergrund dafür ist, dass die sehr flexiblen §§ 5a, 6a BauNVO nur dann ihre Wirkung entfalten sollen, wenn die Gemeinde dies selbst planerisch vorsieht, also nicht über die „Hintertür“ des § 34 II BauGB.[703]

§ 34 II HS 2 BauGB erklärt zudem die Regelungen über Ausnahmen und Befreiungen in § 31 I, II BauGB für entsprechend anwendbar. Im Ergebnis kann einem Vorhaben, das nach der BauNVO – ggf. aufgrund einer Ausnahme oder Befreiung gem. § 31 I, II BauGB – zulässig wäre, nicht entgegengehalten werden, dass es sich hinsichtlich der **Art** der baulichen Nutzung nicht in die nähere Umgebung einfüge.

Bsp.: Die bauliche Erweiterung eines inmitten von Wohnbebauung und vereinzeltem nicht störendem Gewerbe betriebenen störenden Zimmereibetriebs ist gem. § 34 II BauGB hinsichtlich der Art der Nutzung an § 4 BauNVO zu messen, da es sich – jedenfalls wenn der Zimmereibetrieb einen Fremdkörper darstellt, der die Eigenart der näheren Umgebung nicht prägt – faktisch um ein allgemeines Wohngebiet handelt.[704] Eine Zulässigkeit nach § 4 II BauNVO oder eine ausnahmsweise Zulässigkeit gem. §§ 34 II HS 2, 31 I BauGB i.V.m. § 4 III Nr. 2 BauNVO scheiden wegen der von der Zimmerei ausgehenden Störungen aus. Zu prüfen ist dann noch die Möglichkeit einer Befreiung gem. §§ 34 II HS 2, 31 II BauGB. Entscheidend für das Eingreifen des möglicherweise einschlägigen Befreiungstatbestands des § 31 II Nr. 2 BauGB ist,[705] ob der faktische Gebietscharakter durch das Vorhaben gestört ist. Dies hat das BVerwG angenommen, da eine Zimmerei mit dem Gebietscharakter des faktischen allgemeinen Wohngebietes schlechthin unverträglich sei.[706]

c) Abweichen vom Erfordernis des Einfügens gem. § 34 IIIa BauGB

Nach dem 2004 eingefügten, 2017 wesentlich und 2021 noch einmal punktuell erweiterten § 34 IIIa BauGB kann in im Zusammenhang bebauten Ortsteilen im Einzelfall vom Erfordernis des Einfügens in die Eigenart der näheren Umgebung nach § 34 I 1 BauGB abgewichen werden. Dazu muss die Abweichung gem. § 34 IIIa Nr. 1 BauGB zunächst einem der folgenden Vorhaben dienen: 391

- lit. a: der Erweiterung, Änderung, Nutzungsänderung oder Erneuerung eines zulässigerweise errichteten **Gewerbe- oder Handwerksbetriebs**
- lit. b: der Erweiterung, Änderung oder Erneuerung eines zulässigerweise errichteten, **Wohnzwecken dienenden Gebäudes** oder

---

703 Vgl. BT-Drs. 18/10942, S. 52; BT-Drs. 19/24838, S. 31.
704 Vgl. BVerwGE 84, 322 (325 ff.).
705 Dazu oben Rn. 336 f.
706 BVerwGE 84, 322 (329).

- lit. c: der Nutzungsänderung einer zulässigerweise errichteten baulichen Anlage zu **Wohnzwecken,** einschließlich einer erforderlichen Änderung oder Erneuerung

392 Die Ergänzung der lit. c im Jahr 2017 hat den Anwendungsbereich massiv ausgeweitet. Dies sollte vor dem Hintergrund der Wohnungsknappheit den Wohnungsbau im nicht beplanten Innenbereich erleichtern.[707] Weitere Voraussetzungen für alle drei Vorhabenarten des § 34 IIIa 1 Nr. 1 BauGB sind gem. § 34 IIIa 1 Nr. 2 und 3 BauGB im Übrigen, dass die Abweichung städtebaulich vertretbar (Nr. 2) und auch unter Würdigung nachbarlicher Interessen mit den öffentlichen Belangen vereinbar ist (Nr. 3).

Nicht anwendbar ist der gesamte § 34 IIIa 1 BauGB gem. § 34 IIIa 2 BauGB auf Einzelhandelsbetriebe, die die verbrauchernahe Versorgung der Bevölkerung beeinträchtigen oder schädliche Auswirkungen auf zentrale Versorgungsbereiche[708] in der Gemeinde oder in anderen Gemeinden haben können.

Nach dem 2021 durch das BaulandmobilisierungsG ergänzten Satz 3 von § 34 IIIa BauGB schließlich kann in den Fällen des § 34 IIIa 1 Nr. 1 lit. b und c BauGB darüber hinaus vom Erfordernis des Einfügens im Einzelfall i.S.d. § 34 IIIa 1 BauGB auch **in mehreren vergleichbaren Fällen** (statt nur im Einzelfall) abgewichen werden, wenn die übrigen Voraussetzungen des § 34 IIIa 1 BauGB vorliegen und die Aufstellung eines Bebauungsplans nicht erforderlich ist. Diese Erweiterung des Anwendungsbereichs der lit. b und c sollte die Beschränkung der Entwicklungsmöglichkeiten im Wohnungsbau auf Einzelfälle beseitigen.[709]

393 Seit Beginn des Ukrainekriegs ist wieder besonders relevant, dass § 34 IIIa BauGB gem. **§ 246 VIII BauGB** bis zum 31.12.2024 entsprechend für die Nutzungsänderung zulässigerweise errichteter baulicher Anlagen in bauliche Anlagen, die der **Unterbringung von Flüchtlingen oder Asylbegehrenden** dienen, sowie für deren Erweiterung, Änderung oder Erneuerung gilt.

Auch insoweit findet seit 23.6.2021 der einschränkende **§ 246 XIIIa BauGB** Anwendung: Von § 246 VIII BauGB darf nur Gebrauch gemacht werden, soweit dringend benötigte Unterkünfte im Gebiet der Gemeinde, in der sie entstehen sollen, ansonsten nicht oder nicht rechtzeitig bereitgestellt werden können.

2. Anforderungen an gesunde Wohn- und Arbeitsverhältnisse, § 34 I 2 HS 1 BauGB

394 Weitere Zulässigkeitsvoraussetzung für Vorhaben im Innenbereich ist gem. § 34 I 2 HS 1 BauGB, dass die Anforderungen an gesunde Wohn- und Arbeitsverhältnisse gewahrt bleiben.

Wenn ein Vorhaben die Voraussetzungen des § 34 I 1 BauGB erfüllt, ist dies jedoch regelmäßig der Fall. Als Inhalts- und Schrankenbestimmung des Eigentums i.S.v. Art. 14 I 2 GG, das hier an Innenbereichsgrundstücken besteht, die grds. zur Bebauung anstehen, zieht § 34 I 2 HS 1 BauGB nur eine äußerste Grenze der Zulässigkeit der Bebauung, ist also restriktiv anzuwenden.[710]

Bsp.: Ein Bauvorhaben, das im natürlichen Überschwemmungsgebiet eines Flusses verwirklicht werden soll, wird regelmäßig an § 34 I 2 HS 1 BauGB scheitern.[711]

---

[707] Vgl. BT-Drs. 18/10942, S. 32 f.; *Krautzberger/Stüer,* BauR 2017, 474 (477).
[708] Dazu oben Rn. 73 ff.
[709] BT-Drs. 19/24838, S. 19, 28.
[710] BVerwG NVwZ 1991, 879 (880 f.).
[711] BVerwGE 121, 283 (289).

3. Keine Beeinträchtigung des Ortsbildes, § 34 I 2 HS 2 BauGB

Gem. § 34 I 2 HS 2 BauGB darf das Vorhaben ferner nicht das Ortsbild beeinträchtigen. 395
Entscheidend ist, ob das Gesamtbild, das durch unterschiedliche Elemente geprägt sein kann, gestört wird.[712]

Da § 34 I 2 HS 2 BauGB als Inhalts- und Schrankenbestimmung des Eigentums i.S.v. Art. 14 I 2 GG eng auszulegen ist, ist nicht jedes Ortsbild schützenswert, nur weil es durch Einheitlichkeit geprägt ist. Vielmehr muss es – so das BVerwG – „einen besonderen Charakter, eine gewisse Eigenheit haben, die dem Ort oder dem Ortsteil eine aus dem Üblichen herausragende Prägung verleiht".[713]

4. Schädliche Auswirkungen auf zentrale Versorgungsbereiche, § 34 III BauGB

Nach § 34 III BauGB dürfen von dem Vorhaben keine schädlichen Auswirkungen auf 396
zentrale Versorgungsbereiche in der Gemeinde oder in anderen Gemeinden zu erwarten sein. Dies betrifft in erster Linie Outletcenter, aber auch sonstige Einkaufszentren und Einzelhandelsunternehmen, deren städtebauliche Auswirkungen über die nähere Umgebung hinausgehen.[714]

Zentrale Versorgungsbereiche sind räumlich abgrenzbare Bereiche einer Gemeinde (bspw. im Innenstadtbereich), denen auf Grund vorhandener Einzelhandelsnutzungen eine Versorgungsfunktion über den unmittelbaren Nahbereich hinaus zukommt.[715] Ein Vorhaben lässt schädliche Auswirkungen auf solche Bereiche jedenfalls dann erwarten, wenn es deren Funktionsfähigkeit so nachhaltig stört, dass sie ihren Versorgungsauftrag generell oder bzgl. einzelner Branchen nicht mehr substantiell erfüllen können.[716] Dafür kann als Maßstab z.B. der Kaufkraftabfluss herangezogen werden.[717]

H. Zulässigkeit im Außenbereich (§ 35 BauGB)

I. Außenbereich

Die bauplanungsrechtliche Zulässigkeit von Vorhaben im Außenbereich richtet sich nach 397
§ 35 BauGB.

> **Außenbereich** i.S.d. § 35 BauGB sind die Gebiete, die weder im räumlichen Geltungsbereich eines Bebauungsplans i.S.v. § 30 I, II BauGB noch innerhalb eines im Zusammenhang bebauten Ortsteils i.S.v. § 34 BauGB liegen.

Das Bestehen eines einfachen Bebauungsplans i.S.v. § 30 III BauGB steht der Zuordnung zum Außenbereich also – wie bereits erwähnt – nicht entgegen (vgl. § 30 III BauGB: „im Übrigen").

Angemerkt sei noch einmal, dass der Begriff Außenbereich wegen des Bestandteils „au- 398
ßen" zu der Fehlvorstellung verleitet, dass es sich stets um Gebiete handele, die „vor den

[712] BVerwG NVwZ 2000, 1169 (1170).
[713] BVerwG NVwZ 2000, 1169 (1170).
[714] Vgl. BVerwGE 136, 10 Rn. 9 f.
[715] BVerwGE 129, 307 Rn. 11; dazu bereits oben Rn. 73 ff.
[716] BVerwGE 129, 307 LS 2.
[717] BVerwGE 129, 307 LS 3.

Toren“ der Gemeinde lägen.[718] Tatsächlich gibt es aber „Außenbereichsinseln“ oder „Außenbereichsfinger“ inmitten im Zusammenhang bebauter Ortsteile („Außenbereich im Innenbereich“).[719]

399 **Außenbereich** i.S.v. § 35 BauGB ist folglich – kurz gesagt – nicht mehr und nicht weniger als die Gesamtheit der von §§ 30 I, II und 34 BauGB nicht erfassten Flächen.[720]

II. Überblick: Zulässigkeit privilegierter und sonstiger Vorhaben

400 Um eine Zersiedelung der Landschaft zu vermeiden, soll der Außenbereich von Bebauung frei gehalten werden (Gebot der Schonung des Außenbereichs). Daher sind im Außenbereich grds. nur die in § 35 I BauGB aufgeführten sog. **privilegierten Vorhaben** zulässig, und zwar nur, wenn im Einzelfall öffentliche Belange nicht entgegenstehen und die ausreichende Erschließung gesichert ist.

401 Nicht in § 35 I BauGB genannte **„sonstige Vorhaben“** (nicht privilegierte Vorhaben) sind grds. unzulässig. Sie können jedoch gem. § 35 II BauGB im Einzelfall zulässig sein, wenn ihre Ausführung oder Benutzung öffentliche Belange nicht beeinträchtigt und die Erschließung gesichert ist. § 35 III BauGB nennt Fälle, in denen eine Beeinträchtigung öffentlicher Belange „insbesondere“ vorliegt.[721]

402 **Übersicht 14: Prüfschema Zulässigkeit gem. § 35 BauGB**

Zulässigkeit im Außenbereich

1. Vorhaben i.S.v. § 29 I BauGB
2. Das Vorhaben muss **im Außenbereich** liegen, d.h. weder im Bereich eines qualifizierten Bebauungsplans (§ 30 I, II BauGB) noch innerhalb eines im Zusammenhang bebauten Ortsteils i.S.v. § 34 I BauGB

*Bei **privilegierten Vorhaben** i.S.v. § 35 I Nr. 1–8 BauGB:*

3. **Keine entgegenstehenden öffentlichen Belange** (v.a. § 35 III BauGB)
4. **Erschließung gesichert,** § 35 I BauGB
5. Bei Vorhaben gem. § 35 I Nr. 2–6 BauGB: Abgabe einer **Rückbauverpflichtungserklärung,** § 35 V 2 BauGB
6. Ggf. **gemeindliches Einvernehmen,** § 36 I BauGB

*Bei **sonstigen Vorhaben** i.S.v. § 35 II BauGB:*

3. **Keine Beeinträchtigung öffentlicher Belange,** § 35 III BauGB, ggf. modifiziert durch § 35 IV, VI BauGB
4. **Erschließung gesichert,** § 35 I BauGB
5. Ggf. **gemeindliches Einvernehmen,** § 36 I BauGB

---

[718] Vgl. BVerwGE 41, 227 (232).
[719] Dazu bereits oben Rn. 377.
[720] BVerwGE 41, 227 (232 f.).
[721] Unten Rn. 433 ff.

III. Die privilegierten Vorhaben (§ 35 I BauGB)

Indem der Gesetzgeber in § 35 I BauGB bestimmte Vorhaben für privilegiert zulässig erklärt, hat er insoweit für den Außenbereich „sozusagen selbst geplant".[722] Die Genehmigungsbehörde hat bei der Entscheidung über die Zulässigkeit solcher Vorhaben gem. § 35 I BauGB **kein Ermessen.** Sind auch die sonstigen Voraussetzungen des § 35 I BauGB erfüllt, stehen also insbes. öffentliche Belange nicht entgegen,[723] ist die Erschließung gesichert, widerspricht das Vorhaben nicht den Festsetzungen eines ggf. bestehenden einfachen Bebauungsplans und liegt – soweit erforderlich – das gemeindliche Einvernehmen gem. § 36 I 1 BauGB vor,[724] besteht **ein Anspruch (subjektives öffentliches Recht)** auf Zulassung des Vorhabens. 403

Bei den in § 35 I Nr. 2-6 BauGB genannten Vorhaben kommt als weitere Zulässigkeitsvoraussetzung gem. § 35 V 2 BauGB noch die Abgabe einer Verpflichtungserklärung, das Vorhaben nach dauerhafter Aufgabe der zulässigen Nutzung zurückzubauen und Bodenversiegelungen zu beseitigen (**Rückbauverpflichtung**), hinzu. 404

Privilegiert sind im Außenbereich nach § 35 I BauGB folgende Vorhaben: 405

1. Land- und forstwirtschaftliche Betriebe (§ 35 I Nr. 1 BauGB)

§ 35 I Nr. 1 BauGB betrifft Vorhaben, die einem land- oder forstwirtschaftlichen Betrieb dienen und nur einen untergeordneten Teil der Betriebsfläche einnehmen. 406

Nach der Legaldefinition des § 201 BauGB ist **Landwirtschaft** i.S.d. BauGB insbes. der Ackerbau, die Wiesen- und Weidewirtschaft einschließlich Tierhaltung, soweit das Futter überwiegend auf den zum landwirtschaftlichen Betrieb gehörenden, landwirtschaftlich genutzten Flächen erzeugt werden kann, die gartenbauliche Erzeugung, der Erwerbsobstbau, der Weinbau, die berufsmäßige Imkerei und die berufsmäßige Binnenfischerei. **Forstwirtschaft** ist nicht im BauGB definiert. Es handelt sich um die planmäßige Bewirtschaftung von Wald zwecks Holzgewinnung. Dies schließt nicht nur planmäßigen Anbau, Pflege und Abschlag ein, sondern auch nachfolgende Arbeiten zur Herstellung des verkaufsfähigen Produkts „Stammholz".[725] Nicht mehr umfasst sind hingegen Arbeitsvorgänge des holzverarbeitenden Gewerbes wie die Anfertigung von Pfählen oder die Herstellung von Brennholz durch Schneiden auf Ofenlänge nebst Trocknung etc.[726]

Ein **landwirtschaftlicher Betrieb** ist ein Betrieb, der auf die Erzeugung landwirtschaftlicher Produkte nicht unerheblichen Ausmaßes gerichtet ist.[727] Das Merkmal des **Betriebs** soll sicherstellen, dass der Außenbereich nur für ernsthafte, auf Dauer angelegte, also nachhaltige Betätigungen genutzt wird.[728] 407

Das BVerwG verlangt daher, dass ein landwirtschaftlicher Betrieb „durch eine spezifisch betriebliche Organisation gekennzeichnet ist, dass er Nachhaltigkeit der Bewirtschaftung erfordert und dass es sich um ein auf Dauer gedachtes und auf Dauer lebensfähiges Unternehmen handeln muss".[729] Im Ergebnis kann daher bspw. auch eine landwirtschaftliche Nebener-

---

[722] BVerwGE 28, 148 (150).
[723] Dazu unten Rn. 430 ff.
[724] Dazu unten Rn. 456 ff.
[725] BVerwG NVwZ 2007, 224 Rn. 7.
[726] BVerwG NVwZ 2007, 224 Rn. 7.
[727] BKL/*Mitschang/Reidt*, § 35 Rn. 13.
[728] BVerwG NVwZ 2013, 155 Rn. 7.
[729] BVerwGE 122, 308 (310) m.w.N.

werbsstelle ein Betrieb i.S.v. § 35 I Nr. 1 BauGB sein,[730] nicht jedoch eine reine Freizeit-/Hobbybetätigung. Die bloße Haltung zweier Pferde reicht bspw. regelmäßig nicht aus.[731]

408 Das Vorhaben muss dem land- oder forstwirtschaftlichen Betrieb **dienen.** Dies soll Missbrauch vorbeugen,[732] insbes. in Form von Vorhaben, die zwar an sich objektiv geeignet wären, ein privilegiertes Vorhaben darzustellen, mit denen aber in Wirklichkeit andere Zwecke verfolgt werden.[733] Es genügt daher nicht, wenn die Bewirtschaftung des Betriebs erleichtert oder irgendwie gefördert wird.[734] Das Vorhaben muss vielmehr durch den betrieblichen Verwendungszweck **erschöpfend geprägt** sein.[735]

409 Entscheidend für ein **„Dienen"** ist, ob ein vernünftiger Landwirt unter Berücksichtigung des Gebotes größtmöglicher Schonung des Außenbereichs das Bauvorhaben mit etwa gleichem Verwendungszweck und mit etwa gleicher Gestaltung und Ausstattung errichten würde.[736]

Bsp.: Bei einem Gebäude, das aus einem massiven Kellergeschoss mit WC sowie zwei Waschbecken und einem Erdgeschoss von 5,70 x 6,75 m mit zwei Schlafzimmern, einem Aufenthaltsraum mit Kochnische und einer nach Westen gelegenen überdachten Terrasse besteht, handelt es sich erkennbar um ein typisches Wochenendhaus und nicht – wie geltend gemacht – um ein Gebäude zur Aufbewahrung von Geräten, Futter und Spritzmitteln für einen landwirtschaftlichen Betrieb. Es „dient" daher nicht dem landwirtschaftlichen Betrieb.[737]

410 Das Vorhaben darf gem. § 35 I Nr. 1 BauGB schließlich nur einen **untergeordneten Teil der Betriebsfläche** einnehmen. Die landwirtschaftlich genutzte Fläche (z.B. Äcker und Weideland) muss im Verhältnis zu der für das Vorhaben benötigten Fläche eindeutig den Schwerpunkt bilden.[738]

2. Gartenbauliche Erzeugung (§ 35 I Nr. 2 BauGB)

411 § 35 I Nr. 2 BauGB privilegiert Vorhaben, die einem Betrieb der gartenbaulichen Erzeugung dienen. Dies sind Betriebe, die auf die Gewinnung pflanzlicher Erzeugnisse abzielen, wie etwa Obst- und Gemüseanbau sowie Schnittblumenzucht.

Gartenbau ist regelmäßig Landwirtschaft i.S.v. § 201 BauGB und unterfiele daher eigentlich bereits § 35 I Nr. 1 BauGB. Der Gesetzgeber hat 1998 § 35 I Nr. 2 BauGB geschaffen, um Gartenbaubetriebe vom Erfordernis gem. § 35 I Nr. 1 BauGB auszunehmen, nach dem das Vorhaben nur einen untergeordneten Teil der Betriebsfläche einnehmen darf. Daher sind gem. § 35 I Nr. 2 BauGB bspw. Gewächshäuser zulässig, auch wenn sie – wie bei Gartenbaubetrieben typisch – einen Großteil der Betriebsfläche einnehmen.

[730] BVerwGE 26, 121.
[731] BVerwG BauR 2005, 1136.
[732] BVerwG NVwZ 2009, 918 Rn. 21.
[733] BVerwG NVwZ-RR 1992, 400 (401).
[734] BVerwGE 41, 138 (140).
[735] BVerwG NVwZ 2009, 918 Rn. 21.
[736] BVerwGE 41, 138 (141).
[737] BVerwGE 41, 138 (142).
[738] *Stollmann/Beaucamp*, ÖffBauR, § 17 Rn. 19.

3. Ortsgebundene Infrastrukturvorhaben und Gewerbe (§ 35 I Nr. 3 BauGB)

§ 35 I Nr. 3 BauGB privilegiert Vorhaben, die der öffentlichen Versorgung mit Elektrizität, Gas, Telekommunikationsdienstleistungen, Wärme und Wasser, der Abwasserwirtschaft oder einem ortsgebundenen gewerblichen Betrieb dienen. Damit fasst Nr. 3 zwei Fallgruppen zusammen: zum einen **Infrastrukturvorhaben,** bei denen das grundsätzliche Bauverbot im Außenbereich wegen öffentlicher Interessen durchbrochen wird (Var. 1–6), und zum anderen **ortsgebundene gewerbliche Vorhaben,** bei denen dies aus privaten Interessen der Fall ist (Var. 7). 412

Der Begriff der **öffentlichen Versorgung** entspricht der „Versorgung der Allgemeinheit" in § 1 I EnWG.[739] Entscheidend ist, dass die Anlage nicht lediglich zur Versorgung eines Einzelnen für dessen Eigenbetrieb bestimmt ist. Dass sie gewerblichen Zwecken dient, schließt eine „öffentliche Versorgung" daher nicht aus.

Beispiele für Vorhaben der öffentlichen Versorgung mit Elektrizität (Var. 1): Kraftwerke und Strommasten; mit Gas (Var. 2): Gasleitungen; mit Telekommunikationsdienstleistungen (Var. 3): Mobilfunkmasten; mit Wärme (Var. 4): Kraftwerke und Fernwärmeleitungen; mit Wasser (Var. 5): Talsperren, Wasserspeicher, Wasserleitungen; Abwasserwirtschaft (Var. 6): Kläranlagen, Abwasserleitungen

Wichtig ist Folgendes: Obwohl das Gesetz die **Voraussetzung der Ortsgebundenheit** nur in § 35 I Nr. 3 Var. 7 BauGB für gewerbliche Betriebe nennt, verlangt die Rspr. sie – in allenfalls graduell abgeschwächter Form – auch bei den anderen Varianten des § 35 I Nr. 3 BauGB.[740] 413

Ortsgebunden ist eine Anlage, wenn sie nach ihrem Gegenstand und ihrem Wesen ausschließlich an der fraglichen Stelle betrieben werden kann.[741] 414

Erforderlich ist, dass die Anlage auf die geographische oder die geologische Eigenart der Stelle angewiesen ist, weil sie an einem anderen Ort ihren Zweck verfehlen würde. Daran fehlt es, „wenn der Standort im Vergleich mit anderen Standorten zwar Lagevorteile bietet, das Vorhaben aber nicht damit steht und fällt, ob es hier und so und nirgendwo anders ausgeführt werden kann".[742] 415

Praktisch wichtig und prüfungsrelevant ist, dass das BVerwG **das Kriterium der Ortsgebundenheit bei Mobilfunkanlagen** in besonderer Art und Weise auslegt: Eine Mobilfunkanlage etwa, die u.a. aus einem 30 m hohen Stahlgittermast mit zwei Plattformen besteht, ist ein Vorhaben, das der öffentlichen Versorgung mit Telekommunikationsdienstleistungen dient (§ 35 I Nr. 3 Var. 3 BauGB).[743] Sie muss aber auch ortsgebunden sein. „Ortsgebunden ist ein Gewerbe nur dann, wenn es nach seinem Gegenstand und seinem Wesen ausschließlich an der fraglichen Stelle betrieben werden kann. Erforderlich ist hierfür, dass der Betrieb auf die geografische oder die geologische Eigenart der Stelle angewiesen ist, weil er an einem anderen Ort seinen Zweck verfehlen würde".[744] 416

[739] Energiewirtschaftsgesetz; Schrödter/*Rieger,* § 35 Rn. 40.
[740] BVerwGE 147, 37 Rn. 11; 96, 95/98; BKL/*Mitschang/Reidt,* § 35 Rn. 28.
[741] BVerwGE 96, 95 (98); SaarlOVG NVwZ-RR 2019, 763 Rn. 16.
[742] BVerwGE 96, 95 (98).
[743] BVerwGE 147, 37 Rn. 10.
[744] BVerwG 147, 37 Rn. 11.

Das BVerwG hält es indes für erforderlich, diese **Grundsätze für Mobilfunksendeanlagen zu modifizieren**, weil diese Teil eines aus vielen Waben bestehenden Mobilfunknetzes sind.[745] „Dabei sind die Standorte so zu wählen, dass sie eine Versorgung der Flächenzelle [...] gewährleisten, ohne benachbarte Flächenzellen zu stören. [...] In der Regel kommt [...] aber nicht nur ein ganz konkreter Standort in Betracht; vielmehr können auf Grund der **Wabenstruktur des Mobilfunknetzes** regelmäßig mehrere Standorte [...] geeignet sein. [...] Die Besonderheit von Mobilfunksendeanlagen liegt also darin, dass sie [...] zwar in einem bestimmten Gebiet errichtet werden müssen, innerhalb dieses Bereichs aber regelmäßig mehrere Standorte in Betracht kommen. [...] Würde am Merkmal der ‚Ortsgebundenheit' im herkömmlichen Sinn festgehalten, fielen Mobilfunksendeanlagen regelmäßig aus dem Anwendungsbereich des § 35 I Nr. 3 Var. 3 BauGB heraus, weil sie keiner Bindung an einen bestimmten Standort unterliegen. Sie sind nicht orts-, sondern lediglich raum- bzw. gebietsgebunden."

Das Merkmal der „Ortsgebundenheit" ist daher bei einer Mobilfunksendeanlage bereits dann erfüllt, wenn diese an einem funktechnisch hierfür geeigneten Standort im Außenbereich errichtet werden soll, um das Angebot an Telekommunikationsdienstleistungen zu verbessern, etwa weil durch sie eine bestehende Versorgungslücke geschlossen werden soll. Es genügt mithin eine **Raum- bzw. Gebietsgebundenheit,** die durch eine entsprechende **Standortanalyse** des Vorhabenträgers nachzuweisen ist.[746]

Dem Gebot der größtmöglichen Schonung des Außenbereichs genügt dies allerdings nur, wenn zusätzlich eine Art **Verhältnismäßigkeitsprüfung** erfolgt.[747] Danach kann die Ortsgebundenheit nur dann bejaht werden, wenn – neben der Raum- bzw. Gebietsgebundenheit des Vorhabens – dem Bauherrn ein Ausweichen auf einen nach der von ihm im Genehmigungsverfahren vorzulegenden Standortanalyse ebenfalls geeigneten Standort im Innenbereich (§ 34 BauGB) nicht zumutbar ist. Dies ist dann anzunehmen, wenn geeignete Innenbereichsstandorte aus tatsächlichen oder rechtlichen Gründen nicht zur Verfügung stehen. Zu den rechtlichen Gründen, die ein Ausweichen auf einen Innenbereichsstandort unzumutbar machen, gehört auch, dass der Bauherr zivilrechtlich nicht über funktechnisch geeignete Innenbereichsgrundstücke verfügen kann.[748]

4. Auffangtatbestand für außenbereichsgebundene Vorhaben (§ 35 I Nr. 4 BauGB)

417 § 35 I Nr. 4 BauGB ist ein generalklauselartiger Auffangtatbestand für Vorhaben, die von § 35 I Nr. 1–3, 5 und 6 BauGB nicht erfasst werden, nach den Grundsätzen städtebaulicher Ordnung aber sinnvoll nur im Außenbereich ausgeführt werden können, weil sie zur Erreichung des mit ihnen verfolgten Zwecks auf einen Standort außerhalb der im Zusammenhang bebauten Ortsteile angewiesen sind.[749] Ein Vorhaben ist danach privilegiert, wenn es aus einem der in Nr. 4 genannten drei Gründe in keinem anderen Baugebiet als dem Außenbereich Platz findet und deshalb dort ausgeführt werden muss.

§ 35 I Nr. 4 BauGB ist **eng auszulegen**, weil der Außenbereich in der ihm vor-nehmlich zukommenden Funktion, der Land- und Forstwirtschaft sowie der Erholung für die Allgemeinheit zur Verfügung zu stehen, nur so vor unangemessener Inanspruchnahme geschützt werden kann.[750] Das Tatbestandsmerkmal des „Sollens" setzt demgemäß für alle Varianten eine

[745] BVerwGE 147, 37 Rn. 12.
[746] BVerwGE 147, 37 Rn. 13.
[747] BVerwGE 147, 37 Rn. 14.
[748] BVerwGE 147, 37 Rn. 16.
[749] BVerwGE 96, 95 (103).
[750] BVerwGE 96, 95 (103).

Wertung voraus, ob nach Lage der Dinge das Vorhaben wegen seiner Zweckbestimmung hier und so sachgerecht nur im Außenbereich untergebracht werden kann.[751]

Ein Vorhaben i.S.d. § 35 I Nr. 4 BauGB soll nur dann „nur im Außenbereich ausgeführt werden", wenn es nicht auch im Innenbereich gem. § 34 BauGB oder im Geltungsbereich eines Bebauungsplans gem. § 30 BauGB ausgeführt werden kann. Ob diese Alternativen bestehen, ist nicht aufgrund einer abstrakten Betrachtung von Innenbereichen „im Allgemeinen" zu beurteilen, sondern anhand der Beschaffenheit des Innenbereichs „hier und so", also der konkret betroffenen Gemeinde.[752] 418

Entscheidend ist, ob das Vorhaben in der betroffenen Gemeinde in einem Gebiet nach §§ 30, 34 BauGB oder im Fall der Aufstellung eines hierfür in Betracht kommenden Bebauungsplans ggf. nach § 33 BauGB zugelassen werden kann. Aus dem Verhältnismäßigkeitsgrundsatz ergibt sich allerdings, dass der Vorhabenträger nur auf ihm zumutbare Alternativgrundstücke im Innenbereich verwiesen werden darf, was etwa dann nicht der Fall ist, wenn dort Grundstücke *de facto* nicht zu angemessenen Bedingungen zur Verfügung stehen.[753]

Die erste Variante des § 35 I Nr. 4 BauGB betrifft Vorhaben, die **wegen ihrer besonderen Anforderungen an die Umgebung** nur im Außenbereich ausgeführt werden sollen. Dies meint Vorhaben, die ihre Funktion nur im Zusammenhang mit bestimmten Eigenschaften der Umgebung erfüllen können, die im beplanten bzw. bebauten Bereich nicht vorzufinden sind. 419

Beispiele: Aussichtstürme, Freilichttheater, Wetterstationen

Die zweite Variante erfasst Vorhaben, die wegen ihrer **nachteiligen Wirkung auf die Umgebung** nur im Außenbereich ausgeführt werden sollen. Dies kann bspw. auf Emissionen oder der Gefährlichkeit des Vorhabens beruhen. 420

Bspe.: Anlagen zur Vergärung und Kompostierung von Bioabfällen, Tierkörperbeseitigungsanstalten, Zementfabriken, Sprengstofffabriken und Sprengstofflager

Die dritte Variante bezieht sich auf Vorhaben, die wegen ihrer **besonderen Zweckbestimmung** nur im Außenbereich ausgeführt werden sollen. Dies schließt u.a. Vorhaben ein, die der Funktion des Außenbereichs als Erholungslandschaft entsprechen und der Allgemeinheit zur Verfügung stehen. Ausgeschlossen sind daher Vorhaben, die nicht der Allgemeinheit zur Verfügung stehen oder der Gewinnerzielung dienen. 421

Bspe.: Öffentliche Berg- und Skihütten, Badehütten, Grillhütten; **nicht** hingegen (im Regelfall): private Wochenendhäuser, Gaststätten, Motels, Campingplätze

Nicht mehr von § 35 I Nr. 4 BauGB erfasst sind seit 2013 die Errichtung, Änderung oder Erweiterung einer baulichen Anlage zur Tierhaltung, die dem Anwendungsbereich des § 35 I Nr. 1 BauGB nicht unterfällt und die einer Pflicht zur Durchführung einer standortbezogenen oder allgemeinen Vorprüfung oder einer UVP nach dem UVPG unterliegt. Dies betrifft allerdings nicht die bloße Nutzungsänderung bestehender Anlagen.[754] 422

Hintergrund der Gesetzesänderung war die Zunahme industriell (also nicht landwirtschaftlich) betriebener **Massentierhaltungsbetriebe** im Außenbereich. Der Gesetzgeber wollte die hierfür potentiell einschlägige Privilegierung u.a. angesichts der Emissionen auf solche Be-

---

[751] Vgl. BVerwGE 96, 95 (104 f.); BayVGH NVwZ 2013, 311 (311 f.).
[752] BVerwGE 163, 313 Rn. 14 = NVwZ 2019, 243.
[753] BVerwGE 163, 313 Rn. 16, 18 = NVwZ 2019, 243; 147, 37 Rn. 16.
[754] BT-Drs. 17/11468, S. 14.

triebe begrenzen, die keiner UVP-(vorprüfungs-) Pflicht nach §§ 3a ff. UVPG unterliegen.[755] Gewerbliche Tierhaltungsanlagen, die keiner UVP-(vorprüfungs-)Pflicht unterliegen, sind also nach wie vor gem. § 35 I Nr. 4 BauGB privilegiert.[756] Wie der Gesetzeswortlaut klarstellt, können Tierhaltungsbetriebe im Übrigen weiterhin nach § 35 I Nr. 1 BauGB privilegiert sein, müssen dafür allerdings landwirtschaftlich (nicht industriell) betrieben werden.[757]

5. Wind- und Wasserenergie (§ 35 I Nr. 5 BauGB)

423 § 35 I Nr. 5 BauGB privilegiert Vorhaben, die der Erforschung, Entwicklung oder Nutzung von Wind- oder Wasserenergie dienen. Es handelt sich nicht um eine abschließende Regelung. Windenergieanlagen können z.B. auch § 35 I Nr. 1 BauGB unterfallen, wenn sie einem landwirtschaftlichen Betrieb dienen,[758] Wasserenergieanlagen insbes. auch § 35 I Nr. 3 BauGB.

Beispiele: Windräder zur Elektrizitätsgewinnung; Wasserkraftwerke einschließlich Pumpspeicheranlagen, die in Zeiten schwächerer Stromnachfrage Wasser aus einem tiefer liegenden Gewässer in ein höher gelegenes pumpen.

424 Gemeinden können die nach § 35 I Nr. 5 BauGB privilegiert zulässige Errichtung der für die **Energiewende** in Deutschland zentralen, aber mit verschiedenen negativen Effekten verbundenen **Windkraftanlagen** in bestimmten Gebieten ihres Außenbereichs konzentrieren, indem sie für diese im Flächennutzungsplan sog. **Konzentrationszonen** ausweisen.[759] Rechtsfolge einer solchen ist nämlich gem. § 35 III 3 BauGB, dass der Errichtung derartiger Anlagen im Gemeindegebiet außerhalb der Konzentrationszone dann in der Regel öffentliche Belange entgegenstehen, die Errichtung dort also unzulässig ist. Mit der positiven Standortentscheidung für eine Konzentrationszone korrespondiert also eine negative Verhinderungsentscheidung außerhalb derselben. § 35 III 3 BauGB erfasst dabei allerdings nur Vorhaben gem. § 35 I Nr. 2–6 BauGB, also nicht Windkraftanlagen, die einem landwirtschaftlichen Betrieb dienen. Diese sind auch außerhalb von Konzentrationszonen zulässig.

Mit der Klimaschutznovelle 2011 hat der Gesetzgeber **§ 249 BauGB** erlassen, um ein **Repowering,** d.h. die Ersetzung älterer Windenergieanlagen durch leistungsfähigere Anlagen, vorzugsweise in Windparks, baurechtlich abzusichern. Aus dem leider unklar formulierten § 249 I 1 BauGB folgt dabei u.a., dass die Ausweisung *zusätzlicher* Flächen für Windenergieanlagen im Flächennutzungsplan nicht dazu führt, dass die aufgrund bereits *vorhandener* Ausweisungen von Konzentrationszonen gem. § 35 III 3 BauGB geltende Ausschlusswirkung für Windenergieanlagen in Frage gestellt würde.[760] Damit sollte Bedenken der Gemeinden Rechnung getragen werden, durch bauleitplanerische Änderungen für ein Repowering die Gefahr heraufzubeschwören, dass vorhandene Flächen einer gerichtlichen Prüfung unterzogen und damit wieder infrage gestellt werden könnten.[761] Gem. § 249 II 1 BauGB kann festgesetzt werden, dass die in einem Bebauungsplan neu festgesetzten Windenergieanlagen nur zulässig sind, wenn sichergestellt ist, dass andere im Bebauungsplan bezeichnete Windenergieanlagen zurückgebaut werden.

---

[755] BT-Drs. 17/11468, S. 14.
[756] BVerwGE 163, 313 Rn. 12 = NVwZ 2019, 243.
[757] Dazu oben Rn. 406 ff. sowie *Arnold,* NVwZ 2017, 497 (498).
[758] BVerwG ZfBR 2009, 149.
[759] Dazu bereits oben Rn. 45; näher: *Will,* ÖffBauR, 2. Aufl. 2022, Rn. 516.
[760] Näher BeckOK BauGB/*Söfker,* § 249 Rn. 2 ff.; *Osing,* NVwZ 2020, 749.
[761] Vgl. BT-Drs. 17/6076, S. 12 f.; *Osing,* NVwZ 2020, 749 (750).

Nach dem 2020 neu gefassten § **249 III 1, 2 BauGB**[762] können die Länder durch Landesgesetz bestimmen, dass § 35 I Nr. 5 BauGB auf Vorhaben, die der Erforschung, Entwicklung oder Nutzung der Windenergie dienen, nur Anwendung findet, wenn sie bestimmte **Mindestabstände** von nunmehr maximal 1.000 m zu den im Landesgesetz bezeichneten zulässigen baulichen Nutzungen zu Wohnzwecken einhalten. 425

Auf Druck Bayerns, dessen strenge 10H-Mindestabstandsregel gem. Art. 82 I BayBO den Windkraftausbau maßgeblich zum Erliegen gebracht hat, ist in § 249 III 4 BauGB eine Regelung integriert worden, nach der auf Grundlage von § 249 III BauGB a.F. erlassene Landesgesetze fortgelten. Seit dem Wechsel der Bundesregierung im Dezember 2021 schlägt das regulatorische Pendel allerdings in die Gegenrichtung aus: Aufgrund der Priorisierung der Klimaziele und der dafür erforderlichen **Energiewende** mit dem Ziel, statt aktuell 0,8 % zukünftig 2 % der Bundesfläche für Windenergie zu nutzen, entstehen im Moment einschneidende Neuregelungen.[763] Der Ukrainekrieg seit 24.2.2022 hat die Dringlichkeit des Ausbaus erneuerbarer Energien weiter erhöht. Nachdem im April 2022 so etwa eine Reduzierung des Mindestabstands von Windenergieanlagen zu Radaranlagen angestoßen wurde, haben die Regierungsfraktionen am 21.6.2022 den Entwurf eines „Gesetzes zur Erhöhung und Beschleunigung des Ausbaus von Windenergieanlagen an Land" mit weitreichenden Änderungen im Bundestag eingebracht (BT-Drs. 20/2355). Das darin enthaltene **Windenergieflächenbedarfsgesetz** schreibt jedem Bundesland individuelle Flächenziele (Flächenbeitragswerte) für den Ausbau der Windenergie an Land vor, für Hessen etwa bis 31.12.2026 1,8 % und bis 31.12.2032 2,2 % der Landesfläche.[764] Die Zulassung von Windenergieanlagen soll zur Erreichung dieser Ziele auf eine Positivplanung umgestellt werden, bei der solche Anlagen (nur) in dafür eigens planerisch ausgewiesenen Gebieten privilegiert zulässig sind, wenn die Länder die Flächenziele zum jeweiligen Stichtag erreichen.[765] Werden diese Ziele verfehlt, lebt indes die Privilegierung im gesamten Außenbereich wieder auf, bis die Flächenziele erreicht sind.[766] § 249 BauGB soll im Übrigen so geändert werden, dass die Länder keine neuen Mindestabstandsregelungen für Windkraftanlagen erlassen dürfen, existierende Regelungen aber grds. bestehen bleiben. Verfehlt allerdings ein Bundesland seine Flächenbeitragswerte, sind seine Abstandsregelungen nicht mehr anwendbar.[767]

6. Energetische Nutzung von Biomasse (§ 35 I Nr. 6 BauGB)

§ 35 I Nr. 6 BauGB privilegiert Vorhaben, die der energetischen Nutzung von Biomasse im Rahmen eines land- oder forstwirtschaftlichen bzw. gartenbaulichen Betriebs oder eines Betriebs nach § 35 I Nr. 4 BauGB, der Tierhaltung betreibt, sowie dem Anschluss solcher Anlagen an das öffentliche Versorgungsnetz dienen. Dabei wird in der Regel aus der im Betrieb erzeugten Biomasse Gas erzeugt, das dann energetisch verwendet wird. 426

7. Kerntechnische Anlagen (§ 35 I Nr. 7 BauGB)

§ 35 I Nr. 7 HS 1 BauGB privilegiert Vorhaben, die der Erforschung, Entwicklung oder Nutzung der Kernenergie zu friedlichen Zwecken oder der Entsorgung radioaktiver Abfälle dienen. Ausgenommen ist seit 2011 jedoch gem. § 35 I Nr. 7 HS 2 BauGB die Neuerrichtung von Anlagen zur Spaltung von Kernbrennstoffen zur gewerblichen Erzeugung von Elektrizität. 427

---

[762] M.W.v. 14.8.2020 durch Gesetz v. 8.8.2020 (BGBl. I S. 1728).
[763] Näher zum Ganzen: *Will,* ÖffBauR, 2. Aufl. 2022, Rn. 519.
[764] Anlage 1 zu § 3 Abs. 1 WindenergieflächenbedarfsG (BT-Drs. 20/2355, S. 8).
[765] § 249 I, II BauGB (n.F.) i.V.m. §§ 3 f. WindenergieflächenbedarfsG (BT-Drs. 20/2355).
[766] § 249 VII 1 i.V.m. II BauGB (n.F.) (BT-Drs. 20/2355).
[767] Vgl. den geplanten § 249 VII 2 i.V.m. III BauGB n.F. (BT-Drs. 20/2355).

Beispiele: Privilegiert sind etwa Zwischen- und Endlager für radioaktive Abfälle.

8. Solarenergienutzung auf Dachflächen etc. (§ 35 I Nr. 8 BauGB)

428 Der 2011 eingefügte § 35 I Nr. 8 BauGB privilegiert Vorhaben, die der Nutzung solarer Strahlungsenergie in, an und auf Dach- und Außenwandflächen von **zulässigerweise genutzten** Gebäuden dienen.

Dies umfasst photovoltaische Anlagen (Stromerzeugung) und solarthermische Anlagen (Warmwasserbereitung etc.). Die Privilegierung gilt wie auch bei § 35 I Nr. 5 und 6 BauGB unabhängig davon, ob die erzeugte Energie verbraucht oder in ein öffentliches Netz eingespeist wird.[768] Gem. § 35 I Nr. 8 HS 2 BauGB muss die Anlage dem Gebäude baulich, d.h. räumlich-gegenständlich, untergeordnet sein. Daraus folgt z.B., dass die Anlage nicht über die Dach- bzw. Wandfläche des Gebäudes hinausragen darf.[769] Die Baugenehmigungen für Gebäude und Solaranlage können auch gleichzeitig beantragt werden. Zu beachten ist aber, dass das Gebäude auch für sich betrachtet im Außenbereich genehmigungsfähig sein muss. Aus § 35 I Nr. 8 BauGB kann also nicht etwa mittelbar die Zulässigkeit des Gebäudes im Außenbereich hergeleitet werden.[770]

IV. Zulässigkeit sonstiger Vorhaben (§ 35 II BauGB)

429 Alle nicht gem. § 35 I BauGB privilegierten Vorhaben sind „sonstige Vorhaben“ i.S.d. § 35 II BauGB. Diese können im Außenbereich gem. § 35 II BauGB nur im Einzelfall zugelassen werden, wenn ihre Ausführung oder Benutzung öffentliche Belange nicht „beeinträchtigt“ und die Erschließung gesichert ist. Eine Beeinträchtigung öffentlicher Belange i.S.d. § 35 II BauGB ist wesentlich niedrigschwelliger gegeben als deren „Entgegenstehen“ i.S.d. § 35 I BauGB.[771] Im Ergebnis liegt regelmäßig eine solche Beeinträchtigung vor, da der Außenbereich grds. von Bebauung freigehalten werden soll.

Wenn allerdings ausnahmsweise keine öffentlichen Belange beeinträchtigt sind, folgt aus dem Eigentumsgrundrecht des Art. 14 I GG – trotz der fälschlich auf eine Ermesseneinräumung hindeutenden Gesetzessprache („können“) – **ein Anspruch (subjektives öffentliches Recht) auf Genehmigung des Vorhabens gem. § 35 II BauGB.**[772]

V. Abwägung mit betroffenen öffentlichen Belangen (§ 35 I, II, III BauGB)

430 Ein privilegiertes Vorhaben ist gem. § 35 I BauGB zulässig, wenn ihm öffentliche Belange nicht „entgegenstehen“, ein sonstiges Vorhaben gem. § 35 II BauGB (nur) dann, wenn es öffentliche Belange nicht „beeinträchtigt“. Daher sind sowohl bei § 35 I BauGB als auch bei § 35 II BauGB öffentliche Belange, welche das Vorhaben an seinem Standort berührt, zu ermitteln, zu gewichten und mit dem Vorhaben abzuwägen.

431 Wie die Abwägung konkret vorzunehmen ist und zu welchen Ergebnissen sie führt, unterscheidet sich dann aber wesentlich voneinander, je nachdem, ob es sich um ein privilegiertes oder um ein sonstiges Vorhaben handelt: Die Entscheidung des Gesetzgebers,

[768] BT-Drs. 17/6076, S. 10.
[769] BT-Drs. 17/6076, S. 10.
[770] BKL/*Mitschang/Reidt,* § 35 Rn. 60.
[771] Dazu sogleich unten Rn. 430 ff.
[772] BVerwGE 18, 247 (250 f.), st. Rspr.

privilegierte Vorhaben grds. dem Außenbereich zuzuweisen, führt nämlich dazu, dass diese sich regelmäßig gegenüber den öffentlichen Belangen durchsetzen. In dieser erhöhten Durchsetzbarkeit gegenüber öffentlichen Belangen liegt gerade wesentlich die Privilegierung der in § 35 I BauGB genannten Vorhaben im Vergleich zu sonstigen Vorhaben i.S.d. § 35 II BauGB.

Ein öffentlicher Belang **steht einem Vorhaben i.S.d. § 35 I BauGB daher nur dann entgegen** und führt damit zu dessen Unzulässigkeit, wenn er auch unter Berücksichtigung der generellen Privilegierung des Vorhabens im Außenbereich aufgrund einer umfassenden Abwägung so gewichtig ist, dass das Interesse an seiner Durchsetzung das Interesse an der Zulassung des Vorhabens überwiegt.[773] 432

Die bei den sonstigen Vorhaben gem. § 35 II BauGB zu prüfende „Beeinträchtigung" öffentlicher Belange ist – wie bereits erwähnt – wesentlich leichter zu bejahen als deren „Entgegenstehen" i.S.d. § 35 I BauGB: 433

Ob und inwieweit eine **Beeinträchtigung** öffentlicher Belange vorliegt, ergibt sich insbes. aus der Anwendung des § 35 III BauGB und den dort bezeichneten öffentlichen Belangen.[774]

§ 35 III BauGB nennt die wichtigsten („insbesondere") öffentlichen Belange, die im Rahmen von § 35 I, II BauGB relevant sind. § 35 III BauGB soll die Außenbereichsverträglichkeit von Vorhaben sicherstellen.[775] 434

Daher sind neben den dort genannten Belangen auch sonstige öffentliche Belange rechtserheblich, sofern sie ein ähnliches, wenn nicht stärkeres Gewicht als die benannten Belange besitzen und vom Leitgedanken einer geordneten städtebaulichen Entwicklung unter Berücksichtigung der konkreten örtlichen Verhältnisse mitumfasst sind.[776] Welche sonstigen öffentlichen Belange relevant sind, ist somit eine Frage des Einzelfalls.[777] Rechtserheblich sind aber nur die hinter den in § 35 III 1 BauGB beispielhaft aufgeführten Belangen stehenden öffentlichen Zwecke.[778]

Bei der Anwendung von § 35 III BauGB ist zu berücksichtigen, dass dieser auf den für sonstige Vorhaben geltenden § 35 II BauGB zugeschnitten ist. Dessen ungeachtet kann auch für die Abwägung gem. § 35 I BauGB („entgegenstehen") grds. auf die Belange des § 35 III BauGB zurückgegriffen werden, ohne dass diese Liste abschließend wäre.

1. Widerspruch zu Darstellungen des Flächennutzungsplans (§ 35 III 1 Nr. 1 BauGB)

Sonstige Vorhaben beeinträchtigen öffentliche Belange i.S.d. § 35 II BauGB, wenn das Vorhaben gem. § 35 III 1 Nr. 1 BauGB den Darstellungen des Flächennutzungsplans widerspricht. 435

---

[773] *Ibler*, Öffentliches Baurecht, 2006, S. 8.
[774] *Söfker*, in: BeckOK BauGB, § 35 Rn. 57.
[775] BVerwGE 156, 148 Rn. 19; BVerwG NVwZ 2021, 1075 Rn. 5.
[776] BVerwG NVwZ 2021, 1075 Rn. 5.
[777] BVerwG NVwZ 2021, 1075 Rn. 6.
[778] BVerwGE 156, 148 Rn. 19 = NVwZ 2017, 160.

436 **Privilegierten Vorhaben** steht dieser öffentliche Belang hingegen nur dann i.S.d. § 35 I BauGB entgegen, wenn der Flächennutzungsplan eine sachlich und räumlich eindeutige, der Zulässigkeit des Vorhabens entgegenstehende standortbezogene Aussage enthält, die insofern gewichtiger ist als die grds. Privilegierung des Vorhabens.[779] Eine solche konkrete standortbezogene Aussage des Flächennutzungsplans kann insbes. darin liegen, dass er den für das Vorhaben vorgesehenen Standort als Fläche für eine andere Nutzung darstellt, diesen Standort also qualifiziert „anderweitig verplant".[780]

Bsp.: Eine Darstellung von Flächen für die Land- oder Forstwirtschaft im Flächennutzungsplan ist im Allgemeinen keine hinreichend qualifizierte Zuweisung, da sie dem Außenbereich nur die ihm ohnehin primär zukommende Funktion zuweist.[781]

2. Widerspruch zu Darstellungen von Fachplänen (§ 35 III 1 Nr. 2 BauGB)

437 Eine Beeinträchtigung öffentlicher Belange i.S.d. § 35 II BauGB ist auch gegeben, wenn das Vorhaben gem. § 35 III 1 Nr. 2 BauGB den Darstellungen eines Landschafts- oder sonstigen Plans, insbes. des Wasser-, Abfall- oder Immissionsschutzrechts, widerspricht.[782] Die entsprechenden Pläne müssen auf gesetzlicher Grundlage von den jeweils zuständigen Stellen im einschlägigen Verfahren ordnungsgemäß aufgestellt worden sein.

3. Schädliche Umwelteinwirkungen (§ 35 III 1 Nr. 3 BauGB)

438 Nach dem wichtigen § 35 III 1 Nr. 3 BauGB beeinträchtigt ein Vorhaben öffentliche Belange, wenn es schädliche Umwelteinwirkungen hervorrufen kann oder solchen ausgesetzt wird. **Schädliche Umwelteinwirkungen** sind nach dem hier anwendbaren **§ 3 I BImSchG**[783] Immissionen, die nach Art, Ausmaß oder Dauer geeignet sind, Gefahren, erhebliche Nachteile oder erhebliche Belästigungen für die Allgemeinheit oder die Nachbarschaft herbeizuführen. Solche Umwelteinwirkungen sind den Betroffenen grds. nicht zumutbar.[784] Nach der Rspr. des BVerwG ist § 35 III 1 Nr. 3 BauGB eine gesetzliche Ausformung des allgemeinen baurechtlichen **Rücksichtnahmegebotes** für eine besondere Konfliktsituation.[785] Wo genau die **Grenze der Zumutbarkeit** liegt, hängt von den Umständen des Einzelfalls ab und ist aufgrund einer umfassenden Abwägung zu ermitteln.

Die **Zumutbarkeitsschwelle** kann allerdings durch Gesetz, Rechtsverordnung oder auch durch normkonkretisierende Verwaltungsvorschriften wie insbes. die **TA-Lärm** und die **TA-Luft** verbindlich bestimmt sein.[786] Die von der Bund/Länder-Arbeitsgemeinschaft Immissionsschutz erstellte **Geruchsimmissionsrichtline (GIRL)** ist hingegen – unabhängig davon, ob sie vom betreffenden Land als Verwaltungsvorschrift übernommen worden ist (was viele Länder getan haben) –, nicht wie die TA-Lärm und die TA-Luft als **normkonkretisierende Verwaltungsvorschrift** für die Gerichte bindend,[787] sondern – wie das BVerwG betont – nur als **Orientierungshilfe** zu berücksichtigen.[788] Auch aus privatwirtschaftlich formulierten Regelwerken zur Standardisierung wie der VDI-Richtlinie 3849 Blatt 1 und 2 (Emissionen und

---

[779] BVerwGE 68, 311 (315).
[780] BVerwG NVwZ 1998, 960.
[781] BVerwGE 68, 311 (315 f.).
[782] Näher dazu: *Will*, ÖffBauR in Hessen, 2016, Rn. 451.
[783] BVerwGE 52, 122 (126).
[784] BVerwGE 52, 122 (126 f.).
[785] Vgl. etwa BVerwGE 159, 187 Rn. 11.
[786] Vgl. BVerwGE 145, 145 Rn. 17 ff.; 164, 74 Rn. 20 = NVwZ 2019, 491.
[787] Zu normkonkretisierenden Verwaltungsvorschr.: *Will*, AllgVwR, 2. Aufl. 2022, Nr. 621 ff.
[788] BVerwGE 159, 187 Rn. 15; vgl. auch BVerwGE 141, 293 Rn. 22.

Immissionen aus Tierhaltungsanlagen) können sich solche Orientierungshilfen ergeben.[789] Wie bei der GIRL sind für die Bestimmung der Zumutbarkeitsgrenze hier aber am Ende stets die einer umfassenden Würdigung zu unterziehenden konkreten Umstände des Einzelfalls entscheidend.[790]

Beispiele:
- Für die Frage, ob die von **Windenergieanlagen** ausgehenden **Schallimmissionen** schädliche Umwelteinwirkungen sind, ist auf die TA-Lärm abzustellen. Für die in BVerwGE 164, 74 in Rede stehenden Anlagen ergab sich daraus etwa konkret, dass der zur Vermeidung schädlicher Umwelteinwirkungen erforderliche Mindestabstand einer Windenergieanlage zu schutzwürdiger Bebauung im Außenbereich 450 m betrug.[791]
- Die bauliche Erweiterung eines Gewerbebetriebs (Zimmerei) im Außenbereich beeinträchtigt nicht schon wegen der mit ihr möglicherweise verbundenen Produktivitätssteigerung öffentliche Belange i.S.d. § 35 III 1 Nr. 3 BauGB.[792]
- Der Betreiber eines nach § 35 I Nr. 4 BauGB privilegierten Untertageerdgasspeichers kann gegen die Wiederaufnahme einer Wohnnutzung in einem ehemals landwirtschaftlichen Wohnhaus im Außenbereich wegen Nichteinhaltung eines Sicherheitsabstands einen Abwehranspruch haben, wenn die Wohnbebauung im Falle eines Störfalls schädlichen Umwelteinwirkungen ausgesetzt wäre.[793]
- Wichtig ist die schon erwähnte gesetzgeberische Wertung in § **22 Ia BImSchG,** wonach Geräuscheinwirkungen, die von **Kindertageseinrichtungen,** Spielplätzen und ähnlichen Einrichtungen wie bspw. Ballspielplätzen von Kindern ausgehen, im Regelfall keine schädlichen Umwelteinwirkungen sind.

4. Unwirtschaftliche Aufwendungen (§ 35 III 1 Nr. 4 BauGB)

Ein Vorhaben beeinträchtigt gem. § 35 III 1 Nr. 4 BauGB öffentliche Belange, wenn es un- 439
wirtschaftliche Aufwendungen für Straßen oder andere Verkehrseinrichtungen, für Anlagen der Versorgung oder Entsorgung, für die Sicherheit oder Gesundheit oder für sonstige Aufgaben erfordert. Gemeint sind Infrastruktureinrichtungen, die über die gem. § 123 I BauGB der Gemeinde obliegende Erschließung hinausgehen.[794] Die Aufwendungen sind unwirtschaftlich, wenn sie im Verhältnis zum angestrebten Zweck unangemessen hoch sind oder wenn sie überwiegend oder allein den Interessen des Vorhabenträgers zugutekommen.[795]

5. Schutz von Natur und Landschaft (§ 35 III 1 Nr. 5 BauGB)

§ 35 III 1 Nr. 5 BauGB nennt verschiedene Aspekte des Natur- und Landschaftsschutzes, 440
den Denkmalschutz sowie das Orts- und Landschaftsbild als öffentliche Belange. Eine Verletzung der natürlichen Eigenart der Landschaft ist nicht nur bei einer der betroffenen Landschaft wesensfremden Bebauung, sondern auch dann gegeben, wenn das Vorhaben einem schutzwürdigen Landschaftsbild **in ästhetischer Hinsicht grob unangemessen** ist.[796]

Eine **Verunstaltung des Orts- und Landschaftsbildes** ist anzunehmen, wenn der für ästhetische Eindrücke offene Betrachter den Gegensatz zwischen dem Vorhaben und dem

---

789 Vgl. EZBK/*Söfker,* § 35 Rn. 88.
790 Vgl. BVerwGE 159, 187 Rn. 15; 141, 293 Rn. 22 = NVwZ 2012, 636.
791 BVerwGE 164, 74 Rn. 20 = NVwZ 2019, 491.
792 BVerwG NVwZ 1991, 64 (65).
793 BVerwG ZfBR 2013, 479; zur heranrückenden Wohnbebauung unten Rn. 630.
794 Schrödter/*Rieger,* § 35 Rn. 125.
795 BVerwG BauR 1972, 222 (224).
796 BVerwG DVBl. 1969, 261.

vorhandenen Orts- und Landschaftsbild als belastend und Unlust erregend empfindet.[797]

Bsp.: Im bereits erwähnten Fall der Errichtung von Mobilfunkmasten im Außenbereich (§ 35 I Nr. 3 Var. 3 BauGB)[798] hat das BVerwG u.a. den öffentlichen Belang des § 35 III 1 Nr. 5 BauGB geprüft und festgestellt, dass eine Verunstaltung des Orts- und Landschaftsbilds vor allem deswegen zweifelhaft war, weil in der Nähe bereits eine Hochspannungsfreileitung verlief. Zudem sollte der Mobilfunkmast mit Gehölzen eingegrünt werden.[799] Dies alles war bei der Abwägung zu berücksichtigen.

6. Beeinträchtigung von Agrarstrukturmaßnahmen etc. (§ 35 III 1 Nr. 6 BauGB)

441 Gem. § 35 III 1 Nr. 6 BauGB liegt eine Beeinträchtigung öffentlicher Belange vor, wenn das Vorhaben Maßnahmen zur Verbesserung der Agrarstruktur beeinträchtigt oder aber die Wasserwirtschaft bzw. den Hochwasserschutz gefährdet. Zu den Maßnahmen zur Verbesserung der Agrarstruktur zählt insbes. die Flurbereinigung, worunter gem. § 1 FlurbG die Neuordnung ländlichen Grundbesitzes zur Verbesserung der Produktions- und Arbeitsbedingungen in der Land- und Forstwirtschaft sowie zur Förderung der allgemeinen Landeskultur und der Landentwicklung zu verstehen ist. Widerspricht der Standort eines Vorhabens dem nach § 58 FlurbG aufgestellten Flurbereinigungsplan oder dem in diesem Plan enthaltenen Wege- und Gewässerplan, stellt dies regelmäßig eine Beeinträchtigung dar.[800]

442 Der öffentliche Belang des Wasserschutzes soll als Auffangtatbestand neben den unabhängig von ihm einschlägigen wasserrechtlichen Vorschriften insbes. des Wasserhaushaltsgesetzes (WHG) ein Mindestmaß an Gewässerschutz sicherstellen.[801] Eine besondere Rolle spielen dabei der Trink- und Grundwasserschutz. Der Aspekt des Hochwasserschutzes spielt demgegenüber inzwischen keine gesteigerte Rolle mehr, da sich dazu im WHG Spezialregelungen finden.[802]

7. Splittersiedlungen (§ 35 III 1 Nr. 7 BauGB)

443 Öffentliche Belange werden gem. § 35 III 1 Nr. 7 BauGB auch beeinträchtigt, wenn das Vorhaben die Entstehung, Verfestigung oder Erweiterung einer Splittersiedlung befürchten lässt. Der Charakter einer Ansiedlung als Splittersiedlung ergibt sich aus dem Gegensatz zum Ortsteil i.S.v. § 34 BauGB.[803]

Die **Splittersiedlung** ist dadurch gekennzeichnet, dass ihr mangels angemessener Baukonzentration das für einen Ortsteil notwendige Gewicht fehlt und sie damit Ausdruck einer **unorganischen Siedlungsstruktur** ist.[804]

444 Eine Splittersiedlung wird daher durch eine zusammenhanglose oder aus anderen Gründen unorganische Streubebauung charakterisiert. Abzustellen ist dabei nicht allein auf Wohnanlagen. Auch andere, z.B. gewerblich genutzte, bauliche Anlagen können eine

[797] Vgl. BVerwGE 2, 172 (177); näher dazu: EZBK/*Söfker*, § 35 Rn. 99 f.
[798] Oben Rn. 416.
[799] BVerwGE 147, 37 Rn. 19.
[800] Schrödter/*Rieger*, § 35 Rn. 147.
[801] BVerwG NVwZ 2001, 1048 (1049 f.).
[802] Näher dazu: *Will*, ÖffBauR, 2. Aufl. 2022, Rn. 537.
[803] Oben Rn. 372 ff.
[804] BVerwG NVwZ 2001, 1282 (1283); siehe auch oben Rn. 372 ff.

Splittersiedlung begründen, wenn sie zumindest dem gelegentlichen Aufenthalt von Menschen dienen.

Bsp.: Eine „Mast mit einem Drehflügelrotor", d.h. eine Windenergieanlage, ist bei § 35 III 1 Nr. 7 BauGB nicht zu berücksichtigen.[805]

Entstehung einer Splittersiedlung meint deren erstmalige Bildung, **Verfestigung** das Auffüllen des bereits in Anspruch genommenen räumlichen Bereichs durch weitere bauliche Anlagen[806] und **Erweiterung** schließlich die Ausdehnung der Siedlung in die bisher unbebaute Landschaft. **445**

Zu beachten ist, dass Splittersiedlungen nach dem BVerwG nicht *per se* zu missbilligen sind. Das Merkmal **„zu befürchten"** ist nur erfüllt, wenn das Vorhaben zu einer **unerwünschten** Splittersiedlung führt.[807] Unerwünscht ist eine Splittersiedlung, wenn mit ihr ein Vorgang der **Zersiedelung** eingeleitet oder gar vollzogen wird.[808] **446**

Bei zusätzlichen Wohnbauten nimmt das BVerwG regelmäßig an, dass die Entstehung oder Erweiterung einer Splittersiedlung einen Vorgang der Zersiedelung darstellt.[809] Für eine Verfestigung gelten hingegen andere Maßstäbe. Dass die Verfestigung einer Splittersiedlung unerwünscht ist, bedarf danach einer näheren Begründung unter Berücksichtigung der Gegebenheiten des Einzelfalles.[810]

Bsp. für eine unerwünschte Verfestigung: Das Vorhaben besitzt eine weitreichende oder doch nicht genau übersehbare Vorbildwirkung, so dass seine Konsequenz sein könnte, dass in nicht verlässlich eingrenzbarer Weise weitere Bauten hinzutreten werden.[811]

8. Funktionsfähigkeit von Funkstellen und Radaranlagen (§ 35 III 1 Nr. 8 BauGB)

Gem. § 35 III 1 Nr. 8 BauGB stellt schließlich die Störung der Funktionsfähigkeit von Funkstellen und Radaranlagen einen öffentlichen Belang dar. **Funkstellen** sind Sende- und Empfangsanlagen, zwischen denen eine nicht leitergebundene elektromagnetische Informationsverbindung stattfinden kann.[812] Der Begriff der **Radaranlage** ist allgemein gehalten und nicht auf Anlagen mit militärischen oder sonstigen spezifischen Zweckbestimmungen beschränkt.[813] Er erfasst daher z.B. auch Wetterradaranlagen. Eine rechtserhebliche **Störung** der Funktionsfähigkeit liegt vor, wenn die Erzielung der durch den Einsatz der Radaranlage erwünschten Ergebnisse verhindert, verschlechtert, verzögert oder spürbar erschwert wird.[814] Nicht jede Beeinflussung der erhobenen Basisdaten stellt also eine Störung i.S.d. § 35 III 1 Nr. 8 BauGB dar. Vielmehr muss die Funktion in einem Maß beeinträchtigt werden, das sich auf die Aufgabenerfüllung auswirkt.[815] **447**

---

[805] BVerwG NJW 1983, 2716 (2717).

[806] BVerwG NVwZ 2001, 1282 (1283).

[807] BVerwGE 54, 73 (76); BVerwG NVwZ 2012, 16311 Rn. 21; BVerwG, Beschl. v. 6.11.2019 – 4 B 52.18, BeckRS 2019, 29638 Rn. 4.

[808] BVerwG NVwZ 2012, 16311 Rn. 21; BVerwG v. 6.11.2019, a.a.O., Rn. 4.

[809] BVerwGE 54, 73 (77).

[810] BVerwGE 54, 73 (78).

[811] BVerwG, Beschl. v. 6.11.2019 – 4 B 52.18, BeckRS 2019, 29638 Rn. 4.

[812] Vgl. § 3 I Nr. 1 FuAG; EZBK/*Söfker*, § 35 Rn. 110a.

[813] BVerwGE 156, 148 Rn. 15 = NVwZ 2017, 160; a.A.: EZBK/*Söfker*, § 35 Rn. 110a; vgl. aber auch *ders.*, a.a.O., § 35 Rn. 58h.

[814] BVerwGE 156, 148 Rn. 17; BayVGH ZUR 2016, 109, LS 2, Rn. 45; BaWüVGH, Beschl. v. 24.4.2017 – 8 S 2085/16, BeckRS 2017, 158254 Rn. 26.

[815] BVerwGE 156, 148 Rn. 17; BayVGH ZUR 2016, 109, LS 2, Rn. 45.

Bsp.: Beeinträchtigt eine Windenergieanlage zwar die Rohdatengewinnung durch eine Wetterradaranlage des Deutschen Wetterdienstes (DWD), aber nicht in einer Weise, welche die Erzielung der durch die Radaranlage erwünschten Ergebnisse spürbar beeinträchtigt, ist die Schwelle zur Störung i.S.d. § 35 III 1 Nr. 8 BauGB nicht überschritten. Wird die Erzielung der Ergebnisse hingegen spürbar erschwert oder verzögert, liegt eine Störung vor.[816]

VI. Außenbereichssatzung (§ 35 VI BauGB)

448 Die Gemeinde kann durch Erlass einer sog. **Außenbereichssatzung** gem. § 35 VI BauGB eine großzügigere Beurteilung sonstiger (nicht privilegierter) Vorhaben, die Wohnzwecken oder ggf. auch kleineren Handwerks- und Gewerbebetrieben dienen, herbeiführen. Die Außenbereichssatzung hat zur Folge, dass den entsprechenden Vorhaben die in § 35 VI 1 BauGB genannten öffentlichen Belange – ein Widerspruch zu einer Darstellung im Flächennutzungsplan über Flächen für die Landwirtschaft oder Wald einerseits und die Befürchtung der Entstehung oder Verfestigung einer Splittersiedlung andererseits – nicht entgegengehalten werden können.

Eine Außenbereichssatzung kann gem. § 35 VI 1 BauGB nur für bebaute Bereiche im Außenbereich, die nicht überwiegend landwirtschaftlich geprägt sind und in denen eine Wohnbebauung von einigem Gewicht vorhanden ist, erlassen werden. Aufgestellt wird sie gem. § 35 VI 5 BauGB im vereinfachten Verfahren.

VII. Bestandsschutz gem. § 35 IV BauGB

1. Grundlagen des passiven und aktiven Bestandsschutzes

449 Im Außenbereich zulässigerweise errichtete bauliche Anlagen genießen einen gewissen **„passiven“ Bestandsschutz** gegen Beseitigungsanordnungen etc., selbst wenn sie als „sonstige Vorhaben“ gem. § 35 II BauGB inzwischen unzulässig wären. Dieser Bestandsschutz ergibt sich **nicht** – wie dies die Rspr. früher annahm – unmittelbar aus Art. 14 I 1 GG, sondern aus der dafür erteilten Baugenehmigung und deren Tatbestandswirkung.

Voraussetzung für den Erlass einer Beseitigungsanordnung gem. § 82 I HBO ist nämlich regelmäßig die formelle und materielle Illegalität der baulichen Anlage.[817] Ist die betreffende Anlage bestandskräftig genehmigt, ist sie formell legal und damit gegen eine Beseitigungsanordnung geschützt.[818]

450 Früher leitete die Rspr. direkt aus Art. 14 I 1 GG auch einen sog. **aktiven Bestandsschutz** ab. Danach war eine Wiederherstellung oder auch begrenzte Erweiterung baulicher Anlagen zulässig, wenn dies für die Beibehaltung oder funktionsgerechte Nutzung bestehender Anlagen erforderlich war.[819] Das BVerwG hat jedoch im Lichte der Rspr. des BVerfG zur Normgeprägtheit des Art. 14 I 1 GG seit 1990 nach und nach von seiner ausufernden Rspr. zum aktiven Bestandsschutz Abstand genommen[820] und diese schließlich 1998 ausdrücklich aufgegeben.[821]

---

[816] Vgl. BVerwGE 156, 148 Rn. 16 ff.; BayVGH ZUR 2016, 109, Rn. 45; BaWüVGH, Beschl. v. 24.4.2017 – 8 S 2085/16, BeckRS 2017, 158254 Rn. 26.
[817] Unten Rn. 649 ff.
[818] Näher dazu *Eiding,* in: Eiding/Ruf/Herrlein, Rn. 341 ff.
[819] KH/*Ewer,* § 25 Rn. 110 ff.
[820] BVerwGE 84, 322 (334); 85, 289 (294); 88, 191 (203).
[821] BVerwGE 106, 228 (233 ff.); näher: *Will,* ÖffBauR, 2. Aufl. 2022, Rn. 546.

2. Wirkungsweise des aktiven Bestandsschutzes gem. § 35 IV BauGB

§ 35 IV BauGB gewährt **begrenzten aktiven Bestandsschutz** im Außenbereich, indem den in § 35 IV Nr. 1–6 BauGB genannten sonstigen Vorhaben i.S.d. § 35 II BauGB bestimmte öffentliche Belange nicht entgegengehalten werden können. Dies bedeutet, dass diese Belange unabhängig von ihrem konkreten Gewicht schlechthin unbeachtlich sind und sie daher vollständig ausgeblendet werden müssen.[822] Gleichzeitig muss das Vorhaben gem. § 35 IV 1 BauGB aber „im Übrigen außenbereichsverträglich" i.S.v. § 35 III BauGB sein. Dies bedeutet, dass **nur** die in § 35 IV BauGB genannten Belange unbeachtlich sind. 451

Den in § 35 IV Nr. 1–6 BauGB genannten Vorhaben kann nicht entgegengehalten werden, dass sie: 452

(1) Darstellungen des Flächennutzungsplans oder eines Landschaftsplans widersprechen (§ 35 III 1 Nr. 1, 2 BauGB),
(2) die natürliche Eigenart der Landschaft beeinträchtigen (§ 35 III 1 Nr. 5 BauGB) oder
(3) die Entstehung, Verfestigung oder Erweiterung einer Splittersiedlung befürchten lassen (§ 35 III 1 Nr. 7 BauGB).

3. Erfasste Vorhaben

a) Vorhaben i.S.d. § 35 IV 1 BauGB

Der umfangreiche § 35 IV 1 BauGB gewährt aktiven Bestandsschutz für die im folgenden Kasten genannten Vorhaben, wobei aber regelmäßig noch weitere im Gesetzestext genannte Voraussetzungen zu erfüllen sind.[823] Meist ist etwa Voraussetzung, dass das ursprüngliche Gebäude **zulässigerweise errichtet** worden ist. Dies ist nach der Rspr. des BVerwG der Fall, wenn es bauaufsichtlich genehmigt worden *oder* zwar ohne Genehmigung, aber in Übereinstimmung mit dem materiellen Baurecht errichtet worden ist.[824] Danach genügt es also, wenn das Gebäude **formell *oder* materiell** legal ist. 453

§ 35 IV 1 BauGB gewährt **aktiven Bestandsschutz** für die 454

(1) Nutzungsänderung von Gebäuden, die ursprünglich errichtet wurden, um einem land- oder forstwirtschaftlichen Betrieb zu dienen (Nr. 1)[825]
(2) Neuerrichtung gleichartiger Wohngebäude an gleicher Stelle (Nr. 2)
(3) alsbaldige Neuerrichtung zulässigerweise errichteter, z.B. durch Brand zerstörter Gebäude an gleicher Stelle (Nr. 3)

„Alsbaldig" meint hier in der Regel die Neuerrichtung innerhalb von zwei Jahren nach Zerstörung.[826]

---

[822] BVerwGE 139, 21 Rn. 10 ff.

[823] Dazu im Einzelnen z.B. *Stollmann/Beaucamp*, ÖffBauR, § 17 Rn. 61 ff.

[824] BVerwGE 107, 264 (266); 155, 390 Rn. 18; BVerwG ZfBR 2014, 375 Rn. 5.

[825] Das BaulandmobilisierungsG hat § 35 IV 1 Nr. 1 BauGB m.W.v. 23.6.2021 dahingehend erweitert, dass dieser nun für alle Gebäude gilt, die ursprünglich (bei Errichtung) eine entsprechende dienende Funktion einnahmen. Dies schließt auch solche Gebäude ein, die bereits eine Nutzungsänderung in eine nicht privilegierte Nutzung erfahren haben; dazu etwa *Scheidler*, NVwZ 2021, 1272 (1273 f.).

(4) Änderung oder Nutzungsänderung erhaltenswerter, das Bild der Kulturlandschaft prägender Gebäude (Nr. 4)

(5) Erweiterung von Wohngebäuden auf bis zu höchstens zwei Wohnungen (Nr. 5)

(6) bauliche Erweiterung zulässigerweise errichteter gewerblicher Betriebe (Nr. 6)

Da diesen Vorhaben gem. § 35 IV BauGB bestimmte öffentliche Belange nicht entgegengehalten werden können, werden sie – anknüpfend an die Formulierung des § 35 I BauGB – auch als **„teilprivilegierte“ Vorhaben** bezeichnet.

b) Vorhaben für Flüchtlinge und Asylbegehrende (§ 246 IX, XIII BauGB)

455 Im Moment ist besonders relevant, dass gem. § 246 IX und XIII BauGB bis zum 31.12.2024 die **Rechtsfolge** des § 35 IV 1 BauGB entsprechend für bestimmte Bauvorhaben für **Flüchtlinge oder Asylbegehrende** gilt.[827]

Den erfassten Vorhaben im Außenbereich kann daher nicht entgegengehalten werden, dass sie Darstellungen des Flächennutzungsplans oder eines Landschaftsplans widersprechen, die natürliche Eigenart der Landschaft beeinträchtigen oder die Entstehung, Verfestigung oder Erweiterung einer Splittersiedlung befürchten lassen.[828] Zu beachten ist dabei nunmehr, dass der im Juni 2021 ergänzte einschränkende **§ 246 XIIIa BauGB** auch für § 246 IX und XIII BauGB gilt: Von diesen darf danach nur Gebrauch gemacht werden, soweit es sich um **dringend benötigte Unterkünfte** handelt, die im Gebiet der Gemeinde, in der sie entstehen sollen, ansonsten nicht oder nicht rechtzeitig bereitgestellt werden können.

I. Gemeindliches Einvernehmen (§ 36 BauGB)

I. Anwendungsbereich von § 36 BauGB

456 Nach § 36 I 1 BauGB hat die Baugenehmigungsbehörde über die Zulässigkeit von Vorhaben nach **§§ 31, 33, 34, 35 BauGB** im bauaufsichtlichen Verfahren im Einvernehmen mit der Gemeinde zu entscheiden.

457 Des gemeindlichen Einvernehmens gem. § 36 I 1 BauGB bedarf es grds., wenn ein Vorhaben nicht allein nach den Vorgaben eines qualifizierten bzw. vorhabenbezogenen Bebauungsplans gem. § 30 I, II BauGB genehmigt wird.

§ 36 BauGB schützt die aus der kommunalen Selbstverwaltungsgarantie gem. Art. 28 II GG, Art. 137 I HV abgeleitete **gemeindliche Planungshoheit.** Dies ist nötig, da die Zulassung von Einzelvorhaben meist durch den Landkreis erfolgt. Im Anwendungsbereich des § 30 I, II BauGB ist der Planungshoheit bereits dadurch Rechnung getragen, dass die Gemeinde im qualifizierten Bebauungsplan detaillierte Vorgaben für das Einzelvorhaben erlassen hat. Da dies jenseits qualifizierter Bebauungspläne nicht der Fall ist, sieht § 36 BauGB eine mitentscheidende Beteiligung der Gemeinde im Genehmigungsverfahren vor. Zudem hat die Gemeinde aufgrund der Beteiligung im Verfahren auch die Möglichkeit, Maßnahmen zur Sicherung der Bauleitplanung (bspw. Veränderungssperre gem. § 14 BauGB) zu ergreifen und

[826] BVerwG NJW 1982, 400.

[827] Näher dazu: *Will*, ÖffBauR, 2. Aufl. 2022, Rn. 551 f.

[828] Vgl. BT-Drs. 18/2752, S. 7.

durch die Aufstellung eines Bebauungsplans die bauplanungsrechtlichen Voraussetzungen proaktiv zu verändern.[829]

In der Praxis können **größere Gemeinden selbst Genehmigungsbehörde** sein. So ist in Hessen gem. § 60 I 1 Nr. 1 lit. a HBO der Gemeindevorstand insbes. in allen kreisfreien Städten und Sonderstatus-Städten gem. § 4a HGO untere Bauaufsichts- und damit gem. § 60 I 3 HBO Baugenehmigungsbehörde.[830] Für kleinere Gemeinden ist gem. § 52 I 1 Nr. 1 lit. b HBO hingegen der Kreisausschuss zuständig. Ist die Gemeinde zuständig, kann sie im Genehmigungsverfahren selbst dafür Sorge tragen, dass nur zulässige Vorhaben genehmigt werden.[831] 458

Ist die Gemeinde Baugenehmigungsbehörde, **entfällt** daher die Verpflichtung, vor Erteilung der Baugenehmigung gem. § 36 BauGB das gemeindliche Einvernehmen einzuholen.[832] 459

Das Einvernehmenserfordernis gilt gem. § 36 I 1 BauGB **im bauaufsichtlichen Verfahren.**[833] Dieses umfasst neben dem Baugenehmigungsverfahren auch die Erteilung eines Bauvorbescheids gem. § 76 HBO, einer Teilbaugenehmigung gem. § 77 HBO und einer Typengenehmigung gem. § 77a HBO nach §§ 31, 33, 34, 35 BauGB.[834] 460

Gem. § 36 I 2 HS 1 BauGB gilt das Einvernehmenserfordernis zudem auch, wenn **in einem anderen Verfahren** – außer im Rahmen der Bergaufsicht – über die Zulässigkeit von Vorhaben nach §§ 31, 33, 34, 35 BauGB entschieden wird. Praktisch relevant ist dies vor allem für das immissionsschutzrechtliche Genehmigungsverfahren nach §§ 4 ff. BImSchG[835] und für Planfeststellungsverfahren für Vorhaben von nur örtlicher Bedeutung.[836]

II. Das gemeindliche Einvernehmen

Gemeindliches Einvernehmen i.S.d. § 36 I 1 BauGB bedeutet **ausdrückliches Einverständnis** der Gemeinde mit dem Vorhaben. 461

Holt die Baugenehmigungsbehörde das Einvernehmen der Gemeinde gem. § 36 I BauGB ein, hat diese drei Reaktionsmöglichkeiten: Sie erteilt das Einvernehmen, sie tut nichts oder sie versagt das Einvernehmen ausdrücklich. Die Gemeinde darf ihr Einvernehmen gem. § 36 II 1 BauGB dabei nicht aus beliebigen Gründen versagen, sondern nur wegen der bauplanungsrechtlichen Rechtswidrigkeit des Vorhabens gem. §§ 31, 33, 34, 35 BauGB.[837] 462

Bsp.: Die Gemeinde darf ihr Einvernehmen also z.B. nicht schlicht aus dem Grund verweigern, dass „das Vorhaben ihren Planungsvorstellungen nicht entspricht oder sie es aus

[829] BVerwGE 121, 339 (342 f.).
[830] Dazu im Einzelnen unten Rn. 504.
[831] BVerwGE 121, 339 (343).
[832] BVerwGE 121, 339 (343 f.); kritisch dazu *Schoch*, NVwZ 2012, 777 (779 f.).
[833] Zu Ausnahmen: *Will*, ÖffBauR, 2. Aufl. 2022, Rn. 559.
[834] Vgl. BaWüVGH BauR 1999, 381 (382).
[835] BVerwGE 169, 207 Rn. 12 = NVwZ 2021, 335.
[836] Vgl. BayVGH BayVBl. 1999, 147 (147 f.).
[837] BVerwG NVwZ 2005, 213; NVwZ-RR 2003, 719 (719 f.).

sonstigen Gründen verhindern will. Auch der Beschluss, einen Bebauungsplan aufzustellen, rechtfertigt für sich allein nicht die Versagung des Einvernehmens."[838]

Soweit die §§ 31, 33, 34, 35 BauGB Ermessen einräumen, kann die Gemeinde dieses **eigenständig** ausüben und die Erteilung ihres Einvernehmens davon abhängig machen.[839]

463 Tut die Gemeinde nichts, **gilt ihr Einvernehmen gem. § 36 II 2 HS 1 BauGB als erteilt,** wenn es nicht binnen zwei Monaten nach Eingang des Ersuchens der Genehmigungsbehörde verweigert wird.

464 Die Gemeinde muss also innerhalb dieser Frist tätig werden, wenn sie die Erteilung der Baugenehmigung verhindern will.

465 Die Erklärung des Einvernehmens durch die Gemeinde gegenüber der Bauaufsichtsbehörde oder dessen Versagung sind mangels Außenwirkung **keine Verwaltungsakte** i.S.v. § 35 S. 1 HVwVfG, sondern verwaltungsinterne Mitwirkungsakte.[840] Es handelt sich um empfangsbedürftige Willenserklärungen i.S.v. § 130 III, I 1 BGB, die grds. mit Zugang bei der Genehmigungsbehörde wirksam werden.[841]

466 Soweit § 36 BauGB anwendbar ist, ist die Baugenehmigung damit ein **mehrstufiger VA,**[842] der von der Baugenehmigungsbehörde grds. nur erteilt werden darf, wenn das gemeindliche Einvernehmen vorliegt. Dies gilt unabhängig davon, ob die Versagung des Einvernehmens rechtswidrig war. Die Bindung der Genehmigungsbehörde (und der Widerspruchsbehörde) hat zur Folge, dass eine ohne das erforderliche gemeindliche Einvernehmen erteilte Baugenehmigung – unabhängig von der Rechtmäßigkeit der Versagung des Einvernehmens – rechtswidrig ist und daher aufgehoben werden muss.[843]

467 Die Gemeinde kann eine ohne ihr nach § 36 I BauGB erforderliches Einvernehmen erteilte Baugenehmigung folglich unter Berufung auf ihre Planungshoheit aus Art. 28 II GG mit einer verwaltungsgerichtlichen **Anfechtungsklage** gem. § 42 I Alt. 1 VwGO angreifen.[844] Das Verwaltungsgericht muss dann die Genehmigung wegen des fehlenden Einvernehmens aufheben, unabhängig davon, ob das Einvernehmen rechtmäßig verweigert worden ist oder die Gemeinde im konkreten Fall in ihrer Planungshoheit beeinträchtigt ist.[845] § 36 I BauGB stellt sich somit als sog. **absolutes Verfahrensrecht** dar, für das § 46 HVwVfG nicht gilt.[846]

Im Falle eines ausdrücklich erteilten Einvernehmens oder eines gem. § 36 II 2 BauGB fingierten Einvernehmens ist eine Anfechtungsklage der Gemeinde gegen die Baugenehmigung dagegen mangels der Möglichkeit einer Verletzung in eigenen Rechten aufgrund fehlender Klagebefugnis gem. § 42 II Alt. 1 VwGO bereits unzulässig.[847] So, wie die Gemeinde keinen Anspruch auf gerichtliche Aufhebung einer von ihr selbst erteilten Baugenehmigung hat, steht ihr auch im Falle der Mitwirkung nach § 36 BauGB kein gerichtlich durchsetzbarer An-

[838] NdsOVG NVwZ-RR 2016, 488 (490).
[839] Vgl. BayVGH NVwZ 1996, 919 (919 f.).
[840] BVerwGE 169, 207 Rn. 19 = NVwZ 2021, 335; BVerwGE 22, 342 (344 f.).
[841] BVerwGE 169, 207 Rn. 19 = NVwZ 2021, 335.
[842] Dazu etwa *Will,* AllgVwR, 2. Aufl. 2022, S. 73.
[843] BVerwG NVwZ 2008, 1347 (1348).
[844] BVerwG, Beschl. v. 25.8.2014 – 4 B 20.14, BeckRS 2014, 56336 Rn. 4.
[845] BVerwG, Beschl. v. 25.8.2014 – 4 B 20.14, BeckRS 2014, 56336 Rn. 4.
[846] BVerwG NVwZ 1986, 556 (557).
[847] Vgl. BVerwGE 169, 207 Rn. 23 = NVwZ 2021, 335.

spruch auf Aufhebung einer von ihr gleichsam miterteilten Baugenehmigung zu.[848] Anderes gilt jedoch für **Einwände** hinsichtlich der bauplanungsrechtlichen Zulässigkeit des Vorhabens, **die im Zeitraum zwischen Einvernehmenserteilung bzw. -fiktion und Genehmigungserteilung entstanden sind** und die deshalb bei Erteilung oder Fiktion des Einvernehmens noch keine rechtliche Bedeutung für die planungsrechtliche Zulässigkeit des Vorhabens haben konnten.[849] Solche Einwände kann die Gemeinde grds. mit einer Anfechtungsklage gegen die erteilte Genehmigung geltend machen.[850] Da sich die Erteilung oder die Fiktion des Einvernehmens nur auf die bauplanungsrechtliche Zulässigkeit des Vorhabens bezieht, kann die Gemeinde im Rahmen einer Anfechtungsklage zudem **andere (nicht bauplanungsrechtliche) Rügen** grds. weiterhin geltend machen.[851]

Umgekehrt muss die Baugenehmigungsbehörde die beantragte Genehmigung nicht zwingend erteilen, wenn die Gemeinde ihr Einvernehmen erklärt hat. Nach dem sog. **Zwei-Schlüssel-Prinzip** hat sie vielmehr selbständig zu prüfen, ob die Genehmigungsvoraussetzungen vorliegen.[852] **468**

Will die Baugenehmigungsbehörde die Baugenehmigung versagen, muss sie im Übrigen nicht etwa zuvor das gemeindliche Einvernehmen einholen.

III. Folgen des rechtswidrig verweigerten Einvernehmens

1. Verpflichtungsklage des Bauherrn

Verweigert die Gemeinde ihr gem. § 36 I BauGB erforderliches Einvernehmen, scheidet **eine Klage des Bauherrn gegen die Gemeinde** auf Erteilung des Einvernehmens aus: Eine Verpflichtungsklage gem. § 42 I Alt. 2 VwGO ist unstatthaft, da das Einvernehmen – wie gesehen – kein Verwaltungsakt ist.[853] Da die Entscheidung über das Einvernehmen keine Außenwirkung hat, ist nach ganz h. M. auch eine Allgemeine Leistungsklage unzulässig. **469**

Der Bauherr muss daher **Verpflichtungsklage** gem. § 42 I Alt. 2 VwGO auf Erteilung der Baugenehmigung **gegen die Baugenehmigungsbehörde** erheben.

Im Rahmen eines Vorverfahrens ist die Widerspruchsbehörde dabei allerdings noch an das fehlende Einvernehmen der Gemeinde gebunden und daher an der Genehmigungserteilung gehindert. Die Rechtskraft des vom Bauherrn erstrittenen Verpflichtungsurteils erstreckt sich dann jedoch gem. §§ 121, 63 Nr. 3, 65 II VwGO auf die **notwendig beizuladende Gemeinde** und überwindet so das fehlende Einvernehmen.[854] **470**

Die notwendige Beiladung gem. § 65 II VwGO ist **keine Zulässigkeitsvoraussetzung** der Klage, sondern lediglich für die Rechtskraft des Urteils gem. § 121 VwGO relevant. Sie ist daher in einer Prüfungsarbeit knapp zwischen der Zulässigkeit und der Begründetheit anzusprechen.

2. Ersetzung des Einvernehmens gem. § 36 II 3 BauGB

Versagt die Gemeinde rechtswidrig ihr gem. § 36 I BauGB erforderliches Einvernehmen, kann nach § 36 II 3 BauGB die nach Landesrecht zuständige Behörde das Einvernehmen **471**

---

[848] BVerwGE 169, 207 Rn. 23 = NVwZ 2021, 335.
[849] BVerwGE 169, 207 LS 2, Rn. 22 ff., 28 = NVwZ 2021, 335.
[850] BVerwGE 169, 207 LS 2, Rn. 22 ff. = NVwZ 2021, 335.
[851] BVerwGE 169, 207 LS 2, Rn. 31 = NVwZ 2021, 335.
[852] JD/*Spieß*, § 36 Rn. 49 f.
[853] Oben Rn. 465.
[854] Vgl. BVerwG NVwZ-RR 2003, 719 (719 f.); *Krüper*, ZJS 2010, 582 (588).

ersetzen. In Hessen ist dies gem. § 27 III Hess. BauGB-AV die Baugenehmigungsbehörde und im Verfahren nach § 68 VwGO die Widerspruchsbehörde. So kann regelmäßig die **Baugenehmigungsbehörde selbst** das fehlende Einvernehmen ersetzen, wenn die Voraussetzungen des § 36 II 3 BauGB gegeben sind.

472 Die Hess. BauGB-AV enthält – anders als die Ausführungsvorschriften anderer Länder – keine verfahrensrechtlichen Regelungen. Allerdings ergibt sich schon aus § 28 HVwVfG, dass die Gemeinde vor der Ersetzung angehört werden muss, da es sich bei dieser um einen für die Gemeinde belastenden **Verwaltungsakt** handelt und ein Eingriff in deren Planungshoheit droht.[855] In materieller Hinsicht ist Voraussetzung einer Ersetzung gem. § 36 II 3 BauGB, dass die Versagung des Einvernehmens **rechtswidrig** war.

473 **Nicht rechtswidrig** ist die Versagung des Einvernehmens, wenn entweder die Voraussetzungen der §§ 31, 33, 34, 35 BauGB nicht gegeben sind oder die Gemeinde – z.B. im Rahmen von § 31 I, II, III BauGB – eine zur Versagung führende vertretbare Ermessensentscheidung getroffen hat.

Die Rechtsfolgen eines Anhörungsmangels richten sich – in Ermangelung einer Spezialregelung z.B. in § 70 HBO – nach §§ 45 I Nr. 3, II, 46 HVwVfG.

474 Umstritten ist schließlich, ob die Ersetzung des Einvernehmens im **Ermessen** der zuständigen Behörde steht. Darauf könnte die Formulierung „kann […] ersetzen“ hindeuten.[856] Vorzugswürdig ist jedoch die Gegenauffassung, nach der es sich hier um ein bloßes **„Kompetenz-Kann“** handelt, welches die Behörde ermächtigt, überhaupt tätig zu werden, so dass § 36 II 3 BauGB insgesamt eine **bloße Befugnisnorm** darstellt.[857]

Dafür spricht v.a., dass der Bauwillige, dessen Vorhaben mit den materiell-rechtlichen Vorgaben in Einklang steht, gegenüber der Baugenehmigungsbehörde einen durch Art. 14 I GG geschützten Anspruch auf Erteilung der Baugenehmigung hat.[858] Hiermit wäre es nicht in Einklang zu bringen, wenn die für die Ersetzung zuständige Behörde unter Berufung auf Ermessen die rechtswidrige Versagung des Einvernehmens nicht ersetzen und deshalb im Ergebnis mit der Ablehnung des Bauantrags rechtswidrig in das Eigentumsrecht des Bauherrn eingreifen könnte.[859] Schließt man sich hingegen der Auffassung an, dass der ersetzenden Behörde Ermessen zusteht, wird dieses jedenfalls regelmäßig auf Null reduziert sein, wenn die Voraussetzungen für die Erteilung der Baugenehmigung vorliegen.[860] Auch hier muss die zuständige Behörde das Einvernehmen also im Ergebnis ersetzen.

475 Die Ersetzungsentscheidung ist eine Regelung mit Außenwirkung gegenüber der Gemeinde und damit ein **Verwaltungsakt** i.S.v. § 35 S. 1 HVwVfG, der neben der dem Bauherrn erteilten Baugenehmigung steht.[861] Umstritten ist, ob die Gemeinde den Ersetzungs-Verwaltungsakt unmittelbar verwaltungsgerichtlich gem. § 42 I Alt. 1 VwGO anfechten kann.[862]

---

[855] NdsOVG NVwZ-RR 2009, 866 (870); siehe auch sogleich unten Rn. 475.
[856] NdsOVG NVwZ-RR 2009, 866 (869).
[857] BGH NVwZ 2011, 249 Rn. 14; vgl. RPOVG NVwZ-RR 2000, 85 (86); *Will/Quarch*, Staatshaftungsrecht, 2018, § 1 Rn. 129 f.
[858] BGH NVwZ 2011, 249 Rn. 14.
[859] BGH NVwZ 2011, 249 Rn. 14.
[860] Vgl. HessVGH ZfBR 2011, 290 (291).
[861] HessVGH NVwZ 2001, 823 (824).
[862] So bspw. HessVGH NVwZ 2001, 823 (824).

Problematisch ist dabei die Gefahr einer unerwünschten Verfahrenshäufung, da die Gemeinde parallel auch eine daraufhin ergangene Baugenehmigung angreifen müsste, um deren Bestandskraft zu verhindern. Dies spricht dafür, dass eine Anfechtungsklage gegen die Ersetzung gem. § 44a VwGO unzulässig und die Gemeinde auf eine Anfechtung der Baugenehmigung zu verweisen ist.[863] Für die Zulässigkeit lediglich *einer* Klage spricht auch der auf eine Beschleunigung des Verfahrens gerichtete Zweck von § 36 II 3 BauGB.[864]

3. Kommunalaufsichtliches Einschreiten

Alternativ kann gegen eine Gemeinde, die ihr Einvernehmen rechtswidrig versagt, die 476 Kommunalaufsicht gem. §§ 135 ff. HGO vorgehen.[865] Angesichts der Dauer solcher Verfahren spielen diese hier allerdings seit Einführung der Ersetzungsmöglichkeit gem. § 36 II 3 BauGB im Jahr 1998 keine wesentliche Rolle mehr.

4. Amtshaftung der Gemeinde gem. § 839 BGB, Art. 34 GG

Für das Vorliegen eines Amtshaftungsanspruchs des Bauherrn gem. § 839 BGB, Art. 34 477 GG gegen die Gemeinde wegen rechtswidriger Verweigerung des Einvernehmens ist entscheidend, ob die Gemeinde eine den Bauherrn schützende **drittgerichtete Amtspflicht** zur Erteilung des Einvernehmens trifft.[866]

Nachdem der BGH dies früher wegen der Bindungswirkung der gemeindlichen Entscheidung für die Genehmigungsbehörde bejaht hat,[867] hat er seine Rspr. nach Einführung von § 36 II 3 BauGB geändert und damit auch an die verwaltungsgerichtliche Rspr. angepasst, nach der dem Bauherrn **kein** subjektives öffentliches Recht auf Erteilung des gemeindlichen Einvernehmens gem. § 36 I BauGB zusteht.

Wenn das fehlende gemeindliche Einvernehmen gem. § 36 II 3 BauGB ersetzt werden 478 kann, fehlt es nach der neueren Rspr. des BGH an der Bindungswirkung des fehlenden Einvernehmens für die Genehmigungsbehörde und damit an der früher angenommenen den Bauherrn schützenden drittgerichteten Amtspflicht.[868] Damit scheidet insoweit ein Amtshaftungsanspruch des Bauherrn gegen die Gemeinde aus. Aus demselben Grund kommt auch kein Entschädigungsanspruch wegen enteignungsgleichen Eingriffs gegen die Gemeinde in Betracht.[869]

Stattdessen können jedoch **Amtshaftungsansprüche gegen die Baugenehmigungsbehörde** bestehen, wenn diese von ihren Möglichkeiten (Ersetzung des Einvernehmens, ggf. auch kommunalaufsichtliches Einschreiten gegen die Gemeinde) keinen Gebrauch gemacht und die Baugenehmigung abgelehnt hat.[870]

---

[863] *Scheidler*, ZfBR 2019, 543 (548) m.w.N.; *MO*, § 7 Rn. 225.
[864] Vgl. Schrödter/*Rieger*, § 36 Rn. 39.
[865] Vgl. BVerwGE 22, 342 (347).
[866] Dazu z.B. *Will/Quarch*, Staatshaftungsrecht, 2018, § 1 Rn. 124 ff.
[867] Z.B. BGHZ 65, 182 (187 f.).
[868] BGH NVwZ 2011, 249 Rn. 13; NVwZ 2013, 167 Rn. 16 f.
[869] BGH NVwZ 2011, 249 Rn. 23; NVwZ 2013, 167 Rn. 23.
[870] Vgl. BGH NVwZ 2011, 249 Rn. 20 f.; NVwZ 2013, 167 Rn. 22.

J. Bauvorhaben von Bund und Ländern (§ 37 BauGB)

I. Abweichungen vom BauGB gem. § 37 BauGB

479 Errichten der Bund oder die Länder bauliche Anlagen, sind sie dabei grds. an die Vorschriften des BauGB und damit auch an die §§ 29 ff. BauGB gebunden. Die Besonderheiten mancher öffentlicher Vorhaben wie etwa Fernsehtürme oder Justizvollzugsanstalten sind jedoch mit den Regelungen der §§ 29 ff. BauGB teilweise schwer vereinbar.[871] § 37 I Alt. 1 BauGB ermöglicht daher für solche Vorhaben ein Abweichen von den Vorschriften des BauGB sowie den aufgrund des BauGB erlassenen Vorschriften.[872]

Vorhaben des Bundes sind bspw. auch solche von **Bundesämtern** und nicht rechtsfähigen **Bundesanstalten.** Nicht erfasst sind hingegen die privatisierten Nachfolgeunternehmen der Bahn und Post. Es muss sich zudem um ein Vorhaben mit **besonderer öffentlicher Zweckbestimmung** handeln. Darunter fallen nicht Vorhaben, die dem Finanzvermögen des Bundes oder eines Landes dienen.

480 Konkret meint der unklar formulierte § 37 I Alt. 1 BauGB, dass die höhere Verwaltungsbehörde, in Hessen also gem. § 27 I Hess. BauGB-AV das Regierungspräsidium, Abweichungen von den entsprechenden Vorschriften zulassen kann.

II. Vorhaben zur Landesverteidigung etc. (§ 37 II BauGB)

481 Noch weiter reichende Erleichterungen gelten für Vorhaben, die der Landesverteidigung, dienstlichen Zwecken der Bundespolizei oder dem zivilen Bevölkerungsschutz dienen. Bei diesen ist, wenn die Voraussetzungen für eine Abweichung gem. § 37 I BauGB vorliegen, gem. § 37 II 1 BauGB nur die Zustimmung des Regierungspräsidiums, als höherer Verwaltungsbehörde, d.h. nicht das nach § 36 (oder § 14) BauGB nötige Einvernehmen der Gemeinde, erforderlich. Allerdings ist die Gemeinde gem. § 37 II 2 BauGB vor Erteilung der Zustimmung zumindest zu hören.

K. Bauvorhaben für Flüchtlinge und Asylbegehrende (§ 246 XIV BauGB)

482 Im Bereich der bauplanungsrechtlichen Zulässigkeit ist infolge des seit 24.2.2022 geführten völkerrechtswidrigen russischen Angriffskriegs gegen die Ukraine der 2015 aufgrund des damaligen Flüchtlingszuzugs eingefügte[873] **§ 246 XIV BauGB** wieder besonders relevant. Nach dieser an § 37 BauGB angelehnten Regelung sind bei Aufnahmeeinrichtungen, Gemeinschaftsunterkünften oder sonstigen Unterkünften für Flüchtlinge oder Asylbegehrende weit reichende Abweichungen von den bauplanungsrechtlichen Vorschriften möglich.[874]

Angesichts des starken Flüchtlingszuzugs aus der Ukraine in die Bundesrepublik wurde der zunächst nur bis zum 31.12.2019 anwendbare § 246 XIV BauGB auf Vorschlag des Bundesrates **m.W.v. 30.4.2022 wiederbelebt** und ist nun bis zum Ablauf des 31.12.2024 anwendbar.[875]

---

[871] Vgl. BVerwG ZfBR 1981, 243 = BeckRS 1981, 31253958.
[872] Näher dazu: *Will,* ÖffBauR, 2. Aufl. 2022, Rn. 579 ff.
[873] Art. 6 AsylverfahrensbeschleunigungsG v. 20.10.2015 (BGBl. I S. 1722).
[874] Näher zum Ganzen: *Will,* ÖffBauR, 2. Aufl. 2022, Rn. 584 ff.
[875] Durch Art. 2 Nr. 1 Gesetz zur Änderung des EnWG zur Einführung von Füllstandsvorgaben für Gasspeicheranlagen sowie zur Änderung von § 246 des BauGB v. 26.4.2022, BGBl. I S. 674;

§ 246 XIV BauGB greift nach seinem Satz 1 allerdings nur ein, soweit auch bei Anwendung der Abs. VIII–XIII von § 246 BauGB[876] dringend benötigte Unterkunftsmöglichkeiten im Gebiet der Gemeinde, in der sie entstehen sollen, ansonsten nicht oder nicht rechtzeitig bereitgestellt werden können. Des Weiteren darf angesichts der bei Abweichungen drohenden Eingriffe in die kommunale Selbstverwaltungsgarantie der betroffenen Gemeinde gem. Art. 28 II GG von den einschlägigen Vorschriften nur **in erforderlichem Umfang** abgewichen werden.[877] Die Erforderlichkeit bezieht sich dabei sowohl auf den räumlichen als auch auf den inhaltlichen Umfang. 483

Schließlich folgt aus § 246 XIV 5 BauGB, der § 35 V 2 1. HS BauGB für entsprechend anwendbar erklärt, dass – als weitere Zulässigkeitsvoraussetzung – eine **Verpflichtungserklärung** abzugeben ist, die Anlage nach dauerhafter Aufgabe der gem. § 246 XIV 1 BauGB zulässigen Nutzung **zurückzubauen** und Bodenversiegelungen zu beseitigen. Nach Telos und Systematik der Regelung handelt es sich um eine Rechtsfolgen- und nicht um eine Rechtsgrundverweisung, so dass sie nicht nur im Außenbereich, sondern auch im Innenbereich gilt.[878]

Zuständig für die bauplanungsrechtliche Beurteilung ist gem. § 246 XIV 2 BauGB – wie bei § 37 BauGB – die höhere Verwaltungsbehörde, also in Hessen das Regierungspräsidium.[879] Für das Verfahren sieht § 246 XIV 3 BauGB anstelle eines gemeindlichen Einvernehmens lediglich eine **Anhörung der Gemeinde** vor. 484

§ 246 XIV 1 BauGB ist ein Ermessenstatbestand. Bei Vorliegen der Voraussetzungen kann das Regierungspräsidium Abweichungen von den Vorschriften des BauGB oder den aufgrund des BauGB erlassenen Vorschriften zulassen. 485

Im Ergebnis sind Abweichungen von sämtlichen Regelungen des BauGB, wobei *in praxi* primär die §§ 30, 34 und 35 BauGB relevant sind, und den aufgrund des BauGB erlassenen Vorschriften, also insbes. von der BauNVO und von Bebauungsplänen, möglich. Nicht zulässig sind hingegen Abweichungen von bauordnungsrechtlichen Vorschriften. In die Ermessensentscheidung sind alle einschlägigen öffentlichen und privaten Belange einzustellen. Angesichts der engen Voraussetzungen des § 246 XIV BauGB und der hohen Dringlichkeit einschlägiger Vorhaben wird regelmäßig eine Ermessensreduzierung auf Null hinsichtlich des „ob“ einer Abweichung vorliegen, während ein Auswahlermessen z.B. hinsichtlich des konkreten Standortes bestehen kann.

L. Bauvorhaben im Zuge der Covid-19-Pandemie (§ 246b BauGB)

Derzeit ist auch der 2020 zur Bekämpfung der **Covid-19-Epidemie** eingefügte **§ 246b BauGB** besonders prüfungsrelevant.[880] Danach sind bis zum 31.12.2022 bei einschlägigen Anlagen weit reichende Abweichungen von den Vorschriften des BauGB und den aufgrund des BauGB erlassenen Vorschriften möglich. Dies erfasst gem. § 29 I BauGB so- 486

Vorschlag des Bundesrates in BR-Drs. 105/22 (B) v. 11.3.2022; Vorschlag der Ausschüsse zur Aufnahme in das bereits beratene Gesetz zur Änderung des EnWG etc. (BT-Drs. 20/1024) in BT-Drs. 20/1144 v. 23.3.2022; Beschluss des Bundesrates, den Vermittlungsausschuss nicht anzurufen, in BR-Drs. 132/22 (B) vom 8.4.2022.

[876] Dazu oben Rn. 393, 455.

[877] Näher dazu: *Will,* ÖffBauR, 2. Aufl. 2022, Rn. 587.

[878] So eindeutig BT-Drs. 18/6185, S. 55; a.A. hingegen wohl Brügelmann/*Dürr,* § 246 Rn. 52: „für Flüchtlingsunterkünfte im Außenbereich“.

[879] Dazu oben Rn. 48, unten Rn. 504.

[880] M.W.v. 28.3.2020 durch Art. 6 (erstes) BevölkerungsschutzG v. 27.3.2020 (BGBl. I S. 587); näher zu § 246b BauGB: *Will,* NVwZ 2022, 111.

wohl die Errichtung neuer als auch die Änderung und Nutzungsänderung vorhandener Anlagen.

487 § 246b I 1 BauGB greift ein, soweit Anlagen für gesundheitliche Zwecke zur Versorgung von Personen, die sich tatsächlich oder möglicherweise mit dem SARS-CoV-2-Virus infiziert haben oder die dagegen geimpft oder auf dieses getestet werden sollen, im Gebiet der Gemeinde, in der sie im Wege der Errichtung, Änderung oder Nutzungsänderung von baulichen Anlagen entstehen sollen, ansonsten nicht oder nicht rechtzeitig bereitgestellt werden können.[881] § 246b I 1 BauGB gilt dabei nur für Vorhaben, deren **Träger** der Bund, ein Land, ein Landkreis oder eine Gemeinde oder ein im Auftrag eines der Vorgenannten tätiger Dritter ist.

„Auftrag" ist hier untechnisch zu verstehen. Entscheidend ist, ob im Hinblick auf Art, Umfang und Lage des Vorhabens ein derartiger Einfluss auf den Dritten besteht, dass er *de facto* als verlängerter Arm der Gebietskörperschaft erscheint.[882]

488 Die Voraussetzung, dass die entsprechenden Anlagen im Gebiet der Gemeinde, in der sie entstehen sollen, ansonsten **nicht oder nicht rechtzeitig bereitgestellt werden können,** begrenzt den Anwendungsbereich des § 246b I 1 BauGB erheblich, da Anlagen für gesundheitliche Zwecke bspw. in den Baugebieten i.S.d. BauNVO grds. zulässig sind oder jedenfalls im Wege der Ausnahme zugelassen werden können.[883]

489 Des Weiteren darf angesichts der drohenden Eingriffe in die kommunale Selbstverwaltungsgarantie der Gemeinde gem. Art. 28 II GG von den einschlägigen Vorschriften nur **im erforderlichen Umfang,** erforderlichenfalls auch befristet, abgewichen werden, wobei es nach den Vorstellungen des Gesetzgebers genügt, dass die Erforderlichkeit plausibel ist.[884]

Schließlich ergibt sich aus § 246b I 5 BauGB, der § 35 V 2 HS 1 BauGB für entsprechend anwendbar erklärt, dass – als weitere Zulässigkeitsvoraussetzung – eine **Verpflichtungserklärung** abzugeben ist, die Anlage nach dauerhafter Aufgabe der gem. § 246b I 1 BauGB zulässigen Nutzung **zurückzubauen** und Bodenversiegelungen zu beseitigen. Es handelt sich um eine Rechtsfolgenverweisung, so dass sie nicht nur im Außenbereich, sondern auch im Innenbereich gilt.[885]

490 **Zuständig** für die bauplanungsrechtliche Beurteilung ist gem. § 246b I 2 BauGB – wie bei § 37 und § 246 XIV BauGB – die höhere Verwaltungsbehörde, also das Regierungspräsidium. **Verfahrensbezogen** sieht § 246b I 3 BauGB anstelle eines gemeindlichen Einvernehmens lediglich eine **Anhörung der Gemeinde** vor. Speziell für Vorhaben im **Außenbereich** gilt die Verfahrensbeschleunigungsnorm des **§ 246b III** BauGB.

Soweit für Vorhaben nach § 35 I, IV BauGB gem. § 18 III 1 BNatSchG die Herstellung des Benehmens mit der **Naturschutzbehörde** erforderlich ist, kann die Genehmigungsbehörde entsprechend § 18 III 2 BNatSchG davon ausgehen, dass Belange des Naturschutzes etc. von dem Vorhaben nicht berührt werden, wenn sich die Naturschutzbehörde nicht binnen eines Monats äußert.

---

[881] Dazu näher BT-Drs. 19/18111, S. 27.
[882] EZBK/*Blechschmidt,* § 246b Rn. 10.
[883] BT-Drs. 19/18111, S. 27; dazu näher: *Will,* ÖffBauR, 2. Aufl. 2022, Rn. 596.
[884] BT-Drs. 19/18111, S. 27; *Will,* NVwZ 2022, 111 (113).
[885] Vgl. BT-Drs. 18/6185, S. 55, auf die BT-Drs. 19/18111, S. 27 verweist; *Scheidler,* UPR 2020, 161 (163); a.A. hingegen wohl EZBK/*Blechschmidt,* § 246b Rn. 27.

§ 246b I 1 BauGB ist ein Ermessenstatbestand.[886] Bei Vorliegen der Voraussetzungen kann das Regierungspräsidium Abweichungen von den Vorschriften des BauGB oder den aufgrund des BauGB erlassenen Vorschriften wie der BauNVO und Bebauungsplänen zulassen.[887] 491

M. Sonderregelungen für Hochwasserkatastrophengebiete (§ 246c BauGB)

Ebenfalls sehr relevant sind derzeit die in Reaktion auf die Hochwasserkatastrophe im Juli 2021 im neuen § 246c BauGB ergänzten Sonderregelungen für die bauplanungsrechtliche Zulässigkeit in **Hochwasserkatastrophengebieten.**[888] Danach sind für mobile bauliche Anlagen bspw. zu Wohnzwecken und mobile Infrastruktureinrichtungen (z.B. Kindertagesstätten) bis zum 31.12.2022 weit reichende Abweichungen vom BauGB und den aufgrund des BauGB erlassenen Vorschriften möglich. 492

§ 246c I 1 BauGB findet in **räumlicher Hinsicht** nur auf Bauvorhaben in Gemeinden Anwendung, die von einer Hochwasserkatastrophe im Gemeindegebiet betroffen sind.[889] Hochwasserkatastrophe ist ein Ereignis, bei dem ein ungewöhnlich hoher Wasserstand außergewöhnliche Schäden und Notsituationen verursacht hat.[890] Inhaltlich-gegenständlich erfasst § 246c I 1 BauGB Vorhaben, die die Errichtung **mobiler baulicher Anlagen** zur Wohnnutzung, **mobiler Infrastruktureinrichtungen** oder mobiler baulicher Anlagen für Läden oder nicht störende Handwerksbetriebe zur Deckung des täglichen Bedarfs der Bewohner der Umgebung zum Inhalt haben.[891] Es muss sich um eine **dringend benötigte** bauliche Anlage oder Infrastruktureinrichtung handeln, die im Gebiet der Gemeinde, in der sie entstehen soll, als mobile oder nicht mobile Anlage ansonsten **nicht oder nicht rechtzeitig zur Verfügung steht.**[892] 493

Angesichts der bei Abweichungen drohenden Eingriffe in die kommunale Selbstverwaltungsgarantie der betroffenen Gemeinde gem. Art. 28 II GG darf gem. § 246c I 1 BauGB von den einschlägigen Vorschriften nur **im erforderlichen Umfang auf längstens fünf Jahre befristet** abgewichen werden.[893]

§ 246c BauGB enthält anders als § 246b I 2 BauGB keine spezielle Zuständigkeitsregelung, so dass sich die Zuständigkeit nach den allgemeinen Regeln bestimmt. Im Verfahren findet **§ 36 BauGB** gem. **§ 246c V 1** BauGB – anders als bei § 246b BauGB – grds. Anwendung. 494

Für Vorhaben im **Außenbereich** gilt gem. § 246c II BauGB bis zum Ablauf des 31.12.2022 die Verfahrensbeschleunigungsnorm des § 18 III 2 BNatSchG entsprechend. Danach kann die Zulassungsbehörde davon ausgehen, dass Belange des Naturschutzes und der Landschaftspflege von dem Vorhaben nicht berührt werden, wenn sich die Naturschutzbehörde nicht binnen eines Monats äußert.

Auch § 246c I 1 BauGB ist ein Ermessenstatbestand. Bei Vorliegen der Voraussetzungen kann die Behörde Abweichungen von den Vorschriften des BauGB oder den aufgrund des 495

[886] *Söfker*, ZfBR 2020, 456 (457, 459); *Wormit*, LKV 2020, 351 (352).
[887] Dazu näher bereits oben Rn. 485; *Will*, NVwZ 2022, 111 (114).
[888] M.W.v. 15.9.2021 durch Art. 9 AufbauhilfeG v. 10.9.2021 (BGBl. I S. 4147); näher zum Ganzen: *Will*, JZ 2022, 139; *Will*, ÖffBauR, 2. Aufl. 2022, Rn. 605 ff.
[889] Dazu näher BT-Drs. 19/18111, S. 27.
[890] Vgl. BT-Drs. 19/32039, S. 1 f.
[891] Näher dazu: *Will*, JZ 2022, 139 (139 f.).
[892] Näher dazu: *Will*, ÖffBauR, 2. Aufl. 2022, Rn. 608.
[893] Näher dazu: *Will*, ÖffBauR, 2. Aufl. 2022, Rn. 609.

BauGB erlassenen Vorschriften wie der BauNVO zulassen, aber nicht von solchen des Bauordnungsrechts.[894]

§ 5. Formelles Bauordnungsrecht (insbes. Baugenehmigung)

A. Bedeutung und Unterteilung

496 Das Bauordnungsrecht ist in Hessen primär in der **HBO** geregelt.[895] Während das **materielle Bauordnungsrecht** in §§ 3 ff. HBO in erster Linie der Abwehr von Gefahren dient, die von baulichen Anlagen ausgehen, regelt das **formelle Bauordnungsrecht** in §§ 52 ff. HBO neben der Zuständigkeit und der Befugnisse von Baurechtsbehörden vor allem verfahrensrechtliche Aspekte. Wichtig ist insbes. das Baugenehmigungsverfahren.[896]

Gem. § 7 Nr. 4 lit. f Hess. JAG zählt das Recht der **Baugenehmigung** und damit das formelle Bauordnungsrecht zu den prüfungsrelevanten Gebieten des Besonderen Verwaltungsrechts in der ersten juristischen Staatsprüfung.

B. Eröffnung des Anwendungsbereichs der HBO

497 Eine Anwendung der Regelungen der HBO, bspw. über das Baugenehmigungsverfahren, setzt voraus, dass der Anwendungsbereich der HBO eröffnet ist. Gem. § 1 I 1 HBO gilt diese zunächst für bauliche Anlagen und Bauprodukte. Wie bereits angesprochen, ist der bauordnungsrechtliche (landesrechtliche) Begriff der baulichen Anlage nicht identisch mit dem bauplanungsrechtlichen (bundesrechtlichen) Begriff gem. § 29 I BauGB, wenn sich auch beide weitgehend überschneiden.[897]

498 **Bauliche Anlagen** i.S.d. HBO sind gem. § 2 II 1 HBO mit dem Erdboden verbundene, aus Bauprodukten hergestellte Anlagen.

Eine **Anlage** setzt dabei voraus, dass etwas angelegt, d.h. von Menschenhand geschaffen worden ist.[898] Daher ist bspw. eine natürlich entstandene Höhle keine Anlage.

499 Was **Bauprodukte** sind, wird in §§ 2 XIII, 18 ff. HBO definiert. Gem. § 2 XIII Nr. 1 HBO sind dies insbes. Produkte, Baustoffe, Bauteile und Anlagen sowie Bausätze nach Art. 2 Nr. 2 VO (EU) Nr. 305/ 2011, die hergestellt werden, um dauerhaft in bauliche Anlagen eingebaut zu werden und deren Verwendung sich auf die Anforderungen nach § 3 S. 1 und S. 2 HBO auswirken kann.

500 Während diese Voraussetzungen der baulichen Anlage in Prüfungsarbeiten meist unproblematisch sind, ergeben sich mitunter Probleme im Hinblick auf die erforderliche **Verbindung mit dem Erdboden.** Insofern stellt § 2 II 2 HBO klar, dass diese auch dann besteht, wenn die Anlage durch eigene Schwere auf dem Erdboden ruht oder auf ortsfesten Bahnen begrenzt beweglich ist oder wenn die Anlage nach ihrem Verwendungszweck dazu bestimmt ist, überwiegend ortsfest genutzt zu werden.

---

[894] Dazu bereits oben Rn. 485; näher: *Will*, JZ 2022, 139 (142).
[895] Dazu bereits oben Rn. 12.
[896] Dazu im Einzelnen unten Rn. 507 ff.
[897] Oben Rn. 282 ff.
[898] *Hornmann*, HBO, § 2 Rn. 6.

Beispiele:
- Anlagen, die wie Fertiggaragen, Wohncontainer oder Traglufthallen durch ihre eigene Schwere auf dem Erdboden ruhen und nicht fortbewegt werden können, ohne sie zu zerlegen oder technische Hilfe in Anspruch zu nehmen, sind gem. § 2 II 1, 2 Var. 1 HBO bauliche Anlagen.
- Ein als Ersatz für ein Wochenendhaus aufgestellter Wohnwagen ist gem. § 2 II 1, 2 Var. 3 HBO eine bauliche Anlage, selbst wenn er gelegentlich entfernt wird.[899]

Gem. § 2 II 3 HBO gelten schließlich zahlreiche Vorhaben im Wege der Klarstellung oder Fiktion[900] als bauliche Anlagen. Darunter sind Lager-, Abstell- und Ausstellungsplätze (Nr. 2), Camping-, Zelt- und Wochenendplätze (Nr. 4), Stellplätze für Kraftfahrzeuge und Abstellplätze für Fahrräder (Nr. 6) und Gerüste (Nr. 7). Die praktisch sehr wichtigen **Werbeanlagen** sind seit 2018 nicht mehr in § 2 HBO, sondern in einem eigenen § 10 HBO geregelt und gelten gem. § 10 I 2 HBO als bauliche Anlagen. 501

Die HBO gilt gem. § 1 I 2 HBO auch für **andere Anlagen, Einrichtungen und Grundstücke,** an die in der HBO oder in Vorschriften aufgrund der HBO Anforderungen gestellt werden. Diese Regelung ist erforderlich, da verschiedene Vorschriften der HBO Anforderungen an Anlagen, Einrichtungen und Grundstücke stellen, die – wie z.B. Grundstücksfreiflächen, die gem. § 8 I HBO zu begrünen etc. sind –, keine baulichen Anlagen oder Bauprodukte darstellen. 502

Die HBO gilt hingegen **nicht für die in § 1 II HBO genannten Anlagen** wie bspw. – praktisch wichtig – solche des öffentlichen Verkehrs einschließlich Zubehör, Nebenanlagen und Nebenbetriebe, mit Ausnahme von Gebäuden (Nr. 1), Wasserversorgungs- und Abwasseranlagen, die der öffentlichen Versorgung und Entsorgung dienen, mit Ausnahme von Gebäuden (Nr. 4), Krane und Krananlagen (Nr. 7) sowie Messestände in Messe- und Ausstellungsgebäuden (Nr. 9). Diese Regelung wird durch § 10 II HBO ergänzt, nach dem die Vorschriften der HBO auf bestimmte Formen von Werbung wie etwa Werbung an dafür genehmigten Säulen, Tafeln und Flächen (Nr. 1) keine Anwendung finden. 503

C. Die Bauaufsichtsbehörden

§ 60 HBO regelt, welche Behörden für die Wahrnehmung der in der HBO geregelten Befugnisse zuständig sind. Im Rahmen des – wie in Hessen üblich – dreistufigen Behördenaufbaus ist gem. § 60 I 1 Nr. 3 HBO das für die Bauaufsicht zuständige Ministerium **oberste Bauaufsichtsbehörde.** Dies ist derzeit das Hessische Ministerium für Wirtschaft, Energie, Verkehr und Wohnen. **Obere Bauaufsichtsbehörde** ist gem. § 60 I 1 Nr. 2 HBO das Regierungspräsidium. **Untere Bauaufsichtsbehörde** ist gem. § 60 I 1 Nr. 1 HBO der Gemeindevorstand in kreisfreien Städten, in Sonderstatusstädten nach § 4a HGO und in sonstigen Gemeinden, denen die Bauaufsicht übertragen ist (lit. a), und im Übrigen der Kreisausschuss (lit. b). 504

- **Kreisfreie Städte** sind **gem. § 4a I 2 HGO** Darmstadt, Frankfurt a.M., Kassel, Offenbach a.M. und Wiesbaden
- **Sonderstatusstädte nach § 4a II 2 HGO**[901] sind Bad Homburg vor der Höhe, Fulda, Gießen, Hanau, Marburg, Rüsselsheim a.M., Wetzlar

[899] HessVGH NVwZ 1987, 427.
[900] *Hornmann,* HBO, § 2 Rn. 17.
[901] Weitere Städte mit mehr als 50.000 Einwohnern können gem. § 4a II 3 HGO auf Antrag durch Beschluss der Landesregierung zur Sonderstatus-Stadt erklärt werden.

- **Sonstige Gemeinden, denen die Bauaufsicht durch eine Verordnung auf Grundlage der Spezialregelung in § 89 X HBO übertragen worden ist,**[902] sind Bad Hersfeld, Limburg a.d. Lahn und Oberursel (Taunus)

505 **Sachlich zuständig** für die Wahrnehmung der Aufgaben der Bauaufsicht sind gem. **§ 60 I 3 HBO,** soweit in der HBO oder aufgrund der HBO nichts anderes bestimmt ist, die **unteren Bauaufsichtsbehörden.** Die **örtliche Zuständigkeit** der Bauaufsichtsbehörden richtet sich nach § 3 HVwVfG. Die unteren Bauaufsichtsbehörden nehmen ihre Aufgaben gem. § 60 I 2 HBO zur Erfüllung nach Weisung wahr.[903]

Die **Fachaufsicht** übt die obere und oberste Bauaufsichtsbehörde aus. Diese können gem. § 61 VII 1 HBO der unteren Bauaufsichtsbehörde allgemeine Weisungen (durch Verwaltungsvorschrift) und Weisungen im Einzelfall erteilen. Weisungen im Einzelfall, d.h. fachaufsichtliche Weisungen bei Ermessensentscheidungen, dürfen gem. § 61 VII 2 HBO allerdings nur erteilt werden, wenn die untere Bauaufsichtsbehörde ihre Aufgaben nicht im Einklang mit dem öffentlichen Recht wahrnimmt oder die (durch Verwaltungsvorschrift) erteilten allgemeinen Weisungen nicht befolgt.

506 Die Bauaufsichtsbehörden haben gem. **§ 61 II 1 HBO** die Grundaufgabe, bei der Errichtung etc. von Anlagen für die Einhaltung der öffentlich-rechtlichen Vorschriften und der aufgrund dieser Vorschriften erlassenen Anordnungen zu sorgen, soweit nicht andere Behörden zuständig sind. Dies ist lediglich eine allgemeine **Aufgabenzuweisung,** die noch keine Eingriffsbefugnisse gegenüber betroffenen Privatpersonen verleiht. Solche ergeben sich vielmehr entweder aus den speziellen Befugnisnormen der §§ 80 ff. HBO oder – wenn keine derselben eingreift – aus der bauordnungsrechtlichen **Befugnisgeneralklausel gem. § 61 II 2 HS 1 HBO.** Danach haben die Bauaufsichtsbehörden in Wahrnehmung der Aufgaben aus § 61 II 1 HBO die nach pflichtgemäßem Ermessen erforderlichen Maßnahmen zu treffen.[904]

D. Die Baugenehmigung inkl. Rechts- und Nachbarschutz

I. Einführung: Die Baugenehmigung als Kontrollerlaubnis

507 Die untere Bauaufsichtsbehörde ist auch für die Erteilung von Baugenehmigungen gem. §§ 62 ff. HBO zuständig. Gem. § 62 I 1 HBO bedürfen u.a. die Errichtung und die Nutzungsänderung von Anlagen der Baugenehmigung, soweit in den §§ 63, 64, 78, 79 HBO oder aufgrund des § 89 IV 1 Nr. 1 HBO nichts anderes bestimmt ist. Sinn der Genehmigungspflicht ist es, präventiv gem. § 74 I HBO die Vereinbarkeit baugenehmigungspflichtiger Vorhaben mit den gesetzlichen Vorgaben zu überprüfen. § 62 I HBO statuiert daher im Ergebnis ein **präventives Verbot mit Erlaubnisvorbehalt** und die Baugenehmigung ist eine sog. Kontrollerlaubnis.[905] Dies bedeutet, dass der Bauherr einen **Anspruch (subjektives öffentliches Recht)** auf Erteilung der Baugenehmigung hat, wenn die Genehmigungsvoraussetzungen vorliegen, also dem Vorhaben gem. § 74 I HS 1 HBO keine öffentlich-rechtlichen Vorschriften entgegenstehen, die im Baugenehmigungsverfahren zu prüfen sind.

---

[902] § 1 Bauaufsichtsübertragungsverordnung (BÜVO) v. 16.3.2004 (GVBl. I S. 156), zul. geänd. durch Art. 4 VO v. 13.11.2012 (GVBl. S. 423).

[903] Vgl. § 4 I HGO, § 4 I HKO.

[904] Zu bauaufsichtlichen Maßnahmen unten Rn. 647 ff.

[905] Vgl. *Detterbeck,* AllVerwR, 20. Aufl. 2022, Rn. 504.

Damit ist die Genehmigungspflicht nach der Systematik der §§ 62 ff. HBO der Regelfall. Wie oben bereits angerissen wurde, haben die Landesgesetzgeber das bauordnungsrechtliche Genehmigungserfordernis seit den 1980er Jahren jedoch weit zurückgenommen. Zudem findet heute regelmäßig das vereinfachte Genehmigungsverfahren gem. § 65 HBO Anwendung, in dessen Rahmen die Vereinbarkeit mit bauordnungsrechtlichen Vorschriften nur sehr eingeschränkt geprüft wird.[906]

II. Voraussetzungen der Genehmigungspflicht gem. § 62 I HBO

1. Grundvoraussetzungen des § 62 I HBO

Gem. § 62 I 1 HBO bedürfen die Errichtung, Aufstellung, Anbringung und Änderung, die Nutzungsänderung, der Abbruch und die Beseitigung von Anlagen oder von Teilen (gemeint ist „Teilen von Anlagen") der Baugenehmigung, soweit in den §§ 63, 64, 78, 79 HBO oder aufgrund des § 89 IV 1 Nr. 1 HBO nichts anderes bestimmt ist. 508

Übersicht 15: Prüfschema Baugenehmigungspflicht gem. § 62 I 1 HBO 509

Genehmigungspflicht gem. § 62 I 1 HBO

1. Es muss um eine **Anlage i.S.v. § 2 I HBO,** bzw. einen Teil einer solchen gehen.
2. Beabsichtigt sein muss die **Errichtung, Aufstellung, Anbringung, Änderung, Nutzungsänderung, der Abbruch oder die Beseitigung** einer solchen Anlage oder eines Teils derselben.
3. Kein Ausschluss der Genehmigungspflicht aufgrund einer Spezialregelung aus §§ 62 I 2, 63, 64, 78, 79 HBO oder aufgrund des § 89 IV 1 Nr. 1 HBO.

a) Vorliegen einer Anlage i.S.v. § 2 I HBO

Anlagen i.S.d. HBO sind gem. § 2 I HBO bauliche Anlagen sowie andere Anlagen, Einrichtungen und Grundstücke nach § 1 I 2 HBO. In Baurechtsfällen geht es meist um bauliche Anlagen, deren Definition in § 2 II HBO bereits oben behandelt wurde.[907] Es genügt, wenn sich das Vorhaben auf einen **Teil** einer Anlage bezieht. Dies ist etwa der Fall, wenn ein Gebäude (§ 2 III HBO) um ein Geschoss (§ 2 V HBO) erweitert wird.[908] 510

b) Errichtung, Aufstellung, Änderung, Nutzungsänderung etc.

Während **Errichtung** der Neubau einer baulichen Anlage vom Beginn der Bauarbeiten (z.B. dem Ausheben der Baugrube) ist, bezieht sich **Aufstellung** auf bauliche Anlagen, die nur durch eigene Schwere auf dem Erdboden ruhen (vgl. § 2 II 2 Var. 1 HBO). Unter **Anbringung** ist die Verbindung einer neuen Anlage mit einer bestehenden Anlage wie z.B. die Fixierung einer Mobilfunkanlage an einem vorhandenen Gebäude zu verstehen.[909] **Änderung** ist jede erhebliche Veränderung der vorhandenen Bausubstanz, insbes. der Umbau, der Ausbau oder die Erweiterung der baulichen Anlage, wobei diese im Grundsatz erhalten bleibt. Beispiele sind das Hinzufügen oder Entfernen eines Balkons oder Aufzugs, das Austauschen des Putzes oder der Dachziegel. **Abbruch** und **Beseitigung** laufen auf eine 511

[906] Näher dazu unten Rn. 546 ff.
[907] Oben Rn. 497 ff.
[908] *Hornmann,* HBO, § 62 Rn. 11.
[909] Vgl. *Hornmann,* HBO, § 62 Rn. 15.

Entfernung der baulichen Anlage hinaus, wobei sich Beseitigung auf Anlagen bezieht, die ohne schädigenden Substanzeingriff zerlegt und/oder entfernt werden können.

512 Die Variante der **Nutzungsänderung** ist hingegen dann relevant, wenn es lediglich zu unerheblichen baulichen Veränderungen kommt. Eine Nutzungsänderung im bauplanungsrechtlichen Sinn[910] ist stets auch eine Nutzungsänderung i.S.v. § 62 I HBO.[911] Der bauordnungsrechtliche Begriff der HBO ist allerdings **weiter**, da er nicht notwendig planungsrechtliche Erheblichkeit voraussetzt. Da indes nicht jede noch so kleine Nutzungsänderung eine neue Genehmigungspflicht auslösen kann, ist problematisch, wann die Schwelle zur Nutzungsänderung gem. § 62 I HBO überschritten ist. Insofern gilt:

513 Eine **Nutzungsänderung** i.S.d. § 62 I HBO liegt vor, wenn eine vorhandene bauliche Anlage in der Weise anders genutzt wird, dass die neue Nutzung anderen oder weitergehenden Anforderungen bauordnungs- oder bauplanungsrechtlicher Art unterworfen ist oder unterworfen werden kann. Es genügt also die Möglichkeit, dass die Zulässigkeit des geänderten Vorhabens nach den Bauvorschriften anders zu beurteilen ist.[912]

Beispiele:
- Ein zu Wohnzwecken genutztes Gebäude soll zukünftig gewerblich oder freiberuflich (z.B. als Anwaltskanzlei) genutzt werden.[913]
- Umwandlung eines Gaststättensaals in eine Diskothek[914]
- Eine Gaststätte wird durch Aufstellung weiterer Münzspielgeräte in eine Spielhalle umgewandelt.[915]
- Umwandlung eines Ladengeschäfts in ein Sportwettbüro[916]
- Umwandlung einer Lagerhalle in eine Metallwerkstatt[917] oder einen Internet-Versandhandel[918]

2. Ausnahmen von der Genehmigungspflicht

514 Gem. § 62 I 2 HBO bedürfen Instandhaltungsarbeiten keiner Baugenehmigung. **Instandhaltungsarbeiten** dienen der Erhaltung und Wiederherstellung der Tauglichkeit zum ordnungsgemäßen Gebrauch der Anlage und damit letztlich oft der Abwehr von Gefahren insbes. von Leib und Leben.[919]

Naturgemäß ist die Abgrenzung insbes. zur baugenehmigungspflichtigen Änderung i.S.d. § 62 I 1 HBO nicht immer einfach. Eine Instandhaltungsarbeit muss sich regelmäßig auf den Ausgleich normaler Abnutzung oder Alterung beschränken. Äußeres Erscheinungsbild und Substanz der Anlage müssen dabei grds. erhalten bleiben.[920]

515 Gem. § 62 I 1 HBO besteht die Genehmigungspflicht nur, soweit in den §§ 63, 64, 78, 79 HBO oder aufgrund des § 89 IV 1 Nr. 1 HBO nichts anderes bestimmt ist. Liegt daher

---

910 Oben Rn. 290 ff.
911 Vgl. *Hornmann,* HBO, § 62 Rn. 19.
912 Vgl. BeckOK BauordnungsR Hessen/*Schild*, § 62 HBO Rn. 18.
913 Vgl. HessVGH BRS 52 Nr. 60.
914 HessVGH NVwZ 1983, 687.
915 Vgl. HessVGH NVwZ 1987, 428.
916 HessVGH NVwZ-RR 2007, 81.
917 HessVGH NVwZ 1985, 429.
918 VG Frankfurt LKRZ 2011, 181.
919 Vgl. *Hornmann,* HBO, § 62 Rn. 85.
920 Vgl. *Hornmann,* HBO, § 62 Rn. 86.

ein Vorhaben i. S. v. § 62 I 1 HBO vor, ist im nächsten Schritt zu prüfen, ob dieses nicht aufgrund einer der genannten Regelungen ausnahmsweise **genehmigungsfrei** ist.

Wichtig ist, dass diese Vorschriften – wie auch § 62 I 2 HBO – **nur** dazu führen, dass keine Baugenehmigung gem. § 62 I 1 HBO erforderlich ist. Die einschlägigen bauplanungs- und bauordnungsrechtlichen Vorschriften müssen diese Vorhaben also dessen ungeachtet erfüllen. Dies ergibt sich auch ausdrücklich aus **§ 62 II HBO,** nach dem Anlagen, auch soweit eine bauaufsichtliche Prüfung entfällt, den öffentlich-rechtlichen Vorschriften entsprechen müssen. Für die Erfüllung der Vorgaben ist dann gem. **§ 55 HBO die Bauherrschaft selbst verantwortlich.**

Übersicht 16: Ausnahmen vom Genehmigungserfordernis 516

	Betrifft	Folge	Voraussetzungen	Merkposten
§ 63 HBO	Kleinere Vorhaben gem. Anlage HBO	Keine Baugenehmigung erforderlich (§ 63 HBO)	Vorhaben i.S.d. Anlage HBO	Oft greift Freistellungsvorbehalt gem. Abschnitt V Anlage HBO ein
§ 64 HBO	(Auch größere) Vorhaben im qualifiziert beplanten Bereich	Keine Baugenehmigung erforderlich (§ 64 I 1 HBO)	§ 64 I, II HBO v.a.: im Geltungsbereich eines qualifizierten Beb.-Plans, kein Sonderbau, keine Ausnahme/Befreiung erforderlich	Gemeinde kann gem. § 64 I 1 Nr. 5, III 4 HBO in Monatsfrist Genehmigungsverfahren anordnen
§ 78 HBO	Fliegende Bauten	Bedürfen nur einer für max. 5 Jahre erteilten Ausführungsgenehmigung	§ 78 I HBO	Statt Baugenehmigung Ausführungsgenehmigung gem. § 78 II HBO
§ 79 HBO	Vorhaben in öffentlicher Trägerschaft	Statt Genehmigungsverfahren Zustimmung der Bauaufsichtsbehörde	§ 79 I HBO	Findet *de facto* nur auf Vorhaben des Bundes und der Länder Anwendung

a) Baugenehmigungsfreie Vorhaben gem. § 63 i.V.m. Anlage HBO

Gem. § 63 HBO bedürfen Vorhaben i.S.d. § 62 I 1 HBO nach Maßgabe der Anlage HBO 517 keiner Baugenehmigung. Die Anlage zu § 63 HBO stellt eine Fülle vor allem kleinerer Vorhaben genehmigungsfrei.

Gegliedert ist sie in fünf Abschnitte: Den Hauptteil bilden genehmigungsfreie Fälle der Er- 518 richtung, Aufstellung und Anbringung (I). Weniger umfangreich sind die Abschnitte über genehmigungsfreie Fälle des Ausbaus, der Auswechselung sowie der baulichen Änderung (II), der Nutzungsänderung (III) und des Abbruchs sowie der Beseitigung (IV).

Abschnitt V enthält hingegen die sog. **Freistellungsvorbehalte.** Dabei handelt es sich um zusätzliche Voraussetzungen einer Genehmigungsfreistellung, die zu prüfen sind, wenn in den einzelnen Freistellungstatbeständen auf einen dieser Vorbehalte Bezug genommen wird.

So sind etwa gem. § 63 HBO i.V.m. Abschnitt I Nr. 1.2 Anlage HBO Garagen bis 50 qm Brutto-Grundfläche nur unter dem Vorbehalt des Abschnitts V Nr. 1 der Anlage genehmigungsfrei. Hier ist daher zusätzlich der entsprechende Vorbehalt zu prüfen.

519 Greift der praktisch wichtige **Vorbehalt des Abschnitts V Nr. 1 Anlage HBO „Beteiligung der Gemeinde"** ein, ist der Gemeinde das beabsichtigte Vorhaben anzuzeigen, worauf diese – in knapper Frist von 14 Tagen – anordnen kann, dass als Rückausnahme von der Ausnahme doch ein Baugenehmigungsverfahren durchgeführt werden muss. Alternativ kann die Gemeinde eine vorläufige Untersagung gem. § 15 I 2 BauGB beantragen.[921]

520 Oft ist auch der **Vorbehalt aus Abschnitt V Nr. 3 Anlage HBO** anwendbar, nach dem das Vorhaben erst ausgeführt werden darf, wenn eine hierfür nach § 68 III 2 HBO berechtigte Person die statisch-konstruktive Unbedenklichkeit festgestellt und bescheinigt hat. Dies dient ebenso wie der **Vorbehalt des Abschnitts V Nr. 5 Anlage HBO,** nach dem die Bauherrschaft eine branchenspezifische Fachfirma mit der Ausführung des Vorhabens zu beauftragen hat, der Gefahrenabwehr durch Einbeziehung von Fachleuten.

Wichtig ist bei alledem auch, dass die von § 63 HBO i.V.m. der Anlage erfassten kleineren Vorhaben nur dann genehmigungsfrei sind, wenn sie selbständig als Einzelvorhaben ausgeführt werden sollen. Sind sie hingegen unselbständiger Teil eines einheitlich auszuführenden genehmigungspflichtigen Gesamtvorhabens, unterfallen auch sie der Genehmigungspflicht, eine Aufteilung in genehmigungspflichtige und genehmigungsfreie Teile ist also nicht zulässig.[922]

b) Ausnahmen im qualifiziert beplanten Bereich (§ 64 HBO)

521 § 64 I HBO erstreckt die Genehmigungsfreiheit auch auf größere Vorhaben, die **keine Sonderbauten** sind. Dafür muss das Vorhaben gem. § 64 I 1 HBO insbes. **im Geltungsbereich eines (qualifizierten) Bebauungsplans i.S.d. § 30 I BauGB** oder der §§ 12, 30 II BauGB liegen, keiner bauplanungsrechtlichen Ausnahme oder Befreiung gem. § 31 BauGB oder bauordnungsrechtlichen Abweichung gem. § 73 HBO bedürfen und die Erschließung i.S.d. BauGB gesichert sein.

522 Ob ein Vorhaben einen **Sonderbau** darstellt, ist nicht nur für die Frage der Genehmigungsfreiheit von Bedeutung. Vor allem entscheidet die Sonderbaueigenschaft, wenn eine Genehmigungspflicht besteht, maßgeblich darüber, ob statt des vereinfachten Genehmigungsverfahrens gem. § 65 HBO das nicht vereinfachte gem. § 66 HBO einschlägig ist.[923]

523 **Sonderbauten** sind bauliche Anlagen und Räume besonderer Art oder Nutzung, die einen in **§ 2 IX Nr. 1–18 HBO** genannten Tatbestand erfüllen.

Wichtige Beispiele sind **Hochhäuser** (§ 2 IX Nr. 1 HBO: Gebäude von mehr als 22 m Höhe), Gebäude mit mehr als 1.600 m² Grundfläche des Geschosses mit der größten Ausdehnung, ausgenommen Wohngebäude (Nr. 3), Verkaufsstätten, deren Verkaufsräume und Ladenstraßen mehr als 2.000 m² Grundfläche haben (Nr. 4), Krankenhäuser (Nr. 8), **Tageseinrichtungen u.a. für Kinder** mit dem Aufenthalt von Kindern dienenden Räumen außerhalb

[921] Dazu oben Rn. 249 ff.

[922] Vgl. BbgOVG, Beschl. v. 14.10.2009, 2 S 54/09, BeckRS 2009, 40107; *Hornmann*, HBO, § 63 Rn. 13.

[923] Dazu näher unten Rn. 531 ff.

des Erdgeschosses, ausgenommen Einrichtungen der Tagespflege für nicht mehr als zehn Kinder (Nr. 10 lit. a), Schank- und Speisegaststätten mit insgesamt mehr als 120 m^2 Grundfläche der Gasträume oder mit nicht im Erdgeschoss liegenden Gasträumen von insgesamt mehr als 70 m^2 Grundfläche (Nr. 11 lit. a), **Schulen, Hochschulen** und ähnliche Einrichtungen (Nr. 12) sowie Fliegende Bauten, soweit sie einer Ausführungsgenehmigung bedürfen (Nr. 14). Ist keiner der Tatbestände des § 2 IX Nr. 1–17 HBO einschlägig, ist stets auch der **Auffangtatbestand des § 2 IX Nr. 18 HBO** zu prüfen: Danach sind Sonderbauten auch „sonstige bauliche Anlagen oder Räume, durch deren besondere Art oder Nutzung die sie nutzenden Personen oder die Allgemeinheit in vergleichbarer Weise gefährdet oder unzumutbar benachteiligt oder belästigt werden können".

Die Ausnahme von der Genehmigungspflicht steht gem. § 64 I 1 Nr. 5 HBO zudem unter dem Vorbehalt, dass die Gemeinde binnen einer Frist von einem Monat nach Eingang der Bauvorlagen weder erklärt, dass ein Baugenehmigungsverfahren durchgeführt werden soll, noch eine vorläufige Untersagung nach § 15 I 2 BauGB beantragt. Dies gibt der Gemeinde die Möglichkeit, Vorhaben, bei denen sie dies für erforderlich erachtet, selektiv doch einem Genehmigungsverfahren zu unterwerfen bzw. es vorläufig zu untersagen. 524

Übersicht 17: Prüfschema Genehmigungsfreiheit gem. § 64 HBO 525

Baugenehmigungsfreiheit gem. § 64 HBO

1. **Kein Sonderbau** i.S.v. § 2 IX HBO (§ 64 I 1 HBO).
2. Vorhaben liegt **im Geltungsbereich eines qualifizierten (auch vorhabenbezogenen) Bebauungsplans** i.S.v. § 30 I bzw. §§ 30 II, 12 BauGB (§ 64 I 1 Nr. 1 HBO).
3. Vorhaben **bedarf keiner Ausnahme oder Befreiung** gem. § 31 BauGB (§ 64 I 1 Nr. 2 HBO).
4. **Erschließung** i.S.d. BauGB ist gesichert (§ 64 I 1 Nr. 3 HBO).
5. Vorhaben **bedarf keiner Abweichung von Vorschriften der HBO oder von Vorschriften, die aufgrund der HBO erlassen worden sind, gem. § 73 HBO** (§ 64 I 1 Nr. 4 HBO).
6. Gemeinde erklärt **nicht** innerhalb der Monatsfrist nach § 64 III 4 HBO, **dass ein Baugenehmigungsverfahren durchgeführt werden soll,** oder **beantragt eine vorläufige Untersagung** nach § 15 I 2 BauGB (§ 64 I 1 Nr. 5 HBO).

c) Ausnahme für Fliegende Bauten (§ 78 HBO)

Fliegende Bauten sind gem. § 78 I 1 HBO bauliche Anlagen, die geeignet und bestimmt sind, an verschiedenen Orten wiederholt aufgestellt und zerlegt zu werden (z.B. Festzelte, Traglufthallen, Fahrgeschäfte für Volksfeste). Nicht als Fliegende Bauten gelten gem. § 78 I 2 HBO Baustelleneinrichtungen und Baugerüste. Nach der Grundregel des § 62 I 1 HBO wäre für jeden Fall der wiederholten Aufstellung Fliegender Bauten eine Baugenehmigung erforderlich. Da dies insbes. bei häufig auf- und abzubauenden Vorhaben nicht praktikabel ist, ordnet § 78 II 1 HBO an, dass für Fliegende Bauten lediglich vor der ersten Errichtung eine sog. **Ausführungsgenehmigung** einzuholen ist, die gem. § 78 IV 1 HBO für eine Frist von maximal fünf Jahren erteilt wird. 526

Für die Erteilung dieser Ausführungsgenehmigung gelten die allgemeinen Vorschriften für Baugenehmigungsverfahren.[924] Da Fliegende Bauten, soweit sie einer Ausführungsgenehmigung bedürfen, gem. § 2 IX Nr. 14 HBO Sonderbauten sind, ist für die Erteilung der Geneh- 527

[924] *Hornmann*, HBO, § 78 Rn. 15.

migung das nicht vereinfachte Verfahren gem. § 66 HBO einschlägig.[925] In Gebrauch genommen werden dürfen sie in jedem einzelnen Aufstellungsfall gem. § 78 VI 1 HBO nur dann, wenn ihre Aufstellung der Bauaufsichtsbehörde des Aufstellungsortes unter Vorlage des Prüfbuches mindestens drei Tage vor Inbetriebnahme schriftlich angezeigt worden ist.

Werden solche Bauten allerdings ortsfest aufgestellt, etwa indem ein Fahrgeschäft dauerhaft in einem Vergnügungspark installiert oder ein Verkaufsstand täglich an derselben Stelle errichtet wird, sind sie nicht mehr dazu „bestimmt", an verschiedenen Orten wiederholt aufgestellt und zerlegt zu werden. Sie sind damit nicht mehr Fliegende Bauten i.S.d. § 78 I 1 HBO und unterliegen folglich dem allgemeinen Genehmigungserfordernis des § 62 I 1 HBO.[926]

d) Ausnahme für Vorhaben in öffentlicher Trägerschaft (§ 79 HBO)

528 Eine weitere Ausnahme vom Genehmigungserfordernis gilt für Vorhaben in öffentlicher Trägerschaft. Diese bedürfen gem. § 79 I 1 HBO keiner Baugenehmigung, wenn die Leitung der Entwurfsarbeiten einer Baudienststelle des Bundes oder eines Landes übertragen ist und die Baudienststelle entsprechend § 60 II HBO besetzt ist. Obwohl z.B. auch Gemeinden und Kreise öffentliche Träger sind, führen diese Voraussetzungen dazu, dass *de facto* nur Vorhaben des Bundes und eines Landes von § 79 HBO profitieren.[927] An Stelle einer Baugenehmigung ist hier gem. § 79 I 2 HBO die **Zustimmung der Bauaufsichtsbehörde** erforderlich, die jedoch unter den Voraussetzungen des § 79 I 3, 4 HBO entfällt. Der Umfang der bauaufsichtlichen Prüfung im Zustimmungsverfahren ist zudem auf die in § 79 II HBO genannten Aspekte beschränkt.

III. Verfahrensrechtliche Voraussetzungen einer Baugenehmigung

529 Ist für das Vorhaben gem. §§ 62 ff. HBO eine Baugenehmigung erforderlich, ist in den nächsten beiden Schritten zu prüfen, ob die formellen und die materiellen Genehmigungsvoraussetzungen gem. § 74 I HS 1 HBO erfüllt sind. Ist dies der Fall, besteht gem. § 74 I HS 1 HBO ein **Anspruch (subjektives öffentliches Recht) auf Erteilung der Baugenehmigung.** Die formellen und materiellen Anforderungen sind zugleich die Rechtmäßigkeitsvoraussetzungen einer bereits erteilten Baugenehmigung.

530 Sowohl wenn ein Anspruch auf Erteilung einer Baugenehmigung zu prüfen ist als auch wenn es um die Rechtmäßigkeit einer bereits erteilten Baugenehmigung geht, sind – wie gewohnt – zunächst die formellen und dann die materiellen Voraussetzungen in den Blick zu nehmen. Verstößt eine erteilte Baugenehmigung gegen Form- und Verfahrensvorschriften der HBO, richtet sich die Rechtsfolge – mangels Spezialregelung in der HBO – nach den allgemeinen Regeln der §§ 44 ff. HVwVfG.

531 Die HBO kennt **zwei Genehmigungsverfahren:** das nicht vereinfachte (herkömmliche) Genehmigungsverfahren gem. §§ 66, 69 ff. HBO und das vereinfachte gem. §§ 65, 69 ff. HBO.

In ihrem formellen Ablauf unterscheiden sich die Verfahren allerdings nur geringfügig voneinander. Die im Folgenden dargestellten Regelungen der §§ 69 ff. HBO für das herkömmliche Verfahren finden mit nur einer Modifikation auch im vereinfachten Verfahren Anwendung. Der einzige bedeutende verfahrensbezogene Unterschied liegt darin, dass im vereinfachten Verfahren mit Ablauf von drei Monaten nach Eingang des vollständigen Bauantrags gem. § 65 II 3 HBO die Genehmigung fingiert wird. **Wichtiger sind die Unterschiede im** an-

[925] Dazu näher unten Rn. 533 ff.
[926] Vgl. HessVGH BauR 1984, 618.
[927] *Hermes*, § 6 Rn. 93.

zuwendenden materiellen **Prüfungsmaßstab:** Nur im nicht vereinfachten Verfahren gem. § 66 S. 1 Nr. 2 HBO ist auch die Vereinbarkeit mit den bauordnungsrechtlichen Vorschriften der HBO und aufgrund der HBO zu prüfen.

Übersicht 18: Vereinfachtes und nicht vereinfachtes Baugenehmigungsverfahren 532

Baugenehmigungsverfahren

Vereinfachtes (§ 65 HBO)

- Gesetzlicher Regelfall
- Eingeschränkter materieller Prüfungsumfang: Grds. kein Bauordnungsrecht (§ 65 I 1 HBO)
- Genehmigungsfiktion nach Ablauf von 3 Monaten (§ 65 II 3 i.V.m. 2 HBO)

Nicht vereinfachtes (§ 66 HBO)

- Bei Sonderbauten, § 2 IX HBO
- Prüfungsumfang: Auch Bauordnungsrecht (§ 66 S. 1 Nr. 2 HBO)
- Keine Genehmigungsfiktion

1. Nicht vereinfachtes Genehmigungsverfahren (§§ 66, 69 ff. HBO)

Übersicht 19: Schritte des Genehmigungsverfahrens gem. §§ 69 ff. HBO 533

Prüfungsschritte des Genehmigungsverfahrens gem. §§ 69 ff. HBO

1. Ordnungsgemäßer **Bauantrag** gem. § 69 HBO
2. **Anhörung/Beteiligung** der Gemeinde und anderer Stellen gem. § 70 I HBO
3. Beteiligung (**Benachrichtigung**) der **Nachbarschaft** gem. § 71 HBO
4. Formell ordnungsgemäße **Baugenehmigung** gem. § 74 HBO bzw. Ablehnung der Erteilung der Baugenehmigung

a) Bauantrag (§ 69 HBO)

Die Details beider Baugenehmigungsverfahren sind in §§ 69 ff. HBO geregelt. Daneben 534
ist ergänzend das HVwVfG anzuwenden. Formelle Voraussetzung der Genehmigung ist zunächst die Einreichung eines **Bauantrags** bei der zuständigen Bauaufsichtsbehörde (§ 69 HBO). Ohne Bauantrag darf keine Baugenehmigung erteilt werden.

Dem Bauantrag sind gem. § 69 II 1 HBO alle für die Beurteilung des Vorhabens und 535
die Bearbeitung des Bauantrags erforderlichen **Bauvorlagen** und gem. § 69 II 3 HBO für Vorhaben nach § 67 I HBO ein Nachweis der Bauvorlageberechtigung beizufügen. Entwurfsverfasser, die Bauvorlagen für die baugenehmigungspflichtige oder für die nach den §§ 64 oder 79 HBO zu behandelnde Errichtung und Änderung von Gebäuden fertigen, müssen nämlich gem. § 67 I 1 HBO grds. bauvorlageberechtigt i.S.d. § 67 II–IV HBO sein.

§ 69 I HBO sieht nicht mehr ausdrücklich ein **Schriftformerfordernis** für den Bauantrag vor.[928] Allerdings ist dieser gem. § 69 V 1 1. Alt. HBO von der Bauherrschaft und von der für den Entwurf verantwortlichen Person (ggf. elektronisch) zu unterschreiben. Die Ermächtigung aus § 69 II 4 HBO, u.a. Inhalt, Art, Form und Umfang des Bauantrags und der Bauvorlagen sowie die Verwendung von Vordrucken festzulegen, hat das Hessische Wirtschaftsministerium in Form des zusammen mit der HBO 2018 am 7.7.2018 in Kraft getretenen **Bauvorlagenerlasses (BVErl)** v. 13.6.2018 (Hess. StAnz. 2018, 788) genutzt, der nun m.W.v. 1.3.2022 durch den neuen BVErl 2022 vom 20.1.2022 ersetzt wurde.[929] Anlage 1 BVErl 2022 enthält verbindliche Vordrucke für schriftliche Bauanträge etc. Als Pionier der Digitalisierung im Baurecht hat Hessen 2018 zudem in § 62 V HBO eine – allerdings kritikwürdige, weil wenig praktikable – dezentrale Lösung eingeführt, nach der jede untere Bauaufsichtsbehörde ein **elektronisches Verfahren** zur Verfügung stellen kann, das eine sichere und nachvollziehbare Verknüpfung der Erklärungen mit der Person des Erklärenden gewährleisten muss.[930] Soweit die zuständige untere Bauaufsichtsbehörde gem. § 62 V HBO das elektronische Verfahren eingeführt hat, ist die Verwendung der Vordrucke von der jeweiligen Portallösung abhängig. Derzeit entwickelt das Land Hessen zusammen mit Vertretern der unteren Bauaufsichtsbehörden sowie dem beauftragten Dienstleister ekom21 allerdings auf der Grundlage von § 62 V HBO auch endlich eine landesweite Portallösung für elektronische Verfahren, das Bauportal Hessen.[931]

536 Der Bauantrag leitet das Baugenehmigungsverfahren ein. Sind der Antrag oder die Bauvorlagen allerdings so unvollständig, dass sie nicht bearbeitet werden können, kann die Bauaufsichtsbehörde sie gem. § 70 II 1 HBO ohne Entscheidung in der Sache zurückweisen. Zur Beseitigung geringfügiger Mängel soll die Behörde gem. § 70 II 2 HBO zunächst eine Frist setzen. Werden die Mängel innerhalb der Frist nicht behoben, gilt der Antrag gem. § 70 II 3 HBO als zurückgenommen.

b) Anhörung und Beteiligung der Gemeinde sowie anderer Stellen (§ 70 HBO)

537 Die Bauaufsichtsbehörde hat gem. § 70 I 1 Alt. 1 HBO im Genehmigungsverfahren die **Gemeinde zu beteiligen oder anzuhören.** Die in Nr. 1 und 2 von § 70 I 1 HBO aufgestellten Voraussetzungen gelten nur für die in der 2. Alt. des § 70 I 1 HBO angesprochenen anderen Stellen, also nicht für Gemeinden.[932] Daraus folgt, dass die Gemeinde (wegen ihrer Ortskenntnis sowie Sach- und Fachkunde) stets mindestens anzuhören ist. Intensiver als durch bloße Anhörung ist die Gemeinde zu beteiligen, soweit dies gesetzlich vorgeschrieben ist. Wichtigstes Beispiel ist **das im Rahmen von § 36 BauGB erforderliche gemeindliche Einvernehmen.** Ein rechtswidrig verweigertes Einvernehmen der Gemeinde kann die untere Bauaufsichtsbehörde jedoch – wie gesehen – gem. § 36 II 3 BauGB ersetzen.[933]

538 Anhörung und Beteiligung erfolgen im Regelfall schriftlich unter Beifügung des Bauantrags und der relevanten Bauvorlagen in Kopie.[934] Durch ihre Stellungnahme kann die Gemeinde auf die Entscheidung beratend Einfluss nehmen. Eine Bindungswirkung kommt der Stellungnahme der Gemeinde hingegen nicht zu.

---

[928] Näher dazu: *Hornmann*, HBO, § 69 Rn. 12.

[929] Hess. StAnz. 2022, 223; abzurufen auch unter: https://wirtschaft.hessen.de/Wohnen-Bauen/Bauvorschriften/Dokumente-und-Vordrucke.

[930] *Hornmann*, HBO, § 62 Rn. 103 ff.; *Will*, ÖffBauR, 2. Aufl. 2022, Rn. 658.

[931] Vgl. den BVErl 2022.

[932] *Hornmann*, HBO, § 70 Rn. 9.

[933] Oben Rn. 471 ff.

[934] *Hornmann*, HBO, § 70 Rn. 7.

Andere Stellen sind gem. § 70 I 1 Alt. 2 HBO nur in zwei Fällen anzuhören oder zu beteiligen: Zum einen wenn dies durch Rechtsvorschrift vorgeschrieben ist (Nr. 1), zum anderen wenn ohne ihre Stellungnahme die Genehmigungsfähigkeit des Bauantrags nicht beurteilt werden kann (Nr. 2). Dies ist der Fall, wenn dafür eine spezifische Fachkunde erforderlich ist, die der Bauaufsichtsbehörde fehlt.[935] Das Maß der Beteiligung hängt davon ab, ob die einschlägige Vorschrift die Herstellung des Benehmens, des Einvernehmens oder die Einholung der Zustimmung verlangt.[936] Fehlen Einvernehmen oder Zustimmung, darf die Baugenehmigung nicht erteilt werden. Wird hingegen – wie etwa gem. § 16 I 2 HAGBNatSchG bei Bauvorhaben in Natura-2000-Gebieten – lediglich eine Entscheidung „im Benehmen" mit der anderen Stelle verlangt, muss die Baugenehmigungsbehörde dieser lediglich die erforderlichen Informationen zur Verfügung stellen und dann deren Stellungnahme bei ihrer Entscheidung berücksichtigen.[937] 539

Ein **Bsp.** für eine Zustimmungspflicht einer anderen Stelle gem. § 70 I 1 Nr. 1 HBO ist die Zustimmung der Straßenbaubehörde zu Baugenehmigungen, die unter den Voraussetzungen des § 23 II HStrG für bauliche Anlagen an Straßen erforderlich ist.

Hat die Gemeinde oder Stelle dem Vorhaben bereits vor Einleitung des Baugenehmigungsverfahrens zugestimmt, entfällt gem. § 70 I 2 HBO die Beteiligung oder Anhörung. 540

Der Verfahrensbeschleunigung dient auch § 70 I 3 HS 1 HBO, wonach ein für die Erteilung der Baugenehmigung erforderlicher förmlicher Mitwirkungsakt (Benehmen, Einvernehmen, Zustimmung) einer anderen Stelle **als erteilt gilt,** wenn er nicht innerhalb eines Monats nach Eingang des Ersuchens verweigert wird.

Dabei bleiben gem. § 70 I 3 HS 2 HBO von dieser Frist abweichende Regelungen durch Rechtsvorschrift unberührt. Dies hat vor allem für das gemeindliche Einvernehmen gem. § 36 I BauGB Bedeutung, für das die vorrangige Fiktionsregelung des § 36 II 2 BauGB (zwei Monate nach Eingang des Ersuchens der Genehmigungsbehörde) gilt.[938] 541

c) Beteiligung der Nachbarschaft (§ 71 HBO)

Die Bauaufsichtsbehörde soll gem. § 71 I 1 HS 1 HBO die Nachbarschaft benachrichtigen, bevor von Vorschriften, die deren Schutz dienen, Abweichungen, Ausnahmen oder Befreiungen zugelassen werden. Dies gilt gem. § 72 I 1 HS 2 HBO auch, wenn die angewandte Abweichungs-, Ausnahme- oder Befreiungsvorschrift nachbarschützend ist. Nachbarn können gem. § 71 I 2 HBO innerhalb von zwei Wochen nach ihrer Benachrichtigung bei der Behörde Einwendungen vorbringen. Ein Fristversäumnis lässt materielle Nachbarrechte allerdings **unberührt.**[939] 542

Wird entgegen einer solchen Einwendung eine Abweichung, Ausnahme oder Befreiung zugelassen, ist dies dem Nachbarn, der die Einwendung erhoben hat, gem. § 71 III 1 HBO bekannt zu geben. Zudem sind im Einwendungsfall Abweichungen etc. von nachbarschützenden öffentlich-rechtlichen Vorschriften bei der Genehmigung gem. § 73 V 1 i.V.m. § 71 I 2 HBO zu begründen. 543

Die allgemeine Pflicht zur Anhörung von Nachbarn als Beteiligten im Verwaltungsverfahren gem. § 28 i.V.m. § 13 HVwVfG ist hingegen gem. § 71 III 2 HBO ausgeschlossen.

---

[935] Beispiele bei *Hornmann,* HBO, § 70 Rn. 30 ff.
[936] Vgl. § 70 I 3 HBO.
[937] *Hermes,* § 6 Rn. 109.
[938] Dazu oben Rn. 463 f.
[939] *Hornmann,* HBO, § 71 Rn. 94.

d) Erteilung oder Ablehnung der Baugenehmigung (§ 74 HBO)

544 Das Verfahren wird durch Erteilung oder Ablehnung der Baugenehmigung abgeschlossen. Dafür gelten bestimmte Form- und Begründungsanforderungen: Die Baugenehmigung bedarf gem. § 74 III 1 HBO der **Schriftform.** Gestrichen wurde allerdings im Einklang mit der MBO der frühere § 64 III 1 HS 2 HBO a.F., nach dem die elektronische Form ausgeschlossen war, so dass ein rein elektronisches Genehmigungsverfahren in Hessen möglich ist ist (vgl. § 62 IV, V HBO).[940] Der Baugenehmigung ist gem. § 74 III 2 HBO als Bestandteil eine Ausfertigung der mit einem Genehmigungsvermerk versehenen Bauvorlagen beizufügen. Abgesehen von der oben angesprochenen Begründungspflicht von Abweichungen, Ausnahmen und Befreiungen gem. § 73 V HBO[941] bedarf die Baugenehmigung gem. § 74 III 3 HBO keiner Begründung. Die Gemeinde ist gem. § 74 VI 1 HBO unverzüglich u.a. von der Erteilung oder Ablehnung der Baugenehmigung zu unterrichten. Die Ablehnung hat gem. § 37 II HVwVfG auf Verlangen schriftlich zu ergehen.

Um die Anfechtungsfristen (§§ 70, 74 VwGO) in Gang zu setzen, empfiehlt es sich, die Baugenehmigung nicht nur solchen Nachbarn, entgegen deren Einwendungen eine Abweichung etc. erteilt worden ist, sondern allen Nachbarn, in deren Rechte die Baugenehmigung eingreifen kann, bekannt zu geben.[942] Dabei ist auf eine ordnungsgemäße Rechtsbehelfsbelehrung zu achten, da sich sonst die Anfechtbarkeit gem. § 58 II VwGO auf ein Jahr verlängert.[943]

545 Die Baugenehmigung wird gem. §§ 41 II, 43 I 1 HVwVfG mit ihrer Bekanntgabe gegenüber dem Antragsteller **wirksam.** Eine förmliche Zustellung sieht die HBO nicht vor.

Angemerkt sei abschließend, dass die Baugenehmigung gem. § 61 V HBO auch für und gegen den **Rechtsnachfolger** des Antragstellers wirkt (bspw. wenn der Antragsteller das Grundstück veräußert hat).

e) Erlöschen der Baugenehmigung

Die Baugenehmigung **erlischt** gem. § 43 II Var. 5 HVwVfG („auf andere Weise erledigt") i.V.m. § 74 VII 1 HBO auch, wenn innerhalb von drei Jahren nach ihrer Erteilung mit der Ausführung des Bauvorhabens nicht begonnen oder die Bauausführung ein Jahr unterbrochen worden ist. Gem. § 74 VII 2, 3 HBO kann diese Frist auf schriftlichen Antrag allerdings um jeweils bis zu zwei Jahre verlängert werden.

Aufgrund aktueller Rspr. ist auch die Frage wieder relevant, unter welchen Voraussetzungen die Baugenehmigung für ein **nicht mehr genutztes Gebäude** erlischt, was dann – insbes. im Außenbereich gem. § 35 BauGB – Grundlage für eine Beseitigungsanordnung sein kann. Eine längere Nichtnutzung kann beim Hinzutreten weiterer Umstände nämlich als Verzicht gedeutet werden, der wiederum zu einer Erledigung der Baugenehmigung „auf andere Weise" i.S.d. § 43 II Var. 5 HVwVfG führt.[944] Dafür müssen nach neuerer Rspr. allerdings Umstände vorliegen, die auf einen **dauerhaften Verzichtswillen** des Berechtigten schließen lassen, woran angesichts der erheblichen Konsequenzen hohe Anforderungen zu stellen sind; der dauerhafte und endgültige Verzichtswille muss unzweifelhaft zum Ausdruck kommen.[945] Ein wesentliches Indiz für einen solchen Verzichtswillen kann sich daraus ergeben, dass der Eigentümer sich durch

---

940 Oben Rn. 535; *Hornmann,* HBO, § 74 Rn. 19.
941 Oben Rn. 543.
942 *Will,* ÖffBauR, 2. Aufl. 2022, Rn. 671.
943 Dazu näher unten Rn. 634.
944 Näher zum Ganzen: *Will,* ÖffBauR, 2. Aufl. 2022, Rn. 674.
945 SächsOVG NVwZ-RR 2020, 469 Rn. 44 f.

sein Verhalten selbst bestehender Nutzungsmöglichkeiten begibt, indem er etwa die bauliche Anlage bewusst dem Verfall preisgibt.[946]

2. Vereinfachtes Genehmigungsverfahren (§§ 65, 69 ff. HBO)

Das vereinfachte Baugenehmigungsverfahren findet auf die in § 65 I 1 HBO genannten Vorhaben Anwendung, bei denen die Voraussetzungen der Genehmigungsfreiheit nach § 64 HBO **nicht** vorliegen. 546

Ausgenommen vom vereinfachten Verfahren sind gem. § 65 I 1 HBO danach vor allem **Sonderbauten** i.S.d. § 2 IX HBO.[947] 547

Vorhaben, bei denen die Voraussetzungen des § 64 HBO vorliegen, sind – wie gesehen – sogar insgesamt genehmigungsfrei.[948] Alle anderen Vorhaben unterliegen gem. § 65 I 1 HBO dem vereinfachten Genehmigungsverfahren. Seit dessen Anwendungsbereich mit den HBO-Novellen 2002 und 2011 erheblich erweitert worden ist, ist das **vereinfachte Verfahren gem. § 65 HBO in Hessen das baurechtliche Regelverfahren.**[949]

Dem nicht vereinfachten Verfahren gem. § 66 HBO unterfallen gem. § 66 S. 2 HBO ferner die – in § 64 I 1 HBO nicht erwähnten – Fälle des Abrisses und der Beseitigung baulicher Anlagen, es sei denn, diese sind gem. § 63 HBO etc. genehmigungsfrei. Im Ergebnis kommt das nicht vereinfachte (herkömmliche) Genehmigungsverfahren gem. § 66 HBO daher heute **grds. nur noch bei Sonderbauten sowie in einzelnen Fällen des Abrisses und der Beseitigung** zur Anwendung. 548

Die wichtigste Modifikation des § 65 HBO im Vergleich zu § 66 HBO ist – wie ausgeführt – materiellrechtlicher Natur, indem im vereinfachten Verfahren gem. § 65 I HBO grds. kein Bauordnungsrecht geprüft wird. 549

Verfahrensrechtlich kommen im vereinfachten Verfahren grds. die oben erläuterten allgemeinen Regeln der §§ 69 ff. HBO zur Anwendung.[950] Eine Abweichung besteht insofern gem. § 65 II 2, 3 HBO allerdings darin, dass die **Baugenehmigung als erteilt gilt,** wenn über den Bauantrag nicht innerhalb von drei Monaten nach Eingang des vollständigen Antrags entschieden wurde. 550

Diese Frist wird gem. § 65 II 2 HS 1 HBO nur in Gang gesetzt, wenn der Antrag i.S.d. § 69 HBO vollständig ist.[951] Gem. § 65 II 2 HS 2 HBO kann die Bauaufsichtsbehörde die Frist aus wichtigem Grund um insgesamt bis zu zwei Monate verlängern. Wegen der Dreimonatsfrist ist der Eingang des vollständigen Bauantrags gem. § 65 II 1 HBO unter Angabe des Datums schriftlich zu bestätigen.

3. Anzeigeverfahren

Ein Verfahren, bei dem ein Vorhaben der Bauaufsichtsbehörde lediglich anzuzeigen ist, findet sich nicht als eigenständiger Verfahrenstyp in der HBO. Oben wurde allerdings bereits deutlich, dass in wichtigen Fällen der Genehmigungsfreistellung eine solche Anzeige- 551

---

[946] SächsOVG NVwZ-RR 2020, 469 Rn. 46; vgl. auch BayVGH NVwZ 2021, 1637 Rn. 15 ff.
[947] Zum Sonderbau oben Rn. 522 f.
[948] Oben Rn. 521 ff.
[949] So bereits Hess. LT-Drs. 15/3635, S. 73 zur Novelle 2002.
[950] Dazu oben Rn. 534 ff.
[951] VG Frankfurt LKRZ 2011, 181 (182).

pflicht besteht. Gerade aus Sicht des Bauherrn lassen sich diese Fälle daher durchaus als eine Art von Anzeigeverfahren charakterisieren.[952]

Bsp.: Vorhaben, die gem. § 63 i.V.m. Anlage HBO genehmigungsfrei sind, bei denen aber der Vorbehalt gem. Abschnitt V Nr. 1 Anlage HBO eingreift[953]: Der Gemeinde ist das beabsichtigte Vorhaben durch Einreichen der erforderlichen Bauvorlagen schriftlich zur Kenntnis zu geben. Begonnen werden darf mit ihm erst, wenn die Gemeinde nicht innerhalb von 14 Tagen schriftlich ein Baugenehmigungsverfahren etc. anordnet.

4. Exkurs: Abweichungsverfahren (§ 73 HBO)

552 Das sog. Abweichungsverfahren ist kein Baugenehmigungsverfahren im engeren Sinne, da in seinem Rahmen lediglich über die Zulassung von Abweichungen von bauordnungsrechtlichen Vorschriften gem. § 73 I HBO und von bauplanungsrechtlichen Ausnahmen und Befreiungen gem. § 31 BauGB entschieden wird. Solche Abweichungen, Ausnahmen und Befreiungen sind gem. § 73 II 1 HBO auch in Fällen, in denen ein Baugenehmigungsverfahren durchzuführen ist, stets gesondert schriftlich zu beantragen. Insofern lässt sich daher von einem Abweichungsverfahren sprechen. Gem. § 73 III 2 HBO sind auf dieses die §§ 65 II, 70 I, 74 III–VII, 75 I, II HBO entsprechend anwendbar, so dass es dem Genehmigungsverfahren angenähert ist.

IV. Materielle Genehmigungsvoraussetzungen

553 Die Baugenehmigung ist gem. § 74 I HS 1 HBO zu erteilen, wenn dem Vorhaben keine öffentlich-rechtlichen Vorschriften entgegenstehen, die im Baugenehmigungsverfahren zu prüfen sind.

Maßgeblicher Zeitpunkt für diese Beurteilung ist nicht die Einreichung des Bauantrags, sondern die **Entscheidung der Behörde über den Antrag.** Nach Einreichung des Bauantrags eingetretene Änderungen der Sach- und Rechtslage sind daher grds. zugunsten, aber auch zulasten der Bauherrschaft zu beachten.[954]

Beispiele: Inkrafttreten eines Bebauungsplans oder einer Veränderungssperre gem. § 14 BauGB, Veränderungen der tatsächlichen Verhältnisse in der näheren Umgebung im Rahmen von § 34 I BauGB.

554 Welche öffentlich-rechtlichen Vorschriften im jeweiligen Baugenehmigungsverfahren zu prüfen sind, hängt – wie gesehen – davon ab, ob das vereinfachte Verfahren gem. § 65 HBO oder das nicht vereinfachte Verfahren gem. § 66 HBO einschlägig ist. Liegen die jeweils zu prüfenden Voraussetzungen vor, besteht gem. § 74 I i.V.m. §§ 65 f. HBO grds. ein **Anspruch** (subjektives öffentliches Recht) auf Erteilung der Baugenehmigung.

555 **Übersicht 20: Anspruch auf Erteilung einer Baugenehmigung gem. § 74 I HBO**

Subjektives öffentliches Recht auf Erteilung einer Baugenehmigung
1. Anspruchsgrundlage: § 74 I HS 1 HBO
2. Formelle Genehmigungsvoraussetzungen

[952] *Hermes*, § 6 Rn. 116.
[953] Vgl. oben Rn. 517 ff.
[954] *Hornmann*, HBO, § 74 Rn. 71.

a) Formgerechter Antrag (§ 69 HBO)
b) Sachliche und örtl. Zuständigkeit der Behörde (§ 60 I HBO, § 3 HVwVfG)
3. Materielle Genehmigungsvoraussetzungen
a) Genehmigungsbedürftigkeit (§§ 62 ff., 78 f. HBO)
b) Prüfungsumfang: vereinfachtes oder herkömml. Verfahr. (§§ 65, 66 HBO)?
c) Kein Entgegenstehen der danach zu prüfenden öffentlich-rechtlichen Vorschriften (§ 74 I i.V.m. § 65 oder § 66 HBO)
aa) Bauplanungsrechtliche Vorschriften (§§ 29 ff. BauGB etc.)
bb) Materielle bauordnungsrechtliche Vorschriften (HBO, Vorschriften aufgrund der HBO), soweit im jeweiligen Verfahren zu prüfen
cc) Sonstige öffentlich-rechtliche Vorschriften, soweit zu prüfen

1. Vereinfachtes Baugenehmigungsverfahren (§ 65 HBO)

Greift – wie im Regelfall – das vereinfachte Baugenehmigungsverfahren gem. § 65 HBO ein, prüft die Bauaufsichtsbehörde lediglich die in § 65 I HBO genannten Voraussetzungen. In diesem **reduzierten Prüfprogramm** und nicht in den verfahrensrechtlichen Aspekten liegt – wie schon erwähnt – die wesentliche Erleichterung des vereinfachten Verfahrens. 556

Noch einmal: Das vereinfachte Verfahren gem. § 65 HBO ist bei Vorhaben einschlägig, die keine Sonderbauten i.S.v. § 2 IX HBO sind, und bei denen die Voraussetzungen der Genehmigungsfreistellung nach § 64 HBO nicht vorliegen.[955]

Übersicht 21: Prüfungsumfang im vereinfachten Verfahren gem. § 65 I HBO 557

Gegenstände der Prüfung gem. § 65 I HBO

1. Zulässigkeit des Vorhabens nach den Vorschriften des **BauGB** und aufgrund des BauGB, d.h. insbes. nach der **BauNVO** (§ 65 I 1 Nr. 1 HBO)
2. Zulässigkeit beantragter **Abweichungen von bauordnungsrechtlichen Vorschriften gem. § 73 HBO** (§ 65 I 1 Nr. 2 HBO)
3. Zulässigkeit des Vorhabens nach **anderen öffentlich-rechtlichen Vorschriften,** soweit wegen der Baugenehmigung eine Entscheidung nach diesen Vorschriften entfällt oder ersetzt wird (§ 65 I 1 Nr. 3 HBO).

Die nach § 65 I 1 Nr. 1 HBO erstens zu prüfende Zulässigkeit nach den Vorschriften des BauGB und aufgrund des BauGB umfasst insbes. die **bauplanungsrechtliche Zulässigkeit gem. §§ 29 ff. BauGB i.V.m. der BauNVO.** Eingeschlossen ist dabei auf gesonderten Antrag der Bauherrschaft gem. § 73 II HBO die Entscheidung über evtl. erforderliche Ausnahmen und Befreiungen von Festsetzungen eines Bebauungsplans gem. § 31 BauGB.[956] 558

Im Bereich des **Bauordnungsrechts** ist im vereinfachten Verfahren gem. § 65 I 1 Nr. 2 HBO zweitens **lediglich** die Zulässigkeit beantragter **Abweichungen nach § 73 HBO** zu prüfen. Dabei geht es um Abweichungen von Vorschriften der HBO oder von Vor- 559

[955] Dazu im Einzelnen oben Rn. 546 ff.
[956] Hess. LT-Drs. 15/3635, S. 151.

schriften aufgrund der HBO, welche die Bauaufsichtsbehörde unter den Voraussetzungen des § 73 I HBO zulassen kann.[957]

Im Ergebnis läuft dies darauf hinaus, dass bei Vorhaben, die dem vereinfachten Verfahren unterfallen, die Verantwortung für die Erfüllung der bauordnungsrechtlichen Vorschriften bei der Bauherrschaft und den sonstigen am Bau Beteiligten (§§ 55 ff. HBO) liegt.[958] Noch einmal sei betont: Auch ein Vorhaben, das dem vereinfachten Verfahren unterliegt, muss die bauordnungsrechtlichen Anforderungen aus der HBO etc. erfüllen. Dies wird auch ausdrücklich in § 62 II HBO angeordnet. § 65 I 1 Nr. 2 HBO führt im Ergebnis nur dazu, dass dies nicht im Rahmen des Genehmigungsverfahrens präventiv geprüft wird. Stehen bauordnungsrechtliche Anforderungen dem Vorhaben offensichtlich und unausräumbar entgegen, kann die Bauaufsichtsbehörde allerdings gem. § 74 I HS 2 HBO auch hier den Bauantrag ablehnen.[959] Im Übrigen kann der Bauherr die mit dem eingeschränkten Prüfprogramm des § 65 I HBO verbundenen Unwägbarkeiten vermeiden, indem er gem. § 62 III Alt. 2 HBO für die Durchführung eines nicht vereinfachten Baugenehmigungsverfahrens gem. § 66 HBO **optiert.**

560 Gem. § 65 I 1 Nr. 3 HBO ist drittens die Zulässigkeit nach **anderen öffentlich-rechtlichen Vorschriften** zu prüfen, soweit wegen der Baugenehmigung eine Entscheidung nach diesen Vorschriften entfällt oder ersetzt wird.

Dies ist der Fall, wenn das einschlägige Fachrecht eine eigentlich Fachbehörden obliegende präventive Kontrolle dann, wenn auch ein Baugenehmigungsverfahren stattfindet, explizit an die Bauaufsichtsbehörden delegiert.[960] Da die vollständige fachrechtliche präventive Kontrolle dann insoweit entfällt oder ersetzt wird, ist es geboten, dass die Bauaufsichtsbehörde die entsprechende Prüfung auch im vereinfachten Verfahren vornimmt. Zu beachten ist, dass das Fachrecht dabei häufig wiederum eine Beteiligung der Fachbehörde vorschreibt.

Bsp.: Greift das Bauvorhaben i.S.v. § 15 BNatSchG in Natur und Landschaft ein, ist gem. § 17 I BNatSchG i.V.m. § 1 III HAGBNatSchG die naturschutzrechtliche Genehmigung für den Eingriff in der Baugenehmigung enthalten. Diese hat die Bauaufsichtsbehörde nach Prüfung der entsprechenden Vorschriften gem. § 17 I BNatSchG im Benehmen mit der Naturschutzbehörde zu erteilen.

2. Nicht vereinfachtes (herkömmliches) Baugenehmigungsverfahren (§ 66 HBO)

561 Bei **Sonderbauten** i.S.v. § 2 IX HBO sowie zugehörigen Nebengebäuden und Nebenanlagen ist gem. § 66 S. 1 HBO nach wie vor das nicht vereinfachte (herkömmliche) Baugenehmigungsverfahren einschlägig. Für den **Abriss und die Beseitigung** baulicher Anlagen etc. gilt § 66 S. 1 HBO entsprechend (§ 66 S. 2 HBO), soweit diese nicht baugenehmigungsfrei sind.

562 **Übersicht 22: Prüfungsumfang im nicht vereinfachten Verfahren gem. § 66 HBO**

Gegenstände der Prüfung gem. § 66 S. 1 HBO
1. Zulässigkeit des Vorhabens nach den Vorschriften des **BauGB** und aufgrund des BauGB, d.h. insbes. nach der **BauNVO** (§ 66 S. 1 Nr. 1 HBO)

[957] Dazu unten Rn. 565 ff.
[958] Vgl. Hess. LT-Drs. 15/3635, S. 151.
[959] Zu § 74 I HS 2 HBO näher unten Rn. 570 ff.
[960] Vgl. HessVGH LKRZ 2007, 389 (390); Hess. LT-Drs. 15/3635, S. 151.

2. Zulässigkeit des Vorhabens nach den Vorschriften der **HBO** und aufgrund der HBO (§ 66 S. 1 Nr. 2 HBO)
3. Zulässigkeit des Vorhabens nach **anderen öffentlich-rechtlichen Vorschriften,** soweit wegen der Baugenehmigung eine Entscheidung nach diesen Vorschriften entfällt oder ersetzt wird (§ 66 S. 1 Nr. 3 lit. a HBO) bzw. nach den anderen Vorschriften kein Zulassungsverfahren vorgeschrieben ist (lit. b)

Der Prüfungsumfang im nicht vereinfachten Verfahren umfasst neben den bauplanungsrechtlichen Vorschriften des BauGB und aufgrund des BauGB (§ 66 S. 1 Nr. 1 HBO) – anders als im vereinfachten Verfahren gem. § 65 I HBO – auch (fast) alle **bauordnungsrechtlichen Vorschriften der HBO** sowie aufgrund der HBO (§ 66 S. 1 Nr. 2 HBO). Ausgenommen sind gem. § 66 S. 3 HBO lediglich Regelungen über den Erschütterungsschutz sowie Anforderungen des baulichen Arbeitsschutzes. 563

Die Zulässigkeit nach anderen öffentlich-rechtlichen Vorschriften ist gem. § 66 S. 1 Nr. 3 HBO nicht nur – wie bei § 65 I Nr. 3 HBO – zu prüfen, soweit wegen der Baugenehmigung eine Entscheidung nach diesen Vorschriften entfällt oder ersetzt wird (§ 66 S. 1 Nr. 3 lit. a HBO), sondern gem. § 66 S. 1 Nr. 3 lit. b HBO auch, soweit nach den anderen öffentlich-rechtlichen Vorschriften überhaupt kein Zulassungsverfahren vorgeschrieben ist. In Prüfungen spielen solche speziellen Vorschriften i.S.d. § 66 S. 1 Nr. 3 lit. b HBO allerdings eher selten eine Rolle. 564

Bsp.: Längs der Bundesfernstraßen dürfen Hochbauten und bauliche Anlagen nur unter den Voraussetzungen des § 9 I 1 FStrG (z.B. nur in einem bestimmten Mindestabstand zur Straße) errichtet werden. Da die Einhaltung dieser Voraussetzungen nicht in einem straßenrechtlichen Zulassungsverfahren überprüft wird, obliegt dies gem. § 66 S. 1 Nr. 3 lit. b HBO der Baugenehmigungsbehörde.

3. Ausnahmen, Befreiungen gem. § 31 BauGB, Abweichungen gem. § 73 HBO

Oben ist bereits mehrfach angeklungen, dass die Bauaufsichtsbehörde im Rahmen des Genehmigungsverfahrens Ausnahmen und Befreiungen von bauplanungsrechtlichen Vorgaben gem. §§ 31, 246 BauGB[961] und Abweichungen von Vorschriften der HBO oder von Vorschriften aufgrund der HBO gem. § 73 I HBO zulassen kann. 565

Die Abweichungsmöglichkeit gem. § 73 I HBO ist das **bauordnungsrechtliche Gegenstück** zur Ausnahme und Befreiung von bauplanungsrechtlichen Vorgaben gem. § 31 BauGB. Eine Abweichung von den materiellen bauordnungsrechtlichen Regelungen ist gem. § 73 I 1 HBO zulässig, wenn sie unter Berücksichtigung des Zwecks der jeweiligen Anforderung und unter Würdigung der öffentlich-rechtlich geschützten nachbarlichen Belange mit den öffentlichen Belangen, insbes. den Anforderungen des § 3 HBO, vereinbar ist.[962] 566

Die Gestattung einer Abweichung steht gem. § 73 I 1 HBO im **Ermessen** der Bauaufsichtsbehörde. Ein Anspruch auf Abweichung ist daher nur bei Ermessensreduzierung auf Null gegeben, wenn sich also lediglich die Gestattung als ermessensfehlerfrei erweist. 567

[961] Oben Rn. 324 ff.
[962] Näher zu den Voraussetzungen: *Hornmann,* HBO, § 73 Rn. 17 ff.

4. Die Baulast gem. § 85 HBO als Mittel zur Herstellung der Genehmigungsfähigkeit

568 Kann ein Vorhabenträger die Voraussetzungen der Bebaubarkeit seines Grundstücks insbes. aus §§ 4 ff. HBO nicht selbst herstellen, etwa weil die gem. § 6 HBO erforderlichen Abstandsflächen auf dem eigenen Grundstück nicht zur Verfügung stehen, hat er die Möglichkeit, sich von einem Nachbarn auf dessen Grundstück eine entsprechende Baulast gem. § 85 HBO ein-räumen zu lassen, um die Genehmigungsfähigkeit herzustellen.[963]

569 Eine Baulast ist nach der Definition in § 85 I 1 HBO die öffentlich-rechtliche Verpflichtung eines Eigentumsberechtigten zu einem sein Grundstück betreffenden Tun, Dulden oder Unterlassen, die sich nicht schon aus öffentlich-rechtlichen Vorschriften ergibt. Mit der Baulast können nicht nur bauordnungsrechtliche, sondern auch bauplanungsrechtliche und sonstige bundesrechtliche Genehmigungshindernisse ausgeräumt werden.[964] Die Baulast setzt gem. § 85 I 1, II HBO eine grds. öffentlich beglaubigte, schriftliche Erklärung des Eigentumsberechtigten gegenüber der Bauaufsichtsbehörde voraus. Wirksam wird sie gem. § 85 I 2 HS 1 HBO unbeschadet der Rechte Dritter mit Eintragung in das Baulastenverzeichnis. Die Baulast wirkt gem. § 85 I 2 HS 2 HBO auch gegenüber Rechtsnachfolgern.

5. Sonderfall: Ablehnung aufgrund Verstoßes gegen sonstige öffentlich-rechtliche Vorschriften gem. § 74 I HS 2 HBO

570 Gem. § 74 I HS 2 HBO darf die Bauaufsichtsbehörde den Bauantrag auch dann ablehnen, wenn das Bauvorhaben gegen sonstige öffentlich-rechtliche Vorschriften verstößt.

Diese Regelung ist auf den ersten Blick schwer zu verstehen, da andere öffentlich-rechtliche Vorschriften nach §§ 65 I 1 Nr. 3, 66 1 Nr. 3 HBO nur unter den oben erläuterten, genau definierten Voraussetzungen Prüfungsmaßstab sind. Um Wertungswidersprüche mit §§ 65 I Nr. 3, 66 S. 1 Nr. 3 HBO zu vermeiden, ist § 74 I HS 2 HBO daher **eng auszulegen:** Die Vorschrift begründet keine Verpflichtung zur umfassenden Prüfung, eröffnet der Behörde aber die Möglichkeit, auf die Nichteinhaltung des gesamten öffentlichen Rechts frühzeitig und präventiv zu reagieren.[965] Dies ist bspw. dann sinnvoll, wenn die Behörde auf den ersten Blick erkennt, dass dem Bauvorhaben andere, von ihr eigentlich nicht zu prüfende öffentlich-rechtliche Vorschriften entgegenstehen.[966]

571 Dogmatisch kann diese Regelung als Ausdruck des sog. **Sachbescheidungsinteresses** im Verwaltungsverfahren verstanden werden, das dem Rechtsschutzinteresse im Verwaltungsprozess ähnelt.[967] Danach fehlt das Interesse an der Bescheidung eines Baugenehmigungsantrags, wenn dem Vorhaben offensichtlich und nicht ausräumbar andere öffentlich-rechtliche Vorschriften entgegenstehen, so dass eine erteilte Baugenehmigung nicht genutzt werden könnte.[968] Insofern gilt als Merkposten:

572 Die Bauaufsichtsbehörde darf einen Bauantrag gem. § 64 I HS 2 HBO ablehnen, wenn dem Vorhaben aus rechtlichen oder tatsächlichen Gründen **offensichtlich**[969] und nicht

---

[963] *Will,* ÖffBauR, 2. Aufl. 2022, Rn. 713 ff.

[964] Näher dazu: *Finkelnburg/Ortloff/Otto,* § 6 Rn. 19 ff.; *Will,* ÖffBauR, 2. Aufl. 2022, Rn. 715.

[965] Vgl. HessVGH NVwZ-RR 2012, 676 (677 f.); LT-Drs. 18/2523, S. 16.

[966] Näher dazu: *Will,* ÖffBauR, 2. Aufl. 2022, Rn. 718.

[967] Vgl. VG Frankfurt LKRZ 2011, 354; *Hornmann,* LKRZ 2011, 213.

[968] Vgl. *Hornmann,* LKRZ 2011, 213 (215); *ders.,* NVwZ 2011, 212 (213); HessVGH NVwZ-RR 2012, 676 (678); VG Frankfurt LKRZ 2012, 284 (285).

[969] *Hornmann,* HBO, § 74 Rn. 85b; RPOVG NJOZ 2009, 635 (640).

ausräumbar andere öffentlich-rechtliche Vorschriften entgegenstehen, so dass von einer erteilten Baugenehmigung schlechterdings kein Gebrauch gemacht werden könnte.[970]

In Prüfungsarbeiten empfiehlt es sich, nur dann näher auf § 74 I HS 2 HBO einzugehen, wenn die Behörde einen Bauantrag unter Berufung auf § 74 I HS 2 HBO abgelehnt hat oder im Sachverhalt Indizien dafür vorliegen, dass das Vorhaben gegen sonstige öffentlich-rechtliche Vorschriften verstößt. Keinesfalls ergibt sich aus § 74 I HS 2 HBO eine Pflicht, die Vereinbarkeit des Vorhabens mit noch so fernliegenden öffentlich-rechtlichen Vorschriften zu überprüfen.

V. Inhalt und Wirkung der Baugenehmigung

1. Allgemeines

Eine Baugenehmigung hat **feststellende und verfügende Wirkung:** Sie stellt fest, dass das 573
Vorhaben mit den im einschlägigen Baugenehmigungsverfahren zu prüfenden öffentlich-rechtlichen Voraussetzungen vereinbar ist. Darauf aufbauend wirkt sie verfügend, indem sie das präventive Bauverbot gem. §§ 62 I 1, 75 I HBO aufhebt. Die Baugenehmigung ist daher zugleich **feststellender** und **gestaltender VA** i.S.v. § 35 S. 1 HVwVfG.

Mit Zugang der Baugenehmigung darf gem. § 75 I HBO mit der Ausführung des Vor- 574
habens begonnen werden. Das Bestehen einer Baugenehmigung vermittelt zudem dem verwirklichten Vorhaben **formelle Legalität.** Soweit die Genehmigung nicht später aufgehoben wird (§§ 48, 49 HVwVfG), darf die auf ihrer Grundlage errichtete bauliche Anlage daher auch dann weiter genutzt werden, wenn sich nachträglich deren materielle Illegalität herausstellt oder sich die Rechtslage so ändert, dass das Vorhaben nunmehr materiell illegal ist.

Zusammengefasst hat die Baugenehmigung folgende **Rechtswirkungen:** 575

- Feststellungswirkung
- Gestattungswirkung (§ 75 I HBO)
- Legalisierungswirkung

Indem die Baugenehmigung gem. § 74 V HBO unbeschadet der privaten Rechte Dritter erteilt wird, wird angeordnet, dass sie nur öffentlich-rechtliche, aber keine privatrechtsgestaltende Wirkung hat. Kurz gesagt entfaltet die Baugenehmigung **gegenüber Dritten keine privatrechtlichen Rechtsfolgen.** Dies impliziert insbes. auch, dass die Erteilung der Baugenehmigung kein Eigentum oder ein anderes privatrechtliches Recht am Grundstück voraussetzt. Folglich wird das Bestehen solcher Rechte im Baugenehmigungsverfahren auch nicht geprüft.

2. Nebenbestimmungen

Baugenehmigungen ergehen oft mit Nebenbestimmungen gem. § 74 IV HBO i.V.m. § 36 576
HVwVfG. § 74 IV HBO ist **keine** selbständige Ermächtigungsgrundlage für den Erlass einer Nebenbestimmung i.S.v. § 36 I Alt. 1 HVwVfG („wenn sie durch Rechtsvorschrift zu-

[970] Vgl. auch HessVGH NVwZ-RR 2012, 676 (677 f.).

gelassen ist").[971] Es handelt sich lediglich um eine abschließende Aufzählung der zulässigen Nebenbestimmungen, so dass sich die Voraussetzungen für die Zulässigkeit einer Nebenbestimmung im Übrigen aus § 36 I HVwVfG ergeben.[972]

577 Da auf die Erteilung einer Baugenehmigung bei Erfüllung der Voraussetzungen ein Anspruch besteht, darf die Baugenehmigung gem. **§ 36 I Alt. 2 HVwVfG** nur mit einer Nebenbestimmung versehen werden, wenn diese sicherstellen soll, dass die gesetzlichen Voraussetzungen der Baugenehmigung erfüllt werden. Nebenbestimmungen sind also lediglich ein Mittel, um Genehmigungshindernisse auszuräumen.

Bsp.: Im vereinfachten Verfahren gem. § 65 HBO ist Bauordnungsrecht – wie gesehen – grds. nicht zu prüfen. Daraus folgt, dass eine Nebenbestimmung, die einen Verstoß gegen eine bauordnungsrechtliche Vorschrift ausräumen soll, gem. § 36 I Alt. 2 HVwVfG im vereinfachten Verfahren grds. unzulässig ist.[973]

578 Im Einzelnen kommen gem. § 36 I Alt. 2 HVwVfG i.V.m. § 74 IV HBO Auflage, Bedingung, Vorbehalt der nachträglichen Aufnahme, Änderung oder Ergänzung einer Auflage und Befristung in Betracht.[974] Ein Widerrufsvorbehalt i.S.d. § 36 II Nr. 3 HVwVfG ist mangels Erwähnung in § 74 IV HBO unzulässig.

579 Keine Nebenbestimmung i.S.d. § 36 HVwVfG ist die gerade im Baurecht anzutreffende sog. **modifizierende Auflage.**[975] Eine solche liegt bspw. vor, wenn statt des beantragten Hauses mit Flachdach ein solches mit Satteldach genehmigt wird. Dadurch hat die Genehmigung allerdings einen anderen Inhalt erhalten als beantragt, so dass statt von modifizierender Auflage besser von einer modifizierten Genehmigung[976], modifizierten Gewährung[977] oder einer Inhaltsbestimmung[978] gesprochen werden sollte.

VI. Bauvorbescheid, Typengenehmigung und Teilbaugenehmigung

580 Bauvorbescheid, Typengenehmigung und Teilbaugenehmigung sind mit der klassischen Baugenehmigung eng verwandt, betreffen jedoch jeweils nur inhaltliche Teilaspekte derselben.

581 Während mit dem **Bauvorbescheid** gem. § 76 HBO auf Antrag der Bauherrschaft verbindlich über die Vereinbarkeit des Vorhabens mit einem Teil der Genehmigungsvoraussetzungen entschieden wird und die **Typengenehmigung** gem. § 77a HBO das serielle Bauen erleichtert, indem die bauordnungsrechtliche Zulässigkeit von Serien- und Systembauten vorab zumindest teilweise für die gesamte Serie geklärt wird, betrifft die **Teilbaugenehmigung** gem. § 77 HBO zwar alle Genehmigungsvoraussetzungen, aber nur einen abgrenzbaren Teil des Vorhabens.

---

[971] Zu den Zulässigkeitsvoraussetzungen von Nebenbestimmungen *Will,* AllgVwR, 2. Aufl. 2022, S. 136 ff.

[972] *Hornmann,* HBO, § 74 Rn. 94 ff.

[973] *Hornmann,* HBO, § 74 Rn. 98.

[974] Vgl. im Einzelnen: *Hornmann,* HBO, § 74 Rn. 102 ff.

[975] Dazu die Fälle in: *Will,* AllgVwR, 2. Aufl. 2022, S. 129 ff.

[976] *Maurer,* AllgVwR, 18. Aufl. 2011, § 12 Rn. 16.

[977] *Maurer/Waldhoff,* AllgVwR, 20. Aufl. 2020, § 12 Rn. 16.

[978] BVerwGE 135, 67 Rn. 11.

1. Bauvorbescheid (§ 76 HBO)

Der Bauvorbescheid ergeht gem. § 76 I HBO im Vorfeld des Bauantrags. Er klärt auf Antrag (sog. **Bauvoranfrage**) der Bauherrschaft verbindlich, ob das angedachte Vorhaben mit bestimmten rechtlichen Vorgaben vereinbar ist. Er besitzt große praktische Bedeutung, da die Bauherrschaft so problematische Aspekte des Vorhabens vorab klären lassen kann, ohne das aufwendige Baugenehmigungsverfahren vollständig durchlaufen zu müssen.[979] Besonders bedeutsam ist der Unterfall der sog. **Bebauungsgenehmigung,** welche die gesamte *bauplanungs*rechtliche Zulässigkeit des Vorhabens klärt.[980] 582

Der Bauvorbescheid ist ein **feststellender VA** und enthält als vorweggenommener Teil der späteren Baugenehmigung die verbindliche Entscheidung der Behörde über die Zulässigkeit des Vorhabens im beantragten Umfang. Soweit der Bauvorbescheid nicht zurückgenommen oder widerrufen wird, ist er gem. § 76 I 2, 4 HBO für das spätere Baugenehmigungsverfahren für drei Jahre bindend. Die Bauaufsichtsbehörde darf also insofern nicht mehr anders entscheiden.[981] Dies gilt – für Prüfungsfälle wichtig – auch bei späterer Änderung der Sach- oder Rechtslage.[982] 583

Bsp.: Das Vorhaben bleibt im Umfang des Bauvorbescheids zulässig, selbst wenn dem nunmehr ein neuer oder veränderter Bebauungsplan oder eine Veränderungssperre entgegenstünde.[983]

Da es sich materiell um einen vorweggenommenen Teil der Baugenehmigung handelt, hat die Bauherrschaft wie bei der Baugenehmigung **Anspruch** auf Erteilung des Bauvorbescheides, wenn die einschlägigen Voraussetzungen erfüllt sind.[984] 584

Die Behörde darf den Bauvorbescheid nur ablehnen, wenn dem Vorhaben im Umfang der von der Bauherrschaft gestellten Fragen öffentlich-rechtliche Vorschriften entgegenstehen und dies auch nicht durch Ausnahmen und Befreiungen gem. § 31 BauGB, Abweichungen gem. § 73 HBO oder den Erlass von Nebenbestimmungen gem. § 36 I Alt. 2 HVwVfG i.V.m. § 74 IV HBO ausgeräumt werden kann.[985] Dass ein Bauvorbescheid gem. § 76 I 1 HBO erteilt werden „kann", räumt somit **kein Ermessen** ein, sondern weist lediglich auf die Wahlmöglichkeit der Bauherrschaft hin, entweder direkt die Baugenehmigung oder vorab den Vorbescheid zu beantragen.[986] Die Bauherrschaft kann ihren Anspruch auf Erteilung des Bauvorbescheides, als VA, mittels Verpflichtungswiderspruchs gem. § 68 I, II VwGO und verwaltungsgerichtlicher Verpflichtungsklage gem. § 42 I Alt. 2 VwGO durchsetzen.

2. Typengenehmigung (§ 77a HBO)

Die m.W.v. 1.6.2021 nach dem Vorbild von § 72a MBO in **§ 77a HBO** integrierte **Typengenehmigung** soll die Genehmigungs- oder Anzeigeverfahren für einzelne Bauvorhaben erleichtern und beschleunigen, indem die bauordnungsrechtliche Vereinbarkeit praktisch wichtiger **Serien- und Systembauten** (z.B. Fertighäuser, Fertiggaragen und Gewächshäuser) für die gesamte Serie verbindlich festgestellt werden kann. 585

---

[979] Näher *Eiding,* in: Eiding/Ruf/Herrlein, Rn. 313.
[980] BVerwGE 48, 242 (245); 68, 241 (243).
[981] BVerwG NVwZ 1989, 863 (864).
[982] BVerwGE 69, 1; BVerwG BRS 65 Nr. 102.
[983] BVerwGE 69, 1 (4 f.).
[984] Vgl. den Fall von *Droege,* JuS 2007, 250.
[985] *Hornmann,* HBO, § 76 Rn. 41.
[986] *Hornmann,* HBO, § 76 Rn. 41.

Zuständig für die Erteilung der Typengenehmigung ist in Hessen gem. § 77a I 1 HBO für das gesamte Land das Regierungspräsidium Gießen. Die Typengenehmigung wird gem. § 77a II 1 HBO befristet auf fünf Jahre erteilt, kann aber mehrfach verlängert werden. Von einem anderen Land erteilte Typengenehmigungen gelten gem. § 77a III HBO auch in Hessen.

586 Die Typengenehmigung wird gem. § 77a I 1 HBO erteilt, wenn bauliche Anlagen oder Teile von baulichen Anlagen den Anforderungen nach der HBO und der aufgrund der HBO erlassenen Vorschriften entsprechen. Wie § 77a IV 1 HBO sicherheitshalber ausdrücklich feststellt, entbindet eine Typengenehmigung nicht von der Verpflichtung, für das einzelne Vorhaben ein bauaufsichtliches Verfahren durchzuführen, also insbes. – soweit erforderlich – eine Baugenehmigung einzuholen.

Dies ist schon aus dem Grund geboten, dass die Typengenehmigung nicht die bauplanungsrechtliche Zulässigkeit betrifft und auch nicht standortbezogene bauordnungsrechtliche Fragen (z.B. Einhaltung von Abstandsgeboten) klären kann. Die in der Typengenehmigung entschiedenen Fragen sind gem. § 77a IV 2 HBO von der Bauaufsichtsbehörde im einzelvorhabenbezogenen Verfahren allerdings nicht mehr zu prüfen; darin liegt gerade der Sinn der Typengenehmigung.

3. Teilbaugenehmigung (§ 77 HBO)

587 Ist ein Bauantrag eingereicht, kann gem. § 77 I 1 HBO auf Antrag der Bauherrschaft mit einer **Teilbaugenehmigung** schon vor Erteilung der Baugenehmigung der Beginn der Bauarbeiten für die Baugrube und für einzelne Bauteile oder Bauabschnitte gestattet werden. Über die in der **Teilbaugenehmigung** bezeichneten abgrenzbaren Teile des Vorhabens wird damit grds. abschließend entschieden. Infolgedessen kann die Bauherrschaft diese Teile aufgrund der Gestattungswirkung der Teilbaugenehmigung dann bereits vollständig umsetzen.

Die Beantragung einer Teilbaugenehmigung ist daher v.a. bei **größeren, komplexen Vorhaben** üblich, da sie es dem Bauherrn ermöglicht, frühzeitig mit Teilen des Vorhabens zu beginnen, wenn dessen grundsätzliche Zulässigkeit bereits feststeht.[987] Zu beachten ist, dass in der späteren Baugenehmigung gem. § 77 II HBO für die bereits begonnenen Teile des Bauvorhabens zusätzliche Anforderungen gestellt werden können, wenn sich bei der weiteren Prüfung der Bauvorlagen ergibt, dass dies zur Wahrung der in § 3 S. 1 und 2 HBO genannten Belange erforderlich ist.

588 Obwohl sich die Teilbaugenehmigung *prima vista* nur auf die abschließende Zulässigkeitsbeurteilung abgrenzbarer Teile des Vorhabens bezieht und diese zur Ausführung freigibt, entfaltet sie auch eine **begrenzte Bindungswirkung für die spätere Beurteilung des Gesamtvorhabens,** indem sie dieses für grds. zulässig erklärt.[988] Insofern gilt:

589 Soweit der mittels Teilbaugenehmigung genehmigte Teil mit den übrigen Teilen rechtlich und technisch eine **Einheit** bildet, darf die spätere Baugenehmigung prinzipiell nicht mehr wegen bereits bei Erteilung der Teilbaugenehmigung erkennbarer Aspekte abgelehnt werden.[989]

---

[987] *Hornmann,* HBO, § 77 Rn. 2.
[988] Vgl. HessVGH NVwZ-RR 1991, 174; 1997, 10 (11).
[989] Vgl. HessVGH NVwZ-RR 1991, 174.

Daraus folgt zugleich, dass vor Erlass einer Teilbaugenehmigung eine **grundsätzliche Prüfung des Gesamtvorhabens** in bauplanungsrechtlicher und ggf. in bauordnungsrechtlicher Hinsicht erforderlich ist, soweit dies – wie bspw. bzgl. des Standorts und der Nutzungsart – möglich ist.[990] Im Rahmen einer Zulässigkeitsprognose muss sich dabei als vorläufiges positives Gesamturteil die Genehmigungsfähigkeit des Gesamtvorhabens ergeben, ohne dass die Genehmigungsfähigkeit aller Teile und Einzelheiten feststehen muss.[991] 590

Formelle Voraussetzungen einer Teilbaugenehmigung, als VA i.S.d. § 35 S. 1 HVwVfG, ist, dass ein Bauantrag, der den Anforderungen des § 69 HBO entspricht, sowie ein Antrag auf Erteilung der Teilbaugenehmigung eingereicht worden sind. Da die Teilbaugenehmigung abschließend über die Zulässigkeit eines Teils des Vorhabens entscheidet und die Behörde zudem eingeschränkt auch bzgl. der späteren Baugenehmigung für die weiteren Teile bindet, erklärt § 77 I 2 HBO die §§ 70–75 HBO für entsprechend anwendbar. Die Erteilung der Teilbaugenehmigung steht gem. § 77 I 1 HBO **im Ermessen** der Bauaufsichtsbehörde. Diese Ermessenseinräumung soll die Behörde insbes. von zusätzlichen Arbeiten in Fällen entlasten, in denen keine erkennbaren Gründe für die Erteilung einer Teilbaugenehmigung vorliegen.[992] 591

VII. Rechtsschutzaspekte und Nachbarschutz

Prüfungsrelevante Rechtsschutzfragen entstehen meist in Fällen, in denen die Bauherrschaft gegen die Behörde vorgeht, weil diese eine beantragte Baugenehmigung nicht oder nicht wie beantragt erteilt hat. Eine weitere wichtige Fallgruppe betrifft Streitigkeiten, in denen ein Nachbar eine Baugenehmigung angreift. 592

1. Ablehnung oder Nichterteilung der Baugenehmigung

Lehnt die Bauaufsichtsbehörde eine beantragte Baugenehmigung ganz oder teilweise ab, ist für die Bauherrschaft zunächst ein **Verpflichtungswiderspruch** gem. § 68 II VwGO und anschließend eine **Verpflichtungsklage** gem. § 42 I Alt. 2 VwGO in Form der sog. Versagungsgegenklage[993] statthaft, da die erstrebte Baugenehmigung ein VA i.S.d. § 35 S. 1 HVwVfG ist. Lehnt die Bauaufsichtsbehörde den Antrag nicht ab, sondern bleibt schlicht untätig, kommt unter den Voraussetzungen des § 75 VwGO eine **Untätigkeitsklage** in Betracht. 593

Mit einer bloßen Anfechtung des ablehnenden Bescheids könnte die Bauherrschaft ihr eigentliches Ziel, die Genehmigung, nicht erreichen. Eine reine Anfechtung ist daher nicht zielführend und scheitert somit am Rechtsschutzbedürfnis.

Die **Klagebefugnis** im Rahmen der Verpflichtungsklage gem. § 42 II Alt. 2 VwGO (bzw. im Verpflichtungswiderspruch gem. § 42 II Alt. 2 VwGO analog) ergibt sich aus der möglichen Verletzung des Anspruchs der Bauherrschaft auf Erteilung der Baugenehmigung. 594

Die Verpflichtungsklage ist gem. § 74 II, I 1 VwGO innerhalb einer **Frist** von einem Monat nach Zustellung des Widerspruchsbescheids zu erheben. Soweit für die Erteilung der Baugenehmigung gem. § 36 BauGB das Einvernehmen der Gemeinde erforderlich ist, ist diese gem. § 65 II VwGO im Verfahren notwendig beizuladen.

---

990 Vgl. HessVGH a.a.O.
991 *Stollmann/Beaucamp,* ÖffBauR, § 18 Rn. 68.
992 *Hornmann,* HBO, § 77 Rn. 16.
993 Zu dieser etwa *Hufen,* VerwProzR, 12. Aufl. 2021, § 15 Rn. 4.

595 Die Verpflichtungsklage ist gem. § 113 V VwGO **begründet,** wenn die Bauherrschaft einen Anspruch auf Erteilung der Baugenehmigung hat und sie daher durch Ablehnung oder Unterlassung der Erteilung in ihren Rechten verletzt ist.

Da die Erteilung der Baugenehmigung bei Erfüllung der Voraussetzungen eine gebundene Entscheidung und die Sache damit regelmäßig spruchreif ist, verpflichtet das Gericht die Bauaufsichtsbehörde in diesem Fall gem. § 113 V 1 BauGB zur Erteilung der Baugenehmigung (Verpflichtungsurteil). Ist die Sache ausnahmsweise nicht spruchreif, etwa da für die Erteilung einer Ausnahme oder Befreiung gem. § 31 BauGB Ermessen eingeräumt ist, verpflichtet das Gericht die Behörde, den Kläger gem. § 113 V 2 BauGB unter Beachtung der Rechtsauffassung des Gerichts zu bescheiden (Bescheidungsurteil).

Da die Erhebung des Verpflichtungswiderspruchs bzw. der Verpflichtungsklage nicht dazu führt, dass der Bauherr mit dem Vorhaben beginnen darf, ist oft zusätzlich an **einstweiligen Rechtsschutz gem. § 123 I VwGO** zu denken.[994] Umstritten ist jedoch, inwieweit im Rahmen einer einstweiligen Anordnung die vorläufige Erteilung einer Baugenehmigung angeordnet werden kann. Einerseits spricht grds. dagegen, dass die Verwirklichung eines vorläufig genehmigten Vorhabens auf eine Vorwegnahme der Hauptsache hinausliefe,[995] solange die Baurechtsmäßigkeit des Vorhabens im Hauptsacheverfahren noch umstritten ist.[996] Andererseits muss eine einstweilige Anordnung aber jedenfalls dann möglich sein, wenn dem Antragsteller aus der Verweisung auf das Hauptsacheverfahren unzumutbare und irreparable Nachteile entstünden.[997]

2. Vom Bauantrag abweichende Baugenehmigung

596 Erteilt die Bauaufsichtsbehörde zwar eine Baugenehmigung, weicht diese aber vom Bauantrag ab, ist grds. wiederum ein Verpflichtungswiderspruch des Bauherrn und ggf. anschließend eine Verpflichtungsklage gem. § 42 I Alt. 2 VwGO gerichtet auf Erteilung der ursprünglich beantragten Genehmigung statthaft.

597 Anderes kann gelten, wenn die Baugenehmigung – entgegen dem Bauantrag – unter Beifügung einer **Nebenbestimmung** i.S.v. § 36 I HVwVfG i.V.m. § 74 IV HBO erteilt wird. Welche verwaltungsgerichtliche Klageart statthaft ist, um eine nebenbestimmungsfreie Genehmigung zu erhalten, ist eine der umstrittensten Fragen des Verwaltungsrechts.[998]

Die früher herrschende und auch heute noch z.T. vertretene Auffassung differenziert nach der Art der Nebenbestimmung: Danach können Auflagen und Auflagenvorbehalte in der Regel isoliert mittels Anfechtungsklage angefochten werden, während bei den anderen Nebenbestimmungen die Verpflichtungsklage, gerichtet auf Erlass der Genehmigung ohne Nebenbestimmung bzw. auf ermessensfehlerfreie Neubescheidung einschlägig sein soll. Das **BVerwG** hält demgegenüber seit einiger Zeit grds. eine **isolierte Anfechtungsklage** gegen die Nebenbestimmung für statthaft,[999] was auch im Einklang mit dem Wortlaut des § 113 I 1 VwGO („soweit") steht. Begründet ist eine solche Anfechtungsklage grds. bereits dann, wenn die Nebenbestimmung rechtswidrig und der Kläger dadurch in seinen Rechten verletzt

[994] Zu § 123 VwGO im Rahmen des Nachbarschutzes unten Rn. 674 f.

[995] Die Rspr. geht überwiegend von einem grds. Verbot der Vorwegnahme der Hauptsache im Rahmen von § 123 VwGO aus, von dem jedoch vor allem mit Blick auf Art. 19 IV 1 GG verschiedene Ausnahmen anerkannt werden.

[996] Vgl. HessVGH BRS 27 Nr. 150.

[997] Vgl. NdsOVG BRS 35 Nr. 174; OVG Berlin BRS 49 Nr. 162.

[998] Dazu näher: *Detterbeck*, AllgVwR, 20. Aufl. 2022, Rn. 665 ff.; *Will,* AllgVwR, 2. Aufl. 2022, S. 139 ff.

[999] BVerwGE 60, 269 (274); 112, 221 (224).

ist. Das BVerwG verlangt überdies zusätzlich, dass der begünstigende VA (hier die Baugenehmigung) ohne die Nebenbestimmung sinnvoller- und rechtmäßigerweise bestehen bleiben kann (sog. materielle Teilbarkeit).[1000] Eine dritte Auffassung schließlich hält stets die Verpflichtungsklage für einschlägig.[1001]

3. Nachbarschutz

a) Prozessuale Grundkonstellationen

aa) Nachbar geht gegen Baugenehmigung vor

Eine ganz andere, aber ebenfalls sehr prüfungsrelevante Konstellation liegt vor, wenn ein 598 Nachbar gegen eine ihn beeinträchtigende Baugenehmigung vorgehen will. Statthaft sind hier zunächst **Anfechtungswiderspruch** gem. § 68 I VwGO und anschließend **Anfechtungsklage** gem. § 42 I Alt. 1 VwGO, jeweils gerichtet gegen die dem Bauherrn erteilte Baugenehmigung.

Wichtig ist, dass diese Rechtsbehelfe gem. § 80 II 1 Nr. 3 VwGO i.V.m. § **212a I BauGB** hier **keine aufschiebende Wirkung** haben. Infolgedessen spielt bei nachbarlichen Genehmigungsanfechtungen der vorläufige Rechtsschutz gem. §§ 80, 80a VwGO eine zentrale Rolle.[1002] 599

Nach § **212a I BauGB** haben Widerspruch und Anfechtungsklage eines Dritten gegen die 600 bauaufsichtliche Zulassung eines Vorhabens keine aufschiebende Wirkung. Der Begriff der Zulassung erfasst auf jeden Fall Baugenehmigungen und Teilbaugenehmigungen, aber auch Befreiungen und Abweichungen, selbst wenn diese unabhängig von einer Baugenehmigung erteilt werden. Sehr umstritten ist in Rspr. und Lit. hingegen, ob § 212a I BauGB auch für den **Bauvorbescheid** gilt.[1003] Gegen dessen Erfassung spricht u.a. der Wortlaut, da der Vorbescheid das Vorhaben noch nicht zulässt.[1004] Aber auch das auf Erleichterung von Bauvorhaben durch Verhinderung ihrer Blockade mittels Einlegung von Rechtsbehelfen abzielende Telos des § 212a I BauGB spricht gegen dessen Anwendung auf Vorbescheide. Diese haben nämlich anders als Baugenehmigungen keinen verfügenden Teil, mit dem das Bauen freigegeben wird, so dass mit der Bauausführung ohnehin erst nach Bekanntgabe der Baugenehmigung begonnen werden darf.[1005] Alle diese Argumente sprechen dann wiederum umgekehrt dafür, dass § 212a I BauGB auf die neue **Typengenehmigung** gem. § 77a HBO Anwendung findet.

bb) Sonderfall insbes. bei öffentlichen Bauherren

Eine Sondersituation besteht, wenn für das betroffene Bauvorhaben keine Baugenehmi- 601 gung oder bauaufsichtliche Zustimmung erteilt worden sind, insbes. weil diese aufgrund des Eingreifens der Spezialregelung für öffentliche Bauherren in § 79 HBO nicht erforderlich waren. In solchen Fällen fehlt es an einem VA, der angegriffen werden könnte, so dass eine Anfechtungsklage gem. § 42 I Alt. 1 VwGO nicht statthaft ist. Nachbarn müs-

[1000] BVerwG NVwZ 2001, 429.
[1001] Z.B. *Stadie* DVBl. 1991, 613.
[1002] Dazu unten Rn. 644 ff.
[1003] Dagegen etwa BaWüVGH, Beschl. v. 18.9.2019 – 3 S 1930/19, BeckRS 2019, 23675 LS 1, Rn. 7; dafür etwa EZBK/*Kalb/Külpmann*, § 212a Rn. 25.
[1004] Vgl. näher: SaarlOVG NJOZ 2019, 270, LS 2, Rn. 13 ff.
[1005] Vgl. etwa BayVGH, Beschl. v. 12.11.2018 – 2 CS 18.2165, BeckRS 2018, 30673 Rn. 3 f.

sen hier daher regelmäßig mittels **allgemeiner Leistungsklage** (ggf. in Form einer Unterlassungsklage) gegen das Bauvorhaben vorgehen.[1006]

cc) Nachbar will Einschreiten der Bauaufsichtsbehörde erreichen

602 Baut der Bauherr ohne eine erforderliche Baugenehmigung oder weicht er wesentlich von den Vorgaben seiner Baugenehmigung ab (sog. **Schwarzbau**), kann der Nachbar Verpflichtungswiderspruch bzw. Verpflichtungsklage gem. § 42 I Alt. 2 VwGO gerichtet auf bauaufsichtsbehördliches Einschreiten in Form insbes. einer Stilllegungsverfügung i.S.v. § 81 HBO oder einer Nutzungsuntersagungs- bzw. Abrissverfügung i.S.v. § 82 HBO, die alle Verwaltungsakte darstellen, erheben.[1007] Der vorläufige Rechtsschutz richtet sich in diesen Fällen nach § 123 I VwGO.[1008]

Auch gegen ein z.B. gem. §§ 63 f. HBO **genehmigungsfreies** Vorhaben kann sich der Nachbar mit der Verpflichtungsklage und einem Antrag nach § 123 I VwGO zur Wehr setzen, wenn er gem. §§ 81, 82 HBO einen Anspruch (Ermessensreduzierung auf Null) auf verwaltungsaktförmiges behördliches Einschreiten gegen die bauliche Anlage hat, die gem. § 62 II HBO den öffentlich-rechtlichen Vorgaben entsprechen muss.[1009]

603 Schließlich sei die Konstellation erwähnt, in der bspw. das Verwaltungsgericht gem. § 80a III 2 i.V.m. § 80 V 1 Alt. 1 VwGO zwar die aufschiebende Wirkung des vom Nachbarn erhobenen Widerspruchs bzw. der Klage angeordnet hat, der Bauherr aber dessen ungeachtet weiterbaut (sog. **faktischer Vollzug**). In diesem Fall kann der Nachbar einen Antrag auf Ergreifung einstweiliger Maßnahmen zur Sicherung seiner Rechte bei der Behörde gem. § 80a I Nr. 2 Alt. 2 VwGO und beim Verwaltungsgericht gem. § 80a III 1 i.V.m. § 80a I Nr. 2 Alt. 2 VwGO stellen. Als mögliche Maßnahmen kommen dabei die vorläufige Stilllegung des Baus oder die Nutzungsuntersagung in Betracht (§§ 81, 82 HBO).

Nach Erläuterung dieser prozessualen Grundkonstellationen konzentriert sich die folgende Darstellung auf die in Praxis und Prüfungsarbeiten wichtigste Konstellation einer Anfechtungsklage des Nachbarn gem. § 42 I Alt. 1 VwGO gegen eine dem Bauherrn erteilte Baugenehmigung. Die dort erläuterten Grundgedanken sind nicht nur auf den Anfechtungswiderspruch, sondern auch auf den vorläufigen Rechtsschutz gem. § 80a III VwGO übertragbar.[1010]

b) Nachbarschützende Normen

aa) Einführung und Grundlagen

604 Die entscheidende Zulässigkeitsvoraussetzung eines Anfechtungswiderspruchs bzw. einer Anfechtungsklage des Nachbarn gegen die Baugenehmigung ist die **Klagebefugnis gem. § 42 II Alt. 1 VwGO**. Da diese die Möglichkeit der Verletzung in eigenen subjektiven öffentlichen Rechten voraussetzt, ist maßgebend, ob die Norm, gegen welche die Baugenehmigung möglicherweise verstößt, **nachbarschützenden Charakter** besitzt und damit ein subjektives öffentliches Recht des klagenden Nachbarn begründet. Ob eine Norm nachbarschützend ist, ist grds. mithilfe der sog. **Schutznormtheorie** festzustellen. Danach hat eine Norm dann drittschützenden Charakter, wenn sie nicht lediglich Interessen der All-

---

[1006] Vgl. RPOVG NVwZ 2000, 1190.
[1007] Dazu unten Rn. 649 ff.
[1008] Dazu unten Rn. 673 ff.
[1009] Näher dazu *Erbguth/Mann/Schubert*, Rn. 1358, 1386.
[1010] Dazu unten Rn. 644 ff.

gemeinheit schützt, sondern zumindest **auch dem Schutz von Individualinteressen** dient.[1011]

Vor diesem Hintergrund ist im **ersten Schritt** die Norm zu ermitteln, gegen welche die Baugenehmigung möglicherweise verstößt und welche daher die Klagebefugnis des Nachbarn begründen könnte. 605

Bsp.: Die Baugenehmigung erlaubt B in einem faktischen reinen Wohngebiet gem. § 34 II BauGB i.V.m. § 1 II Nr. 2, § 3 BauNVO die Errichtung eines Schweinemastbetriebs. Dies könnte gegen § 34 II BauGB i.V.m. § 3 BauNVO verstoßen.

Im **zweiten Schritt** ist zu untersuchen, ob der Kläger **überhaupt** in den Schutzbereich dieser Norm fallen kann, weil er als Nachbar im baurechtlichen Sinne zu betrachten ist: 606

Nachbar im baurechtlichen Sinne ist jedenfalls, wer dinglich Berechtigter, also insbes. Ei-gentümer, eines Grundstücks ist, welches von den Auswirkungen des Bauvorhabens betroffen sein kann. 607

Das Nachbargrundstück muss also nicht unmittelbar an das Vorhabengrundstück angrenzen. Insofern unterscheidet sich der baurechtliche Begriff des Nachbarn vom Alltagssprachgebrauch.

Stark umstritten ist hingegen, ob auch **obligatorisch Berechtigte,** also bspw. Mieter, Nachbarn in diesem Sinne sein können. 608

Die h.M. lehnt dies angesichts der **Grundstücksbezogenheit des öffentlichen Baurechts** und der Tatsache, dass Mieter und Pächter das Grundstück nicht repräsentieren, ab.[1012] Ob sich dies mit der Rspr. des BVerfG zur Anwendung des Art. 14 I 1 GG auch auf Wohnungsmieter vereinbaren lässt, wird unterschiedlich bewertet.[1013] Mieter und Pächter sind jedoch jedenfalls insoweit geschützt, als sie nicht die Verletzung grundstücksbezogener Rechte rügen, sondern eine schwere und unerträgliche Beeinträchtigung personenbezogener Rechte, d.h. insbes. ihrer Gesundheit i.S.v. Art. 2 II 1 GG, geltend machen.[1014]

Nach der Feststellung, dass der Kläger Nachbar ist, ist im **dritten Schritt** zu ermitteln, ob die möglicherweise verletzte Norm tatsächlich nachbarschützend ist und insoweit auch den konkreten Nachbarn schützt. Dabei kommt es maßgeblich auf eine auf Grundlage der Schutznormtheorie vorzunehmende **Auslegung** der Norm an. Ein starkes Indiz für einen nachbarschützenden Charakter ist ein auf Nachbarn Bezug nehmender Wortlaut, wie bspw. in § 31 II, III BauGB. 609

Die h.M. unterscheidet im öffentlichen Baurecht zwischen generell und partiell nachbarschützenden Normen. **Generell nachbarschützende Normen** vermitteln schon aufgrund der in ihnen zum Ausdruck kommenden gesetzgeberischen Entscheidung Drittschutz, unabhängig davon, ob der Nachbar im konkreten Fall tatsächlich beeinträchtigt ist. Der Nachbarschutz **partiell drittschützender Normen** wird hingegen nur „aktiviert“, wenn der Nachbar unter Abwägung seiner Interessen mit den Interessen des Bauherrn unzumutbar beeinträchtigt wird. 610

[1011] Näher zum Ganzen: *Will,* ÖffBauR, 2. Aufl. 2022, Rn. 755.

[1012] BVerwG NVwZ 1998, 956; *MO,* § 10 Rn. 9.

[1013] Für einen Schutz auch von Wohnungsmietern als baurechtlichen Nachbarn etwa *Dürr,* JuS 2007, 431 (433); *Erbguth/Mann/Schubert,* Rn. 1366.

[1014] *Will,* ÖffBauR, 2. Aufl. 2022, Rn. 759.

Bei alledem ist zu beachten, dass ein Rückgriff unmittelbar auf das Eigentumsgrundrecht des Art. 14 I 1 GG für die Begründung des Nachbarschutzes grds. **ausgeschlossen** ist, da der Ausgleich zwischen den Interessen des Bauherrn und der Nachbarn in verfassungsrechtlich zulässiger Weise durch die einfachgesetzlichen Normen des öffentlichen Baurechts erfolgt.[1015]

bb) Generell nachbarschützende Normen

611 **Übersicht 23: Wichtige nachbarschützende Normen, Teil 1**

Generell drittschützende Normen

• Festsetzungen eines Bebauungsplans über die Art der baulichen Nutzung (§§ 2 ff. BauNVO)
• § 34 II BauGB i.V.m. den Vorgaben der BauNVO über die Art der baulichen Nutzung
• § 33 BauGB insoweit, als dem zukünftigen Bebauungsplan generell drittschützende Wirkung zukommt, d.h. im Hinblick auf die Art der baulichen Nutzung
• Das Gebot der Gebietsverträglichkeit in §§ 2 ff. BauNVO
• § 15 I 1 BauNVO
• Festsetzungen über das Maß der baulichen Nutzung (§§ 16 ff. BauNVO) **nur,**
  • wenn die Gemeinde erkennbar festgelegt hat, dass ihre Festsetzungen im Bebauungsplan über das Maß der baulichen Nutzung nachbarschützend sein sollen (Grundkonstellation)
  • oder wenn im konkreten Fall ausnahmsweise eine „erdrückende Wirkung" gegeben ist (dann schlägt „Quantität in Qualität um" und gilt in der Sache § 15 I 1 BauNVO über die Art der baulichen Nutzung)
  • oder – jedenfalls bei Bebauungsplänen, die vor 1960 entstanden sind – wenn die Maßfestsetzungen nach der Konzeption des Plangebers in einem wechselseitigen, die Planbetroffenen zu einer rechtlichen Schicksalsgemeinschaft verbindenden Austauschverhältnis stehen (Wannseeurteil von 2018).
• Festsetzungen über die offene Bauweise i.S.v. § 22 II BauNVO bzgl. der Einhaltung des seitlichen Grenzabstandes[1016]
• Weitere Festsetzungen im Bebauungsplan, wenn die Gemeinde Drittschutz beabsichtigt und dies zum Ausdruck gebracht hat
• § 31 I, II, III BauGB bei Ausnahme bzw. Befreiung von generell drittschützenden Normen
• Abstandsflächen gem. § 6 HBO (für unmittelbare Angrenzer)
• Regelungen über den Brandschutz in § 14 HBO

612 Die Kategorie generell nachbarschützender Normen wurzelt in dem von der Rspr. entwickelten sog. **nachbarschaftlichen Austauschverhältnis**, das zwischen den Nachbarn innerhalb eines Plan- bzw. Baugebietes besteht. Das BVerwG beschreibt dieses auf Reziprozität beruhende Austauschverhältnis i.S.e. **„bodenrechtlichen Schicksalsgemeinschaft"** wie folgt:

„Weil und soweit der Eigentümer eines Grundstücks [...] öffentlich-rechtlichen Beschränkungen unterworfen ist, kann er deren Beachtung grundsätzlich auch im Verhältnis zum Nachbar durchsetzen. [...] Die Beschränkung der Nutzungsmöglichkeiten des eigenen

[1015] Vgl. BVerwG NVwZ 1997, 384 (386).
[1016] So EZBK/*Blechschmidt*, § 22 BauNVO Rn. 49.

Grundstücks wird dadurch ausgeglichen, daß auch die anderen Grundeigentümer diesen Beschränkungen unterworfen sind.“[1017]

Die wichtigsten generell nachbarschützenden Normen sind dabei die **Festsetzungen im Bebauungsplan zur Art der baulichen Nutzung**, die gem. § 30 I BauGB i.V.m. § 1 III 2, §§ 2 ff. BauNVO bauplanungsrechtliche Zulässigkeitsvoraussetzungen sind. 613

Gleiches gilt in einem faktischen Baugebiet gem. § 34 II BauGB i.V.m. §§ 2 ff. BauNVO (mit Ausnahme von § 6a BauNVO (urbanes Gebiet) gem. § 245c III BauGB sowie von § 5a BauNVO (dörfliches Wohngebiet) gem. § 245d I BauGB).

Jedem Nachbarn **im Plangebiet bzw. in einem faktischen Baugebiet i.S.v. § 34 II BauGB**[1018] steht daher ein sog. **Gebietserhaltungsanspruch** zu.[1019] Der Nachbar kann sich darauf gestützt gegen jedes Vorhaben zur Wehr setzen, das nach §§ 2 ff. BauNVO wegen der Art seiner baulichen Nutzung nicht zulässig ist.

Dabei kommt es – wie gesehen – nicht auf eine konkrete Beeinträchtigung des Nachbarn durch das Vorhaben an.[1020] Der nachbarliche Abwehranspruch wird grds. bereits durch die Zulassung eines mit der Gebietsfestsetzung unvereinbaren Vorhabens ausgelöst, weil hierdurch das nachbarliche Austauschverhältnis gestört und eine Verfremdung des Gebietes eingeleitet wird.[1021]

Bsp.: Die Grundstücke von A und B befinden sich im Gebiet eines qualifizierten Bebauungsplans i.S.v. § 30 I BauGB, der ein allgemeines Wohngebiet gem. § 1 II Nr. 3, § 4 BauNVO festsetzt. Die Baugenehmigungsbehörde erteilt B dort eine Baugenehmigung für einen Schweinemastbetrieb. Dieser ist weder nach § 4 II BauNVO noch nach § 4 III BauNVO zulässig. Eine Befreiung gem. § 31 II BauGB wurde nicht erteilt. A kann insofern wegen Verletzung der Festsetzungen über die Art der baulichen Nutzung gegen Bs Baugenehmigung vorgehen. Dabei kommt es nicht darauf an, ob A durch den Schweinemastbetrieb in irgendeiner Weise gestört würde. Der generelle Nachbarschutz gilt wegen des nachbarschaftlichen Austauschverhältnisses unabhängig von einer Beeinträchtigung im Einzelfall.

Der Gebietserhaltungsanspruch der Nachbarn erstreckt sich auch auf die Durchsetzung der oben erörterten **Gebietsverträglichkeit**[1022], die als ungeschriebenes Tatbestandsmerkmal zu den Zulässigkeitsvoraussetzungen der §§ 2 ff. BauNVO gehört.[1023] Schließlich gewährt in diesem Zusammenhang auch **§ 15 I 1 BauNVO** generellen Nachbarschutz. Dieser normative „Feinfilter“ ist – wie gesehen – anders als das Kriterium der Gebietsverträglichkeit auf den Einzelfall zugeschnitten und soll die Eigenart des jeweiligen Baugebietes erhalten.[1024] 614

Noch einmal sei betont, dass dieser Nachbarschutz nur für die Nachbarn im Plangebiet bzw. in dem faktischen Baugebiet i.S.v. § 34 II BauGB gilt. Eigentümer von Grundstücken, die au-

---

[1017] BVerwGE 94, 151 (155) = NJW 1994, 1546.

[1018] Zum Gebietserhaltungsanspruch im faktischen Baugebiet etwa BbgOVG, Beschl. v. 7.12.2018 – OVG 10 S 4.18, BeckRS 2018, 32107 Rn. 11 ff.

[1019] Vgl. bspw. BVerwG NVwZ 2008, 427, Rn. 5; BayVGH, Urt. v. 14.2.2018 – 9 BV 16.1694, BeckRS 2018, 2372 Rn. 20.

[1020] BVerwGE 94, 151 (161) = NJW 1994, 1546 (1548); BVerwG ZfBR 2013, 783.

[1021] BVerwGE 94, 151 (161) = NJW 1994, 1546 (1548).

[1022] Dazu oben Rn. 312 ff.

[1023] Dazu instruktiv VG Ansbach, Urt. v. 9.10.2014 – AN 9 K 14.00830, BeckRS 2014, 58668 (insbes. unter 2.3.2).

[1024] Zu § 15 BauNVO oben Rn. 320 ff.

ßerhalb dieser Gebiete liegen, können keinen „Gebietserhaltungsanspruch“ geltend machen.[1025]

615 Festsetzungen über das **Maß** der baulichen Nutzung (§§ 16 ff. BauNVO) entfalten hingegen **grds. keine** nachbarschützende Wirkung, da sie nach Ansicht des BVerwG die Planbetroffenen nicht in gleicher Weise zur „Schicksalsgemeinschaft” verbinden wie Festsetzungen zur Art der Nutzung.[1026] Sie ließen nämlich den Gebietscharakter in der Regel unberührt und hätten nur Auswirkungen auf das Baugrundstück sowie die unmittelbar angrenzenden Nachbargrundstücke, so dass zum Schutz der Nachbarn grds. das drittschützende Rücksichtnahmegebot ausreiche.[1027] Festsetzungen über das Maß der baulichen Nutzung entfalten daher nur **ausnahmsweise** in den folgenden **drei Fallgruppen nachbarschützende Wirkung:**

616 **Erstens**, wenn die Gemeinde bestimmten Festsetzungen über das Maß der baulichen Nutzung eine nachbarschützende Wirkung beimessen wollte.[1028]

Der Wille der planenden Gemeinde ist durch Auslegung des Schutzzwecks der Festsetzung im Bebauungsplan (nur städtebaulicher Schutzzweck oder auch nachbarschützend?) zu ermitteln. Ein entsprechender Wille kann sich unmittelbar aus dem Bebauungsplan (etwa kraft ausdrücklicher Regelung von Drittschutz), aus seiner Begründung, aus Vorgängen im Zusammenhang mit der Planaufstellung oder aus einer wertenden Beurteilung des Festsetzungszusammenhangs ergeben.[1029]

617 **Zweitens** kann sich eine nachbarschützende Wirkung von Festsetzungen des Maßes der baulichen Nutzung in Ausnahmefällen auch aus dem oben angesprochenen **§ 15 I 1 BauNVO** ergeben.

Aufgrund seiner systematischen Stellung gilt § 15 I 1 BauNVO grds. nur für die Art der baulichen Nutzung.[1030] Allerdings kann nach dem BVerwG im Einzelfall **Quantität (Maß) in Qualität (Art) umschlagen**, so dass die Größe einer baulichen Anlage die Art der baulichen Nutzung erfasst.[1031] Nach dem BayVGH ist dies insbes. dann der Fall, „wenn das Vorhaben den **Charakter des Gebietes** durch eine auf seinem Umfang beruhende Wirkung **verändert.** […] Diese Wirkung kann insbesondere dann eintreten, wenn sich die geplante Anlage nach ihrer Fläche und ihrer Höhe erheblich von den vorhandenen, den Gebietscharakter prägenden Anlagen unterscheidet.“[1032]

Bsp.: In dem soeben angesprochenen Fall des BayVGH ging es um die Baugenehmigung für ein Hotel mit zwei unter- und sieben oberirdischen Geschossen in Berchtesgaden. Das Gericht erkannte ein faktisches Baugebiet i.S.v. § 34 II BauGB mit einem dem alpenländisch geprägten Zentrum einer größeren Marktgemeinde entsprechenden Zuschnitt. Die vorhandenen Gebäude hatten entlang ihrer Straßenfront keine größere Länge als 25–30 m. Demgegenüber sollte das geplante Hotel 75 m lang sein. Außerdem sollte es die bestehenden Gebäude um bis zu zwei Geschosse überragen. Dies gab dem geplanten Hotel nach Auffassung des VGH eine **erdrückende Wirkung** und führte folglich dazu, dass das Vorhaben gem. § 15 I 1 BauNVO unzulässig war, weil es nach seinem Umfang der Eigenart des Baugebietes widersprach. Die klagenden Nachbarn konnten daher ihren auch in § 15 I 1 BauNVO zum

[1025] Dazu auch Übersicht 25 unten in Rn. 631.
[1026] BVerwG NVwZ 1996, 170 (171).
[1027] BVerwG NVwZ 1996, 170 (171).
[1028] Vgl. BVerwG NVwZ 1996, 888; BVerwGE 162, 363 LS 1 und Rn. 14.
[1029] Vgl. etwa BayVGH NVwZ-RR 2020, 961 Rn. 23 m.w.N.
[1030] Dazu oben Rn. 320.
[1031] BVerwG NVwZ 1995, 899 (900); vgl. auch BVerwGE 162, 363 Rn. 13.
[1032] BayVGH, Beschl. v. 26.5.2008 – 1 CS 08.881, 08.882 BeckRS 2008, 39233.

Ausdruck kommenden Gebietserhaltungsanspruch geltend machen, obwohl es eigentlich um das Maß der baulichen Nutzung ging.

618 Bewegung in die Frage der nachbarschützenden Wirkung von Festsetzungen über das Maß der baulichen Nutzung ist 2018 durch das **Wannseeurteil** des BVerwG gekommen, aus dem sich eine **dritte Fallgruppe** ergibt, in der Nachbarschutz ausnahmsweise unabhängig vom Willen der planenden Gemeinde aufgrund eines objektiv vorliegenden nachbarlichen Austauschverhältnisses entstehen kann.[1033]

Insoweit sei von Anfang an darauf hingewiesen, dass umstritten ist, ob die Kernaussage dieses Urteils verallgemeinerbar ist. Konkret ging es nämlich um einen Bebauungsplan von 1959, also aus dem Zeitraum, bevor das BVerwG ab 1960 begann, seine Rspr. und damit die Dogmatik zum Nachbarschutz zu entwickeln. Infolgedessen konnte die planende Gemeinde 1959 überhaupt noch nicht den Willen haben, den Festsetzungen nachbarschützende Wirkung beizumessen.

Das BVerwG ist im Wannseeurteil davon ausgegangen, dass der Umstand, dass ein Plangeber die Rechtsfolge einer nachbarschützenden Wirkung von Festsetzungen über das Maß der baulichen Nutzung (konkret die Zahl der Vollgeschosse und die Baumassenzahl) bei der Planaufstellung nicht in seinen Willen aufgenommen hatte, es nicht verbiete, diesen Festsetzungen durch Auslegung eine nachbarschützende Wirkung beizumessen.[1034] Das BVerwG stützt dies auf den Gedanken des **wechselseitigen nachbarlichen Austauschverhältnisses,** auf dem der baurechtliche Nachbarschutz insgesamt beruht.[1035] Stünden Festsetzungen über das Maß der baulichen Nutzung nach der Konzeption des Plangebers **in einem wechselseitigen, die Planbetroffenen zu einer rechtlichen Schicksalsgemeinschaft verbindenden Austauschverhältnis,** komme ihnen nach ihrem objektiven Gehalt eine Schutzfunktion zugunsten der am Austauschverhältnis beteiligten Grundstückseigentümer zu.

Fraglich ist danach allerdings, wann genau Festsetzungen über das Maß in einem solchen die nachbarschützende Wirkung begründenden wechselseitigen nachbarlichen Austauschverhältnis stehen. Oft wird am Wannseeurteil kritisiert, dass der 4. Senat des BVerwG die Voraussetzungen für das Vorliegen des nachbarlichen Austauschverhältnisses nicht konkretisiert hat.[1036] Dies war dort allerdings aus dem Grund nicht erforderlich, dass sich der Senat an die Auslegung des Bebauungsplans durch das in der Vorinstanz zuständige OVG gebunden sah[1037] und der Begriff des nachbarlichen Austauschverhältnisses nicht bundesrechtlich determiniert sei.[1038] Das OVG hatte aufgrund einer Auslegung des Bebauungsplans das Vorliegen eines nachbarlichen Austauschverhältnisses bejaht und dies maßgeblich darauf gestützt, dass die enthaltenen Maßfestsetzungen von wesentlicher Bedeutung für den vom Plangeber konzipierten Charakter der festgesetzten Sondergebietsfläche für den Wassersport seien.[1039] Auch die Festsetzungen im Bebauungsplan zur Zahl der Vollgeschosse und der Baumassenzahl sollten zu der spezifischen Qualität des Sondergebiets beitragen und nach dem erklärten Willlen des Plangebers der Bewahrung des Gebietscharakters dienen.

619 Von großer praktischer (und prüfungstechnischer) Relevanz ist die schon angerissene umstrittene Frage, ob der Grundgedanke des BVerwG von der nachbarschützenden Wirkung

[1033] BVerwGE 162, 363; näher dazu: *Will,* ÖffBauR, 2. Aufl. 2022, Rn. 771 ff.
[1034] BVerwGE 162, 363 Rn. 16 = NVwZ 2018, 1808.
[1035] BVerwGE 162, 363 Rn. 15 = NVwZ 2018, 1808.
[1036] Vgl. etwa *Schröer/Kümmel,* NVwZ 2018, 1775 (1777); *Heinemann,* NVwZ 2018, 1811 (1812); *Schubert,* ZfBR 2019, 343 (345 f.).
[1037] Gem. § 173 S. 1 VwGO i.V.m. § 560 ZPO; BVerwGE 162, 363 Rn. 19 ff.
[1038] BVerwGE 162, 363 Rn. 20 = NVwZ 2018, 1808.
[1039] BVerwGE 162, 363 Rn. 21 = NVwZ 2018, 1808.

von Maßfestsetzungen aufgrund eines objektiv vorliegenden nachbarlichen Austauschverhältnisses auch auf Bebauungspläne, die ab 1960 entstanden sind, übertragbar ist.

Während erhebliche Teile der Lit. dieser Ansicht zuneigen,[1040] sind für die Praxis die nach dem Wannseeurteil ergangenen einschlägigen **Judikate der OVGe** von großer Bedeutung. In den einschlägigen Fällen setzen sich die Gerichte, nachdem sie verneint haben, dass die Plangeberin den in Rede stehenden Maßfestsetzungen nachbarschützende Wirkung zugedacht hat, regelmäßig mit dem Wannseeurteil des BVerwG auseinander, wie dies auch in Prüfungsarbeiten geboten ist. Im Ergebnis hat obergerichtlich allerdings nur das **OVG Hamburg** eine Anwendbarkeit des Wannsee-Diktums im Sinne eines allgemeinen Grundsatzes auch auf nach 1960 entstandene Bebauungspläne ausdrücklich bejaht.[1041] Andere OVGe sind dem entweder ausdrücklich nicht gefolgt[1042] oder haben die Frage offengelassen, da sie im konkreten Fall nicht entscheidungserheblich war.[1043] Obwohl sich die meisten OVGe noch nicht festgelegt haben und die Frage daher nach wie vor umstritten ist, sei bei der Anwendung des Wannsee-Diktums auf seit 1960 entstandene Bebauungspläne in Prüfungsarbeiten vorerst zur Vorsicht geraten. Ein mögliches materielles Argument gegen eine Erstreckung auf jüngere Bebauungspläne ist, dass es im Lichte der verfassungsrechtlichen Gewaltenteilung (Art. 20 II 2 GG) problematisch erschiene, wenn Gerichte einer bauleitplanerischen Festsetzung eine vom Plangeber nicht positiv gewollte Drittschutzwirkung beimessen könnten.[1044]

620 Abschließend sei erwähnt, dass bestimmte materielle Vorgaben des **Bauordnungsrechts** wie etwa solche über den Brandschutz ebenfalls generell drittschützende Wirkung haben und somit von den Nachbarn unabhängig von einer konkreten Beeinträchtigung geltend gemacht werden können. Bei Abstandsflächen i.S.v. § 6 HBO gilt dies jedoch nur für die unmittelbaren Angrenzer, denn nur diese fallen in den Schutzbereich dieser Norm.[1045]

cc) Partiell nachbarschützende Normen

621 Partiell drittschützende Normen gewähren dem Nachbarn nur dann Schutz, wenn dieser nach Abwägung seiner Interessen mit den Interessen des Bauherrn unzumutbar beeinträchtigt wird.

622 **Übersicht 24: Wichtige nachbarschützende Normen, Teil 2**

Partiell drittschützende Normen
• § 34 I BauGB: Voraussetzung des „Einfügens“ • § 35 BauGB, insbes. im Hinblick auf § 35 III 1 Nr. 3 BauGB (schädliche Umwelteinwirkungen i.S.v. § 3 I BImSchG)

[1040] Etwa *Schwemer,* NVwZ 2019, 1371 (1372); *Lang,* NVwZ 2021, 1431 (1433); wohl auch *Mehde,* BauR 2019, 434 (439 f.).

[1041] HbgOVG NVwZ 2019, 1365 Rn. 14, 36 ff.; Anm. dazu v. *Muckel,* JA 2020, 316; grds. bestätigt in HbgOVG NVwZ 2021, 1472 Rn. 23.

[1042] Vgl. etwa NWOVG, Beschl. v. 8.7.2020 – 10 A 3398/19, BeckRS 2020, 20117 Rn. 38 ff.; Beschl. v. 2.11.2021 – 7 B 1482/21, BeckRS 2021, 33444 Rn. 4; SHOVG, Beschl. v. 12.5.2020 – 1 MB 9/20, BeckRS 2020, 10087 Rn. 7; BayVGH z.B. Beschl. v. 11.8.2021 – 15 CS 21.1775, Rn. 16 f.

[1043] Vgl. etwa NdsOVG, Beschl. v. 20.11.2019 – 1 ME 117/19, BeckRS 2019, 28385 Rn. 14; BaWüVGH, Urt. v. 23.7.2020 – VGH 8 S 702/19, BeckRS 2020, 21326 Rn. 31 f.; BbgOVG, Beschl. v. 22.2.2021 – OVG 10 S 69/20, BeckRS 2021, 3309 Rn. 12 ff.

[1044] Vgl. BayVGH NVwZ-RR 2020, 961, Rn. 26.

[1045] Dazu unten Rn. 685 ff.

- § 31 I, II, III BauGB, wenn Ausnahme bzw. Befreiung von partiell oder überhaupt nicht drittschützenden Normen
- § 15 I 2 BauNVO (vgl. Wortlaut: „unzumutbar")

Bei der Prüfung dieser Normen kommt es maßgeblich auf das vom BVerwG entwickelte **Gebot der Rücksichtnahme** an.[1046] 623

Die Anwendung des **Rücksichtnahmegebotes,** als Auslegungstopos, auf bauplanungsrechtliche Regelungen, die aus sich heraus zunächst lediglich objektiv-rechtlichen Charakter haben, kann nämlich dazu führen, dass diesen eine nachbarschützende Wirkung zukommt.

Die Anwendung des Rücksichtnahmegebotes erfolgt in zwei Schritten: **Im ersten Schritt** ist zu ermitteln, ob die in Rede stehende Norm überhaupt drittschützend sein kann („ob"). Dies ist nach Maßgabe des Rücksichtnahmegebotes nur der Fall, soweit in qualifizierter und zugleich individualisierter Weise auf schutzwürdige Interessen eines erkennbar abgegrenzten Kreises Dritter Rücksicht genommen wird.[1047] 624

Bsp.: Dies ist – wie oben in der Übersicht gezeigt – etwa bei der Voraussetzung des „Einfügens" in § 34 I BauGB anerkannt. Aufgrund dieses Tatbestandsmerkmals wird in erkennbarer Weise qualifiziert und zugleich individualisiert auf die Interessen der Nachbarn im jeweiligen Bebauungszusammenhang Rücksicht genommen.

Im **zweiten Schritt** ist sodann zu klären, ob die betreffende Norm im konkreten Fall ihren Nachbarschutz auch „aktiviert" und in welchem Umfang („wie") dies geschieht. Dabei gilt: Je empfindlicher und schutzwürdiger die Stellung der Nachbarn ist, auf deren Interessen Rücksicht zu nehmen ist, umso mehr Rücksichtnahme können sie verlangen. Je verständlicher und unabweisbarer demgegenüber die mit dem Vorhaben verfolgten Interessen des Bauherrn sind, umso weniger muss der Vorhabenträger Rücksicht nehmen.[1048] Vorzunehmen ist demzufolge eine umfassende **Abwägung** zwischen den **Interessen** des Bauherrn an der Bebauung seines Grundstücks einerseits und den Interessen des Nachbarn an der ungestörten Nutzung seines Grundstücks andererseits. Wenn im Rahmen dieser **Interessenabwägung** die Interessen des Nachbarn dergestalt überwiegen, dass diesem die Hinnahme des Bauvorhabens **billigerweise nicht mehr zugemutet werden kann,** ist der Nachbarschutz „aktiviert" und der Nachbar kann eine Verletzung der in Rede stehenden Norm geltend machen. 625

Das Rücksichtnahmegebot und damit die in Rede stehende partiell nachbarschützende Vorschrift ist „nur verletzt, wenn und soweit die Nutzung von Drittgrundstücken (Nachbargrundstücken) durch die Erteilung einer Baugenehmigung oder ihre Ausnutzung **unzumutbar beeinträchtigt** ist."[1049]

Bsp.: Die teilweise Verschattung eines auf dem Nachbargrundstück befindlichen Wohnhauses durch einen Neubau und die Tatsache, dass dieser auf der dem benachbarten Wohnhaus zugewandten Seite über Fenster, Balkone oder Terrassen verfügt, beeinträchtigen das Nachbar-

---

[1046] BVerwGE 52, 122 (125 ff.); zum Rücksichtnahmegebot oben Rn. 385 ff.
[1047] BVerwGE 67, 334 (339).
[1048] BVerwGE 52, 122 (126).
[1049] BVerwG NVwZ 1985, 37 LS.

grundstück grds. nicht in unzumutbarer Weise und verletzen daher nicht das Rücksichtnahmegebot.[1050] In bebauten Gebieten entspricht es nämlich dem Regelfall, dass Gebäude jedenfalls partiell Schatten auf Nachbargrundstücke werfen und dass aus den Fenstern etc. eines Wohnhauses Blicke auf Nachbargrundstücke geworfen werden können.

Wird eine Anfechtungsklage gem. § 42 I 1. Alt. VwGO geprüft, reicht für die **Klagebefugnis** gem. § 42 II VwGO nach den allgemeinen Grundsätzen die Möglichkeit aus, dass der Nachbar unzumutbar beeinträchtigt wird. Ob dies tatsächlich der Fall ist, ist dann eine Frage der Begründetheit.

626 Das Rücksichtnahmegebot wird vor diesem Hintergrund insbes. im Rahmen von **§ 15 I 2 BauNVO** relevant, wonach ein nach dem Bebauungsplan eigentlich zulässiges Vorhaben im Einzelfall unzulässig sein kann, wenn von ihm unzumutbare Belästigungen oder Störungen ausgehen oder es solchen Störungen ausgesetzt ist.[1051]

Für eine sachgerechte Beurteilung des Einzelfalls kommt es hier demnach – wie gezeigt – auf eine Abwägung zwischen dem an, was einerseits dem Rücksichtnahmebegünstigten (d.h. dem Nachbarn) und andererseits dem Rücksichtnahmeverpflichteten (d.h. dem Bauherrn) nach Lage der Dinge zuzumuten ist.[1052] Zu beachten ist, dass sich der insofern gegebene partielle Drittschutz des § 15 I 2 BauNVO nicht auf das Plan- bzw. Baugebiet beschränkt, sondern auch in **dessen Umgebung** gilt. Insofern unterscheiden sich § 15 I 1 BauNVO und § 15 I 2 BauNVO in zweierlei Hinsicht voneinander: Satz 1 ist im Rahmen des Gebietserhaltungsanspruchs generell drittschützend, betrifft allerdings nur Nachbarn im Plan- bzw. Baugebiet. Satz 2 ist hingegen lediglich partiell drittschützend, d.h. der Drittschutz wird nur bei Unzumutbarkeit „aktiviert". Andererseits schützt er aber auch Nachbarn in der Umgebung des Plan- bzw. Baugebietes.[1053]

627 Dem Gebot der Rücksichtnahme kommt ferner im Rahmen des **„Einfügens"** gem. **§ 34 I BauGB** Bedeutung zu.[1054] Ein Nachbar kann sich insofern nur dann gegen ein Vorhaben, das sich nicht im Rahmen der vorhandenen Bebauung hält, zur Wehr setzen, wenn er durch das Vorhaben unzumutbar beeinträchtigt wird.

Bsp.: Die Grundstücke von A und B befinden sich in einem Bebauungszusammenhang i.S.v. § 34 I BauGB. B erhält eine Baugenehmigung für einen Schweinemastbetrieb, der sich nicht im Rahmen der vorhandenen Bebauung hält. Anders als bei Vorliegen eines faktischen Baugebietes gem. § 34 II BauGB[1055] kann A hier nur dann gegen die Baugenehmigung vorgehen, wenn er durch den Schweinemastbetrieb nach Abwägung aller in Rede stehenden Interessen unzumutbar beeinträchtigt wird.

628 Weitere partiell drittschützende Normen sind die Befreiungsvorschriften in **§ 31 II, III BauGB.**[1056] Deren drittschützende Wirkung ergibt sich schon aus ihrem Wortlaut, wonach es u.a. auf die „Würdigung nachbarlicher Interessen" ankommt. § 31 II, III BauGB können dabei sogar generell drittschützenden Charakter haben, wenn im Einzelfall von Normen abgewichen werden soll, die ihrerseits generell drittschützend sind.

[1050] NWOVG, Beschl. v. 27.3.2020 – 10 A 1973/19, BeckRS 2020, 5466 Rn. 11, 13 f.; Anm. dazu von *Muckel,* JA 2021, 87.

[1051] Dazu oben Rn. 322 f.

[1052] *Roeser,* in: König/Roeser/Stock, BauNVO, § 15 Rn. 28.

[1053] Dazu auch Übersicht 25 unten in Rn. 631.

[1054] Vgl. BVerwG NVwZ 1996, 888.

[1055] Dazu oben Rn. 390.

[1056] Dazu oben Rn. 329 ff.

Schließlich kann auch **§ 35 BauGB** partiell drittschützend sein.[1057] Dies gilt insbes. im Rahmen von § 35 III 1 Nr. 3 BauGB, da schädliche Umwelteinwirkungen hier nach der Rspr. des BVerwG nichts anderes als die gesetzliche Ausformung des allgemeinen baurechtlichen Rücksichtnahmegebotes für eine besondere Konfliktsituation sind.[1058] 629

Insofern gilt mit den Worten des BVerwG: „Außenbereichsvorhaben, die an sich [gem. § 35 I BauGB] privilegiert sind, aber auf die Interessen Dritter nicht genügend Rücksicht nehmen, können deshalb genehmigungsunfähig sein."[1059] Wird dennoch eine Genehmigung erteilt, kann sich der Nachbar auf die Verletzung der insoweit drittschützenden Norm des § 35 I, III 1 Nr. 3 BauGB berufen. Zu beachten ist, dass in der erforderlichen Abwägung privilegierten Vorhaben i.S.d. § 35 I BauGB ein stärkeres Gewicht zukommt als sonstigen Vorhaben i.S.d. § 35 II BauGB.[1060]

Beispielsfall zur „heranrückenden Wohnbebauung":[1061] N betreibt einen landwirtschaftlichen Schweinemastbetrieb (§ 35 I Nr. 1 BauGB) im Außenbereich. In 65 m Entfernung möchte B ein Wohnhaus als sonstiges Vorhaben i.S.v. § 35 II BauGB errichten, für das ihm auch eine Baugenehmigung erteilt wurde. N ficht diese an und macht geltend, dass sie gegen § 35 II, III 1 Nr. 3 BauGB verstoße, da das Wohnhaus schädlichen Umwelteinwirkungen von ihrem Betrieb ausgesetzt sein wird [beachte § 35 III 1 Nr. 3 BauGB: „... oder ausgesetzt wird"!]. Ist N klagebefugt? 630

Lösung: N könnte sich im Rahmen der Klagebefugnis gem. § 42 II 1. Alt. VwGO nur dann auf eine Verletzung dieser Normen berufen, wenn diese **nachbarschützend** sind. Dabei ist in einem ersten Schritt zunächst festzustellen, dass § 35 III 1 Nr. 3 BauGB in qualifizierter und zugleich individualisierter Weise auf schutzwürdige Interessen eines erkennbar abgegrenzten Kreises Dritter Rücksicht nimmt und daher partiell nachbarschützend ist: „Auf die Unzulässigkeit eines Vorhabens im Außenbereich, das schädlichen Umwelteinwirkungen ausgesetzt ist, kann sich nach Maßgabe der in der Rechtsprechung entwickelten Grundsätze zum Rücksichtnahmegebot auch der Landwirt berufen, von dessen vorhandenem Betrieb Immissionen ausgehen."

Fraglich ist im zweiten Schritt, ob das insofern in der Norm enthaltene Rücksichtnahmegebot hier auch verletzt und der Drittschutz des § 35 III 1 Nr. 3 BauGB folglich „aktiviert" ist. Dies ist durch **Abwägung der gegenüberstehenden Interessen** zu ermitteln. Das NWOVG hat 2011 in ähnlichem Zusammenhang ausgeführt, dass die bei der Prüfung relevante **Zumutbarkeitsschwelle grds. überschritten** wird, „wenn die Störungen oder Belästigungen unter Berücksichtigung der konkreten Verhältnisse erheblich im Sinne von § 5 I Nr. 1, § 22 I 1 Nr. 1 BImSchG sind. Liegen solchermaßen erhebliche Immissionen vor, ist die an ein privilegiertes Vorhaben heranrückende Wohnbebauung schädlichen Umwelteinwirkungen im Sinne von § 35 III 1 Nr. 3 BauGB ausgesetzt. Würde man in diesem Fall die Wohnbebauung zulassen, könnte der Betreiber der emittierenden Anlage nicht darauf vertrauen, vor Auflagen zum Schutz der Wohnbebauung vor Immissionen verschont zu bleiben. Aufgabe des sich aus § 35 III 1 BauGB ergebenden Gebots gegenseitiger Rücksichtnahme ist es in diesem Fall, den emittierenden Betrieb in seiner Existenz zu sichern. Von daher ist die heranrückende Wohnbebauung, die für den – privilegierten – emittierenden Betrieb potentiell zu einer Verschärfung immissionsschutzrechtlicher Anforderungen führt, gegenüber dem Betrieb rücksichtslos und wegen der Beeinträchtigung öffentlicher Belange planungsrechtlich unzulässig."[1062]

Geht man daher davon aus, dass der Schweinemastbetrieb von N derart erhebliche Emissionen ausstößt, ist das Interesse der N an der Erhaltung ihres im Außenbereich privilegierten Betriebs

[1057] Zu § 35 BauGB oben Rn. 397 ff.
[1058] BKL/*Mitschang/Reidt,* § 35 Rn. 79 m.w.N.
[1059] BVerwGE 52, 122 = NJW 1978, 62.
[1060] *Erbguth/Mann/Schubert,* Rn. 1373.
[1061] Vereinfacht nach BayVGH BauR 2002, 754.
[1062] NWOVG, Urt. v. 15.12.2011 – 2 A 2645/08, BeckRS 2012, 47637 (unter II. 2.).

im Rahmen der Abwägung höher zu bewerten als das Interesse des B an seinem Bauvorhaben. N ist daher durch die Genehmigung unzumutbar beeinträchtigt. Der Nachbarschutz des § 35 III 1 Nr. 3 BauGB wird hier also „aktiviert" und N kann sich auf eine entsprechende Verletzung berufen. Sie ist daher aufgrund der Möglichkeit der Verletzung in eigenen subjektiven öffentlichen Rechten gem. § 42 II 1. Alt. VwGO klagebefugt.

dd) Räumliche Dimension des Nachbarschutzes

631 Oben ist bereits mehrfach angeklungen, dass sich nachbarschützende Normen nicht nur in generell und partiell drittschützende Regelungen unterteilen lassen. Vielmehr unterscheiden sie sich auch im Hinblick auf ihre **räumliche Wirkung**. Dies sei abschließend noch einmal mit einem Schaubild verdeutlicht. Dabei befinden sich die Grundstücke des A und der B innerhalb eines einheitlichen Plan- bzw. faktischen Baugebietes. Das Grundstück der C liegt hingegen außerhalb dieses Gebietes.

Übersicht 25: Räumliche Dimension des Nachbarschutzes

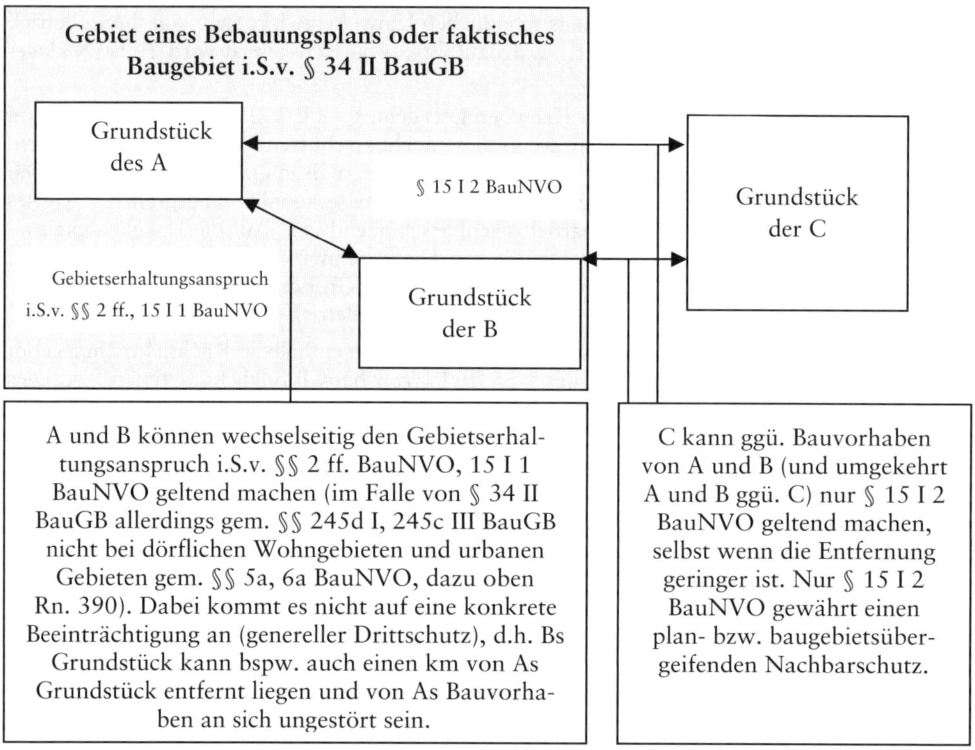

c) Vorverfahren gem. § 68 I VwGO

632 Vor Erhebung einer Anfechtungsklage ist gem. § 68 I VwGO zunächst erfolglos das Vorverfahren (Widerspruchsverfahren) zu durchlaufen.

In Hessen bedarf es gem. § 16a II 1 HessAGVwGO i.V.m. § 68 I VwGO grds. nur dann keines Vorverfahrens, wenn das Regierungspräsidium den VA erlassen hat. Von den danebenstehenden bereichsspezifischen Ausschlüssen des Vorverfahrens gilt für das Bauwesen gem. § 16a I i.V.m. Nr. 7.1 Anlage zu § 16a I HessAGVwGO lediglich ein Ausschluss für **Entscheidungen nach § 36 II 3 BauGB**, also den Spezialfall der Ersetzung des rechtswidrig versagten Einvernehmens der Gemeinde. **Ansonsten** ist in Hessen daher in Baurechtsangelegenheiten **regelmäßig ein Vorverfahren** zu durchlaufen.

d) Probleme der Anfechtungsfrist gem. §§ 70 I, 74 I 2, 58 VwGO

Gerade in Nachbarstreitigkeiten stellt sich sodann oft das Problem, ob die **Frist** für die Einlegung des Anfechtungswiderspruchs oder der Anfechtungsklage gewahrt ist. Grds. gilt insoweit ab Bekanntgabe der angefochtenen Genehmigung für den Anfechtungswiderspruch die **Monatsfrist** gem. § 70 I VwGO und für die Anfechtungsklage – soweit kein Vorverfahren zu durchlaufen ist – die Monatsfrist gem. § 74 I 2 VwGO. 633

aa) Bei Fehlen einer ordnungsgemäßen Rechtsbehelfsbelehrung

Ist die Baugenehmigung dem betroffenen Nachbarn zwar bekanntgegeben worden, allerdings ohne ordnungsgemäße Rechtsbehelfsbelehrung, beginnen die Monatsfristen für die Anfechtung aus §§ 70 I, 74 I 2 VwGO gem. § 58 I VwGO nicht zu laufen. Stattdessen gilt dann für die Anfechtung durch den Nachbarn gem. § 58 II 1 VwGO eine **Jahresfrist.**[1063] 634

bb) Bei fehlender Bekanntgabe

Aufgrund verschiedener neuerer Entscheidungen des BVerwG noch prüfungsrelevanter sind derzeit Konstellationen, in denen die Baugenehmigung dem Nachbarn überhaupt **nicht amtlich bekanntgegeben** wurde.[1064] Da es bei fehlender Bekanntgabe auch regelmäßig an einer ordnungsgemäßen Rechtsbehelfsbelehrung fehlen wird, kommt in solchen Fällen gem. § 58 I VwGO von vornherein – wenn überhaupt – lediglich eine Jahresfrist gem. § 58 II VwGO (analog) in Betracht. 635

> Allerdings beginnt nach dem BVerwG für den Nachbarn ohne Bekanntgabe eine Anfechtungsfrist weder in unmittelbarer noch in analoger Anwendung der §§ 70, 74 I 2 und § 58 II VwGO zu laufen.[1065]

Eine analoge Anwendung der §§ 70, 74 I 2 und § 58 II VwGO muss im Falle fehlender Bekanntgabe ausscheiden, da ansonsten Rechtsbehelfsfristen in Gang gesetzt würden, ohne dass der Betroffene überhaupt Kenntnis von dem ihn potentiell belastenden Verwaltungsakt erlangt hat.[1066]

> Hat der Nachbar jedoch gleichwohl sichere Kenntnis von der Baugenehmigung erlangt oder hätte er sie erlangen müssen, so kann ihm nach **Treu und Glauben** die Berufung darauf versagt sein, dass sie ihm nicht amtlich bekanntgegeben wurde.[1067] Im Ergebnis läuft dann für ihn die (Jahres-) Anfechtungsfrist nach §§ 70, 74 I 2 i.V.m. § 58 II VwGO so, als wäre ihm die Baugenehmigung in dem Zeitpunkt amtlich bekannt gegeben worden, in dem er von ihr sichere Kenntnis erlangt hat oder hätte erlangen können.[1068]

[1063] Beispielsfall dazu in *Will,* ÖffBauR, 2. Aufl. 2022, Rn. 786.

[1064] Dazu auch *Detterbeck*, AllgVwR, 20 Aufl. 2022, Rn. 561; *Will,* AllgVwR, 2. Aufl. 2022, Nr. 240 f.

[1065] Vgl. BVerwGE 44, 294 (296 ff.) = NJW 1974, 1260; BVerwG NVwZ 2019, 245 Rn. 9; ZfBR 2021, 444 Rn. 6.

[1066] *Kopp/Schenke,* VwGO, 27. Aufl. 2021, § 70 Rn. 6g.

[1067] Vgl. BVerwGE 44, 294 (300 f.); BVerwG NVwZ 2019, 245 Rn. 9; ZfBR 2021, 444 Rn. 6.

[1068] Vgl. BVerwGE 44, 294 (300 f.); BVerwG NVwZ 2019, 245 Rn. 9; ZfBR 2021, 444 Rn. 6; näher zum Ganzen: *Will,* ÖffBauR, 2. Aufl. 2022, Rn. 787 ff.

e) Ausschluss von Nachbarrechten

636 Nachbarrechte können verloren gehen, wenn der Nachbar wirksam auf sie verzichtet hat (aa), oder zumindest nicht durchsetzbar sein, wenn ihre Durchsetzung gegen Treu und Glauben verstieße (bb). In beiden Fällen können Rechtsbehelfe des Klägers bereits in der Zulässigkeit z.B. an der fehlenden Möglichkeit einer Verletzung in eigenen Rechten (Klagebefugnis gem. § 42 II VwGO) oder am Rechtsschutzbedürfnis scheitern, sind aber jedenfalls unbegründet.

aa) Rechteverlust aufgrund Verzichts

637 Der Nachbar kann selbst ausdrücklich oder konkludent auf seinen Schutz **verzichten,** bspw. indem er eine entsprechende ausdrückliche Willenserklä-rung gegenüber der Bauaufsichtsbehörde abgibt oder indem er die ihm vom Bauherrn vorgelegten Bauleitpläne abzeichnet.[1069] Die Zustimmung des Nachbarn zu einem Bauvorhaben bewirkt in der Regel sowohl einen materiellrechtlichen als auch einen verfahrensrechtlichen Verzicht auf mögliche Abwehrrechte.[1070] Die konkrete Reichweite entsprechender Willenserklärungen ist durch deren Auslegung nach dem Empfängerhorizont zu ermitteln.[1071] Zu berücksichtigen sind dabei auch der mit der Verzichtserklärung verfolgte Zweck, die Interessenlage der Beteiligten und die sonstigen Begleitumstände, die den Sinngehalt der Erklärung erhellen können.

Im Prüfungsaufbau ist ein Verzicht auf materielle Rechte bereits bei der Klagebefugnis gem. § 42 II VwGO zu behandeln, da im Falle eines wirksamen Verzichts auf eine materielle Rechtsposition die Möglichkeit der Verletzung in derselben ausscheidet. Ein Verzicht auf prozessuale Rechte kann insbes. im Rahmen des Rechtsschutzbedürfnisses erörtert werden.

bb) Rechteverlust aufgrund von Treu und Glauben

638 Aufgrund neuerer BVerwG-Entscheidungen sind derzeit auch die Fallgruppen besonders prüfungsrelevant, in der Nachbarrechte nach Treu und Glauben ausgeschlossen sind. Der Grundsatz von Treu und Glauben gehört zu den allgemeinen Grundsätzen des Verwaltungsrechts,[1072] so dass kein Rückgriff auf § 242 BGB (analog) erforderlich ist. Er bedarf aufgrund seiner Allgemeinheit allerdings – wie im Zivilrecht – der Konkretisierung in Fallgruppen,[1073] von denen im Baunachbarrecht die Verwirkung und der Rechtsmissbrauch besonders relevant sind.

Im Prüfungsaufbau können Fälle von Treu und Glauben in der Zulässigkeit entweder im Rahmen des Rechtsschutzbedürfnisses oder auch als eigener Prüfungspunkt z.B. im Anschluss an die Klagefrist/Widerspruchsfrist erörtert werden.

639 *(1) Verwirkung von Nachbarrechten*

Die **Verwirkung** eines Rechts i.e.S. setzt außer der Untätigkeit des Berechtigten während eines längeren Zeitraums (**Zeitmoment**) voraus, dass besondere Umstände hinzutreten, welche die verspätete Geltendmachung als Verstoß gegen Treu und Glauben er-

---

[1069] *Erbguth/Mann/Schubert,* Rn. 1382; *MO,* § 11 Rn. 28.

[1070] Vgl. NdsOVG NVwZ-RR 2013, 947 (948); näher zum Ganzen: *Will,* ÖffBauR, 2. Aufl. 2022, Rn. 792 f.

[1071] HessVGH NVwZ 2020, 1689 Rn. 13.

[1072] Vgl. BVerwGE 149, 211 LS u. Rn. 29; BVerwG, Beschl. v. 16.7.2018 – 4 B 65.17, BeckRS 2018, 18995 Rn. 5.

[1073] BVerwGE 149, 211 Rn. 29.

scheinen lassen (**Umstandsmoment**).[1074] Dieses Umstandsmoment liegt insbes. dann vor, wenn der Verpflichtete infolge eines bestimmten Verhaltens des Berechtigten darauf vertrauen durfte, dass dieser das Recht nach so langer Zeit nicht mehr geltend machen würde (**Vertrauensgrundlage**), der Verpflichtete ferner darauf vertraut hat, dass das Recht nicht mehr ausgeübt werde (**Vertrauenstatbestand**), und sich infolgedessen in seinen Vorkehrungen und Maßnahmen so eingerichtet hat, dass ihm durch die verspätete Durchsetzung des Rechts ein unzumutbarer Nachteil entstünde (**Vertrauensbetätigung**).[1075]

Vorkehrungen und Maßnahmen, in denen eine entsprechende **Vertrauensbetätigung** des Verpflichteten zu erblicken ist, sind im Regelfall Bautätigkeiten, wie z.B. die Errichtung oder Erweiterung eines Gebäudes, Sanierungsmaßnahmen und ggf. auch das Eingehen rechtlicher Bindungen z.B. durch Vermietung oder durch Integrierung der baulichen Anlage in einen Gewerbebetrieb.[1076]

(2) Rechtsmissbräuchliche Geltendmachung von Rechten. Beim Rechtsmissbrauch handelt es sich um eine weitere, von der Verwirkung i.e.S. zu unterscheidende Fallgruppe der Anwendung des Grundsatzes vom *venire contra factum proprium* und damit letztlich des allgemeinen Grundsatzes von Treu und Glauben. Macht der Nachbar ein Recht in rechtsmissbräuchlicher Weise geltend, verstößt er gegen Treu und Glauben, womit sein Rechtsbehelf in der Regel unzulässig ist. **640**

Ein Rechtsmissbrauch kommt in diversen Konstellationen in Betracht.[1077] Auch die oben angesprochene Anwendung der Fristbestimmungen der §§ 70, 74 I 2, 58 II VwGO (analog) auf Fälle, in denen der Nachbar sichere Kenntnis von der Baugenehmigung hat oder hätte haben können, kann dogmatisch aus einem ansonsten drohenden Rechtsmissbrauch durch den Nachbarn hergeleitet werden.

f) Begründetheit einer Anfechtungsklage

Begründet ist eine Anfechtungsklage des Nachbarn gem. § 113 I 1 VwGO, soweit die Baugenehmigung gegen von der Bauaufsichtsbehörde zu prüfende öffentlich-rechtliche Vorschriften verstößt, die zumindest auch dem Schutz des Klägers zu dienen bestimmt sind, und dadurch das drittschützende subjektive Recht des Nachbarn verletzt ist. **641**

Da somit nur die Verletzung nachbarschützender Vorschriften, die gerade dem Schutz des Klägers dienen, zur Begründetheit führt, ist in der Begründetheit auch **nur die Verletzung** solcher Normen zu prüfen. Ob die möglicherweise verletzte Norm nachbarschützenden Charakter gerade zugunsten des Klägers besitzt, sollte grds. bereits im Rahmen der Zulässigkeit bei der Klagebefugnis gem. § 42 II VwGO geprüft werden.[1078]

Ausnahmsweise kann eine nachbarliche Klage auch dann begründet sein, wenn der Nachbar nicht in eigenen Rechten verletzt ist. Dies gilt namentlich für bestimmte umweltrelevante Konstellationen im Anwendungsbereich des UmwRG.[1079] **642**

[1074] Vgl. BVerwG NVwZ 2019, 245 Rn. 15; BVerwGE 149, 211 Rn. 30.

[1075] Vgl. BVerwG NVwZ 2019, 245 Rn. 15; NVwZ 1991, 1182 (1183 f.); BVerwGE 149, 211 Rn. 30; NWOVG, Urt. v. 10.8.2020 – 10 A 3633/18, BeckRS 2020, 22464 Rn. 25 ff.

[1076] Vgl. BayVGH NVwZ-RR 2020, 1004 Rn. 24; näher dazu: *Will*, ÖffBauR, 2. Aufl. 2022, Rn. 795 f.

[1077] Zu wichtigen Fallgruppen: *Will*, ÖffBauR, 2. Aufl. 2022, Rn. 798 ff.

[1078] Dazu oben Rn. 604 ff.

[1079] Näher zum Ganzen: *Will*, ÖffBauR, 2. Aufl. 2022, Rn. 802.

Konkret ist dies nach dem UmwRG der Fall, wenn im Baugenehmigungsverfahren **absolute Verfahrensfehler i.S.d. § 4 I UmwRG** begangen worden sind, insbes. weil eine nach dem UVPG erforderliche UVP oder zumindest Vorprüfung des Einzelfalls zur Feststellung der UVP-Pflichtigkeit weder durchgeführt noch nachgeholt worden ist (§ 4 I 1 Nr. 1 UmwRG).[1080]

643 Eine immer wieder praxis- und damit auch prüfungsrelevante Sonderkonstellation liegt vor, wenn der Baugenehmigung ein **Bauvorbescheid** vorangegangen ist, dessen Bindungswirkung auch im Rahmen der Anfechtung der nachfolgenden Baugenehmigung zu berücksichtigen ist.[1081]

Soweit der Bauvorbescheid die Zulässigkeit des Vorhabens bestandskräftig feststellt, ist das Gericht im Rahmen einer Anfechtungsklage gegen die nachfolgende Baugenehmigung daran gebunden und wird diese Aspekte daher nicht mehr prüfen.[1082] Die Bindungswirkung erstreckt sich dabei allerdings nur auf ein Vorhaben, das dem Bauvorbescheid inhaltlich vollständig entspricht oder von diesem ohne Veränderung der Grundkonzeption allenfalls geringfügig abweicht.[1083] Insoweit sind allerdings nur rechtliche Aspekte zu berücksichtigen, die Gegenstand des Bauvorbescheids sind.

Übersicht 26: Prüfschema nachbarliche Anfechtungsklage

Nachbarliche Anfechtungsklage gem. § 42 I Alt. 1 VwGO

A. Zulässigkeit der Anfechtungsklage

I. Eröffnung des Verwaltungsrechtswegs, § 40 I 1 VwGO

II. Statthafte Klageart: Anfechtungsklage (Baugenehmigung etc. = VA), § 42 I Alt. 1 VwGO

III. Klagebefugnis, § 42 II VwGO

1. Welche Norm ist **möglicherweise** verletzt?
2. Kann der Kläger überhaupt in den Schutzbereich der Norm fallen, weil er **Nachbar** im baurechtlichen Sinne ist?
   - Die Möglichkeit der Verletzung in eigenen Rechten scheidet auch dann aus, wenn der Kläger wirksam auf diese verzichtet hat.
3. Ist die möglicherweise verletzte Norm **generell oder partiell drittschützend?**
   - Wenn generell: Klagebefugnis (+) – räumliche Dimension des Nachbarschutzes beachten
   - Wenn partiell: Ist der Kläger durch das Vorhaben möglicherweise unzumutbar beeinträchtigt?

IV. Ordnungsgemäßes, aber erfolgloses Vorverfahren gem. § 68 ff. VwGO

V. Klagefrist gem. §§ 74 I, 58 VwGO (hier auch den Sonderfall behandeln, dass der Nachbar sichere Kenntnis von der Baugenehmigung erlangt hat oder hätte erlangen können und daher in der Sache eine Jahresfrist analog § 58 II VwGO zu laufen beginnt[1084]).

[1080] Vgl. etwa HbgOVG NVwZ 2020, 406 Rn. 33 ff. m. Anm. *Schwemer.*
[1081] Zum Bauvorbescheid und dessen Bindungswirkung oben Rn. 582 ff.
[1082] Zu wichtigen Fallgruppen: *Will,* ÖffBauR, 2. Aufl. 2022, Rn. 803.
[1083] BayVGH, Beschl. v. 29.4.2019 – 9 ZB 15.2606, BeckRS 2019, 8706 Rn. 6.
[1084] Dazu oben Rn. 635.

VI. Richtiger Antragsgegner (passive Prozessführungsbefugnis) § 78 I Nr. 1 VwGO: Rechtsträger der handelnden Behörde

VII. Beteiligungsfähigkeit gem. § 61 VwGO

VIII. Prozessfähigkeit gem. §§ 62, 67 VwGO

IX. Allgemeines Rechtsschutzbedürfnis (hier kann insbes. auch der mögliche Ausschluss von nachbarlichen Klagerechten wegen Verstoßes des Nachbarn gegen Treu und Glauben z.B. aufgrund Verwirkung oder Rechtsmissbrauchs behandelt werden[1085]).

X. Schriftform gem. § 81 I 1 VwGO

B. Notwendige Beiladung des Bauherrn, § 65 II VwGO[1086]

C. Begründetheit der Anfechtungsklage (§ 113 I 1 VwGO)

- Bei **generell drittschützenden Normen:** (+), wenn diese verletzt wurden und der Kläger zu den geschützten Personen gehört
- Bei **partiell drittschützenden Normen:** (+), wenn diese verletzt wurden, der Kläger zu den geschützten Personen gehört und er i.S.d. Rücksichtnahmegebots unzumutbar beeinträchtigt und daher der Drittschutz „aktiviert“ ist
- Bei **absoluten Verfahrensfehlern i.S.d. § 4 I UmwRG** in partieller Verdrängung des § 113 I 1 VwGO auch ohne Verletzung des Klägers in subjektiven öffentlichen Rechten

g) Vorläufiger gerichtlicher Rechtsschutz gem. § 80a III VwGO

Infolge des bereits angesprochenen § 212a I BauGB, nach dem Widerspruch und Anfechtungsklage grds. keine aufschiebende Wirkung haben, spielt bei nachbarlichen Genehmigungsanfechtungen der **vorläufige Rechtsschutz gem. §§ 80, 80a VwGO** eine zentrale Rolle und sollte daher für Prüfungsarbeiten unbedingt beherrscht werden.[1087] 644

Wegen des Charakters der Baugenehmigung als **VA mit Doppelwirkung,** der einen Beteiligten belastet (Nachbarn) und zugleich einen anderen begünstigt (Bauherrn), kommt es dabei maßgeblich auf **§ 80a VwGO** an: Gem. § 80a I Nr. 2 i.V.m. § 80 IV 1 VwGO kann die **Behörde** auf Antrag des Nachbarn die gem. § 212a I BauGB von Gesetzes wegen geltende sofortige Vollziehung des Genehmigungsbescheides aussetzen. Gem. § 80a III 1, I Nr. 2 Alt. 1 VwGO kann zudem – für Prüfungsarbeiten besonders relevant – das **Verwaltungsgericht** auf Antrag des Nachbarn mit Blick auf den Widerspruch bzw. die Klage die Vollziehung der Baugenehmigung aussetzen. Voraussetzung ist – ähnlich wie im herkömmlichen Verfahren nach § 80 V VwGO –, dass das Aussetzungsinteresse (Suspensivinteresse) **des Nachbarn** das Vollzugsinteresse **der Bauherrschaft** überwiegt. Dies ist der Fall, wenn ernsthafte Zweifel an der Rechtmäßigkeit der Baugenehmigung bestehen und der Antragsteller, d.h. der Nachbar, dadurch in seinen Rechten verletzt ist.[1088] 645

Umstritten ist, ob in solchen Fällen ein Antrag auf gerichtliche **Anordnung der Aussetzung der Vollziehung** gem. § 80a III 1, I Nr. 2 Alt. 1 VwGO oder aber ein Antrag auf gerichtliche **Anordnung der aufschiebenden Wirkung** des Rechtsbehelfs nach § 80a III 2 i.V.m. § 80 V 1

[1085] Dazu oben Rn. 636 ff.
[1086] Vgl. z.B. NdsOVG, Urt. v. 18.7.2007 – 12 LC 56/07, BeckRS 2007, 26712.
[1087] Vgl. etwa die Fälle v. *Markard,* JuS 2018, 372 und *Lassahn,* JuS 2018, 988.
[1088] Prüfschema unten Übersicht 27 in Rn. 646; vgl. auch *Brenner,* ÖffBauR, Rn. 920.

Alt. 1 VwGO statthaft ist. Vorzugswürdig ist die erstgenannte Auffassung.[1089] Sie vermeidet nämlich die dogmatisch problematische Konsequenz, dass in Fällen, in denen der Antragsteller nicht nur die Anordnung der aufschiebenden Wirkung, sondern auch die gerichtliche Anordnung von Sicherungsmaßnahmen begehrt, neben § 80a III 2 i.V.m. § 80 V 1 VwGO zusätzlich noch § 80a III 1, I Nr. 2 Alt. 2 VwGO bzgl. der Sicherungsanordnung angewendet werden muss. Da allerdings in der Sache zwischen beiden Auffassungen keine wesentlichen Unterschiede bestehen, empfiehlt es sich, in Prüfungsarbeiten nicht näher auf diesen Streit einzugehen, sondern sich einer Auffassung anzuschließen und diese dann konsequent durchzuhalten.

646 Umstritten und sehr prüfungsrelevant ist in diesem Zusammenhang auch, ob der Nachbar vor Anrufung des Verwaltungsgerichts gem. § 80a III 1, I Nr. 2 Alt. 1 VwGO (bzw. nach a.A. gem. § 80a III 2 i.V.m. § 80 V 1 Alt. 1 VwGO) zunächst einen **Antrag auf Aussetzung der Vollziehung der Baugenehmigung bei der Behörde** i.S.v. §§ 80a I Nr. 2, 80 IV VwGO stellen muss.[1090]

Die Lösung dieser – nach h.M. im Rahmen des Rechtsschutzbedürfnisses, besser aber als selbständige Zulässigkeitsvoraussetzung i.S.e. Zugangsvoraussetzung unmittelbar vor dem allgemeinen Rechtsschutzbedürfnis zu erörternden – Frage hängt entscheidend davon ab, ob die Verweisung in § 80a III 2 VwGO (auch) auf die Vorschrift des § 80 VI VwGO eine Rechtsgrund- oder eine Rechtsfolgenverweisung ist. Verstünde man die Norm als Rechtsfolgenverweisung, so müsste der Nachbar gem. § 80 VI VwGO stets zunächst den Versuch unternehmen, die Verwaltung zur Aussetzung der Vollziehung zu veranlassen, da die in § 80 VI VwGO aufgrund des Verweises auf § 80 II Nr. 1 VwGO enthaltene Einschränkung des Anwendungsbereichs auf öffentliche Abgaben etc. nicht gelten würde.[1091] Demgegenüber sieht die ganz **h.M.** § 80 VI VwGO als **Rechtsgrundverweisung** an, was dazu führt, dass auch im Fall des § 80a III 2 VwGO die Voraussetzungen des § 80 VI VwGO gegeben sein müssen.[1092] Da die Baugenehmigung keine öffentlichen Abgaben und Kosten i.S.d. § 80 II 1 Nr. 1 VwGO regelt, ist ein vorheriger Antrag bei der Behörde gem. § 80 VI VwGO danach regelmäßig nicht erforderlich. Für dieses Verständnis spricht aus teleologischer Sicht entscheidend, dass der Gesetzgeber die Vorschaltung eines behördlichen Aussetzungsverfahrens ersichtlich auf Abgabenangelegenheiten i.S.v. § 80 II 1 Nr. 1 VwGO beschränken wollte.[1093] Zudem dient es auch der Effektivität des Rechtsschutzes, auf eine vorherige Anrufung der Behörde zu verzichten.[1094]

Übersicht 27: Prüfschema vorläufiger Rechtsschutz gem. § 80a III VwGO

Antrag auf vorläufigen gerichtlichen Rechtsschutz des Nachbarn gem. § 80a III 1, I Nr. 2 VwGO

A. Zulässigkeit des Antrags auf vorläufigen Rechtsschutz

I. Eröffnung des Verwaltungsrechtswegs, § 40 I 1 VwGO

II. Statthafte Antragsart:

1. Abgrenzung zur einstweiligen Anordnung gem. § 123 VwGO: Der gem. § 123 V VwGO ggü. § 123 I–IV VwGO vorrangige Rechtsschutz gem. §§ 80, 80a VwGO

[1089] Vgl. *Detterbeck*, AllgVwR, 20. Aufl. 2022, Rn. 1519.
[1090] *MO*, § 11 Rn. 43 m.w.N. aus der Rspr.
[1091] So NdsOVG NVwZ-RR 2005, 69 (69 f.); vgl. dazu auch *Erbguth/Guckelberger*, AllgVerwR, 10. Aufl. 2020, § 21 Rn. 25.
[1092] Mit ausführlicher Begründung HbgOVG NVwZ-RR 2017, 906.
[1093] HbgOVG NVwZ-RR 2017, 906; RPOVG NVwZ-RR 2004, 224.
[1094] So mit weiteren Argumenten u.a. HbgOVG NVwZ-RR 2017, 906.

ist einschlägig, wenn in der Hauptsache eine Anfechtungsklage statthaft wäre, der Antragsteller also einen **VA angreift.**

2. Abgrenzung zu § 80 V VwGO: Antrag gem. § 80a III, I Nr. 2 VwGO statthaft, wenn der Antrag auf gerichtliche Anordnung der Aussetzung der Vollziehung eines **VA mit Doppelwirkung** gerichtet ist.

3. Antragsteller muss (spätestens im Zeitpunkt der gerichtlichen Eilentscheidung) einen nicht offensichtlich unzulässigen Rechtsbehelf eingelegt haben.

Hier ist die Zulässigkeit des eingelegten Rechtsbehelfs (Widerspruch oder Anfechtungsklage) uneingeschränkt zu prüfen. Insbes. darf ein Widerspruch/eine Anfechtungsklage nicht verfristet sein.

III. Zuständiges Gericht: § 80a III 2 i.V.m. § 80 V 1 VwGO: Gericht der Hauptsache

IV. Antragsbefugnis, analog § 42 II VwGO

1. Welche Norm ist möglicherweise verletzt?

2. Kann der Antragsteller überhaupt in den Schutzbereich der Norm fallen, weil er Nachbar im baurechtlichen Sinne ist?

3. Ist die möglicherweise verletzte Norm generell oder partiell drittschützend?

- Wenn generell: Antragsbefugnis (+) – räumliche Dimension des Nachbarschutzes beachten
- Wenn partiell: Ist der Antragsteller durch das Vorhaben möglicherweise unzumutbar beeinträchtigt?

V. Richtiger Antragsgegner analog § 78 I Nr. 1 VwGO: Rechtsträger der handelnden Behörde

VI. Beteiligungsfähigkeit gem. § 61 VwGO

VI. Prozessfähigkeit gem. §§ 62, 67 VwGO

VII. Rechtsschutzbedürfnis

Spätestens hier ist die umstrittene Frage zu diskutieren, ob der Antragsteller (falls er dies nicht getan hat) zuvor einen Antrag gem. § 80a I Nr. 2 VwGO auf Aussetzung der Vollziehung bei der Behörde stellen muss.[1095] Da es sich dabei nach dogmatisch richtiger Auffassung allerdings um eine selbständige Zulässigkeitsvoraussetzung handelt, sollte diese Frage besser in einem separaten Gliederungspunkt vor dem Rechtsschutzbedürfnis diskutiert werden („Erfordernis eines Antrags gem. § 80a I Nr. 2 VwGO bei der Behörde?").

IX. Schriftform gem. § 81 I 1 VwGO

B. Notwendige Beiladung des Bauherrn, § 65 II VwGO

C. Begründetheit

Der Antrag gem. § 80a III 1, I Nr. 2 VwGO ist begründet, wenn das Interesse des Antragstellers an einer gerichtlichen Anordnung der Aussetzung der Vollziehung das besondere öffentl. oder private Interesse an einer sofortigen Vollziehung des VA überwiegt. Dies ist der Fall, wenn der in der Hauptsache angegriffene VA rechtswidrig und der Antragsteller in seinen Rechten verletzt ist.

[1095] Dazu oben Rn. 646.

In der gerichtlichen Praxis wird lediglich eine summarische Prüfung vorgenommen. Dies ist jedoch bei der Bearbeitung von Prüfungsaufgaben kaum möglich. Daher empfiehlt sich eine uneingeschränkte Prüfung, die letztlich der Begründetheitsprüfung in der Hauptsache entspricht.[1096] Wie bei der Anfechtungsklage sind bei der Begründetheit die Besonderheiten des Drittschutzes zu beachten:

- Bei generell drittschützenden Normen: (+), wenn gegen diese tatsächlich verstoßen wurde
- Bei partiell drittschützenden Normen: (+), wenn gegen diese verstoßen wurde und der Antragsteller i.S.d. Rücksichtnahmegebots unzumutbar beeinträchtigt ist, d.h. wenn der Drittschutz „aktiviert“ ist

E. Bauordnungsrechtliche Verfügungen

647 Die Einhaltung des materiellen Bauplanungs- und Bauordnungsrechts wird heute oft nicht mehr präventiv überprüft, weil ein Vorhaben entweder überhaupt nicht genehmigungspflichtig ist[1097] oder aber das vereinfachte Genehmigungsverfahren gem. § 65 HBO eingreift, in dem zumindest das materielle Bauordnungsrecht nicht geprüft wird.[1098] Zur Durchsetzung der materiellen Vorgaben, die gem. § 64 II HBO jede bauliche Anlage erfüllen muss, stehen der Bauaufsichtsbehörde hier dann allerdings repressive Eingriffsbefugnisse wie die Beseitigungsanordnung und das Nutzungsverbot gem. § 82 I HBO zur Verfügung. Bei genehmigungspflichtigen Vorhaben spielen diese Eingriffsbefugnisse vor allem dann eine Rolle, wenn ein Vorhaben ohne die erforderliche Genehmigung umgesetzt oder aber bei seiner Umsetzung der Rahmen der Genehmigung überschritten wird (Schwarzbau).[1099]

648 **Übersicht 28: Prüfschema bauordnungsrechtliche Verfügung**

Rechtmäßigkeit einer bauordnungsrechtlichen Verfügung

1. Ermächtigungsgrundlage: Spezialtatbestand gem. §§ 80 ff. HBO oder subsidiär Befugnisgeneralklausel gem. § 61 II 2 HBO
2. Formelle Rechtmäßigkeit, insbes. Zuständigkeit der Bauaufsichtsbehörde
3. Materielle Rechtmäßigkeit
   a) Tatbestandsvoraussetzungen der einschlägigen Ermächtigungsgrundlage
   b) Ermessensausübung, insbes. Art. 3 I GG und Verhältnismäßigkeit

I. Beseitigungsanordnung (§ 82 I 1 HBO)

1. Voraussetzungen

649 Werden Anlagen im Widerspruch zu öffentlich-rechtlichen Vorschriften errichtet oder geändert, kann die Bauaufsichtsbehörde gem. § 82 I 1 HBO die teilweise oder vollständige

[1096] Vgl. *Detterbeck*, AllgVwR, 20. Aufl. 2022, Rn. 1501 ff., 1534.
[1097] Dazu oben Rn. 514 ff.
[1098] Dazu oben Rn. 546 ff.
[1099] Zu den prozessualen Aspekten in diesem Zusammenhang oben Rn. 602 f.

Beseitigung der baulichen Anlagen anordnen, wenn nicht auf andere Weise rechtmäßige Zustände hergestellt werden können.

Eine Beseitigungsanordnung („Abrissverfügung") darf nach h.M. grds. nur ergehen, wenn die Anlage **formell und materiell illegal** ist („doppelte Baurechtswidrigkeit).[1100] Von diesem Grundsatz gibt es allerdings Ausnahmen, auf die unten näher eingegangen wird.

Formell illegal ist die Anlage, wenn die dafür erforderliche Baugenehmigung nicht vorliegt.

Dies ist der Fall, wenn eine bauordnungsrechtlich erforderliche Baugenehmigung über- 650
haupt nicht eingeholt oder eine solche zurückgenommen wurde (§§ 48, 49 HVwVfG) bzw. nichtig ist (§ 44 HVwVfG) oder die Ausführung des Baus wesentlich von der erteilten Baugenehmigung abweicht.

Dass eine Beseitigungsanordnung grds. formelle Illegalität voraussetzt, folgt aus der **Le-** 651
galisierungswirkung des feststellenden Teils der Baugenehmigung.[1101]

Soweit ein Vorhaben z.B. gem. §§ 63 f. HBO überhaupt **nicht genehmigungspflichtig** ist, setzt eine Abrissverfügung konsequenterweise lediglich materielle Illegalität voraus.

Konsequent ist daher auch, dass die formelle Legalität einer im **vereinfachten Verfahren** 652
gem. § 65 HBO erteilten Baugenehmigung dem Erlass einer Beseitigungsanordnung nicht entgegensteht, soweit die materielle Illegalität auf der Verletzung von Vorschriften beruht, die nicht zum Prüfungsumfang im vereinfachten Verfahren gehören.[1102] Die Feststellungs- und damit Legalisierungswirkung der im vereinfachten Verfahren ergangenen Baugenehmigung ist nämlich entsprechend **begrenzt.**

Bsp.: Bauherr B erhält eine Baugenehmigung im vereinfachten Verfahren gem. § 65 HBO. Einige Zeit später stellt die Bauaufsichtsbehörde fest, dass B bei seinem Bau die Vorgaben des § 6 HBO über Abstandsflächen nicht beachtet hat. Da materielles Bauordnungsrecht im vereinfachten Verfahren gem. § 65 I 1 HBO nicht zu prüfen war, kann die Baugenehmigung insofern keine Legalisierungswirkung entfalten. Eine „Abrissverfügung" gem. § 82 I HBO kann daher trotz Vorliegens der Baugenehmigung ergehen.

Materiell illegal ist die Anlage, wenn sie gegen die Vorgaben des materiellen Baurechts, insbes. des Bauplanungsrechts und Bauordnungsrechts, verstößt.

Dass eine Beseitigungsanordnung grds. auch materielle Illegalität voraussetzt, also nicht 653
allein wegen Fehlens der Baugenehmigung ergehen darf, ergibt sich u.a. schon daraus, dass im Falle lediglich formeller Illegalität grds. „auf andere Weise", nämlich durch Erteilung der erforderlichen Baugenehmigung, „rechtmäßige Zustände" i.S.d. § 82 I 1 HBO a.E. hergestellt werden können.

Zudem verstieße es gegen das bei allen bauordnungsrechtlichen Verfügungen zu be- 654
achtende **Verhältnismäßigkeitsprinzip**, wenn bei lediglich formeller Illegalität eine Beseitigungsanordnung erlassen würde. Entspricht der Bau den materiellen Vorgaben, hat

[1100] Vgl. dazu z.B. BaWüVGH NVwZ-RR 2017, 315; NWOVG ZfBR 2016, 171; *Jäde,* ZfBR 2016, 19 (26 f.); *Lindner,* JuS 2014, 118 ff.

[1101] Dazu oben Rn. 573 ff.; KH/*v. Nicolai,* § 26 Rn. 22.

[1102] BbgOVG NVwZ-RR 2010, 794 (795).

die Bauherrschaft nämlich einen Anspruch auf Erteilung der entsprechenden Baugenehmigung. Ein milderes, ebenso effektives Mittel im Vergleich zur Abrissverfügung ist vor diesem Hintergrund eine Stilllegungsverfügung gem. § 81 HBO oder – wenn die Anlage bereits fertiggestellt ist – eine Nutzungsuntersagung gem. § 82 I 1 HBO,[1103] ggf. kombiniert mit dem Verlangen gem. § 82 II HBO, dass die Bauherrschaft einen Bauantrag stellt.[1104]

Eine Ausnahme von dem Grundsatz, dass formelle Illegalität allein für eine Beseitigungsanordnung nicht ausreicht, gilt dann, wenn die Beseitigung ohne irreparable Eingriffe in die Bausubstanz oder hohe Kosten möglich ist.[1105]

Bsp.: Werbetafeln, die sich leicht von einer Hauswand abschrauben lassen.

Anderes gilt nach VG Frankfurt NVwZ-RR 2011, 717, wenn an den Fenstern eines Geschäfts Folienbeklebungen mit Aufschriften, welche gem. § 10 I 2 HBO bauliche Anlagen darstellen, angebracht sind. Da die Beklebungen durch ein Abziehen unbrauchbar würden und deshalb ein Substanzverlust droht, sind hier für eine Beseitigungsanordnung formelle und materielle Illegalität erforderlich.

655 Zahlreiche Stimmen halten eine Beseitigungsanordnung für ausgeschlossen, wenn das Vorhaben irgendwann seit der Errichtung materiell legal war, wobei oft ein Mindestzeitraum – von nach h.M. drei Monaten – materieller Legalität verlangt wird.[1106] Dies wurzelt in Bestandsschutzerwägungen, die jedoch – wie gesehen – im Baurecht einen starken Wandel erfahren haben.[1107] Es ist daher heute im Ergebnis abzulehnen.

2. Ermessensausübung

656 Der Erlass der Beseitigungsanordnung als **VA** steht gem. § 82 I 1 HBO im **Ermessen** der Bauaufsichtsbehörde. Die Ermessensausübung findet ihre Grenzen hier vor allem im Grundsatz der Verhältnismäßigkeit und im Gleichbehandlungsgrundsatz (Willkürverbot) gem. Art. 3 I GG.

Nach verbreiteter Ansicht handelt es sich bei der Beseitigungsanordnung um einen Fall des sog. **intendierten Ermessens.**[1108] Das BVerwG spricht von intendiertem Ermessen, wenn dem Gesetz zu entnehmen sei, wie das Ermessen auszuüben und welches Ergebnis für den Normalfall gewollt sei.[1109] Soweit sich bei Vorliegen der Voraussetzungen des § 82 I 1 HBO grds. nur durch Erlass der Beseitigungsanordnung rechtmäßige Zustände herstellen lassen, muss diese danach regelmäßig ergehen. Nur wenn ein atypischer Sachverhalt und damit eine Ausnahmesituation vorliegt, kann die Behörde – z.B. im Lichte des Verhältnismäßigkeitsgrundsatzes – von der Beseitigungsanordnung absehen.

1103 *MO,* § 9 Rn. 33; zur Nutzungsuntersagung unten Rn. 660 ff.

1104 Dazu unten Rn. 667.

1105 HessVGH BauR 1992, 66; ZfBR 2002, 696.

1106 Vgl. etwa *Grotefels,* in: Hoppe/Bönker/Grotefels, § 16 Rn. 89 m.w.N.; *Dürr,* JuS 2007, 431.

1107 Dazu oben Rn. 449 ff.

1108 Vgl. *Hornmann,* HBO, § 82 Rn. 42 f.; *MO,* § 9 Rn. 42: „vielfach vertreten“.

1109 BVerwGE 72, 1 (6); 91, 82 (90); allgemein zum intendierten Ermessen: *Will,* AllgVwR, 2. Aufl. 2022, S. 113.

a) Verhältnismäßigkeit

Adressaten einer Beseitigungsanordnung berufen sich häufig darauf, dass diese unverhältnismäßig sei. Dabei gilt allerdings grds., dass derjenige, der „schwarz" baut, die nachteiligen Folgen für sein Vermögen selbst zu tragen hat.[1110] Als Orientierungshilfe für die Frage, wann eine Beseitigungsanordnung ausnahmsweise unverhältnismäßig ist, kann die einschlägige Rspr. dienen. 657

Beispiele:

- Die Bauaufsichtsbehörde kann grds. die Beseitigung einer unter Verletzung von Abstandsflächen errichteten baulichen Anlage verlangen. Dies gilt im Einzelfall aber z.B. nicht für eine Garage, mit der die Abstandsfläche versehentlich geringfügig unterschritten wurde (NdsOVG BRS 23 Nr. 198).
- **Nicht** gegen die Verhältnismäßigkeit sprechen regelmäßig (hohe) Kosten der Beseitigung oder aber des Baus, denn wer z.B. ohne die erforderliche Baugenehmigung eine Anlage errichtet, hat das Risiko ihrer Rechtswidrigkeit grds. selbst zu tragen (vgl. etwa BayVGH, Urt. v. 12.5.2005 – 26 B 03.2454, BeckRS 2005, 16577).
- Die Beschränkung einer Beseitigungsanordnung auf eine **Teilbeseitigung** der Anlage ist nur ausnahmsweise aus Verhältnismäßigkeitsgründen geboten. Es ist grds. nicht Sache der Bauaufsichtsbehörde, in eingehendere Überlegungen einzutreten, ob dem rechtswidrigen Zustand durch bauliche Änderungen abgeholfen werden könnte. Die Initiative dazu obliegt grds. dem Bauherrn (BbgOVG, 16.10.2017 – OVG 10 N 57.17, BeckRS 2017, 137697 LS, Rn. 10).

b) Gleichbehandlungsgrundsatz (Art. 3 I GG)

Beim Erlass einer Beseitigungsanordnung ist zudem das **Willkürverbot aus Art. 3 I GG** zu beachten. Danach ist die Behörde in gleichgelagerten Fällen zu gleichmäßiger Ermessensausübung verpflichtet. Sie muss grds. gleichartig oder zumindest planmäßig gegen alle baurechtswidrigen Anlagen vorgehen. Tut sie dies nicht, handelt sie ermessensfehlerhaft und damit rechtswidrig. Der in der Praxis oft zu hörende Einwand, dass die Behörde in vergleichbaren Fällen rechtswidrige Zustände geduldet habe, ist daher grds. beachtlich. 658

Dies wird teils als Ausnahme vom Grundsatz „keine Gleichheit im Unrecht" angesehen,[1111] teils wird dieser überhaupt nur für einschlägig erachtet, wenn jemand die gleiche rechtswidrige Begünstigung wie andere verlange.[1112] Als Merkposten gilt:

Beim Erlass einer Beseitigungsanordnung darf die Behörde gem. Art. 3 I GG nicht ohne einleuchtenden sachlichen Grund unterschiedlich, systemwidrig oder planlos vorgehen.[1113]

Ist die Behörde in anderen vergleichbaren Fällen nicht eingeschritten, verstößt die Ermessensausübung dann nicht gegen Art. 3 I GG, wenn es einen **sachlichen Grund** für die Ungleichbehandlung gibt.[1114] Dies ist bereits dann der Fall, wenn dem Eingriff ein **generelles Konzept** oder eine Systematik zugrunde liegt. Ein sachlicher Grund liegt auch dann vor, wenn ein Einschreiten im konkreten Fall besonders dringlich war oder wenn das Vorge- 659

[1110] *Finkelnburg/Ortloff/Otto,* § 13 Rn. 55.
[1111] *MO,* § 9 Rn. 43.
[1112] *Hermes,* § 6 Rn. 148 Fn. 243.
[1113] BVerwG, Beschl. v. 26.3.2003 – 4 B 19/03, BeckRS 2003, 23090.
[1114] Vgl. etwa BVerwG NVwZ-RR 1992, 360; NVwZ-RR 1997, 273 (274).

hen gegen andere Bauten vom Ausgang eines Musterfalls abhängig gemacht werden sollte.[1115] Die Behörde verstößt zudem nicht schon dann gegen den Gleichheitssatz, wenn sie nicht auf einen Schlag gegen alle rechtswidrigen Bauten, sondern im Rahmen eines planmäßigen Beseitigungskonzeptes Schritt für Schritt vorgeht.[1116]

II. Nutzungsuntersagung (§ 82 I 2 HBO)

660 Werden Anlagen im Widerspruch zu öffentlich-rechtlichen Vorschriften benutzt, kann gem. § 82 I 2 HBO diese Benutzung untersagt werden.

661 Für den Erlass einer Nutzungsuntersagung/eines Nutzungsverbots genügt – anders als für eine Abrissverfügung – nach h.M. grds. die **formelle Illegalität** der Nutzung (dass diese also nicht von einer erforderlichen Baugenehmigung gedeckt ist).[1117]

Hintergrund ist u.a., dass im Fall des Verbots einer bestimmten Nutzung häufig andere Möglichkeiten zur Nutzung der baulichen Anlage bestehen und die Bausubstanz als solche – anders als bei der Beseitigungsanordnung – unberührt bleibt.[1118]

662 Allerdings gibt es Fallgruppen, in denen ein Nutzungsverbot für die Betroffenen doch gravierende Folgen hat, die zudem nicht ohne Weiteres behebbar sind. Dann kann es sich ähnlich einschneidend auswirken wie eine Beseitigungsverfügung, für die – wie gesehen – regelmäßig formelle und materielle Illegalität verlangt wird.

Solche Sonderfälle sollten im Rahmen der Verhältnismäßigkeit erörtert werden.[1119] Eine Untersagung allein aufgrund der formellen Illegalität (mangelnder Baugenehmigung) kann nämlich unverhältnismäßig sein.

Beispiele:
- Der BayVGH hat entschieden, dass eine Nutzungsuntersagung bei Wohnraum, der für die Bewohner den alleinigen Mittelpunkt ihrer Existenz bildet, „aus Gründen der Verhältnismäßigkeit“ regelmäßig nur in Betracht kommt, wenn die Wohnnutzung (auch) materiell rechtswidrig ist.[1120]
- Nach dem NWOVG ist eine Nutzungsuntersagung bei nur formeller Illegalität **unverhältnismäßig**, „wenn sie gegenüber einem eingerichteten und ausgeübten Gewerbebetrieb [vgl. Art. 14 I GG] ausgesprochen wird und mit Blick auf das damit verbundene Insolvenzrisiko in ihren Auswirkungen nahezu einer Beseitigungsanordnung gleichkommen würde.“[1121]

663 Liegt neben der formellen auch materielle Illegalität vor, ist eine Nutzungsuntersagung regelmäßig auch in solchen Fällen verhältnismäßig, es sei denn, es treten weitere Umstände hinzu, welche die Nutzungsuntersagung im konkreten Fall doch als unverhältnismäßig erscheinen lassen (z.B. wenn bei Wohnraum im Winter keine zumutbare Ausweichmöglichkeit besteht).

[1115] BVerwG, Beschl. v. 26.3.2003 – 4 B 19/03, BeckRS 2003, 23090.
[1116] BVerwG, Beschl. v. 26.3.2003 – 4 B 19/03, BeckRS 2003, 23090.
[1117] Vgl. z.B. BbgOVG NVwZ-RR 2016, 650 (651); HessVGH NVwZ 1995, 922, st. Rspr.; *Steiner,* Baurecht, 5. Aufl. 2010, S. 81 f.
[1118] *Muckel,* JA 2015, 319.
[1119] Vgl. etwa NWOVG BauR 2014, 1927 = NWVBl. 2014, 466; BayVGH NVwZ–RR 2006, 754 (755); *Steiner,* Baurecht, 5. Aufl. 2010, S. 81 f.
[1120] BayVGH NVwZ–RR 2006, 754 (755).
[1121] NWOVG ZfBR 2014, 783 = BeckRS 2014, 53482.

Oft ist auch an die Möglichkeit einer **vorläufigen** Nutzungsuntersagung gem. § 82 I 2 HBO zu denken. Dies kommt im Rahmen des Verhältnismäßigkeitsgrundsatzes etwa dann in Betracht, wenn die Nutzung materiell baurechtskonform ist und dem Adressaten daher gem. § 82 II HBO aufgegeben wird, zwecks Beseitigung der formellen Illegalität die für die konkrete Nutzung erforderliche Baugenehmigung einzuholen. 664

Das vorläufige bzw. endgültige Nutzungsverbot ergeht als **Verwaltungsakt** aufgrund einer **Ermessensentscheidung** der unteren Bauaufsichtsbehörde, die dabei den allgemeinen Bindungen z.B. aus dem Willkürverbot gem. Art. 3 I GG und dem Verhältnismäßigkeitsprinzip unterliegt.[1122] 665

III. Baueinstellung (§ 81 HBO)

Gem. § 81 S. 1 HBO kann die Bauaufsichtsbehörde die Einstellung laufender Bauarbeiten anordnen, um die Schaffung „vollendeter Tatsachen" zu verhindern. Voraussetzung ist gem. § 81 S. 1 HBO, dass Anlagen im Widerspruch zu öffentlich-rechtlichen Vorschriften errichtet, geändert etc. werden. 666

Dies gilt gem. § 81 S. 2 HBO insbes. dann, wenn die Ausführung des Vorhabens entgegen § 75 I–III HBO begonnen wurde (§ 81 S. 2 Nr. 1 HBO), bei der Ausführung eines baugenehmigungspflichtigen Vorhabens von den genehmigten oder den nach § 69 III HBO eingereichten Bauvorlagen (Nr. 2 lit. a) oder bei der Ausführung eines nach § 64 HBO baugenehmigungsfreien Vorhabens von den eingereichten Bauvorlagen (Nr. 2 lit. b) abgewichen wird, Bauprodukte verwendet werden, die entgegen der VO (EU) Nr. 305/2011 keine CE-Kennzeichnung oder entgegen § 24 HBO kein Ü-Zeichen tragen (Nr. 3), oder Bauprodukte verwendet werden, die unberechtigt mit dem CE-Zeichen (§ 19 HBO) oder dem Ü-Zeichen (§ 24 III HBO) gekennzeichnet sind (Nr. 4).

Für eine Baueinstellung, als VA, genügt regelmäßig bereits **formelle Illegalität.**[1123] Sie kommt danach vor allem dann in Betracht, wenn die für das konkrete Vorhaben erforderliche Baugenehmigung überhaupt (noch) nicht vorliegt oder wenn bei der Ausführung des Vorhabens von den genehmigten Bauvorlagen erheblich abgewichen wird. Wie auch die Beispiele in § 81 S. 2 Nr. 3 und 4 HBO zeigen, kann auch ein Verstoß gegen sonstige einschlägige öffentlich-rechtliche Vorschriften (materielle Illegalität) Grundlage für eine Baueinstellungsverfügung sein.[1124] Dies ist insbes. in den Fällen von Bedeutung, in denen das betreffende Vorhaben entweder genehmigungsfrei ist oder es im Rahmen eines vereinfachten Verfahrens mit eingeschränktem Prüfungsumfang genehmigt wurde.

IV. Verlangen eines erforderlichen Verfahrens etc. (§ 82 II HBO)

Wie oben bereits mehrfach angeklungen ist, gehört Hessen zu den Bundesländern, in denen die Bauaufsichtsbehörde gem. § 82 II HBO verlangen kann, dass ein erforderliches Verfahren durchgeführt wird oder nach § 64 III 1 HBO erforderliche Bauvorlagen eingereicht werden. 667

§ 82 II HBO räumt der Bauaufsichtsbehörde damit ausdrücklich die Befugnis ein, das zu verlangen, wozu insbes. die Bauherrschaft im Rahmen ihrer Mitwirkungspflicht ohnehin

---

[1122] Näher dazu: *Will*, ÖffBauR, 2. Aufl. 2022, Rn. 832.

[1123] Vgl. etwa BayVGH, Beschl. v. 10.4.2017 – 15 ZB 16.672, BeckRS 2017, 107802 Rn. 8: „völlig unstreitig"; *R. Schmidt*, ÖffBauR, 17. Aufl. 2019, Rn. 396.

[1124] KH/*v. Nicolai*, § 26 Rn. 8.

grds. verpflichtet ist.[1125] Der praktisch wichtige Fall, in dem die Behörde verlangt, dass die Bauherrschaft einen Bauantrag stellt, spielt – wie gesehen – vor allem als Alternative zu einer Abrissverfügung eine Rolle, wenn eine Anlage lediglich formell baurechtswidrig ist, aber auch in Fällen, in denen die Bauherrschaft und ggf. auch die Gemeinde unzutreffend von einer Genehmigungsfreistellung des Vorhabens gem. § 64 HBO ausgegangen sind.

V. Maßnahmen aufgrund der Befugnisgeneralklausel (§ 61 II 2 HBO)

668 Da sich in §§ 80 ff. HBO Spezialtatbestände für die wichtigsten bauordnungsrechtlichen Verfügungen finden, spielt die diesen gegenüber subsidiäre bauordnungsrechtliche Befugnisgeneralklausel des § 61 II 2 HBO nur selten eine wesentliche Rolle. Tatbestandlich knüpft § 61 II 2 HBO an die Aufgabenzuweisungsnorm des § 61 II 1 HBO an und setzt daher einen Verstoß gegen öffentlich-rechtliche Vorschriften bei der Errichtung, Nutzung etc. von Anlagen voraus.

Beispiele:
- Anordnung, eine gem. § 33 VIII 1 HBO unzulässige Öffnung in einer Brandwand zu schließen.[1126]
- Anordnung, die Standsicherheit eines Gebäudes i.S.d. § 12 I 1 HBO wieder herzustellen.[1127]
- Anordnung, ein Gebäude abzureißen, das seit langer Zeit nicht mehr genutzt worden und dem Verfall preisgegeben worden ist, so dass es formell[1128] und materiell baurechtswidrig ist.[1129] § 82 I 1 HBO, der den subsidiären § 61 II 2 HBO verdrängen würde, greift hier nicht ein, da die Anlage nicht im Widerspruch zu öffentlich-rechtlichen Vorschriften „errichtet" oder „geändert" worden ist.[1130]

669 Die Bauaufsichtsbehörden haben gem. § 61 II 2 HBO die nach pflichtgemäßem Ermessen erforderlichen Maßnahmen zu treffen, um für die Einhaltung der öffentlich-rechtlichen Vorschriften und der aufgrund dieser Vorschriften erlassenen Anordnungen zu sorgen.[1131] Es handelt sich um eine Ermessensentscheidung, in deren Rahmen insbes. das Verhältnismäßigkeitsprinzip und das Willkürverbot zu beachten sind.

VI. Vollstreckung bauaufsichtsrechtlicher Verfügungen

670 Leistet der Adressat einer bauaufsichtsrechtlichen Verfügung keine Folge, kann die Behörde, die diese erlassen hat, dieselbe nach §§ 68 f. i.V.m. § 2 HVwVG selbst vollstrecken.[1132] Voraussetzung ist nach § 69 i.V.m. § 2 HVwVG vor allem, dass die bauordnungsrechtliche Verfügung, als VA, entweder unanfechtbar (bestandskräftig) ist oder ein Rechtsbehelf keine aufschiebende Wirkung haben würde, was insbes. dann der Fall ist, wenn die sofortige Vollziehung der bauordnungsrechtlichen Verfügung angeordnet worden ist (§§ 80 II 1 Nr. 4, 80a II, III VwGO).

671 Für die behördliche **Anordnung der sofortigen Vollziehung** nach **§ 80 II 1 Nr. 4 VwGO** ist ein **besonderes Vollzugsinteresse** erforderlich. Die Vollziehung des VA muss wegen öffentlicher oder überwiegender privater Interessen besonders dringlich sein und keinen Aufschub bis zum rechtskräftigen Abschluss des Hauptsacheverfahrens dulden.

[1125] *Hornmann,* HBO, § 82 Rn. 255.
[1126] Vgl. BbgOVG LKV 2005, 418.
[1127] Vgl. BaWüVGH BauR 2000, 864.
[1128] Dazu oben Rn. 545.
[1129] Vgl. *Hornmann,* HBO, § 61 Rn. 86a.
[1130] *Hornmann,* HBO, § 82 Rn. 11a.
[1131] Dazu im Einzelnen: *Hornmann,* HBO, § 61 Rn. 86 ff.
[1132] Zur Verwaltungsvollstreckung: *Will,* AllgVwR, 2. Aufl. 2022, S. 271 ff.

Während bei einer **Nutzungsuntersagung** oder einer **Baueinstellung** das besondere Vollzugsinteresse regelmäßig mit dem Interesse am Erlass des Bescheids identisch ist,[1133] sind angesichts der gravierenden Folgen einer **Beseitigungsanordnung** bei dieser wesentlich höhere Anforderungen zu stellen. So ist das besondere Vollzugsinteresse hier grds. nicht mit dem Interesse am Erlass des Bescheids identisch und liegt angesichts des Regel-Ausnahme-Verhältnisses des § 80 I und II VwGO nur ausnahmsweise vor.[1134] Auch ein massiver, für das fachkundige Publikum ohne Weiteres erkennbarer Verstoß gegen materielles Baurecht wie z.B. Abstandsflächenregelungen begründet für sich genommen nicht das erforderliche besondere Vollzugsinteresse für eine Beseitigungsanordnung.[1135] Das besondere Vollzugsinteresse kann hier hingegen z.B. dann vorliegen, wenn von der zu beseitigenden baulichen Anlage eine negative Vorbildwirkung mit konkreter Nachahmungsgefahr ausgeht.[1136]

VII. Rechtsschutzaspekte

1. Rechtsschutz des Bauherrn gegen bauaufsichtliche Verfügungen

672 Gegen belastende bauaufsichtsbehördliche Verfügungen wie etwa Beseitigungsanordnungen stehen Betroffenen Widerspruch gem. § 68 I 1 VwGO und Anfechtungsklage gem. § 42 I Alt. 1 VwGO zur Verfügung. Maßgeblicher Zeitpunkt für die Beurteilung der Sach- und Rechtslage im Rahmen der Anfechtungsklage ist nach den allgemeinen Grundsätzen derjenige der **letzten Behördenentscheidung,** also regelmäßig des Erlasses des Widerspruchsbescheides. Ist die sofortige Vollziehung der Verfügung gem. § 80 II 1 Nr. 4 VwGO angeordnet worden, steht vorläufiger Rechtsschutz gem. § 80 V 1 Alt. 2 VwGO (Wiederherstellung der aufschiebenden Wirkung) zur Verfügung.[1137]

2. Rechtsschutz des Nachbarn

673 Will hingegen ein Nachbar die Behörde zum Einschreiten mit einer bauaufsichtsrechtlichen Verfügung veranlassen, kann er dies mittels Verpflichtungswiderspruchs und -klage erreichen. Sowohl wenn es um einen Schwarzbau, also ein genehmigungsbedürftiges, aber ohne Genehmigung durchgeführtes Vorhaben, als auch wenn es um genehmigungsfreie Vorhaben geht, ist die **Verpflichtungsklage gem. § 42 I Alt. 2 VwGO** statthaft.[1138]

Da das Einschreiten im Ermessen der Behörde steht, besteht nur bei einer **Ermessensreduzierung auf Null** ein Anspruch auf behördliches Einschreiten.[1139] Nur dann kann daher ein Verpflichtungsurteil gem. § 113 V 1 VwGO ergehen, das die Behörde verpflichtet, die beantragte Maßnahme vorzunehmen. Hat die Behörde ermessensfehlerhaft gehandelt, ohne dass jedoch eine Ermessensreduzierung auf Null vorläge, ist hingegen nur ein Bescheidungsurteil gem. § 113 V 2 VwGO möglich, das die Behörde verpflichtet, den Nachbarn unter Beachtung der Rechtsauffassung des Verwaltungsgerichts erneut zu bescheiden.

674 Da die bloße Erhebung von Verpflichtungswiderspruch und -klage noch nicht dazu führt, dass die Behörde gegen das Vorhaben vorgeht, können Nachbarn ihre Rechte oft nur im Wege des **vorläufigen Rechtsschutzes** effektiv durchsetzen. In Betracht kommt hier eine

---

[1133] BayVGH, Beschl. v. 30.1.2019 – 9 CS 18.2533, BeckRS 2019, 1058 Rn. 24.
[1134] BayVGH, a.a.O., Rn. 23.
[1135] BayVGH, a.a.O., Rn. 26.
[1136] BayVGH, a.a.O., Rn. 27.
[1137] Dazu etwa *Hornmann,* HBO, § 82 Rn. 209 f.
[1138] Dazu bereits oben Rn. 602 f.; *R. Schmidt,* ÖffBauR, 17. Aufl., Rn. 511 ff.
[1139] Dazu näher *Kaiser,* § 41 Rn. 185 ff.; *Will,* ÖffBauR, 2. Aufl. 2022, Rn. 842.

einstweilige Anordnung gem. **§ 123 I 1 VwGO.**[1140] Der Antrag auf Einschreiten der Behörde gem. § 123 I 1 VwGO ist gem. § 123 III VwGO i.V.m. §§ 920 II, 294 ZPO begründet, wenn der Antragsteller Anordnungsanspruch sowie Anordnungsgrund glaubhaft macht und die gerichtliche Anordnung mit dem vom Antragsteller begehrten Inhalt ergehen darf.[1141]

Während in der gerichtlichen Praxis insoweit meist nur eine summarische Prüfung erfolgt, muss in Prüfungsarbeiten eine umfassende Rechtsprüfung vorgenommen werden, die sich, was den Anordnungsanspruch angeht, nicht von der Prüfung einer Hauptsacheklage unterscheidet.[1142]

675 Zu prüfen ist, ob dem Antragsteller der von ihm behauptete Anspruch tatsächlich zusteht (**Anordnungsanspruch**) und Eilbedürftigkeit besteht (**Anordnungsgrund).** Entsprechend muss im Rahmen der Zulässigkeit bei der Antragsbefugnis analog § 42 II VwGO geprüft werden, ob die Möglichkeit eines Anordnungsanspruchs und eines Anordnungsgrundes besteht.

Da es lediglich um vorläufigen Rechtsschutz geht, ist bei der Begründetheit eines § 123 I-Antrags das Verbot der Vorwegnahme der Hauptsache zu beachten. Im Mittelpunkt dieser im Einzelnen sehr umstrittenen Voraussetzung steht, dass grds. keine vollendeten Tatsachen geschaffen werden dürfen.[1143] Daher ist im Verfahren gem. § 123 I VwGO jedenfalls eine Abrissverfügung regelmäßig ausgeschlossen.[1144]

§ 6. Materielles Bauordnungsrecht

A. Bedeutung und Anwendungsbereich

676 Das materielle Bauordnungsrecht findet sich in erster Linie in §§ 3–54 HBO. Während die weit gefasste Generalklausel in § 3 HBO allgemeine Anforderungen an bauliche Anlagen etc. formuliert, betreffen §§ 4–8 HBO das Grundstück sowie dessen Bebauung und §§ 9–54 HBO die einzelnen baulichen Anlagen. Da sich das Bauordnungsrecht aus dem Polizeirecht entwickelt hat, geht es überwiegend um die Abwehr von Gefahren, die von baulichen Anlagen etc. ausgehen. Daneben werden aber zunehmend auch Umweltbelange, soziale Aspekte und ästhetische Fragen geregelt.

677 Die bauordnungsrechtlichen Vorschriften der §§ 3 ff. HBO sind anwendbar, soweit gem. § 1 HBO der Anwendungsbereich der HBO eröffnet ist.[1145] Die einzelnen Vorschriften gelten wegen des unterschiedlichen Störungspotentials oft nur für bestimmte Anlagen. Dabei knüpfen sie tatbestandlich an die Begriffsbestimmungen des § 2 HBO an, die neben den Zentralbegriffen der Anlage sowie der baulichen Anlage (Abs. 1, 2)[1146] bspw. auch Gebäude (Abs. 3, 4), Wohngebäude (Abs. 7), Barrierefreiheit (Abs. 8), Sonderbauten (Abs. 9)[1147], Stellplätze für Kfz sowie Abstellplätze für Fahrräder (Abs. 11) und Bauprodukte (Abs. 13) betreffen.

[1140] Oben Rn. 602; *Brenner*, ÖffBauR, Rn. 915.

[1141] *Detterbeck*, AllgVwR, 20. Aufl. 2022, Rn. 1534.

[1142] *Detterbeck*, a.a.O., Rn. 1534 mit Prüfschema in Rn. 1538.

[1143] Zur sehr umstrittenen Vorwegnahme der Hauptsache bereits oben Rn. 595.

[1144] *Mehde/Hansen*, NVwZ 2010, 14 (17).

[1145] Dazu oben Rn. 497 ff.

[1146] Oben Rn. 498 ff.

[1147] Dazu oben Rn. 523.

Ist man in einer Prüfungsarbeit in einer einschlägigen Norm mit einem unbekannten Begriff konfrontiert, lohnt es sich, zu prüfen, ob dieser in § 2 HBO definiert ist.

B. Die materiellrechtliche Generalklausel des § 3 HBO

Die materiellrechtliche Generalklausel des § 3 HBO stellt allgemeine bauordnungsrechtliche Anforderungen an die Ausführung und Beschaffenheit von Anlagen i.S.d. § 2 I HBO. 678

Um Missverständnissen aufgrund des Terminus „Generalklausel" vorzubeugen, sei darauf hingewiesen, dass § 3 HBO **nicht** etwa – wie die polizeirechtliche Generalklausel des § 11 HSOG – der Behörde Eingriffsbefugnisse verleiht. Solche werden den Bauaufsichtsbehörden in §§ 61 II 2, III, 80–84 HBO, die i.V.m. § 3 HBO zum Eingriff ermächtigen, eingeräumt.[1148] Generalklausel bedeutet lediglich, dass hier allgemeine materiellrechtliche Anforderungen formuliert werden, die aber nur insoweit einschlägig sind, als sich nicht aus den Spezialregelungen der §§ 4 ff. HBO Abweichendes ergibt. § 3 HBO ist also gegenüber §§ 4–54 HBO subsidiär.

Gem. § 3 S. 1 HBO sind Anlagen so anzuordnen, zu errichten, zu ändern und instand zu halten, dass die öffentliche Sicherheit und Ordnung, insbes. Leben, Gesundheit und die natürlichen Lebensgrundlagen nicht gefährdet werden. Gem. § 3 S. 3 HBO gilt dies entsprechend auch für die Beseitigung von Anlagen und bei der Änderung ihrer Nutzung. Das zentrale Schutzgut der **öffentlichen Sicherheit** umfasst wie im allgemeinen Polizei- und Ordnungsrecht die Unverletzlichkeit der objektiven Rechtsordnung und der subjektiven Rechte des Einzelnen sowie die Funktionsfähigkeit von Einrichtungen und Veranstaltungen des Staates.[1149] Der Begriff der **natürlichen Lebensgrundlagen** wird auch in Art. 26b HV über das Staatsziel Umweltschutz sowie im Bauplanungsrecht verwendet (§ 1 V 2 BauGB). Er umfasst die gesamte natürliche Umwelt des Menschen, d.h. konkret Boden, Wasser, Luft, Klima, Tier- und Pflanzenwelt.[1150] 679

Auch der im Baurecht nur selten relevante Begriff der **öffentlichen Ordnung** entspricht grds. demjenigen des allgemeinen Polizei- und Ordnungsrechts und umfasst daher „die Gesamtheit jener ungeschriebenen Regeln für das Verhalten des Einzelnen in der Öffentlichkeit, deren Beachtung nach den jeweils herrschenden Anschauungen als unerlässliche Voraussetzung eines geordneten staatsbürgerlichen Gemeinschaftslebens betrachtet wird".[1151]

Eine **Gefährdung** i.S.d. § 3 S. 1 HBO liegt bei hinreichender Wahrscheinlichkeit eines Schadenseintritts für die Schutzgüter vor. Diese besteht bei einer nach der Lebenserfahrung begründeten Befürchtung der Gefahrenverwirklichung und hängt vom Rang des Rechtsgutes sowie vom Umfang des erwarteten Schadens ab.[1152] 680

Für eine Gefährdung i.S.d. § 3 HBO kann danach – je nach den Umständen des Falls – grds. bereits eine abstrakte Gefahr ausreichen.[1153] Für einen Eingriff der Behörde aufgrund einer Ermächtigungsgrundlage wie § 61 II 2 HBO i.V.m. § 3 I HBO ist hingegen wie bei § 11 HSOG eine **konkrete Gefahr** erforderlich. Hierin liegt ein weiterer struktureller Unterschied zwischen der Befugnisgeneralklausel des § 61 II 2 HBO und der materiellrechtlichen Generalklausel des § 3 HBO.

[1148] Dazu oben Rn. 647 ff.

[1149] *Hornmann,* HBO, § 3 Rn. 12.

[1150] *Allgeier/Rickenberg,* HBO, § 3 Rn. 14 f.

[1151] Beispielsfall in *Will,* ÖffBauR, 2. Aufl. 2022, Rn. 850.

[1152] *Hornmann,* HBO, § 3 Rn. 19.

[1153] BeckOK BauordnungsR Hessen/*Spannowsky,* § 3 HBO Rn. 29 ff.; a.A. wohl *Hornmann,* HBO, § 3 Rn. 20.

681 Nach dem 2018 ergänzten § 3 S. 2 HBO sind bei alledem die Grundanforderungen an Bauwerke nach Anhang I der VO (EU) Nr. 305/2011 (EU-Bauproduktenverordnung – BauPVO[1154]) zu berücksichtigen.

In Anhang I BauPVO finden sich Grundanforderungen an Bauwerke in den Bereichen mechanische Festigkeit und Standsicherheit (Nr. 1), Brandschutz (Nr. 2), Hygiene, Gesundheit und Umweltschutz (Nr. 3), Sicherheit und Barrierefreiheit bei der Nutzung (Nr. 4), Schallschutz (Nr. 5), Energieeinsparung und Wärmeschutz (Nr. 6) und nachhaltige Nutzung der natürlichen Ressourcen (Nr. 7). Viele dieser Grundanforderungen finden sich in ähnlicher Form auch in §§ 4–54 HBO.

C. Technische Baubestimmungen (§ 90 HBO)

682 Die Regelung über die in der Praxis extrem wichtigen Technischen Baubestimmungen findet sich seit der HBO-Novelle von 2018 nicht mehr in § 3 III HBO[1155], sondern nach Vorbild des § 85a MBO in einem eigenständigen § 90 HBO. Nach der Grundregel aus § 90 I 1 HBO können die Anforderungen nach § 3 HBO durch Technische Baubestimmungen konkretisiert werden, die dann gem. § 90 I 2 HBO zu beachten sind.

Technische Baubestimmungen konkretisieren die abstrakt gefassten Anforderungen des § 3 HBO für Praktiker wie Ingenieure und Architekten, indem sie mittels einheitlicher technischer Begriffe standardisierte Vorgaben aufstellen, bei deren Erfüllung von der Einhaltung der bauordnungsrechtlichen Grundvorgaben insbes. aus § 3 HBO auszugehen ist.

Technische Baubestimmungen können etwa technische Regelwerke wie EN- und DIN-Normen, VDI-Richtlinien und VDE-Bestimmungen umfassen, die durch Übernahme und Bekanntgabe durch die oberste Bauaufsichtsbehörde gem. § 90 I HBO als Technische Baubestimmungen in Hessen verbindlich werden. Technische Baubestimmungen werden dadurch aber nicht etwa zu Rechtsnormen, sondern erhalten lediglich aufgrund und im Rahmen von § 90 HBO rechtliche Bedeutung.

Mit dem Ziel der Rechtsvereinheitlichung ermächtigen die meisten LBOen das Deutsche Institut für Bautechnik (DIBt), nach Anhörung der beteiligten Kreise im Einvernehmen mit den obersten Bauaufsichtsbehörden der Länder ein Muster der Technischen Baubestimmungen zu veröffentlichen,[1156] das sich die Länder sodann zu eigen machen können. Infolgedessen hat das DIBt 2017 die **Muster-Verwaltungsvorschrift Technische Baubestimmungen (MVV TB)**, Ausgabe 31. August 2017, bekannt gemacht,[1157] die seitdem mehrfach aktualisiert worden ist.

In Hessen macht das als oberste Bauaufsichtsbehörde gem. § 60 I 1 Nr. 3 HBO zuständige Hessische Wirtschaftsministerium Technische Baubestimmungen gem. § 90 V 1 HBO als Verwaltungsvorschrift im Staatsanzeiger bekannt.[1158] Nachdem das Ministerium m.W.v. 7.7.2018 parallel zur Novelle der HBO die frühere „Liste und Übersicht der im Land Hessen bauaufsichtlich eingeführten Technischen Baubestimmungen“ durch die Hessische Verwaltungsvorschrift Technische Baubestimmungen (**H-VV TB**) (Umsetzung der Muster-Verwal-

[1154] ABl. EU 2011 L 88 S. 5, ber. ABl 2013 L 310 S. 10, zul. geänd. durch Art. 40 VO (EU) 2019/1020 v. 20.6.2019 (ABl. L 169 S. 1).
[1155] Zur früheren Rechtslage: *Gornig/Horn/Will*, 2018, 3. Teil, Rn. 609.
[1156] Vgl. § 85a V 1 MBO und § 90 V 3 HBO.
[1157] www.dibt.de/de/wir-bieten/technische-baubestimmungen.
[1158] Instruktiv zum Ganzen: *Hornmann*, HBO, § 90 Rn. 40 ff.

tungsvorschrift Technische Baubestimmungen Ausgabe 2017/1) ersetzt hat,[1159] hat es durch Erlass vom 8.12.2021 **m.W.v. 1.1.2022** die neue Hessische Verwaltungsvorschrift Technische Baubestimmungen (**H-VV TB**) (Umsetzung der Muster-Verwaltungsvorschrift Technische Baubestimmungen Ausgabe 2020/1)[1160] an die Stelle der H-VV TB 2018 treten lassen. In der H-VV TB wurden die sich aus dem hessischen Landesrecht ergebenden notwendigen Anpassungen der MVV TB vorgenommen und zur besseren Erkennbarkeit durch Fettdruck gekennzeichnet.

Nach § 90 I 3 HS 1 HBO kann von den in den Technischen Baubestimmungen enthal- 683
tenen Planungs-, Bemessungs- und Ausführungsregelungen im Einzelfall **abgewichen** werden, wenn mit einer anderen Lösung in gleichem Maße die Anforderungen erfüllt werden und in der Technischen Baubestimmung eine Abweichung nicht ausgeschlossen ist.

Weicht ein Vorhaben von den Technischen Baubestimmungen ab, wird i.S.e. Beweislastregel vermutet, dass ein Verstoß gegen die bauordnungsrechtlichen Anforderungen insbes. aus § 3 HBO vorliegt. Allerdings kann diese Vermutung unter den Voraussetzungen des § 90 I 3 HBO durch den Nachweis widerlegt werden, dass die Anforderungen mit der anderen Lösung gleichermaßen erfüllt werden.

D. Anforderungen an das Grundstück und seine Bebauung

Die Bebaubarkeit von Grundstücken ist in erster Linie in §§ 29 ff. BauGB i.V.m. 684
BauNVO geregelt. Daneben stellen §§ 4–8 HBO bauordnungsrechtliche, primär auf Gefahrenabwehr abzielende Anforderungen an das Grundstück und dessen Bebauung. Davon seien hier einige praktisch wichtige Beispiele angesprochen.

I. Abstandsflächen (§ 6 HBO)

Abstandsflächen sind nach der Legaldefinition in § 6 I 1 HBO Flächen, die vor den ober- 685
irdischen Außenwänden von Gebäuden freizuhalten sind. Die Freihaltung soll die Versorgung der Grundstücke mit **Luft und Sonnenlicht** sicherstellen und den Brandschutz sowie den sozialen Wohnfrieden fördern. § 6 HBO hat daher **generell nachbarschützende Wirkung für unmittelbare Angrenzer.**[1161]

Abstandsflächen müssen gem. § 6 II 1 HBO grds. auf dem Grundstück selbst liegen, 686
wobei zwei Abstandsflächen einander gem. § 6 III 1 HBO grds. nicht überdecken dürfen. Daraus folgt, dass der **Abstand zwischen zwei Gebäuden** grds. mindestens die Summe der erforderlichen Abstandsflächen betragen muss.[1162]

Diese Vorgaben aus § 6 II 1 und III 1 HBO werden jedoch gem. § 6 II 2 und III 2 HBO in verschiedener Hinsicht gelockert: So dürfen Abstandsflächen gem. § 6 II 2 Nr. 1 HBO auch auf öffentlichen Verkehrsflächen, öffentlichen Grünflächen und öffentlichen Wasserflächen liegen, jedoch nur bis zu deren Mitte. Gem. § 6 II 2 Nr. 2 HBO dürfen sie sich ganz oder teilweise auf andere Grundstücke erstrecken, wenn öffentlich-rechtlich (d.h. insbes. durch Baulast) gesichert ist, dass sie nicht überbaut und auf die auf diesen Grundstücken erforderlichen Abstandsflächen und Abstände nicht angerechnet werden.

[1159] Hess. StAnz 2018, S. 831; in der Folge durch drei Änderungserlasse modifiziert, zuletzt durch Änderungserlass v. 3.3.2021, Hess. StAnz 2021, S. 419.

[1160] Hess. StAnz 2021, S. 1704; https://wirtschaft.hessen.de/Wohnen-Bauen/Bauvorschriften/Technische-Baubestimmungen-Planung-Bemessung-und-Ausfuehrungsregeln-baulicher-Anlagen.

[1161] *Hornmann,* HBO, § 6 Rn. 9; dazu bereits oben Rn. 620.

[1162] *Hornmann,* HBO, § 6 Rn. 79.

687 **Oberirdische Außenwände** von Gebäuden, vor denen Abstandsflächen gem. § 6 I 1 HBO freizuhalten sind, sind die über der Geländeoberfläche i.S.d. § 2 VI HBO liegenden Wände, die von außen sichtbar sind und das Gebäude gegen die Außenluft abschließen.[1163] Die Tiefe der freizuhaltenden Abstandsflächen muss gem. § 6 V 4 HBO **mindestens 3 m** betragen. Im Übrigen bemisst sich die Abstandsflächentiefe gem. § 6 IV 1 HBO nach der Wandhöhe (Maßbezeichnung „H") und beträgt gem. § 6 V 1 HBO allgemein 0,4 H, also 40 % der Wandhöhe, und in Gewerbe- und Industriegebieten, ausgenommen an den Grenzen zu Gebieten anderer Nutzung, sowie für Windkraftanlagen und Antennenanlagen im Außenbereich, grds. 0,2 H, also 20 % der Wandhöhe.

In Gewerbe- und Industriegebieten sind bei Wänden ohne Öffnungen zudem gem. § 6 VII HBO unter bestimmten Voraussetzungen noch geringere Abstandsflächen zulässig. Zu beachten ist ferner, dass Gemeinden gem. § 91 I 1 Nr. 6 HBO in Satzungen von § 6 IV–VI, IX HBO abweichende Abstandsflächentiefen festlegen können.

688 Abstandsflächen können im Übrigen auch bauplanungsrechtlich vorgesehen sein. Enthält ein Bebauungsplan oder eine andere bauplanungs- oder bauordnungsrechtliche Satzung Festsetzungen, welche die Tiefe der Abstandsflächen bindend bestimmen, verdrängen diese Regelungen gem. § 6 XI Nr. 1 HBO diejenigen aus § 6 I–X HBO. Dasselbe gilt gem. § 6 XI Nr. 2 HBO, wenn nach der umgebenden Bebauung i.S.d. § 34 I 1 BauGB abweichende Gebäudeabstände zulässig sind.[1164]

689 Der in § 6 XI HBO angeordnete Vorrang des einschlägigen Bauplanungsrechts hat nicht nur zur Folge, dass sowohl strengere als auch großzügigere bauplanungsrechtlich festgesetzte Abstandsflächentiefen § 6 I–X HBO vorgehen, sondern auch, dass die Einhaltung der Abstandsflächen nach § 6 HBO die Prüfung des bauplanungsrechtlichen Rücksichtnahmegebotes grds. nicht ausschließt.[1165]

II. Wasserdurchlässigkeit und Begrünung von Freiflächen (§ 8 I HBO)

690 Als Beispiele für Regelungen zum Schutz der natürlichen Lebensgrundlagen seien die Pflichten aus § 8 I HBO angeführt. Nach § 8 I 1 HBO sind die nicht überbauten Flächen bebauter Grundstücke wasserdurchlässig zu belassen oder herzustellen (Nr. 1) und zu begrünen oder zu bepflanzen (Nr. 2), soweit sie nicht für eine andere zulässige Verwendung benötigt werden.

Während § 8 I 1 Nr. 1 HBO zwecks Sicherung der Grundwasserbildung und Vermeidung von Überschwemmungen der Versiegelung von Grundstücksfreiflächen entgegenwirkt, zielt § 8 I 1 Nr. 2 HBO u.a. auf die Verbesserung der Luftqualität und des Mikroklimas ab, die durch Begrünung und Bepflanzung positiv beeinflusst werden. Daneben kann die Gemeinde durch **Satzung** gem. § 91 I 1 Nr. 5 HBO Vorschriften über die Begrünung von baulichen Anlagen sowie über die Nutzung, Gestaltung und Bepflanzung der Grundstücksfreiflächen aufstellen. Soweit solche oder andere Satzungen (z.B. Baumschutzsatzungen auf Grundlage des früheren § 26 HeNatG 1996 oder aufgrund des früheren § 30 HeNatG 2006[1166]) oder aber Bebauungspläne Festsetzungen zu den nicht überbauten Flächen treffen, findet § 8 I 1 HBO gem. § 8 I 2 HBO keine Anwendung.

[1163] NWOVG NVwZ-RR 2010, 260.

[1164] Zur Entstehungsgeschichte der Regelung: *Hornmann*, HBO, § 6 Rn. 168.

[1165] Vgl. zu Letzterem *Hornmann*, HBO, § 6 Rn. 37 f.

[1166] Baumschutzsatzungen aufgrund dieser früheren Regelungen gelten gem. § 32 III HAGBNatSchG als Satzungen nach § 12 I 3, II 2 HAGBNatSchG fort.

III. Kinderspielplätze (§ 8 II HBO)

Als wichtiges Beispiel für eine Regelung zur Gewährleistung sozialer Mindeststandards sei § 8 II HBO genannt. Nach § 8 II 1 HBO ist auf dem Baugrundstück oder öffentlich-rechtlich gesichert in unmittelbarer Nähe ein Spielplatz für Kleinkinder (bis zu sechs Jahren) anzulegen, zu unterhalten und in die Bepflanzung der nicht überbauten Flächen einzubeziehen, wenn auf einem Grundstück durch Neubau, aber auch durch Umbau etc. mehr als drei Wohnungen errichtet werden. Der Spielplatz auf dem Baugrundstück muss gem. § 8 II 3 HBO vom Wohngebäudeeingang aus grds. schwellenlos erreichbar sein. Die Pflicht zur Herstellung entfällt unter den Voraussetzungen des § 8 II 2 HBO z.B. wenn die Art oder Lage der Wohnungen einen Kinderspielplatz nicht erfordert (Nr. 2). 691

Daneben kann die Gemeinde durch **Satzung** gem. § 91 I 1 Nr. 3 HBO Vorschriften über die Gestaltung der Kinderspielplätze aufstellen. Anhaltspunkte für die Größe des Spielplatzes, die von der Wohnungszahl abhängt, bietet im Übrigen die zuletzt im Oktober 2020 neu veröffentlichte – rechtlich nicht bindende – DIN 18034, nach der je Einwohner 0,75 qm Bruttospielfläche vorhanden sein und die Gesamtbruttofläche für Kinder bis zu sechs Jahren mindestens 60 m^2 ausmachen soll.[1167]

E. Anforderungen an bauliche Anlagen

Die im Rahmen der Novelle 2018 neu gegliederten und erweiterten bauordnungsrechtlichen Anforderungen an bauliche Anlagen im Dritten Teil der HBO (§§ 9–54 HBO) sind weitgespannt. 692

Sie beginnen mit Regelungen über die Gestaltung (§ 9 HBO) sowie Anlagen der Außenwerbung (§ 10 HBO) und umfassen sodann neben allgemeinen Anforderungen an die Bauausführung (§§ 11–17 HBO) auch spezielle Anforderungen an Bauprodukte (§§ 18–28 HBO), an das Brandverhalten von Baustoffen und Bauteilen (§ 29 HBO), an Wände, Decken und Dächer (§§ 30–35 HBO), an Rettungswege, Öffnungen und Umwehrungen (§§ 36–41 HBO), an die technische Gebäudeausrüstung (z.B. Aufzüge, sanitäre Anlagen und Blitzschutzanlagen) (§§ 42–49 HBO), nutzungsbedingte Anforderungen an Aufenthaltsräume und Wohnungen (§§ 50 f. HBO) sowie an besondere Anlagen wie Garagen, Stellplätze und Sonderbauten (§§ 52 f. HBO) nebst einer Regelung zum barrierefreien Bauen (§ 54 HBO). Von der Fülle der Einzelregelungen seien im Folgenden nur besonders wichtige Beispiele angesprochen.[1168]

I. Verunstaltungsverbot (§ 9 HBO)

In der Praxis führt nicht selten die äußere Gestaltung von baulichen Anlagen zu Streit. § 9 HBO enthält insoweit i.S.e. Minimalanforderung lediglich ein **Verunstaltungsverbot.** Während dessen Satz 1 die bauliche Anlage selbst betrifft, bezieht sich Satz 2 auf deren Wirkung auf die Umgebung. 693

Daneben kann die Gemeinde durch **Gestaltungssatzung** gem. § 91 I 1 Nr. 1 HBO besondere Anforderungen an die äußere Gestaltung baulicher Anlagen und Warenautomaten zur Durchführung baugestalterischer Absichten aufstellen oder gem. § 91 I 1 Nr. 2 HBO besondere Anforderungen an bauliche Anlagen und Warenautomaten zum Schutz bestimmter Bauten, Straßen, Plätze oder Gemeindeteile von geschichtlicher, künstlerischer oder städtebaulicher Bedeutung sowie von Baudenkmälern und Naturdenkmälern.

[1167] Näher: *Hornmann,* HBO, § 8 Rn. 35 Fn. 22.

[1168] Vgl. im Übrigen bspw. *Ruf/Karnes,* in: Eiding/Ruf/Herrlein, Rn. 353 ff.

694 Nach dem **objektbezogenen Verunstaltungsverbot** des § 9 S. 1 HBO müssen bauliche Anlagen nach Form, Maßstab, Verhältnis der Baumassen und Bauteile zueinander, Werkstoff und Farbe so gestaltet sein, dass sie nicht verunstaltet wirken. **„Verunstaltung“** ist ein unbestimmter Rechtsbegriff, der uneingeschränkter gerichtlicher Nachprüfung unterliegt. Trotz seiner inhärenten Weite genügt er aufgrund seiner Konkretisierung durch die Rspr. noch den rechtsstaatlichen Anforderungen u.a. an die Rechtsklarheit.[1169] Der Begriff ist vor diesem Hintergrund jedoch **eng** auszulegen. § 9 HBO zielt nicht auf positive Baugestaltungspflege i.S.v. Geschmack, Schönheit und architektonischer Harmonie, sondern auf die Verhinderung nicht mehr hinnehmbarer Gestaltungen ab. Daraus ergibt sich:

695 **Verunstaltung** ist ein hässlicher, das ästhetische Empfinden des Betrachters nicht bloß beeinträchtigender, sondern verletzender Zustand.[1170]

696 Dabei ist weder der Maßstab des ästhetisch besonders empfindsamen oder geschulten, noch des ästhetischen Eindrücken gegenüber gleichgültigen und unempfindlichen Betrachters, sondern das Empfinden „jedes für ästhetische Eindrücke offenen Betrachters“, also des „sogenannten gebildeten Durchschnittsmenschen, der zwischen diesen beiden Personenkreisen steht“, entscheidend.[1171]

697 Ein Großteil der Rspr. zur Verunstaltung betrifft **Werbeanlagen** und **Warenautomaten,** die oft darauf ausgelegt sind, Aufmerksamkeit zu wecken.

So beeinträchtigt etwa eine beleuchtete moderne Werbeanlage, die unmittelbar vor der unauffällig gestalteten Fassade eines als Kulturdenkmal geschützten historischen Gebäudes errichtet wird, dessen Erscheinungsbild erheblich.[1172] Auch eine vom dritten bis zum fünften Geschoss eines Gebäudes reichende großflächige (67 m^2) beleuchtete Werbeanlage an der Backsteinaußenwand eines Bürogebäudes kann verunstaltend wirken.[1173] Ausgangspunkt zur Lösung solcher Fälle ist, dass die in § 10 I 1 HBO definierten Werbeanlagen gem. § 10 I 2 HBO als bauliche Anlagen gelten, so dass etwa das Verunstaltungsverbot des § 9 HBO grds. auf sie anwendbar ist. Allerdings ist zu beachten, dass gem. § 10 II HBO die Vorschriften der HBO auf bestimmte Werbeanlagen nicht anzuwenden sind, darunter etwa Werbemittel an Zeitungs- und Zeitschriftenverkaufsstellen (Nr. 2) und Wahlwerbung für die Dauer eines Wahlkampfes, außer im Außenbereich (Nr. 4).

Gemeinden können Satzungsregelungen zu Werbeanlagen und Warenautomaten außer in den schon erwähnten **Gestaltungssatzungen** gem. § 91 I 1 Nr. 1 HBO, nach dessen HS 2 sich die Vorschriften über Werbeanlagen und Warenautomaten auch auf deren Art, Größe und Anbringungsort erstrecken können, und gem. § 91 I 1 Nr. 2 HBO nach dessen HS 2 nach den örtlichen Gegebenheiten insbesondere bestimmte Arten von Werbeanlagen und Warenautomaten ausgeschlossen werden können, auch gem. § 91 I 1 Nr. 7 HBO in **Beschränkungssatzungen** treffen, die Vorschriften über die Beschränkung von Werbeanlagen, Warenautomaten und Einfriedungen in bestimmten Gemeindeteilen enthalten.

698 Nach dem **umgebungsbezogenen Verunstaltungsverbot** des § 9 S. 2 HBO sind bauliche Anlagen mit ihrer Umgebung derart in Einklang zu bringen, dass sie das Straßen-, Orts- oder Landschaftsbild nicht verunstalten oder deren beabsichtigte Gestaltung nicht stören.

[1169] Vgl. BVerfG NVwZ 1985, 819.

[1170] Vgl. BVerwGE 2, 172 (176 f.); HessVGH BRS 33 Nr. 123; BRS 57 Nr. 179; BRS 58 Nr. 126; VG Frankfurt LKRZ 2008, 465 (466).

[1171] BVerwGE 2, 172 (177).

[1172] SächsOVG BauR 2001, 1721 (1722 f.).

[1173] HessVGH BRS 57 Nr. 179.

Umgebung ist der Bereich, auf den die bauliche Anlage eine Wirkung ausübt. **Straßenbild** ist das Gepräge, das durch die Straßengestaltung, den Zustand der anliegenden Grundstücke sowie der sich auf diesen befindlichen baulichen Anlagen bestimmt wird. **Ortsbild** ist die Ansicht eines durch Gebäudebebauung geprägten Ortes von außen oder von innen. **Landschaftsbild** ist das durch das Vorherrschen der Natur bspw. in Form von Wald, Wiesen und Äckern geprägte Erscheinungsbild eines größeren Teils der Erdoberfläche.

Eine Verletzung von § 9 S. 2 HBO kommt v.a. dann in Betracht, wenn die Umgebung 699
selbst einen ästhetischen oder gestalterischen Eigenwert hat. Je charakteristischer und ansprechender bspw. der Baustil der Umgebung ist, desto höher sind die Anforderungen an eine neue bauliche Anlage.[1174]

Bsp.: Zwei großflächige bunte Werbetafeln, die in ca. 50 m Entfernung von einem mit besonderer Sorgfalt gestalteten Denkmalplatz liegen und dessen Bild erheblich stören, können bezogen auf die Umgebung verunstaltend wirken.[1175]

II. Brandschutz (§ 14 HBO)

Traditionell besonders wichtig sind im Bauordnungsrecht die Vermeidung und Eindäm- 700
mung von Bränden.[1176] Gem. § 14 I HBO sind bauliche Anlagen etc. so anzuordnen, zu errichten etc., dass der Entstehung eines Brandes und der Ausbreitung von Feuer und Rauch (Brandausbreitung) vorgebeugt wird und bei einem Brand die Rettung von Menschen und Tieren sowie wirksame Löscharbeiten möglich sind.

Im direkten Anschluss an die Grundregelung über den Brandschutz in § 14 I HBO finden sich die Regelungen über zum Schutz schlafender Personen erforderliche **Rauchwarnmelder** nunmehr in § 14 II HBO. Weitere Detailregelungen sind seit der Novelle 2018 nicht mehr in der aufgehobenen Anlage 1 zur HBO, sondern – auch vor dem Hintergrund unionsrechtlicher Vorgaben – direkt im jeweiligen Sachzusammenhang in der HBO verortet.[1177] So regeln etwa § 30 HBO die brandschutztechnische Ausbildung von tragenden Wänden und Stützen, § 33 HBO das Erfordernis spezieller Brandwände, § 37 HBO das Erfordernis sog. notwendiger Treppen (als Fluchtwege), § 42 HBO Anforderungen an Aufzüge und § 49 HBO Blitzschutzanlagen. Konkretisiert werden die brandschutztechnischen Vorgaben der HBO im wichtigen Teil A2 der Technischen Baubestimmungen in der H-VV TB.[1178]

III. Barrierefreiheit (§ 54 HBO)

Ein Beispiel dafür, wie nicht nur EU-rechtliche, sondern auch völkerrechtliche Vorgaben 701
die Inhalte des Bauordnungsrechts beeinflussen können, sind die Regelungen über die Barrierefreiheit, die nach und nach Eingang in alle LBOen gefunden haben und wesentlich der Umsetzung der Verpflichtungen aus der UN-Behindertenrechtskonvention dienen.

Nach Art. 9 I 1 des Übereinkommens über die Rechte von Menschen mit Behinderungen von 2006, das für die Bundesrepublik seit dem 26.3.2009 bindend ist[1179], treffen die Vertragsstaaten „geeignete Maßnahmen mit dem Ziel, für Menschen mit Behinderungen den gleichberechtigten Zugang zur physischen Umwelt, zu Transportmitteln […], sowie zu anderen Einrichtungen und Diensten, die der Öffentlichkeit in städtischen und ländlichen Gebie-

---

[1174] Vgl. NdsOVG NVwZ 1988, 375 (376).
[1175] NdsOVG NVwZ 1988, 375 (376).
[1176] Zum Brandschutz instruktiv *Ruf/Karnes,* in: Eiding/Ruf/Herrlein, Rn. 353 ff.
[1177] Liste wichtiger Regelungen bei *Hornmann,* HBO, § 14 Rn. 6.
[1178] Zur H-VV TB oben Rn. 682.
[1179] BGBl 2009 II S. 1419.

ten offen stehen oder für sie bereitgestellt werden, zu gewährleisten." Nach Art. 9 I 2 des Übereinkommens gelten diese Maßnahmen, welche die Feststellung und Beseitigung von Zugangshindernissen und -barrieren einschließen, u.a. für Gebäude, Straßen, Transportmittel sowie andere Einrichtungen in Gebäuden und im Freien, einschließlich Schulen, Wohnhäusern, medizinischen Einrichtungen und Arbeitsstätten. Während sich Art. 9 I des Übereinkommens damit auf Einrichtungen bezieht, die der Öffentlichkeit offenstehen oder für sie bereitgestellt werden, können die Landesgesetzgeber im Lichte von Art. 3 III GG auch für rein private Bauvorhaben Vorgaben zur Barrierefreiheit aufstellen.

702 Nach der **Definition** in § 2 VIII HBO sind Anlagen barrierefrei, soweit sie für Menschen mit Behinderung in der allgemein üblichen Weise, ohne besondere Erschwernis und grds. ohne fremde Hilfe zugänglich und nutzbar sind.

703 Nach dem der Umsetzung der UN-Behindertenrechtskonvention dienenden § 54 II 1 HBO müssen Anlagen, die öffentlich zugänglich sind, in den dem allgemeinen Besucher- und Benutzerverkehr dienenden Teilen barrierefrei sein.

Dabei darf sich die Barrierefreiheit gem. § 54 II 3 HBO auf bestimmte Räume oder Bereiche beschränken, wenn dies einer zweckentsprechenden Nutzung der Räume oder Anlage nicht entgegensteht. Toilettenräume und notwendige Stellplätze für Besucher und Benutzer müssen gem. § 54 II 4 HBO in der erforderlichen Anzahl barrierefrei sein.

704 Nach § 54 I 1 HBO müssen zudem in Gebäuden mit mehr als zwei **Wohnungen** mindestens 20 Prozent der Wohnungen barrierefrei erreichbar und zugänglich sein, höchstens jedoch 20 Wohnungen.

In diesen Wohnungen müssen gem. § 54 I 2 HBO die Wohn- und Schlafräume, eine Toilette, ein Bad sowie die Küche oder die Kochnische barrierefrei zugänglich sein. Gem. § 54 I 3 HBO sind diese Räume so herzustellen und vorzubereiten, dass sie für eine barrierefreie Nutzung leicht einzurichten und auszustatten sind.

705 Schließlich finden sich über die HBO verstreut weitere Einzelregelungen zur Barrierefreiheit bestimmter Anlagen.

Neben der Regelung zur schwellenlosen Erreichbarkeit von Kinderspielplätzen in § 8 II 3 HBO sind etwa die Regelungen in § 37 VI 2 HBO zu Treppen und in § 42 V 3 HBO zu Aufzügen zu nennen. Hessen gehört zudem zu den Ländern, in denen die Verletzung von Vorschriften über die Barrierefreiheit aus § 54 I, II HBO gem. § 86 I Nr. 7 HBO eine Ordnungswidrigkeit darstellt.

IV. Notwendige Stellplätze und notwendige Abstellplätze (§ 52 HBO)

706 Praktisch wichtig ist auch die in § 52 HBO geregelte Pflicht zur Errichtung von Stellplätzen für Kraftfahrzeuge und Abstellplätzen für Fahrräder.[1180] Gem. § 52 I 1, II HBO legen die Gemeinden unter Berücksichtigung der örtlichen Verkehrsverhältnisse fest, ob und in welchem Umfang bei der Errichtung, Änderung oder Nutzungsänderung von Anlagen, bei denen ein Zu- oder Abgangsverkehr zu erwarten ist, geeignete Stellplätze für Kraftfahrzeuge, einschließlich für Kraftfahrzeuge von Menschen mit Behinderungen, errichtet werden müssen, um den Erfordernissen des ruhenden Verkehrs zu genügen (**notwendige Stellplätze**).[1181]

[1180] Definitionen finden sich in § 2 XI HBO.
[1181] Dazu auch *Ruf/Karnes*, in: Eiding/Ruf/Herrlein, Rn. 527 ff.

707 Die konkrete Pflicht zur Errichtung von Stellplätzen für Kfz ergibt sich daher nicht aus § 52 I HBO, sondern aus der auf dessen Grundlage erlassenen gemeindlichen **Stellplatzsatzung.**[1182]

708 Den möglichen Inhalt einer Stellplatzsatzung regelt § 52 II 1 HBO, während sich aus § 52 II 2 HBO deren notwendiger Inhalt ergibt, wenn die Gemeinde von der Satzungsermächtigung nach § 52 II 1 Nr. 1–3 HBO Gebrauch macht. Danach müssen in der Satzung Standort sowie Größe, Zahl und Beschaffenheit der notwendigen Stellplätze unter Berücksichtigung von Art und Zahl der vorhandenen und zu erwartenden Fahrzeuge der Personen, die die Anlagen ständig benutzen oder sie besuchen, bestimmt werden.

709 Gemeinden sind gem. § 52 I 1 HBO nicht nur berechtigt, sondern grds. auch **verpflichtet,** eine Stellplatzsatzung zu erlassen, wenn die örtlichen Verkehrsverhältnisse dies erfordern.[1183] Stellen sich keine Probleme mit dem ruhenden Verkehr, was vor allem bei ländlichen Gemeinden der Fall sein kann, kann eine Gemeinde indes auf eine Stellplatzsatzung verzichten. In diesem Fall kann die Gemeinde gem. § 52 II 3 HBO im Einzelfall die Herstellung von Stellplätzen verlangen, wenn dies wegen der Sicherheit oder Leichtigkeit des Verkehrs erforderlich ist.

710 Nach dem 2018 neu eingeführten § 52 IV 1 HBO kann bis zu einem Viertel der notwendigen Stellplätze durch Abstellplätze für Fahrräder ersetzt werden. Dabei sind gem. § 52 IV 1 HBO für einen notwendigen Stellplatz vier Fahrradabstellplätze herzustellen; diese werden zur Hälfte auf die Verpflichtung nach § 52 V HBO zur Herstellung von Abstellplätzen für Fahrräder angerechnet.

Nach dem ebenfalls 2018 ergänzten § 52 V 1 HBO sind bei der Errichtung von Anlagen geeignete **Abstellplätze für Fahrräder** in solcher Zahl herzustellen, dass sie für die ordnungsgemäße Nutzung der Anlagen ausreichen (**notwendige Abstellplätze**).

Dies gilt gem. § 52 V 2 HBO entsprechend für den durch Änderungen oder Nutzungsänderungen ausgelösten **Mehrbedarf** an Abstellplätzen für Fahrräder. Gem. § 52 V 5 HBO gilt § 52 II HBO entsprechend, so dass die Gemeinde auf dieser Grundlage eine **Abstellplatzsatzung** erlassen kann, deren Inhalt grds. der Stellplatzsatzung entsprechen darf, also z.B. auch die Mindestzahl abweichend von § 52 V 1 HBO festlegen oder ganz von einer entsprechenden Pflicht absehen kann.[1184] Gem. § 91 I 1 Nr. 4 HBO kann die Gemeinde die Ausstattung, Gestaltung, Größe und Zahl der Stellplätze für Kraftfahrzeuge sowie der Abstellplätze für Fahrräder durch Satzung regeln. Fehlt eine solche Satzung, müssen notwendige Abstellplätze gem. § 52 V 4 HBO in Gestaltung, Größe und Zahl – soweit vorhanden – einer Rechtsverordnung nach § 89 I 1 Nr. 3 HBO entsprechen.

711 In der Stellplatzsatzung kann die Gemeinde gem. § 52 II 1 Nr. 7, S. 2 HBO (und in der Abstellplatzsatzung gem. § 52 V 5 HBO i.V.m. § 52 II 1 Nr. 7, S. 2 HBO) die Möglichkeit einer **Ablösung** der Herstellungspflicht von notwendigen Stellplätzen (bzw. Abstellplätzen) in den Fällen des § 52 II 1 Nr. 1–3 HBO durch Zahlung eines in der Satzung festzulegenden Geldbetrags an die Gemeinde regeln. Da die entsprechende Ablösesumme, als grds. verfassungsgemäße Sonderabgabe,[1185] die Gemeinde in die Lage versetzen soll, selbst für ausreichende Parkmöglichkeiten oder alternativ z.B. für einen adäquaten

1182 Hess. LT-Drs. 15/3635, S. 126.
1183 *Hornmann,* HBO, § 52 Rn. 52.
1184 Hess. LT-Drs. 19/5379, S. 94 f.
1185 BVerwG NJW 1986, 600 (600 f.).

öffentlichen Personennahverkehr zu sorgen, ist der Geldbetrag von der Gemeinde für die in § 52 III 1 Nr. 1–3 HBO genannten Zwecke zu verwenden.

Die Beschränkung auf „investive" Maßnahmen des öffentlichen Personennah- oder Fahrradverkehrs in § 52 III 1 Nr. 3 HBO bedeutet, dass die Ablösebeträge nicht für laufende Kosten wie etwa Löhne des Personals verwendet werden dürfen. Zudem muss gem. § 52 III 2 HBO die Verwendung des Geldbetrags für die Erreichbarkeit des Bauvorhabens, das die Zahlungspflicht auslöst, einen Vorteil bewirken.

712 Wenn die Satzung die Möglichkeit der Stellplatz-/Abstellplatzablösung vorsieht, entscheidet die Gemeinde über einen entsprechenden Antrag der Bauherrschaft auf Fortfall der Herstellungspflicht und über die Zahlung des Geldbetrags gem. § 52 VII 1 HBO durch Verwaltungsakt.

713 Die nach der Stellplatzsatzung bestehende Pflicht zur Bereitstellung von Stellplätzen oder alternativ zur Zahlung der Ablösesumme folgt aus einer „aufgrund der HBO" bestehenden bauordnungsrechtlichen Vorschrift und gehört daher zu den Voraussetzungen, die gem. § 66 S. 1 Nr. 2 Alt. 2 HBO im nicht vereinfachten Baugenehmigungsverfahren zu prüfen sind.[1186] Diese Voraussetzung muss danach grds. im Moment der Genehmigungserteilung erfüllt sein. Allerdings ermöglicht § 52 VII 2 HBO es, die Baugenehmigung bereits vor der Entscheidung der Gemeinde über die Ablösung zu erteilen und in die Baugenehmigung als Nebenbestimmung die Bedingung der Zahlung des Geldbetrags aufzunehmen.[1187] Ist das Vorhaben hingegen z.B. gem. §§ 63 f. HBO genehmigungsfrei oder greift – wie im Regelfall – das vereinfachte Genehmigungsverfahren gem. § 65 HBO ein, liegt die Erfüllung der Pflichten aus § 52 HBO nach den allgemeinen Grundsätzen in der Verantwortung der Bauherrschaft (§§ 62 II, 55 HBO). Die Entscheidung der Gemeinde über die Stellplatzablösung muss in solchen Fällen grds. vor Baubeginn vorliegen.[1188]

714 Die Pflicht zur Bereitstellung von Stellplätzen und Abstellplätzen wird durch § 52 VI 1 HBO abgesichert, nach dem notwendige Stellplätze und notwendige Abstellplätze nicht zweckentfremdet werden dürfen. Eine **Zweckentfremdung** liegt vor, wenn Stellplätze bzw. Abstellplätze zu einem anderen Zweck verwendet werden als zum Abstellen von Kraftfahrzeugen und Fahrrädern zwecks Entlastung des ruhenden Verkehrs auf öffentlichen Verkehrsflächen.

Beispiele: Vermietung an hausfremde Kraftfahrzeughalter,[1189] dauerhaftes Abstellen eines Wohnwagens,[1190] Verwendung als Lagerplatz.

[1186] Dazu oben Rn. 561 ff.
[1187] Vgl. *Hornmann,* HBO, § 52 Rn. 186.
[1188] Näher dazu *Hornmann,* HBO, § 52 Rn. 188.
[1189] NWOVG NVwZ 1994, 703 (704); beachte aber § 52 VI 2 HBO.
[1190] NWOVG BRS 49 Nr. 135.

Sachverzeichnis

Die Zahlen verweisen auf die Randnummern im Text. Die fett gedruckte Zahl bezeichnet den Teil des Buches, in dem sich die Randnummer befindet.